2002年9月3日竣工营业，占地180亩的方林汽车城（2021年摄）

■ 2009年7月8日正式营业，占地150亩的方林二手车市场（2018年摄）

正茂名车
A1-2#
A
鑫朋二手车
永恒车业
永恒
B
开利中央空调

据杨晨《路桥志略》中记载，石曲后方庄园由方国珍后人建造，清道光十八年（1838年）建成，共四进十二明堂，砖木结构二层楼，面积4300余平方米。整个院落墙头为瓦片镂空堆叠，花瓣造型。大台门八字开，朝南，梅园石门框。门楣左右两边镶花草禽兽浮雕，中间为门额，门楣上方为牛角尖檐角，高耸两侧。材质是砖瓦烧制，浮雕式，造型美观。整个台门高近5米，气势雄壮，望之令人肃然起敬。主体建筑高壁厚檐，廊间副阶结构十分考究，院屋廊梁形状各异，有月梁和方梁，廊梁上雕满龙凤、梅花、石榴等大量精致图案。院内房屋足有百间，浑然一体，每栋门庭都由堂屋、后厅等组成。前后三个天井由石板铺设，回廊柱脚石墩为石刻兽物，每个天井置大水缸。院内有凉亭、回廊、假山、小河及花草树木等，景点造型别致、优美。

方林村有4个自然区片，7个生产队（西岸2个、前方2个、后方1个、下林2个），图中古老建筑有150 ～ 200年历史。

■ 西岸

■ 下林东来里

■ 后方里

■ 前方里

■ 方林村“全家福”（2019年1月摄）

路桥区方林村影像图

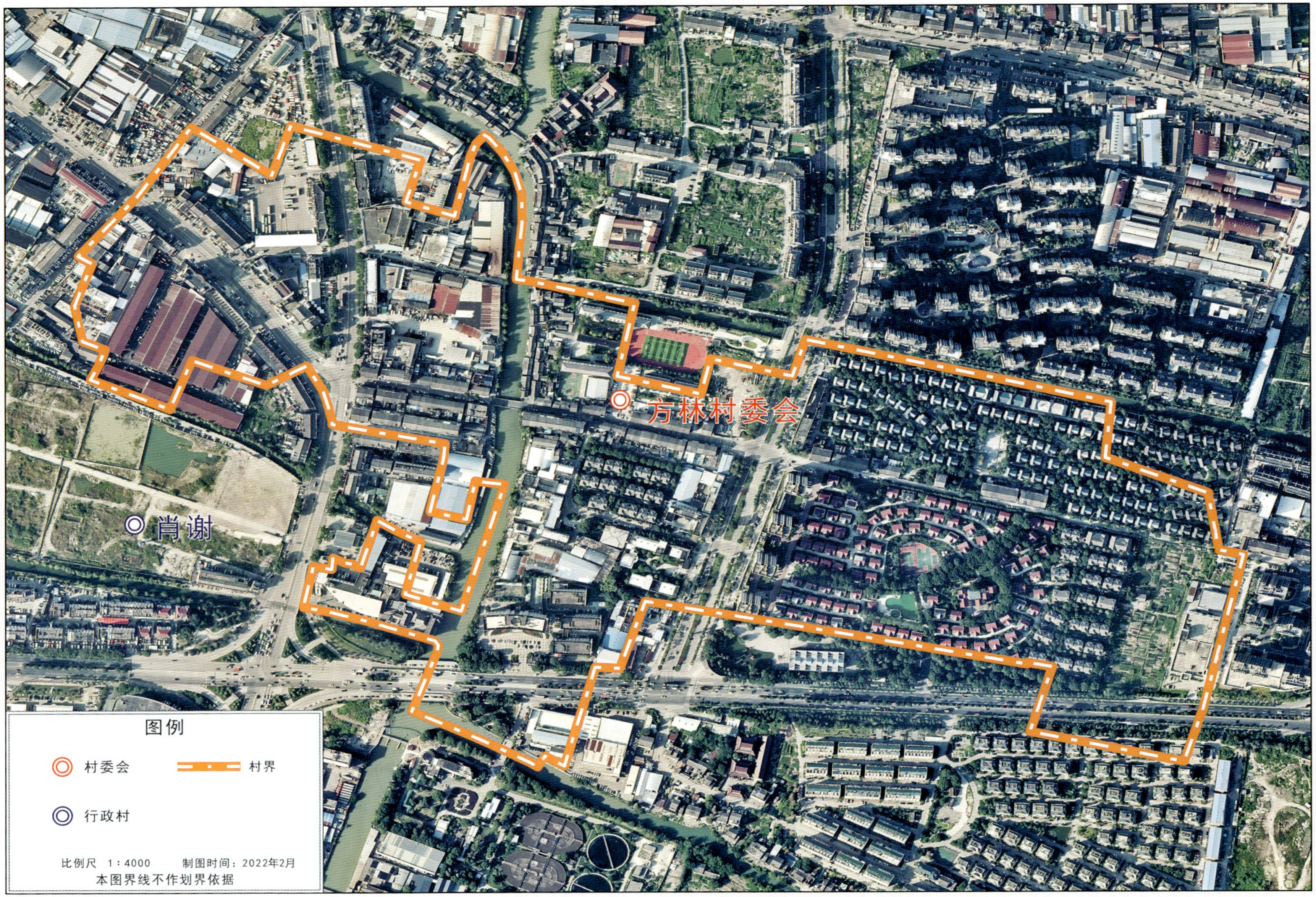
方林村委会
肖谢
图例
村委会
村界
行政村
比例尺 1：4000
制图时间：2022年2月
本图界线不作划界依据

创业班子

■ 1995年，方林村成立的党总支新班子成员在集体研究工作
左起：林小春、林必清、方中华（书记）、管人财（副书记）、阮普妹

■ 2010年方林村两委班子成员及办公室工作人员合影
方中华（党委书记，左六），蔡正杰（党委副书记、村委会主任，右六），方浩（党委副书记，左五），谢华寿（党委委员，右五），尚永斌（党委委员，左四），林荣辉（党委委员，右四），方崇奇（党委委员，右三），林红（村委委员、妇女主任，左三）

2021 年方林村两委班子成员合影

左起依次为：林红（村委委员、妇女主任），管浩峰（村委委员），林荣辉（党委副书记、纪委书记），方浩（党委副书记、村委会副主任），方中华（党委书记、村委会主任），蔡正杰（党委委员），方崇奇（党委委员），方刚（党委委员），方崇志（党委委员）

人大议政

■ 方林村党委书记、村委会主任，方林集团董事长方中华在十三届全国人大三次会议上发言（2020年5月摄）

■ 方中华（前一）在北京人民大会堂浙江厅第十一届全国人民代表大会第四次会议浙江省代表团全体会议上发言（2011年3月摄）

2008年3月，出席第十一届全国人大一次会议的7位台州市代表在人民大会堂前合影（左起：邱继宝、陈海啸、林燚、陈铁雄、任美琴、薛少仙、方中华）

2013年3月，出席第十二届全国人大一次会议的5位台州代表在人民大会堂前合影（左起：陈保华、林燚、薛少仙、陈海啸、方中华）

■ 2018年3月，出席第十三届全国人大一次会议的5位台州市代表在人民大会堂前合影（左起：陈保华、翁丽芬、元茂荣、方中华、步正合）

■ 2022年3月，出席第十三届全国人大五次会议的7位台州市代表合影（左起：方中华、陈保华、林毅、吴晓东、元茂荣、步正合、翁丽芬）

■ 2010年，方林村党委书记方中华被授予“全国劳动模范”称号，图为方中华在北京人民大会堂颁授现场

■ 2020年8月8日，方中华参加第十三届全国人大常委会会议

■ 2018年3月16日，全国人大代表方中华（主席台右二）在台州市领导干部会议上传达第十三届全国人大一次会议精神

2021年3月16日，全国人大代表方中华（主席台左一）在路桥全区领导干部会议上传达第十三届全国人大四次会议精神

2021年3月16日，全国人大代表方中华（主席台右一）在路桥区路南街道全体机关干部会议上传达十三届全国人大四次会议精神

创业历程

■ 方林人苦战一百天，建成汽车城，被台州市委、市政府称为“方林速度”。图为浙江方林汽车城建设场景（2002年摄）

■ 台州市委常委、路桥区委书记史济锡（左二）在方中华（左一）的陪同下视察工程建设进度情况

■ 2003年6月28日，2003首届中国（台州）国际汽车展示会暨浙江方林汽车城开业，台州市委副书记、市长瞿素芬，路桥区委书记陈惠良，区委副书记、区长虞选凌等领导出席

■ 2009年7月8日，浙江方林二手车市场正式开业

■ 2013年5月7日，玉环方林汽车城正式开业

■ 2019年9月6日，浙江方林二手车市场有限公司首单二手车出口启动仪式在浙江方林二手车市场举行

■ 2017年7月13日，由浙江方林二手车市场与内蒙古国泰集团强强联手打造的内蒙古晨泰二手车市场，在内蒙古巴彦淖尔市盛大开业

■ 2019年5月26日，党员、村民代表参观位于杭州西溪湿地的中国·五村园的方林大楼（左起：方崇辉、方敏、王海滨、林涛、林潮、陈荣华、林叙）

■ 2012年12月25日，天盛中心举行奠基仪式

■ 2013年11月8日，台州市路桥五村小额贷款股份有限公司正式揭牌营业

生态农业

路桥区区级农业龙头企业——方林通春葡萄种植园，种植“滕稔”葡萄（1998年摄）

方林花卉生产基地（1998年摄）

方林农业发展园蔬菜瓜果科普基地（1998年摄）

工　业

■ 浙江工业中能集团（2009年摄）

■ 中能公司安驰汽车组装流水线（2004年摄）

■ 浙江中能光电集团公司佛斯第摩托车组装车间一角（1993年摄）

■ 中能集团董事长陈华能

服务业

浙江方林二手设备市场（成立于1985年，为方林第一个市场）

路桥客运南站·方林（1998年摄）

方林菜市场（2017年摄）

村庄建设

■ 1995年，方林村邀请上海同济城市规划设计研究院的专家对全村村庄做了高起点规划，编制了《方林村规划图》，将方林村划分为商业区、工业区、农业区、住宅区四个区块，对各个区块进行了科学定位，并确定近期、中期和远期发展规划

■ 方林苑鸟瞰图（2019年摄）

■ 方林旧民居（解放前）

■ 方林旧民居（20世纪70年代）

■ 方林旧民居（20世纪80年代）

■ 方林苑一期住宅，建有别墅96幢（1997年摄）

■ 方林苑二期住宅，新建别墅124幢，排屋36间（2003年摄）

■ 方林苑三期住宅，新建别墅72幢（2010年摄）

■ 全国人大常委会原副委员长田纪云为方林老年公寓题名，图为方林老年公寓全景（2010年摄）

■ 2021年12月22日，重修后的方林祠堂落成

生态方林

■ 方林苑游泳池（2005年摄）

■ 方林篮球场（2000年摄）

■ 方林网球场（2000年摄）

■ 方林公园逸兴亭（2010年摄）

方林幼儿园（1998年摄）

方林公园文化雕塑（2010年摄）

方林公园（2010年摄）

文化方林

■ 八旬村民陈友法为小学生读《方林报》（2010年摄）

■ 10多年后96岁高龄的陈友法与当年小学生再读《方林报》（2021年摄）

方林村民在老年之家读书。左起张荷兰、陈彩香（2010年摄）

退休村民在老年公寓下象棋（2006年摄）

■ 一张红榜促敬老，敬老爱老在方林蔚然成风。图为老年协会会长詹荣杰公布红榜名单（1990年摄）

■ 村民观看中国共产党第十九次全国代表大会开幕式直播（2017年10月18日），左起：谢国兰、罗丹青、谢香莲、谢素兰、林文友、林招领、张荷兰、陈友法

■《方林报》十周年刊

■2019年12月12日，方林村党委、村委会、浙江方林集团主办的《方林报》举行创刊10周年座谈会

■《方林村志》终审稿

■ 2021年11月16日，方林村召开《方林村志（终审稿）》专家评审会，图为与会专家及领导合影

2013年3月，方林村农民文化团组建方林村农民合唱团，图为合唱团成员学唱方林村歌《美丽方林是我家》

2019年1月21日，台州市“我们的村晚”文艺晚会在方林大会堂举行，市委书记陈奕君，市委常委、宣传部长叶海燕，区委书记潘建华等领导出席

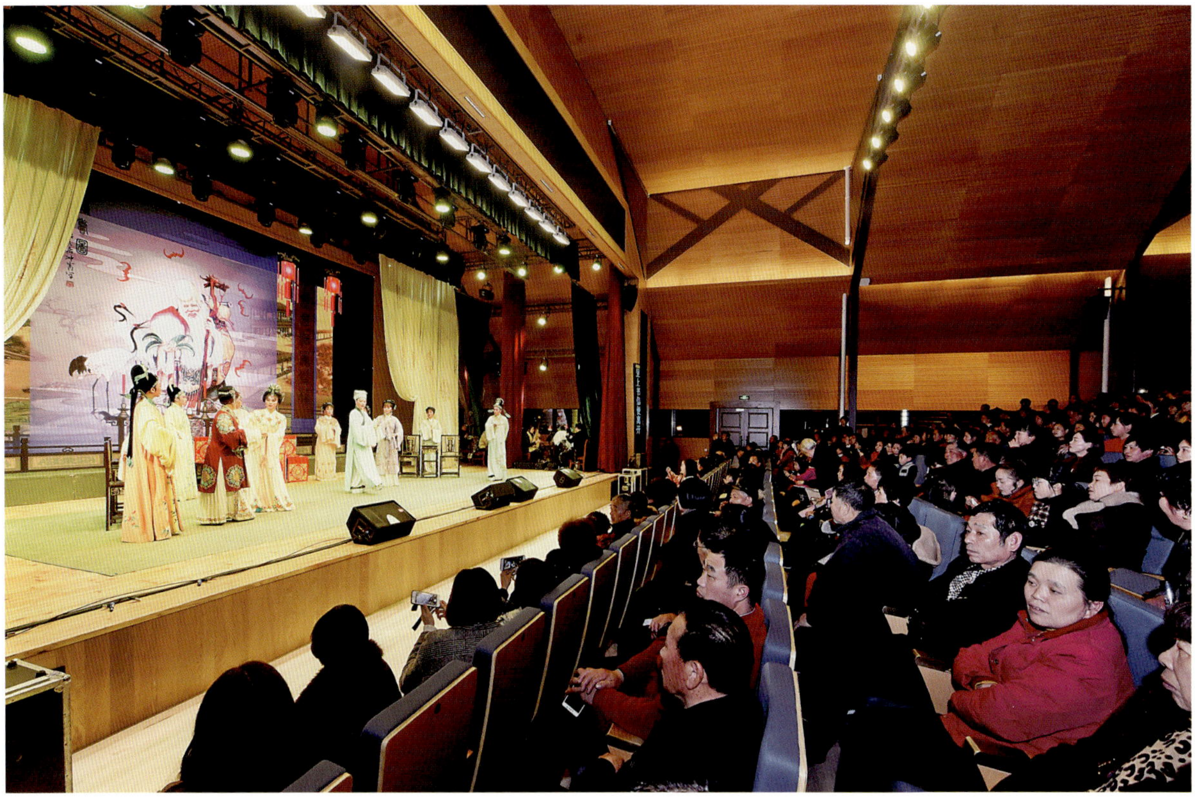

■ 欢天喜地过春节，方林会堂唱大戏（2018年摄）

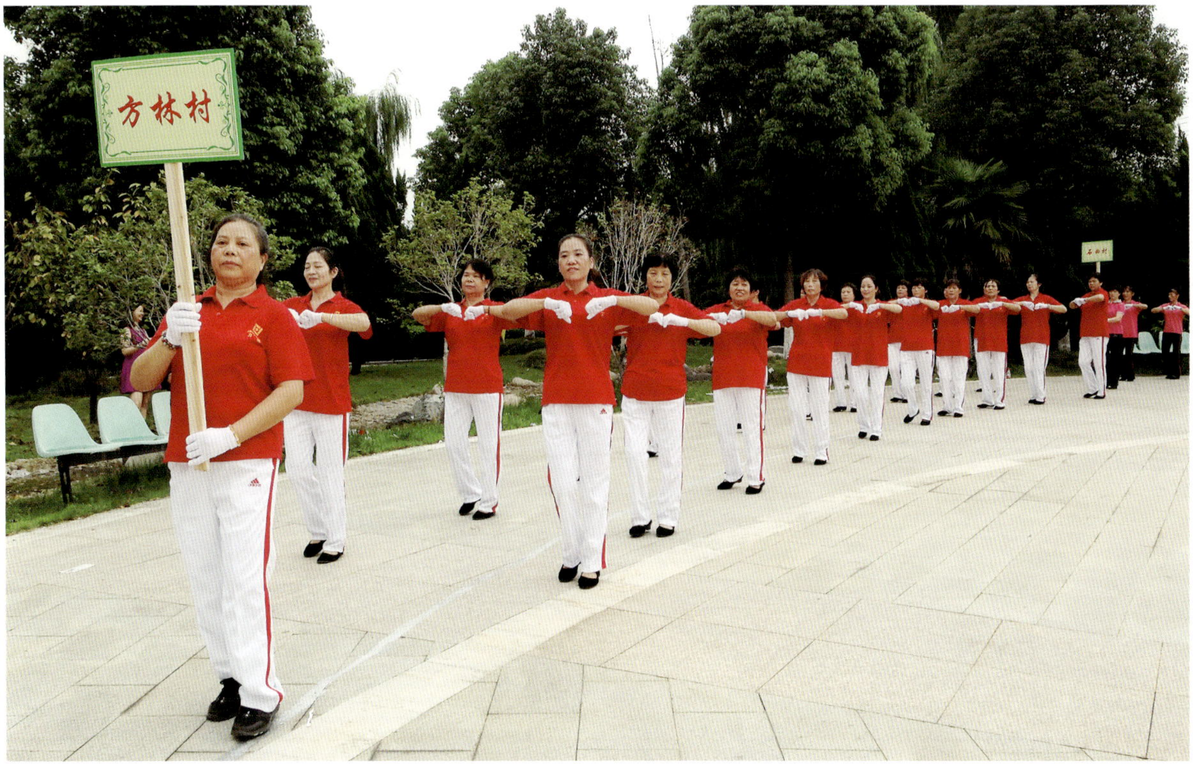

■ 方林村参加路南街道举办的中老年佳木斯健身操表演赛（2013年摄）

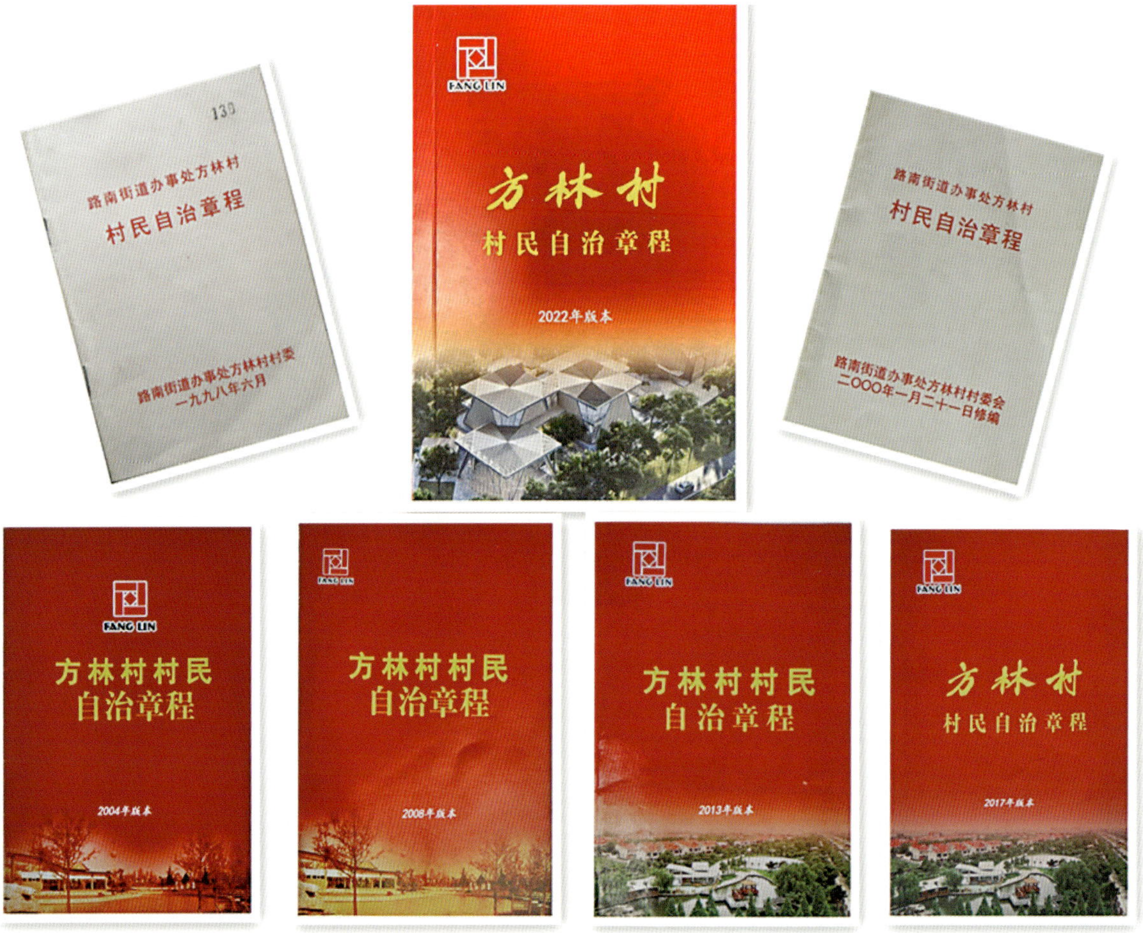

1998年，方林村制定第一本《方林村村民自治章程》，20多年来经7次修改，涵盖党组织建设、方林“十四五规划”、经济发展、社员福利等14章133条款，成为方林村治村的基本办法

福利方林

■ 方林村庆祝第三十四个敬老节（2021年）

■ 方林村百岁老人蒋永春（1903—2006年，享年104岁）

■ 村民股份分红每人4.9万元（2020年2月）

■ 退休村民每两年可享受一次旅游，图为方林村组织退休村民长江三峡休闲行（2017年4月24日摄）

■ 方林村组织30周岁以上村民在台州医院免费体检（2021年3月24日摄）

■ 方林村为村民开通先治疗后缴费优先住院等绿色通道，图为2017年2月28日，村委委员林荣辉（前右）代表方林村与台州恩泽医院院长陈保富（前左）举行签约仪式

双拥共建

■ 2005年7月28日，方林村召开三任书记双拥共建座谈会。图为三任书记詹荣杰（右一，第一任书记）、方道福（左二，第二任支部书记）、方中华（左三，第三任党委书记）在主席台就座并共话“双拥共建”工作

■ 2005年，方林村举办双拥共建“庆八一”军民一家亲联欢文艺晚会

■ 方林村开展“军民一家亲”包饺子活动（2010年摄）

■ 村两委班子慰问军属方新斌、叶利芬家庭（2021年摄）

爱心公益

■ 2021年方林公益爱心基金成立。每年投入100万元，用于扶贫结对、防疫捐助、慈善捐款

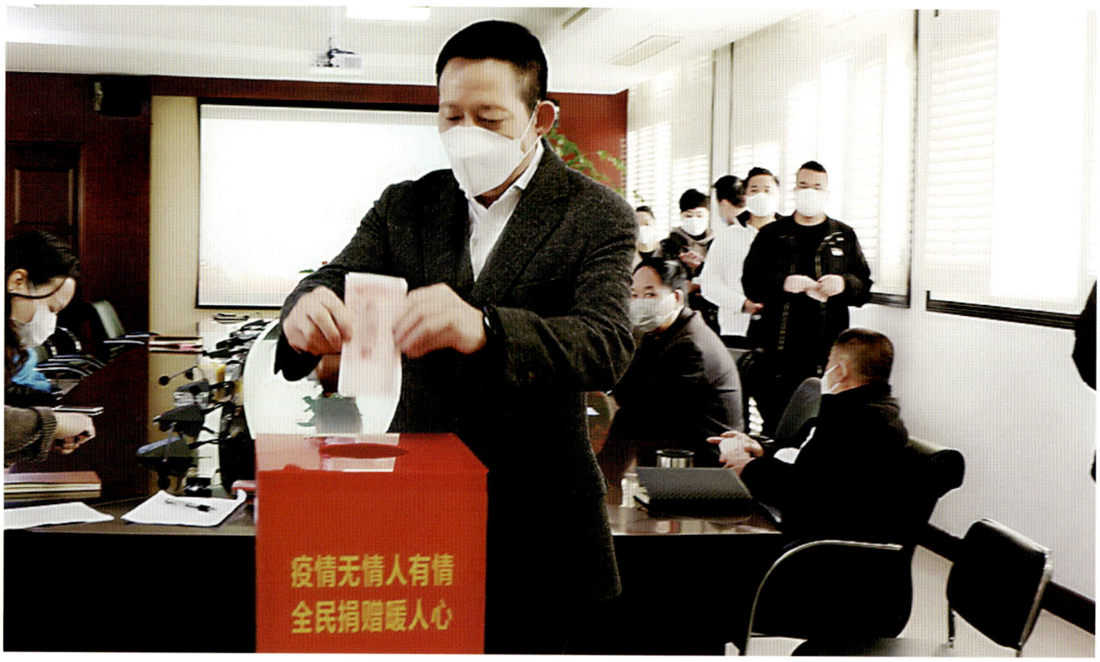

■ 2020年2月，方林村两委发起“疫情无情人有情、全村捐赠抗疫情”倡议，号召全体党员、村民代表和村民为抗疫捐款。图为村党委书记方中华带头捐款

2008年5月，方林村开展“地震无情人有情，涓涓细流表慈心”爱心募捐活动，以方林村的名义向四川地震灾区累计捐赠人民币117.3万元

2018年5月28日，方林村向2018少数民族乡村领军人才走进路桥暨乡村振兴战略研修班捐赠培训基金。图为村党委书记方中华（前中）在开班仪式上捐赠现金支票

合作交流

2018年5月28日，2018少数民族乡村领军人才走进路桥暨乡村振兴战略研修班在方林村举行

2021年7月8日，上海财经大学党委书记许涛，台州市政府副市长章月燕，路桥区委副书记区长牟傲野，村党委书记、村委会主任方中华为“实践教育基地”揭牌

■ 2012年，中国五村合作组织年度会议在方林村召开，主席台左二起依次为：九星村吴恩福、航民村朱重庆、滕头村傅企平、花园村邵庆祥、方林村方中华

■ 2010年10月26日，台州五村合作签约仪式举行，主席台左起依次为：章杨村杨凌、良二村阮忠德、方林村方中华、良一村阮建华、河西村徐华明

党建工作

2009年8月26日，中国共产党路南街道方林村委员会成立，左起：方中华（村党委书记），叶代春（路南街道党工委书记），蔡巍（区委常委、组织部长），朱侨清（区委组织部副部长），蔡建军（路南街道办事处主任）

2019年6月17日，为庆祝中国共产党成立98周年，方林村全体员到湖州市安吉县鲁家村学习“两山”理论

■ 2018年6月28日，方林村全体党员到大陈岛重走垦荒之路，学习垦荒精神

■ 方林会堂由上海同济城市规划设计研究院设计，是政治文化中心、村民的精神家园。集图书室、阅览室、荣誉展示区、党员活动室、演出舞台、会议室、放映厅、排练厅于一体（2018年摄）

■ 方林党建村史馆规划效果图。建成后集党建展示馆、档案馆、荣誉展示馆、“一图感知方林”的智慧新方林为一体的多功能综合服务中心

领导题词

■ 2005年11月27日，国务院总理朱镕基视察方林并题词

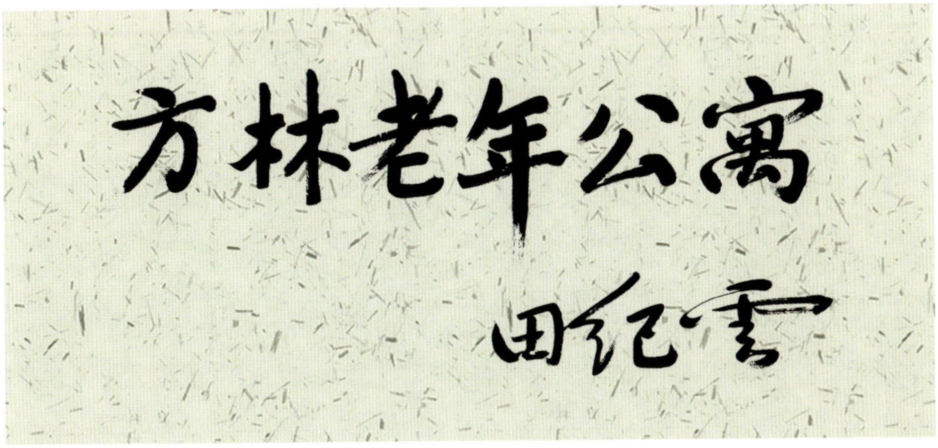

■ 2000年9月，全国人大常委会原副委员长田纪云为方林老年公寓题名

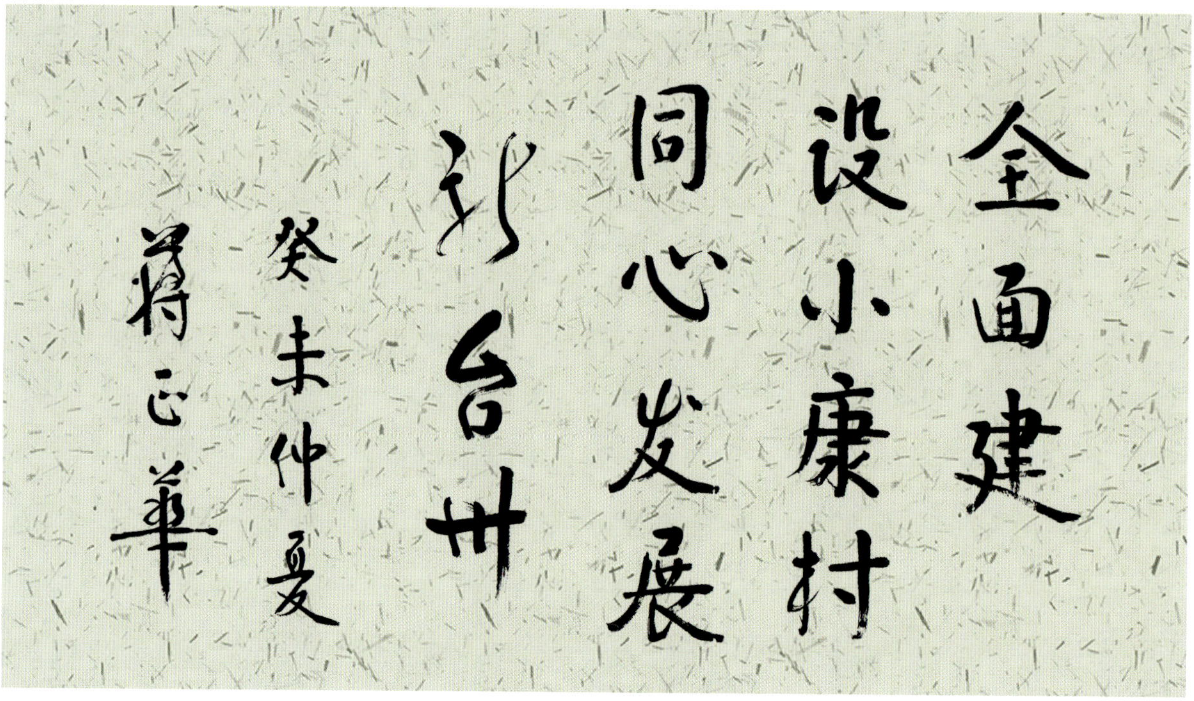

2003年7月，第十届全国人大常委会原副委员长蒋正华题词

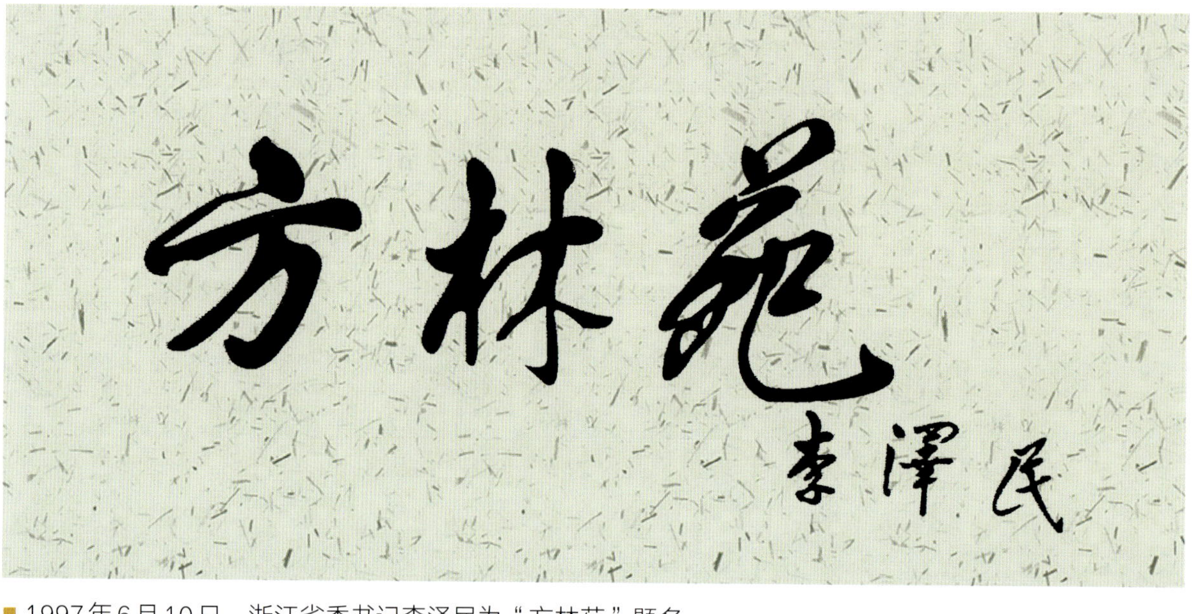

1997年6月10日，浙江省委书记李泽民为“方林苑”题名

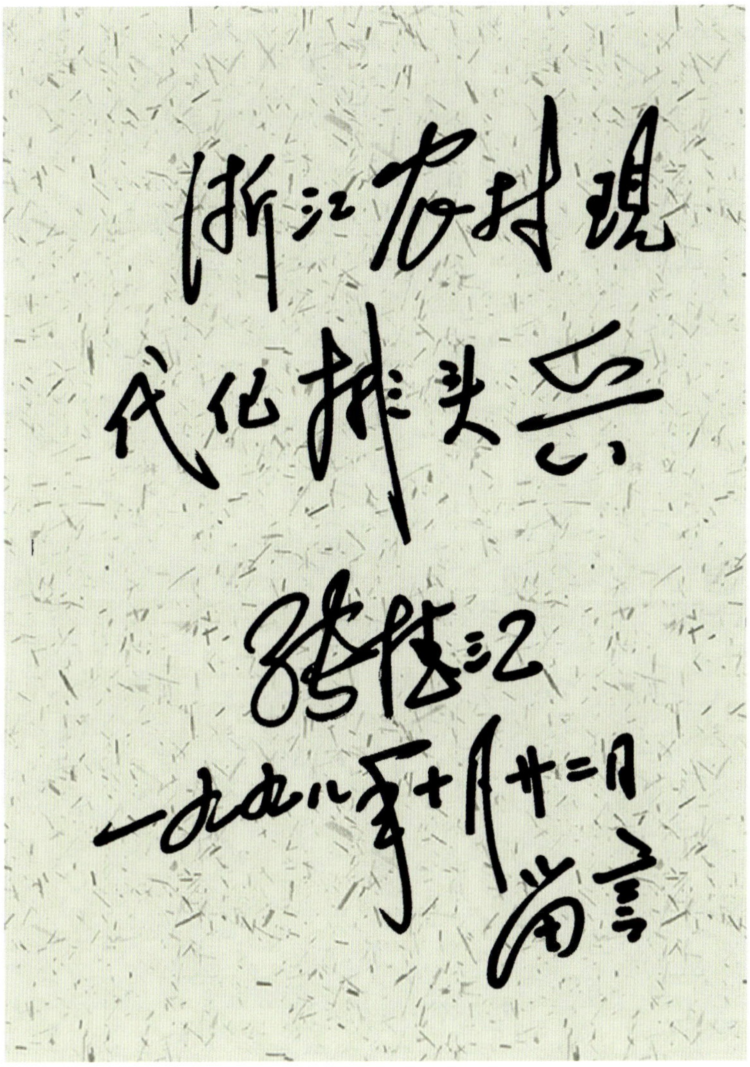

1998年10月22日，浙江省委书记张德江为方林村题词

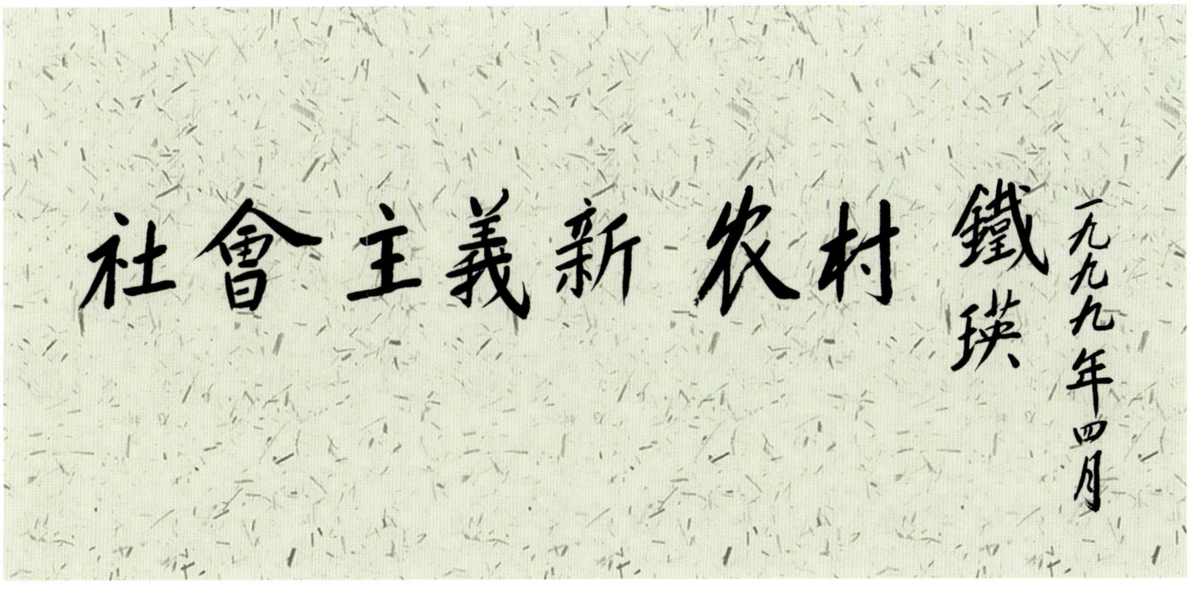

1999年4月，浙江省委原书记铁瑛题词

集体荣誉

奖状
奖给：台州市路桥区方林村党总支
全国先进基层党组织
中共中央组织部
一九九六年七月一日

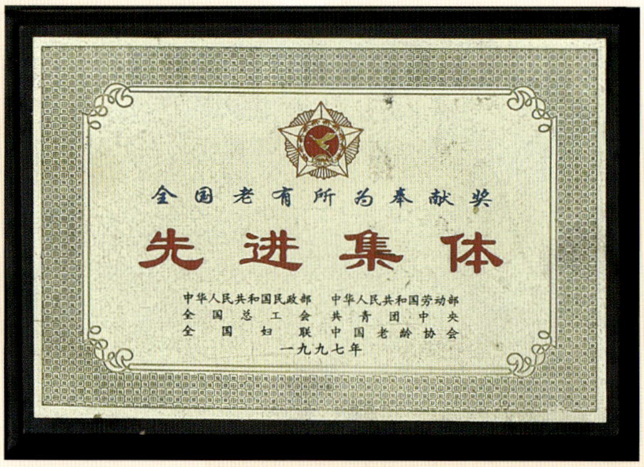
全国老有所为奉献奖
先进集体
中华人民共和国民政部 中华人民共和国劳动部
全国总工会 共青团中央
全国妇联 中国老龄协会
一九九七年

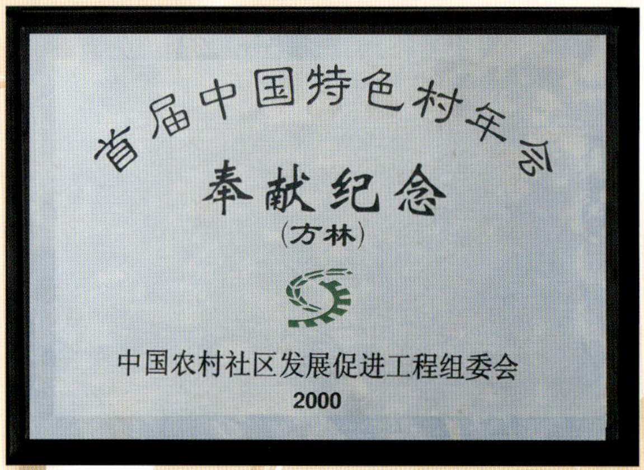
首届中国特色村年会
奉献纪念
（方林）
中国农村社区发展促进工程组委会
2000

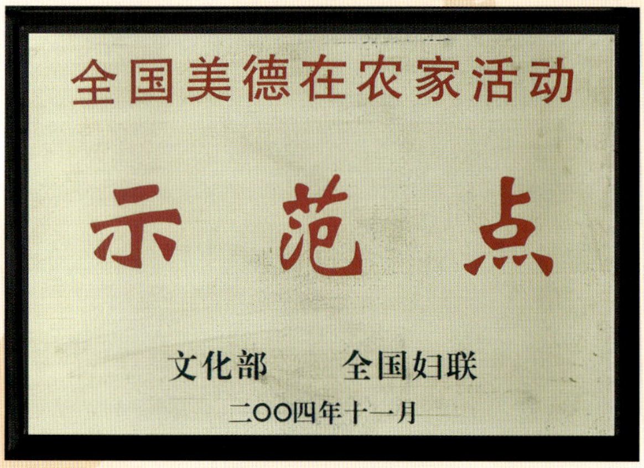
全国美德在农家活动
示范点
文化部 全国妇联
二〇〇四年十一月

全国文明村镇
中央精神文明建设指导委员会
二〇〇五年十月

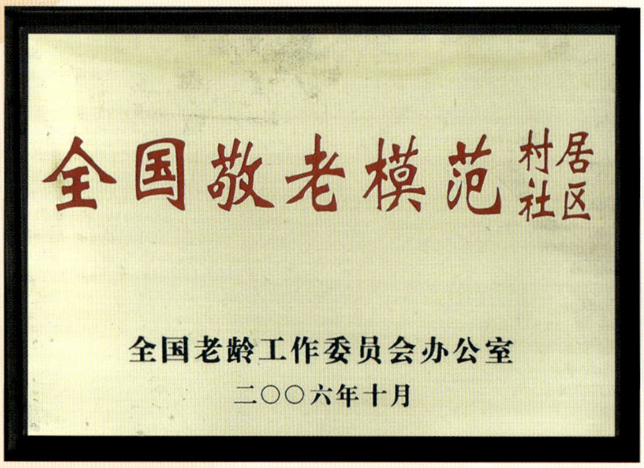
全国敬老模范村居社区
全国老龄工作委员会办公室
二〇〇六年十月

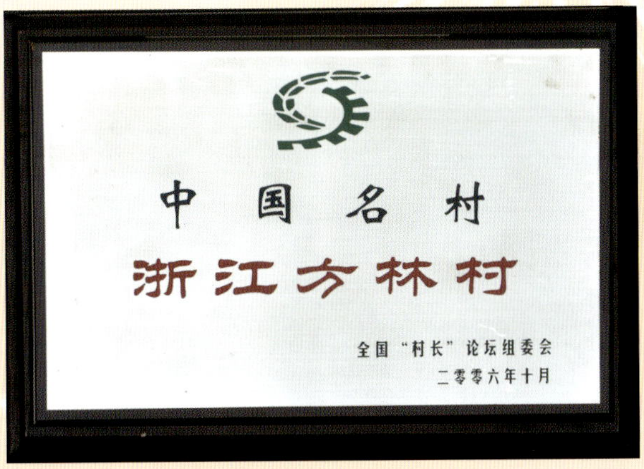
中国名村
浙江方林村
全国"村长"论坛组委会
二零零六年十月

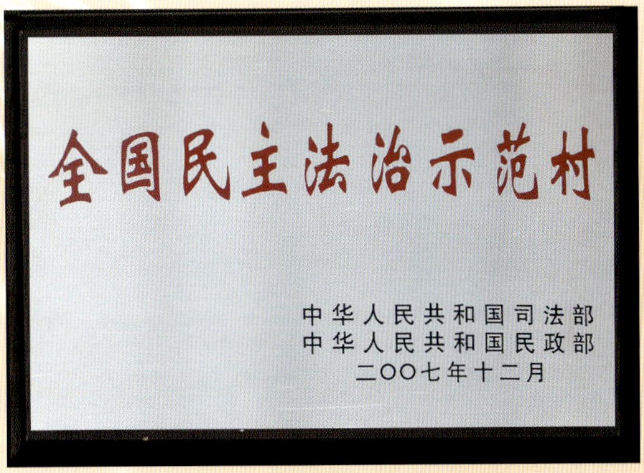
全国民主法治示范村
中华人民共和国司法部
中华人民共和国民政部
二〇〇七年十二月

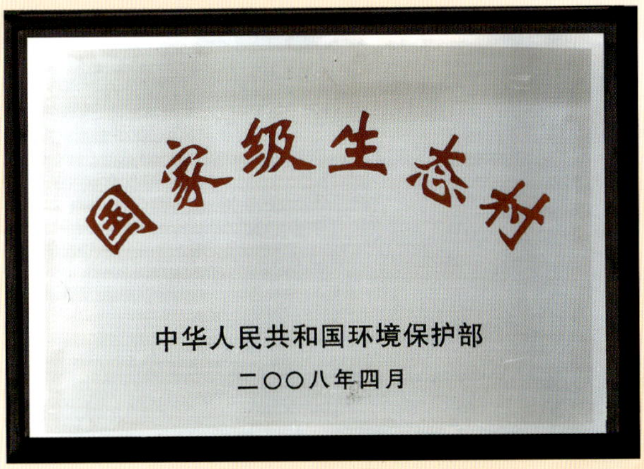
国家级生态村
中华人民共和国环境保护部
二〇〇八年四月

全国妇联基层组织建设
示范村
中华全国妇女联合会
二〇一〇年七月

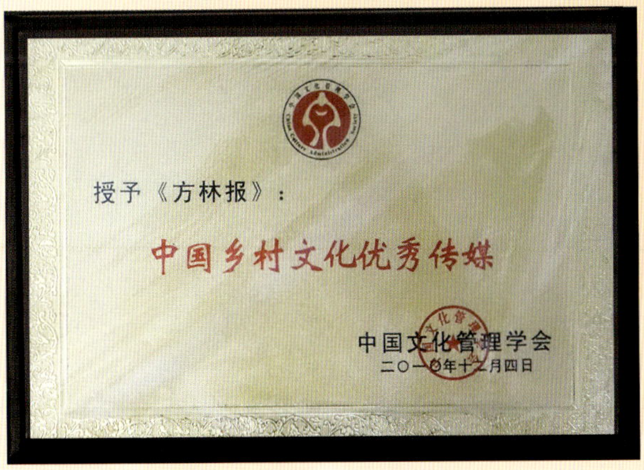
授予《方林报》：
中国乡村文化优秀传媒
中国文化管理学会

中国幸福村
浙江台州方林村
APCRD
APEPA
中国村社发展促进会特色村工作委员会
亚太农村社区发展促进会
亚太环境保护协会APEPA
2011年10月

全国创先争优先进基层党组织
中共中央组织部
二〇一二年六月

中国美丽村庄
浙江台州方林村
APCRD
APEPA
中国村社发展促进会特色村工作委员会
亚太农村社区发展促进会
亚太环境保护协会APEPA
2012年12月

2020年中国农民丰收节村歌大赛
百佳村歌
中国村歌大赛组委会
二〇二〇年十一月

先进基层党组织
中共浙江省委
一九九九年六月

全面小康建设示范村
中共浙江省委
浙江省人民政府
二OO四年一月

浙江省绿化示范村
浙江省绿化委员会
浙江省林业厅
二OO四年十月

党建工作省级示范村
中共浙江省委组织部
二OO四年十一月

ZHB
浙江省绿色社区
浙江省精神文明建设委员会办公室
浙江省环境保护局
二OO五年五月

浙江省“民主法治村”
浙江省司法厅
浙江省民政厅
浙江省普法办
二OO七年

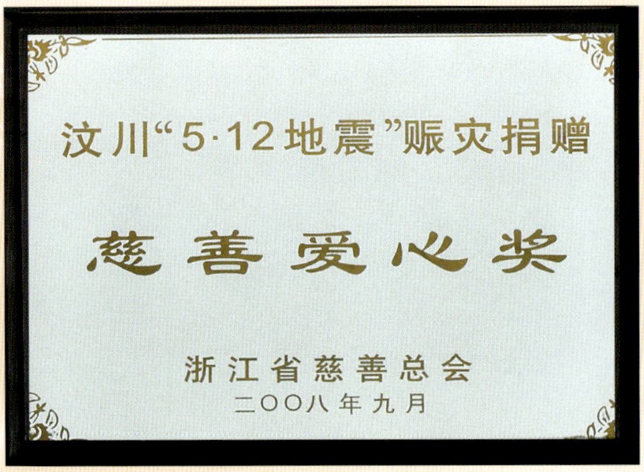
汶川“5·12地震”赈灾捐赠
慈善爱心奖
浙江省慈善总会
二〇〇八年九月

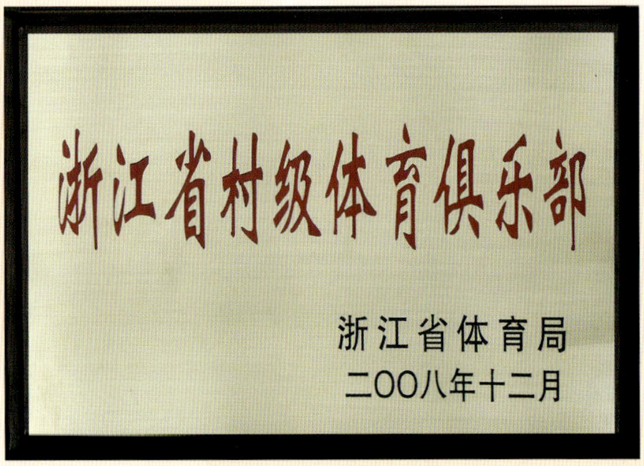
浙江省村级体育俱乐部
浙江省体育局
二〇〇八年十二月

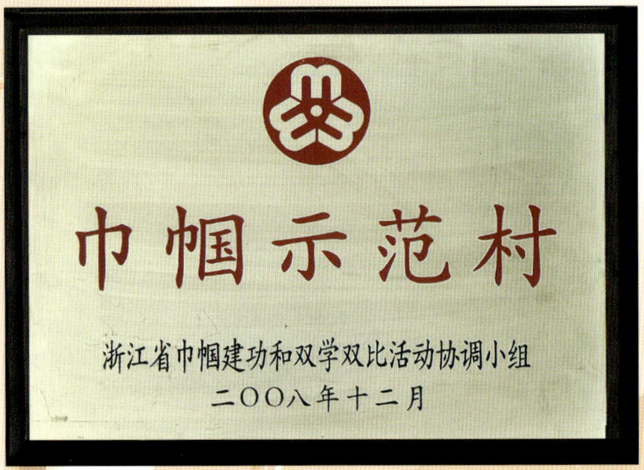
巾帼示范村
浙江省巾帼建功和双学双比活动协调小组
二〇〇八年十二月

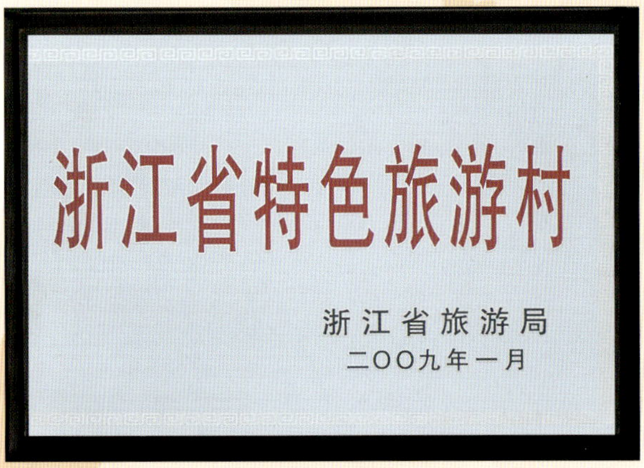
浙江省特色旅游村
浙江省旅游局
二〇〇九年一月

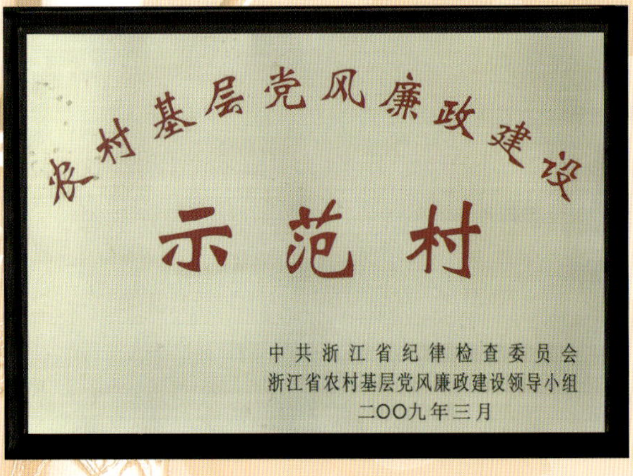
农村基层党风廉政建设
示范村
中共浙江省纪律检查委员会
浙江省农村基层党风廉政建设领导小组
二〇〇九年三月

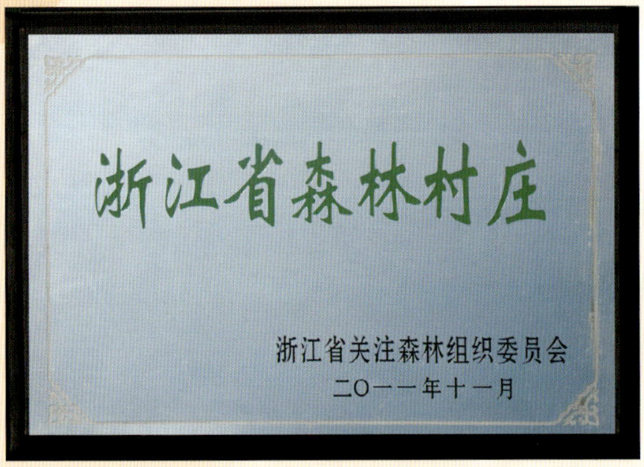
浙江省森林村庄
浙江省关注森林组织委员会
二〇一一年十一月

FANG LIN

方林村志

（上册）

《方林村志》编纂委员会 编

中国农业出版社
北 京

图书在版编目（CIP）数据

方林村志 /《方林村志》编纂委员会编.—北京：中国农业出版社，2022.10
ISBN 978-7-109-30093-4

Ⅰ.①方… Ⅱ.①方… Ⅲ.①村史-台州 Ⅳ.①K295.55

中国版本图书馆CIP数据核字（2022）第175358号

中国农业出版社出版
地址：北京市朝阳区麦子店街18号楼
邮编：100125
责任编辑：刁乾超 任红伟 王陈路 陈 亭
文字编辑：黄璟冰 孙蕴琪 杨 艺 等
版式设计：李 文 责任校对：吴丽婷 刘丽香 沙凯霖 责任印制：王 宏
印刷：北京通州皇家印刷厂
版次：2022年10月第1版
印次：2022年10月北京第1次印刷
发行：新华书店北京发行所
开本：787mm × 1092mm 1/16
印张：78.25 插页：28
字数：1500千字
定价：598.00元

ISBN 978-7-109-30093-4

《方林村志》编纂委员会

主　任： 方中华

副主任： 方　浩　林荣辉

委　员： 蔡正杰　方崇奇　方崇志　方　刚　林　红　管浩峰

《方林村志》编纂委员会办公室

顾　问： 周祝伟　陈黎明　罗海军　方先勇

主　任： 林显琳

主　编： 方中华（兼）

副主编： 金晓萍

编　辑： 林祖焕　蔡明贵　方　飚

摄　影： 王保初　刘国宁　罗丹青

序一

盛世修志，志载盛世，鉴古颂今，垂鉴未来，泽惠千秋。农村是中国的根脉，也是国家大厦的基础。打开中国的地图，方林村可以说是一个微不足道的小村子，它和我们中国所有的农村一样，从改革开放的那一年起，走上了风风雨雨的历程，四十年风云四十年歌，四十年提笔书春秋。方林村也实现了“村民比市民富、村容比城市美、生活品质比城市高”的改革开放四十年伟大目标。

方林的今天，已经取得了一定的成绩，成为“中国最幸福村庄”之一，方林已经无法再找到过去贫穷的影子。但方林的昨天，有许多方林先辈付出了巨大努力，我们应该感恩和铭记。因此，在2016年，经方林村两委班子讨论决定，正式开始编纂方林村志。方林众乡贤齐心响应，历经六载，十易其稿，即将付梓，足以为傲，值得庆贺。这是一部集方林村历史传奇、艰苦岁月、改革开放、经济发展、美好生活、民俗古迹之大成的长卷。

路桥十里长街，源自南宋，起于方林。宋韵文化，风雅方林。悠悠官河，穿村而过；临街开店，临河通船；商贾云集，店铺百间；市集繁华，市坊合一；把酒临风，品茶论道；文人雅集，人杰地灵。方林村自古就多出乡贤，鼎盛时期靠商贸发家的乡贤就多达十二人，他们是方圆百里首屈一指的大商贾。独特的地理环境滋养了勤劳淳朴的方林人民，孕育出特有的方林新农村文化的精神，也催生了乡村振兴实现共同富裕的方林模式。

历史悠久的方林村，村民大多数是700多年前元末第一支农民起义军领袖、路桥历史文化名人方国珍的后裔。在方林的历史长河中，古有方国珍保境安民、方明谦抗倭保民，今有方林村两委班子强村富民。在方林近代的历史大变革进程中，20世纪50年代，新中国成立初期，百废待兴，方林人多地少，耕地匮乏。我小时候常听村里老人传唱一首古老的民谣：“说方林，道方林，早先方林苦盈盈，赤日炎炎顶稻桶，滴水成冰摸鱼虾，咸菜冷饭吞落肚，盐虾蟹板过老酒。”可见当时村民日子过得有多困难。60年代，困难时期，集体经济几乎是零，村民连买一罐浆糊的钱都没有，不少村民住的是破木屋，“进门先弯腰，屋里床挨床”，三代同屋甚至四代同屋屡见不鲜，方林村是当时全公社出了名的靠借钱过日子的贫困村。70年代，“文革”期间，方林村仍然一穷二白，百废待兴，“半年糠菜半年粮、夏当棉被冬当帐”，村民人均年收入仅147元。

古人云：穷则思变，变则通，通则达。方林村在老书记方道福带领下，村两委班子开始了第一次的艰苦创业。为了能使方林村民过上真正的好日子，他们无私奉献，为此洒尽了汗水，沥尽了心血。在国计民生艰难的岁月里，为造福一方百姓，和社员同甘共苦，同商大计，共谋发展。方道福首先在方林乾亨里创办小型砖瓦窑，当小轮窑正式点火的那一瞬间，点燃的是方林工业兴村的希望之火。从此社员走上“以工富农、以工强村”的发展道路，红红火火的村办企业使社员尝到了“以工兴村”带来的甜头。

《中共中央关于一九八四年农村工作的通知》的出台，让我们看到了农业农村农民改革的希望。方林村新一任两委班子集体，开始了第二次的艰苦奋斗再创业，在“基本保障靠集体，勤劳致富靠自己”的方林村治村基本方略正确方针指引下，历经三次成功的转型、裂变、升级。

1984年，建设一条15米宽的方林路；1985年，办起了第一家股份制合作企业——长虹微型电器厂和第一个市场——路桥旧机械设备市场，完成了第一次转型升级，方林成功迈出“市场兴村”坚实的第一步。

1994年，台州撤地建市、路桥建区，我们抢抓这一历史性的重大契机，掀起“看现状、找原因，献计策、求发展”，“方林安于现状，还是寻求发展”，“解放思想，重塑一个新方林”的大讨论，再次激发起了方林人开拓进取的动力。我们以人为本，实施经济社会和村庄发展规划，我们邀请当时为路桥区做城镇规划的上海同济城市规划设计研究院的专家，对全村经济社会、村庄发展进行全面规划，把方林规划为四个区块——相对集中的工业区、相对集中的商业区、集中统一的住宅区和优质高效的农业园区，并对各个区块进行了科学的定位，完成了第二次转型升级，确立了近期、中期和远期发展规划，重新塑造了新方林。

2002年，中共十六大胜利召开，中共十六大精神和“三个代表”重要思想深入人心，成为指导新的实践的强大精神动力；方林既迎来新的机遇，也遇到了新的挑战。我们提出了“跳出方林发展方林”的新思路。方林村高质量发展村企经济，用现代企业管理模式运营，1999年成立的浙江方林集团，以经营村庄的理念发展村庄，投资1.85亿元建成占地12万平方米的浙江方林汽车城，再次推动了产业转型升级。2009年成立的浙江方林二手车市场，“买全国、卖全球”，是国内规模最大的中高端二手车市场之一。5个大市场、13家子公司，实现了从量的扩张到质的提高，完成了第三次转型升级。

方林村的发展实践充分证明，坚持党的领导是方林共同致富的根本法宝，跟党走就是走上了幸福大道。到2020年方林村集体经济收入7179万元，人均年纯收入11万元。几十年间，方林村干部体现出了“功成不必在我”的奉献精神和“功成必定有我”的历史担当，在方林全体村民的共同努力下，方林人闯出了一条“市场兴村，全民创业，共同致富”的发展之路，方林村成功地把一个贫穷落后的借贷村打造成全国闻名的明星村。

如今的方林，“资产变股权、社员当股东”，“全民持股”利益均等已经实现，村民享受到了改革的红利。家家住别墅、户户生态园，村里游泳池、图书馆、幼儿园、老年公寓一应俱全，村民享受着“吃粮村供应、看病全报销、养老有保障、股权有分红、上学奖学金、产假有工资、参军有优抚、病残有慰问、慈善有基金”等26项免费福利。《方林村村民自治章程》共计14章133条，是方林村民主政治建设的进一步推进，是依法治村、有章可循的重要标志。方林村成为高质量发展建设共同富裕示范区，实至名归。

“岁月沉淀修成志，千年方林入眼来。”读《方林村志》一书，学先贤风范，颂新时代伟业。《方林村志》彰往而察来，记录历史、传承文明，体例完备，内容翔实，是一部集科学性、史料性、实用性于一体的百科全书。众手成志，编修志书是一项艰巨浩繁的文化工程，涉及范围广，时间跨度大，参与人数多。编修期间，村两委干部全程关注，献计献策；编写人员抑或穿村走巷、调查走访，抑或伏案编写、钩沉探微。《方林村志》凝聚着众人的汗水与智慧。在此，我谨代表村两委和全体村民向编纂人员和所有关心支持、帮助村志编修的领导、专家、学者及各界人士，表示衷心的感谢和崇高的敬意！

是为序。

方林村党委书记、村委会主任、浙江方林集团有限公司董事长

2022年3月

序二

地方志，是中华优秀传统文化的重要传承载体，沉淀着中华民族悠久厚重的历史。地方志在记录当代、保存历史、传承文明、发展文化和促进经济社会发展等“鉴往知来”方面具有重要意义。在地方志的修编中，镇志、村志的编纂，则是近年来兴起的一种基层社会文化现象，是志书编修领域的一种拓展和创新。盛世修志藏古今，存史资政育后人。历经六载，《方林村志》即将付梓面世，这无疑是一个地方政治、经济和文化生活中一件令人欣慰和值得庆贺的事情。

台州，是浙江高质量发展建设共同富裕示范区的先行区。方林村是台州高质量发展建设共同富裕示范区的重要板块。方林村，以加强基层党组织建设，面向市场，全民创业，推动共同富裕的实践，为浙江争创社会主义现代化先行省发挥了探索和示范作用。

2019年10月18日，我曾到过方林。这是一方创业的热土，这里有丰富的资源，勤劳的人民和优良的营商环境。《方林村志》真实地展现了方林村半个世纪以来经济、政治、文化、社会等各方面的发展变化情况，客观地记载了中华人民共和国成立后，特别是党的十一届三中全会以来，方林人在中国共产党领导下，艰苦创业、勇于改革、勤劳致富、建设美好家乡的历史足迹。《方林村志》是我国农村、农业、农民的一个缩影，也是这一时期农村发展变化的真实反映。

在漫漫的历史长河中，方林人筚路蓝缕，在困难中坚守，在曲折中前行。1970年，方林人秉承祖辈聪明能干、勤劳肯干、踏实会干、埋头苦干、善于巧干、诚信实干的优良传统，在乾亨里开办两门小窑，随之，调味厂、药厂、教具厂等一批企业如雨后春笋般涌现。短短几年间，一个农业村走上了一、二、三产业共同发展之路。

国有国史，村有村志。编史修志的目的在于资治教化，鉴古知今，农村史志更值得编修。重视农业、农村和农民是中国共产党取得革命和建设胜利极其宝贵的经验。依靠农民，采取农村包围城市的战略，取得了新民主主义革命的胜利，建立了新中国。同样，波浪壮阔的改革大潮，也是从农村开始的。在开启第二个百年奋斗目标中，习近平

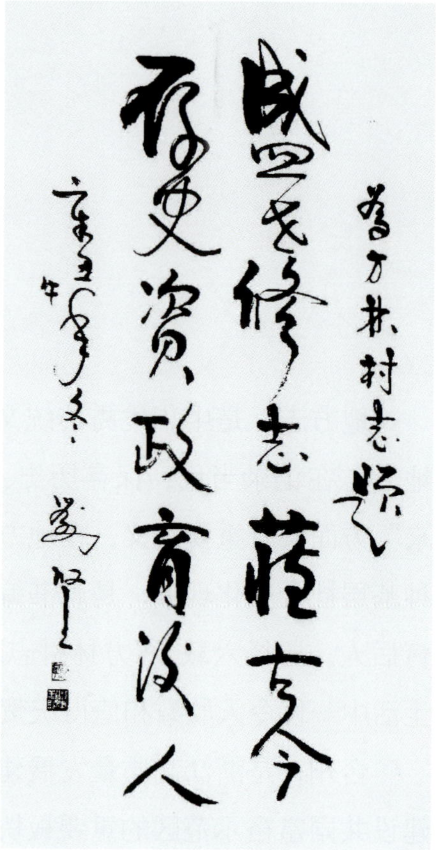

总书记多次强调要把乡村振兴作为全党工作的重中之重，作为重大的治国方略。厚实的历史积淀和多彩的文化底蕴，注定农村永远是一个内涵丰富、题材重大、值得记载的史志课题。

《方林村志》以农村为载体，取材广泛，考证翔实，序列有致，文笔流畅，贯通古今，雅俗共赏，不失为新时期乡村振兴的生动教材。全书反映的虽然是一个普通中国乡村的历史与现状，其记述了一个乡村的经济、社会和人文的发展轨迹，但是我们会从中看到一个国家向前跨越的矫健步伐，听到一个时代进步的厚重足音。

“略古详今”是《方林村志》的特点。志书，尊重史实是首位的，但必须用辩证唯物主义的历史观来看待、记载这些史实，而不是泛泛的罗列，让人不得要领。反映中华民族积极向上的传统文化，记录中国共产党领导全国人民取得农业农村的伟大胜利是主线。我们有教训，但我们有自纠能力。《方林村志》是一本好村志，基本做到了“公正、实事、全面”，该志书不仅是一部方林的发展史，也是一部对家乡民众进行艰苦奋斗，爱国、爱家乡的乡土教材，是一本满怀乡愁的读本！

回顾历史，成就辉煌；展望未来，前景灿烂。我怀敬佩之心，向方林人表示祝贺。相信方林人在村党委的带领下，一定能用勤劳的汗水续写更加辉煌的历史篇章。我祝愿方林村代代相续，历久不衰。祝愿方林人更加精诚团结，更加奋发进取，更加富庶繁荣。

是为序。

原国务院扶贫办主任、原农业部副部长、国务院参事

2022年8月

凡 例

一、《方林村志》以马克思列宁主义、毛泽东思想、邓小平理论、“三个代表”重要思想、科学发展观、习近平新时代中国特色社会主义思想为指导，坚持辩证唯物主义和历史唯物主义的立场、观点和方法，全面、真实、客观地记述方林村自然经济、政治、文化和社会等方面的历史与现状，充分体现时代特征和地方特色。力求做到思想性、科学性、资料性的统一，起到存史、资治、教化的作用。

二、本志记载时限上溯至事物肇始，下限断至2021年，大事记、照片及个别事物的记述延至成书之日。

三、本志记述涉及地域范围，以今方林村区域为主，根据记述实际需要，兼顾历史情况作适当拓展延伸。

四、本志采用编章节体式，述、记、志、图、表、传、录、附诸体兼用，以志为主。大事记以编年体为主，辅以纪事本末体。

五、本志历史纪年，中华民国及以前历代均用中国历史纪年，括注公元纪年；中华人民共和国成立后采用公元纪年，用阿拉伯数字。文中所称“解放后”指1949年5月30日路桥解放以后，此前统称为“解放前”。行文中出现的“××年代”均指20世纪。

六、本志中计量单位采用国家法定公制。某些计量单位如亩、担等，根据历史实际情况仍沿用习惯名称。数字和标点符号均依据国家标准《出版物上数字用法》《标点符号用法》。志中统计数据采用相关单位统计数据及村或企业（集团）提供数据。

七、本志中出现的“省”“市”“区”“街道”“村”，一般指浙江省、台州市、路桥区、方林村。对方林村的称谓，一般沿用历史阶段的名称，如方林生产队、方林大队，必要时用统称“方林”来指代不同历史阶段名称和方林集团。同一编章中首次出现企事业单位名称用全称并括注规范简称，后出现用简称。

八、《人物》编遵照“生不立传”原则，以人物传、人物简介形式收录，以人物生卒年顺序排列。

九、本志根据方林村特色，对汽车市场、党的建设、接待及合作交流等内容升格为编。

十、本志资料来源于村档案室、口述资料、实地调查以及《路桥区志》等地方史志书籍，均经核实。除个别特殊内容标注出处，其余不再加注。

十一、本志中部分数据合计数或相对数由于单位取舍不同而产生的计算误差，均未做机械调整。

总 目 录

第四编　农　　业

第五编　工　　业

第六编　汽车市场

第七编　服 务 业

第八编　经济管理

第九编 综合管理

第十编 村庄建设

第十一编 中国共产党组织与建设

第十二编 行政和群团组织

第十三编 地方军事

第十四编　民主法治与精神文明建设

第十五编　教育　医疗　体育

第十六编　文化娱乐　信息传媒

第十七编　古迹　谱牒

第十八编　村民生活

第十九编　宗教　风俗　方言俗语

第二十编　接待与合作交流

第二十一编　媒体报道

第二十二编　人物　荣誉

第二十三编　丛　　录

上册目录

第三编　人　　口

第四编　农　　业

第五编　工　业

第六编　汽车市场

第七编　服务业

第八编　经济管理

第九编 综合管理

第十编 村庄建设

第十一编　中国共产党组织与建设

概　述

一

方林村地理坐标东经121°23′3.21″—121°23′51.66″，北纬28°33′27.22″—28°33′54.76″，位于浙江省台州市路桥区主城区南郊，是路南街道办事处驻地、路桥短途客运南站始发地。是一个比较典型的交通便利、商贸兴旺的城郊型村庄，距台州市14千米，东临方家村，南望洪洋村，西界肖谢村，北近李家村、石曲村。环村有新路村、杨戴村、张李村、应家村等村庄。104国道、吉利大道、迎宾大道、路泽太一级公路穿境而过，南官河横贯境内，与竞争河、肖谢泾、青龙浦等交织成河网，石桥与河道成为旧时方林重要交通网络。东接台州路桥机场，西连路院路至高速公路。2020年，有常住人口2061人，其中户籍常住人口1406人、266户，外来常住人口655人。主要姓氏有方、林、陈、张、王、谢、李、管、徐、缪、罗、阮、戴、应、蔡等，方、林两姓最多。村域占地面积原仅有0.4平方千米，改革开放后，方林实施“跳出方林发展方林”策略，通过租赁、置换等途径开辟汽车市场，村域占地面积扩大至0.63平方千米。2020年，有耕地面积15.50亩。

方林村海拔3.0～3.3米，地处温黄平原，河网交织，水塘密布，土地肥沃，是粮、棉高产区。气候具亚热带季风特征：冬夏长，春秋短，四季分明，气候温暖，雨水充足，光照适宜。灾害性天气有台风、暴雨、洪涝、寒潮等。

境域内人类活动可追溯至新石器时代晚期。在灵山遗址发现距今约5000年的石器和陶片。村域附近多处发现的石犁头文物，说明新石器时代晚期境内农业已在使用石犁。20世纪90年代，在路桥小人尖出土近百件周代文物，证明从新石器时代至周朝，方林村所处区域生产生活处于长江流域同一历史进程。

方林村旧名石中村，建村历史悠久，区域范围及隶属关系多有变化。唐上元二年（675年）隶属于永宁县，唐天授元年（690年）属黄岩县。宋、元、明时期，方林隶属于黄岩县灵山乡贵丰里。清嘉庆二十五年（1820年）属台州府黄岩县路桥镇。清宣统元年（1909年），路桥始置建制镇，境区归路桥镇石曲保附村，称西岸王村。民国十七年（1928年），属路桥区石曲上下里。20世纪30年代初起隶属石曲镇，称石中村。民国三十二年（1943年），石曲镇有18保、55个自然村，方林村隶属于第四保区。民国三十六年（1947年）实行区乡制，属石曲乡。1949年10月废除保甲制，实行村组制，成立方林行政村，始有方林之名。此后，方林村村名一直沿用不变。1951年3月，黄岩县分设11个区129个乡（镇），方林村隶属于路桥区石曲乡。1994年8月22日，设台州市路桥区，方林村隶属于路桥区路桥镇；次年11月13日，路桥区路桥镇建制撤销，隶属于路南街道办事处。

乡贤杨晨在《路桥志略》中说“（路桥）自宋南渡，近属畿辅，人物渐繁，商贾渐盛，水利渐治，仕学渐兴，士农工商渐盛”，则方林亦然。相比而言，商贾更盛，主要体现在一河一街，河为南官河，街为十里长街。早在唐五代时期，吴越王钱镠开凿南官河，横穿方林，在灌溉两岸的同时，也成为重要的水上交通。历史上南官河木船往来穿梭，货重船只还需纤夫在岸边拉纤。下里桥快船埠头、石曲船埠头曾是南北货运交接的重要场所，洋布、绸缎、苎葛等货物聚集，土布、棉纱、菜油、水产、草编等地方特产远通宁波、绍兴、温州、衢州。清朝中后期，南官河边十里长街逐渐形成，包含河西街、邮亭街、下里街、石曲街等7个街区，石曲街古称“石路窟街”，为十里长街重要的一段。曾几何时，十里长街店铺林立，商旅如织，成为路桥一道风景。而与长街融为一体的粜糠桥，每逢五、十市日，是最为繁华之地，做买卖的、算命卜卦的、代写书信的，人来人往，熙熙攘攘。弹丸之地的方林村从商者颇多，民国时期，工商界财主就有10多位，如方锦霞经营颜料、布匹、油漆等，还开办印染厂，在路桥和石曲有店面多间；罗小保经营木材，生意兴旺时，从黄桥到洪洋泾口的南官河上漂的木料都属他家。解放初期，一些人的成分被定为地主。

石曲方林人文荟萃，风气淳善。李氏一族书香门第，祖孙三代热衷著述，李秉钧拔贡著有《名物类求》60卷，其子李诚著有《十三经集解》260卷、《微言管窥》36卷、《易章句述》8卷、《诗意诗篇》10卷、《名物类求》60卷、《敦说楼集》4卷、《外集》8卷等，孙李焕焘著有《毛诗名物考》《经字类纂》《历代金石录》《精益求精斋集》等。其他如方善初，著有诗文集《瓦缶鸣》6卷、《双清集》8卷、《西球札记》8卷、《丛谈》6卷、《忆语》8卷等，诸生方文翰善书画篆刻，蔡燕綦工诗文，尤善填词，著有《盟水斋诗集》《石曲词》。地方文人雅士还结“月河吟社”，咏吟家乡山水，评议社会风气，深受时人关注。民间尤重教育，及至近代，乡人争置义塾，兴办学堂，先后有於氏书院、文达书院、河西小学、敦本小学、诵芬女子小学等。还置办石曲兴文会、崇文会，作为考试、游学旅费及学习奖励，乡里学风蔚然。善事义举不胜枚举，有置茶亭、路廊，解渴行旅；设济急堂、同善堂，为病贫者施医舍药；建石曲育婴堂，救护病弱孩童。更有义仓、义济社、恤嫠会、石曲长生会等为世人济贫解困。

钟灵毓秀的方林，人文气息浓厚，历史上遗留不少文化遗迹。元末明初，石曲方氏先祖方国珍揭竿起义，一度主政庆元（今浙江宁波）、台州、温州三地，保境安民，影响深远。遗址遗迹散见台州黄岩，路桥石曲尤多。相传在石曲有三衙桥、四衙桥，方家垷曾有方国珍故宅，而洋屿起义、孝母改期、黑龙绕柱结亲家等民间传说流传至今。清末民国时期，涌现的工商财主在积累财富后，或置业乡里，或造福桑梓，留下众多产业，如方氏后人所建的三台九明堂、方大宗祠，蔡氏祖宅亦园，以及前方里、后方里庄园、观音堂等等，其中也有靠剥削乡民、横行乡里起家的土匪“麻面奶玉”陈季甫老宅乾亨里庄园。这些都是高墙深院的大宅，规模之宏大，式样之精美，工艺之精湛，令后人赞叹。改革开放后，在城镇化建设中，这些古宅逐渐被拆除。其他，如快船埠头、四衙桥、石曲老街、石板水闸、石拱老桥等古迹遍布境内，为新农村建设示范村方林增添了浓浓的人文底蕴。

二

方林村现代商业始于20世纪50年代。在计划经济时期，路桥已成为浙东著名商品集散地；80年代，路桥小商品市场和旧钢铁市场闻名全国。路桥所在的台州是中国改革开放先行区、民营经济发祥地、股份制经济发源地。加之104国道穿村而过，地理优势明显；村东面有半洋堂“露水”市场，西边国道两旁有经营旧机器的马路市场。方林有着良好的创业经商温床。

改革开放前的方林村，土地资源稀少，“大锅饭”经济束缚了村民生产积极性，也没有致富门道。1961年，粮食亩产仅327公斤，地方流传的顺口溜：“石路窟，十步一个窟；住住矮木屋，三餐一顿粥；社员牢骚满腹，当干部想哭”是真实写照。20世纪70年代末、80年代初，方林大队社员年人均收入只有100多元，队里公共积累少，处于“一穷二白”状态。

中共十一届三中全会后，改革开放的春风吹遍大江南北。1982年，推行家庭联产承包责任制，大队党支部、管委会决定实行专业承包联产计酬生产责任制，承包土地每人0.3亩，其余面积按农业劳动底分落实。农业承包到队、组，不准变动。粮食包产指标以1979年、1980年、1981年3年平均单产为基数确定，全大队亩产定为850公斤，总产量359.55吨，使社员有产可超，有利可得。1991年，粮食亩产达到987.56公斤。1998年，成立方林现代农业发展公司，下属花卉基地、葡萄种植业园和大棚蔬菜基地。2000年，全村实现农业产值189.60万元。是年起，粮食定购任务全面取消，农村劳动力的非农化进一步加快，农业逐步成为投资的新领域，对土地流转的需求增大。2002年，农户承包地流转面积98亩，占全村实有耕地面积124.04亩的79.01%，农业经济基本转型。

有限的土地资源决定了方林人难以在农业经济方面取得良好效益，方林人以敢为人先、开拓创新的精神创业。早在1973年，方林大队已经办起社队企业石曲轮窑厂和石曲教具厂。此后，接连办起石曲溶剂厂、兽药厂、皮塑厂、味精厂、水产品加工厂、空调压缩机厂、冲件厂等。私营企业也同时出现，1976年，社员方普胜独资兴办鼓风机厂，为方林村第一家私营企业。一些社办企业先后被承包。1984年，方道忠、林仙友、林显平、林启友等人签订合同，承包村家用五金电器厂，为首份村集体企业承包合同。此后，皮鞋厂也被承包，五金教具厂承包到第一、第二、第三车间。1985年，村办起第一家股份制合作企业长虹微型电器厂。集体企业和个体企业总体发展势头良好，1980年，方林大队工业产值93万元。但发展长势不足，至80年代末、90年代，一些企业先后关闭。

20世纪80年代中期开始，在村党支部书记方中华带领下，方林人发扬“肯吃苦，善创造；敢为人先，商行四海”的方林精神，积极探索强村富民之路，闯出一条以市场兴村、全民创业、共同致富的创业创新之路。迄今，方林村经历了3次转型发展。

第一次转型约在1984—1994年，主要是统筹全村土地，打破队界、户界，发展集体经济。在这次转型中，方林村迈出两大步。

第一步是贯彻落实《中共中央关于一九八四年农村工作的通知》(中发〔1984〕1号)文件精神。该通知为农业农村发展指明了方向。无农不稳，无工不富，无商不活，方林大队干部抓住先机，结合大队实际，统筹全村土地，共同开发利用，变农民对土地的实物拥有为价值占有。首先对“前方”“后方”“下林”3个自然片统一政策、统一规划、统一实施、统一经营，打破队界、户界。

第二步是通过“三个一”发展村集体，即建一条街、办一家企业、创一个市场。1983年9月，通过拓建方林路，打通村庄交通动脉，为方林村以后的发展提供基础保障；通过创办长虹微型电器厂股份制合作企业，增强村民主人翁意识，实现强村富民；开启市场业态经济模式，于1984年创办浙江省第一家旧机械设备交易市场，当年成交额45万元。由此，方林迈出市场兴村的坚实一步。

第一次转型的10年间，方林村从负债村变成富裕村，1994年村级集体收入132万元，农民人均年收入4408元，分别是1984年的24.4倍和10.2倍。

第二次转型在1994—2002年，抓住台州设市、路桥建区契机，做大做强第三产业。这期间，两个思维决策推动方林村进一步发展。

第一个决策是“解放思想，重塑一个新方林”。克服干群中存在的“小富即安、故步自封、不求发展”的思想意识。抓住台州撤地建市和路桥建区的重大机遇，外出学习取经，掀起“重塑一个新方林”的大讨论，“看现状、找原因，献计策、求发展”，在思想意识层面向内开刀。

第二个决策是“以人为本，实施经济社会、村庄发展规划”。邀请上海同济城市规划设计研究院专家，对全村经济社会、村庄发展进行全面规划，把方林规划为4个区块——相对集中的商业区、相对集中的工业区、优质高效的农业园区和集中统一的住宅区，并对各个区块进行科学定位，确立近期、中期和远期发展规划。

从1984年创办路桥旧机械设备交易市场以来，方林村利用区位优势，将贸易市场这块蛋糕越做越大。1995年1月，创办路桥机动车交易市场；1996年5月，扩建路南中心菜市场；1996年9月，建起路桥客运南站和路桥货运南站；1997年，参股路桥区公交联合公司。对市场和公司实行规范化管理服务和滚动开发，不断提高市场的规模、档次与品位，以市场群带动全村集体经济的发展，同时带动工农业经济。1998年，成立方林花卉有限公司，划出与方林苑毗邻的30亩土地，创办花卉种植场。同年3月，村里按照“稳制活田，三权分离”“自愿、依法、有偿”的原则，成立方林现代农业发展公司，村民以土地资产入股，村集体以资金和设备入股，入股村民按照人口和劳动力，每人每年按股份从农业发展公司拿土地分红。村对土地实行统一规划安排、统一经营。土地股份化让村里有钱办事、有地办事，多数村民从兼职农民变成，完全离开农业但能享受集体分红的新农民。

1999年，与黄岩实验花场合作，在邻村建起100亩的花卉基地。2001年，村在方林西岸规划出一块40亩土地用于建工业区，采取一定的政策倾斜和资金支持，引进和培育各类能人到村办厂兴业。由此引进10多家个体私营企业。

第二次转型这9年，是方林村快速发展的10年，奠定了以市场为支撑的产业格局。

2002年全村实现工农业总产值3.57亿元，实现市场成交额3.98亿元，村集体收入910万元，人均年收入1.1万元。

第三次转型自2002年开始，实施“跳出方林发展方林”的策略。20余年的创新创业，让方林人得到前所未有的市场经济的历练，取得辉煌的成就。但是有限的发展空间制约村了进一步发展。机动车交易的生意兴隆，也需要交易市场扩大规模，升级换代。这都需要足够的土地资源。以方中华为主的村领导提出“跳出方林发展方林”的新思路。1999年，注册成立浙江方林集团，下辖13家子公司、五大市场，产业涉及汽车、摩托车、制冷配件、花卉、房产、机电、灯具、市场等。集团采用现代企业管理运营模式，聘请职业经理人，大力提升现有市场的档次和规模，狠抓“大思路、大项目、大市场、大发展”，实现村属产业向“集团化”资本运作转变，方林村及集团实现脱胎换骨的变化。形成“四化一坚持”发展格局：坚持以党组织建设为中心，最终实现产业多元化、管理科学化、村民知识化、村庄生态化。在“四化”建设中，实施4个战略，主抓产业多元化。

一是建设浙江方林汽车城。2002年6月，方林村和杨戴村合股兴建浙江方林汽车城。市场占地面积12万平方米，营业面积5.5万平方米，总投资1.85亿元，成为浙江省四星级文明规范汽车市场。2015年5月，在玉环开发区建成玉环方林汽车城，占地11.13万平方米。成为方林人“走出方林办方林”转型升级的范例。2020年，汽车城累计汽车销量4.52万辆，增长5%，销售额90.00亿元，上缴税收1.35亿元。

二是建起浙江方林二手车市场。2003年，在原机动车交易市场搬迁后的1.3万多平方米场地上建起二手车交易市场。同年7月1日，方林二手车市场开业。2009年，迁建、升级原有的二手车市场，在肖谢村建成浙江方林二手车市场有限公司，市场占地5.3万平方米。市场业态、窗口形象以及服务功能都得到跨越性的提升。2015年9月，浙江方林二手车市场二期开业，总占地面积10万平方米，年销售二手车5.5万辆，销售区域遍布全国20多个省份，成为国内规模最大、档次最高、影响力最大的中高端二手车市场之一，是台州市唯一一家市场成交额超百亿市场和浙江省五星级文明规范市场，也是全国首家诚信二手车市场。2018年，方林二手车市场三期建成营业。2020年，二手车市场销售汽车58978辆，销售额102.5亿元，同比2019年增长2%。

浙江方林汽车城、浙江方林二手车等五大市场成为方林村支柱产业。

三是走“村村合作、强强联合”的发展模式。通过村村合作、村企合作、强强联合等方式，把发展经济的蛋糕进一步做大、做强。2008年9月，方林与上海九星村、萧山航民村、东阳花园村、奉化滕头村组建中国村企集团五村合作组织。合作组织以“合作、创新、发展、共赢”为目标，分别在花卉苗木、功能房产、酒店旅游、商业市场、设备制造、印染纺织、生物制药等方面投资发展，共同做大村企集团，振兴村域经济，推动中国农村经济发展。2010年，发起举办台州市村官论坛，并成立浙江五村集团，通过“5＋X”合作模式积极开发项目，发展村庄经济。占地5.3万平方米的工业地产项目、台州五村小额贷款公司以及东方理想学校，都是这种模式下结出的果实。

四是加强村企合作、强化资本运作。自主开发方林名苑房产项目，参与建设台州第一高楼——天盛中心中央商务区城市综合体项目，以及南官金源房地产项目，尝试房地产业。

方林村以方林集团为主体，紧抓机遇，开拓创新，3次转型，调整产业结构，“走出方林发展方林”，使得方林村各项产业得到全面提升，实现从量的扩张到质的提升，真正成为村强民富的社会主义新农村、小康村。2020年，方林村市场成交额202万元，村级集体经济收入6770万元，农民人均收入11万元。

三

中华人民共和国成立后，方林村一直在党的领导下开展各项工作。1957年，方林高级社党支部成立，有党员5名；1960年，方林生产队党支部成立；1993年3月，村党支部升格为党总支；2009年8月，以无候选人直选方式，产生路桥区第一个村级党委，方中华当选村党委书记。强有力的村委领导班子是方林发展的重要保障。从方林村70多年发展历史，尤其是改革开放时期看，每次爬坡过坎都离不开党组织的领导和党员的模范带动作用。方林村下辖5个支部，2020年，有党员106名。长期以来，村党委认真学习马克思主义、毛泽东思想、邓小平理论、“三个代表”重要思想、科学发展观，深入学习习近平新时代中国特色社会主义思想，秉承“当村干部就是要改变村里的面貌”的创业精神，发挥“书记做给支委看，支委做给党员看，党员做给群众看”的表率作用，调动广大党员和全体村民建设方林、服务方林的积极性。一是发挥堡垒领航作用。自1983年开始，坚持“三会一课”和每年一次村民大会制度。深入开展“两学一做”，常态化、制度化开展主题党日学习，通过“党建+市场”“党建+经济”“党建+诚信”模式，有效实现党建促发展、发展促党建。二是发挥先锋模范作用。坚持“三个一”制度，要求每位党员每年为党组织添一分光、为乡村振兴出一份力、为群众办一件事，并记入“党员奉献簿”。坚持党组织关爱和慰问制度，要求每位党员制订“服务清单”，认领“微心愿”，联系3户家庭，激活红色细胞。三是发挥志愿服务作用。常态化开展党员志愿活动，建立党员包干联系、党员帮扶指导、党员带头落实等工作机制，打造方林党建“铁军”。四是加强后备干部队伍建设。定期举办“家燕归巢、共话发展”座谈会，积极吸收优秀人才、青年党员进入班子，选送村两委和企业的年轻干部参加浙江大学高级管理人员工商管理硕士（EMBA）培训，通过努力打造一支“有远见、懂管理、敢担当、讲奉献”的高素质村干部队伍，调动广大党员和全体村民建设方林、服务方林的积极性。五是以党风引领村风民风。以道德红榜人物、优秀党员、优秀村民等“最美榜样”和家风家训活动，传承和发扬文明风气。村党组织多次获得国家级、省市级荣誉，1996年，被中央组织部授予“全国先进基层党组织”，2012年，被中央组织部授予“全国创先争优先进基层党组织”。

拥军优属是方林村坚持不懈的一项特色工作。早在20世纪50年代初，方林村就与驻军建立起军民一家的亲密关系。1996年，方林村设立部队军功奖，向方林村和方林村籍立功受奖的现役军人颁发奖金。同时向驻路部队官兵发送节日慰问金。1998年，方林村把服兵役和拥军优属写进方林村第一部《方林村村民自治章程》。2005年，驻地部队与方林村签订《军民共建公约》。2011年，方林集团出台《浙江方林集团社区军民共建工作方案》《浙江方林集团“关爱功臣活动”实施方案》，使军民共建活动制度化、规范化。每年八一建军节前，方林村与当地驻军开展军民共建活动，双方秉持“加强联系、增进友谊、互助互学、共同提高”的原则，形成“同呼吸、共命运、心连心”的新型军民关系。“军民共建一条街”“军民共建方林苑”等一系列活动开展已有30余年，增进了军民友谊，促进了方林社会主义新农村建设。

方林还推出一系列拥军优属奖励制度，村里青年在服兵役期间，若在部队荣立一等功，则对其奖励10万元；发放现役义务兵家属优抚金，每人每年3万元……每年村党委、村委会到军属家庭慰问。2006年1月，中共台州市委、军分区授予方林村“拥军优属模范单位”称号。2007年，方林村获得台州市“双拥模范单位”称号。

四

方林村既注重物质文明建设，也重视精神文明建设。为满足村民的精神文化需求，村两委牢固树立以人为本的发展理念，始终坚持“口袋富”与“脑袋富”并重，创办《方林报》，开通方林网站，建成方林大会堂，设立图书室、阅览室、村民学校、健身房，电脑入户率达100%。推行“创业富人、文化强人、制度育人、生态怡人”的创新管理模式，成立农民大鼓队、合唱团、舞蹈队、篮球队、网球队、老年门球队等。激发文明建设正能量，推动“四个文明”建设的协同发展，为村庄的现代化建设和可持续发展增添活力。

自1990年开始，开展“一张红榜促敬老”慈孝教育活动，以及“好公婆、好儿子、好媳妇、好女儿、好女婿、好孙子（女）”评选活动，尊老爱老蔚然成风。30余年持续举办“十星级文明道德新家庭”评比活动。建立以村联防大队为主，村民自愿参加的群防群治组织，倡导“我为村民守一夜，村民为我守一年”的“平安方林”活动。建立方林村综治工作站，设立“新方林人”服务和管理办公室，为和谐方林建设奠定基础。

五

改善人居环境是打造幸福方林的重要举措。集体经济的发展为村容村貌的改善创造条件。方林村党委针对农村“只见新房子，不见新村庄”的普遍现象，提出“全面规划，重塑一个新方林”设想。于1996年开始实施旧村改造，同时请上海同济城市规划设计研究院专家制订《方林村村庄发展规划》。按照规划要求，分3期建小区，第一期建造96幢别墅；第二期建造124幢别墅，36间排屋；第三期建造38幢联体别墅，12间排屋，实现家家户户都住上集中统一的花园式别墅的梦想，户均住房面积290平方米。为改善村民生活环境，邀请中国水电顾问集团华东勘测设计研究院的专家编制生态村建设规划，同时着力推进生态村建设：关停转迁4家污染重、能耗高的企业，彻底解决环境污染问题；1999年起，先后完成方林老年公寓、门球场馆、医疗服务中心的建设；建成配置有游泳池、网球场、篮球场等场地的休闲公园，完成路南公园的整体改造，新建方林大会堂、音乐喷泉广场、生态公厕等设施；完成方林苑公共绿化，村庄绿化率达55%；为小区安装监控系统，配备专职保安，实行封闭式管理。“门前花草绿油油，垃圾集中有人收；家家户户住别墅，环保意识人人有”这几句顺口溜就是如今方林人生活的真实写照，幽静、安宁、祥和，无烟尘、无噪声、无废水污染，空气清新、生态平衡、绿树成荫、百花争艳的方林村，成为路桥区一颗璀璨明珠。1997年6月，时任浙江省委书记李泽民考察方林村，称赞方林苑说：“现在农村不错啊，我们省长、书记还没有那么大面积的房子呢。”并欣然题词“方林苑”。2008年，方林村被评为全国第一批生态示范村。2009年，成功入选“中国绿色村庄”。2008年和2009年，被浙江省旅游局评为省特色旅游村。

方林村秉持“基本保障靠集体，勤劳致富靠自己”的理念，在大力改善居住环境同时，着力提高村民的各项福利。发展村级集体经济，就是为了让村民群众享有更好的福利，最终实现共同富裕。改革开放以来，方林村在壮大村集体经济同时，时刻将“生活富裕、村民幸福”作为发展的根本出发点和落脚点，让每一个村民都享受到改革的红利、发展的成果。方林村实现一套多达26项的社会福利和保障体系。基本实现“吃粮有保证、上学奖学金、看病能报销、养老有保障”，村里给村民享受农村医疗保险、养老保险、房产保险，实行村民到市级医院免费体检制度。对“五保户”和孤寡残弱人员实行衣、食、住、医到家，男60岁、女55岁以上村民免费入住老年公寓，实施退休制度和老人一年一次外出旅游等制度。每个退休村民每年领到的退休金、福利和股权约有5万元，2020年，可领到的退休金、福利和股权在10万元以上。村民的获得感、幸福感、安全感全面提升。

六

改革开放以来，方林村领导班子坚持以规划为先导，紧扣发展村集体经济这一关键，带领村民把握机遇、锐意进取、共同致富，获得全国先进基层党组织、全国创先争优先进基层党组织、全国首批文明村、全国民主法治示范村、全国小康示范村、全国创建文明村镇先进单位、全国“美德在农家”示范点、全国敬老模范村、中国特色经济村、中国名村等15项国家级荣誉和16项省级荣誉。位列2017年中国名村影响力排行榜第20名，方林村各项工作的推进、各项成绩的取得，离不开各级党委、政府的支持、指导和关心，习近平、朱镕基、曾庆红、张德江等党和国家领导人曾到方林村视察和调研，给了方林人很大的鼓舞和鞭策。

党的十九届五中全会的召开，为方林村未来发展指明了方向。进入新发展阶段，方林村坚持贯彻新发展理念，构建新发展格局，进一步实现经济强村、文化强村、生态强村，不断增强村民获得感、幸福感、安全感，努力把方林村打造成共同富裕新高地和典范的社会主义现代化新农村。

1983—2020年方林村主要社会经济指标见表1。

表1　1983—2020年方林村主要社会经济指标

年份	户数/户	人口/人	耕田面积/亩	工农业总产值/万元	农业总产值/万元	工业总产值/万元	市场成交额/万元	农村经济总收入/万元	村级集体经济收入/万元	农民人均收入/元
1983	241	932	493.60					39.11	5.35	431
1984	241	931	493.60			165.01	4.58		6.70	
1985	241	902	479.40			354.95	454.67	79.31	15.29	787
1986	234	905	477.36			405.05	250.00	85.45	16.29	844
1987	249	918	477.36			435.14	786.36	86.67	20.48	944
1988	248	914	434.22	616.61	15.61	601.00	800.00	100.05	22.40	1085
1989	247	918	431.76			1176.71	550.34	115.15	21.58	1093
1990	243	923	427.56			907.04	552.30	131.92	28.54	1215
1991	271	925	424.76			1374.87	1106.30	168.88	32.35	1405
1992	270	933	422.76	1648.60	38.86	1609.74	2618.62	227.26	39.16	2436
1993	259	938	421.26			4762.16	3417.30	5001.17	60.30	3318
1994	280	945	367.84			10344.36	1076.00	460.73	131.81	4408
1995	287	956	325.84			13171.04	7753.22	15624.28	203.99	5088

（续）

年份	户数/户	人口/人	耕田面积/亩	工农业总产值/万元	农业总产值/万元	工业总产值/万元	市场成交额/万元	农村经济总收入/万元	村级集体经济收入/万元	农民人均收入/元
1996	286	960	206.04	11765.31	141.31	11624.00	8500.00	11983.01	321.98	6038
1997	285	954	206.04	17106.28	157.34	16948.94	15063.20	17106.28	446.50	6980
1998	287	959	206.04	20661.55	119.53	20781.08	15380.00		512.51	7878
1999	258	930	195.04	26458.23	187.10	26271.13	25437.50		707.43	8543
2000	261	932	161.04	30392.60	189.60	30203.00	31768.00	30538.60	825.89	9482
2001	266	943	125.04	36244.30	240.30	36004.00	32800.00	36629.71	827.16	10433
2002	269	945	124.04	35720.59	145.79	35574.80	39835.00	34652.29	910.12	10955
2003	270	955		35758.87	117.27	35641.60	184000.00		929.16	11833
2004	271	1000		36425.72	125.72	36300.00	246000.00		1009.34	12776
2005	272	995	80.00	58111.58	111.58	58000.00	300500.00		1108.99	14087
2006	272	1011	50.00	64578.00	78.00	64500.00	400000.00		1211.80	16095
2007	272	1028	50.00	73662.00	62.00	73600.00	480000.00		1321.80	17382
2008	271	1041	50.00	77290.00	90.00	77200.00	455800.00		1403.30	18750
2009	270	1058	50.00	80990.00	90.00	80900.00	759400.00		1770.30	20625
2010	269	1065	50.00	93200.00			888800.00		2023.56	22275
2011	269	1071	50.00	107800.00			1385900.00		2640.66	24600
2012	269	1077	50.00	117300.00			1515000.00		4520.72	32000
2013	268	1080	50.00	140000.00			1595000.00		5067.00	46000
2014	268	1079	50.00	127000.00			1690000.00		4560.00	48000
2015	265	1092	50.00	129500.00			1860000.00		4065.70	53000
2016	266	1105	15.50	129800.00			1950000.00		4150.00	58000
2017	266	1111	15.50				2005000.00		4980.00	65000
2018	266	1123	15.50				2050000.00		5120.70	100000
2019	266	1134	15.50				2060000.00		7179.00	110000
2020	266	1137	15.50				2020000.00		6364.00	110000

注：①数据主要来自历年方林村经济收入分配和效益情况表、方林村年度工作总结以及其他有关资料。

②2010年起，由于农业总产值所占比例低，不分农业、工业总产值；2017年起，重点转向市场营销业，不作工农业总产值统计。

大 事 记

记载自置永宁县至2020年的大事要事。

唐

上元二年（675年）

四月，析临海县南部置永宁县。今方林村域隶属永宁县。

天授元年（690年）

九月，改永宁县为黄岩县，以县西部著名道人王远隐居的黄岩山为名。今方林村域随属黄岩县。

五　代

后梁开平元年至后唐长兴二年（907—931年）

吴越王钱镠开凿南官河，从黄岩南浮桥经石曲至峤岭（今温岭市温峤），全长65千米，宽3～5丈，深1.6～1.8丈。筑埭200余处，灌溉农田71万余亩。南官河穿方林村而过，境内段长0.85千米。

宋

元祐年间（1086—1094年）

两浙提刑使罗适疏浚南官河，改善农田灌溉条件。

绍兴十九年（1149年）

黄岩知县杨炜发动民工，投入170余万工疏浚河道，立陡门9所，内有路桥石曲陡门，在陡门宫旁。

庆元五年（1199年）

开辟黄太驿道，石曲街成为中心站点。

嘉定十六年（1223年）

陈耆卿著《赤城志》40卷，内载：石路窑桥在县东南35里。后又称石曲桥、粜糠桥。在宋朝，路桥已成街市，在石曲形成小街区。

元

元贞元年（1295年）

升黄岩县为黄岩州。方林村隶属黄岩州。

至正十九年（1359年）

朱元璋授方国珍为福建行省平章政事，方国珍疑虑不赴，仍占浙东3府。提出“保境安民”口号。占据台州的方国瑛建石曲唐桥（即塘桥，在陡门庙旁）、四衙桥（黄泽公路与肖谢泾交叉处）。在路桥建山桥、月河桥、中桥、卖芝桥，又在泽库东建三衙桥。

至正二十三年（1363年）

十二月，地震。

至正二十六年（1366年）

棉花种植技术传入境内，时称“童花”。

宋、元时期，方林村属黄岩县灵山乡贵丰里。

明

洪武二年（1369年）

三月，黄岩撤州复县。方林隶属黄岩县。

洪武四年（1371年）

十一月，靖海侯吴祯收编方国珍在庆元、台州、温州3府旧部军士及船户111700余人，隶各卫所为军士。事涉境内。

是年，朝廷推行屯田政策，将随方国珍归顺的24000余人尽徙安徽濠州（今安徽省凤阳）。

洪武二十年（1387年）

黄岩增置石曲铺，设铺司2名，铺兵若干名（《赤城新志》云，黄岩十二铺，共铺司24名，铺兵64名），清仍旧，民国时废。

永乐元年（1403年）

迁黄岩县人至河北、京师等地。此后，又分别于永乐三年（1405年）、永乐九年（1411年）迁县人至河北、京师等地，3年计迁10万余人，黄岩人口锐减至155375人。村域波及。

洪熙元年（1425年）

六月，大雨，平地水深五六尺。

成化五年（1469年）

十二月，析黄岩县南部3个乡置太平县。村域仍属黄岩县灵山乡贵丰里五十五都。

弘治元年（1488年）

四月，大风雨，海水淹漫，平原成泽国，方林遭水淹。

嘉靖三十七年（1558年）

四月，倭寇屯兵栅浦，分掠黄岩县城及长浦、路桥、泽国、松门、太平等地。境内受扰。

嘉靖晚期（1559—1567年）

建陡门宫于塘桥侧。为纪念戚继光部将孔、傅、朱、章抗倭牺牲，民众立庙奉祀，尊为元帅。门口建戏台，逢十月十六日，称为元帅日，有戏班演戏。

天启四年（1624年）

马铃薯引种境内。

是年，曾养性在石曲建镇静堂，俗称上堂。乾隆时重修。

清

顺治十八年（1661年）

十月，朝廷以沿海居民接济郑成功、张煌言抗清为由，坚壁清野，撤临海、黄岩、太平、宁海县等沿海30里内居民入内地。民众流离失所，顿失生计。石曲方林受扰。

康熙元年（1662年）

番薯自福建传入，境内始种。

是年，设石曲递铺。

康熙三十六年（1697年）

黄岩知县刘宽疏通南官河，黄岩县城到路桥通船。

雍正十一年（1733年）

知县樊琳改县都图区划。城区分4都辖8图，乡分51都辖71图。方林仍属灵山乡贵丰里，为38都2图。

乾隆元年至道光元年（1736—1821年）

方国珍后裔建造后方里，为三台九明堂。1996年春、夏之间，因建吉利大道被拆除。

乾隆五十八年（1793年）

在沙地东建石曲方氏大祠堂，占地3.5亩。咸丰八年（1858年）重修。

嘉庆十八年（1813年）

里人李诚中二等拔贡，分发云南，候补直隶。

道光元年（1821年）

始种罂粟。次年路桥乡村即遍种罂粟。民间盛行吸鸦片，屡禁不止。

道光六年（1826年）

里人李旭东、方延祺等捐田40亩设立石曲长生会，以为掩骼埋胔、施棺舍葬之用。

道光十四年（1834年）

李诚编纂完成《云南通志》220卷。

咸丰四年（1854年）

七月初五，大风雨。海潮上涌，陆地成海，水漫村野。田禾又灾，饥溺无算，时赖绅富拯之。灾后大疫。

同治中期（1866—1868年）

里人蔡鲁封在石曲下保置办养性义塾。后又置办孰本义塾。黄岩知县孙熹改义塾为“志福堂”。

同治九年（1870年）

里人蔡燕綦中举，为境内唯一举人。蔡字子绶，又字申甫。

同治十一年（1872年）

里人蔡鲁封、季馨一等捐田80余亩，设石曲宾兴（一名兴文会），为当地士子提供会试路费。后改充敦本小学经费。

是年，里人李益均、蔡希国等捐立石曲崇文会。有田13亩，以为收拾字纸雇人费用。

同治十二年（1873年）

知县孙熹在石曲置办通任义塾。

光绪初期（1875—1880年）

方林属路桥石曲37都1图。

光绪七年（1881年）

七月十八日，台风大作。

光绪十六年（1890年）

饥荒严重，杨晨与同乡京官奏请救灾，散发台州府常平仓谷万石。

光绪二十一年（1895年）

黄岩知县关钟衡提倡发展蚕桑业，在海塘、平地种植桑苗。方林始有蚕桑种植。

光绪三十年（1904年）

收回被李姓教民霸占的馆塾，改办孰本初级小学堂。

泽国阮氏家族在石曲开设阮由义堂当铺，为石曲乃至路桥最早的当铺。

宣统元年（1909年）

路桥始置建制镇，方林归路桥镇石曲保附村，称西岸王村（另一附村叫李家洋村）。

宣统三年（1911年）

冬，路桥镇防营管带多寿（满人），接受饷粮离开路桥。石曲由此脱离清朝管治。

石曲街市于清朝形成，集市日为农历初五、初十，主要交易品种有船钉、鱼钩、日用品等。

中华民国

民国元年（1912年）

12月，台州公署派兵剪除男子辫发，明令20岁以上妇女放开缠足，未成年妇女禁止缠足，但不彻底。

民国二年（1913年）

根据教育部命令，境内学堂改称小学。实行新学制：初小4年，高小3年，中学4年。

民国三年（1914年）

2月，停办民选自治，合路桥镇、同蟾乡设路桥区。境区归属路桥区。

民国四年（1915年）

石曲当店老板改为阮有恒，资本额8000银圆。

是年，改初等小学为国民学校，实行义务教育。

民国五年（1916年）

驻台温工兵第一师师长童保暄奉命修筑黄岩至泽国公路，为浙江最早修筑的3段公路之一。不久因调防，公路停建。公路穿村而过，境内路段长0.82千米。

民国六年（1917年）

里人蔡元灏室人罗漱芳女士在石曲上保创办诵芬女子小学。后改为初级小学。

民国七年（1918年）

2月12日，地震。

夏，大水。

是年，石曲当店老板改为阮有豫，资本额3000银圆。

民国十一年（1922年）

9—10月，连遭3次暴风雨，洪水泛滥。

是年，麻帽编织技术从海门传入，3年后普及。

民国十二年（1923年）

8月7—11日，台风肆虐，海潮泛滥，多数村舍遭破坏，村民无立足之地。粮食减产五成。

民国十三年（1924年）

里人张善元创立石曲济急堂，以救济贫民，施医舍药。

民国十六年（1927年）

1月，国民革命军抵闽，军阀孙传芳下属周荫人部由福建向浙江撤退，途径石曲，勒索军饷，强拉民夫，民称“北佬乱”。随后，国民革命军挺进台州，过境石曲，受到沿途群众夹道欢迎。

是年，黄岩县全境清丈土地结束。宣布旧都图废，公布新丈字图。清丈后，按业承粮，凭粮营业，纠纷宁息，赋税增加。村域列为“禄字”，含石曲、洪洋、前方、后方、洪洋蔡、洪洋陈、大户应、新郎桥。共则田1881.226亩，则地155.373亩，则塘64.359亩，共地丁银112两6钱5分，抵补金米32石3升7合。清丈土地始于民国五年。

民国十七年（1928年）

街村制改为村里制，集镇为里，乡为村，划40区。方林属路桥区。

温岭横峰人金国庚购置“路太号”汽船，往返于路桥至温岭之间，石曲设埠，境内始通汽船。

民国十八年（1929年）

春，旱情严重，立夏后7天始雨，螟虫滋生，早晚稻遭害。

8月13日，大雨，洪水泛滥，方林村受淹，晚稻减产，斗米银币一元二三角，村民食草根。县政府提倡编织麻帽。

是年，路桥区人民政府在路桥大操场举行公判大会，判处土匪骨干陈法初、陈法聪（均为陈季甫之子）死刑，执行枪决。

1951年

3月，开展土地改革运动，没收的地主家具堆满后方三台里，再分给贫下中农。至5月，土地改革基本完成，转入土地复查。方林村按人均1亩为标准，多余部分土地调剂给邻村。至年底发放新土地证。

是月，方林村村民参加乡人民政府在石曲小学操场召开的公判大会，判处土匪骨干罗小头死刑，执行枪决。

5月，土地改革完成。全村105户，划定为地主成分的10人，商业地主成分2人，反革命分子成分5人，坏分子成分4人。于1979年全部摘帽。

是月，路桥镇开办职工业余学校。次年，城乡开展速成识字法和冬学等扫除文盲运动。方林的文盲村民报名参加学习。

8月，桐屿区从路桥区分出建立，辖11个乡。石曲乡归属桐屿区，方林隶属。

11月，方林村开展群众速成识字和冬季扫盲运动，开设扫盲班（也称夜校）和午休班。址设方道福家。办至1963年结束。

12月，成立方林村妇女联合会，谢玉香任主任。

冬，村民领到县人民政府颁发的土地证，烧毁了旧契据。

1952年

3月，成立农业生产互助组。由村农民协会会长戴仙禄，及成员王天森、张明、林仙法等发起。1956年9月，高级社诞生后，农业生产互助组解散，历时4年半。

7月19—22日，受台风影响，连续大雨，积水七八天，农田全部受淹，水深五六尺，早稻受涝发芽霉烂。大水过后，疟疾流行。

是年，村民郑迪生、胡宣德参军，加入中国人民志愿军，赴朝抗美。

1953年

春，方林村开展互助合作运动。村民自愿组成农业生产互助组，小的四五户，大的七八户，春耕前完成。

4月，全村开展推广早稻小株密植。

6—7月，早稻发生铁甲虫病，损失二三成。晚稻病情更加严重，部分田块颗粒无收。

11月，方林村贯彻执行粮食统购统销政策。

冬，全村掀起群众性治虫运动，挖稻根、翻石板捕捉害虫。

1954年

3月，村民参加中华人民共和国成立后首次普选，选举出席石曲乡人民代表大会的代表。

9月中旬，实行棉花统购统销。村民首次领到布票，直至1985年取消票证，使用布票长达32年。

是月，螟虫、稻飞虱大发，开始使用有机氯农药“六六六粉”。

是月，石曲乡农村信用社成立，址设前方里。方林村民全体入股，每股股金2元。

是年，全村开始实行生猪春、秋两季预防注射制度。

1955年

1月18日，中国人民解放军解放一江山岛，方林村组织民兵担架队支前。

4月，响应政府号召，方林农业生产推行“五改”。即间作改连作，单季改双季，中籼改晚粳，低产作物改高产，一熟改二三熟。引进503、南特号、陆财号等新稻种。

5月，陆军高炮66师617团某排进驻石曲中心小学前。于1961年2月调往宁波。

8月，贯彻执行粮食定产、定购、定销的“三定”政策。城镇居民实行以人定量供应制度，始用粮票。

下半年，猪瘟病流行。全村大搞清栏消毒的“白猪栏”运动。

冬，完成手工业社会主义改造，全村“五匠”手工业者12人，响应政府号召加入乡生产合作小组。

是年，方林成立初级合作社，社长林贤来。农业合作社取代村行政委员会、村农民协会的管理职能，受乡政府领导开展各项工作。

1956年

3月，乡（镇）人民政府改为乡（镇）人民委员会，乡（镇）村制改为乡（镇）社（高级社）制。方林属路桥镇石曲乡。

6月，黄岩县撤销桐屿区，石曲乡直属县。于次年8月复区。

是月，黄岩县路桥联合诊所石曲分诊所成立，址设塘桥和平居。

9月，中共中央七届六中全会《关于农业合作化问题的决议》在农村贯彻后，第二次农业合作化高潮迅速掀起。方林村成立方林高级社，社长林贤来。下设9个生产队。从此土地从私有制进入集体所有制。高级社于1958年9月解散，历时2年整。

是年，石曲乡信用社扩股，每股新增股金3元。

是年，对社内无依靠的孤、老、残人员实行“五保”（吃、烧、住、穿、葬）政策。

1957年

5月11日，遭受龙卷风和冰雹袭击，社员房屋受损，人员受伤。

5月，成立方林高级社党支部，有党员5名，支部书记詹荣杰。隶属石曲乡党委。

夏，在乡村学校开展“整风反右”运动。

10月28日，省委发出《关于进一步发展养猪生产指示》。方林贯彻“私有、私养、公助”方针，生猪饲养有较大发展。

1958年

3月4日，县委、县人委召开农具改革誓师大会，要求在10天内全县实现“六化”：木犁改良化、圆盘滚耙化、切草机械化、平原交通化，运输车子化、机船化。方林合作社购入双轮双铧犁2把（因不适宜，于1960年卖给供销社），购入打稻机9台。

3—4月，响应县委关于加快实现“四无”县的号召，全社开展除“四害”（老鼠、麻雀、苍蝇、蚊子）突击月活动。社员制作多种捕鼠、雀工具，以上报乡政府的鼠尾巴和麻雀头数多少论成果。次年，将灭雀改为灭臭虫。

5月，大炼钢铁开始，在乾亨里西南角建土高炉，同时拆除前方里围墙。社员捐出铁质农具和生活用品回炉。因成效甚微，不久停办。大炼钢铁期间，上级抽调大批青壮年去炼钢铁。

8月，实行对农副产品统一管理、统一分配、统一收购，关闭农贸市场。因统购统销政策，由1957年年底仅7种票券，至1962年增至60余种。

9月，掀起人民公社化运动。黄岩县撤销区乡建制，全县77个农业生产合作社合并成10个人民公社。10月，成立路桥人民公社，石曲乡由桐屿区公所划入路桥人民公社，改称石曲大队，方林合作社改称方林生产队，下设9个小队。公社可以无偿调拨土地、农具、物资和劳力。生产计划和分配由公社统一确定。取消按劳分配和等价交换原则，实行“一平二调”。

10月，掀起食堂化运动。方林办起3个公共食堂，提出“鼓足干劲生产，放开肚皮吃饭”口号，实行粮食供给制，社员吃饭不要钱。

1959年

4月，石曲大队改为石曲管理区，方林隶属。

6月19日，黄岩县人民委员会发布《关于保留社员自留地的布告》，规定每人不少于全社平均数的3%，不超过5%的原则，由社员自主支配。方林生产队按3%标准分给社员自留地。

6月，方林生产队与9个生产小队实施“四固定”（土地、耕牛、农具、劳力）包产，超产部分由生产队分配。

是月，纠正“共产风”，国家、公社、管理区归还生产队和个人平调的资金、房屋、劳力、粮食、生猪、耕牛、农具、土地等，但不彻底。

9月4日，5号台风带来特大暴雨，方林大队一片汪洋，晚稻受淹。9月5日上午，省人民委员会派飞机空投食品和慰问信。

12月9日，全省畜牧工作会议提出尽快实现1亩1头猪目标。掀起“四级办场、五级养猪”运动。方林生产队在前方祠堂办起畜牧场，存栏数在40～50头。同时，按照政策规定，收回社员自留地。

是年，生产队社员连续几个月吃不饱，个别生产小组断炊，有社员偷吃饼肥。下半年，公共食堂关闭。

1960年

春，社员生活极度困难，多数家庭靠向西部山区借番薯干度日，甚至到山上挖“白蟹刺根”代食，个别家庭靠卖屋料、卖家具糊口，出现病、饿、流、荒现象。社员患浮肿病30多人，妇女闭经20多人，少数儿童患营养不良症。出现非正常死亡个例。

上半年，继续掀起“大跃进”，提出“一天等于二十年”“跑步进入共产主义”等口号。发动基层搞春花“千五万”（即大小麦亩产1000斤，油菜籽亩产500斤，绿肥亩产1万斤）、早稻“双千斤”运动，逐级下达任务。方林生产队出现“并稻”（将10亩稻苗移至1亩）现象，推广各种违反科学的所谓新技术，均失败，导致损失和减产。

7—9月，受7、8号台风和强降雨影响，农田受淹，晚稻减产3成。方林生产队购进矮脚南特号种子作倒种繁殖。

8月1日，受台风影响，长潭水库大坝出现险情。全县万名民工抢修水库大坝。方林社员参加抢险，连续15个昼夜战斗，大坝加高至29米，战胜险情。

是年，受粮食高定产、高征购、食堂化以及灾害影响，社员口粮严重不足，副食品奇缺，肉类凭票供应，人均每月7两。

1961年

1月，县委成立防治“新三病”（浮肿病、妇女病、小儿营养不良症）领导小组，组织428名干部进驻重点地区，抽调489名卫生人员组成42支医疗队。其中，境内下林东来里设为一个点。至年底，全县治愈12032例，死亡590例。

春节前后，连降大雪，平地积雪及尺。

5月19日至6月1日，受3、4、5号台风影响，总降雨量达600毫米，农田、村庄被淹。

6月16日至8月23日，连续干旱69天，部分农田因缺水未能下插。

7月，调整商业体制，恢复农村供销合作社、合作商店。方林代销店再次开张。村内买卖交易放开。

8月2日，执行省委关于大队、生产队养殖场暂时坚决停办的规定，方林畜牧场停办。

9—10月，有关体制进行调整：撤销路桥人民公社，恢复路桥区。石曲管理区改为石曲人民公社，方林生产队升为方林大队，林贤来任大队长，小队升为生产队。确定生产队为基本核算单位，实行“三级所有，队为基础”，生产队土地、劳力、耕畜、农具“四固定”，各级不得无偿调用。划出土地面积的7%作为社员自留地。允许社员经营小规模家庭副业。

10月4日，遭受26号强台风正面袭击，晚稻受淹减产。

是年灾害之多，时间之长，受灾面之广，破坏性之大，为几十年少有。

1962年

春，开展战备动员，严防台湾当局进犯。方林大队成立民兵连，连长方道中，队部驻下林东来里。民兵经常拉练。

7月22日，5号台风侵袭，早稻落粒，损失惨重。

是年，地委备战工作会议召开，方林因靠近机场，家家户户挖防空洞。

是年，由于贯彻“60条”和“公养私养并举，私养为主”的方针，生猪生产回升，恢复到1959年的水平。

是年，“2号病”（霍乱）流行，省医疗队指导帮助治疗。

是年，方林民兵连突击排排长兼教练员管人财参加县民兵射击比武，获第一名，被誉为“神枪手”。

1963年

2月1日，石曲街市恢复粮食和糠交易活动。

春，发生严重春旱。自上年11月中旬至4月中旬，干旱长达103天，春花、春粮大减产。

4月，按照中共中央《关于目前农村工作中若干问题的决定（草案）》所规定的社会主义教育运动的路线、方针、政策，掀起“社教”运动，集中农村干部“洗手洗澡”，检查交代是否有参与包工到户、分田单干、集体吃喝、动用公款、贪污盗窃、私占多分等问题。

是月，方林大队推广“一组三田”（即科学实验小组，品种对比田、高产试验田、种子田）活动。

6月，公社、大队开展“四清”（清理账目、清理工分、清理仓库、清理财物）运动，社会主义教育工作队进驻方林。运动虽取得一些成绩，但打击面过宽，伤害一些干部。清理账目后，大队结余仅6元。

9月，三化螟大爆发，晚稻白穗率达10%。

10月，褐稻虱爆发，晚稻减产。受害严重田块，毁秆无收。

是年，在允许社员经营小量家庭副业和开放农村集市贸易政策推动下，方林大队社员家纺兴起。境内前方里土纱、土布夜市应运而生，做生意的人有二三百人。

1964年

5月，方林大队早稻“矮脚南特号”种植面积70%以上，早稻种植初步实现矮秆化。

11月，省通知关闭粮食市场，取消粮食、棉花集市贸易。随后石曲街市粮食市场关闭，境内前方土纱、土布市场向半洋堂转移。

是年秋季开始，方林大队响应毛主席号召，开展“农业学大寨”运动。

是年，方林大队实现队队通广播。

1965年

5月，境内农田开始推广养萍，面积逐年扩大。

8月，境内晚稻“农垦58”种植面积达60%，晚稻种植初步实现矮秆化。

是月，始用电动打稻机脱粒。背负式手动喷雾器普及到每个生产队。

9月，村里建立贫下中农协会（简称贫协），张茂德当选村贫协主席。“四清”运动结束后，方道福、林贤来继续担任大队党支部书记、大队长。

是年，夏收后，县委推广黄岩县拱东公社妙儿桥大队“五分七厘闹革命夺高产”、长潭公社前蒋大队“艰苦奋斗创新业”和市头公社沙滩大队“治山治水一年面貌大变”等“农业学大寨”先进典型。方林进一步掀起“农业学大寨”高潮。主要成绩有移高地、填河塘、扩大耕地面积，农田格子化，疏浚境内河道等。

1966年

6月，“文化大革命”开始，学校停课。

8—9月，乙型脑炎流行。

9月，社员学习“老三篇”，唱革命歌曲，召开“讲用会”。家里贴毛主席画像，弄巷墙壁处处用红漆书写毛主席语录。

是年，生产队取消自留地，实行政治评分。

是年，生猪饲养引入长白猪良种。

1967年

3月，石曲人民公社以武装部为主，建立公社生产领导小组，领导全社工作。

3月27日，境内下冰雹，大如桂圆，持续5～10分钟，地面积冰雹2～3寸，绿肥损失80%以上，蚕豆减产五成。

4月，境内推广“矮南早一号”“青小金早”“广六早”。晚稻推广“农垦58”。同时重点抓好育秧、早发等增产措施。

6月24日至11月13日，大旱，长潭水库放水至死水位。境内河道干枯，农田开裂，晚季农作物受损严重。

10月6日，路桥革命造反总指挥部（简称“路总司”）成立。石曲相应成立“石总司”。

12月4日，村对“三自一包”“四大自由”等开展革命大批判。

1968年

1月14日，路桥区革命造反联合司令部（简称“路联司”）成立。石曲公社相应成立“石联司”。

春，流行性脑炎流行。

7月，一队严姓社员在河塘畔用手榴弹炸鱼。因操作失误，手榴弹在头顶爆炸，致使包括自身在内5人重伤，2人轻伤。后经区第三人民医院医治后，全部痊愈出院。

9月，晚稻纵卷叶螟、褐稻虱大面积爆发，受害严重，粮食减产。

1969年

6月，石曲公社管理委员会改称石曲人民公社革命委员会，替代党政领导。至1981年4月又改称石曲公社管理委员会。方林生产大队成立革命领导小组，组长林永福替代支部领导。

冬，地区工人毛泽东思想宣传队进驻石曲，社队举办“斗、批、改”学习班，时长100多天。个别贫下中农被打成反革命分子。

1970年

春，早稻种植推广小苗带土移栽法。

7月，早稻推广“广陆矮4号”种植。

下半年，稻瘟病大爆发，晚稻受损严重。

是年，大队部和部分社员家庭安装电话机。

是年，在社员林玲芳家中办起大队医务室。1976年，单独设立，改名大队医疗站，有医务人员2人。

是年，批判农村“资本主义倾向”“唯生产力论”，再次限制集市交易活动。

是年，大队支部书记方道福组织7个生产队集资1400元，在乾亨里办起两个小窑，生产小青瓦、小青砖，当年盈利万余。

1971年

10月中旬，开展“批林整风”运动，揭发批判林彪反革命集团的反革命罪行。

是年，春、夏、秋3季连续干旱少雨，尤以夏旱最重。是黄岩县自1933年以来最严重的一次大旱。青龙浦口实行反水。境内农田受旱减产。

1972年

上半年，大队购入永康产工农-12型手扶拖拉机2台。次年，再置1台。

8月16—19日，受9号台风影响，暴雨成灾，晚稻受淹减产。

8月，肥皂脱销，开始凭票供应。

11月8日，省委发出《关于加强粮食工作的指示》，规定完成征购任务后，可设立粮食交易市场。石曲街市米、糠行恢复交易活动。

12月，全县开展山林普查。明确新岗山16亩山林地属于方林大队。

是年，属方林大队范围的低压电网由大队投资架设，实现全大队通电。1975年，石曲设电管员1名。

是年，大队基本消灭血吸虫病。

是年，社员出工不出力现象严重，“上工点到，落垟吹哨，记工按底分套”。后来实行“四定责任制”（定任务、定时间、定质量、定工分）。

1973年

1月1日，石曲公社联合诊所更名为石曲公社卫生院，为县属大集体单位。

上半年，方林大队在地方国营黄岩县岩头轮窑厂厂长方道坤等支持与帮助下，建起石曲（方林）轮窑厂。轮窑18门，计划日产红砖3万块。

7月1日，石曲（方林）轮窑厂正式点火生产。是黄岩县唯一一家队办轮窑厂，厂长管康寿，会计林寿增，出纳方香珠，统计林明，生产管理方四妹、方中华，负责经销阮普妹。生产工人原则上1户1人，实行包产制。1999年，轮窑厂关闭。

9月，根据上级要求，各生产队配备种子、植保、土肥、畜牧、农机5名专管员。

是年，为支援轮窑建设，管康寿卖掉耕牛，方道福、林美春、陈友浪卖掉生猪，投入轮窑建设。同时还向方孔正借款3万元，向麻帽社和辽洋大队各借款1.5万元，向泽国轮窑厂借来平瓦格子。

是年，经黄岩县革委会生产指挥组批准，设立黄岩县石曲教具厂，性质为社队办企业，负责人为曹宝玉、谢香莲，主要生产地球仪，有工人47名。于1980年外迁。

1974年

6月30日，统计全村户籍人口，7个生产队共有在册181户，634人。

是年，女社员参加卫生部门组织的以子宫颈癌为检查重点的妇女病普查。后每年1次普查。

是年，经黄岩县革委会生产指挥组批准，开办黄岩县石曲化工厂，厂长曹宝玉，主要生产香蕉水、松香水、乙醇溶剂等化工产品。址设后方。1979年，更名为石曲溶剂厂。

1975年

6月25日，经黄岩县革委会生产指挥组批准，设立黄岩县石曲砖瓦厂，负责人林明，性质为社队企业。定砖瓦税率10%，运输、装卸税率3%。

是年，下乡知识青年徐旭斐、肖玲玲、许建国、陈建明落户方林，并参加轮窑厂劳动。1980年，迁出户籍。

1976年

7月，晚稻试种杂交稻。全面推广稻田套种咸菁（田菁）。有增产效果。

12月7日，方林5队与石曲农机厂签订地基出让协议书，为方林大队首份土地出让协议书。

是年，经黄岩县革委会生产指挥组批准，开设黄岩县石曲兽药厂，址设后方，为队办企业，厂长曹宝玉，产品主要有铁皮枫斗，税率5%。由盛龙土、罗仙德负责兴办的黄岩县石曲味精厂在后方3队开业，为大队办企业，主要产品味精，于1981年停产。方普胜独资兴办鼓风机厂，生产鼓风机，址设葫芦池，于2000年转产停办。

1977年

10月，石曲公社兽医分站成立。

12月22—24日，根据县统一要求，开展突击灭鼠活动。

是年，境区杂交稻获丰收，亩产比常规稻增产二至四成。

是年，台州地区工作队进驻方林大队。对社员方普胜私自生产鼓风机一事，举办15天学习班，作为“地下工厂”的典型予以批判。

1978年

6月1日，重新丈量各生产队社员自留地，并登记造册。

7月，晚稻大面积种植杂交稻。

是年，粮食生产获得丰收，全大队424亩粮田总产76.0129万斤，平均亩产1792斤，为历史最高纪录。当年人均收入147元。

1979年

1月，红糖开始敞开供应。白糖仍凭票销售。

4月，对地、富、反、坏“四类分子”进行评审摘帽。

5月，黄岩县委撤销各区革命领导小组，建立区公所。

6月17日，方林大队与石曲邮电所、兽医站、农村信用社签订建房用地协议书。

6月，方中华任轮窑厂副厂长。

8—9月，受9、10、19号台风袭击，加上夏旱，农业受灾减产。

是年，经黄岩县计委批准，开办黄岩县石曲水产品加工厂，为方林队办企业，负责人罗仙德，加工产品为螺蛳肉、泥鳅等。

是年，社员方道福造起村里第一栋三层楼。

70年代，方林大队在“农业学大寨”运动中，采取移高地、填河塘方式扩大耕地面积22亩。其中1队挖掉高园和柏树坟，填掉锅肚脐塘、园孤塘等4个河塘。2队填掉龙门塘和水渠路旁无名塘。3队填掉石曲小学后门塘。4队填掉水渠路旁无名塘。6队和7队填掉荷花塘和新路村毗邻小河塘。

70年代，有23位社员使用手拉车从宁溪、长潭买硬紫枝、杉树梢、松木、硬木等，拉回路桥卖，补充家庭收入。

1980年

6月，农业生产责任制由包产到组转向包产到户。至1982年1月，贯彻1982年中央1号文件后，全县大田全面“包产到户”，实行家庭联产承包责任制。

12月28日，砖窑厂首次公布社员投入资金、产品预支等财务情况。

是年，方林大队工业产值93万元。其中，砖瓦厂70.07万元，溶剂厂5.6万元，水产加工厂7.8万元，皮塑厂2.2万元，药厂3.3万元，教具厂4.4万元。工业利润4.07万元，其中，砖瓦厂4.9万元，溶剂厂0.64万元，水产加工厂0.26万元，药厂0.6万元，皮塑厂亏2.2万元，教具厂亏0.13万元。

是年，方林大队由旧房拆除建成“石曲影剧场”，有900个座位；占地面积2730平方米，建筑面积1500平方米，总投资17万元。设16毫米放映座机，服务区域19.9平方千米。时为台州地区唯一一家大队办的电影场。

是年，大队对51名退休老人首次发放养老金，每人每月发10元。

1981年

1月，发生牲畜5号病，猪发病最多。

7月，石曲公社革委会改称石曲公社管委会。撤销大队革命领导小组，恢复大队党支部，支部书记方道福。

1982年

1月12日，中共路桥区委发文，任命方道福为大队党支部书记，管人财为副书记。

是日，石曲人民公社委员会发文，任命方中华为大队团支部书记兼石曲轮窑厂厂长，林必清任团支部副书记，陈初芬任妇联会副主任。免去林小春团支部书记、方四妹轮窑厂负责人职务。

6月6日，黄岩县革命委员会改称县人民政府。方林隶属路桥区石曲公社。

7月，林显琳购入18寸松下彩色电视机一台，为方林大队最早拥有彩电的家庭。

12月30日，方林大队制订1982—1983年发展规划，为村首次发展规划。

年底，方林大队全部实行家庭联产承包责任制。

是年，方林大队出资从下里桥地下输水渠道将自来水接入境内，实现大队户户通自来水。

1983年

1月3日，出台关于街道建设和社员建房的规定。

3月12日，省政府决定，完成粮油统购任务后，开放贸易市场。石曲街粮市开放，粮价上涨。

6月2日，黄岩县石曲电管站成立。

是月，28岁的方中华被推选为大队党支部书记。

8月，改变人民公社“政社合一”体制，改设乡人民政府、乡农工商联社。方林大队改设方林村民委员会、村经济合作社，社长林必清，辖前方、后方、下林、西岸4个自然村。历时25年的人民公社体制结束。

是年，由李建国、方孔荣负责兴办的黄岩县石曲空调压缩机厂在西岸乾亨里开业，为大队办企业，主要产品有空调压缩机。由陈华能、林必清负责兴办的黄岩县石曲五金冲件厂开业，址设后方，主要产品为五金瓶盖等。

1984年

2月29日，方林家用五金电器厂与方道忠、林仙友、林显平、林启友等人签订承包合同书。为村首份集体企业承包合同。

3月，方林村创办浙江省物资调剂路桥机械设备分市场（即黄岩石曲旧机械设备交易市场），建筑面积1200平方米，摊位50个，当年交易额943万元。首任场长方四妹，为全国第一家“旧机械设备市场”。

春，贯彻落实《中共中央关于一九八四年农村工作的通知》（1984年中央1号文件），延长农村土地承包期15年。至9月底，全村土地续包和调整工作完成。

1985年

1月30日，方林村经济合作社与石曲塑胶电器厂李建国、石曲求精电器配件厂谢勇华、石曲溶剂厂缪建平、石曲压铸件厂方普胜、方林五金冲件厂陈华能、石曲家用五金电器厂陈法春、石曲舒美服装厂林寿增、石曲摩登皮鞋厂徐贤德、石曲日用塑料制品厂黄彩云等签订1985年经营承包合同。

1月，实行村干部年度岗位责任制。

9月2日，《浙江日报》第1版刊登《石曲旧机械市场交易兴旺》报道。

是年，村办起第一家股份制合作企业长虹微型电器厂，负责人方孔华、方孔荣、李建国。

是年，始实行孕产妇系统管理。

1986年

4月14日，开始实行九年制义务教育。

是月，开始发放第一代居民身份证，至1988年5月发放完毕。

是年，陈华能、蔡依禄创办的整流器日光灯厂在西岸开业，主要产品日光灯，为队办企业。1997年转产摩托车系列产品。

是年，黄岩县石曲乡联合诊所更名为黄岩县路桥镇石曲卫生院。1988年，迁址方林村，占地280平方米，建筑面积643平方米。

1987年

2月25日，文林村经济合作社与石曲舒美服装厂林寿增、石曲塑胶电器厂林必清、石曲压铸件厂方普胜等签订经济承包合同。此后，又与石曲旧机械设备市易市场方四妹、石曲搬运组方普根、石曲电机器材厂方孔华等签订经济承包合同。

4月1日，方林经济合作社与黄岩五金瓶盖滴塑厂、黄岩县石曲溶剂厂签订资产经营承包合同。同月21日，另补签协议书。

7月，方中华获中共台州地区委员会授予的优秀共产党员称号。

10月3日，村委会与石曲卫生院签订地基对调协议书。

12月13日，青龙浦动工疏浚，自石曲至蓬街轮窑厂，全长14.2千米。

1988年

春，黄岩县农业局在石曲乡方林村、新桥镇中林村进行早稻工厂化育秧试点，共育秧40805盘，栽插741.9亩。

4月23日，方中华代表参加黄岩县第九届第三次人大会议。

8月28日，方林村与村民签订固定基金暂借使用协议书。

是年，村首设财务公开栏，接受村民监督。

是年，成立石曲乡第一家村老年协会。

是年，村民方春国购买一辆小轿车，为村第一辆私人轿车。至2020年年底，全村拥有各类轿车650辆。

1989年

4月，石曲乡划归路桥镇。11月，改称路桥镇人民政府石曲办事处，方林隶属。

是月，全村实现户户通电话。

是年，村购置一台插秧机，插秧开始实行机械化作业。移建东岸方胜抽水机房，重修东岸排灌沟渠1千米。

是年，方林村党支部首次开展民主评议党员制度。

1990年

9月，方林村村道水泥路面浇筑竣工，自黄桥至104国道线，路长200米，宽16米。

是年，村民开始使用煤气灶。

是年，开始收取土地承包款，按每亩3元上交村集体。实施劳动积累工制度，每年每个劳动力承担10 ~ 15天义务工。

是年，开始在村里开展“一张红榜促敬老”活动，由村老人协会调查评分，以红榜公布孝敬父母的子女名单，黄榜公布不孝敬名单。

1991年

1月1日，方林村与石曲办事处协同制定“八五”规划。确定1991年各项指标，以及规划中要求年内办的7件实事。

1月18日，开展调查村民1990年年底前的建房基本情况。

9月1日，开始对全村民兵进行造册登记。

10月，引进河南开封产联合收割机1台。

是年，方林简易菜市场形成并营业。

1992年

1月1日，制定和出台1992年度工作计划以及政策处理意见。此项工作已成制度化。

4月，黄岩市撤区扩镇并乡工作开始，6月完成。路桥区撤销。全市设16镇10乡。方林村仍归属路桥镇石曲办事处。

5月25日，路桥镇石曲办事处改称路桥镇石曲工作处。

10月27日，制订1992年度12批技术改造项目计划。

是年起，村为过世村民负担丧葬费100元。

1993年

1月5日，中共路桥镇石曲工作处公布各村党支部换届选举结果，方中华当选为中共方林村党支部书记。

12月20日，方林村与路桥镇土地管理事务所签订统一征地协议书。

1994年

1月27日，方林村与黄岩市东海机械厂、石曲真空镀膜厂、长征电机厂、新艺油墨油漆厂、电热压铸件厂、路桥金属材料公司、通力制冷元件公司签订土地使用协议书。同时与黄岩市精益针织厂、石曲砖瓦厂、真空镀膜厂、华丽纺染厂、新光油墨油漆厂、鑫星电梯厂、通力制冷元件厂、长征电机厂签订协议书。

4月，原中共中央顾问委员会委员、中共浙江省委原书记、省委顾问委员会原主任铁瑛给方林村题词“社会主义新农村”。

8月22日，经国务院批准，设立台州市路桥区。路桥区辖原黄岩市的路桥、桐屿、峰江、新桥、横街、下梁、金清、蓬街8个镇和螺洋、黄琅2个乡。11月29日，台州市路桥区成立大会在路桥影剧院召开。方林村隶属路桥区路桥镇。

12月17日，召开“重塑一个新方林——方林新农村建设”规划细化会议。

1995年

1月，方林路扩建改造，实施道路硬化。

是月，制订路桥区路南合作基金会章程和台州市路桥方林工贸有限公司章程。

3月22日，路桥区路桥镇路南管理区下发《关于下达九五年农业生产计划和粮食征购任务的通知》。方林村主要任务指标：农业总产值68万元；粮食总产320吨；柑橘产量34吨；早稻种植面积338亩，晚稻374亩；生猪年存栏135头，年出栏147头；劳动积累20.88万元；粮食征购任务27.7吨。

3月，方中华被推选为路桥区人大代表，并当选为区一届人大常委会委员。

是月，黄岩石曲旧机械设备交易市场更名为路桥旧机械设备市场。

4月10日，路桥区路桥镇路南管理区下发《关于成立管理区外来人口管理领导小组的通知》，方道坤为领导小组成员。

4月11日，路桥区路桥镇路南管理区下发《关于管理区土地增值费收取试行办法的落实》文件，规定：在方林街15米内街边二侧建房的按每间5400元收取，10米宽街边二侧建房的按每间3600元收取。同日路南管理区发文，明确方林村1995年度农业税社会分配指标减免400斤。

6月21日，中共路桥区路桥镇路南管理区党委发文设立人口与计划生育领导小组。方林村计划生育领导小组组长方中华，副组长管人财、陈初芬。

7月13日，中共路桥区路桥镇路南管理区党委发文，中共方林村党支部升格为党总支。任命方中华任方林村党总支书记，管人财、林必清、方浩任方林村党总支副书记，委员为林小春、陈华能、缪济平、方孔荣。

7月18日，路桥区路桥镇路南管理区向各类新经济组织指派党的工作人员。方林村党总支副书记林必清派驻通力制冷元件公司。

7月20日，路桥区路桥镇路南管理区成立路南管理区老龄工作委员会，方道坤为成员之一。

7月24日，路桥区路桥镇路南管理区成立路南管理区关心下一代工作委员会，方道坤为成员之一。

7月，方林村被命名为“浙江省农村小康示范村”。

8月18日，路桥区路桥镇路南管理区建立创建文明卫生城市领导小组，管人财为成员之一。

9月，中共台州市委授予方林村“新农村建设示范村”荣誉。

10月24日，路桥区路桥镇路南管理区成立村（居）医疗合作管理小组。方林村医疗合作管理小组组长为管人财，成员有林小春、林必清。

10月，路桥区政府授予方林村“小康村”称号。

11月13日，撤销路桥区路桥镇建制，在原路桥镇行政区域内设立路桥、路南、路北3个街道办事处。方林村隶属路南街道办事处。

11月21日，方林村首次聘请法律顾问。

11月23日，方林村首批新家庭示范户造册登记。

是月，台州市在方林村召开全市晚稻收割机推广现场会。

12月5日，方林村签订首份工矿产品购销合同。

是年，村实现“四通”（通公路、通电话、通自来水、通广播）。

是年，村根据依法、自愿、有偿原则，将全村村民土地使用权作为股金，投入农业发展公司统一经营。

1996年

1月，全村实施大小道路硬化，告别泥土路。

2月9日，方林村团委、妇代会获路南街道办事处1995年度先进集体，方道坤、管人财、林小春、詹荣杰、王灵华获先进个人荣誉。

是月，方林村被路桥区政府评为1995年度经济亿元村。

是月，建立村老年基金会，主要管理成员有管人财、方道坤、王平。投资每股2万。

3月18日，方林村被中国村社促进会评为中国农村小康示范村。

3月20日，方林村建立村（居）管理委员会。

3月22日，路南街道办事处下达各村1995—2000年耕地保护及建设留用地指标。方林村1995年年底耕地数147.5亩，建设留用指标（市场）用地44亩，造田造地2亩，到2000年年末耕地数确保105.5亩。

3月24日，方林村出台奖励和扶持农业生产的政策。

是月，上海同济城市规划设计研究院完成方林村总体规划，对村住宅区、商业区、工业区、环境生态等做出远景规划。其中，对“方林苑”居住小区作出详细规划。

4月2日，路南街道办事处同意建立台州市路桥区机动车交易市场。

4月15—16日，方林村签订内环线道路建设拆迁安置协议书。

4月20日，中国商城机动车交易中心与浙江省第二测绘院签订协议书，同意在《中国沿海商贸城、路桥区经济交通旅游图》上标注单位名称。

4月22日，方道坤被聘为路南街道党风廉政监督员，聘期3年。

5月28日，“方林苑”工程动工建设。工程整体规划建设住宅328幢（间），占地13.6公顷，总投资5000万元。

6月10日，按照路南街道办事处1996年度初级卫生保健工作要求，方林村改造厕所30户。

6月17日，在方林电影院举行“方林新农村住宅工程”标书开标会。

6月18日，方林村向台州市交通局提交《关于要求建立台州市路桥客运南站的申请报告》，于11月15日获得批复同意。获批的还有其他4个公用型客货运输站场。

6月20日，由农业部中国农村杂志社主办的《农村工作通讯》第五期刊登《方林村的小康之路》文章。

6月28日，台州市中国商城机动车交易中心（市场）开业。中心占地面积18560平方米，建筑面积8667平方米。场长林必清。

6月，台州市委授予方林村党总支“先进基层党组织”称号，路桥区政府授予方林村“文明单位”称号。

是月，方林村党总支被评为省先进基层党组织。

7月1日，中央组织部授予方林村党总支“全国先进基层党组织”荣誉，《人民日报》刊登“表彰决定”。

7月29日，方林村被浙江省民政厅评为浙江省示范村委会。

8月28日，方林工贸公司征用商业用地20.60亩的建设用地呈报表和建设用地规划许可证获浙江省政府批准。工贸公司法人代表为方中华。

12月27日，路桥客运南站工程施工图和建筑工程施工图、电气工程施工图等由宁波市民用建设设计研究院设计完成。

是年，陈华能、陈华光兄弟创办村第一家企业集团——浙江中能光电有限公司。

1997年

1月，方林苑一期建设完工，共有别墅96幢，占地4.8公顷，总投资1800万元。于10月交付使用。

是月，由中共浙江省委、省政府农村工作办公室、《今日浙江》杂志社编，新华出版社出版的《小康之路——浙江省小康示范村集锦》内有方林村介绍。

2月23日，《路桥商报》刊登路南街道报道组撰写的《走经济强村之路，开精神文明之花——透视方林村社会主义新农村建设面貌》新闻报道，全面介绍方林村社会主义新农业建设成就。

2月25日，村改厕户数达到130户。

2月26日，方林机械设备市场搬运组制定规章制度。

是月，方林村被路南街道办事处评为1997年度集贸交易先进集体。

3月10日，《路桥商报》报道中共中央政策研究室正局级研究员李天资在路桥区指导农村基层组织建设工作时称赞："方林村获社会主义新农村示范村称号是当之无愧的，方林村村民新居建设档次高。"

是月，地处方林村的路南街道葡萄种植园区被路桥区政府评为1996年度"区级农业龙头企业"。

4月8日，方林村与海军某部队修理厂合作开展军民共建活动。

4月14日，村征收1997年度人民教育基金36675元。按每人45元标准缴费。

4月15日，村党总支向各类新经济组织继续指派党的工作人员。方中华被指派到华丽纺染厂，林必清被指派到金星机械实业公司，陶崇善被指派到砖瓦厂，方浩被指派到真空镀膜厂，机动车交易市场党的工作人员为场长林必清。

5月20日，方林村开展"双禁"（禁毒、禁赌）工作。

6月10日，浙江省委书记李泽民考察方林村时题词"方林苑"，称赞道："现在农村不错啊，我们省长、书记还没有那么大面积的房子呢。"

6月23日，路南街道出台《关于路南街道洪长路、吉利大道工程征地拆迁实施办法》。征地拆迁范围为北起机场路，经石曲村、方林路、洪洋村至民航南路止，长度550米，规划红线50米。拆迁涉及方林村部分土地。

6月25日，《台州日报》刊登《奔小康"领头雁"——记路南街道方林村党总支》一文。

6月26日，《台州日报》刊登《风景这边独好》文章，报道全国先进基层党组织方林村党总支。

7月8日，台州市路桥货的运输有限公司召开股东大会，选举方中华为公司执行董事兼经理，林必清为监事，管人财为货的运输有限公司股东代表。8月1日，货的运输有限公司股份合作协议签订。

7月10日，与田洋王村签订田洋王中巴停车场南迁协议书。协定1998年12月31日后，田洋王中巴停车场停止使用，所有车辆都停到方林村停车场。

7月15日，路桥区人民政府发布通告：田洋王停车场迁移到路桥短途客运南站（即方林村停车场）。1997年8月1日至1998年12月31日，田洋王村和方林村停车场实行单双号停车。1999年1月1日开始，田洋王村停车场停用。

7月24日，中共浙江省委组织部副部长叶洪芳考察路桥区新农村建设样板村——方林村。

7月31日，方林村成立土地管理领导小组，组长管人财，成员陈法春、王平。

是日，路桥客运南站开业。投资274.9万元，占地面积15700平方米，站长方浩。

8月9日，方林村“一张红榜促敬老”活动在全区推广。

8月15日，方林村首次开展创建“十星级文明道德新家庭”活动。

8月18日遭受第11号台风袭击，是1949年以来最强过境台风。村内老旧小平房损坏。

8月22日，《跨世纪之光》报道方林村“一张红榜促敬老”活动。

9月1日，《路桥商报》第一版刊文评价方林苑是封闭式管理的花园别墅小区、平安小区。

10月5日，村民蔡正杰被任命为街道民兵治安联防大队副大队长。

10月8日，方林村党总支发文明确：陈法春任方林苑平安小区管理小组组长，张勇为治安保卫部负责人，林启富为环卫绿化养护服务部负责人，管卫军为水电、通讯、电视服务部负责人。

10月9日，村民徐贤德、林云琴获路南街道“敬老十佳个人”荣誉。

10月11日，《台州日报》刊登《方林村的昨天和今天》一文，通过今昔对比，反映方林村翻天覆地的变化。

是日，中央基层建设考察组来方林村考察。

是日，路南街道计划生育协会领导小组成员调整，方道坤任办事处专职副会长，村计生协会负责人。管人财任会长，詹荣杰为专职副会长，陈初芬为副会长，林小春任秘书长。

11月14日，村首次举行洗车位出租投标。共10个洗车位，实际投标7个，标额46717.4元。其中，李由仙、方正法、陈财平、张华池、丁香娇、方春玲6个村民投得1、5、6、7、8、10号位，投标总额39917.4元。招标年限1年，自1997年11月15日起至1998年11月15日止。向外招投2、3、4、9号位，王小林投得2号位，标价6800元，年限亦1年，自1997年12月10日起至1998年12月10日止。洗车场占地1.5亩，由村拨款30万元，在内环线西侧原荷花塘处，经填埋建起。

11月19日，浙江省委、省政府对路南街道方林村进行省级新农村示范村检查验收，获得通过。

12月4日，出台方林苑小区物业管理试行办法。

12月26日，方林村聘请律师事务所律师为法律顾问。

是年，方林村老年协会获中央民政部、劳动部、总工会、共青团、全国妇联、中国老协颁发的全国老有所为奉献奖和全国老有所为先进集体。

是年，成立暂住人口管理领导小组，组长由村委会副主任兼民兵连长蔡正杰兼任。

是年，方林菜市场办起，营业面积8000多平方米。

1998年

1月3日，建起方林车辆清洗站。占地1.5亩，由原荷花塘填建而成。

1月5日，台州市路桥方林招待所开业，于2013年6月关闭。

1月4日，《钱江晚报》第二版刊文介绍全国奔小康示范村——方林村。

1月7日，村委与朱荷娇签订农田租赁协议书。

1月，全村改厕，拆除所有露天粪缸（坑）。

2月13日，方林村被中共浙江省委、省政府评为“浙江省社会主义新农村建设示范村”。

是日，签订组建成立方林村通春葡萄种植园股份公司的协议书。

3月4日，《浙江日报》刊登《台州市路桥区方林村农民有远见》文章。

3月15日，方林村被评为路桥区区级文明单位。

3月21日，《台州日报》第二版刊登方林村实行农民享受退休金制度的报道。

3月24日，方中华列入台州市第一届人民代表大会第六次会议主席团名单。

3月25日，方林苑被路桥区政府命名为爱国主义教育基地。

3月29日，《浙江日报》刊登《孝与不孝看分明，自有公道在人心》的报道，记述方林村一张红榜促敬老的事迹。

5月1日，方林村制定户口挂靠规定，明确户口挂靠村的外来人员不能享受村民待遇。

5月19日，林必清在中共浙江省委、省政府举办的17家红旗单位表彰会上，作题为《两手齐抓结硕果，兴村富民展新姿——方林村新农村建设基本情况介绍》的汇报发言。

是日，《路桥商报》刊登《走向农村现代化——记路南街道方林村党总书记、市区人大代表方中华》的报道。

5月23日，方林村与路桥区洋林公交有限公司签订公交车营运租赁合同。

5月27日，《浙江日报》第三版刊登《百尺竿头更进一步，方林村二次创业闯新路》报道。

6月6日，《台州日报》第三版刊登《村民的免费出租车》报道，记述方林村党总书记方中华私车公用的事迹。

6月7日，《浙江日报》刊登《农村现代化的排头兵——台州路桥区方林村现代化建设纪实》报道。

6月10日，方林村花卉生产基地科技项目立项。

6月11日，方林村成立信访工作领导小组，组长方中华，副组长方浩，成员蔡正杰。

6月16日，经村民大会通过，出台第一部《方林村村民自治章程》。7月1日，《方林村村民自治章程》修订成册，共10章95条。自此，依法治村，有章可循。至2021年，共修改7次。

6月18日，方林村综合档案室建立，档案员林小春。

6月28日，方林村委托杭州轻工工程设计部负责设计村老年活动中心。

6月，《方林村民主政治建设制度》汇编成册，是村民主政治建设的一件大事。

是月，路桥洋林公交公司成立。由方林村、田洋王村合资创办。

7月9日，方林村成立村级土地利用规划工作领导小组，组长管人财，成员林文德、林小春。

7月20日，路南中心幼儿园在方林苑破土动工，为小区内花园式幼儿园。

8月1日，方林村村委制订方林村合作基金会章程。

8月18日，《台州日报》二版刊登《经济做后盾，减负有保障——方林村十年减轻农民百多万元》的报道。

8月28日，方林村77位村民捐献救灾款23790元。

9月6日，中共浙江省委授予方林村党总支"先进基层党组织"荣誉。

9月17日，《浙江日报》刊登中央文明委表彰的浙江省63个先进单位，方林村名列其中。

9月25日，中央农村政策研究室原副主任谢华考察方林村，对方林村新农村建设工作表示赞赏。

10月2日，《台州日报》刊登《方林村高擎农村现代化大旗》一文。

10月8日，方林村农村合作基金会由路桥区路南街道接手。

10月19日，中共路桥区委授予方中华1998年度"优秀共产党员"荣誉；路桥区人大授予方中华1996—1998年度"优秀区人大代表"荣誉。

是日，中央党校副校长王伟光考察方林村，称赞方林是省级社会主义新农村建设示范村。

10月23日，中共浙江省委书记张德江在考察方林村时，为方林村题词："浙江农村现代化排头兵"。

是日，方中华出席中国共产党浙江省第十次代表大会。

10月27日，方林村被评为路桥区1997年度科技进步示范镇村。

是日，《路桥商报》报道《农村现代化就应这样》为题报道方林村。

10月27—28日，村二套班子组织部分党员、村民代表以及企业单位、妇联、老协等主要成员去乐清市北白象镇前岸村、椒江区新民村、黄岩区圣堂村学习取经。

11月15—22日，中共浙江省委原书记薛驹、省政协原主席王家扬等一行人考察方林村。

11月底，新建成的路南中心菜市场投入使用。由路南街道和方林村投资80万元，拆除方林村部分旧房后建成，占地面积3300平方米，建筑面积2100平方米。

12月4日，《浙江日报》第七版刊登采访报道《先行一步天地宽——记台州市路桥区方林村党总支书记方中华》。

12月10日，《浙江日报》刊登路桥中国商城机动车交易市场图片新闻。

12月15日，《浙江日报》刊登《村民拿主意，专家画图纸——台州市路桥区方林村民主制度建设落到实处》报道。

12月21日，方中华出席浙江省第十次党代会，当选为主席团成员。

12月22日，《农村信息报》刊登村党总支书记方中华专访文章《大力发展集体经济，为实现农村现代化而奋斗》。

12月30日，《台州日报》刊登《奔小康的领头雁——记路桥区路南街道方林村党总支》一文。

是年，在一期方林苑小区内开始建设灯光篮球场、网球场及游泳池等。至2001年"三场一房"（塑胶网球场、篮球场、羽毛球场和配套管理房）顺利完工，共投入资金43万元。

是年，路南货运停车场营业，占地12.05亩，由石曲轮窑厂做砖晒场空地改造。

是年，方林村村级企业总产值首破1.5亿元，达1.6亿元。

1999年

1月5日，中共路桥区委、区政府在方林村召开农业现代化建设示范村现场会。会议提出方林村建设经济强村。

1月8日，《台州日报》公布1998年度台州市"千百十"活动先进单位，方林村名列其中。

1月28日，举行机场迎宾大道开工奠基典礼活动。机场迎宾大道位于方林苑南侧。

2月1日，中共路南街道工委表彰1998年度先进集体和先进个人。方林村党总支部、中能光电有限公司党支部获先进党组织荣誉；中能光电有限公司、通力制冷元件有限公司、浙江方林机动车市场获先进集体荣誉；方林村获综治工作先进集体荣誉；方林老人协会获老协工作先进集体荣誉；林必清被评为年度优秀党员，蔡正杰、林小春、方道坤、詹荣杰被评为先进个人。

3月16日，方林村提出建设台州市社会主义农村现代化示范区和规划设想。

3月24日，《台州日报》公布台州市第一届人民代表大会第六次会议主席团名单，方中华位列其中。

4月29日，方林村与方家村签订土地租赁协议书。

是日，原中共中央顾问委员会委员、中共浙江省委原书记、省委顾问委员会原主任铁瑛考察方林村。

7月11日，《台州日报》刊登《从“石路窟”到农村现代化排头兵——方林村现代化建设纪事》的报道。

8月4日，方林村被中共台州市委、市政府评为第三批市级文明单位。

9月，方林村获全国文明村镇工作先进村荣誉，被评为台州市创建卫生城市活动先进单位和路桥区双拥先进单位。

10月9日，浙江方林实业有限公司成立。企业法人营业执照获取，注册资本6120万元，法人代表方中华。同日出台浙江方林实业有限公司章程。

11月6日，方林村与黄岩区城关实验农场合作创办台州市方林实验花场。

11月9—12日，浙江方林实业有限公司向台州市工商局路桥分局递交申请报告，申请组建台州市路桥方林农业开发有限公司、台州市方林物业管理有限公司、台州市路桥方林花卉有限公司。

12月21—23日，首届中国特色经济村年会在路桥方林村召开。方林村被中国农村社区发展促进工程组委会评为“全国经济特色村”，并授予方林村“首届中国特色经济村年会奉献纪念”荣誉。中国特色经济村年会是全国“村长”论坛前身。

12月，方林村老年公寓开始筹建。

是年，在一期方林苑小区内建起休闲花园，内有喷水池、九曲桥、观鱼亭。

是年，浙江省人民政府授予方中华劳动模范荣誉。

2000年

1月1日，方林网站正式运行，网址www.fanglin.com。网站包括电子商务功能，是全国首家开展电子商务的行政村。

1月11日，方林村获台州市1999年度经济强村荣誉。

1月13日，方林集团营业执照获批。

1月，台州市路桥方林花卉有限公司成立，于2017年9月27日注销。

是月，台州市路桥方林农业开发有限公司成立，于2016年12月26日注销。

2月13日，《经济日报》登载《人均收入八千多，钱从哪里来——访方林村》报道。

2月25日，方林村被中共台州市委评为“共富工程”建设示范村。

3月5日，中共浙江省委副书记周国富到方林村视察。

3月28日，《台州日报》刊登人物专访《肩负重任赴盛会——市二次党代会召开前夕访路桥代表团》。

4月2日，农业部经济研究中心主任缪建平考察方林苑。

5月16日，《路桥商报》刊登《借“两思”教育“东风”加快发展——方林村党总支书记方中华》专访一文。

5月29日，中央电视台《金土地》栏目组到方林村拍摄取景。

6月21日，方林道路发展有限公司成立，注册资金370万元，主要从事工程建设的渣土运输。

6月30日，路桥机动车交易市场设立车辆牌证代办点。

6月，方林老年公寓建成，总投资456万元，集食宿、娱乐、保健、休闲、医疗于一体。占地面积7.1亩，共有房间79套，其中双人房53间，单人房26间。

7月15日，方林道路发展有限公司与浙江一汽汽车销售服务有限公司签订30辆CA300K2—10A的车辆购销合同，每辆车价63400元。

8月23日，台州电视台以方林村为先进典型，开始拍摄“三化”专题片，时间45分钟。

9月1日，方林苑二期工程破土动工。

9月5日，第九届全国人大常委会副委员长田纪云率全国人大考察团视察方林苑和方林老年公寓，并题词“方林老年公寓”。

9月15日，《浙江经济报》第三版刊登文章报道方林花卉和葡萄示范园区。是年，投入110余万元，花卉生产基地建起大棚温室2800平方米，安装喷灌设施12000平方米。

投入资金40余万元，完成葡萄园温室化工程。

10月11日，中共浙江省委副书记、纪委书记李金明在中共台州市委书记、市人大常委会主任孙忠焕等人陪同下到方林村参观老年公寓。

10月12日，《浙江科技报》刊文《方林农民好福气高档公寓免费住》，报道方林村老年公寓。

10月27日，中共天台县委书记朱贤良率领考察团考察方林苑。

11月2日，吉林省蛟河市考察团考察方林村方林苑。

是日，《浙江经济报》刊文《方林村人简直活在“蜜罐”里》。

是月，方林社区卫生服务站开业，位于方林老年公寓大门左侧服务用房内，面积200平方米。

是年，张斌入伍。为方林村第一个去西藏戍边士兵。

是年，投资57万元，新建面积约3000平方米的村个体工业加工园区。投资66万元，在滴水湾新建事故车停车场。

2001年

3月20日，方林村被中共浙江省委、省政府评为省级文明村。

6月18日，方林村成功创建信息化示范村。

6月，方林村被路桥区委评为2001年度“路桥先锋”。

8月，方林村被路桥区政府评为1996—2000年度区“三五普法”先进单位。

10月29日，方中华任路南街道成人文化技术学校名誉校长。

10月22日，制订路桥城区公交联合有限公司章程，董事会成员为方中华、沈小川、俞梦怀。

12月25日，方林村村民学校开学。

是年，方林苑二期工程完工。采用旧村改造方式，共拆除老房子89间，新建别墅124套，排屋36间，用地面积5.3公顷，其中住宅用地3.39公顷，投资2000万元。

2002年

3月19日，路桥区计经委批复台州汽车贸易中心迁建工程项目建议书。台州汽车贸易中心是浙江方林汽车城前身，标志汽车城项目正式启动。

6月，方林村和杨戴村合股兴建浙江方林汽车城。同年10月1日，区政府在新建汽车城举行首届中国塑料交易会。百日建成的浙江方林汽车城，被台州市委、市政府称赞为“方林速度”。市场占地面积180亩，营业面积5.5万平方米。总投资1.85亿元。

2003年

1月24日，浙江省工商行政管理局下发“浙江方林集团有限公司”企业名称核准通知书。

2月21日，方林村获2002年度台州市开拓农村市场工作先进单位荣誉。

是日，中国农村社区发展促进指导委员会授予方中华“全国农村优秀村官”荣誉。

4月3日，方林村召开民情座谈会，预防“非典”。

4月，方林村委被路桥区政府评为2002年度双拥工作先进单位。

5月29日，在方林苑网球场召开方林苑全体住户会议，讨论解决方林苑清洁卫生、安全隐患、规范管理等方面问题。

6月28日，浙江方林汽车城开业，方林成为全国汽贸第一村。

6月28—30日，在汽车城举办2003首届中国（台州）国际汽车展示会。中国汽车工业协会领导，台州市市长瞿素芬等市四套班子领导，路桥区委书记陈惠良、区长虞选凌等区四套班子领导出席。此次开业原定5月18日，因“非典”疫情影响推迟。

7月29日，第十届全国人大常委会副委员长蒋正华视察方林村，并题词“全面建设小康村，同心发展新台州”。

7月30日，中共浙江省委副书记、省委党校校长乔传秀考察方林村。

8月，方林村被中共台州市委组织部、农村基层组织先锋工程建设办公室列入“示范实践基地”。

12月30日，位于方林苑东侧的路（桥）泽（国）太（平）一级公路建成通车。

是年，老年体育活动中心成立，负责人方华良。方林设立村民金点子建议箱。

是年，中共浙江省委副书记、浙江省人民对外友好协会会长梁平波考察方林村。

是年，浙江方林汽车城有限公司被中国管理科学研究院名牌与市场战略专家委员会和中国国际保护消费者权益促进会授予“中国诚信企业”荣誉。

2004年

1月，方林村全村污水纳入污水处理厂。

是月，中共浙江省委、省政府授予方林村“（首批）全面小康建设示范村”荣誉。

2月，被中共路桥区委、区政府评为“一级文化村”。

是月，成立方林物业管理公司。

6月，中共台州市委授予方中华“为民好书记”荣誉。

7月7日，中共台州市委书记蔡奇考察方林村。

8月12日，遭受第14号台风“云娜”正面袭击，损失重大。党总支带领全村党员干部奋勇抗灾，表现突出。9月，被中共路桥区委评为“抗台救灾工作先进基层党组织”。

10月，浙江省绿化委员会、省林业厅授予方林村“浙江省（首批）绿化示范村”荣誉。

11月，村被文化部、全国妇联列为“全国美德在农家”活动示范点。

是月，村被中共浙江省委组织部评为党建工作省级示范村。

12月28日，浙江方林汽车城被省工商局评为四星级文明规范市场。

是月，在第四届全国“村长”论坛上，方中华获“十大杰出村官”荣誉。

是月，浙江中能集团的广东佛斯弟中能摩托车生产基地破土动工。

是年，中国管理科学研究院、中国国际保护消费者权益促进会授予方林汽车城有限公司“重质量、创品牌”优秀企业荣誉。

是年，开始设“三会一课”党员奉献记录簿，一直坚持记录。

是年，在老年公寓内安装健身器材，并设立电视室、棋牌室。建起村图书室，存放各类图书近万册。

是年，方敏、方仙林在部队获得“2003年度优秀士兵”称号。

2005年

1月，台州市妇联授予方林村2004年度“红旗社区妇联”荣誉。

是月，村各小区安装监控，监控室专人24小时值班。

2月，台州市妇联、市环境保护局授予村“巾帼绿色示范点”荣誉。

是月，台州生态市建设工作领导小组授予方林村“台州市生态村”荣誉。村委被中共路桥区委评为先进基层党组织，被路南街道评为2004年度先进集体和经济普查工作先进集体。

4月，被路桥区人武部评为2004年度双拥模范单位。

5月，浙江省精神文明建设委员会办公室、省环境保护局授予村“浙江绿色社区”荣誉。

6月20日，全国老龄办副主任赵宝华在省老龄办主任黄永正等领导陪同下，到方林村指导老龄工作，并看望百岁老人（103岁）蒋永春。

7月6日，全国绿化委员会副主任、国家林业局局长周生宴在省林业厅厅长陈铁荣等领导陪同下到村指导工作。

9月16日，全国妇联书记处书记洪天慧在省妇联副主席金敏等领导陪同下考察村妇联工作。

9月，村被路桥区政府评为抗台救灾工作先进集体。

10月，中央精神文明建设指导委员会授予村“全国文明村（镇）”称号。

11月24日，中共台州市委书记蔡奇，市委副书记、市长张鸿铭考察方林村。

11月27日，国务院原总理朱镕基在省长吕祖善陪同下视察方林村。朱镕基对村小区规划建设和提高村民福利等方面工作给予高度肯定。

11月23日，路南街道办事处聘用林红为村计生服务员。

是年，设村级反腐倡廉“举报箱”。

是年，一期方林苑内游泳池建成，投入141万元。2007年，在二期别墅小区内安置健身器材。

是年，组建成立方林老年门球队和青年篮球队；成立以妇女为主的“巾帼绿色家园宣讲队”。

2006年

1月10日，方林村首次开展民主评议党员的工作。

1月，中共台州市委、台州军分区授予村“拥军优属模范单位”的荣誉。

2月，村党总支被中共路桥区委评为2005年度先进基层党组织。

4月1日，中共中央政治局常委、国家副主席曾庆红视察方林村，村党总支书记方中华陪同。曾庆红对方中华说：“方林村富了，要致富思源，富而思进。现在中央提出建设社会主义新农村，要求浙江走在前列，台州也要赶紧往前走，方林村就更要走在前面了。”

4月19日，省政协副主席张蔚文到村调研农村土地使用与管理工作，并要求设立村史陈列室。

6月，中共台州市委授予方中华市优秀共产党员荣誉。

7月，村民吴连芬被评为台州市“百名孝星”。

8月26日，在方林苑绿化带、游泳池、篮球场、网球场、健身活动场地及村花卉基地等拍摄村庄宣传片，参评台州市“魅力村庄”评比活动。

10月，全国“村长”论坛组委会授予村“中国名村”荣誉。

12月，村老年协会获路桥区老年体育工作先进集体荣誉。

是月，全国老龄工作委员会办公室授予村“全国敬老模范村居”荣誉。

是月，村获浙江省“魅力新农村”和台州市“十大魅力村庄”荣誉。

是年，由村牵头召开全国“村长”论坛，是村首次成功举办。

是年，创办老年大学。

是年，村团委被路桥区团委评为先进团组织。

2007年

3月15日，村开展以实施“五项制度”（学习、写作、奉献、活动、拜师）、打造“五型机关”（学习型、团结型、务实型、创新型、廉洁型）为主题的“作风建设年”活动。

是日，中共路南街道工委聘请方中华为路南街道机关作风建设监督员。

4月16日，浙江方林汽车城获浙江省区域性重点市场荣誉。

4月，村被路桥区人武部评为2006年度双拥模范单位。

5月22—24日，村组织84位老人去东阳横店影视城、金华双龙洞旅游观光。成为老年村民一项制度性福利。

5月24日，路桥区举行第三届村际老年门球赛。方林村门球队获团体第一名。

是月，村被路南街道授予2006年度文体工作先进集体。

8月8日，省民政厅厅长吴桂英考察方林村。

9月30日至10月4日，浙江方林汽车城成功举办第四届中国（台州）国际汽车展示会。从第三届开始，车展每2年举办1次。

10月26日，浙江方林汽车城正式通过台州市建设规划局建设工程竣工验收。

10月，路南街道举行老年健身操比赛，村老年获团队第一名。

12月9日，原石曲轮窑厂烟囱被爆破拆除。

是年，司法部、民政部授予村全国民主法治示范村荣誉；浙江省司法厅、民政厅、省普法办授予村省民主法治村荣誉；村获台州市双拥模范单位称号。

是年，在村民大会上，方中华书记提出“恪尽职守、廉政无私、团结协作、奋进创新”的方林精神，成为方林发展的一面旗帜。

是年，方中华当选第十一届全国人大代表。

是年，方林汽车城入驻奔驰、沃尔沃两大知名品牌汽车4S店。

2008年

3月5—18日，方中华在京参加第十一届全国人大一次会议。

4月，环境保护部授予村首批“国家级生态村”荣誉。

5月14日，村党总支、村委会举行“地震无情人有情，涓涓细流表慈心”爱心募捐活动，以村名义向四川地震灾区捐赠人民币117.3万元，捐助特殊党费39940元，捐赠衣物3万余件。此后两天里，村团委、妇联、老协等向四川地震灾区募捐53482.10元，村党员、村民代表以及各场站、公司管理人员捐赠65270元。5月23日，在方林汽车城举行汽车商家向四川地震灾区捐款活动中，共募集到754413.8元。

是月，浙江省公安厅聘请方中华为浙江省第四届省公安厅特邀监督员。

6月，推进“城中村”改造和整治工作。拆建、改造前方、后方老屋21026.06平方米；拆建、改造粮库2105.19平方米；整治、改造一期东侧区块16112.27平方米。同时改造园区分类垃圾箱，整治局部卫生死角。

7月14日，召开村两套班子会议，商量村部搬迁工作。

8月11日，中央组织部表彰方中华“自觉交纳特殊党费”。

9月6日，中国村企集团五村合作组织在浙江花园村成立。由浙江省路桥方林村、东阳花园村、奉化滕头村、萧山航民村和上海市九星村组成。五村合作组织的宗旨是“合作、创新、发展、共赢”。

9月，中国村社发展促进会授予方中华中国农村改革开放30年“全国百名优秀村官”荣誉。

是月，浙江省慈善总会授予村汶川“5·12地震”赈灾捐赠“慈善爱心奖”。

10月21日，村开展全国性经济普查工作。

11月，台州市巾帼建功和双学双比活动协调小组授予村巾帼示范村荣誉。

12月，浙江省巾帼建功和双学双比活动协调小组授予村巾帼示范村荣誉。

是月，浙江省体育局授予村“浙江省村级体育俱乐部”称号。

是年，方中华获台州“改革开放30年风云人物”荣誉。

是年，第二次修改完善村民自治章程。设立村财务监督小组，成员主要由村民代表组成。

是年，方林苑第三期别墅工程全面完工，建别墅72套（包括12间排屋和前方小区22幢别墅），用地3.49公顷，投资1200万元。

是年，村六组村民王妙寿儿子王成考取天津大学系统工程专业博士研究生。

2009年

1月，中央精神文明建设指导委员会授予方林村全国文明村（镇）荣誉；浙江省旅游局授予村浙江省特色旅游村称号。

2月，建立巾帼维权站，对侵犯妇女、儿童、智残人员的人身、人权、财产、教育、婚姻等方面权益进行受理。巾帼维权志愿者有10名。

3月5—18日，方中华出席第十一届全国人大二次会议。

3月6日，"两会聚焦"第十一届全国人大代表方中华的"坚持科学发展，切实加强农村环境保护"议案。

3月24日，路桥区委副书记、区长郑米良到方林村蹲点调研。

3月27日，《今日路桥》刊登对第十一届全国人大代表方中华的采访报道。

是月，村被路桥区政府评为"五好"基层关工委示范村居。

是月，浙江省纪律检查委员会、浙江省农村基层党风廉政建设工作领导小组，授予方林村"农村基层党风廉政建设示范村"称号。

是月，村网络部设立并运行。

4月2日，二手车市场改造工程启动。

4月9日，由中国村社发展促进会、亚太环境保护协会举办的2009中国绿色村庄年会在江苏省姜堰市河横村举行。会上，方林村获"中国绿色村庄"称号。

4月26日，西藏自治区嘉黎县委书记黄荣定率县党政代表团一行22人，到方林村考察基层党建和新农村建设情况。

4月，村被台州市城乡社区建设领导小组评为2008年度"和谐社区"。被中共台州市委、市政府评为人口和计划生育示范村（居）社区。

5月，方中华出任路桥区慈善总会副会长。

7月3日，浙江方林二手车市场试营业，前身为路桥机动车交易中心。当月8日，正式开业。标志着台州二手车贸易实现转场升级。市场占地面积73亩，营业面积2.8万平方米，拥有152个摊位，全球400多个汽车品牌聚集，是华东地区规模最大、设施最完善、服务功能最全的二手车交易基地。

7月31日，《今日路桥》刊登《鱼水情溢南官河畔》一文，报道方林村60年双拥工作。

8月5日，在汽车城二楼召开两套班子成员和新方林人参加的座谈会，方中华主持。有项计友、巴旦卓玛等18位新方林人畅谈体会。

8月9日，中国五村（方林村、滕头村、花园村、航名村、九星村）合作会议在上海九星村召开。会议决定成立“中国五村集团”合作组织，将总部设在杭州西溪。

8月26日，中共路南街道方林村村民委员会成立大会召开。村首次尝试以无候选人直接选举的方式产生路桥区第一个村级党委。76名党员采用无记名、直接选举的方式，选举方中华当选村党委书记，蔡正杰、方浩当选村党委副书记，以上3人和谢华寿、林荣辉、方崇奇、尚永斌4位党员当选为村党委委员。

8月30日，《浙江日报》第二版报道路桥首推无候选人直选村级党委的报道。是方林村扩大党内基层民主的新尝试。

8月31日，《今日路桥》报道方林村全市首推无候选人直选村级党委。

9月17日，在村会议室召开社员代表大会，47名代表审议《方林村经济合作社章程》，选举产生新一届社管会（经济合作社管理委员会）和社监会（经济合作社监督委员会）成员。经选举，社管会成员3人，蔡正杰、王雷、林红，蔡正杰为主任；社监会人员6人，林显琳、王妙根、谢文元、阮君玲、吴莲芬、林旭日，林显琳为主任。此次会议的召开，表明新一届村经济合作社成立。社长（董事长）蔡正杰，户数271户，社员1048人，集体资产765.87万元。

9月28日，区委书记郑米良带领区有关部门领导，冒雨督察第五届中国（台州）国际车展筹备工作。

9月30日至10月4日，由台州市人民政府主办，路桥区人民政府、浙江方林汽车城联合承办的2009第五届中国（台州）国际汽车展示会暨首届台州（路桥）二手车交易会举行。有12.2万人次入场，现场售车1506辆，销售额达2.56亿元，总计拉动台州汽车消费3.28亿元。

9月26日，《方林报》（双月刊）第一期发行，标志着台州市第一份村报诞生。首期创刊号刊载村党委书记方中华撰写的创刊词《推开方林文化之窗》。

10月12—15日，第九届全国“村长”论坛在山西省晋城市阳城县皇城村召开。党委书记方中华、副书记方浩出席论坛。

10月18日，国务院参事刘坚、杨世基等一行考察方林村。

是月，反映方林等五村辉煌发展历史的《60年东部村庄发展记录》一书正式出版。

11月30日，《中国企业报》的《先锋浙江》栏目报道《蝶变之后是腾飞——揭开浙江方林二手车市场兴旺的秘密》。

是月，方林网络部对方林村网、方林汽车城网进行全面改版，推出中国方林二手车网。

12月17日，由中国村社发展促进会特色村工作委员会、亚太农村社区发展促进会（APCRD）等举办的“2009中国名村影响力排行榜”发布会在北京郑各庄举行，方林村获“中国名村影响力”第25位，民生指数第9位。

12月22日，省“平安家庭”创建活动现场会、省第三轮“不让毒品进我家”活动表彰会在方林村召开。会后，与会代表140余人在省妇联主席厉月姿带领下到方林村参观考察。

是月，浙江省体育局授予方林村浙江省村级体育俱乐部称号。

是年，建起室内（非露天）老人门球场。

2010年

1月12—16日，方中华参加台州市第三届人代会。

1月18日，方中华参加省人大组织的全国人大代表调研活动。

1月30日，由中国农村杂志社、农民日报社等新闻单位合办的“第九届全国农村基层干部十大新闻人物”评选活动揭晓仪式在北京人民大会堂举行。方中华被评为第九届全国农村基层干部十大新闻人物。

2月，村被路桥区委、区政府评为2009年度人口和计划生育工作先进单位。

3月3日，中共浙江省纪委常委张伟斌到村调研村务监督委员会工作。

3月5—14日，方中华在北京参加第十一届全国人大三次会议。

3月15日，台州代表团参加第十一届全国人大三次会议归来。方中华接受《台州商人》杂志记者采访。

3月20日，台州保时捷服务中心落户方林汽车城，是代表台州最高档次的汽车品牌。

3月28日，中共台州市委书记陈铁雄到村考察新农村建设情况。

3月30日，富阳市考察团到村考察汽车市场。

4月16日，村组织党员和村民代表赴山东省龙口市南山村考察学习。

4月19日，第四届全国大学生村官论坛在陕西省延安市宝塔区召开，村团委书记方刚和马莎应邀参加。论坛期间，方林村与延安市宝塔区柳林镇新茂台村结为友好村。

4月26日，美国富兰克林市政府代表团到村考察访问。

4月27日，全国劳动模范和先进工作者表彰大会在北京人民大会堂隆重举行。村党委书记方中华被授予“全国劳动模范”称号。

4月28日，中国村社发展促进会授予方林村国家级“中国村庄名片”称号。

5月4日，方刚、黄小洁获区“五四”青年表彰。

6月29日，中共路桥区委授予方中华“十大时代先锋”、区级优秀共产党员荣誉；村党委被中共路桥区委评为先进基层党组织。

6月，中共浙江省委授予方中华浙江省优秀共产党员荣誉。

7月23日，村两委以及团委、妇联等组织成员到驻路桥部队司令部，送去慰问金和部队建设基金，并为立功受奖官兵发放奖金，开展庆祝建军84周年双拥共建系列活动。

9月1日，方林苑四期小高层工程“方林名苑”开工。项目占地面积12.88亩，总建筑面积3万平方米，共4幢125套商品房。

9月21日，中国村企集团五村合作组织在浙江滕头村召开2010—2011年度会议。村党委书记方中华、副书记方浩出席会议。

9月30日至10月4日，浙江方林汽车城举办第六届中国（台州）国际汽车展示会。

9月，村妇联获全国妇联基层组织建设示范村荣誉。

10月23—25日，村党委副书记方浩偕台州市村官论坛各执委及浙江五村集团董事长沈福来等组成台州村官代表团，参加在山东省临沂市罗庄区沈泉庄村举行的第十一届全国“村长”论坛。

是月，中国村社发展促进会特色村工作委员会、亚太农村社区发展促进会和亚太环境保护协会授予方林村“中国幸福村”荣誉。

11月，台州市妇女联合会授予村“妇女之家示范村”荣誉。路桥区妇女联合会授予村先进妇女组织荣誉。

是月，浙江省关注森林组织委员会授予方林村“浙江省森林村庄”荣誉。

12月28日，新疆生产建设兵团农一师阿拉尔市党政代表团到村考察调研。

12月29日，省创先争优领导小组宣传组张建民组长考察村。

是年，中共路桥区委授予方中华区级优秀共产党员荣誉。村妇联获路桥区计划生育工作先进单位荣誉。

是年，村两委召开欢送会，欢送管人财、林必清、阮普妹、方四妹、陈法春、陈初芬6位村干部和谢春香、金菊清、张三玉、林小宗4位管理人员光荣退休。

是年，印行《十年风雨情，十年辉煌路》册子，宣传和纪念浙江方林汽车城建成运行十周年。册子全面介绍汽车城的百日工程之路、管理创新之路与转型升级之路，展示辉煌背后的风雨历程以及决策者的胆魄与睿智。

2012年

1月11日，浙江省美协和浙江画院会同地方美术工作者到方林村开展文化交流活动，现场创作近30幅书画作品捐赠给群众。

1月16日，村两委走访慰问村老党员、老干部、军烈属、五保户和老年公寓老人。

1月17日，中共路桥区委书记郑敏强到村检查工作。

2月15日，中共台州市委副书记、政法委书记肖培生视察方林汽车产业服务集聚区。

是日，路桥区汽车流通协会成立，成员有浙江方林汽车城及10余家汽车品牌4S店。

2月16日，台州市妇联副主席胡素联到村调研。

3月5—14日，方中华参加第十一届全国人大第五次会议。

3月15日，常山县考察组到方林二手车市场考察。

3月16日，《方林报》召开记者、通讯员座谈会。

3月19日，村组织部分党员和村民代表赴台湾考察。

3月24日，村两委成员方浩、方崇奇、林荣辉、尚永斌、方刚等，参加在浙大西溪校区举行的浙江大学管理学院第21期高级工商管理总裁研修班。

是月，中共路桥区委授予村2011年度先进妇女组织；路桥区委宣传部授予村“春泥计划”实施工作先进村荣誉；路桥区委组织部、宣传部授予村首批学习型党组织建设工作先进单位荣誉。

是月，方林集团被中共路南街道工委评为三产工作先进集体。

4月9日，村党委组织党员干部、村民代表学习全国两会精神。

4月11日，方中华赴京参加由中央组织部举办的基层党组织书记示范培训班。

4月27日，来自毛里求斯、萨摩亚、斐济、美国、加拿大等20多个国家的驻华使领馆官员参观村。路桥区副区长李震杰、中共路南街道工委书记蔡建军等领导陪同。

4月22日，省文化厅副厅长杨越光到村考察。

5月10日，安徽省望江县考察团到村考察。

5月18—19日，中共中央政治局委员、中央书记处书记、中央组织部部长李源潮在台州调研时接见方中华。

5月18—22日，台州市路桥区二手车行业协会成员赴成都考察。

5月20日，中国村企集团五村合作会议在宁波滕头村举行。

是月，浙江省农业和农村工作办公室、农村信用社联合社授予村“省级信用村”荣誉，成为路桥区唯一入选浙江省首批省级信用村的村居单位。

是月，中共浙江省委组织部、农业和农村工作办公室授予村省“双强（党建强、发展强）百佳”行政村荣誉。

6月1日，中共路桥区委书记郑敏强，区委常委、组织部部长王先义等调研方林汽车4S党总支基层组织建设年活动。

6月4日，中国村社发展促进会名誉会长余展考察村。

6月1—6日，方中华赴上海九星村参加全国“村长”论坛执委会议。

6月12日，安徽省望江县领导考察村担保公司。

6月30日，中央组织部授予村全国“创先争优先进基层党组织”荣誉。中共台州市委授予村党委“2010—2012创先争优先进基层党组织”荣誉。中共台州市委组织部授予村“两新”组织发展强、党建强的“百佳基层党组织”荣誉。方中华被台州市新农村建设研究会聘任为常务副会长。

7月6日，村妇联获路桥区人口计生30年“国策之星”先进集体荣誉。

7月11日，浙江方林二手车市场被国家工商行政管理总局授予2011年度全国诚信示范市场荣誉。

7月24日，方林集团50余名党员、村民代表和职工代表，与驻路桥部队司令部官兵共同庆祝中国人民解放军建军85周年暨驻路桥部队与方林集团双拥共建7周年活动。

7月26日，台州市副市长赵跃进调研方林汽车城。

7月30日，村被中共台州市委、军分区评为争创全国双拥模范城先进单位。

是月，村党员赴大陈岛举行入党宣誓仪式，重温入党誓词。

8月3日，中共路桥区委书记郑敏强到方林担保公司调研。

8月9日，台州市人口计生委副主任郑小庆到村调研。

8月21日，路桥区委书记、区长徐仁标到村调研。

8月29日，台州市首届村官论坛执委会第四次会议在临海市古城街道东湖村召开，台州市村官论坛支委会主任方中华主持会议。

9月7日，方中华率团参加在湖北省十堰市武当山八仙观村举办的第十二届全国“村长”论坛。

9月21日，由路桥区人武部组建的浙江方林汽车城市场武装部成立，方林汽车城副总经理方浩担任部长。这是全省首家在市场设立的武装部。

是月，谢华德家庭获浙江省精神文明建设委员会授予的浙江省“文明家庭”荣誉。

10月23日，村两委成员在方林老年公寓与村252位老年人共度九九重阳节。

10月25日，三门县考察团到村考察取经。

10月31日，浙江省公务员培训基地落户方林汽车城。

10月，“中国（台州）国际汽车展示会”被台州市商务局评为台州市十大重点特色展会之一。

11月2日，中国村企集团五村合作组织会议在村召开。会上，村党委书记方中华从宁波滕头村接过“五村合作发展”接力棒，成为中国村企集团五村合作组织2012—2013年度轮值村。

11月6日，共青团台州市委书记马骏调研汽车4S团员服务中心。

12月19日，台州市第二届村官论坛在村举行。

12月25日，村参股的大型项目——市地标天盛中心工程正式启动。天盛中心项目坐落在台州大道和市府大道转角处，占地面积78亩，总建筑面积50万平方米，主楼高度299米，是台州市规划中的第一高楼。

12月，中国村社发展促进会特色村工作委员会与亚太环境保护协会联合授予方林村“中国美丽村庄”荣誉。作为“新农村建设之美”典型，是浙江省唯一入选村。

是年，村舞蹈协会获路南街道“花扇舞”比赛第一名。

2013年

1月11日，由方林房地产开发有限公司开发的方林茗苑项目成功开盘，当日销售成交率在90%以上。方林茗苑由4幢18层商住楼构成，是村第一个安装有天然气管道的住宅小区。

2月，路桥区消费者权益保护委员会聘请方中华为区第五届消费者权益保护委员会顾问。

3月5—17日，方中华参加第十二届全国人大一次会议。

3月13日，中共台州市委常委、常务副市长尹学群考察方林二手车市场。

3月20日，台州军分区政委温景春一行到汽车城调研市场武装部建设工作。

是月，村农民文化团组建方林村农民合唱团。合唱团由村里喜爱唱歌、乐于参加文娱活动的40多位村民组成。

4月9—14日，村老年协会116位老人赴湖南旅游考察。

5月8日，台州市副市长赵跃进、郑米良调研方林资产管理公司商城网未来发展规划。

5月，中共路桥区委授予方中华区级优秀党组织书记荣誉。

5月7日，玉环方林汽车城正式开业。

7月14日，村与台州恩泽医疗中心路桥医院签订“先诊疗后结算”协议书。这是村与台州恩泽医疗中心路桥医院在医疗模式上的创新之举，属台州市首例。

6月，浙江省公安厅特邀方中华为浙江省第五届省公安厅监督员。

7月10日，村组织50余名党员到椒江解放一江山岛战斗纪念地，开展“忆党史，展未来，争先锋”主题教育。

7月20日，玛莎拉蒂城市展厅正式落户浙江方林汽车城。

是月，台州市路桥区东方理想学校由方林集团、九鼎集团、东运集团联合创办成功。注册资金500万元，方林集团按17%的股份投入85万元注册资金。学校暂租路桥小学校区，被列为浙江省15所综合改革试点学校之一。

7月27—28日，由路桥区委宣传部主办的“2013方国珍学术研讨会”在路桥会展中心召开。30多位来自北京大学、浙江大学等著名高校的专家、教授参会。省社科院院长迟全华，区领导郑敏强、潘建华、应再泉、邱福康、王世祥等出席研讨会；由于方国珍与方林村有着深厚渊源，村党委书记方中华也受邀参加研讨会。

7月，台州市路桥五村小额贷款股份有限公司成立，注册资本1005万元。方林村为主要股东。

是月，方林村大鼓队成立，有成员30人，均为方林村村民，队长谢文元。

9月5日，由方林、九鼎、东运3个集团共同创办的路桥区东方理想学校举行第一次开学典礼。方中华出席典礼仪式。

9月16日，路桥方林汽车产业服务集聚区被省政府授予“第三批浙江省现代服务业集聚示范区”荣誉。浙江省汽车流通行业中获此荣誉仅方林汽车城一家。

9月，方林汽车城把10周年庆典节省下来的100万元捐助给路桥区东方理想学校，作为学校助教助学基金。

是月，方中华、沈泽江合著的《中国美丽村庄》由中国农业出版社出版。内有《农民乐园台州方林》文章介绍方林村。

10月17日，召开村第三次全国经济普查工作会议。经调查摸底，在村内从事第二产业和第三产业的法人单位、产业活动单位和个体经营户共有150家。

11月8日，台州市路桥五村小额贷款股份有限公司揭牌营业。经省金融办批准，由浙江方林集团有限公司发起，股东有浙江方林集团、台州市家私城、路桥小商品批发市场、路桥章杨装潢城、路桥兴路市场5个经济实体和13名自然人，总注册资金3亿元。公司主要为当地小微企业和“三农”提供优质高效的小额金融贷款服务和社会公益贷款服务。

11月15日，经村全体党员无候选人直选，产生新一届共7人的村党委班子。

是月，国家工商行政管理总局和浙江省政府联合授予浙江方林二手车市场“2013年中国商品市场百强”荣誉。

是月，在村老年公寓一楼建立居家养老服务照料中心。面积500多平方米，设有日间照料休息室、文体娱乐场所、康复训练中心、医院保健等服务。服务照料中心由专人负责，24小时开放，并设有相应的管理规章制度，进行规范化管理。

12月11日，经全体村民自荐直选，产生新一届共4人的村委会班子，是路桥区首个通过自荐直选产生的村委会班子。

是年，第三次修改《方林村村民自治章程》。

是年，村党委被中共台州市路桥区委评为2013年度区级先进基层党组织。村团委获台州市青年活动项目评比三等奖；村老年协会会长管人财获路桥区道德红榜人物和台州市道德红榜人物提名；谢华德坚持读报35年，获《台州日报》老读者奖；村民叶莉芬获路桥区妇联授予的2013年优秀巾帼志愿者荣誉。

2014年

1月8日，台州市二手车流通行业协会第一次会员大会暨成立大会在浙江方林二手车市场召开。标志着台州市二手车流通行业协会成立。

1月14—20日，方中华出席浙江省第十二届人民代表大会第二次会议。

2月8日，方林村门球队在路桥区第十三届迎春门球比赛中荣获一等奖、二等奖。

是月，谢华德家庭获第八届浙江省文明家庭荣誉。

3月5—13日，方中华参加第十二届全国人民代表大会第二次会议。

3月8日，浙江省武警消防总队队长冷俐少将一行在中共路桥区委书记郑敏强陪同下，考察浙江方林二手车市场。

3月25日，村党委书记方中华、党委副书记方浩参加在杭州航民村举行的2014中国五村合作组织航民会议。

3月31日至4月3日，路桥区新一届村级主要干部群众线路教育专题培训班在台州国际会展中心二楼开课。村党委书记方中华受邀主讲《发展村级集体经济，推进美丽村庄建设》。

4月17日，天台县委副书记杨胜杰带领天台县各村（居）负责人一行60余人，在中共路桥区委副书记潘建华等陪同下到村考察多城同创工作。

5月8日，台州军分区参谋长张克洪在区武装部部长蒋永铭陪同下考察方林汽车城市场武装部，并指导市场武装部规范化建设工作。村党委副书记、方林汽车城武装部负责人方浩陪同和汇报。

5月15日，省人大常委会代表工委主任陈小恩、副主任戚薇一行到村调研。

5月18日，方林村党委副书记方浩参加在临安浙江农林大学举行的“中国名村变迁与农民发展协同创新中心”成立大会暨学术研讨会。

5月24—29日，方中华赴京参加为期6天的2014年第一期全国人大代表专题学习班。

是月，方中华登上《浙江人大》封面人物。并刊文《农村基层治理的方林样本》，对方林村作报道。

是月，台州市精神文明建设委员会办公室和台州市妇联授予谢华德家庭“台州最美家庭”和“台州文明家庭”荣誉。

6月29日，第八届全国大学生村官论坛暨全国“村长”论坛第十次执委会会议在东阳市南马镇花园村举行。方中华参加大会开幕式，并出席中国农村博物馆开馆仪式。

7月8日，中国农业银行台州市分行行长金跃强一行到村调研。

7月12日，村党员干部、村民代表一行110余人，赴东阳花园村参观学习。

7月30日，在由路桥区文明办举办的“立家规、习家训、传家风”百姓故事大家讲比赛中，村选送的《好家风造就好家庭》获得第一名。该百姓故事以浙江省文明家庭——方林村村民谢华德一家为背景创作。

7月，中共路南街道工委任命方中华为路南街道联络站站长。

8月5日，台州市人大常委会副主任叶阿东带领市、区商务局相关领导考察方林二手车市场电子商务工作。

8月5—8日，第十二届全国人大代表浙江中心组第四小组赴金华、台州、丽水三地，开展“加强旅游资源整合，促进金台丽三市旅游业发展”的专题调研活动，方中华参加。

8月21日上午，中共路桥区委书记郑敏强视察方林菜场，就沿河违建整改、污水直排等方面作实地督查，并商讨解决方案。

9月4日，中国汽车流通协会副会长李振生一行到方林二手车市场考察指导。

9月12日，方中华参加中共浙江省委、省政府举行的全省优秀党组织书记座谈会。

9月16日，方林菜场改造工程完工。拆除市场沿河170米的违章建筑近1000平方米，迁建服装摊位18个，水果摊位8个，调整水产摊位17个。

9月24日，台州市商务局局长潘旭辉率专家调研组到浙江方林二手车市场，就汽车产业服务集聚区运行情况和新车、二手车市场销售情况开展专题调研。

10月15日，保时捷（中国）控股CEO普列夫及保时捷（中国）控股奥迪品牌总监孙毅一行6人参观考察浙江方林汽车城。

10月16日，省交通厅老干部考察团一行50多人考察方林二手车市场。

10月16日，省检察院检察长陈云龙一行在市委副书记葛益平、市检察院检察长陈志君、区委书记郑敏强等领导陪同下到村考察。

12月，共青团路桥区委授予村团委2014—2016年“青年文明号”荣誉。

是年，方中华出席中共浙江省第十三届委员会第二次全体（扩大）会议。

是年，浙江方林汽车城获台州市“集体劳动模范”荣誉。

是年，村网络部升级为方林电子商务公司。

是年，推进合作社股份制改革。确定股权设置基本原则：确股不确权，以“人口股”量化为标准，按“基分”方式分红。实行股权静态管理，即“生不增、死不减”，可继承但不得流转和退股提现；股权界定基准日为2015年3月8日24时。

是年，村老年协会获得路桥区“银龄互助先进集体”荣誉；叶利芬入选“2014年路桥区道德红榜人物”。方中华获“省级优秀基层党支部书记”荣誉；林红被评为路桥区“优秀妇女干部”。

2015年

1月20—22日，方中华参加浙江省第十二届人代会第二次会议。

1月22日，召开村股改工作动员大会，成立领导小组，拟订股改方案。2月11日，股改方案在村民大会上表决通过。

1月30—31日，方中华参加路桥区党代会。

2月2—5日，方中华参加台州市第四届第五次人代会。

2月10日，浙江省工商行政管理局副局长方金土到方林汽车城产业服务集聚区调研。

2月13日，中共路桥区委书记郑敏强到村慰问村党委书记方中华。

3月1—15日，方中华在京参加第十二届全国人大三次会议。

3月31日，温岭党校村级书记班考察方林苑、方林汽车城和二手车市场。

4月5日下午，中共河南省安阳市龙安区委书记高勤科率党政考察团一行10人到方林考察。

4月14日，宁波萧王庙街道党政考察团在滕头村党委副书记刘松江带领下，考察村经济合作社股改和方林二手车市场。

4月21—24日，村组织142位老人到厦门、福州等地旅游。

4月23日，椒江区村级干部培训班学员考察方林苑、方林汽车城和二手车市场。

是日，由方林二手车市场、吉利集团、博豪二手名车广场三方合作的浙江省台州市方林二手车检测咨询有限公司，顺利通过中国汽车流通协会“行”认证验收，成为台州地区唯一一家国字号授权的二手车认证机构。

4月28日，方林汽车城领导班子成员赴上海考察学习2015第十届上海国际车展。

是日，温岭市村级（主任）培训班学员考察方林苑、方林汽车城和二手车市场。

5月6—10日，方中华赴厦门参加2015年第一期全国人大代表专题学习班。

5月18日，区法院院长葛建旺、执行局长沈海虹一行到村调研。

5月19日，保时捷中国品牌总监康纳拜访方中华。

是日，台州军分区政治部主任王德好和区人武部政委周坚勇等一行到方林汽车城指导汽车城武装部工作。

5月21日，玉环方林汽车城开业。是方林集团“走出方林发展方林”转型升级的又一成功范例。

6月3—4日，蔡正杰到区委党校参加区2015年度村委会主任培训班。

6月5日，方林汽车城4S党组织参加“感恩社会，奉献爱心”无偿献血活动，30人献血。

6月23日，广州市白云区政协副主席李瑞仁、李恒丰等一行考察方林二手车市场。

6月25日，中国供销集团、再生资源交易所董事长孔德春一行考察方林汽车城和二手车市场。

6月27日，在村老年公寓召开全体党员、村民代表会议，庆祝中国共产党建党94周年。

是月，由村党委、村委会推出的“方林集团”官方微信公众平台开通。平台及时发布方林村、方林集团、方林汽车城和方林二手车市场工作动态。

7月1日，村举行全体党员宣誓活动。《今日路桥》作报道。

7月17日，天台县村级主要干部培训学员110人考察方林苑、方林汽车城和二手车市场。

8月18—20日，林荣辉参加省两新组织党务工作者培训班。

9月7日，中共浙江省委常委、组织部部长廖国勋到方林二手车市场调研。

9月10日，方中华、林荣辉到世界500强企业浙江物产集团总部考察学习。

9月30日，《今日路桥》报道《到方林汽车城一睹“经典”》。

是日，由台州市政府主办，路桥区政府、路桥区汽车流通协会、浙江方林汽车城联合承办的2015第八届台州国际车展举行，为期4天。

是日，浙江方林二手车市场二期开业庆典举行。二期市场新增建筑面积约2.5万平方米，市场总面积10余万平方米，新增商铺72家。

10月16日，中共兰溪市委组织部副部长章志威带领56名党务工作者考察方林汽车城。

10月22日，村老年公寓召开第二十八次敬老庆祝大会。方中华为91岁老人谢国兰颁发“寿星奖”。

11月8日，方林二手车市场召开“打造全国首家诚信市场”新闻发布会。区委常委、宣传部部长应再泉参加。全国30多家媒体作采访报道，发布会上举行授牌和签字仪式。10日，《今日路桥》刊登《打造全国首家以“诚信”为基础的二手车市场》报道。

11月17日，台州市“村官”论坛在仙居县福应街道县前社区召开。方中华作主旨讲话。

是日，中共云南省委组织部一行11人考察方林汽车城。

11月24日，新疆生产建设兵团第一师四团党委书记康小平一行7人考察方林汽车城。

11月26日，台州市创建全国卫生城市省验收组到方林社区验收“健康示范社区”建设工作。

11月29日，中能集团组织员工到村老年公寓参加“关爱老人送温暖”志愿活动。

11月30日，中共路桥区委、区政府授予方中华“尽职好村官百优标兵”荣誉。

是年，方林二手车市场成交额达102亿元，是台州市唯一一个成交额超百亿市场。荣获全国百强市场、浙江省诚信示范市场等荣誉。

2016年

2月24日，香港文汇报浙江分社副社长、文汇网浙江频道总监郑忠成在台州市委副秘书长、市委办主任周凌祥及村党委书记方中华陪同下考察二手车市场。

3月1—16日，方中华在北京参加第十二届全国人大四次会议，提交关于发展村级集体经济实现全面小康、推进精准扶贫实现全面小康、加强农业供给侧结构性改革、加强农村精神文明建设、加快建立完善的分级诊疗制度、推进多层次基本养老服务体系等13项建议，受到《中国改革报》《农民日报》《检察日报》《浙江日报》《台州日报》《台州晚报》以及浙江电视台、人民论坛网、中国网、中国经济观察网、新浪网、网易、搜狐等10多家媒体关注和报道。

3月18日，中国工商银行浙江省分行党委书记、行长沈荣勤一行在方林集团董事长方中华陪同下调研方林二手车市场。

是日，村两委成员会同驻村干部巡查村内出租房。共排查86家，现场整改5户存在安全隐患的出租房。

3月20日，村党委召开全体党员、村民代表会议，由方中华传达第十二届全国人大四次会议精神。

3月24日，方林文化地标建筑——方林大会堂破土动工。

是日，方林汽车城4S党总支开展“四季阳光党建”的“爱在春天”系列活动，捐助4.2万元给路南小学一学生换肝，并帮助17位贫困生实现心愿。

3月29日，村30岁以上586位村民在台州医院路桥院区接受免费体检。体检每两年一次，为期8天，体检费用为每人400元。

3月31日，村党委获路桥区2015年度农村基层党组织规范化建设“最优组织生活”荣誉。

4月13日，台州市副市长赵跃进到方林二手车市场作专题调研，以解决市场经营过程中遇到的政策问题。

4月15日，中共台州市委常委、纪委书记胡海良到方林二手车市场调研。

4月25、27日，路桥区老干部局、团区委领导参加村平安建设大巡逻活动。

4月29日，方林汽车城4S党总支、方林汽车城组织各党支部以及品牌4S店负责人参加路桥区2016慈善公益日义拍活动。

4月30日至5月2日，浙江方林汽车城举办“五一汽车置换节”活动。

5月4日，中共台州市委组织部副部长项凤日一行到方林汽车4S党总支调研。

5月6日，中共三门县委组织部到方林汽车4S党总支考察调研两新党建工作区域融合发展情况。

5月9日，村党委召开“两学一做”学习教育动员大会。

5月12、14日，村两委巡查出租房消防安全，排查隐患，发放整改通知书。

5月23—27日，方中华率领二手车协会理事和二手车市场主要负责人赴云南腾冲参观考察。

6月4日，村团委组织青年团员祭扫抗日英雄陈安宝将军墓。

6月10—12日，村106名党员、村民代表赴萧山航民村、嘉兴南湖参观学习。

6月13日，浙江省汽车市场专业协会第十五次会长会议在方林村召开。会议主题为“如何整合资源、拓宽发展渠道”。

是日，浙江省工商行政管理局副局长方金土、市场处处长张志益到方林二手车市场指导浙江省五星级文明规范市场创建工作。

6月27日，方林汽车城4S党总支代表参加中央组织部召开的“两学一做”座谈会。

6月28日，国家工商行政管理总局党组成员、副局长王江平带领来自上海、浙江等9个省份的工商（市场监管）部门，以及34个市（地、区）工商（市场监管）部门负责人，到方林汽车城和二手车市场考察4S党群服务中心的党建工作。

6月30日，在台州市庆祝中国共产党成立95周年大会上，村党委获台州市先进基层党组织荣誉；方林汽车4S党总支获路桥区先进基层党组织荣誉，党总支书记林荣辉获浙江省万名好党员和台州市优秀党务工作者荣誉。

7月7日，浙江省参事室（文史馆）党组成员、专职副馆长魏新民一行7人到村开展“农村文化”专题调研。

7月21日，四川省工商行政管理局党建考察团到方林汽车城考察汽车产业特色党建工作。

7月23日，在G20峰会召开前夕，方林集团邀请路桥武警部队、路桥消防大队对汽车产业服务集聚区进行安全检查。

7月25日，4S党总支台州好德宝宝马党支部、台州中升晨隆奥迪党支部和机场部队警卫连、汽车连开展“清凉夏日双拥活动”，军民共学“两学一做”。

8月1日，中国农业银行台州市分行行长贾正生一行在农行路桥支行黄阳波行长陪同下到方林汽车城、二手车市场调研。

是日，村两委成员、团委和妇联负责人到驻路桥部队慰问，为军营官兵带去慰问金，并为立功受奖官兵发放奖金。

是日，中国人民解放军某部司令部授予浙江方林集团“军民共建一家亲”荣誉。

8月16日，台州市副市长董贵波到二手车市场考察调研。

9月5日，方林汽车产业服务集聚区组织12家汽车、二手车经营户到路桥古玩城参加首个“中华慈善日”义拍活动。

9月6日，中国工商银行路桥支行党支部书记、行长蔡宁带领支行党员到方林汽车4S党总支参观学习党建工作。

9月9日，台州市汽车经营行业协会第五届会员大会在椒江举行。方中华被聘为名誉会长，台州元通汽车销售公司董事长陈辉当选会长，方林汽车城总经理周建林当选执行会长。

9月9—10日，在第32个教师节来临之际，方林村、方林集团派党委副书记方浩、办公室主任林荣辉先后到路桥东方理想学校、路桥第三中学、路南小学开展“致敬教师节、感怀恩师情”活动。

9月13日，由广东省佛山市及下属各区工商局组成的党建考察团到方林汽车4S党总支调研非公党建工作。

9月14日，村为优秀青年林国宏举行新兵入伍欢送会。邀请林国宏及其父母、姐姐参加，村两委及团委、妇联、老协全体同志到场欢送。这是方林村7年以来首位优秀青年入伍。

9月24—25日，第十六届全国“村长”论坛在四川成都彭州市宝山村召开。村党委副书记方浩代表方林村出席。

10月2日，第十二届全国人大代表、河南省洛阳市伊川县南府店社区党委书记张龙安带领班子成员到方林考察。南府店社区是全国法制建设先进村（社）之一。

10月9日，村在老年公寓为全体老人举办“九九重阳节、浓浓敬老情”敬老节活动。此活动已是连续第八次。活动中，2位90岁以上老人获“寿星奖”。

10月17日，4S党总支组织汽车产业服务集聚区的各品牌4S店和二手车市场的90多位党员、员工开展“奉献爱心、传播正能量”无偿献血活动。

10月21日，福建省厦门市工商系统党建考察团到汽车产业服务集聚区考察、交流非公党建工作。

10月30日，2016中国村企集团五村合作年度会议在江西婺源县赋春镇严田村召开。村党委副书记方浩出席会议。

11月3日，村召开两委成员会议，专题学习贯彻党的十八届六中全会精神。

11月8日，黑龙江省绥芬河市工商系统党建考察团到汽车产业服务集聚区调研市场党建工作。

11月15日，方林“行”认证荣获中汽协认证工作年度“卓越贡献奖”、2016年度“行”认证十大金牌认证奖。

12月10日，路桥区汽车流通行业工会联合会第一次会员暨职工代表大会在方林汽车城召开。

是年，方林新菜市场营业。

是年，方林汽车4S党总支获台州市双强百佳党组织荣誉。

2017年

2月10日，路桥区三级干部大会在区文体中心召开，浙江方林汽车城获区“2016年度优秀专业市场”荣誉；方崇奇获路桥区“百优标兵身边好党员”荣誉。

2月18—22日，区人大代表方中华、区政协委员方崇奇参加路桥区“两会”。

2月28日，村与台州恩泽医疗中心（集团）恩泽医院签约“住院优先诊疗后结算”协议，对2013年“先诊疗后结算”协议作进一步完善。

3月1—15日，村党委书记方中华参加第十二届全国人大五次会议，提交“加快推进农村产权制度改革”“精准扶持经济薄弱村集体经济发展”“深入推进绿色生态农业发展”“进一步提升农产品质量安全”“进一步完善措施吸引更多城归回乡创业”“加强耕地质量保护和提升”“进一步加强农村教育”“河道淤泥处置工作”“加强传统节日文化建设”等11项建议，受到《人民日报》《中国改革报》《检察日报》《浙江日报》《湖北日报》《北欧华人报》《台州日报》《台州晚报》、央视新闻、央视新媒体、人民论坛网、浙江卫视等10多家媒体关注和报道。

3月17日，村召开全体党员、村民代表会议。全国人大代表、村党委书记方中华传达学习十二届全国人大五次会议精神。

3月21日，村党委换届选举结束，产生由方中华、方浩、蔡正杰、谢华寿、林荣辉、方崇奇、方刚等组成的新一届村党委班子，同时成立第十一届村民选举委员会。

4月7日，举行村民代表换届选举。

是日，中共湖州市长兴县委书记周卫兵，县委副书记、县长杨中校率党政考察团一行40余人，到方林二手车市场考察。

4月10日，村完成第十一届村民委员会换届选举工作。蔡正杰当选村民委员会主任；林红、林显昌当选村民委员会委员。为路桥区第一个完成村委会换届的村。

4月11日，中共路桥区委书记潘建华考察方林汽车产业服务集聚区党建工作。

4月14日，中国汽车流通协会举办的“全国二手车交易市场深化转型工作会议”在方林二手车市场召开。来自全国各地知名二手车交易市场、部分地方行业协会、汽车行业相关经营服务主体共100余人参加。

4月17日，方中华、方浩、方崇奇、方刚4人受邀去洛阳市伊川县南府店社区考察学习。

4月18日，台州市“整乡推进、整县提升”党建工作现场会在路桥举行，市委书记王昌荣、市委副书记吴海平带领各县（市、区）委书记、市委党建工作领导小组成员到方林汽车产业集聚区党群服务中心指导工作。

4月24—28日，村组织退休村民166人去长江三峡旅游。退休村民每两年免费旅游一次。

4月25日，《人民日报》记者柴逸扉到村采访。

4月26—28日，《中国改革报》记者到村采访村民自治章程实施情况。

4月27日，蔡正杰、方浩参加路桥区新一届村社两委主职干部集体谈话会暨业务培训会。

4月29日，村召开党员、村民代表会议，学习全省干部工作会议精神，弘扬“红船精神”，凝心聚力促发展。会上，党员、村民代表签订丧葬礼俗改革承诺书。

5月3日，路桥区消防大队官兵到集聚区参观党团建设工作，并指导市场消防。

5月4日，长兴县人民政府组团考察方林二手车市场。

5月15日，方敏家庭被评为“路桥最美家庭”。

5月17日，舟山市两新党建考察团到方林汽车产业集聚区党群服务中心参观考察。

5月23日，《方林报》增设汽车城专版。

是月，《榜样——2017年“孺子牛村官”》由中国农业出版社出版，内有介绍方中华的文章《为百姓造福的浙商村官》。

6月2日，郑州市市场发展局局长田跃平等一行10余人在郑州市台州商会副会长、吉鑫祥集团董事长张正茂陪同下，到方林二手车市场实地考察并洽谈合作意向。

6月3日，方中华、方浩、管浩峰参加在海南省儋州市召开的全国“村长”论坛第十三次执委会议。方中华获全国著名村书记“2017孺子牛村官”称号。

6月7日，舟山市商务局党组成员陈周伟率团考察方林二手车市场。

6月13日，浙江省政府驻京办党组成员、组织人事处处长郭坚刚一行参观方林二手车市场。

6月14日，台州市人大常委会副主任周先苗一行到村视察指导。

6月15日，台州市创建办到方林苑小区检查创建全国文明城市工作。

是日，中共金华武义县委常委、副县长张佳率武义县领导班子参观方林二手车市场。

6月22日，市管干部进修班第五组考察方林汽车产业服务集聚区。

6月23日，温州市商会党建考察团一行40人考察方林汽车产业服务集聚区的二手车市场和党建中心。

6月27日，在全体党员、村民代表会上，表决通过关于路桥区青龙浦排涝调蓄工程政府征用方林村15.5985亩土地的决议。

6月29日，方中华出席中国五村控股集团董事会会议。副书记方浩、董事长助理管浩锋参加会议。

7月6日，台州市市场监督管理局副局长徐高到方林菜市场检查文明创建工作。

7月11日，湖南省株洲市台州商会会长周记富、常务副会长张志敏到方林二手车市场商洽合作事宜。

7月12日，中共舟山市岱山县委组织部干部到方林汽车产业集聚区党建服务中心参观。

7月17日，方林苑二期综合性广场开始施工。7月29日地面硬化初步完成，8月底全部完工。广场总面积约2000平方米，集健身、休闲、停车等功能于一体。

7月19日，中共浙江省委组织部两新党建处长潘天林一行调研方林汽车产业集聚区党建工作。

7月26日，村两委将7月定为“清凉夏日拥军月”，向部队开放游泳池、篮球场、网球场等设施。

是日，中共路南街道党工委书记陈海鸿、办事处主任罗华林、武装部长林华到区武装部慰问。

7月29日，阿尔法罗密欧——方林汽车城台州捷顺店开业。

8月12—13日，村开展方林路六小行业食品巡查、排污专项整治。

8月30日，北京大学经济学院王曙光教授一行到村调研。

9月7日，台州市人大常委会机关党委一行到方林汽车产业服务集聚区指导党建工作。

9月26日，浙江方林二手车市场获“中国商品市场百强”“网上网下融合市场30强”荣誉。

9月30日，2017第九届台州国际车展、第五届台州二手车车展开幕式在浙江方林汽车城举行。

12月11日，中央党史和文献研究室副主任冯俊一行26人考察路桥方林汽车产业服务集聚区。

12月27日，在台州耀达国际大酒店举行《大陈岛誓言》电影开机仪式暨新闻发布会。《大陈岛誓言》由五村联合控股有限公司、浙江巨久轮毂有限公司、台州市艺境影视文化有限公司、北京星月文化传媒有限公司联合摄制。

是年，第四次编修《方林村村民自治章程》。

是年，方林大会堂落成。

是年，投入150万元资金（政府贴补60万元），完成方林菜市场整体提升改造工程。方林菜市场被评为浙江省三星级农贸市场和浙江省放心农贸市场。

2018年

1月30日，中共路桥区委常委、纪委书记庞鑫培到方林村调研；中共路桥区委常委、组织部长范卫东到方林大会堂调研。

2月22日，在方林二手车市场洽谈吧举行方林青年人才新春座谈会。座谈会主题为“家燕归巢、共话发展”。方中华在会上讲话，勉励方林青年为“绿色方林、福利方林、品质方林”建设担起责任，作出贡献。

2月27日，村邀请嵊州越剧团在新落成的方林大会堂举行越剧专场演出，时间4天5夜。

3月1日，村在方林广场组织“欢乐猜灯谜 喜庆过元宵”活动。活动以“人文水美”为主题，营造浓厚的“五水共治”宣传氛围。

3月5—20日，第十三届全国人民代表大会第一次会议在北京召开。村党委书记、方林集团董事长方中华作为浙江代表团90名代表之一出席会议，并提交关于“坚持规划先行，发展壮大村集体经济”等11条建议。受到央视、新华社和《人民日报》《人民日报》（海外版）、《人民论坛》《法制日报》《中国改革报》《浙江日报》以及浙江卫视等多家媒体采访报道。

3月6日，为庆祝国际劳动妇女节108周年，方林汽车4S党群服务中心联合路南街道妇联、团委、总工会，在方林汽车产业集聚区开展“情暖三八 益路同行”主题公益活动。

3月22日，方中华参加中共台州市委召开的全市领导干部会议。市委书记陈奕君作重要讲话，市委副书记、代市长张晓强主持会议。

3月23日，路南街道在方林大会堂举行“解放思想”大讨论暨全国两会精神传达会。方林村全体党员、村民代表参加。

3月24日，村召开两委工作会议，方中华介绍第十三届全国人大一次会议情况，传达会议精神。

3月28日，十九大代表、团省委兼职副书记吕义聪到方林汽车4S党团服务中心调研。

3月28日，第十三届全国人大代表、浙江省检察院党组书记、检察长贾宇一行到村考察调研。

4月8日，椒江区妇联一行到方林汽车4S党团服务中心考察。

是日，村组织30周岁以上村民前往台州恩泽医院参加健康体检，时间持续9天。参见体检村民750人，体检项目近20项。

4月10日，中国银行温岭支行组织分行行长到方林汽车4S党团服务中心考察。

4月13日，浙江省政协副主席周国辉一行在台州市政协副主席李立飞等陪同下到村考察并指导工作。

是日，台州市级机关单位60余人到方林汽车4S党团服务中心交流学习党团建设工作。

4月15日，村党委组织开展以“提升政治素养、规范组织生活”为主题的主题党日活动。重点传达台州市扫黑除恶专项斗争会议精神。

4月16日，村与台州恩泽医疗中心在方林大会堂举行消化道专项体检签约仪式。村在做好两年一次村民体检同时新增50～80岁社员的消化道系统（食道、胃镜、肠镜）检查，实现从村民看病到健康管理转变。

4月17日，浙江省妇联妇女发展部部长鲍冬芳一行在台州市妇联主席王丹、路桥妇联主席叶彬彬陪同下考察方林汽车4S党群服务中心。

是日，路桥农村商业银行董事长金时江一行考察方林汽车4S党群服务中心。

4月26日，路桥区清廉乡村培育启动仪式在方林大会堂举行。村获清廉指数A级第一名。

4月25—26日，方中华等河南洛阳伊川南府店村参加中国五村集团挺进中原考察活动。

5月15日，村党委组织开展以“乡村振兴美丽先行谱写幸福方林新篇章”为主题的主题党日活动，并为5月“政治生日”党员送上生日贺卡，举行纪念活动。是月开始，每月主题党日活动为当月“政治生日”的党员举行纪念活动成为惯例。

5月17日，中共广元市委常委、朝天区委书记蔡邦银率广元市朝天区党政考察团一行人，到方林二手车市场考察。

5月28日至6月1日，由中国村社发展促进会主办、方林村承办、云南民委协办的“2018少数民族乡村领军人才走进路桥暨乡村振兴战略研修班”在方林村举行。参加研修班的有来自云南省16个州市35个县市区近40名少数民族村书记、主任。村党委书记方中华作《打造幸福方林升级版争当乡村振兴排头兵》的报告，介绍改革开放40年来方林村的发展历程。村向少数民族研修班捐赠培训基金10万元，少数民族研修班向村赠送锦旗。6月1日，培训班结业仪式在路桥区新桥镇金大田村文化礼堂举行。

5月29日至6月1日，村委会主任蔡正杰参加路南街道和四川省广元市朝天区蒲家乡扶贫协作对口支援活动。村向蒲家乡罗圈岩村捐赠8万元，用于发展生猪养殖产业。

6月3日，台州市路桥区二手车行业协会赴塞班岛作为期5天的考察。

6月4日，云南省红河州绿春县委副书记、县长李涛率考察团一行10人到村考察。

6月5日，吉林省集安市党政考察团一行考察方林二手车市场。

6月7日，天台县党代表一行50余人到方林汽车产业服务集聚区参观考察。

6月9日，由中共广元市委副书记、市长邹自景带领的广元市政府考察团一行13人考察方林二手车市场。

6月13日，北京北控集团一行人到方林汽车城、方林二手车市场考察汽车市场。

6月14日，内蒙古巴彦淖尔市国泰集团总裁王智和一行到方林二手车市场签订合作框架协议。

是日下午，南京航空航天大学飞行控制研究所盛守照教授到方林洽谈南京航空航天大学飞行控制研究所和方林集团的合作研发项目。

6月15日，村组织召开“乡村振兴、美丽先行”主题党日活动，主要学习习近平总书记关于做合格党员的相关论述。方中华要求全体党员和村民代表“听党话、跟党走，为民做实事”。还举行党员“党性体检、民主评议”和村民代表互评活动。

6月16日，村党委书记方中华和中国村社发展促进会秘书长兼五村合作秘书长杨秋生等一行10人，赴美考察投资项目。

6月28日，在大连召开的2018中国二手车大会主论坛上，方林二手车市场获“2018年度中国二手车流通行业领军企业奖”荣誉。

是日，为庆祝中国共产党成立97周年，村党委组织全体党员和村民代表共87人，登上大陈岛重走垦荒之路，学习“艰苦创业、奋发图强、无私奉献、开拓创新”垦荒精神。

7月2日，台州市公安局机场分局到方林汽车城产业服务集聚区党群服务中心举行主题党日活动。

7月18日，内蒙古自治区巴彦淖尔市临河区政府副区长李志钧、贸促会会长（招商局局长）马亮明等一行人到方林二手车市场考察。

7月28日，浙江省工商行政管理局副局长方金土一行与结对企业——方林二手车市场开展政企结对共建活动。政企双方人员登上大陈岛，重走垦荒之路，学习垦荒精神。

7月30日，村两委成员，以及团委、妇联、老协、方林集团员工代表到驻路桥某部队参谋部，开展八一建军节拥军慰问活动，为驻路桥官兵送上慰问金和节日问候。

7月31日，中共台州市委常委、组织部部长吕志良，市委组织部副部长、两新工委书记项凤日一行到方林指导党建工作。

8月3日，陕西省铜川市工商局田卫东局长带领考察组一行11人，考察方林汽车产业服务集聚区。

8月12日，第14号台风“摩羯”在温岭沿海登陆，最大风力10级。村两委、团委、妇联、老协人员，以及各市场场站人员参与防台工作。

8月19日，由路桥团区委主办，路南街道工委、办事处、方林村党委承办的“TED路桥大会”在方林大会堂举行，11位来自各个领域的主讲人作精彩演讲。活动在线直播，12万人收看。

8月23日，由路南街道办事处主办，路桥区卫计局协办的“路桥区纪念《中华人民共和国献血法》实施20周年无偿献血活动”在方林汽车城举行。数百名符合条件的志愿者参与献血。

9月7日，路桥区税务局一行人到方林汽车产业服务集聚区学习交流党建工作。

9月11日，位于杭州西溪湿地的五村集团总部办公大楼建成。在中国村企集团五村合作组织成立10周年之际，浙江花园村、航民村、滕头村、方林村和上海九星村在杭州西溪湿地西溪宾馆召开中国村企集团五村合作组织方林会议。方中华作2017—2018年度工作报告。

9月20日，第十八届全国“村长”论坛暨首届中国农民丰收节宝鸡庆祝活动在宝鸡东岭村开幕。方中华获“2018中国功勋村官”荣誉。

9月24日，村老年公寓举行“情暖中秋，关爱老人”中秋慰问活动。慰问活动由在外经商的方林村村民张士泉发起，以表达他对家乡父老的深情厚谊、回馈父老的赤子之心和对乡亲父老的中秋祝福。

9月28日，来自浙江的第十三届全国人大代表孙国文、潘美儿、翁丽芬、步正合等一行人到村考察指导。

10月9日，中共路桥区委书记潘建华，区委常委、组织部长范卫东等一行到方林汽车产业服务集聚区调研党建工作。

10月9日，中共台州市委书记陈奕君，市委常委、组织部长吕志良，市委秘书长周凌翔等一行到路桥方林汽车产业服务集聚区调研党建工作。

10月10日，第六届省公安厅党风政风警风监督员聘请仪式在杭州举行。方中华被聘任为第六届省公安厅党风政风警风监督员。

10月11日，路桥区第十四届基层文化俱乐部文艺会演在方林大会堂举行。方林幼儿园选送的《芳华》舞蹈获一等奖。

10月15日，村党委组织全体党员和村民代表学习螺洋街道水滨村、区党群服务中心和桐屿街道春泽社区的党建及乡村振兴工作，并在春泽社区文化大礼堂举行主题党日活动。

10月17日，村组织全体退休村民在老年公寓举办“九九重阳节、浓浓敬老情”庆祝活动，活动已经连续举办10年。活动中，按照《方林村村民自治章程》规定，对85～89岁（含）老人颁发“长寿奖”；对90～94周岁老人颁发“寿星奖”，并和全村307名退休村民共聚幸福餐，给每人发放一份百岁红包。

11月8日，台州市中级人民法院党组书记、院长王中毅到村走访调研。

11月12日，浙江省人大常委会党组副书记、副主任李卫宁，省人大常委会委员、代表与选举任免工委主任臧平等一行人到村走访调研，并看望全国人大代表方中华。

11月15日，村组织召开“反邪教、扫黑除恶、弘扬正气”主题党日活动，全体党员和村民代表参加。会上主要学习《共产党员要旗帜鲜明反邪教》和“扫黑除恶”专项斗争有关内容。

11月23日，中共北京房山区委改革办、区委组织部一行人到方林调研。

是日，方中华参加台州市“走进12309，检察为民新体验”活动，并为临海市12309检察服务中心、公益损害与诉讼违法举报中心揭牌。

11月28—29日，方浩参加在江西婺源县严田村举办的2018中国农村博物馆年会暨严田博士论坛。

12月3日，全国人大代表、河南省洛阳市伊川县南府店社区党委书记张龙安带领班子成员到方林考察。

12月4日，方中华参加台州市人大农业与农村委员会全体会议。

12月12日，团省委志工权益部部长陈掌军参观方林汽车产业集聚区。

12月15日，村组织召开“学习《中国共产党支部工作条例（试行）》推动党支部高质量标准化建设”主题党日活动，村全体党员和村民代表参加。

12月16日，浙江省高级人民法院司法鉴定处处长杨宇军、副调研员戴晓华到方林走访调研。

是年，设立村民微信平台。路桥图书馆方林分馆建成开馆。

是年，方林村获浙江省首批高质量就业村。方林二手车市场获全国二手车市场诚信等级AAAAA、台州市诚信示范市场等荣誉。

2019年

1月9日，由浙江省商务厅党组书记、厅长盛秋平率领，省商务厅调研组一行到方林二手车市场调研。

是日，方林汽车4S党总支书记林荣辉获台州市“担当作为好支书”荣誉，在台州市召开的“不忘初心、牢记使命”主题教育大会上受到表彰。

1月21日，“2019台州市农村文化礼堂·我们的村晚”文艺晚会在方林大会堂演出。由中共台州市委宣传部、市文化和广电旅游体育局、市文学艺术界联合会主办。市委书记陈奕君，市委常委、宣传部长叶海燕，区委书记潘建华等领导出席。

1月25日，在方林大会堂召开2018年度村民、社员大会。部署2019年工作任务，表彰2018年度先进集体、优秀党支部书记、优秀党员、优秀村民代表和先进工作者。会后，拍摄“全村福”照。

1月31日，方中华带领村两委成员以及团委、妇联、老协、办公室人员，走访慰问老党员、老干部、五保户、部分重病村民和伤残人员，送上节日祝福和慰问金。

2月9—13日，村邀请浙江省一级剧团——乐清市戏曲艺术传承展演中心，在方林大会堂为村民上演5天共9场的越剧节目。

3月4日，省级建设项目“妇女微家”在方林汽车产业服务集聚区“幸福家1989”门店成立。是台州市首个“妇女微家”。

3月5日，村妇联邀请路南卫生院吴剑院长，在方林大会堂为村里110余名妇女作急救知识培训。

3月5—15日，方中华在京参加第十三届全国人民代表大会第二次会议。

3月10日，在第十三届全国人民代表大会期间，方中华亮相中央电视台《新闻联播》，为农村基层“代言”。

3月16日，村召开“十三届全国人大二次会议精神传达学习”大会。党员、村民代表、各场站负责人参会。方中华传达和解读十三届全国人大二次会议精神。

4月11日，省委巡视组一行3人对方林汽车4S两新党建工作进行巡视检查。

4月28日，方中华被聘为路桥青年企业家协会总顾问。

5月9日，省委巡视组组长李杭、副组长部向雷调研方林二手车市场。

5月8—9日，中共浙江省委组织部表彰首批50名省级兴村名师。方中华入选首批兴村名师名单，并参加全省基层党建工作骨干暨兴村（治社）名师培训班。

5月11—12日，江西省婺源县委书记吴曙、婺源县政协副主席程汉新、赋春镇党委书记单文彬一行到村调研。

5月14日，台州市总工会党组成员、副主席黄海虹等一行人到方林汽车产业集聚区检查指导群团工作。

是日，林荣辉获团中央2018年全国“优秀共青团干部”荣誉；方浩获2018年度台州市“乡村振兴突出贡献”荣誉。

5月16日，在主题党日活动上，全体党员和村民代表学唱方林村村歌。

5月21日，路桥区汽车流通行业工会联合会主席方浩前往方林路看望修车匠李忠财，并送上慰问金。李忠财儿子李荣健因坠楼造成双目失明。

5月26日，中国村企集团五村合作组织——中国·五村园在杭州举行开园典礼，五村联合控股董事方中华主持。

5月28日，党的十七大、十八大代表，江苏省盐城市滨海县滨淮镇东罾村党委书记薛正红，陕西省西安市碑林区西何家村董事长赵建平，陕西省西咸新区沣东新城三桥街道和平村党委书记白世峰，陕西省宝鸡市金台区陈仓镇东岭村党委副书记、村委会主任方纪林等一行在中国·五村园开园典礼结束后到方林村参观考察。

5月30日，路南街道党建联盟暨市场建设启动仪式在浙江方林汽车城举行。

6月3日，党的十八大、十九大代表，黑龙江省同江市八岔村党支部书记尤明国一行到村参观考察。

6月12日，台州市公安局机场分局党支部和路桥方林汽车4S党总支联合开展“五防（防盗抢、防火、防毒、防事故、防溺水）公共安全”主题党日活动。

6月15日，村党委组织全体党员和村民代表开展6月主题党日活动。主要学唱方林村村歌，学习5月31日召开的“不忘初心、牢记使命”主题教育工作会议上习近平总书记的重要讲话精神和《中国共产党党员教育管理工作条例》。

6月17—18日，为庆祝建党98周年，村党委组织120名党员、村民代表前往全国首批国家田园综合体——浙江省安吉县鲁家村和五四宪法历史资料陈列馆参观，并开展“不忘初心、牢记使命”主题教育。

6月21日，台州市政协原副主席、台州商人研究会会长郑荐平等一行人到方林走访调研。郑会长向方中华颁发台州商人研究会联合市有关部门评选出的“台州改革开放40年民营经济40名风云人物”奖牌。

6月24—26日，林荣辉赴北京房山区参加“实施乡村振兴战略专业化能力提升培训班暨美丽乡村建设”研讨会。

6月26日，按照6月15日党员、村民代表决议，村经济合作社合股15%股份与方远集团合作，以10.8亿元拍得台州市中央商务区天盛中心南侧住宅用地37.3亩、6幢商品房项目。该房产项目南临和合公园，为台州城区中心地带。

7月8—9日，浙江传媒学院新闻与传播学院学生到村开展乡村振兴调研。

7月12日，中共四川省广元市朝天区委常委、组织部部长张开翅到方林汽车产业服务集聚区调研。

7月13日，由浙江方林二手车市场与内蒙古巴彦淖尔国泰集团联手打造的市场——晨泰二手车市场开业。浙江方林二手车市场以技术、管理输出的方式参与经营，标志着方林村打响品牌输出第一战。

7月25日，村妇联、团委在方林广场开展“垃圾分类方林更美”垃圾分类知识宣传活动。

7月30日，公安部经侦局巡视员赵斌等一行人到方林考察调研。调研中，赵斌对方中华等7位代表提出的《关于公安机关建立对非法吸收公众存款罪的统一立案标准的建议》作了答复。

8月9日，第9号超强台风“利奇马”来袭，村两委全力组织实施防汛抗台工作。村两委成员、方林集团各场站员工24小时执勤巡查。

是月，中国人民解放军某部参谋部赠与方林村“军民共建固国防”荣誉牌子。

9月2日，四川省广元市村书记代表70余人到方林汽车4S党建中心参观。

9月6日，浙江方林二手车市场有限公司首单二手车出口启动仪式在浙江方林二手车市场举行。首单二手车出口波兰、比利时，货值5.6万欧元，是浙江货值最大的二手车出口订单，也是浙江二手车首次出口欧洲。

9月8—13日，方林二手车市场组织路桥二手车行业协会会员、经营户一行59人赴日本考察二手车市场。

9月10日，中共路桥区委副书记、代区长潘军明到路桥短途客运南站督查文明城市创建工作。

9月23日，由五村联合控股有限公司、浙江巨久轮毂有限公司、台州市艺境影视文化有限公司联合出品的电影《大陈岛誓言》正式登陆全国院线。上映当日，在椒江举行首映礼。方中华出席首映礼并讲话。

9月30日，由台州市人民政府主办，区政府、市商务局、市汽车经营行业协会、方林汽车城联合承办的2019第十届台州国际车展、第六届台州国际二手车展开幕。第十届台州国际车展于10月4日闭幕，约10万人次观众参展。

10月3日，村在老年公寓为全体退休村民举办“九九重阳节、浓浓敬老情”庆祝活动。为85～89岁（含）老人颁发“长寿奖”，90～94周岁老人颁发“寿星奖”。全村316名退休村民共聚幸福餐，发放每人一份百岁红包。此活动已连续11个年头。

10月9日，村30多名巾帼垃圾分类志愿者在方林图书馆参加垃圾分类知识培训。

10月15日，村党委组织全体党员和村民代表开展“谈初心话担当”主题教育党日活动。会议主要传达学习习近平总书记在10月1日国庆大会上的重要讲话精神，并学习三门县城西村八任书记和胡兆富先进事迹。

10月15—30日，二手车市场总经理方崇奇、副总经理王琛考察欧洲二手车行情。

10月22日，浙江省高级人民法院副院长朱新力、国家法官学院浙江分院副院长鲍灵富到方林调研。

11月1日，中共路桥区委副书记、代区长潘军明率相关部门主要负责人到方林客运南站，对方林城市公交综合体项目进行实地考察。方中华等作项目报告。

11月2日，路桥“夕阳红”艺术团到方林，为老人们表演精彩节目。

11月8日，欧盟议员、欧洲国际贸易委员会委员（负责涉华贸易）马克西米利安·克拉博士等一行到浙江方林二手车市场参观考察。路桥区委副书记、代区长潘军明与克拉博士会晤。

11月11日，村团委在方林汽车城举办“寻梦双十一、爱在方林”活动。

11月13日，德国皮尔纳市议员蒂姆·洛克纳、皮尔纳市城市发展中心主任克里斯汀·弗洛克、柏林中心区议会议员埃克哈德·佩兹等一行到方林参观考察。

11月25日，由路南街道选送的节目《美丽的方林是幸福的家》被评为台州市第十三届“邻居节”优秀节目。

11月25日，浙江省市场监督管理局市场处副处长江文泉，台州市市场监督管理局副调研员缪军福、市场处处长金剑华到方林二手车市场，对“省五星级文明规范市场”延续工作进行复评。

12月12日，由村党委、村委会、浙江方林集团主办的《方林报》举行创刊10周年座谈会，出版《方林报》10周年纪念专刊。《方林报》是台州唯一村报，曾于2010年被评为“中国乡村文化优秀传媒”。

12月30日，路南街道在西夏新村举办新时代文明实践乡风涵育启动仪式暨示范家庭颁奖典礼。典礼上叶利芬家庭被路南街道评为“最美家庭”。

是年，设立村级“一、三、五”为民办事日，实施“最多跑一次”。

2020年

1月10日，方林村在方林大会堂召开2019年度村民社员大会，已连续召开37年。

1月17日，中共路桥区委副书记、代区长潘军明到方林慰问全国劳模、村党委书记方中华。

1月18日，村两委全体成员以及团委、妇联、老协、办公室人员，走访慰问老党员、老干部、五保户、部分重病群众和伤残人员共47人，送上节日祝福和慰问金。此项活动已持续39年。

1月24日，因发生新型冠状病毒肺炎疫情，方林村进入“抗疫”时期。为保障全体村民健康安全，村两委严格遵照上级政府部门要求和工作部署，第一时间周密安排、细化分工，春节无休、多措并举全力防控。

2月17日，浙江方林汽车城和浙江方林二手车市场恢复经营。两市场一手抓防疫，一手抓复市，整体运行平稳有序。其中浙江方林二手车市场为全省41家优先复市市场。

2月19日，中共台州市委书记李跃旗一行到路桥方林汽车产业服务集聚区，督导检查浙江方林二手车市场疫情防控及复市复工进展情况。路桥区委书记潘建华、代区长潘军明等参加。

2月22日，中共路桥区委副书记、代区长潘军明等区领导到方林开展防疫防控复市复工督导服务工作。

2月27日，村党委、村委会联合发起“疫情无情人有情、全村捐赠抗疫情”倡议，全体党员和村民为抗疫捐款165700元。

3月4日，中共路桥区委组织部向村党委送上感谢信，以感谢村全体党员和村民为支持新型冠状病毒肺炎疫情防控工作所捐赠的爱心捐款。

3月27日，村赠送一批防疫物资给地处奥地利的保时捷控股集团。

4月10日，国网台州供电公司安全总监季敏剑，国网台州市路桥区供电公司执行董事张振东，国网台州市路桥区供电公司党委书记、总经理林可一行到方林汽车城考察调研。

4月13日，召开《方林村志》编纂工作会议。

4月27日，村组织30周岁以上村民前往台州医院参加健康体检。是年起改为一年一次。

4月29日，中共路桥区委常委、纪委书记、区监委主任庞鑫培到村开展“固本强基”专项调研活动，并举行座谈会。

4月30日，台州市召开迎“五一”劳模表彰暨制造业高质量发展大会。林荣辉被评为2020年台州市劳动模范。

5月22—28日，方中华参加在北京举行的第十三届全国人民代表大会第三次会议。

5月27日，方中华代表收到最高人民法院办公厅的感谢信，信中表示，对方中华代表提出的建议高度重视，将在今后的工作中认真研究采纳，并感谢他长期以来对人民法院工作的关心和支持。

5月28日，中共四川省广元市朝天区常委、组织部部长刘剑波一行到路桥方林汽车产业服务集聚区调研。

6月2日，全国人大代表、村党委书记方中华在全区领导干部会议上传达第十三届全国人大三次会议精神。

6月8日，在中共浙江省委宣传部副部长、省文明办主任卢春中带领下，省委宣传部调研组一行到浙江方林二手车市场调研。

6月9日，路桥农商银行路南支行迁址方林茗苑。

6月17日，浙江日报报业集团副总编金波一行到浙江方林二手车市场参观考察。

是日，路桥区政协主席戴冬林到方林老年公寓开展“优化养老服务供给，促进养老事业高质量发展”专题调研。

6月29日，村党委成员走访慰问党龄超过50年的老党员以及2019年优秀党员和患病党员。

7月4—8日，为争创全国文明城市“两连冠”，落实文明城市复评迎检工作，村两委对方林苑一期、二期、三期及方林路进行卫生环境整治。

7月30日，在八一建军节来临之际，驻军官兵走进方林村，开展“军爱民、民拥军、军民团结一家亲”共建活动。

8月8—11日，第十三届全国人大常委会第二十一次会议在北京人民大会堂举行。全国人大代表、方林村党委书记方中华列席常委会会议。

8月12日，方中华受邀参加全国人大农业农村委组织的重点建议办理座谈会。

8月14日，方林汽车产业服务集聚区组织公益献血，有97名党员群众参加，符合献血条件的57人共计献血18600毫升。

8月15日，村党委组织全体党员和村民代表开展8月主题党日活动。会上，全国人大代表、村党委书记方中华传达第十三届全国人大常委会第二十一次会议精神。

8月17—23日，方林二手车市场总经理方崇奇带领方林二手车行业协会理事成员，赴海南考察二手车行业。

8月24日，村迎接全国文明城市检查。村两委负责人坚守方林路、方林工业区、方林菜市场以及方林苑一期、二期小区等点位，查漏补缺。

8月30—31日，中共路桥区委、区政府委托第三方对路桥区文明城市创建常态化工作进行综合评估。方林村位列第一名。

9月5日，村举行新兵入伍欢送会。欢送优秀青年方振宇应征入伍，成为南海某部海军一员。方振宇是六组方新斌、叶利芬夫妇的儿子，是就读浙江工商大学国际经济与贸易专业的大一学生。

9月11日，第二十届全国“村长”论坛在长春市宽城区欣园街道五星村举行，村党委副书记方浩参加。

9月14日，路南街道党工委书记罗华林带队到方林督导文明城市创建工作。

9月18日，台州路桥特斯拉中心在方林汽车城举行开业仪式。这是特斯拉中国在浙江设立的第三家集销售、售后、交付于一体的直营店，前两家分别在杭州和温州。

10月1—3日，国庆期间，台州市汽车经营行业协会联合台州市商务局、太平洋车网在方林汽车城广场联合举办2020国庆路桥汽车消费节。

10月17日，方中华出席在杭州西溪“中国·五村园”召开的五村合作组织暨五村联合控股董事会。

10月25日，方林村连续12年组织全体退休村民在老年公寓举办“九九重阳节、浓浓敬老情”庆祝活动。对85～90岁老人颁发“长寿奖”，对90～94周岁老人颁发“寿星奖”。

是日，宁夏回族自治区吴忠市商务局来方林考察汽车市场。

10月27日，村党委书记方中华参加省公安厅党风政风警风监督员座谈会。

11月2日，方林村举行村党委换届选举大会。大会以“竞职演说＋履职宣誓”的形式，通过投票选举出新一届党委班子成员。

11月6日，方林村新一届党委班子在方林汽车城四楼董事长办公室召开方林村新一届党委第一次会议。会议选举并确定党委班子职务，成立村委会选举委员会。

11月12日，东方理想学校2019级八年级336名学生在老师带领下，到方林开展“走进社会”综合实践课程集中考察活动。

11月13日，在省抗击新型冠状病毒肺炎疫情总结表彰大会上，村党委副书记林荣辉获“浙江省抗击新冠肺炎疫情先进个人”称号。

11月16日，方林村党委组织全体党员和村民代表召开“学习贯彻全会精神，贡献基层智慧和力量”主题党日活动暨村委会换届选举工作部署会。会上宣布中共路南街道工作委员会关于方林村党组织换届选举结果的批复：同意方中华、方浩、林荣辉、蔡正杰、方崇奇、方刚、方崇志7位同志为方林村党委委员，方中华为党委书记，方浩、林荣辉为党委副书记。会上还部署村委会换届选举工作，推选出村民选举委员会，表决通过《村民委员会选举办法》《村民（社员）代表和村民（社员）小组组长推选办法》《经济合作社章程》《经济合作社换届选举办法》《村务监督委员会选举办法》。

11月18日，浙江省高级人民法院副院长朱新力一行到方林调研。

11月19日，方林村组织开展军民融合产业发展专题培训会。特邀海军某部五位专家、教授围绕“军民融合产业发展”传经送宝。

11月21日，2020年“庆丰收·迎小康”中国村歌大赛总决赛及颁奖仪式在浙江省江山市大陈村举行。方林村村歌《美丽的方林是幸福的家》荣获“中国百佳村歌”和“表演奖”。

11月26日，中共台州市委书记李跃旗，市委副书记、市长吴海平会见从北京载誉归来的台州8位全国劳动模范和先进工作者以及部分往届劳动模范代表。台州市劳动模范、村党委副书记林荣辉参加座谈会。

是月，中共精神文明建设指导委员会经复查给予方林村继续保留“全国文明村镇”称号。

12月1日，方林村选举委员会通过挨家挨户上门形式，以无记名投票方式对新一届村民代表和村民组长进行选举。

12月4日，吉林省通化市集安市人大常委会副主任许岩松一行6人到方林汽车产业服务集聚区参观考察。

12月13日，方林村村民委员会换届选举大会在方林大会堂举行。全村共有选民894人，分7个小组参加选举。经投票选举出新一届方林村村民委员会领导班子：方中华为村委会主任，方浩为副主任，管浩峰为委员，林红为专职委员。

12月19日，省军区副政委张晓林到方林二手车市场考察。

12月21日，村组织全体村民代表召开社管会、村监会、社监会选举大会。方中华、方浩、蔡正杰、方崇奇、方刚、方崇志、林红当选方林村（股份）经济合作社社管会成员。经社管会成员现场推选，方中华任社长，方浩任副社长。林荣辉当选为村监会主任，林小春、林显琳、叶利芬、丁禹民当选为村监会委员。

2021年

2月3日，方林村在方林大会堂召开2020年度村民社员大会。大会举行了方林村股份经济合作社2020年股权分配发放仪式和方林村公益爱心基金成立仪式。

3月16日，路桥区召开全区领导干部会议，区委书记潘军明主持会议。会议邀请第十三届全国人大代表、方林村党委书记、村委会主任方中华传达第十三届全国人大第四次会议精神，并与大家分享他的参会经历。

是日，中共台州市委常委、常务副市长徐良平，市政府副秘书长杜年胜等一行在到浙江方林二手车市场调研指导。

3月23日，浙江五村集团召开股东会议。

4月13日，中共丽水市委书记胡海峰率党政代表团到方林村考察指导。

4月14日，宝爱捷（中国）汽车投资有限公司政府事务副总裁孙毅、保时捷品牌副总裁徐少勇、置业建筑部门总监乐达一行考察浙江方林汽车城，并洽谈有关台州保时捷中心升级扩建事宜。

6月24日，村党委成员走访慰问村里1978年以前入党的12名老党员。

7月8日，上海财经大学党委书记许涛一行21人到方林村考察调研“千村调查”项目。同日，在方林村举行上海财经大学“实践教育基地”揭牌仪式。

7月28日，村两委成员及方林集团员工代表等到驻地部队开展八一建军节拥军慰问活动。

9月17日，路桥区第六届老年人兜球交流活动在金清镇上塘村举行。方林村代表路南街道参加活动，并获第三名。

9月30日，为期4天的2021第十一届台州国际车展、第七届台州国际二手车展在浙江方林汽车城、浙江方林二手车市场开幕。

10月1日，中国人民解放军路桥驻地部队参谋部，向方林村赠送一面上写“心系国防助力雄鹰振翅情注海天辅写辉煌篇章”的锦旗，致谢方林村在拥军工作中所作出的积极贡献。

10月14日，方林村组织全体退休村民在老年公寓举办“九九重阳节、浓浓敬老情”庆祝活动。

11月10日，浙江省人大常委会党组书记、副主任梁黎明一行到方林村考察指导。

11月16日，方林村召开《方林村志（终审稿）》专家评审会。

12月7日，中共路桥区委书记潘崇敏到方林村调研指导。

12月9日，浙江省副省长徐文光到方林村调研指导未来乡村建设工作。

第一编

建置区域

方林村位于浙江省台州市路桥区主城区南郊，村域面积0.4平方千米。建村历史悠久，区划沿革及隶属关系多有变化。民国时期属石曲镇，中华人民共和国成立初期属石曲乡，20世纪90年代中期始，属路南街道。

第一章　建　　置

方林村旧名石中村，建村历史悠久。区划沿革及隶属关系多有变化。民国时期属石曲镇，1949年解放后属石曲乡，1995年路桥镇建制撤销，属路南街道。自解放后，方林村名一直沿用不变。

第一节　隶属沿革

方林村地处温黄平原，有人类活动的历史较早，在路桥区域内发现多处地方有新石器时代晚期石犁头文物（图1-1），如南山善法寺后回龙山大山填中北麓山坡、下梁阻浪山麓、灵山古遗址等。石犁头始见于崧泽文化，公元前3900至前3200年。可见，路桥一带，先民活动的历史可以追溯至5000多年前。境内上古先民比较集中的地方，一处在灵山（中央山）四周。2010年和2011年，连续两年考古发掘，发现有早期石器、黑陶及晚期炭化稻米及石犁头。灵山所在之处遗址被称作“灵山遗址”。据此推断，路桥乃至台州沿海地区的历史可上推到公元前3000年前的新石器时代晚期。

图1-1　路桥一带出土的石犁头、陶器

方林村位于路桥区中心地带，在公元前3000年前就有先民刀耕火种，过着渔猎生活。从出土的文物来看，很早就接受中原文化，大量的中原文明从海上交通传入，使得路桥一带与时代同步发展。

解放前 方林村在夏商周时属瓯越地，春秋属越，战国中后期附属楚，或为东越地。秦时隶回浦乡，属闽中郡。西汉属闽越国。东晋十六国时期［晋太元七年、前秦建元十八年（382年）］至隋朝大业八年（612年）属于临海郡。

唐高宗上元二年（675年）析临海县南置永宁县，属永宁县。唐天授元年（690年），改永宁县为黄岩县。唐开元二十九年（741年）属江南东道台州临海。五代十国时属吴越国台州。北宋政和元年（1111年），属两浙路江南东路台州黄岩县灵山乡；元时至元十七年（1280年）属江淮行省台州路黄岩县灵山乡；至顺元年（1330年）归属江浙行省浙东道台州路黄岩州；明万历十年（1582年）属台州府黄岩；嘉庆二十五年（1820年），设宁绍台道，属于台州府黄岩路桥镇。清光绪初施行都图制，属路桥石曲36-38都1-2图。宣统元年（1909年），路桥始置建制镇，境区归路桥镇石曲保附村，称西岸王村。民国十七年（1928年）改街村制为村里制，属路桥区石曲乡。民国十九年至二十年（1930—1931年），改村里制为乡镇建制，称石中村，隶属石曲镇。民国二十六年（1937年），属路桥区石曲镇。民国三十二年（1943年），石曲镇有18保、55自然村，方林村隶属第四保区。民国三十六年（1947年）民国时期实行区乡制，属石曲乡。1949年6月，成立路桥区人民政府，下辖11个乡，属石曲乡。

解放后 1949年10月，废除保甲制，实行村组制，成立方林行政村，方林之名始用，隶属路桥区石曲乡。1951年3月，黄岩县分设11个区129个乡（镇），隶属路桥区石曲乡。1956年合作社开始，9月，方林村成立方林高级社，下设9个生产队，1958年9月解散。1958年8月29日，中共中央发布《关于在农村建立人民公社问题的决议》；9月，路桥（区级）人民公社成立，为黄岩县十个公社之一；10月，石曲乡改为大队（次年4月改为管理区），方林合作社改为生产队，下有9个小队。

1961年7月，开始人民公社体制调整；9至10月，以管理区（原先乡）设置人民公社，生产队为生产大队，小队为生产队，实行“三级所有，队为基础”，建立石曲人民公社方林大队。1969年6月，公社管理委员会改称为公社革命委员会，生产大队为革命领导小组。1983年8月开始，实行政社分开，建立乡镇政府，撤销人民公社；将公社改为乡，生产大队改为行政村，方林行政村辖前方、后方、下林、西岸4个自然村。1989年4月划入路桥镇，同年11月改称石曲办事处方林村。1992年5月开始，撤区扩镇并乡，25日，石曲办事处改为石曲工作处方林村。1993年4月13日，撤销石曲、长浦工作处，改为路南管理处方林村。1994年8月22日，国务院以国函〔1994〕86号文件批复浙江省人民政府，同意撤销台州地区，设立地级台州市，同时撤销县级黄岩市、椒江市，新设椒江区、黄岩区和路桥区。方林村属路桥区管辖。1994年12月22日，方林村隶属路桥镇路南管理区。1995年11月13日，撤销路桥镇建制，方林村隶属路南街道办事处。

附：

国务院关于同意浙江省撤销台州地区设立地级台州市的批复

国函〔1994〕86号

浙江省人民政府：

你省《关于要求撤销台州地区和黄岩、椒江两县级市建制设立地级台州市、实行市领导县的请示》（浙政〔1993〕164号）和有关的补充报告收悉。现批复如下：

一、同意撤销台州地区和县级黄岩市、椒江市，设立台州市（地级），市人民政府驻新设立的椒江区。

二、台州市新设椒江区、黄岩区和路桥区。椒江区辖原椒江市的海门、白云、葭沚3个街道办事处，东山、洪家、三甲、下陈、前所、章安、大陈7个镇和黄礁乡，区人民政府驻青年路；黄岩区辖原黄岩市的城关、宁溪、头陀、北洋、焦坑、江口、新前、院桥8个镇和上郑、富山、屿头、上垟、平田、茅畲、高桥、沙埠8个乡，区人民政府驻城关镇县前街；路桥区辖原黄岩市的路桥、桐屿、峰江、新桥、横街、下梁、金清、蓬街8个镇和螺洋、黄琅2个乡，区人民政府驻路桥镇卖芝桥路。

三、台州市辖原台州地区的玉环、三门、天台、仙居4个县和新设立的椒江区、黄岩区、路桥区。原台州地区的温岭市、临海市由省直辖。

国务院

一九九四年八月二十二日

第二节　村落变迁

方林村村域形似长龙，有“西龙尾，东龙头”之称。龙尾在西岸，龙头在方家村，龙腹由前方、后方、下林组成。自清代开始，石曲乡（镇）政府所在地就在方林村，同时，石曲中心小学也在其中。方林村是石曲的政治、经济、文化中心。

氏族迁移

方林村主要由方姓和林姓两大宗族组成，很早时候就建有“方氏祠堂”和“林氏祠堂”。《石曲方氏五修宗谱》记载，石曲方氏一世祖方天成，约生于宋理宗嘉熙三年(1239年)，原籍福建莆田。因原居住地地少人多，一世祖方天成于元大德六年（1302年），率领50余户方氏子孙约130人迁入仙居。后经时任台州达鲁花赤与黄岩县令木八剌共同批准后，又从仙居夏阁翻山越岭迁至黄岩洋屿（当时叫“灵山”）择地卜居。方天成至洋屿九年后，在其五十一岁时，得一子，起名方宙，即方氏至黄岩路桥后的第二世祖。后因洋屿地稀物薄，方氏族人再次迁徙至不远处的方家垷。方宙定居方家垷3年后，路桥方氏第三世子孙方伯奇出生。后方伯奇娶妻周氏。元延祐二年（1315年)，其长子出生，取名方国馨。元延祐四年（1317年)，次子方国璋出生。元延祐六年（1319年）农历八月十六，方伯奇三子方国珍出生。后方国珍成为元末浙东农民起义军领袖。

据石曲方氏宗谱记载，自方国珍“卒于南京邸第”后，其“子孙仍转黄岩石曲……自是黄岩石曲，始有方氏焉”。现在的方林村人绝大多数是700多年前元末第一支农民起义军领袖方国珍及其部属的后人。故石曲方氏以世居洋屿的方国珍一族为远祖，以方国珍后裔转迁石曲者为近祖。清乾隆四十二年（1777年)，石曲方氏宗谱续谱，尊肇基公为石曲一世祖。对此，《民国四修石曲方氏宗谱》中有明确记载：“有明社屋，陵谷变迁，兵燹流离，谱牒散失，自唐至今，世系罔考，故先代宗公以国初肇基公为始，不复拉述远祖，然其源则出自莆田之方，为国珍后，无可疑者。”自清初肇基公卜居石曲至今，方林建村已近400年。

林氏的祖先莆阳君，于后唐天祐年间由福建莆田因避王审知难迁居黄岩委羽山。五世允恭于南宋绍兴初年迁至台南黄岩长浦中漳。莆阳君为中漳林氏始祖，名天民，字先觉，莆阳其号。

关于方林村村名由来，民间传说元末明初时，路桥有方家堰村与林家村。明朝忠臣熊鼎到台州后，听闻林家村族长林保兴在方家堰遭灭族屠村时，牺牲自己救方氏一族的故事，极为感动，亲至方家堰村与林家村，将方林两村族长召集至方氏祠堂开会，建议方家堰与林家村合为一村，取名方林村。由此这一村名一直延续下来。林保兴去世时，熊鼎亲笔题词“南官民雄”四字。后又在方林村口石拱桥下树碑，上刻其五言诗：“屈原水底亡，子推火中灭。火水能殁身，哪许无名节？世间名节奇，光明同日月。嗟哉大丈夫，梅花傲冰雪。天下有仁义，千古不可绝。”方、林两氏不同姓同谱，但一直相互通婚，亲如一家（郑九蝉著《保境安民》）。

村落辖区

民国三十二年（1943年），石曲镇有18保、55个自然村。方林村称第四保区（前方、后方、下林、下街、西岸、乾亨里、三透里）。1949年，黄岩县和平解放，称石曲乡方林村。中华人民共和国成立后，先后称方林高级社、方林生产队、方林大队等。1983年8月开始，公社改为乡，生产大队改为行政村。方林行政村辖前方、后方、西岸、下林等。90年代，方林村启动旧村改造，拆除散乱破败的旧村居，建设花园式集中住宅小区“方林苑”，村容村貌变化极大。许多旧建筑和池、塘、潭等地理实体消失。

前方　系20世纪60年代方林大队及以后方林村委驻地。俗称前方里，大门朝南，称前方大台门。出前方大台门，沿石板路向东走，是一处小河塘。石板路一直延伸到沙池东“方氏祠堂”。前方里南面有大河塘，称“前方池塘”，也有人称“沙池头”，其沟渠与南官河连通。西临原石曲乡政府（现为石曲老街道）和方林水机埠房（现为路南消防车停车房）。水机埠房专门供方林村一至五队、洪洋村农田引水灌溉用。其水渠一直延伸到原方林一队和洪洋蔡粮田终点。机房内配有碾米机和碾粉机。改革开放前，当时的乡政府征用方林村罗小保的木材市场房屋。乡政府北面有个小河塘，古称“石路窟塘”，现在习惯叫“华良塘”。

后方　俗称后方里大庄园，清朝道光十八年（1838年）建成，四进十二明堂，面积4300余平方米。砖木结构二层楼，雕梁画柱，高墙厚垒，墙基由岩石垒叠，上面为青砖砌筑，墙上为瓦片镂空花瓣造型。院内房屋足有百间，浑然一体，每栋门庭都有堂屋、后屋等组成，三个天井由石板铺设，每个天井置放大水缸。院内由凉亭、回廊、假山、小河及花草树木等组成。庄园大台门八字开，朝南，梅园石门框，门楣上方为牛角檐角，高耸两侧。整个台门高近5米，气势雄壮，大台门前是石板路。向东走是后方钱庄（当典），钱庄的大门朝西，小门朝东，墙高院深，建筑森然。解放初剿匪指挥中心总部就设在钱庄。剿匪结束后被政府征用为粮站，石曲人民公社各生产大队上缴国家的粮食全部挑运到粮站储备。此后很长一段时间，后方钱庄属路桥粮管所所有。钱庄南面有个池塘，称后方池塘。后方池塘向外筑有水渠，上连通下林塘，下连通“上争头”。池塘东边有条石板路向南延伸到“方氏祠堂”和洪洋茶亭。向西一二百米是石曲街和石曲中心小学。1996年春、夏之交，因地方政府建吉利大道，后方庄园被拆除。

西岸 俗称西岸王。房屋合院式，三个大台门均朝南。东边是南官河河岸路，向南连贯石曲“黄桥”头，桥通向石曲街和104国道。继续向南走近100米的石板路，是方林的三透里庄园，庄园南临肖谢泾，东临南官河，西接104国道。三透里庄园后为方林菜市场。西岸西边是石曲农机厂，即旧时的“方氏祠堂”。再向西延伸是104国道。国道边有个养路段驻地，护路人员居住在此，当地人叫“养路队”。养路队后面有个旧荷花池，荷花池比较阔长，每到夏秋季节，一池荷花争相开放，艳丽夺目，清香诱人。穿过104国道，不远处的田间中心，有东航探照灯台值班据点。据传，过去专门探照和防范夜间敌机来侵扰。原址在旧机械设备市场内。

北面有条小河，古称“龙尾泾”。连接南官河，直通长河泾（后方里、下林里北面的河，古称“长大河泾”，现改名为竞争河）。长大河泾终点是方家村的“龙头泾”，据说是元末农民起义领袖方国珍的出生地，是方家村的“龙头宝地”。走过龙尾泾小桥，就是方林的乾亨庄园。乾亨庄园是解放前远近闻名的土匪头子“麻面奶玉”（即陈季甫）的老窝。20世纪70年代后为方林（石曲）砖窑厂，2000年后为方林工业园区。乾亨庄园西侧房屋居住着陈氏家族，屋后有小河塘，称“陈家塘”。20世纪60年代时，砖瓦厂的小窑就在陈家房屋前头。

下林 由下屋里、竹篚里、东来里、西头里组成。

下屋里 房屋东边有一河塘，叫“下争头”，倚通长河泾；南面有条小石头路向东延伸，通向“林氏祠堂”，向南延伸连接应家、方家沿线大路（旧时泥石路约2米宽）通向石曲街。向西有条小石路通向毗邻竹篚里。

竹篚里 房屋呈“凹”字形，因竹多，且多作围墙，故称“竹篚里”。竹篚里南面有棵大樟树，有百年树龄，需3人合围。在“大跃进”时期被砍伐，说是支援国家。村民多有怀疑。年轻的村民林仙德便写信给浙江省委书记，后由省林业厅批函黄岩县政府，竹篚里居民补偿到2立方米左右的杉木。竹篚里北面有大作坊榨油机，是原属林贤友家所有。还有一棵大朴树，谓之“前樟后朴”。有条小石头路连接毗邻东来里。

东来里 毗邻西头里。房屋是合院式的，由两个天井组成，四周后门石砌砖作围墙，北端连接一个小天井，东面开有小台门，后屋靠长河泾。过去是方林民兵连民兵总部。东侧30米左右有个大水埠，供竹篚里和东来里的居民洗涤用。埠头边有两个大石臼、一个小石臼。东来里的大台门朝南，很坚固敦厚，有厚重感。台门外有一条石板路通向后方路，门外有一大片果树园地，中华人民共和国成立后遭砍伐。果园地后来成为第一生产队的晒谷场。东来里前面有个河塘，称“前门塘”（现在一期方林苑小区北面的河塘），也是现在方林村仅存的一个河塘，人们称“下林塘”。

西头里　房屋与竹篗里的房屋相似，呈“凹”字形。前面有棵大樟树，大樟树旁是第二生产队的晒谷场。西头里西边毗邻后方钱庄，有条河叫“上争头”，紧靠长河泾，谓之“东下争，西上争”。

村民小组

1955年冬，村成立初级合作社，合作社下设生产合作小组。次年成立方林高级社，下设9个生产队，1958年9月解散。1958年10月成立路桥人民公社，石曲乡改称石曲大队，方林合作社改称方林生产队，下设9个小队。1961年，方林生产队升为方林大队，小队升为生产队，方林大队下辖7个生产队。1983年，方林大队改为方林行政村，设村民委员会，下辖7个村民小组。2020年，第一村民小组组长林显琳，有组员49户、206人；第二村民小组组长张华东，有组员36户、165人；第三村民小组组长林娟，有组员27户、106人；第四村民小组组长陈法春，2020年7月后组长为方金花，有组员35户、136人；第五村民小组组长丁禹民，有组员33户、133人；第六村民小组组长王妙根，有组员39户、169人；第七村民小组组长谢文元，有组员47户、213人。

第二章　区　　域

方林村位于浙江省台州市路桥区主城区南郊，是一个比较典型的交通便利、商贸兴旺的城郊型村庄。村域面积0.4平方千米，2020年，有村民266户、1137人。耕地面积15.50亩。

第一节　地理位置

方林村位于北纬28°33′30.84″—28°33′45.57″，东经121°23′15.00″—121°23′56.82.00″，居浙江省台州市路桥区南大门。距台州市人民政府驻地14千米，东临方家村，南望洪洋村，西界肖谢村，北近李家、石曲村，环村有新路村、杨戴村、张李村、应家村等。104国道、吉利大道、迎宾大道、路泽太一级公路穿境而过，南官河横穿境内。东接路桥机场，西接路院路至高速公路。是路南办事处驻地，路桥短途客运南站始发地。

第二节　村域布局

方林村面积0.4平方千米。一条方林路南北向横亘村中，穿过吉利大道，跨南官河，过黄桥，与新安南路和泰隆街（104国道）相接。吉利大道南北向穿村而过，与东西向方林路相交，将面积不足半平方千米的方林村一分为四。

吉利大道与方林路交汇的东北处，是二期、三期方林苑别墅住宅区所在，二期有别墅118套。住宅区北临竞争河（又叫长河泾），与秀水名苑隔河相望。东依路泽太一级公路。

吉利大道与方林路交汇的东南处，以一期方林苑别墅住宅区为主，有别墅96套；靠吉利大道处为方林苑四期小高层楼盘“方林茗苑”，共有4幢125套商品房。别墅区居中处，有方林村幼儿园，以及游泳池、篮球场、网球场等锻炼活动场所。南界迎宾大道，靠迎宾大道的西端为统战主题公园，公园北侧为方林大会堂。

吉利大道与方林路交汇的西南处，靠近吉利大道有方林老年公寓及门球场。往北是前方苑，属第三期方林苑项目，与一期方林苑东侧的三期方林苑项目合计，有别墅60套。前方苑隔南官河西望为方林菜市场。

吉利大道与方林路交汇的西北处，有台州市路南小学，旧称石曲小学，是方林村世代子弟蒙学之处。转角处为事故停车场。隔南官河西眺，是方林工业区，原为方林砖瓦厂所在。隔竞争河北望，是石曲村。南官河东侧是十里长街之石曲街，二层木结构民宅、店铺林立，依稀可见旧时市肆热闹、顾客盈门的场景。

南官河方林村河段上，自南向北依次有迎宾桥、黄桥、塘桥、四号桥。吉利大道跨竞争河上为国珍桥。

方林村通过土地置换、土地入股等形式，在外置有几处市场。迎宾大道南侧为浙江方林汽车城和汽配城，过公园路的迎宾大道西段北侧和南侧为浙江方林二手车交易市场。新安南街南侧为浙江方林二手机械设备市场，北侧为路桥客运南站。

黄桥东端，沿河岸北上是石曲老街，过塘桥与新路街连接，构成十里长街。塘桥南侧紧邻陡门庙。

第二编

自然环境

第二编

自然环境

方林地处浙江东南沿海，处于温黄平原南部，由海水冲蚀或堆积而成，是至今已有几千年的海积区。总体地形开阔，地势起伏很小，西侧近丘陵地。南官河流经村境。

属中亚热带季风气候，四季分明，温暖湿润，雨量充沛。台风、干旱、暴雨等为境内主要气象灾害，有冰雹、龙卷风、雷暴等灾害局地性发生。自然灾害接连不断，包括水灾、旱灾、雹灾、雪灾等。

境域面积不大，但环境条件优越，有利于各类生物生长：房前屋后，草木皆生；池塘溪边，鱼跃鸟舞。20世纪70年代，农业学大寨运动兴起，原生态环境遭到一定破坏，竹木被砍，动物少见。至21世纪初，生态环境得到改善，鸟类等逐渐回归。

第一章 地 层

属海积平原，宽广平坦，河塘密布，土壤肥沃，灌溉便利。地势相对较低，地表河网密布，但排水条件差，每逢暴雨，易形成洪涝灾害。有南官河、竞争河、肖谢泾和青龙浦4条河流，河塘最多时有18处。

第一节 地 表

河流

南官河 台州最大运河，两江（椒江、永宁江）最大支流，纵贯温黄平原的干河，有“浙东小运河”之称。907—931年，吴越王钱镠大兴浙东、浙西水利时开凿。支流众多，有9河936泾200余埭，灌田71万余亩。南官河全长45千米，黄岩境内长25.31千米，路桥境内长17.3千米，与金清水系相接，是路桥的母亲河。

自黄岩城区南流经十里铺，过坝头闸，流入路桥，向东南经桐屿、马铺至路桥城区，折向南至方林，穿村中心，长700米。在方林、洪洋、张李的三角地段分支，一支通向泽国、温岭，终至温峤；一支流入青龙浦，经泉井、洋屿、蓬街、三条埠头等，过金清五洞闸，流入东海。

竞争河 旧时称长大河泾、长河泾。位于后方、下林自然村之北，如长龙状，连接龙头泾、龙尾泾。龙头泾位于东面的方家村，龙尾泾在西岸自然村。河水通过枭糠闸，入境后由西向东经后方里、西头里、东来里、竹篔里、后屋里等，流至方家村，终点方家垷。为元末明初浙东农民起义军方国珍祖先安葬之处，历来被称作风水宝地。河道全长约2千米。20世纪70年代延伸至近3千米。河名改为竞争河。竞争河主要灌溉方家、新三（今石曲）、竞争等村（自然村）粮田，灌溉面积千亩以上。

肖谢泾 南官河出口，是西岸粮田主要灌溉河道。河宽7～8米，河长约1千米，经肖谢村、下包村、石浜村等。

青龙浦 与南官河相连，河宽16～24米，全长20.2千米。经洪洋、泉井、洋屿、蓬街、三条埠头等，过金清五洞闸流入东海。

河塘

民国时期，方林人多在田头、门前屋后挖塘蓄水，供农田灌溉和人畜饮用。20世纪50年代后，山区水库建成，平原河网水源受到控制，河塘灌溉地位下降。20世纪70年代，大规模平整土地，不少河塘被填。除下文记述外，还有地处下林的锅肚脐塘、柏树坟里塘、柏树坟外塘、高园塘、园孤塘、龙门塘，后方的后门塘，以及前方、西岸的无名小塘多处。有1处水埠。

2001年，实施方林苑二期工程。根据总体设计，需占用鲤九潭岸河塘，面积750平方米。其西部分造路，东端则用于绿化。5月22日，村委会提交河道水域占用审批表。5月31日，路桥区河道管理所初审认为，审批水域审批占用后不影响当地排水灌溉，同意送上级部门审批。6月8日，路桥区水利水产局审批同意。至2020年，前门塘仍存在。

前门塘 位于下林自然村东来里前面，今方林苑一期之北。现称其为下林塘，亦名方林苑池塘。面积约350平方米。

2013年后，全村响应省政府发出的号召，开展五水共治活动，并结合方林苑建设，实施前门塘综合治理。2017年，投入3万元，清淤改造提升，确保池水清洁，并确定专人护塘保洁，池塘旧貌换新颜。护塘保洁的具体职责是：定期开展巡查，牵头组织清理水面漂浮物，清除河岸垃圾，处置水岸养殖物，发现并制止各类污水排放。塘边竖有“路南街道村级小微水体塘长公示牌”，公示塘长、河小二手机号码以及监督电话。

沙池头塘 位于前方南面，形如蛇状，长100米以上，宽处约60米，与南官河毗邻。塘北面建有水机埠房，引水灌溉方林、洪洋等村粮田。除灌水外，机房还有碾米机、轧粉机，用于粮食加工。

后方塘　位于后方自然村原钱庄南侧，其引水渠上通前门塘，下连上争头塘。

下争头塘　位于下林自然村下屋里东面，与竞争河相通。

上争头塘　位于下林自然村西头里西面，紧靠原钱庄墙外，水渠连通后方塘，与竞争河相通。

华良塘　曾称石路窟塘。位于石曲乡政府北侧。

荷花塘　全称荷花池塘。位于西岸自然村养路队后面，系天然形成，面积较大。每年6—9月，荷花清香诱人，美景引人入胜。

陈家塘　位于西岸自然村乾亨里庄园西侧，因陈氏家族居此而得名。

第二节　土　　层

地质由海积、冲积及湖沼沉积而成，主要沉积物为砾石、沙砾、沙土、黏土及淤泥等。地处路桥至新桥之间，经过千年的沉积复迁后形成陆地。

鉴于台州地区构造活动十分微弱，地震震级小，方林村属相对稳定区块，村域内无不良地质作用，各项建设均顺利进行。1996年，方林苑一期建设项目启动。在工程勘察活动中，初步查明场地勘探深度以及地质条件。

根据有关勘察规范，将场地勘探深度以浅土体按其成因时代、埋藏分布规律、岩性特征及物理力学性质划分为4个工程地质层，细分为10个亚层（表2-1）。

第一层　分2个亚层。第一亚层杂填土，杂色，干至稍湿，松散至中密状，由建筑垃圾、碎石、砾石及少量黏性土组成，下部20厘米为灰色耕植土，土质很不均质。第二亚层黏土，灰黄色，可塑渐变为软塑，厚层状，局部含少量粉土粒，土切面光滑，韧性、可塑性、干强度较高，无摇震反应。

第二层　淤泥，灰色，流塑，厚层状，含少量有机质斑点，局部夹粉土粒，土切面光滑，土质稍不均质。

第三层　分4个亚层。第一亚层黏土，灰黄色、黄灰色，硬可塑、局部软可塑，厚层状，局部含少量粉土粒，土切面光滑，韧性、可塑性、干强度高，无摇震反应。第二亚层黏土，灰色，软塑至软可塑，厚层状，含少量有机质，局部夹粉土粒，土切面光滑，韧性较高，可塑性、干强度高，无摇震反应。第三亚层粉质黏土，浅青灰色、黄灰色，可塑，厚层状，含少量粉土粒，土切面光滑，韧性、干强度中等，无摇震反应。第四亚层黏土，灰色，软可塑，厚层状，含少量有机质，局部夹粉土粒，土切面光滑，韧性高，可塑性、干强度高，无摇震反应。

第四层 分3个亚层。第一亚层粉质黏土，黄灰色、浅灰色，硬可塑，厚层状，含较多粉土粒，土切面稍光滑，韧性、干强度较高，无摇震反应。第二亚层黏土，灰色，软可塑，略显层状，含粉土粒，土切面光滑，韧性、可塑性、干强度高，无摇震反应。第三亚层粉质黏土，灰色，软可塑，厚层状，含少量粉土粒，土切面光滑，韧性、可塑性、干强度中等，无摇震反应。

表2-1 方林苑一期基岩土层地质特征

单位：米

序号	工程地质层	亚层	土层名称	厚度	层顶埋深	层底标高
1	第一层	第一亚层	杂填土	0.40 ~ 0.90		3.40 ~ 3.70
2		第二亚层	黏土	1.70 ~ 2.10	0.40 ~ 0.90	1.45 ~ 1.90
3	第二层	第一亚层	淤泥	1.10 ~ 15.50	2.10 ~ 2.80	−14.05 ~ −9.40
4	第三层	第一亚层	黏土	4.40 ~ 9.70	13.50 ~ 18.10	−20.60 ~ −15.10
5		第二亚层	黏土	4.00 ~ 13.70	19.20 ~ 24.90	−28.80 ~ −24.60
6		第三亚层	粉质黏土	3.60 ~ 4.90	28.90 ~ 32.90	−33.17 ~ −29.40
7		第四亚层	黏土	4.70 ~ 11.60	33.70 ~ 37.80	−43.25 ~ −37.00
8	第四层	第一亚层	粉质黏土	2.00 ~ 5.30	41.00 ~ 45.30	−44.90 ~ −40.40
9		第二亚层	黏土	7.30 ~ 11.80	44.50 ~ 49.20	−54.55 ~ −52.20
10		第三亚层	粉质黏土	1.40 ~ 3.70	56.30 ~ 58.60	−56.00 ~ −55.70

第二章　气　　候

气候受海洋调节，较同纬度内陆地区温和湿润，冬无祁寒而夏鲜酷暑。年平均气温17.5℃，年平均霜日数26天，年平均降水量1545.7毫米，年日照时数1836.1小时，年平均相对湿度79%。平均气温低于10℃为冬季，高于22℃为夏季，介于10～22℃为春秋两季，冬夏长而春秋短。水灾、旱灾、雹灾、雪灾等多发。方林村域受到灾害影响极大，这导致了生产水平低下，群众生活艰苦。但是，自然灾害并没有吓倒历代村民。

第一节　四季特征

春季

一般从3月21日开始至6月8日结束，持续80天，最长102天（1992年），最短52天（1996年）。随太阳高度角增大，副热带高压渐次增强，大陆高压迅速减弱。天气常阴晴不定，乍暖还寒。雨量增多，以春雨潺潺为明显特征。又因近海之故，回暖期较同纬度内陆地区偏迟，晚春时节常有低温天气。春季冷暖气流活跃，也是海雾多发时段。春季冷空气活动路径大多偏东，从海上影响村境，沿海盛行东北偏北风。

夏季

一般从6月9日开始至9月24日结束，持续108天，最长146天（2007年），最短72天（1982年）。初夏与盛夏为两段截然不同的天气。初夏常处于副热带高压西北缘，多阴雨连绵、时降暴雨，平均气温升到22℃以上，此即梅雨天气。梅雨，民间又称“霉雨”，以“温高湿大”、万物易生霉变故名。但每年随季风强弱，梅雨期降水量及入梅、出梅日期都有很大变化。入梅一般在6月上旬末到中旬初，出梅在6月底至7月初，平均梅雨期20天左右。出梅后副热带高压迅速抬升，有接连数日越刮越猛的偏南风，随之进入盛夏。盛夏受稳定副热带高压控制，天气晴热，光照强烈，沿海盛行偏南风，除午后局部雷阵雨外，降水稀少，为伏旱时段，多数年份有30 ~ 60天的少雨期。盛夏时节由于沿海风暴活动频繁，一年或数年数受其患，每当早稻收获时节和农历中秋前后，防台御潮常为紧要任务。

秋季

一般从9月25日开始至12月2日结束，持续69天，为四季中最短季节，历年秋天最长为96天（1984年），最短为36天（2009年）。秋季副热带高压减弱南离，大陆高压迅速增强，阳光和煦，为旅游登高之最佳时节。初秋冷空气活动是制约晚稻齐穗的主要因素，多数年份于冷空气过后有段温煦的回暖天气，俗称“十月小阳春”。

冬季

一般从12月3日开始至翌年3月20日结束，持续108天。受冬季风控制，寒潮和冷空气活动为主要天气过程。1月平均气温6.8℃，为全年最冷月份。常年冬季降水量稀少，当南方暖湿气流活跃时，亦会出现冬季连阴雨，俗称“烂冬”。

第二节　自然灾害

水灾

水灾主要受台风影响（表2-2）。旧时，一旦发生水灾，方林境内积水多日不退，且房倒屋塌，田地淹没，村民受难深重。因粮食减产，米价大涨，如民国十八年（1929年）8月13日水灾发生后，每斗米价由银币七八角涨至一元二角左右。民国二十九年（1940年）10月1—7日水灾后，每斗米价涨至银币四元，村民无米可餐。中华人民共和国成立后，历次水利建设使得河塘、堤坝均得到疏浚、改造，水灾得到较好控制。1979—2009年气象资料显示，30年间共遭受10次台风影响，出现37次大暴雨。其中2005年“卡努”台风影响尤大，河流水位上涨，部分房屋进水，个别路段被毁。

表2-2　历次重大水灾一览表

时期	灾发时间	灾情	受损情况
唐	元和十二年（817年）	大水	庄稼受害
五代十国	天成四年（929年）七月	大水	
北宋	庆历五年（1045年）六月	大水，海水溢上陆地	溺死人
南宋	隆兴二年（1164年）	大水	
	乾道五年（1169年）夏秋	3次大风雨	淹没田园、房舍，损坏庄稼，溺死人
	淳熙二年（1175年）	大雨	
	淳熙三年（1176年）八月十九至二十日	山洪、海潮并作	冲决江堤，毁坏民房，溺死人
	淳熙六年（1179年）秋	大水	
	淳熙十二年（1185年）九月	大水	
	淳熙十五年（1188年）七月	大水，积水久而不退	损坏田园，作物受害
	绍熙五年（1194年）八月十三日	大水	
	庆元元年（1195年）六月十九日	大风雨，山洪、海潮并作	淹没田园、房舍，水后大疫
	庆元二年（1196年）六月一日	狂风暴雨驾海潮，历时一昼夜	毁坏田园、房舍
	庆元五年（1199年）秋	大水	淹没民房，溺死人畜
	开禧二年（1206年）七月	大风雨驾海潮	毁坏房屋，溺死人畜
	嘉定元年（1208年）七月	大风雨驾海潮	
	嘉定二年（1209年）七月初	大风雨驾海潮	淹没房舍，淹死人畜
	嘉定五年（1212年）六月	大水	毁坏田园、房舍
	嘉定九年（1216年）五月	大水	淹没田园、房舍，损害庄稼
	宝庆二年（1226年）九月	大水	毁坏房屋，溺死人畜
	宝庆三年（1227年）秋	大水	
	绍定二年（1229年）九月	大水，平地水深一丈七尺	历时3天，淹死人
	淳祐十年（1250年）八月一日	大水	
	淳祐十二年（1252年）六月	大水	
	宝祐元年（1253年）七月	大水	
	宝祐三年（1255年）三月	淫雨	持续过久成涝
	宝祐六年（1258年）九月	大水	
	咸淳六年（1270年）九月	大水	

（续）

时期	灾发时间	灾情	受损情况
元	大德七年（1303年）六月	风雨并作	
	延祐元年（1314年）八月	大水	
	至正元年（1341年）七月	大水	
	至正四年（1344年）秋	海啸，潮水涌上陆地二三十里	
明	至正二十四年（1364年）	海溢	台风拔树，稻禾全部倒伏
	洪武十一年（1378年）七月	海溢	溺死人
	永乐七年（1409年）八月	大风	刮倒房屋，淹没庄稼
	永乐十四年（1416年）七月	大水	淹没田园、房舍，淹死人畜
	永乐二十二年（1424年）七月	潮溢	
	洪熙元年（1425年）六月十五日	大雨，平地水深五六尺	早稻受灾
	宣德十年（1435年）七月	大水	严重损害庄稼
	正统八年（1443年）八月	大水	
	正统九年（1444年）闰七月	大水	
	成化元年（1465年）七月	久雨	稻苗腐烂，发生饥荒
	成化四年（1468年）	大雨、海溢	
	成化六年（1470年）五月	大水	民饥
	成化十二年（1476年）	大水	
	成化十三年（1477年）	大水	
	弘治元年（1488年）四月	大风雨、海溢，平地水深数丈	飞屋走石，淹没田地
	弘治十六年（1503年）九月十八日	海溢，城内水深五尺，隔天不退	
	正德元年（1506年）八月初六	大风雨	毁坏民房
	正德十三年（1518年）六月	大水	
	嘉靖二十年（1541年）七月十八日	台风，大雨如注，洪潮暴涨，平地水深数丈	卷石拔树倒屋，死者无法计算
	嘉靖三十一年（1552年）九月	大风雨连续不断	毁坏田园、庄稼
	嘉靖三十二年（1553年）五月	大风雨连月不止	田园、庄稼受损
	嘉靖三十六年（1557年）七月	大风雨连续10余天	卷石拔树，毁坏田园房舍，稻禾严重损害

（续）

时期	灾发时间	灾情	受损情况
明	隆庆二年（1568年）七月二十九日	台风、海潮大涨，平地水深丈余	淹没田地，毁坏房舍
	隆庆三年（1569年）秋	大水	毁坏田园、房舍
	万历五年（1577年）秋	洪水	毁坏田园、房舍
	万历六年（1578年）七月十八日	大雨	
	万历十七年（1589年）六月	海啸	毁坏房舍
清	顺治十五年（1658年）秋	大水	
	康熙五年（1666年）四月二十日	大风雨	
	康熙七年（1668年）	大水	
	康熙十四年（1675年）七月	大水	
	康熙十五年（1676年）	大水	
	康熙二十五年（1686年）七月	大水	湮没田园、房舍
	康熙三十八年（1699年）八月	大雨，平地水深丈余	湮没田园、民房，溺死人畜
	康熙四十七年（1708年）七月初七夜	台风、暴雨	拔树倒屋，房舍损坏甚多
	康熙四十八年（1709年）六月	大水	
	康熙五十一年（1712年）八月	大风雨	
	康熙五十二年（1713年）八月	大雨	
	雍正八年（1730年）六月初五	台风、大雨	
	乾隆三十一年（1766年）七月初六	台风，大雨如注，洪水暴涨，平地水深丈余	卷石拔树倒屋
	乾隆五十五年（1790年）六月十四日	大风雨、海溢	
	嘉庆元年（1796年）七月十八日夜	大雨	
	嘉庆二十年（1815年）六月二十九日	大水	
	咸丰元年（1851年）六月	大水	
	咸丰三年（1853年）六月十八日	大雨，水深丈余	整月不退，淹没庄稼
	咸丰四年（1854年）七月初五	大风雨、海溢，陆地成海	死人
	光绪二年（1876年）六月八日	大风雨	毁坏房舍，稻禾淹没
	光绪三年（1877年）五月二十三日	大风雨	拔树倒屋，早稻全部被淹
	光绪七年（1881年）闰七月初三、初四	台风、暴雨，海潮泛滥	毁坏庄稼及沿海涂田
	光绪九年（1883年）九月	大水	

（续）

时期	灾发时间		灾情	受损情况
清	光绪十年（1884年）八月		连下大雨	晚稻歉收
	光绪十二年（1886年）七月		大水	
	光绪十三年（1887年）秋		大雨	稻谷无收，民众大饥
	光绪十五年（1889年）七月二十六日		台风、暴雨	淹没田园、房舍，庄稼无收
	光绪二十年（1894年）		大水	
	光绪二十一年（1895年）七月		大雨	平地水深数尺，淹没晚稻，饥荒
	宣统三年（1911年）	七月初五	大雨	洪水整月不退
		八月初十	大雨	积水未退地区，受淹越半月，禾苗全部腐烂，晚稻颗粒无收
中华民国	民国七年（1918年）6月初旬		大水	禾苗腐烂，晚稻歉收
	民国九年（1920年）	7月15日	大风雨，历时3昼夜	淹没田园、房舍，淹浸人畜
		9月4日	大雨，洪水又作	早晚季作物均无收成
	民国十年（1921年）9月15日		台风夹带暴雨	村舍进水，水深丈许
	民国十一年（1922年）8月13日，9月12日、30日		相继发生大水	田地淹没，晚稻颗粒无收
	民国十二年（1923年）8月7日、11日		台风、海潮	淹没田园、人畜，灾情之重，为近百年来所罕见
	民国十五年（1926年）8月24日		大风雨	平地积水六七尺深，晚季无收成
	民国十七年（1928年）9月14日		大风雨	积水多天不退
	民国十八年（1929年）8月13日		大雨	平地积水五六尺，晚稻颗粒无收
	民国十九年（1930年）7月14日		大水	
	民国二十四年（1935年）8月7日		大雨	受涝
	民国二十六年（1937年）8月4日		大雨	受涝
	民国二十九年（1940年）10月1—7日		大雨3天，平地积水五六尺	
	民国三十三年（1944年）入冬后		淫雨	冬作物尽遭水浸腐烂
	民国三十四年（1945年）9月11日		大雨，山洪暴发，平地水深五六尺	时值水稻孕穗期间，晚季收获不到2成

（续）

时期	灾发时间	灾情	受损情况
中华人民共和国	1952年7月19—22日	受8～10级台风影响，日最大降雨量208毫米，平地水深1～2米，积水七八天，陆上可行舟筏	淹没农田
	1954年7月12—16日	大雨	早稻受水浸发芽
	1955年6月17—22日	连续大雨	早稻受淹，有的被淹过顶
	1956年8月1日23时许	12号强台风在海门登陆，最大风力10级以上	
	1956年9月3日	遭17号台风袭击，连续降雨6天	
	1958年8月29日至9月5日	大雨	农田受淹
	1959年9月4—5日	强台风，一片汪洋，平地水深1～2米，洼地达3～4米	
	1960年8月7—15日	受8号台风影响，大雨	农田受淹
	1960年9月22—24日	连续暴雨	农田受淹
	1961年5月21日至6月1日	连续降雨	农田受涝
	1961年10月4日	强台风，平均风力10～11级，最大风力12级以上，并夹带暴雨	农田受淹
	1962年8月4—6日	台风降雨	晚稻受涝
	1962年9月4—7日	台风，降大雨	境内粮田全部被淹没，房屋倒塌
	1964年9月10日	特大暴雨	农田受淹
	1965年8月20—21日	强台风	
	1966年9月2—8日	台风，连续降雨	粮田受涝
	1969年9月13—14日	受台风外围影响，降大雨	农田受涝
	1972年8月16—19日	台风风力达9～11级，暴雨	
	1974年8月18—22日	受台风和天文大潮影响，降暴雨，海水倒灌	
	1975年8月12日15时左右	台风，8级风力持续14小时之久，最大风力在12级以上	
	1979年8月23—24日	台风，风力在10级以上，大暴雨	

（续）

时期	灾发时间		灾情	受损情况
中华人民共和国	1980年7月30日至9月2日		连续阴雨约30天，最大日降雨量156.6毫米	
	1981年	8月13—14日	降雨量245.1毫米	
		9月22—23日	受16号台风影响，降特大暴雨	农口受淹
	1982年	8月29日至9月1日	受9号台风影响，降特大暴雨	农田受淹
		11月26—28日	连续大暴雨	
	1985年7月30日		受6号台风正面袭击，8级风力持续13小时，至当夜24时，瞬时风力达12级以上，降特大暴雨	农田受淹
	1989年9月15日20时15分		23号台风在温岭松门登陆，时值农历八月十六日大潮汛，海门港破历史最高潮位纪录6.9米，是境内40年来损失最重的一次灾害	房屋倒塌无数，工厂停产
	1990年8月30日至9月11日		连续遭受15、17、18、19号4次台风	农田受淹
	1992年	8月31日	受16号台风影响，降连续暴雨	农作物受淹
		9月23日	受19号台风影响	多数农田被淹
	1994年8月21日		受17号台风影响，降大暴雨	农作物受淹，少量房屋倒塌
	1997年8月18日		受11号台风影响，降特大暴雨	淹没农田，房屋倒塌，一半以上企业停产、半停产
	1999年10月9日		受14号台风影响，降特大暴雨	农作物受淹
	2002年	9月7日	受16号台风影响，风力达11级，暴雨	房屋倒塌，农田受损
		9月13日	强热带风暴倒槽，降特大暴雨	经济损失严重
	2003年9月14日		特大暴雨	经济损失严重
	2004年8月12日		14号台风“云娜”在温岭石塘登陆，近中心风力12级以上，大强风持续影响超过12小时以上，为1956年以来强度最大的台风	

（续）

时期	灾发时间		灾情	受损情况
中华人民共和国	2005年	7月19日	受台风“海棠”影响，9级以上大风，暴雨持续4天	经济损失严重
		8月6日	台风“麦莎”在玉环干江登陆，最大风速45米/秒，村域降雨量286毫米	
		9月11日	台风“卡努”在金清登陆，最大风速50米/秒，风力达到13级以上短时暴雨惊人，被认定为中华人民共和国成立以来的最强台风	
	2007年9月19日		超强台风“韦帕”在苍南登陆，受其影响，过程降雨量超过400毫米	经济损失严重
	2015年8月8日		台风“苏迪罗”对村域的影响以降雨为主，过程面雨量200毫米	

旱灾

旱灾一年四季皆可发生（表2-3），夏旱概率率较高，也最为严重。史料记载，方林境域旱灾最早发生于唐大历四年（769年）。旧时，因旱灾作物无法下种，粮食歉收，引发饥荒，民不聊生，草根为食，甚至人相食。中华人民共和国成立后，方林干部群众开展农田水利建设，改善农田灌溉条件，增加农田有效灌溉面积；面对严重旱灾，及时采取应对措施，尽力减少旱灾带来的影响。

表2-3　历次重大旱灾一览表

时期	灾发时间	灾情	受损情况
唐	大历四年（769年）	大旱	
	会昌五年（845年）	旱	
南宋	隆兴二年（1164年）	春旱	严重缺粮
	乾道六年（1170年）夏	大旱	
	乾道八年（1172年）	旱	稻麦无收
	乾道九年（1173年）	久旱	麦苗枯，秋季饥荒，民不聊生
	淳熙元年（1174年）	大旱	严重饥荒
	淳熙七年（1180年）	大旱	大饥荒

（续）

时期	灾发时间	灾情	受损情况
南宋	淳熙八年（1181年）	旱	
	淳熙十四年（1187年）七月至九月	严重干旱	
	绍熙四年（1193年）六月至八月	干旱	
	开禧元年（1205年）夏	无雨百余天	
	嘉定八年（1215年）春	旱	大饥荒
	嘉定十四年（1221年）	严重干旱	
	绍定二年（1229年）夏	旱	
	嘉熙三年（1239年）	大旱	严重饥荒
元	大德十年（1306年）	旱	
	大德十一年（1307年）四月至七月	无雨	大饥荒，致人相食
	至正二年（1342年）春至八月	无雨	
	至正十二年（1352年）四月至七月	无雨	
明	永乐三年（1405年）春、夏	旱	
	宣德七年（1432年）	干旱	饥荒
	宣德九年（1434年）秋	大旱	庄稼受害
	正统元年（1436年）三月	大旱	
	正统五年（1440年）	旱	
	正统十年（1445年）三月	大旱	
	成化十三年（1477年）	旱	
	成化二十二年（1486年）	大旱	饥荒
	弘治十一年（1498年）	大旱	
	正德三年（1508年）夏	旱	大饥，民多饿死
	正德五年（1510年）夏	旱	
	嘉靖五年（1526年）	大旱	粮食无收，草根食尽，积尸遍野
	嘉靖二十年（1541年）六月	旱	
	嘉靖二十四年（1545年）	大旱	麦类无收，禾苗尽枯槁，发生大饥荒，每斗米价三百钱，人多饿死
	万历五年（1577年）三月	旱	
	万历九年（1581年）	旱	

（续）

时期	灾发时间	灾情	受损情况
明	万历三十四年至万历三十七年（1606—1609年）	连续干旱	井水、泉水均枯竭
	万历三十九年（1611年）正月至五月	无雨	
	崇祯十四年（1641年）	大旱	民众采食草根树皮
清	顺治三年（1646年）三月至五月	无雨	禾苗尽枯萎
	顺治八年（1651年）三月至五月	无雨	禾苗枯萎，大饥荒，民死载道
	顺治十八年（1661年）五月至十月	无雨	民无食粮
	康熙八年（1669年）夏	旱	
	康熙十八年（1679年）秋、十二月	旱	
	康熙二十年（1681年）夏	大旱	井泉枯竭
	康熙三十五年（1696年）四月	大旱	
	康熙四十五年（1706年）五月	大旱	
	康熙四十六年（1707年）五月	旱	
	康熙五十二年（1713年）五月	旱	饥荒
	康熙五十三年（1714年）六月	旱	
	雍正元年（1723年）六月	大旱	饥荒
	乾隆十六年（1751年）	大旱	饥荒
	道光元年（1821年）秋	大旱	饥荒
	道光十五年（1835年）六月至七月	无雨	严重饥荒
	道光十九年（1839年）秋	旱	
	咸丰四年（1854年）八月至咸丰五年（1855年）三月	无雨	大饥荒
	光绪十五年（1889年）夏	旱	
	光绪十八年（1892年）七月	旱	
	光绪十九年（1893年）夏	旱	
	光绪二十年（1894年）七月至十月	无雨	
	光绪二十一年（1895年）六月	旱	
	光绪二十八年（1902年）七月	大旱	
	光绪三十年（1904年）十月	大旱	
	光绪三十一年（1905年）八月	旱	

（续）

时期	灾发时间	灾情	受损情况
清	光绪三十二年（1906年）夏至秋	无雨	禾苗枯萎，晚稻颗粒无收
	光绪三十三年（1907年）秋	旱	饥荒，米价昂贵，借官款购米平粜
中华民国	民国十七年（1928年）春	大旱	耕种失时，早稻无收
	民国十八年（1929年）春	旱	
	民国二十三年（1934年）夏秋之交	大旱	
	民国二十五年（1936年）7、8月	大旱	
	民国三十二年（1943年）7、8月	大旱	稻田龟裂，秋收歉薄
	民国三十六年（1947年）7月5日至8月28日	连续50余天无雨	河港池塘相继干涸，田土大多龟裂，禾稼半数枯槁
中华人民共和国	1951年6月	久晴不雨	农田受旱成灾，减产一至两成
	1953年7月中旬至8月上旬	无雨	农田受灾，每亩减产30～50公斤
	1954年8—9月	高温少雨	受灾，减产一成左右
	1955年9—12月	少雨	农田受旱，迟性晚稻减产两成左右，冬种作物受到影响
	1956年4月1—29日	干旱	农田缺水，早稻未能及时播种
	1956年6月下旬至8月底	少雨	作物受旱
	1957年6月下旬至8月1日	干旱	作物受旱
	1958年6月15日至7月16日	干旱	作物受灾，减产一至三成
	1959年7月20日至8月28日	干旱	作物受灾，减产两至三成
	1960年6月16日至7月31日	少雨	农田受旱，作物遭灾
	1961年6月16日至8月23日	没有下过透雨	河道干涸，部分连作晚稻因缺水未能下种，减产3成，粮食损失
	1962年11月中旬至1963年4月中旬	冬旱接春旱，干旱103天	春花减产
	1967年6月24日至11月5日	降雨比历史同期平均值偏少	河道干涸，作物受灾
	1971年春、夏、秋	全年降雨为1933年以来最少的一年，尤以夏旱最为严重	河水干涸，受旱成灾，早中稻无法播种，晚稻改种旱作，番薯未能及时栽种
	1979年	5月中旬以后，高温少雨	
	1983年7月18日至8月10日	无雨	作物受旱

（续）

时期	灾发时间	灾情	受损情况
中华人民共和国	1985年4月1日至7月29日	少雨	
	1986年7月15日至8月31日	少雨、干旱	稻田、旱田均晒白，作物枯苗，损失严重
	2003年6月25日至8月4日	遭受1967年以来最严重的伏旱	河网水位下降，大部分支河断流，农田不同程度受灾
	2011年1—4月	降水偏少，与往年同期相比，降水量平均减少50%左右，为1951年以来同期最少	

雹灾

雹灾不多见，属罕见灾异现象（表2-4）。史料记载，方林境域雹灾最早发生于南宋淳熙十二年（1185年）。此后，相隔数百年发生。中华人民共和国成立后，雹灾时发，方林也不同程度遭受影响。雨中夹冰雹，密度较大，毁损农作物，甚至造成房屋倒塌、人员伤亡。

表2-4 历次重大雹灾一览表

时期	灾发时间	灾情	受损情况
南宋	淳熙十二年（1185年）	雨雹	
清	道光二十七年（1847年）夏	大雨雹，雨中夹带冰雹落地稍后即融散	
	咸丰六年（1856年）三月	降雹大如鸡蛋	伤害麦禾
中华人民共和国	1967年3月27日20时30分至21时前后	冰雹从南部开始，自西北向东南移动，持续降雹5～10分钟，冰雹大如鸡蛋	绿肥田损失在80%以上，蚕豆减产五成，村舍、田产均受害

雪灾

冬春寒潮发生频繁，易发雪灾（表2-5）。史料记载，境域内雪灾发生较为严重。南宋淳熙十二、淳熙十三年，连续出现雪灾，积雪深厚，冻死多人。清朝、民国时期，雪灾亦多次出现，对农作物影响尤重。中华人民共和国成立后，随着气候变暖，雪灾明显减少，但仍时有发生。1979—2009年有大雪11次，给工农业生产带来一定影响。

表2-5　历次重大雪灾一览表

时期	灾发时间	灾情	受损情况
南宋	淳熙十二年（1185年）	积雪深丈余，自十二月至翌年正月未溶化	冻死人甚多
	淳熙十三年（1186年）正月	雪深丈余	冻死人甚多
清	康熙九年（1670年）十二月	大雨雪，积雪深丈余，至翌年正月上旬雨雪方止	
	嘉庆元年（1796年）正月	大雨雪如油，人称“油雪”	冻死橘树、麦苗甚多
	咸丰六年（1856年）三月	大雪	
	光绪十八年（1892年）冬	严寒，十一月积雪深丈余，咳吐成冰，江河冻合	解冻后，冰块随流而下，冲断浮桥，花木均枯萎，为南方百年未有的大冷天
中华民国	民国五年（1916年）冬	大雪严寒	竹木多枯
	民国三十四年（1945年）2月10—16日	连续下大雪7天，平地积雪尺余	因积雪太深，路上行人断绝早稻因缺少绿肥施壅，平均收获不到一成
中华人民共和国	1961年1月6日至2月16日	大雪，积雪深18厘米	压断无数橘枝、毛竹，车辆停驶
	1983年12月29日	积雪厚达10厘米	造成通信中断，交通阻塞，果枝压断
	2014年2月18日—19日	普降暴雪，雪深最大达18厘米	一些村断电，道路受损，农作物受灾

附：

请官振济文

清·杨友声

为大雨兼旬，食米翔贵，恳求借拨银谷以济贫民事。

窃绅于同治四年，奉前府宪刘谕帮办，路桥坐贾厘金按月收解，以裕饷需，在局历有四年，从无贻误。同治八年大宪，体念商艰，奏免各处坐贾厘金；又经刘宪批准，自本年六月初一日起至十二月三十日止，所有黄岩东南各市应解厘金制钱六七千串，统存路桥总局，免解郡垣。谕绅按照市价买谷存贮本府常平仓，以备凶年振济之用，意美法良，市民均感。自设仓以来，间遇荒歉，均因稍可补苴，并未申请借拨。不料本年自闰四月十二日起，大雨倾盆，至今未息，沿海乡村，平地水深数尺，早禾淹没难收，兼以历年土匪猖獗，城乡举办团防，食用较繁，苦无储蓄，富户虽有盈余，不敷振济。黄邑素称产米，市价较廉，今忽长至石米四千，而且无米饥民，待哺嗷嗷，朝不保夕；正在会议平粜造册开仓，不料十九日，城市奸民聚众滋事，毁拆社仓，劫掠绅富，县官坐视，莫展一筹。由是，四乡闻风效尤，闹抢者日众。路桥蔡绅梦宣，素称多谷，不肯出粜，雇人防守。地民勾引外匪，闹至蔡家，殴毙三人，其家亦被罄抢，视此情形，祸乱即在顷刻间矣。绅司铎寿昌将及十载，适因旧恙回籍就医，遭此荒歉，目击心伤，念即毁家纾难而独力难支，询悉各保社仓，每因经理非人，亏空未补。先在葭沚各处力劝亲友出资，驾船至宁买米振济，应者亦复无几，不得已力疾冒雨涉水前来，道遇饥民，皆有菜色，幸大公祖福曜重，临痌在抱，视六邑如一体，解万姓之倒悬，唯有恳准借给仓各若干，厘金若干，买米平粜，得价归公，以甦民困而济时艰，毋任迫切，待命之至。谨禀。

谨按，此乃先大夫丁亥请郡发粜之文。时守郡者为湘乡成君邦幹，仓谷积逾十年，先公肩舆涉险，屡致濒危，涕泣为民请命，守为心动；而临海局绅以郡谷不应外借，阻之。守见先公诚恳，乃令厘金局借给银洋三千元，俾自购米，亏短具结认赔，局员又杂以伪银百数，先公星夜遄归，亦不自觉。路过白岩，见诸族人，诉无米者辄分给之。由是雇船运米，陆续平粜。及旱禾熟而价平民安矣，收款还局，计赔补数百金，未尝谕不肖知也。次年临黄又大水，太平城崩，毙民数十，不肖初入谏垣，疏请振济，荷蒙谕饬浙江巡抚发帑万金散给各县，得庆安全。附记于此，俾后人知朝廷之仁政与任事之艰难，勤俭持家，有备无患云尔。男晨谨识。

第三章　野生动植物

境域地处平原，属于中亚热带，野生植物主要有常绿阔叶树、常绿落叶树、竹、灌木等，木本种子植物多种。珍贵树种有水杉、柳杉、樟、朴树等。20世纪70年代前，村内常常出现野猪、穿山甲、猫头鹰、野兔等动物。随着农业学大寨运动的兴起，原生态环境遭到一定破坏，树木被砍，动物逐渐减少，有些甚至绝迹。21世纪开始，农药应用得到控制，生态环境得到改善，鸟类和小动物开始出现，逐渐增多。

第一节　野生植物

林木类

樟　常绿乔木。庭院曾植樟，长为风水树。下林自然村竹篔里屋前有一棵樟，树龄100余年，“大跃进”时期遭伐。20世纪70年代，长在西头里屋前的一棵大樟树被砍。20世纪90年代末，亦作方林苑道路绿化树种栽植。木质香浓，板材可制作箱柜，储衣防蛀。木屑可制香料，名樟脑。

朴树　又称沙朴。落叶乔木。旧风俗里，与樟一样，可种植在房屋旁边，称“前樟后朴”。果实细圆，俗称朴树莓。一度，小孩用竹管、竹签把朴树莓从这头压向那头，当弹子射击。

垂柳　俗称柳树。落叶乔木。雌雄异株，常见的树种之一，也是园林绿化中常用的行道树，观赏价值较高，成本低廉。

银杏　俗称白果树。系孑遗植物，落叶乔木。现多栽植在庭院。

楝　俗称苦楝。落叶乔木。20世纪60年代广为栽植，今多散见。

皂荚　落叶乔木。荚果可用于洗涤衣物。

桑　落叶乔木或灌木。昔为主要经济树木，今多散生于河边、田间、村落。果实桑葚，俗称“桑乌”。

冬青　又称冻青。常绿乔木。常作观赏绿化植物。

竹类

黄古竹　宜栽植在背风向阳处，喜空气湿润的环境。节疏而平，竹材性韧，篾性较好，宜编制细竹器及工艺品。笋可食用，味鲜。

雷竹　又称雷公竹。笋味美，笋期早，持续时间长，产量高，是良好的笋用竹种，省内农村常见栽培。竿壁薄，节间又常向一侧肿胀，仅能作一般柄材使用。

紫竹　俗称乌紫竹、墨竹。皮紫黑色，笋可食。此竹种具有药用、园林、经济等价值。有一变种称淡竹，区别在于竿不为紫黑色，较高大。竿可整材使用，并可劈篾编制竹器，粗大者可代毛竹供建筑用；中药之“竹茹”“竹沥”一般取自此种。

水竹　又称实心竹、木竹、黎子竹。笋可食。具有良好的观赏价值，宜编制各种生活及生产用具，还有许多药用价值。

野菜类

艾　俗称艾叶。菊科蒿属植物。分布广，生于荒地、路旁、河边等地。全草入药，有散寒、止血、消炎等作用。可制艾条供艾灸用，又可制印泥。

鼠曲草　俗称鼠麹草、荷花囡。一年生草本植物。生于低海拔干地或湿润草地上，尤以稻田最常见。茎叶可入药。

马兰　俗称马兰草、马兰头。多年生草本植物。根状茎有匍枝。茎直立，高可达70厘米。生长在草丛、溪岸、路旁等。全草药用，有清热解毒、消食积、利小便、散瘀止血之效。幼叶通常作蔬菜食用。

荠　俗称荠菜。一年生或二年生草本植物。高30～40厘米，茎直立。生于田野、路边及庭院。是一种营养价值很高的食材。也可作中药用，有和脾、利水、止血、明目等功效。

蕺菜　俗称狗心草、折耳根、鱼腥草。田头、路边随处可见，是一种药食同源的食物，具有一定养生保健功效，可以辅助治疗多种病症。可以生吃，也有人用来泡水喝，当茶饮。

水芹　俗称水芹菜、野芹菜。多年生草本植物。高15～80厘米，茎直立或基部匍匐。一般生于低洼地、浅水沼泽、河岸边，或生于水田中。可当蔬菜食用，其味鲜美，民间也作药用。

藠头 俗称胡葱、野葱。多年生鳞茎植物。适应性较强，很少栽培，多生在田间、地头。藠头味道可口，可食用，药用价值很高，具有消食、除腻、防癌等功效。

饲草类

看麦娘 俗称牛头猛、山高粱、道旁谷。一年生草本植物。生于田边及潮湿之地，主要危害稻茬麦田、油菜、绿肥作物等，可用扑草净等除草剂防除。可作牧草。

白茅 俗称茅针、茅根。多年生草本植物。有长而粗的根茎，秆直立，高可达80厘米。适应性强，生于平原河岸草地。其根茎、花序均具药用价值。

稗 俗称稗草。一年生草本植物。和水稻外形极为相似，多生于稻田、沟渠旁、低洼荒地等。适应性强，草及籽粒产量均高，营养价值也较高，20世纪五六十年代，有人采稗籽粒磨粉充饥。根及幼苗可药用，能止血，主治创伤出血。

雀稗 多年生草本植物。秆直立，丛生，高50～100厘米。生于荒野、潮湿草地。雀稗是放牧地的优等牧草，牛、羊均喜吃。

狗尾草 俗称毛毛狗。一年生或多年生草本植物。生于荒野、道旁，为旱地常见的一种杂草，繁殖力强，对农田、果园危害严重。秆、叶可作饲料。具药用价值，入药治痈瘀、面癣。

小蓬草 俗称长茅草、小飞蓬。菊科飞蓬属一年生草本植物。根纺锤状，茎直立，高可达100厘米或更高。常生于旷野、荒地、田边和路旁，为一种常见的杂草。其嫩茎、叶可作猪饲料。全草入药，具消炎止血、祛风湿之效，治血尿、水肿、肝炎、胆囊炎、小儿头疮等症。

鸭舌草 俗称薢草、肉草。水生草本植物。根状茎极短，具柔软须根。茎直立或斜上，全株光滑无毛。生于稻田、沟旁、浅水池塘等水湿处。培植于池塘，可净化塘水。一般用作猪饲料。全草能够入药，具清热解毒、消痛止血之功效，可用来治疗肠炎、痢疾等症。

矮慈姑 俗称凤梨草。一年生、稀多年生沼生或沉水草本植物。生长于沼泽、水田、沟溪浅水处。具有药用、观赏价值，全草入药，具清热、解毒、利尿等功效。可地栽于湖畔溪边，用于水体造景，也能进行盆栽，作为庭院装饰植物。球茎可入药，具解毒消肿之功效。全草可作饲料和绿肥。

药用类

骨碎补 俗称斛蕨、猴姜。生于山地中的树干上，樟树上也能生长。《证类本草》记载，唐玄宗有一次骨折，是靠猴姜的奇特疗效治愈的，后改名骨碎补。根茎如姜，与黄精相似而略大，煮食品味甘，七八月间上市售卖。药用，除坚骨还有补肾之效。

麦冬　俗称绿草根、禹韭、书带草。叶如韭而有脉，长可达50厘米，四时不枯萎。根茎黄白色，似麦而有须。花如红蓼。子碧圆如珠，且一串一余粒，连绵不绝。

牵牛　俗称牵牛花、喇叭花、草金铃。生于干燥河谷路边、园边宅旁、山地路边。

石韦　俗称七星草。蕨类植物，多生于岩石、树皮以及村落屋顶、颓墙，根茎长而横延。其根茎、叶上的毛茸（石韦毛）可供药用。

蛇床　俗称蛇粟、野萝卜。生于田边、路旁、草地及河边湿地。高10～60厘米。根圆锥状，较细长。茎直立或斜上，多分枝，中空。花瓣白色。具有药用、观赏价值。

车前　俗称马舄、当道。生于草地、沟边、河岸湿地、田边、路旁或村边空旷处。植株深青色，二三月间抽茎作穗。全草可药用，具有利尿、清热、明目、祛痰等功效。

凤尾蕨　俗称井栏草、小叶凤尾草。生于竹林边、河谷、墙壁、井边、石缝等处。嫩叶可食，称“蕨菜”。盆栽可点缀书桌、茶几、窗台等，也适用于悬挂、镶挂式布置。全草可药用，具有清热利湿、凉血解毒、止泻、强筋活络等功效，民间多用于治痢疾和止泻。

三白草　俗称塘边藕。生于低湿沟边、塘边或溪旁。根茎呈圆柱形，稍弯曲，有分枝。全株药用，内服治尿路感染、尿路结石、脚气水肿及营养性水肿；外敷治痈疮疖肿、皮肤湿疹等。

过路黄　俗称落地金钱、钱芊金。生于沟边、路旁阴湿处等。全株入药，为民间常用草药，功能为清热解毒、利尿排石，治胆囊炎、黄疸型肝炎、泌尿系统结石、肝胆结石、跌打损伤、毒蛇咬伤、毒蕈及药物中毒；外用治化脓性炎症、烧烫伤。

龙牙草　俗称仙鹤草。多年生草本植物。常生于溪边、路旁、草地等。根多呈块茎状，叶为间断奇数羽状复叶，花序穗状总状顶生，花瓣黄色，花柱丝状，果实倒卵状圆锥形。嫩茎叶可食，为野味之佳品。全草、根及冬芽入药，有收敛止血、消炎、止痢、解毒、杀虫、益气强心的功能，主治吐血、咯血、衄血、尿血、痢疾、胃肠炎等，外用治痈肿疔疮。

金樱子　俗称刺糖瓶。常绿攀缘灌木。生于田边、溪畔灌木丛。果梨形或倒卵形，稀近球形，紫褐色。果实可入药。

菖蒲属　生于溪间石上。有2种，一种叶青而细，名金钱蒲，根香九节，亦称九节菖蒲，可入药；另一种野生于池塘，名菖蒲，也称菖阳、溪荪，叶长大似剑，取根屑和雄黄末入酒有解毒杀菌之功效，适宜炎热的夏季饮用。

紫苏 俗称桂荏。茎叶均为紫色，具有特异的香气。三四月下种，9月上旬未开花前采叶，9月下旬至10月中旬采籽或全株，叶与籽均可入药。有一变种幼小时无香味似白苏，称野生紫苏。还有一种植物，与其相似，长于池中，苗似旋覆花，叶颇香，为水苏，能治口臭。

第二节 野生动物

兽类

黄鼬 俗称黄鼠狼。田间、杂物堆、暗沟等地栖身，喜捕老鼠，皮毛昂贵。20世纪50年代前较多，自普遍使用农药后，数量明显减少。现今村落、田野偶尔可见。

华南兔 俗称山毛兔。皮毛灰黄色。20世纪50年代后一度减少。进入21世纪，生态环境逐步改善，小区、田间偶尔发现。

蝙蝠 俗称夜游。喜栖于民居檐廊下，夜间活动，捕食蚊、蛾等昆虫。冬季蛰伏不出。

鼠类 有家鼠、田鼠之分，俗称老鼠。由于使用农药、滥捕等原因，蛇、黄鼠狼等鼠类天敌减少，鼠患日益严重。

鸟类

喜鹊 栖身于树间，昔多见，今很难见到。人们通常认为喜鹊叫为喜事临门。

乌鸦 俗称老鸹，本地称赖丫。常成群，今少见。旧俗认为出门遇乌鸦叫为不吉利，故竭力回应"泼噪，泼噪"声以解除不祥。

八哥 全身大致黑色，飞起时翅上大型白斑明显，略成八字状。雄鸟善鸣，还能学人语。集群活动，取食昆虫、果实，在耕牛身后啄食昆虫等。过去常栖息于空斗墙中。现今罕见。

田鸡属 栖息于稻田、芦丛，常在田间发现蛋。

斑鸠属 俗称哺鸪。多栖于平原树丛、竹丛和草丛中，清晨、傍晚常鸣。一度减少，2000年后多起来。

竹鸡属 多栖息于竹林及灌木间，今罕见。

麻雀 俗称黄头雀。鸟类中数量最多的一种，杂食种子、昆虫。1958年曾被列为"四害"之一，发动群众性灭雀运动，敲锣鼓放鞭炮，着力围歼。后予以纠正。现种群得到恢复。

家燕　候鸟，春分而来，秋分离去。专食昆虫，衔泥筑巢于梁檐下，哺育幼雏。20世纪70年代后旧式房子被逐渐拆除，因缺乏营巢场所，数量逐渐减少。

杜鹃属　大杜鹃俗称郭公、布谷鸟，喜栖息于阔叶林地，春耕时鸣声如“谷管”，过夏无声。四声杜鹃俗称子规，春末夏初长鸣，昼夜不止，小满节后无声。今少见。

黑枕黄鹂　俗称黄莺。夏季候鸟。鸣声婉转，一度稀有，今偶见。

柳莺属　俗称青珠。栖息于林间，玲珑活泼，善鸣，一度稀有，今偶见。

白头鹎　栖息于田圃、树林间。今逐渐增多。

画眉　常栖息于低密树林，善好斗。偶见。

普通翠鸟　毛色艳丽，常栖息于水滨，以鱼虾为食。随着河流污染，翠鸟稀有罕见。

白鹭　俗称白漂。春耕时多聚于田间，使用农药后罕见。今又重见。

苍鹭　俗称青庄。春耕时多聚于田间。

爬行类

鳖　俗称甲鱼，栖息于河湖池沼。因河塘大多被填，罕见。

乌龟　本地将体形全黑的称乌龟，带黄色的称黄灵阄，栖息于河湖及平原坟茔中，今较少。过去乌龟销价不如鳖，今乌龟比鳖值钱。

壁虎属　居民区附近常见，捕食昆虫。

石龙子属　俗称捻缠。以昆虫为食，草丛中多见。

草蜥属　俗称四脚蛇。尾细长，捕食昆虫和其他小动物，草丛中多见。

尖吻蝮　俗称五步蛇。身上有菱形斑纹，头三角形，鼻子上翘，有剧毒。栖息于山地林间，今极少见。

蝮蛇　俗称毛蛇。有剧毒，栖息于平原及低山。今数量极少。

银环蛇　俗称寸白蛇。蛇身每寸黑色皮肤上间隔白环，故俗称寸白蛇。有剧毒，多栖息于水边，偶潜入民居。幼蛇干体为中药金钱白花蛇。今少见。

竹叶青蛇　俗称焦尾巴。蛇体绿色，尾焦黄色，居山林竹林中，毒性较强。

赤链蛇　俗称火赤链、火铁链，全身红黑相间。生活于田野及村庄附近，为无毒蛇。但是，因为其食物中包含蟾蜍，所以口中可能带有毒液，若被咬须及时处理伤口。

水赤链游蛇　样子与火赤链相似，红色较暗，腹面白色，微毒。

黑眉锦蛇　俗称油菜花黄。无毒，常栖息于民居内，捕食鼠类和小蛇，为益蛇，今濒临绝迹。

两栖类

黑斑侧褶蛙 俗称青蛙、颚蟆。春耕后多栖息于水泽稻田，捕食害虫，对农业生产有益。

泽蛙 俗称烂泥颚蛙。体小，春耕时田间路边常见。

棘胸蛙 俗称翘皮颚蛙、田鸡。体大，栖山溪间。

蟾蜍 俗名癞刺蟾蛙。体表难看，栖息于田野、村宅等，碎石瓦砾堆、粪坑旁尤为常见。分泌物可制中药蟾酥。

昆虫类

萤火虫 俗称路引灯、萤火哥。夏夜田间山野常见，大多儿童爱玩。后半夜时萤火虫忽明忽暗，胆小之人心怯称鬼灯。

蜂类 除家养蜜蜂外，常见的有黄蜂、马蜂（九里达）、叶蜂（钻竹蜂）、土蜂等。

蜻蜓 形态大小不同，数种，夏秋间常见。

豆娘 身体细长且软弱的飞行昆虫，类似小型的蜻蜓，但不同于蜻蜓。夏秋间常飞在水泽边。

蝴蝶 种类繁多，有大有小，常见有凤蝶、粉蝶、蛱蝶、灰蝶等。常有一种黑而有斑彩的大型蝴蝶，结对而飞，被喻以“梁山伯祝英台”。

蚂蚁 常见的有5类，有家蚁、红蚁、黑蚁、黄蚁、农蚁等。

白蚁 俗称虫尉。是能够高效降解木质纤维素的昆虫之一，分布面积较广，常危害房屋、堤坝等建筑物。

蝼蛄 俗称土狗。穴居于土中，危害农作物根茎。

蚊子 常见家蚊、疟蚊等，雌蚊吸血，易传播疾病，雄蚊只吸食花果汁液。

蝇 常见有苍蝇、绿头苍蝇（茅坑苍蝇），尤以绿头苍蝇传播细菌，致人腹泻。

虻 俗称牛虻，状似蝇而稍大。中等体形，长宽分别约19毫米、6毫米；大的虻体长达40毫米，较少见。7—9月成虫，善远距飞翔，多见于郊野及牲畜聚集场所。雄的吸食植物的汁液和花蜜，雌的吸食牛、马等家畜或人的血液。

蝗虫 俗称蚂蚱、蚱蜢、蛱蜢。专害庄稼苗，给农业生产带来很大损失。20世纪50年代全民除蝗后，今很少看到。如今，蝗虫具有一定的研究、食用价值。

山蛱蜢 形如蝗虫，比蝗虫大，生活在山地丛草间，数量不多，为害不大。

螳螂 俗称刀螂、头发娘。产卵于卵鞘内，种类丰富，是农业害虫的重要天敌。入药称桑螵蛸。

蝉　俗称知了、嗓鸦、嗓吖。夏季始鸣，蝉壳即中药蝉蜕。

纺织娘　俗称纺花娘。夏天夜间常在豆瓜藤叶中鸣叫，喜食南瓜、丝瓜的花瓣，也吃昆虫以及桑叶、柿树叶、核桃树叶、杨树叶等，有一定的危害性，属于害虫之列。可供笼养。

蟋蟀　俗称蛐蛐。因常在夜晚鸣叫，亦叫夜鸣虫。为一种古老的昆虫，古现代均作玩斗的对象。全世界多达4600余种。入秋后出现。

节肢类

蜘蛛　俗称蟢子。种类繁多，大多能织网。为许多农、林业害虫的天敌，在生物防治中起重要作用，保护和利用蜘蛛成了生物防治的一项重要内容。蜘蛛可以入药，主治脱肛、疮肿、腋臭等症。

蜈蚣　俗称天龙、百脚虫、吴公。常栖息于潮湿的墙角，砖块、烂树叶下，以及破旧潮湿的房屋中，在夏天较为常见。喜欢捕食各种昆虫。本身可入药用，适宜人工饲养。蜈蚣、蛇、蝎、壁虎、蟾蜍并称“五毒”。

马陆　俗称百脚虫、千足虫。性喜阴湿，一般生活在草坪土表层，以及土块、石块下面，或土缝内，白天潜伏，晚间活动。对植物的幼根、茎、叶等有一定的损害。主要以凋落物、朽木等植物残体为食。

软体类

蚌　俗称水蚌、河蚌、蚌壳。种类很多，有大有小，一般栖息于流动的河水里，也有的生活在水面平静的池塘里（易寄生蚂蟥），过去较常见。

螺　为通称，包含品种繁多，河塘中时常可见。

蚯蚓　俗称地龙、曲蟮。品种多。蚯蚓挖穴松土、分解有机物，为土壤微生物生长繁殖创造良好条件。蚯蚓不仅营养丰富，繁殖迅速，食性杂，人工养殖产量高，而且可作为珍贵药物治疗多种疾病，用作高蛋白食品和饲料。

水蛭　俗称蚂蟥、蚂蛭。多生活在淡水中，其中有以吸取血液或体液为生的种类，也有捕食小动物的肉食品种。稻田里常见的蚂蟥叫日本医蛭，以吸食人、畜、青蛙的血为生。一度由于化肥、农药等广泛使用，蚂蟥的野生资源日益减少。蚂蟥经炮制后可作中药。

第三编

人　口

方林以姓氏为名，先祖迁徙定居，坚持不懈劳作，使村落不断繁荣，人口逐渐增多。民国三十二年（1943年），村域拥有883人。中华人民共和国成立后，村域范围调整，人口数量有所减少。1963年全大队648人。随着人口出生率、自然增长率提高，人口有所上升。20世纪70年代计划生育政策全面推行后，人口增长得到有效控制，家庭户数略有增加，户均人口有所减少。1977年出生23人，年出生率26.87‰，自然增长率23.37‰；2020年出生9人，年出生率7.94‰，自然增长率2.65‰，人口再生产由“高出生、低死亡、高增长”向“低出生、低死亡、低增长”转变。

居民以汉族为主，少数民族人数较少。据2000年全国第五次人口普查，方林村汉族2221人，其他民族2人，分别占全村总人口的99.91%、0.09%。均为单姓，但姓氏多，方姓为第一大姓，林姓为次。1943年，男女性别比为98.87∶100，1978年性别比为97.72∶100。2000年全村常住人口（包括外来人口）性别比122.08∶100。人口老龄化比例逐渐上升。方林不断重视教育，年青人上大学人数增多。农民不再单纯种田，更多劳动力转移到第二、第三产业。

方林加强户籍管理。1988年年底，完成全村16周岁以上共685人的身份证发放任务，占总人口914人的74.95%。2008年年底，全村共发放第二代居民身份证833张，占总人口1041人的80.02%。2016年12月，取消农业户口与非农业户口性质区分，统一登记为居民户口。流动人口逐年增多。至2020年底，全村常住人口2061人，其中户籍常住人口1137人，外来常住人口924人。

第一章 姓 氏

方林村以方、林两姓最多，组成村落后吸引他姓迁入。1998年实有人口调查显示，主要姓氏有方、林、陈、张、王、谢，其次为李、管、徐、缪、罗、阮、戴、应、蔡、詹、郑、金，较少的为曹、黄、梁、丁、严、吴、施、刘、任、狄、杨、潘、叶、於、周、贺、程、盛，最少的是陶、胡、沈、蒋、童、赵、夏、孙、苏、钟、邵、高、简、鲍、马、余、柯、祝、许、章、邬、尤、郭。59个姓氏中，本村籍姓氏29个，嫁入、入赘姓氏30个。2020年全国第七次人口普查显示，全村有姓氏60个。

第一节　姓氏溯源

方姓

《民国四修石曲方氏宗谱》记载：宋潜溪濂曰：方姓始自方雷氏。方雷氏者，西陵氏女，轩辕之正妃，是为嫘祖。或曰榆罔之子，曰：雷封于方山，后因以为氏宗。

《石曲方氏五修宗谱》记载，石曲方氏一世祖方天成，约生于宋理宗嘉熙三年（1239年），原籍福建莆田。元大德六年（1302年）间，因祖籍地少人多，便率领50余户方氏子孙约130人，经时任台州达鲁花赤与黄岩县令木八剌共同批准后，翻山越岭从仙居夏阁迁至洋屿（当时叫“灵山”），在此斩木为房，结草为庐，就地安家。

方天成至洋屿后得一子名方宙，即方氏至路桥后的第二世。后因洋屿地稀物薄，方氏族人再迁到不远的方家垷（今路南街道方家村）。3年后第三世孙方伯奇出生。三世孙娶妻周氏，有子国馨、国璋、国珍、国瑛、国珉，为石曲方氏始祖。《石曲方氏五修宗谱》中方国珍位列四世。子孙散居周边10余村，如前方、后方、沧前、泉井、南栅、竹场、鉴洋等，玉环方氏皆联其派。国馨子明善（又名亚初），国璋子明巩、明敏（方行）、明伟、德忠、德庆，国珍子方礼、方完、方本、方则、方安，国瑛子文信，国珉子明谦、明锡。

明成祖朱棣下诏捕杀方孝孺亲族，据载：被杀者多达873人，被贬戍荒而死者不计其数，遭此浩劫，导致方姓更名改姓，四处逃亡。石曲方氏宗谱因此自七世至十三世为空白，断代七世。清乾隆间石曲方氏宗谱续谱，明确其源出自莆田之方，无疑是方国珍之后，不拉述远祖，尊明朝后期入居的十四祖肇基公为一世。择地居住后，方林方氏渐成一族。

林姓

据《史记》记载，林姓是殷商王族比干的后裔。据最早《林氏正宗源流族谱》记载，比干丞相被纣王杀害，其时夫人陈氏身怀胎儿，避难在河南卫辉西北深山密林一石洞，生下男孩泉，字长恩。约公元前1100年，周武王赐姓林氏，改名坚。林坚成为全国林姓始祖。

温州、台州林氏在唐朝末年、五代十国、宋朝时基本上从福建省莆田市迁居。方林林氏因修建机场由中漳而迁入。中漳林氏奉自莆田市迁居黄岩委羽林家岙的林天民为第一世，迁居时间为唐朝天祐年间。第三世幼孜迁温州市塔头。第五世允恭，字敬所，在南宋建炎元年（1127年）自温州市塔头始迁中漳，绍兴三十年庚辰（1160年）迁回黄岩委羽，续赘长浦朱氏，乃择居中漳，为中漳始迁祖。后裔有十三世（中漳八世）明宣德八年进士、兵部武选司主事（郎中）林灏，及林灏从子成化十六年举人泾县知县林挺等。

陈姓

陈姓主要得姓于周朝初年的陈胡公满。《元和姓纂》记载：陈，妫姓。本太昊之墟，画八卦之所。封舜后裔胡公满于陈（今河南淮阳），后为楚所灭，后人以国为氏。出颍川、汝南、下邳、广陵、东海、河南六望。

宋庆历年间（1041—1048年）陈姓自天台迁居长浦之滨，始祖陈昌寅，其长子景仁生七子，筑一字型屋36间，故命其地曰长带屋陈，子孙居石曲、屋基园、下槓、沙园、后陈、百步沙、八甲、官屋陈、西仙浦，以及临海城关、海门、东金和温岭章袁、黄茅干等地。族人陈志德宋绍定年间武举，授宿州干办，从大将军吴璘破金人有功，袭副将军职。南宋隆兴元年（1163年），又有陈姓从河南汴梁迁入，居长浦、十里铺等地。

元季，陈司聪自仙居迁居洋屿沙园，因栽植杏树，名此地为“杏田”，其被称之坦田杏田陈氏始祖，子孙分居杏田、杏西等处。方林陈姓自清末从洋屿沙园迁入西岸定居。

张姓

张姓是一个很古老的姓氏，约有5000年的历史。黄帝的世孙挥（一说挥是黄帝的儿子）聪颖异常，他通过观看天上的孤星，依照其形制造出弓矢。黄帝死后，颛顼继位，共工和颛顼争夺帝位，挥率兵迎敌，将弓矢用于战争，打败共工。因挥功勋卓著，颛顼帝封他为“弓正”，也叫“弓长”，赐姓张。挥就是张姓人的祖先。

台州张姓以天台亭头张氏为最早，支系除天台之外，尚有黄岩土屿、中山张氏，仙居乐安、邑西张氏，三门睦溪、石仓岙张氏，临海黄沙祥里、黄沙双楼、台临夏门、帻下张氏等。亭头张氏祖先，由婺州（今金华市）迁居东阳托塘。唐德宗建中年间（780 ~ 783年），张氏始祖贞公任唐兴县（今天台县）令。辞官离职时，因百姓挽留则筑舍定居。唐宪宗元和二年（807年），贞公在村头建燕息亭，村以亭名。亭头张氏是仙居西张的祖先。

方林张姓自清末民初从洋屿考张迁来。

王姓

《通志·氏族略》《汉书·元后传》《姓宛》《古今姓氏书辨证》等文献记载，王姓源出姬姓、子姓、妫姓等。出自姬姓的王姓，为周文王之后，以王族爵号为氏。出自子姓的王姓，为殷商王子比干之后，以爵号为氏。出自妫姓的王姓，为齐王田力的后代，以王族称谓为氏。

唐末梁初，咸通进士、大理寺少卿王从德从杭州迁居黄岩宁溪，被认定宁溪王姓始祖。黄岩宁溪王氏为山西太原王氏的后裔。十三世登祖、登来两兄弟从宁溪迁居长浦坦田，为坦田王始祖，子孙分居水门、高田等，行第辈分与宁溪王氏一致。

五代后唐庄宗同光元年（923年），又有王姓从钱塘迁入，其分支居住花门（蓬街）、徐山（马铺）等地。

明清时期，坦田王姓迁入石曲西岸居住，俗称西岸王。1949年后，西岸隶属方林村。

谢姓

谢姓出自姜姓，为炎帝后裔申伯之后。出自任姓，为黄帝之后。他族改姓。此外，少数民族经数百年发展同化，成为汉族谢姓。

台州谢姓一系是台临谢氏，五代时由会稽迁临海城东，后分多支，一支居州城，一支迁八叠（今属临海市永丰镇），一支居枧桥（今属临海市邵家渡街道），一支迁黄沙（临海市白水洋镇一带），还有一支于元朝迁黄岩方山（今温岭市大溪镇）。另一系是上蔡谢氏，北宋晚期因河南上蔡谢良佐谪居台州，发脉而成，但人数相对较少。

方林谢氏从肖谢村八份里迁入，最早在清末时期迁入，1953年也有人迁入定居。

李姓

《黄岩县新志·氏族》载："李家洋（今属黄岩区上洋乡）李氏于唐玄宗时平安禄山之乱，率兵至台州，遂家焉。子孙分迁洪洋（今属路桥区路南街道）、埭头（今属黄岩区江口街道）和温岭螺屿、沈桥、楚门、牧屿、青石桥等处。"重要人物有石曲李诚等。

方林李姓自20世纪30年代从温岭迁徙而来，至今已有90余年。

管姓

管姓主源两支，或文王之后，或穆王之后，均源于姬姓，这两支有着共同的血缘关系。此外，还有出自他族改姓。

管姓奉管仲为管姓鼻祖。宋朝，管氏自龙泉迁至黄岩城关。之后，又聚居新桥等地，成为境内管姓之宗。元朝初，黄岩城里人管于祖，因配长浦唐氏，迁居长浦，为长浦管氏始祖。

方林管姓自清末时期由今路桥长浦、椒江下管迁徙而来。

缪姓

缪姓源于姬姓，出自春秋时期秦国的国君秦穆公，属于以先祖谥号为氏。秦穆公死后谥号为缪，其支庶子孙就以他的谥号为姓，称缪氏，世代相传至今。第二种说法认为，缪姓源于官位，出自秦、汉时期官吏缪吏。缪吏多为世袭，在其后裔子孙中，有以先祖官职称谓或职业称谓为姓氏的，称缪氏，世代相传至今。缪氏大多出于兰陵郡，在今山东省枣庄市中东部至临沂市兰陵县一带。

方林缪姓自清朝末年从洪洋缪家里迁入定居。

罗姓

罗姓中重要的一支源于妘姓，出自为颛顼帝之孙祝融氏后裔的封地罗国（河南省罗山县），属于以国名为氏。

据《路桥志略》载：宋绍熙三年（1192年），豫章罗仲祥官黄岩尉，遂家于罗洋。八世孙灵谷之子信卿娶横街姚氏，居洋屿之西，为洋屿罗氏。子孙分居横街、井头罗及青龙浦下段南北两岸，东抵海滨。由此认为，罗仲祥为洋屿罗氏始迁祖。洋屿罗氏后裔现有人数2万多，遍布台州市、温州市等地。

方林罗姓自民国初由洋屿四甲罗迁入。

戴姓

戴氏祖源于周朝宋国（今河南省商丘市）。汉末建为焦国（今安徽省亳州市），南迁今福建省、浙江省。闽乱时，迁入今温州市苍南县金乡镇戴家堡。因元乱离，清同治六年，再迁黄岩泾阳（今路桥区峰江街道李蓍埭村戴家），奉泾阳十二世平洲公为始祖。清光绪年间，第二十七世地公全家迁杨戴村、肖谢村、石曲（方林）。

蔡姓

源自姬姓、姞姓，以及少数民族改姓。在临海及黄岩平田、路桥南部、温岭泽国等地，都有蔡姓聚族而居。蔡氏祖先最早来自陈留考城（今河南省考兰县、民权县一带）。

晋朝时，一位叫蔡谟的先人，因长子蔡劭在永嘉担任太守，便从中原迁居到黄岩平田。蔡氏在黄岩开枝散叶，成为一时的望族。元末明初时，平田有位叫蔡绪兴的儒生，曾在太学上舍念过书，后来在平桥（今属路桥区新桥镇）购买良田，定居下来，成为平桥蔡氏的祖先。到如今，蔡氏在当地已传20余代。

方林蔡姓自20世纪50年代由洪洋蔡迁徙而来，至今已有70余年。

郑姓

西周末年，周宣王把他的弟弟姬友封为郑国的诸侯，这是西周所封的最后一个诸侯，史称郑桓公。周幽王时，郑桓公任周朝司徒，他眼见周幽王宠幸褒姒、重用奸臣，内忧外患，预感将要发生变乱，便听从太史伯的建议将家室安置在虢、郐两诸侯国之间。次年，“犬戎之乱”爆发，郑桓公在乱世中遇害，其儿郑武公继位，并辅佐周平王迁都洛阳，建立东周。郑国趁此机会东迁，灭了虢、郐两国，扩大疆土。公元前375年，郑国被韩国所灭，郑公的子孙流亡到陈国、宋国一带，以原来的国名为氏。这就是郑姓的由来。

台州郑氏祖上郑虔，河南省荥阳市人，诗词、书法、画俱佳，唐玄宗为之题“郑虔三绝”，但他晚年却遭罪贬为台州司户参军。据《台州府志》记载：虔选民间子弟教之，大而婚姻丧祭之礼，小而升降揖逊之仪，莫不以身帅之。自此民俗日淳，士风振渐振焉。郑虔及其子嗣于台州立足后，发祥台州郑氏一脉，三门郑氏也多从此出。据族谱记载，郑虔一脉在青里岙、樟树下等村繁衍。郑虔之后郑笃在宋朝时期为避金寇入侵之乱，由临海携主仆家眷迁居宁海茶山花坛，8年后又改迁龙头。其子嗣中有迁石马、下洋、里桃、坎头等村，也有在梅坑、卢田山、珠萃屏、小桐岩、十八庄、渔西等村蔓延，史称“四十里龙头郑”，其中又以高枧村郑氏最为繁茂。郑笃之后郑维明自高枧定居，安养生息，百业日盛，子孙渐多。

方林郑姓自清朝末年由泉井迁入，至今已有100余年。

丁姓

主要源出有三支。第一支源于子姓，出自殷商诸侯丁侯的后裔，属于以先祖谥号为氏。第二支源于姜姓，属于以先祖谥号为氏。第三支姓源于三国时期，孙权的族人因过失造成军粮仓库失火,贻误战机,孙权大怒,不许东吴孙匡将军姓孙。孙匡的后代子孙也被迫因袭丁姓。

方林丁姓自1953年从保全篢里王（今峰江街道篢里王村）迁入定居，至今近70年。

附文2篇：

一、新定石曲方氏源流考

三修增

吾宗方氏世居黄岩石曲前方，自国初至今三百余年，团聚一乡无散处者。然不详先世源流所自。谱中所载，以所可知者为始祖，不敢冒他处之方以渎宗。所谓宁简无滥，盖言慎也。然数典忘祖，自昔所讥。(来)不敏，谨考得姓之源，为吾石曲之派之所自，以详稽焉。案方氏受姓较他姓为最古。宋潜溪濂曰：方姓始自方雷氏。方雷氏者，西陵氏女，轩辕之正妃，是为嫘祖。或曰榆罔之子，曰：雷封于方山，后因以为氏宗。正学公孝儒曰：黄帝时有曰明，在七圣之列，其后有回，为帝舜友。历二代而族未显。周宣王时，叔为将，伐猃狁有大勋，赐食邑于洛。故世望于河南，方氏由是著于天下。然未散迁于江、皖、闽、浙间也。西汉末，新莽将纂立，有司马府长史名纮者，官吴中，度天下将乱，乃避居歙县之東乡，遂家焉。生一子雄，雄生三子：曰侪，曰储，曰俨。俨为关内侯，行南部太守（王子庄先生云“部”当作“郡”)。俨为大都督。储字圣明，一字真顺，建初间，举贤良，方正对策，为天下第一拜议郎，转洛阳令，封黟县侯。和帝时下郊，忤上意，饮鸩卒，后赠尚书令。能役使鬼神，乡人立庙祀之，称为仙翁，墓葬淳安县学前，庙曰真应庙。徽严山中皆有之。仙翁生三子：缵之，宏之，观之。子孙蕃衍，遂分三族，严、衢、婺、越之方，缵之之后也；徽、宣、池、秀、湖、常之方，宏之之后也；莆田、九江、滁阳之方，观之之后。缵之之后至唐咸通中，有号元英处士者，名干，字雄飞，以诗名居睦之白云原。后隐越之镜湖，以终五世。后复自越还睦，子孙号为九房，布列于浙河之东，多仕吴越钱氏。太平兴国二年，钱俶纳士，有自睦徙台州黄岩者，曰二四府君。自是黄岩始有方氏焉。未几，还宁郡之象山，又迁宁海缑城。至明建文间，而出正学公。若临海之鲛峰、天台之龟峰，皆有方氏之子孙焉。惟黄岩，自二四府君改迁后，不闻留居者。则石曲之方非其所自也。今黄邑西门西乡东处皆有方氏，与南乡及太邑城乡各本族之源不同。若莆田。本观之之后，唐昭宗时，守长史讳琡者，生御史中丞殷符，符生七子，延康、延年、延范、延远、延英、延辉、延滔，最号贵显。子孙或家滁阳。延滔左仆射，其后或迁饶信、江苏，累代炽昌，闻人辈出。在宋莆田之最盛，有曰惟深，文学行谊，为世所宗；曰渐知，梅州积书尽多，世号富文，方氏者是（渐榜藏书之阁曰“富文”，故有是称)；曰翥，字次云，官秘书省正字，储书千二百笥。朱子至莆谒之，敬礼有加；曰：大壮，好学不践。场屋得朱子性道之懿。子大东，孙澄会，明公权，元孙德，至四世科第；曰崧卿，字季中，隆兴初进士，官西京转运判，有惠政。至宋季，有自莆迁台州之仙居，复迁于黄岩之洋屿，遂占籍焉。有曰天成，子宙，孙伯奇，俱以国珍贵赠官。伯奇追封越国公，伯奇子五，曰国馨、国璋、国珍、国瑛、国珉。国珍明初赠资善大夫，广西等处行中书省，左丞，卒于南京邸第。子孙仍转黄岩石曲，名其里曰前方。自是黄岩石曲始有方氏焉。有明社屋，陵谷变迁，兵燹流离，谱牒失。自唐至今世系罔考。故先代宗公以国初肇基公为始，不复拉述远祖。然其源则出自莆田之方，为国珍后无可疑者。若长史纮，又为江南凡为方氏之鼻祖也。(来) 读书不多，未能博考。如方回桐江，集方翥《莆田图谱记》、方仁杰《闽系录》及本郡宁海、天仙之方氏谱，俱未得见。兹第述其大略之可信者，以告我族人。庶不忘所自云。

案前半据宋文宪方氏族谱序及正学先生方氏谱序。序后半杂考诸书，不便附注，(来) 自记。

二、方氏源流附考

按方回《桐江集》所载，天下之方姓皆出于歙县，歙县之东乡为严之淳安，盖予鼻祖纮，西汉不仕王莽，避地时所居。仙翁储之墓在县学前，庙祀。则徽严山中皆有之，曰：真应庙。徽严之方，莆之方，信之，鹅湖之方，屡出名卿显人。又按，秘书省正，字方翥，莆田谱图记：所纪王莽之际，衣冠流离，有名纮，字子缨者，渡江而宅吴中。以二说，参之皆本于张友成仙翁庙记，所以先后如出一辙。独新定别谱谓仙翁，新定人，祖纮，晋元熙间为郡功曹，父雄，生三子，长侪，娶司空谢安女，次即仙翁，名储，季曰俨，字叔威，当南齐世与仙翁皆隐不仕。及梁武帝即位，仙翁始举秀才，终官太常卿。窃意，谢安卒于晋孝武太元十年，卒后三十余年始为恭帝之元熙。又历宋齐八十余年而至梁，度其时，侪必尚存，相去如此之久而曰娶安之女，似无斯理也。侪事然，且不知仙翁仕梁之事，其果足信矣乎？又谓仙翁三子，长曰观，次曰觌，季曰洪，而著作郎方仕杰《闽系录》则云仙翁三子：观之，缵之，宏之，《谱图记》亦然。盖观字正同，宏则避宋宣祖讳改为洪，以宏与洪音义相近，唯觌与缵稍异耳。无乃传闻之易讹耶。惟方氏固为江南望族，而元英之支，子孙尤众，其九世孙监察御史蒙自记：白云原之族，时有二十三院，实治平之四年至淳熙初，吕太史伯恭见于文辞，又云，云源支叶甚繁一源，数百家联谱合牒，衣冠文物之盛，乡人纪之，呜呼，亦可谓昌且炽矣。至若莆田之方，则唐昭宗时郡守长史讳琡始迁。琡生御史中丞殷符，殷符生七子：延康、延年、延范、延远、延英、延辉、延滔，最号贵显，延安户部侍郎，子孙或滁阳；延滔左仆射，其后人或迁饶信、江苏诸郡。琡亦观之之裔，因为元英异支，谓其徙于光州，因始者则非也（光州为今河南省潢川县）。

第二节 姓氏分布

民国三十二年（1943年），石曲镇第四保社会经济概况普查显示，全保210户，主要姓氏13个、139户，杂姓71户。主要姓氏中，方姓54户，林姓17户，陈姓、谢姓各15户，张姓11户，李姓、王姓各5户，罗姓4户，缪姓、季姓、郑姓各3户，阮姓、狄姓各2户。

据1998年实有人口调查统计，全村287户，959人。姓氏59个，其中50人以上6姓，10～30人13姓，5～9人10姓，4人及以下30姓。

1998年，方林村第1村民小组55户，176人，25姓；第2村民小组39户、134人，25姓；第3村民小组38户、121人，28姓；第4村民小组38户、123人，35姓；第5村民小组34户、108人，27姓；第6村民小组37户、142人，29姓；第7村民小组46户、155人，25姓。第4村民小组人数不多，姓氏个数较多；第1村民小组人数最多，姓氏个数较少（表3-1）。

表3-1 1998年方林村各村民小组姓氏分布一览表

单位：人

村民小组1													
姓氏	人数	姓氏	人数	姓氏	人数	姓氏	人数	姓氏	人数	姓氏	人数	姓氏	人数
林	57	张	12	应	3	杨	1	阮	1	叶	1	金	1
王	38	陈	10	徐	3	罗	1	童	1	於	1		
方	17	谢	4	黄	2	缪	1	潘	1	陶	1		
戴	12	管	3	蔡	2	邵	1	李	1	郑	1		
村民小组2													
姓氏	人数	姓氏	人数	姓氏	人数	姓氏	人数	姓氏	人数	姓氏	人数	姓氏	人数
林	52	陈	6	应	4	鲍	1	高	1	周	1	黄	1
方	14	王	6	金	2	李	1	潘	1	郑	1		
张	11	徐	6	叶	2	阮	1	吴	1	曹	1		
詹	11	蔡	5	梁	2	简	1	谢	1	罗	1		

（续）

村民小组3													
姓氏	人数	姓氏	人数	姓氏	人数	姓氏	人数	姓氏	人数	姓氏	人数	姓氏	人数
方	39	罗	6	刘	2	徐	2	余	1	周	1	任	1
缪	19	张	6	林	2	马	1	陶	1	梁	1	施	1
李	10	陈	4	吴	2	金	1	柯	1	胡	1	杨	1
王	8	谢	4	应	2	赵	1	夏	1	管	1	曹	1

村民小组4													
姓氏	人数	姓氏	人数	姓氏	人数	姓氏	人数	姓氏	人数	姓氏	人数	姓氏	人数
方	23	任	5	盛	3	沈	2	於	1	许	1	曹	1
张	13	施	4	程	3	应	2	郑	1	林	1	杨	1
陈	13	吴	3	黄	2	蔡	2	李	1	潘	1	章	1
谢	12	詹	3	王	2	胡	2	缪	1	孙	1	阮	1
徐	8	梁	3	戴	2	祝	1	赵	1	贺	1	管	1

村民小组5													
姓氏	人数	姓氏	人数	姓氏	人数	姓氏	人数	姓氏	人数	姓氏	人数	姓氏	人数
方	35	丁	6	金	3	刘	1	黄	1	孙	1	周	1
陈	15	王	5	林	2	于	1	缪	1	徐	1	施	1
管	8	张	5	谢	2	贺	1	李	1	阮	1	应	1
曹	6	罗	4	蔡	2	童	1	杨	1	程	1		

村民小组6													
姓氏	人数	姓氏	人数	姓氏	人数	姓氏	人数	姓氏	人数	姓氏	人数	姓氏	人数
陈	26	张	10	徐	3	丁	1	邬	1	梁	1		
方	20	阮	7	蒋	2	周	1	沈	1	应	1		
谢	17	狄	5	苏	2	金	1	杨	1	陶	1		
管	12	林	5	李	2	夏	1	蔡	1				
王	10	郑	5	刘	2	于	1	盛	1				

村民小组7													
姓氏	人数	姓氏	人数	姓氏	人数	姓氏	人数	姓氏	人数	姓氏	人数	姓氏	人数
张	25	李	14	罗	6	蔡	2	管	1	叶	1	缪	1
方	20	王	12	阮	5	郑	2	刘	1	蒋	1		
陈	20	林	9	钟	2	金	2	戴	1	郭	1		
谢	17	严	7	贺	2	尤	1	潘	1	应	1		

第二章　常住人口

由于区域范围的限制，加之生产力水平低下，历朝域内人口相对较少。民国时，人口趋于基本稳定。中华人民共和国成立后，社会经济不断发展，人口增加速度较快。20世纪70年代末以后，出生率提高，人口数量逐年上升。20世纪90年代起，计划生育工作抓得较紧，人口自然增长率相对较低。随着改革开放深入，外来人口入驻较多，全村常住人口量明显增大。2000年第五次全国人口普查，全村常住人口2223人，其中外来人口1088人，超过户籍人口。2020年，全村共有266户，在册人口1137人，其中男541人，女598人。

第一节　人口规模

民国十七年（1928年）实行村户里制，调查户口。民国二十八年（1939年）4月1日，举行户口总检查，以配合县里搞好户口检查。民国三十二年（1943年），省政府选定黄岩、永嘉、云和3县进行户口普查。石曲镇第四保社会经济概况调查显示，全保共15甲、210户、883人，其中男439人、女444人（表3-2）。

表3-2　民国三十二年（1943年）石曲镇第四保人口情况

地名	甲数/甲	总户数/户	总人口/人	其中/人	
				男	女
下林	3	35	149	76	73
后方	1	23	109	48	61
前方	2	30	120	59	61
下街	4	59	249	123	126
西岸王	2	24	92	47	45

（续）

地名	甲数/甲	总户数/户	总人口/人	其中/人	
				男	女
乾亨	2	27	119	62	57
三透里	1	12	45	24	21

1982年第三次全国人口普查显示，全大队有245户、917人。

2000年第五次全国人口普查显示，全村有261户、932人。

2010年第六次全国人口普查显示，全村有270户、1058人（表3-3）。

表3-3　1977—2020年方林户籍人口

年份	户数/户	人口/人	男/人	女/人	非农业人口/人
1977	232	856	414	442	23
1978	238	866	428	438	21
1979	236	849	425	424	22
1980	240	862	428	434	19
1981	246	892	446	446	20
1982	245	917	459	458	8
1983	241	932	462	470	11
1984	241	931	463	468	11
1985	241	902	453	449	17
1986	234	905	458	447	12
1987	249	918	459	459	14
1988	248	914	461	453	14
1989	247	918	455	463	15
1990	243	923	461	462	15
1991	271	925	463	462	16
1992	270	933	467	466	16
1993	259	938	469	469	16
1994	280	945	474	471	16
1995	287	956	478	478	16
1996	286	960	480	480	16
1997	285	954	476	478	16

（续）

年份	户数/户	人口/人	男/人	女/人	非农业人口/人
1998	287	959	479	480	16
1999	258	930	478	452	15
2000	261	932	466	466	14
2001	266	943	470	473	14
2002	269	945	472	473	14
2003	270	955	470	485	14
2004	271	980	487	493	13
2005	272	995	490	505	13
2006	272	1011	495	516	12
2007	271	1028	502	526	11
2008	271	1041	502	539	11
2009	271	1048	507	551	11
2010	269	1065	508	557	10
2011	269	1071	508	563	10
2012	269	1077	508	569	10
2013	268	1080	511	569	10
2014	268	1079	512	567	10
2015	265	1092	520	572	10
2016	266	1105	526	579	
2017	266	1111	526	585	
2018	266	1123	531	592	
2019	266	1134	540	594	
2020	266	1137	541	596	

第二节 人口变动

自然变动

出生 20世纪50—70年代，呈现高生育态势。1977年，全大队出生23人。20世纪80年代除个别年份，出生人数也比较多。20世纪90年代计划生育抓出成效，大多年份出生10人左右。2002年，出生10人，其中男4人，女6人。2020年，出生9人，死亡6人。

死亡 随着生活水平的好转，村民身体素质不断提高，每年死亡率趋于较低水平。1977年，死亡率3.50‰。有的年份不到2‰。2002年，死亡7.41‰。2020年，死亡率5.29‰。

迁移变动

迁入 以婚嫁入赘、军人退伍、大中专毕业生回原籍、知识青年下乡等为多。1977年，全村迁入13人。1993年，全村迁入仅3人，是历年比较少的一年。2002年，全村迁入13人。其中，街道内移入2人，区内7人，市区（椒江区）2人，市内（玉环、温岭、临海、仙居、三门、天台6市县）1人，省内迁自衢州1人。

迁出 1949年（包括1949年）前，方林籍迁出9人，其中教书4人，机关、铁路部门，企事业单位工作4人，经商1人。除工作外，还涉及婚嫁、上大中专学校、参军等，范围涉及本省、市、区、街道，也有省外。20世纪50—70年代，进入集体国有企业工作10人，招干、入伍2人。1977年，全大队迁出14人。1983—1986年，因上大学迁出7人，毕业后进入机关事业单位工作担任一定职务；参军入伍迁出4人，提干转业后在外地工作。

1985年，根据县政府关于加快城镇人口集聚的意见，部分农村户口群众购买蓝印户口。是年，全村共迁出45人，为历年迁出最多的一年。1990年，全村仅迁出1人，为历年最少（表3-4）。

表3-4 1977—2020年方林人口变动一览表

年份	自然变动						迁移变动/人	
	出生人数/人	出生率/‰	死亡人数/人	死亡率/‰	自然增长人数/人	自然增长率/‰	迁入	迁出
1977	23	26.87	3	3.50	20	23.37	13	14
1978	12	13.86	3	3.46	9	10.40	14	13
1979	11	12.96	3	3.53	8	9.43	15	12
1980	17	19.72	4	4.64	13	15.08	16	11
1981	20	24.42	2	2.24	18	22.18	12	10
1982	28	30.53	1	1.09	27	29.44	9	10
1983	10	11.21	4	4.48	6	6.73	13	5
1984	4	4.30	1	1.07	3	3.23	6	10
1985	10	11.09	5	5.54	5	5.55	11	45
1986	15	16.57	7	7.73	8	8.84	7	12

（续）

年份	自然变动						迁移变动/人	
	出生人数/人	出生率/‰	死亡人数/人	死亡率/‰	自然增长人数/人	自然增长率/‰	迁入	迁出
1987	15	16.34	4	4.36	11	11.98	7	5
1988	7	7.66	7	7.66	0	0	6	10
1989	9	9.80	7	7.63	2	2.17	9	8
1990	9	9.75	2	2.17	7	7.58	6	1
1991	7	7.57	6	6.49	1	1.08	16	15
1992	17	18.22	5	5.36	12	12.86	8	12
1993	12	12.79	5	5.33	7	7.46	3	6
1994	6	6.35	4	4.23	2	2.12	17	11
1995	2	2.09	2	2.09	0	0	15	14
1996	9	9.38	9	9.38	0	0	10	6
1997	5	5.24	7	7.34	–2	–2.10	4	8
1998	7	7.48	5	5.34	2	2.14	8	6
1999	7	7.53	6	6.45	1	0.08	7	9
2000	11	11.80	5	5.36	6	6.44	9	7
2001	9	9.54	6	6.36	3	3.18	10	8
2002	10	10.58	7	7.41	3	3.17	13	13
2003	8	8.38	8	8.38	0	0	12	11
2004	9	9.18	9	9.18	0	0	11	12
2005	13	13.07	4	4.02	9	9.05	8	10
2006	11	10.88	11	10.88	0	0	9	8
2007	21	20.43	7	6.81	14	13.62	6	7
2008	17	16.33	8	7.68	9	8.65	9	9
2009	12	11.34	4	3.78	8	7.56	8	6
2010	11	10.33	5	4.69	6	5.64	10	8
2011	10	9.34	9	8.40	1	0.94	13	12
2012	11	10.21	9	8.36	2	1.85	12	13
2013	11	10.19	4	3.71	7	6.48	10	8
2014	8	7.41	8	7.41	0	0	8	7
2015	20	18.32	8	7.33	12	10.99	7	6
2016	16	14.48	3	2.71	13	11.77	9	10
2017	13	11.70	5	4.50	8	7.20	12	11
2018	13	11.57	5	4.45	8	7.12	13	12
2019	12	10.58	1	0.09	11	10.49		
2020	9	7.94	6	5.29	3	2.65		

第三节 户籍管理

民国二十九年（1940年），黄岩县民政科配备专人办理户口事务，制定人事登记实施办法。各区、乡分别配有户政指导员、户籍干事，各保副保长兼办户籍。民国二十九年（1940年）至民国三十年（1941年）举行户口总复查，村里填报户口册，试行“十家牌”，10家轮流值日，持牌沿户问讯。民国三十六年（1947年），县设户政股，乡镇有户籍干事，各保有户籍事务员，办理域内户籍事务。

1949年6月开始，县公安局所辖派出所管理城镇户口，登记常住、暂住、出生、死亡、迁入、迁出、变更等情况。各村由乡政府办理出生、死亡、迁入、迁出4项登记。迁入城镇的人涉及商品粮供应，需持有关部门招工、招干、升学等证明按照有关政策规定，经公安、粮食部门审核批准，方可办理登记；村与村之间，须经迁入地同意后办理。

20世纪50年代，国家规定公民有迁徙和居住的自由；城市、集镇、乡村都建立户口登记制度，全国城乡的户口登记工作开始统一进行；限制和控制农民盲目流入城市；将城乡居民区分为“农业户口”“非农业户口”两种不同户籍。农户靠自己生产口粮，非农居民从事手工业，经营商贸业，在企业参加某种劳动或工作。

20世纪60年代，大队设立户口登记簿，以生产队为单位设置户口清册，如有变动，大队出具证明，协助户主办理。1978年起，工人退休、退职后，可以招收其一名符合招工条件的子女参加工作。至20世纪80年代末，全村退休职工共11人，分别是方崇善（方孔中，系顶替子女，以下同）、林必行（林仙冬）、方德全（方建立）、缪能行（缪继云）、於赛容（曹建军）、方道坤（方菊飞）、李本富（李建民）、方桂生（方云娟）、李仙保（李文青）、徐桂方（徐金娇）、胡宣德（胡利红）。

1984年，政策允许务工、经商、办服务业的农民自理口粮到集镇落户。不少村民外出务工、经商、办服务业。1989年，外出劳动力30人。20世纪90年代有所增加，1998年有52人。2020年有200人左右。

自20世纪80年代中期开始，实行征地和招工“农转非”政策，并实行指标控制。20世纪90年代中期起，凡在城市有合法固定的住房、合法稳定的职业或者生活来源，已居住一定年限并符合当地政府有关规定的，可准予在该城市落户。到2005年底，本村“农转非”48人，在城市落户45人。2015年，建立城乡统一户口登记制度，停止办理户口“农转非”“非转农”，户口登记不再标注户口性质。

居民身份证 1984年4月，国务院颁布《中华人民共和国居民身份证试行条例》。1985年9月6日，第六届全国人民代表大会常务委员会第十二次会议通过《中华人民共和国居民身份证条例》，开始实施居民身份证制度。次年10月始，在部分镇乡试点的基础上，身份证发放工作全面推开。村两委重视身份证发放工作，确定专人具体负责，组织符合年龄的村民拍好个人照，上送乡政府颁发身份证领导小组办公室。村里领到身份证后统一下发各村民小组，由村民小组长逐一发送个人。至1988年5月底，向全村16周岁以上村民颁发身份证685份。

2004年1月开始，换发第二代居民身份证。是年底，村两委加强领导，由村会计、计生干部参加，做好换发居民身份证的各项准备工作。次年，全面启动集中换发身份证工作，到2005年底，基本完成换发身份证工作，全村共换发第二代居民身份证833份。

迁入挂靠 1998年，村委会作出有关外籍过户规定，主要包括：凡16周岁以上的男、女公民均可，但未满16周岁的不能单独立户，只能随父母一起迁入，按实际迁入的人数计算收费；迁入后只作本村村民，同等享有一切政治权利，但不能享受本村所有的公益福利、安排宅基地；每迁入1人，交迁入费2000元，以此类推，以后婚育的子女不再交，其妻需交同样的迁入费；迁入后的公民，要遵守国家宪法、法令和法规及本村的村规民约；各级政府定的各项规费，必须由迁入户自己负担；本村有农转非时，愿转户者，转户费由迁入户自负。

未落实常住户口的人口 1977年，未落实常住户口的人口共17人，其中男10人，女7人。未落实常住户口的人口中，早婚及不按计划生育的6人，农村妇女嫁城镇居民所生小孩11人。1978年，未落实常住户口的人口共23人，其中男13人，女10人。未落实常住户口的人口中，早婚及不按计划生育的9人，农村妇女嫁城镇居民所生小孩14人。

1981年，未落实常住户口的人口共14人，男、女各7人。未落实常住户口的人口中，农村妇女嫁城镇居民所生小孩13人，擅自迁移1人。1982年，未落实常住户口的人口共14人，男、女各7人，均为农村妇女嫁城镇后所生。1989年，未落实常住户口的人口共14人。

1991年总人口中未落实常住人口的人员共4人，1992年共8人，1993年共11人，1994年、1996年均9人。2002年未落实常住户口1人。

第三章　人口构成

民国三十二年（1943年）男女性别比98.87∶100。1978年性别比97.72∶100。根据2000年第五次全国人口普查，全村常住人口（包括外来人口）性别比122.08∶100。各年龄组性别比例，一般54岁以下男性多于女性，55岁以上女性多于男性。随着新生儿、青壮年人口数量减少，老年人口比例不断上升。由于文化底蕴深厚，民国时期有人考入大学。中华人民共和国成立特别是改革开放后，学生普遍完成义务教育，一部分继续上大学深造。自1985年9月起至2019年9月止，全村在校本、专科学生或大学本、专科毕业生以上共有158人。2020年年底，全村具有高中（包括中专）、大学文化程度的共247人，占总人口的21.72%。20世纪80年代中期，种田有30余人。以后逐年减少，绝大多数劳动力转移到工业、建筑、商贸服务等行业，其中尤以工业占的比例较大。2020年，全村劳动力共712人，从事第一产业、第二产业（包括个体工业）、第三产业人数分别占劳动力人数的1.12%、19.10%、79.78%。

第一节　性别与年龄

性别

民国三十二年（1943年），石曲镇第四保社会经济概况调查显示，全保共883人，其中男439人、女444人，男女性别比（以女性为100，男性对女性的比例）98.87∶100（简写即98.87）。1978年12月31日人口年龄统计显示，全大队有866人，其中男428人，女438人，男性占48.42%，女性占50.58%，性别比97.72∶100。各年龄组性别比例，一般54岁以下男性（表3-6）。多于女性，55岁以上女性多于男性。

2000年第五次全国人口普查显示，全村常住人口中，男性人口为1222人，占54.97%；女性人口为1001人，占45.03%。总人口性别比122.08∶100。2020年第七次全国人口普查显示，全村户籍常住人口中，男性人口为668人，占47.48%；女性人口为739人，占52.52%。户籍常住人口性别比90.39∶100。

年龄

根据1978年12月31日人口年龄统计，全大队共有866人，0～3岁76人，占总人口的8.77%；4～6岁46人，占总人口的5.31%；7～14岁151人，占总人口的17.43%；15～25岁217人，占总人口的25.06%；26～34岁131人，占总人口的15.13%；35～44岁79人，占总人口的9.12%；45～54岁67人，占总人口的7.74%；55岁～64岁47人，占总人口的5.43%；65～79岁49人，占总人口的5.66%；80岁以上3人，占总人口的0.35%（表3-5）。

2000年第五次全国人口普查，0～5岁114人，占比5.13%；6～14岁174人，占比7.83%；15～64岁1835人，占比82.54%；65岁以上100人，占比4.50%。

长寿老人蒋永春，生于1903年12月，卒于2006年，享年104岁。

表3-5　1978年方林大队人口性别年龄情况

年龄组/岁		0～3	4～6	7～14	15～25	26～34	35～44	45～54	55～64	65～79	80以上
合计/人		76	46	151	217	131	79	67	47	49	3
其中	男/人	42	26	68	102	73	40	34	19	23	1
	女/人	34	20	83	115	58	39	33	28	26	2
性别比		123.53	130.00	81.93	88.70	125.86	102.56	103.03	67.86	88.46	50.00

第二节　文化与职业

文化

主要指文化程度。民国时期，村里人崇尚文化，重视读书，鼓励子女上学，孩子不仅读完小学，而且上中学（包括中专）、大学。民国三十年（1941年）、三十二年（1943年），方崇善、丁俊先后在同济大学附属中学、浙江省警官学校毕业，成为村上具有较高文化程度之人。民国三十二年（1943年）人口调查显示，石曲镇第四保受各类教育238人，其中接受国民教育197人，中等教育40人，大学教育1人。民国三十七年（1948年），罗招素在浙江医科大学修完学业。

20世纪50年代起，教育受到重视的程度上升，但文盲、半文盲人口占到总人口1/3

以上，小初以上文化程度的不多；20世纪60年代，小学教育得到发展，毕业人数增多，开始有人读初中，文盲、半文盲人数减少。20世纪70年代，抓好初中教育，创办“五七高中”，路桥中学恢复高中招生，人读初高中人数增多。1974年，方中华、张金海、管人法、林金华、林显琳、李红月等在路桥中学高中毕业。到20世纪80年代，村里出现大学毕业生，文化程度结构明显改变。

1992年年底，初识或不识字的123人，全村小学在读或毕业449人，初中在读或毕业255人，高中在读或毕业60人；中专以上在读或毕业10人，其中大学本科4人，大学专科2人，中专4人。1999年，方林村采取措施，提高村民文化素质。是年，在校生有179人，其中高中以上学历56人。至年底，大学专、本科毕业生22人。

2000年第五次人口普查显示，6周岁及以上人口中，识字1978人，不识字131人，其中15岁以上127人。在全村6周岁及以上人口中，接受大学（指大专以上）教育38人，高中（含中专）教育272人，初中教育997人，小学教育646人（以上各种受教育程度的人包括各类学校的毕业生、肄业生和在校生），扫盲班25人，未上过学131人。

职业

民国三十二年（1943年）石曲镇第四保社会经济情况调查，全保就业264人。其中农业98人，工业32人，商业108人，从军20人，从医1人，从政1人，教读4人。属今方林村下林、后方、前方、西岸王从事农业68人，占全保从事农业的69.39%；工业12人，占比37.5%；商业42人，占比38.89%；从军9人，占比45%；从医、从政各1人；教读3人，占比75%。

1985年，开始劳动力统计，全村合计劳动力551人，其中男劳动力266人，女劳动力285人。第一产业31人，占劳动力总数的5.63%，均从事种植业；第二产业478人，占劳动力总数的86.75%，其中从事工业466人，建筑业12人，工业劳动力中，乡镇办工业44人，村办工业265人，村以下办工业（个体工业）157人；第三产业42人，占劳动力总数的7.62%，其中交通运输业14人，商业、饮食业8人，服务业9人，文化、教育和广播事业8人，乡经济组织（社务）管理3人。

1986年开始，粮食面积逐渐下降，从事第一产业劳动力随之减少，投向第二、三产业劳动力增多。是年，进行种植业16人，工业、建筑业395人，第三产业61人，其他非农行业57人。1986—1990年，全村商贸服务（商业、饮食、物资供销、仓储业和服务业）30～50人，其中服务业15～30人。1991年、1992年，第一产业中从事副业较多，商贸服务业分别有70人、38人，其中服务业分别为50人、29人。1994年，从事渔业1人。1994—1995年，第二产业劳动力减少到200人以下，其他非农行业劳动力有一定上升。1996年起，第二、三产业劳动力稳定在300人、130人以上，其他非农行业有明显下降。1998年开始，从事第一产业劳动力减少较多。是年，全村实有劳动力529人，第一产业6人，占实有劳动力的1.13%，其中从事种植业2人，牧业4人；第二产业320人，占60.49%，其中从事工业316人，建筑业4人；第三产业139人，占26.28%，其中交通运输、邮政通信业76人，批发、零售贸易及餐馆业63人；其他非农行业64人，占12.10%。实有劳动力中，外出劳动力52人，其中出省17人。2002年，全村有劳动力568人，从事第一、二、三产业及其他非农行业劳动力分别为5人、360人、152人、51人。第一、二、三产业及其他非农行业劳动力比值由1986年的3.02∶74.67∶11.53∶10.78改变为0.88∶63.38∶26.76∶8.98。2003年起，不再统计非农行业，以及各个产业分行业劳动力情况（表3-6）。

而后，随着村办企业体制改革的深入，从事第二产业的劳动力减少，经营第三产业的人数增加。2008年，全村投入第一、二、三产业劳动力百分比为0.47∶40.22∶59.31，到2014年，第一、二、三产业劳动力之比1.40∶28.39∶70.21，第三产业经营人数又有增加。2020年，全村劳动力712人，其中男劳动力352人，女劳动力360人，参与第一、二、三产业劳动力百分比1.13：20.11：78.75（表3-7）。

表3-6　1985—2020年方林村按产业劳动力分布情况一览表

年份	从业劳动力/人	按性别分/人		按产业分/人			其他非农行业外来劳动力/人	三产及其他非农行业劳动力比值	实有劳动力中/人	
		男	女	第一产业	第二产业	第三产业			外出劳动力	外来劳动力
1985	551	266	285	31	478	42		5.63∶86.75∶7.62		
1986	529	267	262	16	395	61	57	3.02∶74.67∶11.53∶10.78		
1987	559	275	284	12	415	67	65	2.15∶74.24∶11.98∶11.63		
1988	558	280	278	13	387	92	66	2.33∶69.35∶16.49∶11.83		
1989	534	268	266	13	352	93	75	2.43∶65.92∶17.60∶14.05	30	
1990	538	277	261	22	296	98	122	4.09∶55.02∶18.21∶22.68		
1991	549	285	264	128	224	121	76	23.32∶40.80∶22.04∶13.84	3	
1992	548	273	275	71	278	94	105	12.96∶50.73∶17.15∶19.16	49	
1993	552	275	277	22	216	92	222	3.99∶39.13∶16.67∶40.21	45	
1994	545	268	277	24	158	92	271	4.40∶28.99∶16.88∶49.73	31	

（续）

年份	从业劳动力/人	按性别分/人		按产业分/人			其他非农行业外来劳动力/人	三产及其他非农行业劳动力比值	实有劳动力中/人	
		男	女	第一产业	第二产业	第三产业			外出劳动力	外来劳动力
1995	546	268	278	23	159	92	272	4.21：29.12：16.85：49.82	31	
1996	526	269	257	16	303	134	73	3.04：57.60：25.48：13.88	3	
1997	498	254	244	16	306	145	31	3.21：61.45：29.12：6.22	2	
1998	529	278	251	6	320	139	64	1.13：60.49：26.28：12.10	52	
1999	536	285	251	6	327	139	64	1.12：61.01：25.93：11.94	13	
2000	510	260	250	5	329	142	34	0.98：64.51：27.84：6.67	13	
2001	552	290	262	5	309	142	96	0.91：55.98：25.72：17.39		80
2002	568	288	280	5	360	152	51	0.88：63.38：26.76：8.98		
2003	543	279	264	0	337	206		0：62.06：37.94		
2004	552	282	270	0	314	235		0：56.88：43.12		
2005	545	278	267	0	249	296		0：45.69：54.31		
2006	677	358	319	0	269	408		0：39.73：60.27		
2007	639	335	304	0	251	388		0：39.28：60.72		
2008	639	335	304	3	257	379		0.47：40.22：59.31	24	
2009	682	342	340	3	296	383		0.44：43.40：56.16	21	
2010	772	395	377	5	275	492		0.65：35.62：63.73		
2011	781	402	379	5	263	513		0.64：33.67：65.69	27	
2012	731	344	387	5	227	499		0.68：31.05：68.26	7	
2013	727	341	386	5	221	497		0.69：30.40：68.36	7	633
2014	715	355	380	10	203	502		1.40：28.39：70.21		
2015	710	334	376	9	215	486		1.27：30.28：68.45		
2016	717	349	368	8	196	513		1.12：27.34：71.54		
2017	732	339	393	8	153	571		1.09：20.90：78.01		
2018	716	332	384	8	145	563		1.12：20.25：78.63		
2019	706	330	376	8	142	556		1.13：20.11：78.75		
2020	712	352	360	8	136	568		1.13：20.11：78.75		

表3-7 1985—2002年方林村各行业劳动力分布情况表

单位：人

年份	第一产业			第二产业					第三产业			
	种植业	牧渔业	副业	工业	其中：乡镇办工业	其中：村办工业	其中：村以下办工业	建筑业	交通仓储邮政	批零住餐服务	社会事业	金融保险
1985	31			466	44	265	157	12				
1986	16			372	40	278	54	23	23	33	5	
1987	12			403	48	236	119	12	28	33	6	
1988	13			371	46	196	129	16	38	50	4	
1989	13			340	30	186	124	12	40	50	3	
1990	15	7		276	32	152	92	20	48	43	5	
1991	14	1	113	214	43	126	45	10	43	70	7	1
1992	8		63	273	14	111	148	5	50	38	4	2
1993	8	14		210	19	106	85	6	75	11	4	2
1994	8	16		152	19	106	27	6	75	17		
1995	8	15		153	19	105	29	6	75	17		
1996	3	13		296	29	110	157	7	66	68		
1997	3	13		300	15	102	183	6	70	75		
1998	2	4		316				4	76	63		
1999	2	4		323				4	63	63		
2000		5		325				4	80	62		
2001		5		305				4	80	62		
2002		5		355				5	82	70		

第三节 婚姻与家庭

婚姻

婚姻制度 1950年5月1日，实施《中华人民共和国婚姻法》（简称《婚姻法》），规定结婚最低年龄为男20周岁，女18周岁。结合土改工作，村里组织学习宣传《婚姻法》，贯彻落实《婚姻法》。1953年，开展贯彻婚姻法运动月活动，进一步宣传和实施

《婚姻法》，保障女性生存权和平等权。于1980年修改《婚姻法》，并于次年1月1日起实行；该《婚姻法》规定结婚最低年龄为男22周岁，女20周岁。1991年12月制定的《方林村“八五”计划（1991—1995年）》根据国家计划生育政策，建议适当推迟实际结婚年龄，男女分别为25周岁、23周岁。男女青年响应村里提出的建议，自觉实行晚婚晚育。

2008年3月27日，村民代表会议表决通过《方林村村规民约》，其中第五条“婚姻家庭”规定：遵循“婚姻自由，男女平等，一夫一妻，尊老爱幼”的原则，建立团结和睦的家庭关系；反对包办干涉，男女青年结婚必须符合法定结婚年龄要求，提倡晚婚晚育；夫妻地位平等，共同承担家务劳动，共同管理家庭财产，反对家庭暴力；父母应尽抚养、教育未成年子女的义务，禁止歧视、虐待、遗弃女婴，破除生男才能传宗接代的陋习，子女应尽赡养老人的义务，不得歧视、虐待老人。村民遵循规定，家庭和睦，纠纷减少，形成良好村风、民风，推进了社会主义新农村建设。

婚姻登记 1950年10月，实施《浙江省婚姻登记暂行办法》，男女双方到区或乡政府办理结婚登记，领取结婚证书。1955年开始，村（大队）婚姻登记由乡（公社）承办。1964年，节制生育成为结婚登记的一项内容。1980年，婚姻登记由人民公社管理委员会承办。1986年，执行《浙江省省婚姻登记办法实施细则》，实行“夫妻关系证明”申请制度。

2003年10月1日，出台新的婚姻登记条例，申请结婚（离婚）当事人只需持本人户口本、身份证就可办理结婚（离婚）登记，免去以前一直延续的单位开具的婚姻状况证明、婚前体检证明等其他手续。

家庭

家庭规模 家庭规模有大有小。中华人民共和国成立后，一度出现多子女家庭。随着社会经济的发展和计划生育政策的实施，家庭情况发生重大变迁，家庭规模逐渐小型化，户均人数逐年减少。1992—1998年家庭规模情况统计表明，1992年户均人数3.65人，1993年3.60人，1994年3.38人，1995年3.35人，1996年略为上升，1997年又下降，1998年3.34人。家庭人数“中间多两头少”，3人户、4人户多，1人户、2人户及5人户、6人户、7人户、8人户少。1992年开始的5年间，4人户多于3人户，1997年相等，而1998年3人户多于4人户。1992年、1993年，2人户分别为22、23户，均少于1人户、5人户；1994年起2人户增多，6人户、7人户开始减少（表3-8）。

表3-8 1992—1998年方林村家庭规模情况

年份	总户数/户	总人口/人	户均人数/人	1人户/户	2人户/户	3人户/户	4人户/户	5人户/户	6人户/户	7人户/户	8人户/户
1992	256	935	3.65	34	22	48	90	32	19	9	2
1993	257	925	3.6	32	23	55	86	35	19	7	
1994	280	946	3.38	36	30	78	88	32	9	6	1
1995	285	956	3.35	35	33	79	92	32	8	6	
1996	286	961	3.36	32	35	84	90	29	10	6	
1997	285	954	3.35	33	31	88	88	31	10	4	
1998	287	959	3.34	32	33	90	87	30	12	3	

家庭结构 封建社会以多代同住或兄弟婚后合居的联合家庭较多。家庭成员以男子为中心，女子则处从属地位。家庭成员一般有父母、子媳、孙三代。

中华人民共和国建立后，旧式家庭观念受冲击，家长制被废除，联合家庭逐渐解体。20世纪60年代起，男女结婚后大多与父母分家，三代同堂户减少。至20世纪80年代，一对夫妇与一个子女组成的核心家庭增多。1998年人口实有调查显示，一代户53户，占总家庭户18.47%；二代户186户，占总家庭户64.81%；三代户42户，占总家庭户14.63%；四代户6户，占总家庭户2.09%（表3-9）。

表3-9 1998年方林村家庭结构情况

单位：户

村民小组	总户数	一代户	二代户	三代户	四代户
1	55	10	43	2	
2	39	7	27	4	1
3	38	11	16	8	3
4	38	9	22	6	1
5	34	8	17	8	1
6	37	2	26	9	
7	46	6	35	5	

第四章　外来人口

中共十一届三中全会后，随着一系列农业农村改革开放政策的实施，农村劳动力转向非农产业，更有大批劳动力离开家乡，涌入经济较为发达的东南沿海地区，方林成为众多外来打工者、创业者的首要选择之地。1984年7月，来自湖北省的打工者7人入村务工。他们艰苦奋斗，逐渐把方林当作自己的第二故乡，成为助推方林经济发展的重要力量。全村外来人口管理工作逐步走上制度化、规范化轨道，有效防止各类案件的发生，成功经验得到全面推广。至2020年底，全村共有外来打工者783人。

第一节　外来人口管理

外来人口管理组织

外来人口管理办公室　20世纪80年代末90年代初，随着外来打工者逐渐增多，打架斗殴、盗窃赌博案件不时发生，给社会治安稳定带来一些负面影响。1996年7月，3个四川人潜入村民家行窃作案，侦破后追回钱物近万元。时隔不久，村联防队员在巡逻时抓获偷窃香烟的安徽籍案犯胡某，搜查出黄金、金手镯等赃物，并送交公安机关。是年，外来人员发生打架斗殴15次、聚赌20场次、盗窃16次，社会反响较大。

1997年1月，村党总支、村管会把强化流动人口管理提到重要议事日程，村党总支连续2次召开村领导班子专题会议，并与村属企业厂长、保卫科长进行座谈，强调加强流动人口管理的重要性，提出具体管理措施。村里成立由副村长兼民兵连长为组长，工会、共青团、妇联、老协负责人为成员的暂住人口管理领导小组，下设外来人口管理办公室，聘用2名文化程度高的青年担任专职管理员。拨出专款20万元，留出办公管理费用后，配备2辆面包车、3辆三轮摩托车。

村暂住人口管理领导小组成立后，先后出台《方林村暂住人口管理承诺制度》《方林村暂住人口管理工作要求》《方林村暂住人口管理制度》《方林村出租私房管理规定》《方林村的暂住人口守则》等制度、规定。同时，制作“方林村暂住人口情况一览总表”“方林村治保组织和企业情况联系表”“方林村厂区居住点平面图”，标示暂住人口居住点、人数，以及姓名、性别、年龄、籍贯等信息，人员“进”与“出”皆在“暂住人口情况一览总表”进行汇总，形成“管理人员3天一更换，各片组3天一联系，学区管理3天一检查”的跟踪式动态管理制度。暂住人员超过50人的单位确定专人负责外来人口管理工作，村里与各用工单位及租房户签订暂住人口管理责任书。经常召开企业厂长、保卫科长和个体业主座谈会，掌握暂住人口的思想动态，发现问题，采取对策，把问题消灭在萌芽状态。全村划分成3个片，联防队、民兵护村队分片加强巡逻，做到夜夜坚持、24小时值勤；每半个月1次开展暂住证登记专项检查，发现漏登、错登，立即补登和纠正。至年底，全村暂住人口办理暂住证，办证率达到100%；一年内，全村未发生1起外来人员刑事、治安案件，确保社会和谐稳定。至2020年底，连续24年无重大刑事案件发生。

流动人口服务管理工作站　2007年11月初，区政府成立区级流动人口管理局，构建区、镇（街道）、村企相衔接的流动人口管理服务框架，实现对流动人口防范式管理到服务型管理的根本转变。是年底，村综治工作站提出做好流动人口服务管理工作，邀请路南派出所帮助建立方林村流动人口服务管理工作站。路南派出所领导、警员受聘担任村流动人口服务管理工作站指导员，村委会主任担任站长，村治保、办公室、老年协会、妇联、共青团负责人等为成员，王雷兼任村流动人口协管员。

村流动人口服务管理工作站建立后，先后制定《流动人口服务管理制度》《流动人口服务管理工作站工作职责》《流动人口服务管理站站长职责》《流动人口协管员职责》《流动人口村企联席会议制度》，明确任务，强化管理，搞好服务。

村共建共享促进会　随着改革开放深入，外来人口日益增多。由于缺乏有效的沟通渠道，外来务工人员与本村人存在着比较严重的矛盾，譬如有些本村人认为外地人自私，素质较低，而有些外地流动人口则认为本村人冷漠，自以为是。

2008年11月，村党支部、村委会决定建立村共建共享促进会，让流动人口和本村村民自动成为促进会的会员，实现“共处一地，共守民约，共谋发展，共建家园，共创文明，共保平安”目标，外地人和本地人成为“一家人”。会长由村党支部书记兼任，副会长2名，一名由村委会主任兼任，另一名由外来人员代表担任。下设会员组织、维权调解、治安巡逻、计生卫生、文体宣教5个组。各组组长由村领导班子成员兼任，副组长2名，一名由村民小组组长兼任，另一名由外来人员代表担任。村共建共享促进会建立后，先后出台《村共建共享促进作用会职责任务》《村共建共享促进会列席两委会制度》《村共建共享工作例会制度》《村共建共享职能组工作碰头会制度》《村共建共享圆桌议事制度》《村共建共享促进会会员互济制度》《村共建共享促进会星级会员制度》。村共建共享促进会的成立，受到外来务工人员、村民的一致欢迎。

外来人口登记管理

暂住证办理 村外来人口管理办公室成立后，通过与警务区协商，暂住人口的暂住证办理下放到村。外来人员进村做工，必须及时携带身份证、本人照片到村外来人口管理办公室登记注册，发给暂住证和《外来人员打工守则》。离村时，外来人员到村外来人口管理办公室注销。村联防队加强巡逻值勤，经常查验有关证件，检查有无漏登。注重各方协作，由村外来人口管理办公室牵头召开各企业厂长、保卫科长和房屋租赁户主会议，签订《暂住人口管理责任书》，要求用工单位及相关户主履行职责，了解外来人口的思想动态状况，发现可疑现象及时上报。

1999年，全村有外来人口1100人，其中外来劳动力1002人。进入21世纪，村里采取多项措施加大辖区外来人口、暂住人口管理力度。组织人员深入辖区有关场所进行仔细排查，对场所内外来人口进行严格登记，按照要求进行人口建档建册，确保人来有登记、人走有注销。发现未办理暂住证的，经审查无可疑情况的督促其办理，对有可疑情况或身份不明的即报当地派出所审查。2001年，农村基本情况统计显示，全村外来住户50户，外来人口100人。2002年，全村住户369户，其中外来住户100户；全村人口数1245人，其中外来人口300人。2009年，村管委会共排查各行业场所、出租房屋，登记外来人口128人。是年，村综治工作站努力掌握流动人口底数，协助公安机关做好流动人口登记和发证工作，做到人来登记、人走注销，流动人口登记率达到95%以上，发证率达到90%。

出租屋管理 以外来人口落脚点为切入口，切实加强辖区出租屋登记、安全检查等管理，出台严格的出租房分类管理制度，促使私房出租户明确责任意识，及时办理出租登记，发现可疑人员及时报告有关部门，做到辖区出租屋底数清、情况明，同时完善出租屋管理档案，并作为治安消防责任书和保证书签订的一项重要内容，进一步加强出租屋监督和管理。

2009年，出租房屋登记备案工作进展顺利，出租房屋登记率100%，全面摸清出租房屋底数，熟悉掌握出租房屋承租人的基本情况及3天内变动情况，对无管理能力和管理责任落实不到位的出租房屋实行委托管理。是年，登记出租房屋12户，共63间，面积1800平方米，均为砖木结构，外来人员租住属委托管理，查验结果安全。2017年4月，全村新增流动人口254人，其中248人租住村民房屋，出租房屋的村民47户，面积3600平方米。

第二节　外来人口构成

性别年龄

2009年6月起，每月一次登记暂住人口，至9月共进行4次，全村共登记暂住人口128人，其中男67人，女61人。从性别构成看，男性外来人口占比为52.34%，女性外来人口占比为47.66%。

2009年年龄结构分布调查显示，全村外来人口集中在15～59岁（劳动年龄人口），0～14岁（未成年）和60岁以上（老年）数量为0；15～29岁（青年）、30～44岁（青壮年）各为60人，都占比46.88%；45～59岁（壮年）8人，占比6.24%。劳动年龄外来人口构成的特点是，青年和青壮年劳动者占据多数，最早出生于1958年，最晚的出生于1991年。

2017年，全村新增流动人口254人，0～14岁21人，占比8.27%；15～29岁55人，占比21.65%；30～44岁95人，占比37.40%；45～59岁80人，占比31.50%，60岁以上3人，占比1.18%。从年龄结构看，青壮年劳动力最多，壮年劳动力所占比例超过青年劳动力（表3-10）。

表3-10　2009年和2017年方林村外来人口年龄构成情况

单位：人

年份	0～14岁	15～29岁	30～44岁	45～59岁	60岁以上
2009	0	60	60	8	0
2017	21	55	95	80	3

籍贯构成

2009年6—9月，全村先后登记暂住人口128人，其中本省外市1人，外省（自治区、直辖市）127人。外省（自治区、直辖市）中，江西省26人，安徽省20人，湖南省17人，贵州省15人，分别占外省（自治区、直辖市）流动人口20.47%、15.75%、

13.39%、11.81%；其他省（自治区、直辖市）共49人，占比38.58%，分别是四川省13人，河南省10人，云南省7人，湖北省6人，黑龙江省、重庆市各4人，广西壮族自治区、陕西省各2人，吉林省1人。

2017年，全村新增流动人口登记数据显示，共254人，其中本省18人，占比7.09%；外省（自治区、直辖市）236人，占比92.91%。本省中，本市12人，主要来自温岭市、黄岩区、三门县等；外市6人，主要来自温州市乐清市、宁波市奉化区等。外省（自治区、直辖市）中，四川省71人，重庆市55人，安徽省33人，河南省29人，分别占外省（自治区、直辖市）流动人口的30.08%、23.31%、13.98%、12.29%；其他省（自治区、直辖市）共48人，占比20.34%，分别是江西省、湖南省各10人，山东省8人，贵州省5人，广西壮族自治区、云南省各4人，河北省、湖北省、陕西省各2人，天津市1人（表3-11）。

表3-11　2009年和2017年方林村外来人口籍贯构成情况

单位：人

年份	本省		外省（自治区、直辖市）															
	本市	外市	天津	河北	黑龙江	吉林	安徽	江西	山东	河南	湖北	湖南	广西	重庆	四川	贵州	云南	陕西
2009		1			4	1	20	26		10	6	17	2	4	13	15	7	2
2017	12	6	1	2			33	10	8	29	2	10	4	55	71	5	4	2

文化程度

2009年外来人口登记表明，全村外来人口初中文化程度84人，占全部外来人口的61.31%；小学文化程度53人，占38.69%。

职业状况

2017年年初统计，全村新增外来人口254人，其中就业146人，未登记51人，无业42人，幼儿、学生15人，分别占新增外来人口数的57.48%、20.08%、16.54%、5.90%。就业外来人口中，进工厂企业86人，经营商贸服务业25人，从事私人加工20人，参与私人工程队5人，运送货物5人，其他劳动者5人。

第五章　计划生育

20世纪50年代初，国家鼓励生育。1956年《一九五六年到一九六七年全国农业发展纲要》提出“要宣传和推广节制生育，提倡有计划地生育孩子”，计划生育逐步成为国策。20世纪70年代开始实行计划生育。1983年起，计划生育提上大队（村）工作的议事日程，作为一项重要工作来抓，村里发挥领导作用，强化目标管理，注重技术服务。进入21世纪，全村上下顺应人口与计划生育工作形势的变化，继续不懈努力，较好地实施人口控制目标责任制，取得显著成绩，连续30多年无计划外生育，妇检率、计划生育率达到100%。2006年获评路桥区政府人口与计划生育突出贡献奖，2009年4月被台州市委、台州市政府评为台州市人口和计划生育示范村（图3-1），2012年获得路桥区人口计生三十年“国策之星”称号。

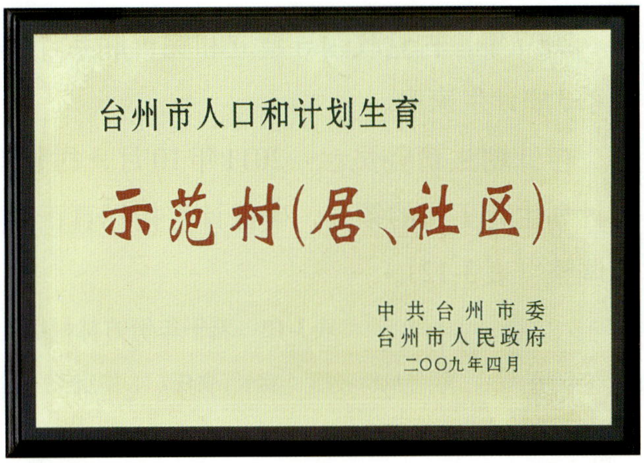

图3-1　台州市人口和计划生育示范村（2009年4月）

第一节　计生组织机构与团体

村计划生育管理机构

村计划生育工作领导小组　20世纪70年代，村里重视计划生育工作，建立以大队党支部书记方道福为组长的计划生育工作领导小组，妇女干部负责具体实施，每年完成上级下达的计生指标。各厂落实1名干部兼职负责计划生育工作，形成计划生育工作网络，使计划生育工作常态化、制度化。20世纪80年代，村计划生育工作领导小组进行调整，实行计划生育分片包干责任制。1987年，确定计划生育分片负责干部（联系人）：第一、二组后林片林小春、林必清（蔡梅凤），第三组后方片方道福（谢香莲），第四、五组前方片管人财、陈初芬（林荷芳），第六、七组西岸片方中华、阮普妹。1989年，仍实行计划生育分片包干责任制，领导小组成员负责处理所在片的计划生育事务，如果出现计划生育违规情况，年末负责该项工作的干部的全年奖金被扣去20%。

1990年，调整充实村计划生育工作领导小组，村党支部书记任组长，继续实行计划生育分片包干责任制。1991年，村企业建立计划生育分片包干责任制，由村计划生育工作领导小组成员林必清负责。村党支部每月召开会议，交流汇报分管片内计划生育工作，加强村办企业计划生育工作，负责干部与村计生领导小组联系，反映企业计划生育开展情况。

村人口与计划生育领导小组 2000年后，村计划生育工作领导小组更名为人口与计划生育领导小组，副组长及成员作一定调整。2011年10月组成人员又有变动，2016年基本稳定。

2007年，村党政领导建立和完善联系计生户制度，领导小组成员蔡正杰、方浩分别联系3户计生家庭。

村计划生育委员会 2011年10月，村建有计划生育委员会，旨在进一步加强对全村计划生育工作的领导，确保计生指标真正落实，林红为联系员。2016年，组成人员有所调整（表3-12）。

表3-12 若干年份方林村级计划生育领导机构一览表

年份	领导机构名称	组长(主任)	副组长（副主任）	成员
1987	村计划生育工作领导小组	管人财	方中华	林小春、林必清、阮普妹、方道福、陈初芬
1989		管人财	陈初芬	林小春、阮普妹、方道福、林必清
1990		方中华	管人财、陈初芬	林小春、阮普妹、方道福、林必清
1991—1994		方中华	管人财、陈初芬	林小春、阮普妹、方道福、林必清、林启富
1995		方中华	管人财、陈初芬	林小春、阮普妹、方道福、林必清、林启富、方　浩
1998		方中华	管人财、陈初芬、金菊清	林小春、蔡正杰、方　浩、阮普妹、王　平、林必清
2011	村人口与计划生育领导小组	方中华	蔡正杰、方　浩	谢华寿、林荣辉、林　红
	村计划生育委员会	六中纯	方　浩、方崇志	罗丹青、方宝清

（续）

年份	领导机构名称	组长(主任)	副组长（副主任）	成员
2016	村人口与计划生育领导小组	方中华	蔡正杰、方　浩	谢华寿、林荣辉、林　红
	村计划生育委员会	方中华	方　浩	林　红、方宝清

村计划生育村民自治领导小组 2008年9月，村里建立计划生育村民自治领导小组，村委会主任蔡正杰兼任组长，村民张华东、谢文元任副组长，村民王仙春、丁禹民、王妙根、陈法春、林娟为成员。村计划生育村民自治领导小组成立后，宣传贯彻计划生育的方针政策、法律法规，组织、动员村民参与计划生育村民自治，自觉实行计划生育；向全体村民公开涉及计划生育的事务，做到公平、公正；发动群众参与制定、修改计划生育村民自治章程，提交村民大会或村民代表会议，通过后要求村民自觉遵守；根据计划生育有关的法规和计划生育村民自治章程，鼓励村民婚姻、生育、避孕等方面进行自我管理、自我服务、自我教育、自我监督。

2011年，村计划生育村民自治领导小组组成人员不变。次年，村计划生育村民自治领导小组顺应人口计划生育综合改革形势，按计划、有步骤地推行计划生育村民自治，组织巾帼志愿者走街串户，为外来人口开展计划生育等服务。

村流动人口计生管理领导小组 2007年11月，建立村流动人口计生管理领导小组，蔡正杰任组长，戴开斌、陈初芬任副组长，张斌、方宝清、方靖静为成员。专门安排办公场所，落实专用经费，添置办公设备。2011年10月调整组成人员，蔡正杰仍任组长，戴开斌、林红任副组长，成员是方宝清、方靖静、罗丹青。

村计划生育民主监督小组 2011年10月，村党支部、村委会决定成立村计划生育民主监督小组，任命谢华寿为组长，方崇奇、尚永斌为副组长，金菊清、陈初芬为成员。2016年，谢华寿、尚永斌任村计划生育民主监督小组组长、副组长，陈玲敏、林丽、阮君玲为成员。

村计划生育协会

1997年，全村有育龄妇女313人。是年10月，建立村计划生育协会。成立之初拥有会员102人，是全村总人数的10.80%。其中育龄妇女会员62人，“五老”（老党员、老干部、老模范、老职工、老长辈）人员22人，致富能人18人，分别占会员总人数的60.19%、21.36%、17.48%。以后，村党组织根据实际情况，调整村计划生育协会组织。

村计生协会成立后，加强协会组织自身建设，贯彻党关于计划生育工作的方针政策，提高协会成员的自身素质。1997年，组织理事、组长到杨戴村学习先进协会经验，创建“一流协会”；制订规章制度，建立会员之家。年底，村计生协会通过街道办事处组织的“计生合格协会”验收。1998年，进一步配合村委会做好计划生育工作，健全协会理事会，建立完善例会制度、培训制度、反馈制度和档案制度等。年底，通过验收达到“一流村居协会”标准。1999年5月，根据中国计生协会、路桥区计生协会提出的要求，进一步抓好村计生协会整建工作，切实加强村计生协会建设。

21世纪，村计生协会提高工作水平，坚持每月召开会议或举行活动，推进全村计划生育深入开展。2006年，举行村计划生育研讨会，抓好村计划生育协会换届选举。2007年，针对计划生育工作难以开展的状况，村计生协会提出牢固树立科学发展观，从传统单一的静态管理向多元化服务格局转变，千方百计稳定低生育水平。2011年，根据路南街道办事处意见，选举新一届村计生协会，村党委书记方中华任会长（表3-13）。

表3-13　若干年份方林村级计划生育协会组成人员

建立调整时间（年-月）	会长	副会长	秘书长	理事	小组长
1997-10	管人财	詹荣杰、陈初芬	林小春		
2006-04	方　浩	林　红	方崇志	陈初芬、方宝清、林荣辉	叶菊花、罗丹青、金菊清、林　丽、郑金云、林玉红
2011-10	方中华	方　浩	林　红	方崇志、罗丹清、方宝清	林　娟、叶菊花、孙正春、管娇云、杨海红

第二节　计生目标管理

1971年7月，国务院批转《关于做好计划生育的报告》，要求在第四个五年计划期间使人口自然增长率逐年降低，力争到1975年农村降到15‰以下。

1982年12月，第五届全国人民代表大会第五次会议正式通过并颁布的《中华人民共和国宪法》规定：“国家推行计划生育，使人口的增长同经济和社会发展计划相适应。”这确立了计划生育的法律地位。国家计划生育政策是：农村普遍提倡一对夫妇只生育一个孩子，某些群众确有实际困难要求生二胎的，经过批准可以有计划地安排。不论哪一种情况都不能生三胎。

1985年2月4日，浙江省第六届人民代表大会第十一次会议通过的《浙江省计划生育条例》第二章第八条：大力提倡一对夫妻只生育一个子女，严禁生育超计划的二胎和多胎。根据该条例，引导育龄妇女落实节育措施。1987年开始，乡政府向各村下达人口出生指标，村里具体落实。是年，全村人口出生指标12人，签订计划生育合同9人。1988年，村委会与育龄夫妇签订计划生育合同书，落实目标管理责任制。

计生目标责任

1991年12月，村党支部、村委会制订《方林村“八五”计划（1991—1995年）》，要求村民自觉服从计划生育政策，实行计划生育，年人口出生率控制在10‰以内，人口自然增长率控制在8‰左右，达到计划生育合格村的标准提倡一对夫妇只生一个孩子。根据年度人口指标，一囡户间隔年龄在5周岁后，照顾生育第二胎。是年，根据上级分配的人口出生指标，落实生育对象7人。1995年，实施计划生育的网底工程，人口出生符合上级规定的指标，计划生育率、晚婚晚育率达到100%。1999年2月9日，路南街道办事处与方林村委会签订《一九九九年计划生育工作目标管理书》，提出当年人口出生控制在10人以内、计划生育率100%等13项指标。

2006年2月16日，路南街道办事处与方林村委会签订《2006年人口与计划生育工作目标管理责任书》。是年，公布符合生育条件的夫妇名单26对，其中当年结婚6对。3—11月，路南街道办事处委托方林村委会，先后与谢勇增、张伟萍等13对育龄夫妇签订计划生育合同。同意审批再生育申请、发放再生育证的夫妇4对。

2007年，签订计划生育合同8份，其中一孩生育后合同3份；发放再生育申请审批决定通知书12份。

2009年3月5日，路南街道办事处与方林村（居）委会签订《2009年度人口与计划生育工作目标管理责任书》，达到计划生育率100%、计划外怀孕率控制在1.5%以内等多项指标。

计划生育政策

自定奖励措施　1979年3月，大队作出全年工作计划，专门制订计划生育措施，主要包括：凡节育不分男女每人补贴工分15工，经济补助15元，在厂由厂负担，在队由大队负担，生产队发给稻谷票25公斤；如一个小孩节育者，大队再奖现金100元。已婚夫妇生第一胎发给出生证，生二胎须间隔3年以上。

1980年，大队党支部、管委会坚持“一对夫妇生一个，最多两个孩子”的原则，在上年基础上，调整计划生育奖励办法：生一个孩子者，仍奖现金100元，再补工30工，按政策给予其小孩福利。1982年，大队党支部、管委会按照规定，奖励一胎，限制二胎。

一胎后领取独生子女证，每年奖现金50元，连续奖10年。1987年，村党支部、村委会提出严格控制二胎，坚决杜绝三胎，不抢生不超生，提高一胎率、计划生育率。

20世纪90年代，随着计划生育政策调整，根据村级集体经济发展情况，逐步完善奖励办法。1990—1991年，在村企业工作的女职工生第一胎，均由企业发给1个月不少于70元的假期工资，不在本村工作的由村支付50元或60元的补贴；独生子女费按上年规定发放。1995年，在村企业工作的妇女生第一胎，由企业发给1个月不少于300元的假期工资，不在村企工作的由村支付。1998年，奖励办法基本不变，但企业、村发给生头胎的妇女的假期工资增至500元。

2001年3月，奖励与村民住房建设挂钩，村委会同意一超生户建房，但不予代办土管、房产部门有关手续，全部费用自理。

独生子女优惠 1980年开始发放独生子女光荣证，简称独生子女证。2002年9月1日后称独生子女父母光荣证，是自愿终身只生育一个子女的夫妻得到的一种国家荣誉。2006年，张辉、张丹等3对夫妇领取独生子女父母光荣证。

1997年10月，路南街道办事处组织开展新家庭计划活动，推出计划生育优惠政策：凡放弃生育二胎指标领证的一囡户享受区、街道各1000元的奖励，领取独生子女证的，优先安排宅基地并享受增加1人建房面积的优惠。

2006年4月17日，路南街道办事处制定下发《关于建立健全计划生育利益导向机制和社会保障制度的意见》。根据这一意见，持有独生子女父母光荣证（简称光荣证）农村居民享受的主要优惠包括：在审批宅基地、村级集体经济利益分红等利益分配时，独生子女按两人计算。农村承包土地和山林、果园、海涂等，在同等条件下，优先照顾独生子女家庭。街道和村（居）在农林、水产业、加工业生产中优先为独生子女家庭提供产品、技术、信息等方面的帮助，尤其对独生子女贫困家庭要重点支持。各企事业单位招考工作人员时，在符合招考的同等条件下优先录用独生子女。符合《浙江省人口与计划生育条例》规定可以再生育一个子女，但自愿终身只生育一个子女并已领取光荣证的夫妇，可享受养老保险补助。持有光荣证的夫妻又再生育的，应当收回光荣证，不再享受独生子女父母奖励优惠。是年10月1日起，根据《浙江省人口和计划生育条例》规定，实行农村居民违法生育的子女建房人口数计算标准，具体是：违规多生一胎及以上的，子女必须达到18周岁方可计入建房人口数；未到法定婚龄非法生育的，子女须达到10周岁方可计入建房人口数；达到法定婚龄非法生育的，子女须达到8周岁方可计入建房人口数；符合再生育条件，但未经审批违法生育的子女须达到5周岁方可计入建房人口数。

2015年12月27日，新修改的《中华人民共和国人口与计划生育法》第二十七条明确“老人老办法、新人新办法”的原则。2016年1月1日前只生一个子女、且自愿终身只生一个子女的夫妻，仍可以继续申请领取光荣证，享受独生子女父母奖励优惠。持有光荣证的夫妻，可以按规定的条件、标准、年限继续享受独生子女父母奖励。

2007—2016年，全村共有24对夫妻领取独生子女父母光荣证。2016年1月1日及以后生育、且自愿终身只生育一个子女的夫妻，不能再申请领取光荣证，不再享受独生子女父母奖励。

计生奖励扶助 2005年5月，根据市、区有关部署要求，村里实施计划生育家庭奖励扶助制度。扶助对象必须同时具备以下四个条件：本人及配偶为本市农业户口或界定为农村居民户口；1973—2001年期间没有违反计划生育法规、规章或政策规定生育；现存一个子女或子女死亡现无子女；1933年1月1日以后出生，年满60周岁。这项制度主要针对部分计划生育家庭，在夫妇年满60周岁时，可以享受奖励扶助金。2008年起，以每户每年960元标准奖励扶助对象。是年，共奖励3户，总额2880元。

2007年3月26日，路桥区委办公室、区政府办公室根据中共中央、国务院《关于全面加强人口和计划生育工作统筹解决人口问题的决定》精神，下发《关于进一步完善计划生育利益导向机制的意见》，有关激励政策包括：对农村父母放弃二孩生育的独生女初升高考试录用时给予加分5分；对路桥区户籍人口的新婚夫妇，实行婚检基本项目免费；对符合计划生育的对象，自觉落实长效节育措施的实行奖励。

计生宣传教育

1965年，县里培训群众计划生育宣传骨干，每个生产大队男女各1人。20世纪70年代，大队党支部、管委会发挥宣传骨干作用，深入育龄夫妇家庭，宣传计划生育知识。1982年9月，中共十二大把计划生育确定为基本国策。是年开始，定每年11月为计划生育宣传月。

2006年，路南街道建立人口与计划生育学校，村里办起人口与计划生育分校。根据街道办事处要求，村分校制订培训计划，定期组织计生知识培训。是年，共举办培训8期，参与人数282人。村两委协助计生协会，举行计划生育研讨会、民主恳谈会等会议，分析计划生育工作情况，加深对计划生育工作的认识，进一步完善计划生育规章制度。5月，围绕全国计生优质服务区的创建目标，村计生协会开展“5·29会员活动日”宣传服务活动，提高育龄妇女的法律意识，自觉接受计生管理，解决长效节育低、外来人口计生管理等问题。

2018年，全村举办计生培训4次，参加育龄群众80余人次。

第三节　计生技术服务

计生技术服务包括推广新法接生、落实节育措施、上门随访服务、组织“三查”等。随着计生政策的调整，计生服务内容有所变化。2019年起，不作计生技术服务方面的统计。

新法接生　旧时，怀孕妇女无条件定时产前体检，生育往往采用旧法接生，即在没有任何医疗条件的情况下由比较年长的土产婆实施。一旦遇到胎位不正或其他原因的难产，就会导致产褥热和脐带风，甚至致产妇或婴儿死亡。20世纪50年代初期，村妇女会开始宣传新法接生，培训新法接生员，并对土产婆给予一定的指导。1953年，石曲乡开始推行新法接生，产妇死亡率减少，但仍有不少产妇沿用旧法。1961年起，石曲公社继续普及新法接生，大部分孕妇到石曲卫生所或路桥医院分娩。卫生所发给新法接生婴儿出生证，凭证可领取布票、糖票等。1981年4月，县有关部门发放普及新法接生合格证。1988年，新法接生率提高到99.38%。

节育措施　民国时，县卫生院做人工流产手术。20世纪50年代初，人工流产等节育措施需申请审批后施行。1956年，村里根据县有关部门要求，开展避孕节育宣传。20世纪60年代，宣传和推广节制生育。20世纪70年代起，生育计划落实到村，节育措施落实到人，避孕工具免费供应，计划外二胎出生减少。

进入21世纪，根据有关规定，推进人口与计划生育综合改革，要求已生育小孩由于身体原因的夫妇选择避孕节育措施，减少意外怀孕。2006年2—11月，村委会先后与林潮、程慧等9对育龄夫妇签订计划生育避孕方法知情选择协议书。2007年，与16对育龄夫妇签约计划生育避孕知情选择协议书。

随访服务　20世纪70年代末开始，组织人员上门，落实节育措施。20世纪90年代，建立健全计划生育网络服务体系，发挥计划生育宣传员、避孕药具发放员作用，组织上门随访，提供产后、术后访视、送药具上门等系列服务。2000年后，制定出台村计划生育村规民约，以本村计生困难户、外来务工人员作为重点，经常上门谈心，掌握信息动态，了解他们的需求，想方设法为他们解决各种困难。

2003—2005年，累计向35名育龄妇女免费提供避孕套3960只，2号、0号口服避孕药168板。

2006年，村计生协会设立随访记录卡，坚持每月随访服务，针对不同对象，加强具体指导，并填报当月随访情况。开展节育措施知情选择，不断提高优质服务水平。村妇女干部工作热心负责，送药具上门，关心怀孕对象，买慰问品上医院看望产妇。是年，向徐庭华、郭长艳等6对夫妇发放生殖健康服务证；随访637人次，其中药具随访578人次，随访率均100%；随访无异常633人次，药具无异常578人次，无异常率分别为99.4%、100%。2007年，随访育龄夫妇36对共565人次，看望新婚、怀孕、生育对象，了解落实节育措施情况。发放生殖健康服务证10本。

2018年，每月随访育龄妇女43户，边发放药具边了解使用情况，全年发放避孕套774盒。通过上门、电话形式，按照规定时段，随访新婚、怀孕、生育对象（一胎）5人15次，怀孕、生育对象（二胎）7人35次，女扎对象1人2次。

组织“三查”　70年代，每年2次组织育龄妇女照环。随着计划生育工作不断深入，手段与方式更加多样化。进入21世纪，每年继续组织已婚育龄妇女“三查”（查环、查孕、查病）、孕情监测，进行未婚青年国策教育。2006年3月、9月分两次查孕查环，共308人次，其中担保免检94人次。同时组织妇女体检，全村293人参加。是年先后两次组织孕情监测、国策教育，普查、教育分别为94人次、95人次。2007年3月、9月，应查孕查环321人次，其中担保免检97人次。7月、12月，第二、四次孕情监测数据显示，孕情监测94人次，国策教育85人次（表3-14）。

表3-14　2006—2018年方林村计划生育技术服务情况

年份	随访情况		查环查孕		体检/人	孕情监测/人	参加国策教育/人	生殖健康服务证/本
	夫妇/对	人次/人	人次/人	其中免检/人				
2006	36	637	308	94	293	94	95	6
2007	36	565	321	97		94	85	10
2008	55		329	57		82	49	
2009	39		260			104		4
2010	29		347			95		
2011	25		350			93		7
2012	51		352	41		90		
2013	91		538	17				

（续）

年份	随访情况		查环查孕		体检/人	孕情监测/人	参加国策教育/人	生殖健康服务证/本
	夫妇/对	人次/人	人次/人	其中免检/人				
2014	29		349	27		50		2
2015	36		354	24		38		
2016	17		179					1
2017	37							9
2018	43							

第四节　流动人口计生管理

改革开放后，流动人口不断增多，村党政领导班子重视流动人口的计划生育管理。2006年，村里采取分级管理办法，要求企业用人单位、出租房主共同承担流动人口计划生育管理责任。是年5月27日，村委会与73户房屋出租户签订流动人口计划生育管理责任书，落实外来人口谁管理、谁租房、谁负责的管理体制。针对管理难度大、居住较分散的情况，村计生协会组织协会会员、小组长等，经常对流动人口进行检查，发现无“三证”（暂住证、就业证、流动人口婚育证）人员，采取措施，履行管理，发现无准生证的外来妇女怀孕后，及时上报，采取引流手术。是年12月，外来人员总数906人，其中育龄妇女445人（已婚350人）；育妇中，乡外区内4人，区外市内18人，市外省内3人，省外420人；市外引产1人，查孕查环281人；外出人员8人，其中女4人（均已婚）；育妇出乡外区内1人，市外省内1人，省外2人，均持《流动人口婚育证明》，保持信息联系。

2007年1月22日，中共中央、国务院下发《关于全面加强人口和计划生育统筹解决人口问题的决定》，提出坚持以人的全面发展统筹解决人口问题。年初，村里专门举行会议，学习中央决定，结合本村实际，针对外来人口多、管理难度大的问题，制订有关规章制度：居住30天以上的外来育龄妇女（18～49周岁）须带本人身份证等证件办好登记手续；出外30天以上的育龄妇女离开前须到村申报；企业等用工、村民房屋出租须与村委会签订有关责任书；加强对流动人口计生服务，为纳入管理的外来育龄人员提供计生技术免费服务。11月，评出杨海红、方素清、王素清为本村流动人口计划生育示范户。是年12月，外来人员总数756人，其中育龄妇女378人（已婚265人）；育妇中区外市内8人，市外省内11人，省外359人；市外引产1人，查孕查环147人；外出人员6人，其中女3人（均已婚）；育妇出市外省内1人，省外2人，均持《流动人口婚育证明》，保持信息联系。

2018年，全村外出育龄妇女10人，落户上海1人，天津1人，江苏2人，安徽1人，山东3人，省内2人；新婚1人，一孩3人，二孩6人；上环1人，使用避孕套6人，未采取措施3人。

第四编

农　　业

方林处于平原地带，适宜各种农作物生长。村民历来以农业生产为主。清朝至民国时期，由于长期受到封建土地制度的束缚，加之社会动乱，匪患猖獗，自然灾害频繁，农业生产一直处于缓慢发展的状态。粮食作物以水稻为主，元麦、豆类、番薯等为辅，经济作物有棉花、油菜、柑橘、葡萄、西瓜、大豆、花卉、食用菌等。1949年粮食平均亩产217公斤。中华人民共和国成立后，变革生产关系，实现耕者有其田，农业生产逐步发展。1957年粮食亩产420公斤，比1949年增长93.55%；生猪饲养320头，是1949年的1.90倍。1958年“大跃进”失误，之后3年自然灾害，农业生产遭到破坏，1961年粮食亩产降至327公斤。1963年贯彻《农村人民公社工作条例修正草案》，建立“三级所有，队为基础”的经营管理体制，农业生产呈现新的生机，1977年粮食亩产675.43公斤。中共十一届三中全会后，推行家庭联产承包责任制，调动村民生产积极性，1991年粮食亩产达到987.56公斤。1996年建立村现代农业发展公司，土地入股分红，用好土地资源。1999年农业产值187.1万元。2001年全村实现农业产值240.30万元，比1988年的15.61万元增长14.39倍。随着第二、三产业的快速发展，农业在全村经济中的比重逐年下降。2007年全村农业总产值62万元，2009年为90万元。2010年，农业总产值未列入路桥区农村统计年报，村里不予统计。

第一章　生产关系变革

第一节　土地改革

1949年5月29日，黄岩县和平解放。此前，方林村共210户，耕地面积518亩。其中，地主12户，占总户数的5.71%，占有土地490亩，占总耕地面积94.59%；农民少地甚至无地，缺乏基本的农具、畜力等生产资料，只能靠租种地主的田为生。农民租种交租大多四六开，即地主得60%，农民得40%，也有五五平分或倒四六。一般在收割时到现场分湿谷，属于地主的部分由佃户送到地主家；也有苛刻的地主要佃户交燥谷，尽量多剥削，如果不按约定交租则被停种。除地租外，农民还受着地主高利贷的剥削。每当青黄不接时，村民不得不像求神拜佛般地向地主借粮、借款，利息往往是“三月对滚”“借一还二”。还有一种借贷虽是借一还一，但要在“三忙四熟”时为地主做工，当地叫作“帮月”。

土地改革前，方林村踊跃投入剿匪反霸、减租减息运动。当时政策规定，凡地主出租的土地，从解放之日起一律按原租额的30%减租，减租后租额最高不得超过土地正常产物的35%。当年，管康寿一家从地主那儿减掉700公斤粮食。

1950年10月，中共黄岩县委抽调58人在药山乡进行土地改革试点，年底结束。翌年1月，各区以1个乡为基点，进行土地改革。2月，省土地改革工作队来县协助指导。3月，全面展开土地改革，干部积极带头，到县里、区里开会，自带口粮、被褥，步行来去，个个心甘情愿；村民特别是贫下中农踊跃参与，热情投入。土地改革的总路线是“依靠贫农、雇农，团结中农，中立富农，有步骤、有分别地消灭封建剥削制度，发展农业生产”。具体过程分“宣传发动、划分阶级、没收地主财产、分配土地财产、检查总结”五个步骤进行。

宣传发动。宣传土地改革的总路线和各项政策，宣传土地改革的重要性；组织由30多人组成的村宣传队，排演话剧“白毛女”，剧目贴紧时势，具有很强的针对性，一时引起轰动。同时赴各地进行巡回演出，推动土地改革顺利进行。

划分阶级。先划地主，再划富农，后划中农、贫农等其他成分。据当时参与土地证抄写的亲历者回忆，划分标准是人均土地15亩以上（包括15亩）为地主，15亩以下为土地出租者，全家自种超过5亩为富农，人均0.5亩为中农，无地即为贫农。在“讲阶级、评阶级、通过阶级、批准阶级”后，实行三榜定案，即村一榜，乡二榜，区三榜。

没收地主财产。先由村农民协会列出应没收地主的资产，包括土地、房屋、农具、耕牛、多余粮食等，再带领民兵到地主家宣布没收。当时的口号是“只要农具耕牛、不要金银财宝”。没收的土地和财物一律经过清点登记，妥善保管。当时，后方三透里放满没收的财物。

分配土地财产。按照政策，将没收的地主土地财产分配给无地、少地及缺乏房屋和其他生产资料的贫下中农。分配的原则是“农民团结互让，干部大公无私，目的有利生产”，具体方法是“民主协商，公平合理”，分配结果令群众深感满意。土地分配按乡计算的人均耕地，以村为分配单位，村与村之间进行调剂。方林村按人均标准分配以后，多余的一部分土地调剂给其他村；房屋和其他财产分配给本村，不作全乡调剂。分配时，先由村民小组会议自报公议，后经村农民协会审核，再报乡政府批准公布。

检查总结。通过检查总结，达到进一步发动群众，弥补土地改革过程中的不足之处。

并在此基础上，端正政策，填发土地证，举行庆祝大会，组织生产达到高潮。

经过两个月的努力，至5月基本完成，12月发放土地证。全县于1952年年初完成，属全省第二批土地改革地区。

土地改革后，方林村在政治、经济、文化方面发生巨大变化。摧毁了封建势力在农村的长期统治，农民翻身作主人，与地主展开正义的斗争，控诉地主阶级残酷压榨农民的罪行，依法惩办土匪骨干分子3人，对1名不法地主实施“陪枪决”警示。贫下中农积极组织起来，参加农民协会、青年团、妇联等各种群众组织，涌现出许多积极分子，成为基层政权的领导骨干，2人被提拔为区、乡政府的领导；20名青年报名参军要求抗美援朝，正式入伍2人，8名青壮年参加民兵组织，表现出高昂的政治热情。消灭地主阶级的封建土地所有制，实现“耕者有其田”的农民土地所有制，村民拥有自己的土地，生产力获得解放，全村农业生产得到恢复和发展（表4-1）。

表4-1　土地改革时方林村地主一览表

序号	姓名	性别	出生年份	拥有土地/亩	时所在村落	现属村民小组
1	方×基	男	1926	100	下林	1
2	方×中	男	1914	15		1
3	徐×儿	女	1897	200		2
4	於×群	男	1935	15	后方	3
5	方×善	男	1914	40	前方	4
6	章×娥	女	1933	30		
7	罗×保	男	1899			5
8	罗×凤	女	1927	30		
9	张×兰	女	1933			
10	方×霞	男	1896	70	石曲老街	5
11	谢×辉	男	1923	40	西岸	6
12	施×玉	女	1900	30		7

第二节 农业生产互助合作

土地改革以后，村民拥有土地，生产力获得解放。但土地属私有制，一家一户耕种，贫下中农特别是村干部、军属，由于家底薄，无力精耕细作，无法对抗自然灾害，难以开展分散经营，在旱涝灾害来袭时经受不起打击，出现重新典卖土地、高利借贷的现象。经济条件稍好的村民（如中农、富裕中农），人力、耕畜、农具较足，对土地渐感不足，企求扩大土地，两极分化初露端倪。1952年3月，农业生产开始互助合作运动，至1956年9月建立高级农业生产合作社，历时4年半。农业合作化把农村个体经济改造成社会主义的集体经济，使农村生产力进一步得到解放，有计划地进行农村经济建设，粮食、棉花、油料实行统购统销，给方林的经济和社会发展带来积极变化，党在农村基层的领导得到加强，农、牧业生产获得较快发展，农民的生活水平进一步改善。在合作化过程中，一度操之过急，工作过粗、变化过快，存在“隔夜两重天”，一步想跨入社会主义的失误现象。

农业生产互助组

1951年下半年，县内少数农村开始组织临时性、季节性互助组。1952年1月，路东乡松塘村的叶厚栋等13户42人，耕地44.5亩，建立起路桥区第一个常年性农业生产互助组，运行较为成功。方林村村民得悉后受到很大启发。不久，村农民协会会长戴仙禄与成员李仙宝、王天森、张明、林仙法等协商，组织全村村民共同议定，于当年春耕前组织互助组，携手走发展生产、共同富裕的道路。

方林村的互助组自愿组合，小的四、五户，大的七、八户，属于农业集体化的初级阶段，是农民互相帮助的组织形式，土地仍归农户私有，种、肥等投资各农户自负，生产计划各自安排，收获归户，只是劳动力常年不散、统一使用，年终结算，多少找差，称之为常年互助组。也有“三忙四熟”时临时性换工帮忙的，过了农忙季节就不再互助，即是临时性互助组。

具体实施时，进组自愿，出组自由，不允许强迫入组；互惠互利，积极扶持公出人员、军烈属，防止影响个别农户利益；党员、村干部带头入组，不许通过雇佣剥削他人；不允许地主、富农参加互助组。1952年年底，全村有常年互助组7个、16户。

农业生产合作社

1952年6月，螺洋乡三社村余绪享和余绪友的互助组合并，吸收8户农户，组成第一个初级社火炬社，当年粮食产量比建立农业生产合作社前增产二成。初级农业生产合作社，社员土地入股，生产资料入社，统一经营，按土地、劳动力分红，保留社员所有权，拥有部分公有生产资料，属半社会主义性质。

1955年，方林村试办初级农业生产合作社，由于没有很好处理经济政策，社员生产积极性不高。根据中央和省委“全力巩固，坚决收缩”的方针，全力整顿巩固。翌年9月，贯彻落实中共七届六中全会《关于农业合作化问题的决议》精神，第二次农业合作化高潮迅速在各地掀起。全村干部、村民通过学习讨论，统一认识，组织成立方林高级农业生产合作社，下分9个生产队。高级农业生产合作社是社会主义性质的集体经济组织，取消土地报酬，社员的农具等生产资料作价入社，归集体所有。合作社的收入，作必要的积累扣除后都按劳分配给社员。

随着合作化运动发展，政策处理、领导班子和经营管理等方面不同程度出现一些问题，有的地方农民提出退社要求，方林村也有社员提出要退社。1957年下半年，整顿合作社和开展社会主义教育运动。1958年春，完成农业社会主义改造。农业社生产管理推行“三包一奖”（包产、包工、包成本，超产奖励、不足赔产），年初将“三包一奖”指标落实到生产队，年终因社制宜，采用多奖少赔、全奖全赔、只奖不赔等结算办法，对超产或减产的生产队分别实行奖励和赔偿。实行“四定到田，田间管理到户”的劳动责任制，在生产队与社员之间建立起“产量、成本、措施、工分”到田，由户负责田间管理。实行生产、收入、分配“一年早知道”，特别明确全社农、牧、副业的全年收入计划、社员的投工和报酬收入；采取记工分，死分活评，年终凭工分分配劳动报酬。

第三节　人民公社化

1958年8月，中共中央发布《关于在农村建立人民公社问题的决议》。9月，各地出现“苦战两昼夜，实现公社化”的态势，路桥（区）人民公社建立，为黄岩县10个公社之一，石曲乡改为生产大队，方林高级合作社改为生产队，下辖7个生产小队。

人民公社建立后，刮起“一平二调”（穷富拉平，劳力、财物无偿调拨）的“共产风”，挫伤农民积极性。村合作社公有财产、公共积累上交，社员的自留地收回，家庭养殖、副业受到限制。公社统一调配劳力，调度资金，规划生产。修建长潭水库、搞围海造田、大办畜牧场、“大炼钢铁”等，无偿调用约1/3的青壮年劳动力，甚至打破地域界限，调配部分劳动力，到三门县参与盐场建设。公社办起土高炉炼铁，发动社员捐献所有铁制生活用品和生产工具，包括铁锅、锅领、铁砂锅，甚至门环、铁窗条子等。为实现全省“一亩耕地一头猪”的指标，兴大办畜牧场之风，将社员的猪、鸡、鸭无偿集中起来，办起生产队畜牧场。推行“粮食供给制，吃饭不要钱”的平均主义，提出“鼓足干劲生产，放开肚皮吃饭”。1958年10月，方林办起3个公共食堂，社员家拆掉锅灶，人人都去食堂吃饭。仅过1年左右的时间，公共食堂停办。

与“共产风”同时流行的是“浮夸风”。片面强调“人有多大胆，地有多大产”“不怕办不到，就怕想不到，只要能想到，一定能办到”等，搞亩产几千斤、上万斤的“卫星田”。为推行深度密植，种高产田，把十几亩晚稻苗拔尽并丘到一亩田。一到刮台风时，强令用竹帘、门板去护卫试验田；高温时组织社员用风车去扇稻田，结果是劳民伤财，颗粒无收。报纸、电台天天报道“高产”消息。推广农具“十条龙上天”，要求耕作、播种、插秧、收获、排灌、运输、畜牧、加工、养殖、炊事等10个方面用新式机械配套成龙，限期全面消灭老木犁、手插秧、小镰刀、老稻桶等。1958年，推广双铧犁，采用绞盘式牵引，十来个劳力绞盘绳索牵引双轮双铧犁深翻土地，称其“生土变熟土，胜过妇女吃猪肚”。推广拖拉机耕地，毁掉原有的田塍路。实行军事化管理，采取团、营、连、排建制，实施上工吹哨，吃饭打钟，开会吹喇叭等封闭式管理。群众生产情绪低落，出现“出勤不出力，干活磨洋工，吃饭听敲钟”“上工大蛇脱壳，下工猴子放索”的现象。

1959年4月，石曲生产大队改为石曲管理区，下辖方林生产队，设9个生产小队。1960年11月，中央发出《紧急指示信》（十二条），开始纠正平调风，清查退赔平调物资，明确生产小队是组织生产基层单位，生产队对小队实行“三包一奖四固定”（包产、包工、包成本到队，超产奖励，劳力、土地、耕畜、农具固定），允许社员经营少量自留地和小规模家庭副业。1961年6月，贯彻中共中央《关于农村人民公社工作条例（修正草案）》，调整社队规模。9—10月，石曲管理区改为石曲人民公社，方林生产队改为方林生产大队，生产小队改为生产队。生产队为基本核算单位，口粮分到户，恢复自留地，允许社员从事家庭副业。1962年，方林生产大队下辖9个生产队。1964年下半年，开展“农业学大寨”运动。1966年6月，“文化大革命”开始，取消自留地，推倒“三包一奖”和其他规章制度，实行政治评分，取代按劳分配，又一次挫伤社员生产积极性。1967年，生产队减至7个。1968年，粮食平均亩产降到464公斤，社员口粮减少。

第四节 联产承包责任制

生产责任制

1978年中共十一届三中全会以后，逐步推行联产承包责任制，恢复农民生产经营与分配交换自主权。翌年夏，部分生产队建立各种形式的生产责任制，具体有：分组承包，三定（定产、定工、定成本）一奖，全奖全赔；定额到田，分组操作，验收拨工，实行奖惩；包工到组，联产计酬等。1980年9月27日，中共中央下达《关于进一步加强和完善农业生产责任制的几个问题》，大队党支部、管委会认真贯彻，因地制宜，实行联产到劳、包干到劳、包干到户等生产责任制。1981年，进一步贯彻中共中央〔1980〕75号文件精神，遵循省委有关规定，联系大队实际情况，完善各业生产责任制，巩固和壮大集体经济。

包产到组（户）责任制

1982年1月，中共中央以1号文件的形式，批转《全国农村工作会议纪要》（简称《简要》）。《简要》指出，目前农村实行的“各种责任制，包括小段包工定额计酬，专业承包联产计酬，联产到劳，包产到户、到组，包干到户、到组等，都是社会主义集体经济的生产责任制”，要求各级领导“总结经验，统一认识，解决实际问题，使现行的农业生产责任制，包括农、林、牧、副、渔各业的责任制能够进一步完善起来”。《简要》下达后，干部群众逐步统一认识，大队党支部、管委会作出决定，实行专业承包联产计酬生产责任制。农业承包到队、组，不准变动，规定第二生产队承包到队，第一生产队、第三生产队、第四生产队均承包到4个组，第五生产队、第六生产队、第七生产队分别承包到3个组。粮食包产指标，本着积极可靠、留有余地的原则，以1979年、1980年、1981年3年平均单产为基数，确定粮食包产指标，全大队亩产定为850公斤，总产量为359.55吨，使社员有产可超，有利可得。承包经营须服从国家指导种植计划。承包土地每人0.3亩，其余面积按农业劳动底分落实。定工、定本，每50公斤粮食定4工，每50公斤粮食定本6元。

除保持一些集体经济外，粮田实行包产到户，家庭联产承包制形式基本稳固下来。

延长土地承包期限

1984年，根据《中共中央关于一九八四年农村工作的通知》精神，开展延长土地承包期续包工作。大田、柑橘从1985年冬种前至2000年冬种前截止。以户粮所在队（组）人口为准，超计划生育人口不予承包，五保户由集体照顾，户粮在队（组），经县劳动部门批准的正式集体职工，承包口粮田，不包任务田。9月15日，村委会与农户签订延长土地承包期限书面合同。至9月底，延长土地承包期限工作基本结束，245户农户签订书面合同，延长承包面积424.09亩，占承包面积总数的93.87%。

1996年3月，村里按照“稳制活田，三权分离”“自愿、依法、有偿”的原则，成立方林现代农业发展公司，村民以土地资产入股，村集体以资金和设备入股，利益按股分红。入股村民基本口粮按基分统一免费分配，若有红利，再按股分红，如公司下属花卉基地、葡萄种植业园和大棚蔬菜基地等。农业方面上缴规费（农业税、长潭水费），均由村负担，每个劳动力每年承担的义务劳动积累工15工，由各户自己负担等。

土地流转

2000年，粮食定购任务全面取消，农村劳动力的非农化进一步加快，农业逐步成为投资的新领域，土地流转的需求增大。2002年，农户承包地流转面积98亩，占全村实有耕地面积124.04亩的79.01%（表4-2、表4-3）。

表4-2　1984年路桥区石曲乡方林村延长土地承包（1985—2000年）轧差试算表

村民小组	户数/户	计算基数			续包时试算数/亩					原来承包土地面积/亩	轧算/亩		机动数安排/亩
		人口/人	口粮基分/分	劳动底分/分	口粮基分田		商品粮田		小计		划进	划出	
					每百基分	面积	每十底分	面积					
一	42	153	8281	611.8	0.703	58.25	0.225	13.79	72.04	74.20	9.716	11.876	
二	32	129	6428	463.6	0.740	47.27	0.437	20.29	67.56	69.73	7.900	10.070	2.17
三	36	119	6188	374.3	0.667	41.32	0.42	15.78	57.10	60.19	14.259	17.347	3.29
四	32	115	5866	405.1	0.650	38.12	0.495	20.09	58.16	60.84	12.810	15.490	3.45
五	26	94	4700	307.3	0.620	29.14	0.465	15.24	44.38	46.76	7.070	9.450	2.38
六	38	134	6954	465.8	0.660	45.89	0.265	12.37	58.26	68.53	4.429	14.699	9.93
七	39	155	7993	581.6	0.667	53.26	0.225	13.33	66.59	71.55	5.935	10.895	4.96

表4-3 1984年方林村村民土地续包（1985—2000年）明细表

组别	户名	计算基数			试算土地/亩			原承包土地/亩	轧算/亩	
		人口/人	口粮基分/分	劳动底分/分	基分田	商品粮田	小计		进	出
第一组	林仙根	6	383	27.8	2.69	0.63	3.32	2.943	0.377	
	林金国	3	144	10.0	1.01	0.23	1.24	1.100	0.140	
	林寿增	2	104	8.7	0.73	0.20	0.93	2.814		1.884
	林仙友	3	142	10.8	1.00	0.24	1.24		1.240	
	林仙敏	1	118	10.0	0.83	0.23	1.06		1.060	
	林国敏	1	100	10.0	0.70	0.23	0.93		0.930	
	林理忠	4	327	29.8	2.30	0.67	2.97	2.213	0.757	
	王天吉	4	190	11.9	1.34	0.27	1.61	1.568	0.042	
	王战永	3	144	11.3	1.01	0.25	1.26	1.592		0.332
	林仙法	3	201	11.6	1.41	0.26	1.67	2.579		0.909
	林仙增	3	110	8.7	0.78	0.20	0.98	2.153		1.173
	林美春	4	297	24.7	2.09	0.56	2.65	3.668		1.018
	林仙亮	6	294	20.0	2.07	0.45	2.52	2.886		0.366
	林显琳	3	140	11.9	1.03	0.27	1.30	0.990	0.310	
	林桂花	1	50		0.35		0.35		0.350	
	林仙冬	4	202	11.9	1.42	0.27	1.60	1.688	0.002	
	林仙德	5	287	24.3	2.02	0.55	2.57	2.162	0.408	
	林启华	4	227	20.6	1.60	0.46	2.06	2.652		0.592
	林启禄	5	205	10.0	1.44	0.23	1.67	1.932		0.262
	王法玉	5	327	25.2	2.30	0.57	2.87	3.823		0.953
	王小林	3	144	10.0	1.01	0.23	1.24	1.536		0.296
	王直根	5	256	30.6	1.80	0.24	2.04	3.037		0.997
	王美云	4	210	16.9	1.48	0.38	1.86	2.388		0.528
	王仙方	4	196	14.4	1.35	0.32	1.70	1.617	0.083	
	王仙春	4	186	11.3	1.31	0.25	1.56	1.313	2.470	
	王中桂	4	217	14.4	1.53	0.32	1.85	1.994		0.144
	王通富	8	274	10.4	1.93	0.32	2.25	3.010		0.760
	张士海	5	237	15.6	1.67	0.35	2.02	1.755	0.265	
	陈友清	4	321	30.0	2.27	0.68	2.95	3.351		0.401

（续）

组别	户名	计算基数			试算土地/亩			原承包土地/亩	轧算/亩	
		人口/人	口粮基分/分	劳动底分/分	基分田	商品粮田	小计		进	出
第一组	戴彩霞	3	144	11.3	1.01	0.25	1.26	0.970	0.290	
	戴桂生	4	226	19.4	1.59	0.44	2.03	1.970	0.060	
	戴学保	6	240	18.1	1.69	0.41	2.10	3.045		0.945
	戴学明	5	215	12.5	1.52	0.28	1.80	1.714	0.086	
	方崇基	5	239	14.9	0.96	0.34	1.30	2.536		1.236
	方孔良	3	146	11.9	1.38	0.27	1.65	2.040		0.390
	方孔志	3	144	11.3	1.38	0.25	1.63		1.630	
	王中茂	1	139	10.0	0.98	0.23	1.21	1.156	0.054	
	方建中	4	189	10.0	1.33	0.23	1.56	1.302	0.258	
	施通秀	3	164	10.0	1.15	0.23	1.38	1.260	0.120	
	严妙友	3	187	24.3	1.31	0.55	1.86	1.441	0.419	
	王海平	1	54	10.0	0.38	0.23	0.61		0.610	
	王银燕	1	50		0.35		0.35		0.350	
第二组	林启富	4	244	19.9	1.81	0.80	2.69	3.520		0.830
	林启美	4	189	13.1	1.40	0.57	1.97	1.910	0.060	
	林必跃	4	232	13.4	1.72	0.59	2.31	3.610		1.300
	林小春	4	188	11.3	1.39	0.49	1.88	2.110		0.230
	林启法	2	139	10.0	1.03	0.44	1.47	1.400	0.070	
	林启玉	5	217	13.1	1.61	0.57	2.18	3.380		1.800
	林启友	4	228	19.3	1.69	0.84	2.53	2.140	0.390	
	林必云	7	283	14.6	2.09	0.64	2.73	2.690	0.040	
	林　明	5	247	23.9	1.83	1.04	2.87	1.830	1.040	
	林必清	5	247	15.8	1.83	0.69	2.52	2.330	0.190	
	应娃玉	1	49		0.36		0.36	1.670		1.310
	林文友	6	302	19.4	2.24	0.85	3.09	3.260		0.170
	方孔华	1	54	10.0	0.4	0.44	0.84		0.840	
	方孔荣	3	144	11.3	0.92	0.49	1.41		1.410	
	方崇会	6	249	11.0	1.84	0.48	2.32	2.160	0.160	
	方孔寅	4	193	13.1	1.43	0.57	2.00	2.170		1.000

（续）

组别	户名	计算基数			试算土地/亩			原承包土地/亩	轧算/亩	
		人口/人	口粮基分/分	劳动底分/分	基分田	商品粮田	小计		进	出
第二组	方孔红	3	146	11.9	1.07	0.52	1.59	1.570	0.020	
	潘茂祥	2	103	8.7	0.76	0.38	1.14	0.750	0.390	
	林加贤	5	242	19.2	1.79	0.84	2.63	3.240		0.610
	林加友	4	207	12.5	1.53	0.55	2.08	1.750	0.330	
	蔡伍妹	5	261	16.6	1.83	0.73	2.66	3.620		0.960
	詹荣杰	4	333	25.3	2.46	1.11	3.57	2.840	0.730	
	詹明照	4	190	11.9	1.41	0.52	1.93	1.960		0.030
	詹照富	3	146	11.9	1.08	0.52	1.60	1.590	0.010	
	林小忠	4	216	20.0	1.6	0.87	2.47	1.880	0.590	
	林福庆	4	191	13.1	1.41	0.57	1.98	2.960		0.980
	林小根	6	331	26.1	2.45	1.14	3.59	3.750		0.160
	张华伦	5	234	12.5	1.73	0.55	2.28	3.130		0.850
	梁开禄	3	146	11.9	0.93	0.52	1.45	0.480	0.970	
	张华东	4	191	15.0	1.41	0.66	2.07	1.880	0.190	
	张茂德	5	232	17.8	1.72	0.79	2.51	3.280		1.270
	陈永江	1	54	10.0	0.40	0.44	0.84	0.370	0.470	
第三组	罗保桂	5	246	18.7	1.64	0.78	2.42	4.288		1.868
	王公正	4	201	10.2	1.34	0.43	1.77	2.315		0.505
	方道福	5	247	19.6	1.65	0.83	2.48	4.428		1.948
	方崇文	3	142	10.8	0.95	0.45	1.40	1.200	0.200	
	刘洋彬	2	103	7.8	0.69	0.32	1.01	3.237		2.227
	缪炳森	4	202	15.9	1.35	0.67	2.02	2.347		0.327
	缪济华	3	144	11.3	0.96	0.48	1.44		1.440	
	方仙华	5	332	29.1	2.21	1.22	3.43	2.858	0.572	
	方道昌	6	310	21.8	2.07	0.91	2.98	4.945		1.965
	方招学	8	398	30.8	2.66	1.29	3.95	3.175	0.775	
	李占国	4	189	13.1	1.26	0.55	1.81		1.810	
	缪能基	5	253	10.0	1.69	0.43	2.12	2.730		0.610
	施学清	5	208	15.0	1.39	0.63	2.02	3.927		1.907

（续）

组别	户名	计算基数			试算土地/亩			原承包土地/亩	轧算/亩	
		人口/人	口粮基分/分	劳动底分/分	基分田	商品粮田	小计		进	出
第三组	李正中	5	242	13.1	1.61	0.58	2.19	3.224		1.034
	罗二头	5	244	16.9	1.63	0.71	2.34	2.248	0.092	
	方谱福	2	101		0.67		0.67		0.670	
	方素秋	2	72		0.48		0.48		0.480	
	谢冬青	6	297	19.2	1.98	0.81	2.79	3.470		0.680
	方再妹	4	210	20.6	1.40	0.86	2.26	2.832		0.572
	周荷芳	5	237	11.3	1.58	0.48	2.06	1.449	0.611	
	谢香莲	1	50		0.34		0.34	2.565		2.225
	李建君	1	50		0.34		0.34		0.340	
	李丽君	1	50		0.34		0.34		0.340	
	陈连香	1	50		0.34		0.34	0.781		0.441
	缪济福	1	139	10.0	0.93	0.43	1.36		1.360	
	方道忠	4	299	29.1	1.99	1.53	3.22	2.527	0.693	
	吴秀芳	5	415	30.0	2.77	1.26	4.03	1.964	2.066	
	王荷芳	1	50		0.34		0.34		0.340	
	赵素清	5	205	10.0	1.37	0.43	1.80	2.169		0.369
	缪招玉	1	49		0.33		0.33		0.330	
	缪立亨	2	101		0.67		0.67		0.670	
	方德恕	2	101		0.46		0.67		0.670	
	方冬素	2	69		0.88		0.46		0.460	
	夏小莲	3	132		0.34		0.88	1.186		0.306
	缪叶青	1	50				0.34		0.340	
	缪仙法							0.325		0.325
第四组	谢春普	2	103	7.8	0.67	0.39	1.06		1.060	
	谢华仁	4	219	21.2	1.12	1.05	2.47	6.260		3.790
	谢华寿	3	146	10.0	0.95	0.50	1.45	1.100	0.350	
	管康传	1	54	9.8	0.35	0.49	0.84	1.270		0.430
	盛龙土	5	230	15.8	1.50	0.78	2.28	1.860	0.420	
	陈友根	2	104	8.4	0.68	0.42	1.10		1.100	

（续）

组别	户名	计算基数			试算土地/亩			原承包土地/亩	轧算/亩	
		人口/人	口粮基分/分	劳动底分/分	基分田	商品粮田	小计		进	出
第四组	陈法春	5	239	17.5	1.55	0.86	2.41	3.350		0.940
	方福崇	8	268	17.9	1.74	0.89	2.63	3.080		0.460
	方华良	4	137	9.8	0.89	0.49	1.38	1.620		0.240
	方四妹	4	207	18.7	1.35	0.93	2.28	2.040	0.240	
	方道河	4	299	29.4	1.94	1.45	3.39	1.530	1.860	
	方孔平	4	205	16.2	1.33	0.80	2.13	1.630	0.500	
	任小美	7	288	13.1	1.87	0.65	2.52	6.550		4.030
	张金飚	7	517	37.8	3.36	1.87	5.23	8.660		3.430
	张国民	3	139	10.4	0.90	0.51	1.41	2.000		0.590
	吴美云	3	55		0.36		0.36		0.360	
	徐贤忠	4	192	15.0	1.25	0.74	1.99	2.360		0.370
	徐贤德	3	162	16.2	1.05	0.80	1.85	2.360		0.510
	章云娥	2	50		0.33		0.33	0.580		0.250
	陈根土	5	356	28.4	2.31	1.41	3.72	2.060	1.660	
	方香珠	5	261	10.0	1.20	0.50	2.20	1.950	0.250	
	陈雪荷	2	189	10.0	1.23	0.50	1.73	1.270	0.460	
	蔡香琴	2	139	9.4	0.90	0.47	1.37	1.170	0.200	
	洪飚玉	1	49		0.32		0.32	0.380		0.060
	方杏琴	3	205	10.0	1.33	0.50	1.83	1.060	0.770	
	徐芦黛	2	99	0.50	0.64	0.25	0.89		0.890	
	郑迪生	2	177	1.53	1.15	0.26	1.91	0.340	1.570	
	潘福培	1	49		0.32		0.32	0.380		0.060
	詹彩琴	1	50		0.33		0.33	0.670		0.340
	林永福	5	188	1.41	1.22	0.70	1.10	1.500		0.400
	谢华德	4	191	1.25	1.24	0.62	1.86	1.520	0.340	
	施明品	7	299	1.54	1.94	0.76	2.70	2.290	0.410	
第五组	管人财	6	309	19.2	1.92	0.89	2.81	3.320		0.510
	方崇桂	4	199	17.2	1.23	0.8	2.03	3.670		1.640
	方孔素	3	144	10.0	0.89	0.47	1.36	1.320	0.040	

（续）

组别	户名	计算基数			试算土地/亩			原承包土地/亩	轧算/亩	
		人口/人	口粮基分/分	劳动底分/分	基分田	商品粮田	小计		进	出
第五组	曹宝玉	2	67	7.8	0.42	0.36	0.76	1.050		0.270
	曹建平	3	146	11.9	0.91	0.55	1.46	1.050	0.410	
	方普禄	4	189	12.5	1.17	0.58	1.75	1.680	0.070	
	方普胜	6	228	15.0	1.41	0.70	2.11	2.600		0.490
	罗仙德	6	311	28.6	2.30	1.33	3.63	2.350	1.280	
	方崇耕	4	286	26.4	1.77	1.23	3.00	1.750	1.250	
	方金法	4	191	10.0	1.18	0.47	1.65	2.990		1.340
	管人德	3	150	13.1	0.93	0.61	1.54	1.320	0.220	
	陈仙桂	3	214	16.6	1.33	0.77	2.10	2.140		0.040
	陈吉梦	4	184	12.1	1.13	0.56	1.69	1.690		
	陈友普	6	347	29.1	2.15	1.35	3.50	3.320	0.180	
	丁小民	5	242	14.4	1.50	0.67	2.17	3.400		1.230
	丁于民	4	194	10.0	1.20	0.47	1.67	2.710		1.040
	张仙坤	2	101		0.63		0.63	0.700		0.070
	金美玉	3	176	20.0	1.09	0.93	2.02	3.400		1.380
	方中华	7	249	10.0	1.54	0.47	2.01	2.450		0.440
	方孔正	1	54	9.9	0.34	0.46	0.80	1.750		0.950
	曹春香	4	138	10.0	0.86	0.47	1.33		1.330	
	罗香风	2	173	10.0	1.07	0.47	1.54	1.050	0.490	
	张坦禅	2	101		0.63		0.63		0.630	
	方崇贤	2	101	13.5	0.63	0.63	1.23	0.700	0.560	
	刘玉妹	1	49		0.30		0.30	0.350		0.050
	蔡玉英	3	99		0.61		0.61		0.610	
第六组	管康寿	7	386	28.7	2.55	0.76	3.31	3.052	0.258	
	管人法	3	146	11.9	0.96	0.32	1.28	1.350		0.070
	管人海	3	143	10.0	0.94	0.27	1.21	1.000	0.210	
	阮小妹	4	200	17.8	1.32	0.47	1.79	2.694		0.904
	陈友法	4	333	24.9	2.20	0.66	2.86	4.078		1.218
	陈才满	1	139	10.0	0.92	0.27	1.19	1.000	0.190	

（续）

组别	户名	计算基数			试算土地/亩			原承包土地/亩	轧算/亩	
		人口/人	口粮基分/分	劳动底分/分	基分田	商品粮田	小计		进	出
第六组	陈友江	5	197	10.0	1.30	0.27	1.57	2.694		1.124
	谢保玉	2	101	0.9	0.67	0.02	0.69	2.094		1.404
	谢菊琴	1	50		0.33		0.33		0.330	
	谢冬生	4	285	29.1	1.87	0.77	2.64	2.000	0.640	
	谢文华	4	225	23.1	1.49	0.61	2.10	1.700	0.400	
	方崇福	7	340	18.1	2.24	0.48	2.72	3.140		0.420
	陈招森	4	203	13.9	1.34	0.36	1.70	2.694		0.994
	郑冬春	5	259	16.3	1.71	0.43	2.14	2.195		0.055
	郑冬祥	4	195	11.9	1.30	0.33	1.63	1.833		0.203
	谢光煊	1	52	2.8	0.34	0.07	0.41	1.698		1.288
	谢美华	1	50		0.33		0.33		0.330	
	谢大志	4	185	15.6	1.22	0.41	1.63	2.694		0.764
	谢青华	3	152	14.4	1.00	0.38	1.38	1.347	0.330	
	谢永华	4	193	15.6	1.27	0.41	1.68	1.696		0.016
	方崇西	6	301	18.8	1.99	0.50	2.49	3.391		0.901
	方崇尧	4	216	13.7	1.42	0.35	1.77	2.568		0.798
	方金法	4	165	10.0	1.09	0.27	1.36	1.173	0.187	
	王兰凤	3	257	19.4	1.70	0.51	2.21	1.320	0.890	
	陈华金	2	107	15.6	0.71	0.41	1.12	0.699	0.421	
	阮普妹	4	186	10.0	1.23	0.27	1.50	1.700		0.200
	狄广志	7	299	13.7	1.97	0.36	2.33	3.440		1.110
	陈加江	5	221	10.8	1.33	0.29	1.62	1.700		0.080
	张梅头	5	299	29.3	1.97	0.78	2.75	3.060		0.310
	方普根	5	161	9.1	1.06	0.24	1.30	2.920		1.620
	方牟林	3	143	10.0	0.94	0.27	1.21	1.000	0.210	
	王妙寿	5	205	11.3	1.35	0.30	1.65	2.400		0.750
	王妙根	2	188	10.0	1.24	0.27	1.51	1.700		0.190
	方菊琴	3	143	25.0	0.94	0.07	1.01	1.050		0.040
	方菊冬	1	50		0.33		0.33		0.330	

（续）

组别	户名	计算基数			试算土地/亩			原承包土地/亩	轧算/亩	
		人口/人	口粮基分/分	劳动底分/分	基分田	商品粮田	小计		进	出
第六组	王小英	1	49		0.32		0.32	0.350		0.030
	陈秀云	2	99		0.65		0.65	0.750		0.100
	应再富	1	53	7.2	0.35	1.9	0.54	0.650		0.110
第七组	张　明	2	101	0.2	0.67		0.67	0.700		0.030
	张三玉	6	234	19.2	1.56	0.45	2.01	2.720		0.710
	方崇达	4	184	15.0	1.23	0.35	1.58	2.275		0.695
	方崇来	4	216	21.9	1.44	0.50	1.94	1.775	0.165	
	方崇及	4	190	11.9	1.27	0.28	1.55	1.775		0.225
	方崇河	4	178	10.4	1.12	0.24	1.36	1.775		0.415
	方道梅	2	101	1.6	0.67		0.67		0.670	
	阮春妹	3	103	10.0	0.69	0.24	0.93	1.750		0.820
	阮小秋	3	139	10.4	0.93	0.24	1.17	0.550	0.620	
	方小玉	5	446	38.3	0.98	0.88	3.86	3.000	0.860	
	罗永人	7	403	20.0	2.98	0.46	3.15	3.250		0.100
	李由法	4	251	26.1	1.67	0.60	2.27	1.600	0.670	
	张普海	5	233	18.1	1.55	0.42	1.97	1.750	0.220	
	阮小美	1	49		0.33		0.33	0.350		0.020
	张金海	2	139	10.0	0.93	0.24	1.17	0.860	0.310	
	谢文志	4	200	18.7	1.33	0.43	1.76	1.600	0.160	
	李书土	5	241	19.4	1.63	0.45	2.08	2.800		0.720
	李由仙	3	142	10.0	0.95	0.24	1.19	0.990	0.200	
	严美美	5	266	25.0	1.77	0.58	2.35	2.400		0.050
	严通河	4	227	18.7	1.51	0.43	1.94	2.400		0.460
	陈友波	1	53	5.9	0.35	0.13	0.48	1.200		0.720
	谢文元	4	190	16.2	1.27	0.38	1.65	1.600	0.050	
	王妙增	3	150	1.1	1.00	0.30	1.30	2.200		0.900
	王妙林	4	157	10.0	1.05	0.23	1.28	1.600		0.320
	谢启德	5	272	26.8	1.81	0.59	2.40	2.900		0.500
	阮小根	6	296	16.9	1.97	0.39	2.36	2.160	0.200	

（续）

组别	户名	计算基数			试算土地/亩			原承包土地/亩	轧算/亩	
		人口/人	口粮基分/分	劳动底分/分	基分田	商品粮田	小计		进	出
第七组	王小芹	2	104	10.0	0.69	0.19	0.88	1.050		0.170
	张小海	4	191	14.4	1.27	0.53	1.60	1.600		
	谢启林	5	334	28.4	2.23	0.66	2.89	2.500	0.390	
	陈友浪	6	253	18.7	1.69	0.43	2.12	3.000		0.880
	林书生	5	193	11.3	1.29	0.26	1.55	1.600		0.050
	林书池	6	301	14.4	2.01	0.33	2.34	3.350		1.010
	方崇富	1	54		0.36		0.36		0.360	
	方崇桃	4	188	14.4	1.25	0.33	1.58	2.300		0.720
	张华林	4	193	15.6	1.29	0.36	1.65	1.400	0.250	
	张华福	2	173	10.0	1.15	0.24	1.39	1.570		0.180
	陈永仁	4	225	13.1	1.50	0.30	1.80	2.300		0.500
	张亨林	7	366	19.6	2.40	0.45	2.85	2.450	0.460	
	陈友河	4	211	17.5	1.41	0.40	1.81	1.400	0.410	
	郑永福	1	52	0.4	0.35		0.35	0.700		0.550
	谢玉林							0.350		0.350

第五节　专业户与联合体

专业户

中共十一届三中全会的召开，特别是中共中央批转1981年12月的《全国农村工作会议纪要》以后，农村改革不断深入，家庭联产承包责任制逐步完善，农民生产积极性得到提高，农民的致富愿望得到激发。一部分有一技之长的农民积极从事某一项商品生产或经营活动，并逐步向专业化、集约化方向发展，涌现出一批农村专业户、科技示范户。

1983年，全村共有专业户11户，50人，固定财产20000元。全年专业户总收入46260元，其中农业收入7760元（均为粮食作物收入），牧业收入2000元，工副业收入16500元，其他收入20000元；费用6860元；净收入39400元，其中国家税金1200元（含农业税200元），提留200元（上缴）；结余38000元（人均760元）。

1984年，按黄岩县标准衡量，全村共有专业户33户，其中畜牧业3户（方道福、阮春妹、方道夏），运输业2户（李建国、张金海），建筑业1户（方孔寅），商业、饮食业、服务业2户（方招学、陈吉梦），其他行业25户。畜牧专业户方道福，生猪存栏30头，至1993年歇业；阮春妹养猪10头，1991年停养；方道夏养猪10头，历时5年。

1986年，全村有专业户3户，主要经营养鹅、木工业等，劳动力4人。其中罗宝桂养鹅，1个劳动力；金美玉养鹅，1个劳动力；陈友普木工，2个劳动力，从事建筑业。

1987年，全村专业户减少到2户，即罗宝桂、陈友普，仍分别从事养鹅、木工业，劳动力与上年相同。

1988年，村民罗宝贵仍坚持养鹅，成为全村唯一专业户，劳动力1人。

进入20世纪90年代，村民大多进厂开店，普遍从事工业、商贸服务业，对专业户不作专门统计。

联合体

实行农业联产承包责任制后，农户在自愿互利原则基础上联合而成的经济实体，突破原来按行政区划组合的人民公社、生产大队、生产队“三级所有”的地域性集体经济，是一种新的合作经济，形式多种多样。

1983年，有经济联合体6个，成员34户，劳动力34个。总收入金额35260元，按来源分，农业收入7760元（均为粮食作物收入），牧业500元，工副业收入17000元，其他收入10000元；费用7000元，其中生产费用6000元，其他费用1000元；净收入28260元，其中税金28260元（农业税200元），成员所得25060元（含按股分红350元），人均737元。

1984年，联合体主要经营运输、拆旧电机、小五金等业务，全村从业有60人，总收入25万元，其中费用支出15万元，纯收入10万元。纯收入中，国家税收1.25万元，提留3800元，分给个人8.37万元，人均1395元。

20世纪90年代至21世纪，村民生产经营多以个体为主，对经济联合体不作专门统计。

第二章　种养殖业

方林历来注重种养殖业，种植水稻、大麦等农作物，养殖生猪、牛、鸡、鸭等畜禽。1949年，粮食平均亩产217公斤。中华人民共和国成立后，完成农业社会主义改造，调动农民群众生产积极性，粮食生产得到发展。1963年，粮食亩产379公斤。1978年，粮食亩产862.5公斤，超过“双纲”（800公斤）。中共十一届三中全会后，坚持以农业为基础，贯彻执行“以粮为纲，全面发展，因地制宜，适当集中”的方针，采取一系列有效措施，抓好农业技术改造，发展农业生产力，使农、牧、副业都有一个较大发展。1991年，粮食亩产987.56公斤。进入21世纪，优化产业结构，发展现代农业，抓好花卉、葡萄等种植，粮食面积、亩产、总产量下降。2001年，粮食复种面积仅30亩，亩产409公斤；早稻、晚稻各15亩，亩产分别为350公斤、468公斤。此后，早、晚稻种植更少，仅种植玉米、蚕（豌）豆等作物。

第一节　粮食作物

粮食产出

历年来，境域是水稻生产地，品种有10余个，分早晚稻和八月稻。民国19年（1930年），方林村有余粮的地主多人，自给农民60余人，不能自给的农民500多人。20世纪50年代，间作稻改连作稻。1950年，平均粮食亩产246公斤，比1949年的217公斤提高13.36%。1951年283公斤，又比1950年提高15.04%。1952年在完成土地改革后，农户参加互助组，引进良种，推广种植绿肥，虽然受到水灾的影响，粮食单产仍达到296公斤。1957年，粮食亩产提前十年超过纲要规定，达到420公斤，比1949年增长93.5%。1964年，方林生产大队粮食平均亩产484公斤，接近千斤。“文化大革命”时期，粮食亩产由1967年的607.31公斤下降到1975年的502.75公斤。

20世纪70年代末，粮食生产回升。1978年，方林村耕地年亩产862.5公斤，超过“双纲”（800公斤）。1979年，倡导科学种田，提出大队、生产队粮食生产指标，超过指标奖励，粮食生产稳步发展。进入80年代，杂交水稻面积扩大，粮食亩产、总产量有所提高。1993年以后，粮食复种面积减少，总产量随之减少。2002年起，多种旱地粮食作物，如豆类、番薯、玉米、马铃薯等。

大麦 大麦亦称元麦，是春粮的主要作物。民国22年（1933年）黄岩县大麦亩产50公斤，1949年仅36.61公斤。20世纪50年代，方林村种植大麦50亩，亩产60余公斤。60年代，种植面积、产量有高有低。1963年，方林大队大麦种植面积56.3亩，亩产70.52公斤，总产量3.97吨。以后几年种植面积、总产量略降。1966年，种植面积减少较多，仅26.3亩，亩产63.12公斤，总产量1.66吨。1970年以后，重视冬种生产，引进二棱皮大麦，面积扩大，亩产除个别年份均超过100公斤。1978年，全大队种植面积上升至166亩，亩产164.34公斤，总产量27.28吨。1980年以后稳定在100多亩，亩产200公斤左右。1984年，面积189.7亩，亩产210.33公斤，总产量39.90吨。1985年，呈下滑态势，面积40.5亩，亩产198.77公斤，总产量8.05吨。1990年，大麦生产再次回升，种植面积79亩，亩产211.01公斤，总产量16.67吨。是年11月，路南街道办事处下达春粮种植计划，建立村冬种生产领导小组，管人财任组长，街道、村推出优惠措施，全村大麦种植面积160亩。翌年，大麦亩产190公斤，总产量30.40吨。1992年，大麦种植面积162亩，亩产230公斤，总产量37.26吨。1993—1995年，连续3年未种大麦。1996年，大麦种植面积24亩，亩产210公斤，总产量5.04吨。1997年，大麦种植面积23亩，亩产300公斤，总产量6.9吨。1998年起，不再种植大麦。

早稻 1961年，纠正平调风、浮夸风和生产瞎指挥风，落实“三级所有，队为基础”政策。1963年，方林大队早稻面积477.7亩，亩产216.75公斤，总产量103.54吨。1964年起，全面实行早稻品种矮秆化，有利于合理密植，早稻产量逐年提高。1967年，夏粮迎来一个丰收年，全大队早稻种植面积443.3亩，亩产320.70公斤，总产量142.17吨。此后，全大队夏粮种植面积稳定在440亩左右。1976年，早稻种植面积436.3亩，亩产297.81公斤，总产量129.94吨。此年后，早稻种植面积基本稳定，单位面积产量上升。1977年，早稻种植面积428.8亩，亩产359公斤，总产量153.94吨。1978年起，早稻亩产均在400公斤以上。1986年开始，由于受发展经济作物、建设增多等因素的影响，早稻种植面积在400亩以下。1991年，早稻种植面积382亩，亩产量475公斤，为1963年以来最高。1997年起早稻种植面积少于250亩，亩产量降至300多公斤。2000年，早稻种植面积130亩，亩产340公斤，总产量44.2吨。2001年，早稻种植面积仅15亩，亩产量350公斤，总产量5.25吨。

晚稻 1963年，方林大队晚稻种植面积483.4亩，亩产156.87公斤，总产量75.83吨。1964年，实行晚稻品种矮秆化，亩产219公斤。至1976年，秋粮种植面积稳定，除个别年份外亩产维持在200公斤左右。

1977年，晚稻种植面积464.4亩，亩产286.25公斤，总产量132.93吨。1978年，插种杂交晚稻，使晚稻亩产增加到398.93公斤。80年代，晚稻种植面积保持在400亩以上，除个别年份外，亩产量均在400公斤以上。1989年以后，晚稻种植面积降至400亩以下，1990年仅为386亩，1997年减少到264亩，但亩产均在400公斤以上。2000年，晚稻种植面积138亩，亩产420公斤，总产量57.96吨，其中杂交稻110亩，常规稻28亩。2001年，晚稻种植面积15亩，亩产量468公斤，总产量7.02吨。

豆类 包括大豆、蚕（豌）豆、杂豆等，属豆科、杂粮作物。大豆即夏秋大豆，俗称黄豆、毛豆；蚕（豌）豆蚕豆别名南豆、胡豆等，豌豆亦称青豆、荷兰豆等；杂豆有黑豆、绿豆等。种植历史较长，面积较少。2016年开始，豆类作物不再种植。

大豆。利用自留地、田头地角等种植。1984年，村民自营种植大豆20亩，亩产150公斤，总产量3吨。1985年起大豆种植面积下降，是年7亩，1986年4.85亩，1987年6亩，1988年2亩，亩产一般100～200公斤，以后一直栽种。2008年，种植大豆8亩，单产110公斤，总产量0.88吨。2012年，全村种植大豆9亩，亩产147公斤，总产量1.32吨。2015年，大豆种植减至5亩，亩产147公斤，总产量0.74吨。

蚕（豌）豆。别名南豆、胡豆等，豌豆亦称青豆、荷兰豆等。1992年，全村种植蚕（豌）豆面积30亩，亩产150公斤，总产量4.5吨。1995年，全村种植蚕（豌）豆面积5亩，亩产80公斤，总产量400公斤。1996—1997年，每年种植蚕（豌）豆面积42亩，亩产50公斤，总产量2.1吨。1998年，种植蚕（豌）豆面积35亩，亩产70公斤，总产量2.45吨。1999年，全村种植蚕（豌）豆面积42亩，亩产70公斤，总产量2.94吨。2000年，种植蚕（豌）豆面积40亩，亩产90公斤，总产量3.6吨。以后，全村蚕（豌）豆种植面积减少，2008年仅4亩，亩产105公斤，总产量0.42吨。2015年，全村蚕（豌）豆种植面积10亩，亩产168公斤，总产量1.68吨。

杂豆。2010年，全村种植杂豆3亩，亩产128公斤，总产量0.38吨。2012年，种植杂豆2亩，亩产129公斤，总产量0.26吨。2013—2015年，均种植杂豆2亩，亩产、总产量相同。

番薯 清代，引入甘薯，旱地由一年一熟变为麦薯两熟。品种以红皮白心、红皮黄心为主，食用之余，留作猪饲料。由于旱地少，种植不多。1985年，种植番薯6亩，亩产400公斤，总产量2.4吨。1986年，种植番薯2.23亩，亩产450公斤，总产量1.00吨。1987年，种植番薯面积3亩，亩产300公斤，总产量900公斤。1988年，栽种番薯1亩，亩产量450公斤。相隔数年后又种，2010年，种植番薯2亩，单产310公斤，总产量0.62吨。2011—2015年，每年均种植番薯2亩，单产、总产量基本相等。2016年起，不再种植番薯。

其他杂粮 有马铃薯、玉米、小米、高粱、荞麦等，以马铃薯、玉米为多。1985年，种植其他杂粮7亩，亩产425公斤，总产量3.0吨。1986年，种植其他杂粮3.9亩，亩产430公斤，总产量1.68吨。1987年，种植4亩，亩产400公斤，总产量1.6吨。以后也种各种杂粮，2009年，全村种植马铃薯3亩，亩产234公斤，总产量0.7吨。2010年，种植玉米、马铃薯各1亩，亩产分别为305公斤、230公斤。2012—2015年，每年种植马铃薯2亩，亩产均259公斤，总产量0.52吨。以后杂粮作物消失（表4-4）。

粮食分配

中华人民共和国成立后，粮食产量逐年提高。1953年10月16日，中共中央政治局讨论通过《关于实行粮食的计划收购与计划供应的决议》，提出“在农村征购、在城市配售”的方案，出台粮食统购统销政策。1955年，实行粮食“三定”（定产、定购、定销）政策。1961年起，贯彻落实“六十条”，生产队为基本核算单位，细化集体收入分配原则。方林大队每年制订的工作计划，都把粮食分配列为一项重要的工作内容，处理国家、集体、农民个人利益“三兼顾”的原则，安排征购任务、支援粮、种子、贮备粮、饲料、其他用粮等，确保社员基本口粮。1982年，实行粮食征购、销售、调拨包干“一定三年”的政策。是年，大队实行专业承包联产计酬生产责任制，承包到队、组。1984年，土地承包期延长续保。至此，不再分粮到户。1985年，中共中央、国务院决定，改粮食统购为合同定购。1992年年底，放开粮食价格，统购统销彻底退出历史舞台。

征购任务 征购任务通过公社进行分配，按队（基本核算单位）分别计算，分别征购。1958年，对粮食征购实行“一定五年，增产不增购”的包干政策。1961年、1963年征购任务几次调减，统购粮实行工业品奖售。1962年7月，每征购稻谷50公斤，国家返销“二八”（20%米皮糠，80%谷壳粉）统糠5公斤。1963年，县粮食局接收供销社议价粮油经营业务，收购落市粮。1964年早稻丰收，县粮食部门收购议价粮。1963—1965年，全大队完成粮食征购任务36～42吨。1966年实行“一定三年”政策，按上年度征购结算为基数，纠正社队负担轻重不均的问题，继续执行“以丰补歉”办法。1966年以后，全大队征购任务减少到30吨以下。1971年实行“一定五年”政策，贯彻合理负担

表4-4 1963—2001年方林大队（村）主要粮食作物播种面积产量

年份	粮食复种合计			大麦			早稻			晚稻			其中杂交稻			粮食耕田面积及每亩平均年产量	
	面积/亩	亩产/公斤	总产/吨	面积/亩	亩产/公斤	总产/吨	面积/亩	亩产/公斤	总产/吨	面积/亩	亩产/公斤	总产/吨	面积/亩	亩产/公斤	总产/吨	粮田面积/亩	亩均年产量/公斤
1963	1017.4	180.15	183.28	56.3	70.52	3.97	477.7	216.75	103.48	483.4	156.87	75.83				483.8	378.83
1964	959.8	233.05	223.68	52.5	68.95	3.62	445.3	267.59	119.16	462.0	218.40	100.90				463.4	482.69
1965	942.2	217.05	204.50	43.0	87.91	3.78	439.5	298.24	131.07	459.7	151.52	69.65				449.8	454.65
1966	920.1	257.03	236.49	26.3	63.12	1.66	433.8	310.04	134.49	460.0	218.14	100.34				451.7	523.56
1967	979.5	285.15	279.30	70.3	83.83	5.89	443.3	320.70	142.17	465.9	281.69	131.24				459.9	607.31
1968	976.5	217.18	212.08	30.1	122.03	3.67	476.2	246.33	117.13	470.2	194.14	91.28				457.8	463.26
1969	950.7	234.10	222.56	39.7	85.04	3.38	440.5	308.70	135.98	470.5	176.83	83.20				456.3	487.75
1970	950.2	292.55	277.98	36.7	83.02	3.05	439.8	344.06	151.32	473.7	260.94	123.61				456.8	608.54
1971	977.1	241.52	235.99	56.8	105.20	5.98	447.4	292.95	131.07	472.9	209.22	98.94				457.8	515.49
1972	1011.9	268.54	271.74	94.3	117.79	11.11	446.8	351.14	156.89	470.8	220.35	103.74				469.2	579.16
1973	1044.3	256.76	268.13	134.5	67.37	9.06	445.7	290.97	129.69	464.1	278.77	129.38				469.2	571.46
1974	1047.2	237.75	248.97	133.0	139.02	18.49	445.0	319.24	142.06	469.2	188.44	88.42				467.8	532.21
1975	965.8	238.41	230.26	58.5	69.88	4.09	437.5	316.32	138.39	469.8	186.85	87.78				458.0	502.75
1976	1022.0	250.68	256.19	117.0	120.24	14.07	436.3	297.81	129.94	468.7	239.34	112.18				453.1	565.42
1977	1031.7	291.46	300.70	138.5	100.00	13.85	428.8	359.00	153.94	464.4	286.19	132.91				445.0	675.43
1978	1047.3	362.89	380.05	166.0	164.34	27.28	431.5	401.69	173.33	449.8	398.93	179.44	120.0	421.20	50.54	440.7	862.38
1979	929.7	432.90	402.47	76.8	190.00	14.59	420.0	416.88	175.09	432.9	491.55	212.79				403.6	997.20
1980	1038.0	382.63	397.17	238.0	177.65	42.28	392.0	452.00	177.17	408.0	435.50	177.72				400.0	992.93
1981	975.7	342.04	333.73	127.7	147.77	18.86	419.0	422.84	177.17	429.0	320.97	137.70				424.0	787.10
1982	964.5	395.70	381.65	116.5	184.55	21.55	419.0	412.41	172.80	429.0	436.60	187.30	230.7	449.94	103.80	424.0	900.12
1983	968.0	391.68	379.15	115.0	202.61	23.30	424.0	395.05	167.50	429.0	439.04	188.35	234.8	449.96	105.60	429.0	883.80

（续）

年份	粮食复种合计			大麦			早稻			晚稻			其中杂交稻			粮食耕田面积及每亩平均年产量	
	面积/亩	亩产/公斤	总产/吨	面积/亩	亩产/公斤	总产/吨	面积/亩	亩产/公斤	总产/吨	面积/亩	亩产/公斤	总产/吨	面积/亩	亩产/公斤	总产/吨	粮田面积/亩	亩均年产量/公斤
1984	1045.7	402.41	420.80	189.7	210.33	39.90	425.0	450.00	191.25	431.0	440.02	189.65	336.0	450.00	151.12	429.0	980.89
1985	896.5	403.23	361.50	40.5	198.77	8.05	425.0	426.00	181.05	431.0	400.00	172.40	300.0	425.00	127.50	428.0	844.63
1986	799.0	430.13	343.67	7.0	202.00	1.41	376.0	450.00	169.20	416.0	416.00	173.06	362.5	425.00	154.06	396.0	867.85
1987	797.0	426.21	339.69	3.0	200.00	0.60	374.0	435.00	162.69	420.0	420.00	176.40	317.0	430.00	136.31	386.7	878.43
1988	821.0	412.35	338.54	9.0	180.00	1.62	392.0	372.00	145.82	420.0	455.00	191.10	315.0			410.0	825.71
1989	785.0	380.74	298.88	5.0	220.00	1.10	380.0	371.00	140.98	400.0	392.00	156.80				400.0	747.20
1990	845.0	372.92	315.12	79.0	211.01	16.67	380.0	379.00	144.00	386.0	400.13	154.45				395.8	796.16
1991	927.0	423.79	392.85	160.0	190.00	30.40	382.0	475.00	181.50	385.0	470.00	180.95	270.0	485.00	130.95	397.8	987.56
1992	924.0	411.90	380.60	162.0	230.00	37.26	380.0	431.00	163.80	382.0	470.00	179.54	267.0	470.00	125.49	387.0	983.46
1993	715.0	423.85	303.05				340.0	375.00	134.30	375.0	450.00	168.75	285.0	465.00	132.53	356.0	851.26
1994	715.5	433.96	310.50				338.5	425.00	143.86	377.0	442.01	166.64	264.0			374.0	830.21
1995	701.0	447.87	313.96				327.0	425.99	139.30	374.0	467.01	174.66	262.0			360.0	872.11
1996	671.0	454.66	305.08	24.0	210.00	5.04	307.0	450.00	138.20	340.0	476.00	161.84	238.0	502.00	119.48	323.0	944.52
1997	520.0	420.85	218.84	23.0	300.00	6.90	233.0	445.00	103.70	264.0	410.00	108.24	193.0			260.0	841.69
1998	465.0	408.80	190.09				220.0	315.00	69.30	245.0	493.00	120.79	184.0	500.00	92.00	243.0	782.26
1999	461.0	387.31	178.55				218.0	325.00	70.90	243.0	443.00	107.65	174.0			241.0	740.87
2000	268.0	381.19	102.16				130.0	340.00	44.20	138.0	420.00	57.96	110.0			131.0	779.85
2001	30.0	409.00	12.27				15.0	350.00	5.25	15.0	468.00	7.02				94.0	130.53

注：粮食复种合计不包括豆类、番薯、其他杂粮等。

和不购过头粮原则，规定余粮队在正常年景下起购标准。1977年，除夏季完成征购任务26.47吨外，还增购加价、议价粮4.78吨。以后每年有增，1981年为41.49吨。1963—1981年，全大队共完成征购任务619.57吨。1982年1月征购、销售、调拨包干“一定三年”政策。全面推行家庭联产承包责任制后，按征购基数，生产队落实给承包户，承包户按量向国家交售粮食。1983年，全大队交售征购粮43.20吨，其中征粮39.82吨。1990年，全村交售粮食31.57吨。

支援粮 粮食丰产后，不定期提供歉收地方适当粮食，称之为支援粮。1964年外调支援粮1.10吨，1967年0.52吨。1970—1973年连年出粮，每年在1吨以上，1973年为4.19吨。1976年1.10吨。以后再未出支援粮。

种子 种子是搞好农业生产的重要一环，粮食分配中必须留足。60年代初，按粮田面积大体上每亩留种15公斤。以后，留种增多。1975年，留种15.10吨。1977年，每亩留种35公斤，共17.55吨。1979年，各生产队每亩留种40多公斤。

贮备粮 主要用作社会救济和其他各项用途。60年代初，建仓储谷后，形成一套比较完备的管理制度，尽可能减少因管理不善造成的损失，粮食专储专用，以应付灾害，加强救荒能力。1964年为4.43吨，1969年为5.08吨，1970—1973年储粮5吨上下，1974年起有所减少，1976年始增加，1980年为7.33吨。1963—1980年，共贮备粮食81.8吨。

饲料 饲料分集体留用、分给社员两部分，做到以头定量，粮食到场，畜粮畜吃，不得挪用。分给社员部分除按牲畜头数外，还包括所投各种肥料所得粮食。1963—1964年每年留饲料粮4吨以上，均分社员。1965年，社员无饲料粮；1966年起，多数年份留得较多，集体、社员按比例分给。1970年分给社员25.08吨，占饲料粮总数的98.05%。1973年、1974年社员也如数分到饲料粮。由于集体牧场的兴办，1971—1972年、1975—1976年，社员均未分得饲料粮。此后，社员分到较多饲料粮。1979年1月1日起，规定出售毛猪每公斤发给稻谷票1.3公斤，白肉每公斤发给稻谷票2公斤；母猪生一胎发给稻谷票30公斤，仔猪出售每只给5公斤稻谷票。1979年分配饲料粮65.19吨，1981年为39.93吨。

其他用粮 1965年留存较少，其他年份均有一定数量。1963年其他用粮为7.79吨，1966年为8.43吨，1974年为11.56吨。1980年其他用粮为77.17吨，全部出售市场。

社员口粮 社员口粮按基分、劳动工分、投肥、照顾粮等一定比例分配，通常情况基分占75%～79%，劳动工分占15%～19%，投肥占5%左右，照顾粮占0.05%左右，水平高低取决于粮食生产发展水平和国家有关政策。1963年，社员口粮总数121.57吨，平均每人187.61公斤。随着粮食产量的上升，社员口粮水平逐年稳定。1967年为279.79公斤。

进入20世纪70年代后，口粮按基分80%、劳肥20%分配，劳肥中又按劳动80%、投肥20%分配；每一基分不超过5公斤，栏肥每元0.25公斤，家肥每元2公斤。若有余，再按国家30%、集体30%、劳动工分30%、基分10%分配。1970年人均口粮266.63公斤，1978年为298.72公斤，1981年为212.19公斤。实行联产承包责任制后，口粮则由社员个人自己掌握。

1990年，进一步重视粮食生产，全村人均口粮为290公斤。1994年，人均口粮325公斤。1996年土地入股后，村民口粮由村统一发放。是年，全村人均吃粮306公斤。1998年，全村发放村民口粮187.41吨，按分粮人口891人分，每人平均年吃粮210.33公斤。1999年，全村村民口粮发放188.70吨，按896人分，每人平均年吃粮210.6公斤。

2000年，全村按分粮人口发放口粮189.40吨，人均吃粮210.65公斤。2005年，发放口粮199.24吨，人均吃粮208.5公斤。2010年，发放口粮209.21吨，人均吃粮205.5公斤。2015年，发放口粮217.49吨，人均吃粮205.96公斤。2020年，发放口粮218.43吨，人均吃粮214公斤（表4-5）。

表4-5　1963—1981年石曲公社方林大队粮食分配情况

年份	分配人数/人	分配总量/吨	国家征购/吨	支援粮/吨	种子/吨	贮备粮/吨	饲料/吨			其他用（留）粮/吨	社员口粮	
							总数	集体留用	分给社员		总数/吨	每人/公斤
1963	648	183.28	41.63		7.88	0.11	4.30		4.30	7.79	121.57	187.61
1964	674	223.68	40.13	1.10	8.40	4.43	4.18		4.18	6.10	159.34	236.41
1965	684	204.50	36.72		12.32	3.58	21.03	21.03		0.69	130.16	190.29
1966	699	236.49	26.73		12.06	4.70	23.35	14.12	9.23	8.43	161.22	230.64
1967	701	279.30	28.83	0.52	14.23	5.84	34.11	20.66	13.45		195.77	279.27
1968	716	212.08	29.12		11.92	3.94	31.22	25.10	6.12		135.88	189.78
1969	726	222.56	28.95		12.01	5.08	30.83		30.83	5.51	140.18	193.09
1970	742	277.98	28.80	1.05	14.01	5.55	25.58	0.50	25.08	5.15	197.84	266.63
1971	746	235.99	29.61	1.94	13.16	4.80	28.25	28.25		4.45	153.78	206.14
1972	765	271.74	29.89	1.35	13.08	4.80	28.98	28.98		7.21	186.43	243.70
1973	777	268.13	28.75	4.19	14.55	4.50	26.27	0.17	26.10	9.77	180.10	231.79
1974	789	248.97	28.50		14.02	2.54	23.61		23.61	11.56	168.74	213.87
1975	809	230.26	27.05		15.10	1.83	20.47	20.47		8.99	156.82	193.84
1976	827	256.19	26.49	1.10	12.44	4.18	15.67	15.67		6.74	189.57	229.23

（续）

年份	分配人数/人	分配总量/吨	国家征购/吨	支援粮/吨	种子/吨	贮备粮/吨	饲料/吨			其他用（留）粮/吨	社员口粮	
							总数	集体留用	分给社员		总数/吨	每人/公斤
1977	846	300.71	31.25		17.55	6.44	25.78	4.31	21.47	7.53	212.16	250.78
1978	854	380.05	36.00		19.38	7.51	34.28	4.01	30.27	27.77	255.11	298.72
1979	849	402.47	39.72		15.77	4.64	65.19		65.19	49.14	228.01	268.56
1980	850	397.17	39.91		16.07	7.33	44.82		44.82	77.17	211.87	249.26
1981	872	333.73	41.49		15.11	0.00	39.93		39.93	52.17	185.03	212.19

第二节　经济作物

油菜

油菜属于春花作物的主要品种，历来就有种植，旧时通常作点灯用油。早期栽种白菜型油菜，20世纪50年代后期改种甘蓝型油菜。1977年，执行油菜籽收购“奖粮奖肥”政策，调动多种多结油菜籽的积极性。是年后，推广成熟期较早的甘蓝型号九二油菜。1979年，全大队种植油菜110.70亩，亩产59.35公斤，总产量6.57吨。7个生产队中，第六、第七生产队分别种24亩，其他各生产队种12～14亩。亩产第二、第五生产队较高，分别为70.36公斤、71.21公斤，其他生产队为45～70公斤。此后，农村改革开放，调整产业结构，发展商品经济，油菜经济效益较低，种植面积逐年减少。1980年全大队种植油菜30亩，1981年为42.6亩。1982年取消油菜籽奖粮奖肥政策，是年仅种1亩。

蔬菜

历来蔬菜品种多样。据记载，宋代黄岩县有蔬菜16类48种，明代有蔬菜31类63种：芥菜、白菜、菠菜、蒿菜、荠菜、韭菜、胡荽（香菜）、蕨、葱、莴苣、芸薹、甜菜、笋、薤（藠，荞头）、苋、大蒜、姜、萝卜（红萝卜）、木耳、瓜类、溪苔、紫菜、海藻、芋、茄、紫苏、莳药（山药）、天茄、茭手（茭白，茭笋）、荸荠、豆类。民国35年（1946年）6月，县内引进美国蔬菜种，发放各地试种，主要有洋葱、恭菜（莙菜）、花椰菜、芹菜、胡萝卜、甘蓝、甜豌豆和甜玉米。50年代，村民利用房前屋后、田头地角零星种植，仅供家常吃。1959—1961年，普遍出现粮食困难，社员响应政府号召，多种蔬菜，以瓜菜代粮。1962年后，粮食情况好转，蔬菜面积减少。1977年开始，学习苏南先进经验，冬季稻田扩种大麦，种菜面积又有下降。1980—1988年，每年仅种蔬菜11～18亩。

随着产业结构调整，粮食面积减少，蔬菜面积迅速扩大。1989年种植蔬菜70亩，亩产1000公斤，总产量70吨。1990年，种植蔬菜101亩，亩产量802公斤，总产量81.0吨。90年代除1999年42亩外，其余每年70～125亩不等；亩产1994年813.39公斤，1999年3700公斤；总产量1994年85吨，1998年273.9吨。此后粮食面积减少，蔬菜复种面积增加。2000年蔬菜种植面积210亩，亩产3102公斤，总产量651.42吨。2001年蔬菜种植面积410亩，亩产3509.76公斤，总产量1439吨。2002年蔬菜种植面积402亩，亩产1750公斤，总产量703.5吨，每吨863.63元，共收入60.76万元。

耕地减少后，蔬菜种植面积逐年下降。2008年，全村种植蔬菜16亩，亩产1500公斤，总产量24吨。2009年，种植面积7亩，亩产1600公斤，总产11吨。2010—2012年年，未有蔬菜上市。2013年、2014年，均种植蔬菜11亩，亩产、总产量各为1784公斤、20吨。此后，坚持蔬菜生产，做到不荒田地。2018年，栽种蔬菜15亩，亩产1998公斤，总产量29.97吨。2019年种植面积上升，达到36亩，亩产1998公斤，总产量71.93吨（表4-6）。

食用菌

食用菌是指子实体硕大、可供食用的蕈菌（大型真菌），通称为蘑菇。进入20世纪90年代，光靠几亩粮田难以提高农民的经济效益，必须因地制宜发展多种经营。1995年，村委会从有关方面获悉商机后，组织力量，设置棚屋，准备工具，着手开展食用菌生产，培育金针菇、蘑菇、平菇和其他食用菌。当年共收获3950公斤，其中金针菇2000袋，每袋0.4公斤，总产量800公斤；蘑菇2000平方尺，每平方尺0.6公斤，总产量1200公斤；平菇130平方米，每平方米15公斤，总产量1950公斤。1996年，食用菌总产量7398公斤，比上年增长87.29%。其中金针菇3000袋，每袋0.4公斤，总产量1200公斤；蘑菇330平方尺，每平方尺0.6公斤，总产量198公斤；平菇400平方米，每平方米15公斤，总产量6000公斤。1998年，仅培育其他食用菌，产量共2000公斤。

水果

鉴于地少又无山，水果栽种甚少。1984年，延长土地承包责任制后，村党支部、村委会因势利导，带领村民发展水果生产，柑橘等面积逐年增多。1989年1月1日制订的村全年工作目标提出，保护村民常年生果树、果木，严禁采摘果子，偷摘一个罚款5元。

表4-6　2001年蔬菜生产情况一览表

	蔬菜合计		叶菜类		其中											
					菠菜		芹菜		大白菜		小白菜		青菜		菜花、包菜	
	面积/亩	总产量/吨	面积/亩	产量/吨	面积/亩	产量/吨	面积/亩	产量/吨	面积/亩	产量/吨	面积/亩	产量/吨	面积/亩	产量/吨	面积/亩	产量/吨
合计	410	1439	313	1196	2	7	1	3	5	18	5	18	200	800	100	350

	瓜菜类		其中								块根、块茎类		其中			
			黄瓜		冬瓜		南瓜		丝瓜				萝卜		马铃薯	
	面积/亩	产量/吨	面积/亩	产量/吨	面积/亩	产量/吨	面积/亩	产量/吨	面积/亩	产量/吨	面积/亩	产量/吨	面积/亩	产量/吨	面积/亩	产量/吨
合计	26	52	5	10	10	30	1	2	10	10	20	70	20	70		

	茄果菜类		其中				葱蒜类		其中		菜用豆类		其中		其他蔬菜	
			茄子		西红柿				大葱				四季豆			
	面积/亩	产量/吨	面积/亩	产量/吨	面积/亩	产量/吨	面积/亩	产量/吨	面积/亩	产量/吨	面积/亩	产量/吨	面积/亩	产量/吨	面积/亩	产量/吨
合计	31	73	20	40	11	33	5	7.5	5	7.5	10	20	10	20	5	21

柑橘 1984年开始，发展柑橘生产，新栽面积6.3亩。1985年，新增柑橘种植面积8.5亩。1986年，全村柑橘种植面积增加到26.7亩。除第六村民小组、第七村民小组，其他村民小组均有栽种，第四村民小组1.2亩，第五村民小组10亩，第一村民小组、第二村民小组、第三村民小组分别为5.5亩、5亩、5亩。此后，面积不变。

1988年开始，果子部分采摘。以后采摘面积、产量逐年增多。1989年，采摘5亩，产量2吨。1992年，采摘14亩，产量20.3吨。1993年起，全面采摘，产量27吨。1994—1997年，采摘数量均在45吨以上，接近50吨。后明显下降，2000年收获数量27吨。2001年收获12.5吨。2002年，仅收获1.3吨，每吨1868.22元，共2428.70元。

葡萄 （详见本章第三节葡萄种植）。

甘蔗

甘蔗俗称糖梗，宋代县内头陀亢山有种植，到民国中期都作果蔗。红白两个品种，红糖梗茎粗，味甜，含糖量稍高；白糖梗茎细，味清甘。普遍种植始于70年代，沿海地区形成食糖原料生产基地。1978年，金清糖厂建立，甘蔗有了销路。1984年，社员自营种植甘蔗5亩，亩产量1500公斤，总产量7.5吨。此后，逐步调整产业结构，糖蔗收购价格偏低，栽种面积下降。1985—1988年，全村栽种甘蔗2～3亩，亩产量3000～3500公斤，总产量7～10吨。1990—1992年，分别种1～3亩，亩产2000公斤、4000公斤，高低不一。此后仅1996年、1997年分别种2亩，亩产同为3500公斤，总产量各为7吨。

瓜类

方林历来有种植西瓜的传统。20世纪80年代中期，种植以西瓜为主，少量其他瓜类。1986年，第一村民小组种植西瓜0.4亩。以后种植面积逐年增加。1995年种植面积13亩，1998年西瓜种植面积增加到23亩，产量也有一定提高。2001年，西瓜种植面积10亩，亩产2520公斤，总产25.20吨；其他瓜类5亩，亩产1260公斤，总产量6.3吨。

络麻

络麻学名黄麻，属椴树科，为一年生草本植物。旧时农户种络麻，用来手工织布。一般4月播种，9月底收割。其纤维蛋白有光泽，吸湿性好，散水快，用途广泛。历来部分农户种植络麻。1979年，第二生产队社员在自留地上种植络麻，产量50公斤。1980年，第一生产队社员也在自留地上种植络麻，总产量45公斤，其中第一生产队社员15公斤，第二生产队社员30公斤。络麻收割后，一般浸放在河中，经半个月，再捞上退浆、晒干，变成白色麻丝。由于络麻种植费工费时，收效亦低廉，以后一直未种。

棉花

20世纪80年代末、90年代初，村民种过少量棉花。1988年、1992年，各种植2亩，亩产、总产量均同，亩产250公斤，总产量500公斤。由于气候方面的因素，难以全面扩种。

花卉

村居向来喜欢在庭前院后栽种零星花木，主要用来美化环境，无经济效益。1998年1月7日，黄岩区农民王训丙、朱荷娇夫妇与方林村委会签订协议书，承租耕田15亩，用来种植百余种花木，年收入10多万元。

1999年11月6日，方林村与黄岩区城关实验农场合作创办台州市方林实验花场。11月12日，台州市路桥方林花卉有限公司组建成立，投入42万元。详细内容见第八编第二章第三节集团公司管理体制。

2000—2002年，花卉种植面积均为25亩（图4-1）。2000年，花木基地投入28万余。2002年，苗木出售产值30万元。

图4-1 小学生在花卉苗木基地参观（2000年）

绿肥

提供作物肥源和培肥土壤的作物，以紫云英为主，少量黄花草，多用耕翻办法压入土中，亦可在收割后用作堆肥原料。家庭联产承包责任制实施前，部分绿肥作物分给农户用作牲畜饲料，计入集体经济。绿肥面积与冬种生产重视程度或与种植大麦多少有关。20世纪50年代，冬种面积100亩左右，绿肥播种200多亩。60年代，绿肥面积略有减少。70年代以后，重视冬种生产。1977年，绿肥播种250亩（其中黄花草17亩），此后，每年绿肥面积稳定在150 ~ 220亩。1984年后，大麦种植面积减少。1985—1986年，年绿肥增至427.8亩。1987年起，绿肥均在300亩以上。1990—1991年，大麦增种，绿肥下降。1993年，大麦种植面积上升至300多亩。1995年后，绿肥逐年减少，直至2002年仅15亩。

其他作物

1980年，全大队种植其他作物24.71亩，其中席草1亩。1985年，种植其他作物20.3亩。1992年，种植其他作物24亩。1993年，种植其他作物20亩。1998年，种植其他作物53.5亩。1999年，种植其他作物15亩。2001年，种植其他作物35亩。2002年，种植其他作物105亩。

1979—2002年方林大队（村）经济作物播种面积和总产量见表4-7。

第三节　葡萄种植

20世纪70年代前，多为庭院零星种植，为自给性果品，数量不多。1986年后，逐步引进葡萄优良品种，各地开始普遍种植。1988年，全村栽培葡萄2亩，产量100公斤。1989—1990年，栽培面积仍为2亩，产量分别为1000公斤和500公斤。

1998年，建立村农业示范园区，集中农户耕地，发展立体高效农业，使农业增效农民增收。是年，村里决定发展葡萄生产。方林村村委会（甲方）与路桥区胡田施村施通春（乙方）、施招良（丙方）多次协商，达成一致，于2月13日签订组建方林村通春葡萄种植园股份公司协议书。村委会代表管人财与施通春、施招良分别在协议上签字。协议商定，甲方无偿提供土地54亩使用权，占股份1/3，负责筹集经营奖励资金；乙方以技术及新申请注册“通春”商标入股，负责经营技术，占股份1/3；丙方负责日常经营生产，占股份1/3。股份合作期限15年，其间内的盈亏按所定股份分摊。资金的贷款利息甲方摊付70%，乙方、丙方摊付30%。在生产经营中，果品收益后要逐年提取相应比例的资金还贷，直至还清为止。若果园被圈入上级用地规划，应无条件服从，所获赔偿费，按股份的比例分摊。由甲方出任出纳，乙方、丙方出任一名会计。经营所用的水、电费用甲方负担50%，乙方、丙方负担50%，生活用水、电费自负。

签约后2年内，公司效益不高，甚至出现亏损，内部还产生一定矛盾，对葡萄园生产带来严重影响。鉴于此，路桥区胡田施村施通春提出退股要求。2000年4月5日，原甲方方林村村委会（甲方）与施通春（乙方）签订葡萄园退股协议书。1998年2月13日签订的“关于组建台州市路桥区路南街道办事处方林村通春葡萄股份公司协议书”同时作废。新协议商定，乙方自愿退出股份，但不承担亏损费；乙方退出股份由甲方收回，甲方一次性付给乙方工资及股份补贴费1万元。甲方代表林文德与施通春分别签字，监

表4-7　1979—2002年方林大队（村）经济作物播种面积和总产量

年份	总面积/亩	油菜籽		蔬菜		柑橘		甘蔗		瓜类		络麻		棉花		绿肥面积/亩	其他作物面积/亩
		面积/亩	总产量/吨	面积/亩	总产量/吨	面积/亩	总产量/吨	面积/亩	总产量/吨	面积/亩	总产量/吨	面积/亩	总产量/吨	面积/亩	总产量/吨		
1979		111.0	6.60									0.12	0.0050				
1980		30.0	2.40	17.0								0.10	0.0045			140.0	24.71
1981		42.6	2.90														
1982		1.0	0.09	28.0												178.0	
1983				23.3												215.0	
1984				16.8				5.0	7.5							210.0	
1985				26.9				3.0	9.0							427.8	20.30
1986				13.6		26.7	0.30	2.3	6.9	0.4						427.8	
1987				12.3		26.7	0.50	3.0	10.5	1.5	6.00					360.0	
1988				11.4	11.40	27.0	0.70	2.0	7.0					2	0.5	383.0	
1989				70.0	70.00	27.0	2.00									375.0	
1990				101.0	81.00	27.0	5.40	1.0	4.0							289.0	
1991				86.0	107.50	27.0	27.00	1.0	2.0							237.0	
1992				86.0	86.00	27.0	20.30	3.0	6.0	4.0	6.00			2	0.5	194.0	24.00
1993	148.0			121.0	121.00	27.0	27.00									350.0	20.00
1994	470.5			104.5	85.05	27.0	49.95									339.0	
1995				85.0	212.50	27.0	48.60			13.0	39.00					337.0	
1996				74.0	192.40	27.0	49.00	2.0	7.0	7.0	19.20					234.0	
1997				81.0	226.80	27.0	49.00	2.0	7.0	18.0	41.40					165.0	
1998				83.0	273.90	27.0	29.70			23.0	34.50					217.0	53.50
1999				42.0	155.40	27.0	27.00			27.0	27.00					153.0	15.00
2000				210.0	662.42	27.0	27.00			27.0	27.00					99.0	
2001				410.0	1439.00	27.0	12.50			27.0	12.50					70.0	35.00
2002				402.0	703.50	27.0	1.30			27.0	1.30					15.0	105.00

证机关为路南街道办事处。

同日，方林村（甲方）与施招良（乙方）重新签订关于组建路桥区路南街道方林村葡萄园股份合作协议书。甲方代表林文德与施招良分别在协议上签字，监证为浙江方林集团有限公司。1998年2月13日签订的“关于组建台州市路桥区路南街道办事处方林村通春葡萄股份公司协议书”同时作废。重签的协议商定，甲方以30亩土地使用权入股，占股份2/3；经营资金筹集，甲方负责2/3，乙方负责1/3，乙方资金暂由甲方支垫，利息甲方负责2/3，乙方负责1/3；乙方负责生产经营技术运用及生产安排，占股份的1/3。股份合作时效为签约后13年。合作经营期间，如乙方提前退股，必须核清所有债权债务，并按所占股权分摊偿还。会计、出纳由甲方出任，发票由甲、乙双方证明人签字后报账，及时做账。

1999年，葡萄种植面积增加到35亩，产量10吨。2000年，葡萄种植面积同上年，产量达到70吨。是年8月30日提供的统计数字显示，至7月底葡萄园总投入12万元，收入11.8万元。2001年，葡萄种植面积仍为35亩，总产量80吨。2002年，葡萄产量50吨，每吨3078.52元，共收入153926元。

2002年12月6日，根据《浙江绿色农产品标志使用管理办法（试行）》规定，经过浙江绿色农产品认定委员会认定，注册商标为“通春”的葡萄为浙江绿色农产品，允许其使用浙江绿色农产品标志，产品编号ZGP-06-2014。有效期限为2002年12月6日至2005年12月5日。基地规模50亩，为大棚葡萄。

第四节　畜禽养殖

方林村历来重视畜禽养殖，品种有猪、牛、家禽、兔、蜂等，以猪为主，通过养殖畜禽，积肥多产粮食，增加经济收入。

猪

养猪是普通农村农户收入来源之一，当地家家户户盖有猪圈，利用猪草、泔水和米糠作饲料，每年养上两三头猪。养猪主要用来积肥。民国时期，黄岩县养猪较多，每年有0.5万～1万头运往宁波等地。20世纪50年代初，生猪饲养量更大。1958年下半年，实现人民公社化，农村办起公共食堂，实施“公养为主，私养为辅”，大办畜牧场，推行“四级办场，五级养猪”。是年，方林生产队在前方祠堂办起集体畜牧场，养母猪12

头，年底存栏40～50头。1959年起遭遇自然灾害，1961年集体畜牧场关闭。1962年，生猪饲养“公养私养并举，以私养为主”，每户养猪1头以上。“文化大革命”时期，县、乡政府要求“一亩田养一头猪”，村恢复集体养猪场，饲养12头母猪，生下仔猪由社员饲养，全村养猪400余头。

1977年，集体养猪场除了大队办，7个生产队也办，共饲养母猪24头，满足村民仔猪需求。是年，全大队饲养量328头，其中大队23头，第一生产队、第六生产队、第七生产队分别为49头、62头、54头，其他生产队一般饲养30～40头。年末存栏213头，年内出栏115头。1978年，全年饲养量369头，比上年增长12.50%。集体养猪场缩小至2个，大队、第六生产队所办，饲养母猪9头。1979年，根据公社下达的531头养殖任务，按人、按田分配到7个生产队，促进了生猪生产。全大队平均每户养猪2.35头，平均每人养猪0.64头，平均每亩1.20头，为近3年最高。

1980年，生产队、大队畜牧场关闭，农户个人饲养为主，年饲养量均突破500头，接近600头。1983年，生猪饲养量保持稳定态势。此后，生猪饲养在400头以下。1984年始，允许生猪等农副产品多渠道经营，国家部分收购，养猪户上市场自行销售。是年，方道福养猪30头，阮春妹、方道夏各养猪10头。农户市场出售生猪30头，占年内出栏数的13.45%。1985年，由于村办企业的发展，收益不高等原因，全年饲养量降至200头，年末存栏仅80头。以后除个别年份外，全村生猪饲养量稳定在200头以上，1998年后生猪饲养量不降反升，1999年307头，2001年380头。2002年295头，猪肉产量18.5吨，每吨6870.80元，共12.71万元（表4-8）。

表4-8　1977—2002年方林（大队、村）生猪饲养情况

年份	年末存栏/头			年末存栏中能繁殖母猪/头			年内出栏				猪肉产量/吨	全年饲养量/头
	合计	其中		合计	其中		合计/头	其中/头				
		集体	农户		集体	农户		售给国家	出售市场	自宰自食		
1977	213	39	174	24	24		115	71		44		328
1978	256	41	215	9	9		113	98		15		369
1979	281	18	263	9	9		276	276				557
1980	303	0	303				286	286				589
1981	305	0	305				280	280				585
1982	287	0	287				210	210				497
1983	277	0	277				220	205		15	12.5	497
1984	167	0	167				223	188	30	5		390

（续）

年份	年末存栏/头			年末存栏中能繁殖母猪/头			年内出栏					全年饲养量/头
	合计	其中		合计	其中		合计/头	其中/头			猪肉产量/吨	
		集体	农户		集体	农户		售给国家	出售市场	自宰自食		
1985	80	0	80				120				9	200
1986	115	0	115				97		85	12	8.73	212
1987	97	0	97				130		109	21		227
1988	125	0	125				60		60		4.5	185
1989	85	0	85				142		135	7	10.65	227
1990	77	0	77				87	17	64	6	6.96	164
1991	100	0	100				110	55	50	5	8.8	210
1992	101		101				105	29	70	6	9.5	206
1993	106		106				141				14.1	247
1994	135		135				118				10.62	253
1995	87		87				135				12.82	222
1996	85		85	1		1	91				9.1	176
1997	141		141	10		10	135				13.5	276
1998	135		135	10		10	155				14	290
1999	138		138	3		3	169				16.9	307
2000	128		128	2		2	170				17	298
2001	130		130	3		3	250				25	380
2002	110			2		2	185				18.5	295

牛

牛分本地黄牛、本地水牛，大多为农户耕作所养。旧时，也有少数农家向养牛户租耕。20世纪50年代开始，耕牛品种逐渐改良，耕作效率得到提高。1977—1978年，全大队共有牛5头，皆能耕田，其中黄牛1头，水牛4头。黄牛属第六生产队，水牛中3头属生产大队，1头属第一生产队。1979年，共4头水牛，均为大队所有。此后用上拖拉机，耕作不再以畜力为主。1983年，全大队有牛3头，其中大队水牛2头，第三生产队黄牛1头。

兔

兔俗称兔子，通常亦称家兔，细分又有食用兔、毛用兔、皮用兔等。食用兔有比利时肉兔和法国公羊兔；毛用兔统称为安哥拉兔，有德系、法系、日系等；皮用兔有美国獭兔。“文化大革命”时期，养兔被作为资本主义批判。1978年以后，鼓励养兔致富。80年代，县内先后引进德系兔种，改良本地毛用兔，繁育长毛兔纯种，兔产毛量提高，养兔出现第二次高峰。1985年，第三村民小组村民饲养长毛兔16只，产兔毛5公斤。翌年，又是第三村民小组村民饲养同样数量的长毛兔，兔毛产量提高至25公斤。以后兔毛收购价格波动较大，致使养兔业逐渐消失。

家禽

家禽包括鸡、鸭、鹅等，农家养鸡较普遍，鸭、鹅饲养户不多。1965年，方普胜、谢冬清分别养鸭80只，先后饲养3、4年。70年代，家禽饲养不是很景气。80年代，方林村政府提出发展多种经营的政策，扶持农户家禽养殖。1984年，年末存栏500只，全年饲养800只，禽蛋产量1.8吨。1985—1990年，年饲养量均在1200只以上，出栏数，禽肉、禽蛋产量稳中有升。1991年，年饲养量下降。从1992年开始，家禽年饲养量有高有低，出栏、存栏数量及禽肉、禽蛋产量波动较大。这一年，年末存栏2800只，年内出栏1900只，禽肉产量1.9吨，禽蛋产量11.2吨。1997年饲养量增加，禽蛋产量高达24吨。1998年开始，年饲养量下降幅度明显。2002年，全年饲养量仅180只。其中年末存栏40只，均为蛋禽；年内出栏140只，鸡、鸭分别出栏75只，鹅出栏65只；禽蛋产量0.3吨，每吨5638.90元，共收入1692元（表4-9）。

表4-9 1984—2002年方林村家禽养殖情况

年份	全年饲养量/只	其中/只		禽肉产量/吨	禽蛋产量/吨
		年内出栏	年末存栏		
1984	800	300	500		0.90
1985	650			0.30	2.50
1986	1250	400	850	0.40	1.00
1987	1473	453	1020		
1988	1500	700	800	0.70	
1989	1700	800	900	0.80	2.00
1990	1340	880	460	1.42	2.60

（续）

年份	全年饲养量/只	其中/只		禽肉产量/吨	禽蛋产量/吨
		年内出栏	年末存栏		
1991	750	450	300	0.50	2.00
1992	4700	1900	2800	1.90	11.20
1993	1260	1000	260	2.00	2.08
1994	730	520	210	0.52	2.00
1995	1011	861	150	0.86	1.20
1996	2420	870	1550	1.04	9.30
1997	4750	1750	3000	2.10	24.00
1998	2050	1000	1050	1.00	4.20
1999	1820	1100	720	1.10	1.88
2000	910	600	310	0.60	1.20
2001	380	260	120		0.48
2002	180	140	40		0.30

蜜蜂

蜜蜂简称蜂，主要种类有中华蜜蜂、意大利蜜蜂，亦叫作中蜂、意蜂。早在明代，县内有人开始收集养殖野生中蜂，圆状蜂箱，只取蜂蜜和黄蜡。到民国14年（1925年），引养意蜂，10年间发展到百余箱。50年代末，各地相继办起国营、集体蜂场，以养中蜂为主。60年代初，圆状桶改为方型箱，内置活动框，便于转动放蜂。70年代中期，中蜂被意蜂取代。1981年，集体蜂场转让或承包给专业户。本村养蜂始于1984年。第三村民小组方道中养蜂10箱，产蜂蜜250公斤。1985年，养蜂保持上年数量，产蜂蜜100公斤。1986年，仍为10箱，蜂蜜仅15公斤。1987年，减少到7箱，蜂蜜产量200公斤。1988年，继续减少，仅5箱，蜂蜜产量150公斤。1989年，养蜂增加到11箱，蜂蜜产量250公斤。1990年，养蜂仍为11箱，蜂蜜产量增加到300公斤。1991年，养蜂总共10箱，蜂蜜产量400公斤。1992年，保持上年箱数，蜂蜜产量500公斤。1993年，减至6箱，产蜂蜜450公斤，蜂蜡2公斤，蜂王浆4公斤，花粉60公斤。1994年，仍为6箱，产蜂蜜450公斤，蜂蜡4公斤，蜂王浆2公斤。1995年，增至8箱，蜂蜜产量592公斤，蜂蜡4公斤，蜂王浆16公斤（表4-10）。

表4-10　1984—1995年方林村养蜂生产情况

年份	养蜂数量/箱	蜂蜜产量/公斤	蜂蜡产量/公斤	蜂王浆产量/公斤	花粉产量/公斤
1984	10	250			
1985	10	100			
1986	10	15			
1987	7	200			
1988	5	150			
1989	11	250			
1990	11	300			
1991	10	400			
1992	10	500			
1993	6	450	2	4	60
1994	6	450	4	2	
1995	8	592	4	16	

第三章　农业机具

中华人民共和国成立前，方林农户使用简单的手工农具从事农业生产，劳动强度大，生产效率低，阻碍了生产力的发展。旧时农器具的种类很多，大多依靠人力，只有车水用牲畜作为动力。1958年3月，黄岩县委、县人委提出开展群众性农具改良运动，努力实现“六化”（木犁改良化、圆盘滚耙化、切草机械化、平原交通化、运输车子化、机船化）。方林高级农业合作社购入双轮双铧犁2台、脚踏打稻机9台。经过实际使用，人力胶轮手拉车、农用船、脚踏打稻机等沿用下来，双轮双铧犁以及中耕器、大镰刀、手动插秧机等因不适应农田作业要求，逐渐被淘汰或废弃。60年代，农业机械在不断改良创新中发展。七八十年代，农业机械化程度逐步提高。1990年，村里建立农业服务组，组织各类农机使用能手为村民提供育种（工厂化育秧）、机耕（耕耙）、机插（插秧机）、植保（防治作物病虫害）、机割（收割机）一条龙服务，为今后农业集约经营打好基础。到1995年，村农业服务组更名为村农业服务队，全村80%的粮田育秧、翻耕、插秧、植保、收割，基本实现机械化或半机械化。21世纪，随着进一步改革开放，经济模式发生变化，传统农业持续收缩，农业机具逐步退出历史舞台。至2020年年底，全村小型农机具基本予以清理，偶有留存亦废置不用。

第一节　传统农具

耕作农具

主要有木犁、锄头、钉耙、推耙、铧橇、沟橇、耙等。犁为木犁辕，下安铁犁铧和犁壁。锄头分普通锄、开山锄和翻土用的四齿阔板锄。钉耙有四齿耙和两齿耙。推耙为长方形，木架铁齿，耙片呈直角往后弯。铧橇以T形木柄为把，下端连一大铁锹，是铲挖泥土的常用工具。沟橇用木柄一头连长条形铁橇，用来挖掘、整修农田水沟。

灌水农具

旧时灌水的主要工具是龙骨水车，有脚踏的双人水车和三人水车，统称长车。按长度分有丈二水车、丈六水车和丈八水车，适用于扬程较高的河塘提水。牵车，其车身较短，用手推拉，可一人操作，也可两人操作，适于扬程较低的河提水。水源是井水和溪潭水，用吊桶吊水，也有直接用水桶戽水。平原地区，用牛拉车盘车水，安装牛车盘，将其木齿与龙骨水车吻合，通过牛拉引水。

收获工具

收割工具有镰刀、草刀两种。镰刀似月牙形，刃面凿有排列整齐的斜尖齿，呈锯齿状，俗称“割稻剪”。草刀又称柴刀，弯月形，刃面锋利，无锯齿，可割麦、割草、割柴。脱粒用稻桶，有方形，较大，也有圆形，较小，用时四周围上竹制的稻桶帘，内放竹木制的稻桶梯，用人力甩打而脱粒。收获的稻谷摊在竹簟上，在太阳下晒干。扇谷用的工具叫风车，古称扇车或扬扇。车身后面的开口是扇出杂物的出口；前身有一个圆形的大箱，叫风扇鼓，有风扇轮、轴、木制曲柄等部件；风车顶上有盛谷斗，谷物从这里通过车身下的扁缝漏下去时，手摇曲柄转动风扇轮形成向谷物漏下方向的横风流，使谷物壳向开口吹出，谷粒下沉另一出口而盛入容器。

运输工具

旧时装载的工具是竹箩，短程运输靠一根扁担两肩挑。陆路运输靠人力手推车，先是木轮，进而胶轮。水上有小木船，手划，捻河泥和水上运输兼用。1958年，大搞车子化、滚珠轴承化，推广人力胶轮手拉车，成为当时农村主要的运输工具。1965年，使用机动挂浆农船，逐步替代摇橹船。1977年，全大队拥有人力胶轮手推（拉）车10辆，其中属于大队1辆，第一生产队3辆，其余生产队各1辆。1979年，全大队人力胶轮手推（拉）车减少到8辆，其中大队2辆，除第七生产队缺少外，其他各生产队1辆。1980年，全大队共有人力胶轮手推（拉）车16辆，其中第二生产队、第三生产队各1辆，第一生产队、第四生产队各2辆，第五生产队、第六生产队各3辆，第七生产队4辆。

农产品加工工具

碾米有两种工具，一种是砻，木质，圆形，砻面凿有排列整齐的小槽，分上下两面，利用上下两片砻旋转碾磨，把稻谷碾成糙米；另一种是臼，把糙米捣碾成白米，也可直接在臼中把谷碾成米。臼有捣臼和手臼之分，臼头和臼坤都是石头做的，安装木头柄。捣臼的木柄长又称臼秤，中设捣臼锁，以杠杆原理用脚踏捣物。磨粉的工具是石磨，一般都配设木制的“上”字形的磨把（俗称磨砻单），作人力传递杠杆，可一人磨，也可二人磨。做豆腐磨豆用的石磨，一般比磨米麦面粉的磨盘小，不配设“上”字形磨把，直接用手推石磨耳朵上的磨手来磨粉。

第二节　现代农机

耕作机械

20世纪60、70年代，各种型号的手扶拖拉机陆续引进，适于小块农田犁耕、旋耕、运输等多种作业，成为重点发展农机。1977年，方林生产大队拥有农用拖拉机2台，共12马力；手扶拖拉机2台，共12马力；拖拉机带动的机引犁、机引耙2台，机引旋耕机1台。是年，实际机耕面积（按播种面积计算）980亩，冬种机耕面积212亩。随着农业规模不断扩大，农业机械逐渐增加。1980年，全大队有12马力农用拖拉机4台、共48马力，其中第一生产队、第七生产队各1台，大队所有2台；12马力手扶拖拉机4台、共48马力，其中第一生产队、第七生产队各1台，大队所有2台；机引旋耕机4台，其中第一生产队、第七生产队各1台，大队所有2台。90年代，农业生产有所下降，机耕面积减少。1991年，冬种机耕面积162亩，占冬种面积426亩的38.03%。1993年，购置船耕机1台。

收获机械

1958年，方林农业合作社购入脚踏打稻机9台。1964年，使用微型柴油机带动打稻机，简称机动打稻机。1977年，全生产大队拥有机动打稻机2台，共6马力，其中第三生产队、第六生产队各1台、3马力；人力打稻机14台，7个生产队每个生产队各2台；机动打稻机脱粒290亩，人力打稻机脱粒面积690亩。1978年，全大队机动打稻机增加到7台、21马力，每个生产队各拥有1台；人力打稻机与上年同；机动打稻机、人力打稻机脱粒面积亦与上年一样。1979年，人力打稻机减少，每个生产队1台。1980年，全大队共有机动脱粒机14台、共42马力，每个生产队2台、6马力。1991年10月，引进河南开封产联合收割机1台。翌年林文德、王灵华两位青年被委派到河南学习收割机操作技术，学成后承担双夏、秋收粮食收割任务，每天收割30 ~ 40亩，全村粮田仅10天就收割完成。至1992年年底，共收割稻谷200亩。是年，方林村被评为台州市收割机推广示范村。1993年，添置小型收割机1台。

种植机械

1987年，县里引进新型机动插秧机、手动插秧机各1台，在方林进行手动插秧机试验，插秧面积10多亩。1989年，村里添置1台插秧机。1990年，全村配置3马力机动插秧机2台。1992年，村里出资6000元购置插秧机1台。

植保机械

1965年，开始用背负式手动喷雾器，基本普及到生产队。1972年以后，开始使用机动喷雾器。1977年，全大队拥有微型柴油机喷雾（粉）器2架，共6马力，其中第三生产队、第六生产队各1架；人力喷雾（粉）器28架，其中第三生产队3架，第七生产队5架，其余生产队各4架。翌年，全大队微型柴油机喷雾（粉）器增至7架，每个生产队1架；人力喷雾（粉）器减少到21架，其中第一生产队、第二生产队各4架，第三生产队、第四生产队各2架，第五生产队、第六生产队、第七生产队各3架。1979—1980年，全大队、各生产队微型柴油机喷雾（粉）器拥有数不变；人力喷雾（粉）器为15架，除第七生产队3架外，其他生产队各2架。

排灌机械

1950年，第一座抽水机埠在南官河木材场葫芦池设立，置抽水机1台，烧炭内燃机启动。1972年，全村通电，基本实现电力灌溉。1977年，第七生产队设立排灌机埠，有电动机1台、10马力，农用水泵1台，负责全大队粮田灌溉，受益面积435亩。1978—1979年，排灌机埠由第六生产队、第七生产队联合设立，设备与上年同，灌溉面积400余亩。1980年，第六生产队拥有8马力柴油机、农用水泵各1台。

运输机械

1957年以前，农村除小木船水上运输外，其他靠人力挑担。1958年，引进胶轮手拉车。1963年，开始有农用汽车。1965年，开始用机动挂浆农船替代摇橹船。进入70年代，用手扶拖拉机挂一吨拖斗，当时为农村主要机动运输工具。1977—1979年，全大队拥有手扶拖拉机带动拖斗车2辆。第三生产队、第六生产队各有农船1艘，拖斗车为大队所有。1980年，全大队手扶拖拉机带动的拖斗车4辆，除大队拥有的2辆外，第一生产队、第六生产队各有1辆。

农产品加工机械

70、80年代，引进碾米机、磨粉机等农产品加工机具。1978年，全大队拥有碾米机2台，其中第四生产队、第六生产队（第七生产队）各1台，第四生产队还置有1台磨粉机。

第三节　农机管理

1960年以后，农机具归集体所有，大队、生产队承担保管、维修职责。70年代末80年代初，加强农机管理，收取一定使用费。1982年，制定农机具等集体财产管理制度：打稻机、喷雾器、柴油机等各类农机具，坚持生产队保管、生产队使用的原则，社员需用可租赁，无故损坏，使用者赔偿。拖拉机承包到人，单机核算，收费标准按农机部门的规定执行。1983年，全村拖拉机耕作上缴92.78元。

随着农村改革不断深入，逐步落实农机承包责任制，允许私人独户购买，加强基础设施配套建设，进一步发挥农机具的作用。1984年5月28日，方林村生产合作社与张李村村民李云初签订手扶拖拉机承包合同。双方议定，拖拉机机头、拖斗以及各种配件、工具折价，共320元。款项分3次付清，是年夏收后付120元；翌年春耕后付100元，夏收后全部付清。承包期4年，承担第四生产队、第五生产队100亩粮田的耕作任务。是年11月7日，第一生产队将1辆12型手扶拖拉机出售给村民王宗宝，售价1400元。经商定，拖拉机驾驶证、行驶证、油卡以及所有零售配件归属购买者，购买者需承担农田耕作责任至拖拉机报废，耕作费按乡规定的统一标准执行，中途转让他人需与出售者协商。

1986年起，承包户耕作、灌溉（包括电费）均由村里支出。1987年，各承包户粮田均由手扶拖拉机耕作，费用由村统一发给农户，拖拉机机手与农户结算；抽水费由村支付给机手。1989年，耕作、机灌按每亩20元的标准下拨到户，由各户与拖拉机机手、机灌人员结算；电动脱粒电费亦由村负担。

1991年，村出资1.6万元，修建农机仓库4间，面积200平方米，解决农机“住房”问题。同年，村出资5000元，加固加宽全村机耕路，总长600米。1992年，进一步贯彻“以工建农”“以工补农”的方针，继续搞好社会化服务，新添置插秧机。“八五”期间，耕作、机灌、脱粒等有关费用由村支出。1991—1995年，5年内各项贴农支出10万余元。

第四章 农业科技

1953—1954年，省、专区、县、乡党委、政府发文要求基层贯彻党在过渡时期的总路线，建设现代化农业。方林村干部群众深知科技对发展农业的重要性，根据上级部署，采取措施，组织学习科学文化。50年代中后期，着力改进耕作方式，贯彻“农业八字宪法”（即土、肥、水、种、密、保、管、工），普及推广农作物良种，试种水稻矮秆品种。60年代中期，接受县农技人员下乡指导，开展以样板田为中心，以农科队伍为骨干的群众性科学实验活动。70年代末80年代初，农村改革深入，推动农业机械化，健全大队、生产队农科组织，农科队伍发展到40余人，推广农科技术，促进农业生产发展。

第一节 农科组织

1961年下半年，方林大队建立农业科技组，配农民技术员。1971年，全大队有农民技术员5人。1977年，形成县、区、社、队4级农科网，大队建立农业科技组1个，确定管人财、林书池、方冬琴、谢华盛、王通富、林文友、阮小妹7人为农民技术员，每个生产队1人；7个生产队均设立农业科技组，每个生产队配备农技员5人，共有农技员35人。1978年，大队农业科技组人员不变，7个生产队继续设农业科技组，人员不变。1979年开始，生产队农业科技组撤销，各生产队科技服务由大队农科组承担。1980年以后，实行联产承包责任制，大队农业科技组撤销，种田能手成为农业科技员，开展无偿服务。

80年代末，建立村科技活动室，以此为阵地，开设科技展览，组织科技讲座，引导村民学科技、用科技，逐步提高科学种田水平。

2009年，中共路南街道工作委员会下发关于调整路南街道科普工作领导小组的通知，公布各村（社区）科普工作领导小组组长、成员、宣传员名单，方浩担任方林村

（社区）科普工作领导小组组长，潘素兰、林文德为成员，林荣辉为宣传员。自此，村（社区）科普工作领导小组宣传农科知识，加强农科服务，为发展农业生产尽职尽责。

第二节　耕作制度

水田种植制度

由于气候温和，无霜期在220天以上，适宜粮食作物种植。单作是较早的种植方式。宋代以后，出现麦—稻两熟制。20世纪30年代，实行间作稻双熟制。具体做法是：插早稻时行距稍留宽些，10天左右返青后，在行间嵌插晚稻，称“寄晚”；大暑（通常7月22—24日）前收割成熟早稻，留下晚稻。民国33年（1944年），双季间作早稻亩产100公斤左右。1952年，周边村试种双季连作，先种早稻，收割以后栽晚稻。连作稻增产明显，比间作稻每亩增产100公斤左右。1955年，方林村实施连作稻先进的耕作方式。

70年代中期，方林大麦面积逐年增加。至1977年，基本形成以连作稻为主的一年三熟的耕作制度。主要为：双季连作稻—大麦，约占稻田总面积的30%，双季连作稻—绿肥（紫云英），约占稻田总面积的60%；双季连作稻—油菜等经济作物约占稻田总面积的10%。

“七五”“八五”“九五”期间，种植结构调整，耕地面积、粮地面积及粮食播种面积不断减少，改种经济效益高的作物。进入21世纪，粮食种植以单季稻为主，早稻、大麦和绿肥等作物种得很少，而瓜果蔬菜种植面积增加。

旱地种植制度

清代，引入马铃薯、甘薯，旱地由一年一熟变为麦薯两熟。旱地种植主要作物有棉花、大小麦、豆类、番薯（甘薯）、马铃薯、杂粮、甘蔗、瓜果及各种蔬菜。

旱地种植主要有一年一熟、一年二熟、间作套种三大类型。一般冬作是大小麦、马铃薯、蚕豌豆、冬菜等；夏秋作物有棉花、番薯、玉米、大豆、瓜果、夏秋菜等。在棉地种植的主要形式有：棉花—蚕豆、棉花—冬菜、棉花—春粮、棉花—绿肥，采用这几类形式的棉地约占旱地面积的65%。

园地、其他零星地种植，冬菜—瓜果—大麦，冬菜—甘蔗，春粮马铃薯—甘蔗，等等。

第三节 栽培技术

大麦栽培

传统品种有三月黄、立夏黄、六棱麦等。中华人民共和国成立不久，先后试种矮粒多、浙农939等品种。20世纪70年代，引进浙麦1号（908）等优良品种。

60年代中期，在栽培方法上，采取冬季压土，开挖深沟，施石灰防酸害，推行施足基肥、重施腊肥、巧施春肥等技术。

水稻栽培

品种 明代水稻品种有10余个，分早晚稻和八月稻。根据水稻播种期、生长期和成熟期的不同，可分为早稻、中稻和晚稻三类。早稻生长成熟期在60～70天，传统早稻品种有早三白、早白、早黄等。糯谷有早糯、矮糯等。1955年以后，推广双季连作稻，改良作物品种，早稻先后引进早503、南特号、早三倍、陆财号等早熟品种，中稻以399为主，晚稻有“小杆白”“红京成”“冬霖白”等。1958年以后，早稻逐渐以陆财号为主。

1960年，引进矮脚南特号，逐渐成为迟熟早稻品种。60年代水稻基本实现矮脚化。70年代，早稻品种更换频繁，先后引种先锋1号、广陆矮、红梅早等；晚稻品种有农垦58、早熟农垦等。1975年，引种杂交晚稻南优2号、汕优6号等，1978年，第六生产队、第七生产队建立粮食种子田，面积分别为19亩、6亩；第六生产队还建立粮食丰产田，面积67亩。1979年，早稻以珍农256A为主，早熟品种占早稻插种面积的7%，中迟熟品种占93%；晚稻以杂交稻为主，占插种面积的60%，粳稻占40%。1980年起，晚稻全都种植杂交水稻。1984年起，逐步推广优质米稻。

育秧 民国时期，施行清水浸种。1953年起，推广晒种、筛选、泥水选种。1955年，改水秧田为半旱秧田。1957年，采用燥耕半旱秧田。1964年开始，用薄膜保温育秧。

1983年开始，受黄岩县农技总站、石曲公社农科站指导，建立工厂化育秧栽培基地。投资6万～7万元，建起100多平方米的房子，技术采用格子板叠式法，具有育秧率高、培植时间短、成本少等优点，有效解决烂秧严重问题。聘用临时工30人。所育秧苗可供近1000亩田插种，除满足本大队需求外，还供给肖谢、石曲、张李、洪洋、方家、应家等。聘用临时工30人，管人财为育秧基地负责人。1988年，方林村成为省级工厂化育秧试点村。1989年，基地盈利2720.19元。

第二节 机电排灌

1950年，在南官河葫芦泄设立第一座抽水机埠，置抽水机1台，烧木炭发动机作动力。随着农业生产的发展，排灌设施逐步改善。1972年，农用电力入村，全面实现电力灌溉。1977年，方林大队机电灌溉面积435亩。其中第一生产队59亩，第二生产队57亩，第三生产队64亩，第四生产队63亩，第五生产队49亩，第六生产队65亩，第七生产队78亩。1978年，全大队机电灌溉面积405亩。其中第一生产队54亩，第二生产队53亩，第三生产队62亩，第四生产队61亩，第五生产队49亩，第六生产队53亩，第七生产队73亩。

1989年1月，确定全年工作计划，安排资金45991.15元，改善农田排灌系统。用平整石板铺设排水沟渠800米，避免沟渠渗漏，灌溉水流畅通，当年上半年完成；移建东岸方胜抽水机房，铺设石板出水沟渠1000米，翌年春耕前竣工。

20世纪90年代，继续重视农业基础设施建设。1990年，修复东岸片3条总长100米总灌溉沟渠，石板铺设，下半年完工。1991年，年初规划办好7件实事，其中一件是维修第七村民小组农田排水沟，春插前如期完工，实际用资1.5万元。

第三节 投工筹资

水利投工

1978年，全大队劳动日79383工，其中投入农田水利基本建设劳动日7977工，占劳动日总数的10.05%。投工中，第一生产队1229工，第二生产队1184工，第三生产队1262工，第四生产队1144工，第五生产队786工，第六生产队1040工，第七生产队1332工。

1979年，全大队劳动日121542工，其中投入农田水利基本建设劳动日3420工，占劳动日总数的2.81%。投工中，第一生产队550工，第二生产队500工，第三生产队430工，第四生产队410工，第五生产队390工，第六生产队540工，第七生产队600工。

资金筹集

20世纪90年代，方林村无水利维修任务，承担路桥区重点水利工程建设、金清镇老港拓浚以资代劳等资金筹集。1996年12月6日，路桥区人民政府路南街道办事处发文下达筹集任务，区政府《关于继续筹集重点水利建设资金的通知》（路政发〔1995〕118号）执行时间再延续一年，即执行到1997年度。其他有关筹集事项仍按该通知要求办理，即每亩收20元。方林村水田面积280亩（已扣除75省道28.50亩），征收金额5600元，减免280元，上缴金额5320元。金清镇老港拓浚建设以资代劳金筹集始于本年度，时间2～3年。每个农村男女劳动力和城镇非农男女劳动力（1995年度统计年报数为准），均按每月报1个工日即20元标准集资。筹集中考虑到个别困难户的实际情况，减免控制在5%以内。具体对象由各村自行确定和审批，当年的以资代劳款必须在当年的年底前交到街道办事处。方林村实有劳动力553人，按每年每个劳力20元计，需筹集11060元，减免5%，计553元，实际上缴额10507元。下年同。

第四节 农用地保护

1983年年初，大队党支部、大队管委会制订用地规定，明确种养殖业等专业生产用地，必须本人申请，与大队签订合同，报公社批准，不再使用时，归还集体。1987年，村里建立土地管理领导小组，组长管人财，成员林小春、阮普妹。

随着建设用地的不断增加，耕地保护的压力日趋加大。1991年12月，制定出台《方林村“八五”计划（1991—1995年）》，将东岸片的150亩耕地列为基本农田保护区，成为全村产粮基地，严禁挖塘养鱼和栽种多年生经济作物，不得安排农业生产以外的建设用地。同时把土地管理列为一项重要的目标任务，提出规划和建设个体工业加工园区，贯彻用地和造地相结合的原则，一切建设用地必须严格履行审批手续等。是年，如有土地征用，由村无偿支付土地被征用户每亩每年净谷475公斤，分上、下半年两次付清；青苗赔偿费由村土地管理领导小组核定，按当年种下的作物实际损失赔偿给被征用者；村集体事业造路和公共福利事业用地由全村各生产队轧差负担；土地征用工优先安排给土地被征用户。1994年1月，村党支部、村委会根据《方林村“八五”计划（1991—1995年）》，贯彻土地管理法，强化建设留用地使用管理。

1996年3月22日，路桥区人民政府南街道办事处下达《1995—2000年耕地保护及建设留用地指标的通知》，方林村两委结合通知精神，切实加强土地利用的宏观控制和计划管理，有效保护村民生活必需的基本农田。明确方林村建设留用地指标44亩（主要为市场用地），造田造地2.0亩，至2000年年末耕地确保105.5亩。在具体操作中，村两委加强对基本农田保护区内的耕地管理，制订严格的保护措施，严禁在农田保护区范围内种植多年生经济作物、挖塘养鱼及搞各项非农建设用地（表4-11）。

表4-11 1977—2002年方林村（大队）耕地面积

单位：亩

年份	上年年末数			本年内增加数		本年内减少数				本年年末数			年末数中	
	合计	集体所有制	社员自留地	开荒	其他	国家征用	乡村基建	改柑橘园	其他占地	合计	集体所有制	社员自留地	水田	旱地
1976	510.78	468.78	42.0				0.78			510.00	468.00	42.0	484.00	26.0
1977	510.00	468.00	42.0							510.00	468.00	42.0	484.00	26.0
1978	510.00	468.00	42.0						6.0	504.00	462.00	42.0	478.00	26.0
1979	504.00	462.00	42.0			0.50	9.70			493.80	451.80	42.0	451.80	42.0
1980	493.80	451.80	42.0				2.50			491.30	449.30	42.0	449.30	42.0
1981	491.30	449.30	42.0		2.5					493.80	451.80	42.0	451.80	42.0
1982	493.80	452.30	42.0							493.80	452.30	42.0	452.30	42.0
1983	494.30	452.30	42.0			0.70				493.60	451.60	42.0	451.60	42.0
1984	493.60	451.60	42.0							493.60	451.60	42.0	451.60	42.0
1985	493.60	451.60	42.0				4.40		9.8	479.40	437.40	42.0	437.40	42.0
1986	479.40	437.40	42.0				2.04			477.36	435.36	42.0	435.36	42.0
1987	477.36	435.36	42.0				0.37			476.99	434.99	42.0	434.99	42.0
1988	476.99	434.99	42.0				14.14	27	2.0	433.85	391.85	42.0	391.85	42.0
1989	433.85	391.85	42.0				2.50			431.35	389.35	42.0	389.35	42.0
1990	431.35	389.35	42.0				4.20			427.15	385.15	42.0	385.15	42.0
1991	427.15	385.15	42.0			2.80				424.35	382.35	42.0	382.35	42.0
1992	424.35	382.35	42.0				2.00			422.35	380.35	42.0	380.35	42.0
1993	422.35	380.35	42.0				9.30			413.05	371.05	42.0	371.05	42.0
1994	413.05	371.05	42.0			10.00	33.42		5.2	364.43	322.43	42.0	322.43	42.0
1995	364.43	322.43	42.0			5.00	1.00		41.0	317.84	275.43	42.0	275.43	42.0
1996	317.84	275.43	42.0			25.80	95.00			197.04	155.04	42.0	167.04	30.0

（续）

年份	上年年末数			本年内增加数		本年内减少数				本年年末数			年末数中	
	合计	集体所有制	社员自留地	开荒	其他	国家征用	乡村基建	改柑橘园	其他占地	合计	集体所有制	社员自留地	水田	旱地
1997	197.04	155.04	42.0							197.04	155.04	42.0	167.04	30.0
1998	197.04	155.04	42.0			11.00				186.04	144.04	42.0	156.04	30.0
1999	186.04	144.04	42.0							186.04	144.04	42.0	156.04	30.0
2000	186.04	144.04	42.0			86.59	19.82		34	45.63	15.63	30.0	15.63	30.0
2001	45.63	15.63	30.0				30.00			15.63	15.63		15.63	
2002	15.63	15.63					1.00			14.63	14.63		14.63	

1998年1月，方林村党总支、管委会又推出有关农业用地的规定：发展农业园区，走农业产业化路子，村现代农业发展公司统一经营、一条龙服务。到2002年，全村有耕地14.63亩。

第五编

工 业

（续）

序号	年份	合计/万元		村办工业			个体工业		
		总产值	利润	数量/家	产值/万元	利润/万元	数量/家	产值/万元	利润/万元
5	1988	601.00	49.06	14	576.00	44.00	13	25.00	5.06
6	1989	1176.71	–0.15	15	1088.41	–4.57	14	88.30	4.42
7	1990	907.04	1.29	12	842.74	–5.14	14	64.30	6.43
8	1991	1374.87	16.00	13	1250.87	9.80	15	124.00	6.20
9	1992	1759.74	27.35	13	1609.74	19.85	16	150.00	7.50
10	1993	4762.16	182.65	15	3342.16	39.85	16	1420.00	142.80
11	1994	10344.36	282.73	13	4512.36	21.53	25	5832.00	261.20
12	1995	13171.04	76.00	10	6964.40	–61.00	28	6207.00	137.00
13	1996	11624.00	64.03	10	5116.00	–65.97	34	6508.00	130.00
14	1997	16948.94	189.72	11	4949.34	–40.28	38	11999.60	230.00
15	1998	20781.08		11	6292.08		39	14489.00	
16	1999	26271.13		13	9264.13		39	17007.00	
17	2000	30203.00		14	11537.00		33	18666.00	
18	2001	36004.00		14	13143.00		34	22861.00	
19	2002	35574.80		12	13573.80		35	22001.00	
20	2003	35684.50		12	13003.50		35	22431.00	
21	2004	36300.00		13	12700.00		35	23600.00	
22	2005	58000.00		13	33800.00		36	24200.00	
23	2006	64500.00		13	41500.00		36	23000.00	
24	2007	73600.00							
25	2008	77200.00							
26	2009	80900.00							

第一章　经营体制

传统手工业有木工、石匠、泥水、漆匠，以及织布、弹花、做糕点等，历来从业者近30人，通过艰辛劳作，获得较多经济收入，也为发展工业生产奠定基础。民国初期林贤友创办的榨油厂是境域最早开办的个体工业。1970年，大队承办石曲砖瓦厂，不仅安排多余劳动力，增加集体经济收入，而且开启方林集体工业发展的先河，探索办厂经验。在以后的几年里，先后创办石曲教具厂、石曲兽药厂、石曲化工厂、石曲电热铸件厂等企业。至1977年年底，全大队工业产值80多万元。

1978年改革开放后，方普胜创办石曲鼓风机厂，成为方林首家个体企业，引起一定反响，队办、个体企业迅速发展，相继办起石曲食味厂、石曲溶剂厂、石曲皮鞋厂、石曲空调压缩机厂、石曲五金冲件厂等。1984年，改革开放不断深入，全村上下解放思想，从回收旧设备、拆旧翻新起步，发展到各种配件、灯具、服装、鞋眼、尼龙薄膜、皮件等生产加工，集体、个人一起上，全村工业发展步伐加快。至1993年的10年内，方林域内先后办起石曲长虹微型电机厂、石曲塑胶电器厂、石曲日用塑料制品厂、石曲求精电器厂、石曲舒美服装厂等企业20家。全村工业总产值从1984年的165.01万元增长到1993年的4762.16万元，年均增长率45.25%。

1996年年底，10家工业企业均组建为股份合作制企业。是年，村办工业产值5116万元。2006年，全村工业总产值6.45亿元，其中村办工业4.15亿元，个体工业产值2.3亿元。

第一节　个体手工业

中华人民共和国成立前

从明清时期起，手工业作为台州地区的家庭副业，对补充农业收入不足和促进区域经济的发展，发挥着重要作用。民国十六年（1927年），麻帽商人张林甫等在路桥传授编织工艺。民国三十四年（1945年）1月27日，黄岩城区妇女纺织生产合作社成立，设在县城桥亭头。受能人、社团的影响，一些村民从事起各种手工业，行业较多，主要有木工、石匠、泥水、漆匠、织布、织席、打草鞋、弹花、做糕点等。他们用自己的手艺服务民众，挣钱养家。木工、石匠、泥水、漆匠等离家上门做工，俗称“吃人头饭”，工钱论天数或包工算；织布、织席、打草鞋等在家制作，也可与弹花、做糕点一样，上街设工场、作坊，开展正常经营，扩大服务范围，提高营业收入。

中华人民共和国成立后

1949年3月开始，从中央到地方，各级领导多次提倡社会主义合作经济，号召手工业者组织起来，合作生产。1949—1952年，国家处于国民经济恢复时期，人民政府采取各种措施，帮助发展手工业生产，引导个体手工业向集体化方向发展。

1953年9月，提出贯彻过渡时期总路线，着手进行手工业社会主义改造。至1955年冬，黄岩县基本完成手工业社会主义改造，把90%以上分散的个体手工业劳动者组织起来。1956年春，掀起手工业合作化高潮。村内手工业者自觉接受社会主义改造，加入手工业生产合作社或生产小组，继续从事原行业。从1960年下半年开始，国家为克服自然灾害所造成的暂时经济困难，决定精简下放干部和职工，部分手工业社社员回生产队从事农业。以后，公社建立综合社，手工业合作社逐步向集体企业发展。

据不完全统计，方林历来从事手工业者共有28人。其中木工7人，石匠2人，漆匠绘画2人，弹花兼织布2人，打草席10人，打草鞋3人，做糕点2人。漆匠梁顺来被赋予“油漆仙”的雅号，称其干活精细，质量讲究。

木工：林贤友、林必仙、林仙德、林启华、陈友法、陈友普、陈根土。石匠：林美香、林加贤。漆匠绘画：梁开福、梁顺来。弹花及织布：方崇基、方崇耕（仅弹花）。打草席：方崇惠、林寿增、林仙增、林美春、王公正、方道福、林贤来、林仙根、林文友、林必元。打草鞋：林仙法、林美春、林必耀。做糕点：施名品、王法玉。

进入改革开放时期，打石、漆刷等手工业行业开始消退。工业生产全面发展后，新型产品层出不穷，一些行业逐步被时代所淘汰，如织布、打草席、打草鞋等。但也有一些行业仍同整个社会生产和生活的关系极为密切。有的木工成为专业户，在建筑行业中发挥一定作用；糕点业尚未消失，每天照常营业；弹花虽不多，人们日常生活仍然需要。

20世纪80年代后，允许多种经济成分并存，发挥个体手工业者拾遗补阙的作用，街市又出现各类手工业从业者，服务各类消费者。

第二节 个体工业

个体工业发展

民国初期，部分农田种有油菜籽。下林农户林贤友考虑到油菜籽是榨油的好原料，于是在竹篢里办起榨油厂，从事榨油生产，为村民解决油菜籽出路。其厂设有车间，添置碾磨设备，职工10余人。村里及周边油菜籽都被收购，不仅提高农户收入，而且供应市场生活用油。民国时期，有村民创办染纺厂，占地8亩左右。

中华人民共和国成立后，通过社会主义改造，农业、手工业实行合作化，资本主义工商业实行公私合营，县、乡出现手工业生产合作社。50年代末60年代初，手工业合作社逐步转为国营或集体企业。由于政策限制，农村个体工业很少出现。1978年改革开放，生产大队逐步推行农业生产责任制。大部分社员在种好田的同时，腾出更多时间发展家庭副业，也有少数人创办个体企业。是年，社员方普胜办起鼓风机厂，厂址前方。

80年代初，推行家庭承包联产责任制，一些头脑活络的农户，怀揣介绍信，往上海等企业回收旧设备，拆旧翻新，到马路市场设摊销售，获得较高利润。1984年，全村拆电机产值25万元，利润8.38万元，经营户工资收入3万元。在销售旧设备的同时，大多经营户还与企业挂钩，接洽诸如小五金等加工业务。由于投入不大，家里余屋置车间，业务少家里人自己干，多就请人帮忙，少的两三个，多的六七个甚至十来个，成为家庭工厂。一些村民看到个体工业好赚钱，也纷纷跟着搞起来，户头不断增多，不少普通农民成为最早的一批“万元户”，开始走上发家致富之路。

设备拆旧组装是延续时间较长的个体工业。1999年，经营55户、106人，获得产值14454万元；2001年，经营户数、人数不变，产值增加到19797万元。其他经营业务包括各种配件、灯具、服装、鞋眼、尼龙薄膜、皮件等生产加工，产品200余种。

1987年，村党支部、村委会提出“以经济建设为中心，使全村经济稳步协调发展”思路，采取有效措施，扶持家庭工业，把个体工业提到全村经济发展的议事日程。1989年，个体工业计划产值50万元，利润5万元；全年实现产值88.3万元，利润4.42万元，是年计划的176.6%、88.4%。

1990年，个体工业计划产值40万元，利润4万元。全年完成产值64.3万元，利润6.43万元，均为年计划的160.75%。1991年12月制订的《方林村“八五”计划（1991—

1995年)》提出，贯彻中共十三届七中全会精神，继续鼓励发展个体私营经济。是年，计划产值120万元，利润4.8万元；全年实现产值124万元，利润6.2万元，分别是年计划的103.33%、129.17%。与上年相比，产值增长92.85%。

1993年起，全村个体工业发展上新台阶，成为全村经济的重要组成部分，是年产值1420万元，利润142.8万元，分别是1991年的11.45倍、23.03倍。全年缴纳税金112万元。产值、纳税分别是村办工业的42.49%、53.32%，利润是村办工业的3.58倍。1994年，全年完成产值5832万元，利润261.2万元，分别比上年增长310.70%、82.91%，超过村办工业产值、利润。

1995年3月22日，路桥区政府路南管理区发出1995年村（居）工业生产计划补充通知，下达1995年村（居）级个体工业生产计划，确定方林村个体工业计划产值为6200万元。2月底统计，全村1—2月个体工业完成产值1093万元。根据全年指标，3—12月计划产值为5170万元。是年，全村个体工业实际完成产值6207.00万元，创利137.00万元，全年缴纳营业税126.57万元，增值税681.11万元。1996年是实施“九五”计划的第一年，区政府实施村级经济4812工程，全村个体工业户积极参与，取得较好效果。是年9月统计，全村个体工业产值5099万元；全年个体工业产值6508万元，利润130万元，均超过村办工业。

1997年，中共十五大提出非公有制经济是社会主义市场经济的重要组成部分。村两委班子认真贯彻十五大精神，放手发展个体私营经济，成立村个体工业服务站，做好综合服务工作。1998年，个体工业计划产值1.6亿元，实际产值1.45亿元。1999年，个体工业从业82户、310人，完成产值、销售各1.70亿元，相比上年均增长17.24%。

进入21世纪，随着市场经济的发展和需求的多样化，个体经济获得更广阔的发展空间。2001年，从事村级以下工业93户、394人。全年计划产值1.8亿元，销售产值1.8亿元；全年累计个体工业产值2.29亿元，销售产值2.25亿元。2002年，个体工业产值2.20亿元，比上年减少3.93%。2003年2.24亿元，2004年2.36亿元，2005年2.42亿元，2006年2.3亿元。

个体工业分布

1999年，蔡正杰等从事机械设备翻新55户、106人；缪玲芬制作皮袖套7户、30人；从事其他业务21户、174人，其中第1村民小组4户、67人，第3村民小组7户、59人，第4村民小组4户、16人，第5村民小组3户、21人，第6村民小组1户、1人，第7村民小组2户、10人（表5-2）。

表5-2　1999年方林村个体工业产值分户报表

序号	户名	所在组别	户数/户	从业人数/人	（行业）产品	总产值/万元	
						12月	全年
1	王　平	一	1	10	水道配件	10	122
2	林　杰		1	11	整流器	20	240
3	林仙敏		1	16	五金冲件	10	138
4	方　毅		1	30	皮革女士包	15	400
5	缪玲芬等		7	30	皮袖套等	5	70
6	方旭日	三	1	12	整流器片	15	150
7	方　飚		1	4	整流器片	1	30
8	李慧萍		1	6	服装	4	44
9	吴庆郎		1	20	服装、灯具	6	144
10	方红日		1	5	电镀	5	68
11	李文清		1	10	钻床轧头	10	130
12	方　建		1	2	模具加工	0	24
13	陈美菊	四	1	3	整流器片	2	30
14	方崇国		1	4	缝纫机配件	5	50
15	张美玲		1	6	服装	4	44
16	谢永杰		1	3	线切割、模具加工	6	60
17	方孔正	五	1	2	五金件	0	44
18	方普禄		1	4	鞋眼	5	56
19	罗岳平		1	15	尼龙薄膜	15	480
20	蔡正杰等		55	106	机械设备翻新	1510	14454
21	胡加根	六	1	1	皮件加工	3	58
22	张亨林	七	1	2	五金件	5	27
23	金小芹		1	8	服装	10	140

2001年，蔡正杰等从事机械设备翻新55户、106人；黄大佶等电器翻新2户、4人，缪玲芬等制作皮袖套8户、26人；从事其他业务26户、258人，其中第1村民小组6户、103人，第2村民小组1户、8人，第3村民小组10户、91人，第4村民小组3户、20人，第5村民小组3户、18人，第6村民小组1户、8人，第7村民小组2户、10人（表5-3）。

表5-3　2001年方林村个体工业产值分户报表

序号	户主	所在组别	户数/户	从业人数/人	（行业）产品	全年产值/万元
1	林荣海	一	1	20	整流器片	190
2	陈玲敏	一	1	15	空调阀门配件	136
3	陈春珍	一	1	8	电器配件	25
4	陈林春	一	1	15	工艺蜡烛	45
5	王建勇	一	1	15	水道配件	290
6	方　毅	一	1	30	皮革女士包	400
7	缪玲芬等	一	8	26	皮袖套等	95
8	林利明	二	1	8	摩托车配件	50
9	方旭日	三	1	12	整流器片	110
10	方　飚	三	1	1	整流器片	13
11	阮吉桃	三	1	20	空调阀门配件	195
12	林光增	三	1	7	制冷机配件	88
13	缪济华	三	1	4	节日灯电线	34
14	方　建	三	1	20	摩托车配件	110
15	方理智	三	1	7	摩托车配件	50
16	李慧萍	三	1	7	服装	75
17	方红日	三	1	8	五金电镀	100
18	方崇文	三	1	5	水道配件	80
19	方崇国	四	1	10	摩托车配件	110
20	谢永杰	四	1	3	线切割、模具加工	23
21	张美玲	四	1	7	服装	82
22	方孔正	五	1	3	五金件	11
23	方普禄	五	1	5	鞋眼	50
24	罗岳平	五	1	10	尼龙薄膜	440
25	黄大佶等		2	4	节日灯组装	110
26	蔡正杰等		55	106	电器拆解、机床组装	19797
27	王荣明	六	1	8	收割机配件	55
28	金小芹	七	1	8	服装	88
29	张亨林	七	1	2	导管磨	8

个体工业加工园区

位于西岸王，石曲轮窑厂旧址。原称村工业小区，后称个体私营工业小区，亦称个体工业加工园区。1991年，《方林村“八五”计划（1991—1995年）》提出规划建设村工业小区，搞好基础设施建设，实现“四通”（路通、水通、电通、电话通），努力形成一定规模。一期面积30亩，利用轮窑厂及旧宅基地、废耕地等，尽量不挤占粮田，建成后安置新发展企业。1992年，投资10万元，搞好工业小区的基础设施建设。1995年，把村工业小区建设列入村五件实事之一，继续投入20万元（不足部分由企业承担），浇筑长200米、宽12米的水泥路面，进一步建好主干道。1996—1997年，坚持“积极扶持、合理规划、正确引导、健康发展”的方针，筹措资金，加快工业小区建设步伐，完善水、电、路、通信等设施，创造良好的投资环境，吸引资金、技术、项目、人才。

1999年，优化经营机制，改善经济结构，增强全村经济发展后劲。在现有基础上，扩展工业小区面积，拆建改造原有老旧房屋，留置面积10亩左右地块，进一步搞好综合配套设施建设，改善投资环境，吸引外地企业进入小区。

2000年4月，市、区、街道层层开展“双富双思”（富而思源，富而思进）教育。通过教育，全村党员干部、广大村民认识到，改革开放以来方林发展快速，但对照先进，仍存在差距，一定要急起直追，再创佳绩。10月，着手建设个体工业加工园区。至年底，实际投入57万元，厂房竣工面积约3000平方米。是年，租赁企业7家，收取厂房租费6.57万元。此后，租赁费上升，2001年19.12万元，2002年14.03万元，2003年14.78万元。2004年租赁费为20.18万元，改由方林物业管理公司收取。

2004年5月，原址烟囱爆破清理。2006年4月起，继续扩建加工园区，实施道路工程，至11月厂房总面积达到5246平方米，总共投入190万元。至年底，全部租赁给12家个体企业，收取租赁费62.95万元（每平方米租金120元）。入驻企业从事水道、冰箱、空调、灯具等配件加工，以及工艺品、空压机生产等，年实现产值约1375万元。

第三节　集体工业

队办工业

1958年人民公社时期，发展社队工业，为日后乡镇、村办企业发展奠定基础。20世纪60年代，黄岩县建材公司在西岸王建有2个小砖窑，供应砖瓦产品。1970年，该公司另行择址新建，打算弃用原址。大队干部获悉后，及时与公司联系协商，要求转让砖瓦厂。这一要求得到公司相关领导、本村籍人士方道坤的支持，促使石曲砖瓦厂无偿转让给方林大队，成为集体最早创办的队办企业。

1973—1977年，大队在后方第三生产队设置厂房，先后办起石曲教具厂、石曲兽药厂、石曲化工厂等企业；在前方路创办石曲压铸件厂。至1977年年底，大队工业总产值80多万元，其中砖瓦厂约60万元。

1978年以后，队办企业得到迅速发展。1979年，在后方办起石曲食味厂、石曲溶剂厂等，利用影剧院门庭一至三楼始办石曲皮鞋厂。1980—1982年，在西岸增办石曲空调压缩机厂、石曲五金冲件厂等企业。1980年，全大队工业产值93万元，利润4.07万元。1983年7月，开展企业整顿，账务清理显示，全大队工业亏损总额10.12万元。是年，企业上缴大队2.45万元。

村办工业

1984年3月1日，中共中央、国务院转发农牧渔业部《关于开创社队企业新局面的报告》并发出通知，同意报告提出的将社队企业名称改为乡镇企业的建议，对家庭办、联户办企业给予充分肯定。自此，乡镇企业开始进入一个新的发展时期。是年，村党支部、村委会带领广大党员干部、村民群众贯彻中央文件精神，深刻认识发展工业企业的重要性，采取有效措施，着力发展村办工业。石曲长虹微型电机厂、石曲塑胶电器厂、石曲日用塑料制品厂等10家工厂（车间）创产值140.01万元，赢利7.41万元，发放工资24.78万元。10家企业（车间）中，7家赢利9.12万元，3家亏损1.71万元。

1985—1989年的5年内，村办工业发展较快，先后新办或扩建石曲求精电器厂、石曲舒美服装厂、石曲家用五金电器厂、石曲制冷机配件厂、石曲交通设备配件厂、石曲真空镀膜厂、石曲第二化工厂、石曲长虹微型电机厂、石曲电机器材厂、石曲针织服装厂、石曲塑料农械厂、石曲新华毛巾厂、黄岩市东海机械厂等13家企业。1985年，村办工业企业产值330.95万元，利润15.01万元。1987年，村办工业企业产值412.14万元，利润11.67万元。与1985年比较，产值增长24.53%，利润减少22.25%。1988年，村办工业企业全年产值576万元，利润44万元，提留12.68万元，其中缴村集体11.68万元，用于扩大再生产1万元。产值、利润是1985年的1.74倍、2.93倍。1989年，村办工业产值1088.41万元，亏损4.57万元。

1990年，受宏观经济治理整顿的影响，不少企业苦练内功，调整结构，渡过难关，迎来又一快速发展阶段。是年，办起黄岩市长征电机厂等企业，全村村办工业企业产值

842.74万元。以后几年，相继办起石曲华丽纺染厂、黄岩市精益针织厂、黄岩市金鹰制衣有限公司、黄岩市明通工艺压铸厂等企业。此间，转变工业企业经营机制，推行承包经营、股份合作制经营，不断挖掘生产潜力；继续对重点骨干企业实行村干部联系制度（表5-4），及时解决企业提出的困难和问题；拨出300万元资金，优先支持产品销路好、经济效益高的重点骨干企业；配备工业生产所需的设备，新安装150千伏变压器1台，确保工业用电供应。

表5-4　1995年方林村干部联系重点骨干企业一览

序号	企业名称	年计划产值/万元	法人代表	联系领导
1	东海机械厂	5000	陈华能	方中华
2	金星机械实用公司	3000	方普胜	管人财
3	新艺油墨油漆厂	3000	缪济平	方道福
4	长征电机厂	1000	方孔荣	林必清
5	制冷元件公司	1000	张　鹏	阮普妹
6	华丽纺染厂	1000	方中华	林小春

1993年7月，根据路桥区路南管理区党委要求，村党支部组织开展创建工业“百强村”活动。村建立创建工业“百强村”领导小组，方中华任组长，管人财、林必清任副组长，林小春为成员。在实施过程中，明确创建任务，落实职责分工，运用多种方式宣传工业“百强村”创建的意义，营造浓厚的舆论氛围；以发展、增收为核心，把握建设工业“百强村”的重点。通过活动，引导企业解决发展中存在的问题，把村办工业提高到一个新的水平。是年，实现工业产值3342.2万元，是年计划的102.21%。

1995年，开展村级经济“13140”创建活动，激发发展工业经济的积极性。是年3月，根据路桥区政府路南管理区文件精神，建立村工业服务站，主任管人财，统计林小春，成员刘洋彬。职责是建立台账，每月25日前填报统计、会计报表，使村一级的工业管理逐步走上规范化、科学化的轨道。

1996年，正式组建方林工贸总公司，以进一步加强管理服务。是年，拨出流动资金100万元，扶持重点骨干工业企业；引导企业适应国家宏观调控形势，合理调整产业结构，由粗放型经营向集约型经营转变。10家村办工业完成产值5116万元，为年计划的35.90%。

1997年，中共中央、国务院下发文件，指导乡镇企业改革与发展，提出一系列政策措施。根据中央文件精神，全面开展股份合作制改革，理顺机制、强化职能，村办工业企业全部转制为股份合作制企业。以方林工贸有限公司为联结纽带，将管理模式由松散型转变为紧密型，形成技术、信息、管理的优势，实现“小船”向“舰队”转型，提高产品竞争力和市场占有率，推进全村企业上规模、上台阶。1998年村办股份合作制企业产值6292.08万元。1999年，有村办股份合作制企业13家，完成产值9264.13万元，销售产值8590.80万元，其中出口交货值849.27万元。与上年相比，产值增长47.23%。

2000年起，村办工业着重质的提高，继续保持平稳发展态势。是年全村14家股份合作制企业实现产值11537万元。2001年，14家企业完成产值13143万元（表5-5），是年计划的87.56%。与上年相比，产值增长13.92%。2002年，村属工业产值13573.8万元，同比增长3.28%。2003—2006年，全村工业扩大企业规模，实施品牌战略，优化产业结构，工业经济平稳较快发展。2006年，村属工业企业实现产值4.15亿元。此后，村域企业参与台州先进制造业基地建设，加快转变经济发展方式，努力实现速度与质量、效益相协调，工业经济提质增效（表5-6）。

表5-5 2001年方林村工业企业完成任务实绩情况一览

序号	企业名称	完成产值/万元	序号	企业名称	完成产值/万元
1	浙江中能光电有限公司	3654	8	台州市跃能轴承有限公司	300
2	台州市通力制冷元件有限公司	2005	9	路桥天宇电器厂	49
3	台州市新艺油墨油漆厂	558	10	上海精益水泵一分厂	125
4	台州市安达锁业有限公司	586	11	路桥石曲真空镀膜厂	571
5	台州市华丽纺染有限公司	495	12	路桥联合压缩机厂	19
6	台州市阳光机车电器有限公司	347	13	沪银气体有限公司	2000
7	台州市长征电机水泵有限公司	434	14	浙江三鑫灯饰有限公司	2000

表5-6 1984—2006年方林村村办工业企业产值利润纳税统计表

年份	企业数量/个	年度计划/万元		完成实绩/万元		上缴集体/万元	税金/元
		产值	利润	产值	利润		
1984	10			140.01	7.41	4.58	
1985	10			330.95	15.01	7.37	
1986	11			380.05	14.05	8.98	
1987	14			412.14	8.44	8.37	
1988	14			576.00	44.00	11.68	
1989	15	1305	88.35	1088.41	–4.57	10.15	533309.82

（续）

年份	企业数量/个	年度计划/万元		完成实绩/万元		上缴集体/万元	税金/元
		产值	利润	产值	利润		
1990	12	1375	85.35	842.74	–5.14	9.24	484300.00
1991	13	1290	64.20	1250.87	9.80	9.30	
1992	13	1305	71.50	1609.74	19.85	8.72	865000.00
1993	15	3270	89.20	3342.16	39.85	13.70	212290.00
1994	13	7755	474.50	4512.36	21.53		671630.00
1995	10	14750	784.80	6964.40	–61.00	34.50	482318.00
1996	10	14250	684.80	5116.00	–65.97	34.38	296200.00
1997	11			4949.34		32.00	
1998	11			6292.08		23.20	
1999	13			9264.13		23.20	
2000	14			11537.00		26.20	
2001	14			13143.00		19.60	
2002	12			13573.80		6.80	
2003	12			13003.50		6.80	
2004	13			12700.00		6.80	
2005	13			33800.00			
2006	13			41500.00			

第二章　经营管理

20世纪70年代，大队加强企业目标管理，每年制订工作计划，把发展工业生产列为重要内容，提出企业计划指标、上缴积累金额。80年代，推行企业厂长任期目标制，领导班子经济责任考核制，奖罚并举。90年代起，每年将村办工业发展写入村工作计划，确定产值、利润指标，为企业指明目标任务。路南管理区（街道办事处）重视村办工业发展，先后3次下达村工业企业生产计划。

农村实行家庭联产承包责任制后，村办企业也逐步推行承包经营责任制。1985年承包经营合同10份，1987年12份，1988年9份，1994年10份。同时试行利润包干、抵押承包等。随着市场经济的日益发展，承包经营机制的弊端日益突出。80年代末开始酝酿股份经营改革，至1997年，工业企业全部转制为股份合作制企业，搞活机制，提高效益。

第一节　目标管理

1970年以后，大队党支部、管委会因地制宜，发挥自身优势，引导群众发展工业生产，努力壮大集体经济。年初制订工作计划，提出工业发展目标，确定各企业具体指标及上缴积累金额。1979年年初，大队党支部、管委会提出队办企业发展计划，全年实现产值75万元，力争82万元。各企业指标分别是：石曲砖瓦厂计划55万元，争取60万元；石曲溶剂厂计划5万元，争取6万元；石曲食味厂计划10万元，争取12万元；石曲兽药厂计划3万元，争取4万元；打铁组计划1万元。在完成指标的基础上，企业上缴大队积累4.1万～5.25万元，各厂分配额：石曲砖瓦厂2万～2.5万元，石曲食味厂1万～1.2万元，石曲溶剂厂、石曲兽药厂分别为5000～7000元，大队打铁组1000～1500元。

80年代初，大队继续重视队办工业发展。1982年1月，大队党支部、管委会制订

《方林生产大队（村）1982—1985年发展规划》，确定队（村）办工业企业的具体指标。根据1981年生产经营情况，计划1982年产值122.5万元，力争140万元；产生利润11.08万元，争取12.5万元。确定7家企业推行企业厂长任期目标制、领导班子经济责任考核制，奖罚并举，其中石曲砖瓦厂、石曲溶剂厂、石曲皮鞋厂、石曲兽药厂、石曲食味厂、石曲家用五金电器厂等承包到企业，石曲五金教具厂承包到第一、二、三车间。

1985年，进一步搞好岗位责任制、经济技术指标考核，实行村办企业产值、利润与工资三挂钩。是年计划实现产值200万元，利润16万元；企业获利部分上缴村20%，留厂用于再生产40%，用作奖金福利40%；利润按月考核，春夏预缴，年终缴清，保证兑现；中途停办厂按实际产值、利润结清前账，冻结账户，封存物资；职工报酬实行工分制，工资每月分季预发80%，年终结算；新办厂按实际产值计算利润。

90年代，持续发展村办工业企业，全村集体经济不断壮大。1991年12月，村党支部、村委会制定《方林村“八五”计划（1991—1995年）》，把村办工业发展列入其中。该计划提出，继续贯彻执行“积极扶持、合理规划、正确引导、稳定发展”的方针，优先扶持上规模企业、龙头企业，坚持村办工业、股份合作制企业、个体工业、市场业企业协调发展。1991年计划产值1290万元、利润64.2万元，到1995年计划产值9520万元、利润243.3万元。1996年，村办工业年计划产值14250万元，利润684.8万元。

1995年，是路桥区“两年完成建区、三年经济翻番、五年争第一”的关键之年，1995年、1996年，路南管理区（街道办事处）连续下达各村工业企业生产计划（表5-7、表5-8）。1995年方林村产值13171.04万元，销售额7700万元，利润76.00万元；1996年产值（90不变价）11624万元，销售额（不含税）7460万元，利润64.03万元。接到通知后，村两委及时做好计划的安排、落实工作，确保各项指标的全面完成。

表5-7　1995年路南管理区下达方林村工业企业产值销售利润计划指标

单位：万元

序号	企业名称	考核指标			产值工作指标
		企业产值	销售额	利润	
1	台州市东海机械厂	3000	2600	85.0	3200
2	台州市金星机械实业公司	2000	1850	56.0	2200
3	台州市新艺油墨油漆厂	1200	1105	34.0	1300
4	路桥华丽纺染厂	800	740	23.0	1000
5	台州市通力制冷元件公司	600	560	17.0	700
6	台州市长征电机厂	500	465	14.0	650

（续）

序号	企业名称	考核指标			产值工作指标
		企业产值	销售额	利润	
7	路桥石曲砖瓦厂	120	115	4.5	130
8	台州市联合压缩机厂	100	95	3.0	120
9	台州市金鹰制衣公司	100	95	3.8	120
10	石曲真空镀膜厂	80	75	3.0	100

表5-8　1996年路南街道办事处下达方林村企业产值销售利润计划指标

单位：万元

序号	企业名称	企业产值元	销售额	利润
1	台州市东海机械厂	5000	3500	105
2	台州市新艺油墨油漆厂	2000	1700	50
3	路桥华丽纺染厂	1500	300	10
4	台州市金星机械实业公司	1000	600	16
5	台州市通力制冷元件公司	600	500	15
6	长征水泵厂	500	400	12
7	台州市金鹰制衣公司	200	160	4
8	石曲轮窑厂	120	200	5
9	台州市联合压缩机厂	120	100	3

2001年2月26日，路南街道办事处下达方林村2001年度工业生产计划15010万元（表5-9）。全村14家工业企业以邓小平理论、“三个代表”重要思想为指导，贯彻中央经济工作会议精神，按照区经济工作会议作出的部署，进一步优化发展环境，加强结构调整，提高经济运行质量。

表5-9　2001年路南街道办事处下达方林村工业生产计划

单位：万元

序号	企业名称	生产计划	序号	企业名称	生产计划
1	浙江中能光电有限公司	6000	8	台州市跃能轴承有限公司	350
2	台州市通力制冷元件有限公司	5000	9	路桥天宇电器厂	100
3	台州市新艺油墨油漆厂	800	10	上海精益水泵一分厂	100
4	台州市安达锁业有限公司	800	11	路桥石曲真空镀膜厂	100
5	台州市华丽纺染有限公司	800	12	路桥联合压缩机厂	50

（续）

序号	企业名称	生产计划	序号	企业名称	生产计划
6	台州市阳光机车电器有限公司	500	13	路桥亚飞包装材料厂	10
7	台州市市长征电机水泵有限公司	400			

第二节 经营责任制

承包经营

1985年1月1日，中共中央、国务院下发《关于进一步活跃农村经济的十项政策》，指出联产承包责任制和农户家庭经营长期不变，同时要求把责任制扩展到林业、牧业、水产业、乡镇企业等领域。根据县、乡安排部署，村党支部、村委会贯彻执行中央文件精神，提出完善企业经营责任制，提高经营管理水平和经济效益。

是年1月30日，村经济合作社分别与石曲塑胶电器厂、石曲求精电器配件厂、石曲溶剂厂、石曲压铸件厂、方林五金冲件厂、石曲家用五金电器厂、石曲舒美服装厂、石曲摩登皮鞋厂、石曲日用塑料制品厂等9家企业签订承包经营合同书（表5-10）。合同期限1年，自1985年1月1日起至1985年12月31日。合同具有法律效力，一式四份，发包方，承包方、监证机关石曲乡乡镇企业办公室及石曲信用社各一份。发包方村生产合作社负责人林必清、阮普妹和承包人分别在合同书上签字，监证机关分别盖章。合同包括核定的企业全年产值、成本、工资、税金、管理费、利润等。年计划产值200万元，利润16万元。工业企业获利部分上缴大队20%，留厂用于再生产40%，用作奖金福利40%。搞好岗位责任制、经济技术指标考核，实行队办企业产值、利润与工资三挂钩。中途停办厂按实际产值、利润结清前账，冻结账户，封存物资；职工报酬实行工分制，工资每月分季预发80%，年终结算。新办厂按实际产值计算利润，工资按70%发放，年终结算，发放须经村派联系干部审核同意，总额中含村下派联系人每月780元；管理费每月按销售收入总额结算上报，在次月上旬上缴乡工办；应收、应付款项必须在翌年第一季度内清收和支付（特殊情况例外）；分季度上缴利润，不能及时上缴的，需按一定比例加罚；奖金发放须上报村审核；实行“全奖全赔”办法，未完成产值利润的扣基本工资。

1987年1月22日，中共中央政治局会议对农村改革问题进行深入的讨论，通过《把农村改革引向深入》重要文件。村党支部组织党员干部、村民代表学习贯彻，谋划工业、农业发展新思路，巩固和扩大改革的成果，促进工农业生产，争取村级经济新增长。2月起，村经济合作社先后与石曲塑胶电器厂、石曲压铸件厂、石曲舒美服装厂、石曲家用五金电器厂、石曲制冷机配件厂、黄岩县石曲电机器材厂、石曲摩登皮鞋厂、黄岩县石曲交通设备配件厂、黄岩县石曲日用塑料制品厂、黄岩县石曲真空镀膜厂、黄岩县家用五金电器厂等10家企业签订承包经营合同书（表5-11）。甲方代表阮普妹，各企业承包人作为乙方分别在合同书上签字。合同期限除石曲家用五金电器厂5个月（自1987年8月1日起至1987年12月31日止）外，其余企业均为1年（自1987年1月1日起至1987年12月31日止）。合同书一式四份，石曲乡乡镇企业办公室、石曲信用社、甲方、乙方各执一份。

表5-10　1985年度黄岩县石曲乡方林村企业承包经营合同一览表

序号	企业名称	承包人	职工人数/个	核定指标/万元					核定利润/万元			
				产值	成本	工资	税金	管理费	数额	其中		
										缴村	留厂	奖励
1	石曲塑胶电器厂	李建国	120	60	40.4	10.0	3.00	0.60	6.0	0.70		
2	石曲求精电器配件厂	谢勇华	30	50	39.0	3.0	2.50	0.50	3.0	2.50	0.75	2.00
3	石曲溶剂厂	缪济平	45	40	28.6	4.0	4.00	0.40	3.0	0.80	1.32	0.88
4	石曲压铸件厂	方普胜	20	30	22.8	2.4	1.50	0.30	3.0	0.35		
5	方林五金冲件厂	陈华能	35	20	12.8	3.5	1.00	0.20	2.5	0.50	1.20	0.80
6	石曲家用五金电器厂	陈法春	25	20						0.05		
7	石曲舒美服装厂	林寿增	80	15	9.4	4.0	0.45	0.15	1.0	0.15		
8	石曲摩登皮鞋厂	徐贤德	20	5	2.3	1.2	0.25	0.05	1.2	0.15		
9	石曲日用塑料制品厂	黄彩云	13	5	3.0	0.7	0.25	0.05	1.0	0.05		

表5-11　1987年度黄岩县石曲乡方林村企业承包经营合同一览表

单位：万元

序号	企业名称	承包人	经济指标			上缴款项	
			总产值	销售额	利润	公益事业费	行政管理费
1	石曲塑胶电器厂	林必清	170	170	8.50	1.50	0.850
2	石曲压铸件厂	方普胜	70	70	7.00	0.90	0.350
3	石曲舒美服装厂	林寿增 王　筱	10	10	1.00	0.10	0.050
4	石曲家用五金电器厂	张华福 李　达 李　正	10	10	0.50	0.90	0.050

（续）

序号	企业名称	承包人	经济指标			上缴款项	
			总产值	销售额	利润	公益事业费	行政管理费
5	石曲制冷机配件厂	林仙亮	10	10	0.80	0.15	0.050
6	石曲摩登皮鞋厂	徐贤德	10	10	1.00	0.10	0.050
7	石曲日用塑料制品厂	黄彩云	5	5	0.50	0.05	0.025
8	石曲交通设备配件厂	徐贤忠	5	5	0.40	0.04	0.025
9	石曲电机器材厂	方孔华	5	5	0.50	0.10	0.025
10	石曲真空镀膜厂	陈林春	5	5	0.50	0.07	0.025

合同书确定主要经济指标、上缴款项外，还写明其他有关事项，主要有：国家税收按规定结算缴纳，村公益管理费按季度上缴，行政管理费按销售收入0.5%比例按月计提，职工工资在国家政策允许范围内由乙方自行确定，税后净利润（指缴纳公益事业费、所得税后的利润）归乙方所有，享受国家照顾的减免税留企业用于扩大再生产，其他各项计提和分配均按规定执行。乙方必须遵守国家政策、法令，保证合法经营，建立会计账目，接受甲方检查和监督，及时上交各种报表；企业的基建、生产、经营管理由乙方负责，所需资金由乙方筹集，人员招收、辞退由乙方决定。

1988年3月，村委会分别与黄岩县石曲摩登皮鞋厂、黄岩县石曲塑料农械厂、黄岩县石曲针织服装厂、黄岩县石曲电机器材厂、黄岩县石曲日用塑料制品厂、黄岩县石曲真空镀膜厂、黄岩县石曲制冷机配件厂、黄岩县石曲微型电机厂、黄岩县石曲交通设备配件厂等9家工业企业签订承包经营合同书（表5-12）。甲方代表方中华、阮普妹，各企业承包人作为乙方分别在合同上签字。协议有效期限1年，自1988年1月1日起至1988年12月31日止（石曲电机器材厂自1988年3月29日起至1989年3月28日止）。合同在确定主要经济指标、上缴款项的同时，还写明：国家税收按规定结算缴纳，村公益管理费按季度上缴，行政管理费按销售收入0.5%比例按月计提，职工工资在国家政策允许范围内由乙方自行确定，税后净利润（指缴纳公益事业费、所得税后的利润）归乙方所有，享受国家照顾的减免税留企业用于扩大再生产，其他各项计提和分配均按规定执行。行政管理费除长虹电机厂上缴村委会外，其余均上缴乡企办。乙方必须遵守国家政策、法令，保证合法经营，建立会计账目，接受甲方检查和监督，及时上交各种报表；企业的基建、生产、经营管理由乙方负责，所需资金由乙方筹集，人员招收、辞退由乙方决定。

表5-12　1988年度黄岩县石曲乡方林村企业承包经营合同一览表

单位：万元

序号	企业名称	承包人	经济指标			上缴款项	
			总产值	销售额	利润	公益事业费	行政管理费
1	长虹微型电机厂	方孔荣	200	200	15.0	2.50	1.000
2	石曲真空镀膜厂	陈林春	40	40	3.0	0.60	0.200
3	石曲摩登皮鞋厂	徐贤德	10	10	1.0	0.10	0.050
4	石曲塑料农械厂	罗仙德	10	10	1.0	0.15	0.050
5	石曲针织服装厂	方孔华	10	10	1.0	0.20	0.050
6	石曲制冷机配件厂	林仙亮	10	10	1.0	0.15	0.050
7	石曲电机器材厂	徐保元	5	5	1.0	0.40	0.025
8	石曲日用塑料制品厂	黄彩云	5	5	0.5	0.04	0.025
9	石曲交通设备配件厂	徐贤忠	5	5	0.5	0.04	0.025

利润包干

指在年度开始前对企业核定利润上缴计划数，并列入村级收支预算，解缴国家税金、村级分成的管理方式。做法是企业按核定的上缴利润目标向生产合作社承包，完成承包目标的超过部分，企业留用一部分，上缴村一部分；完不成承包目标，由企业用自有资金补齐。目的在于通过责、权、利的紧密结合，调动企业积极性，提高经济效益，保证完成村级收入任务。

1985年5月1日，根据中央有关文件精神，方林村经济合作社与石曲轮窑厂领导班子签订利润包干经营合同书。合同期限1年，自1985年5月1日起至1986年5月1日止。经双方协商，确认有关条款：企业有职工250人；核定全年产值79.75万元，产值成本7.81万元，工资13.733万元（包括村派联络人员工资1020元），产值税金7.975万元，产值管理费1.1962万元；核定利润10.74万元，其中缴村4万元，留厂5万元，奖励1.74万元。

此外，合同书还认定的条款是：应收、应付（含上年遗留部分和当年发生的）必须在翌年第一季度内全部收付完毕（特殊情况例外）；到期没有上缴利润，超过1个月按未交部分的5%罚款，超过2个月按每月2%加罚（遇特殊情况另作处理）；工资须经村联络人员审核同意后发放，先发70%，年终结算；奖金发放须报甲方审核；未完成产值利润的扣除基本工资，实行全奖全赔；合同未尽事宜，双方协商解决。

抵押承包

“抵押承包经营责任制”的简称。在坚持社会主义公有制的基础上，通过选聘经营者，由经营者个人或由其组织经营者团队作为承包方，与主管单位订立承包合同，同时预先抵押一定量个人财产作担保。在承包期内，承包者对企业的人、财、物和产、供、销以及内部的经济分配形式具有较大的自主权。

1986年，中共中央、国务院下发的《关于1986年农村工作的部署》指出：“不发展农村工业，多余劳力无出路，也无法以工补农。”要求中央各部门和各地对乡镇企业“积极扶持，合理规划，正确引导，加强管理，使之保持健康发展”。方林村党支部学习、领会中央文件精神，加强对村办工业的管理。4月1日，村生产合作社强化企业承包责任制，实施财产抵押承包，分别与石曲五金瓶盖滴塑厂、石曲溶剂厂签订抵押承包协议，如需经济责任承担，承包人愿以所抵财产赔偿。承包期2年，自1987年1月1日起至1988年12月31日止。

石曲五金瓶盖滴塑厂由陈华能、盛金辉、蔡依禄3人承包，他们各以1间三层楼房抵押，每间房屋价值2.5万元，抵押值共7.5万元。如需承担经济责任，承包人愿以所抵财产赔偿。石曲乡乡镇企业办公室开具经营承包资产移交清单，分资产来源、资产占用，合计均为267641元。资产来源中，固定资金41856元，流动资金25952元，借入资金183218元，债务43962元，专用基金−27347元；资产占用中，固定资产净值41856元（固定资产原值49453元，固定资产折旧7597元），定额流动资产171568元，现金2263元，银行存款14851元，债权36340元，基建支出763元。

石曲溶剂厂由缪济平、郑冬春、罗二头3人承包，以3间二层楼、1间三层楼房抵押，总价值3.2万元。其中缪济平2间二层楼房，价值8000元；郑冬春1间三层楼房，价值2万元；罗二头1间二层楼房，价值4000元。石曲乡乡镇企业办公室开具经营承包资产移交清单，分资产来源、资产占用，合计均为169551元。资产来源中，固定资金83923元，流动资金21975元，借入资金13000元，债务76267元，专用基金−25614元；资产占用中，固定资产净值83923元（固定资产原值97971元，固定资产折旧14048元），定额流动资产45275元，现金4931元，银行存款3920元，国库券存款465元，债权31037元。

自主经营

1994年1—2月，村委会相继与黄岩市鑫星电梯厂、黄岩市东海机械厂、黄岩市新艺油墨油漆厂、黄岩市华丽纺染厂、黄岩市长征电机水泵厂、黄岩市精鹰制衣有限公司、黄岩市通力制冷元件有限公司、石曲轮窑厂、黄岩市联合压缩机厂、黄岩市石曲真空镀膜厂等10家村属企业协商订立有效期为1年的自主经营协议书，旨在落实企业经营责任制，明确职责，提高企业经济效益。采取方式是给定年产值、利润指标，需缴公共事业费、税金、管理费等，实行独立核算，自负盈亏，一切债权由企业负责。

第三节　股份经营

主要是股份合作制经营。1989年1月，村党支部、村委会提出年度工作计划，针对企业实际情况，参照乡集体企业改革的办法，开展村办工业改制试点工作。是年，选择黄岩县东海机械厂、石曲第二化工厂2家经济效益较好的村办企业，拍卖转让村集体固定资产动产部分，企业性质由村办集体企业转变为村属股份合作制企业。

改制试点工作进展顺利。先由企业职工代表大会审议通过村两委作出的决定，提出改制申请。主管部门牵头对企业资产存量清产评估，并通过资产评估机构核实。在此基础上，报请有关部门审批。

企业转制后，实现自主经营、自负盈亏、自我发展、自我约束，生产积极性明显提高。1990年，东海机械厂、第二化工厂产值分别为103.92万元、234.62万元，完成全年计划的103.92%、117.31%；第二化工厂开始扭亏为盈，成为12家村办工业中效益较高的企业，为持续发展打下扎实基础。

在取得试点经验后，不断探索集体经济有效的实现形式，寻求集体所有制企业放开搞活、转换机制的途径，鼓励和引导村办企业实行股份合作制经营。到1997年年底，10家村办工业企业转制为股份合作制企业。在原村办企业改制的同时，陆续办好股份合作制和个人私有制企业。到2001年年底，全村有工业企业14家，其中股份合作制企业10家，个人私有制企业4家。

第三章　工业门类

经过数十年发展，方林工业经济从无到有，从小到大，从弱到强，逐步形成以建材化工、五金机械、服纺皮塑等为主的经营格局。建材化工包括建材制造、化工制造、塑料制品等。建材企业主要生产砖瓦、蛎灰等；化工企业从香蕉水、松香水起步，逐渐生产油墨、油漆等涂料；塑料企业为日常生活、农业生产提供塑制用品。五金机械是方林工业的重点产业，主要有五金行业、车辆制造、设备制造、电气制造等，提供真空镀膜加工服务，开发生产摩托车汽车及配件，以及制冷配件、电梯梯级、空气压缩机、不锈钢复合管、锁具、水泵、机床附件等产品。电气制造以微型电机为主。其他行业包括兽药制造、食味生产、包装材料制作等。

第一节　建材　化工

建材制造

石曲轮窑厂　原名方林砖瓦厂，创建于1970年，厂址西岸王。首家村集体企业。1970—1978年厂长管康寿，副厂长方四妹兼生产组长；1978—1983年方中华担任厂长。

企业最早是黄岩县建材公司于20世纪60年代所建，专门生产砖瓦。1970年，该公司在三甲岩头建轮窑，准备迁移，原址弃用。大队干部获悉后，及时与该公司联系，得到无偿转让，公司分管领导方道坤予以支持，并表示尽可能收购产出的砖瓦，帮助解决产品销路。

建厂初，大队集体经济薄弱，启动资金困难。大队党支部书记方道福想方设法，筹措资金，每一生产队筹集200元，共1400元，还动员社员出资。通过各方支持，砖瓦厂顺利上马，产品销售较为顺畅。窑南边生产蛎灰。翌年大队干部商议决定建中型轮窑，生产砖瓦，行情较好。最初安排劳动力50人左右，逐渐使每户至少有1个劳动力进厂，最多时安排273人，约占全大队劳动力的一半。

1973年7月1日，18门大轮窑建成投产（图5-1）。当年产红砖450万块，瓦1200万片。1975年扩建为20门。年产红砖1300万块。红砖主要销往台州市下辖6县，供不应求，开票付款后需待七八天才能取货。企业逐步成为黄岩县砖瓦重点生产厂家之一，在台州市地区具有一定影响。1980年，实现产值70.07万元，利润4.9万元。1984年产值84.75万元，利润7万元，全年发放工资17.83万元。1988年产值80万元，利润8万元，上缴村集体3.6万元。1989年产值71.52万元，利润0.24万元，分别是年计划的84.14%、5.65%，缴纳税金5.44万元。1993年，产值达到107.78万元，利润3.86万元，均超过年计划。1994年1月，实施承包经营责任制，给定年产值150万元、利润10.5万元的指标，分别完成年计划的63.91%、37.05%。1995—1996年，计划年产值200.00万元，利润14.40万元。产值分别是年计划的49.66%、43.8%，均出现亏损。这两年，企业上缴村分别为6.5万元、6.38万元。1997年上缴4万元。

图5-1　工人在石曲轮窑厂前合影，右一为厂长方中华（1980年11月）

随着国家对环境保护问题的重视，砖瓦产业不适合再继续发展。1999年，石曲轮窑厂关停。

路桥欧达建材厂　建于2000年，厂址路桥区螺洋街道南山村，厂长方茂林，职工10人，均为外来人员。从事混凝土砖生产经营。2018年，产值300万元，净收入30万元，缴税10万元。

路桥高格卫浴设备厂　厂长张君欢，创办于1994年，开始以旧村居为厂房，主要生产水龙头。10余年后企业有所发展，先后在路桥区、黄岩县开辟生产经营场所，生产淋浴屏、淋浴柱、龙头等产品，经营卫生设备、机械设备零配件制造和销售。2006年部分车间搬迁至方林个体工业园区，厂房面积1500平方米，职工10余人。

化工制造

1976年创办石曲兽药厂，厂址后方第三生产队地域内，厂长林寿增、副厂长方华良。1980年产值3.3万元，利润0.6万元。1981年停办。1977年，办起石曲化工厂。1987年以石曲第二化工厂为基础，创办新艺油墨油漆厂。

石曲溶剂厂　前身是石曲化工厂，厂址后方第三生产队。厂长曹宝玉，副厂长阮普妹。主要生产香蕉水、松香水等。1978年年末有职工18人，全年总收入4.79万元，截至是年年底，利润累计总额1521元。1979年改名为石曲溶剂厂，厂长阮普妹，副厂长缪济平。1980年企业产值5.6万元，利润0.64万元。1984年，石曲溶剂厂产值8.82万元，利润312.53元。是年，该厂谢勇华、盛龙土车间分别创产值13.06万元、2.68万元，利润0.43万元、0.11万元。1985年产值9.23万元，利润803.05元，分别是年计划的23%、2.7%。相比上年，产值、利润均略增。1987年年初，职工定员40人，其中男15人，女25人。是年产值39.69万元，利润6595元，分别是年计划的132.3%、29.3%。相比1985年，产值、利润分别增长3.30倍、7.21倍。1988年产值100万元，利润5万元，提留2.8万元，其中缴村2万元，留厂扩大再生产0.8万元。产值、利润增长较快，分别是上年的2.52倍、7.58倍。1989年停业。

台州市新艺油墨油漆厂　厂址西岸原第六生产队用房，占地面积6亩。1989年，由石曲溶剂厂改建为石曲第二化工厂，是年产值94.95万元，亏损0.98万元，上缴村6000元。1990—1992年产值连年上升，均产生一定利润，纳税10余万元，两年共上缴村4.9万元。1993年实现产值424.04万元，亏损4.25万元，纳税46.48万元，上缴村2.18万元。

1994年更名为黄岩市新艺油墨油漆厂，后改名为台州市新艺油墨油漆厂。以生产油墨、油漆等为主。村属企业，法定代表人缪济平。企业实行独立核算，自负盈亏，负责企业一切债权、债务。

凭着多年生产经验，企业逐步扩大规模，着力提高产值和效益。1994年计划产值1200万元，利润60万元；完成产值623.74万元，利润2.33万元，分别是全年计划的51.98%、3.88%；全年缴纳税金10.11万元。一年后继续发力，再上新台阶。1995—1996年，计划产值、利润分别为3000万元、125万元；各完成产值1432.99万元、1034万元，分别是年初计划的47.77%、34.47%。1995年，未产生利润；1996年亏损11.64万元，缴纳营业税6.48万元、增值税附加税159.9万元。两年内共上缴村9万元。1999年完成产值567.43万元，销售产值556.28万元，上缴村3.5万元。2001年计划产值800万元，完成产值558万元，是年计划的69.75%。

塑料制品

20世纪80年代，村内先后创办2家塑料制品企业，分别是石曲日用塑料制品厂和石曲塑料农械厂。1994年，企业均关停歇业。

石曲日用塑料制品厂 建于1984年，厂址后方里西侧，生产塑料藤椅、印制饭菜票等。厂长黄彩云。办起第一年产值2.7万元，利润2000元，发放工资4500元。1985年有职工13人，取得产值1.3万元，占全年计划的26%。1987年产值比1985年增长60%，并产生利润。1988年产值5万元，利润5000元，缴村集体400元。1989年起产值下降，利润较低，是年和1990年缴村填款均与1988年同。

石曲塑料农械厂 创建于1988年，主要制造、销售农用喷雾器桶等产品，厂址后方里原第三生产队用房。厂长罗仙德。建厂头年产值10万元，利润1万元，缴村集体500元。1989年完成产值20.5万元，亏损1.91万元，产值是年计划的102.5%。全年缴纳税金6076.33元。1990年开始，计划产值10万～20万元、利润1万～1.5万元，而每年实际产值仅三五万元。1991—1993年，每年上缴村1000元。

第二节　五金　机械

五金行业

80年代，先后办起方林五金冲件厂、石曲五金电器厂、石曲家用五金电器厂、石曲真空镀膜厂等。石曲五金电器厂建于1984年，1988年停办，厂长方普通。90年代建立黄岩市明通工艺压铸件厂、台州市五金灯饰有限公司，21世纪，办有浙江鹏邦管业，生产阀门等产品。

方林五金冲件厂 1983年，由陈华能、林必清负责兴办的黄岩县石曲公社方林五金冲件厂开业，址设后方，主要产品为五金瓶盖、电风扇、开关箱等，员工15人。1984年五金冲件厂产值12.16万元，利润1.13万元。是年，由谢勇华、盛龙土负责的生产车间分别实现产值13.06万元、12.16万元，产生利润4300元、1100元。1985年，厂长陈华能、副厂长盛金辉，取得产值19.55万元，利润7557.15元。1986年，方林五金冲件厂改名为石曲五金瓶盖滴塑厂，厂长陈华能。翌年，有工人58人，其中男13人、女45人。实施抵押承包后，企业效益上升，上缴增至1.28万元。1988年实现产值51万元，利润2万元，提留1.2万元，其中1万元缴村，2000元扩大再生产。1989年，企业重建，取名黄岩市东海机械厂。

石曲家用五金电器厂 创建于1985年，厂址西岸，利用原第六生产队4间仓库作车间，面积100平方米，加工矽钢片，制作门窗插销、门合、门拉手等。厂长张华福。办起第一年产值24.64万元，利润3004元。1987年产值10万元，利润3788元，缴村公益事业费900元。1989年产值8000元，利润400元。1991年产值19万元，利润3800元，分别完成年计划的63.33%、42.22%。以后两年产值、利润明显下降。1994年歇业。

石曲真空镀膜厂 真空镀膜工艺使被镀件表面具有高度金属光泽和镜面效果，薄膜材料具有出色的阻隔性能，产生优异的电磁屏蔽和导电效果。这一工艺广泛应用于塑料制品。企业创办于1987年，厂址方林水埠房旁。村属企业，法定代表人陈林春。1990年更名为黄岩市石曲真空镀膜厂，1995年改名为台州市石曲真空镀膜厂。企业实行独立核算，自负盈亏，负责企业一切债权、债务。

创办头年产值10.99万元，利润3421元，分别是年计划的219.8%、68.4%。1988年产值40万元，利润3万元，缴村6000元。1989—1992年，年产值降至30万元上下，利润最多2万余元。1992年上缴村6500元。1993—1994年产值上升到40多万元，但出现亏损。1995年起产值超百万元，1999年完成产值103万元。2000年以后企业跃上新台阶。2001年计划产值100万元，实际完成产值571万元，是年计划的5.71倍。在完成产值中，出口交货值366万元。2002年，完成产值735万元。

台州市五金灯饰有限公司 创办于1997年，地址路桥区蓬街镇小伍份工业区，业主蔡依禄，从事各类冲件、圣诞用品生产经营，职工48人。2018年，产值1500万元，净收入76万元。

浙江鹏邦管业有限公司 创建于2010年，地址路桥区峰江街道钟家村3区77号。2015年7月，注册建立浙江鹏邦管业有限公司，法定代表人戴加勇。公司占地面积3.33万平方米，建筑面积2万平方米，致力于各种阀门、管件、分集水器、PP-R管、地暖管的设计、开发、生产制造，有员工60人。通过ISO 9001—2015质量体系认证，产品质量由中国平安保险股份有限公司承保，被中国建筑装饰行业评为推广应用产品。

车辆制造

主要有浙江中能工业集团有限公司、台州市阳光机车电器有限公司、绿佳车业科技股份有限公司等企业。

浙江中能工业集团有限公司 地址台州市路桥区新桥镇新文路389号。前身为黄岩市东海机械厂，创办于1989年，地址西岸，村属企业，法定代表人陈华能。企业实行独立核算，自负盈亏，负责企业一切债权、债务。东海机械厂主要经营五金交电、照明电器、电工器材、水暖器材、水泵、电机等的生产和销售。创办第一年产值279.21万元，缴纳税金6.82万元，上缴村1.75万元。1990—1992年产值略降。

1993年开始回升，产值达到534.84万元，利润4.66万元，缴纳税金22.18万元，上缴村1.82万元。此年后产值超千万，1994年为1121.19万元，缴纳税金11.18万元。1995年实际完成产值3678.26万元，缴纳税金15.67万元，增值税259.05万元。是年起至2001年，企业每年上缴村5.8万元。1996年产值完成2095万元，缴纳营业税8.8万元、增值税附加税171.57万元。1996年7月，注册成立浙江中能光电有限公司（简称中能），生产电子节能格栅灯等产品。是年公司投入800万元，进行技改，生产灯具15万盏，完成产值3500.13万元，销售产值3102.26万元，其中出口交货值438.87万元。1997年，注册成立浙江中能摩托车有限公司，开始生产摩托车。

跨入21世纪，企业经营范围扩大，产值逐年上升。2000年实现产值4697万元。翌年具备一定的摩托车整车、发动机的生产能力，完成产值5654万元，是年计划的94.23%，出口交货值110万元（图5-2）。

图5-2　中能公司摩托车组装车间一角

2002年涉足汽车行业，集团与中国第一汽车集团哈尔滨轻型车厂（简称哈轻）合作签约，协议包括哈轻与中能合作设立分厂，哈轻拟投资该汽车项目，重点生产一汽解放SUV（运动型多用途汽车）、皮卡车型；由哈轻提供三类底盘（不带驾驶室的底盘）及整车合格证，哈轻进行生产技术指导，并负责汽车销售。2003年，公司更名为浙江中能工业集团有限公司，并成立中能汽车有限公司，注册资本2680万元，年产一汽解放新赛宝等汽车3000余辆。后又分别注册台州中能汽车销售有限公司、台州中能汽车配件有限公司，先后在上海市、四川省、湖南省、广东省、吉林省等省市设有营销网点，加盟经销商50多家。中能汽车被列入省重点工业项目。

2004年3月，汽车制造投产。是年企业总销售突破1亿元。2005年产值上升到2亿元。2006年，集团公司生产中能王、中能先锋、金刚、大龟王等摩托车新品，开发1021皮卡，6460、6480等型号汽车。全年共销售摩托车整车7.95万辆，汽车终端销量1000多台，销售额3.15亿元，比2003年同期增长27%，上缴国家税收2500万元。2007年自主研发3款摩托车整车新产品，申报5项专利，销售摩托车整车9.04万辆，同比增长13.71%；汽车公司丰富产品系列，提高市场竞争力，终端销量达2345多台，同比增长134.5%。2007年1月，中能汽车收购重组安徽省安驰汽车股份有限公司，成立安徽安驰汽车工业有限公司。2008年由于产业政策的限制，汽车生产停止。经营范围以摩托车配件、助力车、两轮电动车及配件制造为主，兼营汽车配件制造、销售，塑料原料、金属材料批发、零售等。

台州市阳光机车电器有限公司　企业类型有限责任公司（自然人投资或控股），创建于1997年2月。厂址台州市路桥区路南街道前方路7-2号。经营模式为生产型。员工100人。所属行业汽摩与配件，是专门从事汽车电子风扇和汽车EPS电动助力转向器生产的厂家，主要配套吉利汽车、吉奥汽车以及各类电动汽车。主营方向机、电子电动转向总成、方向助力器、电动助力总成、散热风扇总成等。公司拥有电脑直流专用测功机、电脑电磁兼容检测仪器等检测设备，检测手段在省内乃至国内同行业中处于领先水平。通过ISO/TS 16949:2000质量体系认证，是消费者信得过单位。法定代表人方理智。

企业建立后，坚持技术创新，注重产品质量，加强优质服务，为客户提供高品质的产品。1999年完成产值572.41万元，销售产值463.82万元。2001年实际完成产值347万元，是计划年产值的69.4%。2002年完成产值336万元，比上年减少3.17%。

台州市绿佳车业科技股份有限公司　创建于1999年，地址临海市杜桥镇南工业发展区，曾用名绿佳车业科技有限公司、台州市风行阀门制造有限公司，从业范围为助动车制造。2009年12月，成立绿佳车业科技股份有限公司，注册资本8168万元，法定代表人王云龙。2018年，拥有职工175人，其中外来工100人，获得产值1亿元，净收入180万元，纳税430万元。

设备制造

七八十年代先后创建石曲鼓风机厂、石曲制冷机配件厂、石曲电机水泵厂、石曲空调压缩机厂等，逐渐发展成为鑫星电梯厂、通力制冷元件有限公司、长征电机水泵厂、路桥联合压缩机厂等具有一定规模的企业。1987年办起石曲交通设备配件厂，地址西岸，专业生产减震器等交通运输配套产品，厂长徐贤忠。是年获产值2万元，为年计划的40%。1988年产值5万元，利润5000元，缴村400元，1989年歇业。90年代相继建立台州市安达锁业有限公司、上海精益水泵厂路桥分厂等企业。21世纪初，办起台州市机床附件厂。2013年，方建在路南长浦村创办台州博得机械科技有限公司，拥有职工15人，生产缝配产品。

台州市通力制冷元件有限公司 前身是石曲制冷机配件厂。厂址四角马路南104国道旁，创办于1987年。是年石曲制冷机配件厂产值4.5万元，是年计划的45%。1988年产值10万元，利润1万元，缴村1500元。1989年完成产值2.1万元，是年计划的21%。

1992年建立黄岩市通力制冷元件有限公司，毗邻甬台温铁路台州货运站。村属企业，法定代表人张鹏。企业实行独立核算，自负盈亏，负责企业一切债权、债务。1995年更名为台州市通力制冷元件有限公司。公司研发实力雄厚，重视品牌建设。经技术监督部门认定，“台通牌”截止阀、单向阀、分配器、铜管路件等产品，达到国内外先进水平，制冷配件产品获得国家行业生产许可证。产品出口澳大利亚、丹麦、德国等10多个国家和地区，销往国际知名的空调企业，其中包括世界500强日本三菱电机。1994年实现产值368.92万元，利润9.43万元，分别是年计划的184.46%、157.17%。全年缴纳税金17.4万元。1995年产值465.04万元，利润0.1万元。全年缴纳税金4.71万元，增值税58.70万元。1996年起产值上升较快。1999年，空调配件生产增至20万套，完成产值2805.7万元，销售产值2764万元，其中出口交货值13.4万元。

21世纪，公司加强技改，创新工艺，引进先进设备和技术人员，调整整体格局，企业发展迅速。2000年，公司投入320万元，实行先进的“5S”现场管理模式，企业规模和档次得到明显提高，在系列产品获得ISO9002国际质量体系认证的同时，被上海三菱电机授予“金牌配套单位”称号。是年实现销售额5000多万元，比1999年增长78.2%，实现利税175万元，出口创汇100多万元。

2005年开始，通力公司每年投入数百万元用于技术改造，引进十余条先进空调配件生产线，新添德国进口金属探测光谱仪及其他相关检测仪器，使公司产品检测能力达到世界水平。2005年产值6000万元，出口达200万美元。2006年，销售额7228.7万元，创税利357.58万元，实现外汇194.78万美元。

2007年，公司扩大生产规模，提升生产水平。下辖汽车空调公司在吉利汽车城实施一期工程，建成3幢厂房、2幢辅助厂房，建筑面积1.8万平方米，并投入600万元建成新冷媒空调配件设备生产线。空调用新冷媒毛细管一体化技术创新项目被列入区科技局扶持项目，并获区政府的科技奖励。下属台州市三通工贸有限公司从螺洋南山工业区迁入吉利汽车城，开发生产汽车钢圈项目，与吉利汽车达成协议，形成产品配套，月计划生产钢圈1万只。是年通力公司实现销售额1亿元，外汇256.33万美元，创税利497.7万元。

1995年12月注册台州通力商标。1999年5月公司通过ISO9000质量体系认证。2007年12月台州通力商标获台州市著名商标称号。2008年9月公司获得省标准化委员会颁发的标准化良好行为证书和台州市计量认证证书；12月"台通牌"制冷元件产品被台州市政府授予台州名牌产品称号。

2013年7月，制冷设备符合取得生产许可证条件，获得全国工业产品生产许可证。公司是中国制冷空调工业协会、中国制冷学会会员单位，多年获得中国银行"省AAA级信用单位"称号。

台州市长征电机水泵有限公司 前身是石曲电机水泵厂，创办于1985年。1990年改名为黄岩市长征电机水泵厂，1995年更名为台州市长征电机水泵厂。地址路桥区杭温路181号。村属企业，主营水泵制造，法定代表人方孔荣。企业坚持"以人为本、绩效理念、团队精神、追求卓越"的宗旨，为广大客户服务；实行独立核算，自负盈亏，负责一切债权、债务。1990年产值60.98万元，利润0.2万元，分别是年计划的60.98%、3.33%。全年缴纳税金2.73万元。1992年产值超百万元，达到182.3万元，是年计划的182.3%，缴纳税金11.58万元，发放工资18.05万元，但亏损3.17万元。1993年，根据路桥镇人民政府文件精神，投资90万元，扩大厂房，增置生产设备。当年实现产值313.94万元，利润3.87万元。全年缴纳税金32.12万元。1994—1996年，产值有所下降，效益不高，出现亏损。1996年产值108万元，亏损29.86万元，缴纳营业税1.3万元、增值税附加税19.57万元。

1999年1月注册成立台州市长征电机水泵有限公司，为其他有限责任公司。移址台州市路桥区路桥新安南街582号。注册资本120万元。公司奉行"诚信求实、致力服务、唯求满意"的企业宗旨，坚持产品创新，提高服务水平，与多家零售商和代理商建立合作关系，重信用、守合同、保质量，满足客户需求。主要经营泵、电机、灯架制造，线切割加工等。法人代表方孔荣。是年产值284.48万元，销售产值221.73万元。2001年完成产值434万元，是年计划的108.5%。2002年产值118万元，比上年减少72.81%。

台州市鑫星电梯厂 前身是1976年创办的石曲鼓风机厂，生产电风扇开关箱壳、家用鼓风机壳，销往玉环市、温岭市、临海市海门区等地。地址前方路10号，建厂初仅有职工10余人，厂长方普胜。1984年产值4.41万元，利润2198.40元，全年发放工资8600元。1985年更名为石曲压铸件厂，生产汽车配件和电热元件、电饭锅等，销往上海市下辖部分县、区，工人40～50人。是年产值31.81万元，利润9067.11元；与上年相比，产值、利润分别增长6.21倍、3.12倍。1987年改名为石曲电热压铸件厂，产值42.6万元，利润1.49万元。1988年产值50万元，利润5万元，缴村0.9万元。

1989年，企业改名为黄岩市金星电梯梯级厂，以生产发热盘、电热管等为主。职工250人，占地面积6000平方米，其中建筑面积3500平方米。企业扩建后，贯彻《国务院关于加强工业企业管理若干问题的决定》精神，以“依靠科技，发展生产，提高质量，增加效益”为宗旨，“抓基础，上规模，上等级”为目标，开展“抓基础、抓管理，上规模、上等级”活动，促使企业全面升级。是年产值突破百万元，达到123.27万元，利润2.01万元，同比产值增长146.54%，利润下降59.8%，缴纳税金8.56万元。1991年产值284.6万元，利润9.4万元，分别是年计划的189.73%、125.33%。

1992年，企业取得台州地区基础级证书，10月企业“自动扶梯梯级扩产”项目被列入黄岩市计划委员会第十二批技术改造建议项目计划，当年投资102万元，土建面积820平方米，其中厂房520平方米，堆场300平方米。是年12月，被浙江省人民政府台湾事务办公室评为年度先进台属企业。

1993年，技改项目实施完成，2月开始生产自动扶梯梯级，全年生产自动扶梯梯级10481级、发热盘43万块、电热管5.5万支。全年总产值1234万元，利润56.06万元，在全村15家工业企业中位列第一。其中自动扶梯梯级产值827万元，占总产值的67.02%。企业发展稳定，跨入路桥镇先进企业行列。

1994年改名黄岩市鑫星电梯厂。是年11月企业接受地区级先进企业考评组的考评。主导产品自动扶梯梯级产值大于60%，质量达到企标Q/HTJ 1-93水平，产品全部合格。通过考评，被推荐评为台州地区级先进企业。1994年产值1097万元，利润14.82万元，缴纳税金14.90万元。

1995年，企业注册金星机械实用公司，主要产品有电热元件、汽车零部件、摩托车零部件、电梯配件、制冷设备配件、机床及附件等。是年计划产值3000万元，利润140万元。由于国家进行中小企业改革，带来应收款增多，实际完成产值548.87万元，亏损24.19万元，缴纳税金5.03万元，增值税48.87万元。1996年实际产值238.4万元，是年计划的7.95%；亏损7.55万元；缴纳营业税2.92万元、增值税附加税42.1万元。

1999年，公司以268万元买断原路桥机械厂全部设备，以及630卡盘的经营和冠名权。同时，安排原企业70名下岗职工。2000年公司仅630卡盘的产值达1500多万元；公司自制设备产出的不锈钢复合管与进口设备产出的产品相媲美，价格只有进口设备产出的50%，具有广阔的市场前景，年产值1000万元。

2017年开始，企业重新上马。翌年初和外地企业联营，合建缝纫机配件、压路机配件生产线，投资500多万元，购入加工设备30多台，当年产值1000余万元。2019年，厂房面积7000平方米，职工60多人，产值1500万元，利润100万元。

台州市路桥联合压缩机厂 前身为石曲空调压缩机厂，建立于1983年，厂址西岸乾亨里，为大队办企业，主要产品有空调压缩机。1990年更名为黄岩市联合压缩机厂，1995年改为台州市联合压缩机厂。村属企业，法定代表人李建国。企业实行独立核算，自负盈亏，负责企业一切债权、债务。

1990年实现产值108.70万元，亏损2.80万元，产值是年计划的31.06%，缴纳税金3.27万元。1991年产值101.43万元，亏损4.17万元，产值是年计划的50.72%。1992—1993年产值下降，亏损更多。1994年实施承包经营，产值回升，达71.99万元。1995年增加到105.5万元，全年缴纳税金3239.00元，增值税9.50万元。此后产值下滑，出现一定亏损。2001年计划产值50万元，实际完成产值19万元，是年计划的38%。

台州市安达锁业有限公司 创建于1983年，地址路南街道上马村，实际经营地址台州市路桥区肖谢路36号。厂房面积7500平方米。经营范围包括锁、邮政信箱、塑料制品、家用电器配件制造，金属材料（不含贵金属）、水暖管道零件、灯具、建筑材料（不含危险化学品）的批发和零售，出口自产锁具、卫生洁具、空调配件等。各种中高档锁具全部销往国外，是国内最大的锁具企业之一。

1991年，企业主胡利民到国外考察，了解国外工业生产发展动态，学习外企发展的先进理念。通过考察，他解放思想，开阔视野，根据外企提供的新产品样品，开发生产不锈钢防盗挂锁。1996年11月13日注册成立台州市安达锁业有限公司，注册资本500万元。股东胡利民、戴丽君，分别持股75%、25%，认缴并出资375万元、125万元。经营范围基本不变。

股份公司成立后，经济效益良好。1999年完成产值512.18万元，销售产值508.2万元，其中出口交货值397万元。2001年计划产值800万元，实际产值586万元，其中出口交货值488万元。2002年完成产值677万元，同比增长15.53%。

上海精益水泵厂路桥分厂 前身是上海精益水泵厂一分厂，建立于1999年7月5日。厂址路桥区杭温路181号，占地面积4亩。法定代表人先后为方孔荣、俞晶铭。注册资本10万元。主要生产水泵配件、水泵电机等，员工50人。1999年，完成产值24.94万元，销售产值19.19万元。

2001年7月19日，法定代表人为蒋正凤，企业类型为股份合作制。2001年计划产值100万元，实际完成产值125万元，是年计划的125%。2002年3月7日，上海精益水泵厂一分厂改为上海精益水泵厂路桥分厂，主营水泵、1千瓦以下电动机制造改为主营水泵制造。2002年5月8日，注册资本增至40万元。9月23日，移址路桥区新安南街582号。2002年，完成产值149万元，比上年增长19.2%。2013年6月27日，企业注销。

台州市机床附件厂 亦称台州市环园机床附件厂。2001年1月在台州市工商行政管理局注册成立，注册资本100万元，地址台州市路桥区方林村前方路10号。主要经营机床附件、机械零配件制造。经过多年发展，与台州市多家零售商和代理商建立长期稳定的合作关系，品种齐全、价格合理，企业实力雄厚，重信用、守合同，保证产品质量，以多品种经营特色和薄利多销的原则，赢得广大客户信任。工厂始终奉行"诚信求实、致力服务、唯求满意"的企业宗旨，全力跟随客户需求，不断进行产品创新和服务改进。2001年完成产值309万元。2002年完成产值84万元。

电气制造

1977年西岸乾亨里旧址办起石曲电机厂。80年代先后办起石曲塑胶电器厂、石曲求精电器配件厂、石曲电机器材厂、石曲镇流器日光灯厂等。石曲求精电器配件厂建于1985年，厂长谢勇华，厂址西岸，生产镇流器片等。是年职工30人，产值14.2万元，利润6175.50元。90年代建立路桥天宇电器厂。

石曲长虹微型电机厂 前身石曲塑胶电器厂，创办于1985年4月，厂址西岸乾亨里。生产镇流器、微型电机等。员工30人。厂长李建国。1984年产值4.32万元，亏损7397.42元，发放工资8500元。一年后企业步入上升轨道，产值快速增长，效益明显提高。1985年产值134.98万元，利润16.81万元，分别是年计划的225%、280.2%。

1986年企业更名为石曲长虹微型电机厂，主要生产微型电机。厂房占地面积7亩多。员工100余人。厂长方孔华。1987年产值159.77万元，利润8.67万元，分别是年计划的94%、102%。1988年实现产值200万元，利润15万元，缴村2.5万元。1989年实际产值248.33万元，亏损0.06万元，缴纳税金14.05万元。1989年后转产。

石曲电机器材厂 创建于1987年。厂长方孔华。厂址西岸。1988年厂长徐保元，完成产值5万元，利润1万元，缴村0.4万元。1989年实际产值217.12万元，为年计划的108.56%；亏损0.07万元；缴纳税金6.61万元。1990年产值100.25万元，利润0.22万元，分别为年计划的50.13%、1.83%；缴纳税金8.65万元。1991年产值87.64万元，亏损3.25万元，产值为年计划的58.43%。1992年产值104.29万元，利润0.54万元，分别为年计划的104.29%、9%；全年缴纳税金5.33万元，发放工资12.49万元。1993年产值13万元，亏损0.54万元；全年缴纳税金3.29万元。1993年以后转产。

台州市路桥天宇电器厂 创建于1999年，厂址西岸。1999年完成产值155.29万元，销售产值130.18万元。2001年计划产值100万元，实际完成49万元，是年计划的49%。2002年完成产值57万元，同比增长16.33%。

2007年11月投资设立个人独资企业，注册资本10万元，地址路南街道方林村前方路7号。经营范围包括空调配件、冰箱配件、摩托车零配件、汽车配件制造、销售。法定代表人任桂花。

第三节　服纺　皮塑

服装纺染

20世纪80年代，先后办起石曲舒美服装厂、石曲针织服装厂、石曲新华毛巾厂等企业。1990年后办有黄岩市精益针织厂、黄岩市精鹰制衣公司和黄岩市石曲华丽纺染厂。

台州市华丽纺染厂　创办于1991年，厂址原轮窑厂旧址。原名黄岩市石曲华丽纺染厂。主要经营面料、棉纱染色加工。员工80人，厂长方孔华。1995年更名为台州市华丽纺染厂。村属企业，法定代表人方中华。企业实行独立核算，自负盈亏，负责企业一切债权、债务。

1991年完成产值38.51万元，利润0.96万元，分别是年计划的64.18%、25.26%。1992年起产值连年上升。1993年产值619.05万元，利润5.17万元，缴纳税金14.05万元。1994年完成产值728.58万元，利润0.86万元，缴纳税金1.72万元。1995年产值再上台阶，实际完成产值1175.5万元，利润0.16万元，缴纳税金1.59万元、增值税17.24万元。1996年始产值下滑，完成产值660万元，利润0.64万元，分别是年计划的66%、1.02%，缴纳营业税0.46万元、增值税附加税6.84万元。1999年完成产值383万元，销售产值374.2万元。2001年计划产值800万元，实际完成产值495万元，是年计划的61.88%。2002年完成产值300万元。此后，企业生产仍较正常，2004年上缴村集体6.8万元。

石曲舒美服装厂　创办于1985年。厂址石曲影剧院东，占地面积500平方米。厂长林寿增，副厂长蒋荷清。1985年实现产值6.2万元，占年计划产值的41.30%；利润355.20元，是年计划的3.50%。1987年产值3.3万元，利润346元，分别是年计划的33.00%、3.50%。相比1985年，产值下降46.77%。

石曲针织服装厂　创建于1988年，厂址四角马路东，占地面积600平方米。厂长方孔华。1988年产值10万元，利润1万元，缴村0.2万元。1989年计划产值10万元，利润1万元。

黄岩市精益针织厂　前身是石曲新华毛巾厂，创建于1989年，厂址四角马路边。占地面积600平方米。厂长蔡秋玲。1989年，毛巾厂计划产值15万元，利润1万元；完成产值1.57万元，是年计划的10.47%；亏损1.69万元，未完成利润计划。1993年改办黄岩市精益针织厂。村属企业。主要生产羊毛衫等。企业实行独立核算，自负盈亏，负责企业一切债权、债务。1993年完成产值3.3万元，利润0.2万元，缴纳税金0.24万元。1994年实施自主经营，给定年经济指标，产值、销售各5万元，利润2万元；确定缴交公共事业费1500元。是年实际完成产值2.76万元，利润0.42万元，分别是年计划的55.20%、21.00%，缴纳税金1950元。1994年后歇业。

黄岩市精鹰制衣公司 创办于1993年，村属企业，法定代表人蔡秋玲。主要生产保暖衣等。公司实行独立核算，自负盈亏，负责公司一切债权、债务。1993年完成产值25万元，亏损0.23万元，缴纳税金0.84万元。1994年年产值指标300万元，利润4万元；确定上缴公共事业费7000元。是年实际完成产值66.72万元，亏损0.72万元，缴纳税金1.2万元。1996年计划产值200万元，利润14.4万元，未统计实际产值、利润。是年后停产。

皮塑制品

黄岩县石曲摩登皮塑制品厂 原称石曲皮鞋厂，创办于1980年，在后方庄院前堂屋起步。厂长徐贤德，副厂长方华良、张明。是年产值2.2万元，亏损2.2万元。1981年迁址村影剧院三楼。后改为石曲摩登皮塑制品厂。1984年产值5.06万元，亏损4314.73元，发放工资1.28万元。是年该厂设分厂，由林仙根负责经营，产值2.05万元，亏损5405.50元，发放工资8000元。1985年全厂职工20人，实现产值8.86万元，为年计划的177%，亏损减至784.52元。1987年产值9.01万元，亏损2894元。1988年产值10万元，利润1万元，缴村0.1万元。1989—1991年，产值逐年下降，连年亏损。1991年以后此厂停产。

第四节 其 他

石曲教具厂

1973年，创办黄岩县石曲教具厂，负责人为曹宝玉、谢香莲，主要生产地球仪。

1976年，由朱银西在后方的原第三生产队用房经营石曲教具厂，经营一般性教学用具制造、销售。1980年产值4.4万元，亏损0.13万元。当年关闭。

石曲食味厂

建于1979年，又名石曲水产加工厂，厂址位于后方第三生产队，经营范围是味精制造。厂长盛龙土，副厂长罗仙德。1980年产值7.8万元，利润0.26万元。1981年停业。

台州市路桥亚飞包装材料厂

1999年创建，厂址前方路原石曲公社所在地一边，占地面积300平方米。厂长夏云飞。1999年，完成产值9.15万元，销售产值8.35万元。2002年完成产值10万元。是年后歇业。

第六编

汽车市场

20世纪70年代末，国家允许个人拥有轿车。80年代初，出现个人购买轿车的现象。此间，方林村干部群众乘着改革开放东风，解放思想，掀起开厂办市场的热潮。步入90年代，方林村两委班子勇于在汽车营销行业第一个吃螃蟹，抓住逐渐富裕的群众有购车需求的时机，于1996年7月1日创建路桥机动车交易市场，后又兼办旧机动车交易市场。由于历史条件以及汽车尚未大规模进入家庭等因素，两家市场均存在规模小、档次低、辐射弱的情况，发展步伐不大。

随着汽车消费越来越普及，使得购买家用轿车成为不少人的第一选择。面对新形势，村主要领导立即作出抉择：扩大市场规模，赢得最大效益。2002年5月27日，浙江方林汽车城建设正式启动。经过100天的奋战，占地面积12万平方米、总投资1.85亿元的汽车城于当年9月3日竣工。2003年6月28日正式运行。2009年7月8日，浙江二手车市场隆重开业，初始占地面积90亩。两个市场分居迎宾大道两侧，成为路桥现代汽车产业集聚区的主要企业。

发展历程并不一帆风顺。汽车城开业后一度出现销售拐点、金融危机、经济下行等困境，二手车市场也面临整体层次不高，低、小、散的现象。决策者、运行者不畏困难，寻找对策，积极引进精品汽车，发展中高端二手车交易；密切关注市场动态，招商引资，提高市场出租率；开展诚信体系建设，规范经营户经营行为，承担对消费者和经销商的服务责任，扶持经销商不断壮大。10余年来，方林汽车城始终把握“精品汽车4S店窗口”的市场定位，坚持“产业集聚区，汽车博览园，管理新机制，服务一站式”的市场特色，履行“买车到方林，方便又称心”的市场宗旨，着力打造台州汽车“曼哈顿”，在路桥现代洗车集聚区发挥排头兵作用。二手车市场不断寻求新的发展机遇，积极开拓新市场，谋划全国性布局，逐渐成为集车辆交易、车贷融资、检测评估、维修服务、高端车展示于一体的产业集群，是国内最具影响力的中高端二手车集散地之一，为华东地区规模较大、功能齐全的中高档二手车集散中心。

第一章　浙江方林汽车城

浙江方林汽车城位于台州市路桥中心城区，甬台温高速公路延伸线、104国道交汇处，距台州机场2公里，海门港15公里，地理位置优越，交通便捷，为国内外汽车厂家及品牌代理商进入台州市场提供广阔的商业平台。

1996年，方林村坚持发展的理念，开始经营机动车市场。2002年，又大胆决策，抓住机遇，建起浙江方林汽车城。整个市场总建筑面积5万多平方米，营业面积4万平方米，内设2个汽车展示厅、6个进口汽车专卖店、5个4S汽车专卖店、33个综合交易厅以及信息处理中心等。集车辆交易、维修检测、上牌办证、金融保险、信息服务等全方位服务于一体。正门"浙江方林汽车城"金色大字为中国美术学院教授西泠印社执行社长刘江所书。

汽车城建立和完善管理机制，规范经营户经营行为，使80%以上的经销商拥有一级或二级品牌代理资质。开业后仅一年半，就呈现良好经营态势。2004年累计销量达14648辆，销售额20.1亿元，上缴税收1507万元。2011—2016年，年交易额近80亿～90亿元。2020年，汽车城全年累计销量达4.52万辆，销售额90亿元，上缴税收1.21亿元。

方林汽车城的成功运营，赢得消费者的认可，得到省市区政府及有关部门的肯定。自开业至2020年年底，方林汽车城（有限公司）被国家市场监督管理总局授予"2011年度全国诚信示范市场"称号，被省政府评为浙江省现代服务业集聚示范区，被省工商行政管理局评为省区域性重点市场、省四星级文明规范市场，被台州市政府授予台州市服务业重点企业称号，被台州市劳模评选委员会授予台州市模范集体，被路桥区政府评为路桥区现代服务业先进企业、路桥区十大市场（图6-1）。

图6-1　浙江方林汽车城（2010年7月）

第一节　车城前身

市场位置

浙江方林汽车城前身是路桥机动车交易市场，亦称台州市机动车交易市场、浙东南机动车市场、中国商城机动车交易中心等。地址为路桥区新安南街609号，坐落在路桥区南大门，紧靠104国道线，泰隆街横穿而过，是路桥区主要交通中心地段，地理位置优越。

建场决策

1984年，方林村创办路桥旧机械设备市场。经过几年努力，逐步走上规模化发展道路，缴村集体、纳税额均占全村总数的1/3以上。这一市场的初步成功，给村领导许多深刻启示，认识到专业市场在农村经济建设中的重要地位和作用，有利于村级集体经济的发展和壮大。1992年，《方林村一九九二年工作计划》提出，不仅要办好现有市场，加强管理服务，推进不断发展，而且要积极创造条件，争取再搞一个有特色的专业市场，发掘新的经济增长点，培育新的竞争优势。以后几年，村主要领导反复考虑、多方求证，如何进一步开拓新的市场，村年度工作计划均提及这一问题。1995年2月，村两委召开会议专题研究，明确继续办好市场的重大意义。在形成共识的基础上，最终决定在机场路边新建机动车交易市场，发展经济新业态，激活消费新市场（图6-2）。

图6-2　台州旧机动车交易市场路桥分市场（2009年8月）

列入计划

1996年2月9日，路桥区政府印发《路桥市场近中期建设和发展的若干意见》，提出路桥市场近中期发展战略、发展方针和重点项目，确定机动车交易市场选址方林村。是年3月30日，村里提交《关于创办台州市路桥机动车交易市场的可行性报告》。报告说，随着经济社会的快速发展，机动车需求量越来越大，建立此市场有着良好前景。场址东接路桥旧机械设备市场，南靠肖谢泾，西邻机场路肖谢村，北靠104国道。计划用地27.87亩，投资247.46万元，建造管理用房、车辆交易房、值班室、场内通道及堆场等。建成后，预估年成交额1亿元，纳税500万元，缴管理费100万元。4月2日，路桥区政府下发《关于同意建立台州市路桥区机动车交易市场的批复》文件，同意建立路桥区机动车交易市场。根据路桥区计划经济委员会文件，路桥区机动车交易市场建设被列入路桥区1996年基本建设项目计划。该市场为集体性质，总投资247.46万元，资金自筹；用地面积27.87亩，建设管理用房1211平方米、值班室100.8平方米、停车场15185平方米、交易房2484平方米，道路留地1798.2平方米。市场总体规划由台州市设计院设计。4月20日，与浙江省第二测绘院签订协议书，同意在《中国沿海商贸城、路桥区经济交通旅游图》标注单位名称。

建成开业

市场第一期建设用地2万平方米，建筑面积9000平方米，总投资1200万元。设有汽车车库59间，可停放各种类型汽车200辆；摩托车车样车库18间，可停放各种类型摩托车400辆。各类用房28间，水、电设施完善，是集工商、金融、通信、保卫、住宿为一体的新型市场。

1996年6月下旬，市场建成。不计土地，总造价约500万元。东区有四层楼8间，为村办公楼；西区有四层楼7间，为市场办公楼；二层楼62间，一楼为汽车展示厅，二楼为经销商宿舍。占地面积18560平方米，建筑面积8667平方米。

1996年6月28日，路桥机动车交易市场开业。是日，《路桥商报》（月末版）刊出中国商城机动车交易中心开业广告。场长为林必清。试营业初，进场经销商15户。半年后试营业结束，经销商增至30户，出租率80%。主要销售小轻卡等车辆。是年底，共销售各类车辆850辆，销售额逐月上升。全村市场成交额8400多万元，上缴利税98万元，村集体收入106万元。至1997年6月底止，共销售机动车1260辆，成交额5500万元，创收45万元。

开业一年后，市场克服人员少等困难，想方设法招商引资，不断扩大销售。1998年10月，中共十五届三中全会召开。市场紧密联系实际，贯彻落实全会精神，走出去招商引资，提高市场的品位和档次，为方林二次腾飞作出新贡献。是年，市场交易额为9200万元。随着购车热逐渐兴起，机动车交易市场发展红火。翌年，市场出租率100%，经营效益不断看好，实现成交额15437.5万元，比上年增长67.80%。

主导产业办好了，直接给村级集体经济带来明显收益。1996—1998年，市场上缴村集体85万元。1999年缴付达113万元。

进入21世纪，汽车行业销售出现蓬勃兴旺的局面。2000年3月，村里投入63.5万元修葺位于市场内的原事故车停车场，扩建交易场地1300平方米，其中棚屋1050平方米，新增交易门面13间。市场取得区交警大队车管所、区公管所支持，承担车辆检验、牌证办理等。6月30日，市场内设立车辆牌证代办点，为全市范围内唯一一家，实现车辆当天上牌，当天办证。是年，全场共销售车辆3193辆，实现销售额20968万元，分别比1999年增长15.31%、35.83%。是年上缴村集体160万元。

根据公安部门可以在有条件的机动车市场设立牌证代办点的规定，台州市路桥区政府于1999年11月向台州市政府提交《关于要求在台州市路桥机动车交易市场设立车辆牌证代办点的报告》，副市长毛平伟批示市交警支队帮助落实。2000年6月3日，路南街道办事处向市交警支队提交《关于要求在台州市路桥机动车交易市场设立车辆牌证代办点的请示》，路桥区政府批示请市公安局、市交警支队在路桥机动车市场设立车辆牌证代办点，以方便群众办证，扩大购车业务，促进市场繁荣。与此同时，投入一定资金，建立方林集团公司车辆检测站，完善一条龙服务体系。

实行有效管理方式，提升市场品位和档次。2001年年初，周边汽车销售点不断增多，市场在同行业中的竞争力有所减弱。鉴于此，经村两委班子研究，决定下调管理服务费和摊位费。为弥补收入减少，市场严格控制管理费用，降低经营成本。是年，全场共销售车辆3790辆，由于汽车价格下降，成交额2.08亿元，仅比2000年增长5.5%。2001年、2002年，分别上缴村集体120万元、135万元。

第二节　迁建工程

前期准备

提议路桥机动车交易市场开业后获得良好收益，但市场规模不大、档次不高的问题，促使村干部直面正视，再图发展。2000年10月，中共中央制定的“十五”规划建议明确提出“鼓励轿车进入家庭”。台州市汽车市场刚刚起步，年销量仅达到1.5万～1.8万辆之间，各地开始将目光瞄准汽车销售，温岭、黄岩等周边地区先后建起面积不等的汽车城或汽摩城。相比之下，路桥机动车交易市场稍显落后。

2001年下半年，方中华带领一班人南下广东、北上北京考察汽车市场，学习汽车城建设的经验。是年10月，国家发改委联合相关部门制定《国家汽车产业行业规划》，浙江省工商行政管理局发出《浙江省各类市场提升改造产业白皮书》。国家、省有关部门一系列文件使村干部明确发展方向，增强信心。在反复讨论的基础上，方中华提出：审时度势，抓住机遇，扩建市场。提议得到村两委成员一致认同。新建市场暂用名台州汽车贸易中心。

筹建 目标确定后，村两委班子落实任务，分头工作。2002年2月28日，浙江方林实业集团有限公司正式提出台州市路桥汽车交易市场（暂用名）迁建工程项目申请，调研并撰写项目可行性分析报告。同时，根据市、区政府建设“一流精品市场”的要求，村两委重视项目的总体设计，提出“五年内领先，十年内不落后”，建成真正的样板工程、窗口形象。在对各地设计院了解、比较的前提下，选择同济大学设计院承担项目规划设计。一个月内，以章明为主的设计团队考察各地汽车城，查阅设计资料，多次召开座谈会，征求业主意见。4月，方中华等人先后6次赴同济大学设计院，与设计人员交流，形成有效沟通。经多方努力，完成项目规划设计方案。

做好土地征用工作。2002年3—5月，先后签订土地征用合同、完成土地征用、做好土地征用报批手续。制订规划施工进度方案，预先量化目标任务，细化工作安排，实现市、区两级政府的工程进度目标。

项目启动前，村两委专门建立工程建设指挥部。

政府扶持

台州市路桥汽车交易市场迁建工程项目申报后，台州市、路桥区党委、政府及所属部门高度重视，路南街道党工委、办事处全力配合，保障扩建项目顺利实施。

街道配合 路南街道党工委、办事处把项目建设列入所有工作的重中之重，时任路南街道党工委书记叶维增担任台州市路桥汽车交易市迁建工程项目建设工作组组长，承担大量工程事务处理工作。2002年春节后，立即组建土地征用工作领导小组。3月，街道开始组织人员深入杨戴村，分别召开村两委班子、共产党员、村民代表、土地所属村民等一系列会议，做好思想工作，解决村民诉求。4月底，征地工作如期完成。

5月，路南街道办事处向路桥区政府提交《关于台州汽车贸易中心（即台州市路桥汽车交易市场）迁建工程用地问题的请示报告》。6月，路南街道办事处向区政府提交《关于台州汽车贸易中心迁建工程一期工程建设问题的请示》。

市区重视 2002年，台州市委领导对设计方案作出专门批示：要求汽车市场适应台州城市化建设的新要求，提高设计档次，建成一流精品。是年春节前夕，路桥区政府多次召开该项目协调会，决定对项目的用地实行一场一策。3月19日，台州市路桥区计划与经济委员会下发关于台州汽车贸易中心迁建工程项目建议书的批复，同意浙江方林实业集团有限公司迁建。4月19日，台州市路桥区计划与经济委员会下发关于台州汽车贸易中心迁建工程项目年度建设计划的通知，同意该项目列入台州市重点工程。

4月26日，路桥区政府区长虞选凌召集有关单位负责人，召开台州汽车贸易中心迁建工程规划方案评审会议，对规划方案进行认真讨论，并达成一致意见：原则同意台州汽车贸易中心迁建工程规划设计方案；市场的建设用地作为村集体留地上报供地手续，地价提交区长办公会议讨论；免去建设过程中涉及的区的部分规费。

5月20日，路桥区政府区长虞选凌主持召开区政府第30次区长办公会议，听取并认真讨论路南街道《关于台州汽车贸易中心、台州市物资交易市场路桥再生资源分市场建设用地问题的请示》。经研究会议对这一请示作出明确回复：由于两地块将作为2002年第二届中国塑料制品交易会和第四届中国日用品交易会（简称“两会”）的临时会馆用地，考虑到这两家市场都是村集体企业，且建成后免费提供“两会”使用，会议原则同意按出让形式最低价转让该土地，其中台州汽车贸易中心迁建工程分两期实施，涉及规费能免则免、能缓则缓，但业主单位要抓紧审批，且该市场必须在9月20日前交付使用。会议决定，建立台州汽车贸易中心迁建工程建设领导小组，下设办公室。

5月27日，路桥区政府办公室副主任黄永刚召集有关单位负责人，召开台州汽车贸易中心迁建工程招投标有关问题协调会议。

6月6日，路桥区政府区长虞选凌主持召开区政府第31次区长办公会议。会议听取并认真讨论路南街道《关于台州汽车贸易中心迁建工程一期建设的请示》。就有关议题进行认真研究，并达成一致意见：鉴于台州汽车贸易中心迁建工程建设时间紧迫，按正常程序组织招标活动势必延误工期，为确保工程按期建成，使台州市举办的“两会”顺利召开，会议同意项目一期建设采取先落实工程总承包施工单位，后落实工程招投标的办法。工程总承包施工单位在区“三大工程”招标候选的15家施工单位中确定，先由区招标办、质监站、建工处会同业主单位初选，再提交台州汽车贸易中心迁建工程建设领导小组审定。一期工程造价按二期招标价结算。会议要求，业主单位立即落实符合资质要求的工程监理单位，提前介入工程建设。会议明确，汽贸中心迁建工程招标有关问题，由业主单位向区政府请示，经区政府批准后实施。

4—6月，路桥区政府区长虞选凌、常务副区长周先苗先后4次率领建设、规划、国土、纪检等部门负责人到杭州，参加与浙江东南钢构、浙江宝业幕墙的合作洽谈会，确保钢构工程如期完成。

12月20日，台州市路桥区政府批复区国土资源分局，根据《招标、拍卖挂牌国有土地使用权规定》，同意将位于路南街道杨戴村迎宾大道南侧的3幅国有土地使用权进行挂牌出让，面积共9.3952公顷。出让用途均为商业，出让年限为40年。

2004年7月4日，台州市路桥区发展计划局下达浙江方林实业集团有限公司基建项目结转续建计划。台州汽车贸易中心迁建工程续建面积4.6万平方米，结转计划投资500万元。

工程建设

工程建设单位为浙江方林实业集团有限公司，检验单位为深圳市太科检验有限公司，质监单位为台州市路桥区建筑工程质量监督站，设计单位为上海华东建设发展设计有限公司，监理单位为上海建通监理有限公司，参建单位有浙江东南钢结构有限公司、九鼎建设集团股份有限公司、台州添彩装饰有限公司和浙江临海建筑装饰有限公司。

分一、二、三期工程，共计占地面积34302.8平方米，建筑面积51531.8平方米。2002年5月27日动工。此日，工地上一派热闹景象，“苦战一百天，建成浙江方林汽车城”的巨幅标语特别醒目。上午9时18分举行简朴的工程奠基典礼，路桥区委书记陈惠良等区四套班子领导参加奠基典礼。工程启动后，既考虑成本投资风险，又注重工程建设质量。因此，始终抓好项目的成本管理，能在本地采购的材料不到外地采购，节省运输成本；能包清工的项目不对外承包，节约劳动力成本；同等材质在同等条件下使用价廉材料，节约材料成本。初步估计，采取措施后投资成本降低1000万元（图6-3）。

图6-3　方中华在建设工地与领导专家商谈工作（2002年6月）

一期工程于9月3日竣工，完成进口汽车专卖店、汽车展览厅（Ⅰ、Ⅱ）、四位一体专卖店（Ⅰ、Ⅱ）建造，占地面积16871平方米，建筑面积22247平方米，如期为2002年第二届中国塑料制品交易会、第四届中国日用品交易会提供举办场地。

二期工程于2002年10月初动工，2003年6月28日首届中国（台州）国际汽车展示会前竣工，完成四位一体专卖店（Ⅲ）、品牌汽车专卖店、综合交易厅（1# ~ 7#、10# ~ 11#，1#、4#、5#各两个）以及汽车检测中心建造等，占地面积15922平方米，建筑面积23412.5平方米。

三期工程于2003年11月动工，完成综合办公楼、餐厅以及消防水泵房建造，占地面积1509.8平方米，建筑面积5872.3平方米，2005年8月竣工。

工程管理　做好合同管理工作，确定专人管理所有合同文件。监理人员坚持以合同为依据，围绕合同规定的目标，力求监理规范化、标准化，有效控制质量、进度、安全，保证合同顺利执行。

工程质量是工程建设的核心。工程启动前，各参建单位制定切实可行的施工技术方案，按照设计的具体标准和要求施工，健全质量保证体系；监理人员持证上岗，实施全程监理，当好工程质量的“守护神”，将质量隐患消灭在萌芽状态，确保整体工程质量。

加强财务制度，保证资金安全，合理使用。对参建单位上报的工程量，按承包合同拨付项目资金，并督促不拖欠务工人员工资，未出现因拖欠工资上访的现象。

工程验收　2006年8月18日，台州市路桥区发展和改革局主持召开浙江方林汽车城项目（原称台州路桥汽车交易市场迁建工程项目）综合竣工验收会议。区建设规划分局等10个部门、单位领导、专家共13人参加会议。在听取建设、设计、监理等单位的汇报后，对工程现场进行实地检查验收。与会人员对工程质量和存在问题进行认真的分析、讨论，一致认为该项目基本按设计要求实施完成，工程质量较好，综合竣工验收原则予以通过，同意该项目交付使用。同时，对工程存在问题及下阶段工作提出整改完善意见。

主体建筑工程。主体建筑共19座，占地面积31844.8平方米，建筑面积44417.6平方米。其中汽车展示厅PRC-500管桩，桩长24米，单桩设计极限承载620KN，共198根；进口汽车专卖店、四位一体专卖店、综合交易厅采用条形浅基础，主体屋面为钢结构。勘察单位为浙江绍兴综合工程勘察院，设计单位为上海华东建设发展设计有限公司，施工单位为浙江九鼎投资集团有限公司、台州市路桥第九建筑工程有限公司、浙江台州华业建筑工程有限公司。2003年10月30日，上海建通工程建设有限公司作出监理结论，认为工程质量符合设计及验收规范要求，达到国家验收标准和合同规定。

钢结构工程。由浙江东南网架有限公司设计，浙江天鸿钢结构有限公司施工，上海建通工程建设有限公司监理。2004年5月，通过钢结构工程竣工验收。

钢结构建筑结构类型轻钢结构，单层（局部两层），建筑面积1.1万平方米，钢梁采用Q235B焊接H型钢，屋面坡度1∶10。屋面檩条采用薄壁冷弯卷边C250×70×20×2.3，屋面材料为夹芯彩钢板。

钢构件从原材料到成品，经过放样、号料、切割、焊接、钻孔、抛光除锈、防锈油漆等环节。C型钢制作按冷轧（打孔）——除锈（油漆）工序进行，H型钢焊接采用埋弧焊接且四道连接后均满焊，符合钢结构强度之规定，除锈工艺采用全自动抛光。制作过程每道工序严格把关，出现问题立即改正。

钢结构安装全部按设计进行，施工人员分工明确，责任到人。安装前，按钢构件明细表核对进场的构件，查验产品合格证和设计文件。采用16吨汽车吊吊装后，按预拼装记录进行钢梁现场组装，用高强螺栓连接钢柱。本工程高强螺栓为M20×80，终拧值为418N×M，初拧值为终拧值的50%。第一榀钢梁吊装后，即用缆风绳进行双向固定，再继续安装第二榀。每吊装一榀即用檩条固定，当全部安装完毕，进行安装偏差的检测及校正（表6-1）。

表6-1　浙江方林汽车城钢构件质量检验评定情况

序号	分项工程名称	检验批数	评定结果
1	零件与部件加工	2	合格
2	钢构件组装	2	合格
3	钢构件焊接	2	合格
4	钢构件预拼装	2	合格
5	钢结构涂装	2	合格
6	单层结构安装	2	合格
7	紧固件连接	2	合格
8	金属压型板	2	合格

附属建筑工程。包括汽车检测中心、综合办公楼、餐厅、消防水泵房等，占地面积2458平方米，建筑面积7114.2平方米（表6-2，表6-3）。综合办公楼占地面积1023.8平方米，建筑面积4964.3平方米，造价268万元。台州市建设工程设计审查中心认为施工图符合要求。于2004年11月11日开工，2005年8月5日竣工验收。沉管灌注桩基础，五层框架结构。勘察单位为浙江绍兴综合工程勘察院，设计单位为上海华东建设发展设计有限公司，监理单位为上海建通工程建设有限公司，施工单位为台州市路桥正大建筑工程有限公司。2005年10月，上海建通工程建设有限公司作出工程质量达合格的结论。

绿化工程。该工程由浙江省台州市园林绿化工程公司实施。2003年4月26日开始施工，6月14日结束，历时48天。在施工过程中，由于基建、市政工程同时施工，影响绿化工程进度，导致工期较长。工程严格按照国家园林工程程序施工，累计绿化面积5887平方米，共种植草坪2195平方米；苗木91950棵，其中乔木27棵，灌木91923棵（表6-4）。

表6-2　浙江方林汽车城主体建筑一览表

序号	建筑名称	高度/米	层数/层	占地面积/平方米	建筑面积/平方米
1	进口汽车专卖店	9.20	1	3361.0	4810.0
2	汽车展示厅（Ⅰ）	15.20	1	3521.8	4673.6
3	汽车展示厅（Ⅱ）	15.20	1	3521.8	4673.6
4	四位一体专卖店（Ⅰ）	10.50	1	3233.2	3633.2
5	四位一体专卖店（Ⅱ）	8.15	1	3233.2	4456.6
6	四位一体专卖店（Ⅲ）	7.20	1	2115.5	2352.6
7	品牌汽车专卖店	6.35	1	1359.8	1964.3
8	1# 综合交易（Ⅰ）	6.35	1	1178.5	1388.7
9	1# 综合交易（Ⅱ）	6.35	1	1178.5	1388.7
10	2# 综合交易	6.35	1	796.8	1075.6
11	3# 综合交易	6.35	1	597.5	799.8
12	4# 综合交易（Ⅰ）	6.35	1	796.8	1075.6
13	4# 综合交易（Ⅱ）	6.35	1	796.8	1075.6
14	5# 综合交易（Ⅰ）	6.35	1	534.0	727.6
15	5# 综合交易（Ⅱ）	6.35	1	534.0	727.6
16	6# 综合交易	6.35	1	1046.6	1416.2
17	7# 综合交易	15.00	3	3142.7	6978.5
18	10# 综合交易	6.35	1	298.8	400.0
19	11# 综合交易	6.35	1	597.5	799.8

表6-3　浙江方林汽车城附属建筑一览表

序号	建筑名称	高度/米	层数/层	占地面积/平方米	建筑面积/平方米
1	汽车检测中心	7.4	1	948.2	1241.9
2	综合办公楼	20.9	5	1023.8	4964.3
3	餐厅	11.2	2	456	878
4	消防水泵房		1	30	30

表6-4　2003年浙江方林汽车城绿化工程苗木种植情况

单位：棵

树种	数量	树种	数量	树种	数量
红花继木	19272	鸢尾	4500	加拿利海枣	3
小龙柏	16922	八角金盘	2500	蒲葵	3
金边黄杨	15485	瓜子黄杨	700	桂花	3
金叶女贞	14941	桃叶珊瑚	550	银海枣	2
茶梅	11795	红花继木球	51		
夏娟	5179	铁树	44		

第三节　车城管理

组织机构

浙江方林汽车城有限公司最高权力机构是董事会，经营管理实行董事长领导下的总经理负责制，总经理1人，副总经理3人，负责日常经营活动。2003年，设财务部、信息开发部、办公室、市场服务部、检测站、综合部等职能机构，共61人。2020年，仍有原设职能机构。

财务部包括经理、出纳、主办会计（兼费用预核）、辅助会计（兼车辆统计）等。信息开发部包括经理、网站建设人员、网站策划员、网络信息员、培训人员、通讯管理员等，办公室包括主任、劳资文秘、文印、驾驶员、档案等。市场服务部包括经理、广告策划、市场管理、招商、消防员、安全保卫等。检测站包括经理、收费、检测、电脑操作、上牌服务、中介服务等。综合部包括经理、后勤管理、工程预决算、物业管理、水电管理等。

管理制度

2003年，方林汽车城建成后，借鉴其他省市汽车交易市场成功经验，并根据实际情况，建立一套科学合理的市场管理体系，制定一系列管理制度。先后制订《浙江汽车城经营者公约》《浙江汽车城经营者守则》《浙江汽车城员工守则》等。同时，相继出台浙江方林汽车城市场管理制度、综合管理制度、财务监管制度22项。其中浙江方林汽车城市场管理制度14项，浙江方林汽车城综合管理制度5项，浙江方林汽车城财务监管制度3项。

随着时间的推移，一部分制度出现不合理性。2006年，根据多年的市场实践，在总结经验，避免与法律、法规冲突的前提下，倾听经销商的意见，修订完善新的市场管理制度。

2007年前后，由于国家尚未出台汽车三包政策，汽车质量纠纷未有解决的办法标准，消费者的期望与厂家的规范有距离，经营者的诚信体系存在瑕疵。因此，汽车消费纠纷呈不断上升的趋势。为使消费纠纷调解有章可循，2009年12月8日，方林汽车城出台实行《汽车营销诚信规范行为准则》，共8条。

管理方式

员工管理 提高员工整体素质，发扬员工团队精神。2003年，由于市场刚组建，人员来自各个方面，缺乏专业的市场管理培训，难免会出现这样与那样的问题。为此，管理层抓住以人为本的理念，通过会议、讲座、谈心等多种形式，促使领导班子团结、员工整体素质的提高，队伍的凝聚力进一步增强，各项工作规范有序。2004年第二届车展期间，广大员工发扬团队精神，不计较上下班时间，一心扑在工作上；综合部、办公室善于管理，严格控制各类开支费用；市场部梁学钱工作踏实、任劳任怨，安排工作从无怨言；财务部蔡琴云工作责任心强、待人接物诚恳，避免与客户产生矛盾纠纷。

2006年，省星级市场检查前，由于花坛栅栏更换，一时找不到油漆工，综合部曹晓军等员工，冒着高温，自行油漆。各部门负责人带领员工对市场内花坛里的烟蒂、杂物进行一次清理。

2007年第四届中国（台州）国际汽车展示会举行期间，全体员工分内的事拼命干，分外的事积极干，体现敬业奉献精神。办公室（广告展览部）尚永斌负责车展筹备，感冒发烧仍坚持在一线工作；电工郑明龙年龄较大，坚持每天工作到深夜；王才抓安保工作废寝忘食，为保障市场安全贡献力量。

商户管理 参与应对“新车共保”，确保经销商的利益。2004年12月16日起，台州的各保险公司联合组建台州市新车保险服务中心，影响经销商的利益。为此，积极向市、区人大、政府以及工商、消协、银保监会等部门反映。2005年1月9日，联合汽协召开“问车险联盟、反行业垄断”为主题的媒体见面会，省市15家新闻媒体陆续报道，引起有关部门重视，并着手开展调查。

2006年，市场交易秩序日趋规范，经销商整体素质进一步提高。场内80%的经销商是一级代理商，在积极维护经营品牌形象的同时，亦十分重视公司形象，配合汽车城的各项基础工作。经销商信用水平进一步提升，大部分经销商在购销过程中明码标价、签约合同，并配合市场消费者联络站及各级消协的工作，妥善处理与消费者的纠纷。8月，市场部专门划定经销商自备车停放区；7—9月，由于天气的原因适当放松外，其余时间秩序良好。

2007年年初，中央、省、市电视台连续报道台州市及方林汽车城内经销商违规办理外省籍拖拉机牌照的事件。在与媒体联系、核实情况后，作出处理意见，并通报市场内经销商，要求引以为戒，从中接受教训。同时，在媒体上发表消息，公开承诺凡有确凿依据证实市场内经销商销售汽车代办外省籍拖拉机牌照的，奖励2万元。

2008年年初，出现一部分不办理营业执照及税务登记证的经商户，虽多次催促但效果不明显。3—8月，在调查的基础上召开未申办的经销商会议，阐明事件的利弊得失，得到大部分经销商的理解。是年年底，除极个别商户外，全部申办营业执照及税务登记证。10月，对商铺广告进行清理，清除无代理权张贴的商标广告。

采取措施，打击不良经营行为，维护市场经营秩序。2008年下半年，少数人利用原所属公司掌握的一部分客户资源，串通汽车城内有关公司销售人员，进行“飞单”销售，经销商反映强烈，要求予以取缔。2009年6月，根据掌握的信息，走访温岭等地，掌握确凿依据，给予严肃处理，制止“黄牛”现象再发生。2010年6月，信泰公司无视市场规章制度，擅自加价出租50%的场地。汽车城采取约谈沟通、通报批评的措施给予制止。承租人也认识到事态的严重性，作出赔礼道歉。2014年上半年，汽车城内出现2起诈骗经销商、消费者事件。诈骗者以合法的信托投资公司、按揭担保公司作掩护，欺骗个别不明真相的经销商，进入经销商办公室开展业务。具体过程是：诈骗者委托债务人以首付30%按揭形式到市场购车，然后将车转交给诈骗者；诈骗者代债务人办理好信用卡，每10万元收取1.5万元手续费；手续办好后消费者套现拒绝办理按揭贷款，经销商要拿回汽车，还要倒贴诈骗者购车款。了解情况后，采取积极应对措施。首先以简报形式告诫所有经销商严把按揭贷款关；其次对入驻经销商办公室的所有信托投资公司、按揭担保公司一律清退；最后将情况通报派出所。

2015年，汽车销售一度生意清淡，经销商员工的调整频率较大，市场的不文明行为有所抬头。是年5月，台州明泰个别员工无视市场规定，竟在经营场所聚众打扑克牌，保安部发现后及时汇报，汽车城领导立即赶到现场制止。针对汽车展示厅四周停车位自备车不按规定乱停放情况，组织保安进行文明劝导。

由于大货车交通要道卸载引起的事故频发，2018年春节前，台州市政府分管领导指示市公安局交通警察局在节后开展重中型货车违停专项整治行动，要求各地采取有力措施，严查重中型货车违停行为，一段时间造成多家经销商商品车被扣，并记12分，经销商意见很大。汽车城一方面积极做好经销商的宣传解释工作，要求无条件配合交警部门的整治行动；另一方面主动协调交警部门理解行业的卸载难题。与此同时，汽车城会同行业协会，召开路桥区域经销商会议，与经销商签订车辆安全卸载责任状，确定车辆卸载商品时间、卸载商品地点、卸载商品安全措施。由于工作到位，此后未有重中型货车违停现象出现。

财务管理 财务管理是市场管理的一项重要基础工作，方林汽车城在抓好汽车经销管理的同时，坚持抓好财务管理。

2006年，财务管理在规范性上有提高，在通融性上有改善。但是，每月的财务分析不健全，以致到年底财务结算后才能发现问题的症结。2007年，各部门通力合作，在源头上控制管理费用支出，管理费用降低81.86万元，实现上年提出管理费用降低30万元以上的目标。2008年，管理费用不降反增，财务费用有所下降。是年，财务部及时对异常财务支出提出整改意见，其他各部门继续对员工加强开源节流的教育，从而把各项费用降到最低限度。2009年，财务部人事调整后，注重整理分析前几年账务处理过程中存在的问题，及时向集团公司提出合理化建议。以后每月都对市场的收支情况、存在问题进行综合分析，为集团掌握市场第一手资料提供可靠保证。

消费维权 2003年，方林汽车城建立消费者投诉联络站，发挥自身功能，为解决消费者与经营户之间的质量纠纷，起到一定桥梁作用。翌年，处理汽车质量投诉案4起，为消费者挽回部分经济损失。

随着汽车销量的不断增加，消费纠纷有所增多。2007年，消费者投诉联络站想消费者所想，较为妥善地处理现代酷派自燃事件、广丰轿车试驾碰撞事件、长安福特维修时碰撞事件等维权事件，维护消费者的合法权益。2008年，又有消费纠纷事件出现，如购销毁约、丰田大霸王车自燃、要求退还有质量问题车辆、进口车关单等。汽车城积极应对，主动出击，做好工作，抑制汽车消费纠纷上升。2009年，汽车城消费者投诉联络站每月接到2～3起消费投诉，主要是汽车经销商多收费、乱收费，车辆本身质量缺陷，消费者把买车与一般商品的三包政策相提并论等。经调解，90%的消费者感到满意，尤其是稳妥处理9月29日M3 4S店工程车堵门事件，受到公安部门的好评。是年12月，在汇总消费纠纷的类别后，方林汽车城制定《汽车营销诚信规范行为准则》，用制度抑制不良的商业道德。2010年，处理3家经媒体曝光的经销商，促使经销商转变经营理念。是年除11月份一起较大的消费纠纷外，基本上没有发生大的消费纠纷及群体性消费纠纷。

综合管理

设置餐厅 2004年10月，建起餐厅，解决经营户、办公管理人员的就餐问题。此后，采取一定措施，加强餐厅管理，改善服务质量。

新车上牌办证2004年11月8日，方林汽车城开始实行新车上牌办证，方便购车消费者。2009年5月20日，台州市公安局交通警察局车辆管理所路桥分所在方林汽车城开设新车业务点，亦称路桥区车辆办证上牌服务中心开业，提供快速便捷的服务。至是年12月31日，区国税系统增收车辆购置税约7100万元，按年计算增收1.2亿元。车辆上牌7000余辆，按年计算约1.2万辆。

房产证申办 2006年6月起，多次与区土地、规划、房产等部门和浙江东南网架公司沟通，补充完整申办房产证必备资料。是年底，基本申办完成。

商铺修复 2008年7月，针对商铺漏水的现状，聘请专业人员维修，组织人员到屋顶检查督促。年底前后，实施玻璃门全面修复工作，改善经营条件。2009年，综合部狠抓商铺维护的长效管理，商铺漏水、玻璃门破裂明显减少。2014年10月，针对部分商铺天沟、下水道腐蚀，漏水仍然严重的情况，提出修理方案，至年底全面完工，漏水问题得到改善。

2010年，聘用2个维修工人开展经常性商铺巡查，安排时间对钢架进行除锈、油漆，保持商铺外观整洁。2015年，汽车展示厅（东面）地面沉陷较严重。8月，综合部着手进行全面修理，同时整修地下管线。

合同管理 2010年7月，浙江省人民政府办公厅批转省工商局《关于在台州市开展汽车格式合同规范化管理试点》的意见。7月中下旬，省、区、市工商部门根据省政府的指示精神，先后召开调研座谈会、建议征询会和试点动员会，启动汽车格式合同备案试点工作，保护消费者合法权益。会上，方林汽车城发言表示要积极配合汽车格式合同备案工作。会后，派出人员挨家挨户做好场内4S店负责人工作，动员他们以大局为重，维护工商法规的严肃性，主动配合工商工作。截至12月31日，各4S店全部按照工商要求实行汽车格式合同规范化备案管理。2011年，继续配合工商部门做好二级经销商汽车格式合同规范化管理工作。

物业管理 汽车城建立初，自行安排人员实施管理。2008年5月起，由台州市绿意物业管理服务有限公司承担市场保洁服务，服务人员8人，年服务费14.39万元，签约2年。2009年5月起，每两年签约一次，人员基本不变，年服务费适当增加。

第四节 车城效益

经济效益

商铺招租 汽车城落成后，招商成为头等大事。2002年12月2日，浙江方林集团有限公司在路桥鑫都国际大酒店三楼多功能厅举行浙江方林汽车城（筹）市场发展前景研讨会。会上，浙江方林集团董事长方中华介绍汽车城的定位及发展方向，强调建成一流精品市场，进一步推进台州经济发展；浙江方林汽车城总经理周建林阐述市场店铺摊位招商及运营工作情况，决心搞好市场开拓和管理，努力提高社会效益和经济效益。

2003年4月12日，原路桥机动车交易市场以及新招的经销商进入汽车城，开始试营业。

2004年是车城开业第二年，这一年汽车销售前热后冷。由于决策层审时度势、励精图治，仍上一个新台阶。年初，根据董事会的安排，做好续租签约工作，对各类商铺重新进行测算，确定商铺续租的价格，一年期租金500～600元/平方米，三年期430～510元/平方米。同时，走访经营大户，广泛征求意见，取得大部分经营户的理解。续租后，关、停、并、转的商铺有16个。由于及时做好招商服务，尽力吸引商户入场。至2004年5月底，77个大小商铺共签约68个，空置9个，招商率达88.3%。

2006年，是台州车市2000年以来销售量最高的一年，这使经销商重树经营信心，要求进入方林汽车城的势头强劲，其代表品牌是克莱斯勒、上汽荣威、马自达M6、长安福特、东南汽车、一汽大众等。是年，商铺出租率达到100%。有些公司虽缴预付款，仍无法获得商铺。是年9月，本着多频率、小调整的原则，调整商铺价格，平均增长幅度在8.43%。2008年，台州中汽、台州华腾、台州新世纪、元通奥铃、天鹰奥铃5家公司退出7间铺位，通用雪佛莱调整铺位。2009年6月前，有3家经销商意向退出。

2014年，因自身经营问题，台州欧宝、台州铭特、台州人杰、台州雪佛兰等被淘汰，给市场部工作带来很大的压力。由于及时掌握经销商经营动态，所有被淘汰的空余铺位都在第一时间得到调整。台州人杰更是在半小时内突然退铺，市场部也及时给予补充调整，减少市场的负面影响。自2005年来的10年间商铺连续保持100%的出租率。

2015年，趋于下滑的行业形势，给市场带来比2008年更大的压力。台州汇腾、台州杰骏、台州天鹰等6个商铺相继退出，占营业面积的6%。市场部知难而上，及时补充退出商铺。引进房车品牌，填补市场空白，东风纳智杰、东风标致、长丰猎豹等品牌也相继进入市场，有效降低负面影响。

2018年，台州铭峰等商家提出退铺，汽车展示厅东、西两面的主要二级经销商要求缩减面积，另有3家也提出退场。台州铭峰调整后台州江铃入场；对于汽车展示厅的经销商，采取全部收回或坚持一年的策略，汽车展示厅西退出长丰猎豹后，引进高端房车品牌罗伦士，使房车品牌达到2家；对于要求退场的，原则上从减少经销商的成本考虑，给予及时处理。2019年3月，汽车展示厅（西面）出现第一个空铺位，全年退铺15家，占经销商总数的30%，共减少物业收入97万元。其中独立商铺退出6家，合计退出面积1600平方米；汽车展示厅退出9家，合计退出面积1500平方米。通过努力，及时补充6个独立商铺。至年底，汽车展示厅空置率占总营业面积的4.6%。

品牌建设 汽车城开业后，实施品牌战略，探索全新品牌营销模式，鼓励经营户走品牌发展之路，做大做强经营规模。2006年，以《市场通讯》为载体，刊发《品牌管理办法是经营户必走之路》《市场单位销量末位淘汰制》等文章，要求经营户积极向厂家申报品牌，得到有条件经营户的积极响应。另外，市场部在日常操作过程中，对有品牌的经营大户及销量大经营户，优先考虑铺位面积、位置和停车位，对无品牌、销量少的经营户则采取一定的限制。是年下半年，根据优胜劣汰的原则，推出品牌销量末位淘汰制，得到工商部门的肯定。淘汰制实施后，连续3年淘汰3家。

品牌引进、品牌建设是市场生存底线，对退出经销商空余的铺位，立足优先考虑知名品牌、长线品牌、市场份额较大的品牌；对入驻的品牌实行区域保护，增加市场的品牌知名度，为经销商多元并进做大做强奠定基础。2008年，引进三菱汽车、一汽大众、欧宝汽车等，并与保时捷品牌联系沟通。同时抵制区域品牌垄断经营。6月初，广州本田汽车要求台州所有广本4S店商品车全部退出汽车城，并不得在汽车城门外交车。其干扰市场正常营业秩序的做法引发黄岩、椒江、温岭广本店的反对，但迫于压力也准备退出，首先退出的是路桥广本店。汽车城得知信息后，于8月向广州本田汽车销售公司发出劝谕函，要求其调整经营思路。3个月后，广州本田汽车销售公司作出让步，从而有力地维护经销商利益，得到经销商好评。2009年，为轩诚公司商铺合并调整一事，专程到杭州联系世之贸的主管部门，反复耐心地沟通，将轩诚的2个铺位合并在一起，其间妥善处理2家公司调换过程中搬迁装潢等费用。

转型升级迈出新步伐，不断增强市场竞争力。在对台州汽车市场调研的基础上，保时捷于2008年确定在方林汽车城投资设立保时捷中心。由于经济危机的影响，保时捷推迟落户。后历经洽谈，通过阐明合作双赢的理由，赢得保时捷中心的入驻。2010年2月26日，奥地利保时捷控股与浙江方林汽车城签订战略合作框架协议。9月28日，保时捷中心工程项目正式启动，由上海宝冶集团有限公司施工，英国迈升公司监理。2011年5月27日，台州保时捷中心盛装开业。台州市、路桥区政府领导赵跃进、陈才杰，浙江方林实业集团有限公司董事长方中华，保时捷控股中国区首席执行总裁阿林克、保时捷（中国）汽车销售有限公司伯翰墨出席仪式。是年底，保时捷中心上缴税收1150万元，是中端汽车品牌4S店年缴税收的4倍多。2013年5月，保时捷二期工程动工，地址为汽车城原检测站。

保时捷、奔驰品牌引进后，及时调整恒大、飞球、申浙、元通、华东、世之贸的独立商铺及空场地；对上海大众、元通等具有独立的中档品牌及经营大户，安排独立商铺或另租场地。同时，通过制约措施，推进品牌市场建设。对绕大厅独立商铺的二级经销商及非主流品牌经销商，不接受劝退的给予上调70%以上的租金，一般的给予上调30%左右的租金。

在台州品牌结构基本饱和的情况下，克服困难，继续引进品牌经销商。2016年，汽车流通行业乘用车销量全线下降。除东风日产店退出汽车城外，还有台州吉利、台州信泰等，台州铭远店整体转让，台州博菲、台州恺辰、台州东南自行调整产品结构。面对复杂的行业形势，汽车城积极挖掘品牌潜力，先后引进上汽斯柯达、上汽名爵等品牌，使出租率仍保持100%。同时，建立相对直通的信息渠道，持续开展沟通洽谈，为品牌引进奠定基础。2017年，当了解到长城魏品牌计划开店的情况后，主动上门联系，年初签订正式合同，5月开始营业。该品牌4S店从开始的每月销量60辆左右发展到近年末每月120辆。2018年，与宾利达成战略合作目标。

随着新能源汽车逐步普及，汽车城从市场进一步发展的角度，致力于此类车辆销售市场的开发。2019年，广汽新能源汽车前来对接，汽车城给予安排独立商铺，并配合搞好充电桩服务。同时，引进比亚迪新能源。2020年，积极应对各类不利因素，千方百计与特斯拉沟通协调，于7月签署战略合作协议。9月18日，台州路桥特斯拉中心正式开业，经营面积2500平方米。此外，还先后引进赛力斯新能源、小鹏新能源等品牌（图6-4）。

汽车经销　2004年，汽车城全年累计销售各类轿车14648辆，占台州汽车市场销售25230辆的58.06%，其中第一季度4077辆，第二季度3682辆，第三季度3203辆，第四季度3686辆，分别占台州车市的33%、40%、53.22%、43.22%。2005年下半年，调整铺位功能结构。2006—2007年，汽车城4S店渐成气候，高速运转，出现购销两旺的势头，一般品牌销量所占比例较大。

到2008年，中国车市却遭遇寒季，汽车城出现开业以来的首次下降，各类汽车总

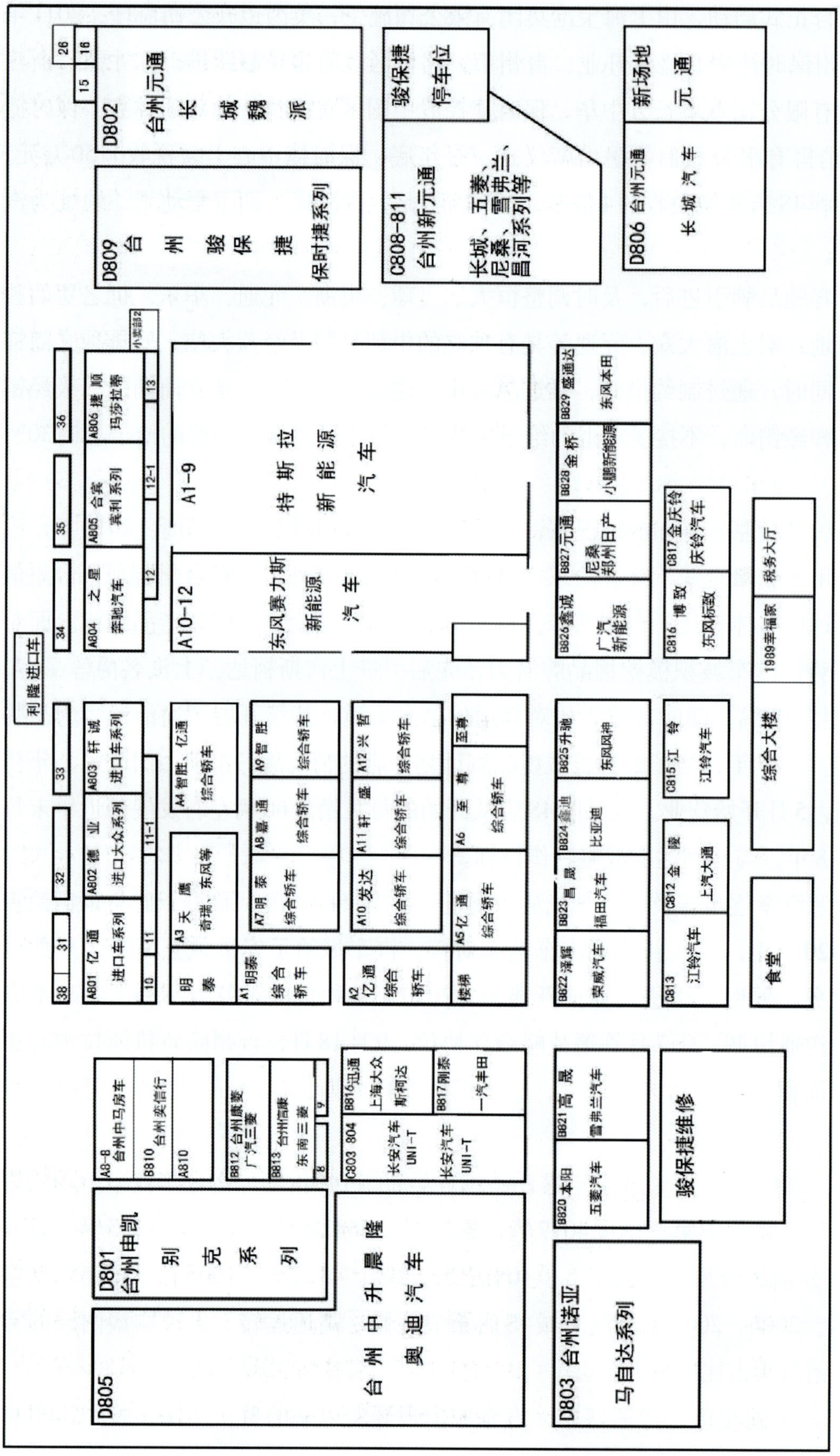

图6-4 浙江方林汽车城经销商分布示意图（2020年）

销量19560辆，比2007年同期下降17.46%。此后连续两年车市回暖，汽车销售量明显上升。2011年，世界经济遭遇困境，国内货币通胀难降，汽车优惠政策停止执行，诸多原因限制汽车的增长速度，销售形势总的特点是稳中有降。全年各类汽车总销量达到39300辆，比2010年同期下降20.08%。是年后，汽车销售量有增有减，存在波动现象。2015—2017年，经济回升缓慢，汽车城频繁调整商铺，销量有所上升。2018年再呈下降态势，销售仅4.33万辆，销售额76亿元，均比上年同期下降17.21%、14.61%。2019年，汽车城经营所遇困难超过以往任何一年，全年累计销售各类汽车4.46万辆，比2018年同期增长3%，占台州市汽车销量的26.66%。商品车销售均价平均保持在17.5万元左右，高于全市销售均价2.6万元。销售额88.6亿元，比2018年同期增长16.58%。

2020年，新型冠状病毒肺炎疫情给行业经营带来影响。面对困境，汽车城积极行动，采购3万余只口罩，供应经销商；配合区政府相关部门，召开行业形势分析会，动员经销商面对现实开展行业自救；向市、区商务局反映行业情况，希望政府出台汽车消费政策，帮助企业共渡难关。市、区政府重视行业经营情况的反映，6月路桥区政府提供超额完成奖300万元，12月市政府提供5000万元的汽车消费券。是年，销售汽车43200辆，销售额76.8亿元（表6-5）。

表6-5　2003—2020年浙江方林汽车城主要经济指标情况

年份	商铺出租/个	汽车销售		占台州市销售比/%	上缴村/万元
		数量/辆	交易额/亿元		
2003					70.00
2004	68	14648	20.10	58.06	70.00
2005	68	16341			70.00
2006	68	19560	38.00	48.80	70.00
2007	68	23700	29.86	40.50	105.00
2008	68	19560	27.38	35.20	
2009	68	31318	43.84	35.00	210.00
2010	68	49180	68.85	41.81	35.00
2011	68	39300	84.59	34.96	
2012	68	43200	85.53	34.95	1000.00
2013	68	42800	80.50	32.18	1000.00
2014	68	45100	83.40	28.85	1247.25
2015	68	45700	85.00	28.65	1411.59

（续）

年 份	商铺出租/个	汽车销售		占台州市销售比/%	上缴村/万元
		数量/辆	交易额/亿元		
2016	68	52900	90.00	30.03	1200.00
2017	68	52300	89.00	30.01	1400.30
2018	68	43300	76.00	24.96	1400.00
2019	68	44600	88.60	26.66	1200.00
2020	68	45200	90.00		

车辆检测 2006年，检测各类车辆19451辆，每天平均70辆左右，比2005年的10327辆增长88.35%，市场可得收入比2005年同期增长43.54%，逐步提高知名度，取得较好的效益。

社会效益

2008年，“5·12”四川汶川大地震发生后，当即向汽车城董事长汇报，牵头发起“地震无情人有情，涓涓细流表爱心”的募捐活动，得到台州46家汽车经销商的支持，短短2小时，共募得善款75.48万元。

专记：

玉环方林汽车城

2012年11月5日，玉环方林汽车城签约仪式在玉环经济开发区举行。开发该项目旨在加快玉环新城高端业态培育，促进现代服务业发展。玉环方林汽车城坐落在玉环经济开发区南区，占地面积11.13万平方米。地理位置优越，交通便利。截至是年底全县仅1家4S店，消费者正常的汽车维修80%要到4S店所属地区进行维修，既增加汽车消费者往返的费用，又造成玉环税源的流失。

自2013年5月开工，于2014年9月工程基本完成。至2015年4月底，2个4S店、16个2S店、6个城市综合展厅、综合二楼展厅的配套工作基本完成，投入7600万元左右，其中开发区填土投入约1100万元；地面硬化、绿化、地下排污管道、消防管道投入约1500万元。

2014年6月起，展开市场招商工作。从连续3次召开的座谈会上看，与会者设法压价，反应冷漠。针对这些状况，招商人员把握原则，坚持底线，积极应对，终于在6月底打开局面。是年底，除4S店招商未实现预期目标外，招商率达到100%。通过协商，原玉环二手车市场整体迁入汽车城，为今后二手车集聚打下基础。

由于受经济大环境的影响，品牌引进不力。方林汽车城不等不靠，积极与相关品牌沟通协调，通过各方面的努力，2018年7月奥迪品牌店破土动工。奔驰等品牌看中同一块地，也要求在市场建店，12月厂家同意奔驰玉环店立项。翌年，奥迪4S店顺利开业，奔驰4S店工程基本完工，进入装修阶段。

2015年5月21日，玉环方林汽车城正式开业（图6–5，图6–6）。9月，玉环县委书记张加波带领有关部门负责人专程到市场调研，强调进一步完善市场配套服务设施建设，加快玉环现代服务业健康发展。根据县委主要领导的指示，玉环公安局交警大队派出干警到市场进行实地考察，听取多方面业内人士的建议。12月22日，又到市场与主办方进行面对面洽谈，双方达成共识，决定在玉环方林汽车城建立玉环第二车管所。

图6-5　玉环方林汽车城效果图（2015年3月）

图6-6　玉环方林汽车城开业仪式（2015年5月）

6月30日，玉环方林第二车管所正式投入运营。其主要职能是：为全县新车上牌办证，原城区车管所不再办理新车上牌办证业务；负责全县驾驶员考核发证，预估每年有1.5万人申请领证；承担江北片驾驶员培训学习年检任务，该片有驾驶证者近6万人；接受交通违法行为处理，给部分驾驶员带来方便。同时，设立车辆检测站，实行上牌一站式服务。

2016年9月28日，经过近8个月的筹备调试，玉环县公安局交警大队车管所新城分所在玉环方林汽车城正式启动，办证大厅营业面积1200平方米，投资近150万元。业主本着高起点、前瞻性的原则，围绕年销售2万辆汽车的目标设计布局，多次会同交警进行实地调研、考察，修改完善服务功能、设施、程序等，使车管所的办证环境达到一流水准。2020年，新建1个车辆检测站。

至2020年年底，玉环方林汽车城集聚北京奔驰、一汽奥迪、上海大众、一汽大众、东风日产等品牌4S店及22个2S展厅。

第二章　浙江方林二手车市场

二手车经营始于20世纪90年代末。1998年，村集体创办台州市路桥旧机动车交易市场。2009年7月1日，浙江方林二手车市场搬迁至浙江中能光电有限公司旧址。市场坐落于浙江方林汽车城西北，地址台州市路桥区路院路1号，南靠迎宾大道。当日试营业，市场内旧机动车日交易量达90辆。7月8日正式开业（图6-7）。市场名由中国美术学院教授刘江题写。经过10余年拼搏，浙江方林二手车市场发展快速。至2020年年末，市场总面积达到150亩，总建筑面积13万平方米，营业面积10万多平方米，商铺共300多家，从业人员2000余人。拥有400多个不同品牌的二手车，上市品牌率达100%，知名品牌占全部品牌的85%。不断增强市场服务水平，寻求新的发展机遇，积极开拓新市场，开展全国性布局，进一步提升方林二手车在国内的品牌影响力，创造品牌价值。

图6-7　浙江方林二手车市场开业（2009年7月8日）

市场二手车交易跨越式发展。2010年，成交量为21372辆，成交额39.56亿元，均价18.51万元；车辆销售量占台州市的35%。2015年，交易二手车53121辆，占台州市交易量的48%，其中50%销往台州市外；交易额突破百亿元，达102亿元，成为台州市唯一的百亿市场。2019年，首批二手车出口车源正式启运。2020年，成交量为58978辆，成交额102亿元，均价17.29万元，交易量占台州市的57.51%。

市场荣誉连连。2010年被台州市精神文明建设委员会评为台州市文明示范窗口，2011年获得路桥区政府颁发的路桥区服务业创新奖。2002年被中国汽车流通协会诚信联盟授予2011—2012年度全国二手车交易市场诚信单位称号，2014年被中国汽车流通行业协会评为行业最具影响力品牌。2015—2018年，被浙江省工商行政管理局、浙江省精神文明建设委员会办公室授予2015年度浙江省诚信示范市场、2016年度省级文明规范市场，被中国社会科学院财政战略研究院、中国商品市场峰会组委会评为“中国商品市场百强”“网上网下融合市场30强”，荣获中国汽车流通协会颁发的2016—2017年度中国汽车流通行业卓越贡献企业奖、2018年度中国二手车流通行业领军企业奖。

经过几年的逐步发展，企业在行业中产生一定影响。浙江方林二手车市场为中国汽车流通协会会员单位，总经理方崇奇先后担任中国汽车流通协会二手车行业商会副会长、台州市市场协会副会长、台州市二手车流通行业协会会长、路桥区二手车行业协会会长，并当选第五届台州市路桥区政协委员。

第一节　市场前身

20世纪90年代初，大多汽车为政府机关和企业所有，保有量不大，选择少，价格高。此时汽车从出厂到报废，基本上没有中途交易的现象。1998年后，家庭用车逐渐成为主体，车辆产权转让的现象开始出现。究其原因，主要是因为个人消费的特点和观念所致。人们开始考虑和衡量汽车与身份地位的对等、汽车使用年限与经济性的关系等方面的问题。顺应这一趋势，方林村农户在经销机动车的同时，试着做起旧机动车生意来，村集体也先后开办机动车、旧机动车市场。

路桥旧机动交易市场

20世纪90年代中期，路桥区开始经营旧机动车，当时卖旧机动车的只有三四十家。1998年，随着旧机械设备、机动车两个市场发展，村两委班子坚持持续发展的理念，着手经营旧机动车交易业，兴办路桥旧机动交易市场，地址为台州市路桥区新安南街609号，与路桥机动车交易市场同处一地。增挂路桥旧机动车交易市场牌子，采取“一个机构，两块牌子”的模式运作。

21世纪初，无论是新车还是旧机动车，交易都十分红火。2002年，村里下大决心筹建台州市路桥机动车交易市场，整个市场改以销售旧机动车为主。时营业面积不到2万平方米，年交易额只有近10亿元，每辆车平均价7万元。

台州市旧机动车交易市场路桥分市场

2003年，浙江方林汽车城建成后，路桥机动车交易市场搬迁，旧机动车交易市场继续经营。7月，浙江方林集团与浙江玉峰集团签订合作协议，成立台州市旧机动车交易市场路桥分市场。占股比例方林集团40%，玉峰集团60%。至2004年年底，市场基本形成，销售形势良好，全年销售额比2003年有增长；上缴村集体65万元。

此后，一些年份经济并不景气，但销售仍很看好，因为旧车和新车比起来价格便宜得多，大多主张以节约为主；有的刚拿到驾照的新手，二手车破了擦了也不心疼，等技术熟练了再买新车。二手车中的中高档型也颇受欢迎。市场内交易高档二手车的摊位不少。奔驰、保时捷、奥迪、宝马等，从房车到跑车，虽然都是二手车，但品种却很齐全。在路桥旧机动车交易市场，消费者一般不会考虑太多手续问题，因为是比较正规的卖场，购车都比较放心。2006年市场交易量分别为2.13万辆，占台州市销售总量的60%，成为台州市二手车市场的龙头。

台州市路桥旧机动车交易中心

2007年，浙江方林集团有限公司与浙江玉峰实业集团有限公司继续合作，兴办台州市路桥旧机动车交易中心。9月25日，制订《台州市路桥旧机动车交易中心有限公司章程》。公司注册资本500万元，其中浙江方林集团有限公司200万元，占出资总额40%；浙江玉峰实业集团300万元，占出资总额的60%。公司法定代表人为章福明。市场经营面积1.67万平方米，经营户65家。尽管受恒通、温岭同类市场的影响，但仍取得一定效益。全年共转户汽车2.37万辆，占台州车市的66.67%，成交额达15亿元，摊位收入121.79万元，同比增13.7%，上缴村集体170万元。2008年，临海、玉环、黄岩等亦建二手车市场，竞争激烈。是年，市场共有摊位68个，经营户60家。全年转户汽车1.53万辆，同比下降35.42%，占全市总量的59.7%。市场成交额15.2亿元，同比增1.33%，上缴村集体260万元。

2008年5月28日，台州市发展和改革委员会下发《关于核定旧机动车交易服务费标准的批复》(台发改收费〔2008〕98号)，要求各旧机动车交易市场按核定的标准收费。自2008年6月1日起执行，试行期1年（表6-6）。2009年6月29日，台州市发展和改革委员会发出《关于核定旧机动车交易服务费标准的批复》，指出台州的旧机动车交易服务费暂按台发改收费〔2008〕98号收费标准试行一年，自2009年7月1日起执行。

2009年7月23日，根据《中华人民共和国公司法》有关规定，对公司有关条款作若干修改：公司名称为浙江方林二手车市场有限公司；地址为台州市路桥区路院路1号；公司经营范围为浙江方林二手车市场经营设施、场所租赁，物业管理，旧机动车销售；公司法定代表人为方中华。

表6-6　2008年旧机动车交易服务费标准

序号	车辆价格	收费标准/元
1	1万元以下	280
2	1万～5万元（含1万元）	390
3	5万～10万元（含5万元）	480
4	10万～15万元（含10万元）	580
5	15万～20万元（含15万元）	680
6	20万～30万元（含20万元）	780
7	30万元以上	880

2012年5月10日，修改《浙江方林二手车市场有限公司章程》：浙江玉峰实业有限公司实际出资100万元，浙江中能工业集团有限公司实际出资100万元，浙江方林集团有限公司实际出资300万元；公司法定代表人为方崇奇。

第二节　迁移新址

迁前准备

租赁签约　2009年3月25日，浙江中能工业集团有限公司（甲方）与台州市路桥区路南街道方林村经济合作社（乙方）签订租赁合同。甲方将位于台州路桥区公园路肖谢工业区（东至公园路，南至甬台温延伸线）内厂房（除东面办公楼外）租赁于乙方。年租金总计300万元。租赁自2009年5月1日起至2019年4月30日止，共计10年。该合同还就付款方式、交付日期、保险事项、水电费用、消防事项、租赁场地使用等达成一致意见。经双方协商，后再签有关房屋租金的补充协议，自2012年起从原合同的5万元/亩增加到6万元/亩。

2019年4月25日，续租中能集团厂区场地，签订房屋与场地租赁合同，租赁面积26190平方米，租赁单价每月每平方米21元，租赁金额659.99万元，租赁共5年，自2019年5月1日起至2024年4月30日止。

迁移规划　2009年年初，村两委班子一致看好二手车市场迁移。市场位于路桥南端，地理位置优越，交通便捷，市场前景广阔；大量人口、商品及信息的流动，促使市场不断前行；台州地区市民特别是农民生活水平的提高，在追求经济效益的同时寻求更多实惠，同样对二手车市场的发展起到很好的促进作用；良好的市场环境以及大规模的集中销售场地将给二手车市场带来可观的销售优势。

2月20日，村两委班子会议讨论通过二手车市场迁移事项，包括租赁中能集团公司原址，利用留存办公楼、厂房、办公楼，经营面积从原1.8万平方米扩大到4万平方米；邀请上海同济城市规划设计研究院规划设计，按汽车经营要求作整体布局，力争高档次、高品位，创品牌，创效益；建立二手车交易服务管理网络系统，形成查验、评估、过户全过程的标准化、网络化、规范化运行体系；迁移计划5月底完成，争取6月初正式开业。

4月2日，村两委召开党员干部会议，回顾年初布置工作的落实情况，提出新的任务。二手车市场扩建迁移后，浙江方林集团有限公司、浙江玉峰实业集团有限公司、浙江中能工业集团有限公司（甲方、乙方、丙方）合作经营浙江方林二手车市场，甲方占总股份的60%，乙方、丙方分别占总股份的20%。扩建市场投资1000万元，于7月3日试营业。重新建立浙江方林二手车市场筹建小组，明确工作任务。

政府决策

进入21世纪，二手车产业蓬勃发展，为路桥造就一批精明能干的旧机动车经纪人，集中部分全国各地的二手车到路桥销售，也吸引越来越多的人从事旧机动车中介服务。但以往以自家门店为主的狭小交易场所，以及相对滞后的销售服务，严重制约路桥二手车市场的进一步发展。

为此，路桥区委、区政府决定以路桥旧机动车交易市场为基础，整合资源，科学规划，投资扩建浙江方林二手车市场，做大做强二手汽车产业，提供四星标准的二手车交易服务。2009年4月14日，台州市路桥区政府召开区长办公会议，听取并讨论路南街道提交的《关于要求搬迁变更台州市旧机动车辆交易市场路桥分市场的请示》。会议认为，台州市旧机动车辆交易市场路桥分市场搬迁有利于迎宾大道沿线汽车长廊建设，提升路桥现代汽车城的形象。会议同意将台州市旧机动车辆交易市场路桥分市场搬迁至浙江中能工业集团厂房地块（用地性质不变），并更名为浙江方林二手车市场，要求区建设、消防、交警、工商等相关部门和单位全力支持市场建设，确保安全措施到位，交通组织有序。4月27日，区政府办公室将台州市路桥区人民政府区长办公会议形成纪要下发有关部门和单位。区工商部门几次组织市场主办方参观北京、上海等地二手车交易成功模式，学习先进管理经验，对原先破旧狭小的市场进行改造升级，与省工商局取得联系，帮助方林二手车市场以省冠名。

2018年5月8日，受路桥区政府副区长项小平的委托，区政府办公室副主任李正军召集相关单位负责人，就路南街道肖王村集体留地“长规划，短安排”有关事项召开协调会议，并形成一致意见：为协助驻路部队实施全面停偿服务，解决部队收回方林二手车市场土地问题，同意肖王泾东侧、路院路南侧的22.79亩肖王村集体留地，作为方林二手车市场搬迁用地，以“长规划，短安排”的形式，并以划拨集供地方式供给肖王村委会，用途为商业用地，土地使用年限为10年。

基建工程

以原浙江中能工业集团公司厂房和场地为基础，实施改建、新建施工，先后分一、二、三期工程。工程实施前，邀请同济大学对市场规划进行设计，按汽车经营要求作整体布局，合理改造原厂房，力争高档次，高品位，创品牌，创效益。改建以提升市场的形象，打造国内一流的二手车市场为目标，以室内展厅的经营模式布局，对展厅的地面全部以环氧地坪进行铺设，室内的通风及采光设施设计合理，采用玻璃幕墙的结构形式。同时充分利用原围墙外的水沟，填埋后节约土地资源，改建成98个停车位。在此基础上，完成对市场配套设施作相关改造，把办公楼二楼改建成办证中心，引进海天餐饮组建食堂等。改建工程及配套设施安装均按浙江省四星级市场的标准实施。市场环境改善后，曾经销售二手车的经营户纷至沓来。

一期工程　共开发73亩，建筑面积5万平方米，营业面积2.8万平方米。固定商铺152个，就业人员700余人。

2009年4月6日，台州市路桥旧机动车交易中心有限公司发包宁波飞龙空间结构有限公司等施工。施工面积10630.17平方米，其中拆迁3340平方米，安装铝合金固定窗3430.68平方米，安装百叶窗1176.36平方米，修建室内洽谈室2683.13平方米。于是年4月7日动工，5月27日竣工。

市场定位明确，以创建中高端二手车交易的专业市场为目标，内设A、B、C、D四个交易区，A、B为豪华二手车交易区，C为中高档二手车交易区，D为经济型汽车交易区。交易区内销售国内外汽车品牌400多个。开业阶段布局摊位152个，其中A区32个，B区36个，C区52个，D区32个（图6-8）。

图6-8　浙江方林二手车市场（2010年9月）

二期工程 市场移址扩展后，仍不能满足二手车销售商的需求。调查表明，新安南街一带尚有200多家中低档二手车经营户沿街营业，占路桥二手车交易40%左右的份额，实施二期工程势在必行。2012年2月9日下午，路桥区政府副区长李震杰主持召开方林二手车市场二期工程开发现场协调会，浙江方林集团有限公司董事长方中华及国税、规划、工商等相关部门领导出席会议。方林二手车市场总经理方崇奇着重汇报二期工程建设的规划。会议指出，方林汽车产业是路桥一大重要支柱产业，通过升级改造，进一步扩大规模、提升档次，推动二手车市场跨越式发展。

是年9月，市场被浙江省商务厅、财政厅确定为全省二手车交易市场升级改造试点。市场以此为契机，实施A、B等区域商铺的升级改造，取得良好效果，顺利通过省商务厅、省财政厅财政补贴项目的考核验收。

2013年，村两委会切实抓好二期工程筹备工作，召开会议作出具体部署，提出抓进度，讲质量，实施消防、水电、道路、绿化、交易大厅装潢等工程，确保全面完成如期开业；做好招商后期工作，完成租金结算。市场建立二期工程专项小组，定期召开会议，多次与上海同济城市规划设计研究院洽谈，确定设计方案。

是年3月，市场投入300余万元，在市场南侧新建F馆精品豪华二手车展厅，定名博豪名车广场，打破台州豪华二手车展厅的空白，迎合国内二手车发展新趋势。总体呈圆柱状，采用立体钢结构模式，分为三层，每层面积3300平方米，可同时容纳300余辆精品车，车辆均价在80万元以上。内设自动扶梯、中央空调、电子显示屏、商务洽谈室，以及VIP贵宾休息室、客户休息区、儿童游乐场等设施。由中宇二车行、文燕二手车、杨富二手车3家经营能力较强的公司联合入驻，以二手车交易全程服务为核心功能，采用国内外先进的二手车行业规范管理软件，实现全部交易信息自动化，市场管理程电子化，车辆交易资源全国化，为台州市内高端二手车交易提供一流平台。7月，经销商联合斥资200多万元，对展厅A区的整体布局、顶部灯光以及消防、电力等配套设施进行全面的改造和完善，提升展厅整体档次，改变大卖场原有模式，突破传统地毯式格局，创造“精、优、专”的高端展厅。9月20日，博豪名车广场正式开业。

2014年11月18日，举行为期3天的H馆招商活动。共50个商铺对外招商，共计40O多个来自各地的二手车从业者报名。截至11月底，招商工作全部完成，为进一步开展二期工程奠定基础。

2015年7月15日起，继续实施二期工程。委托台州市万禧装饰工程有限公司进行室内装饰，面积1.3万平方米，款额100万元。2015年9月10日竣工，工期60天。浙江方林二手车市场公司、台州市万禧装饰工程有限公司分别委派蒋晓哲、王申凯为驻工地代表。8月1日起，委托另一建筑装饰工程公司实施商铺门头立面形象工程，主要工程量：安装3米×5.6米幕墙，墙面3米×4米刷新，安装4米×5.6米吊顶，制作幕墙广告牌龙骨架；做商铺外围门头7.28平方米（5.6米×1.3米），商铺室内门头7.28平方米（5.6米×1.3米）。工程总额68.01万元。至2015年9月15日竣工。蒋晓哲、周峰为驻工地代表。

是年9月，第四届交易会前二期工程全面完成，占地面积增至153亩，总建筑面积7.5万平方米，营业面积近5万平方米，商铺共214家，从业人员1500余人。交易区域从4个增加到7个，A、B、H区为中高端展厅，C、D区为混合型展厅，M、Z区为诚信展厅。拥有400多个不同品牌的二手车，上市品牌率达100%，知名品牌占全部品牌的39.6%。

三期工程　2016年1月15日，方林村委会向肖谢村租赁集体所有土地17.09亩，用于二手车市场经营及相关配套建设，称之三期工程。2018年，三期工程启动施工，计划打造高端城市展厅集聚地。10月1日，浙江方林二手车市场M馆城市展厅建成并试营业。该馆位于市场南侧，占地面积约1.5万平方米，由4幢独立的城市展厅组成，有7家二手车经纪有限公司入驻，并设置台州市车管所路桥分所。M馆能同时容纳500余辆车型，定位为中高端车型，包括常见的奥迪、奔驰、宝马、保时捷、路虎、埃尔法，高奢系列品牌法拉利、兰博基尼、劳斯莱斯等。M馆作为浙江方林二手车市场高端二手车形象展示区，是市场内夫妻店模式升级为公司化经营的典范，在台州乃至全国都属于前列。

M馆以1～8编序，分别是M1新东方名车馆（原浙江方林二手车市场二期Z3-4展厅），M2永真名车馆（原浙江方林二手车市场二期Z6展厅），M3大炮名车汇（原浙江方林二手车市场一期A24展厅），M5东胜行名车（原浙江方林二手车市场一期C34～36展厅），M6誉恒隆车行（原浙江方林二手车市场二期H54～55展厅），M7博豪汽车生活馆（原浙江方林二手车市场F馆博豪名车广场），M8淇文名车馆（原浙江方林二手车市场二期Z5展厅）。

第三节　市场管理

管理体系

管理机构　浙江方林二手车市场有限公司最高权力机构是董事会，经营管理实行董事长领导下的总经理负责制，总经理1人，副总经理4人，负责日常经营活动。2009年，设办公室、财务室、市场部、综合部、网络部、保安部，办证中心、车管所、检测站等。2016年增设企划部。

办公室设主任1人。财务室设会计、出纳、会计助理各1人。市场部调解员2人。综合部负责人1人，电工、水工、综合后勤各1人。网络部经理1人，采编2人，程序员、美工各1人，业务员2人。保安部队长1人，保安员19人。办证中心负责人1人，复印、合同缴费、审核、开票、交易收费各1人，录入2人，评估3人。车管所收费、开票、归档各1人，档案比对、转移登记、制证各2人。检测站照相1人，拓印拆牌2人，外观查验4人。企划部1人。

管理制度 2009年，市场迁址后，管理层印制分发员工手册。该手册分总则、新员工入职管理制度、劳动纪律管理制度、物品采购管理制度等。

制订规划 2019年5月，浙江方林二手车市场有限公司制订《浙江方林二手车市场战略发展规划》（简称《规划》）。制订规划旨在为企业和员工树立共同发展目标和愿景，引导企业和员工朝着共同的方向和目标迈进。《规划》分公司概况、总则、战略环境分析、总体战略规划、战略实施、战略控制等六部分。《规划》时限2019—2023年。

服务体系

配套服务 2015年，新建办证服务大厅，面积1000平方米。办证服务大厅具备地市级车管机构办事功能，推行一站式购车服务，为消费者办理车辆检验、评估、上牌、过户、缴税费、转移登记、处理违章、外迁提档、年检上牌等业务。同时，提供七天无理由包换服务、24小时路障救援等售后保障服务，由物业管理型向综合配套服务型转变。2011年5月18日，台州市车管所分所入驻市场。自此，市场真正实现从选车、购车、交易、转户等一条龙服务。2013年，根据市场实际情况，调整代办人员数量，剔除部分不诚信、乱收费代办人员，做到持证上岗，无证人员不给予代办资格；代办人员重新与市场签订保证书，做到责任到人，并记录在册。

提升市场经营业态，打造消费者“放心、安心、舒心”的二手车市场。市场运行初，经营户的经营方式各异，有联户合作的公司户，有夫妻并对的“单干户”，也有从事中介性质的“黄牛户”，甚至有未领执照刚涉足商海的“试水户”；2009年年底，市场管理部门在区工商部门的指导下，引导经营户以组织形式向贸易公司转变，无营业执照的办理经纪公司营业执照，实施“临时工转正”，引导中介性质的“黄牛户直接经营商品，“单干户”则向“打硬股”等联户合作制转变。到2011年7月底，市场内160多个商铺全面实现公司化改造，并按照公司法的要求，成立“四自”法人组织，建立规范的现代企业制度。次年初，率先在业内实行车辆明码标价，取得良好的成效，展厅内皆是价格明、车况清的车辆，消费者可以自行比较车辆性能，而不需要挨家挨户咨询商家。

综合服务　自市场迁建后，根据客户所需先后建立金融服务、等候区、洽谈室、纠纷调解中心等区域，设置公共宣传栏、应急救助箱、共享物品等便民设施，为消费者提供导购、资讯、牌证、信贷、保险、融资为一体的便捷服务。自2011年开始，市场着力搭建融资平台，以实体优势通过与金融服务方洽谈，为商户提供较高优惠的资金贷款，打造更具二手车业务特点且风险可控的创新性金融产品。截至2020年年底，中国工商银行、中国银行、华夏银行路桥支行发放车商贷、库存贷与消费贷超40亿元。

2019年5月，由浙江方林二手车市场和太平洋保险路桥支公司保险公司合作推出二手车保障险，在全国属首创。消费者购买参保的二手车，如果发现有过火、泡水、调表等情况，不仅可以退车，还可以从保险公司获得购买价和市场价的差价作为赔偿，深得消费者和绝大部分车商的认同。

电子商务　全称是O2O电子商务模式，即线上线下融合。通过这一模式，可以带来消费者、商户和市场的三方共赢。2009年8月，市场投资50余万元，创立有独立域名的官方网站（www.fanglincar.com）。同时，举办网络知识培训讲座，实地指导经销商如何进行后台操作，使每一商铺都能进行网上交易。建有专门的网络信息采集中心，为市场经营户、客户提供商品网上信息查询、信息发布及网上交易服务。2010年下半年始，每周访问量达到2000以上，其中有效访问量达到1300，充分发挥网络在营销中的地位。2014年5月，市场建立电子商务公司。

线上平台。2012年6月，市场建立网络部，建立线上平台。组建专业的网络营销队伍，开发相关的服务软件，引导经销商实现“网络+实体式”双重销售模式，通过与58同城、汽车之家、大风车等二手车电商平台深度合作，以线上集客、线下体验的形式，为商户扩展客源，让消费者实时动态掌握在售的优质车源，打造一个方林二手车线上市场，为消费者选车提供便利。到2013年5月底，通过网络成功交易车辆近100辆。至2020年年底，通过网络交易二手车1.5万余辆。

2015年2月，市场电子商务公司完成PC端向移动端转换，搞好线上拍卖测试，并于5月投入使用。

智能库存。2015年12月，开发市场商户版方林APP，帮助商户管理自有库存。通过方林APP上传车源照片及完善车辆信息后，即将该车的信息同步到方林二手车网、方林公众号及各大二手车电商平台，方便商户实时了解自家车源的所有数据。同时，通过CRM（客户信息管理软件）系统有效储存客户资源，卖车时能了解客户的信息，做好售前的跟踪和售后的回访。

数据采集。2019年5月，建立市场ERP系统，以ERP数据库为核心，打通方林

APP、交易系统、检测认证系统的后台接口，对场内的车源数据、客户信息、检测认证结果等数据进行专业的系统化采集。通过数据分析，制定调整营销策略，积累一定量的数据，发布中高端二手车的价格指数，为车商回收车辆和消费者买车提供参考。

“诚师傅”帮帮团 2019年年10月，市场建立由百人志愿者团队组成的“诚师傅”帮帮团，从而为商户和消费者开展认证、评估、质保等一系列服务，受到消费者好评。帮帮团下设购车顾问团、维权调解团等。在市场办证大厅，志愿者主动提供各类咨询服务，当好消费者购车参谋。大厅旁边设置调解室，如果商家和买方之间出现纠纷，志愿者会帮他们牵线，在调解室商量妥善解决。在调解过程中，志愿者耐心听取双方意见，做出专业科学的判断，给出合理可行的建议，坚持实事求是、公平公正。

“诚师傅”帮帮团实行365天值班制，志愿者闲暇之余就来办证大厅“搭把手”，用自己的专业知识为消费者“保驾护航”。对消费者的承诺不收取服务报酬，不为购销人帮托，不经营商品和服务。

诚信体系

方林二手车市场迁建后，国内二手车行业正处于成长期。由于新车市场价格不断下滑，二手车价值体系呈现不稳定状态，加上相关政策、准入门槛、评估鉴定标准不完善，各地二手车市场发展过程中存在较大差异，在一定程度上制约了二手车市场发展。市场决策者、运行者深深认识到，二手车行业需要更加重视“诚信”二字，全面推行诚信体系建设，切实保障消费者的权益。2010年6月，建立诚信考评机制，实行《经销商末尾淘汰制》。2015年起，市场围绕“守信得益，失信受制”的目标，开展“打造全国首家二手车诚信市场”活动，采取扎实措施，积极创新发展，进一步提升市场管理水平和诚信经营意识，营造有序的市场发展环境，推进市场健康稳步发展。2017年11月，中国汽车流通协会组织2016—2017全国二手车交易市场行业标准验收，浙江方林二手车市场达到诚信AAAAA标准。

诚信宣言 2015年11月8日，浙江方林集团举行路桥·方林汽车产业服务集聚区打造全国首家诚信二手车市场新闻发布会，浙江方林二手车市场表示要打造全国首家二手车诚信市场体系，向广大消费者发布二手车市场诚信宣言，提出不为外部环境所牵制，创建内部诚信环境，推进二手车行业健康稳定发展。路桥区委常委、宣传部长应再泉出席会议并讲话。新华网、中新社、科技金融时报等20多家中央、省、市媒体，以及几十家二手车经营户共同见证这一刻。

2016年12月22日，台州市委宣传部专门在路桥台州国际大酒店举行“树行业标杆论坛暨诚信经营成果发布会”，聚焦“人无信不立，业无信不兴”的主题，介绍浙江方林二手车市场倡导诚信经营体系建设，推进二手车行业稳步发展的成果。

信用管理 2010年3月，市场根据实际情况，实施经销商纪事评定标准，规范经营者的经营行为。该标准详细罗列经销商在日常经营中易发生的违纪行为，对于违反标准的行为将扣除相应的分数，租赁到期时结算。当分数扣至90分时，来年租金将上浮10%～30%；80分时，来年租金将上浮30%～50%；70分时，取消来年续租资格。

市场坚持“消费维权无小事”的观念，于2010年1月与区工商部门联合成立12315消费者联络维权站，认真处理每一件纠纷案件，保障消费者的正当权益。2015年12月，建立“先行赔付”和“承诺七天无理由退换车”制度，设立额度为300万元的“先行赔付”保证基金，若产生消费纠纷并认定经营户为纠纷责任方，则由二手车市场向消费者先行赔付。“先行赔付”制度实施后，消费投诉率直线下降，消费投诉由2014年的19起下降到2016年的2起，成功调解率达100%，创造“零投诉”纪录。市场在诚信建设方面成为当地行业标杆，真正实现“买车到方林、方便又诚信”，得到行业主管部门及消费者的认可。

建立“诚信示范+失信淘汰”制度，开展“诚信示范经营店”创建活动。2014年6月，市场举行“诚信示范经营店”创建研讨会，组织经营户代表就如何创建“诚信示范经营店”进行讨论，提出“诚信示范经营店”必须具备的条件。2015年，经过商户申报、市场评选，评出诚信经营示范店8家，并在商铺门头挂牌展示。2016年，评出诚信经营示范店15家。经过两年的实践，广大商户看到前两批诚信经营示范店对销售的促进作用，纷纷主动申报。

2017年，经市场挑选，最后选定商户12家，并制定出授牌方案。2019年，又评出诚信示范户9家。至此，共评选出诚信经营示范店44家。通过诚信经营示范店的评选，以点带面，不断引导其他商户全部成为诚信经营示范店，达到打造全诚信市场的目的。市场继续实施末位淘汰制，根据商户日常行为，给予一定分值，每个区分值最后三位的商户来年适当增加租金；加强涉及二手车市场广告、商标、合同、产品质量的日常监管；定期公布诚信经营“红黑榜单”，加大列入黑榜的经营户巡查频率，监督和规范商户诚信经营（表6-7）。

表6-7 若干年份浙江方林二手车市场诚信经营示范店

序号	区号	公司名称	联系人	调整后所在区号	评定年份
1	F馆	台州市博豪二手车经济有限公司	程杨富		2015
2	Z3-4	台州市路桥区新东方二手车经纪有限公司	莫恩青		
3	A1-2	台州市正茂二手车经纪有限公司	潘君寅		

（续）

序号	区号	公司名称	联系人	调整后所在区号	评定年份
4	B4-5	台州市路桥羽石二手车经纪有限公司	李海华	B4	
5	C34-36	台州市鼎鑫二手车经纪有限公司	邵伟兵		
6	D1	台州市路桥小强二手车经纪有限公司	郑　强		
7	B2	台州市路桥军鑫二手车经纪有限公司	陈军勇		
8	H52	台州市路桥阿畏二手车经纪有限公司	杨畏畏	A15	
9	Z1	台州市路桥林波二手车经纪有限公司	林　波		2016
10	Z2	台州市路桥八方旧机动车经纪有限公司	李小仙		
11	Z5	台州市路桥区好达二手车经纪有限公司	郑建明	A21-22	
12	Z6	台州市路桥永真二手车经纪有限公司	林永正		
13	A4-6	台州市永恒旧机动车经纪有限公司	王　权		
14	A10	台州市路桥亨运二手车经纪有限公司	陈文杰		
15	A24	台州市大泡旧机动车经纪有限公司	王志君	M3	
16	B14-16	台州市路桥区车之缘二手车经纪有限公司	金德华		
17	C7	台州市路桥区亨国二手车经纪有限公司	陈亨国		
18	C15-16	台州市路桥诚意二手车经纪有限公司	郑　斌		
19	D20	台州市路桥钱宇二手车经纪有限公司	钱军富		
20	H4	台州市路桥君豪二手车经纪有限公司	俞申斌		
21	H8-9	台州市路桥文军二手车经纪有限公司	黄文军	H8	
22	H37	台州市路桥璐兴二手车经纪有限公司	颜霖巧	H36-37	
23	H54-55	台州市路桥誉恒隆二手车经纪有限公司	陈为斌		
24	A14	台州市路桥辰泽二手车经纪有限公司	胡富军		2017
25	A19	台州市宏轩二手车经纪有限公司	许文强		
26	B8	台州市鸿锦二手车经纪有限公司	程金昌		
27	B18-19	台州市路桥区青华二手车经纪有限公司	陈青华		
28	B20-21	台州市路桥裕兴二手车经纪有限公司	王婉珍		
29	C11-12	台州市路桥区车盛二手车经纪有限公司	蒋云才		
30	C23	台州市路桥区艺梦二手车经纪有限公司	徐国松		
31	D11	台州市大蒙二手车经纪有限公司	蒙永峰	D24-25	
32	D27	台州市路桥聪聪二手车经纪有限公司	蔡通聪	D15、D27	
33	H1-2	台州市路桥和盈二手车经纪有限公司	王　琛		

（续）

序号	区号	公司名称	联系人	调整后所在区号	评定年份
34	H14	台州市路桥恒铭二手车经纪有限公司	卢　强		
35	H45	台州市路桥区欧佳二手车经纪有限公司第一分公司	彭　义	H44-45	
36	M5	台州东胜行二手车经纪有限公司	谢之江		2019
37	M10	台州恒信二手车信息有限公司	张丹荣		
38	A13	台州聚欣二手车经纪有限公司	徐重基		
39	D7	台州市路桥区兴发二手车经纪有限公司	余伟君		
40	D18	台州市路桥区宝捷二手车经纪有限公司	周永军		
41	C9	台州市路桥嘉豪二手车经纪有限公司	杨军辉		
42	H52-53	台州市汇广信二手车经纪有限公司	杨　鹏		
43	H15	台州市路桥嘉恩二手车经纪有限公司	陈　波		
44	H38-39	台州京北会汽车销售有限公司	陶敏君		

“行”认证

2014年，中国汽车流通协会联合国内领先的第三方鉴定评估机构共同打造二手车“行”认证服务品牌，由第三方机构完成车辆的技术检测，消费者在购买通过“行”认证的二手车时，扫描二维码即可得车况基本信息。

2015年2月11日，方林二手车“行”认证在北京举行签约仪式，台州市方林二手车检测咨询有限公司总经理金健与中国汽车流通协会副秘书长罗磊分别在协议上签字，达成战略伙伴关系，在“行”认证方面展开深度合作。台州市路桥方林二手车检测咨询服务有限公司由浙江方林二手车市场、浙江吉利控股集团、博豪二手名车广场合作组建。4月23日，公司通过中国汽车流通协会“行”认证验收，成为台州唯一一家国家级协会授权的二手车认证机构。是年，首批接受“行”认证的营销经纪公司共有25家，认证二手车通过专门仪器三类共114项检测，确认无火烧、无水泡、无重大交通事故修复痕迹，且车况质量达到国标二级以上可获得“行”认证证书。至6月底，市场获得“行”认证证书的车辆共有100余辆，使用年限均在7年以内、且行驶里程未超过15万公里。10月，方林二手车检测咨询公司检测评估服务标准通过市质监局、市发改委、市商务局等部门验收，检测评估服务标准规范二手车检测认证的公司架构、管理制度、服务范围、检测项目、检测流程、检测人员资质及操作、检测报告等，填补该项服务标准的空白，有利二手车行业更加有序健康发展。

到2016年年底，经过一年多运营，市场销售“行”认证车辆的商户达70多家，占全部商户的三分之一。2017年，加大推行“行”认证，实现市场全覆盖。2015—2017年，累计检测车辆达1.3万多台。

第四节　市场经营

铺位招租

租金收入　2009年6月，方林二手车市场招商工作顺利，整个市场招租商户152户，收入款额（年租金+角铁费+空调费－优惠）1114.64万元。以后一年一签，合同签订当日及第二天两天内，一次性付清一年租赁期的租金。2017年5月31日至6月1日，一期商铺续租签约。

车辆交易　2009年7月1日开业至12月底，平均月交易量1335辆，总交易额13.4亿元。2010年是转场后的第二年，市场开始步入正轨，销售逐月上升。是年销售数量21372辆，平均每月1781辆，均价达到18.7万元，交易额达39.56亿元。相比2009年下半年的销售情况每季度分别增长14.7%、10%。销售量占整个台州市的35%。尽管业绩明显，但车辆的品质并不高，C、D区内仍出售皮卡、四轮等微型商用车。

2011年，市场引导商户合理定位，促使经济型二手车交易区成功转型，交易区内开始出现宝马、奔驰、奥迪、路虎等中高档二手车。整个市场的中高档二手车占交易比例的70%，最高属世爵，价达500万元。市场内二手车普遍较新，更新车主较少，车辆性价比高，吸引消费者购买。是年销售再上台阶，全年共交易车辆27103辆，交易均价为19.2万元，交易总额达到52亿元，交易车辆、交易额均比上年增长26.82%、31.45%；交易车辆占整个台州市二手车市场交易总量的39.3%。2012年，全年实现车辆交易34654辆，交易额达65亿元。2013年，汽车总成交量40712辆，成交额77亿元。2014年共交易二手车45937辆，交易额85亿元。

2015年，通过实施二期工程，商铺有所增多，销售环境改善，交易数量提高。市场共交易二手车53121辆，交易额102亿元，突破百亿，成为台州市唯一的百亿市场。2016年，交易二手车53258辆，交易额103亿元。2017年，市场交易量55388台，交易额108亿元。2018年，交易车辆56517辆，交易额110亿元。2019、2020年的市场总成交量分别为57647辆、58978辆，成交额分别为105亿元、102亿元。

随着交易额稳定增长，上缴村集体款项逐年上升。2010年上缴600万元，是2008年的2.31倍；2014年达850万元，2016年上升到1000万元，2019年为2400万元（表6-8）。

表6-8　2009—2020年浙江方林二手车市场交易情况

年份	出租商铺/个	车辆交易		上缴村集体/万元	年份	出租商铺/个	车辆交易		上缴村集体/万元
		总数/辆	交易额/亿元				总数/辆	交易额/亿元	
2009	152	8010	13.4	136.19	2015	224	53121	102	750
2010	152	21372	39.56	600	2016	224	53258	103	1000
2011	162	27103	52	660	2017	224	55388	108	2000
2012	162	34654	65	720	2018	232	56517	110	2000
2013	162	40712	77	720	2019	225	57647	105	2400
2014	162	45937	85	850	2020	232	58978	102	

服务费收取　2011年7月25日，台州市发展和改革委员会对各旧机动车交易公司提交的《关于要求核准旧机动车交易服务费的请示》作出批复。批复说，根据浙江省物价局《关于颁发〈浙江省定价目录〉的通知》规定，考虑各旧机动车交易市场规模和成本费用等因素，经研究核定旧机动车交易服务费标准。该批复自2011年8月1日起执行。其具体额度与台州市发改委2008年提出的收费标准相同。

品牌输出

以技术、管理输出的方式，为内蒙古巴彦淖尔市国泰集团打造二手车市场。2018年6月14日，内蒙古巴彦淖尔市国泰集团总裁王智和一行到方林二手车市场考察，浙江方林集团董事长方中华、浙江方林二手车市场总经理方崇奇陪同。考察结束后双方签订合作框架协议。

2019年7月13日，晨泰二手车市场在内蒙古巴彦淖尔市临河区开业，市场位于临狼路与朔方路交会处朗润园东（图6-9）。2020年，晨泰二手车市场销售二手车5000辆，营业额3亿元。

图6-9　晨泰二手车市场开业（2019年7月）

二手车出口

2018—2019年，公司多次派专业团队到日本中古二手车市场学习取经，考察国外二手车市场，调查分析有关国家二手车市场情况、二手车车型需求。在此基础上，公司立足方林，构建“一轴两翼三中心”（以丝绸之路经济带为主轴，沿线国家为两翼，非洲、东欧及东南亚为中心）二手车出口体系，努力打造全球二手车市场。

2018年，公司在西班牙马德里注册方林国际商标，由正方形图案和“方林”英文组成，而正方形由“方”“林”英文的第一个字母F、L拼成。至是年底，在华北、西南、华东、华中等地区拥有汽车出口基地、出口中心各4个，二类售后服务中心10个；通过自建、收购合并等方式，设立海外分公司，拥有海外4S店100多家，覆盖“一带一路”沿线国家。公司从上海、广州等进出口公司整合数十名专业人才和销售管理精英组成营销团队，进入海外各服务中心。同时，公司建立完善的车源整合、检测评估、整备维修、电商平台、海外销售及售后等体系。

2019年4—5月，商务部、公安部、海关总署三部门联合下发《关于支持在条件成熟地区开展二手车出口业务的通知》，确定北京、天津、上海、浙江（台州）、山东（济宁）、广东、四川（成都）、陕西（西安）、青岛、厦门等10个省（直辖市）市为首批开展二手车出口业务的地区，台州名列其中。5月15日，台州市路桥区政府向台州市政府提交《关于要求在浙江方林二手车市场开展台州二手车出口试点的请示》。6月，台州市政府常务会议审议并原则通过《台州市二手车出口促进及管理方案》，商务局启动二手车出口企业申报工作，经专家评审及台州市二手车出口工作领导小组确认，推荐浙江方林二手车市场有限公司等5家企业为全市首批二手车出口企业。7月19日，公司制订二手车出口项目三年计划。整个计划分公司概况、项目实施、预期目标等三部分。7月31日，接商务部正式通知，5家企业均通过备案。8月，浙江省商务部门首次颁发二手车出口许可证。

9月6日上午，浙江方林二手车市场有限公司举行首单出口发车仪式。台州市路桥区人大常委会主任蒋临，台州海关副关长周国芳，路桥区政府副区长罗华迪，方林村党委书记、方林集团董事长方中华等，以及台州市、路桥区、路南街道部门、单位负责人，各级新闻媒体记者共200余人出席仪式。首批次出口的二手车通过海陆联运的形式，先到温岭龙门港，终至“一带一路”沿线波兰、比利时等国家。

2020年，成功注册日本公司，打造海外仓，向非洲、欧洲、中东等国家多批次出口二手车172辆，出口额201万美元。

第三章 展销活动

2003年起，举行首届中国（台州）国际汽车展示会。每年一次，至2005年举行中国（台州）国际汽车展示会3次。之后每两年举办一次。2007年举行第四届中国（台州）国际汽车展示会。2009年举行第五届中国（台州）国际汽车展示会暨首届台州（路桥）二手车展示会。2015年起改名为台州国际汽车展暨台州国际二手车展。至2019年，共举行汽车展示会4次，汽车暨二手车展示（交易）会6次。2012年，台州国际汽车展示会获得市商务局授予的台州市“十大特色展会”称号，对历届汽车展示会的举办给予肯定。2013年、2014年，汽车城连续两次举办“五一”汽车置换节。2014年，汽车城举行“十一”快乐购活动，现场成交866辆，意向客户500多个，以7万～12万元的车辆为主，绝大部分是在台州企业打工的中层管理者。与此同时，市场部帮助经销商举行周末小型促销活动，增添营销气氛，帮助经销商取得更好业绩。

第一节 汽车展示会

2003第一届中国（台州）国际汽车展示会

2003年6月28日，浙江方林汽车城隆重开业。此日起至7月3日，举办2003首届中国（台州）国际汽车展示会。其间，汽车城热闹非凡，展厅、商铺、通道人来人往，人声鼎沸。中国汽车工业协会领导，台州市、路桥区四套班子领导瞿素芬、陈惠良、虞选凌等出席。

此次车展的主题是“抓住机遇，拥有财富”，具有品位高、综合性强的特点。这一车展突破以经销商为主、销售为目的传统形式，吸引德系、美系、日系、韩系等著名汽车品牌，7.8米长、1180万的劳斯莱斯引起车迷们的震撼。除了不少款式的靓车外，还有美女车模为汽车品牌站台代言。

2004第二届中国（台州）国际汽车展示会

2004年9月30日至10月4日，举办2004第二届中国（台州）国际汽车展示会。

车展特点。规模比首届有一定突破，进一步凸显方林汽车城的市场地位与辐射功能；档次较高，经典名车有意大利880万兰博基尼跑车、480万英国绝版雅致宾利、420万顶级法拉利575M跑车，以及东风日产天籁，广本飞度二厢，起亚嘉华、远舰和奔驰、宝马经典跑车，美国悍马吉普车。

车展效果。共接待专业观众2万余人，一般观众4万余人，合计6万余人；车辆现场销售572辆，预订200余辆，合计700余辆，现场车辆合计成交额达1.16余亿元；浙江日报、时尚浙江报、浙江市场导报、浙江电视台，以及台州市各大主流媒体均给予较为详尽的报道。

2005第三届中国（台州）国际汽车展示会

2005年9月30日至10月4日，2005第三届中国（台州）国际汽车展示会举办。此届车展的主题是“台州，汽车工业的前沿，汽车消费的海洋”。

车展名牌。主要有第六代幻影劳斯莱斯、凯迪拉克豪华XLR跑车；房车在台州车展史上首次登场，有美国9米加长凯迪拉克房车、大众宿营多功能房车、马可波罗奔驰房车等。

车展活动。车展前举行汽车知识大奖赛，共印发18万份，凭答卷进场观展；设置首届台州汽车动漫秀，每天演出3场；东北奇人王连海表演耳朵拉汽车，每天安排2场；车展结束当天下午举行幸运抽奖活动，奖品价值一份800 ~ 4000元。

2007第四届中国（台州）国际汽车展示会

2007年9月30日至10月4日，举行2007第四届中国（台州）国际汽车展示会。本届车展以“动感，绿色，安全消费”为主题，规模、档次、文化体现等在台州车展史上尚属首次。10月9日，台州市委书记张鸿铭在一次会议上强调，把举办汽车展示会与创新创业联系起来，搭建平台，千方百计办好中国（台州）国际汽车展示会。

车展特点。除室外展位外，室内展位全部由厂商自行搭建，60%左右的特装材料全部由厂家运抵台州，突出展位品牌意识。30%左右的品牌是首次参加，其中包括800万 ~ 1280万的劳斯莱斯07款幻影元首级、1120万的荷兰世爵、818万的迈巴赫，以及269万的奔驰顶级超跑车。文化氛围更浓厚。首次采用现场直播的方式，展示此次车展的盛况，让人们通过电视、网络了解车展；展场周围展出200余张世界百年经典图片，打造以汽车为主题的文化大餐；举办“激情车展·感恩台州”交响音乐会。

第二节 汽车展示暨二手车交易会

2009第五届中国（台州）国际汽车展示会暨首届台州（路桥）二手车交易会

2009年9月30日至10月4日举行。上午9时，2009第五届中国（台州）国际汽车展示会暨首届台州（路桥）二手车交易会开幕（图6-10）。市委书记陈铁雄出席并宣布开幕，市政协主席陈子敬，市委常委、常务副市长元茂荣，副市长徐仁鹤和市政府秘书长陈惠良出席，中国汽车工业协会展览部主任申跃生到场祝贺。

图6-10 第五届中国（台州）国际汽车展示会在浙江方林汽车城举行（2009年10月）

第五届中国（台州）国际汽车展示会 由中国汽车工业协会、台州市政府主办，台州市路桥区政府、浙江方林汽车城联合承办。

组织领导。4月18日，组委会拟订本届展示会总体实施方案，递交市、区领导和有关部门审阅。根据承办工作需要，经路桥区政府同意，建立第五届中国（台州）国际汽车展示会暨首届台州（路桥）二手车交易会承办工作领导小组，路桥区委副书记、区长郑米良为2009第五届中国（台州）国际汽车展示会暨首届台州（路桥）二手车交易会承办工作领导小组组长，路桥区政府副区长叶勤华为常务副组长，区府办副主任王以才等为成员。领导小组办公室设在浙江方林集团，方林村党委书记、浙江方林集团董事长方中华任办公室主任，浙江方林汽车城总经理周建林任常务副主任。办公室下设秘书、展务、安保、后勤4个处。

主题定位。2009第五届中国（台州）国际汽车展示会坚持以“魅力台州，缤纷车展”为主题，以高档亮点车吸引人，以焦点新型车集聚人，努力引进概念车，突出展台个性，体现汽车文化新理念，吸引大众消费者，拉动汽车消费市场，进一步稳固浙江方林汽车城大4S平台的地位，加速人流、物流、信息流的良性循环，使方林汽车城成为国内外汽车的畅销之地。

依靠市内外汽车消费市场，做好市内重点营销单位、国内重点汽车企业的招展工作，做到“三优先”(高档品牌汽车展位优先，强势品牌汽车展位优先，特装汽车展位优先)，招展率达100%。

车展活动。展前进行认真探讨分析，确定原则，推陈出新，利用高空、空地、展位等，安排各类活动，力求丰富多彩，产生轰动效应。首次举行动力学滑翔伞飞行表演，现场表演魔术、杂技、特技等，通过台州电视台举办“方林国际车展之夜”庆新中国成立60周年大型诗歌朗诵会。同时，举行车展吉祥物征集、车迷有奖寻宝、“关爱生命，关注斑马线”万人签名等活动（图6-11）。

图6-11　车展活动现场（2009年）

首届台州（路桥）二手车交易会　首届台州（路桥）二手车交易会举行时，市场开业仅3个月。由于充分意识到举行首届交易会的重要性，举办方根据第五届中国（台州）国际汽车展示会暨首届台州（路桥）二手车交易会承办工作领导小组的安排，克服不利因素，及早抓好各项准备。交易会开幕日，入口拱门耸立，场内彩旗招展，呈现热烈气氛。为期5天的交易会，经销商如数参展，品牌悉数亮相，交易会取得预期效果。

2011第六届中国（台州）国际汽车展示会暨第二届台州（路桥）二手车交易会

2011年9月30日开幕，10月4日谢幕，为期5天。

第六届中国（台州）国际汽车展示会　展会共接待入场观众14.2万多人次，展出面积3万平方米，参展乘用车品牌达到60余家。

参展品牌。以豪车及合资品牌汽车为主。经典豪车有劳斯莱斯、兰博基尼、宾利、法拉利、玛莎拉蒂、阿斯顿马丁、保时捷、捷豹、路虎等，进口车品牌荟萃奔驰、AC宝马、雷克萨斯、英菲尼迪、凯迪拉克、星客特、沃尔沃、雷诺、斯巴鲁、牧马人、

GMC等。

车展活动。直升机展台每天接待10名观众登上驾驶舱，让观众体验一把“开飞机”的乐趣。另外，日本茶道、变形金刚、人体彩绘等，也取得一定的轰动效果。

第二届台州（路桥）二手车交易会 展出面积3万多平方米，开辟4个展厅，参展车行150多家、世界品牌400多个，展出二手车辆2000余辆。

展示品牌。入门处开辟一处精品二手车区域，共摆放10余辆豪华二手车，有兰博基尼、法拉利、玛莎拉蒂、帕拉梅拉、奥迪R8等。各个展厅展出的高端商务车有宝马系列、奔驰系列、保时捷系列、奥迪系列、路虎等。日系、德系以及国产等大众经济车一应俱全，如本田、丰田、大众、别克、吉利、奇瑞等车型。

交易方式。以展厅集中不同价位供广大消费者参观选购，国内外品牌，轿车、越野车、商务车等车型齐全。寄售交易是动员台州市各地经销商前来售卖二手车；置换交易是部分经销商以车换车，求得互惠互利。引入竞价机制，开展竞价标车活动。购车手续方便，市场内设有台州市车管所服务登记站，消费者可在同一时间、同一地点完成二手车交易以及转户手续。

会展活动。会与展结合，举办二手车市场网上论坛，组织专家学者、企业负责人和新闻界朋友，围绕规范和拓展二手车市场的问题，共同探讨，献计献策，并释疑解难，指导消费者如何购置二手车。举行演艺活动，邀请专业选手表演摩托车车技。

2013第七届中国（台州）国际汽车展示会暨第三届台州（路桥）二手车交易会

9月30日至10月4日举行，历时5天。

第七届中国（台州）国际汽车展示会 展示会共接待12.2万余人次入场。通过车展，80%参展商取得良好效益，实现品牌提升的目的。

车展品牌。经典豪车有克拉特安全防弹车、劳斯莱斯、宾利、法拉利、玛莎拉蒂、兰博基尼、保时捷、捷豹、路虎等，进口车包括奔驰、宝马、雷克萨斯、英菲尼迪、凯迪拉克、德国大众、沃尔沃、雷诺、斯巴鲁、牧马人、韩国现代等品牌。展出价值1680万的英国哥伦布行宫游艇。

车展活动。取消浙江方林汽车城建立十周年庆典、车展酒会等活动，举行“感恩台州，慈善助学”方林汽车城助学金启动仪式。受资助学生中毕业后就业有困难，且愿意到方林汽车产业集聚区就业的，方林集团承诺安排或介绍工作。

第三届台州（路桥）二手车交易会 新址迁入4年多，市场已形成一定规模，具有举办第三届交易会良好条件。会前，重视第三届交易会的准备工作，全面改善现场布展环境，投入一定资金对市场原有展厅进行全方位装修，以全新面貌亮相。搞好氛围布置，发起诚信签名活动，请参会者依次在签名墙签上公司名和商户姓名，表示致力诚信经营，为市民呈现富有特色的二手车展。交易会大咖云集，有惠众、宏轩、林友、永真、新东方等台州二手车服务商共同参与，展示数量超过500辆，拥有法拉利、兰博基尼、玛莎拉蒂、劳斯莱斯、宾利、奔驰、奥迪、宝马、保时捷等品牌车型。

2015第八届台州国际车展暨第四届台州国际二手车展

2015年9月30日至10月3日举行，展期从5天调整为4天。

第八届台州国际车展 车展除特级品牌布加迪外，其它尖端品牌全部到场。乘用车品牌参展商50余家，共接待观众10.8万多人次。

车展名牌。经典名车有劳斯莱斯、兰博基尼、法拉利、阿斯顿·马丁、宾利、宝马i8、迈巴赫等经典名车，大多数由厂家展具搭建。其中阿斯顿·马丁第一次以独立展团的形式参加，宝马i8在浙江也仅此一辆。10月3日当场成交、预订兰博基尼各1辆。

车展成果。此届车展现场售车1330辆，销量比上届同期增长8.5%，销售额达2.13亿元；预定销售452辆，预定销量比上届同期下降39%，预订额达0.97亿元。本届车展销量合计1782辆，比上届同期下降4.5%，总计拉动台州汽车消费3.1亿元。

第四届台州国际二手车展 此届车展举办前，市场二期工程刚结束，展厅面积比上届明显扩大，参会商家多，交易规模大，取得效果佳。通过此届交易会，促使商户不断提高经营能力，争当二手车行业的领头羊。

2017第九届台州国际车展暨第五届台州国际二手车展

由台州市政府主办，路桥区政府、浙江方林汽车城、浙江方林二手车市场联合承办的2017第九届台州国际车展暨第五届台州国际二手车展，于9月30日至10月3日隆重举行。

第九届台州国际车展 入场观众10.2万余人次。本着“公正、公平、公心”的原则，举行抽奖活动，抽得轿车的幸运者有6人，其中新台州人3人，黄岩1人，路桥2人。

车展展位。车展有52家汽车厂家及汽车品牌代理商与组委会签订参展合同，汽车展位52个，展车在400台以上，其中多款车型首发浙江。汽车展位中，进口车及合资汽车展位占展位预订数的68%，自主品牌占32%，自主品牌比上届增加7个百分点。

经典豪车品牌有：价值50多万元的奔驰、宝马、林肯，100多万元的保时捷、捷豹、路虎，200多万元的玛莎拉蒂，300多万元的宾利，500多万元的兰博基尼，600多万元的劳斯莱斯，1300多万元的迈凯伦等。

车展成果。创新宣传思路，拓宽宣传视野，把广告宣传与品牌推广有机地结合起来，取得积极的效应。通过报纸、电视、广播、网站、公众号、腾讯推送车展，加强机场、车站、码头、重点街道及市场、主城区道口的广告宣传。

据统计，车展现场售车1430辆，销量比上届同期增长7.5%，销售额达2.28亿元；预定销售552辆，预定销量比上届同期增长22%，预订额达1.18亿元。此届车展销量合计1982辆，比上届同期增长11.2%，总计拉动台州汽车消费3.46亿元。

第五届台州国际二手车展 车展规模大，品位高，形式完善。车展中价值最高的车，当属迈凯伦P1，价值1885万元。邀请专业摩托车队演绎特技秀，一天时间表演2场，每场2小时。举行首届“方林杯”王者荣耀争霸赛，LPK电竞战队、台州好青年战队分别获得冠亚军。卡丁车表演3天，圆车友们P1方程式的职业赛车梦。

2019第十届台州国际车展暨第六届台州国际二手车展

2019年9月30日至10月4日举行。此届展会由台州市政府主办，路桥区政府、市商务局、浙江方林汽车城联合承办。以“垃圾分类，功在当代，利在千秋”为主题，较为完美地衔接绿色与环保，倡导文明与诚信，受到社会好评（图6-12）。

第十届台州国际车展 受台风“米娜”影响，车展10月1日闭馆，2日复展。车展基本上全是厂家特装展具，布展档次高，全方位展示品牌的魅力。

图6-12 第十届台州国际车展开幕式（2019年）

展示品牌。参展品牌有58个，展车480台，其中多款车型属于厂家首发。经典豪车有奔驰、宝马、林肯、保时捷、捷豹、路虎、宾利、阿斯顿马丁、兰博基尼、劳斯莱斯等。此外，还有玛莎拉蒂、阿尔法、罗密欧、奥迪、凯迪拉克、奔驰、讴歌、斯巴鲁和罗伦仕（房车）。合资品牌有上汽大众系列、一汽系列、东风系列等，自主品牌有吉利全系、长城全系、长安、东南、传琪、荣伟、风神、奇瑞、比亚迪等。

车展活动。发起“国际车展体，挑战卡路里”，让车展家喻户晓。举办“逛台州国际车展、赢轿车大奖”活动，庄严承诺“公正、公平、公心”。经区市场监督局、台州人民广播电台102.7交通频道现场监管、监督，抽出6名幸运者。方林集团、浙报集团台州分社联合主办“壮丽70年，我与汽车同阙歌”有奖征文活动，书写车之记忆，展现中华人民共和国成立以来的光辉历程和20年台州汽车文明之路。

车展成果。据统计，展会共接待参观者约10万人次，现场售车1450辆，销量比上届同期增长1.4%，销售额达2.46亿元，预定销售610辆，预定销量比上届同期增长10.5%，预订额达1.02亿元。本届车展销量合计2060辆，比上届同期增长4%，总计拉动台州汽车消费3.48亿元。

第六届台州国际二手车展 车展恰逢二手车市场开业十周年，年初组织力量开始策划，力求给广大市民展示最美的姿态，全方位打造汽车嘉年华乐园。

特装展示。启用新车特装展出方式。利用二期工程H馆1.3万平方米的城市展厅，邀请8家4S店二手车部参加，亮相的汽车品牌有玛莎拉蒂、保时捷、宝马、奥迪、别克、大众、起亚、路虎等。8个场地均携豪车参展，全球限量499台、价值4000万元的法拉利拉法也强势亮相。

车展活动。举行“逛车展，赢轿车大奖”活动，以及真人娃娃机、网红打卡点等精彩网红互动游戏，免费赠送为建场十周年定制的限量版包包、保温杯等，各展馆的汽车优惠、购车大礼包层出不穷。车展共销售车辆766辆，成交额9477万元，并有20台二手车出口缅甸等东南亚国家，其中荣登榜首的是淇文名车的2019款奔驰G级AMGG63，以273万元现场成交。

第三节　汽车置换节

2013年、2014年，先后举行第一、第二届路桥“五一”汽车置换节。

第一届路桥“五一”汽车置换节 2013第一届路桥“五一”汽车置换节于4月29

日—5月1日在浙江方林汽车城举行。活动由路桥区汽车流通协会主办，路桥区政府倾力支持，旨在进一步扩大销量，增强方林汽车产业服务集聚区的凝聚力。活动的主题是：以旧换新、拉动消费。此次汽车置换节得到台州人民广播电台102.7交通频道、台州19楼相助。

首届汽车置换节在汽车行业不景气的状况下举行，以不赢利为目的，经销商反映良好，对品牌推广、信心提振起到一定的作用，活动共吸引30余家汽车4S店参加，成交车辆300余辆，成交额6000余万元。通过举办活动，汽车置换的理念逐渐深入到消费者的心中，不仅带动新车市场销量提高，而且推进二手车市场的兴旺。

第二届路桥“五一”汽车置换节　2014第二届路桥“五一”汽车置换节于5月1—3日在浙江方林汽车城举行。活动的主题是“汽车置换，成就梦想”。由路桥区汽车流通协会主办，路桥区政府支持，得到台州人民广播电台102.7交通频道、台州19楼的帮助。

此次活动现场成交521辆，7天后到店交易超过200辆，以15万～25万元的车型为主。

第四章　宣传联络

汽车城、二手车市场相继开业后，利用各种媒体发布广告、宣传报道，不断扩大知名度和影响力。先后加入长三角汽车市场联合体、省汽车市场专业协会，牵头组建路桥区二手车行业协会、路桥区汽车流通协会，重建台州市汽车经营行业协会。通过各种有效的途径，向有关部门反映汽车、二手车营销过程中出现的各种问题，大多得到较好解决。

第一节　媒体宣传

媒体广告

2003年10月22日，浙江方林汽车城有限公司与台州电视台签订广告合同。经双方协商，在台州电视台2套《清风车影》栏目播出浙江方林汽车城形象广告，时间每周日、一、三、五晚19：35，长度3分钟，持续播出1年，2003年11月8日至2004年11月7日。2006年，方林汽车城继续在台州各类媒体发布广告，提升市场形象。

通过新媒体发布台州国际车展信息，促进消费者和经销商的互助。2015年第八届台州国际车展举办前，确定台州19楼、台州交通台102.7、最温岭、路桥发布、方林集团网等作为信息发布平台，取得良好效果。

媒体报道

浙江方林汽车城开业一年，由于倡导诚信经营，在台州上下开始产生较大影响，台州的主流媒体加强方林汽车城的新闻报道。2004年，《台州日报》刊登第二届车展宣传稿4篇，新闻评论等稿件5篇；台州广播电视报、台州广播电台刊播预约稿件3篇，媒体宣传对扩大方林汽车城的知名度起到一定的促进作用。

2010年12月18日，中央电视台综合频道《朝闻天下》栏目详细报道浙江方林汽车城汽车格式合同备案情况。

第二节　对外联络

加入组织

2004年9月，经发起单位上海国际汽车城的推荐，报名参加长三角汽车市场联合体组建，构筑台州市汽车经销商的联系桥梁。该联合体是民间组织，组建后引起业内人士、政府部门、新闻媒体的高度关注。加入联合体后，积极开展对口活动。10月，召集经销商讨论《汽车品牌销售管理办法（征求意见稿)》，将讨论情况汇总上报并转商务部。11月，与联合体一起主办贾新光——与汽车经销商对话会，大部分参会经销商反映较好。

2008年7月底，杭州汽车城牵头组建省汽车市场专业协会，邀请方林汽车城加入。自此，参与协会组织的活动，从省内各汽车市场了解相关信息，用以指导工作。

2010年5月，台州市路桥区二手车行业协会正式成立，搭建市场与经销商沟通的桥梁，定期召开会议，便于双向沟通、信息反馈，率先落实市场相关规章制度，以点带面，扩大市场在经销商的影响力。

根据全区汽车行业的现状，由方林汽车城牵头，联合台州好德宝、台州之星等10余家汽车4S店决定组建路桥区汽车流通协会。2010年年底筹建申报经区工商分局批复同意，区民政部门授权协会筹备组进行协会的搭建。待合适的人选确定后，召集会员大会，争取早日进入协会的运行程序。2012年2月15日，路桥区汽车流通协会正式成立。

台州市汽车经营行业协会自2008年换届后，由于各种原因一直处于瘫痪状态。2016年，原协会相关成员单位建议：恢复市协会正常工作，并迁址到浙江方林汽车城。经请示集团董事会同意迁入。市协会恢复工作启动后，原协会领导先后到相关县（市、区），召开主要经销商座谈会，并多次举行市协会恢复筹备会，向市商务局、民政局办理报批手续。路桥区汽车流通协会出资10万元，解决所需费用。9月9日，台州市汽车经营行业协会第五届会员大会第一次会议在椒江举行，选举浙江台州元通汽车有限公司董事长陈辉为会长，浙江方林汽车城总经理周建林为执行会长，台州申腾汽车销售有限公司总经理王仙德为秘书长。台州市副市长赵跃进到会祝贺。

市汽车经营行业协会重建后，尽力为行业服务，解决较长时间困惑行业的难题，受到全市会员单位的一致认可。主要服务包括：制订全市车展行业自律公约，每年为全行业挽回不必要的车展开支700万元左右；提供数据信息服务，每月将行业上牌数据综合后通报会长单位，为全市会员单位提供第一手市场分析研判依据；居住证问题对汽车行业影响较大，除向市有关部门反映外，联合全省汽车行业协会、市场向省委、省政府等部门反映，通过董事长方中华向省人大提交提案，得到圆满处理；破解厂家金融办理过程中的车辆抵押程序，为行业保驾护航，据不完全统计，办理厂家金融业务每年可为消费者节约利息2000余万元；开展互联网上牌及购置税终端交纳业务，解决会员单位的一站式服务。

请示反映

参与应对“新车共保”，确保经销商的利益。2004年12月16日起，台州的各保险公司联合组建台州市新车保险服务中心，直接影响经销商的利益。为此，积极向市、区人大、政府以及工商、消协、银保监会等部门反映。2005年4月1日，商务部、国家发展和改革委员会、国家工商行政管理总局联合发布《汽车品牌销售管理实施办法》。这一办法对汽车经销商申办注册、年检登记均带来较大困难。2006年，尽管工商部门年检采取变通的办法，但仍不能解决根本问题，对汽车有形市场带来负面影响。10月8日，方林汽车城牵头召开全省8家汽车市场联席会议，决定以联名的形式，向省工商局请示，要求放宽对汽车有形市场经营环境的限制。请示引起省工商局的高度重视，省工商局副局长徐志祥专门到温州、台州汽车市场考察调研。事后，专门以省工商局的名义向国家工商行政管理总局请示。12月，汽车城又以书面形式向市、区工商局汇报，要求就申办、年检问题作出妥善的处理。

2007年11月，管理层听到很多经销商反映，区环保局在向汽车城各经销商收取企业排污费。于是，专门到区环保局了解情况，反映流通企业排污费不应收取的理由，最后得到区环保局的理解与支持，免除经销商（4S店除外）的排污费，维护经销商的利益。同时，通过相关渠道，就维修企业公路管理费征收的问题向有关部门反映，得到经销商的赞许。

随着汽车行业政策的逐步实施，台州4S店星罗棋布。至2010年年底全市拥有汽车4S店181家。4S店在方便消费者的同时，带来较为严重的同业竞争，违背《中华人民共和国反垄断法》，影响汽车有形市场的区域辐射。2010年8月，汽车城向省工商局提出调查处置要求，以静观事态发展。

2014年年初，路桥汽车流通协会接到很多经销商投诉，反映台州中保在车险投保过程中，实施三区统一标准、统一返点、统一程序，将三区所有4S店保险业务收归市公司经营，对不与中保签订合同的4S店中断车辆送修。协会在认真听取各方面的意见后，提出与市中保当面沟通对话、解决争议。经多层次、全方位的沟通、协调，市中保考虑到方林汽车产业集聚区在台州的影响力，最后承诺凡路桥区汽车流通协会成员单位仍维持调整前的原框架不变。

2015年，路桥区约40余家4S店，80余家汽车经销商共发生汽车消费纠纷210余起，大部得到妥善处理，其中过度消费维权纠纷10余起，纠集人员在4S店、经销商营业场所堵塞大门、张贴横幅、静坐呐喊等。汽车城于2016年年初向区政协提出《关于要求整治“车闹”，规范汽车行业秩序的提案》，引起区公安局重视，多次前来了解消费纠纷的前因后果，并提出构建有效预防机制、建立应急处理机制的意见。2016年上半年，某4S店发生纠纷事件，公安迅速出警，把矛盾扼杀在萌芽状态。下半年，路桥区汽车消费纠纷事件明显下降。

2016年9月26日至10月8日，全国国税系统金税三期全面升级，此间所有机动车辆的购置税将无法交纳。而由于车辆临时移动证的有效期只7天，若不予延长，会有一定数量的消费者遭到处理，或消费者要到10月8日后购车。9月中旬开始，台州市汽车经营行业协会、浙江方林汽车城出面向市、区交警大队车管所反映，建议延长车辆临时移动证的周效期。市、区车管所通过调查研究、开会讨论、申请备案，决定9月26日以后销售的车辆，移动证周效期一律调整为15天，从而解决经销商的后顾之忧。

2019年，台州市汽车经营行业协会、方林汽车城分别委托市人大代表金琴云、市政协委员方浩分别向市人大、市政协提交《关于创造公平竞争环境，规范汽车售后服务行业的建议》《用保险约束机制，推进汽车售后诚信体系建设的提案》《关于用制度推进汽车及相关行业诚信体系建设的提案》《关于要求建立路桥区汽车固废品处理中心的提案》。这些建议、提案分别得到市税务局、市银保监局、市交通局、市环保局的书面答复，为汽车行业的健康、规范、有序发展起到一定促进作用。

承办会议

2016年6月13日，全省汽车专业市场协会举行年度会议。会议由浙江省汽车市场专业协会主办，浙江方林汽车城承办。浙江省市场监督管理局副局长方金土、市场处处长张志益，台州市、路桥区市场监督管理局领导，浙江方林集团董事长方中华、会长夏国良、秘书长许丽萍，以及全省市级重点汽车市场负责人共50余人参加会议。省、市、区新闻媒体记者与会采访。

会议期间，全省市级重点汽车市场负责人汇报上半年各地市场运行的情况，就当前行业存在的问题进行认真的研讨，主要有汽车市场存在短板、线上线下多头并进、网络市场实际操作等，就如何在复杂的行业形势下转型升级达成一致共识。

第七编

服 务 业

路桥石曲一带商业贸易历史悠久，最早可追溯至宋元时期。北宋，时称新安的路桥镇河东二十五间街市已初具规模；至南宋，路桥沿南官河建十里长街，有三八市日；明朝，路桥有“百路千桥万家市”之誉，《路桥志略》载：“路桥三八为市，远通数州。”清中晚期至民国，路桥商贸业居全县之首。中华人民共和国成立前，路桥街就有小五金、木材、米市、布市等交易行市。

方林地处路桥区乃至台州市的南大门，对外交通便捷，独特的地理区位使其成为路桥历史上南来北往物资集散和贸易发达之地。清末至民国时期，商届才俊频出，如方颂生，先是做染业，经营多年，为同行推崇；继而改为航业，早晚在温州和宁波之间航行；燃煤蒸汽机推广后，又多年从事陆路交通事业；最后以水陆舟车做运输，兼做烟业，推销烟草，是方林人从事商贸业的先辈。方道中、方崇基等一些工商业者到路桥、海门（今椒江）等地从事贸易生意，销售颜料、油漆、棉纱、布匹、五金工具等，或在石曲开店，经营烟酒副食、百货棉布、各类木材等商品。直至改革开放后，方林村集贸市场更是繁荣发达，尤其汽车销售市场，成为华东地区最大市场。

第一章 商业贸易

中华人民共和国成立前，石曲方林一带以小农经济为主，商业贸易规模较小，流动摊贩和传统商业店铺是贸易主要形式。中华人民共和国成立后的“文革”割“资本主义尾巴”期间，石曲方林人也在暗暗做生意，与当时的“打办”打起“游击战”。中共十一届三中全会后，商业贸易才真正发展昌盛起来。逐步形成以路桥为中心，石曲、长浦、马铺、桐屿为集镇的市场交易网络。20世纪80年代初，家庭联产承包责任制的施行促进了农业生产，解决了农民温饱问题。但石曲方林人不甘心于此，加之当时尼龙袜、尼龙衫、手表、打火机等日用小商品从温州、福建等地源源不断进来，有着传统经商头脑的方林人，在农业生产之余也从事商品买卖，到石曲老街、路南街、三水泾桥头等摆临时地摊、开店铺做买卖，甚至外出收购废品，低价进，高价出。1983年6月，方中华被推选为方林大队党支部书记，上任后于翌年即创办浙江省第一家旧机械设备市场。1995年兴办二手车交易市场，2002年6月，方林村和杨戴村合股兴建浙江方林汽车城。商业贸易由个体零星交易上升到专业市场贸易。

第一节 传统商业

路桥一带在南宋时已设三八市日，清时有石曲集市，但商品经济比较薄弱。衣服布料靠种棉纺线，用的是“土布”；日用杂货和小件农具得去黄岩县城购买，也有靠肩挑的“货郎担”入村兜售针头线脑等杂货时去购买。中华人民共和国成立后，特别是随着改革开放逐步深入，经济社会不断发展，肩挑贸易逐渐消失，被店铺、专业市场等贸易模式替代。

流动摊贩

清末至民国时期，一些村民为生活所迫，离乡背井，肩挑背扛，外出买卖。同时，村里出现肩挑小贩，他们挑着日用品，走村串户，边叫边卖。中华人民共和国成立后，肩挑贸易仍是人们商贸经营的一种方式。20世纪60—70年代，下林的林必耀、林美春等人经常肩挑菜油，出外到宁波等地售卖。西岸的张小玉肩挑粽箬、糖饼到宁波各地走街串户售卖，用糖饼换取废铜铁及其他东西。80—90年代，东来里的方崇基、李阿凤两家到路桥、横街、新桥等集市设摊零售颜料。随着改革开放的深入，经济社会发展，肩挑流动的销售方式逐渐消失。

固定店面

方林人开店设铺早已有之。有不少方林人在十里长街包括石曲街开设店铺做买卖。清末民初主要有药店、诊所、布店、染坊等。石曲人戴金衡、方橘泉于民国初在自家开设药店兼诊所，张善元在民国十三年（1924年）开济急堂诊所。五口通商后，国门大开，洋货大量涌进。当时，西洋棉纱畅销国内，石曲一带村妇觉得纺棉烦琐，都购买洋纱用来织布。织布的妇女越来越多，织出的布都到集市摆地摊去卖。石曲市集每天早晨卖布的人满街都是，由此收布染色贩卖的纱店和布商也越来越多。石曲方林人方德瑞、方颂生、方象初等都是开染坊做印染生意的。20世纪30年代初，当时温岭因地势低于路桥，每逢旱季，黄岩官河水都流去温岭，影响黄岩路桥一带农田灌溉。黄岩县决定在石曲建造大坝，用闸门控制上游水排放。石曲坝闸建成后，温岭快船无法直达路桥，到路桥进货要雇人肩挑。

至石曲坝南下船，黄岩运往温岭的货物要北船南搬，十分不方便。由此石曲成为客商货物的中转站，带来巨大商机，坝闸边旅店、饭店、茶铺等应运而生，市面十分热闹。但坝闸在建成两年后被拆除，石曲坝市面稍纵即逝。20世纪60年代，村里开设有代销店，刘礼青开的是水果香烟店。

附：

叙 事

吾乡晋唐以前，殆犹荒僻，自宋南渡，近属畿辅。人物渐繁，商贾渐盛，水利渐治，仕学渐兴。顺治十八年，以鲁监国郑成功故，尽徙沿海三十里居民入内，空其地，佃渔不遂，舶贩不行，困苦极矣。及康熙九年，始许复业薄赋役，于是渐休养生息。至乾隆而极盛，物盛而衰，天道亦人事也。自康熙十三年曾养性乱，后几二百年无大灾害。咸丰末年虽被粤寇，而里闾如故，科名胜前，何今日而反忧贫，岌岌如不终日？盖富人竞美观，贫民争效尤，而阿片之为祸烈也（按先生之书成于壬子，是时烟禁未严，故云如此。兆章记）。士农工商，谓之四民。四民安业，则天下治。自捐例开而士一变募勇起，而农一变厘局盛，而工商又一变趋利忘义，饰智警愚，舍业嬉游，困穷思乱，时为之也。同治以后，比岁丰稔，谷贱钱稀，教横匪扰。闻苏杭嘉湖招垦，有相率以往者。光绪乙未，吾邑水灾，自是以后，米价增而百物贵，科举废而学士穷，游惰多而征兵起，岁入终不敌岁出之多，江河日下，奈之何哉。

路桥每月三、八为市，石曲五、十为市，百货坌集，远通数州。然商业之盛衰亦随时而迁变。如食米，前聚三桥，每市太平及各乡米船来百数艘，价值万余金，今太米不多矣。棉布贩于松绍，绸缎来自苏杭，苎葛运从江右，土布土绢则横街各村所织，每市亦几万金，出售温州、福建，其后洋布大行，松绍将绝迹矣。南北杂货，昔年约数十万，今轮船畅行，已为海门所夺。鱼盐昔年亦十余万，今为金清所夺。其昔无而今有者，一曰洋货，道光末年，东西洋商各以智力争夺利权，如呢布绒线、玻璃灯镜及诸玩物，日新月异，炫巧矜奇，朘人脂膏，莫此为甚；一曰洋烟，本以药料入贡，华人嗜之成癖。道光初年，种花之法既传食便愈众，士风日颓，细民失业，且有仰药而死者矣；一曰洋纱，本地产绵不多，昔多贩自余姚，今洋纱盛行，人乐其便，乃设布厂，女工织之，或收利于万一也；一曰洋铁，自洋铁行而本铁少；一曰洋靛，自洋靛盛而本靛微；一曰药材，各县药肆多宁波人，吾镇则皆土著，近来东西洋丸药列肆市中，尚未甚信用；一曰钟表，男女皆喜佩置，以为美观，修理亦有专肆；一曰枪炮，自道、咸以后，各乡团防，始有火枪，继尚洋器，往往私斗伤人，资寇行劫，此见其利而害仍不免也。

《书》曰："惟土物爱，厥心臧。"班固曰："农服先畴之畎亩，工用高曾之规矩，盖有恒产，斯有恒心，先王之所以治也"。一邑之于天下微矣；一乡之于一邑又微矣。本无名山大泽，殖货生财，惟当于生众食寡，为疾用舒加之意耳。曰"土绢"，里人不善种桑养蚕，岁至杭绍买丝以织，质轻价廉，贩行瓯闽（横街、泉并各村制以入市），近能仿造官纱花绢，又有生蓝、生乌拷绢（染以拷汁，暑服最宜），各色亦云备矣，曰"小布"。各村妇女所识，晨以入市换钞，三日一匹，工钱较优，亦有方胜花纹柳条之类，近商会设大经布厂，招集女工以织，尚颇得利。曰"木器"，如床橱椅桌等物，精粗不一，工省价廉，各乡来购者颇多。余如草席，出下马堂，较他处尤细，蒲扇、草鞋，贫女生涯，捆载络绎，然皆粗率，得价亦微。其土产，如大岙之杨梅，安溶之梨枣、茭手，出松塘者肥嫩而甜，螃蟹出唐桥者膏多而脆，莼菜、鲈鱼而外酒旗茅店之中，亦居乡一乐事也。

（节选自杨晨编纂《路桥志略》卷五"叙事·土产"）

第二节　现代商贸

商业摊点

摊点销售依然是现代商贸的主要方式。改革开放后，经济环境宽松，路桥一带地处优越位置，商品经济发达，开设各类经贸市场，为村民设摊开店提供了有利条件。方林经济发展后，不少村民在本地开设店铺。2017年，台州市江林医药连锁有限公司在方林路开设路桥厂和药房，职工3人，年营业额36万元，年净收入7万元，纳税情况良好。也有一些人大胆走出去，出外经商赚钱。方道中赴上海开设颜料店，在上海站稳脚跟后，继续扩大业务，回头到路桥发展，后又在台州海门开设颜料店；张士泉赴广州、郑州等地开设大型装潢材料批发市场，并在两地设立多个零售网点，年产值超过亿元。

20世纪80年代起，村域周边工业企业增多，汽车市场蓬勃兴起，商贸业快速发展。主要街道及各类市场相继开起商铺，方林路多为传统街面房，适合商贸零售，如今商铺林立，生意兴旺；泰隆街、新安南街路面宽阔，专门销售汽车、机械零配件等。2020年年底，共有商贸（不包括食宿及其他服务）店铺70家。按开设地点分，外省（山东青岛）1家，路桥装饰城等5家，方林路32家，泰隆街23家，新安南街3家，前汪工业区、石曲二区、方林汽车城内各1家，菜场路及周边3家；按经营商品分，汽车零配件销售店17家，各种机械、水道配件及润滑油店10家，日用杂货（包括百货、化妆品等）12家，烟酒副食品店11家，手机5家，服装鞋帽4家，药品、黄金饰品各3家，五金2家，文具、鲜花、摩托车经营店各1家。新安南街成为二手车销售一条街，共有二手车销售店13家（表7-1、表7-2）。

表7-1 2020年方林村域内商业零售情况表

序号	店铺名称	地址	店主姓名	主营商品	开办时间（年-月-日）
1	灯具销售店	山东青岛市	戴 杰	家用灯具系列	
2	佳毅五金装饰商行	路桥装饰城	陈清荣	五金、不锈钢	2004-10-12
3	家用五金商品经营店	路桥装饰城	王 健	家用阀门、不锈钢	
4	绝缘板经销店	路桥五金城	陈仙伟	绝缘板系列	2018-04-12
5	鞋帽日用百货店	路桥富仕市场	陈小平	鞋帽系列	
6	服装销售店	路桥商城A区2楼8-19	李卫萍	服装	
7	路桥老三轮胎店	路桥区方林路1-1号	汪 艳	轮胎	2010-07-30
8	路桥骆驼电瓶店	路桥区方林路1-2号	林妙友	电瓶	2015-06-16
9	路桥一六五通信设备商行	路桥区方林路4号	潘利鸣	手机	2019-03-08
10	台州满平车业有限公司	路桥区方林路18号	莫丽君	汽配零件	2019-04-03
11	运嘉机床配件商行	路桥区方林路23号	郭治国	各种机床配件	2019-04-11
12	更生金店	路桥区方林路25号	王更生	黄金饰品	1994-11-17
13	新爱华日用品店	路桥区方林路28号	严厚峰	化妆品	2016-01-27
14	我爱宝贝食品店	路桥区方林路35号	蔡玲珍	各种奶粉	2019-11-07
15	紫伊人化妆品店	路桥区方林路36号	李金莲	化妆品	2004-09-27
16	路桥红英童装店	路桥区方林路37号	黄红英	儿童服装	2013-07-29
17	路桥友伟五金商行	路桥区方林路38号	陈道桂	手机	2003-01-24
18	路桥哎呀呀饰品店	路桥区方林路43号	欧阳红楼	各种饰品	2015-08-04
19	日用品店	路桥区方林路45号	谢文元	日用品	1981
20	洪福堂路桥石曲药店	路桥区方林路54号	叶兵华	药品	2015-06-25
21	路桥一诺服饰店	路桥区方林路55号	王群芳	服装	2000-07-25
22	日用杂品店	路桥区方林路56号	陈永盛	日用杂货	1996

（续）

序号	店铺名称	地址	店主姓名	主营商品	开办时间（年-月-日）
23	梦成通信设备商行	路桥区方林路58号	张成朋	手机	2018-04-27
24	路桥煜鑫通信设备商行	路桥区方林路62～64号	宁艳艳	手机	2020-08-14
25	路桥悦己者化妆品商行	路桥区方林路66号	吕双双	化妆品	2019-01-07
26	路桥文杰珠宝店	路桥区方林路69号	张文明	黄金饰品	2000-08-23
27	路桥荣达通讯商行	路桥区方林路70～72号	林汝荣	手机	2004-07-26
28	五金日用店	路桥区方林路74号	梁程鹏	五金	2018-08-07
29	路桥老酒会烟酒店	路桥区方林路75号	何丽君	烟酒	2016-04-26
30	瑞人堂医药路桥方林路店	路桥区方林路76号	王晓旻	药品	2018-04-03
31	日用百货店	路桥区方林路78号	翁佩珍	日用百货	2003-03-22
32	路桥华士达西饼屋	路桥区方林路100号	季华达	糕点	2002-06-17
33	江林医药路桥广和药店	方林路106～108号	方春兰	药品、医疗器械	2014-07-24
34	路桥非凡宝宝奶粉商行	路桥区方林路136号	吴喜连	奶粉等食品	2012-01-16
35	水道配件店	路桥区方林路157号	戴显富	水道配件	2008-11-26
36	路桥盛林炒货店	路桥区方林路180号	林海彬	炒货等食品	2018-12-17
37	文具店	方林路189～191号	辛孝敬	文具用品	2011-05-13
38	路桥老同学花行	路桥区方林路193号	蔡彩娟	鲜花	2012-07-27
39	台州满平车业有限公司	路桥区泰隆街18号	莫丽君	汽配零件	2019-04-03
40	机床配件店	路桥区泰隆街20号	应承晔	机床配件	2017-08-01
41	路桥泉昌汽配店	路桥区泰隆街24～26号	王夫勤	汽配零件	2011-09-27
42	路桥康硕发电机配件商行	路桥区泰隆街27号	张春柳	电机配件	2013-01-22
43	路桥全球汽配经营部	路桥区泰隆街29～31号	张宝超	汽车配件	2010-06-03
44	广友卷烟店	路桥区泰隆街35-2号	郭妹姣	卷烟等	2014-03-10
45	路桥正盛润滑油有限公司	路桥区泰隆街47号	童丽芬	润滑油	2013-03-04
46	温岭华东齿轮厂路桥门市部	路桥区泰隆街57号	朱志满	机床配件	2002-04-23
47	路桥短途客运南站汽配店	路桥区泰隆街59号	钟雪斌	汽车等配件	1998-12-04
48	台州天鸿车业贸易有限公司	路桥区泰隆街52～70号	林维侃	摩托车	2000-12-20
49	路桥晨利汽配商行	路桥区泰隆街72～74号	胡燕萍	汽配零件	2019-06-21
50	柴油机配件店	路桥区泰隆街65号、75号	张彩英	柴油机配件	2018-02-05
51	冲床配件店	路桥区泰隆街67号	徐大正	冲床配件	2002-04-18

（续）

序号	店铺名称	地址	店主姓名	主营商品	开办时间（年-月-日）
52	路桥宏昊工程机械商行	路桥区泰隆街69～73号	应先勇	工程机械配件	2013-06-08
53	路桥金顺达商行	路桥区泰隆街76～78号	金敬初	汽配零件	2019-08-28
54	路桥顺典汽配商行	路桥区泰隆街100～104号	徐世建	汽配零件	2009-09-16
55	路桥正远汽车配件商行	路桥区泰隆街106～108号	金远青	汽配零件	2015-03-06
56	路桥江本汽车配件商行	路桥区泰隆街110～114号	单黎江	汽配零件	2011-06-07
57	路桥中兴明华汽配店	路桥区泰隆街116～118号	杨翠华	汽配零件	2013-07-13
58	路桥王小法食品店	路桥区泰隆街130号	王小法	烟、饮料等	2018-09-21
59	路桥常丰农机贸易有限公司	路桥区泰隆街162号	汪维国	汽配零件	2004-03-04
60	路桥金彬汽配商行	路桥区泰隆街182号	余玲微	汽配零件	2019-01-08
61	路桥泰恒汽配商行	路桥区泰隆街186号	潘爱平	汽配零件	2001-07-04
62	路桥锐隆汽配商行	路桥区新安南街482号	林菊红	汽配零件	2020-07-20
63	冲床配件店	路桥区新安南街496号	杨宝国	冲床配件	2000-07-19
64	路桥祥丰防盗门窗商行	路桥区新安南街1305号	王灵华	防盗门窗	1999-10-27
65	台州市昕晖汽配有限公司	方林村前汪工业区	张静娅	汽车配件	2018-08-22
66	日用百货店	路南街道石曲二区23号	张志峰	日用百货	2014-06-09
67	路桥宁溪糟烧酒坊	路南街道菜场路1号	胡　景	酒	2002-04-29
68	副食品店	路南街道菜场路2号	许成伟	副食品	2011-06-13
69	路桥万客泉酒坊	方林菜场西门	张兄马	酒	2017-07-04
70	方林汽车城小卖部	汽车城内东、西大门	连冬林	副食品	2012-05-28

表7-2　2020年方林村域内二手车销售点

序号	店铺名称	地址	店主姓名	开办时间（年-月-日）
1	路桥煌轩二手车分店	路桥区新安南街480号	郑凯胜	2018-10
2	路桥嘉达二手车经纪有限公司	路桥区新安南街498号	项仙荣	2013-07-29
3	路桥俊泽二手车经纪有限公司	路桥区新安南街538号	吴国涛	2018-07-16
4	路桥小叶二手车经纪有限公司	路桥区新安南街540号	叶小鹏	2017-01-16
5	路桥优服二手车销售有限公司	路桥区新安南街544～550号	虞琳欢	2020-10
6	路桥湖广汇车业	路桥区新安南街552～556号	贾旺喜	2020-10

（续）

序号	店铺名称	地址	店主姓名	开办时间（年-月-日）
7	路桥圆梦二手车经纪有限公司	路桥区新安南街 560 ～ 562 号	饶友明	2020-08-26
8	路桥世富二手车经纪有限公司	路桥区新安南街 564 号	魏世富	2015-04-03
9	路桥鸿运二手车店	路桥区新安南街 568 号	潘青云	2018-07
10	路桥仕富二手车经纪公司	路桥区新安南街 570 号	邱友富	2018-10-29
11	路桥小潘二手车店	路桥区新安南街 574 号	潘世平	2019-03
12	路桥大军二手车经纪有限公司	路桥区新安南街 578 号	林 军	2020-06-23
13	路桥建武二手车店	路桥区新安南街 582-2 号	方建武	2015

专业市场

清至民国，路桥田洋王村以打铁为副业，供应渔业用船钉、鱼钩等。为供应铁材，方林、良一村开设旧钢铁市场。清咸丰元年（1851年），市场一度兴旺。民国时期，罗小保开设有规模较大的木材市场，在路桥一带算是最大市场，后市场所在处改为石曲公社管委会用房，再后来成为路南街道办事处。当时，集市、早市、路边市场也存在，大多是自发形成。中华人民共和国成立后，旧钢铁市场继续开设，1960年市场效益较好，“文革”时被取缔。

20世纪70年代初，浙江省委发出《关于加强粮食工作的指示》，规定完成征购任务后，可设立粮食交易市场，石曲街市米、糠行恢复交易活动。80年代，浙江省政府决定，完成粮油统购任务后可开放贸易市场，石曲街粮油市随之开放。随着改革开放的深入，市场经济得到快速发展，旧机械设备、汽车、二手车等销售专业市场应运而生。

方林简易菜场 20世纪90年代前，石曲没有菜市场，只有石曲街和方林路两边的露天市场。每逢农历五日、十日，农户就上露天市场赶集。没有固定摊位，随到随卖，市容杂乱，环境污染严重，经常导致交通堵塞。为改善环境，方便群众，1991年，在乡村老年协会负责人方道坤、詹荣杰等倡议下，村两委决定在村民谢启德家北面的空地建立菜市场。1991年年初，方林村投资4.1万元，建成简易菜市场，菜市场占地面积240平方米。

菜市场全部采用瓦房人字架结构，设固定摊位，摊位平台采用多孔板。在当时解决了村民露天卖菜问题，也保障了方林路的交通畅通。1996年，又在石曲卫生院南面进行扩建，占地面积增加到500多平方米。

方林菜市场 原名路南中心菜市场，位于方林村三透里，部分坐落石曲村，前身是位于村西街的方林简易菜场（图7-1）。随着时代快速发展，方林周边市场繁荣，商铺林立，外来人口剧增，加之居民生活质量提高，简易菜场已经不能满足人们日常购买需求，而且占道设摊，场外交易现象屡禁不止。为整顿市场秩序，治理街容街貌，方便群众生活，1998年6月，路南街道办事处和方林村村委会商议，合资新建菜市场。双方出资80万元，拆除方林村部分旧房后建成，占地面积3300平方米，建筑面积2100平方米。1998年11月28日开始营业时共出让摊位104个，其中半年期6个。截至当年12月21日，摊位费收入25.5万元。由阮普妹担任菜市场场长。村民王崇献、林仙福、徐菊花、林金富、张小友、应素玲等在市场销售猪肉、鸡鸭肉、水产海鲜、南北干货、蔬菜等；林水领、阮小秋在菜市场旁经营服装店和出售粽子糕点等。菜市场实行科学管理，设交通停车标志，由区城管队、村民兵联防队负责治安管理，确保车辆规范停放，出入畅通。1999年1—6月，总收入41.06万元，总支出35.58万元，主要为工资、水电费、奖金等。2000年，上缴村集体18.71万元。

图7-1 方林菜市场一角（2020年1月）

2005年，菜市场扩建，占地面积近10亩。所有建筑均采用钢架结构，摊位分类合理，市场品类丰富，环境得到改善。2006年，开展“放心菜工程”建设，改造提升150个摊位，统一铺贴瓷砖，统一亮照营业；建立农产品残留农药、色素测试站；改建外围服装经销摊位，重新投标。2008年向石曲村租地3.71亩，投资90万元，扩建经营场地2470平方米，新增摊位46个，按要求对熟食摊、家禽摊位进行改造。同时对菜场经营空间进行合理布局，全面拆除原场内的老屋店面，将新老场地连成一体，缓解菜场拥挤状况，提升菜市场经济效益，全年获得利润130多万元，上缴村集体90万元。

2014年，方林菜市场被评为浙江省二星级农贸市场。为配合“多城同创”工作，2017年2月，村两委决定投入150万元，在原菜市场基础上进行整体提升改造工程。3月25日整改完成，3月30日投入运营。改建后的菜市场占地面积7100平方米，建筑面积3920平方米，用大理石铺装、瓷砖贴面。大门口悬挂信息显示屏，场内设专门蔬菜检测区。90个摊位分设肉类、水产、家禽、熟食、豆制品、副食品、蔬菜、水果、冷冻及咸菜分区，特别是熟食店铺均持卫生许可证，店面独立密封。市场外设有机动车停车位50

多个，并专门设立助动车和自行车停放点。菜市场专门配备管理人员和6名垃圾清理工。改建后的菜市场责任更加明确，运营更加高效，环境更加整洁，成为路桥区上档次、上规模的菜市场。场长由方敏担任。2017年，路南中心菜市场被评为浙江省三星级农贸市场和浙江省放心农贸市场（图7-2）。

图7-2 区市场监管部门负责人到方林菜市场检查（2017年7月）

2020年，根据浙江省出台的农贸市场和专业市场“五化”（“便利化、智慧化、人性化、特色化、规范化”）提升行动方案，投入30万元，按照三星级农贸市场星级文明规范标准，启动市场“五化”改造，进一步对市场内部进行改造提升，使市场达到“五化”改造标准。4月初开工，仅用不到一个月时间完成，赶在“五一”国际劳动节前重新营业。8月底，共接纳经营户64户，租赁摊位66个（间），其中蔬菜18个，水产12个，肉类8个，熟食6个，营业房22间，摊位出租收入120万元。至年底，共有经营户52户，租赁摊位（营业房）57个（间），其中蔬菜18个，水产11个，肉类8个，熟食4个，营业房16间（表7-3）。

表7-3 1998—2020年方林菜市场经营情况表

年份	市场规模/平方米		出租摊位/个	上缴村/万元
	占地面积	建筑面积		
1998	3300	2100	104	
1999	3300	2100	104	
2000	3300	2100	104	18.71
2001	3300	2100	104	39.28
2002	3300	2100	102	60.10
2003	3300	2100	102	48.00
2004	3300	2100	102	80.00
2005	3300	2100	98	83.17
2006	3300	2100	98	90.00
2007	3300	2100	98	71.28
2008	5773	2470	102	60.00

（续）

年份	市场规模/平方米		出租摊位/个	上缴村/万元
	占地面积	建筑面积		
2009	5773	2470	102	52.80
2010	5773	2470	102	60.00
2011	5773	2470	100	66.00
2012	5773	2470	100	69.00
2013	5773	2470	90	66.00
2014	5773	2470	90	60.00
2015	5773	2470	92	54.00
2016	5773	2470	92	47.28
2017	7100	3920	90	60.00
2018	7100	3920	90	48.00
2019	7100	3920	90	42.00
2020	7100	3920	57	

小商品针织市场 位于方林菜市场东侧，原为方林简易菜市场一部分，露天市场，面积240平方米，称之小商品针织市场。1998年方林菜市场新建时，对简易菜市场进行改造，搭起棚屋18间，两边各9间，中间通道，供个体经商户设摊经营日用小商品、针织品、服装、日用小商品、副食品等，又名菜市场服装巷，一套班子两块牌子，由方林菜市场统一管理。是年底，开展公开招标，摊位全部出租，经营个体户18个，经营服装、针织品、日用小商品、副食品等。随着网购盛行，市场生意平淡。2020年年底，开张经营的仅6家，其余均歇业。

商品超市

20世纪90年代末，商贸业开始出现超市经营。小超市亦称便利店，以满足消费者对基本生活用品一次性购足需要为经营宗旨。此间及以后，村域内也开起多家超市，除菜场超市、辉宇超市外，还有小杨超市、短途客运南站超市、陈才德超市等，以满足人们购物需求。

菜场超市 村集体房产，属方林菜市场管理，以满足消费者对基本生活用品一次性购足需要为经营宗旨。于2005年建立，超市面积约1000平方米。商品包括冷冻食品、饮料食品、糖果糕点、炒货蜜饯、调味品、烟酒茶、软包装食品、粮食制品、酱菜罐头等。2007年引进华联超市。2011年10月，改由张新国经营，更名路桥明山副食品超市，一楼经营烟、食品、日用百货等，二楼经营服装等商品。开头几年生意较好，随着电子商务的成熟，网购业务的发展，影响传统超市的销售。2016年以后经营有所萎缩，二楼服装停止销售，2020年继续经营。

方林辉宇超市 2007年开办，位于路桥区路南街道方林路194号旁。职工人数3人，其中女职工1人，外来人员1人。年营业额130万元，净收入15万元，纳税2万元。2020年仍在经营。

小杨超市 2011年12月29日开业。地址路桥区路南街道方林路13号。经营者杨九涛。2020年继续经营。

短途客运南站超市 2008年5月16日开业。路桥区路南街道泰隆街77～79号。经营者叶梅春。2020年照常经营。

陈才德超市 1995年7月12日开业。地址路桥区路南街道方林路51号。经营者陈才德。2020年继续经营。

第三节 旧机械设备经销

回收处理

改革开放后，管人财、阮普妹、林仙亮等看到各地许多工厂都堆有电机、电器等废旧设备，并获知可做交易买卖。于是，他们经常出入企业收购废旧品，回收进行拆解处理，有的经过一定加工再销售出去，因成本支出较少，收益相对较高，出去一次净收入少则两三千元，多则上万元。由此亲带亲，邻帮邻，从事此项行业的村民越来越多。至1990年年底，全村从事旧设备经销的有29人，分别是方普通、林仙亮、管人财、阮普妹、王妙增、林仙友、林仙敏、林谷鸣、詹国平、方建民、詹照平、王美云、王仙芳、方孔良、方金法、林启友、林显平、张士泉、管人河、罗仙德、林显琳、张士海、罗海萍、谢文国、张志明、张国民、罗永宁、林剑、林军，人均年收入1.2万元。

市场经营

路桥旧机械设备市场 前身是方林废品市场。1980年后，在村东面的半洋堂，一到晚上有人设摊，提着小马灯交易废旧金属、零星杂货，半夜过后结束收场，人称“露水”市场；西边104国道两侧形成马路市场，一些村民在经营旧机械设备。因从业人员增多，废旧设备堆放混乱，加上缺乏管理，市场秩序混乱，买卖双方交易纠纷也经常发生。

方林村紧靠路桥城区市场，104国道穿村而过，区位优势明显。1984年，中共中央下达文件，鼓励农民个人兴办或联合兴办各类企业。村党支部书记方中华意识到由于周边机械、小五金工商业发展迅速，村民从事旧机械设备交易是村优势所在，应该发挥和整合优势，办场经销，既有利于管理，又有利提高村民收入，壮大集体经济，改善交通环境。他大胆决策，反复动员，冲破阻力，于是年3月创办旧机械设备交易市场，位于石曲公路道班之南。为全国第一家旧机械设备市场，时称黄岩县石曲旧机械设备交易市场，对外称浙江省物资调剂路桥机械设备分市场。占地面积1200平方米，摊位50个，首任场长为方四妹。当年成交943万元。村提供优越条件，吸引机械设备经营户入驻。开张后的旧机械设备交易市场主要销售各种大小金属打包机、机床通用设备、二手机械设备等，业务辐射大半个中国。

到1984年年底，市场入驻经营户32户，均为本村村民，分别是管人法、方春国、谢华德、林仙友、蔡正杰、林谷鸣、谢华寿、林庆勇、方旭日、林仙冬、林启友、方红日、林启满、林启玉、詹照平、林启德、王天吉、王军辉、方孔良、王美云、管人湖、谢明鸥、谢明鹏、王妙林、王建勇、徐贤中、缪济福、缪济海、谢冬青、方再升、林仙亮、林显平。其中王妙林、谢华寿、管人法、谢华德、蔡正杰、林仙冬、方春国、方旭日、林仙亮、林显琳等，分别与自己的妻子一起经营，自己外出跑业务，妻子市场搞经销。同时，少数村民敢想敢闯，克服困难，携带家人，赴外省、市，经营新旧机械设备，如谢文国、林剑、蔡辉军、罗海萍、谢永华等。

1984年开业第一年成交额4.58万元，利润1.72万元，全年发放工资2783元。1985年，市场交易逐渐兴旺，全年成交额、利润分别高达454.67万元、5.26万元，是年计划的151.5%、87.6%。1986年，继续产生利润，上缴村集体5万元。

1987年，因原有市场无法容纳货物堆放，不便商品交易。村里决定转移经营场地至现路桥客运南站南面，路桥公管所址新安南街498号，占地面积增加到6666.7平方米(合10亩)。是年2月28日，村与场长方四妹签订市场一年期承包合同，确定全年总成交额550万元，利润6万元，分季度缴村公益事业费5.34万元。当年实际成交额786.36万元，利润1.94万元，分别是承包指标的142.97%、32.33%，上缴村集体7.59万元。1988年获得成交额800万元，利润17万元，分别比合同所定指标增长45.45%、183.33%，亦比上年增长1.73%、776.29%；缴村公益事业费7万元，比合同额增加1.66万元。

进入90年代，旧机械设备交易市场经营稳步发展，被誉称“无烟工厂”。1990年成交额552.3万元，利润6.33万元。1991年突破千万元，达1106.30万元，利润为18.82万元，分别是年计划的170.23%、156.83%，同比分别是上年的2倍、2.93倍。1992年，产值、利润继续增长，全年发放工资4.47万元。

1993年，市场迁址至新安南街607号，投入60余万元，扩建面积至13333.4平方米（合20亩），经营面积扩大近1倍。是年，交易额高达3417.30万元，为开业近10年最高。1994年8月，台州新设椒江区、黄岩区和路桥区，方林隶属路桥区。1995年3月，黄岩石曲旧机械设备市场更名为路桥旧机械设备市场。同时向石曲村租地10亩，投资300万元，原址再次扩建，新建营业用房4700平方米。方浩为市场党支部书记，谢华寿为场长。自此，市场发展快速，产值增长明显。1997年产值5236.8万元。1998年，参与市场经营增至200多人，产品销售网络布及全国20多个省份，成交额达9300万元，上缴村集体150余万元。1999年，市场投入97万元，修整路面，搭建1.4万平方米的钢架连栋大棚。11月，浙江方林实业集团有限公司成立，台州市路桥机械设备市场有限公司成为下属子公司。公司股东会议确定谢华寿、蔡正杰、方崇忠为董事，谢华寿为董事长，林必云、谢春香为监事。是年，市场发展再上新台阶，产值达到1亿元。

2000年，市场经营面积基本不变。全年实现成交额1.08亿元，比上年的1亿元增长8%。上缴村集体213.02万元。2001年，投入35万元购置行车，浇筑水泥路，搭建钢棚1917平方米。在改善基础设施同时，加强市场整治，规范经营行为；清理场内残次车床，通过建立制度、挂警示牌、立举报箱等方式，树立良好的经营风气。是年，机械设备市场共实现成交额1.2亿元，比上年的1.08亿元增长11.11%。2004年，尽管受到国家宏观调控的影响，市场成交额仍达到1.5亿元，同比增长15.38%。2005年，市场进一步完善管理制度，规范市场秩序，战胜“云娜”“海棠”“麦莎”“卡努”等台风带来的影响。全年成交额1.3亿元，同比减少13.33%。是年，上缴增加到265.19万元。2006—2008年，市场每年成交额在2亿元左右，上缴村集体250万元上下（表7-4）。

表7-4 1984—1994年黄岩石曲旧机械设备市场经营情况

年份	全年计划/万元		实际完成/万元		占年计划/%		缴村集体/万元	缴纳营业税/万元
	产值	利润	产值	利润	产值	利润		
1984			4.58	1.72				
1985	300.00	6.00	454.67	5.26	151.56	87.67		
1986							5.00	
1987	550.00	6.00	786.36	1.94	143.00	32.40	7.59	
1988			800.00	16.00			7.00	

（续）

年份	全年计划/万元		实际完成/万元		占年计划/%		缴村集体/万元	缴纳营业税/万元
	产值	利润	产值	利润	产值	利润		
1989	800.00	16.00	550.34	6.40	68.79	40.00	6.39	18.45
1990	600.00	12.00	552.30	6.33	92.05	52.75		17.93
1991	650.00	12.00	1106.30	18.82	170.23	156.83		
1992	1200.00	20.00	2618.62	42.02	218.22	210.10		84.32
1993	3500.00	30.00	3417.30	40.37	97.64	134.57	38.39	82.65
1994			1076.00	76.41				58.90

浙江方林二手设备市场 2009年4月2日，村两委会讨论旧机械设备市场的提升事宜，决定将路桥旧机械设备市场改名为浙江方林二手设备市场，并延伸至新安南街609号的台州路桥旧机动车市场原址（图7-3）。市场规模扩展后，投资1500万元，整修门面，打通阁楼，提升经营档次，以提高竞争力和辐射力。

图7-3 浙江方林二手设备市场（2010年7月）

10月11日，村党委书记方中华主持召开浙江方林二手设备市场领导小组会议，研究二手设备市场摊位费收取、搬运组收费调整等事项，确定摊位费统价每年每平方米400元，其中涉及西边朝东区块为每年每平方米300元，位置好的在统价基础上增收5%～10%；服务费（出场费）按销售额的0.5%收取；费用在租赁之日起收取，一年一次；进一步完善搬运规章制度，调整搬运组收费标准（表7-5）。搬运组行车购置、安装费用先由村委会投入，村委会按总值分三年收回。

表7-5 2009年路桥旧机械设备交易市场部分设备装卸单价一览表

单位：元

名称	型号	上车费/元	下车费/元	说明
锯床		30	20	
车床	C615	50	30	
车床	C6127	50	50	

（续）

名称	型号	上车费/元	下车费/元	说明
车床	C6136	65	45	精密
车床	C618	70	50	
车床	C618K	70	50	
车床	C616	80	55	长八尺
车床	C618	100	70	长三脚
车床	C618	80	55	
车床	J620	90	60	
车床	620	90	60	农用单杆
车床	620	90	60	
车床	C620	110	75	
车床	C620	140	90	长三脚
车床	AL-3	100	70	
车床	C6140	120	80	
车床	C6140	140	100	长三脚
车床	C6150	100	90	
车床	625	150	100	断面
	C0630	40	30	
车床	C630	160	20	
车床	630	230	30	长三脚
车床	6163	180	50	
车床	6163	250	45	长三脚
车床	650	500	50	断面
车床	650	600	50	
车床	660	600	50	
车床	61100	800	55	
车床	J316K-1	80	70	六角回轮式
车床	6180	150	55	六角
车床	朝鲜	160	60	4仓
车床	朝鲜	180	60	5仓
车床	H28	60	60	
车床	Q1319	160	75	管子螺纹

（续）

名称	型号	上车费/元	下车费/元	说明
车床	666	800	90	
车床	6110	700	70	2米
车床	6110	800	80	3米
车床	6110	1000	100	4米
车床	6110	1200	90	5米
车床	6016	1200	100	落地2米
车床	640	600	30	
车床	MN6132	70	50	
铣床	Mar-57	50	35	
铣床	启新	60		
铣床	6125启新	80		
铣床	工具	70		
铣床	X60	75		
铣床	X61	90		
铣床	X62	120		
铣床	X63	150		
铣床	X63	220		老式型
立铣床	X50	60		
立铣床	X51	80		
立铣床	X52	120		
立铣床	X53	150		

整个市场改造工程于11月初完成。改造后，市场占地面积扩大到1.8万平方米。坚持公开、公平、公正原则，召集经营户，抓阄定摊位。2009—2020年，市场每年成交额近3亿元，缴村集体340万～500万元。

附：

方林村搬运组规章制度

为深入开展创建文明市场、文明搬运的创建活动，做到价格公平、安全装卸，完成路桥旧机械设备市场搬运任务，方林村搬运组特制订以下规章制度：

一、严格遵守上下班制度。不准迟到、不准早退，值班人员必须提早10分钟到场。凡迟到20分钟，扣罚工资。上班时个人有要事，必须向值日班长请假，返回时向值日班长报到，如有事不请假，查到作旷工处理。外出必须做到向班组长请假，凡一个月不请假、不来上班者，作自动离职。自动离职者，不得取回设备投资款。

二、装卸时做到文明安全，要爱护设备，经常检查吊装设备。为了人身安全，装卸时必须戴安全帽、穿劳保鞋，严禁穿皮鞋及拖鞋。上班时不按规定者，造成伤害事故，搬运组一律不承担任何责任。

三、严格遵守操作规程，吊装时注意钢丝索、三脚架的角度位置，吊装完成放置大板车时，必须注意重量均匀。对粗制滥造、马虎了事、不听劝告造成设备损失及人身伤害事故，当事人应负主要责任。上班时严禁酗酒、斗殴。

四、班组长有权调动人员，人事安排，确定人员加班加点，对不服从安排、不服从分派、故意捣乱者，作出必要处理，性质严重者上报村党支部、村管会。

五、严格遵守财务管理制度。按规定提取积累，做到日清月结，账目核对，账务公开，值班人员把当天的装卸收入交专人存入银行。如有拖欠，值班人员须自己负责收回。特殊情况必须立即向班组长汇报，否则在值班人员的工资中扣除。

六、对于工伤事故的处理：小伤能上班者必须上班，不愿上班者，发工资50%，药费报销不得超出80%；大伤住院或不上班工资80%，药费80%。具体办理须写好现场具体情况说明，在听取职工意见的基础上，由班子及班长商量决定。去医院诊疗必须由班长一同前往，药费报销必须凭医院的正式发票，白条一律不予报销。未经值日班长同意，上班擅自给他人干活，发生事故的，由个人自己负责。

七、搬运组职工退休原则上60周岁，退休金和投资款由搬运组一次性处理，共计4000元。

八、上班时间严禁赌博。对聚赌者作严肃处理，性质严重者停工或开除，外出装卸一律不准他人代班（除特殊情况外），否则作旷工处理。

九、值日制度：当天值班后，第二天负责工具进出，工具房必须做到随手关门，未能履行者罚款，轻重由班子或职工决定。做到铁锹每天清点，并交下一班上班者。

十、外来业务不管金额高低，都需承接。每班轮流派出2人，必须服从尽力完成。以上制度全体职工必须自觉执行。

方林村搬运组

一九九七年二月二十六日

第二章　交通运输

中华人民共和国成立前，方林村交通极不方便，过境公路仅有104国道，且为沙石路面，客车班次很少，车票昂贵，村民难以承受。村民外出或坐木质航船，或步行。1949年后，特别是改革开放以来，方林村对外交通不断改善，交通运输业蓬勃发展。104国道多次拓宽改造，发往黄岩等地的客车班次不断增加。随着经济的发展，104复线、吉利大道、迎宾大道等公路相继通车，构成路桥城区和周边乡镇联系的交通枢纽，为方林村与外界交通提供便利。此外，方林村紧靠台州路桥机场，与台州火车站仅有半小时车程，陆、空交通便捷，交通区位优势突出。

第一节　道路客运

黄岩路桥一带客运业发展较早。1930年8月，往返于路桥、石曲、大溪间的“太平号”汽船投入运营，为方林人打开水路通航渠道。1932年5月，黄泽路椒公路运输股份有限公司的3辆雪佛兰汽车开始客运，海门经洪家到路桥公路通车。1933年10月，黄泽公路建成通车，沿途设12站点。石曲设停靠站，每日11个班次。1929年因抗战停运。清末至民国年间，黄岩路桥虽然已经有内河客运轮船和客运汽车出现，但传统短途客运依然以人力黄包车为主。改革开放后，交通事业得到很大发展，其中方林村以股份制形式创办路桥短途客运南站、路桥洋林公交公司等，推动地方客运事业发展。

路桥短途客运南站

位于路桥区路南街道新安南街。实际投资274.9万元，占地面积1.57万平方米。首任站长为方浩。

申报创办　1996年6月18日，方林村管委会向路桥区政府、区交通局递交《要求建立台州市路桥客运南站的申请报告》，提出由台州市路桥方林工贸有限公司投资兴建路桥客运南站。11月15日，台州市交通运输局发文批复同意，定名为台州市路桥短途客运南站，性质为村办集体企业。接到上级交通管理部门有关文件后，村委会按《浙江省公用型道路运输站、场管理实施细则》要求抓紧筹建，并按有关规定办理开业手续。翌年1月28日召开的1996年全村年终总结大会宣布客运南站的负责人人选，介绍建造出租房20间准备情况。

合作经营 随着路桥城市建设加快，城区面积不断扩大，田洋王中巴停车场面临南迁。1997年7月7日，路桥区政府召开田洋王中巴停车场南迁协调会，决定迁移到路桥短途客运南站（方林村停车场）。7月10日，田洋王村与方林村签订田洋王中巴停车场南迁协议书。双方达成协议：1997年8月1日开始至1998年12月底止，从金清、玉环、温岭、温州等城区南边方向进入田洋王村、方林村停车场的车辆实行单、双号制（车辆号牌末位数为0视作双号），即逢单日，单号车进入田洋王村停车场，双号车进入方林村停车场；每逢双日，双号车进入田洋王村停车场，单号车进入方林村停车场。停车费收入分配：1997年8月1日至12月31日，田洋王村为70%，方林村为30%；1998年1月1日至12月31日，田洋王村为60%，方林村为40%。田洋王村停车场使用到1998年12月底。1999年1月1日开始，一切车辆全部迁移到路桥短途客运南站。协议还就股份公司组建有关事宜达成一致。

1997年7月10日起，村里抓紧做好客运南站开业准备。7月25日，向路桥区工商局提交关于办理营业执照的申请报告。7月31日，路桥短途客运南站开业。此后，站内确定蔡正杰负责公共秩序管理，确保运行正常。全站工作人员增强服务意识，改进服务方式，提高服务质量。

1998年10月20日，方林村与浙江田洋王实业集团有限公司联合制定台州市路桥客运南站有限公司章程。公司注册资本100万元，方林村出资55万元，占55%股份；浙江田洋王实业集团有限公司出资45万元，占45%股份。停车场、办公用房等不动产由方林村投资兴办，所有权归方林村，使用权归公司，办公用房装修由公司负责，不动产维修费用由方林村负担。停车场总收入剔除税收、工资、管理费、水电费、接待费、办公费后，按方林村55%、田洋王村45%进行分配，造成亏损按股份出资额比例承担。

公司董事由股东双方委派，共5人，其中方林村3人，浙江田洋王实业集团有限公司2人。董事会设董事长1人，为公司的法定代表人，由方林村委派的董事担任；副董事长1人，由浙江田洋王实业集团有限公司委派的董事担任。公司设总经理，对董事会负责。公司副总经理、财务负责人员聘任由董事会决定，会计由方林村委派，出纳由浙江田洋王实业集团有限公司委派。公司设监事会，由股东代表和适当比例的公司职工代表组成。

1999年1月4日，路桥客运南站有限公司召开董事会会议，作出有关决议：1月8日，路桥短途客运南站联合运营正式运行；双方分别委派方浩、赵海敏担任负责人；每月10日前须将收益按协议规定比例分配各村，税金自行缴纳；站场发放驻站人员基本工资600元，补助、奖励由各村自行发给；加强财务管理，500元以下正常性开支由站负责人审核支付，500元以上须报公司董事会审核报销。

根据协议，路桥客运南站有限公司经营期限10年，2008年10月联合运营终止，始由方林村独家经营。

经营业务 为当地及周边地区客运、公交公司提供停车服务，方便旅客出行；抓好安全管理，确保车辆运行安全。1997年8月成立初，站场接纳客运、公交公司12家，其中客运公司11家，公交公司1家；营运车辆500辆，其中中巴440辆，公交车60辆。2000年，接纳客运、公交公司与成立时相同，因线路调整营运车辆减少到430辆，其中中巴210辆、中大巴100辆、公交车120辆。是年村集体收到上缴款55.40万元。次年，收到上缴款64万元（表7-6）。

表7-6 1999—2020年路桥短途客运南站上缴村集体情况

单位：万元

年份	金额/万元	年份	金额/万元	年份	金额/万元
1999	117.00	2007	50.00	2015	74.50
2000	55.40	2008	60.00	2016	66.70
2001	64.00	2009	65.00	2017	72.60
2002	65.10	2010	50.00	2018	52.93
2003	40.00	2011	55.00	2019	66.65
2004	83.00	2012	60.00	2022	
2005	55.00	2013	60.00		
2006	55.00	2014	83.60		

2020年，接纳客运、公交公司5家，其中客运公司有台州市路桥汽车运输有限公司、温岭巴士服务有限责任公司、温岭北方客运有限责任公司、乐清市长途汽车运输公司、浙江玉汽运输集团有限公司（玉环环岛巴士运输有限公司）5家，公交公司仅台州市公交巴士有限公司1家。营运车辆332辆，其中中巴90辆、中大巴30辆、公交车212辆；营运定车班线8条、延伸线6条，公交线路16条（表7-7、表7-8）。

表7-7　2020年路桥短途客运南站始发城乡定车班线

序号	终点站		里程/公里	投运车辆/辆	所属运输公司
	主线	途经站			
1	温岭	泽国	30.44	23	温岭巴士服务有限责任公司
2	新河		17.00	5	温岭巴士服务有限责任公司
3	新街	温岭滨海	30.00	5	温岭巴士服务有限责任公司
4	大溪		23.00	24	温岭巴士服务有限责任公司
5	松门	箬横	40.00	24	温岭北方客运公司
6	大荆	雁荡	47.00	6	乐清市长途客运公司
7	温西	横峰	42.00	5	温岭巴士服务有限责任公司
8	玉环	楚门	70.00	39	玉环环岛巴士公司

表7-8　2020年路桥短途客运南站城乡公交线

序号	线路名称	起讫站点	全部站点
1	301路	居然之家-居然之家	居然之家-水天一色北-园丁苑-山马村-中央山公园-路桥中学南-文化路商海南街口-路桥区建设局-黄石公园-石滨公园-旧货市场-下包营房-方林汽车城-路桥短途客运南站-四号桥-竹木市场-龙头王-国际塑料城-塑料化工市场-曙光医院-洋洪村-金宸国际-建筑装饰城二期-居然之家
2	310路	居然之家-路桥短途客运南站	居然之家-三角陈村-水天一色北-装饰城二期-洋官苑-金宸国际-星耀广场-洋洪村-洋张村-塑料化工市场-国际塑料城-龙头王-竹木市场-四号桥-路桥短途客运南站
3	303路	路桥短途客运南站-恩泽医院西	路桥短途客运南站-双菱集团-下包村-金桥花园-建筑五金市场-日用品商城-富仕广场-路桥区政府-台州客运中心-农林大楼-路桥短途西站-朱家管前-恩泽医院西
4	305路	路桥短途客运南站-台州客运南站	路桥短途南站-双菱集团-下包村-台医路桥院区-章杨新村-路桥小商品市场-龙头王-良一村-机电五金城-潞河社区（博仕整形）-蔡於（同德医院）-鑫都大酒店-路桥文体中心-电子数码城-建筑装饰城-中国人保（路桥）-农林大楼-路桥短途西站-朱家管前-恩泽医院西-富通家园-新日用品商城-财富商贸城-西凤村（临时站）-台州客运南站
5	331路	路桥短途客运南站-金清客运中心（南线）	路桥短途南站-汽配城-葛家村-十份村-峰江站-峰江中学北-玉露洋村-施家村-左川胡村-蒋僧桥村-金家桥-良种场-田际村-新桥镇政府-新桥站-新桥消防队-凤阳章村-前七份村-湖头村-横街站-新兴路南口-山后潘-马院村-红苹果幼儿园-陈家村-陈家桥-双透里-前尚家村-华和重工-下梁信用社-下梁中学-南梁村-蒋桥村-卷桥敬老院-三金村-三友集团-卷桥中学-平安禅院-塘上桥-金星村-环西三路南口-环西二路南口-工业路南口-工业路金林路口-金清镇政府南-金清客运中心

（续）

序号	线路名称	起讫站点	全部站点
6	333路	路桥短途客运南站-金清客运中心（北线）	路桥短途南站-路桥交警大队-方林苑-应家村-路桥中医院-泉井立交桥-洋屿村-洋屿桥头-杨桥村（四甲）-洋屿山村-三脚撑-中豪洁具-小五份村-塘王村-蓬街塑胶园区-蓬街私立中学-杨府庙居-阳光华庭-蓬街卫生院-蓬街镇政府-金联桥-下洋屿殿西-下洋屿殿-金钟桥-三条埠头-金华桥-新北小区-新虹桥-新丰桥-新市桥-新中桥-加惠桥-红旗村-双关庙-三星桥-联中村-明珠外国语学校-金清派出所-人民路金清大道口-金清镇政府-金清客运中心
7	332路	路桥短途客运南站-金清客运中心	路桥短途南站-汽配城-葛家村-十份村-峰江站-峰江中学北-玉露洋村-施家村-左川胡村-蒋僧桥村-金家桥-良种场-东蓬林村-新桥中学-新桥小学南-新桥站-凤阳铺村-前七份村北-湖头村-横街印刷园区-横街站-新兴路口南-山后潘-后尚家村-尚家村-岛市-万胜村-肯得股份-新蓬南路东方大道口-新南村-新市街-百新东路-南街村-潘家村-德升村-双升村-二塘村-环西三路北口-环西路北口-路桥第二人民医院-金清镇政府西-金清客运中心
8	334路	路桥短途客运南站-竿蓬	路桥短途南站西-四号桥-竹木市场南-上马村东-路桥三中-上张工业区-长浦村-司城-横塘-杰克公司-下陈路口-中心街广兴路口-三顶桥村-振联小学-明星村-启明村-启明花苑小区-幸福村-蓬西桥头-蓬西村-竿蓬西路-花门村-大屋里-新华村-竿蓬
9	335路	路桥短途客运南站-金清客运中心	路桥短途南站-路桥交警大队-方林苑-应家村-路桥中医院-泉井立交桥-洋屿村-洋屿桥头-杨桥村（四甲）-洋屿山村-山下李村-小伍份村-浦南村-民利村-厅里村-百步村-富强村-繁荣村-上沈村-官家-沥北村-下梁村-下梁信用社-下梁中学-高田村-下梁小学-沥南村-下陆村-汝泉村-林家小区-金龙电机-金星村北-黄金海岸小区-环西路北口-路桥第二人民医院-金清镇政府西-金清客运中心
10	336路	路桥短途客运南站-金属再生园区	路桥短途南站西-路桥交警大队-方林苑-应家村-路桥中医院-古岙村-康张-上云村-东方大道绿田大道口-东方大道小梁线口-东方大道疏港大道口-东方大道新蓬南路口-金华村-新北村-东方大道75省道口-海昌路南-海昌路滨十三路口-海昌路滨十二路口-海昌路蓬北大道口-海昌路滨九路口-滨海展示馆-滨海生活服务中心北-甲南大道启航路口-台州湾新区行政中心-台州湾新区烟草物流-金宇星机电-沧海商务中心-中德产业园-金属再生园区管委会-海清路西口-汇金路海丰路口-汇金路海明路口-金属再生园区南
11	338路	路桥短途客运南站-新桥运输服务站	路桥短途南站-方林汽车城-杨戴村-亭屿花卉园区-亭屿村-山后许-峰江站-峰江中学北-玉露洋村-施家村南-后黄北-后黄-后黄南-黄施洋北-黄施洋-黄施洋南-篔李王-李耆埭-钟家西-钟家-钟家东-韩家水厂-韩家村-金大田村-金大田村北-良种场镇西路口-东蓬林村-新桥中学-新桥小学南-新桥运输服务站
12	339路	路桥短途客运南站-路桥第三人民医院	路桥短途南站-汽配城-清峰桥-上陶村-清陶小学北-下陶西-下陶东-郑际-新民小学-田际-镇北路-新桥镇政府-新桥镇卫生院-新桥运输服务站-凤阳章村-前七份村-湖头北-路桥第三人民医院
13	905路	路桥短途客运南站-台州客运总站	路桥短途南站-双菱集团-下包村-路桥实验中学-石浜公园-黄石公园-路桥区建设局-新安社区-新安小区-丁岙村-路桥税务局-建筑装饰城-电子数码城-路桥文体中心-洋洪村-路桥区质监局-水里-城市港湾-西王-朱家店村-中心大道洪兆路口-大板桥村-中心大道洪龙路口-中心大道马庄-上徐村-三台门村-中心大道体育场路路口-市中心医院西-东商务区-市民广场-市府大楼-云顶佳苑-市房管处-东京湾小区-葭沚大转盘-葭沚-台州客运总站-台州客运总站

（续）

序号	线路名称	起讫站点	全部站点
14	916路	路桥短途客运南站-台州火车站	路桥短途南站-竹木市场-龙头王-良一村-机电五金城-潞河社区（博仕整形）-蔡於（同德医院）-东森购物中心-中国人保（路桥）-农林大楼-路桥短途西站-恩泽医院北-桐屿街-桐屿街道-坝头-小稠-药山-十里铺-横河-直属粮库-向阳新华汽修-橘香苑-东浦中学-江南大厦-马鞍山站前大道口-站前大道东-台州火车站
15	918路	路桥短途客运南站-竿蓬	路桥短途南站-双菱集团-下包村-台医路桥院区-章杨新村南-龙头王-国际塑料城-统一村-挡港桥村-灵香店电商园-灵香店村-管下陈-邱家-坦邱村-汪家-蔡家-高张村-杨家村-下陈邮政-杨家小区-下陈鲜花港-解放村口-石柱园区西-石柱园区东-石柱加油站-街下村石柱-海明村海岸村-海丰村卫国村-沿海村-竿蓬
16	K2路	路桥短途客运南站-台州火车站	路桥短途南站-金桥花园-建筑五金市场-日用品商城-中国人保（路桥）-农林大楼-园丁苑-三角陈村-中村-台州火车站

站场成立之初，13座以上客车和六轮新型农用车停车收费每辆180元/月。1999年3月18日接路桥区计划与经济委员会批复，停车收费调整为每辆220元/月，并办理经营服务许可证变更手续。2020年，城乡支线车辆收费每辆600元/月，公交车辆收费每辆450元。

经营管理 作为路桥市区主要客运、公交停车场，日进出车辆两三千辆次，客流量6000余人次。建站后，坚持管理强站的宗旨，维护站内良好秩序，保持环境整洁，确保旅客安全。2000年以后，由于一度放松管理，出现残疾人车、摩托车进场拉客，与公交车争夺客源现象；小商小贩在南大门叫卖小吃，阻塞道路，影响车辆出入，产生安全隐患。针对这一现状，方林集团公司派人调查，分析原因，制定措施，加强管理，组织保安人员，杜绝残疾人车、摩托车进入站场；前后大门装上栅栏门，建立警卫人员值班制度，有车进出开门，无车进出关门，改善站内秩序。

路桥洋林公交公司

1998年5月23日，方林村与台州市路桥洋林公共交通有限公司签订公交车营运租赁合同。5月27日，路桥区政府将第一轮公交线路经营权向社会公开招标。区内4家公司中标经营8条公交线路，其中台州市路桥洋林公共交通有限公司取得2条线路专营权。公司与路桥区建设局签订城市公共客运交通专营权有偿使用合同。

公司下设公交车队，由车队长1人、副队长3人组成。车队长李立太，负责全面工作；副队长叶永宁，负责调度车辆安排；副队长郑永军、曹晓军协助队长工作。有旅行车22辆，核定载客19人（表7-9）。其中14辆于1998年6月1日配备，厂牌型号牡丹

MD6601C，动力耗油为汽油，特点是油耗高、部件修理较多；4辆于1998年9月1日购置，厂牌型号牡丹MD6601D1；另4辆购于1999年2月1日，厂牌型号牡丹MD6601D2。后8辆车动力耗油为柴油，油耗低、维修不多。公司实行车辆统一调度，路桥短途客运南站至台州客运西站17辆，台州客运东站至路桥短途客运南站3辆，螺洋至路桥小商品批发市场2辆。头班车5:20，末班车18:20。

表7-9 路桥洋林公交公司车辆基本情况表

序号	车主	地址	发动机号	车架号	附加费证号码	驾驶员	售票员
浙J31220	翁正法	黄岩长潭村	00180452	5011268	1110506077	陈加亮	陈小丽
浙J31221	蔡继根	黄岩长潭村	00180761	5011260	1110506082	蔡继根	余荷芹
浙J31223	陈新华	温岭泽国	00180839	5011248	1110506076	陈云芹	陈云兰
浙J31224	鲍明书	黄岩临古	00180842	5011237	1110506075	邹凤平	章玉燕
浙J31225	蔡雪飞	温岭泽国	00179306	50010489	1110506074	蔡雪飞	叶文波
浙J31226	卢华平	黄岩平田桐	00180117	50011228	1110506084	卢华平	陈伟红
浙J31227	徐正富	黄岩长潭村	00181043	50011223	1110506083	徐卫富	罗唐芳
浙J31229	池正满	黄岩长潭村	00180495	50011250	1110506086	池正满	张建红
浙J31230	郑永亮	黄岩长潭村	00181168	50011466	1110506081	郑永亮	吴凤珍
浙J31231	陈建林	黄岩长潭村	00180483	50011275	1110506087	陈建林	余边芹
浙J31232	徐丽君	椒江白云	00179229	50010487	1110506080	徐丽君	陈连招
浙J31233	郑永军	黄岩长潭村	00181034	50011230	1110506085	郑永军	林菊芬
浙J31235	丁保华	黄岩长潭村	00180496	50011276	1110506079	丁保华	雪　林
浙J31236	张娴燕	温岭泽国	00181556	50011465	1110506078	杨平华	张梅青
浙J31710	王克清	黄岩城关	803048	50007974	1110659843	王克清	王淋女
浙J31711	李立太	路桥官前村	812921	50011660	1110659845	李立太	谢彩娟
浙J31712	徐卫国	黄岩长潭村	812653	50011658	1110659844	徐卫国	郭宽君
浙J31715	翁卫彬	黄岩长潭村	803036	50007968	1110659846	翁卫彬	任仙花
浙J33493			827942	98406229	1110659847	翁小飞	王　丽
浙J33496	曹晓军	路南方林村	822793	98403341	1110659849	王联华	王荷英
浙J33494	叶永宁	路桥田洋王	827989	98406147	1110659850	李明俊	章彩平
浙J33500	谢文建	路南方林村	828063	98406164	1110659848	阮利珍	王素芳

注：浙J31225、浙J31711，以及浙J31226、浙J31229、浙J31232私自转让，蔡雪飞、李立太原车主均为徐卫珍，卢华平、池正满、徐丽君原车主分别为徐志良（王福明）、池正国、陈星国。

1998年6月1日，台州市路桥洋林公共交通有限公司与车队车辆属主签订为期3年的线路承包合同，共18辆。第一年1998年6月1日至1999年5月31日，年线路款78万元，平均每辆4.33万元；第二年1999年6月1日至2000年5月31日，年线路款81万元，平均每辆4.5万元；第三年承包时间改动，自2000年9月1日至2001年8月31日止，年线路款84万元，平均每辆4.67万元。2001年8月、10月，区建设局先后两次发出延长第一轮公交车线路出让期通知，延长时间自9月1日至12月31日。

承保期间，情况有变。1999年2月1日，新购车4辆，营运车辆增至22辆。第一年线路款78万元，加区公交公司管理费8万元，总额86万元，重新按22辆车分摊，使每辆车线路款减至39090元，应退的4242元，以押金形式留存公司。是年，螺洋至路桥小商品批发市场改设为308公交线，路桥洋林公交有限公司继续取得305、308公交线的专营权，依然实行一元一票制。1999年8月31日，公司与305、308公交线营运租赁人签订线路租赁合同，内容包括租赁期限、经营线路及经营方式、租赁等费用，风险押金、使用票证、车辆保养、双方权利和义务、违约责任等。租赁期限自1999年9月1日至2000年8月31日止。305、308公交线线路走向及停靠站点不变，“单车租赁，分组轮换”，公司提供305路、308公交线的营运权，租赁人按时缴纳线路营运租赁金。承包合同所定三年应缴线路款共243万元，实收264.7876万元，上缴区主管部门180.2万元，盈利84.1876万元。

1998—1999年洋林公交公司总收入179.47万元，总支出123.51万元，利润总额55.96万元。方林村获得利润总额的49%，计27.42万元。1999年，公司资产总计388.30万元，其中流动资产229.86万元，固定资产158.44万元。2001年，公司上缴村42万元，翌年又上缴34.90万元（表7-10）。

表7-10　路桥洋林公交公司1998—2001年承包经营情况

承包年限	原承包合同有关指标				新增车辆后有关指标			
	车辆数量/辆	年线路款/万元	平均每辆/万元	上缴区主管部门/万元	每辆实收/元	比原合同减少/元	实收总额/万元	盈利/万元
1998—1999	18	78	4.33	60.2	39090.00	4243.00	79.12	18.92
1999—2000	18	81	4.50	60.2	41363.64	3636.36	91.00	30.80
2000—2001	18	84	4.67	60.2	43030.27	3635.73	94.67	34.47

运作几年后，公交公司间出现无序竞争现象，公交经营秩序混乱。2001年9月30日，台州市路桥汽车运输有限公司、台州市路桥洋林公共交通有限公司、台州市路桥区鑫泰

公交有限公司向路桥区建设局递交《关于要求建立路桥公交有限责任总公司的报告》。翌年开始运行。路桥公交有限责任总公司亦称台州市路桥城区公交联合有限公司，拥有城市公交线路6条、城乡公交线路3条，总长度55.6公里。相继投入1500万元更新车辆，使营运车辆达到100余辆，年完成客运量1200万人次。向外招聘驾驶人员，培训乘务员。由于统一经营，服务改善，杜绝恶性竞争，提高社会效益和经济效益。12月25日，公司向区建设局送呈报告，要求减少公交线路使用费的收取。2002年，城区公交上缴村109.62万元。2003年城区公交上缴99.84万元，2004年78.88万元。此后，退出公交运输经营。

第二节 道路货运

改革开放前，方林一带货运靠内河小船航运，上了河埠头后，再靠人肩挑背驮装卸货物。陆路靠三轮车、手拉车或肩挑。20世纪50年代末，黄岩县委提出全县实现“六化”的目标，其中包括“平原交通化，运输车子化、机船化”。彼时，村中有一批年轻人专做运输苦力，用手拉车运输砖头、岩石等，以填补经济困难。20世纪60年代，繁重拉运活仍未停止。70年代中期，石曲砖瓦厂生产主要靠手拉车运输，后来逐步由拖拉机代替。80年代初，村里先后办起石曲联运站、方林搬运组，货运由分散转向集中，形成联合经营模式。90年代末，开设城南大货停车场，经营路桥货运南站，建立台州市路桥货的运输有限公司，逐步开拓货运事业，促使当地经济发展。

方林搬运组

方林村民素来吃苦耐劳，早在新中国成立前，就有人干搬运苦力活。新中国成立后，在生产劳动之余，常外出用手拉车跑运输，以补贴家用。70年代，社员思想解放，胆子逐渐壮大，经常有人往宁溪、长潭等地，将松杉柴枝、硬木及焦炭等拉运到路桥售卖，形成一定规模的搬运力量。他们是：谢冬生、谢文华、谢大志、谢启林、王妙增、狄广志、严通河、李由法、严美美、李胥士、陈永盛、方普根、方崇西、张妹头、丁舜民、方崇桂、罗仙德、任小美、盛龙土、方福崇、林仙亮、王美云、王中桂等。

1984年，方林村建起浙江省第一家旧机械设备市场。为解决旧机械设备市场的搬运问题，村成立方林搬运组。是年，搬运组共有10人，年产值20282.19元，利润3604.32元，全年发放工资1.08万元。1985年，搬运组11人，产值38400元，利润7693.54元，分别是年计划的76.8%、118.4%。与上年相比，全年产值、利润分别增长89.33%、

113.45%。1984年、1985年利润均缴村。1986年，搬运组上缴村8003.03元。

1987年，搬运组增加到28人。是年2月，村经济合作社与搬运组签订承包合同。村代表阮普妹与搬运组代表方普根分别在合同书上签字。协议有效期限1年，自1988年1月1日起至1988年12月31日止。合同约定全年总产值10万元，利润1万元，上缴村公益事业费1万元，每一季度支付2500元。每超过1万元，40%组内奖励，60%上缴村里。是年产值78200元，利润15650元，分别是年计划的78.20%、156.50%。1988年，产值10万元，利润7万元，上缴村集体1.33万元。1994年，搬运组继续扩大，搞运输村民75人，人均收入9000元。

1993—1995年，搬运组分别实现年产值8万元、利润1.5万元，上缴村1.5万元。1996年起1998年，年上缴村均为1.7万元（表7-11）。

表7-11　1987—1995年方林搬运组年产值利润表

单位：万元

年份	计划产值	实现产值	计划利润	利润	上缴村
1987	10	7.82	1.00	1.56	1.56
1988	10	10.00	1.00	7.00	1.33
1989	10	4.70	5.00	1.12	1.00
1990	10	2.56	0.90	0.81	0.90
1991	10	1.31	1.00	0.85	0.85
1992	10	10.00	1.00	0.80	0.80
1993	10	8.00	1.50	1.50	1.50
1994	10	8.00	1.50	1.50	1.50
1995	10	8.00	1.50	1.50	1.50

1999年1月17日，村出资4.2万元用于搬运组搬场。其中吊装计费，按卸货价格70%收取，搬运组组长王仙芬。2月新招搬运组员工8名，分别为冯小友、王小林、王中保、王天吉、方孔亮、林正华、方孔虹、戴开忠。是年，旧机械设备市场内道路修缮由搬运组承担，全年酬劳4000元。是年起至2007年，年上缴村亦均为1.7万元。2008年，旧机械设备市场准备改建，搬运设备得到更新，搬运组随之撤销。

石曲联运站

1985年，方林村建立石曲联运站。是年，联运站上缴村4000元。翌年，上缴增加到4500元。1987年2月，方林经济合作社与黄岩县石曲联运站签订经济承包合同，上缴村4000元。至1990年，上缴村在3000元至4000元之间。从1991年开始，上缴村减少到2000元。1995年，联运站停业。

路桥货运南站

路桥建区后，方林村一带专业市场生意兴隆，往来客车、货车数量众多。1995年，投资100万元，利用原石曲轮窑厂晒砖场空地，改建成城南大货停车场，简称城南停车场。今址路桥区泰隆街32号，占地面积8000平方米，建筑面积460平方米。1996年，城南停车场上缴村40万元。

1997年9月，村管委会向区交通局提出关于要求兴办路桥货运南站的申请报告。是年底，路桥货运南站如期开办，办公地址设在路桥客运南站。

1998年3月签订承包合同，期限1年，承包款22万元。是年末，实际缴付19万元，其中房屋租赁款11万元。1999年年末，货运南站上缴4万元。2000年1月，浙江方林实业集团有限公司发包郑冬春、蔡建伟经营。建筑面积增至1472平方米，有二层楼房14间，其中招待所9间。承包期1年，承包款16万元，是年底如数上缴。

进入21世纪，货运业务短缺，货运南站以承办停车场出租为主。2001年停车场出租收入17万元，2002年增加到21万元，2003年为25万元，2004年为26万元。2005年起归属村物业管理。2009—2013年，货运南站年上缴村均为36万元，2014—2020年，又归属村物业管理。

台州市路桥货的运输有限公司

随着经济社会的发展，人民生活水平日益提高，个人和单位购置微型车辆用于运输的现象越来越突出。为有序改变运输市场混乱状况，1997年5月，方林工贸有限公司联合区公管所，组织陈方梅、方中华、管人财、蔡正杰、阮普妹、林小春、林必清等合股申办台州市路桥货的运输有限公司。6月8日，向区交通局提交关于要求兴办台州市路桥货的运输有限公司的报告。1997年7月8日，台州市路桥货的运输有限公司召开股东大会，选举方中华为公司执行董事兼经理，林必清为监事，股东有林小春、阮普妹、林必清、陈方梅等，管人财为货的运输有限公司股东代表。7月11日，台州市工商行政管理局路桥分局出具公司登记受理通知书。8月1日，台州市路桥货的运输有限公司股份合作协议签订。

台州市路桥货的运输有限公司由方林工贸有限公司统一管理，设经理、会计、出纳、业务等。1998年7月，公司任命谢春生为总经理，具体负责经营业务。按照“入股投资，利益共享，风险同担，独立核算，自负盈亏”的原则运作。股份为100股，总投资5万元，每股500元，其中方林工贸公司占40%，投资2万元；区公管所占20%，投资1万元；陈方梅占10%，投资5000元；方中华、管人财、蔡正杰、阮普妹、林小春、林必清各占5%，分别投资2500元。投入资金的利率按1.2分计算付息，每年年底由公司股份代表参加结算，按股份比例分配。

成立初公司拥有货车50辆，产生一定利润。1999年，公司上缴村集体55万元。以后公司发展稳定，至2000年6月各类微型小货车达到320辆，经济效益逐年提高。2000年1—6月，公司总收入48.3万元，总支出10.77万元，上缴村集体20.92万元。2002年上缴25万元。2003年5月，林仙莉任总经理。是年上缴20万元，2004年25万元。2006年，有货运车5000多辆，以挂靠为主，持车辆营运证，取得较好经济效益，取得利润200多万元，上缴村64.92万元。2007年上缴村67万元。以后，经营效益下降，上缴款有所减少。2008—2012年，年上缴20万元至35万元之间。2013年上缴10万元。2017年，货运市场全面放开，独家经营的局面不复存在。2019年12月底，台州市路桥货的有限公司终止营业。

第三节 营运管理

20世纪90年代末，方林村经营客贷运输业后，加强客运市场管理，引导所属营运单位制订各项规章措施，规范营运秩序，提高交通安全系数，杜绝交通安全事故的发生。

2000年1月，台州市路桥客运南站有限公司与各驾驶员签订交通安全规范营运综合目标管理责任状。责任状期限自2000年1月1日起至2000年12月31日止，要求做到“安全第一，预防为主”。

2000年1月8日，台州市路桥洋林公共交通有限公司制定《洋林公交公司运营纪律》《洋林公交公司现场调度管理制度》《洋林公交公司售票员操作规程》《洋林公交公司运营车辆驾驶操作规程》等规章制度，要求车主、驾驶员遵照执行。2000年1月12日，公司向路桥城建环保局提交《关于要求大力整顿城区公交秩序的报告》，主张有关部门整顿营运车随意停车、拉客现象，共同维护公共交通秩序。

《洋林公交公司运营纪律》共有7项规定：上岗时服饰整洁，仪表端正，背好票袋，主动服务，耐心解答乘客的问讯，虚心听取乘客意见；坚守岗位，不得擅离职守、离岗闲谈、私调班头或让他人代替工作，上岗前严禁喝酒，爱护车辆机件设备，出车前认真做好安全检查；严格遵守交通法规，认真执行安全运行制度，不超速行驶，不强行抢先，确保营运的安全；服从现场调度指挥，不擅自越站或调头，做到逢站必停，有客让上；严格按营运线路的运行，不任意改道或绕道，正点发车，匀速行驶，杜绝早到，进出场车辆必须按指定位置停靠和线路进出场；车辆行驶途中，不准擅自停车办各种私事，不吸烟，不饮食，不看书报，切忌有意拖延运营时间，影响正常服务；按规定停、靠站，不得越站或未到站点停靠，不在非停靠站处任意开门上、下乘客，安全第一。

《洋林公交公司现场调度管理制度》共7项：服从上级的调度命令，保证运行计划顺利完成；实事求是地填写行车调度报表，决不允许弄虚作假；努力提高业务水平，掌握调度工作主动权，做到心中有底；调度措施及时，运送乘客按时，维护行车秩序，认真做到“三为主，三兼顾”(以快速运送乘客为主，兼顾行车秩序的调整；以解决长距离乘客为主，兼顾短程乘客；以解决高断面客流为主，兼顾起、终点站乘客)；在涉及车辆、人员发生矛盾和纠纷时，应及时处理和解决，不能解决的立即报告安全运行室；认真落实汇报制度，及时向主管领导反映情况，特别是由于各种原因，造成线路车辆不能正常行驶时，更应迅速汇报，以便及时处理；坚持做好线路的运营调度月报，行车管理的检查日报，当班人员必须每天进行全面的汇报，登记检查所辖线路的运行情况和服务效益。

《洋林公交公司售票员操作规程》《洋林公交公司售票员操作规程》分进出场规程、服务规程、售票规程和安全规程等。《洋林公交公司运行车辆驾驶操作规程》分基本要求、出场、运行、交接班和回场、季节性气候和特殊情况下操作要点等。

第三章　房地产业

20世纪80年代房地产业兴起，路桥成建制区，城乡逐步实现一体化，住房潜在需求量加大，房地产业发展呈现上升态势。方林成为新农村典型后，如何再接再厉，更上一层楼，成为村主要领导经常思索的重大问题。90年代末，村创立集团公司，组建子公司。1999年11月9日，成立台州市方林房地产开发有限公司，成为村级集体经济新的增长点。作为所属子公司，浙江方林实业有限公司委派方中华、尚永斌、管人财为台州市方林房地产开发有限公司董事，林小春、谢春香为监事，方中华为董事长。公司成立后，确定专人负责，加强行业管理，抓好销售环节，提高社会效益和经济效益，促使集体经济发展壮大。2012年公司上缴村1000万元，2013年上缴1300万元。

第一节　参与开发

2000年以后，城镇住房改革推进房地产业市场化发展，商品房销售量不断增加。2003年开始，台州市方林房地产开发公司先后参与路桥区农民安置房、南官金源、中央商务区城市综合区、方家地块4个工程项目。

路桥区农民安置房工程　2003年，台州市方林房地产开发公司与台州市路桥中心工业区房地产开发有限公司、浙江吉奥汽车有限公司联合承建多处路桥区农民安置房工程，包括路北街道山下、山园小区，桐屿街道桐屿小区，峰江街道的沧前、车家小区等工程，方林、中部工业区、吉奥3家公司分别占股66%、20%、14%。由于得到有关部门、单位支持，抓进度，重质量，做好关键性工作，工程实施顺利。路北街道山下、山园小区工程面积10万平方米，至2005年年底主体工程结顶，完成砌体工程，开始室内外装饰工程。桐屿街道桐屿小区工程，面积20万平方米，至同年底一期4个标段的主体工程全部结顶，完成砌体工程，开始装饰工程；二期4个标段主体工程全部结顶，砌体工程除4标段外其他均完成，启动装饰工程；三期主体工程施工至四层。峰江街道沧前、车家小区工程，面积20万平方米，至2005年年底一期1标段主体工程结顶，完成砌体工程，实施装饰工程；2标段主体工程基础工程完成，着手一层施工。该工程方林房地产公司投资200万元。

南官金源房地产项目 2011年，参与南官金源房地产项目的开发建设。项目位于迎宾大道南侧，路泽太一级公路东侧，总建筑面积12万平方米，其中经济适用房3.2万平方米。主要开发商为台州市路桥亿科房地产开发有限公司，拍卖地价为2.36亿元，方林村出资3661万元，占地价总数的15.55%。

2012年年底，完成打桩工程，各项基础设施建设进展顺利。一、二期先后于2014年5月、9月开工，2015年6月、12月交房。鉴于该项目销售形势一般，通过股东分解销售，方林公司按股份分到14套。2016年，公司招聘房产销售人员，销售所分商品房，收回投资款1075万元。2017年年底，销售基本完成，项目略有盈余。

中央商务区城市综合体项目 中央商务区位于台州市中心区的几何中心，由市府大道、学院路、东海大道、中心大道围合而成，东西跨越约800米，南北纵深740米，规划用地面积59.2公顷。

城市综合体又名天盛中心，位于中央商务区的西北角，占地总面积5.2万平方米，总建筑面积50万平方米。建成后将北商业、办公、酒店、餐饮、娱乐、住宅等核心功能融为一体，并将中心区五大区块（行政文化区、中务区、东商务区、西商务区、体育中心区）串联起来，形成台州未来的功能中心和景观中心。整个布局以主建筑260米超高层为中心，以圆心辐射状向周边布置建筑单体，整体高度为东南向西北升高趋势。主建筑66层，加顶端光体共299米，为台州第一高楼。地块东南面是两栋住宅楼，朝向中央公园；西面分别是高160米、100米的办公楼，与260米超高层形成组合体（图7-4）。2012年12月25日开工。计划总投资40亿元。拍卖地价为7亿元，方林村占10%，预投6450万元。

图7-4 台州市中央商务区天盛中心效果图（2012年2月）

2016年年底，完成地下基础工程，局部建至4层。2017年该项目5幢裙房结顶。2月3日，住宅楼4.5万平方米开盘销售，均价3.2

万元/平方米，年底完成销售80%以上，利润实现翻倍。2018年年底，分别高299米、178米的高楼结顶。

方家地块房产项目 2013年9月29日，以4860万元拍得28.9亩的方家地块。该地块位于迎宾大道以北。计划开发建筑面积6748平方米的商品房，方家村回购。方林房产公司占10%，预投536万元。2015年，处于社会转型期，经济有所下滑，房产市场较前几年低迷，暂缓开发。由于项目地块小，开发难度大，2017年年初，将该房产项目整体转让给碧桂园公司，盈利70万元。

第二节 自行开发

主要为方林苑（四期）住宅小区商住楼。位于台州市路桥区吉利大道和东迎宾大道西南角。占地面积2513.13平方米。地上建筑面积23889.78平方米，地下机动车库面积5544平方米。1号楼地上17层，建筑高度51.3米；2、3、4号楼地上18层，建筑高度54.2米。建筑工程等级二级，建筑设计使用年限50年。

2011年4月，浙江嘉华建筑设计研究院有限公司完成工程设计。建设单位为台州市方林房地产开发有限公司。2011年9月1日工程正式动工。至翌年1月底先后完成桩基工程和基坑维护工程，2月前开始地下室挖土施工。2013年1月11日开盘，销售形势良好，均价8500元/平方米。

截至2015年12月底，未销住宅974平方米、商铺1203平方米、车位173平方米(4个)，实现收入19445万元。2016年年底，台州中天会计师事务所有限公司出具项目结算审计报告。实现总销售收入2.03亿元，基建成本为9489万元，缴纳营业税及附加、土地增值税、企业所得税等3167万元，实现利润6298万元，回报率约66%。

第四章　互助金融

旧时，方林村开设有典当行，位于后方里大庄园西侧，人称后方钱庄，也即当铺。解放初驻扎过剿匪指挥中心，后被政府征用为粮站。中华人民共和国成立后，区域内仅有石曲信用社。20世纪80年代，随着市场经济快速发展，方林村致力于专业市场的开辟和建设，在地方上形成强大的资金流。一些银行如农商银行、农业银行、建设银行、台州银行、泰隆银行、工商银行、中国银行等金融机构纷纷进驻，在几个市场周边设立网点，为市场交易提供金融服务。方林村在大力发展第三产业同时，也推出互助金融服务，如创办按揭服务公司、担保公司、小额贷款公司、基金会等。

第一节　互助贷款

浙江方林担保有限责任公司

前身是方林按揭服务有限公司，主要为房产买卖双方和中介公司提供按揭咨询，并在买卖合同签订之后提供按揭申请、合同签署、交易过户、办证、抵押登记等全面的房产交易服务。2008年，村按揭公司上缴村集体314.80万元。2011年5月，注册建立浙江方林担保有限责任公司。

2012年7月30日，浙江方林担保有限责任公司和中国银行联手，开通针对二手车经营户的特定融资渠道，解决其融资难的经营困境。凡方林二手车市场内的经营户，只需凭摊位证、营业执照等一些简单必备资料，即可获得低利率的优惠贷款。公司既帮助解决商户经营资金困难，又为集体获得经济利益。是年，担保公司上缴村集体300万元。2013年上缴400万元，2014年671.48万元，2015年400万元，2016年300万元。

台州市路桥五村小额贷款股份有限公司

2010年9月，路桥方林、良一、良二、河西、章杨5村组建成立浙江村企集团五村合作组织。2013年7月22日，台州市路桥五村小额贷款股份有限公司在台州市市场监督管理局注册成立，注册资本为10050万元。是年11月8日，揭牌营业（图7-5）。营业场所包括台州市路桥区富仕路122、126、128号。2016年5月18日，住所变更，移址台州市路桥区路南街道杨戴村，位于浙江方林汽车城综合楼五楼。

图7-5　路桥五村小额贷款股份有限公司成立（2013年12月）

公司经省金融办批准，由浙江方林集团有限公司发起，股东有浙江方林集团有限公司、台州市家私城有限公司、台州市路桥小商品批发市场有限公司、台州市路桥章杨装潢城有限公司、路桥兴路市场5个经济实体和13名自然人，总注册资金3亿元（表7-12）。2013年部分股东出资额1.38亿元，2016年起减至4623万元。方林村为主要股东，方中华担任董事长，刘勇任总经理，袁伟君任总监。经营范围包括办理各项小额贷款，办理小企业发展、管理、财务等咨询业务，经省金融办批准的其他业务，为当地小微企业和“三农”提供优质高效的金融服务和社会公益服务。

表7-12　2013—2018年路桥五村小额贷款股份有限公司部分股东认缴出资额

单位：万元

年份 股东	2013	2014	2015	2016	2017	2018	2019	2020
方崇志	600	600	600	201.0	201.0	201.0	201.0	201.0
方　浩	300	300	300	100.5	100.5	100.5	100.5	100.5
方　义	300	300	300	100.5	100.5	100.5	100.5	100.5

（续）

股东＼年份	2013	2014	2015	2016	2017	2018	2019	2020
管荷青	300	300	300	100.5	100.5	100.5	100.5	100.5
郑奇增	600	600	600	201.0	201.0	201.0	201.0	201.0
阮宗华	1200	1200	1200	402.0	402.0	402.0	402.0	402.0
台州市家私城有限公司	3000	3000	3000	1005.0	1005.0	1005.0	1005.0	1005.0
台州市路桥小商品批发市场有限公司	3000	3000	3000	1005.0	1005.0	1005.0	1005.0	1005.0
台州市路桥兴路市场有限公司	3000	3000	3000	1005.0	1005.0	1005.0	1005.0	1005.0
台州市路桥章杨装潢城有限公司	1500	1500	1500	502.5	502.5	502.5	502.5	502.5

注：1. 认缴出资额指未包括的交易货币；2. 认缴出资方式均以货币形式。

2014年4月9日下午，台州市路桥五村小额贷款股份有限公司在浙江五村集团五楼会议室召开第二次股东大会。大会审议并通过《台州市路桥五村小额贷款股份有限公司董事会决策运行制度》等10项制度。2016年1月，方刚担任总经理。

2013年7月起至2014年12月底止，发放“三农”贷款33笔，共计金额911万元，用于农业生产、农村建设、农民致富；发放特殊群体贷款23笔，总计113万元，用于扶持失地农民和退伍军人就业创业，帮助残疾人等弱势群体解困救急。2015年1月至2020年年底，发放“三农”贷款306笔，共计金额9.26亿元；发放特殊群体贷款5笔，总计58万元。

公司建立后为发展壮大村级集体经济作出贡献。2013年，公司上缴村集体400万元，2014年671.48万元，2015年400万元，2016年300万元，2019年2000万元。

2017年、2019年，公司先后通过国税税务评级，考评分均在90分以上，被评定为纳税信用A级。公司建立后为发展壮大村级集体经济作出贡献。2020年，实现利润1092万元，成为方林村集体经济新的增长点。

第二节　互助基金

方林村养老基金会

亦称路南老人协作基金会。1996年2月建立，受村党总支、村管委会领导，其宗旨是做好资金筹集，推进老龄事业发展。法人代表管人财。至1997年5月底，共筹资800万元；发生收贷717户笔，存单3421张，总存款额1317.2多万元，其中养老金存款额842.1万元，其他存款475.1万元；1996年2—12月贷款1093.1万元，1997年1—5月贷款

1397.7万元，比上年增加304.6万元；贷款收回1397.2万元，贷户347户，平均每户4.02万元；办理延期手续总额达490.6万元。股金25.5万元。存贷轧差率55.5万元。信用社现金存款34.3万元。利息收入110.5万元。支付包括1996年度养老金存款利息52万元。每年从村老人协作基金会领取利息达12万元。出现贷款欠账户，共19户，金额124万元。

1997年5月，针对基金会存在呆账的情况，着手开展整顿工作。5月22日、25日，村党总支、基金会先后举行会议，回顾一年多来村养老基金会运行情况，肯定成绩，分析问题，明确方向。会议强调建立良好的筹借环境，巩固、发展村养老基金会，真正办成全区规模大而规范的基金会。为更好开展工作，进一步加强管理，村党总支委派党政办主任王平协助管人财工作，基金会建立由方中华、管人财、王平、蔡正杰组成的新领导班子，王平主管日常业务。会议作出有关决定：基金会的机制不变，实际运行按照村制度操作；原工种、工资不变，尽职尽责配合新班子处理遗留问题；信贷工作按新的审批权限实施，贷款利息仍按原利率；每笔到期贷款必须收回本金，不得续借，如经调查资金实力较强可重借；整理贷款欠账户原始凭证，及时追讨；增强法律意识，向路南法律事务所聘请一名法律顾问；联系路桥区人民法院，求得今后收贷等工作的支持。信贷额度审批权限为：王平1万元以下；管人财5万元以下，管人财、王平一起签字；10万元以下，方中华、管人财、王平一起签字；10万元以上，由基金会班子集体研究。

1997年12月底，村养老基金会改制，运行终止。

方林村合作基金会

方林村合作基金会在方林村养老基金会改制基础上建立。地址为路桥区新安南街609号。1998年1月29日，方林村管委会向路桥区农村经济委员会提交要求接收方林村养老基金会的申请报告。6月28日，村委会按照有关管理规定，制定完成《台州市路桥区方林村合作基金会章程》，包括总则、股权设置、会员、组织机构、融资服务、收益分配、财务管理、审计监督、劳动工资、福利、保险等规定，另有终止与清算以及附则。7月9日，村管委会委派管人财分管基金会工作，基金会日常具体事务由吴典华负责。建立信贷业务审批权限制度：吴典华5万元以下，管人财10万元以下。10月8日，路桥区农经委下发《关于同意接收路桥区路南街道方林村农村合作基金会的批复》，同意将原方林村养老基金会改制为路桥区方林村合作基金会，并核发合作基金会登记证。

基金会是由乡村集体经济组织、乡镇企业、农村各种社团、农户按照自愿自利、资金有偿使用原则建立的社区性资金互助组织。以民主管理、自主经营、独立核算、自负盈亏为管理原则，实行会员代表大会制度，成立有理事会和监事会，设置业务部。旨在积极参与合作互助融资服务，管好用好集体资金和会员股金，挖掘资金潜力，缓解农村资金供求矛盾，促进农村经济发展。1999年1—6月，存款2205万元，贷款2157万元，利息收入20.87万元

股权设置 按照入股自愿，股权平等，利益共享，风险共担的原则筹措股金，股金分基础股金和固定股金两种。基础股金由集体会员和个人会员组成。基础股金不得退股，不搞保息分红，可参加年终利润分配，承担经营风险，有权参与经营管理。吸收的基础股金要具有广泛性，不得由少数人控股。基础股金中，集体股金要有一半以上，每个个人会员投入的基础股金不得高于基础股金总额的3%。

固定股金坚持入股自愿、退股自由的原则，由社区内的单位和农户入股，一年内不得退股，入股期内享受约定固定股利，不承担经营风险，不享受公积金和利润分配。如固定股金有特殊原因要求提前退股的，须经村合作基金会同意。基础股金可依法继承、转让、馈赠，但须向理事会申报批准，并办理有关变更登记手续，才能生效。

基础股金五年内不得转让股权；村合作基金会理事、监事任期内不得转让本人所持有基础股金。村合作基金会需要增加或扩大基础股金时，应优先扩充集体股金，须经会员代表大会通过增加基础股金决议后，由理事会组织实施。

融资服务 村合作基金会按照自愿互利、有偿使用的原则，在会员中积极开展资金互助的内部融通活动。农金会筹集和投放的资金必须开具会员股金凭单和借款合同书。资金筹集的主要来源有基础股金和固定股金、委托代管资金、自身积累资金和有关部门的扶持资金。村合作基金会为会员代管资金，采取代管自愿、取款自由、互助互利、为代管户保密的原则。代管资金占用费参照信用社标准执行，被代管的集体资金，除按规定付给资金占用费外，还可给予一定的经济奖励。

资金投放 坚持“小额、短期、安全、高效”的原则，在会员范围内有偿投放资金。实行投放前调查、投放时审查和投放后检查的“三查”制度，保证放得出、收得回。农金会向借款者收取的资金占用费率标准参照信用社贷款利率执行，并交付风险保障金。村合作基金会投放资金实行资产抵押或担保制度，抵押资产应提供社会中介机构出具的证明，担保单位和个人应提供具备担保能力的资信证明，并取得验证合格；村合作基金会放款实行限额审批制度，借款额5万元以内由业务部主任审批，5万到10万元的由业务部主任提出理事长审批，10万元以上的由集体研究审批；基金会投放资金期限一般不超过3个月。村合作基金会必须及时催收到期借款及其资金占用费。续办借款手续，展期只能一次。村合作基金会不得将资金用于非农业的基本建设投资，不得用于房地产开发，购买股票和企业债券，不得直接投资兴办企业，不得向非生产单位投资，也

不得为任何单位和个人提供经济担保或财产抵押。

停业清算 2000年1月31日，村合作基金会停业。5月，开展后续扫尾工作，由管人财负责。8月15日，成立合作基金会清算小组，组长方中华，副组长管人财、林小春，成员吴典华、李日更、严小鹏、詹荣杰。

附：

台州市路桥区方林村合作基金会章程

总　　则

第一条　根据中央和农业部、人民银行有关加强农村合作基金会管理的精神，管好用活集体资金，充分利用民间闲散资金，增加生产投入，发展农村经济。制订台州市路桥区方林村合作基金会章程。

第二条　台州市路桥区方林村合作基金会是由本社区内乡村集体经济组织、农户、乡镇企业、农村各种社团按照自愿自利、资金有偿使用原则建立的社区性资金互助组织。

其法定名称：台州市路桥区方林村合作基金会。

方林村合作基金会地址：路桥新安南街609号。

第三条　方林村合作基金会经区农经委批准登记，取得法人资格。实行民主管理，自主经营，独立核算，自负盈亏的经营管理体制。方林村合作基金会依法纳税，并以其全部资产承担债务责任，其合法权益受法律保护。任何单位和个人都不得平调和挪用方林村合作基金会的财产和资金，不得强迫投放资金和为一些单位或个人的贷款作担保。

第四条　方林村合作基金会的宗旨是：坚持贯彻国家有关融资的方针、政策，积极参与合作互助融资服务，组织、引导、利用民资为会员，为农业生产，为农村经济发展服务，追求良好的社会效益和经济效益。

方林村合作基金会的主要任务是：管好用好集体资金和会员股金，增加集体积累，促进家庭联产承包制和双层经营体制的稳定和完善，挖掘资金潜力，增加对农业的投入，缓解农村资金供求矛盾，引导民间信用，促进农村经济发展，增加农民收入，为基层农村合作基金会提供管理服务。

第五条　方林村合作基金会依法经营，行政上接受区农经委领导，业务上接受区农经总站的管理指导，并接受人民银行的监督。

第六条　方林村合作基金会不得开展对外投资活动。

股权设置

第七条 方林村合作基金会按照入股自愿，股权平等，利益共享，风险共担的原则筹措股金，股金分基础股金和固定股金两种。

第八条 基础股金由集体会员和个人会员组成。基础股金不得退股，不搞保息分红，可参加年终利润分配，承担经营风险，有权参与经营管理。

第九条 方林村合作基金会吸收的基础股金要具有广泛性，不得由少数人控股。基础股金中，集体股金要有一半以上，每个个人会员投入的基础股金不得高于基础股金总额的3%。

第十条 固定股金坚持入股自愿、退股自由的原则，由社区内的单位和农户入股，1年内不得退股，入股期内享受约定固定股利，不承担经营风险，不享受公积金和利润分配。如固定股金有特殊原因要求提前退股的，须经方林村合作基金会同意。

第十一条 基础股金可依法继承、转让、馈赠，但须向理事会申报批准，并办理有关变更登记手续，才能生效。

第十二条 基础股金转让必须遵守下列条件。

1.基础股金五年内不得转让股权；

2.方林村合作基金会理事、监事任期内不得转让本人所持有基础股金。

第十三条 方林村合作基金会需要增加或扩大基础股金时，应优先扩充集体股金，须经会员代表大会通过增加基础股金决议后，由理事会组织实施。

会员

第十四条 凡承认并遵守方林村合作基金会章程，按规定缴纳入会资金，以股份承担有限责任的本社区内有相对稳定的职业和经营项目，有较高信誉的农户、集体经济组织、乡镇企业和农村各种社会团体办理入会手续，即企业凭法人执照，农户凭身份证，社会团体凭有效证件向基金会申请，经主管部门或行政村审核同意，理事会批准，即成为本会会员。

第十五条 会员的基本权利。

1.具有选举权和被选举权；

2.具有借款申请权；

3.享有方林村合作基金会提供的服务、可以查阅农金会章程、并对理事会工作有监督权和建议权；

4.缴纳固定股金的会员还可享受固定红利分配权；

5.缴纳基础股金的会员，还有权参与经营管理、股利分配、并优先受让股份的权利，基金会上终止清算时依法取得剩余财产。

第十六条　会员的义务。

1.遵守本会章程、制度，执行会员代表大会决议；

2.按规定缴纳入会资金；

3.关心基金会的经营管理，维护农金会利益，不得从事有损于基金会利益的活动；

4.固定股会员应缴纳固定股金；

5.基础股会员应缴纳基础股金，依其所持股份为限对农金会的债务承担责任；

6.如实向基金会申报借款理由，接受基金会对其借款使用情况的检查；

7.按期归还借款及其资金占用费。

第十七条　会员违反章程，不履行会员义务，损害本会利益，影响本会信誉的，理事会可以依据其情节轻重，给予批评教育、赔偿经济损失、取消借款权、除名等处分。

组织机构

第十八条　方林村合作基金会按照民主管理、精简高效的原则设置组织机构，实行会员代表大会制度，成立理事会和监事会，设置业务部。会员代表大会，理事会和监事会的各项事宜由民主讨论决定，坚持少数服从多数的原则，实行“一人一票”的表决制度。

1.制定修改农金会章程和重要的管理制度；

2.选举产生理事会和监事会，改选、罢免理事和监事；

3.审议批准理事会和监事会工作报告；

4.审议批准基金会的利润分配方案及亏损弥补方案；

5.审议批准基金会的财务决算方案、年度发展规划和融资业务计划；

6.决定基金会的分立、合并、解散、终止和清算等重大事宜；

7.审议会员代表提案；

8.讨论决定基金会的股金增减，决定股权管理和调整办法；

9.需要由会员代表大会决定的其他重大事宜。

会员代表产生办法由理事会确定，基础股金会员代表占代表总数的70%以上，会员代表每届任期3年，可连选连任。会员代表大会一般每年召开1次。

第二十条　会员代表大会须2/3以上代表出席才能举行。会员代表大会议事规则实行一人一票制，会员代表大会作出决议，必须经出席代表半数以上通过。

第二十一条 会员代表大会应作记录，会议的决议事项应形成会议纪要。会议记录、纪要与出席大会的理事签名的会议记录和会员代表签名册一并保存。

第二十二条 理事会是会员代表大会闭会期间的决策机构，其成员由7人组成，设理事长1名，副理事长1名，理事由会员代表大会选举产生，每届任期3年，可连选连任；理事长是基金会的法定代表人，由理事会选举产生。

第二十三条 理事会的主要职权。

1.筹备和召开会员代表大会，向会员代表大会报告工作；

2.执行会员代表大会决定和决议；

3.制定基金会财务预算方案及融资业务计划；

4.制订基金会利润分配方案及亏损弥补方案；

5.拟订基金会终止清算方案；

6.制定基金会股金增减、股权管理和调整方案；

7.决定聘任或解聘业务部主任、业务部主任提名的副主任和会计等人员，决定其报酬事项；

8.审查和批准较大数额的资金投放业务；

9.制定、修改村合作基金会的规章制度。

第二十四条 理事会议至少每半年召开1次，由理事会召集并主持，理事会议必须有1/2以上理事出席方可举行，理事会作出决议须经一半以上理事通过。

第二十五条 监事会是基金会的监督、检查的机构。监事会对理事会的工作和业务部的融资工作进行监督。监事会由3人组成，设监事长1人，监事会由会员代表大会选举产生，监事长由监事会选举产生，任期3年，可以连选连任；监事不得兼任理事。

第二十六条 监事会的主要职权。

1.列席理事会会议；

2.执行会员代表大会做出的决定和决议；

3.对理事会的工作进行监督，提出质询和建议；

4.对基金会的业务活动进行审计和监督；

5.监事会向会员代表大会负责并报告工作，核对理事会提交会员代表大会的会计报告、财务报告、利润分配方案及亏损弥补方案；

6.向理事会提出罢免不称职或渎职的业务部负责人的意见和建议；

7.建议召开临时会员代表大会；

8.对应由其监督的其他事项进行监督。

第二十七条　业务部是承办基金会各项具体工作的机构。其主要职责如下。

1.执行理事会的决定和决议，对理事会负责并报告工作；

2.根据基金会的章程和制度开展日常的工作；

3.保障基金会的资金安全；

4.做好基金会工作人员的日常管理、业务考核和奖惩等工作。

第二十八条　业务部实行理事会领导下的主任负责制，业务部主任行使下列职权。

1.主持基金会的融资业务和行政管理工作；

2.组织实施会员代表大会和理事会的决议，并向理事会报告工作；

3.提出副主任及调查员、会计、出纳的聘任方案；

4.拟定基金会的发展规划、年度融资计划、年度财务预算方案、利润分配方案和亏损弥补方案；

5.理事会投权的放款审批权；

6.理事会授予的其他职权。

融资服务

第二十九条　方林村合作基金会按照自愿互利，有偿使用的原则，在会员中积极开展资金互助的内部融通活动，农金会筹集和投放的资金必须开具会员股金凭单和借款合同书。

第三十条　方林村合作基金会资金筹集的主要来源。

1.基础股金和固定股金；

2.委托代管资金；

3.自身积累资金；

4.有关部门的扶持资金。

第三十一条　方林村合作基金会为会员代管资金，采取代管自愿，取款自由、互助互利，为代管户保密的原则，代管资金占用费参照信用社标准执行，被代管的集体资金，除按规定付给资金占用费外，还可给予一定的经济奖励。

第三十二条　方林村合作基金会只能在会员范围内有偿投放资金。投放资金坚持“小额、短期、安全、高效”的原则。严格“三查”制度，保证放得出、收得回。农金会向借款者收取的资金占用费率标准参照信用社贷款利率执行，并交付风险保障金。

第三十三条　村合作基金会资金投放对象和项目应具备以下4个条件。

1.所从事生产经营项目，必须符合国家法律、法规、政策的规定；

2.能承诺按借款合同书规定用好资金，按照偿还金及资金占用费；

3.能接受基金会监督检查，向基金会报送有关会计资料；

4.有足够资产作抵押或有足够资产的单位、个人作担保，抵押、担保应出具资产证明。

第三十四条 村合作基金会投放资金实行资产抵押或担保制度。抵押资产应提供社会中介机构出具的证明，担保单位和个人应提供具备担保能力的资信证明，并取得验证合格。

第三十五条 本村合作基金会放款实行限额审批制度。借款5万元以内由业务部主任审批，5万～10万元的由业务部主任提出理事长审批，10万元以上的由集体研究审批。基金会投放资金期限一般不超过3个月。

第三十六条 村合作基金会必须及时催收到期借款及其资金占用费。催收借款应在到期前十天发出书面通知，对确有困难不能按期归还借款的，须在到期前3天向本会提出申请，经批准，可偿付前期资金占用费，续办借款手续，展期只能1次。逾期不还者，可就借款合同书追究违约责任，对拒不还款者依法责成担保人承担连带偿还本金和资金占用费责任或变卖抵押资产。

第三十七条 村合作基金会不得将资金用于非农业的基本建设投资，不得用于房地产开发，购买股票和企业债券，不得直接投资兴办企业，不得向非生产单位投资，也不得为任何单位和个人提供经济担保或财产抵押。

收益分配

第三十八条 村合作基金会坚持统筹兼顾和把收益大部分返还给资金所有者的原则，正确处理各方面利益关系，维护资金所有者的得益权。

第三十九条 村合作基金会的利润分配前核对各项收支款项，按省财务制度和会计制度，正确计算税后利润总额，然后按下列顺序分配。

1.弥补亏损；

2.提取法定盈余公积金，法定盈余公积金按当年利润总额（减弥补亏损）的10%计提；

3.提取法定公益金，法定公益金按当年利润总额的5%～10%提；

4.提取任意盈余公积金，经会员代表大会或理事会讨论通过后，按当年利润总额的10%～20%提取任意公积金；

5.股份红利分配。

第四十条 盈余公积金可用弥补亏损或转增基础股金，在当年没有利润或利润很少的情况下，经会员代表大会或理事会研究通过，可以把少量盈余公积金用于分配股利。经会员代表大会或理事会议决定将盈余公积金转为基础股金时，应按基础股金额的比例增加每股面值，但转增股金后，法定盈余公积金应不得少于基础股金的25%为限。

第四十一条　村合作基金会分配股利采取以下形式。

1.现金；

2.增加股金面额；

3.配发新股。

第四十二条　村合作基金会利润分配方案或亏损弥补方案由理事会讨论通过，并报区农经总站备案。

财务管理

第四十三条　村合作基金会必须建立并不断完善各项管理制度，包括会计制度、财务管理制度、现金管理制度、民主管理制度、审计稽核制度、工作人员岗位责任制度、档案管理制度。

第四十四条　基金会必须执行省农业厅、财政厅颁发的《浙江省农村合作基金会会计制度（试行）》和《浙江省农村合作基金会财务管理制度（试行）》，使用统一印制的凭证、账页、报表、票据，搞好会计核算，规范财务管理，及时报送报表。

第四十五条　基金会不设金库。除按国家现金管理的有关规定，留存支付日常业务需要的现金外，其余应送银行或信用社。

审计监督

第四十九条　基金会实行监事会审计和区农经委审计相结合的审计监督体制。

第五十条　监事会审计每年至少进行1次，还可以根据工作需要和会员要求，开展专项审计。

第五十一条　基金会审计的内容主要包括：资金筹集和投放、财经法纪、经济效益、经济责任、收益分配和业务部负责人离任审计等。

劳动工资、福利、保险等规定

第五十二条　基金会劳动用工采取聘用制，实行合同管理，基金会聘用员工必须签订书面合同，明确期限、权利、义务及违约责任等。

第五十三条　基金会工作人员的报酬、奖励办法，由业务部主任参照国家事业单位工作人员工资制定拟订方案，报理事会批准，并报区农经总站备案。

第五十四条　基金会执行国家有关劳动保护法规，按规定参加社会保险，员工享受的社会保险待遇。

终止与清算

第五十五条　基金会有下列情况之一者应予以终止并进行清算。

1.严重违反国家法律、法规，危害社会公共利益被依法撤销的；

2.基金会严重亏损，宣告破产的；

3.会员代表大会决议解散的。

第五十六条　依照前条1、2、3项中任何一项终止的，理事会及时将终止事宜通知会员，并召开会员代表大会，确定清算人选，发布终止公告，向区农经委办理注销登记手续。

第五十七条　清算组在清算期内行使下列职权。

1.清理农金会财产，分别编制资产负债表和财产清单；

2.通知或公告债权；

3.处理与清算有关农金会业务；

4.清理债权债务；

5.处理基金会清偿债务后的剩余财产；

6.代表基金会参与民事诉讼活动。

第五十八条　清算组对基金会财产在优先拨付清算费用和基金会工作人员工资后，按下列顺序清偿。

1.所欠税金和管理费；

2.代管资金；

3.固定资产；

4.其他债务；

5.基础股金。

第五十九条　基金会清偿后的剩余资产，按基础股金额的比例进行分配。

第六十条　清算结束后，清算组应当作出清算报告，报会员代表大会和区农经委确认。

附　　则

第六十一条　本章程同国家有关法律、法规规定相抵触时，必须进行修改。应以国家法律、法规为准。

第六十二条　理事会和监事会通过有关本章程的决议决定及根据章程制定的工作条例、规章制度，视同本章程组成部分。

第六十三条　本章程未尽事宜，由理事会讨论决定，本章程解释权属理事会。

第六十四条　本章程自会员代表大会通过之日起生效。

一九九八年八月

第五章　生活服务

生活服务业伴随贸易业产生，清末民初时期已经具有一定规模。彼时，石曲老街一带经营理发、诊疗、代写书信等服务业。1978年改革开放后，石曲一带市场经济快速发展，随着外来务工人员以及客流量增大，生活服务业推进更快，住宿、餐饮、物流、洗车、美容美发、租赁等服务行业如雨后春笋般出现，为区域经济注入一股活力。

第一节　食宿服务

餐饮服务

中华人民共和国成立前，因经济落后，村民以自给自足为主，较少在外就餐，餐饮业不发达。偶有商旅过往，大多在石曲街找馆子填肚。新中国成立后的社会主义建设时期，实行计划经济，个体服务业遭到打压和取缔，基本没有餐饮业，20世纪80年代以后，商品经济蓬勃发展，带动个体餐饮业的发展。从事餐饮业以外地人为主，方林村人所占比例较小。

以提供早点和快餐为主，面食为副，亦有茶饮，均兼营外卖。大多集中在方林路，泰隆街、新安南街等亦有。2018年11月，方林汽车城内开设“幸福家”餐饮店，为汽车城从业人员提供早餐、快餐服务，被誉为“经营户之家”。至2020年年底，村域内有餐饮店27家。按地域分，位于方林路21家，新安南街3家，泰隆街、菜场路、方林汽车城各1家；按经营品种分，点心（包括早点、兼营快餐）7家，面食4家，快餐（含饭菜、小吃）11家，奶茶、麻辣烫各2家，烧烤1家（表7-13）。

表7-13 2020年方林村域内餐饮店开设情况

序号	店名	业主	经营内容	地址	开业时间（年-月-日）
1	路桥米富早餐店	张米富	早点	路桥区方林路2号	2011-07-25
2	路桥得明兰州拉面馆	马建国	面食	路桥区方林路3号	2018-06-20
3	路桥渝都小面馆	杨　令	面食	路桥区方林路5号	2016-08-12
4	路桥黑龙茶奶茶店	张俏澄	奶茶	路桥区方林路6号	2002-01-17
5	路桥石曲面馆	何文平	面食	路桥区方林路8号	2016-11-24
6	路桥佳冰小炒店	胡佳冰	快餐	路桥区方林路10号	2018-11-27
7	路桥小全快餐店	陈金全	快餐	路桥区方林路14～16号	2009-09-29
8	路桥大众小炒店	张海泉	饭菜	路桥区方林路24号	2018-07-10
9	路桥郑记麦虾店	郑学兵	点心、快餐	路桥区方林路29号	2013-09-13
10	路桥大燕小吃店	燕观全	饭菜	路桥区方林路40号	2014-05-08
11	路桥峰迪麻辣烫店	曹建辉	麻辣烫	路桥区方林路41号	2017-08-10
12	路桥玉英饭店	周接林	快餐	路桥区方林路45号	2014-08-14
13	路桥胖姐烧烤店	柳正萍	肉类等烤制	路桥区方林路52号	2019-09-29
14	路桥仁桥糕店	张方玲	早点	路桥区方林路53号	2017-04-21
15	路桥新东方麻辣烫店	张夏根	麻辣烫	路桥区方林路59号	2016-08-12
16	路桥骨气冲天餐饮店	何才楷	小吃	路桥区方林路60号	2020-09-02
17	路桥礼舜早餐店	张礼舜	早点	路桥区方林路61号	1999-05-20
18	餐饮店	沈一琳	饭菜	路桥区方林路173号	2014-08-14
19	路桥香丽饭店	姚小飞	饭菜	路桥区方林路176号	2016-04-19
20	路桥小郑早餐店	郑执香	早点	路桥区方林路182号	2018-12-26
21	路桥津味包子铺	陈春林	包子点心	路桥区方林路186号	2012-11-13
22	路桥国铭快餐店	陈丽平	饭菜	路桥区泰隆街25号	2008-08-26
23	路桥百盛客美食店	毛奋钧	饭菜	路桥区新安南街474～476号	2012-01-06
24	路桥短途客运南站快餐店	郑喜金	饭菜	路桥区新安南街528号	2000-07-25
25	路桥果之味奶茶店	金慧萍	茶饮	路桥区新安南街534号	2014-08-27
26	面食小作坊	郝龙飞	面食	方林村菜场路3号	2016-12-14
27	路桥幸福家餐饮店	杨　帆	点心、套餐	方林汽车城综合楼一楼	2018-11-02

住宿服务

住宿和餐饮业联同发展，20世纪八九十年代以旅馆为主，村民利用自有住房，经简单装修，开设旅馆，主要面向来方林一带采购商品和旧设备的外地客。20世纪末，人们对住宿质量要求提高，品质和档次较为低端的旅馆遭到淘汰，有一定规模的宾馆出现。在方林，村民陈吉梦最早从事住宿服务业。1997年，陈吉梦利用自家在新安南街482号的街面房开设宾馆，取名吉梦宾馆，主要经营住宿服务。职工3人，其中女工2人（外来工1人）。宾馆共4层，客房25间，经营面积6000平方米，年接待旅客4000多人，年营业额10万元，年净收入万元。2008年6月，仙居籍尹晓波在新安南街租房开起广丰宾馆，经营面积2300多平方米。2013年出资装修客房，改善居住条件。2009年7月，张文平租房经营旅社，有客房8间，经营面积200多平方米，职工2人。至2020年年底，村域内有旅店、宾馆4家（表7-14）。

表7-14　2020年方林村域内旅店宾馆情况

店名	业主	经营面积/平方米	地址	从业时间（年-月-日）
路桥区石曲吉梦宾馆	陈吉梦	6000	路桥区新安南街482号	1995-09-20
路桥区广丰宾馆	尹晓波	2300	路桥区新安南街651号	2008-04-18
路桥区王美小宾馆	蔡美丽	300	路桥区泰隆街32-2号	2016-07-08
路桥区群益旅社	张文平	280	路桥区泰隆街33号	2009-07-03

第二节　物业租赁

物业管理

1996年开始，方林村实施旧村改造，方林苑一、二、三期住宅小区陆续建成，入住率达100%。1998年，首个《方林村民自治章程》明确规定：凡入住小区村民，均须自觉遵守和维护小区管理的有关规定，按时交纳应分担的各项费用。同时，根据《浙江省住宅区物业管理办法》《台州市路桥区方林生态村建设规划》，结合本村实际，出台《方林村小区物业管理制度》。该项制度共6条，包括小区安全管理、小区环境管理、小区消防管理、小区宠物管理、小区物业管理费、小区日常监督等。小区物业管理费暂定村民每户50元/月；出租房按居住人数收缴，6人（含6人）以下50元/月，7人（含7人）以上100元/月，由业主负责收缴。1999年11月，建立方林物业管理有限公司。方林社区负责人陈法春兼管小区物业管理工作。

2004年，物业公司负责收取集体房产租赁费。是年，共收取194.83万元。其中村办公楼出租45.8万元，短途客运南站商用房租金40.9万元，车辆清洗站租金26.48万元，大货停车场租费26万元，个体工业园区20.18万元，检测站房租15万元，其他零星出租费20.47万元。2005年，收取并上缴198.60万元。以后物业管理费增长较快，2006年为286.84万元，2007年达到380万元，2008年上升到680.51万元，最高的是2018年为974.70万元（图7-6）。

图7-6 方林苑监控室（2008年12月）

2013年1月，由方林房地产开发有限公司开发的方林苑（四期）住宅小区项目建成，入住率在95%以上，是村首个高层住宅小区，也统一纳入到方林苑住宅小区物业管理中。

租赁服务

提供租赁服务的主体为村集体以及村民个人。方林村在村级经济发展中，积累起许多物业资产，方林苑建起后村民原住房相继腾出。因地理位置优越，集体、个人房产均很受青睐，大多予以出租。1996年12月14日，路桥客运南站底层商用房投标出租。每间商用房建筑面宽3.6米，进深9米。首期租用期为2年，每年每间最低价为1.5万元。商用房共12间，2年租金共387034元，中标者及租金分别是：施丽玲38800元，方孔秀34100元，周锦萍32880元，方浩、阮普妹32800元，蒋正亮32500元，梁荼正32280元，方彩萍31000元，王平30888元，徐小敏30800元，徐小敏30800元，林小春30098元，管人财30088元。1997年5月1日起交付使用。1999年，旧设备市场改造门面店屋20间，出租经商者；棚区出租期3～5年，租金每年每平方300元，分三期支付，每4个月的第一个月月初交租金一次，每年结清。2000年5月，客运南站商用房出租，共13间，租金收入44.85万元。是年6月，机动车市场建房出租，投资64万元。2002年，客运南站房租43.89万元。2020年，位于泰隆街集体房产共有30间，出租19间，收取租赁费29.63万元；新安南街街面房分别被台州商业银行、台州泰隆银行、浙康医院租用。

个体租赁以村民出租房屋为主。改革开放后，个私工商业发展，外来务工人员涌入，房屋需求量增多。1997年以后，部分村民将方林路、泰隆街、新安南街等多余房屋租给工商业者、外来户，以激活闲置资源，增加家庭收入。2017年开始，村民方普胜出租房屋2500平方米，租价12元/平方米；2020年租价增加到18元/平方米，年收入50万元。

第三节　洗车服务

方林村一带有汽车城及二手车市场，汽车销售生意兴旺，加之21世纪交通运输业的发展，以及私家车的普及，洗车业应势而生。

起初，一些村民在方林新街提供清洗车辆的临时机动性服务，影响街道卫生和交通秩序。村领导班子顺应市场需求，抓住这一商机，拨款30万元，在内环线西侧原荷花塘处，经填埋建起方林洗车场，占地面积1000多平方米。1997年9月，村里提出洗车场应实施投标，首先照顾本村村民。11月14日，首次举行洗车场洗车位出租投标，共10个洗车位。初定标底7500元/年。实际投标7个，标额46717.4元。由李由仙、王小林、方金法、陈财平、张华池、丁香娇、方春玲等6人投得1、5、6、7、8、10号位，投标总额39917.4元。招标年限1年，自1997年11月15日起至1998年11月15日止。向外招投2、3、4、9号位，王小林投得2号位，标价6800元，年限1年，自1997年12月10日起至1998年12月10日止。

1998年1月3日，方林车辆清洗站成立开业。此前实施第二轮公开招标，蓬街镇蓬西村王统保招得4号位，标价6980元，经营期自1998年1月10日起至1999年1月9日；5月的投标，由宁海县叶维县投得7号位，标价5500元，经营半年，自1998年5月23日起至1998年11月15日。第三次投标为1998年11月5日，管人财代表村委会签约。投标租用期限1年，自1998年11月15日起至1999年11月14日。从北至南共10个洗车位，以1～10号排列，经投标由杨万勇等8人承租。年租价总额16.64万元。

1999年11月8日，村委会举行第三次公开招标，推出洗车位10个，总标额353148元，租用期限1年，自1999年11月15日起至2000年11月14日止。自北起1～8号位，由林圣西等8位村民中标。9～10号位经协商，由王云连、张素云等8人承租，租金7万元（包括管理费、清洁费700元）。是年，车辆清洗站上缴村35.87万元。

2000年，车辆清洗站竞投标洗车位10个，标额共28万元，采取明标竞投方式。是年上缴村场租费55.85万元。以后年份上缴数均有所减少，2001年33.90万元，2002年40.81万元，2003年26.44万元。2004年起，车辆清洗站归属物业公司管理，不再单独经营。是年车辆清洗站场租费26.48万元。

第四节 其他服务

方林村民勤劳智慧，善于在市场经济浪潮中捕捉商机，所从事的服务行业，门类繁多，紧贴市场需求。

服装洗涤

1999年，有村民林显昌等5人从事服装洗涤，全年收入100万元。

冰库业务

1999年，陈吉梦等5人经营冰库业务，全年收入36万元。

美容美发养生

20世纪90年代，人们开始关注自身健康。张菊芳抓住有利商机，在路桥区峰江街道滨河街150号开设合元养生馆。

1996年，叶莉芬开设波伲美容美发会所，地址路桥区路南街道方林苑249号，职工共8人，其中女职工1人，外来人员4人；应用德国威娜品牌，企业声誉良好，年营业额30万元。方林老年公寓建起后，叶莉芬在每月27日或28日，与店里同行一起，随带工具，为老人们理发（图7-7）。2020年9月，徐灵丹在方林路17号开办徐灵丹美容养生馆，主营养生保健。

图7-7 叶利芬为村民理发（2019年7月）

各种修理

早期民间修理自行车、钟表、电器，有走街串巷的个体经营户，也有沿街设摊的营业店。1956年按行业性质组成合作社（组）。20世纪70年代起，家庭使用现代电器、购买摩托车汽车，部分村民经营电器修理、车辆维修装潢业务。摩托车汽车维修装潢以店铺为主要经营场地，主要集中在迎宾大道、新安南街等街道、路口。90年代末，村里有方从文等6户共12人，经营车辆维修，全年营业额32万元。1999年，从事电器修理的有黄大佶等2户人，全年营业额36万元（表7-15）。

表7-15　2020年方林村域内其他服务经营情况一览表

序号	店名	店主	经营范围	地址	开办时间（年-月-日）
1	路桥小黄摩托车维修部	黄作华	车辆维修	路桥区方林路1～3号	2013-12-23
2	路桥徐灵丹美容养生馆	徐灵丹	养生保健	路桥区方林路13号	2020-09-29
3	路桥王茜茜美发店	王茜茜	理发	路桥区方林路21号	2019-08-16
4	路桥发现美形象造型店	杨冬梅	理发	路桥区方林路26号	2019-07-30
5	路桥新鑫家电维修店	章永根	家电维修	路桥区方林路27号	2008-11-26
6	路桥翔远洗衣店	朱寿进	洗涤	路桥区方林路30号	2015-03
7	路桥金宫足浴	郑兰惠	足浴	路桥区方林路33号	2014-09-16
8	路桥皇姿形象设计店	陶　醉	理发	路桥区方林路39号	2019-04-11
9	路桥扬名尊尚理发店	王　康	理发	路桥区方林路63～65号	1998-08-16
10	路桥杨丹图文设计工作室	颜杨丹	文印	路桥区方林路77号	1998-08-16
11	路桥晓晴照相馆	王　晴	拍照	路桥区方林路94号	2015-03-10
12	理发美容店	闫玉丹	理发美容	路桥区方林路118号	2014-08-14
13	理发店	徐良国	理发	路桥区方林路128号	2010-04-27
14	路桥誉诚电脑店	方瑾筠	电脑维修	路桥区方林路138号	2011-05-26
15	理发店	欧阳海尧	理发	路桥区方林路164号	2005-05-17
16	路桥秀品理发店	孙秀平	理发	路桥区方林路172号	2014-12-12
17	电动车修理店	王　进	电动车修理	路桥区方林路177号	2009-12-03
18	路桥铭剪专业烫染工作室	付秀华	理发	路桥区方林路190号	2013-01-05
19	安捷轮胎店	李洪军	轮胎置换	路桥区泰隆街34～36号	
20	体育彩票店	应再勇	体育彩票	路桥区泰隆街43号	2015-10
21	福利彩票店	应再勇	福利彩票	路桥区泰隆街45号	2015-10
22	零度网吧	钟雄风	网吧	路桥区泰隆街50号	
23	梅花电瓶店	苏广国	电瓶修、换	路桥区泰隆街55号	
24	正新修理店	叶德明	轮胎置换	路桥区泰隆街124～12号	
25	德顺汽车修理厂	陈学灯	汽车修理	路桥区泰隆街130～8号	
26	电瓶车修理店	娄军富	电瓶修、换	路桥区新安南街578～2号	

第八编

经济管理

中华人民共和国成立前，农村经济落后，群众生活贫穷。中华人民共和国成立后，开展土地改革，解放生产力，促进农村经济恢复和发展；对农业实行社会主义改造，建立生产资料公有制，促进农村发展。人民公社化是计划经济时期出现的一种组织形式，在一定程度上阻碍了农业生产发展。

1978年中共十一届三中全会召开后，方林干部、群众种好地，办厂企，搞市场，努力发展经济。各个不同时期，方林建立形式多样的责任制，调动干部、群众积极性，提高生产、工作效益。20世纪80年代中期至90年代初，经济收益以第一、二产业为主；20世纪90年代中期后，主要收入体现在第三产业。方林从路桥方林工贸公司起步，逐步发展为浙江方林集团，创新管理，不断创业，持续发展；2017年1月，在完成经济合作社股份制改革后建立村股份经济合作社。

1995年，全村经济总收入突破亿元，达到15624.28万元，村级集体经济收入203.99万元，人均年收入5088元。2002年，全村经济总收入增加到34652.29万元，村级集体经济收入910.12万元，人均年收入10955元。2003年，村级集体经济收入928.12万元，预提分红100万元，人均年收入11833元。2019年，村级集体经济收入7179.83万元，预提分红1650万元，人均年收入11万元。2020年，全村经济总收入202亿元，村级集体经济收入6764万元，村民人均年收入11万元，方林成为远近闻名的富裕村。

1996年3月，方林被中国小康促进会评为“中国农村小康示范村”。1999年、2000年，方林先后被台州市委、市政府授予“经济强村”称号。2004年方林被浙江省委、省政府评为“首批全面小康建设示范村”。2011年，方林被中国村社发展促进会、亚太农村社区发展促进会评为“中国幸福村”。

第一章　经济组织

70年代末80年代初，方林实施联产承包责任制，调动农户积极性，解决农户温饱问题。但单干式生产使农业资源分散，无法形成规模化发展，制约了农业经济的发展。村党组织认识到如何发展是现代化农村的新命题，及时组建村经济合作社，以便集中有限的农业资源，发挥资源优势，参与市场竞争，走可持续发展之路。

2015年，根据路桥区人民政府、路南街道办事处提出的有关要求，方林开展村经济合作社股份制改革工作，使村民享受到改革发展的红利。首批量化总股本3.3亿元，总股数1100股，每股30万元。是年，每股股权分红1万元，2020年，每股股权分红4.9万元。在完成股份制改革后，村股份经济合作社挂牌成立，农村集体资产变成股权，从而更好地保障农民的财产权利。

第一节 村经济合作社

1983年8月，方林生产大队恢复为行政村，村民委员会、村经济合作社同时建立。村经济合作社是在双层经营体制下，集体所有、合作经营、民主管理、服务社员的社区性集体经济组织，它接受村党组织的领导和乡政府、县农、林、局的指导和监督，协助和配合村民委员会工作，为村级组织履职提供必要的经费，合理安排村公共事务和公益事业所需的资金。村经济合作社依法代表全体社员行使集体财产所有权，承担资源开发与利用、资产经营与管理、生产发展与服务、财务管理与分配等职能，实行自主经营、独立核算。

2007年9月28日，根据《中华人民共和国宪法》，浙江省人民代表大会常务委员会公布《浙江省村经济合作社组织条例》，旨在稳定和完善以家庭联产承包责任制为基础、统分结合的双层经营体制，维护村经济合作社及其社员的合法权益，促进农村集体经济发展，推进社会主义新农村建设。

2009年9月17日，方林村经济合作社召开社员代表大会，选举村经济合作社管理委员会（简称村社管会）、村务监督委员会（简称村监会）。会议应到47人，实到47人。会议以举手表决的方式通过《方林村经济合作社选举委员会组成人员名单》《方林村经济合作社章程》《方林村经济合作社选举办法》。村党委书记方中华担任方林村经济合作社选举委员会主任，村党委委员方浩、谢华寿、林荣辉、方崇奇，第六村民小组组长王妙根，第七村民小组组长谢文元为成员。村社管会、村监会选举工作由村经济合作社选举委员会主持。以举手表决的方式，通过村社管会、村监会候选人名单。经举手表决，蔡正杰、王雷、林红当选村社管会成员。经村社管会成员选举，蔡正杰当选方林村经济合作社社长。林显琳、王妙根、谢文元、阮君玲、吴莲芬、林旭日当选村监会成员。经村监会成员选举，林显琳当选为方林村村监会主任。

是年9月28日，台州市路桥区人民政府向方林村经济合作社颁发浙江省农业厅监制的《浙江省村经济合作社证明书》，上书：根据《浙江省村经济合作社组织条例》规定，经审核，台州市路桥区路南街道方林村经济合作社属社区性农村集体经济组织，特发此证。

第二节　村股份经济合作社

2014年，村党委、村委会开展经济合作社股份制改革工作，根据国家有关法律、法规和政策规定，结合本村实际，初步确定股权设置基本原则、股权界定基准日。

2015年1月22日，根据路桥区人民政府、路南街道办事处农村“股改”工作要求，召开全村经济合作社“股改”工作动员大会。会后，成立全村“股改”工作领导小组。2月，村党委、村委会广泛听取村民意见，拟定经济合作社“股改”初步方案，并于2月11日召开村民大会并表决通过此方案（图8-1）。此后，对“股改”中发现的一些实际问题，进行“三上三下”的广泛讨论，最终形成共识。6月26日，村党委书记方中华召集村两委召开村“股改”工作领导小组会议，逐条研究经多次讨论形成的村经济合作社股份制改革方案。

图8-1　2015年度村民大会表决通过股权改革方案

股权设置原则为确股不确权，以“人口股”为量化标准，按“基分”方式分红。实行股权静态管理，即“生不增、死不减”。股权界定基准日为2015年3月8日24时。人口清查核对。根据路南派出所的户籍资料对各户逐一核对、登记造册，并分村民小组逐户、逐人核对。2015年，全村户数267户，股改户数288户；方林村户籍人数1096人，股改人数1174人，有股数1067.75股，暂设1100股，其中32.25股为调整股。股改首批量化总股本3.3亿元，总股数1100股，每股30万元。2015年年终按股权进行分红，每股1万元。2016—2018年，每年每股1万元，2019年每股1.5万元，2020年每股4.9万元。

2017年1月，在做好一系列筹备工作的基础上，村股份经济合作社正式成立。

2020年12月21日，方林村组织全体村民代表召开村社管会、村监会、社监会、选举大会。方中华、方浩、蔡正杰、方崇奇、方刚、方崇志、林红等当选方林村社管会成员。经社管会现场推选，方中华任社长，方浩任副社长。表决通过林荣辉任社监会主任，林小春、林显琳、叶莉芬、丁禹民等为社监会委员。

附：

方林村股份经济合作社成立大会

2017年1月18日下午，方林村股份经济合作社成立大会在村老年公寓会议室召开。路桥区委副书记、政法委书记牟傲野，路桥区人民政府副区长林涛，路桥区农业林业局局长周慧杰，路南街道党工委书记陈海鸿出席会议。牟傲野、林涛为方林村股份经济合作社成立授牌。

区委副书记、政法委书记牟傲野对村股份经济合作社的成立表示祝贺，在肯定方林村多年来各方面取得丰硕成果后表示，村经济合作社股份合作制改革是继农村家庭联产承包责任制、乡村集体企业产权制度改革之后，农村经济体制改革的又一次重大突破，事关农村改革发展大局，事关广大农村居民的切身利益，事关农村社会稳定和可持续发展。方林村积极探索，大胆尝试，高标准、高质量地完成改革任务，成为路桥区第一个真正彻底“股改”、按股权量化和分红的村，在路桥区农村集体经济改革发展史上写下浓墨重彩的一笔。

会上，路桥区人民政府副区长林涛宣读《路桥区人民政府关于同意开展方林村经济合作社股份合作制改革的批复》。路南街道党工委书记陈海鸿宣读《关于同意路南街道方林村股份经济合作社董事会、监事会成员推荐人选的批复》，确认以方中华为董事长，以蔡正杰、方浩、林荣辉、方崇志、方刚、林红为成员的董事会名单；确认以方崇奇为监事长，以谢华寿、管人财、林小春、林显琳为成员的监事会。路桥区农业林业局局长周慧杰宣布方林村股份经济合作社正式成立。

方林村股份经济合作社董事长方中华代表董事会作表态发言，表示以德为本，修身为上：在新的岗位上，一切从实际出发，察实情、讲实话、出实招、重实绩、办实事、求实效。以人为本，修和为上：按照科学发展观与建设和谐股份经济合作社的要求，具体做到“三个维护”，即维护村党委的权威，维护良好发展局面，维护全体社员利益。以勤为本，修业为上：做到勤勉尽职，扎扎实实履行好工作职责，具体做到“三个有”，即有方、有效、有为。

会上，村委会主任蔡正杰汇报方林村股份经济合作社成立筹备报告，会议表决通过《方林村股份经济合作社章程（草案）》。

第二章　经济总情

中华人民共和国成立前，方林村一穷二白，村民生活困难。中华人民共和国成立后，因“大跃进”、人民公社等运动，加之计划经济束缚，方林大队收入不高，集体经济薄弱，部分社员分配超支。1963年，全大队经济总收入仅4.24万元，社员年平均收入31.92元。1979年，经济总收入提高至22.35万元，人均年收入也只有174.05元。改革开放特别是80年代中期后，方林村充分利用政策，克服地少人多、资源缺乏的劣势，发展市场经济，经济总收入逐步增加；根据有关政策，正确处理国家、集体、个人三者关系，搞好经济收益分配。2000年全村经济总收入为30538.60万元，其中农业189.60万元，工业29906万元，建筑业7.2万元，交通运输业240万元，商贸服务业155万元，其他收入40.80万元。村级集体经济收入825.89万元，人均年收入9482元。以后，随着村级集体经济不断壮大，村民人均年收入显著提高。

第一节　经济收支

收入总额

1958年，出现“大跃进”、人民公社化的“左倾”错误。1959—1961年连续发生三年自然灾害，各地农业生产能力严重下降，这同样给方林大队经济发展带来很大影响。1963年，全大队经济收入4.25万元。各生产队年收入均不足1万元，普遍在四五千元上下，年收入最高的第一生产队为0.66万元，最低的第六生产队只有0.36万元。1966年发生“文化大革命”，对方林经济发展影响甚微，经济收入反增。70年代中后期，经济总体上升。1976年，全大队经济总收入突破10万元，达到14.37万元，各生产队年收入均超过1万元，其中第一生产队、第六生产队、第七生产队均在2万元以上。

20世纪80年代实行改革开放，进一步抓好农业生产，继续创办工业企业，发展市场商贸业，经济收入明显上升。1980年，全大队经济总收入18.91万元（表8-1）。1984年，方林办起旧机械设备市场，全村经济总收入逐年提高。1985年全村经济总收入为79.31万元。随着农村经济政策的放宽，从事商品生产的专业户逐步涌现，并发展成为一批新经济联合体，经济收入不断增长。1986年，全村经济总收入85.45万元。1988年，全村经济总收入突破百万元，达到100.05万元。1989年，全村经济总收入增至115.15万元，比上年增长15.09%。

表8-1　1963—1980年方林生产大队及各生产队经济收入情况表

单位：万元

年份	全村经济收入总额	其中								
		第一生产队	第二生产队	第三生产队	第四生产队	第五生产队	第六生产队	第七生产队	第八生产队	第九生产队
1963	4.25	0.66	0.52	0.47	0.40	0.42	0.36	0.46	0.48	0.48
1964	5.04	0.81	0.73	0.60	0.41	0.35	0.55	0.52	0.52	0.55
1965	4.19	0.73	0.55	0.59	0.31	0.28	0.42	0.45	0.43	0.43
1966	6.20	1.05	0.83	0.74	0.50	0.44	0.61	0.74	0.63	0.66
1967	6.91	1.12	0.94	0.81	1.15	0.66	1.09	1.14		
1968	5.23	0.87	0.70	0.63	0.86	0.49	0.87	0.81		
1969	3.17	0.83	0.74			0.59	1.01			
1970	6.91	1.10	0.98	0.95	1.01	0.69	1.12	1.06		
1971	6.44	1.02	0.91	0.88	0.93	0.65	1.12	0.93		
1972	7.25	1.19	1.10	0.87	0.99	0.69	1.33	1.08		
1973	8.86	1.62	1.30	1.13	1.19	0.84	1.28	1.50		
1974	11.18	2.06	1.47	1.41	1.46	1.07	1.97	1.74		
1975	8.08	1.21	1.13	1.22	1.13	0.80	1.30	1.29		
1976	14.37	2.96	1.76	1.65	1.99	1.36	2.40	2.25		
1977	16.11	3.04	2.08	1.94	2.21	1.57	2.75	2.52		
1978	15.85	2.68	2.33	1.70	2.07	1.63	2.89	2.55		
1979	22.35	3.99	3.21	2.48	3.13	2.41	3.58	3.55		
1980	18.91	3.41	2.88	2.03	2.42	1.98	3.14	3.05		

注：1969年缺第三、四、七队经济收入数据。

90年代，村级经济进入快速发展期：农业生产平稳发展；工业特别是个体工业稳步上升；服务业在巩固原有基础上，新建机动车交易市场、客运南站等。方林多业并举，经济总收入逐年增长。1990年，全村经济总收入131.92万元。1992年突破200万元，达到258.60万元。1995年超亿元，达到15624.28万元。1996年为11983.28万元。1997年，全村经济总收入上升到一个新水平，达17106.28万元，比上年增长42.75%。

进入21世纪，全村发生巨大的变化，新建浙江方林汽车城，浙江方林二手车市场移址，给全村经济发展注入新的活力。

收入构成

20世纪60年代，农户以种田为主，除粮食收入外其他收入不多。1963年，其他收入4500元，占全大队总收入的10.59%。1968年，其他收入2569元，仅占全大队总收入的4.90%。

70年代初，家庭副业逐渐发展，副业收入提高。1973年，全大队副业收入2.72万元，占全大队总收入的30.71%。1976年，副业收入提高到6.88万元，占全大队总收入的47.84%。

1977年，全大队农业收入6.70万元，副业及其他收入9.41万元，分别占总收入的41.59%、58.41%。1978年，7个生产队农业收入8.51万元，副业收入5.22万元，大队下拨收入1.19万元，其他收入0.93万元，分别占总收入的53.69%、32.93%、7.51%、5.87%。1979年，各生产队收入增长，开始有少量牧业、渔业收入，全大队总收入有一定提高。其中农业收入10.28万元，副业收入10.67万元，比上年有明显增长，大队下拨1.14万元，其他收入0.26万元，分别占总收入的46.00%、47.74%、5.10%、1.16%。

20世纪80年代，经济总收入再上台阶。1980年，全大队农业收入10.17万元，渔业收入189元，其他收入（社队企业拨入分配款）8.72万元，分别占全大队总收入的53.78%、0.10%、46.12%。1983年，全村经济总收入39.11万元（包括产品出售3.03万元、专业户1.65万元），其中农业收入15.36万元，工业副业收入18.00万元（工业企业转入工资），其他收入4.10万元（含下拨分配款4530元）。农业收入中，种植业收入14.71万元（包括粮食作物收入11.68万元），牧业收入6000元，渔业收入500元。种植业收入中，粮食作物收入11.68万元。

1984年起，农业、工业齐头并进，服务业全面兴起。1985年，按经营方式分，农民家庭经营49.47万元，占经济总收入的62.38%；集体统一经营（工业经营）29.84万元，占37.62%。农民家庭经营中，农业收入37.46万元，建筑业收入2.16万元，交通运输业收入5.11万元，商贸服务业收入1.88万元，其他收入2.86万元，分别占比75.72%、

4.37%、10.33%、3.80%、5.78%，农业收入仍是农民家庭的主要收入。农业收入中，种植业收入12.86万元，牧业收入2.58万元，副业收入22.02万元，分别占比34.33%、6.89%、58.78%，副业收入比种植业收入高24.45%。种植业收入中，出售农产品收入4900元，粮食收入12.37万元。

1988年全村经济总收入中，农业收入6.50万元，工业收入69.35万元，建筑业收入3.2万元，交通运输业收入13.3万元，商贸服务业收入5.78万元，其他收入1.92万元，分别占6.50%、69.32%、3.20%、13.29%、5.78%、1.92%。农业收入占比下降，工业收入占比明显上升。农业收入中，种植业收入5.4万元，牧业收入8960元，渔业收入2000元。1989年经济总收入115.15万元中，农业、工业、建筑业、交通运输业、商贸服务业、其他收入等分别占比19.69%、28.42%、2.50%、10.42%、5.81%、33.17%。农业收入中，种植业收入18.45万元，林业收入3000元，牧业收入3.82万元，渔业收入1000元。种植业收入中，出售农产品收入2.28万元，粮食收入16.17万元。

90年代，全村经济发展迈入新的阶段，各产业发展出现新的变化。1990年经济总收入中，农业收入27.26万元，工业收入64.4万元，建筑业收入5万元，交通运输业收入14.4万元，商贸服务业收入8.6万元，其他收入12.26万元。各产业分别占比20.66%、48.82%、3.79%、10.92%、6.52%、9.29%。农业收入中，种植业收入21.21万元，林业收入3000元，牧业收入5.62万元，渔业收入1300元。种植业收入中，出售农产品收入1.09万元，粮食收入15.9万元，其他收入4.22万元。

1995年，全村经济总收入15624.28万元，农民家庭经营、集体统一经营分别占47.52%、52.48%。总收入中，农业收入105.75万元，工业收入15268.10万元，服务业收入55.00万元，其他收入195.43万元，占比分别为0.68%、97.72%、0.35%、1.25%。从比例看，农业收入比重明显下降，工业收入成为全村经济收入主要来源。农业收入均为农民经营所得，其中种植业收入81.61万元（含谷物收入51.28万元），牧业收入24.14万元。工业收入中，农民家庭经营所得7272.70万元，村办企业7995.40万元；工业产品出售收入14050.40万元，其中农民家庭经营所得7000.00万元，村办企业7050.40万元。服务业收入由集体统一经营。其他收入中，农民家庭经营所得46.30万元，村办企业149.13万元。1999年，全村经济总收入上升到一个新水平，达26940.33万元。按经营形式分，村组集体经营（村办企业）收入9264.63万元，农民家庭经营收入17675.7万元，分别占比34.39%、65.61%。按行业分，农业收入187.1万元，工业收入26271.63万元，建筑业收入7.2万元，运输业收入228万元，商贸饮食业收入157.5万元，服务业收入12.1万元，其他收入76.8万元，分别占总收入的0.69%、97.52%、0.03%、0.45%、0.85%、

0.04%、0.29%。农业收入中，种植业收入161.46万元（含种植业产品收入100.1万元），牧业收入25.64万元。

21世纪，全村经济发展呈现新态势。2000年，村经济总收入30538.6万元。按经营形式分，村组集体经营（村办企业）收入8240万元，农民家庭经营收入22298.6万元，占比分别为26.98%、73.02%。按行业分，农业收入189.6万元，工业收入29906万元，建筑业收入7.2万元，运输业收入240万元，商贸服务业收入155万元，其他收入40.8万元，分别占经济总收入的0.62%、97.93%、0.02%、0.79%、0.51%、0.13%。农业收入中，种植业收入170.91万元，牧业收入18.69万元。种植业收入中，出售种植业产品收入119.5万元；牧业收入中，出售牧业产品收入17.7万元。2001年，村经济总收入36629.71万元，比上年增长19.95%。按经营形式分，村组集体经营（村办企业）收入13452万元，农民家庭经营收入23177.71万元，占比分别36.72%、63.28%。按行业分，农业收入204.31万元，工业收入36004万元，建筑业收入7.2万元，运输业收入240万元，商贸服务业收入155万元，其他收入19.2万元。占比分别为0.56%、98.29%、0.02%、0.66%、0.42%、0.05%。农业收入中，种植业收入182.21万元，牧业收入22.10万元。种植业收入中，出售种植业产品收入145.04万元；牧业收入中，出售牧业产品收入20.10万元。2002年，村经济总收入34652.29万元，比去年减少5.40%。按经营形式分，村组集体经营收入11573.80万元，农民家庭经营收入23078.49万元，占比分别为33.40%、66.60%。按行业分，农业收入145.79万元，工业收入34035.3万元，建筑业收入9万元，运输业收入246万元，商贸服务业154万元，其他收入61.2万元，占比分别为0.42%、98.22%、0.03%、0.71%、0.44%、0.18%。农业收入中，种植业收入125.16万元，牧业收入20.63万元。种植业收入中，出售种植业产品收入106.39万元，其他收入18.77万元；牧业收入中，出售牧业产品收入18.63万元（表8-2）。

表8-2 1983—2002年部分年份方林村经济总收入情况表

单位：万元

年份	合计	农业收入					工业收入	建筑业收入	交通运输业收入	商业饮食业收入	服务业收入	其他收入
		小计	种植业收入	牧业收入	渔业收入	副业收入						
1983	39.11	15.36	14.71	0.60	0.05		18.00		1.65			4.10
1985	79.31	37.46	12.86	2.58		22.02	29.84	2.16	5.11	0.80	1.08	2.86
1986	85.45	17.35	14.64	2.50	0.05	0.16	34.90	4.60	6.90	2.20	3.30	16.20
1988	100.05	6.50	5.40	0.90	0.20		69.35	3.20	13.30	2.28	3.50	1.92

分红的剩余部分。

经济收入和效益分配工作一直进行到2002年。随着全村经济社会发生深刻变化，集体收入日益增多，2003年起借助村级集体经济，实行预提分红制度。

国家税金 包括农业税及其他税种。1958年，国家制定《中华人民共和国农业税条例》。1963年，全大队9个生产队缴纳国家税金3000元，占经济总收入的7.06%。此后，每年按经济总收入情况，基本以3000元左右的标准缴纳。1968年，全大队缴纳国家税金3400元，占经济总收入的6.50%。1970年，全大队缴纳国家税金3500元，占收入总计的5.07%。1979年，全大队缴纳国家税金4100元，占收入总计的1.83%。1980年，全大队缴纳国家税金4100元，占收入总计的2.17%。此后，队办企业较多，市场也开始经营，纳税种类增多，税额随之提高。1982年，全额完成国家税收。1989年，全村缴纳国家税金6000元，占收入总计的0.52%。

进入90年代，经济收入更加扩大，纳税数额明显增加。1990年，全村缴纳国家税金达9900元。1995年，全村缴纳国家税金127.47万元，其中农民家庭经营10.07万元，村办企业117.40万元。国家税金中，农业税2.80万元，为农民家庭经营所缴；其他税收124.67万元。1997年，全村缴纳国家税金169.60万元，其中农业税2.17万元，其他税金167.43万元。

21世纪，全村经济发展快速，经济收入大增，缴纳税费更多。2000年，向国家纳税300.38万元。2001年增至401.10万元，其中农业税1.10万元，其他税金400.00万元。2002年，缴纳国家税金152.27万元，其中农业税1.09万元，其他税金151.18万元。

集体提留 主要是公积金、公益金，以及生产基金、折旧基金、储备粮基金等。公积金是用于发展生产的资金，是壮大集体经济的重要资金来源；公益金主要用于集体福利和公益性设施建设等。一般根据收入多少，按一定比例提留。

20世纪60年代，提留数不多，大多数年份公积金比公益金稍高，个别年份也提些储备粮基金。1963年，全大队9个生产队提留公积金1300元，公益金400元，两项总和占总收入的3.15%。1968年，全大队提留公积金1900元，公益金1100元，占总收入的5.74%

70年代末，提留数总体增加，但有高有低。1977年，全大队7个生产队集体提留8600元，占收入总计的5.34%。其中公积金4300元，公益金2600元，折旧基金400元（第一生产队），储备粮基金1300元。集体提留较多的第一生产队有2300元，最少的第五生产队700元，普遍在千元上下。至1977年年底，公积金等四项积累累计余额44515.80元，其中第一生产队11280.00元，第二生产队7737.00元，第三生产队3699.80

元，第四生产队5663.00元，第五生产队6093.00元，第六生产队2269.00元，第七生产队7774.00元。

1978年，全大队集体提留9400元，占收入总计的5.93%，比上年增长8.99%。其中公积金4700元，折旧基金500元，公益金2700元，储备粮基金1500元。截至1978年年底，公积金累计余额数（不包括固定财产总值）41833元，其中第一生产队8715.00元，第二生产队6850.00元，第三生产队2604.00元，第四生产队4579.00元，第五生产队5549.00元，第六生产队6480.00元，第七生产队7056.00元。

1979年，全大队集体提留9300元，占收入总计的4.16%，比上年稍减。其中公积金4200元，公益金、生产基金各2100元，储备粮基金900元。截至1979年年底，公积金累计余额数（不包括固定财产总值）45413元，其中第一生产队9355.00元，第二生产队7504.00元，第三生产队3157.00元，第四生产队5167.00元，第五生产队5424.00元，第六生产队7101.00元，第七生产队7705.00元。

80年代初集体提留下降，有些年份未作提留。80年代末集体提留明显增加。1980年，全大队集体提留8600元，占收入总计的4.55%，比上年减少7.53%。其中公积金4100元，公益金2000元，生产基金1000元，储备粮基金1500元。截至1980年年底，公积金累计余额数（不包括固定财产总值）49624.51元，其中第一生产队10198.18元，第二生产队8290.56元，第三生产队3581.49元，第四生产队5729.14元，第五生产队5991.91元，第六生产队7537.44元，第七生产队8295.79元。

1982年，公积金提留标准为每亩8元。规定集体提留由生产队保管使用，使用时需经社员讨论同意，报大队核准后方可使用；管理费标准为每亩上交0.5元。1983年，全村集体提留4000元，公积金、公益金各2000元。1985年、1986年，均无集体提留。1988年、1989年，分别提留1万元、1.05万元，均为公益金。

90年代，集体提留亦称村提留、乡（街道）统筹，简称"三提五统"。村提留包括公积金、公益金、管理费三项，乡统筹包括乡村两级办学费、计划生育费、优抚费、民兵训练费、修建乡村道路费五项。集体提留还包括企业本单位提留，从而使提留数增加，使用范围扩大。1990年，无集体提留，仅上缴主管部门1300元。1991年，集体提留1.7万元，其中乡统筹3100元；村提留公积金1200元，企业本单位提留1.27万元。1992年，企业提留1.3万元。

1993年经济总收入取得新的突破，集体提留相应提高，达到346.35万元。其中上缴主管部门46.23万元，村提留46.50万元，企业（联户、村办）本单位提留253.62万元。1995年集体提留也较高，提留总额为516.16万元，其中上缴主管部门40.10万元，乡

（镇）统筹2.50万元（其中用于镇、村两级办学1.00万元），公积金242.33万元，公益金70.23万元，企业本单位提留161.00万元。提留总额中含农民家庭经营54.53万元，集体统一经营204.13万元，村办企业257.50万元。1996年，集体提留381.10万元，其中上缴主管部门53.31万元，村提留34.13万元（含公积金22.13万元，公益金12.00万元），街道统筹3.86万元，用于街道、村两级办学，企业本单位留利289.80万元。1997年，集体提留226.57万元，其中上缴主管部门16.74万元，村提留32.00万元，含公积金21.00万元，公益事业费（原公益金）11.00万元；街道统筹10.40万元，其中用于街道、村两级办学5.00万元；企业本单位留利167.43万元。

2000年起，提留款减少。是年，村提留28.40万元，街道统筹4.47万元（用于街道、村两级办学3.81万元，民兵训练0.66万元）。2001年，上缴主管部门360万元，村提留19.50万元，街道统筹4.60万元，其中用于街道、村两级办学3.80万元，民兵训练0.80万元。2002年，农村税费改革，集体提留取消。是年，上缴主管部门340.3万元，企业本单位各项留利1021万元。

分配所得　60年代，经济收入不高，社员分配相应较低。1963年，社员分配2.10万元，人均分得32.41元。1965年、1966年，人均所得24.42元。1967年，社员分配增至4.67万元，人均收入提高到66.62元。

70年代初中期，收入增加少，社员分配额有升但不明显。到1977年，全大队社员分配合计12.36万元。其中第一生产队最高，为2.34万元；第五生产队最少，仅9860元。分配合计中含家肥报酬1.42万元，每一生产队2000元上下。全大队每工报酬1.36元，各生产队相差不多，高的第三生产队1.47元，低的第五生产队1.25元。全大队平均每人收入146.10元，高的第一生产队185.30元，低的第五生产队103.70元。分配现金7.33万元，第一生产队分1.55万元，第五生产队分4000元，其他各生产队均在1万元左右。1977年，社员分配超支46户、6917元，涉及第一、二、三、四、五5个生产队。

1978年，全大队社员分配合计10.98万元，比上年减少11.17%。分配合计中含家肥报酬1.81万元，比上年增长27.46%；分得现金9.17万元，比上年增长25.10%；全大队每工报酬1.15元；全大队包括家肥平均每人收入128.50元，不包括家肥107.30元。是年，分配超支23户、823元，户数、金额同比减少50%、88.10%，除第六生产队外均有超支户。1979年，全大队社员分配合计14.76万元，比上年增长34.43%。各生产队分配额均比上年有较大幅度增长。分配合计中，家肥报酬1.90万元，比上年增长4.97%；分得现金1.67万元；全大队每工报酬1.20元；全大队包括家肥平均每人收入196.47元，不包括家肥174.05元。是年，分配超支113户、1.41万元，户数、金额比上年增加较多。

1980年，经济收入仍不高，社员分配没有明显起色。1980年，全大队社员分配合计11.14万元，比上年减少24.53%。全大队包括家肥每人平均分配收入137.77元，不包括家肥131.05元，截至是年年底，累计超支20户、5800元。

此后，经济总收入逐年增长，社员分配不断上升。1983年，村民所得35.62万元，人均353元；从企业直接得到工资4.5万元，村民所得总额40.12万元，人均431元。是年，村民欠集体款2万元，累计超支2万元。1985年，村民所得金额70.98万元，每人平均787元，每劳平均1288元。1986年，村民所得金额76.37万元，每人平均844元，每劳平均1444元。1988年，村民分配金额98.45万元，每人平均超千元，达到1085元，每劳平均1782元。1989年，村民所得过百万，达到100.38万元，每人平均1094元，每劳平均1880元。

1990年，村民所得继续攀升，达到112.14万元，每人平均1215元，每个劳动力平均2089元。此后，村民所得年年增加，人均收入年增近千元。1997年，村民所得总额665.89万元，村民人均所得6980元。

2000年，村民所得总额883.72万元，村民人均所得9482元。2001年，村民所得总额983.83万元，村民人均所得达到10433元，首次超过万元。村民所得总额，按经营方式分，均为农民家庭经营所得；按收入形态分，货币性收入所得903.83万元，实物性收入所得80.00万元；按农民家庭经营所得分，第一产业所得140.00万元，第二产业所得340.00万元，第三产业所得503.83万元。2002年，村民所得总额1035.25万元，村民人均所得达到10955元。

第三节 村级经济

村级经济全称为村级集体经济，是集体经济的重要组成部分，也是实现乡村振兴的关键所在。20世纪50年代后期起，经济收入低，集体积累少，群众无福利享受。中国共产党十一届三中全会后，尤其是方中华担任村党支部书记后，敢于发展经济，善于抓好经济，村级集体经济逐年转好，群众生活明显提高。

收支余额 村级集体经济收入包括集体统一经营收入、发包及企业上缴收入、投资收益、其他收入等。1983年，村级集体开始有了经济收入，石曲砖瓦厂、石曲溶剂厂等10个村办企业、车间（组）向村集体缴款，也有村民缴积累，共计上缴款3.92万元，最多石曲砖瓦厂2.84万元；其他收入1.42万元，包括乡拨修路款2000元，汇款费7943元，村医疗站2042元，知青建房费880元，农机厂租赁180元，偷窃、计生罚款299元，军属轧差521元，其他335元。全年合计收入5.35万元。

以后，企业不断发展，场站先后办起，创收渠道逐渐增多，集体收入稳步提高。1985年，村级集体收入增加到15.29万元。1989年，集体收入达到21.58万元。90年代初，收入逐年增长，但幅度不大。到1994年，收入跨出一大步，达到124.05万元。从此，增加幅度较大。1999年，村级集体经济收入共707.40万元。2002年，除华丽纺织厂外，其他村办工业企业不再上缴。是年至2004年，华丽纺织厂每年上缴村集体6.8万元。2005年，村办工业企业均停止上缴。

费用方面主要有对农支出、基建支出、公益福利、管理费支出、其他支出等。对农开支主要为补农款，如村民粮价款、农业税、种粮补助、农机维修等；基建支出主要用于住宅统一建造、场站（园）建设等，公益福利开支用于村政建设，如建转播站添设备、修建村道及安装路灯，教育补助、计生结扎误工补贴、军属优抚、五保户柴米被服购置等；管理费包括村民小组长以上村干部以及民兵误工补贴、村民大会工资，乡工办管理费，报刊订阅、电话费及其他等；其他支出中包括亏损弥补、贷款利息等。1989年，支出合计10.40万元，其中生产性支出4.60万元，公益事业开支2.70万元，管理费2.25万元，其他支出0.85万元。生产性开支中，水利设施支出3.21万元，补农款1.39万元；公益事业开支中，文教卫生事业开支1.91万元（其中民办教育开支0.24万元），烈军属、困难户、五保户补助0.79万元；管理费中含干部报酬2.01万元。

从2004年起，管理费用包含预提的年终总结表彰奖励费（节日慰问、环境布置等），是年和2005年均15万元，2006年10万元，2007—2008年每年20万元，2009年25万元，2010—2011年、2013—2014年每年30万元，2012年40万元，2015—2016年每年35万元，2017年预提50万元。2018年预提款增加到90万元，外加春节演戏之用；2019年80万元。

从2005年起，公益福利支出包括村民医疗经费预提款，至2009年每年预提80万元，共计400万元。2010年年底结算尚余354.06万元，已支出45.94万元，其中全村30岁以上村民体检费用17.55万元，医药费报销58人次共16.64万元，支付2010年度村民医保款979人（120元/人）共11.75万元。2012年，设立党委关爱专项基金，预提20万元，列入公共福利开支。2013年，使用3.44万元。2016年、2018年，又分别预提村民医疗经费200万元。

使用集体的钱，做到有一定计划，勤俭节约，反对浪费，把每一分钱用在刀口上。1996年，实施新农村建设，方林苑一期工程启动。是年，新农村建设费用68.24万元，全年费用开支160.96万元。2000年，方林苑建设用资172.71万元，其中一期电力、自来水、有线电视、监控装置安装，路面修补，幼儿园绿化、路面等配套工程154.85万元，管理人员工资及有关支出9万元，二期工程设计、青苗补偿等启动费8.86万元。村老年公寓基建用资456.40万元，事故停车场设置支出66.16万元，个体工业园区建设开支57.83万元等未列入当年财务收支。以后几年费用增高，但尽量做到不失控，到2002年年底，除1990年亏欠外其余年份均有一定盈余。

预提分红　21世纪，全村经济进入一个新的发展阶段，村级集体经济实力雄厚，具有为村民提供基本保障的能力。2003年起，全村不再进行常规形式的经济收益分配，而是借助村级集体经济，专门设项“预提分红”，列入公益福利开支。是年和翌年，均预提100万元。2005年，预提分红160万元。以后逐年增加，2009年达到250万元，2010年300万元。2019年，预提分红增加到1650万元。2020年，预提分红5390万元（表8-5）。

表8-5　1983—2020年方林村村级集体经济收支情况表

单位：万元

年份	收入合计	其中				支出合计	其中					预提分红	收支差额
		统一经营收入	发包及企业上缴	土地征用补偿	其他收入		对农支出	基建支出	公益福利	管理费支出	其他支出		
1983	5.35	0.01	3.92		1.42	2.62	0.50		1.02	0.93	0.17		2.73
1984	6.70		5.25		1.45	1.82	0.24		0.32	0.99	0.27		4.88
1985	15.29					7.44							7.85
1986	16.29					11.16							5.13
1987	20.48	0.59	18.54	0.02	1.33	14.55	3.34		7.91	2.90	0.40		5.93
1988	22.40		21.73		0.67	13.29	5.47		3.93	1.56	2.33		9.11
1989	21.58	7.39	10.57	0.32	3.30	10.40	4.60		2.70	2.25	0.85		11.18
1991	28.29	2.40	22.95	0.67	2.27	23.30	14.74		3.03	2.23	3.30		4.99
1992	39.15					27.24							11.91
1993	54.84		51.52		3.32	34.77	4.30		24.11	4.82	1.54		20.07
1994	124.05		120.28		3.77	54.59	3.00		31.20	4.99	15.40		69.46
1995	203.99					53.87							150.12
1996	321.00		249.62	50.00	21.38	160.96	22.93	68.24	39.51	16.92	13.36		160.04
1997	446.50					289.16							157.34
1998	513.00		414.95		98.06	315.12	41.61	127.11	62.90	23.09	60.41		197.88
1999	707.40		567.70		139.70	224.20	28.85	60.98	33.01	25.73	75.63		483.20

（续）

年份	收入合计	其中				支出合计	其中					预提分红	收支差额
		统一经营收入	发包及企业上缴	土地征用补偿	其他收入		对农支出	基建支出	公益福利	管理费支出	其他支出		
2000	825.89		716.68		109.20	395.37	24.56	172.71	39.45	79.47	79.18		430.51
2001	827.20		587.90	99.60	139.70	257.55	25.97	66.99	40.21	99.44	24.94		569.65
2002	910.13		908.30		1.83	138.31	27.19		28.31	42.13	40.68		771.82
2003	928.21		921.32		6.89	310.22	33.23		84.43	40.97	51.59	100.00	617.99
2004	1009.34		979.98		29.36	411.05	41.35	67.76	73.61	49.99	78.34	100.00	598.29
2005	1108.99		1075.58		33.41	662.92	42.88	141.04	191.86	55.29	71.85	160.00	446.07
2006	1211.81		1187.91		23.90	820.70	48.87	207.85	255.44	58.70	69.84	180.00	391.11
2007	1321.82		1299.93		21.89	707.79	52.10		309.62	81.11	54.96	210.00	614.03
2008	1430.34		1391.82		38.52	819.64	52.45		351.00	84.02	82.17	250.00	610.70
2009	1770.38		1734.21		36.17	799.93	55.18		369.31	76.18	49.26	250.00	970.45
2010	2023.56		2007.21		16.35	975.04	66.95		423.70	70.98	113.41	300.00	1048.52
2011	2640.65		2626.54		14.11	1099.83	80.38		363.32	104.42	131.71	420.00	1540.83
2012	4520.72		4511.45		9.27	1208.50	89.31		387.70	46.21	75.28	610.00	3312.22
2013	5066.96		5049.45		17.51	1445.64	89.86		526.74	43.99	75.05	710.00	3621.32
2014	4466.20		4454.57		11.63	1467.87	94.46		485.75	40.94	36.72	810.00	2998.33
2015	4065.68		4025.62		40.06	1749.86	95.69		587.35	40.67	26.15	1000.00	2315.82
2016	4150.25		4029.38		120.87	1790.56	96.18		530.98	42.74	20.66	1100.00	2359.65
2017	4973.70		4791.85		181.85	2050.80	104.14		750.22	59.50	36.94	1100.00	2922.90
2018	5102.74		4897.51		205.23	2030.28	109.20		704.08	100.32	16.68	1100.00	3072.46
2019	7179.83		6998.73		181.10	2559.05	113.39		666.36	90.04	39.26	1650.00	4620.78
2020	6764.00					6459.05							304.95

注：表内数据四舍五入，保留小数点后两位；缺1990年数据。

第四节　经济强村

1999年市级经济强村　1998年，全村工农业总产值2.07亿元，市场成交额1.54亿元，村级集体经济收入513万元，人均收入7878元，固定资产积累5520万元，是省级富裕村。根据本村特点，发展支柱产业。至1999年年底止，全村拥有旧机械设备市场、机动车交易市场、路南中心菜场等5家交易市场，为村级集体经济壮大奠定一定基础。随着市场规模日益扩大，村办村管的管理模式严重制约经济的发展。于是，村两班子大胆探索新的管理模式，改制村办市场为有限责任公司。方林在各级党委、政府协助指导下，以资产为纽带，联合村办市场和参股公司，于10月9日建立浙江方林实业有限公司，于12月10日更名为浙江方林实业集团有限公司。全村企业开始公司化经营、企业化管理，村级集体资产走上股份制改造的滚动开发之路。村办企业加大投入，搞好技术改革，提高产品的竞争力。浙江中能光电有限公司投入800万元，改进产品工艺，提高产品质量，年产值3000多万元，可创利润90万元，税收50万元，节约外汇150万元。台州通力制冷元件有限公司投入技术改革资金688万元，年产空调配件增至20万套，产值超2000万元，税收100万元，节约外汇35万元。

1999年，尽管影响经济发展的不确定因素增多，村级经济仍取得较为显著业绩。全村工农业总产值为2.65亿元，比上年增长28.02%；市场成交额2.54亿元，同比增长64.94%；村级集体经济收入707万元，比1998年增长37.82%；人均收入8543元，比1998年增长8.44%。是年12月，首届全国经济特色村年会在台州市路桥区举行，方林村被中国村社发展促进会"三百村"（推荐经济特色村、农业精品村和民俗文化村共300个）活动组委会授予"经济特色村"称号。

1999年，台州市委、市政府为发挥市区经济的带头与示范作用，在椒江、黄岩、路桥3区开展创建经济强村活动，经济总量、发展后劲和经济环境三大方面为衡量标准，充分调动村一级抓经济工作的积极性。上级总体部署下达后，村党总支、村委会立即作出决定，响应市委、市政府的号召，创建经济强村，推进全村经济更快发展。5月中旬，建立以村党总支书记方中华为组长，村党总支副书记、村委会主任林文德为副组长，党总支委员、会计林小春为成员的村创建经济强村领导小组，组织健全，责任明确。随后，多次召开各企业、场站负责人会议，明确创建经济强村的重要意义，提出创建经济强村的具体要求，一致表示，以创建活动为动力，推进全村经济实力再上台阶。在此基础上，开展广泛发动，张贴宣传标语，营造舆论氛围，让全体村民知晓。

2000年1月2日，方林村提交1999年度经济强村申报材料，申报A类经济强村。1月10日，路桥区经济强村创建领导小组出具同意上报的意见。1月17日，台州市经济强村创建领导小组审核后签署合格的意见。A类考核分经济总量、经济后劲、经济环境等。经济总量中，农村社会总产值2.98亿元，考核20分；税收总额298万元，比上年增长13.7%，考核7.5分；集体经济总收入707万元，考核10分；农民人均收入8543元，考核10分。关于经济后劲，新办企业2家，考核4.5分；科技进步，当年列入市级新产品1项，实际技术改革投入1488万元，考核分别为0.5分、7分；企业管理通过ISO9002认证1家，考核1.5分；人才培养引进10人，考核5分。经济环境方面，村级工业服务周到，考核3分；水、电、路建设完善，自来水普及率100%，农田间渠配套，电力满足工农业生产需要，主要道路硬化率达90%，考核6分；通信建设良好，当年电话入户率100%，当年因特网注册率达32%，考核2分；村容村貌达标，无露天粪坑，有水冲式公厕，考核2分；建设规划“二图一书”齐全，考核2分。总共考核13项，其中9项满分，考核总分80分。

同年1月18日，台州市委、市政府下发关于表彰1999年度台州市区经济强村的通报，决定授予椒江区白云街道星星村等100个行政村（居）1999年度“台州市区经济强村”荣誉称号，其中15个行政村（居）为A类经济强村，45个行政村（居）为B类经济强村，40个行政村（居）为C类经济强村。方林村为A类经济强村。

2000年市级经济强村 2000年年初，市委、市政府开展新一轮创建市区经济强村活动。接到通知后，村两班子认真研究，决定继续参与，保持上年荣誉，力争更上层楼。建立以村党总支书记方中华为组长，村党总支副书记、村委会主任林文德为副组长，村党总支委员、村总会计林小春，村办公室主任王平为成员的村创建经济强村领导班子，明确分工职责，加强对创建工作领导，确保创建工作有序、顺利进行。规定每月一次召开由村级企业负责人及会计参加的月会，分析月内村级经济计划的运行及效益，并及时调整，使与会者感到肩负重任，产生压力，树立责任感、使命感。加强思想发动，通过各种途径，宣传创建经济强村的重要性和必要性，引导广大村民积极参与创建经济强村活动。重组集体资产，壮大集体经济，增强发展后劲。是年1月，组建浙江方林集团，努力追求规模效应。新增路桥道路发展有限公司、台州市力天铜业有限公司2家企业。进一步提高产品质量和市场占有率，集团下属3家企业投入964万元，进行技术改造。其中台州市华丽纺染有限公司投入266万元，扩大粗纺呢绒面料立线生产，产能跃至10万米，产值2500万元，利润250万元，税收75万元，节约能源1000吨。台州市路桥金属材料有限公司投入100万元，扩大废旧金属深加工技改项目，投产后将使公司每年新增废旧金属深加工3000吨，可新增产值3000万元，创利润20万元、税金25万元。台州市安达锁业有限公司投入598万元，实施年产120万把不锈钢锁，产值可达1500万元，创利润100万元、税收120万元，节约外汇180万元。注重安全生产，全村各类企业未发生死亡或火灾事故。全村达到消灭无标生产、无假冒商品查处记录。重点企业承包开展质量信得过企业或全面质量管理达标活动，台州市安达锁业有限公司通过全面质量管理达标考核，成为质量信得过企业。台州市泰洲塑胶有限公司、台州市精艺管件有限公司。是年，全村工农业总产值3.04亿元，市场成交额3.18亿元，村级集体经济收入826万元，人均收入为9482元，同比分别增长14.72%、25.20%、16.83%、10.99%，全年纳税1232万元。

第三章　管理体制

从中华人民共和国成立后到1958年，为新中国农村基层管理的初创时期。1949年11月，黄岩县农民协会建立，方林村农民协会随之产生。1950年年底开始，确立区乡（镇）管理体制。1955年方林村建立初级合作社。农业合作社取代村行政委员会、村农民协会的管理职能，受乡政府领导开展各项工作。从1958年到20世纪80年代初，为人民公社体制时期。农业生产实行评工记分、劳动定额、定工定成本等管理方式，来激发社员干活积极性。

70年代末开始，方林每年制订全年工作计划，确定农业产量指标、工业产量利润计划，企业实行各种形式的责任制。随着乡村基层组织重新构建，村级党组织领导的村民自治机制健全完善，村级治理的科学化、制度化、规范化水平不断提高，全村经济和各项事业全面进步。

第一节　村级管理体制

企业经济责任制

1984年，村办工业企业生产计划列表试算，通过分析企业实际情况，试算企业产值、成本、利润等指标，建立经济责任制。方林五金冲件厂从事铸造冲件，职工25人（正式职工20人、临时职工5人），计划总产值10万元，成本7.2万元，支付工资8000元（含附加工资600元），缴税5000元，管理费1200元，利润9000元。石曲家用五金电器厂一车间员工13人，计划总产值15万元，成本11.2万元，支付工资1万元（含附加工资750元），缴税1.05万元，管理费1800元，利润1.3万元。石曲溶剂厂生产香蕉水、松香水等，员工17人，计划总产值10万元，成本6.8万元，支付工资7200元（内含附加工资540元），缴税1万元，管理费1200元，利润1万元。石曲塑胶电器厂经营铸塑件，员工

24人，承包者林仙根、方英松等。

1985年开始，村委会、村生产合作社建立健全工业经济责任制，做到权、责、利相结合，国家、集体、个人三者利益相统一。是年1月，村生产合作社先后与石曲溶剂厂、石曲求精电器配件厂、石曲家用五金电器厂、石曲舒美服装厂、石曲摩登皮塑制品厂、石曲日用塑料制品厂、石曲塑胶电器厂、方林五金冲件厂、石曲压铸件厂等9家企业签订经营承包合同书，缪济平（郑冬春）、谢勇华、陈法春、方小燕、林寿增（蒋荷清）、徐贤德、黄彩云、方孔荣（李建国）、陈华能（盛金辉）、方普胜等分别在合同书上签字，明确应履行职责。同时，村生产合作社与石曲家用电器厂承包车间的方小燕签订合同。5月，村生产合作社与石曲轮窑厂签订经营承包合同书。

1987年1月，村党支部、村委会制订村办企业产值利润计划。贯彻执行“积极扶持、合理规划、正确引导、加强管理”的方针，发展股份制企业，扶持家庭工业，完善经济责任制，加强经营管理，推动技术进步，增强企业发展后劲。计划全年工业产值540万元，利润44.5万元，缴村集体12.4万元。同时，任命石曲轮窑厂、石曲方林旧机械交易市场等13家企业领导班子，并作出具体分工，落实岗位责任（表8-6）。

表8-6 1987年方林村企业领导班子成员一览表

序号	企业名称	厂（场组）长	副厂（场组）长	成员
1	石曲轮窑厂	谢文志	梁开六	管人财、谢华德、谢华寿、林小宗
2	方林五金冲件厂	陈华能		盛龙土、蔡裕禄
3	石曲溶剂厂	缪济平	郑冬春	罗二头
4	长虹微型电机厂	方孔荣	林必清	徐昌满、戴茂柯、金彬永
5	石曲电热压铸件厂	方普胜		
6	石曲皮鞋厂	徐贤德		张　明
7	石曲真空镀膜厂	陈林春		
8	石曲制冷机配件厂	林仙亮		方金法
9	石曲舒美服装厂	林寿增		
10	石曲日用塑料制品厂	黄彩云		
11	石曲家用五金电器厂	管人财		
12	石曲旧机械设备交易市场	方四妹	王　平	
13	石曲方林搬运组	方普根	王妙根	

是年2—8月，方林村生产合作社先后将石曲舒美服装厂、石曲塑胶电器厂、石曲日用塑料制品厂、石曲电热压铸件厂、石曲皮鞋厂、石曲交通设备配件厂、石曲真空镀膜厂、石曲制冷机配件厂、石曲电机器材厂等工业企业承包经营，承包者分别是林寿增、林必清、黄彩云、方普胜、徐贤德、徐贤忠、陈林春、林仙良、方孔华等。同时，村生产合作社与承包石曲舒美服装厂、石曲家用五金电器厂车间的王筱、张华福、李达（李正）签订合同。石曲联运站、石曲旧机械设备交易市场、石曲方林搬运组承包人方道福、方四妹、方普根等与村生产合作社签订经营承包合同。是年4月1日，村生产合作社与石曲五金瓶盖滴塑厂、石曲溶剂厂签订资产经营承包责任制合同，将企业的经营管理权交于经营责任者陈华能（盛金辉）、缪济平（郑冬春）等。

1989年1月2日，村党支部、村委会提出企业产值利润计划。全村计划实现产值2145万元，利润110.85万元，上缴村集体18.65万元（表8-7）；个体工业50万元，利润5万元。同时，确定各企业产值、利润以及缴村款项计划。

表 8-7　1989 年方林村各村办企业产值利润及上缴款项计划

单位：万元

企业名称	产值	利润	上缴村	企业名称	产值	利润	上缴村
石曲砖瓦厂	85	4.25	3.00	石曲皮鞋厂	10	1.0	0.15
长虹微型电机厂	350	35.00	1.75	石曲制冷机元件厂	10	1.0	0.12
东海机械厂	350	18.00	1.75	石曲针织服装厂	10	1.0	0.15
石曲电机器材厂	200	10.00	1.00	石曲交通配件厂	5	0.5	0.04
石曲第二化工厂	100	5.00	0.60	石曲日用塑料厂	5	0.5	0.04
石曲电热压铸件厂	100	5.00	0.90	石曲家用五金电器厂	5	0.5	0.15
石曲真空镀膜厂	40	4.00	0.55	石曲废品市场	800	16.0	7.00
石曲塑料农械厂	20	1.60	0.15	方林搬运组	10	5.0	1.00
新华毛巾厂	15	1.00	0.15	方林联运站	30	1.5	0.15

干部岗位责任制

1985年1月，村党支部组织党员干部学习《中共中央关于经济体制改革的决定》，重温《农村人民公社工作条例（试行草案）》提出的关于建立岗位责任制，实行“五定”（定人员、定任务、定质量、定报酬、定奖惩）的规定，统一思想认识，建立党支部、村委会、生产合作社干部岗位责任制，改变中长期存在的干部职责不清、赏罚不明现象，激励干部搞好工作的积极性，推进全村各项任务全面完成。是年，根据全村工作目标任务，着重提出经济工作职责，细化具体工作任务。

村党支部书记职责：结合本村实际，依托资源优势，带领干部村民，抓好村办工业、市场发展，帮助各厂、市场解决存在的困难和问题，实现工业产值300万元、市场净交额300万元、利润42万元、上缴村集体11.7万元的指标。

村党支部副书记、村长职责：根据农业生产新情况，因地制宜，制订全村农、林、牧、副、渔业生产计划，完成乡所分配的种植养殖计划，加强对植保、水利、农机、农电等的领导，做好产前、产中、产后服务；搞好农业生产责任制的完善和合同兑现；搞好企业计划管理和村财务审批；做好企业联系工作，协助石曲溶剂厂实现产值40万元、利润3万元、上缴村集体8000元的指标。

村支委、联运站负责人职责：积极扶持贫困家庭，对照条件，摸清底子，确定对象，帮助发展生产，改善经济状况；完成村联运站产值20万元、利润3万元、上缴村集体5000元的指标。

村支委、会计职责：组织签订各业的合同并兑现，完善各业责任制，提高经营管理水平；按照上级要求，及时做好统计（月报、季报、年报），上报全村企业产值利润进度表；及时准确统计村属企业各项计划指标完成情况，为村领导决策提供依据；做好本村财务收支和各项试算工作，做到账目清楚，手续完备，及时公布；加强与企业联系，帮助方林五金冲件厂实现产值15万元、利润2万元、上缴村集体4000元的指标。

村支委、生产合作社副社长职责：按照村两委提出的年度任务，完成全村农、工、副业产值、利润指标；联系分管企业，实现石曲压铸件厂产值30万元、利润3万元、上缴村集体4000元的指标。

村生产合作社社长、团委书记职责：制订企业发展规划，完善企业多种形式的生产责任制，促进生产发展，积极创造条件，为重点企业整顿验收作好准备，努力实现企业产值300万元、利润41万元、上缴村集体11.7万元、市场净交额300万元的指标；加强对家庭工业、服务业和交通运输业的指导；完成粮食征、加购，生猪派购任务；重视与企业联系，实现石曲塑胶电器厂产值60万元、利润6万元、上缴村集体7000元的指标。

村干部分片包干责任制 1987年1月31日，村党支部、村委会施行干部分片包干岗位责任制。全村分西岸、前方、后方、后林（包括后屋）4个片，每片含1～2个村民小组，分派1～2名干部分管。主要工作职责：抓好农业生产，包括种植面积落实、完成征购任务、催缴各类收费。引导农户贯彻“决不放松粮食生产”的方针，确保粮食的稳产、高产，种足424亩面积，实现亩产856公斤（其中，早稻440公斤，晚稻435公斤），总产量726吨的指标，人均吃粮350公斤。利用前门屋后、河岸、老屋基地等，发展以柑橘、葡萄为主的果木生产，运用河塘水面饲养淡水鱼和珍珠蚌，提倡家庭副业，发展畜禽养殖，增加村民收入。

1989年1月2日，村党支部、村委会继续实施干部分片包干岗位责任制。在工作过程中，宣传中共十三届三中全会精神，介绍全村工作计划和政策措施，引导村民为发展经济出力。计划全年粮食种植面积410亩，实现亩产850公斤（其中，早稻425公斤，晚稻440公斤），总产量720.8吨的目标，人均吃粮325公斤。具体措施：禁止在承包田挖塘养鱼，种多年生作物，杜绝抛荒田现象。如有发现，追查责任，扣除分片干部年终评分的20%，并对承包户罚款200～500元。开展粮食高产竞赛活动，实现春粮亩产300公斤、早稻500公斤、晚稻550公斤的，分别奖50元，化肥7.5公斤。每种1亩春粮奖20元。对年生猪出栏数、存栏数各10头以上的户，奖人民币400元；对年出栏数、存栏数各50头以上的户，奖人民币1500元。

以后，村干部继续实行分片、分组联系的岗位责任制，抓紧抓好全村各片、各组农业生产。

村民小组长岗位责任制 进入90年代，建立和健全农业生产领导体系，村委会主任负责全面工作，村委会委员林启富协助村委会主任具体负责；建立和健全村民小组长队伍，实施村民小组长岗位责任制，按月给予固定补贴，发挥村民小组长在农业生产中的地位和作用；村属企业确定一名负责人分管农业，安排好农时季节职工责任田收种。1990年全村工作计划提出：村民小组长对本组的农业生产要敢抓、敢管，抓好、管好、服务好。如仍有承包田挖塘养鱼、种多年生作物和抛荒现象，要追查分片干部、村民小组长的责任，并对该户罚款200～500元。是年，全村计划粮食播种面积400亩，亩产850公斤（其中，早稻410公斤，晚稻440公斤），总产量340吨，人均吃粮290公斤。

1995年，全村工作计划提出，充分利用有限土地，开发立体高效农业和农业龙头企业；粮食播种面积稳定在340亩，单产925公斤，总产量314.5吨，人均吃粮650斤，农业产值70万元。

是年后，继续实行村民小组长岗位责任制，村民小组长负责完成村下达的计划面积和各项任务（表8-8）。

表8-8 1987年方林村干部分片包干岗位责任制

序号	分片名称	含村民小组	分管干部名单
1	西岸	第六组、第七组	方中华、阮普妹
2	前方	第四组、第五组	管人财、陈初芬

（续）

序号	分片名称	含村民小组	分管干部名单
3	后方	第三组	方道福
4	后林	第一组、第二组	林必清、林小春

干部职责分工

90年代，村、街道党组织重视第二、第三产业干部的配备，一些村两委干部兼任村企党支部书记。1995年7月，路南街道党委发文，任命方中华任方林村党总支书记，管人财、林必清、方浩任方林村党总支副书记，方浩兼任石曲机械设备交易市场党支部书记，村委委员缪济平任新艺油墨油漆厂党支部书记，方孔荣任长征电机厂党支部书记，指导村企发展业务，提高经济效益。

1997年是市场上规模，经济上台阶，建设新型住宅的关键之年。村党总支、村委会以中共十四届五中、六中全会和省农村工作会议精神为指针，提出工作思路、目标和措施，要求村两委成员以身作则，带头苦干，为建设社会主义新农村作出新贡献。1月，村党总支、管委会成员重新分工。村党总支书记方中华主持党总支全面工作，担任村新农村筹建组组长。村党总支副书记林必清主管党的组织工作，负责组织党员的理论学习，兼管计划生育、老协工作，担任路桥机动车交易市场场长、村新农村筹建组成员。村党总支副书记、村委会主任管人财负责村日常行政事务、财务审批，兼管村老人基金会，治安调解工作，担任村新农村筹建组常务副组长。村党总支委员林小春负责科教文卫、财务、土地管理工作，担任村工办主任、村新农村筹建组成员，村民主监督组组长。村党总支委员阮普妹负责纪检工作，任村新农村筹建组成员、村基建组成员，兼任路桥机动车市场副场长。王平任村党政办主任兼秘书，负责村级接待等日常事务、文件归档工作，兼任村新农村筹建组副组长。蔡正杰协助村委会主任做好村行政事务工作，负责青年、民兵、联防队工作，兼管各市场的保卫工作，联系机械设备市场、城南大货停车场，担任村新农村筹建组成员。村委会委员陈初芬担任村妇女主任，负责全村妇女工作、计划生育工作，兼任路桥短途客运南站出纳。金菊清担任村计划生育专管员，兼任路桥机动车交易市场、村新农村筹建组出纳。谢春香担任村总出纳，兼任路桥旧机械设备市场出纳。

同时，明确有关站场、单位负责人及人员的分工，落实职责。陈法春任村新农村筹建组成员，兼任村水电、有线电视专管员，排灌协调员。詹荣杰任村老年协会会长，兼任方林影剧院院长、方林菜市场场长。方道福任村老年协会副会长。谢华寿、方崇辉分别任机械设备市场场长、副场长。王仙芳任方林搬运组组长。詹照富任车审组负责人。林必云为村工业办公室成员，兼任路桥旧机械设备市场、方林车审组会计。管建君协助路桥短途客运南站站长做好工作。刘洋彬负责村部报刊、信函的接收、发送，打扫卫生、供应茶水。

1998年1月，村党总支、村管委会作出分工，明确各成员的主要工作。方中华主持村党总支工作，实现全村经济社会文化建设全面协调发展。林必清分管党建工作，兼管路桥机动车交易市场。管人财分管农业园区、方林苑二期工程筹建，合作基金会等。方浩做好客运南站转场前准备工作。林小春负责村财务工作。蔡正杰协助村管会主任工作，分管民兵治安联防队、外来人口管理等工作。王平负责办公室接待工作，分管村民医药费的审核等。

1999年，村党总支、村委会作出干部分工决定。方中华任村党总支书记，全面负责村各项工作。林文德任村委会主任，村治保主任，主持村委会工作，分管农业及农业项目支出审批、方林苑、车检组、公交公司、团组织、民政等。管人财任村党总支副书记，村委会常务顾问，分管城建、土地、妇女、老协、合作基金会以及村级财务审批。林必清任村党总支副书记，村委会副主任，兼任路桥机动车交易市场场长，分管党建、宣传、精神文明建设等工作。方浩任村党总支副书记，兼任路桥短途客运南站站长，分管纪检、文教、卫生等工作。蔡正杰任村党总支委员，村委会副主任，村联防队队长，分管停车场、施救中心、洗车场，以及联系青年、民兵、村民代表，外来人口等工作。林小春任村党总支委员，村委会委员，村总会计，分管办公室、工业、个体工业、财务监督，以及规划、承包合同签订等工作，联系民主理财小组、统战工作。阮普妹任村党总支委员，兼任方林菜市场场长，路桥机动车交易市场副场长，分管工程监督。

是年，其他人员的分工：王平任村办公室主任。谢华寿任市场党支部副书记，兼任路桥旧机械设备市场场长。詹荣杰任村老年协会会长。方道福任村老年协会副会长。方四妹任村老年协会副会长，兼任路桥旧机械设备市场常务顾问。陈初芬任村妇女主任，兼任路桥短途客运南站出纳。徐小勇任村民兵连长，村联防队副队长，负责治安、外来人口管理。金菊清任村妇女副主任，兼任路桥机动车交易市场出纳。谢春生任路桥货的运输公司经理，兼任路桥洋林公交公司负责人。詹照富任车检组负责人。林小宗任村农业开发组负责人。谢春香任村总出纳。方辉任机械设备市场副场长。詹明照任路桥短途客运南站副站长，分管全站秩序。陈法春任方林影剧院副院长，兼任方林苑负责人，分管全村水、电、排污管理。方靖静任村团支部书记，兼任外来人员管理员，村联防队出纳。王海滨任村联防队副队长。方英任村联防队副队长。

2002年，村党总支、村委会分工：方中华任党总支书记，主持党总支日常工作。林必清任村党总支副书记，分管纪检工作。蔡正杰任村党总支副书记，分管政法工作。方浩任村党总支副书记。林文德任党总支委员、村委会主任，主持村委会日常工作，分管农业、建设规划等。管人财任党总支委员，分管民政、财务、信访、老年协会等工作。林小春任党总支委员，分管工业、审计、合同签订等工作。尚永斌任党总支委员，负责团支部、办公室、档案等工作。方崇奇任村委会委员，负责城建、环境卫生等工作，林红任村委会委员，负责妇联、计生等工作。张斌任村委会委员，分管治保、民兵工作等。

2017年3月，村党总支、村委会成员职责分工：方中华任村党总支书记，浙江方林集团有限公司董事长，负责全面工作。蔡正杰任村党总支副书记，村委会主任，分管村镇建设、土地规划、消防、武装、安保、老协、五水共治、环境卫生等工作。方浩任村党总支副书记，分管党群、组织、军民共建、社区、困难党员（社员）联系、五水共治、环境卫生、出租房旅馆式管理，以及中国五村集团联络等工作。谢华寿任党总支委员，兼任浙江方林二手设备市场总经理，分管治保调解、民政、肖谢泾（方林段）五水共治等工作。方崇奇任党总支委员，兼任浙江方林二手车市场总经理，分管民主监督、村务审计、肖谢泾（市场段）五水共治等工作。方刚任村党总支委员，兼任浙江方林五村集团总经理、五村小额贷款公司总经理，分管青年、环保、卫生等工作。林荣辉任党总支委员，兼任浙江方林汽车城常务副总经理，分管纪检、办公室、信访、档案、文化宣传、方林报刊出、方林集团网络微信管理，以及村规民约制度建设等工作。林红任村委会委员，协助村委会主任工作，分管妇女、老协、计划生育、医疗卫生、出租房旅馆式管理等工作。林显昌任村委会委员，协助村委会主任工作，分管方林苑小区水电、绿化、物业管理、长河泾（方林段）五水共治等工作。

重大建设事项管理

1996年5月5日，村两委成员召开会议，进一步分析形势，分解全年工作任务，明确工作措施。在提出企业进一步发展的同时，积极创建新场站，要求路桥机动车交易市场于7月1日开业，抓紧招商引资，并根据实际，适当放宽尺度，使之渐成气候；全力以赴，一定要在内环线开通之前，建成路桥短途客运南站。抓紧建成城南大货停车场。

路桥机动车交易市场事项。1996年5月中旬，方中华专门就市场招商引资，赴长春第一汽车制造厂、天津大发汽车制造厂联系洽谈。6月中旬，两厂派员前来考察。于6月11日举行的村两委会议要求，于20日前做好房屋、场地等设施扫尾工作，25日前基本车源、经商户及有关人员必须到位，抓紧做好开业准备工作。至6月27日，预计60～100辆车进场交易，媒体广告、悬挂横幅等宣传全面展开。计划下年上缴村集体100万元。

路桥短途客运南站事项。于6月3日召开的村党总支会议，提出抓紧完成基础设施建设，6月15日前一号车库完工，7月1日前二号车库完工。10月20日，村有关会议确定由林必清牵头，阮普妹、蔡正杰总体负责，主要任务有场地填平，重铺排水管，浇制路面8000平方米。林必清负责造好预算，待后确定造价。于11月23日动工，12月26日全部完工。总面积1.3万平方米；实浇注9000多平方米。

城南大货停车场事项。10月20日，村有关会议就建立城南大货停车场作出有关决定：10月30日前规划内建筑物必须搬迁完毕，由王平再发通知催促；林小春负责丈量规划内的少量自留地；消灭露天粪坑，个别户确需留用，迁移至三透里；用石渣平整场地，四周留足造房用地；由林必清、阮普妹、蔡正杰造好预算。计划下年上缴村集体40万元，2000年以后，村两委一班人不敢懈怠，再创新路，谋划汽车城、二手车市场建设新蓝图，为发展村级集体经济打下坚实基础。

浙江方林汽车城事项。2001年，方中华等村干部外出考察，了解汽车销售现状。此后，村两委决定扩建汽车销售市场，并着手进行具体筹建工作。翌年，村里把新建汽车市场作为头等大事来抓，抓紧做好工程规划设计方案，根据区政府规划设计方案评审会议精神，委托有关单位做好施工图设计。工程启动前，村里专门建立工程指挥部，方中华担任总指挥，林必清任常务副总指挥，杨志平任副总指挥。指挥部下设6个项目部，确定专人负责：征地、钢构项目部杨志平，土建项目部林必清，幕墙项目部谢春生，水电项目部蔡正杰，通信项目部林文德、尚永斌，技术项目部王岩法。聘请上海市建筑工程监理咨询有限公司承担监理。工程上马后，工程指挥部以及各项目部每天作好施工安排，落实具体任务，做到“当天事情当天办，明天事情今天理”。工程指挥部坚持每天17时召开工程协调会，各项目部汇报当天工作进展情况，根据情况安排次日任务。

项目实施后，方中华始终参与工程建设，重视工程设计方案修改，强调工程质量第一，该承受的投资一定承受。工程指挥部成员分工不分家，分内分外工作共同抓。填渣工程开始后，林必清整天奔波在工地，协调安排，指点过磅，经常工作到很晚，雨天也在现场。蔡正杰主动与有关分管人员搞好衔接，保证水电项目的顺利实施。杨志平受杨戴村两委派遣参与工程建设，分管征地及钢构工程，做好土地丈量工作，保证征地工作顺利进行。在职、离任的村两委班子成员也积极投身到工程建设中，方浩负责工程的协调衔接，时常联络各项目负责人，做好宣传解释工作，处理矛盾，解决问题。管人财年过六旬，虽退居二线，但仍主动协助土建项目事务。

浙江方林二手车市场事项。2009年2月20日，村两委班子会议讨论通过二手车市场搬迁事项。通过租赁中能集团公司原址，利用留存办公楼、厂房、办公楼，经营面积从1.8万平方米扩大到4万平方米；邀请上海同济城市规划设计研究院规划设计，按汽车经营要求作出整体布局，力争高档次、高品位，创品牌，创效益；任命方崇奇为二手车市场筹建小组常务副组长，林必清协助工作；建立二手车交易服务管理网络系统，形成查验、评估、过户全过程的标准化、网络化、规范化运行体系；搬迁计划于5月底完成，争取6月初正式开业。

4月2日，村两委召开党员干部会议，回顾年初布置工作的落实情况，提出新的任务。二手车市场扩建搬迁后，浙江方林集团有限公司、浙江玉峰实业集团有限公司、浙江中能工业集团有限公司合作经营，于7月1日开业。重新建立浙江方林二手车市场筹建小组，由蔡正杰、方崇奇、林必清等组成，村办公室协助，蔡正杰为组长，方崇奇为常务副组长；基建工作由蔡正杰负责，方崇奇、林必清配合；广告工作由方崇奇、村办公室人员负责。市场正式开业后，方崇奇任总经理。市场筹建设临时账户，方中华为法人代表，应正飞兼任会计，林旭日兼任出纳。

第二节 大队管理体制

劳动管理责任制

评工记分 1956年合作化期间，打破传统的个体劳动组织，并在集体劳动的基础上，建立新型劳动管理制度。评工记分制即按照性别和劳动能力，评定劳动底分，男最高10分，女最高6分，把男女分成整劳动力、半劳动力。大多为“死分死记”，有时也按劳动质量“死分活评”。

于1958年掀起“大跃进”运动，废除评工记分等有效的劳动管理制度，干农活“大呼隆”，出工不出力，农活质量差，劳动效率低，给农业生产带来严重危害。

1960年年底，“大跃进”运动终结，大队贯彻中共中央《关于农村人民公社当前政策问题的紧急指示信》（简称《十二条》），引导各生产队进一步加强劳动管理，继续实施评工记分制。统一上工、休工时间。有的队出门吹口哨，有的队专人带闹钟到田头，掌握劳动时间。生产队专门设置社员记工簿，中午歇工记工员记录上午出工的社员，晚上回家时，记录下午劳动人数，并记录每天干活名称，按底分记入工分。一月一结，年末汇总。按照社员实做劳动工分进行分配，保证按劳分配政策的兑现。

70年代，每年初组织社员评定底分，按照实际，定好每年应做工数，每人必须完成固定工数的90%，不足90%者应少1工罚1工，除生病外的其他原因需经社员讨论免罚。男社员16～60周岁，女社员16～55周岁，每10底分扣除义务工15工。针对评工记分的弊端，一些生产队在农忙季节施行劳动定额管理制度，定额的有割麦、种田等农活，割1分地麦得3分，播种1亩地记16分，调动社员劳动积极性。

评工记分、劳动定额等制度都不能彻底解决社员出工不出力现象，劳动生产率和农活质量仍然不能提高。社员为评定工分，时常发生矛盾，争吵不断，影响团结。80年代初，随着生产责任制的逐步实施，评工记分等制度废止。

定工定成本 70年代末，参照“三包一奖”（即包干、包产、包成本和超产奖励）政策，结合本大队实际情况，对粮食生产（不包括农田基本建设及其他农活）实施“三定”（定工、定成本、定肥）措施。具体实施办法：定工，每产50公斤粮食定为4.5工，不包括农田基本建设工及其他工；定成本，每产50公斤粮食定为6.5元；定家肥，每百基分定为交生产队肥料（指人粪、炉灰）款14元（少1元扣1元）。除特殊情况外，大队实行考核，并给予奖惩。1982年，定工，每产50公斤粮食定为4工；定成本，每50公斤粮食定为6元。

工农业生产责任制

70年代至80年代初，贯彻执行党在农村有关经济政策，加强经营管理，调动干部社员积极性，发展农业、工业、副业生产。每逢新年伊始，大队党支部、管委会制订年度计划（规划），提出指标任务、政策措施，落实以工农业生产为主的责任制。

1979年，大队管委会结合实际情况，制订年度生产初步计划，组织讨论，征求意见，下发各生产队、工厂实施。当年指标：粮食平均亩产确保890公斤，力争上吨粮（其中春粮单产50～60公斤，早稻每亩460～475公斤，晚稻亩产（425～440公斤）。各生产队产量指标：一队835公斤，二队855公斤，三队875公斤，四、五、六队均为910公斤，七队885公斤。队办工业全年产值实现74万元，力争83万元。各厂目标：石曲砖瓦厂指标55万元，争取60万元；石曲溶剂厂指标5万元，争取6万元；石曲食味厂指标10万元，争取12万元；石曲兽药厂指标3万元，争取4万元，大队打铁组指标1万元。全大队人均收入150元，争取160元。

1980年3月19日，大队党支部、管委会进一步贯彻落实中共中央《关于农业发展若干问题的决定》《农村人民公社工作条例（修正草案）》，根据路桥区委、石曲公社党委有关文件精神，出台《1980年度若干经济政策及有关决定》，提出全大队粮食生产、工业指标：粮食亩产确保935公斤，力争上吨粮；工业产值确保135万元，争取140万元。针对各生产队、企业的实际情况，提出不同的粮食亩产、产值利润指标。粮食超过指标的50%留队，其余50%奖给劳动日完成90%以上的社员；工业产生的利润50%上缴大队，40%留厂扩大再生产，10%各厂自行安排，超过部分则上缴、留厂各40%，自行安排20%。

1982年1月，大队坚持"三不变""四统一"的原则，农业生产实行专业承包、联产计酬的责任制。第二生产队承包到队，第一、第三、第四生产队分别承包到4个组，第五、第六、第七生产队分别承包到3个组。粮食指标以1979—1981年实际平均亩产为基数，落实到队、组，全大队亩产定为850公斤，总产量359.55吨。队、组内部，根据现行政策和具体情况，责任到户、到劳、到人；土地承包每人3分，其余按劳动底分承包。队办企业承包到厂、车间，承包到厂的有轮窑厂、溶剂厂、皮鞋厂、药厂、淡水食味厂、家用五金电器厂等。承包到车间的有教具厂第一、第二、第三车间。根据上年生产情况，全大队确定产值122.5万元、利润11.08万元。以此数为基准，分配各厂、车间产值、利润指标。企业按规定上缴大队利润，每月考核，春夏预交，年终交清，保证兑现；利润超过部分上缴大队20%，留厂再生产、奖金及福利各40%，注意提足税金，折旧。

是年，大队党支部、管委会制订《方林大队一九八二至一九八五年规划》，提出3年奋斗目标。农业生产方面，到1985年实现吨粮。队办企业方面，于1985年实现产值200万元，利润16万元。多种经营方面，1985年生猪饲养量700头、存栏数450头；1982—1985年淡水养鱼2万尾；在不影响农业生产情况下，多养、养好鸡、鸭、鹅等家禽；积极发展正当家庭副业，增加社员收入。

第三节　实业公司管理体制

台州市路桥方林工贸有限公司

公司地址为台州市路桥区杭温路300号。1995年1月18日，台州市路桥方林工贸有限公司章程制订完成，包括总则、经营范围、注册资本及出资方式、股东与股东会、执行董事、监事、财务会计制度、公司的解散和清算方法、附则，共9章。公司由方中华、管人财、林必清共同投资组建。公司依法在台州市工商行政管理局路桥区分局登记注册，取得企业法人资格。公司经营期限为10年。公司为有限责任公司，实行独立核算，自主经营，自负盈亏。股东以其出资额为限对公司承担责任，公司以其全部资产对公司的债务承担责任。公司遵守国家法律、法规及章程规定，维护国家利益和社会公共利益，接受政府有关部门监督。公司主要经营范围：灯具装饰、家用电器、建筑材料、电脑电子、五金交电、农副产品、房地产、普通机械设备、汽车、摩托车、食品饮料、塑料制品、皮革、毛皮、化工原料、装饰装潢材料、联运、装卸搬运、旧电机拆解销售等。公司注册资本为人民币1000万元。公司股东方中华现金出资350万元，占35%；股东管人财现金出资350万元，占35%；股东林必清现金出资300万元，占30%。方中华、管人财、林必清分别在章程上签名、盖章。

1995年3月20日，台州市路桥方林工贸有限公司注册建立。全村农业、工业、商贸等行业均纳入方林工贸有限公司管理，建立起各业台账，加强内部核算，提供项目报批等系列服务。公司为逐步建立跨部门、跨行业、产业门类齐全的综合性集团公司打下基础，推进集约化经营、产业化经营，加快经济增长方式的转变，逐步走上规模效益型道路。

浙江方林实业有限公司

1999年10月9日成立。地址为台州市路桥区新安南街607号。公司根据《中华人民共和国公司法》和有关法律、法规规定，结合实际情况，制定有关章程，以规范公司的行为，保障股东的合法权益。公司由方林村村民委员会与路南工贸发展有限公司共同投资组建。依法在台州市工商行政管理局登记注册，取得企业法人资格。法定代表人方中华。公司经营期限为10年。公司为有限责任公司，实行独立核算，自主经营，自负盈亏。企业法人营业执照注册号3310041004014。

公司经营范围包括汽车、摩托车、汽车摩托车配件、机械设备、金属材料、建筑材料、装潢材料批发零售，汽车配件、摩托车配件、人造革、节能灯制造，房地产开发，客运停车，洗车服务，物业管理，信息咨询，粮食、蔬菜、花卉、苗木种植。

公司注册资本6120万元，方林村村民委员会以实物出资，作价5508万元，占90%；路南工贸发展有限公司以货币出资，金额612万元，占10%。股东全部缴纳出资后，经法定的验资机构验资并出具证明。

公司章程规定，股东享有的权利包括：根据其出资份额享有表决权；有选举和被选举执行董事、监事权；查阅股东会记录和财务会计报告；依照法律、法规和公司章程规定分取红利；依法转让出资、优先购买公司其他股东转让的出资；优先认购公司新增的注册资本；公司终止后，依法分得公司的剩余财产。股东负有的义务：缴纳所认缴的出资；依其所认缴的出资额承担公司债务；公司办理工商登记后，不得抽回出资；遵守公司章程规定。公司股东会由全体股东组成，是公司的权力机构。

1999年11月，所属子公司共8家，分别是台州市路桥机动车交易市场有限公司、台州市路桥机械设备市场有限公司、台州市路桥客货运南站有限公司、台州市路桥货的运输有限公司、台州市路桥方林农业开发有限公司、台州市方林房地产开发有限公司、台州市路桥方林物业管理有限公司和台州市路桥方林花卉有限公司，根据《中华人民共和国公司法》和有关法律、法规的规定，结合本公司实际情况，均制订公司章程。各章程分为9章，包括总则、经营范围、注册资本及出资方式、股东与股东会、董事会、监事、财务会计制度、公司的解散和清算方法、附则等。浙江方林实业有限公司、方林村村民委员会法定代表人方中华、林文德分别在章程上签章。同月，各子公司向台州市工商管理局路桥分局提交公司名称预先核准申请书，林小春受委托办理。根据台州《企业名称登记管理条例》规定，台州市工商管理局路桥分局同意企业名称预先核准。

1999年12月10日，方林村村委会召开全体成员会议，决定委派方中华、管人财、林文德、林小春为浙江方林实业有限公司董事。同日，路南工贸发展有限公司决定委派陈理荷为浙江方林实业有限公司董事。

第四节　集团公司管理体制

浙江方林实业集团有限公司

前身是浙江方林实业有限公司。1999年12月20日，浙江方林实业有限公司在路南街道方林村会议室召开第三次董事会。会议由方中华主持，陈理荷、管人财、林文德、林小春等董事出席。会议一致通过有关协议：将浙江方林实业有限公司更名为浙江方林实业集团有限公司。出席会议的董事分别在会议纪要上签名。同日，浙江方林实业集团有限公司在路南街道方林村村委会会议室召开第一次股东会会议。会议由方中华主持，陈理荷、管人财、林文德、林小春、林必清、方崇进、蔡正杰、阮普妹、王平等参加，经股东会讨论通过，任命方中华、陈理荷、管人财、林文德、林小春为浙江方林实业集团有限公司董事，林必清、方崇进、蔡正杰、阮普妹、王平为浙江方林实业集团有限公司监事；确定董事、监事任期3年，任期届满，可连任。方中华、陈理荷分别代表方林村村委会、路南工贸发展有限公司在会议纪要上签字。

浙江方林实业集团有限公司成员企业即子公司共8家，分别是台州市路桥机动车交易市场有限公司、台州市路桥机械设备市场有限公司、台州市路桥客货运南站有限公司、台州市路桥货的运输有限公司、台州市路桥方林农业开发有限公司、台州市方林房地产开发有限公司、台州市路桥方林物业管理有限公司、台州市路桥方林花卉有限公司。

浙江方林实业集团

1999年12月30日，浙江方林实业集团筹建小组接到台州市路桥机动车交易市场有限公司、台州市路桥机械设备市场有限公司、台州市路桥客货运南站有限公司、台州市路桥货的运输有限公司、台州市路桥方林农业开发有限公司、台州市方林房地产开发有限公司、台州市路桥方林物业管理有限公司、台州市路桥方林花卉有限公司等提交的关于要求加入浙江方林实业集团申请书，愿意在平等互利的基础上成为浙江方林实业集团成员，表示要遵守章程，享受权利，履行义务，为促进方林经济发展作出贡献。各公司法定代表人林必清、谢华寿、方崇进、谢春生、管人财、方中华、蔡正杰、林文德分别在各自申请书上签章。

截至1999年年底，组建浙江方林实业集团准备工作基本就绪，提交有关申报材料，要求省有关部门审批。

2000年1月5日，浙江方林实业集团筹建小组向浙江省工商局提交关于组建浙江方林实业集团的申请报告。申请报告称，根据《中华人民共和国公司法》《企业集团登记管理暂行规定》，拟组建浙江方林实业集团（简称方林集团）。方林集团注册资本6120万元，地址为台州市路桥区路南新安南街607号。浙江方林集团由母公司、子公司两个层次组成，母公司为浙江方林实业集团有限公司，子公司为浙江方林实业集团有限公司控股的台州市路桥机动车交易市场有限公司、台州市路桥机械设备市场有限公司、台州市路桥客货运南站有限公司、台州市路桥货的运输有限公司、台州市路桥方林农业开发有限公司、台州市方林房地产开发有限公司、台州市路桥方林物业管理有限公司、台州市路桥方林花卉有限公司等企业。

1月13日，省工商局批准组建申请，下发营业执照。1月17日，村两委班子成员会议部署集团运行工作，提出所属子公司设置1名出纳及仓保，全部子公司财务由集团财务部负责；各子公司负责人要各负其责，担起责任，掌握财务支出的尺度（只限在500元以下，500元以上由集团董事长审批），财务部设在原基金会办公室。强调村与集团是不同的体制。以后实账记入村。3月4日，由村两委班子成员，各公司负责人、财务人员，村办公室、共青团、妇代会负责人参加的会议，提出如何开展浙江方林集团实质性工作，选派尚永斌、方靖静赴外地参加浙江方林集团网站人才培训；建立方林集团的财务机构，由林小春担任指导，应正飞负责记账；村属各公司的财务工作人员集中进行办公，每日报表及时上报。

台州市路桥机动车交易市场有限公司 地址为台州市路桥区新安南街609号，法人代表林必清。注册资金1831万元。其中，浙江方林实业有限公司占85%，实物出资折人民币1557万元（土地投入面积14396.43平方米，9070616元；房屋、水泥场地等投入面积19842.18平方米，6499384元）；方林村村民委员会占15%，货币出资人民币274万元。企业类型有限责任公司。经营范围是各类汽车（不含轿车）、摩托车及配件批发零售、物业管理。位于路桥区主要交通地段，毗邻路桥区交警大队、路桥公路管理所等单位，地理位置优越，有利经营业务。公司创建于1996年7月，一期总投资1900万元，占地近2万平方米，建筑面积8600多平方米，停车坪可停放各种类型汽车600多辆。强化售后服务，验证、办证、保险、上牌一条龙，是集通信、金融、保卫、住宿、餐饮、娱乐为一体、配套完整的交易场所。良好的管理服务体系，使市场的社会知名度不断得到提高，交易的汽车档次越来越高，进口车的销售比例逐年提升。2000年1月3日，台州市工商管理局颁发企业法人营业执照，注册号3310041004110。经营期限10年。

台州市路桥机械设备市场有限公司 地址台州市路桥区新安南街569号，法人代表谢华寿。注册资金984万元。其中，浙江方林实业有限公司占70%，实物出资折人民币6759380元（土地投入6622430元，房屋等建筑物投入136950元），货币出资人民币130620元；方林村村民委员会占30%，货币出资人民币295万元。企业类型为有限责任公司。经营范围是各类机械设备的批发零售、物业管理。公司是全国最早、最有名的机械设备交易市场之一，从开业第一天起，充分发挥便捷的地理优势，市场不断发展壮大，产品销售网络遍布全国20多个省、自治区、直辖市。1999年，公司在科学化管理和建立服务体系上下功夫，先后投入资金，整修市场路面，搭建钢架连栋大棚。2000年1月3日，台州市工商管理局颁发企业法人营业执照，注册号3310041004111。经营期限10年。

台州市路桥客货运南站有限公司 地址为台州市路桥区泰隆街，法人代表方崇进。注册资金744万元。其中，浙江方林实业有限公司占75%，实物出资折558万元（土地投入5060742元，房屋等建筑物投入519258元）；方林村村民委员会占25%，货币出资186万元。企业类型有限责任公司，是以运输服务业为主的服务性企业，经营范围包括汽车客运、货运、停车服务、汽车配件批发零售等。分设为客运南站和货运南站，分别是台州市最繁忙的客运站点，路桥区最大的经济货运站点之一。1998年10月20日，制订《台州路桥短途客运南站有限公司章程》，包括总则、经营范围、注册资本、股东现股东会、董事会、监事、财务会计制度、公司解散和清算办法以及附则。2000年1

月3日，台州市工商管理局颁发企业法人营业执照，注册号3310041004109。经营期限10年。

台州市路桥货的运输有限公司 地址为台州市路桥区路南街道方林村，法人代表谢春生。注册资金80万元。企业类型有限责任公司，经营范围汽车货运服务，专门从事短途运输。公司创立于1997年7月。至1999年年底，拥有柳州五菱、小解放、皮卡等车辆280辆，主要营运台州及温州部分地区，在路桥城区代替黄包车及人力手拉车从事小量货物运输。公司1998年收入960万元，净收入160万元。1999年10月17日，台州市工商管理局颁发企业法人营业执照，注册号3310041000445。经营期限10年。

台州市路桥方林农业开发有限公司 地址为台州市路桥区新安南街607号，法人代表管人财。注册资金35万元。其中，浙江方林实业有限公司占58%，货币出资20.3万元；方林村村民委员会占42%，货币出资14.7万元。企业类型为有限责任公司。经营范围：粮食、蔬菜、果树种植，农副产品（不含国家管理商品零售），从事“一优二高”农业开发，开展浇灌、耕种、收割服务等。公司创立于1991年3月。创建后，陆续在沿路桥机场大道地段腾出土地，开发“通春牌”葡萄种植园、优质蔬菜种植基地各50亩。公司添置工厂化育秧设施，一次性可供1600多亩大田秧苗；拥有大型联合收割机，实现谷物收获机械化。2000年1月3日，台州市工商管理局颁发企业法人营业执照，注册号3310041004113。经营期限10年。2016年12月26日，公司注销。

台州市方林房地产开发有限公司 地址为台州市路桥区新安南街607号，法人代表方中华。注册资金200万元。其中，浙江方林实业有限公司占55%，货币出资折110万元；方林村村民委员会占45%，货币出资折90万元。企业类型有限责任公司。经营范围包括房地产开发、房屋装潢、物业管理等。公司创立于1999年11月，为方林村新的经济增长点，将第三产业提到更高层次，为跨地区、跨部门发展奠定坚实基础，拓展新的空间。2000年1月3日，台州市工商管理局颁发企业法人营业执照，注册号3310041004112。经营期限10年。

台州市路桥方林物业管理有限公司 地址为台州市路桥区新安南街607号，法人代表蔡正杰。注册资金30万元。其中，浙江方林实业有限公司占51%，货币出资15.3万元；方林村村民委员会占49%，货币出资14.7万元。企业类型为有限责任公司，创立于1999年11月。经营范围：洗车服务、电影放映、房产租赁、物业管理等，主要负责路南影剧院、路桥方林洗车场、路南中心菜市场以及公司所有的房产租赁、物业管理。2000年1月3日，台州市工商管理局颁发企业法人营业执照，注册号3310041004114。经营期限10年。2016年12月26日，公司注销。

台州市路桥方林花卉有限公司　地址为台州市路桥区新安南街607号，法人代表林文德。注册资金40万元。其中，浙江方林实业有限公司占63%，货币出资25.3万元；方林村村民委员会占37%，货币出资14.7万元。企业类型为有限责任公司，经营范围花卉种植、零售、租赁。1999年11月，公司在原方林农业开发公司、实验农场基础上合资创建，在路桥机场大道北侧拥有花卉基地100亩，温室3000多平方米。公司专门从事花卉种植和销售、批发和租赁，经营室内外绿化工程，以品种多、花色新、质量优闻名浙东南一带。主要产品有加拿大利海枣、华盛顿棕、国王椰子、三角椰子等园林品种20多个，各类桂花、应时小盆花等。是年12月，公司加大科技与资金投入力度，兴建桂花专类园、桂花湖，试生产红掌、泽兰、凤梨等高档花卉，以满足市场不同的需求，争创台州一流、浙江重点、全国特色的花卉企业。2000年1月3日，台州市工商管理局颁发企业法人营业执照，注册号3310041004115。经营期限10年。

2000年3月8日，台州市路桥方林花卉有限公司召开股东会会议，方中华、林文德、冯常柳、管人财、林小宗、林必云参会。经全体股东协商，一致通过关于章程经营范围修正决议。原章程第八条经营范围花卉种植、零售、租赁，修正为园林绿化工程、园艺科研、花卉种植、花卉盆景、花卉销售租赁。参会股东在会议纪要上签名、盖章。次日，公司作出章程经营范围修正案。方中华、林文德、冯常柳在修正案上签名、盖章。3月10日，公司向台州市工商管理局路桥分局提交公司变更登记申请书，申请变更经营范围。3月14日，台州市路桥区建设环保局批准同意。4月6日，公司接到台州市工商管理局路桥分局登记受理通知书（路工商企登记受理〔2000〕第213号）。

公司建立当年，向花卉生产基地投入资金110.6万元，完善相应生产设施建设，建起联栋铁架大棚温室2800平方米，安装喷灌设施1.2万平方米；引进红掌、凤梨等盆花1.6万盆，榕桩、五针松等盆景3300盆，绿化工程用苗近6万株。全年共收入22.65万元。2002年收入30万元。

2004年，加强对220多亩的花卉公司的经营管理，投入90多万元，引进香樟、榕树、桂花、杜鹃等园林绿化品种，推进效益农业向生产商品化、产品优质化、品种多样化发展。2017年9月27日，公司注销。

第九编

综合管理

方林村运用简易程序和一般程序招聘员工，科学制定薪酬政策，调动员工积极性；建立岗位责任制、考勤制，严格工作纪律；实行退休制度，并把它载入《方林村村民自治章程》。

建立健全财务管理网络，制订包括财务公开、财务监督、民主理财等完善的财务管理制度，科学进行资本运作，确保资本保值增值。

重视安全生产和消防安全，开展安全宣传和培训。定期或不定期地进行安全检查。建立义务消防队，添置必要的消防设备。经常演练，村民有较强的自救能力。改革开放以来，未发生重大安全生产事故和火灾。

方林村建有综合档案室，妥善分类保管文书档案、科技档案、财务档案、音像档案、实物档案等。档案室配有必要的档案保护设施，做到防蛀、防鼠、防盗、防火、防潮。方林村制订档案管理制度。2000年，方林村荣获路桥区档案管理先进单位称号；2010年12月21日，村综合档案室被浙江省档案局命名为“浙江省行政村示范档案室”。

第一章　人事管理

20世纪70年代及改革开放初期，队（村）办企业基本只招收本队（村）社员（村民），既满足生产需要，又能改善社员（村民）生活。随着经济转型，企业用工量逐渐增大，本村人员难以满足用工需求，遂多渠道对外招收职工。同时，加强用工管理，制定合理的薪酬和福利标准。1987年，方林村向男年满60周岁、女年满55周岁的村民发放老年补助。1998年，方林村把村民退休制度写入《方林村村民自治章程》。

第一节　招　　聘

简易程序招聘

简易程序招聘是针对本大队社员（村民）的招聘。凡年满18周岁的社员，经大队党支部和管委会研究同意，可进入队办企业工作。1970年，方林大队7个生产队集资1400元，在乾亨里办起两个窑厂。1973年，方林大队建起石曲轮窑厂，需要不少员工。大队党支部和管委会研究决定，在保证从事农业的劳动力外，凡大队社员家庭有劳动力的，原则上可每户安排一个劳力到轮窑厂做工。1973年，招收近180个员工。以后，随着生产规模的扩大，至1981年，员工增至280多人。其他队办企业，基本上也采用简易程序招收大队社员。

从20世纪90年代开始，村两委重点招聘3类村民进村所属企业工作。一是有一定管理能力的村民安排至村部或村属单位管理层。2000年5月29日，村两委研究决定，安排詹照富进中心菜市场，协助阮普妹工作，林小春女儿任葡萄园经济保管员兼花卉基地会计。二是复员退伍军人愿意在村里工作的，村委会优先安排进村集体企业、场、站工作。三是缺乏企业工作和经商能力的村民，安排他们从事搬运、保安、保洁、保绿等工作。20世纪70年代，退伍的阮普妹、王妙寿、詹明照、戴学明、王仙芳、管人德、陈法春、施小定、谢华德等，都由生产大队安排到队办企业，或任管理人员，或任普通职工。由于方林村经济的转型，很多退伍军人自己经商办企业，或被招聘到机关事业单位，先后离开原由村安排的单位。

一般程序招聘

一般程序招聘是指通过一定的程序，平等竞争、择优录用，招聘对象主要为非本村村民。方林集团成立后，除简易程序招聘外，均采用一般程序招聘新员工。各企业采用的一般程序大同小异，都是发招聘通告、组织考核、录用通知、领导审批。2009年，开业的浙江方林二手车市场招聘员工的程序具有普遍性。其招聘程序为各部门根据岗位需求提前7个工作日向办公室上报人员需求表，经总经理审核同意后，由公司办公室根据招聘要求拟出招聘简章、预算招聘成本，根据实际情况确定招聘宣传方式、招聘地点及时间；办公室对应聘人员进行初试把关。初试合格后，整理应聘人员资料（包括登记表、身份证复印件、最高学历证、学位证复印件、一寸近照1张），然后办公室会同相关部门人员组成面试小组对应聘人员进行复试；复试合格后，办公室将复试结果拟录用人员基本情况表，连同拟录用人员资料送总经理审批。最后，发录用通知。

路桥客运南站有限公司是从事交通运输业的单位，驾驶员招聘程序与其他企业不同。公司驾驶员招聘由办公室与安全机务科共同负责，用人决定权为公司执行董事。应聘者必须身体健康，五官端正，无妨碍安全行车的疾病及各种传染病；必须具有3年以上安全驾驶年资，且累计行驶5万千米以上安全距离，年龄不得超过60周岁；3年内无违法扣分记录，未发生过重大道路交通责任事故，没有酒驾机动车的记录，没有发生驾驶机动车行驶速度超过规定时速50%以上行为，没有发生驾驶机动车载客超过规定核定座位20%以上行为，1年内没有3次以上超速违法记录，无驾驶证被吊销的记录；3年内未被各级运管部门通报，未上重点驾驶员监管名单。驾驶员招聘程序：用人部门根据实际需要，向公司办公室提出书面申请；办公室报请公司总经理审批，经审批同意后张贴告示，面向社会公开招聘驾驶员；办公室组织报名，由办公室与安全机务部门对应聘者进行资格审核，应聘者向工作人员出示本人有效驾驶证、身份证等证件。必要时，还应当提供有效的安全行驶千米证明。审核合格后，应聘者提交上述证件的复印件各1份。报名工作终止后，安全机务科与办公室会同用人单位组织应聘驾驶员参加安全生产理论知识测验和一般道路驾驶技能考核，考核路线一般为双向两车道公路，驾驶里程不得少于20千米，并由考核人员填写《营运车辆驾驶员招聘考核登记表》，推荐合格人选后交安全生产管理职能部门领导和安全分管领导签署意见。参加考核人员由安全管理职能部门在驾驶员考核组成人员中随机抽取。办公室将推荐人员名单报公司主要领导审批，并及时将批示意见反馈安全管理职能部门和用人部门。

第二节　薪酬管理

计件工分制

轮窑厂实行计件工分制，规定员工每100块泥坯砖进窑烧砖可计1.3元。每个月末，厂部将每位员工累计所得金额交该员工所在生产队，然后员工到生产队记工分，并按生产队分值获取相应报酬，年终回生产队参加集体分配。有的生产队效益好，分值高，该员工的报酬就会比轮窑厂直接给付的高；反之，就低。

综合工资制

方林集团下属企业固定员工的工资实行综合工资制。综合工资由基本保障工资、岗位职务工资、效益工资三部分组成。基本保障工资是指员工基本生活保障工资，由基本工资与规定的各类生活补贴、津贴组成，随着国家有关标准的调整而调整；岗位职务工资指由员工所担任的岗位工资，随员工职务和岗位的变动而调整，一般以岗定薪，论绩考核，按月计发；效益工资随企业经济效益而定。

方林村各企业规定聘用工见习期及期间的工资。不同的企业见习期不同，其见习期工资也不同。如汽车城见习期为3～6个月，工资为800元/月；二手车市场聘用工见习期为1～3个月，工资为1500元/月。见习期满，经考核合格，其工资一般按合同或约定的标准发放。2012年，汽车城进行员工工资调整，每位员工均增加了工资。最多的增资14960元，最少的增资3960元，平均年增资7645元/人，月平均增资637元/人。

福利待遇

方林集团各下属企业都有有关福利待遇的规定。福利待遇主要指养老保险、医疗保险等社会保险，以及加班费、节日补贴、各种奖励等。不同的企业福利待遇有所差别。2014年，二手车市场规定，遇国家法定节日，每人计发180元节日补贴。

各企业岗位目标责任制考核与员工出勤情况，均与薪酬福利待遇挂钩。

第三节　岗位责任制与纪律管理

方林村村属市场等企业采用思想教育手段、行政手段和经济手段，对员工实行规范化管理，促使员工遵守纪律，圆满完成本职工作。

岗位责任制

岗位设置和职责　1973年，石曲轮窑厂实行岗位责任制，设置厂长、副厂长、烧窑、做泥坯砖等岗位，规定岗位职责。每位做泥坯砖的员工要保质量完成一定的生产任务，而且要保证所做的泥坯砖能送入炉内煅烧。否则，就会扣除相应报酬。

各企业普遍实行岗位责任制。2003年，汽车城制订岗位责任制，形成总经理—副总经理—经理（主任）—工作人员岗位职责体系。总经理下属的市场服务部、办公室、市场信息开发部、市场综合管理部、财务部负责人及其工作人员都有自己的岗位职责。

2009年7月8日，浙江方林二手车市场开业，同时出台岗位责任制。二手车市场共设办公室主任、副主任、会计、出纳、市场部调解员、市场部宣传员、办证大厅负责人、办证大厅复印、办证大厅合同缴费、办证大厅审核、办证大厅录入、办证大厅评估、办证大厅开票、办证大厅交易收费、车管所档案比对、车管所转移登记、车管所收费、车管所开票、车管所制证、车管所档案归档、检测站照相、检测站外观查验、拓印拆牌、综合部负责人、综合部修理工、综合部电工、综合部水工、网络部经理、网络部采编、网络部程序员、网络部美工、网络部业务员、保安队长、保安员34个岗位，每个岗位都有明确的职责。

岗位考核 方林汽车城、方林二手车市场、路桥客运南站、方林中心菜场等企业场（站）在出台岗位责任制的同时，出台岗位目标责任制考核办法，对各岗位工作人员和部门履行职责情况进行考核，并将考核结果与绩效工资、奖金等挂钩。2006年，方林汽车城出台的《市场岗位目标责任制考核办法》规定："采取个人综合考核和部门工作实绩考核相结合方法。考核采取百分制分项量化计分方式，个人综合考核100分。各部门工作实绩考核100分。考核领导小组在董事会的领导下，负责对每个员工和部门工作实绩进行考核和评定，具体由办公室组织实施。"

为便于考核，汽车城对指标进行量化。其中，市场服务部营业收入达到1500万元，展示会及场地广告收入纯利润达到70万元（不含市场正常性的广告支出）；信息开发部每年的网站点击率增长在10%以上；综合管理部保证食堂的收支平衡；其他无考核指标的部门按岗位职责考核。

考核结果好的，采取精神和物质鼓励相结合的方式兑现。个人综合得分不满80分的，年终不能评先进个人；各部门工作实际成绩不满80分的，年终不能评先进部门；各部门在省级媒体、市级媒体、公司级媒体发表一篇宣传报道，分别加5分、3分、1分。个人综合得分加上所在部门的管理工作实际成绩得分为个人总得分，个人总得分为个人奖金计算发放的依据。个人奖金=效益工资总额 ÷ 全年度个人总得分。《市场岗位目标责任制考核办法》详细规定个人、市场服务部、市场信息部、展示会期间的市场服务、综合管理部、财务部的综合考核内容及评分标准。

纪律管理

考勤制 方林村各企业场（站）为强化员工上下班管理，采用考勤机打卡的办法，促使员工准时上班，不迟到、早退、旷工。员工进出各企业场（站）必须打卡，未按规定打卡，视为缺勤，并扣除相应工资。员工在年内的考勤记录作为年终考核的依据。

请假制度 2006年，方林汽车城规定，职工请假1天以内由部门负责人批准，1 ~ 2天由总经理批准，3天以上由集团公司批准；请事假半天以上按天工资总额扣回事假工资。月累计事假4天以上者，取消当月岗位工资，并按天工资总额扣回事假工资（剔除岗位工资后的日工资）；请病假须有区级以上医院的病假证明，月累计病假半天以内，工资照发；超过1天以上者，按日工资总额的50%扣回病假工资；月累计病假4天以上者，取消当月岗位工资；员工婚假为15天，晚婚员工另加假期3天，婚假期间，工资照发，并扣除当月的岗位工资；女员工产假为3个月，晚育增加1个月。产假期间，工资照发，岗位工资、效益工资按月扣回；未办理请假手续，不按时上班，一律按旷工处理，旷工1天扣2天工资。月一次性累计旷工3天，年累计旷工15天，一律解除劳动合同，按辞退处理。

2014年，方林二手车市场规定，职工请假由总经理批准；若总经理不在，由副总经理批准；请假条自行交至办公室备档，以便结算工资；无请假条一律按旷工处理。请事假半天以上按日工资总额扣回事假工资；病假须事先办理请假手续。月累计病假半天以内，工资照发；超过1天以上者，按工资（每月按30天计算）总额的50%扣回病假工资；员工婚假为7天（含双休日，不得分开请假），工资正常发放；女员工产假为98天，其间取消岗位工资，发基本工资；没有不可抗拒的特殊因素，事先未办理任何请假手续，不按时上班一律按旷工处理，旷工1天扣2天工资。月一次性累计旷工3天，年累计旷工15天，一律解除劳动合同，按辞退处理。

工作纪律 各企业制定严格的工作纪律，对员工的着装、仪容仪表、文明礼仪、工作态度等方面都有严格规定。违反纪律的，在教育的同时，给予行政处分或罚款。2006年，方林汽车城规定，未按规定着装、佩戴岗位证的，每次各扣10元；上班时间穿背心、拖鞋、吃零食、带小孩、睡觉、看图书、织毛衣，每次各扣50元；上班时间打扑克、下棋、喝酒、猜拳、赌博等每查到一次扣参与者每人当月工资100元；与经营户或顾客吵架，经查证属故意刁难经营户的扣当月工资200元；赊购商品，向经营户敲诈勒索，视其性质轻重扣除当月工资或作待岗、解聘处理；接待经营户或消费者的员工为第一首问责任人，若不执行首问责任制的，经消费者或经营户投诉查证属实，每次罚50元；不能正常地履行岗位职责，消极怠工，造成经营户或消费者投诉，影响市场形象的，情节轻微者每次罚50元，情节严重者，按待岗处理。待岗期间，停发工资。

2009年，方林二手车市场制订员工工作准则和工作纪律。准则要求员工热情、勤勉、诚实、服从、整洁。工作纪律规定，工作时间禁止乱串岗位、聚众聊天，大声喧哗；值班时间必须保持手机畅通；工作时间不得使用手机、电脑（包括自备电脑）从事与工作无关的内容；积极履行工作职责，不敷衍塞责，相互推诿；爱护公共财物和办公环境，保持工作环境干净整洁，不乱扔纸屑；办公桌物件摆放整齐，不乱放乱摆文件档案等；员工私有车辆一律停放在市场围墙外，不得停放在市场内。

第四节 退 休

退休金

1980年，方林大队男年满60周岁，女年满55周岁社员，由大队发放老年补助金（又称尊老金），每人每月10元。老年补助金是早期退休金，退休金随着集体经济的壮大不断增加。1992年增至每人每月15元，1996年增至30元，1998年提高到40元，2000年提高至每人每月60元，2004年每人每月150元，2006年每人每月200元。

2008年，方林村在《方林村村民自治章程》中，正式提出“实行村民退休制度”。第四十九条指出：为实现老有所靠、老有所养的目标，本村实行村民退休制度。村民男满60周岁、女满55周岁的社员办理退休手续，由村委会按月发给退休金。2017年的《方林村村民自治章程》指出“退休社员是指享受村集体福利分红待遇的社员”“已退休的社员还受聘于村委会、村各级企业场站主要岗位或重要职位发放工资的，受聘期间，不享受本村的退休金待遇；已在企事业单位退休的人员不得转办本村的退休手续，不享受本村的退休金待遇”。社员退休，由本人提出申请，经村委会批准核发给退休证书；2017年前退休的社员可补发退休证书。是年，退休金增加到每人每月1000元。2021年，提高至每月每人1200元。2011—2020年，村发放退休金2997.95万元（表9-1）。

表9-1 2011—2020年方林村退休村民退休金统计表

年份	总人口/人	退休村民/人	占比/%	每人退休金/（元/月）
2011	1071	257	24.0	760（含60元社会养老金）
2012	1077	271	25.2	980（含80元社会养老金）
2013	1079	280	25.9	980（含80元社会养老金）
2014	1079	287	26.6	980（含80元社会养老金）
2015	1092	279	25.5	980（含80元社会养老金）
2016	1105	301	27.2	980（含80元社会养老金）
2017	1111	315	28.4	1000（不含社会养老金）
2018	1123	307	27.3	1000（不含社会养老金）
2019	1134	316	27.9	1000（不含社会养老金）
2020	1137	336	29.6	1000（不含社会养老金）

贡献补助金

1998年的《方林村村民自治章程》规定，凡达到退休年龄且党龄在10年以上的老党员，每人每月享受30元贡献补助金；副村长以上、妇女主任正职，工作年限在10年以上的非党员干部，每人每月可享受30元贡献补助金。2008年，贡献补助金提高至每人每月50元。

2000年的《方林村村民自治章程》对享受贡献补助金的党员、干部作出限定，即受到党纪或行政拘留处分以上的取消贡献补助金享受资格。2004年的《方林村村民自治章程》对享受贡献补助金的党员、干部进一步作出限定，即享受贡献补助金的党员、干部必须执行党总支制定的“党员奉献簿（三个一*）”制度；受到严重警告以上党纪处分的，在处分期间取消享受资格。

* “三个一”是指我为党组织添一份光、我为乡村振兴建设出一份力、我为群众办一件实事。

第二章 财务管理

方林高级农业生产合作社时期，生产大队配有会计和出纳。此后，财务管理机构和各项会计制度不断完善，并逐渐形成管理网络和财务管理体系。《方林村村民自治章程》中，财务管理章（节）中，对财务公开、财务监督、民主理财、资金的使用、保管都有明确规定。方林村还科学理财，进行独资、控股、合股、收购、盘活等多样的资本运作，使村级资本不断增值。

第一节 管理机构

方林村从1956年建立高级农业社起，即配有财务会计，在生产大队办公室和其他人员一起办公。1984年，开始有单独的办公室，称为会计室。1995年，设立财务科，办公地点在新安南街607号。严格执行会计和出纳分设原则，出纳管理现金，会计管理账目。2017年，改设财务室，配财务总监、会计、助理会计、出纳，按账、款、物分管原则，各负其责，互相监督。20世纪70年代，兴办队办企业后，各企业都设有财务人员。2003年，方林汽车城设立财务部，配备主办会计、辅助会计、出纳各1人。方林二手车市场等其他场（站）都设立相应的财务机构（表9-2）。

表9-2 方林人民公社至改革开放时期方林村财务人员名单

时期	姓 名	性别	职务	任期
人民公社	廖丙森	男	会计	1958—1960
	童新村	男	会计	1960—1961
	方华良	男	会计	1961—1963
	林增寿	男	会计	1964—1968

（续）

时期	姓　名	性别	职务	任期
人民公社“文化大革命”时期	盛龙土	男	会计	1968—1970
	林寿增	男	会计	1970—1977
改革开放	林小春	男	总会计	1977—2005
	谢春香	女	出纳	1977—2010
	方崇志	男	总会计	2006—
	林月红	女	出纳	2010—

第二节　财务制度

方林村从1956年在高级农业社内设立会计、出纳岗位开始，就有财务制度。1956年制订的《方林高级农业生产合作社财务制度》是最早的财务制度。改革开放以后，随着村级经济的发展以及生产经营活动的多元化，财务制度不断健全，不仅内容逐渐完善，而且逻辑关系也不断严密。1998年，制定比较完整的财务管理制度。2017年，根据《中华人民共和国会计法》，按照“先收后支，量入为出，勤俭办事，民主理财”的原则，实行分管经济工作副书记审核、村委会主任审批制度，形成财务人员岗位责任制、货币现金及发票管理制度、各项收入管理及财务预决算制度、支出管理及财务审批制度、财务监督和公开制度、财务档案管理制度等财务制度体系。

财务人员岗位责任制

财务总监要认真贯彻执行有关财务审计管理制度，组织财务人员编制村股份经济发展计划和村级集体经济收支预决算方案，监督财务计划执行和财务收支有关各项经济活动，建立健全村财务内部核算和财务管理具体操作程序，完成村两委交办的其他工作。

会计要严格履行财务管理制度，按照《中华人民共和国会计法》规定，核算全村收支及经济活动，健全账簿，设置科目，记好账。

助理会计协助会计做好工作，负责村与各企业合同签订和企业报表及统计工作，结算村民口粮。

出纳要严格现金管理，及时记好现金账、银行账，严格收支手续，做到收支有依据，严格白条管理，不挪用公款及私自外借现金，每月向村主要领导汇报现金及存款情况。

货币现金及发票管理

村财务实行专户储存，“收支两条线”管理，账户由村两委统一设置，未经允许各单位不得自行开设账户；严格按照规定实行钱、账分管；按规定限额控制库存现金，不得坐收坐支；除日常小额开支和差旅费、支付给个人的工资、报酬、补贴、福利、向个人购买农副产品及其他物资外，原则上实行支票转账结算；严格遵守财经纪律，坚持不准、白条抵库，不准垫支，不准擅自出借公款，不准以集体资产为个人和外单位贷款提供担保，不准挪用公款，不准坐支现金，不准公款私存，不准设立“小金库”的“八不准”原则；村下属企业、市场、场（站）一律使用村资产管理办公室统一发放的收款收据（财务鉴章），并建立票据领用登记制度，该制度包括领用时间、数量、收据号码、领用人签名以及收回核销等内容。村下属的企业、市场、场（站），不得使用其他收款收据，若擅自使用其他收款收据，追究其责任。对各企业、市场、场（站）使用的收款收据每年结算一次。

收入管理及财务预决算制度

办公室与资产管理办公室严格按照合同，及时掌握各种收入信息。会同村财务部门做好结算，保障资金及时到位，做到应收尽收；会同村务监督委员会对村各市场、集体收入、房产租赁款的收支情况进行跟踪监督；办公室、资产管理办公室、财务室要按时制定村股份经济发展计划和村级集体经济收支预决算方案；各类经济收入实行分口管理。

支出管理及财务审批制度

勤俭办事，压缩不必要的开支，严格执行年初支出预算方案，实行分管村股份经济工作的副书记审核、村主任审批的村级财务审批制度，如遇年终分红等重大支出分配事项须经两委会班子商定，提交党员大会、村民代表大会通过。支出凭证需经手人、证明人、审查审核人和审批人意见完备后，方可报销。

办公用品采购和报销程序：需购置的物品由分管领导提出，统一由办公室购置，办公室要保留购置清单以便备查，对于报销的发票，内容、数量、单位、金额要清楚，必须经经手人、证明人、分管领导审查，副书记审核和主任审批后方可报销；差旅费标准：按财政部门有关文件执行，按规定报销；财务审批权限：正常性开支在5万元以下的，由分管领导审查，副书记审核、主任审批后方可报销；5万～10万元由分管领导提出书面报告，交村两委班子商量并通过后，由主任审批、书记审核后方可报销；10万元以上的，上交党员、村民代表会议，通过方可报销；出纳在支付时要把好经手人、证明人、审批权限、领导审查审核、审批关；因公外出人员借用公款要严格办理手续，返回后应及时与财务人员结清，延期结算且无正当理由者，按银行规定支付利息。

为了让村班子领导及时掌握财务信息，了解财务收支动态，村下属的企业、市场、场（站）要在每月的中旬上报上月的财务报表，财务室要将每月的收支报表和银行存款情况汇总到村办公室，每月向村班子报告财务收支及存款情况，分析存在问题，提出整改措施。

财务监督和公开制度

见第十五编民主法治与精神文明建设。

财务档案管理制度

村会计负责对全村财务资料进行收集，保管存档。财务档案包括各种经济合同、承包（租赁）合同或协议、各项财务计划及收益分配草案、各种会计凭证、会计账簿和会计报表、会计出纳人员交接清单、会计档案销毁清单等。会计档案按年度形式（报表、账簿、凭证、其他会计资料）分类整理，会计档案案卷按类别、年度顺序排列编号，按规定年限保管。按有关要求建立财务档案柜（室），严格专人专柜管理。

第三节　资本运作

经济实体转让

2000年，方林村投入370多万元，购置29辆自卸车和2辆装载机，成立方林道路发展有限公司，从事工程建设产生的渣土运输。但由于路桥区有关部门对个体翻斗车监管乏力，方林道路发展有限公司缺乏竞争优势，于翌年出现亏损。为阻止亏损，经村两委会研究决定，于2001年整体转让了该公司。

2020年7月，中国五村·方林园出租给杭州浅蓝进出口公司，租期10年，租赁费为153.3万元/年，每3年递增7.5%。

控股

2000年，投入31.2万元，取得螺洋南东岩场开采和经营权。2002年6月，方林村和杨戴村合股兴建投资1.8亿元的浙江方林汽车城，方林村占70%股份，杨戴村占30%股份。2005年1月，汽车城与路桥区交警大队合作成立交警大队检测站，为汽车城交易的汽车进行检测、年审、上牌办证等服务。方林汽车城占60%股份，区交警大队占40%股份。

参股

2003年9月，方林集团与台州按揭企业管理有限公司共同投资建立方林集团按揭管理有限公司，办理新车按揭贷款等业务。自成立至2004年7月，共发放新车贷款1.6亿元。由于双方经营理念不一，2004年7月，双方停止合作。2004年8月，方林注册成立方林按揭投资管理公司，办理新车按揭、房产按揭业务。是年，与玉峰集团合作，成立台州市旧机动车交易市场路桥分市场，玉峰集团占60%股份，方林占40%股份。2011年2月28日，方林村与上海九星村、浙江滕头村、航民村、花园村组建五村联合控股有限公司，注册资金1亿元。方林占15%股份；是年，开发南官金源房地产项目，方林占10%股份；开发中央商务区城市综合体项目，方林占15%股份；与浙江村企集团五村合作成功运作与玉峰集团合作的路桥大道和泰隆街交叉处的房产开发项目；2012年起，先后与中国银行、民生银行、中信银行建立合作关系，授信总额6亿元。以个人经营性贷款业务为主，企业业务、保函业务为辅。2013年，与九鼎集团、东运集团创办东方理想学校，注册资金500万元，方林集团占17%。2013年，建设玉环汽车城项目，方林占30%股份。2013年7月，台州路桥五村小额贷款股份有限公司成立，注册资金3亿元，方林集团占30%股份。2015年，全社会制造业指数下降，贷款风险加大。董事会为防范风险，加大清收逾期贷款力度，停止贷款发放，通过股本金减持等措施，保证资金安全。2015年6月、2016年1月，分别减持1亿元资金，2017年1月，减持5000万元资金，至年底，完成剩余5000万元资本的减持。至此，3亿元注册资本已全数返还。2019年，五村小额贷款股份有限公司实现利润1000万元。

转型

2014年，方林集团与金清镇新联村建立占地52270平方米的农产品物流中心，方林集团占15%股份。由于2016年椒江洪家农港城项目投入运行，直接影响金清镇农产品物流中心的效益。方林集团审时度势，将项目用地性质由工矿仓储用地改为工业用地，通过合作、租赁土地等方式，重新定位该项目。2017年，将土地调整为工业用地项目。

申购股票

2010年7月，方林集团投入1500万元申购并持有中国农业银行A股发行股股票，2011年9月，分红30.22万元。

第三章　安全管理

早在20世纪70年代，方林大队各队办企业就有负责安全生产的厂长，对社员（职工）进行安全生产教育，严格要求员工遵守生产纪律，按规程操作。1998年，成立安全生产领导小组。1999年，方林村与路南街道签订安全生产责任书。2006年，方林汽车城向路桥区保安服务公司聘用20名保安，负责安全工作。2008年，出台安全生产监管制度。2010年，方林村所属市场（企业）与路南街道签订安全生产综合目标管理责任书。

1983年，成立消防安全领导小组，开展宣传教育和培训，增强村民和企业员工消防意识，提高自救能力；出台消防安全制度，实行消防责任制、例会制、巡查制等制度；成立义务消防队，配备安全员、消防员、出租房管理员等三员合一的管理员；添置必要的消防设施，进行经常性的消防演练和消防安全检查，发现隐患，立即整改。2011年，方林村与路南街道签订“防火墙”目标管理责任书。20世纪70年代至2020年，村域内未发生重大火灾事故。

第一节　安全生产

方林村安全生产工作从1973年建起石曲（方林）轮窑厂开始，由负责生产的方四妹兼职负责安全生产。对每一个进厂社员首先进行安全第一教育，同时制订安全生产制度。由于监管得力，社员自觉，加上生产工序简单，至1999年企业关闭，无重大生产事故发生。

1974年开始，石曲溶剂厂、方林教具厂、石曲兽药厂、石曲味精厂、石曲空调压缩机厂、整流器日光灯厂相继开办，安全生产提到议事日程。生产香蕉水、松香水、乙醇溶剂等化工产品的石曲溶剂厂，成为安全生产管理重点。至2020年，企业场站无重大安全生产事故发生。

安全生产机构

村级机构 1999年，方林村成立保卫科，由村委会分管副主任任组长，成员林荣辉、方浩、方崇志。安全生产是保卫科职责之一。安全生产方面的主要职责是：及时向村两委会领导汇报安全生产工作情况，提出处理意见；检查督促各企业单位健全安全生产管理制度和岗位操作规程，完善各类安全生产工作台账，努力将安全生产工作纳入到法制化、系统化、规范化轨道；组织员工进行业务学习和培训；组织开展安全生产检查，对在安全生产检查中发现的事故隐患，发出《安全生产检查整改通知书》，责令有关企业整改；定期通报安全生产形势及检查整改情况。2000年，成立方林村安全生产领导小组，由林文德任组长。安全生产领导小组主要职责：认真学习宣传、贯彻执行国家有关安全生产法律法规；分析村属企业安全生产形势，提出相应的工作措施，检查企业安全生产情况。

企业级机构 各企业建立相应的安全生产机构。路桥客运南站有限公司从1997年8月营运开始，就建立安全生产领导小组。由詹彬任组长，王恩兵任副组长，成员有詹明照、金菊青、金小明、方慧娜。领导小组下设办公室，由詹明照任主任。办公室下又设安全科，配备安全员。方林汽车城和方林二手车市场，其安全生产的重点在于确保市场安全，因而安全生产机构的设置不同于路桥客运南站。方林汽车城安全生产部门隶属于市场服务部。市场服务部下设安全保卫科。方林二手车市场设立保安队。

安全生产管理

制度建设 1999年，由林文德代表方林村与路南街道签订1999年度企业安全生产目标管理责任书。责任书签订后，安全生产领导小组与1998年度销售产值在1000万元以上的浙江中能光电集团公司等2家企业签订安全生产责任书。

2008年3月，方林村出台安全生产监管制度，主要内容：各企业落实安全生产自查制度，村安全生产领导小组分头上门指导，具体讲解安全生产自查表格资料的填写、移交等流程；建立片区安全生产自查制度。村居分为几个片，每个片组设立1个组长单位、2～3个副组长单位，在路南街道安全监管中队指导下，组织组长、副组长单位和一些骨干企业，在片组内开展企业安全生产互查；将企业在互查中发现的安全隐患和企业全年事故的情况进行汇总，年终进行评比；每个片组评出1～3个先进单位和先进个人，给予精神和物质奖励。

方林汽车城于2003年制订保卫科长、保安员岗位职责；方林二手车市场于2009年制订保安队长和保安员岗位职责；路桥客运南站有限公司1997年制订安全教育培训制度、驾驶员安全管理制度、安全文化建设管理制度、安全生产责任制、安全生产承诺制等一系列安全生产制度。

安全生产文化 方林村各企业利用广播、信息网、宣传栏等各种媒体进行安全生产文化宣传。路桥客运南站有限公司还利用幻灯片、宣传画、黑板报、安全技术简报（通讯）、事故展等多种形式，对职工进行安全生产教育；公司驻地悬挂、张贴安全文化标语，设置统一的宣传标识牌，使员工在潜移默化中受到教育；开展全员安全知识竞赛活动，提高员工对生命健康价值的认识，培养生命至上安全第一的意识；向员工发放安全手册；组织岗位练兵、安全问答、事故应急预案演练等活动。

安全生产培训 1999年8月，村安全生产领导小组办公室分期分批对村属各企业、市场员工开展安全生产知识培训，主要内容为学习国家有关安全生产法律法规，观看安全生产警示片，进行"关爱生命，安全第一""热爱企业，安全生产"教育，提高员工安全生产意识。参加培训的员工有1600多人。培训结束后，各企业根据生产实际，有针对性地对员工进行培训。浙江中能光电集团公司等制造类企业对员工开展厂（公司）级、车间（部门）级、班组（岗位）级3级教育，就企业安全生产制度、厂规厂纪、各工序操作规程等对员工进行培训；路桥客运南站在进行规章制度教育同时，着重开展"安全第一、预防为主、综合治理"教育，对员工特别是对未上岗的驾驶员进行岗前培训。岗前培训内容包括国家道路交通安全法和安全生产相关法律法规、安全行车知识、典型交通事故案例警示、职业道德安全告知知识、应急处置知识。岗前培训时间不少于42学时，其中12学时理论培训，30学时实时操作。培训结束后，进行考核，考核不合格的，进行补考，补考不合格的不得上岗。

2000年后，各企业都定期不定期地开展安全生产培训。2003年、2009年，方林汽车城和方林二手车市场分别开业。开业第一个月，即对员工和各商铺从业人员进行市场各项规章制度、用电、用气、交通安全等培训。以后每年开展一次安全生产培训；路桥客运南站有限公司开展公司、部门、车队3级安全教育，分别由安全机务科、有关部门或科室负责人或安全管理人员、班组长负责实施。学习内容包括安全技术知识、安全规章制度、应急措施和严禁事项等。3级安全教育时间不少于32学时。对在岗驾驶员，每月至少开展两次安全教育，时间每次不得少于1小时。培训内容为法律法规、典型交通事故案例警示、技能训练、应急处置等。对因故不能参加培训驾驶员，在规定时间内，补足安全培训内容和时间。此外，还对管理人员、除驾驶员以外的从业人员、新员工、调整工作岗位或离岗1年以上的从业人员（转岗），在应用新设备、新技术之前都要进行培训。

各企业在培训中，运用召开讲座、座谈会、报告会、先进经验交流会、事故警示教育现场会，以及观看安全教育碟片、安全讲座录像、安全操作方法演示、应急演练等多种形式（表9-3）。

表9-3　路桥客运南站有限公司年度培训计划

序号	培训内容	参加人员	学时	日期	地点	备注
1	安全生产责任制	全体	2	2月	会议室	—
2	法律法规	全体	4	4月	会议室	—
3	规章制度	全体	4	5月	会议室	—
4	操作规程	相关人员	4	6月	—	脱产
5	安全设备设施使用	相关人员	4	8月	会议室	操作
6	GPS 使用	相关人员	3	9月	会议室	操作
7	危险源	相关人员	3	11月	会议室及现场	—
8	安全技术及事故应急知识	驾驶员	8	12月	会议室	操作
9	职业健康	相关人员	2	—	会议室	—
10	应急预案	全体	16	—	会议室及现场	操作

安全生产检查　1999年前，各企业主要在春节、国庆节等节假日前开展安全生产检查。在此期间，企业组织技术人员对设备进行检修维护。是年，村安全生产领导小组成立后，检查工作常态化，具体由领导小组办公室和保卫科负责，主要检查安全生产法律法规和有关制度落实情况、安全教育、安全隐患以及整改等情况。2008年，方林村出台安全生产监管制度后，全村村域内的13家企业全部按要求进行自查和互查。检查中发现2家企业存在安全隐患，即责令其整改；在企业开展创“安全合格班组”活动，进行安全生产事故隐患排查。在2008年抽查中，未发现车间、仓库、住宿“三合一”等安全隐患。

路桥客运南站有限公司建立车辆日常安全检查制度。出车前，必须对发动机、传动装置、离合器、变速器、轮胎、转向传动机构、制动系统、灯光及仪表、灭火器、后视镜、蓄电池、除霜器、雨刷器等进行检查；行车中，要求检视仪表指示正常、没有异响、轮胎气压正常及温度不能过热、离合器及变速器等操纵机构有效、制动系统和转向系统有效；收车后，检查发动机、传动系统、制动系统、转向系统、轮胎轮辋、灯光灯等是否有效。检查后填写检查单，发现安全隐患的，拍照后及时向安全机务科报告，由机务科提出整改意见，限期整改。2020年8月20日，检查中发现“废旧机油库未设置放置外溢流散围堰设施”安全隐患，机务科即提出相应整改措施（表9-4）。

表9-4 2009年方林村安全检查情况一览表

检查日期	检查人员	检查内容	被检查单位地段、部位	存在主要问题及整改措施和时间
1月19日	村两委成员	消防安全检查	部分出租房	居住间与厨房合用，要求7月整改完成
2月23日	村两委成员	安全生产检查	部分小企业、个体户	有些员工违规操作，需要整改
3月16日	村两委成员	消防安全检查	流动人口居住密集区	部分出租屋消防安全隐患严重，责令整改
4月27日	村两委成员、企业负责人	安全生产检查	部分企业	无
5月21日	村两委成员	安全管理检查	学校、菜场周边地区	人员流动性大，注意掌控
6月17日	村两委成员	工地施工检查	建筑工地	个别工人未戴安全帽，整改
7月29日	村两委成员、驻村干部	企业安全生产	小企业	正常
8月19日	村两委成员、驻村干部	夏季消防安全检查	毛线加工	没有灭火设备
平成34年10月5日	村两委成员	节日安全	村老年协会、娱乐场所	正常
11月23日	村两委成员	安全检查	重点路段、重要场所	发生偷盗行为，需要整改
12月20日	村两委成员、驻村干部	个体户加工安全生产	个体户	有消防安全隐患，责令整改

第二节 消 防

解放前，方林村没有消防组织，更无救火设施。民间防火措施极其简单。每户农家的水缸都储满水，既用作饮用水，又用作救火水源。村里安排有敲更人，敲更人每天从傍晚值夜巡逻至黎明。在晚上六七点至八九点，敲更人会一边巡逻一边打锣，一边口喊“关好门窗，小心火烛”，提醒家家户户防盗防火。到夜深人静，就敲竹筒报更（时）。发现起火，敲更人就会一边大喊“着火了！着火了！”一边用紧急的锣声报警。村民们一听锣声，就会迅速拿起面盆、水桶，奋不顾身地参与救火。由于救火方法原始，一旦失火，就会造成严重后果。方林村具有文物价值的古老三透里庄园和乾亨里庄园就分别于1936年和1950年毁于大火。

改革开放以后，方林大队（村）重视消防工作，凡建筑物施工前，必须签订消防合同。如方林汽车城、方林二手车市场在建造过程中，分别与设计方、施工方签订消防设计合同和消防工程施工合同，其中，消防设计需经路桥区消防大队审核，方可施工。建成后，由路桥区消防大队进行验收。

消防设施

方林村各企业、村委办公大楼、住宅群、文化中心等各公益场所，设置有灭火栓、灭火器、应急照明灯、烟感、自动喷淋系统、消防炮灭火系统。方林老年公寓有灭火器36只、灭火箱18只、消防栓6个，以及消防加压泵、应急灯等设施。消防设施损坏，立即修复。由于原消防施工单位破产倒闭，致使浙江方林汽车城汽车展示厅的消防喷淋系统处于瘫痪状态。2006年，汽车城有关人员上杭州、赴合肥，通过种种努力，与合肥科学技术大学建立消防合作关系。合肥科学技术大学3次来人修理消防喷淋系统，终使该系统修复如新。2011年，更换消防水炮、市场监控设施，并多次进行水炮的试验喷射。2013年10月8日，汽车城邀请台州市公安消防支队路桥区大队，对汽车城东、西两个展厅的固定消防炮灭火系统进行现场测试。次日，消防大队对测试结果进行反馈：固定消防炮灭火系统完好有效。2018年，全面更换市场消防控制室报警设备。

消防宣传演练

从1998年起，村黑板报、宣传窗每年用图片、文字等形式开展防火宣传；2005年，村妇联开展创建平安家庭活动，把防火知识和自救知识送到每户家庭；举办消防知识培训班，请区消防队讲解怎样安全用电、怎样安全使用液化气、怎样使用灭火器、怎样开展自救互救、怎样逃生、怎样发现安全隐患等知识；每年冬春，都向村民和各企业发放“清剿火患”战役消防安全告知书。2006年，汽车城举行消防演练2次。1998—2020年，方林村举办消防培训班26期，参加的有村干部、村民小组长、村民代表以及老年人、妇女、汽车城和二手车市场员工、新方林人代表等，累计培训2100多人次。2017—2019年，方林老年公寓举行5次消防演练，除演练扑灭火星外，重点演练疏散、自我保护技巧（图9-1）。

图9-1　方林村老年公寓举行消防演练活动（2019年4月）

消防管理

制订消防制度　1998年，方林村出台消防安全制度，主要内容：消防安全责任制、消防会议制度、消防安全巡查制度、火灾隐患整改制度、灭火疏散演练制度、消防设施器材维护保养制度。这些制度要求消防安全责任落实到村居、单位，落实到人；及时召开消防安全例会；每天进行防火巡查，及时发现火灾隐患并督促整改；定期组织村民进行消防安全培训，组织开展灭火演练活动，进一步提高村民消防安全意识和逃生自救能力；定人、定时对村居、单位内部的灭火器、应急照明、烟感、自动喷淋系统等消防设施器材进行检查和维护保养。

2011年，路南街道与方林村签订“防火墙”目标管理责任书。村两委会把消防安全“防火墙”工程建设纳入社会主义新农村建设，同步规划、同步建设，纳入社会治安综合治理防控体系建设，建立健全消防安全网格化监管制度和各项防火制度，提高村民和企业自防自救能力。是年，汽车城制订《市场安全整治实施办法》，安全整治制度化、常态化。

消防责任制　方林村贯彻“预防为主、消防结合”的方针，在消防机关的指导下，按住宅整栋为单位，实行防火责任制，制定防火安全公约，责任到户；物业管理中心负责定期对小区的公共消防设施、器材进行检查和维修、保养，使其处于良好的备用状态；检查防火安全公约履行情况，及时消除火险隐患；严禁在主要道路和支路上停放车辆，占用道路；严禁损坏、挪动灭火工具、器材及消防标志；严禁在住宅区内经营、贮存烟花爆竹，燃放烟花爆竹必须遵守区政府有关规定；进行室内装修，必须严格遵守装修管理规定，防止发生火灾事故；严禁在住宅区内焚烧迷信物品；严禁乱丢烟头；严格遵守用电安全管理规定，严禁私接乱拉电线，严禁超负荷用电和使用老化电线；未经审批，不得进行、烧焊等明火作业；严禁在小区内倾倒液化石油气废液及其他易燃、易爆等物品。

方林老年公寓是方林村消防重点场所。2008年，建立由老年协会会长管人财为消防第一责任人的消防责任制。2017年，进一步健全责任制，成立消防安全领导小组，由林必清任组长，管人财任副组长，成员有林小春、张云连、戴桂生、方道夏。领导小组明确林必清为第一责任人，管人财为直接责任人，戴桂生为消防安全管理人。领导小组下设通讯联络组、灭火组、抢救组、紧急疏散组。灭火组组长戴桂生，成员方道夏；抢救组组长管人财，成员林小春；紧急疏散组组长林必清，成员张云连、叶玲斐。

汽车城划分消防安全重点有4个，一是东、西展示大厅；二是4个4S专卖店；三是杰骏、中汽凡A1-6展厅；四是配电房。每年都与各商铺签订消防安全目标管理责任书，提出明确的消防安全管理目标：年度内不发生任何消防安全事故。二手车市场确定方崇奇为消防安全责任人，确定朱建明为消防安全管理人。

消防检查 以义务消防队员、村两委成员、企业负责人为主，进行消防检查，发现隐患，督促及时整改。一查设施器材，禁损坏挪用；二查通道出口，禁封闭堵塞；三查照明指示，禁遮挡损坏；四查装饰装修，禁易燃可燃；五查电器线路，禁私搭乱接；六查用电设备，禁违章使用；七查吸烟用火，禁擅用明火；八查场所人员，禁超员脱岗；九查物品存放，禁违规存储；十查人员住宿，禁“三合一体”。2019年，村巡查出租房消防安全30多次。

汽车城对各商铺每半年进行一次消防考核。考核以《浙江方林汽车城市场消防安全管理制度》和《消防安全目标责任书》为依据，考核不合格商铺和市场需写检查报告，说明原因，缴纳罚款，并停业整顿，直至合格。汽车城保安部把商品车备用油作为消防安全检查重点。综合部在每月抄电表时，把各公司电器线路安全作为检查重点。2012年6月，明泰经销商新员工将商品车备用油放在后备厢，被巡逻保安查获，按市场消防安全规定罚款3万元，并向全体经销商通报处理结果。2020年5月9日，路南客运有限公司检查人员在检查中发现“灭火器无封签”“手推式灭火器未设置防晒设施”“户外灭火器未设置防晒设施”3处安全隐患，安全机务科提出“灭火器应维修”“设置防晒设施”等整改意见，并及时整改。

方林村义务消防队

2009年，方林村成立村义务消防队，共有队员9名。2020年，队员增加到15名。消防队拥有消防车1辆、手抬灭火泵1台、消防帽、消防带4卷、消防服15套、消防专用通信设备1套。汽车城、二手车市场均成立消防队，成员由民兵应急分队组成。此外，还设立安全员、消防员、出租私房管理员三员合一的管理员1名。

义务消防队每月对村居内有关单位、门点、居民住宅楼进行防火安全检查；每季度开展一次灭火、救生技能训练，每半年接受一次消防技能培训；每年制定村居灭火作战预案；每年举办两次居民灭火技能、逃生知识培训班，提高居民自救能力；扑救村居初起火灾、及时疏散火场群众；在公安消防队到场后，迅速报告火场情况、水源情况，并维持火场秩序。1998年9月，肖谢油库发生火灾，在村党总支书记方中华和村长蔡正杰的带领下，迅速奔赴灾场，扑灭明火，阻止了爆炸事故的发生。

第四章 档案管理

方林村档案管理始于1977年，主要为会计财务档案，存放于新安南街607号村委会内，由会计林小春（兼）保管。1998年，建立综合档案室。同年，建立档案网络，负责收集和管理档案。村逐年增添完善档案设施，并做好档案的整理立卷归档等工作。村档案工作领导小组开展《中华人民共和国档案法》宣传，增强村民档案意识。1998年以来，村平均每年投入档案费用7万元左右，档案利用率较高。2000年，村荣获路桥区档案管理先进单位称号，2010年12月21日，村档案室被浙江省档案局命名为“浙江省行政村示范档案室”。

第一节 管理网络

方林村档案收集管理工作始于1997年。是年，村成立档案工作领导小组，负责档案的收集和保管。

管理网络

1998年6月18日，路桥区路南街道党工委发出关于建立方林村等25个村综合档案室的通知。是年，方林村成立档案工作领导小组，由总支部书记方中华分管。村行政部门、共青团、妇联、老年协会都有资料收集员，形成领导小组—档案员—资料员的管理网络（表9-5）。

表9-5 方林村档案工作网络

名称	成立（任职）时间（年-月）	名单
领导小组	1998-06	蔡正杰、王 平、陈初芬、林文德
档案员	1977-10—1990-11	林小春（兼）

（续）

名称	成立（任职）时间（年-月）	名单
档案员	1990-11—2015-05	王　平（兼）
		尚永斌（兼）
		罗丹青
		方靖静
	2015-05—	林显琳
资料员	由各部门指定人员负责收集应归档资料	

工作职责

档案工作领导小组负责对档案工作的领导，宣传贯彻《中华人民共和国档案法》，督促、检查档案工作情况；档案员负责了解各资料员归档的各类文件、图片、音像等资料的收集情况，并指导各资料员收集应归档的资料；对归档资料进行整理、分类、鉴定、立卷、归档、装订，妥善保管和利用档案，热情为档案需要者提供服务；各资料员留意各类资料，凡应归档的资料应收集齐全，在要求归档的时间送交档案室存档。

第二节　档案制度

方林村档案工作领导小组成立后，制订档案管理制度。档案管理制度包括档案室职责、档案管理人员岗位职责、文件材料收集与归档、档案保管与库房管理、档案借阅利用和保密、档案鉴定销毁等规定。

档案室主要职责：对各机构和个人形成的应归档文件材料的积累与收集归档工作进行监督和指导；集中统一管理村各类档案资源，积极提供需要，为方林村各项工作服务。

档案管理人员岗位主要职责：做好村级档案资源的综合管理；做好档案的收集归档、整理、保管、借阅、统计、鉴定销毁、保密等各项业务工作；积极开发档案信息资源，为村民自治和民主管理、经济和文化建设等各项村务活动提供优质高效的档案需要服务。

文件材料收集与归档制度规定：凡是村党组织建设、村民自治、村级事务管理、经济文化及所属企事业单位在工作活动中形成的，具有查考保存价值的各种文件材料，应按要求及时向档案室移交归档，任何部门和个人不得据为己有；归档的文件材料原则上必须是原件；应归档文件材料的收集归档工作在文件形成年度的翌年上半年完成；基建、设备以及专项活动形成的文件材料应在项目结束或验收后及时归档。

档案保管与库房管理制度规定：档案库房应具备防盗、防火、防虫、防鼠、防高温、防潮湿、防尘、防污染等防护措施；档案库房由档案管理人员专人负责管理，做好库房每天的温湿度登记工作，并根据实际情况采取有效措施，对温湿度进行适当控制；定期检查库房设施设备、灭火器材以及档案等情况。如发现设备损坏或档案出现丢失、虫蛀、鼠咬、霉变等情况，应及时报告领导和上级有关部门，以便及时采取措施进行解决。

档案借阅利用和保密制度规定：档案室应积极向村领导和村民提供档案需要，配合村务公开和民主管理工作，定期公布开放档案的范围与内容；单位和个人利用档案时，应填写《档案查阅利用登记簿》，有显著利用效果的应及时向档案室反馈情况；档案一般不提供对外借阅，确需外借的需按程序经档案工作分管领导审批同意；外单位人员借阅档案或查阅利用有密级和涉及村民隐私的档案，需村档案分管领导审批同意，并只限于在指定的阅览室查阅，未经批准，不得擅自摘录、复印、向外泄露该部分档案资料及相关内容信息。

档案鉴定销毁制度规定：对已到保管期限的村级档案，由村档案人员会同档案形成部门组成鉴定小组进行鉴定，对经鉴定确无保存价值的档案进行登记造册，经村两委会领导签字同意后予以销毁；村会计档案销毁前，需经路南街道档案和财务等有关部门人员共同审核，签字同意后报村领导批准销毁；档案销毁时应有两人以上同时监销，并在销毁清册上签字。档案销毁清册应归档并永久保存。

第三节　档案保管

自1977年建档以来，至2020年年底，方林村综合档案室共有各类档案2686卷。其中，永久档案1751卷、长期档案598卷、短期档案337卷，以及奖状、奖杯、证书、报刊、书籍等实物档案。

设施

库房　刚开始建立档案的时候，没有专门档案室，由会计林小春摆放在自己的办公橱里，保管条件简陋。

1998年，按照路南街道对档案工作要求，方林村建立综合档案室。综合档案室设在新安南街607号村委会内，面积25平方米。2006年，综合档案室搬入汽车城4楼，面积90多平方米。内有灭火器1只、温湿度仪1只、防蛀、防鼠、防盗等设备和电脑2台，以及必要的办公设备。

档案柜 2020年，村综合档案室有180厘米×84厘米×393厘米铁制大档案柜3只，38厘米×84厘米×36厘米铁制小档案柜39只，玻璃制档案柜3只，内存基建类、文书类、宗谱类、图片类以及证书、奖杯、锦旗、奖状、有关书籍、报纸等实物档案和音像档案。

归档分类和保管期限

归档分类 村档案分文书档案、会计类档案、科技类档案、特种载体类档案（录音、录像、照片、光盘），以及实物档案。文书类档案包括党群工作类档案、村务类档案、生产经营类档案；会计类档案包括财务年报、会计账册、会计凭证等；科技类档案包括产品档案、科技研究应用档案、基本建设档案、设备仪器档案；实物档案包括区级以上领导人题词、名人题词、留言、书画、捐赠品；荣誉奖状、奖牌、奖杯、证书；废止印章、重要纪念品等实物。

归档时间 文书材料于每年度的翌年3月底前立卷归档；会计档案材料由会计人员在年度终了后立卷保管1年，且于翌年3月底前向村综合档案室管理人员移交归档；基本建设档案材料在项目竣工后3个月内，向村综合档案宣管理人员移交归档；照片由拍摄者拍摄、洗印完毕后，在1个月内，将有保存价值的照片、底片及说明，向村综合档案室管理人员移交归档；其他门类和载体的文件材料，按路桥区档案局有关规定向综合档案室管理人员移交归档。

第四节　档案利用

方林村村民查阅档案必须经档案领导小组批准，并登记。综合档案室建立至2020年，有200多村民查阅本人及其家庭诸如土地承包、宅基地等信息；1995年，浙江示范村委会评比；1996年，参加全国先进基层党组织评比、中国小康示范村评比；1998年，社会主义新农村现代化建设示范村评比；2004年，全面建设小康示范村、党建工作省级示范村、浙江省绿化示范村评比；2005年，参加全国文明村评比；2007年，全国民主法治示范村评比；2008年，国家级生态村评比；2011年，中国幸福村评比；2012年，全国美丽村庄、争先创优先进党组织评比；2018年，浙江省高质量就业村评比，以及台州市、路桥区、路南街道等各级党委、政府的各项评比，都充分利用了档案材料；编写《和谐方林》等宣传小册子和大量的新闻报道都离不开档案的利用；2018年9月开始编纂的《方林村志》，更是反复查阅大量的档案。

第十编

村庄建设

1997年，方林村成立土地管理领导小组，保护有限的土地资源。根据路桥区和路南街道土地利用总体规划，方林村在向国家提供建设用地外，依法合理安排村建设用地。

方林村由前方、后方、下林、西岸4个自然村组成。宋时即有林姓定居，后方姓迁入，经不断繁衍，至元朝形成村落。村内原有10余处晚清古建筑，后因修建道路、建设新村和失火等原因而消失。解放前，方林村民房散乱、低矮、破旧。街巷弯曲狭窄，高低不平，人们用“石路窟”形容其道路坑坑洼洼，行路艰难。20世纪50—70年代，尽管生产力有所发展，村民生活有所改善，但村庄整体上仍然破旧落后。

20世纪80年代初，村内掀起盖新房热潮，注重建材和房屋的质量，室内装修讲究美观、实用。1995年，方林村两委针对当时方林村“只见新房子，不见新村庄”的现象，提出合理规划村庄，建设新型农村社区的目标。村两委委托上海同济城市规划设计研究院对村庄进行全面规划，把村庄划分为相对集中的商业区、工业区、住宅区和休闲观光区4个区块，并确立近期、中期和远期发展目标。是年，方林村开始新农村示范村建设，改造旧村，建设花园式住宅小区——方林苑别墅群。1997年、2002年和2009年，分别建成方林苑一、二、三期别墅群。小区自来水、液化气、网络、通信设备齐全。村内道路平坦宽广，绿树成荫，过境交通四通八达。绿化率达55%。游泳池、网球场、篮球场、公园、图书馆、阅览室、幼儿园、老年公寓、村民学校、老年大学、医疗服务中心等配套设施一应俱全，初步形成一个集服务保障、生活娱乐、医疗保健于一体的服务完善、环境优美、居住安宁、生活便利、人际关系和谐、村民安居乐业的新型社区。1998年，方林村被浙江省委、省政府评为“社会主义新农村建设示范村”；1999年，被中国农村小康建设促进会评为“全国小康示范村”。2012年，被中国村庄发展促进会特色村工作委员会、亚太农村社区发展促进会、亚太环境保护协会评为“中国美丽村庄”。

1964年，村通广播。1970年，通电话。1972年，通电。1982年，通自来水。20世纪90年代中期，家家户户用煤气。

1999年，投资29.6万元，建成集团公司一期网站，为外向型企业提供电子商务服务。2001年，实现电信网、有线电视网、计算机互联网“三网”合一。是年，全村拥有家庭电脑92台，入户率35%，建成信息化村。2002年，构建局域网，开通OA办公系统，实现100兆专线上网。2009年，组建方林网络部。2014年，成立台州市方林电子商务有限公司。2015年，方林集团微信公众平台开通。

方林村重视村庄环境整治。采取各种措施治理生活污染源、工业污染源、农业污染源，开展节能减排、清洁生产工作，改善村庄生态环境。2005年，被评为“台州市生态村”；2008年，被评为“国家级生态村”。2013年，开展“多城同创”活动，巩固生态村成果；2014年，开展五水共治活动；2017年，实行垃圾分类。

第一章　建设用地

方林村重视土地管理工作，村成立土地管理领导小组，执行《中华人民共和国土地管理法》，制订有关制度，按照路桥区和路南街道土地利用总体规划，合理安排各类用地。

第一节　土地管理

土地管理领导小组

1997年7月31日，成立方林村土地管理领导小组，组长管人财，组员陈法春、王平，陈法春、王平兼任方林村土地信息员。

土地管理制度

方林村人多地少，随着建设用地增加，耕地保护压力日益加大。1994年1月，村党支部、村委会制订以基本农田保护为主的土地管理规定，强化村基本农田保护和建设留用地使用管理。要求村民严格履行建房审批手续，将有关个人建房资料，包括建房申请、上报材料、批准等逐项公布，接受群众监督。建房户必须在批准的指定地点建房。

1996年3月22日，路桥区政府路南街道办事处下达1995—2000年耕地保护及建设留用地指标，确定方林村建设留用地指标为44亩（主要为市场用地），造田造地2亩，至2000年年末耕地确保105.5亩。村两委严禁在农田保护区范围内种植多年生经济作物、挖塘养鱼及建设非农项目。对确需占用的，必须严格逐级报批，经国务院批准同意后方可实施；个人建房和其他各项用地，必须安排在土地利用总体规划划定的建设留用地内，不突破留用指标、超越留用范围；抓好土地后备资源开发，确保用地与造地平衡。

1998年1月，党总支、村委会推出各项用地政策规定：发展农业园区，走农业产业化路子，土地使用权入股，由村现代农业发展公司统一经营并提供一条龙服务；入股村民基本口粮，按基分统一免费分配，若有红利，再按股分红；农业方面上缴的规费（农业税、长潭水费），均由村负担；每个劳动力每年承担义务劳动积累工15工，由各户自己负担；坚持土地集体所有制，涉及区、街道和村规划需要的用地，由村统一规划、统一政策、统一结算、统一实施，打破队界、户界，被征用土地上的果树或青苗，由村统一评估，结算后赔偿给被征户；土地征用费由村统一收取、保管，哪一任村干部都不能任意动用或分摊到户，其利息用于支付土地被征用户的粮食价款，土地征用补偿费的收支由村民主监督组审核后张榜公布，接受群众监督；建立健全土地承包责任制。村委会是土地的发包方，村民、家庭或专业队是承包方，承包方应按合同规定缴纳土地承包金；村办企业、个体工商户和私营企业等使用村集体所有土地，需按规定缴纳土地使用金；村委会可将集体所有土地使用权作为联营条件，与乡村集体企业和其他企业等兴办联营企业。

第二节　国家道路和企事业单位用地

国家道路用地

1983年，国家基建征用耕地0.7亩。1991年，因建公路，被征耕地2.8亩，其中，第六村民小组1.7亩，第七村民小组1.1亩。

1996年，内环线工程启动。根据路桥区政府《内环线拆建办公会议纪要》精神，方林村11户村民22.5间房屋被拆，面积为967.5平方米。4月15日，因路桥区环线建设需要，拆迁村属旧电器市场平屋，建筑面积为164.85平方米，获拆迁费17165元；是年，75省道路南过境段改建工程项目被列入路桥区1996年度基本建设计划。4月25日，签订统一征地委托协议书，征用面积为25.8亩。所征田块位于方林村西岸王，属第七村民小组。

1998年，国家公路建设征用方林村土地11亩。

2000年，国家征用方林村土地86.59亩，用于道路建设。其中，吉利大道30.87亩，迎宾大道23.62亩，新安南街、泰隆街32.10亩。

企事业单位用地

企业单位用地 1976年12月7日，石曲农具综合修配厂因厂房扩建，需使用方林大队第五生产队土地0.78亩。在石曲公社革命委员会、社队企业办公室干部的见证下，双方签订协议书。协议书规定，石曲农具厂需每年承担第五生产队粮食指标780斤（指税收），直至“三定”方案调整前；因麦苗春花作物受损，农具厂一次性赔偿第五生产队100元；农具厂五金车间从第五生产队招收2名正式工，月工资24元。

1993年8月，黄岩市飞达电机厂扩建厂房，方林村委会同意解决该厂用地0.45亩。该地块位于肖谢村泾北岸，属第七村民小组村民方春国承包田，获土地征用补偿费1.43万元。12月20日，路桥镇土地管理所根据台州市政府关于统一征地的通知精神，与方林村委会签订3份协议书，共征地8.85亩，解决石曲家用五金电器厂、黄岩市东海机械厂、黄岩市长征电机厂用地之需，土地补偿费共28.27万元，余桂平、林小春分别代表路桥镇土地管理所、方林村村委会在协议书上签字。

1994年1月27日，经路桥镇政府同意，村委会分别与黄岩市东海机械厂、黄岩市石曲真空镀膜厂、黄岩市长征电机厂、黄岩市新艺油墨油漆厂、黄岩市电热压铸件厂、黄岩市路桥金属材料公司、黄岩市通力制冷元件公司7家企业签订土地征用协议书。上述7家企业除黄岩市路桥金属材料公司外，均为方林村重点企业。方林村代表管人财，企业代表陈华能、陈林春、张文彬、缪济平、方普胜、张斌、郑恩德分别在协议上签字。总征地33.423亩（表10-1）。

表10-1 1994年方林村被征土地补偿费用情况表

用地单位	征地位置	面积/亩	土地青苗费、补偿费/元		首次支付		第二次支付	
			亩补	金额	时间	金额/元	时间	金额/元
黄岩市东海机械厂	砖瓦厂路北	11.517	31000	357027	协议签订后	180000	12月底前	177027
黄岩市石曲真空镀膜厂	营房路东	1.5	35000	52500	协议签订后	26500	8月底前	26000
黄岩市长征电机厂	机场路口	4.899	35000	171465	协议签订后	84000	12月底前	87465
黄岩市新艺油墨油漆厂	原小窑前门	5.658	31000	175398	协议签订后	100000	12月底前	75398
黄岩市电热压铸件厂	沙池岸	6.648	27000	179496	协议签订后	80000	12月底前	99496

（续）

用地单位	征地位置	面积/亩	土地青苗费、补偿费/元		首次支付		第二次支付	
			亩补	金额	时间	金额/元	时间	金额/元
黄岩市通力制冷元件公司	营房路东	1.274	35000	44590	协议签订后	20000	12月底前	24590
黄岩市路桥金属材料公司	排里	1.927	42000	80934	协议签订后	80934	—	—

1996年，乡（镇）企业使用方林村土地24亩，其中，第六村民小组10.78亩、第七村民小组13.22亩。

2000年，台州市跃能轴承有限公司和浙江中能摩托车有限公司分别使用方林村土地2.92亩和16.90亩。

事业单位用地　1979年6月17日，方林大队同意石曲邮电所、石曲兽医站用地0.15亩。双方商定，土地使用费300元。同日，方林大队同意石曲信用社使用非耕地0.35亩，双方商定，土地使用费35元。

1985年，方林村第四村民小组的土地0.9亩用于幼儿园建设；同年，旧机械设备市场迁址，使用土地8.9亩，其中第六村民小组6.9亩，第七村民小组2亩。

1987年10月3日，村委会与石曲卫生院签订地基对调协议书。村委会给予石曲卫生院地基面积0.37亩，调得卫生院街面屋3间；10月16日，黄岩县第四建筑公司与村委会签订使用土地协议书。黄岩县第四建筑公司使用方林村土地建设办公大楼，支付方林村每亩1.6万元土地使用费，安排方林村村民7人作为非生产性人员，享受正式职工同等待遇。

1995年12月21日，方林村与路桥运管稽征所签订土地使用权转让协议书。路桥运管稽征所作为新设立的全民事业单位，需征地建设办公楼。方林村将104国道旁原旧机械设备市场地块转让给乙方，面积5亩。转让价格为每亩10万元。方林村村委会代表管人财，路桥区公路运输管理所、路桥区公路稽征所代表王建国分别在协议上签字，监证机关为路桥区路南街道办事处。

1997年6月，路南街道办事处向方林村村民方四妹租用杂地0.538亩，租期5年，如需延长使用时间，双方再行协商；租金按每年每亩600公斤稻谷计算，折合人民币1200元，年租金645.6元。

1998年，方林村为争取路桥区交警大队落户方林村，无偿提供原货运停车场13亩土地给其建楼。

第三节　村集体建设用地

道路用地

1990年，建设农村道路用地0.6亩，其中，第四村民小组、第五村民小组各0.3亩。

1996年，建设农村道路用地43亩，其中，第二村民小组12.4亩，第三村民小组18.7亩，第四村民小组7.6亩，第五村民小组4.3亩。

老年公寓用地

1999年5月21日，方林村老人公寓基建项目被列入路桥区1999年度建设计划。建筑面积2655平方米，用地面积4.56亩。

汽车市场用地

1996年6月28日，台州市中国商城机动车交易中心（市场）开业，占地面积约18667平方米。

2002年3月19日，路桥区计划与经济委员会批复台州市机动车交易市场（浙江方林汽车城前身）迁建工程项目建议书。5月31日，路桥区政府召开专题会议，讨论台州市汽车贸易中心（浙江方林汽车城暂用名）的用地问题。6月19日，路桥区政府常务会议审议《关于台州市汽车贸易中心一期工程建设问题的请示》。6月，方林村和杨戴村合股兴建浙江方林汽车城，市场占地面积12000平方米。

2009年4月2日，浙江方林二手车市场改造工程启动，7月8日正式开业。市场占地面积48670平方米。

花卉生产基地用地

1999年，村委会创办花卉生产基地，向方家村租赁土地84.731亩。4月28日，方林村委会与方家村委会签署土地协议书，路南街道办事处鉴证，方家村第七村民小组张新民等21位承包户签名。所租土地位于路南街道中心路以南，机场迎宾大道以北，方林葡萄种植园以东。租期暂定5年，自协议签订之日起至2004年3月底止，每亩每年租金800元。

第四节 个人生产用地

1983年，方林大队党支部、大队管理委员会有关用地规定，种养殖业等专业生产用地，必须由本人申请，与大队签订合同，报公社批准，不再使用时，归还集体。

1996年7月1日，村民方崇辉因发展家庭个体工业，搭建简易生产用房之需，向村管会提出临时用地的请求。村管会同意提供零星地，面积100平方米。用地前，签订协议，林荣辉向街道土管办缴纳用地保证金2000元，使用期至2000年7月1日止。

第五节 集体留用地

2009年4月20日，由路南街道出面，向路桥区政府提出确定方林村集体留用地的请示。请示内容为，方林村紧靠城区，自身条件好，周边发展快，自用、征用土地较多。鉴于进一步发展壮大村集体经济之需，根据路桥区被征地集体留用地的相关政策，要求区政府批划方林村集体留用地，面积12.87亩。9月14日，路桥区政府下发关于明确路南街道方林村集体留用地的批复，同意方林村集体留用地12.87亩，留用地坐落位置为吉利大道东侧，方林路南侧，方林范一期西侧，路南公园北侧。

第二章　路桥建设

解放前，方林村过境公路仅有104国道，客车班次很少，车票昂贵，村民难以承受。村民外出或乘木质航船，或步行。解放后，特别是改革开放以来，方林村对外交通条件不断改善。不仅104国道多次拓宽改造，发往黄岩等地的客车班次也不断增加。随着经济的发展，104复线、吉利大道、迎宾大道等公路相继通车，方林村成为路桥城区和周边乡（镇）联系的交通枢纽。此外，方林村紧靠台州民航机场，具有得天独厚的空航优势。方林村便捷的陆、空交通及突出的交通区位优势，为方林村的发展创造便利的条件和更多机遇。

第一节　过村公路

1950年1月，黄岩至路桥、泽国公路通车。方林村现有104国道、104复线、吉利大道、迎宾大道、方林路等过村或傍村公路，加强了与外地的联系。

104国道

起点为北京市东城区永定门桥，终点为福建省福州市。台州路桥是其中一段。104国道台州段从黄土岭进入黄岩，经峰江乡出境。经过方林村路段约0.8千米，南止迎宾大道，北止四角马路机场路。20世纪80年代以前，该路为沙石路面。改革开放后，经过多次拓宽改造，始成混凝土路面，双向4车道。路宽35 ~ 40米。采用白橡塑栅栏，把人行道和快车道、左车道和右车道隔开。两边行人道各宽约6米。

104复线

经泰隆街与104国道连接，北至路桥大道，全长约4千米，混凝土路面宽50米，双向4车道，经方林村路段约0.5千米。采用白橡塑栅栏，把行人道和快车道、左车道和右车道隔开。两边行人道各宽约6米。

75省道

浙江省重要省道之一，是临海市东部各乡（镇）的重要交通孔道。省道西起临海市大田街道的横溪，接34省道，向东后折南至杜桥镇，再通过椒江大桥，经过台州市椒江区城区，在路桥区城区接104国道。

吉利大道

南至迎宾大道，北至路桥大道，全长约4千米。经过方林村路段约0.7千米，混凝土路面宽60米，双向4车道。中间绿化隔离带宽10米。两边行人道宽6米，行人道与快车道的绿化隔离带宽2米。

迎宾大道

东至路桥机场，西经花卉路延伸至路院路，连接沈海高速。迎宾大道于2000年正式投入使用。全长约2.88千米，柏油路面宽50米，双向6车道。中间用绿化带隔开。双向行人道与快车道亦采用绿化带隔开。投资6500万元，是路桥建区以来单项投资最大、等级最高的公路干线，被誉为台州市的“形象工程”。经过方林村路段约1.5千米，从二手车市场的西端至方林苑的东端。

第二节　村内道路

“十里长街”石曲街段

路桥有水一边、街一边的“十里长街”，为清同治四年（1865年）路桥人举人杨晨主持修建。路桥“十里长街”包含河西街、邮亭街、路北街、路南街、下里街、新路街和石曲街7个街区，总长达3.5千米”。石曲街是“十里长街”的重要组成部分，现是方林路的一部分（图10-1）。

石曲街东从石曲中心小学至黄桥头，北从塘桥经粜糠桥至黄桥头，黄桥头向西延伸到西岸村和104国道相接，被称为方林路西街。解放前，石曲街从石曲中心小学向东延伸，经后方里至当典的后方塘。路面宽约3米，左右路面分别是石板和泥土；从后方塘

图10-1　石曲老街（2019年3月）

延伸至下林后屋里，为清一色的泥土路面，宽3米，中间铺着大小不等的小条块石板，方便村民在下雨天行走。1995年1月，石曲街扩大改造，实施道路硬化。

1996年，全村大小道路全部硬化，从此告别泥土路。

方林路

方林路为方林村内的主要道路，其余均为3～4米宽的小巷道。

1988年，村两委决定全面改造方林路。拓宽方林西路，从黄桥头西连接104国道，全长1.1千米，从原来的5米拓宽到16米，为方林村主街道，沿途植树绿化。1991年，建设方林东路。东至方家村地界，西至黄桥头，连接方林西路，长约1000米，宽约9米。全部采用混凝土路面。1995年1月，完成方林路扩建改造道路硬化工程。

此外，村不断改善交通条件，方便村民出行。1985年，整修新街至方家村大路，垒砌后方湖堤岸，安装新大街至下林一队的路灯；1987年，投资1.7万元，改造西大街西段95米路面；投资0.5万元，改造了黄桥头至三透里的半边街。

第三节　桥　　梁

黄桥

跨南官河，桥长约50米，宽4米。南官河是路桥境内的主要河流。黄桥东临石曲老街方林路，西临西岸王，连接104国道，是方林村主要对外交通要道。黄桥古称石曲黄桥头，原为三孔石头桥，每根桥栏柱上蹲着一只石狮子，具有较高的艺术价值。1985年，加宽桥面。1992年，黄桥已成危桥，遂改造成钢筋混凝土水泥桥。桥长40米，宽12米（图10-2）。

图10-2　黄桥（2019年3月）

迎宾桥

跨南官河。迎宾桥建于1999年11月，桥长56米，宽70米。采用钢筋混凝土水泥结构。东通路桥机场，西接104国道。

国珍桥

跨长河泾（现称竞争河）。建于2000年，桥宽60米，长17米。采用钢筋混凝土水泥结构。南接迎宾大道，北接机场路。

粜糠桥

旧时叫挑糠桥（农民逢集市日买卖米糠的地方）。跨竞争河，原为防水、旱灾的水闸桥，水闸凹槽原形至今还在。闸宽7米，桥长约14米，桥面长10米，宽5米。桥面、桥梁改造时，采用混凝土桥面。南连石曲老街方林路，北连石曲老街延伸路桥老街。

第三章　村居建设

方林村由前方、后方，下林、西岸4个自然村组成，解放前是一个穷村。12户地主住的是深宅大院（庄园），农民住的是破旧的矮木房，不少村民三代同住一室。党的十一届三中全会后，村民住房条件逐步改善。1979年，方道福建起村内第一幢3层楼。1983年，实行家庭联产承包责任制，村民生活水平初步改善，改变居住条件的要求日益强烈。1984年兴起建房热。1995年，方林村开始社会主义新农村示范村建设，拆旧建新，分三期建设拥有328套（间）花园式别墅的方林苑小区。至2009年，三期工程全部竣工交付。全体村民喜气洋洋地住上别墅，过上神仙般的幸福生活。

第一节　20世纪80年代前的村居

20世纪80年代前，方林村居基本保持原有面貌，村民居住条件一直没有较大改善。小部分是解放前留存的地主、富农的老宅，大部分是村民居住的矮小老房子。

庄园

方林村老宅主要是解放前12户地主住的庄园，如后方里、前方里、乾亨里、东来里、西岸王、三透里等。这些老宅大多为晚清、民国时期的建筑，都是雕梁画栋的深宅大院。基本布局为围墙、台门、天井，大的老宅有花园。房屋一般为前后进或连体，木结构或砖木结构的二层楼房。房屋多有门庭、过厅、会客堂屋、祖宗堂屋、后厅等及厢房、耳房。装饰和用材都很讲究。

庄园或遭火灾焚毁，或在村庄建设发展过程中被拆迁，没有保留下来。

民宅

方林村大多村民居住的是低矮破旧的小房子，以单层独间为主，墙壁以竹片糊泥墙或木板墙为多（图10-3）。“进门先弯腰，屋里床挨床”，一户人家挤在狭小的房子里，吃、住、拉、撒都在一起，起居空间逼仄不便；有的住茅草房，晴天怕火，雨天怕漏，常年阴暗潮湿；更有的居无定所，或栖身于凉亭、庵堂。

图10-3　方林村旧房子（20世纪80年代）

第二节　20世纪80年代初期的建房热

改革开放后，社员（村民）经济收入不断增加，生活质量得到改善，纷纷进行住房改造。或易地建房，或维修旧房，或拆除旧房、草房建新房。多数村民的平房变楼房，2层变3层，并开始讲究室内装潢。据统计，党的十一届三中全会召开至1983年前，建房的有139户，计170间，占全大队241户的57.7%。

社员建房规定

1982年，黄岩县政府决定建设石曲小集镇，修造新街道，需占用方林村不少土地。为方便村民生产生活，节约用地，大队党支部和管委会按照石曲公社关于建设小集镇的规划和村镇建设用地规定，结合大队实际，出台《关于街道建设和社员建房的规定》。社员建房用地属大队集体所有，建房用地打破队界、户界，由大队统一安排调配（图10-4）。规划区内的承包户土地由大队

图10-4　20世纪80年代建成的下林连排楼房

予以等量调换，或给付承包地前3年平均产量的粮票；优先落实国家集体企事业单位建房用地，然后根据社员建房紧迫程度，落实建房用地，一般可在秋收后动工；社员建房必须严格履行建房审批手续。经生产队社员签名盖章同意后，由大队建房领导小组审查，报上级有关部门批准后，按批准面积在指定位置建房，违章建筑予以强制拆除；对建房用地挑肥拣瘦者，3年内不予安排建房；社员建房必须持经建房领导小组审查的图纸，方可施工。批准建房的社员必须在批准后6个月内建成，逾期批文无效。打好地垄的折价70%转让给其他社员；批准建房和尚未批准建房的社员，其老屋不得随意改造、升高、扩大。批准建房的社员必须先拆老屋，后建新屋。

建房规划

以黄桥头为中心，分为东街道和西街道。东街道至粮站，道路宽8米；西街道至公路，道路宽10米，为商业区和集市贸易区。凡批准在街道两旁建房的社员，应留出2.5米宽的土地作为道路控制用地。

图10-5　村干部和测绘人员在工作（1995年）

新房高度在3层以上，每间宽3.6米，长11米；同一幢房子式样统一，做到地基平、檐口平、屋栋平。底层开设店面，第2层、第3层没有阳台和走廊；企事业单位所建楼房，每幢7～8间，幢与幢之间留有2.5米宽的通道。大队统一植树、绿化（图10-5）。

建房规模

据1995年统计，党的十一届三中全会召开至1983年前全村建房的139户，计169间，占全村241户的57.7%。1984—1995年，建房的有181户（其中少数户1983年前和1984年后均建房），计199.5间。从1979年方道福建成方林大队第一幢3层楼至1995年，全村建成楼房368.5幢；未建房的14户（表10-2）。

表10-2 1979—1995年方林村村民建房统计表

姓 名	人口/人	1983年前建		1983年后建	
		间数/间	建筑面积（或占地面积）/平方米	间数/间	建筑面积（或占地面积）/平方米
林启禄	4	1	72.70	—	—
戴学宝	5	1	—	1	70.00
林显平	3	1	50.22	1	58.50
林仙亮	8	2	123.76	1	58.50
林仙敏	4	1	55.42	—	—
方建中	4	—	—	1	70.38
方建明	5	—	—	1	62.00
戴学明	4	—	—	1	61.02
王 平	3	1	42.24	—	—
方孔祥	6	3	99.69	—	—
严妙友	3	1	22.44	—	—
林仙富	3	0.5	14.01	—	—
林仙福	4	0.5	14.01	—	—
王仙方	4	—	—	1	47.70
林启华	4	1	50.17	1	62.83
林仙德	4	—	—	1	68.50
林 杰	3	1	48.87	—	—
林国敏	5	1	40.00	1	82.96
林显昌	3	—	—	1	63.84
陈才富	3	1	42.88	1	57.13
王中茂	3	1	42.88	—	—
张士海	4	1	42.53	1	42.30
王美云	4	1	39.00	1	82.00
王灵华	3	1	69.55	—	—
王小林	4	1	49.73	—	—
王中桂	4	1	53.55	—	—
王仙春	4	1	45.50	—	—
林仙增	3	2	112.22	—	—
戴桂生	4	1	71.28	—	—

（续）

姓　名	人口/人	1983年前建		1983年后建	
		间数/间	建筑面积（或占地面积）/平方米	间数/间	建筑面积（或占地面积）/平方米
陈才平	5	1	15.75	1	57.13
林显琳	3	1	36.02	2	133.15
林友平	4	2	72.00	1	62.46
方孔志	4	—	—	1	68.69
王通富	6	1	63.88	1	67.61
林金富	7	—	—	1	62.46
林金明	3	—	—	1	62.46
林金国	5	2	117.32	—	—
王建永	3	—	—	1	62.46
方孔亮	3	—	—	1	62.46
邵美香	5	—	—	1	66.69
林庆勇	1	—	—	1	66.69
王天吉	4	2	51.77	1	62.46
王宗保	6	1	28.00	1	63.59
戴彩荷	3	1	48.00	1	62.14
林仙友	3	1	55.42	—	—
梁开禄	3	—	—	1	80.28
詹明照	4	1	21.09	1	48.24
方孔秀	6	1	34.31	1	66.80
詹依满	3	—	—	—	—
谢永杰	1	—	—	—	—
谢明奇	1	—	—	—	—
严新斌	1	—	—	—	—
方建文	1	—	—	—	—
谢文忠	1	—	—	—	—
林启友	4	1	63.00	1	60.19
张华池	5	1	40.43	1	62.28
张华东	4	1	36.12	1	62.28
张茂德	5	1	66.06	1	62.96

（续）

姓　名	人口/人	1983年前建		1983年后建	
		间数/间	建筑面积（或占地面积）/平方米	间数/间	建筑面积（或占地面积）/平方米
詹照富	3	1	37.02	1	83.23
方孔寅	4	1	29.39	1	86.47
林启富	5	1	61.30	1	60.19
蔡依禄	5	1	49.16	1	60.19
林小春	6	1	16.29	1	78.08
林文胜	1	1	—	1	58.94
林小根	4	1	40.00	1	52.94
林启玉	4	1	37.75	1	92.28
林启满	4	1	37.32	1	92.48
詹照平	3	—	—	1	61.38
林启德	4	1	45.36	1	68.04
林启法	4	1	45.36	1	68.04
曹金娇	4	2	117.00	—	—
林小中	4	2	103.41	—	—
林文友	6	2	93.79	—	—
林加贤	4	1	65.44	—	—
林福庆	4	1	82.30	—	—
林加友	4	1	81.47	—	—
方孔红	3	2	97.36	—	—
林必清	6	—	—	1	98.58
方孔华	4	2	107.41	—	—
方孔荣	4	—	—	1	81.14
徐昌满	4	—	—	1	54.00
林必云	6	2	66.76	1	78.08
徐仙火	3	—	—	—	—
施学清	5	1	30.03	1	78.77
方丽民	3	—	—	1	62.80
方仙华	5	2	71.11	1	—
缪济平	6	1	51.92	—	48.06

（续）

姓　名	人口/人	1983年前建		1983年后建	
		间数/间	建筑面积（或占地面积）/平方米	间数/间	建筑面积（或占地面积）/平方米
缪正中	5	1	43.89	1	44.82
李建国	6	1	34.86	1	61.02
方崇平	6	1	50.75	1	44.82
缪能基	6	2	66.61	1	44.82
罗二头	4	1	27.73	1	44.82
方道中	3	2	67.34	—	—
方旭日	3	—	—	1	44.82
缪济雨	3	—	—	1	44.82
吴秀芳	7	2	90.13	—	—
罗宝桂	6	2	40.75	1	78.80
缪济华	3	1	59.87	1	44.82
方再信	5	2	51.31	2	89.64
方崇新	3	—	—	1	42.52
方招学	4	3	119.14	—	—
方崇文	3	—	—	1	59.67
方崇明	3	—	—	1	62.12
夏小连	4	1	40.09	—	—
谢冬清	4	2	55.30	1	64.80
李正中	5	1	42.12	—	—
方道昌	5	3	167.37	—	—
缪济海	3	—	—	1	54.20
王崇献	5	—	—	1	44.82
张周福	4	1	24.64	1	57.93
陈仙森	3	—	—	2	102.00
陈小富	5	—	—	2	126.50
谢华寿	4	—	—	1	61.02
陈法春	6	2	107.76	—	—
张志明	2	1	35.70	—	—
张利明	3	1	35.70	—	—

（续）

姓　名	人口/人	1983年前建		1983年后建	
		间数/间	建筑面积（或占地面积）/平方米	间数/间	建筑面积（或占地面积）/平方米
梁　飚	7	2	105.02	1	56.25
施通行	6	1	32.75	1	100.87
方华良	2	—	—	1	61.38
方孔华	3	—	—	1	97.56
徐芦芦	6		115.79	1	69.59
蔡香琴	4	1	28.28	1	54.36
胡宣德	4	1	57.76	1	99.36
方四妹	5	1	19.23	1	99.36
詹国平	5	—	—	1	97.93
盛龙土	5	—	—	1	106.45
任金华	6	—	—	1	106.45
谢华德	4	—	—	1	106.45
方孔平	4	1	25.00	1	58.97
徐芦岱	3	—	—	1	80.64
方道河	6	—	—	1	89.46
林永福	5	1	26.81	1	80.64
谢文国	3	—	—	1	76.90
方崇辉	3	—	—	1	48.13
谢华仁	4	1	25.00	2	137.52
徐贤德	3	1	33.50	1	—
张国民	4	1	34.82	1	—
程明生	5	—	—	—	—
张普海	4	—	—	1	70.92
刘洋彬	2	1	49.69	—	—
管康传	1	1	20.79	—	—
吴美云	2	1	38.57	—	—
谢春普	2	1	68.77	—	—
曹宝玉	2	1	27.22	—	—
谢启林	3	1	24.10	—	—

（续）

姓 名	人口/人	1983年前建		1983年后建	
		间数/间	建筑面积（或占地面积）/平方米	间数/间	建筑面积（或占地面积）/平方米
阮春妹	2	1	35.72	—	—
张梅生	4	1	33.25	1	54.00
曹建平	3	1	34.96	1	54.00
罗仙德	4	1	70.76	1	44.82
罗岳平	3	—	—	1	54.00
方金明	4	1	24.89	1	54.00
方小明	4	—	—	1	74.26
方小法	3	1	37.13	—	—
金永清	4	2	82.35	—	—
陈法平	6	—	—	1	57.76
陈小平	3	—	—	1	51.12
蔡正杰	3	—	—	1	56.88
黄大计	3	—	—	1	42.80
丁舜明	4	2	102.60	—	—
丁禹明	4	1	68.76	—	—
方孔胜	5	2	120.75	—	—
方孔森	4	—	—	1	48.91
管人财	8	—	—	1	71.55
方中华	7	1	57.73	1	52.02
陈吉富	3	—	—	1	62.28
方金法	4	—	—	1	47.70
罗香凤	4	—	—	1	68.39
方孔正	4	1	30.30	—	—
陈吉梦	4	—	—	1.5	81.00
方普禄	4	2	59.50	—	—
管人德	3	1	37.70	—	—
方孔明	3	3	142.43	—	—
谢明军	3	1	79.47	—	—
谢文华	4	1	44.02	1	79.74

（续）

姓　名	人口/人	1983年前建		1983年后建	
		间数/间	建筑面积（或占地面积）/平方米	间数/间	建筑面积（或占地面积）/平方米
林荷芳	2	—	—	1	50.82
方菊琴	4	—	—	1	47.77
陈华能	4	—	—	2	84.15
陈华光	3	—	—	2	78.32
陈华金	4	2	91.28	—	—
管银法	3	—	—	1	94.07
管银湖	3	—	—	1	60.83
管银河	4	—	—	1	60.83
方崇西	5	—	—	1	120.06
王妙寿	5	1	36.18	1	61.02
方崇尧	4	—	—	1	61.02
张福林	3	—	—	1	61.02
方茂林	7	1	50.08	1	59.40
方崇福	7	1	43.38	1	48.24
陈才满	4	—	—	1	48.24
陈才福	5	0.5	15.75	1	48.24
陈才明	4	—	—	1	82.30
阮普妹	3	—	—	2	122.32
谢菊琴	2	—	—	—	—
缪仙法	1	—	—	—	—
阮雄志	1	—	—	—	—
王法玉	3	1	27.34	—	—
谢美华	1	—	—	—	—
李胥正	3	—	—	—	—
林利明	1	—	—	—	—
方金法	4	1	25.06	1	60.66
谢永华	4	—	—	2	96.12
谢清华	3	—	—	1	76.68
管银海	7	1	33.35	2	102.09

（续）

姓　名	人口/人	1983年前建		1983年后建	
		间数/间	建筑面积（或占地面积）/平方米	间数/间	建筑面积（或占地面积）/平方米
陈仙秋	4	1	34.52	1	49.50
郑冬春	4	—	—	1	66.88
郑冬祥	4	—	—	1	50.96
张仙忠	4	1	60.52	1	49.50
陈加江	5	—	—	1	55.80
狄广志	6	1	39.96	1	62.14
陈友江	4	0.5	15.75	1	79.74
王妙根	4	—	—	1	86.04
阮小妹	6	—	—	1	60.66
谢文信	3	—	—	1	65.60
谢文建	3	—	—	1	65.60
李由仙	4	1	25.20	1	44.82
罗永福	3	0.5	18.13	1	79.47
罗永人	4	0.5	18.13	1	79.47
方从桃	4	—	—	1	79.10
王妙林	4	—	—	2	146.25
阮小根	4	—	—	1	82.87
张亨林	6	—	—	2	163.58
李由法	3	—	—	1	60.72
李春明	3	—	—	1	60.72
陈友河	4	0.5	15.75	1	56.72
严通河	4	—	—	1	54.72
张小海	6	—	—	1	60.30
方崇达	4	1	53.00	1	60.30
方春国	2	—	—	1	75.00
林书生	5	—	—	1	—
陈荣华	3	—	—	1	46.08
陈庆荣	1	—	—	1	55.54
方崇河	4	1	22.78	1	54.36

（续）

姓　名	人口/人	1983年前建		1983年后建	
		间数/间	建筑面积（或占地面积）/平方米	间数/间	建筑面积（或占地面积）/平方米
方春林	3	—	—	1	48.24
谢文志	4	1	61.38	2	97.82
阮小秋	3	—	—	1	48.24
方崇来	4	—	—	2	107.97
严美美	4	—	—	2	102.31
陈友浪	7	0.5	15.75	2	116.45
李仙由	5	1	37.92	2	122.02
谢文元	4	1	40.87	1	47.70
方崇杰	4	1	34.00	1	79.74
王妙增	3	—	—	1	75.00
张华林	4	—	—	2	125.43
张华福	5	—	—	1	63.15
张三玉	6	—	21.35	1	66.78
方建国	2	1	34.85	—	—
谢启德	4	2	75.67	1	49.69
林书池	5	—	—	1	79.47
张林江	1	—	—	1	61.02
谢大志	4	1	40.00	1	63.54

1996年4月初，因内环线工程村民房屋被拆，路南街道办事处向台州市土地管理局路桥分局提交报告，申请拆建户建房用地。台州市土地管理局路桥分局于4月26日作出关于同意方林村内环线拆建户申请建房用地的批复，同意批准建房11户，准建楼房13间，占用土地（水田）613.8平方米（表10-3）。

表10-3　1996年方林村私人建房用地批准名单

序号	申请户主	建造楼房/间	建房用地/平方米	拆除老屋	
				数量/间	面积/平方米
1	方崇杰	1	46.8	2	79.7
2	王妙林	1	46.8	2	96.7

（续）

序号	申请户主	建造楼房/间	建房用地/平方米	拆除老屋	
				数量/间	面积/平方米
3	谢文建	1	46.8	2.0	84.1
4	谢文华	1	46.8	2.0	79.7
5	谢青华	1	46.8	2.0	66.4
6	管银海	2	99.0	2.5	119.4
7	陈友江	1	46.8	2.0	85.3
8	陈才明	1	46.8	2.0	82.3
9	王妙增	2	93.6	2.0	103.8
10	王妙根	1	46.8	2.0	96.7
11	方理智	1	46.8	2.0	73.4
合计	—	13	613.8	22.5	967.5

第三节 方林苑建设

1994年8月22日，国务院批准撤销台州地区和县级黄岩市、椒江市，设立地级台州市，境辖椒江、黄岩、路桥3个区和玉环、天台、仙居、三门4个县，代管温岭、临海2个市。方林村迎来历史性机遇。村党支部、村委会认为方林村要建成社会主义新农村，必须彻底改变村容村貌，建设全台州市乃至全省一流的新型农民住宅区。通过调查研究，征求村民意见，村两委作出建设方林苑的决定（图10-6）。

图10-6 方林村规划总平面图（1996年）

方林苑总体规划

1995年，方林村开始社会主义新农村示范村建设。针对当时存在的“只见新房子，不见新村庄”现象，村两委提出建设一个舒适、安全、卫生、宁静、优美、文明的能体现时代气息和地方风貌的社会主义现代化新农村居住小区，取名为“方林苑”。上海大学城市规划设计研究院受邀对方林苑进行全面规划，设计出分三期实施的别墅式方林苑小区规划。方林苑选址于前方、后方、下林3个自然村，占用第一、第二、第三、第四、第五5个村民小组土地13.6公顷，总投资5000万元，建设别墅式住宅328套。小区建设纳入路桥区总体规划。1995年9月27日，路桥区政府召开方林村现代化新农村居住小区规划会审会议，通过方林苑建设规划；1997年4月25日，路桥区政府在方林村召开方林新村建设办公会议，就方林苑供电、供水、邮电、广电、绿化等问题达成一致。

方林苑用地

方林苑用地由拆除旧房的宅基地和农地组成。

1996年，台州市国土资源局路桥分局批准建房用地18001平方米，其中占用第二村民小组5334平方米，第三村民小组8000平方米，第四村民小组3334平方米，第五村民小组1333平方米。

1998年12月31日，台州市国土资源局路桥分局下发《关于同意新农村建设村民申报补办建房用地的批复》（路土〔1998〕105号），同意方林村村民建房149户，准建别墅144套，楼房6间，占用水田13965.12平方米，旱地286.7平方米，拆除建房户房屋61.5间，拆除面积为1918.41平方米。

2001年12月24日，路桥区政府根据台州市国土资源局路桥分局《关于要求出让一幅国有土地使用权的请示》，下发《关于同意公开出让路南街道一幅国有土地使用权的批复》，同意将一幅位于路南街道方林村、方家村的国有土地使用权公开出让。该幅土地征用面积为3809平方米，出让面积为2140平方米。根据规划要求，该幅土地可用于建造小康型住宅20幢。出让期限为70年。

旧房拆除

方林村的旧村改造和安置工作与方林苑别墅小区的建设同时进行，即在制订别墅分配政策时，同时出台拆除与安置政策。

方林村规定，符合条件的村民都能购买别墅。凡超出国家规定人均住房面积标准的（指拆除后仍超标准面积），必须在拆除旧房并依法缴纳罚款后，才能购买别墅（图10-7）。

根据路桥区委〔1995〕40号文件规定，新农村小康型住宅每户占地可在法律规定的标准基础上，增加30平方米，即1～3人户放宽至90平方米，4～5人户放宽至120平方米，6人以上户放宽至150平方米。按照增加后的标准，仍有89户接受罚款。

图10-7　西头里旧屋拆除（1995年）

1995年，方林村依规定拆除177户社员的旧房，总计拆除面积13195.91平方米（表10-4）。建造可安置250户村民的方林苑小区别墅群。

表10-4　1995年村民旧房拆除情况一览表

序号	姓　名	间数/间	面积/平方米	序号	姓　名	间数/间	面积/平方米
1	林启禄	1	72.70	18	陈才富	2	100.01
2	戴学宝	1	70.00	19	王中茂	1	42.88
3	林显平	1	108.72	20	张士海	1	42.53
4	林仙亮	3	182.26	21	王美云	2	101.00
5	林仙敏	1	55.42	22	王灵华	1	69.55
6	方建中	1	70.38	23	王小林	1	49.73
7	方建明	1	62.00	24	王中桂	1	53.55
8	王　平	1	42.24	25	王仙春	1	45.50
9	方孔祥	3	99.69	26	林仙增	2	112.22
10	严妙友	1	22.44	27	戴桂生	1	71.28
11	林仙富	0.5	14.01	28	陈才平	1	57.13
12	林仙福	0.5	14.01	29	林显琳	2	133.15
13	林启华	2	113.00	30	林启萍	1	62.46
14	林仙德	1	68.50	31	方孔志	1	68.69
15	林　杰	1	48.87	32	王通富	2	131.49
16	林国敏	2	102.96	33	林金富	1	62.46
17	林显昌	1	63.84	34	林金明	1	62.46

（续）

序号	姓　名	间数/间	面积/平方米	序号	姓　名	间数/间	面积/平方米
35	林金国	2	117.32	65	林加友	1	81.47
36	王建勇	1	62.46	66	方孔红	1	97.36
37	方孔亮	1	62.46	67	林必清	1	98.58
38	邵美香	1	66.69	68	方孔华	2	107.41
39	林庆勇	1	66.69	69	林必云	2	144.84
40	王天吉	3	114.23	70	施学清	1	108.80
41	王宗保	2	91.59	71	方仙华	2	71.11
42	戴彩荷	2	110.14	72	缪济平	1	51.92
43	林仙友	1	55.42	73	缪正中	1	88.71
44	詹明照	1	21.09	74	李建国	1	34.86
45	方孔秀	2	101.11	75	方崇平	1	95.57
46	林启友	2	123.19	76	缪能基	3	111.43
47	张华池	1	40.43	77	罗二头	2	72.55
48	张华东	1	36.12	78	方道中	2	67.34
49	张茂德	2	129.02	79	方旭日	1	44.82
50	詹照富	2	120.25	80	缪济雨	1	44.82
51	方孔寅	2	115.86	81	吴秀芳	2	90.13
52	林启富	2	121.49	82	罗宝桂	3	119.55
53	蔡依禄	2	109.36	83	缪济华	2	104.69
54	林小春	2	94.37	84	方再信	4	140.95
55	林小根	2	92.94	85	方崇新	1	42.52
56	林启玉	2	130.03	86	方招学	3	119.14
57	林启满	2	129.80	87	方崇文	1	59.67
58	林启德	2	113.40	88	方崇明	1	62.12
59	林启法	2	113.40	89	夏小连	1	40.09
60	曹金娇	2	117.00	90	谢冬清	3	120.10
61	林小中	2	103.41	91	李正中	1	42.12
62	林文友	2	93.79	92	方道昌	3	167.37
63	林加贤	1	65.44	93	王崇献	1	44.82
64	林福庆	1	82.30	94	张周福	1	24.64

（续）

序号	姓　名	间数/间	面积/平方米	序号	姓　名	间数/间	面积/平方米
95	陈仙森	1	51.00	125	曹宝玉	1	27.22
96	陈小富	1	74.50	126	谢启林	1	24.10
97	陈法春	2	107.76	127	阮春妹	1	35.72
98	张志明	1	35.70	128	张梅生	1	33.25
99	张利明	1	35.70	129	曹建平	2	88.96
100	梁飚	3	161.27	130	罗仙德	1	70.76
101	施通行	2	133.62	131	方金明	1	24.89
102	方华良	1	61.38	132	方小法	1	37.13
103	方孔华	1	97.56	133	金永清	2	82.35
104	徐芦芦	3	185.38	134	陈法平	1	58.76
105	蔡香琴	2	82.64	135	陈小平	1	51.12
106	胡宣德	2	157.12	136	丁舜明	2	102.60
107	方四妹	2	118.59	137	丁禹明	1	68.76
108	詹国平	1	97.92	138	方孔胜	2	120.75
109	盛龙土	1	106.45	139	方中华	1	57.73
110	任金华	1	106.45	140	方孔正	1	30.30
111	谢华德	1	106.45	141	方普禄	2	59.50
112	方孔平	2	83.97	142	管人德	1	37.70
113	徐芦岱	1	80.64	143	方孔明	3	142.43
114	方道河	1	89.46	144	谢明军	1	79.47
115	林永福	2	107.45	145	谢文华	2	123.76
116	谢文国	1	76.90	146	王妙寿	1	36.18
117	方崇辉	1	48.13	147	方茂林	1	50.06
118	谢华仁	2	162.52	148	方崇福	2	143.38
119	徐贤德	1	33.50	149	陈才福	0.5	15.75
120	张国民	1	34.82	150	陈才明	1	82.30
121	刘洋彬	1	49.60	151	王玉法	1	27.34
122	管康传	1	20.79	152	方金法	1	25.06
123	吴美云	1	38.57	153	谢清华	1	76.68
124	谢春普	1	68.77	154	管银海	3	135.44

（续）

序号	姓　名	间数/间	面积/平方米	序号	姓　名	间数/间	面积/平方米
155	陈仙秋	1	34.52	167	方崇河	1	22.78
156	张仙忠	1	60.52	168	谢文志	1	61.38
157	狄广志	1	39.96	169	陈友浪	0.5	15.75
158	陈友江	1.5	95.49	170	李仙由	1	37.92
159	王妙根	1	86.04	171	谢文元	1	40.87
160	谢文建	1	65.60	172	方崇杰	2	113.74
161	李由仙	1	25.20	173	王妙增	1	75.00
162	罗永福	0.5	18.13	174	张三玉	1	21.35
163	罗永人	0.5	18.13	175	方建国	1	34.85
164	王妙林	1	89.35	176	谢启德	2	75.67
165	陈友河	0.5	15.76	177	谢大志	1	40.00
166	方崇达	1	53.00	—	—	—	—

建设（包括公共设施）费用

方林苑规划内的用地，打破队界、户界，由村统一规划，统一使用，统一政策，统一支付粮款，被使用土地上的多年生作物由筹建组统一估价；住宅区公共道路、小区公共建筑及配套设施部分用地费用由村负担；购买了别墅的农户，按其占地面积及房前屋后约2.5平方米花园用地，由村统一计算，各户自行负担，同时负担国家规定规费。规费收取标准为：教育费5元/平方米，造地费2元/平方米，耕地征用费6元/平方米，管理费1元/平方米，建筑配套费25元/平方米，规划办收费10元/平方米。

方林苑一期

规划　方林苑住宅为组团式布局，即每套住宅均配以公共绿地，形成住宅—庭园—公共绿地的多层次空间布局。公共绿化突出组团风韵，各组配以春、夏、秋、冬四季花木，主题突出，美观大气。住宅分为A、B、C、D、E 5种户型。A、B、C 3种类型为独体式2层别墅，每套占地面积分别为198平方米、190平方米、182平方米；建筑面积分别为99平方米、95平方米、91平方米。D、E 2种类型为联体式3层别墅，每套占地面积分别为75平方米、98平方米；建筑面积分别为226.5平方米、294平方米。1层、2层、3层的层高分别为3.3米、3米、2.8米。每套住宅均有小花园和车库（图10-8）。

方林苑的配套公共建筑结合中心绿化区布置，形成小区中心；吉利大道两侧布置商业性公共建筑，吉利大道与中心路交叉口布置高层建筑，作为综合办公楼和宾馆，底层和二层作商场；河道北侧为文化娱乐、行政办公和商业、服务业建筑。

图10-8　村民住进方林苑别墅（1997年）

方林苑以机场南路作为居住区的主要出入口，环城东路及吉利大道为次要出入口。主干道路与出入各户庭园的道路串联成团，形成完整的道路体系。主干道路布置街景和小景点。

建设　方林苑的施工单位和监理单位采用公开招标的方法确定。为了保证工程质量，成立工程建设质量监督小组，聘请有丰富经验的工程技术人员为成员，进行全方位的工程监督，村委会选派1～2名班子成员参加质量监督。

一期工程采用“统一规划、统一设计、统一承建、统一筹资”的原则。于1996年5月28日动工兴建，于1997年10月交付使用。总投资1800万元，占地面积72亩，建有别墅96套。

设施　居住小区内绿树成荫，绿化覆盖率达55%。有配套的灯光篮球场、灯光网球场、游泳池和各种健身器材，有幼儿园、休闲花园、喷水池、九曲桥、观鱼亭等公共建筑；配有变电室、煤气调压站、公厕、垃圾收集点；安装围墙灯226盏，路灯105盏，草坪灯40盏，邮电信箱46只；电脑监控报警中心配有监控电视8台。有线电视每户两个接入头，初装费为300元。

入住条件　入住方林苑一期别墅的村民，需符合一定条件：凡户粮在方林村的村民，每户享受1套指标（以男性户粮在册为准）；凡在1973年12月31日零时前出生的男性未婚青年，原未单独立户的，可享受1套住宅建设权（面积、优惠面积按原户享受）。农业户口嫁城市户口、农业户口嫁农业户口的及其子女，考入学校并分配在外地工作的，已顶替离退休父母工作的，户粮关系已迁出的，原则上不能入住方林苑（表10-5，图10-9）。

图10-9　村民搬离旧居（1998年）

表10-5 方林村方林苑一期别墅入住名单

幢号	户 主	幢号	户 主	幢号	户 主	幢号	户 主	幢号	户 主
1	张君英	21	谢华寿	41	方崇国	61	陈法平	81	王云龙
2	方 浩	22	陈华光	42	严通河	62	林显琳	82	戴学明
3	许丹娟	23	缪济雨	43	谢文志	63	盛伟达	83	陈华能
4	任金华	24	谢文国	44	阮普妹	64	方红日	84	管银河
5	方孔平	25	林启法	45	王岩法	65	王天吉	85	陈清荣
6	王申凯	26	谢明军	46	林启满	66	王建勇	86	应再来
7	张小芳	27	陈仙秋	47	施通行	67	谢华德	87	王军辉
8	许锡东	28	阮小秋	48	张文清	68	林启玉	88	金仪报
9	林庆勇	29	方建中	49	谢明军	69	陈才明	89	车邦辉
10	王 敏	30	徐仙虎	50	管银法	70	方旭日	90	林启友
11	方新斌	31	应友华	51	谢青华	71	张周福	91	王仙春
12	陈法春	32	阮雄潇	52	谢明伟	72	梁 飚	92	应再来
13	丁禹明	33	方孔祥	53	林 杰	73	程明生	93	李金国
14	张小江	34	刘友谊	54	邱奇明	74	罗建华	94	方崇河
15	方崇明	35	谢永华	55	陈仙森	75	李逢春	95	方孔森
16	王妙林	36	林文德	56	王 平	76	林友德	96	方建民
17	林小春	37	曹金娇	57	林启绿	77	陈小平		
18	方茗琦	38	方崇军	58	朱建华	78	李 鸣		
19	蔡依禄	39	管建军	59	林金国	79	戴开斌		
20	王妙根	40	罗昌福	60	管娇云	80	林仙友		

方林苑二期

规划 1998年9月，上海同济城市规划设计研究院受方林村党总支和村委会的委托，承担方林苑二期的规划设计任务。二期建设用地狭长，设两个出入口，在小区中心形成一个半环形主路，其他住宅组团围绕这一条半环形的小区主要道路，形成5个住宅邻里组团。

二期别墅分A、B、C、D 4种类型。其中A、B两型为独立别墅式；C型为联立别墅式，二、三、四户均可联立；D型为改良型立地式住宅。A型独立别墅式，为2层，单体建筑面积198平方米，共45套；B型独立别墅式，为2.5层，单体建筑面积260平方米，共30套；C型联立别墅式，为2.5层，单体建筑面积209平方米，共13套；D型新型立地式，为3层，单体建筑面积150平方米，共36套。合计124套。另有排屋36间（表10-6）。

表10-6　方林苑二期工程需拆迁房屋户名单及情况表

组别	姓　名	人口/人	工程需拆迁		已申报、拆迁后保留房屋					已报批拆除归集体面积/平方米	待处理面积/平方米
					合计		方林苑面积/平方米	保留房屋			
			间数/间	面积/平方米	间数/间	面积/平方米		间数/间	面积/平方米		
1	林仙友	5	1	55.42	1	99.00	99.00	—	—	—	55.42
1	林仙明	4	1	55.42	1	99.00	99.00	—	—	—	55.42
1	戴桂生	4	1	45.00	1	99.00	99.00	—	—	—	45.00
1	林仙增	2	2	112.22	—	—	—	—	—	—	112.22
1	王仙春	4	1	45.50	1	99.00	99.00	—	—	—	45.50
1	王中桂	4	1	53.55	1	99.00	99.00	—	—	—	53.55
1	王小林	4	1	49.73	1	99.00	99.00	—	—	7.48	42.25
1	王灵华	5	1	69.35	1	99.00	99.00	—	—	24.05	45.50
1	王美云	6	1	44.64	2	162.82	99.00	1	63.82	—	44.64
1	林仙亮	5	1	123.76	1	67.23	—	1	67.23	—	123.76
1	林显平	3	1	50.22	1	58.32	—	1	58.32	—	50.22
1	戴学宝	6	1	50.22	1	58.32	—	1	58.32	—	50.22
1	王通富	4	1	63.88	1	67.61	—	1	67.61	—	63.88
1	林小根	6	1	56.96	2	115.88	—	2	115.88	—	56.96
2	林小富	4	1	50.89	1	52.52	—	1	52.52	—	50.89
1	林仙德	1	1	48.87	—	—	—	—	—	—	48.87
1	林启华	4	1	50.17	1	62.83	—	1	62.83	—	50.17
1	林启禄	3	1.5	72.70	1	99.00	99.00	—	—	23.56	49.14
1	林显琳	5	1	36.02	2	169.87	99.00	1	70.87	36.02	—
1	林启萍	4	1.5	36.00	2	170.70	99.00	1	71.70	36.00	
1	林仙福	4	0.5	11.39	1	99.00	99.00	—	—	—	11.39
1	林仙富	4	1.5	55.31	1	99.00	99.00	—	—	11.39	43.92
1	林寿增	1	1	24.03	—	—	—	—	—	—	—
2	詹明照	4	1	21.09	2	147.24	99.00	1	48.24	21.09	—
2	詹照富	3	1	22.26	1	90.00	—	1	90.00	—	22.26
1	一组	—	1	30.91	—	—	—	—	—	—	30.91

（续）

组别	姓　名	人口/人	工程需拆迁		已申报、拆迁后保留房屋					已报批拆除归集体面积/平方米	待处理面积/平方米
					合计		方林苑面积/平方米	保留房屋			
			间数/间	面积/平方米	间数/间	面积/平方米		间数/间	面积/平方米		
1	王天吉	4	2	51.77	2	161.46	99.00	1	62.46	—	51.77
1	王人燕	1	2	54.45	—	—	—	—	—	—	54.45
1	王　平	3	1	23.92	1	99.00	99.00	—	—	—	23.92
2	蔡依禄	5	1	49.16	2	159.19	99.00	1	60.19	49.16	—
2	林加友	4	0.5	19.80	2	146.27	99.00	1	47.27	19.80	—
2	二组	—	1	35.00	—	—	—	—	—	—	35.00
1	方孔亮	5	3	99.69	1	62.46	—	1	62.46	—	99.69
1	王吉成	1	1	21.08	—	—	—	—	—	—	21.08
1	严妙友	1	1	22.44	—	—	—	—	—	—	22.44
1	王宗保	4	1	23.32	1	63.59	—	1	63.59	—	—
2	方孔寅	4	1	29.39	1	90.00	—	1	90.00	—	29.39
2	方孔红	3	1	24.35	2	172.01	99.00	1	73.01	24.35	—
2	方孔秀	6	1	34.31	1	66.80	—	1	66.80	—	34.31
2	方孔荣	6	2	62.13	1	81.14	—	1	81.14	—	64.13
2	方孔华	3	2	51.64	1	99.00	99.00	—	—	43.28	18.36
1	方道忠	1	3	78.72	—	—	—	—	—	—	78.72
2	李日增	1	2	51.37	—	—	—	—	—	—	51.37
1	林金国	7	1.5	68.32	1	99.00	99.00	—	—	—	68.32
1	林金富	4	0.5	24.40	1	62.46	—	1	62.46	—	24.40
1	林金明	3	0.5	24.40	1	62.46	—	1	62.46	—	24.40
2	林金华	6	1	46.52	2	159.05	99.00	1	60.05	46.52	—
2	林贤来	1	1.5	66.76	—	—	—	—	—	—	66.76
2	林启玉	4	1	37.25	2	191.48	99.00	1	92.48	37.75	—
2	林小春	6	1	16.29	2	177.08	99.00	1	78.08	16.29	—
2	林启夫	5	1	61.30	2	162.79	99.00	1	63.79	61.30	—
2	林启满	4	1	37.32	2	191.48	99.00	1	92.48	—	37.32
2	林启法	4	1	45.30	2	158.40	99.00	1	59.40	—	45.30

（续）

组别	姓　名	人口/人	工程需拆迁		已申报、拆迁后保留房屋					已报批拆除归集体面积/平方米	待处理面积/平方米
					合计		方林苑面积/平方米	保留房屋			
			间数/间	面积/平方米	间数/间	面积/平方米		间数/间	面积/平方米		
2	林启德	4	1	45.30	2	177.12	99.00	1	78.12	—	45.30
1	戴彩荷	5	1	42.51	2	161.14	99.00	1	62.14	—	42.51
1	陈才夫	3	1	42.88	1	57.00	—	1	57.00	—	42.88
1	王中茂	3	1	42.88	1	99.00	99.00	—	—	42.88	—
1	张士海	3	1	42.53	2	141.30	99.00	1	42.30	—	42.53
3	缪再忠	1	1	42.88	1	57.00	—	1	57.00	—	42.88
3	吴秀芳	1	1	43.24	—	—	—	—	—	—	43.24
2	张华池	5	1	40.43	1	65.00	—	1	65.00	—	40.43
2	张华东	4	1	40.43	1	63.00	—	1	63.00	—	40.43
7	谢文志	4	1	40.43	3	196.82	99.00	2	97.82	—	40.43
2	张增富	4	1	40.43	1	62.28	—	1	62.28	—	40.43

建设　二期工程于2000年动工兴建，2001年完工。二期工程投资2000万元。二期工程建设了社区活动中心，附近有水面、绿化用地和广场，保留原有水塘。

图10-10　方林苑（2000年）

小区半环形主要道路宽12米，其余主道路宽9米，组团级的道路宽5米。结合现有住宅改造（立面改造或拆除重建），配置小区商业设施和文化娱乐设施。设置配电站1处，袋装垃圾收集点若干处和公共厕所各1处（图10-10）。

可入住方林苑二期别墅的村民也需要符合与一期相同的条件（表10-7）。

表10-7　方林村方林苑二期别墅入住名单

幢号	户　主	幢号	户　主	幢号	户　主	幢号	户　主	幢号	户　主
97	林福庆	129	缪友国	160	王永春	193	陈小富	227	阮圣国
98	车邦国	130	邵仙根	161	方春国	195	缪济华	228	应友荣
99	徐小勇	131	陈良云	162	缪济福	196	林章明	229	林启萍
100	林谷鸣	132	王小荷	163	王中桂	197	曹大军	230	詹利民
101	林黎明	133	吴忠宇	165	朱德富	198	邵继林	231	罗海平
102	谢大志	135	王福顺	166	王中茂	199	陈财福	232	陈海剑
103	方孔红	136	王天林	167	张士全	200	陈小富	233	许文有
105	王梅生	137	林玲君	168	林加友	201	方建武	235	方孔秀
106	林金芳	138	李日富	169	方建国	202	王怡桔	236	金　平
107	王小林	139	严金辉	170	张新明	203	方孔志	237	詹国平
108	林仙敏	137	林玲君	171	张诚辉	205	林必清	238	曹晓军
109	王仙春	138	李日富	172	叶明跃	206	陈财富	239	应佳达
110	林仙福	139	严金辉	173	林勇	207	罗永福	240	蔡国玲
111	袁金官	140	严金荣	175	戴开忠	208	王艳	241	林雄海
112	王朝辉	141	郑炎林	176	林庆峰	209	林显昌	242	方茂林
113	王人燕	142	邵文兵	177	林章华	210	杨巧玲	243	丁舜明
115	戴开禄	143	方孔尧	178	林剑	211	王建民	245	曹仁富
116	林启禄	145	方孔尧	179	方丽明	212	林金华	246	方崇奇
117	洪国平	146	朱三更	180	徐昌满	213	喻金宝	247	罗海荣
118	尚永斌	148	林华金	181	牟　勤	215	谢文建	248	陈　琪
119	虞选龙	149	王春宝	182	林显平	216	徐朝华	249	朱友富
120	章枥文	150	詹照富	183	林　青	217	方伟国	250	(　)
121	周建林	151	谢华寿	185	谢华仁	218	方孔寅	251	方崇志
122	王天吉	152	林金富	186	陈吉梦	219	林书生	252	方　义
123	方道中	153	陈吉富	187	施灵宝	220	詹照平	253	梁　亮
124	方孔尧	155	袁建忠	188	金日青	221	罗岳平	254	莫思清
125	王美云	156	张翟武	189	林仙富	222	詹明照	255	王军辉
126	项计友	157	方小法	190	谷弋六	223	黄大佶	256	李中华
127	项华富	158	方春林	191	方菊琴	225	方金法	257	王东东
128	王天宋	159	方慧中	192	王灵华	226	郑冬祥	258	张菊花

（续）

幢号	户 主	幢号	户 主	幢号	户 主	幢号	户 主	幢号	户 主
259	谢文林	262	鲍建平	266	金伟超	269	方 敏	272	毛兆得
260	娄正春	263	方海莉	267	王子桔	270	王东辉	273	陶惠谷
261	陈秀萍	265	陈米定	268	应安兴	271	陈秀娟		

方林苑三期

规划 2005年8月，方林村委托上海同济城市规划设计研究院规划设计方林苑三期工程，编制《台州路桥区方林村“方林苑（三期）”修建性详细规划》。2005年11月11日，台州市住房和城乡建设规划局作出《关于路桥区路南街道方林村居住小区（方林苑三期）详细规划的批复》，原则同意该规划。

三期别墅分东片区和西片区（前方苑）两大块。规划用地面积3.49公顷，总建筑面积34800平方米。其中东片区规划用地面积1.86公顷，总建筑面积21600平方米，建筑密度21.96%，容积率0.81，绿地率30%；西片区规划用地面积1.63公顷，总建筑面积13200平方米，建筑密度27.88%，容积率1.16，绿地率32%。

东片区和西片区（前方苑）住宅类型相同，均为低层联体式住宅，采用2户双并联的形式。东片区低层联体式住宅布置了38套联体别墅和12间联体排屋，西片区低层联体式住宅布置了22套联体别墅。东、西两片区布置低层联体式住宅共72套，投资1200万元。

建设 方林村建立方林苑三期工程建设领导小组。由方中华任组长；蔡正杰任常务副组长，负责拆建、应建户的资格审核、超平方罚款、邻村衔接处理、小区公建及配套设施建设（包括水、电、路等）以及工程财务审批；方浩任副组长，负责拆建、规费上缴、工程队资格审查、应建户政策处理、立面层高及立面材料标准的统一以及工程财务的核实。小组成员有谢华寿、林荣辉、林必清、管人财、林文德、尚永斌、方崇奇、林小春、方崇志、陈法春、丁禹民。谢华寿负责工程治安、保卫工作，配备戴开兵、张斌2位工作人员；林荣辉负责协助制定具体政策、合同签订留档、工程会议召开及宣传工作；林必清、管人财协同党员、村民代表对工程进行全面监督；林文德、尚永斌、方崇奇负责工程绿化、公共采购；林小春、方崇志负责工程会计、平方核算、造册、合同签订；陈法春、丁禹民负责拆建、做好拆建户的思想工作、政策宣传及信息反馈工作。

三期建设用地打破村民小组的组界、户界，由村统一规划和使用。工程投资1200万元。于2007年动工兴建，2008年完工。

入住条件 凡户粮在村的村民（已入住一期、二期别墅的除外），每户享受1套新村建设指标（基本上以男性户粮在册为准）；凡在1982年12月31日24时零时前出生的男性未婚青年，原未单独立户（未建房），可享受1套住宅建设权（平方面积按原户计算）；农业户口嫁城市户口、农业户口嫁农业户口的及其子女，考入学校（大、中专学生毕业后回方林的除外）后分配到外地工作的，已顶替离退休父母工作的，户粮关系已迁出的，自理口粮的，原则上不能享受三期建房及分房（表10-8 ～表10-10）。

表10-8 方林村方林苑第三期报名户人口及房屋平方数据表

组别	姓名	人口/人	现有房屋		是否已卖	应拆辅助房	申报三期建房1间 110平方在内共有房屋		按建房要求应享受面积/平方米	拆辅助房后超人均面积/平方米
			间数/间	面积/平方米		面积/平方米	间数/间	面积/平方米		
1	王海滨	5	2	47.66 36.00	— 已卖	—	3	193.66	100.00	93.66
1	方孔亮	5	1	47.66	—	—	2	157.66	100.00	57.66
2	林文胜	3+1（独）	1	39.60	—	15.84	2	149.66	100.00	49.60
2	林文荣	5	2	39.60 30.00	— 已卖	15.84	3	179.60	100.00	79.60
2	张 辉	3+1（独）	1	58.32	—	5.00	2	168.32	100.00	68.32
3	张小友	4	2	44.82 49.32	— 已卖	35.28	3	204.14	100.00	104.14
3	方崇文	4	1	50.00	—	35.28	2	160.00	100.00	60.00
3	缪济海	3+1（独）	1	45.00	—	11.80	2	155.00	100.00	55.00
3	方崇新	5+1（独）	1	45.00	—	35.28	2	155.00	100.00	55.00
3	缪能基	5	1	44.82	—	11.80	2	154.82	100.00	54.82
3	施学清	6	1	45.00	—	35.28	2	155.00	100.00	55.00
3	方崇平	6	2	45.00 44.82	— 已卖	35.28	3	199.82	100.00	99.82

（续）

组别	姓　名	人口/人	现有房屋		是否已卖	应拆辅助房	申报三期建房1间110平方在内共有房屋		按建房要求应享受面积/平方米	拆辅助房后超人均面积/平方米
			间数/间	面积/平方米		面积/平方米	间数/间	面积/平方米		
3	谢冬青	2	2	49.10 48.42	— 已卖	10.80	3	207.52	50.00	157.52
4	陈光正	3	—	—	—	老屋门前猪栏厂	1	110.00	50.00	60.00
4	方崇辉	5	1	48.06	—	61.90	2	158.06	100.00	58.06
4	张国民	4	1	56.52	—	34.82	2	166.52	100.00	66.52
4	徐庭华	5	1	56.52	—	47.60 围墙处拆	2	166.52	100.00	66.52
4	胡利民	3+1（独）	1	56.52	—	43.56+吉 富后老屋	2	166.52	100.00	66.52
4	阮雄志	3+1（独）	1	43.20	— 已卖	—	2	153.20	100.00	53.20
5	方孔明	4	1	56.52	—	——	2	166.52	100.00	66.52
5	王文琴	2	1	53.28	—	44.28	2	163.28	50.00	113.28
5	方金明	4	1	56.52	—	—	2	166.52	100.00	66.52
5	陈吉梦	4	1.5	76.30	—	87.60	3	186.30	100.00	86.30
5	方普禄	3	1	59.50	—	102.2	2	169.50	100.00	69.50
5	管人德	5	1	56.50	—	37.70	2	166.50	100.00	66.50
5	金永清	5	—	—	—	—	1	110.00	100.00	10.00
5	方普通	4	1	30.30	已卖	—	2	140.30	100.00	40.30
5	方仙增	1	1	29.05	已卖	—	1	139.05	50.00	89.05
5	徐芦岱	1	1	40.68	—	29.97	2	150.68	50.00	100.68
5	缪小忠	4	1	58.00	—	—	2	168.00	100.00	68.00
5	程定珍	3+1	—	—	—	—	1	110.00	100.00	10.00
6	管银海	5	4	208.00	—	—	5	318.00	100.00	218.00
6	陈才满	6	1	46.08	—	31.68	2	156.08	100	56.08

（续）

组别	姓　名	人口/人	现有房屋		是否已卖	应拆辅助房	申报三期建房1间110平方米在内共有房屋		按建房要求应享受面积/平方米	拆辅助房后超人均面积/平方米
			间数/间	面积/平方米		面积/平方米	间数/间	面积/平方米		
6	方崇福 方胜海	4	1	46.08	—	30.24	2	156.08	100.00	56.08
6	谢文林	2	—	—	—	27.72	1	110.00	50.00	60.00
6	方孔荣	2	1	41.40	—	55.80	2	151.40	50.00	101.40
6	方孔惠	6	1	61.08	—	—	2	171.08	100.00	71.08
6	方金法	4	1	45.90		31.68	2	155.90	100.00	55.90
6	张仙忠	5	1	41.40	—	55.80	2	151.40	100.00	51.40
6	王妙寿	4	1	59.40	—	27.36	2	169.40	100.00	69.40
6	管银湖	4	1	47.88	—	60.48	2	157.88	100.00	57.88
6	张福林	4	1	59.40	—	—	2	169.40	100.00	69.40
6	张考云	1	1	42.48	—	—	2	152.48	50.00	102.48
7	贺珍芳	4	1	41.40	—	55.80	2	151.40	100.00	51.40
7	方崇杰	3+1	1	49.80	—	—	2.5	159.80	100.00	59.80
7	罗永福	4	1	41.40		34.92	2	151.40	100.00	51.40
7	谢明鹏	2	—	—	—	—	1	110.00	50.00	60.00
7	林书池	4	1	42.75		36.375	2	152.75	100.00	52.75
7	张华林	4	1	58.32	—	12.60	2	168.32	100.00	68.32
7	张　景	1	1	58.32	—	12.60	2	168.32	50.00	118.32
7	谢文尧	3	1	48.6	—	—	2	158.60	50.00	108.60
7	谢文斌	3	1	45.00	—	25.00	2	155.00	50.00	105.00
7	张华福	3+1（独）	1	61.92	—					
				62.28	已卖	7.20	3	234.20	100.00	134.20
7	陈荣华	3+1（独）	1	46.08	—	30.24	2	156.08	100.00	56.08
7	严仙彬	4	1	41.40	—	55.8	2	151.40	100.00	51.40

（续）

组别	姓 名	人口/人	现有房屋		是否已卖	应拆辅助房	申报三期建房1间 110平方在内共有房屋		按建房要求应享受面积/平方米	拆辅助房后超人均面积/平方米
			间数/间	面积/平方米		面积/平方米	间数/间	面积/平方米		
7	严新伟	4	1	54.97	—	—	1	164.97	100.00	64.97
7	严小鹏	2	1	50.00	—	—	—	110.00	50.00	60.00

表10-9 方林村方林苑三期别墅入住名单

幢号	户 主	幢号	户 主	幢号	户 主	幢号	户 主	幢号	户 主
275	方春国	287	方士凌	299	方崇平	311	林书池	323	方孔明
276	方春国	288	李建明	300	缪能基	312	金永清	325	方 建
277	林国达	289	廖辉聪	301	胡利民	313	陈才满	326	林文荣
278	蔡香琴	290	贺金芳	302	谢文尧	315	严新伟	327	张仙忠
279	林 斌	291	林文胜	303	蔡正杰	316	张考云		
280	谢明伟	292	谢文斌	305	方 敏	317	方崇福		
281	缪继来	293	张小友	306	陈 荣	318	张福林		
282	缪继来	295	方孔荣	307	管银海	319	方崇杰		
283	方 毅	296	阮小宏	308	谢冬青	320	缪济海		
285	谢明波	297	方孔惠	309	徐庭华	321	徐芦岱		
286	潘素兰	298	严小鹏	310	谢芝林	322	张辉东		

表10-10 方林村方林苑三期别墅入住名单

幢号	户 主	幢号	户 主	幢号	户 主	幢号	户 主	幢号	户 主
1	严仙彬	7	张国民	12	王文琴	18	王妙寿	23	管人德
2	谢明鹏	8	谢文林	13	管银湖	19	罗永人	25	方崇辉
3	方孔良	9	王海滨	15	方崇文	20	方普通		
5	张 辉	10	张 勇	16	方金法	21	方金明		
6	林 叙	11	李仙由	17	陈荣华	22	张华福		

第四节　小区管理

方林苑小区实行物业管理，由村管会和方林苑小区物业管理领导小组共同制订物业管理制度。物业管理涉及进出通行、房屋装修、治安保卫、绿化养护等。2000年，共收管理费1万多元，购买化肥农药、电工器材耗材、花木等支出4万多元，不足的由村补贴。

封闭式管理

门卫值班、保安值勤实行24小时轮流工作制。保安对出入小区的业主有询问权，来客、来访人员应办理登记手续，业主主动配合与协助；有权监督和纠正违反管理规定的行为。小区安装图像监控设施，非工作人员未经批准不得进入图像监控室。小区日常监管工作由村团委负责，定期或不定期巡查小区环境状况和交通秩序，督促和协助物业管理中心及时纠正存在的问题。

房屋装修管理

业主装修房屋，应先向物业管理领导小组提出申请并说明具体施工方案，领取《方林苑业主装修须知》，在许可范围内按规定时间装修。不得擅自乱凿、乱拆、乱搭、乱建；装修垃圾应倒到指定的位置。

治安保卫管理

依照预防为主的原则，由村联防队及小区保安人员昼夜值班、巡逻。发现形迹可疑的人和事，按规定查问并采取必要的保安措施。外来人员在住宅区内暂住3天内的，应在物业管理中心登记；超过3天的，应到村外来人口管理办公室办理临时户口手续。业主出租房屋，应先由物业管理中心审核承租人，然后领取《方林苑业主房屋出租须知》，办理有关手续。凡非业主带大件物品出小区大门的，必须持有业主签名的“物品出门证书”，经保安人员验证后方可出门。

消防管理

认真贯彻“预防为主、消防结合”的方针，以整栋住宅为单位，实行防火责任制，制定防火安全公约，责任到户。物业管理中心定期对小区的公共消防设施、器材进行检查和维修、保养，检查防火安全公约的履行情况，及时消除火险隐患。

交通车辆管理

机动车辆凭小区通行证进出小区，外来车辆经门卫登记许可后进入。车辆按规定线路行驶，在指定地点停放，限速20千米/小时，禁止鸣号。大、小型拖拉机未经许可不准进入小区。禁止4吨以上载货卡车进入小区。

环境卫生管理

环卫人员负责清扫住宅区公共场所，每天及时清运小区内的垃圾，定期开展灭蚊、灭蝇、灭鼠、灭蟑、疏通排水沟及排污沟工作；实行业主门前包卫生、包绿化、包秩序的“三包”制度。

村委会定期或不定期检查小区的环境和卫生。凡不合格的，房屋业主从收到村委会的整改通知书之日起，3天内自行或督促承租人整改达标。开展“生态星”评比活动，环境卫生好的业主被评为“生态星”，差的则被通报并限期改正。

绿化养护管理

由绿化专管员负责绿化养护管理，对花草、树木定期养护、培植、修剪造型、防治病虫害，按城市绿化达标要求搞好住宅区的环境绿化工作；各户的房前屋后由各户自行包干养护管理。物业管理中心每月对养护的好坏进行评比。

动物管理

小区内不得饲养家禽、家畜和高大凶猛的动物，饲养宠物的业主应到动物防疫部门办理动物防疫合格证，到小区物业管理中心登记备案。对无证、无登记的宠物，物业公司和村委会有权收缴。业主应定期为宠物注射疫苗。

公共设施管理

供水设施、供电设施、报警装置、电话、有线电视等公共设施由物业管理中心依照有关规定管理，住户不得擅自改变报警器、供水设施、供电设施、电话、有线电视的线路。各户要按时交水、电、有线电视等的费用。

第五节　城中村改造

2008年，方林村成立“城中村”改造工作组，组长方中华，副组长蔡正杰、方浩，谢华寿、林荣辉、方崇奇、王雷、林红、尚永斌为成员。改造工作从2008年6月开始，11月15日结束，共投入959.58万元。其间委托上海同济城市规划设计研究院设计绘制了《台州路桥区路南街道方林村“城中村”改造和整治示意图》，根据规划设计和示意图开展“城中村”改造工作。改造的范围和重点是：拆建改造前方村、后方村的老屋21026.06平方米；拆建改造粮库2105.19平方米；整体改造方林苑一期东侧区块16112.27平方米；对方林路下林路段进行环卫整治；加快改造方林苑环保分类垃圾箱；消除卫生死角。实现路面平、管道通、道路洁、秩序好、设施全、路灯亮、绿化齐、环境美八大目标。

第四章 配套建设

方林村在开展社会主义新农村建设、改善人居环境的同时，不断加强配套建设。通过绿化、建设公园和公厕，实行垃圾分类，使环境变得越来越优美、清洁。2004年，为创建生态村，加大绿化投入，通过绿化带点、线、面布局，形成绿化景观步行系统，人均绿地面积达到20平方米。全村建有绿色主题公园、休闲公园等。在建造方林苑别墅小区的同时，建造公共厕所，安放垃圾桶，实行垃圾分类。

各类文化、体育、娱乐设施日益齐全。1980年，方林村建造村电影院。1998年，方林苑建成多项配套的体育活动场地，路南街道中心幼儿园“落户”方林苑。2000年，建成老年公寓。2001年，在老年公寓内安置健身器材并设立电视室、棋牌室，建立村图书室，存放各类图书近万册。2006年，开办路南老年电视大学方林老年电视大学教学点。2018年，方林文化大会堂建成。

第一节 绿化和公园

绿化

20世纪80年代以前，方林大队除庄稼外，很少见到树木，更没有草坪。在生活贫困、劳作辛苦的条件下，大队管理委员会无暇顾及村庄绿化。

从1980年开始，社员先后对自己的庭院进行绿化，有的种上茶花、玫瑰等花木，有的栽种橘子、石榴等果树。

村庄绿化。1996年，随着新农村示范村建设工作的开展，方林村按照方林苑的建设规划，开展村庄绿化工作。建成后的方林苑绿化覆盖率达55%。是年，在别墅区西侧配套开发100亩花卉基地、45亩葡萄良种园，发展都市观光型休闲农业。小区内空气清新，初步形成绿树成荫、百鸟和鸣、四季花香的自然美景。1998年，方林村被台州市绿化委员会评为“市百佳绿色村”“花园式单位”(图10-11)。

图10-11 方林村绿化环境（2010年5月）

2004年，方林村积极创建生态村，充分利用自然资源，加强路旁、河旁、村旁、厂旁“四旁”绿化，结合分散农居点拆迁治理和道路整治等，将田园风光与小区公共绿地建设相结合，构筑以普通绿化为基质，道路绿地为廊道，公共绿地为板块的点、线、面结合的绿地网络系统。沿村主要道路两侧设置带状绿地，控制宽度在5 ~ 10米，用于美化道路。同时连接滨河绿地以及公园等集中绿地，实现道路绿化率在95%以上。方林大道两边建设不短于10米的绿带，结合乔木、灌木、草皮种植，美化方林苑入口形象，提高居住区品位。投入超过25万元，建成老年公寓配套公园——绿馨公园。是年，被评为“浙江省绿化示范村”。

2008年，方林村在“城中村”改造中投入158.5万元，进行增绿、补绿。是年，被环境保护部评为全国第一批“国家级生态村”。2019年，方林苑内有花木95000多株，56种，代表着祖国大家庭中的56个民族。

绿化管理。村两委委托路桥园林公司组建专业绿化管理队伍，定人员、定任务、定职责，加强日常养护和管理；建立一整套健全、长效的绿化管理机制，并把绿化管理制度编入《村民自治章程》，预防和制止各类侵绿、占绿、毁绿行为的发生；发动村民开展全民义务植树和植绿、护绿活动，充分宣传绿色文明新风尚，开展林业法制教育和生态道德教育，增强村民绿化意识，建立“女子护绿队”开展义务护绿活动，巩固来之不易的绿化成果。

家庭美化。2011年，方林村党委开展“花苗花架饰我家”的美化家庭活动。为方林苑小区每家每户免费安装专门设计的木制花架，并提供各种可在室外栽植、观赏的花卉。在方林苑三期小区东侧开辟专门培植花草的苗圃基地。基地占地近2亩，有3个塑料大棚，内建培育池、排水沟，可同时培育20000多株20余种花卉，向村民提供各种花卉。

公园建设

方林苑一期、二期和三期工程均建有小区绿地休闲公园。2009年，对路南公园进行改造，补种了花木，修建了池塘，放养红鲤鱼1000尾，并修建了亭子、生态公厕和集学习、娱乐、休闲为一体的会所。在方林村老年公寓内建造了绿馨公园，为老年人营造一个整洁、优美、舒适的生活空间。

第二节　环卫设施

厕所

解放前，方林村村民家里很少有像样的厕所，大多为简陋的茅厕，还有很多露天粪坑。全村没有一间卫生厕所，更没有公共厕所。20世纪80年代，方林村大多数村民建住宅，安装抽水马桶，用上卫生厕所。在建设方林苑别墅小区的同时，建造配套的公共厕所。从1996年起，按三格式无害化标准实施家庭厕所整改，1998年，全村实现三格式标准厕所全覆盖。

垃圾桶

方林苑一期别墅小区建成时，在小区内安放垃圾桶80只。2008年，投资2万元，添置60只环保垃圾桶。2018年，全村有垃圾分类桶86只，分别安放在24处方便村民投放垃圾的地方。垃圾清运工按照分类要求，将垃圾搬运到垃圾中转站，最后送至路桥区黄琅垃圾场处理。

第三节　公共服务设施

教育设施

方林村域内有路南中心小学（原石曲小学），占地16668平方米，可容纳学生1400多人，是路桥区一级小学。1998年，路南街道中心幼儿园与方林村签订集资建造路南街道中心幼儿园的协议。路南街道中心幼儿园向方林村租赁方林苑内的2000平方米土地，建造路南街道中心幼儿园，租赁期为22年（2020年9月止）。到期后，产权归方林村所有。2006年，办起了路南老年电视大学方林老年电视大学教学点，接纳男满60周岁、女满55周岁的方林村老年人入学。

老年人福利设施

1999年7月，方林村投资520万元，兴建方林村老年公寓。2000年竣工，老年人开始入住。方林老年公寓由浙江省工业设计研究院设计，属于欧美古典建筑风格，占地4776.8平方米，建筑面积2106.6平方米。内有79间房间，其中单人间26间，双人间53间，可容纳132位老人入住。装修为园林布置家居式样，以构建清新、祥和、舒适的生活环境。公寓里配有医疗室、健身房、图书室、休闲室、食堂、门球场、休憩园，实现娱乐、休闲、居住、医疗、保健一体化。国务院原副总理、时任全国人大常委会副委员长田纪云题词："方林老年公寓"；浙江省委原副书记梁平波为老年公寓题词："人间乐园"。

文体医疗设施

文化设施 1980年，方林村投资20万元，建成可容纳1000多人的方林电影院。1996年，建成村文化中心，内有"一院二家三室"，即影剧院、老年之家、青年民兵之家、电视室、阅览室、活动室。2000年11月，建立方林图书室，有图书近万册，供村民免费借阅，老年公寓内新建图书室和阅览室，内置大量图书、《老年报》等报纸杂志，成立老年读书会，使之成为一个老年学习场所。

随着时间的推移，方林电影院的设施已跟不上村文化娱乐生活的需要，不适合对外开放，仅在每年年终召开村民大会时使用。经村两委研究，决定在方林公园内建造多功能方林文化活动中心。2016年3月24日，方林文化活动中心破土动工。方林文化活动中心由上海同济城市规划设计研究院设计，内有图书室、阅览室、荣誉展示区、档案室、村办公室、演艺舞台、排练厅、放映室和有24个阶梯、576个观众座席、125座的会议室。2018年，方林文化活动中心投入使用。

体育设施 方林苑内建有灯光网球场、篮球场、羽毛球场、健身房、乒乓球室、门球场和台州市最大的住宅小区游泳池。

医疗设施 村域内有方林医疗服务站和2所医务室。基本医疗设施齐全，是村民健康的有力保障。方林医疗服务站是老年公寓的配套设施，是集老年医疗、社会医疗、保健于一体的综合性服务站。

路南中心菜市场（见第七编第一章第二节现代商贸）。

第五章 基础设施

方林村村民长期饮用河水、井水和雨水。20世纪60年代以后，开始饮用长潭水库的水。1982年，接入路桥自来水厂，自来水普及率达100%。

1972年，方林大队通电。电灯开始代替煤油灯和蜡烛。耕地、灌溉、农产品加工都以电为动力。1985年，全村主要道路安装路灯。1998年，实行一户一表，自行结算。

20世纪90年代初，少数村民用上瓶装煤气。90年代中期，家家户户用煤气。

1999年，方林村投入59970元用于道路、排污管道、旧电网改造。是年，投资29.6万元，创建集团公司一期网站，为外向型企业开通电子商务。村基础设施建设涉及的线路走向：电线为东南走向，邮电、电视管路为西北走向，全部实行地下引线，不架空走线。2001年，综合接入信息网络实现电信网、有线电视网、计算机互联网“三网”合一。上百万产值企业有了自己的主页。是年，全村拥有家庭电脑92台，入户率35%，因特网注册率达46.2%，建成了信息化村。2002年，构建局域网，开通OA办公系统，实现100兆专线上网，走上信息化之路。

第一节 用 水

方林村建村至20世纪60年代，村民一直用河水、井水和雨水洗衣、洗物、洗菜及淘米做饭。其中，方林、后方里、前方里村民用井水。村里家家户户的厨房里都有水缸，专门储水煮饭、烧菜。村民用吊桶把井水打上来，倒到水桶里，挑回家。水缸里的水快没了，再到井里打水，如此往返重复。西岸下林村民饮用河水。每天一大早，趁河水比较清澈干净，就要把当天用的水灌满水缸，天天如此。水缸里的水混浊时，就用明矾沉淀，或者用竹做的吸管把沉淀物吸上来。

此外，雨水也是村民用水的重要来源。村民在房前屋后放置缸，用屋檐下铺设的水沟将雨水引入缸中备用。这些水一般只用于洗涤，很少饮用。

1962年，长潭水库建成。长潭水库是黄岩、温岭两县的农田灌溉水源。水库水清洁透明，宜作饮用水。因此，方林村村民开始通过水库灌溉渠道取水。1982年，路桥自来水厂接入村内，村民告别饮用河水和井水的历史，喝上路桥自来水厂的自来水（地下深井水），普及率达100%，水费为每吨0.15元。

1993年，台州市成立黄椒温联合供水工程指挥部，是年9月28日开工，1995年10月26日建成通水，村民开始饮用长潭水库提供的自来水。1998年实行一户一表制。1995年，居民生活用水价为0.55元/立方米。随着水价改革，水价不断上涨。1996年1月后，居民生活用水价为1.60元/立方米。1999年1月后，居民生活用水价为1.80元/立方米。2006年10月后，居民生活用水价为1.86元/立方米。2013年，居民水价为3.30元/立方米。

第二节　能　　源

照明能源

20世纪20年代前，方林村村民用煤头纸代替火柴引火，即将煤头纸插入火缸（灶膛里积灰太多影响柴草燃烧时，人们用灰扒把灶膛中的灰扒到火缸中），煤头纸发红时，就用嘴吹煤头纸，直至吹燃。那时，村民一直用菜油灯照明。把菜油倒在用铁皮或陶瓷做成的灯具内，用棉纱搓成粗棉线作灯芯，灯芯被菜油浸透后，只要点燃灯芯即可照明。40年代以后，人们开始用煤油灯代替菜油灯。煤油灯又称洋油灯、美孚灯，用铁皮制成，由储油层、调节灯芯的调节阀、灯芯、灯罩组成。灯芯由棉纱制成，穿过调节阀浸入煤油中，点燃灯芯后，可通过调节阀调节亮度。50年代，在公共场所，比如在广场演戏，办红白喜事，在祠堂、大队部开社员大会时用汽灯（又称汽油灯）照明。照明前，必须用打气筒充气，使灯内的煤油汽化。汽灯亮度很高，相当于500瓦电灯泡亮度。

1972年，长潭水库发的电通到方林大队。一般家庭都用15瓦、25瓦灯泡照明，每度电仅0.05元。尽管便宜，但一些村民为节省电费，仍不舍得用60瓦以上的电灯泡。此外，每个家庭都备有蜡烛，断电时用蜡烛照明。

1985年起，全村主要道路、暗角处安装路灯，村民夜间走路安全、方便。

燃料

20世纪90年代以前，村民的生活燃料主要是稻草、麦秆等秸秆。每次庄稼收割后，家家户户都会把稻草从田里拖到田埂上排列，然后拖到空地上晒干。有的村民家中没有那么多空间堆放干草，就会在水稻收割后的田中，或在门前屋后叠草蓬。草蓬呈圆柱形（形似碉堡），备作燃料。每家每户烧茶、煮饭都离不开秸秆。那时的炉灶（锅灶），根据灶上可放铁镬的多少，分为单眼灶、双眼灶、三眼灶，铁镬有尺六、尺八、二尺、二尺二等。家家户户烟囱耸立，每到烧饭时，全村炊烟袅袅。50年代末，出现改良灶，缩短炉膛与锅火的距离，使用手拉风箱助燃。70年代，开始使用鼓风机灶并改革灶形，使之成为黄岩式风机风箱两用灶。80年代初，从东阳引进铜管节水箱，经村民改制改灶，热能利用率从10%提高到20%。1986年，方林村积极推广使用省柴、省煤的“两省灶”，几乎所有农户都用上了“两省灶”。与此同时，方林村开始出现煤油炉（又称“五更鸡”），其燃烧原理同煤油灯，只是煤油炉的灯芯不止1根，而有12根、16根，甚至20根。烧饭、烧菜很方便。

20世纪70年代，有的村民开始用煤饼炉、煤球炉，用煤饼、煤球作燃料，并逐渐普及。空气中飘荡着呛人的燃煤味。1990年，方林村村民开始使用瓶装液化气，液化气瓶每只60元左右。由村民到路桥生猪收购站附近的石棋盘路桥液化气储配站自充或由充气工代充。价格随行就市。1996年后，家家户户用燃气灶，并配存2～3只燃气瓶。全村总瓶量在700只以上。2013年，由台州市方林房地产开发有限公司开发的方林茗苑4幢18层商住楼全部安装燃气管道，是村里第一个安装天然气管道的住宅小区。2020年，方林村投入73万元，完成全村燃气管道铺设工程建设，家家户户用上安全、清洁、方便的管道燃气。

农用动力

农用能源主要用在耕地、提水灌溉、脱粒等方面。在没有电力的时候，方林村跟其他农村一样，用畜力作农用能源。用牛耕地、耙地，用牛拉动水车，把河中的水提升到水渠，进行自流灌溉。用打稻机脱粒，则为双人用脚踏打稻机带动脱粒，20世纪70年代末，村内有3台柴油机双人打稻机。有了电力后，耕地、提水灌溉、脱粒都用电作动力了。

电力能源

1972年，方林大队通电。是年，成立大队用电管理小组，指派大队里的年轻人林小春担任电工，并安排他去电力局接受培训。用张贴资料、黑板报、墙头标语、开会等多种形式，开展安全用电宣传。1997年，方林苑小区电力线路采用公共线路，分户表由供电局直接管理。每户用电容量为4千伏安，每千瓦时的初装费在优惠基础上由屋主负担。配电房设在小区中心，区供电局负担配电柜、变压器、高压电缆等的费用并负责安装。路灯电费也由供电局承担，路灯安装费用由村负担。

电费 凡属批准用电的用户，除集体电表、社员总表和分表以外，其他用户（包括包灯户）一律支付手续费2元；大队的个人电表，每月每只表负担座电1千瓦时。每千瓦时收电费0.17元，如有变动，另行处理；包灯每日每瓦收费0.05元，一盏三用的收一盏半电费；每户每年用电限额为电费4800元。分两档计价，第一档2700元，第二档2100元。第一档内每度0.538元，第二档内每度0.588元。超过4800元，在第一档电费内，每度加收0.3元。2020年，民用电平均每度0.8元，工业用电平均每度1.2元。

用电管理 大队电管小组负责全大队的电力，并实施各项用电规定，负责用户用电设施的安装和维修，保证用户安全用电。凡属线路下面的树木和高秆植物，种植时要与线路保持一定的距离，顶部至少保持1米距离，对超者应采取降低措施。

自行发电 由于路桥境内个体私营企业发展迅猛，用电非常紧张，导致农村照明用电极不稳定，夜间拉闸或超负荷烧坏变压器引起的停电事故频发，给村民生活、照明带来很多不便，如经常在吃饭时停电，群众怨声一片。1992年，方林村决定自购柴油发电机组，发电输出功率为120千瓦。柴油机是山东潍坊柴油机厂生产的，型号T6110；发电机是上海电机厂生产的，总价53896.5元。由管人德负责发电。发电时间为每天18：00—24：00。同时限制个体私营企业用电，确保全村家家户户所需的生活用电。一些企业不得不自备发电机发电。2006年后，国家电网电力供应日趋正常，民用电和各类企业用电得以保证。

第六章　村庄环境整治

21世纪初，与农村建房同时，方林村开始治理粪便污染，拆除露天粪坑，兴建新厕所。2016年12月，习近平总书记明确提出推行垃圾分类制度。2017年，方林村成立垃圾分类领导小组，开始对生活垃圾进行分类，并建设无害化卫生厕所和公共厕所。方林村的改厕工作按照中共中央和国务院的要求开展，将改厕与农村生活污水治理有效衔接。

2013年11月，中共浙江省委提出推进治污水、防洪水、排涝水、保供水、抓节水五水共治的决策。方林村把五水共治作为环境专项治理的重要内容，成立领导小组，落实责任，大力开展五水共治工作，消灭劣V类水。

方林村两委多次强调，要让方林村变成蓝天、碧水、绿色、清静的宜居宜业美丽村庄。2004年，方林村开始创建生态村；2013年，响应路桥区号召，开展“多城同创”活动，把方林建成“村在林中，路在绿中，房在园中，人在景中”的美丽村庄。

第一节　专项治理

厕所整改

1953年，方林村针对农户大多各自在屋后、路旁设置露天粪坑的不卫生状况，提倡粪坑集中加盖。当年迁移主要道口的露天粪坑并进行加盖处理。1959年，黄岩县提出农村公厕化要求，方林村积极响应，但因同农村的生活、生产实际需要不适应，公厕化未能达到预期效果。改革开放以后至1989年，全村基本废除马桶和便桶，拆除露天粪坑和简易厕所，村民用上了抽水马桶。1990年，以户为单位，统一建设200多只标准化化粪池和3座公共厕所。1992年，新建公共厕所4座。1995年，方林村改厕工作按照农村初级卫生保健确定的指标，按三格式无害化标准整改家庭厕所，当年改厕33座。1997

年，改厕65座；1998年，改厕130座，全村拆除所有露天粪坑，实现三格式标准厕所全覆盖。同时，将改厕与农村生活污水治理有效衔接。方林苑一、二、三期住宅小区建成后，家家安装坐便器，粪便通过排粪管输入化粪池，最后纳入排污总管。

垃圾定点投放

2010年，路桥区开展生活垃圾袋装化，定点、定时统一清运工作试点。方林村是3个试点村之一。

组织领导　2010年8月，方林村成立以蔡正杰为组长的生活垃圾袋装化，定点、定时统一清运工作领导小组，成员有方崇奇、方刚、林红。同时，成立52人义务监督小组，监督垃圾袋装化，定点、定时统一清运工作。监督员以老年人、家庭妇女为主。

宣传发动　村党委、村委会召开有党员、村民代表、村民小组长参加的生活垃圾袋装化、定点、定时统一清运动员会议，传达路桥区的试点要求，村委会制订《方林村村民生活垃圾定点投放告知书》，号召与会者带头实现生活垃圾袋装化，在指定地点投放。会后，各村民小组分别召开会议，动员村民，向村民发放《方林村村民生活垃圾定点投放告知书》。

《方林村村民生活垃圾定点投放告知书》要求村民：第一，生活垃圾须袋装化，按照规定投放到指定的垃圾容器或收集场所，禁止乱扔果皮、纸屑、饮料罐、快餐盒等废弃物，禁止乱倒生活垃圾、污水；不得随意改变村放置的垃圾桶位置；第二，投放时间为6：30—7：30，18：00—19：00；第三，各住户不得将自家的垃圾桶摆放在室外，如被发现，卫生监督小组将予以没收；第四，装修房屋过程产生的弃砖、弃料等建筑垃圾，应委托环境卫生专业服务单位收集和处置，不得随意倾倒、堆放。不得在村要道堆放水泥、沙石等施工材料或搭建施工脚手架等，并落实安全防护措施。

具体实施　村增添了一次可装载10只垃圾桶的电驱动垃圾车1辆、垃圾桶28只，为269户免费发放垃圾袋27000只（以后所需垃圾袋由各户自行解决），调整垃圾桶摆放位置，并在桶旁竖立警示牌。义务监督小组分为7个组，分别监督7个村民小组的村民垃圾投放情况。垃圾清运由路南街道环卫站负责，每天投放时间一过，就及时清运。

配套活动　在实行垃圾袋装化，定点、定时清运的同时，方林村开展"清洁家园、和谐社区"配套系列活动。2010年8月5日晚，召开"清洁家园、和谐乡村（社区）"创建活动动员会，方林村村民和常住方林的外地人员共200多人参加大会。8月21日，方林村团委、妇联共同发起"清洁家园，从我做起"的宣传活动。并对方林苑二、三期住宅小区的环境卫生进行集中整治。

垃圾分类

2016年12月21日召开的中央财经委员会第十四次会议，明确要求推行垃圾分类制度。之后，村党委和村两委把垃圾分类工作摆上重要的议事日程。

领导小组 方林村成立村垃圾分类工作领导小组，由方浩任组长，林荣辉任副组长，林红、谢世宇为成员。下设办公室，各村民小组组长及妇女代表为办公室成员。办公室主要负责垃圾分类宣传动员、检查评比、积分兑换等工作的组织实施。

制度管理 一是建立源头追溯制度。向每户发放垃圾分类积分卡，每天垃圾分类投放后可得相应积分。村民可到积分兑换超市凭积分兑换相应奖品。兑换标准：每100积分=5元。奖品包括洗洁精、洗衣粉、牙刷、肥皂、食用盐、零食等。兑换奖品后，扣除相应积分分值。二是村民自律制度。将垃圾分类积分制，定时、定点投放及其他有关规范写入村规民约，要求村民相互监督。三是责任包干制度。每户实行“门前三包”，每个村干部、妇女代表负责各自责任区的垃圾分类工作。“门前三包”即包卫生、包绿化、包秩序。四是计分奖惩制度。每月定期检查农户垃圾分类收集及定时、定点投放情况，检查结果全部量化到户，计分张榜公布，为积分高的农户发放一定的物质奖励。

宣传发动 2018年，方林村召开村党员干部垃圾分类工作研讨会3次，召开村民垃圾分类动员大会2次；方中华在党员会议、村民代表会议上多次要求全体党员和村民代表发挥带头作用。村两委组织有村民小组长以上干部参加的垃圾分类培训会2次，向每家每户发放《垃圾分类倡议书》和《生活垃圾如何分类》等宣传资料，宣传垃圾分类的意义和垃圾分类的知识，号召村民自觉垃圾分类；村妇联和团委组织妇女、团员用图片、演讲等多种形式向村民宣传。2018年，刊出垃圾分类宣传窗2期，分发《垃圾分类宣传口号》等宣传资料650份，开展垃圾分类游戏活动2次。通过宣传教育和积极动员，让村民了解垃圾分类的知识，养成自觉垃圾分类的习惯。2019年7月25日，方林村妇联、团委协同浙江泰隆商业银行路桥城南支行在方林广场开展“垃圾分类方林更美”宣传活动。工作人员向村民发放宣传资料，开展有奖竞猜活动，普及垃圾分类的相关知识，让村民进一步认识垃圾分类的意义和可回收垃圾、有害垃圾、湿垃圾、干垃圾的区别。活动吸引300余名村民参加。2019年共开展垃圾分类宣传活动6次（图10-12）。

垃圾处置 根据方林村实际，将垃圾分成可堆肥垃圾、可回收垃圾、有毒有害垃圾、其他垃圾四大类并分别处置。

可堆肥垃圾指剩菜剩饭、果皮瓜壳、烂果菜叶、动物内脏等生活垃圾，以及作物秸秆、枯枝烂叶、残次水果和动物粪便等。可堆肥垃圾经过资源化垃圾处理设备进行发酵

图10-12　在浙江方林汽车城举行的“文明诚信我给力，垃圾分类我受益”宣传活动（2019年10月）

处理后可作肥料。

可回收垃圾指废报、旧书、纸箱、纸盒等纸制品；塑料瓶、牙刷、牙膏、破桶、烂盆、酸奶瓶、易拉罐和塑料薄膜、塑料鞋等塑料制品；破铜烂铁、废电器等金属物品；水泥袋，编织袋，啤酒瓶，鸡、鸭、鹅毛等，可回收销售。可回收垃圾由专人负责，与回收公司签订垃圾收购协议，定期到村集中收购。

有毒、有害垃圾指废旧电池，废旧灯管、灯泡，过期药品等。有毒、有害物质应送交专业回收公司处理。

其他垃圾指除上述3类垃圾之外的建筑垃圾、破砖碎石、碎瓷砖、建筑渣土、弃料余泥及其他难以回收的废弃物，按照“村收集、街道中转、区处置”模式，用焚烧或填埋等无害化处理方式处理。

领导小组要求村民在垃圾分类初期，把垃圾简单地分成可腐烂垃圾（可堆肥垃圾）和不可腐烂垃圾2类；待习惯后再细分为4类。

垃圾收集投放　每户村民分发2种颜色的垃圾桶，分别标识“可腐烂垃圾”“不可腐烂垃圾”；村域内配置分类收集垃圾桶。2018年，全村有垃圾分类桶86只，分别安放在24处方便村民投放的地方。2020年，垃圾分类桶增加到102只。

垃圾清运　实行“定点定车定人，分类固定清运”，每个垃圾点1天一清理。清运车每天8：00（冬季为8：30）开始按垃圾种类分别清运。可腐烂垃圾运至村生活垃圾阳光房进行沤肥处理；其他垃圾清运至中转站统一处理。

五水共治

2013年年底，中共浙江省委作出五水共治决策。方林村积极响应省委号召，开展五水共治工作。2019年，实现“污水零排放”。

组织领导　2016年，方林村实行河长制、塘长制，方中华为治理竞争河河长，林文德为方林村小微水体塘长，方刚为河小二。河长、塘长和河小二的职责是“定期开展巡查，牵头组织人员清理河面、塘面漂浮物，清除河岸垃圾，及时发现和制止各类排污。

宣传活动　充分利用各种会议宣传五水共治的意义，宣传治理竞争河、小池塘水

完善农村环境保护管理体制建设

建立农村环境质量监测体系，监测数据要定期向社会公布。完善农村环境保护工作网络，乡（镇）设环保专职人员，行政村设环保监督员。积极发挥新闻媒体的舆论监督作用，加大对违法行为的曝光力度。切实加强法制教育和环保知识宣传，广泛发动社会公众参与，努力形成全社会共同参与、共同监督的局面。

建设美丽乡村，发挥村居和村民的积极性、主动性和创造性至关重要。这就需要一定的村级集体经济作保障，村级集体经济薄弱，建设美丽村庄就面临着困难。因此，要出台优惠政策，进一步引导和扶持村级集体经济发展，切实增强美丽乡村建设的内生动力。

第二节　生态环境保护

创建生态村

1995年，浙江省委推出生态建设的“细胞工程”——生态村（镇）创建活动。2003年8月，路桥区委编制《路桥生态区建设规划》，提出建设生态乡镇和生态村的要求。

2004年，方林村开始生态村建设。

领导小组　2004年6月8日，成立生态村建设领导小组，方中华任组长，蔡正杰、方浩为副组长，谢华寿、林必清、林文德、林荣辉、尚永斌、方崇奇为成员。领导小组下设办公室，林荣辉为主任，成员有王雷、方靖静、林红、管人财、林小春、方崇志、方敏、戴开斌等人。党总支和村委会负责统一部署、协调、监督、检查生态村建设，发现问题及时处理。村两委成员与村民代表及群团组织实行分片包干管理。

规划编制　2004年，方林村邀请中国水电顾问集团华东勘测设计研究院编制《台州市路桥区方林生态村建设规划》。该规划根据《国家级生态村创建标准》的规定和《台州市路桥区方林村村庄发展规划》，确定生态村建设主题是坚持以人为本、人与自然和谐相处，围绕清洁生产体系、和谐优美的人居体系、绿色环保的生态环境体系和特色鲜明的生态文化体系，把方林村建设成为“生态经济、生态人居、生态文化”和谐的无烟尘、无噪声、无废水污染、绿化覆盖率达55%以上、空气清新、生态平衡的国家级生态村。中国水电顾问集团华东勘测设计研究院运用全面协调、可持续的科学发展观，对方林村发展生态型经济、开展清洁生产、打造美丽绿色家园、建设生态文化等方面作出全面规划。

宣传发动　村两委召开党总支会议和村民大会，进行生态村建设宣传动员，努力提高干部、村民的创建意识，推动创建工作健康发展。结合浙江省委在全省农村开展的“千村示范、万村整治”工作，利用广播、宣传窗、黑板报、标语等宣传工具，开展广泛宣传。2004—2007年，村广播室播送村领导有关生态村建设的广播讲话12次，刊出宣传窗22期、黑板报63期；利用村民学校举办可持续发展和建设绿色家园主题讲座，开办绿色环保知识培训班10期；广泛开展“妇女、家园、环境”主题活动，围绕“家”字做文章。村妇联积极倡导生活垃圾袋装化、洗涤用品无磷化、买菜篮子化；开展“关注生态，家庭护绿”活动，增强广大妇女及家庭成员的环保意识，共同打造“绿色方林”。其间，每年3月为生态绿化宣传月，组织村民开展义务植树和养绿、护绿环保活动，宣传绿色环保，增强生态文明意识。

养绿护绿　依照《台州市路桥区方林生态村建设规划》关于养绿、护绿的要求，村两委把护绿、爱绿要求列入《方林村村民自治章程》，禁止各类侵绿、占绿、毁绿行为；未经村委会许可，不得随意改变公共绿化的树木花草，对损坏绿化的要按原绿化实际价格的2倍赔偿，并取消当年的股份分红；发动村民开展全民义务植树和植绿、护绿活动，建立村“女子保洁队”“女子护绿队”等家庭志愿者服务队伍，组织动员家庭成员积极参与环境治理。为巩固方林苑和路旁、河旁的绿化成果，受村两委委托，路桥园林公司组建专业的绿化管理队伍，定人员、定任务、定职责，加强方林村的绿化养护和管理。

2004年10月，方林村被浙江省绿化委员会、浙江省林业厅评为“浙江省绿化示范村”（图10-14）；2005年2月，被浙江省精神文明建设委员会办公室、浙江省环境保护局评为“浙江省绿色社区”（图10-15）。

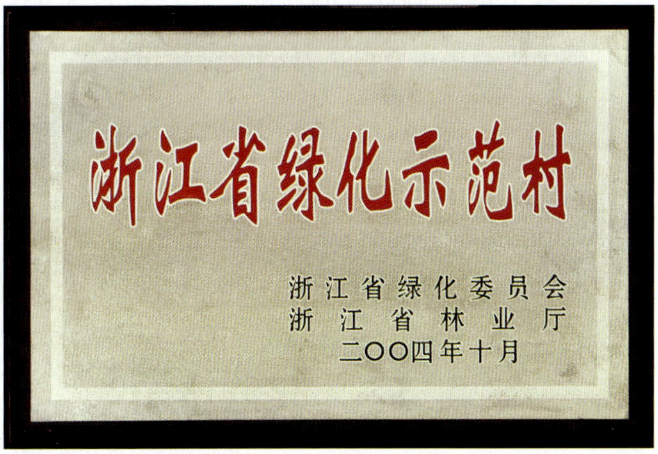

图10-14　被评为“浙江省绿化示范村”（2004年10月）

图10-15　被评为“浙江省绿色社区”（2005年5月）

生态型经济 1984年，村两委以“市场兴村”为主题，开始发展生态型经济。一方面，控制工业企业落户，严禁引进重污染、高能耗企业，尽最大可能防止工业污染；另一方面，以市场为导向，兴办市场，发展生态型农业。是年，为充分、合理、有效利用宝贵的土地资源，使村民过上好日子，成立农业发展有限公司，按照依法、有偿、自愿的原则，打破队界、户界，采用土地股份制的形式，对全村的土地实行统一规划、统一经营，发展葡萄、花卉等优质、高效都市观光型农业，村民享受公司的股金和全年的粮食补贴；10月，办起方林村第一家集体市场——旧机械设备交易市场。1991年，扩建后的路南中心菜市场营业；1996年，台州市机动车交易中心挂牌营业；1997年，路桥汽车短途南站挂牌联运；1998年，路南货运停车场和台州市路桥旧机动车交易市场营业；2002年，方林汽车城奠基；2003年，方林汽车城招商营业；2009年，浙江方林二手车市场开业；2015年，玉环方林汽车城市场营业，同年，方林二手车市场二期扩建营业；2016年，方林新菜市场营业；2018年，方林二手车市场三期建成营业。

生态工程 2004—2007年，方林村投入2580万元，完成公共绿化、方林工业集聚区生态化改造工程及村居基础设施建设等生态工程（表10-11，表10-12）。

表10-11 2004—2007年方林村创建生态村建成的重点生态工程一览表

单位：万元

类别	项目名称	规划建设内容	投入资金（估算）	实施情况
生态经济发展工程	休闲观光园建设	培植花卉等特色农产品，在此基础上形成休闲观光农业，使其成为方林农业发展的突破口	30	完成
	方林工业集聚区生态化改造工程	改造企业集聚区的环境，推进清洁生产及ISO1400认证，实现废物统一收集、统一处理，达到废物产生和排放最小化	50	完成
	家庭工业关迁整治工程	整治家庭工业，关闭效益差的家庭工业，或将其迁入条件较好的工业园区	20	完成
	市场改造工程	从服务、布局、内饰等方面规划和改造升级，创建“绿色市场”	120	完成
生态人居工程	方林住宅小区生态住宅示范工程	按生态住宅的标准建设方林住宅小区，对新建的住宅楼进行规范化、生态化管理，将方林苑小区建成路桥区具有典型示范作用的生态住宅示范小区	2000	完成
生态保护与建设工程	生态绿地系统建设工程	加强对现有小区的绿地保护，加快公共绿地建设和拆迁散居农居点	300	完成
生态文化培育工程	创绿系列工程	推进学校、社区、企业、医院及一大批家庭（农户）分别获得“绿色学校”“绿色社区”“绿色企业（饭店）”“绿色医院”“绿色家庭（农户）”称号	30	长期坚持实施
	生态文化宣传工程	开展生态教育、宣传活动	30	长期坚持实施

表10-12　2007年路桥区职能部门有关方林村创建生态村成果证明一览表

序号	证明内容	职能部门
1	方林村自来水普及率达100%，生活饮用水合格率达100%，卫生厕所普及率达100%，并建有公共卫生厕所，厕所管理达到国家标准	路桥区卫生局
2	方林村垃圾处理设施齐全，公共设施完善，处理系统完备，生活垃圾定点存放清运率达100%，生活垃圾无害化处理率达100%，生活污水处理率达100%	路桥区环保局、路桥区建设局
3	方林村以发展市场等生态型经济为主，工业污染物排放达标率为100%	路桥区环保局
4	方林村村民对环境状况的满意率在95%以上	路桥区环保局
5	方林村使用清洁能源普及率达100%	路桥区工业经济局
6	方林村农膜回收率为100%	路桥区农林局
7	方林村无农作物秸秆	路桥区农林局
8	方林村无畜禽养殖场	路桥区农林局
9	方林村绿化覆盖率达55%（路桥区绿化覆盖率为20.5%）	路桥区农林局
10	方林村没有无公害、绿色、有机农产品生产基地	路桥区农林局
11	方林村系单纯工业商贸村，没有无公害、绿色、有机农产品生产基地	路桥区农林局

经环境保护部严格验收，2008年4月，方林村入选全国首批生态村，成为生态人居、生态环境、生态经济的美丽村庄、幸福家园。2009年，被评为“中国绿色村庄”。

多城同创

2013年6月，路桥区“多城同创”动员大会召开。会后，方林村立即部署“多城同创”工作。

组织领导　成立“多城同创”领导小组，由蔡正杰任组长，成员有方崇奇、方刚、林红。村两委成员分成若干工作小组，整改方林苑小区绿化带、方林菜市场边养猪场、方林大货车停车场、方林路沿线路段。

分区整改　7月5日，村两套班子成员由各组长带队，分赴方林苑一、二、三期小区开展环境卫生整治工作。重点清理绿化带内散种的庄稼和杂物；7月9日，村两套班子成员联合路南街道创建办拆除方林菜市场旁违建10多年的养猪场，并通过相关渠道妥善安置，维护养猪户的利益；7月15日，整治、清理方林大货车停车场，消除卫生死角，铲除空闲地杂草，增设必需的垃圾桶等环卫设施，进行路面硬化，保持路面平整，拆除停车场内乱搭、乱建的建筑物。7月25日，村“多城同创”工作领导小组会同路南街道执法办，统一整治方林路沿线乱设摊点、占道经营、私设广告牌等，并与沿街商户签订“门前三包”责任制。

成果展示 9月11日和20日，台州市多城同创工作委员会办公室对方林村域内的城中村、城郊村及农贸市场进行“月中考核”和“月末考核”。检查组采取暗访的形式，检查了主次干道、背街小巷、公厕、农贸市场、建筑工地及闲置地块等，对方林村的“多城同创”工作表示满意（图10-16）。

8月26日上午，在台州市图书馆召开由台州市委宣传部、市委讲师团、市多城同创工作委员会办公室组建的台州市“多城同创”百姓故事宣讲团试讲报告会，路南街道选送的讲述方林村村委会主任蔡正杰在“多城同创”工作中感人事迹的《村长的“三心”故事》，成功入围此次宣讲团实证节目。8月29日晚上，《村长的“三心”故事》作为宣讲团首场巡回宣讲的8个节目之一，在路桥世纪广场宣讲。

图10-16　方林区块“多城同创”整改成效展示牌（2013年10月）

附：

方 林 赞

项会云

桃源何处寻？今日浴芳林。
绿韵牵襟远，蛩声入梦深。
雕栏拥秀墅，丽日播佳音。
远客争来贺，初心胜似金。

项会云：1940年生，任路桥中学高中语文教师达30余年。浙江省诗词与楹联学会会员，曾担任路桥诗词理事会副会长，《潞河》杂志编委、副主编。

第十一编

中国共产党组织与建设

1949年12月，中共石曲乡党支部吸收李仙宝为中国共产党党员。方林村党组织在上级党委的领导下，从党支部发展到党总支，再到党委，党员不断增加，组织不断壮大。方林村党组织认真贯彻党的基本路线，积极落实党的改革开放政策，严格遵守党纪党规，坚持“三会一课”制度和主题党日活动，坚持主题教育，加强党的自身建设；坚持依法治村、以德治村，积极带领村民建设物质文明、政治文明、精神文明、生态文明，脱贫致富奔小康，实现乡村振兴。

方林村党建工作不断在实践中创新，推出“党建+经济、党建+市场、党建+诚信”党建模式；在市场党建工作中，深入推进“三融三创三率先”党建工作法，将“规范（Standard）、激励（Stimulate）、满意（Satisfaction）、服务（Service）”的“4S”服务理念融入党建工作，将党建工作打造成为市场发展的“红色引擎”。

第一章　党组织

1957年5月，建立方林高级社党支部，书记詹荣杰，隶属于石曲乡党委。1995年7月，升格为党总支，2009年8月，升格为党委。

党组织在方林社会主义新农村建设中，把党的各项方针政策和本地实际有机结合起来，带领群众艰苦奋斗，最终把贫穷落后的方林村建设成为生产发展、生活富裕、村容整洁、环境优美、乡风文明、管理民主的社会主义新农村，实现了党的十九大提出的“产业兴旺、生态宜居、乡风文明、治理有效、生活富裕”的乡村振兴战略目标。2004年，台州市委书记蔡奇题词赞扬方林村党组织“台州新村看方林，方林新貌看支部”。

第一节　村党支部

机构沿革

1949年12月，李仙保加入中国共产党，成为方林村第一名党员。1957年5月，方林高级农业生产合作社单独建立党支部，有詹荣杰、方道福、林贤来、张坦骧、张明5名党员，詹荣杰为党支部书记，隶属于石曲乡党委。

1958年10月，方林为路桥人民公社石曲生产大队的一个生产队，党支部改称方林生产队党支部，隶属于石曲生产大队党委，詹荣杰为党支部书记，党员6人，即詹荣杰、林贤来、张明、方道福、林仙根、方华良。

1961年7月，人民公社体制进行调整，以管理区（原乡）设置人民公社，方林生产队成为石曲人民公社下属的一个生产大队，方林生产队党支部更名为方林生产大队党支部。1963年，方林大队党支部换届选举，方道福任党支部书记，有党员5人，即方道福、林仙根、林贤来、张明、方华良。

1967年，方林大队党支部和大队管委会受到冲击并被非法夺权。3月，党支部活动停止。1969年6月，人民公社管委会改称为人民公社革命委员会，生产大队成立革命领导小组。

1970年3月，大队党支部恢复活动。1976年，方道福以党支部书记和“文化大革命”领导小组组长双重身份重新掌舵，任方林生产大队党支部书记，委员有阮普妹，林仙根。1976年10月，“文化大革命”结束。1977年10月，方林大队党支部换届选举，陈法春任党支部书记，副书记管人财，林小春、阮普妹、戴学明为党支部委员。

1982年1月，方林生产大队党支部换届选举，方道福被选为党支部书记，管人财任副书记，林小春、阮普妹、戴学明为党支部委员。

1983年8月，撤销人民公社建制，恢复乡建制。方林生产大队改为方林行政村，方林生产大队党支部改称为方林村党支部。是年，方林村党支部进行换届选举，方中华任党支部书记，管人财任副书记，林小春、阮普妹、方道福任党支部委员。该届党支部委员担任至1995年方林村党总支成立（表11-1）。

表11-1　中共方林村（大队）第一至第六届党支部组成人员名单

届别（年-月）	书记	副书记	委员	备注
第一届 （1957-05—1962）	詹荣杰	—	—	—
第二届 （1963—1977-10）	方道福	—	阮普妹 林仙根	1967年3月支部活动停止，于1970年3月恢复活动。方道福任期为1963年至1976年，阮普妹为1972年至1977年10月
第三届 （1977-10—1982-01）	陈法春	管人财	阮普妹 林小春 戴学明	陈法春于1977年10月7日换届时担任，于1981年4月卸任

（续）

届别（年-月）	书记	副书记	委员	备注
第四届 （1982-02—1983-08）	方道福	管人财	阮普妹 林小春 戴学明	1982年1月12日换届
第五届 （1983-09—1993-01）	方中华	管人财	方道福 阮普妹 林小春	1983年8月29日换届；方道福任期为1983年8月至1986年1月
第六届 （1993-02—1995-07）	方中华	管人财 林必清	方　浩 阮普妹 林小春	1993年1月5日换届

主要工作

发展经济度饥荒　1959—1961年三年困难时期，党支部带领群众，艰苦奋斗，千方百计克服各种困难，响应政府号召，大力推广种植大头菜、马铃薯等，用瓜、菜代粮，尽力让社员少饿肚子。1963年，中央农村政策有所调整，允许农民拥有自留地，允许搞一些家庭副业。党支部认真执行党的有关农村经济政策，鼓励社员发展副业生产，种好自留地，改善社员生活。

发展队办企业　20世纪70年代，方道福带领党员干部和群众，冒着“走资本主义道路”的风险，于1970年在乾亨里办起两个小窑厂；1973年办起18门、日产红砖5万块轮窑厂。此后，一批队办企业在方林生产大队兴起。集体经济得到发展，社员生活得到初步改善。

推行家庭联产承包责任制　党支部认真执行《中共中央关于加快农业发展若干问题的决定（草案）》，1982年底，农业生产责任制由包产到组转向包产到户。至1983年年初，方林大队全部实行家庭联产承包责任制。次年，落实“决不放松粮食生产，积极开展多种经营”农业生产方针，大力发展各业生产，社员生活进一步改善。

兴办市场　1984年3月，方中华任村党支部书记。他学习中共中央〔1984〕1号文件后，理解“无农不稳、无工不富、无商不活”的深刻含义，感到党中央为方林村大发展指明了方向。他利用方林村利于经商的优越地理环境和善于经商的人文传统，提出“依托路桥大市场，发展方林小市场”，走“市场兴村”的发展道路，得到党支部和其他党员干部的认同和支持。在办好原有村办企业的同时，因地制宜，大胆兴办市场。1984年3月，浙江首家旧机械设备市场挂牌开张，当年利润达2万元。1987年，新扩建旧机械设备市场。1994年，村集体收入从1983年的5.35万元增加到124.05万元，人均纯收入达5088元。1995年，被浙江省委、省政府评为小康示范村。

第二节　村党总支

机构建立

1995年7月，方林村党支部升格为方林村党总支，有党员44名。方中华为方林村党总支书记，管人财、林必清、方浩为党总支副书记，林小春、陈华能、缪建平、方孔荣为委员。方林村党总支下辖农业党支部（即村党支部）、企业党支部、市场党支部、汽车城党支部和中能党支部。

1996年，党总支为使方林村各企业党支部过好组织生活，将村党总支部的部分党员分配到各支部，参加该党支部组织生活。方中华、管人财、林必清、林小春、阮普妹、方道福、詹荣杰、林贤来、胡宣德、张明、管人法、谢华德、张周福、曹晓军、方华良、李仙保、李本富、陈初芬、王妙寿参加村党总支部组织生活；方浩、方从辉、王仙方参加石曲旧机械设备市场党支部组织生活：陈华能、林仙根、谢文志参加东海机械厂党支部组织生活；缪济平、梁开禄、郑冬春、陈福清参加新艺油墨厂党支部组织生活；方孔荣、李建国、方孔华参加长征电机厂党支部组织生活；梁冬国、方普胜、陈法春参加金星实业公司党支部组织生活（表11-2）。

表11-2　方林村历届党总支组成人员名单

届别（年-月）	书记	副书记	委员	备注
第一届 （1995-07—1996-02）	方中华	管人财 林必清 方　浩	林小春、陈华能 缪济平、方孔荣	中共路南街道党委1995年18号文件明确1995年7月方林党支部升为党总支
第二届 （1996-02—1999-04）	方中华	管人财 林必清 方　浩	林小春、阮普妹	1996年2月9日党总支换届
第三届 （1999-04—2002-04）	方中华	管人财 林必清 方　浩	林小春、蔡正杰 林文德	1999年4月29日党总支换届
第四届 （2002-04—2005-10）	方中华	林必清 蔡正杰 方　浩	林小春、林文德 管人财、尚永斌 林荣辉	2002年4月26日党总支换届
第五届 （2005-10—2009-08）	方中华	蔡正杰 方　浩	方崇奇、尚永斌 谢华寿、林荣辉 林必清	2005年10月19日党总支换届

二次创业

1994年，部分干部和村民产生“小富即安、故步自封、不求发展”思想。1995年，党总支探索二次创业之路，组织党员和村民代表到航民村、华西村和温州乐清学习取经。回村后掀起“看现状、找原因，献计策、求发展”“方林安于现状、还是寻求发展”“重塑一个新方林”大讨论，统一全村党员干部、村民思想认识，开启二次创业征程。是年，抓住方林村被划入路桥城区机遇，创办路桥机动车交易市场。

1997年7月，建起路桥客运南站和路桥货运南站。

1998年6月，扩建路南中心菜市场，2001年参股路桥城区公交公司。

党总支对这些市场和公司实行规范化管理服务和滚动开发，不断提高市场的规模、档次与品位，以市场群带动集体经济发展。

2000年，注册成立浙江方林集团，注册资金1.008亿元，采用现代企业管理模式，聘请职业经理人，大力提升现有市场档次和规模，并通过村村合作、村企合作等方式，全方位、多元化地拓展外向投资渠道，狠抓“大思路、大项目、大市场、大发展”，实现村属产业向“集团化”资本运作转变。

2003年，苦干100天，建成总投资1.85亿元的浙江方林汽车城，创造台州市委、市政府所赞誉的“方林速度”。

2009年，二手车市场进行迁扩建转型升级，成立浙江方林二手车市场有限公司。同年，方林与上海九星村、萧山航民村、东阳花园村、奉化滕头村组建中国五村集团，走上村村合作、村企合作、强强联合的合作、创新、发展、共赢之路。

新村建设

1995年，党总支作出建设社会主义现代化新农村决策，邀请上海同济城市规划设计研究院对方林村进行全面规划，从1996开始全面实施旧村改造，于2008年分三期建成花园别墅小区——方林苑，家家户户住上花园式别墅；积极开展生态村建设，保护生态环境。全村房舍整洁，空气清新，绿树成荫，鸟语花香，绿化率达到55%。2008年，方林村成为国家级生态村。

精神文明建设

以“一张红榜促敬老”、评选“十星文明家庭”等多种形式，开展文明道德教育和文明建设活动。于1998年制订第一部《方林村村民自治章程》，实行民主治村、依法治村。打造诚信方林，建设诚信市场。加大精神文明建设投入，建成老年公寓、文化中心和游泳池、网球场、篮球场、门球场等文化体育设施。2007年，成为全国民主法治示范村。2009年，成为全国文明村镇。

第三节　路桥方林汽车4S店党总支

机构建立

2008年年初，方林汽车产业服务集聚区被路桥区作为区域化党建工作试点区域，于2008年7月成立路桥方林汽车4S店党支部，2009年升格为党总支。下设台州中升晨隆奥迪党支部、台州好德宝宝马党支部、台州之星奔驰党支部、浙江方林二手车市场党支部、台州森曦日产党支部、方林汽车4S党员服务中心党支部等7个党支部，共有党员96名、流动党员282名，党员占员工总数的12.6%，平均年龄29岁。党总支书记林荣辉。

主要工作

创新组织架构　方林汽车4S店党总支是按照汽车产业相近、区域相邻原则组建的基层党建工作单元。党总支以党建工作全覆盖为目标任务，构建“1=N+1”的组织架构：等式左边的“1”是指区域党组织——路南方林汽车4S党总支，职能是抓好区域内党组织和党员教育管理工作，统筹开展区域共建活动；等式右边的N是区域内下属党支部，等式右边的1是指路南方林汽车4S党员服务中心党支部，覆盖70家汽车专卖店。党总支以党员服务中心为依托，负责集聚区党员发展和教育管理工作，接纳并教育管理区域内的流动党员。

创新党建方法　成立路南方林汽车4S党员服务中心。这是以方林汽车城及周边汽车销售服务企业党团员为主要对象，以提供教育培训、培养入党积极分子、维护合法权益、创业创新帮扶为主要内容的综合性党建机构。4S店党总支在党员服务中心开展党的知识、中国特色社会主义教育和实现中国梦等教育，提高党团员和广大青年的政治思想素质（图11-1）。成立至

图11-1　方林党员的学与做（2016年6月）

2020年，已发展新党员96名，培养入党积极分子23名。

实施“三融三创三率先”党建工作法，即坚持党建标准与引领市场文明相融合，创建文明市场；坚持亮明党员身份与开展诚信经营相融合，创建诚信市场；坚持开展先锋服务与助推市场提升相融合，创建品牌市场，促进方林汽车产业服务集聚区转型升级和繁荣发展；号召党员“平时率先亮行”“攻关率先亮才”“帮扶率先亮心”。

建立党员台账，开展党员“六个一”“政治生日”活动，即送一张“政治生日”贺卡、赠送一件“政治生日”礼物、进行一次“政治生日”谈心谈话、重温一次入党誓言、开展一次探访活动、开展一次公益活动，增强党员的身份感。2012年，开展“认领微心愿，公益在行动”活动。组织以党员为主体的志愿者队伍，认领微心愿；将每期车展收益的20%定向资助需要资助的人。至2017年，集聚区党员认领完成微心愿188个，帮助2名贫困生圆了入学梦，16名高校毕业生圆了就业梦。2014年，台州好德宝宝马党支部启动“小鱼治水，党员在行动”公益项目，通过党员认购鱼苗、放养鱼苗的形式，参与“生态治污”“五水共治”。至2018年，党员已认购鱼苗3000多条，投放于汽车城附近河道。2016年，实施“四季阳光党建”计划，在每个建设和服务项目上实行方林4S党总支监管、各支部认领和操作、党员引领和带动、各员工实施和参与。通过党建引领、党员带头，发挥每个员工的积极性。“众筹一分爱，温暖今春”，拉开“四季阳光党建”的帷幕。台州好德宝党支部众筹4.2万元帮助路南小学一位患横纹肌肉肿瘤的小朋友及时换肝，台州中升晨隆奥迪党支部帮助路南小学17位贫困生圆了入学梦。

服务社会　党总支用“4S”（规范、激励、满意、服务）的理念，严格党建党规，用以规范党员参与市场的行为；开展“微心愿”“小鱼治水”等党建活动，激励广大党员服务消费者的积极性；将“消费者满意”作为党员服务的唯一标准；教育党员不忘初心、牢记使命，时刻践行党员全心全意为人民服务的宗旨。要求党员做到服务群众我当先，服务发展我争先，服务社会我率先。

2010年，设立“零距离”工作室、“诚信E店”，热情服务社会、服务消费者。“诚信E店”大力开展诚信建设，取得明显成效。2012年，方林汽车城在长三角地区汽车市场首获“2011年度全国诚信示范市场”称号。2015年，开展“关爱随行，党员在身边”行动。党总支挑选一批党员骨干，组成关爱随行团队，开通24小时急救服务热线，为急需帮助的消费者提供迅速便捷的道路救助服务。在遇到台风等重大自然灾害时，及时告知消费者天气状况、道路状况，提供行车方案；通过报纸、微信、微博等渠道，向消费者普及汽车养护常识，让消费者充分感受到4S店党总支专业化、规范化、人性化的服务。2017年，方林二手车市场成为“全国二手车市场诚信等级AAAAA”单位。

复市 2020年2月14日，浙江省新冠肺炎疫情防控工作领导小组发出指导意见，优先支持全省41家年成交额百亿元以上的市场复市，浙江方林汽车城成为全省第一批复市的市场。从农历初一开始，汽车城4S党总支组织旗下的各4S店党支部，每天登记员工休假期间的住址、行动轨迹和健康状况等信息。党总支逐一对这些信息进行核实并上报信息，做好复市的物资准备，督促检查复市后各项防疫措施落实情况。2月17日，方林汽车城汽车销售门店逐步开张营业，当天复市率就达到75%。4S党总支还采用网络平台直播卖车或线上看车谈判，到线下下单交易，顾客预约提车的销售新模式，直播卖车第一天，就预售2台车。4S党总支还组织4S店为坚守一线的防疫人员提供免费汽车消毒、免费基础保养、购车直接减现金等优惠服务。

第四节 村 党 委

机构

经中共路桥区党委批准，2009年8月，方林村党总支升格为方林村党委。2009年8月26日下午，方林村首次以无候选人直接选举的方式产生路桥区第一个村级党委（图11-2）。76名党员采用无记名、直接选举的方式，选举方中华为村党委书记，蔡正杰、方浩为村党委副书记，谢华寿、林荣辉、方崇奇、尚永斌等为党委委员（表11-3）。以无候选人直接选举的方式产生村级党委领导班子，在台州尚属首次。

图11-2 方林村党委成立大会召开（2009年8月26日）

村党委下辖5个支部（农业支部、企业支部、市场支部、浙江方林汽车城支部、中能支部），共有党员78名（表11-4）。

表11-3 方林村历届党委组成人员名单

届别	书记	副书记	委员
第一届（2009—2011年）	方中华	蔡正杰、方 浩	谢华寿、林荣辉、方崇奇、尚永斌
第二届（2011—2013年）	方中华	蔡正杰、方 浩	方崇奇、尚永斌、林荣辉、谢华寿
第三届（2014—2016年）	方中华	蔡正杰、方 浩	方崇奇、尚永斌、林荣辉、谢华寿

（续）

届别	书记	副书记	委员
第四届（2017—2019年）	方中华	蔡正杰、方　浩	方崇奇、林荣辉、谢华寿、方　刚
第五届（2020年至今）	方中华	方　浩、林荣辉	蔡正杰、方崇奇、方　刚、方崇志

表11-4　2020年方林村党员名单

党支部	姓　名	性别	出生年月	文化程度	入党年月
农业党支部	方　浩	男	1969-06	大专	1990-11
	黄小洁	女	1976-03	大专	2000-09
	梁正平	男	1940-09	中专	1960-03
	郑冬春	男	1951-10	初中	1994-10
	谢聪法	男	1980-03	大学	2004-06
	戴开斌	男	1976-08	中专	1997-08
	林小春	男	1952-02	中专	1971-07
	林玉红	女	1978-09	大专	2014-12
	方中华	男	1955-05	大学	1981-08
	郑中秋	男	1950-09	初中	1976-04
	张周福	男	1966-10	初中	1986-07
	李仙由	男	1965-08	初中	2001-09
	谢春香	女	1950-02	初中	1998-12
	徐夫平	女	1972-01	大专	1995-11
	林文德	男	1969-10	初中	1998-12
	蔡正杰	男	1964-02	大专	1996-12
	谢明鹏	男	1978-01	高中	1999-02
	张　斌	男	1978-12	中专	1998-05
	金菊清	女	1956-06	初中	1998-12
	方华良	男	1937-04	小学	1958-10
	方　利	男	1981-12	高中	2004-10
	陈法春	男	1951-06	小学	1975-04
	林　红	女	1979-03	大专	2004-06
	林仙莉	女	1969-11	初中	2000-09
	阮普妹	男	1949-10	小学	1969-07

（续）

党支部	姓　名	性别	出生年月	文化程度	入党年月
农业党支部	方崇志	男	1978-04	大专	2009-10
	林章明	男	1991-06	大专	2017-11
	郑　佳	女	1987-03	大专	2008-05
	方菊卿	女	1987-03	高中	1995-07
	方仙林	男	1984-01	初中	2004-07
	方素清	女	1966-09	初中	2001-09
	管人财	男	1941-04	小学	1977-07
	叶利芬	女	1979-04	高中	2016-11
汽车城党支部	林荣辉	男	1982-08	大学	2002-01
	尚永斌	男	1976-12	大学	1997-03
	林　聪	男	1987-05	中专	2007-08
	王　雷	男	1982-01	大学	2005-06
	王　琦	男	1986-04	中专	2007-03
	詹　微	女	1979-08	高中	2010-07
	周建林	男	1957-05	大专	1978-11
	方靖静	女	1977-04	初中	1999-12
	金　芝	女	1979-02	大专	2015-10
	陈　晓	女	1982-04	大学	2006-09
	方　敏	男	1979-11	高中	2002-11
	沈　玲	女	1983-12	大学	2002-06
	方静洁	女	1989-12	大专	2009-12
企业党支部	缪济平	男	1952-11	初中	1986-07
	林　叙	男	1981-09	高中	2015-10
	谢文志	男	1950-10	初中	1984-10
	林必清	男	1950-05	中专	1984-10
	李建国	男	1954-10	小学	1985-08
	方孔荣	男	1955-07	初中	1985-08
	蔡依禄	男	1960-12	大学	2007-02
	方普胜	男	1943-11	小学	1994-12
	方　刚	男	1986-10	大学	2010-07

（续）

党支部	姓　名	性别	出生年月	文化程度	入党年月
企业党支部	王妙妙	女	1992-08	大学	2011-12
	方孔华	男	1952-12	初中	1982-01
	吴莲芬	女	1969-12	高中	2010-07
	罗微微	女	1987-11	大学	2009-06
	梁开禄	男	1953-07	初中	1986-07
	胡利民	男	1959-02	大学	1999-03
	应雪芬	女	1978-03	高中	2009-10
	丁旭昌	男	1985-10	研究生	2007-12
	王　婷	女	1989-10	大专	2012-01
	陈露茜	女	1991-04	大专	2012-04
	张洛林	男	1991-07	高中	2011-11
	谢　达	男	1985-03	大专	2009-06
	林秀鹂	女	1993-02	大专	2017-11
	陈春仙	女	1977-02	中专	1998-09
市场党支部	方崇辉	男	1968-11	初中	1990-02
	陈　荣	男	1983-04	高中	2003-10
	管人法	男	1956-02	高中	1978-12
	谢华德	男	1949-12	小学	1975-10
	曹晓军	男	1964-03	初中	1984-12
	王妙寿	男	1950-05	初中	1970-10
	徐　艳	女	1982-03	高中	2014-12
	谢华寿	男	1954-05	中专	1996-12
	方崇奇	男	1977-10	大学	2004-06
	陈初芬	女	1951-02	初中	1984-10
	虞选龙	男	1962-09	高中	2001-09
	戴学明	男	1951-11	高中	1973-04
	方　敏	男	1982-06	中专	2003-09
	丁　洁	女	1987-05	大专	2009-10
	茅艳丽	女	1982-12	大学	2010-12
	陈福清	男	1948-05	初中	1988-06

（续）

党支部	姓　名	性别	出生年月	文化程度	入党年月
市场党支部	杨云芳	男	1945-05	初中	1988-06
	邵　玲	女	1987-01	大学	2008-05
	方若彬	女	1992-06	大专	2015-10
	徐小勇	男	1974-12	初中	1999-12
	缪小琪	女	1979-02	大专	2014-12
	应正飞	女	1965-09	高中	2004-06
	林旭日	女	1980-09	大专	2015-10
	张　超	男	1990-01	大学	2014-12
中能公司党支部	蔡文斌	男	1969-10	中专	2009-06
	陈华光	男	1968-07	高中	1998-05
	方启贵	男	1964-09	初中	1998-05
	王　雯	女	1969-05	中专	2003-06
	吴恩国	男	1976-07	高中	2005-08
	张辉东	男	1972-09	高中	2009-06
	卫杏娟	女	1974-03	初中	2017-11
	章栌丹	女	1992-06	大学	2011-12
	周智勇	男	1965-02	高中	2003-06
	阮建光	男	1971-05	高中	1998-05
	方月琴	女	1964-10	高中	2000-10
	陈华能	男	1963-12	高中	1985-08

主要工作

党的建设　村党委成立后，通过“党建+经济”“党建+市场”“党建+诚信”模式，打造一支坚强有力、群众信任、干净干事、乐于奉献、敢于担当的村班子队伍，带领全体党员、村民实现“党建方林、绿色方林、福利方林、品质方林”的方林梦。

经济建设　党委从要素、资源、机制入手，集中力量，攻坚克难，创新发展，增强村集体经济发展内在动力；高起点布局，以“市场兴村”发展第三产业，构建实体经济、科技创新、现代金融、人力资源协同发展现代产业体系。

2002年，方中华看准了国家鼓励发展汽车产业的商机，了解生活富起来的人民对汽车的强烈需求，与村两委、部分党员和村民代表充分协商后，作出投资1.85亿元，向农业银行借贷5000万元，并向路桥区委、区政府承诺100天内建成浙江方林汽车城的决策。正因为决策过程民主科学，每一个班子成员、党员干部均能忠诚履行决策，做到一心为公，才创造出100天建成方林汽车城的“方林速度”。

2014年，方林村开始实行村经济合作社股份制改革，通过制订股改方案、资产评估、股份量化、股东认证等环节，于2015年完成股份制改革。从此，“资产变股权、社员当股东”，成为台州市第一个真正彻底股改、按股权量化和分红的村。

2015年，社员每股分红达1万元。2019年，达到每股1.5万元。2020年，达到每股4.9万元（其中2020年股权分配2.8万元/股，补发2015—2018年的股权分配2.1万元）。

2020年，方林汽车市场实施新能源汽车品牌战略。7月2日，特斯拉与方林汽车城成功签约，成为入驻方林汽车城的第一家新能源智能汽车品牌，为方林汽车城抢滩新能源汽车赢得先机。之后，汽车城相继和小鹏汽车、广汽新能源、东风金康赛力斯等新能源汽车公司签约，向打造新能源汽车核心区全力迈进。是年，方林二手车市场打造海外仓，成功注册日本公司，向非洲、欧洲、中东等国家出口二手车172台，实现打造“国际国内双循环节点市场”，实现“卖全国、卖全球”的目标。是年，村完成市场成交额202亿元，集体经济收入6770万元，人均纯收入11万元。

精神文明建设　坚持以人民为中心的发展理念，坚持“脑袋富”与“口袋富”并重，坚持以党风引领村风民风，培育文明乡风，筑牢精神家园。组建完成《方林报》、方林网、方林集团公众号等。2020年，发动党员和村民为防控新冠肺炎疫情捐款；完成“新时代、新方林”形象宣传片的摄制，用视频记录方林改革开放以来在党的领导下绘就新时代美丽乡村建设的历史，讲好方林发展故事，向建党100周年献礼。

生态环境建设　党委成立以来，在全国第一批生态示范村建设基础上，相继开展“三改一拆”“五水共治”“多城同创”及环境卫生整治等重点工作。村庄幽静、安宁、祥和，无烟尘、无噪声、无废水污染，空气清新、生态平衡、绿树成荫，花木覆盖率达55%。

合作交流　2010年，倡导举办台州市“村官”论坛，以此为平台，带动路桥区10个经济薄弱村村级集体经济发展；建立浙江五村集团，通过“5＋X”合作模式，积极开发项目，推动方林周边村庄发展，促进美丽乡村建设；同时，承办“2018年少数民族乡村领军人才走进路桥暨乡村振兴战略研修班”，捐资10万元支持少数民族“村官”走出村庄，学习村庄发展经验。

防控新冠病毒　2019年12月下旬，武汉发生新冠肺炎疫情，全国进入严防严控阶段。党委实行防疫分工责任制，成立“新冠肺炎”疫情防控工作指挥小组。由方中华任组长，蔡正杰、林荣辉任副组长，方浩、林红、谢华寿、方崇奇、方刚、林显昌、林文德、戴开斌、方敏、詹斌、周建林、林显琳、张华东、林娟、陈法春、丁禹民、王妙根、谢文元、冯华为成员。蔡正杰负总责，林荣辉负责处理具体事务，林红为专职卫生员，林文德、戴开斌为安全保障员。

疫情防控工作指挥小组出台排查与健康申报、防疫知识宣传和应急处置等措施。排查与健康申报工作由林红负责，林文德、戴开斌配合。每日对湖北籍、温州、温岭籍人员进行排查登记，督促村民和出租房人员劝返湖北、温州等5个重点防疫区人员居家隔离并进行每日两次体温检测记录；对出租房外来人员进行登记，核实前14天行动轨迹；守牢小门，严格要求每户村民两天一次进出小区，对有发热体温的村民、外来务工人员必须第一时间报告并隔离，进行信息登记和填写健康申报表（一人一档）。

防疫知识宣传由方浩负责，各组组长、各市场负责人配合。在主入口张挂防疫知识图片、张贴防疫宣传资料；每日编印防疫小知识并在村民群发布；宣传国家防疫政策和各地防疫案例，进行警示宣传；加强对村民、出租房外来人员进行必要的疫情防控培训。

应急处置工作由林荣辉负责，方刚、谢华寿、方崇奇、林显昌等人配合。确定大门保安室为异常人员临时隔离地，每一个临时隔离间仅同时允许一人使用，隔离区域设置专门标志。若发现体温异常，或有各类呼吸道症状者，立即带至临时隔离点，并向当地疫情防控指挥部报告。及时向疫情防控工作指挥小组及组员通报上级有关最新防控精神，并精神及时调整防控方案。

疫情防控工作指挥小组严格执行上级的防控措施，党员干部和群众齐心协力，对村庄实行封闭管理，禁止外来人员和车辆进入。村两委会成员带头在各要道口值班，检查外来车辆和人员，广大党员、村民代表和志愿者积极参与，全体村民自觉遵守国家防疫规定。

党委一手抓防控，一手抓复市。2月17日，方林汽车城和方林二手车市场恢复经营。同时，做到防疫常态化。由于措施到位，方林村和市场无一人感染病毒。2月27日，发起防疫捐款倡议，得到全体党员和村民的积极响应，全村共筹得爱心善款165700元。另外，党员捐款51000元（表11-5），12位新方林人捐款4520元。2020年3月20日，方林村两委会召开会议，要求防疫工作常态化，继续做好复市复工工作。3月27日，村党委书记方中华在方林汽车产业服务集聚区党群服务中心，了解到奥地利的新冠肺炎疫情正在快速蔓延，马上会同4S店党总支书记林荣辉一起走访台州保时捷中心，并向保时捷中心捐赠口罩10000多只，请他们转交奥地利政府。

表11-5　2020年方林村党委抗击新冠肺炎党员捐款表

单位：元

序号	姓　名	捐款金额	序号	姓　名	捐款金额
1	方中华	2000	31	茅艳丽	200
2	蔡正杰	2000	32	缪小琪	200
3	林荣辉	2000	33	林玉红	500
4	方　浩	1500	34	徐　艳	200
5	谢华寿	1500	35	丁旭昌	300
6	方崇奇	2000	36	王妙妙	200
7	方　刚	2000	37	林旭日	200
8	林　红	1000	38	金　芝	200
9	林文德	1000	39	戴学明	200
10	管人财	600	40	王海滨	200
11	林小春	200	41	徐小勇	200
12	方华良	600	42	方靖静	300
13	阮普妹	300	43	李仙由	200
14	谢春香	300	44	林仙莉	200
15	张　斌	200	45	虞选龙	300
16	黄小洁	500	46	谢明鹏	200
17	陈法春	200	47	方素清	200
18	张周福	500	48	梁正平	200
19	金菊清	200	49	应正飞	300
20	方静洁	200	50	方敏（3组）	500
21	方晓红	200	51	徐金芳	200
22	张　超	200	52	陈　荣	500
23	谢　达	500	53	谢聪法	300
24	罗微微	300	54	方仙林	200
25	蔡依禄	500	55	方敏（2组）	200
26	王　婷	200	56	方　利	200
27	张洛林	200	57	杨云芳	200
28	陈露茜	200	58	陈福清	200
29	徐夫平	200	59	方若彬	200
30	丁　洁	200	60	林　叙	200

（续）

序号	姓　名	捐款金额	序号	姓　名	捐款金额
61	陈仙春	200	87	胡利民	800
62	叶利芬	700	88	林　芬	200
63	林必清	300	89	阮建光	200
64	缪济平	200	90	方月琴	200
65	方孔荣	200	91	王　雯	200
66	梁开禄	200	92	周智勇	200
67	李建国	200	93	章栃文	200
68	方孔华	200	94	林章明	200
69	方普胜	600	95	谢华德	500
70	谢文志	200	96	周建林	600
71	詹　微	200	97	尚永斌	300
72	吴莲芬	300	98	曹小军	200
73	郑冬春	300	99	王　琦	200
74	王妙寿	200	100	林　聪	200
75	管人法	2000	101	王　雷	200
76	戴开斌	200	102	陈华能	2000
77	方崇辉	500	103	陈华光	2000
78	陈初芬	200	104	方启贵	200
79	沈　玲	200	105	张辉东	1500
80	陈　晓	200	106	蔡文斌	200
81	方菊卿	200	107	章栌丹	200
82	郑中秋	200	108	吴恩国	2000
83	邵　玲	200	109	方　睿	200
84	方崇志	500	110	林秀鹏	200
85	应雪芬	200	合计		51000
86	郑　佳	600			

在防控新冠病毒的战斗中，涌现出不少党员先进人物。村党委副书记林荣辉站在疫情防控的最前线。从年前“疫情封锁”第一道指令下达，到节后村口卡口恢复放行，30多个日夜，他几乎每天都驻守在村口，检查过往人员。正月初二，得知村里有位老师曾

和湖北来的同事一起聚过餐，林荣辉立即将口罩、温度计等防护用品送过去，并妥善安排居家隔离事宜。当得知这位老师家中几个月大的孩子已经断了好几天奶粉，林荣辉又上上下下为他寻找“奶源”，还在微信群里发出了“奶粉征集”启事，终于从一位朋友处借到了奶粉，遂马不停蹄地送到了老师家中。

疫情防控期间，为确保每一位宅在家里的村民无后顾之忧，林荣辉主动承担“红色代跑”业务。他在微信群里收集村民们的需求，“顺便”带回一些急需的物资，送往需要的村民家中；林荣辉为确保复市复工及复市复工后的疫情防控工作，每天奔波于方林汽车城、方林二手车市场、方林二手设备市场、南站客运中心等场站，积极与有关部门对接协调，解决复市复工、疫情防控等具体困难；开展复市培训，及时将商贸市场疫情防控的各项措施通知到每一户商家，并逐一检查落实到位；联合方林旗下多家市场经营主体，共同推出“线上直播、谈价；线下预定、提车”的新销售模式，并引导商户积极采用“网上订车七天无理由退换货”服务，提振了汽车消费的信心。2020年11月13日，林荣辉荣获“浙江省抗击新冠肺炎疫情先进个人”称号。

路南街道干部项鲸霓、罗莉莉指导并参与了方林村具体新冠疫情防控工作。

第二章　党的建设

方林村党组织重视党的建设，根据方林实际，在党建模式、班子选举、群众路线、党员教育等方面都有所创新。同时加强班子的思想建设、作风建设、廉政建设，建设坚强的党委领导班子。严格党纪党规，用制度、规矩治党。构建各种党建阵地，提高党员素质，实行民主决策，促进方林经济社会的发展。

第一节　党建工作的创新

党建模式的创新

党委通过“党建+市场”“党建+经济”“党建+诚信”党建模式，推行“党员志愿者服务”“党员微格”，完善“服务清单”，使党组织建立在产业链上、行业链上，党员跟着产业走，每个党员都能充分发挥自己的优势；探索“三融三创三率先”党建工作法，推进市场党建工作；党的十八大以来，相继开展“五水共治我先行”“垃圾分类我先行”“我为大家巡一夜、大家为我巡一年”等活动。2018年，党员、村民代表参与巡河24次，出租房消防安全巡查30多次。2020年，党员、村民代表共450人次参加消防巡查50多次，多城同创复检9次。

换届选举的创新

2008年，党总支选举实行两推一选制，整个选举过程分两个阶段，投两次票。第一个阶段召开全体党员会议，推荐党总支成员候选人，到会人数须超过80%；第二阶段召开村民组长、村民代表及党外人士会议，推荐党总支成员候选人。按两次推荐的候选人得票多少，确定正式候选人，最后进行差额选举产生党总支委员。2009年，又把两推一选制发展为无候选人直选村级党委班子。8月26日，方林村以无候选人直选方式产生路桥区第一个村级党委班子，方中华当选为党委书记。

群众工作的创新

党员联系户制度和探望村民　党委实行网格化的组、区、户联系群众制度。以原有自然村为网格，划分责任区。根据每个党员特长，将党员分别编入政策宣教、发展经济、民主监督、治保调解4个组，联系村企事业单位和村民小组，协助责任区内负责人做好各方面工作；每个党员分别联系2户贫困户或后进户，帮助联系户脱贫致富。实行探望生病党员、生病村民制度。2019年，到医院探望村民41次，其中，探望重病村民13人，慰问困难户9人、五保户3人、老干部3人、老党员10人、老干部遗孀5人；2020年，村两委到医院慰问住院村民35次，慰问困难户8人，探望重病村民6人，慰问老干部、老党员17人，慰问五保户3人。

最多跑一次　2017年，党委提高办事效率，简化审批程序，让村民“最多跑一次”。凡村民到村委会办事，最多跑一次。每周一、三、五村两委集中办公，办理、回复村民所要办理事件和问题。仅2018年上半年，就接待村民112人次，为村民办理实事112件。2019年，接待村民268人次。

党代表工作室　2016年，党委书记方中华在汽车城四楼设立党代表工作室，作出“联系党员群众”“倾听基层呼声”“积极建言献策”“为民排忧解难”的承诺，安排每月15日为群众接待日。党代表在接待日收集党员群众的意见建议，并对意见建议进行分类后，送交承办单位办理，然后将办理结果反馈给党代表，由党代表向党员群众反馈办理情况。是年，汽车城4S店党总支书记林荣辉设立党代表工作室。

便民服务中心　2018年7月23日，方林村成立便民服务中心，为群众提供各类服务。服务中心工作人员由党委书记方中华，党委副书记方浩，党委副书记、村委会主任蔡正杰，党委委员谢华寿、方崇奇、林荣辉、方刚，村委会委员林显昌、林红，董事长助理管浩峰，会计方崇志、出纳林月红组成。便民服务中心成立至2020年年底，为村民办理实事392件（表11-6）。

表11-6　方林村便民服务中心服务事项

事项名称	服务内容及要求	办理程序和时限
便民服务	提供各类咨询服务，解答相关法律、法规、政策咨询，代办有关事项（涉及人口计生、民政、人力社保等服务事项），实行报送代办服务，以及为群众开具相关证明材料，并提供适宜办理的其他便民服务事项	按照即办、代办、陪办等分类的有关办理制度执行

（续）

事项名称	服务内容及要求	办理程序和时限
党员服务	为党员提供组织关系接转、党务工作改策咨询、党内关爱服务，组织开展党员活动和学习培训，做好流动党员服务，收集各类党员信息	具体办事程序和时限按党内有关规章制度执行
党代表工作室	在党代会闭会期间，党代表听党员和群众意见建议，开展党内民主恳谈，商议党代表提案建议，参与组团惠民服务	按照浙组〔2011〕50号文件要求执行
志愿服务站	以弱势群体为帮扶对象，组织志愿者开展关爱老人、农民工、残疾人各项志愿服务活动，组织开展科普宣传、普法宣传等活动	接受服务要求，组织志愿者上门服务，并为志愿者做好服务记录
消费维权监督及服务	接受消费者咨询，现场受理消费投诉，组织调解消费纠纷。开展消费知识宣传、消费者培训及教育活动	消费者提交书面投诉材料或投诉单，收到投诉之日起7个工作日内，告知投诉人受理或不受理的处理意见；受理投诉后的15个工作日内，组织调解消费纠纷，复杂事项时限适当延长。开展消费教育讲座，发放消费宣传资料，组织开展消费者体验活动等
档案管理及查询服务	收集、整理和保管本村各门类档案，并提供查询服务；代理查询街道、县级以上档馆的档案；指导村民建立家庭档案	村民凭有效证件填表，专人受理，办理查询事项。出具证明，1个工作日办结
公共就业服务	就业与失业登记；为求职人员提供职业咨询、推荐就业岗位；确定就业困难人群，提供就业援助；协助开展企业用于人力资源、职业供求信息调查及服务；组织开展创业培训，代理职业介绍、培训、社会保险、公益性岗位、职业技能鉴定补贴的审核发放；代理创业补助、小额担保贷款及贴息的审核发放	即时受理，及时答复，及时更新和发布消息，定期走访
社会保险经办服务	依照法律法规和相关政策，对参保人员资格、基本信息、缴费情况、待遇领取资格以及社保关系转移资格等进行初审，开展社保业务咨询、举报、宣传、公示等工作，协助做好社保基本信息采集	按照省社会保险经办有关规程的规定执行
医疗报销服务	村股份经济合作社免费为社员的农医保统一投保，社员住院“先诊疗，后结算”制度。为了方便社员就医，本社与台州恩泽医疗中心签订医疗服务协议，凡本村社员生病的及时医疗、住院优先安排，（由村联系人林红与医院联系人郭云萍衔接。村联系人：林红13968689722，林荣辉15558586888），住院医疗费可先由村在医院的住院医疗保证金中先行垫付，住院第二天自行补办手续和缴纳相关费用，出院时自行结清。医疗费在村股份经济合作社进行第二次报销	社员提供医院出院发票、用药详单、医保收据（以上为原件）、本人身份证和银行卡（复印件）后即时办理

党员教育的创新

2015年，党委开展为党员庆祝“政治生日”纪念活动，并形成制度。每当党员入党日，党委就送上一张政治生日贺卡、进行一次谈心谈话、重温一次入党誓词、开展一次探访活动、交流一次微心愿，勉励他继续努力，为党的事业、为建设新方林做出新贡献。

第二节　班子建设

思想建设

改革开放40年来，方林村党组织始终把班子思想建设放在突出位置，抓紧抓好。班子成员不仅在“三会一课”上带头学习，而且养成自学习惯。长期以来，方中华等班子成员紧跟形势，与时俱进，根据历次党代会主题，先后结合方林实际，学习中共十一届三中全会以来召开的中共十二届至十九届全国代表大会的报告以及历届中央全会的决议和党章，并认真践行，不断提高班子成员的思想素质。

1995年下半年至1997年，党总支开展学习建设有中国特色社会主义理论和党章活动。以《邓小平同志建设有中国特色社会主义理论学习纲要》为主线，学习邓小平同志有关著作和党章，把集中培训与经常性学习结合起来。其间，党总支班子参加区委党校和街道党校集中培训，针对方林实际，深刻理解社会主义的本质和社会主义的根本任务，坚定走改革开放、共同富裕中国特色社会主义道路的信心和决心；理解党员权利、义务和标准，坚持以党员标准要求自己，服务群众，发挥先锋队作用。领导班子培训率达到100%；对外出党员进行培训补课，使外出党员培训率也达到100%。

2004年党总支学习十六届四中全会精神，进一步提高对“三个代表”重要思想内涵的认识和理解，不断把学习教育活动引向深入。通过学习，使领导班子做到三个“明白”，即明白“我是谁”“做什么样的人”“怎样做”。明白党员干部是村民的公仆，什么时候都要把为村民谋幸福放在第一位，在思想上增强职位意识和责任意识；明白党员干部要做政治方向上明白人，廉政建设上带头人，团结合作维护人，艰苦奋斗带头人；明白要做管理上精明人，处事上公证人，说到做到信誉人，善谋勇断决策人，为群众排忧解难有心人，充分发挥党组织战斗堡垒作用和党员先锋模范作用；当村干部就要把信任放在心里、把责任扛在肩上、把工作落实在行动上；就要发扬艰苦创业奉献精神，对全体村民负责，为全体村民谋利益，树立起干部良好形象，取信于民。是年，设立“党员奉献簿”。

2007年，集中学习科学发展观的“六个必须”和社会主义荣辱观。认识到村两套班子必须从科学发展的角度思考方林发展，并要树立正确的道德观，为党员、村民树立社会公德、职业道德、家庭美德好榜样。2015年，学习十二届全国人大三次会议和省委十三届七次全会、中共十八届五中全会精神；学习习近平在浙江和贵州调研时的讲话、《关于全面加强基层党组织建设和基层政权建设的决定》等文件，使班子成员的思想进一步解放，精神状态更加振奋，深感肩上责任之重，表示一定要发扬方林精神，把方林建设得更美好。

2018年，认真学习中共十九大精神和习近平讲话精神，坚定在党中央领导下，夺取决胜全面建成小康社会、精准脱贫的信心和建设美好方林的信心。

2019年、2020年，认真学习习近平“不忘初心、牢记使命”的教导，学习习近平新时代中国特色社会主义思想，牢记以人民为中心的发展思想，为人民谋幸福，千方百计增强村民幸福感、获得感。

作风建设

党组织参照农村的风俗习惯，建立“走亲”制度，并把它写入方林村第一部《村民自治章程》。“走亲”制度要求每个党员每年至少联系5户家庭，了解村民的需求，了解村民的困难，使办实事、办好事真正落到实处。2001年，领导班子通过“走亲”，汇总了5类24条村民意见和建议，并对这些意见和建议定出整改目标、时间和责任人，在网站上公布，接受群众监督。群众反映方林路黄桥头车辆经常受阻，党组织随即组织联防队员对桥头乱设摊点进行清理，并指定由菜市场负责经常性管理。

2007年，党组织开展以实施“五项制度”（学习、写作、奉献、活动、拜师），打造“五型机关”（学习型、团结型、务实型、创新型、廉洁型）为主题的作风建设年活动。

出台党总支委员看望生病村民制度。2015年，到医院看望生病村民41次。2018年，看望生病村民51次；五保户周明飞、管康传过世，村两委集体送葬。

廉政建设

1983年6月，方中华在一次党员大会上强调，要改善方林面貌，党员干部就要以身作则，办事公平公正、两袖清风、不谋取私利、不获取非法利益，这样才有威信，才能动员村民、带领村民为建设新方林而奋斗。

1988年，方林村设立财务公开栏，接受村民监督。1998年把“政务公开”“村务公开”写入《村民自治章程》。村级财务公开内容由村财务监督审查小组审核后，在宣传栏、村网站上及时公布，并且在网上设立BBS讨论区，全方位接受群众监督。村务财务公开，群众称心，干部放心，为廉政提供保障。

2015年12月2日，村党委在老年公寓会议室召开党员会议，学习《中国共产党章程》《中国共产党纪律处分条例》《中国共产党党员廉洁自律准则》；观看《让党旗在浙江农村基层高高飘扬》宣传片，传达中共十八届五中全会精神，提高了全体党员干部干净干事、廉洁自律的自觉性。

2017年，党委在老年公寓召开党员大会，学习《中国共产党问责条例》，要求全体党员干部深刻领会党中央意图，牢固树立政治意识、大局意识、核心意识、看齐意识，自觉同以习近平同志为核心的党中央保持高度一致，把管党治党责任担当起来；要密切联系实际，把自己摆进去，以身作则、以上率下，敢于较真碰硬、层层传导压力，让失责必问、问责必严成为常态。要言出纪随，抓住典型问题，勇于铁面问责，发挥震慑警示效应，唤醒责任意识，激发担当精神（图11-3）。

图11-3　《中国共产党问责条例》学习会

几十年来，方林村班子成员艰苦创业、开拓创新、干净干事，没有一个干部受过纪委处分。在建设方林苑过程中，村干部付出千辛万苦，但在分配别墅时，所有党员和村干部与村民一起参加抽签分房，先抽顺序号，后抽房号，公正公平，毫不徇私，让村民群众心服口服。

第三节　制度建设

2018年，根据党的十九大精神，对原制定的党纪党规进行完善，重新制订公布党组织建设制度、民主评议制度、党员奉献制度、发展党员制度、三会一课制度、党务公开等制度。

党组织建设制度

党组织建设制度开宗明义，提出党建设的指导思想和任务。指出村党委要在习近平新时代中国特色社会主义思想指引下，全面加强党的思想建设、组织建设和作风建设，按照《中国共产党章程》进行工作，发挥领导核心作用，带领广大村民加快建设“物质富裕、精神文明”的新方林。

充分发挥推动发展、服务群众、凝聚人心、促进和谐的作用。调动村民的积极性，形成跨行业、多元化的经济格局，巩固壮大集体经济，提高村民的福利待遇和生活质量。加强思想教育，教育引导党员、干部模范践行社会主义核心价值观，讲党性、重品行、作表率，做“社会主义道德的示范者，诚信风尚的引领者，公平正义的维护者”，始终保持共产党员先进性，发挥共产党员先锋模范作用；要坚持民主集中制原则。确保党员知情权、参与权、选举权、监督权，完善党内民主制度；坚持党要管党、从严治党的方针，党员要带头遵纪守法，自觉执行《方林村村民自治章程》和各项规章制度，不准做特殊村民，不准侵占村民利益，不准依仗职权为自己和亲朋好友谋取不正当利益，不准贪图享受，不准违法乱纪。

党组织建设制度还对民主评议、发展党员、“三会一课”、党员联系群众（村民）等作了原则规定。

民主评议制度

1989年，建立党员民主评议制度。

评议时间 每年年终，结合工作总结，检查目标责任制执行情况，开展一次民主评议党员活动。

评议形式 按照党章规定的党员标准，在对党员进行坚持党员标准教育和党员作出自我评价基础上，召开党员大会进行民主评议，评议时开展批评与自我批评。党委会要形成评议意见通知党员本人，并向党员大会报告。

评议结果的运用 经评议认为不合格的党员，党委会根据不同情况，提出限期改正或者劝退、除名的意见，提交党员大会表决，并报上级党委审批；评为优秀的党员向上级党委推荐表彰，并在党员大会上予以表扬。

发展党员制度

严格遵循“坚持标准，保证质量，改善结构，慎重发展”的发展党员工作方针，有计划、有重点地做好发展党员工作。做到“八不批”：对未向群众公示或公示中群众反映有问题经查实不符合入党条件的不批；党支部未指派两名以上正式党员负责帮助入党对象的不批；发展对象不懂党的基本知识，未参加街道党校党课培训的不批；未经街道党委派人严格考核的不批；发展对象入党动机不纯的不批；手续资料不齐的不批；没有征求计划生育、政法、监察等部门意见的不批；未经支部大会表决的不批。1983年至2020年，共发展新党员96名。

“三会一课”制度

每月召开1次党委会，特殊情况可随时召开，党课每年不少于6次，全体党员大会每年不少于12次；每半年开展一次民主评议党员，先锋指数测评；村两委干部每季至少召开一次民主生活会。

村党组织坚持“三会一课”制度，自1983年以来，雷打不动；重视党员到会率，实行点名制。在方林集团网站建立后，对外出党员通过方林集团微信传达学习内容；建立党建专用柜，及时做好党建台账资料。为扩大宣传教育效果，方林村党委除涉及党内秘密外，把“三会一课”扩大到入党积极分子、村民代表。二手车市场党支部，实行“公开党课”，将党课搬到二手车门店、车间、部门，将授课主体延伸到一线党员。通过“形式互动+全员覆盖+内容精选”，邀请二手车店出资人、入党积极分子、管理人员、技术骨干等列席。确定“学一节党章”“营销头脑风暴”“党员明星点评”等活动主题，使公开党课成为宣讲先进事迹的“故事会”、学习文化知识的“讨论会”、提升员工素质的“交流会”。2018年，二手车市场召开公开党课8次，参加者380多人。

支部委员会（总支委员会）每月召开1次。主要研究落实党的方针政策，研究村重大决策、发展新党员、领导班子分工等。1997年，总支部委员会研究村班子成员的分工；2006年，中共十六届六中全会后，各支部都认真学习全会提出的构建和谐社会的决定，研究建设和谐方林的问题；2012年召开的中共十八大、2017年召开的中共十九大一结束，方林村党委就组织召开党委会、支委会，认真学习十八大、十九大会议精神，结合党委、支部的工作实际，研究落实问题；在群众路线教育实践活动、“两学一做”“不忘初心、牢记使命”主题教育之前，都会研究教育计划、教育途径，以及如何结合实际，确定重点教育内容。

党员大会每季度召开1次，主要传达、学习党的路线、方针、政策和上级党组织的决议、指示，布置工作，听取、讨论支部委员会的工作报告，讨论和接收新党员和预备党员转正，选举支部委员会和出席上级党代表大会。1987年，重点学习党的基本路线，结合方林实际，就如何以经济建设为中心，实现经济转型进行部署；1992年，认真学习中国特色社会主义理论，认清社会主义本质，带领方林人民致富，建设美好方林；1997年，系统学习邓小平理论，就社会主义的主要任务、本质、共同富裕等问题进行讨论，并结合方林实际，就发展方林物质文明和精神文明建设作了安排；2002年，在党员大会上，提出建设小康社会的号召，动员广大党员为建设新方林而奋斗；2007年，组织党员学习科学发展观，以人为本，让方林的经济全面、协调、可持续发展，努力建设生态村；2012年，学习党中央提出的全面建成小康社会的战略目标，表示要进一步努力，高标准提早把方林全面建成小康村；2017年，学习中共十九大精神，不忘初心、牢记使命，在全面建成方林小康村的基础上，更上一层楼，实现方林的全面振兴。

党小组会每月召开1～2次，学习上级党组织有关文件精神和党员汇报思想和工作情况，开展批评与自我批评，研究积极分子的培养和教育情况以及党员发展、转正情况等。

党课每季度进行1次。对党员和入党积极分子进行党性、党的基础知识、时事政治、科技文化等方面的教育。1995年，党课以学习建设有中国特色社会主义理论和学习党章为主要内容。1997年9月，由路南街道党委宣传委员讲解党的基本路线。11月1日，由党总支书记方中华作“中共十五大召开背景和十五大主要精神”的报告。1998年3月1日，学习省委农村工作会议精神和党费收缴规定；号召党员“我为商城建功业，我为腾飞作奉献”。1999年4月，党总支书记方中华作学习孔繁森事迹报告会。讲授有关农村现代化和党建强村的党课。2002年12月28日，组织学习“反腐警示录”和“红绿灯下的风姿”文章。2005年，请区委党校老师作关于构建和谐社会的报告。方中华讲授“保持共产党员先进性”的党课。2006年，由方中华作党的知识报告。2008年，请路南街道党委书记作“我为奥运作奉献”讲座。2012年，学习中共十八大精神、“中国梦”等；2015年，全体党员参观解放一江山岛纪念馆。2016年，学习党章党规，争做一名合格党员；2017年，由党校老师讲解党在中国特色社会主义新时代主要矛盾。2018年，开展学习大陈岛垦荒精神，艰苦奋斗精神教育和开展“不忘初心、牢记使命”教育。2020年，由方中华传达学习十三届全国人大三次会议精神。

为群众办实事的“一二三”制度

内容　“一”，即党员人手一本的“党员奉献簿”。2004年，村党总支设立“党员奉献簿”，记录一年来在乐于奉献、结对帮扶、为民解难、调解纠纷等方面的好人好事。“二”，即凡是户粮在本村的党员，有联系能力的一般联系2户村民，结对联系的内容、方式不限，重点讲求实效。“三”，即要求每个党员每年为民办一件实事，每个党员每年为集体出一份力，每个党员每年为党组织添一份光彩。

结果的运用　如果连续10年以上（个别因年龄限制可缩减）做到3个“一”的，且参加集体例会的出勤率在90%以上的（请假、公差不计入内），在其年老时，即男60岁、女55岁时，可以享受村提供的党员贡献补助金。但如果该党员（包括现享受补助金的老党员）违反纪律或被行政拘留，则取消享受资格。

党务公开制度

公开内容　除涉及党内秘密的内容外，需公开的村级党务主要包括3个方面：一是村两委成员分工及任期目标、村党委年度办实事计划、村级组织决策内容和程序、民主评议党员和村干部以及村干部差错责任追究情况等；二是党员发展、党费收缴管理与使用、“三会一课”开展、党员受村级以上奖惩等情况；三是党员参与集体资产租赁承包、农村党员“递进培养”、村级后备干部选拔培养情况及其他需要公开的事项。另外，对多数党员和群众关注的热点问题，也及时按规定程序予以公开。

公开程序　对拟公开内容，党委首先填写《村级党务公开事项审批表》，召开党员议事会提出初步方案，再经党委研究拟定公开事项，并由党委书记签字，上报街道党委审核同意后进行公开。

公开形式　根据公开内容和对象，确定不同的公开方式：对党委重大决策以及涉及党员、群众切身利益的重大事项，按照先党内、后党外的顺序，通过召开会议、印发明白纸等形式公开；只适宜在党内公开的，通过召开党员座谈会、党员大会等形式进行公开；可以向社会公开的，通村（党）务公开栏、召开党员群众会或利用远程教育网络等形式公开；对重大事项或党员、群众要求公开，但党委认为不宜公开的，由党委书面上报街道党工委审定，并及时向党员群众反馈。党务公开每季度进行1次，特殊情况在上报街道党工委同意后随时公开。

党费交纳管理制度

党费交纳　凡有固定工资收入的党员，应按上级党组织规定的比例交纳；党支部每年不少于两次对党员交纳党费标准进行审核；党员在交纳党费时，必须认真按照应交纳党费基数交纳党费；党员应按月由本人亲自交纳党费，一般在支部主题党日活动时，按照规定标准将党费交给所在党支部；党员外出、生病年老体弱行动不便等特殊情况，交纳党费有困难的，经支部批准，可以请他人或家属转交，也可以通过电子支付；对于不按规定交纳党费的党员，党组织应及时对其进行批评教育；预备党员应同正式党员一样按规定交纳党费，从支部大会讨论通过其为预备党员之日起开始交纳；党员妥善保管好党费证和《党费收交记录本》。党员无正当理由连续6个月不交纳党费的，按自行脱党处理。

党费管理 党支部在5日内将收缴的党费汇总后转交上级党委，并及时登记入册按月上交；支部每月在党务公开栏中向全体党员公布党费收缴情况；任何人不准借支和侵占党费，不准滥用党费。

民主生活会制度

开会之前，班子组长根据党中央的方针政策和当前的形势，结合方林村实际，在听取党员群众的意见建议后，确定民主生活会的主题，要求每位班子成员认真准备好发言提纲；会中，充分发表意见，在对村里的工作提出批评意见和建议的同时，积极开展批评与自我批评，照镜子，找差距，通过相互帮助，达到团结一致、共同进步的目的。

第三章　党建活动

方林村党组织长期来，坚持“三会一课”制度，过好组织生活；坚持每月一次的党日生活；根据党中央的部署，开展党的群众路线、“三严三实”“两学一做”“不忘初心、牢记使命”等主题教育。党的十九大以来，村党委认真组织党员和村民代表学习习近平新时代中国特色社会主义思想，贯彻十九大精神，开创方林发展的新篇章。

第一节　三会一课

自1983年以来，村党组织长期坚持“三会一课”制度。1998年1月，在村两委班子成员会议上，强调要坚持“三会一课”学习制度。重视党员到会率，实行点名制；对外出党员通过方林集团微信传达学习内容；建立党建专用柜，及时做好党建台账资料。村党员干部通过学习党中央的路线、方针、政策和省、市、区重大会议精神，进一步解放思想、提高认识、提升素质（表11-7）。

表11-7　1997—2000年〝三会一课〞情况选录

开会学习时间		会议内容	会议规模	备注
1997年	2月27日	1.有关精神文明建设文件学习；2.村班子成员分工	支委会议	机动车市场四楼会议室
	4月1日	选举“十五大”台州市代表	党员大会	村党员活动室
	5月1日	学习中国共产党纪律处分条例	党员大会	村党员活动室
	6月26日	1.七一建党节组织生活；2.学习王挺革在全区纠正党风会议上的讲话精神	党员大会	机动车市场会议室
	9月12日	1.党总支扩大会议；2.收看十五大开幕实况；3.党课	党员大会	机动车市场会议室
	9月30日	学习中国共产党十五大会议精神	党员大会	

（续）

开会学习时间		会议内容	会议规模	备注
1997年	11月1日	1.上党课：党的十五大召开背景；2.表彰1997年度5户十星家庭以及好村民	党员大会	方中华　主讲
1998年	2月28日	文明卫生工作创建	支委会议	村会客室
	3月1日	1.学习省委农村工作会议精神；2.村级规章制度讨论；3.小康示范村建设动议	党员大会	机动车市场会议室
	4月1日	传达街道文件：党员支部大会学习制度文件、向各经济组织指派党的工作员文件	党员大会	机动车市场会议室
	4月20日	孔繁森先进事迹报告会	党员大会	机动车市场会议室
	5月5日	1.村级民主制度建设动员会；2.党员民主生活会	党员大会	机动车市场会议室
	6月1日	1.学习党费收缴规定；2."我为商城建功业，我为腾飞作奉献"活动部署	党员大会	机动车市场会议室
	7月1日	三任村书记詹荣杰、方道福、方中华分别上课	党员大会	特殊党课，建党77周年组织生活会
	8月1日	观看电化教育影视：《来自亿元村的报告：乡镇干部好榜样吴金印》，东北刘庄及辛泉庄先进事迹和致富经验	党课、党员大会	机动车市场会议室
	8月28日	1.观看省委组织部提供的电化教育内容——走进示范村；2.举行向灾区赈灾捐款活动	党员大会	机动车市场会议室
	10月1日	学习江泽民考察安徽小岗村时的讲话精神	党员大会	机动车市场会议室
	10月20日	禁毒宣传片《远离毒品》一二三集	党员大会	机动车市场会议室
1998年	11月1日	学习党的十五届三中全会公报精神和省委书记张德江考察台州的讲话精神	党员大会	机动车市场会议室
	11月28日	反腐警示录	党员大会	机动车市场会议室
	12月1日	1.学习农村党支部廉政建设；2.对入党积极分子表决	党员大会	机动车市场会议室
	12月9日	1.选举路南街道第一届党代表候选人名单和正式名单；2.学习省委农村基层建设教育整顿工作会议精神	党员大会	机动车市场会议室
	12月27日	1.观看温州股份制企业党建启示录；2.评议村两委会成员	党员大会	机动车市场会议室
1999年	1月8日	村党总支换届选举	党员大会	机动车市场四楼会议室
	2月26日	浙大经济贸易学院徐立功教授和陈随军老师，讲解方林村现代化发展战略研究	村支委	小会客室
	3月1日	1.统一思想，明确目标，抓住重点，全面推进工作；2.引进人才、跨村合作	党员大会	机动车市场四楼会议室

（续）

开会学习时间		会议内容	会议规模	备注
1999年	6月1日	1.学习胡锦涛副主席在5月9日的讲话精神；2.讨论信息化村建设	党员大会	机动车市场四楼会议室
	7月31日	慰问驻军部队	支委会议	台州军分区机务场
	8月1日	1.入党积极分子表决；2.学习取消法轮功决定的文件；3.学习“三讲”党风党纪教育	党员大会	机动车市场四楼会议室
	9月1日	1.学习全面实行农村基层党组织的教育整顿工作；2.学习党的十五届三中全会精神	党员大会	机动车市场四楼会议室
	10月1日	学习新中国成立50周年社论，观看阅兵式	党员大会	机动车市场四楼会议室
2000年	1月5日	村民代表会议，评“十星”家庭	党员大会	机动车市场四楼会议室
	2月25日	党员电化教育：远离毒品日	党员大会	机动车市场四楼会议室
	4月26日	深入开展“两思”“两富”教育	党员大会	机动车市场四楼会议室
2000年	5月29日	“两思”教育安排：1.宣传发动；2.学习教育；3.总结；4.提高	支委会议	机动车市场四楼会议室
	8月30日	1.学习江泽民总书记“三个代表”精神；2.《浙江日报》8月29日有关推进现代化建设的文章	党员大会	机动车市场四楼会议室

第二节　主题党日活动

2008年7月6日，方林村党员和村民代表到花园村开展主题党日活动。2013年7月10日，党委组织50多名党员到椒江解放一江山岛战斗纪念馆，开展“忆党史展未来争先锋”教育。2014年7月12日，村党委再次来到花园村举行主题党日活动，考察花园村6年来巨大变化。回村后，对照花园村标准，党委开展“八问方林”大讨论，进一步明确方林发展方向；狠抓方林主导产业——汽车产业转型升级，打造“精品汽车4S店窗口”，加快玉环方林汽车城建设；争创“诚信”二手车市场，启动方林二手车市场二期工程；加快建设方林文化中心和方林公园等项目；实施村民素质提升工程，积极开展“多城同创”“五水共治”“三改一拆”等工作，加快建设美丽村庄。

2017年7月30日，方林村党委举行有全体党员、村民代表参加的“党性体检、民主评议”主题党日活动。会上，全体党员观看《将改革进行到底》第六集《守住绿水青山》专题片。党委要求每位党员牢记习近平总书记提出的“生态兴则文明兴”“绿水青山就是金山银山”重要论述，保护生态环境，将生态村建设更上一层楼；会上，方林村党委为7月份入党的党员过“政治生日”。会后，党员们积极清理路桥客运南站、方林路周边小巷的垃圾，参与检查沿街的商铺，实行门前屋后责任包干，为台州市创建全国文明城市发挥党员先锋模范作用。

2017年10月18日，党委举行“红心永向党，共贺十九大”主题党日活动，方林村全体党员、村民代表参加。会上，全体党员、村民代表怀着无比激动的心情收看十九大开幕会盛况，并认真聆听习近平总书记《决胜全面建成小康社会夺取新时代中国特色社会主义伟大胜利》的报告。在讨论中，与会者对报告中强调的“必须始终把解决好‘三农’问题作为全党工作重中之重”的论述特别兴趣，纷纷表示将用十九大报告精神指导方林工作，以党建促发展，充分发挥共产党员先锋模范作用，通过“党建+经济”“党建+市场”“党建+诚信”，为建设“党建方林、绿色方林、福利方林、品质方林、生态方林、文化方林”，为实现伟大的中国梦贡献自己的力量。

2018年1月15日，党委组织以“学习弘扬‘红船精神’，永葆初心走在前列”为主题的党日活动，开展党委述职和党员“党性体检、民主评议”工作。全体党员和村民代表观看远教视频《红船精神》和《辉煌中国》第一集《圆梦工程》。党委要求党员不忘初心、牢记使命，进一步弘扬“红船精神”，努力当好“红船精神”的忠实守护者、坚定传承者和自觉践行者，改革创新，加快推进“绿色方林”“福利方林”“品质方林”建设，在新时代新征程中再创辉煌、再当标杆。会上，开展“个人互评、党员互评、组织评定、亮分公示”和“党性体检、民主评议”活动。为“政治生日”在1月的党员过政治生日。

2018年4月15日，村党委组织以“提升政治素养、规范组织生活”为主题的主题党日活动，方林村全体党员和村民代表参加。会议放映远教视频《迈向新时代》第一集《勇立潮头》和专题教育片《党组织生活怎么过》1～3集。会议期间，村党委为4月“政治生日”的党员开展纪念活动。会议最后，全体党员在党旗下重温入党誓词。

2018年6月15日上午，方林村组织开展“乡村振兴、美丽先行”主题党日活动。全体党员观看远教视频《习近平推动的美丽中国实践》《浙水哪得清如许》《选好一班人美丽一个村》。会上，全体党员、村民代表学习“习近平总书记关于做合格党员的相关论述”，听取党建指导员池德胜围绕习近平新时代中国特色社会主义思想讲授的党课。党委为6月入党的党员过“政治生日”。同时，开展党员“党性体检、民主评议”和村民代表互评活动。

2018年6月28日，方林村全体党员和村民代表登上大陈岛，在垦荒纪念碑前举行主题党日活动。重温入党誓词，重走垦荒之路，学习垦荒精神。大陈岛是一座有着红色记忆的“东海明珠”，铸就了“艰苦创业、奋发图强、无私奉献、开拓创新”的大陈岛垦荒精神。方中华指出，2018年是中国共产党建党97周年、改革开放40周年，也是大陈岛垦荒60周年。在七一建党节前夕组织全村党员、村民代表重走垦荒路，追寻垦荒记忆，就是要大力传承和弘扬大陈岛垦荒精神，进一步解放思想，不忘初心再出发、牢记使命启新程。方中华要求以垦荒精神、强烈的担当意识和奋斗精神，发挥党员先锋模范和示范表率作用；进一步打造“幸福方林”，全面开启“绿色方林、福利方林、品质方林”建设的新征程。

2018年8月15日，在方林大会堂党员活动室组织“学指示、谋新篇、敢担当”主题党日活动，观看《“八八战略”15年》第一集《萌发》《背影——双城记》《薪火相传——党章守护人》等远教视频。会上，全体党员、村民代表学习习近平总书记对浙江工作的重要指示和中共浙江省委十四届三次全体（扩大）会议精神。通过学习深入了解“八八战略”提出的背景和基本内容，以及它对推动浙江经济社会发展再创新优势、再上新台阶的重要意义。党委要求全体党员和村民代表自觉践行习近平“干在实处永无止境，走在前列要谋新篇，勇立潮头方显担当”的期望，把信任放在心里、把责任扛在肩上、把工作落实在行动上，努力谱写好新时代方林发展的新篇章。村党委为8月份入党的党员庆祝“政治生日”，要求他们不忘初心、牢记使命。

2018年10月15日，村党委组织全体党员和村民代表在参观学习螺洋街道水滨村、路桥区党群服务中心和桐屿街道春泽社区党建及乡村振兴工作后，在春泽社区文化大礼堂举办主题党日活动。在主题党日活动上，春泽社区书记赵建国介绍社区的党建工作和实施“产业兴旺、生态宜居、乡风文明、治理有效、生活富裕”乡村振兴战略情况。党委要求参加主题党日活动的党员和村民代表对标创标，保持强烈的危机感、紧迫感，干在实处、争当先锋；不断地解放思想，不断地激活加快发展的内动力，发挥好党员的先锋模范和村民代表的示范引领作用。最后，全体党员面对党旗，重温入党誓词。

2018年12月15日，方林村组织“学习《中国共产党支部工作条例（试行）》推动党支部高质量标准化建设”主题党日活动。全体党员观看《一碗暖心的姜汤》《东升西落》《扎根一线的“猪专家”》和《长路不倦护新苗》等远教视频，学习《中国共产党支部工作条例（试行）》，要求广大党员切实增强贯彻执行条例的自觉性。党委祝贺并要求12月过“政治生日”的党员进一步坚定理想信念，牢记为民服务宗旨观念，增强党性修养，严格组织纪律，不忘党员身份，发挥党员先锋模范作用（表11-8）。

表11-8　4S店党总支2018年度党员固定活动日计划表

时间	活动主题
1月	爱心助学感恩活动

（续）

时间	活动主题
2月	迎新春趣味运动会
3月	“微心愿”党员集中认领活动
4月	“苹果引力”亲子汇活动
5月	“凝聚心感悟”户外拓展活动
6月	“小鱼治水”助力五水共治
7月	庆祝建党97周年系列活动
8月	“七彩课堂”小候鸟暑期夏令营
9月	爱的传递，从你伸出手臂开始
10月	“九九重阳节，浓浓敬老情”庆祝敬老节
11月	两新组织创意党组织生活展评
12月	“行认证”党员服务擂台赛

2019年5月15日，党委组织全体党员和村民代表开展“学党章、严纪律、强基础”主题党日活动。开始前，与会者学唱《我和我的祖国》和方林村村歌《美丽的方林是幸福的家》。会上，播放《党建好声音：服务到一线》《习近平的情怀：我将无我不负人民》《初心》和《党章总述》远教视频；传达浙江省公安机关通报的5起涉黑案件；通报上阶段工作，并和全体党员、村民代表共同学习4月1日台州市委书记陈奕君在全市“优化基层治理建设和美家园”城市基层党建现场推进会上的讲话；为5月份“政治生日”的党员开展纪念活动。

2019年6月15日，方林村组织全体党员和村民代表举行“不忘初心、牢记使命，迎接建党98周年”主题党日活动。会议开始前，学唱方林村村歌《美丽的方林是幸福的家》和歌曲《我和我的祖国》。会上，播放《村级治理“三化十二制”》《城市的背影》《希望的田野》和《“心灵法门”是个神马东东？》等远教视频。全体党员和村民代表共同学习习近平总书记在“不忘初心、牢记使命”主题教育工作会议上的重要讲话和《中国共产党党员教育管理工作条例》。党委要求广大党员和村民代表把习近平总书记重要讲话精神转化为推进方林党建和做好各项工作的实际行动，不忘初心、牢记使命，建设美丽方林。

2019年9月15日，方林村党委组织全体党员和村民代表开展“不忘初心、牢记使命”主题教育党日活动。会上，播放《党建好声音》《“老总”书记治村记》《阿红书记》

等远教视频，学习胡兆富同志先进事迹和《宗教形势与政策法规解读》。随后，村两委班子成员和各项目负责人对当前各自负责的工作任务和工作计划向全体党员和村民代表进行通报，并接受党员和村民代表的监督，确保按时保质完成。党委向9月过“政治生日”的党员表示祝贺。党委要求通过“不忘初心、牢记使命”主题教育，进一步提高政治站位，“守初心、担使命，找差距、抓落实”，做到理论学习有收获、思想政治受洗礼、干事创业敢担当、为民服务解难题、当清正廉洁表率；始终坚持“抓党建促发展、抓好发展强党建”这一第一要务，全力推动方林高质量发展。

2019年12月15日，党委组织全体党员和村民代表开展“学习省委十四届六次全会精神、党性体检民主评议”主题党日活动（图11-4）。会上，放映了《难忘初心》系列、《夏天的守望》等远教视频，学习省委十四届六次全会精神，开展“党性体检、民主评议”活动，并向12月“政治生日”的党员表示祝贺。

图11-4　主题党日活动之场景图（2019年12月）

2020年4月15日，开展“固本强基，尽职考评”主题党日活动。观看“一月一推送”《最美“逆行者”》《共同的战“疫”》《习近平时间——精准稳妥推进复工复产》等远教视频，为1—4月入党的13名党员过“政治生日”，学习习近平总书记在浙江考察时的重要讲话和路桥区委书记潘建华在全区党建工作会议暨村级组织建设“固本强基”专项行动部署会议上的讲话。路南街道党工委宣传委员、驻片干部项鲸霓主持村社班子及成员、村民代表履职考评工作。

2020年5月15日，组织党员和村民代表观看“一月一推送”《“剑”指难关自在民心　嘉善县干窑镇党委书记陆剑锋》《习近平时间——携手合作共同抗疫》《一片叶千里情》等远教视频，为5月入党的4名党员过“政治生日”；学习浙江省委书记车俊在台州、绍兴调研时的重要讲话和村级组织建设“固本强基”专项行动以及深入开展爱国卫生运动的有关文件。在通报有关工作之后，党委书记方中华谈了学习体会，提出了贯彻要求，部署了相关工作。

2020年6月3日，党委召开“传达学习第十三届全国人大三次会议精神暨六月份主题党日活动”会议。会上，观看了“一月一推送”《难忘初心——大道之行》《难忘初心——永不褪色的红枫》《难忘初心——铁肩辣手》《难忘初心——秀松长青》《难忘初心——红色商人》等远教视频，为5—6月入党的15名党员过“政治生日”；学习村级组织建设“固本强基”专项行动相关文件，通报上阶段主要工作；最后，方中华作为出席第十三届全国人大第三次会议的代表，传达了会议精神。

2020年7月15日，开展“践初心、优服务、当先锋”主题党日活动。观看《战“疫”一线党旗红》《普法护法枫桥先锋》《美村三十六计——十目相视》等“一月一推送”远教视频，为7月入党的11位党员过“政治生日”；学习中共浙江省委十四届七次全会决议；路桥区委组织部茹桂玲为党员和村民代表上了“不忘初心、牢记使命，争做乡村振兴的追梦人”的党课；通报上阶段主要工作，开展半年度党员先锋指数考评和村民代表互评工作。最后，党委书记方中华要求全体党员和村民代表把“不忘初心、牢记使命”作为自身建设的终身课题，把习近平总书记在浙江考察时的重要讲话精神贯彻工作的始终，“秉持方林精神，干在实处、走在前列、勇立潮头”，为“建设新时代全面展示中国特色社会主义制度优越性重要窗口”贡献方林力量。

2020年8月15日，观看《〈战“疫”—榜样在身边〉党建电视特别节目》《从红船到巨轮》《美村三十六计——咬定青山》等“一月一推送”远教视频以及“全市村社组织换届政策”宣传视频，为8月入党的5名党员过“政治生日”；学习中共十九届中央政治局会议精神和《中国共产党基层组织选举工作条例》；路南街道干部项鲸霓通报关于各地严肃查处村（社区）组织换届违法违纪案件情况，党员签订《严守换届纪律承诺书》；通报上阶段主要工作；最后方中华讲话，要求广大党员、村民代表认真学习贯彻十九届中央政治局会议精神，把《中国共产党基层组织选举工作条例》落到实处。加强队伍建设，强化监督检查，营造风清气正环境，确保选举公平、公正、公开、民主。

2020年10月15日，党委举行“强引领、牢把关、促实效，以高质量进行组织换届，夯实重要窗口的基层建设基础”的主题党日活动暨方林村党委换届班子成员候选人初步人选推荐会。全体党员和村民代表参加活动。村党委书记方中华在主题党日活动上强调，“要提高政治站位，把好班子结构关”“结合方林发展，把好换届人选关”“政策宣传到位，把好选举纪律关”。党委为10月入党的党员过“政治生日”。党日活动结束后，在路南街道党工委宣传委员、驻片领导项鲸霓的主持下，召开方林村党委换届班子成员候选人初步人选推荐会议。

第三节　主题教育

主题教育是新时代党建工作的最鲜明特色与最大亮点。党的十八大以来，先后开展了群众路线教育实践活动、"两学一做"和"不忘初心、牢记使命"主题教育（图11-5）。方林村党委遵照上级党委的部署，积极开展主题教育，极大地提高了党的战斗力和党员素质。

图11-5　方林村党委开展"两学一做"活动，赴航民、南湖考察学习（2016年6月）

群众路线教育实践活动

2013年4月19日，党中央决定用1年左右时间，在全党自上而下分批开展党的群众路线教育实践活动。方林村党委决定在2013—2014年，开展党的群众路线教育实践活动（图11-6）。

图11-6　党的群众路线教育活动会议（2013年6月）

5月16日下午，方林村党委在老年公寓召开党员、村民代表会议，学习《习近平关于党的群众路线教育实践活动论述摘编》。党委书记方中华在讲话中要求，党员干部、村民代表按照"照镜子、正衣冠、洗洗澡、治治病"的总要求，坚持严的标准、钢的措施、铁的纪律，以抓铁有痕、踏石留印的劲头，扎实开展教育实践活动，目标是努力使方林村党员干部的宗旨意识和群众观点有新增强，改进作风有新进展，做群众工作能力有新提高，密切联系群众有新作为，创新实干形象有新提升，服务型党组织建设有新成效，为深入推进建设"党建方林、品质方林、生态方林、文化方林、福利方林"五大方林战略部署提供坚强的保障。

7月3日上午，方林村召开庆祝中国共产党建党93周年大会，大会在学习习近平总书记关于"坚持从严治党，落实管党治党责任，把作风建设要求融入党的制度建设"讲话精神后，方中华结合开展党的群众路线教育实践活动，要求以党的群众路线教育实践活动为契机，着力抓好党员队伍的总量控制、结构优化和教育管理服务工作，大力加强基层服务型党组织建设，努力为党和方林事业发展提供坚强组织保障。

7月10日，党委组织50余名党员到椒江解放一江山岛战斗纪念地，开展"忆党史展未来争先锋"教育活动。

2014年9月23日，方林村在老年公寓召开党员、村民代表会议。会议结合方林村开展的党的群众路线教育实践活动，学习省委组织部部长胡和平在全省优秀村党组织书记座谈会上的讲话精神。作为座谈会的参加者，党委书记方中华号召广大党员和干部认真向绍兴市上虞区祝温村党总支书记杭兰英同志学习，改进作风，密切联系群众，全心全意为人民服务，把方林建设得更好。

在党的群众路线教育实践活动中，党委切实做到坚持实干导向，以“三改一拆”“多城同创”“五水共治”为着力点，全力解决群众反映强烈的突出问题，全力推进美丽乡村建设；把实践教育活动同各项工作目标相结合，全力推进创业创新；用改革创新的进展、转型升级的成效、群众满意度的提升、党员干部精神状态的提振来检验教育实践活动；把实践教育活动同实干创新相结合，全面建设“党建方林、品质方林、生态方林、文化方林、福利方林”五大方林。2013—2014年教育活动期间，全面完成了工作计划，方林汽车产业服务聚集区转型升级，玉环方林汽车城工程基本完成；二手车市场二期工程稳步推进，摊位供不应求；确定了经济合作社股权设置基本原则；“三改一拆”“五水共治”“多城同创”顺利开展。2013年，人均纯收入48000元，同比增长31.3%；2014年，人均纯收入52000元，同比增长34.3%。

“两学一做”学习教育

2016年2月，党中央办公厅印发《关于在全体党员中开展“学党章党规、学系列讲话，做合格党员”学习教育方案》，并发出通知，要求各地区各部门认真贯彻执行。

4月28日，蔡正杰、方浩参加中共路南街道党工委召开的“两学一做”动员部署会。

5月9日下午，方林村党委在老年公寓召开“两学一做”学习教育动员大会，路南街道党工委宣传委员蒋灵芝传达路南街道《关于在全街道党员中开展“两学一做”学习教育实施方案》的通知。党委书记方中华在会上指出，“两学一做”的基础在学、关键在做。要结合实际，开展多种形式的学习，进一步解决党员队伍在思想、组织、作风、纪律等方面存在的问题，保持发展党的先进性和纯洁性。要树立创新发展理念，培育转型升级新动力，重点围绕不断发展壮大集体经济，打造省级路南方林汽车诚信小镇，推进生态文明，提升人文素质，全面提高村民福利，为建设美丽方林、美好生活而努力奋斗。

5月24日，方林汽车城4S党总支举办“两学一做”学习教育培训会暨“四季阳光党建”之“清凉夏日”党员志愿服务启动仪式。

七一建党节期间，开展庆祝中国共产党成立95周年活动，学习习近平在首都庆祝中国共产党成立95周年大会上的讲话；组织党员和村民代表赴萧山航民村学习，并在嘉兴南湖重温入党誓词，践行“两学一做”学习要求。

8月4日，村党委在老年公寓召开全体党员、村民代表大会，学习《中国共产党问责条例》，观看《两学一做在路桥》和《向王盛同志学习》专题片。

在活动中，方林村党委组织党员学习党章、《中国共产党问责条例》《中国共产党党内监督条例》《中国共产党廉洁自律准则》《中国共产党纪律处分条例》《关于新形势下党内政治生活若干准则》等党规和习近平总书记系列讲话。通过学习，进一步坚定理想信念，提高党性觉悟；进一步增强政治意识、大局意识、核心意识、看齐意识“四种意识”；进一步树立清风正气，严守政治纪律、政治规矩；进一步强化宗旨观念，勇于担当作为，做一名合格党员。

党委采用多样化的学习教育形式。一是开展党员干部“自学”活动。党委印发学习资料，党员人手一册，要求每个党员结合自身工作实际，开展自学活动，深刻把握精神实质，把党规党纪铭刻在心上、体现在行动上、落实到工作上，做一名合格党员。二是开展党委班子“领学”活动。党委组成人员利用每周工作例会之机，由方中华带头领学，逐字逐句原文领读，并结合实际展开讲解和讨论，带头撰写交流学习心得，引导全村党员干部真学、真懂、真用党章党规和习近平重要讲话。三是开展专项“促学”活动。党委将“两学一做”教育开展作为2016年党员干部教育的重要内容，要求下属党支部认真组织学习，党委成员开展跟踪督查、随机检查学习笔记、心得体会等，及时了解掌握各党支部学习贯彻情况，及时交流做法经验，推动学习贯彻工作落实，以“促学”力促全村党员干部达到合格党员的标准。

村党委在“两学一做”教育中，在精细管理、长效巩固上求精、求实。一是落实“服务清单”。每位党员的“服务清单”上墙公示，一季一督查，在年终进行先锋指数测评考核。二是完善党组织关爱和探望村民制度。全年到医院看望生病村民共计64次。三是实施党建促发展，推行“党建+市场”“党建+诚信”模式，组建方林二手车市场党支部。方林汽车4S党总支在“两学一做”教育中，推行党员“平时亮行”“攻关亮才”“帮扶亮心”的“三亮”行动，实行“党员五带头”（全体党员要带头讲政治、带头干事谋发展、带头创新建佳绩、带头服务比奉献、带头自律树形象）。党总支开展亮出一张党员形象牌、签下一份履职承诺单、上好一堂专题党课、讲述一个党员微故事、重温一次入党誓词的“五个一”行动，充分发挥党组织在职工群众中政治核心作用和在企业发展中政治引领作用，为集聚区培育红色细胞，为产业创造发展动力，也为社会传递正能量。党总支开展的以“爱在春天、清凉夏日、秋日健体、暖冬行动”为主题的“四季阳光党建”活动，在中组部党建工作座谈会作了经验介绍，成为全国工商和市场监管部门非公经济组织党建工作现场推进会参观点，参加全国工商总局组织的全国优秀党组织书记培训会，得到各级领导干部一致好评。

通过“两学一做”，增强党委核心作用，充分发挥党员的先锋作用，提高党在群众中的威信。是年，发展新党员5名。

“不忘初心、牢记使命”教育

2019年5月，党中央决定从2019年6月开始，在全党自上而下分两批开展“不忘初心、牢记使命”主题教育。方林村党委的主题教育从2019年9月开始，11月底基本结束。主题教育根本任务是深入学习贯彻习近平新时代中国特色社会主义思想，锤炼忠诚干净担当的政治品格，团结带领全国各族人民为实现伟大梦想共同奋斗。这次主题教育的重点对象尽管是县处级以上领导干部，但村党委仍把主题教育作为党建的头等大事，积极开展。

方林村党委自上而下深入开展“不忘初心、牢记使命”主题教育，在教育中聚焦主题、紧扣主线。针对新时代党的建设的新任务，确立“不忘初心、牢记使命”的主题，把学习贯彻新时代中国特色社会主义思想作为主线，提出“守初心、担使命，找差距、抓落实”的总要求，确保集中教育扎实有效；以上率下、示范带动。党委以“牢记初心使命、推进自我革命”为题进行集体学习，开展专题民主生活会。各支部落实主体责任，以“关键少数”示范带动“绝大多数”，推动落实责任、有机融合、一体推进。这次主题教育不划阶段、不分环节，把学习教育、调查研究、检视问题、整改落实四项重点举措贯穿全过程，有机融合、一体推进。

6月15日，村党委组织全体党员和村民代表召开“不忘初心、牢记使命”主题教育动员大会。会上，学习习近平总书记在5月31日党中央召开的“不忘初心、牢记使命”主题教育工作会议上的重要讲话和《中国共产党党员教育管理工作条例》，对主题教育作了动员和部署。

6月17—18日，为迎七一建党节庆祝建党98周年，方林村党委组织120名党员、村民代表前往全国首批国家田园综合体——浙江省安吉县鲁家村和五四宪法历史资料陈列馆开展“不忘初心、牢记使命”主题教育。体验习近平总书记“既要金山银山，又要绿水青山”的“两山”理论在鲁家村的生动实践，了解该村从经济贫弱的小山村发展成为中国美丽乡村精品示范村的发展历程。在鲁家两山学院，全体党员和村民代表认真观看了该村发展的宣传片，听取了全国最美基层干部、全国党员榜样、浙江省千名好支书、浙江省首批兴村名师鲁家村党委书记朱仁斌对该村集体经济发展历程的情况介绍，看到了鲁家村两委班子带领全村党员干部和村民，听党话、跟党走，举“两山”旗，走“两山”路，创“两山”业的光辉历程。行程结束后，面对党旗，党员们重温入党誓词，不忘初心、牢记使命。全体党员和村民代表还参观五四宪法历史资料陈列馆，通过观看视频、图片、实物等资料，深入学习“五四宪法”的诞生历程，让全体党员进一步领会宪法精神、坚定宪法自信、增强宪法自觉。

从鲁家村学习回来后，村党委组织各支部对照鲁家村和方林村实际进行讨论。认识到鲁家村党组织建设有创新、接地气；党员、群团作用发挥有特色、实打实；村民参与有办法、合力强；经济发展有思路、成效好。方中华希望广大党员认真学习借鉴鲁家村的经验做法，“抓党建促发展，做好发展强党建”，不忘初心、牢记使命，加强党性修养，开拓思路眼界，提升能力素质，做到一个党员就是一面旗帜，一个支部就是一个堡垒，充分发挥党员的先锋模范作用，带领村民走向更加美好的未来，号召广大党员干部和村民代表“不忘初心再出发，牢记使命谱新篇”。

7月16日和9月15日，村党委组织全体党员和村民代表开展“不忘初心、牢记使命”主题教育，传达学习习近平在“不忘初心、牢记使命”主题教育工作会议上的讲话精神及路桥区委关于开展“不忘初心、牢记使命”主题教育的实施意见。

10月15日，村党委组织全体党员和村民代表开展“谈初心，话担当”活动。传达学习习近平总书记在10月1日国庆大会上的重要讲话精神，并学习三门县城西村八任书记和胡兆富先进事迹。

FANG LIN

方林村志

（下册）

《方林村志》编纂委员会　编

中国农业出版社
北　京

下册目录

第十二编　行政和群团组织

第十三编　地方军事

第十四编　民主法治与精神文明建设

第十五编　教育　医疗　体育

第十六编　文化娱乐　信息传媒

第十七编　古迹　谱牒

第十八编　村民生活

第十九编　宗教　风俗　方言俗语

第二十编　接待与合作交流

第二十一编　媒体报道

第二十二编　人物　荣誉

第二十三编　丛　录

第十二编

行政和群团组织

中华人民共和国成立前有保甲；成立后至改革开放前，先后出现过行政村、农业合作社与行政村并存、生产大队管理委员会、大队革命领导小组等行政组织。1983年，方林村设立村民委员会。村民委员会是村民自我管理、自我教育、自我服务的基层群众性自治组织，实行民主选举、民主决策、民主管理、民主监督，办理方林村公共事务和公益事业，调解民间纠纷，协助维护社会治安，向人民政府反映村民的意见、要求和提出建议。1995年，方林村民委员会被评为浙江省示范村民委员会。

方林村的群团组织有农会、共青团、妇女联合会等。农会于1955年解散。共青团、妇女联合会等群团组织在党组织的领导下，积极开展工作，充分发挥各自作用。1988年，方林村成立老年协会，协助村委会开展老龄工作。

第一章　行政组织

方林村近现代行政组织随着政治经济形势和国家政策的不同，先后出现过保甲、行政村、农业合作社与行政村并存、大队管理委员会、大队革命领导小组、村民委员会等不同的组织。在不同时期，行政组织的职能有所不同。

第一节　民国时期行政组织

保甲设置

民国时期实行保甲制度。民国十七年（1928年），区乡制改为村里制，县以下设区、乡、村里，百户口人为一村。民国十九年（1930年）至民国二十年（1931年），改村里为乡镇。民国二十三年（1934年）至民国三十二年（1943年），缩乡镇行保甲，在乡镇以下设保，10户为1甲，10甲为1保。石曲镇有18保，55个自然村，方林村属石曲镇第4保区（下林、后方、前方、下街、西岸王、乾亨、三透里）。民国三十六年（1947年），石曲镇改为石曲乡，辖17保。保长由乡镇政府报县政府委任。1947年保长为方普福、保代务为方德会。

第四保下辖17甲，下林3甲，后方1甲，前方2甲，下街4甲，西岸王2甲，乾亨4甲，三透里1甲。甲长年龄需35岁以上，由乡镇公所报区长委任，后由乡镇长委任。

日常工作

政府依靠保长、甲长派丁、派粮、派税、派款。供应部队军需粮草，并处理本保范围内的一些日常邻里纠纷。那时，村里流传“保长吃鱼吃肉，甲长兜米兜谷，穷人抱头大哭”的民谣。黄岩县人民政府成立后废除保甲制。

第二节　中华人民共和国成立后行政组织

行政村

1949年5月29日，黄岩县和平解放。8月，成立路桥区石曲乡人民政府，建立基层人民政权。10月，设方林行政村，隶属于石曲乡。同时，废除保甲制，实行村组制。方林行政村，首任村长张明。同年组建村农民协会（简称农会），推选戴仙禄为会长；组建村民兵队，林仙法为队长；建立妇女会，王荷英担任首任妇女主任。

方林行政村在石曲乡人民政府、乡农会领导下，与村农会共同开展土地改革、镇压反革命、抗美援朝运动，进行民主建设。1953年春，开展农业生产互助合作运动；1956年，负责组建农业生产合作社等工作。

农业生产合作社与行政村并存

1955年，全国掀起农业合作化高潮。1956年9月，方林村成立农业生产合作社，社长林贤来，下辖9个生产队。

合作社与村领导班子贯彻中央关于农业农村的政策，执行《1956年到1967年全国农业发展纲要》和农业“八字宪法”，兴修水利，提高抗旱排涝能力；推广双季连作稻，改良作物品种；开展作物病虫害和畜禽疫病防治；积造有机肥，增施化肥，农业生产获得较快发展。

生产大队管理委员会

20世纪50年代末至60年代初，中国农村进入人民公社阶段。1958年9月，成立路桥人民公社，石曲乡改称石曲大队，方林高级农业生产合作社改称方林生产队，属路桥人民公社石曲大队下属的一个生产队，下设9个生产小队。1959年4月，石曲大队改为石曲管理区，隶属方林生产队。1961年9月，人民公社体制调整，撤销路桥（区级）大公社，恢复路桥区，石曲管理区改为石曲人民公社，方林生产队升格为方林生产大队，设管理委员会，负责大队行政和生产事务，下设7个生产队。大队管委会设大队长、副大队长、委员、大队总会计。

1963年5月，中共中央出台《关于农村工作中若干问题的决定（草案）》，要求重新组织阶级队伍，在农村开展社会主义教育运动，巩固集体经济，发展集体生产。1965年9月，成立贫下中农协会社会主义教育工作队进驻方林大队，开展清账目、清仓库、清财务、清工分的“四清”运动。

大队革命领导小组

1966年5月，“文化大革命”开始，大队管委会被迫停止工作。1967年10月，路桥区革命造反总指挥部（简称路总司）成立，随后石曲公社和方林大队相应成立总司组织。1968年，路桥区成立革命造反联合司令部，石曲公社和方林大队成立相应组织。1969年6月，石曲公社管委会改称石曲公社革命委员会，方林生产大队成立革命领导小组，组长林永福，取代大队党支部和管委会的领导。

1976年10月，“文化大革命”结束。大队管委会继党支部之后，也恢复活动。1981年4月，大队革命领导小组自行解散，恢复大队党支部活动（表12-1）。

村民委员会

历史沿革 1982年12月通过的新宪法正式确立村民委员会作为农村基层群众性自治组织的法律地位。1983年8月至1984年3月，黄岩县分批将公社管理委员会改为乡人民政府。石曲乡人民政府得以恢复，方林村设村民委员会，对村务实行民主管理。村民委员会由主任、副主任、委员等组成（表12-2）。

主要工作 历届方林村村民委员会在村党组织领导下，积极工作，履行“自我管理、自我教育、自我服务、自我监督”职责，制定并完善村规民约和财务管理制度、集体资产管理制度、财务监督和审计制度、决策制度等制度；制定本村经济发展规划，明确经济发展方向，成功实现“三次转型”，使方林经济发展走上快车道；搞好综合治理，改善方林村面貌，创造文明的生活环境；及时疏导和化解村民内部矛盾，保持社会稳定；传播法律知识，推进依法治村，构建安定有序和谐的新方林。1998年，制定方林村

第一部《方林村村民自治章程》，推进村民自治，推进方林村经济和社会建设。

1995年、1996年，方林村民委员会连续被评为浙江省示范村民委员会。

表12-1　1950—1977年方林村各个时期村干部任职情况一览

时期	姓　名	职务	任职时间
土改和互助合作	张　明	村长	1950—1957年
	戴仙乐	农会主任	1949—1952年
	王天森	农会主任	1953—1955年
农业合作社	方道坤	社长	1955—1957年
人民公社	林贤来	村长	1957—1960年
	廖丙森	总会计	1958—1960年
	林贤来	大队长	1961—1962年
	林仙根	副大队长	1961—1962年
	管康寿	副大队长	1961—1962年
	童新村	会计	1960—1961年
	方华良	会计	1961—1964年
	林贤来	大队长	1963—1968年
	林仙根	副大队长	1963—1968年
	林寿增	会计	1964—1968年
“文化大革命”	林永福	革命领导小组组长	1968—1970年
	林仙根	革命领导小组副组长	1974—1976年
	张茂德	贫协主任	1965—1980年
	盛龙土	会计	1968—1970年
	林寿增	会计	1970—1977年

表12-2　改革开放后方林村村民委员会组成一览

届次	主任	副主任	村委委员	任职时间（年-月）	备注
1978—1983（1983年8月成立方林村村民委员会）	管人财	林仙根	林启富、林小春、方崇志	1976—1983-12	村委会成立后，改“队长”为“主任”。林小春为1977年至2005年总会计师，2006年起由方崇志担任
第一届 1983—1986	管人财	戴学明	林小春、方中华、方道福	1983-12—1986	—
第二届 1986—1988	管人财	林必清	林小春、阮普妹	1986—1988	—

（续）

届次	主任	副主任	村委委员	任职时间（年-月）	备注
第三届 1988—1990	管人财	—	林小春、阮普妹	1988—1990	—
第四届 1990—1993	管人财	—	林小春、阮普妹	1990—1993	—
第五届 1993—1996	管人财	—	林小春、阮普妹	1993—1996	—
第六届 1996—1999	管人财	蔡正杰	林小春、阮普妹	1996-04—1999-01	
第七届 1999—2002	林文德	林必清 蔡正杰	林小春、陈初芬	1999-01—2002-05	管人财为常务顾问
第八届 2002—2005	林文德（代）	林文德	方崇奇、张　斌、林　红	2002-05—2005-06	
第九届 2005—2008	蔡正杰	—	方崇奇	2005-06—2008-04	林红兼妇女主任
第十届 2008—2011	蔡正杰	—	王　雷、林　红	2008-04—2011-03	林红兼妇女主任
第十一届 2011—2013	蔡正杰	—	方崇志、方　刚、林　红	2011-03—2013-12	林红兼妇女主任
第十二届 2014—2017	蔡正杰	—	方崇志、方　刚、林　红	2013-12—2017-04	林红兼妇女主任
第十三届 2017—2020	蔡正杰	—	林显昌、林　红	2017-04—2020-12	林红兼妇女主任
第十四届 2020—	方中华	方　浩	管浩峰、林　红	2020-12—	林红兼妇女主任

第二章　群团组织与老年协会

方林村农会成立于1949年10月，是方林村最早的群众组织，在历史上发挥过积极作用，1955年解散。1965年9月，方林大队建立贫下中农协会，简称贫协，张茂德为主席，1980年撤销。2016年，方林汽车城发起成立路桥区汽车流通行业工会联合会。方林村共青团组织、妇女联合会组织和老年协会是三大群众团体。1997年，方林村获得全国老有所为奉献奖先进集体；2006年，获得全国敬老模范村居社区称号；2001年，被评为全国妇联基层组织建设示范村；2008年，获浙江省巾帼示范村称号。方林村共青团组织也多次受到上级团委表彰。

第一节　农　　会

1912年，实行乡镇自治。是年，黄岩县成立县农会。方林村属黄岩县路桥镇。时路桥镇和方林村亦成立农会，推广农业知识，指导农民改进耕作方法和协助农民解决困难。

1949年10月，方林村成立农民协会，首任会长戴仙禄。根据中央人民政府政务院1950年7月15日发布的《农民协会组织通则》，明确农民协会是农民自愿结合的群众组织，是农村中改革土地制度的合法执行机关。凡雇农、贫农、中农、农村手工业工人及农村中贫苦的革命知识分子，自愿入会者，经乡农民协会批准后，即可成为农民协会会员。方林村农会在石曲乡政府领导下，在剿匪、反霸及土地改革运动中，起到重要作用。1952年年初，土地改革结束。继而与行政村一起，开展互助合作。随着1956年方林农业生产合作社成立，村农民协会完成历史使命而解散。

第二节　共青团

机构沿革

1949年5月29日黄岩县解放后，在青年中发展团员，时称中国新民主主义青年团。方林村第一个青年团员是方道坤。1950年年底，成立中国新民主主义青年团方林村支部，詹荣杰为书记。在农业生产合作社期间，称为方林大队团支部。1957年，改称为中国共产主义青年团。人民公社期间，称为方林生产队团支部。1961年，调整人民公社体制，团支部改称方林大队团支部。1983年，恢复方林行政村，改称为方林村团支部（表12-3）。2009年，团支部升格为团委。2011年，团委紧紧抓住服务村企发展和青年健康成长这条主线，不断加强基层团组织建设和团员青年教育，开拓团建新渠道，实现网上团建。

表12-3　方林村共青团团组织历任书记名录

姓　名	任职时间	姓　名	任职时间
詹荣杰	1950年12月至1951年	林必清	1985—1988年
方道坤	1952—1957年	张周福	1988—1992年
张正凤	1957—1964年	林文德	1992—1998年
方华良	1964—1969年	尚永斌	1998—2003年
林　明	1969—1975年	方靖静	2003—2008年
方婉君	1975—1977年	王　雷	2008—2010年
林小春	1977—1982年	方　刚	2010—2019年
方中华	1982—1984年	谢世宇	2019年至今

下属组织

方林村团委下辖方林汽车城团总支、方林二手车市场有限公司团支部、方林资产管理有限公司团支部、路南中心幼儿园团支部。

方林汽车城团总支下辖台州之星奔驰销售有限公司团支部、沃尔沃汽车销售有限公司团支部。

主要工作

配合党的中心工作 20世纪50年代前期，青年团积极响应党的号召，踊跃参加民兵组织，检举揭发反革命分子。在土地改革运动中，带头与地主、恶霸做斗争；在农业互助合作、兴修水利、增产节约以及治安等方面发挥积极作用。20世纪50年代后期至60年代上半期，共青团员参加人民公社运动和克服三年困难的斗争。改革开放以来，开展争当"新长征突击队""新长征突击手"活动。带领青年落实党的经济政策和多种形式的生产责任制，组织青年完成"急、难、险、重"任务。以共青团员为骨干的青年突击队积极参加物质文明、精神文明和生态文明建设，参与救灾抗灾，发挥青年突击队作用。

宣传教育活动 1982年，团支部开展以"五讲四美"为主要内容的"文明礼貌月"活动，发动团员青年"学雷锋、做好事"，在方林村营造浓厚的"讲文明、讲礼貌、讲卫生、讲秩序、讲道德"和"心灵美、语言美、行为美、环境美"及"热爱祖国、热爱社会主义、热爱共产党"浓厚氛围。此后每年3月份，团支部开展群众性教育活动。1999年，团委开展"迎五十国庆，祖国在我心中"知识抢答和"庆回归·迎千禧"晚会等系列活动，开展爱国主义教育。2000年，团委举办"致富思源，富而思进"晚会，用文艺形式教育村民不断进取。2010年，组织青年登上一江山岛，接受革命传统教育。2018年，青年们登上大陈岛，学习新大陈岛人"艰苦创业，发奋图强，无私奉献，开拓创新"的垦荒精神，激发团员们建设方林的热情。

社会公益 1998年3月，开展"为民服务月"活动，团员青年上街做好事。

2004年，团委开展以"家家与绿色迎奥牵手　户户与绿色方林同行"为主题的环保活动和"绿色文明家庭"创建活动，倡导绿色生活方式，争当"绿色家庭"，以"关注生态、家庭护绿"活动来增强家庭成员生态意识，打造"绿色方林"；围绕"家"字做文章，"文明家庭""绿色家庭""学习型家庭"三类家庭创建活动齐头并进，提高社区群众生态意识、文明意识；2007年，组织"保护母亲河"志愿者行动；组织开展台州市"新开门七件事"大签名；组织团员青年参加植树造林和义务献血活动。是年，参加义务献血达160多人。

2010年4月27日，举办以"低碳生活"为主题的公益宣传活动。青年志愿者走上街头，发放宣传手册，通过与村民和过往群众面对面交流，宣传"低碳生活，保护地球"理念；4月30日，团委与妇联携手举办以"驰援玉树，我们在行动"为主题的赈灾活动，筹集善款39428.5元；8月21日，团委、妇联共同发起"清洁家园，从我做起"宣传活动，组织10多名方林村志愿者，带上相关清洁用具，走进方林村各条街道各个小区，打扫卫生；组织3支环保宣传队，逐门逐户宣传清洁家园活动，发放垃圾袋，得到村民积极响应。

2011年3月11日，组织青年志愿者与路桥第三中学师生一起植树，宣传“保护环境，植树造林，美化家园”生活理念。8月3日，团委、妇联和台州市中心血站共同主办“感恩社会，奉献爱心”公益献血活动，方林村103名团员青年献血。

2016年6月17日，组织青年志愿者到路桥商业城、富士广场和商西路繁华路段，对来往的市民和车辆进行文明交通引导，对不文明的交通行为进行劝导，维护交通秩序。

2018年8月19日，举行义务献血活动，121位团员青年参加。

2020年，团委组织青年参加防控新冠肺炎斗争，组织志愿者宣传防控知识，参与村口、企业、市场等关卡防守。

文体活动　2001年，团委坚持“以活动来凝聚人，以学习来提高人”，开展“五月登山”比赛。

2007年，村团委、汽车城团委与路桥区委宣传部、路桥区团委合作，成功举办路桥区青年歌手大奖赛。是年，举办篮球友谊赛。

2010年，组织团员参加路桥区组织的以“共享文明、共建和谐”为主题的“庆国庆跳排舞唱红歌”比赛，夺得“红歌”组一等奖。

2012年3月22日至4月中旬，举行由方林汽车城团总支主办，方林村团委和方林网络部承办的“2012年首届移动杯台州汽车行业篮球对抗赛”，27个单位组队参加，加强汽车同行交流，展示企业文化；5月4日，开展军民共建迎五四活动，组织40多名青年前往某部队驻地，举行联合拓展训练，观看战士们队列、警卫拳等表演。

2013年，方林村团委举办文娱晚会，自编自导的《非诚勿扰》恶搞相亲会，将工作、生活、综艺、才艺等元素融合在一起，全场笑声掌声不断。自编自导的《方林青年颂》在路桥国际会展中心上演，展示方林村青年在方林村三次转型中艰苦奋斗的精神。

2014年，恰逢方林村腾飞20年，团委编排《方林村的20年》，通过三句半、情景剧、歌曲穿插等形式，向观众演绎方林村从一穷二白的“石路宕”跃为全国闻名小康村的“方林奇迹”。

2018年，方林村文化中心建成使用，在村办春节晚会上，团员青年演出的节目赢得阵阵掌声。

平安建设　每年春节期间，方林村团委都组织团员青年参与夜间巡逻，为确保方林村平安贡献力量。

第三节　妇女组织

机构沿革

方林村妇女联合会成立于1951年12月，主任王荷英。在高级农业生产合作社期间，称为大队妇代会，人民公社时期称生产队妇代会。1961年，人民公社规模调整后，改称大队妇代会。1983年，恢复行政村时，称村妇代会。2009年，成立方林村妇女联合会。

妇女组织领导由妇女代表大会民主选举产生，由上级妇代会（妇联）发文任命（表12-4）。

表12-4　方林村妇女组织历任负责人任职情况一览

姓　名	职务	任职时间
王荷英	主任	1950—1953年
谢玉香	主任	1954—1964年
谢香莲	主任	1966—1979年
陈初芬	主任（主席）	1980—2006年
金菊清	副主席	1996—2000年
方素洁	副主席	2000—2006年
林　红	主席	2007年至今

主要制度

学习制度　每月组织一次妇联干部学习会，每季召开一次妇女代表学习会，重点学习党的方针政策、毛泽东思想、邓小平理论、“三个代表”重要思想、科学发展观、习近平新时代建设中国特色社会主义思想，学习上级妇联指示精神，妇女工作业务知识等。每年开展一次以上学习内容的竞赛活动。

培训制度　每年举办两期培训班，内容以法律知识、技能讲座、实用技术、家政知识为主。

妇女代表联系户制度　妇联班子成员和妇女代表以串门家访、聊天谈心等方式，每位联系3～5个妇女，了解妇女群众思想、工作、生活情况；及时化解婚姻家庭纠纷，了解生活、劳动等情况；组织妇女开展互帮互助，切实为妇女群众办实事。

妇女代表议事会制度　每季召开由妇联执委全体成员、各类妇女代表组成的议事会成员会议，通报交流妇女工作情况；学习有关党的方针政策，以及相关法律知识、业务技能等；交流妇女的热点、难点问题，并研究解决办法等（表12-5）。

表12-5　2009、2017年方林村（社区）妇联执委会成员名录

<table>
<tr><th>年份</th><th>姓　名</th><th>出生日期（年-月）</th><th>文化程度</th><th>是否党员</th><th>妇联职务</th><th>兼职职务</th></tr>
<tr><td rowspan="3">2009</td><td>林　红</td><td>1979-03</td><td>大专</td><td>是</td><td>主席</td><td>村委会成员</td></tr>
<tr><td>方素清</td><td>1965-02</td><td>初中</td><td>是</td><td rowspan="2">成员</td><td rowspan="2">—</td></tr>
<tr><td>蔡琴云</td><td>1962-08</td><td>高中</td><td>是</td></tr>
<tr><td rowspan="4">2017</td><td>林　红</td><td>1979-03</td><td>大专</td><td>是</td><td>主席</td><td>村委会成员</td></tr>
<tr><td>罗丹青</td><td>1981-01</td><td>大专</td><td>否</td><td rowspan="2">副主席</td><td rowspan="3">—</td></tr>
<tr><td>金　芝</td><td>1979-01</td><td>中专</td><td>是</td></tr>
<tr><td>方宝清</td><td>1955-09</td><td>初中</td><td>是</td><td>成员</td></tr>
<tr><td rowspan="3">2017</td><td>叶莉芬</td><td>1976-04</td><td>高中</td><td>否</td><td rowspan="3">成员</td><td rowspan="3">—</td></tr>
<tr><td>方靖静</td><td>1977-04</td><td>高中</td><td>是</td></tr>
<tr><td>贺菊红</td><td>1979-03</td><td>高中</td><td>否</td></tr>
</table>

维权制度　向社会宣传男女平等和计划生育基本国策及有关维护妇女儿童合法权益的法律法规，接受侵害妇女权益的举报、投诉，为受害妇女提供法律帮助；及时制止侵害妇女儿童的行为，在职权范围内无法调处的案件，向受害人指明投诉渠道，并及时向相关部门反映，协助查处；做好失足妇女、少年帮教转化工作，促进社会稳定。

主要工作

参加各项运动　解放初，积极发动妇女参加各项政治运动和社会主义建设。在土地改革中，与地主开展面对面斗争；开展扫盲教育，动员村妇女参加夜校、速成识字班，学习文化。1950年，《中华人民共和国婚姻法》颁布后，村妇女组织揭露封建包办婚姻的罪恶，提倡婚姻自由，婚礼从简、家庭和睦、男女平等，在方林村形成婚姻家庭新风尚；在抗美援朝、保家卫国中，妇女做军鞋、缝棉衣，积极动员丈夫、儿子参军。1952年，郑迪生母亲送郑迪生参加志愿军，送上亲手缝制棉布鞋；在农业互助合作和农业社、人民公社时期，妇女们走出厨房，与男子一起，积极参加农业生产和“大炼钢铁”

运动，有的则创办幼儿园，做好后勤保障工作，充分发挥妇女“半边天”作用。

参与双文明建设 中共十一届三中全会后，村妇代会响应上级妇联号召，动员妇女走出家门，积极参加“三八红旗手”竞赛活动；积极参与商品生产，从事种植业、养殖业和加工、服务业，从生产领域迈入流通领域，在多种经营、乡镇企业中大显身手，成为发展商品经济生力军。在精神文明建设中，广大妇女积极参与“五讲四美”“三热爱”活动和“五好文明家庭”“双文明户”创建活动，促进妇女思想政治素质和文化水平的提高。

20世纪90年代至2020年，妇女积极开展学文化、学技术、比成绩、比贡献“双学双比”竞赛活动和“巾帼建功”活动，培养有文化、有理想、有道德、有纪律的“四有”和自尊、自爱、自强、自立的“四自”女性，以及创建社会主义新家庭活动，举办家长学校，提高妇女素质。

尊老敬老 1996年，开展有方林村特色的好儿子、好媳妇、好公婆活动和新家庭建设评比活动，倡导良好的家风民风。

1997年，开展“一张红榜促敬老”活动。在此基础上，1999年，大力加强家庭道德文化建设，开展评选“十星文明”家庭活动。当年评出“十星”文明家庭53户，好儿子、好媳妇、好女儿、好女婿、好孙子9名。

2010—2020年，每年举行“晒被子，比敬老”比赛，比谁家老人被子盖着最舒服、谁家子女最孝顺；举办庆“三八”婆媳烹饪大赛、浓情五月、感恩母亲座谈会。在重阳节期间，开展“九九重阳节、浓浓敬老情”“爱心包子送老人”等活动（图12-1）。

图12-1 第100个国际三八妇女节趣味运动会比赛现场（2010年3月）

环境保护 2004年，方林村妇联大力开展环保宣传，举办环保培训班，请环保专家为妇女作“环境现状及如何发挥妇女在环境保护中的作用”讲座，组织“妇女与环保”知识竞赛，倡导节能环保，增强广大妇女及其家庭成员环保意识，提高村民文明素养和生活质量，促进乡风文明和村容整洁。

2005年，成立“巾帼绿色家园宣讲队”，向村民宣传绿色环保；建设“美丽家园”方林苑，积极清运垃圾。

2006—2020年，村妇联积极参与建设美丽方林、垃圾定点投放、垃圾分类、五水共治、绿化美化家园等环境保护工作。

建设新家庭 2005年，结合方林村实际，开展传统美德进家庭、科技知识进家庭、绿色健康进家庭、文体活动进家庭、结对帮扶进家庭、法律教育进家庭、卫生保健进家庭等“七进家庭”活动，村与每户家庭签订“七进家庭”承诺书。

2006年，开展以学礼仪、学科技、学环保、学家教、学健身、学法律为主题的“六学”进家庭，创建“学习型家庭”活动。

2007年，根据80%以上家庭拥有电脑实际，实施“家庭上网工程”，开设计算机初级培训班，当年有32名妇女获得计算机合格证书。建立女性素质学校，不定期开展各类培训。

2009年，开展“创建巾帼示范村”和“创建平安家庭”活动，倡导科学发展、创业创新、家庭和谐、守护平安。按照创建“平安家庭”标准，与村民签订承诺书，做到家家有责任，人人有义务；成立由妇女干部、法律工作者、共产党员等15人组成的“平安家庭”巾帼志愿者服务队，开展定户联系、定期排查、定点服务，在家庭治安防范、家庭纠纷排查、社情民意诉求、妇女儿童权益保护、弱势群体帮扶等工作中发挥作用。是年，给每户家庭建立平安档案，“平安家庭”达标率达到95%。

2011年，以村民学校、村活动中心为阵地，开展“平安家庭”“和谐家庭”创建活动和以“营造幸福美满家庭，构筑家庭拒腐防线”为主题的廉政文化进家庭活动，组织妇女开展法律竞赛、维权知识培训。

巾帼志愿者 2008年，成立“女子保洁志愿者服务队”“女子护绿志愿者服务队”，建设“绿色家园”“洁美家园”。

2012年，建立巾帼志愿者登记建档制度，组织巾帼志愿者服务队到五保户家帮助打扫卫生，拆洗被套、床单、衣服，整理房间，为“新方林人”提供计划生育、疾病防控、法律咨询及协助办理暂住证。

2012年，探望路桥社会福利中心孤儿，送上玩具、学习用品等礼物。

2013年，大力推进巾帼志愿者服务活动，先后开展春节送温暖、服务流动人口妇女儿童、助残、为村民做好事等活动。

2018年，开展“多城同创”系列志愿服务活动。

计划生育 开展晚婚晚育和计划生育宣传，组织妇女体检和孕妇围产期检查，做好计划生育服务工作。2011年，妇检率达100%，计划生育率达100%，村妇联荣获路桥区计划生育先进单位光荣称号。2012年，获“路桥区人口计划生育三十年国策之星”称号。

巾帼健身 2007年，村妇联开展“巾帼健身活动”，健身球、腰鼓、健身操、双环操等活动丰富多彩。2013年，组织以妇女为主的“跳跳更健康”排舞队，掀起跳排舞潮。至2020年，排舞队成员80多人。

巾帼维权 2009年，方林村成立巾帼维权站，负责人为党委副书记方浩，成员有妇联主席林红、副主席罗丹青。巾帼维权站下设妇女维权服务站、聊天室，组建巾帼维权志愿者、维权联络员、家庭矛盾纠纷调解员3支队伍。

巾帼维权站主要工作：宣传男女平等、计划生育基本国策及有关维护妇女儿童合法权益的法律、法规、政策；接受群众对侵害妇女儿童合法权益案件的举报、投诉；为受害妇女儿童提供法律帮助；制止侵害妇女儿童合法权益的行为；在职权范围内无法受理的案件，向受害人指明投诉渠道，并及时向相关部门反映，协助查处。

村妇联巾帼维权站下设聊天室，以通过聊天方式与妇女进行有效沟通，开展心理疏导。聊天室从2009年成立以来，每年聊天均在200人次以上。许多妇女把聊天室当成“知心姐姐”“知心妹妹”，心里有心结、烦心事，都喜欢与“知心姐姐”“知心妹妹”谈心聊天。聊天室在维护家庭团结、缓解家庭矛盾方面，起到了积极作用。

第四节 老年协会

1988年，方林村成立以詹荣杰为组长，以方道福为副组长的老龄工作领导小组，加强对老龄工作的领导，积极支持村老年协会工作。

机构设置

1988年方林村成立石曲乡第一家老年群众自治组织——老年协会，实现老年人自我教育、自我管理、自我服务。詹荣杰任老年协会会长；方道福、方四妹任老年协会副会长（表12-6）。

表12-6 方林村老年协会历任会长、副会长名录

时间	会长	副会长	时间	会长	副会长
1988—1999年	詹荣杰	方道福、方四妹	2005—2016年	管人财	方四妹、陈法春 方道福

（续）

时间	会长	副会长	时间	会长	副会长
2000—2004年	陈法春	林增寿、方四妹	2017年至今	林必清	方四妹、林小春 管人财

1988年，方林村成立老年协会理事会，与老年协会实行一套班子、两块牌子。每季举行一次理事会议，主持召开一年一次的会员代表大会或会员大会（表12-7）。每3年进行换届选举。

表12-7　2017年方林村老年协会理事会人员名录

姓　名	性别	年龄/岁	职务
蔡正杰	男	54	名誉会长
管人财	男	77	名誉会长
林必清	男	68	会长
林小春	男	67	副会长
方华良	男	81	副会长
陈法春	男	67	副会长
方四妹	男	84	副会长
林小春	男	67	秘书长
林仙亮	男	67	理事
林小忠	男	71	理事
方再兴	男	68	理事
方孔平	男	69	理事
罗仙德	男	76	理事
郑冬春	男	67	理事
王妙增	男	66	理事
谢香莲	女	85	理事

2005年，成立银龄互助活动小组，原则上由老年协会会长、副会长兼正副组长，开展关爱老人活动。

主要工作

老有所养　1990年，老年协会对老人的养老状况进行调查。调查显示，子女在老人养老问题上存在着不愿意赡养老人的情况。针对这一情况，党支部、村委会和老年协会开展“一张红榜促敬老”活动，在全村逐渐形成尊老敬老之风，受到台州市委、路桥区委充分肯定；老年协会每年协助两委会发放退休金等福利；2014年，组织老年结对互助组，帮助特困老人和五保老人。五保老人郑永海由林必清、方华良、林小春结对帮助；老人周菊花由管银财、林小春、陈法春结对帮助。是年，老年协会获路桥区“银龄互助先进集体”称号。

2017年，为解决五保老人的冬衣，老年协会出钱720元，赠送棉衣、棉裤。2018年6月28日，住老年公寓的76岁孤寡老人方小雪摔倒骨折住院，由老年协会林必清、林小春、管人财送路桥区中心医院办理住院手续，并请好护理人员；7月3日，老人动手术，林必清、林小春前去陪同；7月10日、25日和8月3日，又专程前往看望，8月24日，帮助其办理出院手续。其间，垫付费用8000多元。

老有所乐 方林村两委会把尊老爱老写入《方林村村民自治章程》，组织旅游和文体活动，让老人老有所乐。

旅游：2000年，老年协会与妇代会联合，组织老人参观路桥区松塘大转盘、市政永安广场等新景点，让老人感受路桥新变化。2005年，组织85位老人到南京进行为期3天的观光旅游。2007年，组织84位老人参观横店影视城、游览金华双龙洞。2009年，组织老人到北京旅游。2011年，组织老人到安吉、杭州等地旅游。2013年，组织116位老人到湖南张家界旅游。2015年，组织142位老人游览厦门、福州。2017年，组织166位老人到长江三峡旅游。2019年，组织146位老年人去桂林欣赏甲天下的桂林山水。

文体活动：2005年，成立25人的老年协会门球队，两次参加区老年门球赛，获得二等奖和三等奖。次年，老年人门球队参加路桥区门球循环赛和路南街道老年人运动会，分别获得一等奖和团体二等奖。2008年，成立9人的老年协会桥牌队。次年，在路桥区老年桥牌比赛中获第三名；在路桥区第三届老年村际门球赛和路南街道老年健身操比赛中分别获得第一名。2012年，老年协会获得路桥区老年门球邀请赛第二名和老年桥牌比赛第二名，路南街道“花扇舞”比赛第一名。2013年，成立由28人组成的大鼓队，敲响方林村喜庆锣鼓；成立23人的老年协会广场舞佳木斯舞健身队。是年，老年协会获路桥区门球比赛第一名，桥牌比赛第二名。2014年，老年门球队获路桥区门球比赛第二名。2017年，协会桥牌队4次参加路桥区老年协会组织的比赛，获第三、第四名的好成绩。2018年4月，在路桥区老年桥牌比赛中，获第一名。

老有所学 2001年，115位老年人听取养生保健讲座。2006年，成立路南老年广播电视大学方林教学点，30名老人参加学习，占老人总数的18%，2017年学员41人，

2018年学员47人，2019年达60人。2017—2018年，组织3次消防讲座，2次自救训练；2013年，坚持读报35年的72岁老人谢华德获《台州日报》读者奖。

老有所医　2000年，组织全村115位老人参加体检并听取中国科学院专家主讲的养生保健讲座。2017年6月3日，组织老年人到路南卫生院体检，检查项目多达19项。此外，每月20日，协会都会请医务人员为老年人量血压、测血糖。2018年，5、6月两个月，组织老年人去路桥恩泽医院进行全面体检；做好老年人伤害保险工作，参保316人，参保率100%。

老有所为　方林村兴办的市场以及老年公寓、电影院、文化中心等公共设施都有老年协会参与管理，夜间巡逻、防火也有老年人的身影，家庭矛盾、邻里纠纷的调解，更离不开老年协会。2017年，老年公寓墙壁全部重新粉刷，厕所更换坐便器；抽干公寓水塘污水，种上荷花；在每户村民家的灶间贴上防火警示牌，配备小型灭火器。2018年，老年协会投入46453.60元，将每家的房间门全部换成防火门，更换床头灯，在老年公寓安装智能防火装置。2018年、2019年，分别有摩羯台风和利奇马台风来袭，协会组织管人财、林小春、林必清等8人，分头到各村民小组，提醒各户关好门窗、清理阳台重物。在2003年防控非典和2020年新冠肺炎疫情防控期间，老年协会组织老人帮助村社区实行封闭管理，日夜值勤。

2000—2005年，路桥区委、区政府连续授予方林村老龄工作先进集体称号。2004年，浙江省民政厅授予方林村“浙江省老龄工作规范化社区”称号。同年10月，方林村获浙江省老龄工作委员会颁发的“浙江省支持老龄事业功德奖”。2006年，获“全国敬老模范村居”称号，老年协会获“路桥区体育活动先进集体”称号。

第十三编

地方军事

方林村一解放，就成立民兵，配合政府维护社会治安，保卫土地改革胜利成果。1953年，普遍实行民兵制。1958年，方林大队组建基干民兵连、公社直属排，加强军事训练。1981年，方林大队民兵组织进行调整。2012年，浙江方林汽车城成立人民武装部，组建基干民兵和应急分队。方林村两委会重视征兵工作，适龄青年踊跃应征，保家卫国。从20世纪80年代开始，村每年慰问军属，发放家庭生活补助金和慰问金。

方林地区自古以来，战事不断。元末有方国珍起义、明中叶有抗倭寇斗争，抗日战争时期反抗日军侵略骚扰。解放初，开展剿匪斗争和支援解放一江山岛战役。

方林村与当地驻军开展军民共建活动和“双拥”活动。1988年，方林村把服兵役和拥军优属写进方林村第一部《方林村村民自治章程》。方林人将驻军当亲人，驻军官兵把方林村当作自己的故乡。帮助方林村搞好农业生产、抗灾救灾。部队官兵转业前夕，都要到方林村看看，到村民家里坐坐，重温军民情谊。

2006年1月，中共台州市委、军分区授予方林村拥军优属模范单位称号（图13-1）。2007年，方林村获得台州市双拥模范单位称号。2012年，被中共台州市委、台州军分区评为争创全国双拥模范城先进单位。2018年，中国人民解放军某部参谋部赠方林村“军民携手一家亲”牌匾。

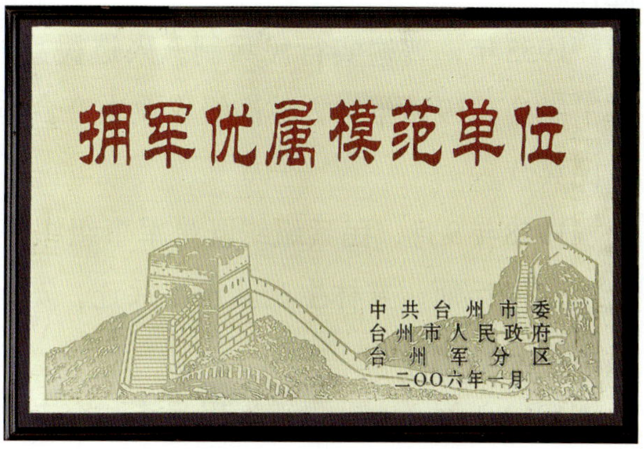

图13-1 方林村被评为拥军优属模范单位（2006年1月）

第一章 军事组织

1949年10月，方林村成立民兵队。此后，民兵组织不断壮大，先后成立民兵连，组建基干民兵和普通民兵。2012年，浙江方林汽车城成立人民武装部（简称汽车城人武部），在村民兵组织基础上，组建基干民兵和应急分队。民兵配合党在各个时期的中心工作，在方林村经济转型、建设市场方林、品质方林、诚信方林、智慧方林、数字方林、幸福方林、生态方林、美丽方林中，发挥重要作用。

第一节 民兵组织

机构沿革

1949年10月，黄岩县解放初期，方林村成立民兵队，归石曲乡政府领导。队长林仙法。当时参加民兵组织的条件：政治表现好，家庭出身好，历史清白，身体健壮。

1953年，普遍实行民兵制。入选民兵的年龄为18～40岁，其中男18～25岁编为基干民兵。1956年，方林高级农业生产合作社成立民兵连，由方四妹任连长，隶属石曲乡民兵营。

1958年9月，民兵组织既是军事组织，又是劳动、教育和体育组织。后路桥人民公社组建民兵师，方林生产队设民兵连，7个生产小队编为民兵排，生产组为民兵班，实行组织军事化。

1962年春，大队设普通民兵连和突击排。普通连连长方道中，突击排排长管人财。

1962年，整顿民兵组织，方林大队组建基干民兵连、石曲公社直属排。

1966年5月16日，“文化大革命”开始，民兵工作处于停滞状态。70年代中期，民兵组织恢复活动。方林生产大队设普通民兵连和基干民兵排，隶属石曲公社民兵团部。

1981年，根据中共中央《关于调整民兵组织问题的指示》，方林大队民兵组织进行调整：男性参加民兵的年龄改为18周岁至35周岁；原来的普通民兵、基干民兵、武装基干民兵，改为基干民兵和普通民兵。凡符合民兵条件、年龄在28周岁以下的复员军人，及经过训练合格的人员（含女性）编为基干民兵，其余均为普通民兵。

1991年，建立“青年民兵之家”，组织民兵学政治、学文化、学技术。1999年，成立以副村长兼民兵连长蔡正杰为组长的民兵工作领导小组，为民兵工作提供组织保证。是年，在基干民兵中挑选21名政治素质好、年轻、身强力壮、文化程度高的青年民兵成立治安巡逻队，成立青年民兵俱乐部、电视室、图书室、资料室，拨出20万元为民兵配备1辆面包车、3辆三轮摩托车。

民兵工作

配合中心工作　民兵成立初期，积极投入土地改革、支援抗美援朝。1955年1月，组织民兵担架队参加中国人民解放军解放一江山岛战役。1962年春，帮助家家户户挖防空洞。20世纪90年代以来，民兵组织在建设方林、发展方林村经济、救灾抢险、治安保卫和为军属、退伍军人排忧解难等方面作出重要贡献。

维持治安　新中国成立不久，民兵组织成立，主要任务为配合地方政府站岗、放哨、管制地主、保护仓库、维护社会治安，做好安全保卫工作；在乡政府领导下，配合驻军参加黄琅剿匪和消灭方林村土匪陈季甫的斗争，依法惩办土匪骨干分子3人，不法地主1人。

1990年，组建民兵连，成立民兵治安联防队，昼夜24小时值班巡逻。每夜都有2名以上的队员义务巡逻，打击违法犯罪活动。（巡逻情况详见第十五编第二章第三节村民体检和妇幼保健）

抗台防涝　方林村几乎每年都要受到台风影响。1984—2014年，影响方林村的台风有14个。其中2000年的“启德”、2004年的“云娜”、2005年的“麦莎”和“卡努”、2007年的“韦帕”、2011年的“梅花”、2013年的“潭美”、2014年的“凤凰”、2018年的“摩羯”、2019年的“利奇马”、2020年的“黑格比”等台风，都带来狂风暴雨，导致河流水位超过警戒线，甚至泛滥，冲毁桥梁，农田受淹，农作物受灾，房屋倒塌。如2005年，台风“卡努”于9月11日14时在金清湾登陆，近中心最大风力15级以上，方林村过程降雨量216.1毫米，涝区最大水深1.5米，仅排完涝水就用了7天时间。每当灾害来临时刻，民兵应急分队就冲在抗灾救灾第一线，日夜苦战，发挥突击队作用。

扑灭火灾　1998年9月，肖谢油库发生火灾。方林村民兵在村书记方中华带领下，紧急集合，火速向灾场跑步前进。冒着油库爆炸的危险，配合消防队员，投入紧张的灭火战斗中。由于扑救及时，未造成重大损失。

办实事好事　1999年7月中旬，民兵巡逻队员接到村民林正国电话，其妻因腹痛难忍，急需就医，联防队在短短2分钟内就用车将其妻送往医院，帮助办理住院手续，直到半夜2时多，在确保病人无碍后方回队里。同年9月16日凌晨2时42分，巡逻队接到村民方孔中急电，告知家人病情严重。队员们迅速赶去，将病人送往医院，等病情稳定后，队员们才回队复命。2008年，民兵连成立交通施救中心，为交通事故车辆排忧解难，协助交警部门处理一些交通事故和维护交通秩序。

民兵训练

民兵组织成立后，一直坚持军事训练。尤其在中华人民共和国刚成立时以及20世纪六七十年代“备战、备荒”时期，军事训练尤为强调，其中之一是射击训练。方林村老民兵管人财经常参加射击训练，练就好枪法。20世纪60年代时，管人财在黄岩县民兵射击比赛中，10发子弹中92环，荣获第一名，被称为黄岩县“第一神枪手”；70年代，女民兵郑秋芬在石曲公社女民兵射击比赛中，5发子弹中46环，荣获第一名。

改革开放以来，为提高民兵军事素质，方林村民兵每年都参加10余天的军事基础训练，集中住宿、出操，进行巡逻、防暴、抢险救灾等应用课目训练，提高快速反应能力和军事技能。

2017年，为适应军事战斗准备需要，根据路桥区人武部部署，35名由方林汽车城武装部退伍军人和优秀青年组成的应急分队民兵参加路桥区组织为期15天的军事训练。训练内容为战备常识、政策法规和轻武器使用和警棍、盾牌使用，以及军体拳、山林灭火等。训练期间按军事化管理，用部队的条令条例约束参训民兵，严肃训练纪律，每天训练前点名，不准迟到早退，有事必须请假；统一着迷彩服，穿绿胶鞋；训练后由教官进行讲评。

第二节　汽车城人武部

2012年9月21日，成立浙江方林汽车城人武部，受方林村党委和路桥区武装部双重领导。汽车城副总经理方浩担任部长。这是浙江省首家在市场设立的人武部。人武部成立后，在方林村民兵组织基础上，成立基干民兵，组建应急分队，配备必要的维稳设备，在维护社会稳定、抢险救灾、应对突发事件中起到了重要作用。

2012—2015年，方林汽车城人武部开展民兵整组工作。按照“科学优化、突出重点、提高质量、夯实基础”的思路，积极拓展民兵职能作用，科学优化基干民兵队伍结构，把好民兵出入关，保障队伍种类、数量、结构基本满足执行任务需要。编制基干民兵花名册，实施登记统计制度。

方林汽车城人武部和村党委坚持党管武装，执行党委议军制度和书记现场办公制度，每季度听取政治教育工作情况汇报。加强对民兵政治教育，没有参加学习的人员必须及时补课，受教育率达100%；对学习内容进行月考、季考和年考，历年年考优秀率在25%以上，及格率100%。方林汽车城人武部于2017年撤销。

第二章　参军与战事

方林村党组织重视国防建设，动员青年积极服兵役。解放后，方林村适龄青年应征率达100%。1948年10月至1949年9月，郑迪生、丁植民、方崇虎先后加入中国人民解放军。

方林为军事要地，战事不断。元末方国珍起义、明中期抗击倭寇侵扰、配合忠义救国军在石曲袭击日军、参与剿匪。1955年成立担架队，支援解放一江山岛战役。

第一节　参　军

兵役制

征兵制　民国中晚期开始实行“征兵制”，按适龄青壮年“三丁抽一”“五丁抽二”规定抽壮丁，俗称“抓壮丁”。竹篚里下林青年林必行被抽壮丁到胡宗南部队当兵。

志愿兵　中华人民共和国成立后，实行志愿兵役制。青年男子自愿报名，经政治审查和身体检查后，对合格者批准入伍。1949年9月，方崇虎加入中国人民解放军，成为新中国成立后方林村第一位参军的村民。

义务兵　1955年，中央人民政府政务院颁布《中华人民共和国兵役法》，改志愿兵为义务兵役制。

1978年3月，第五届全国人大常委会将义务兵役制改为以义务兵为主体的义务兵与志愿兵相结合的兵役制度。1998年修订的《中华人民共和国兵役法》（简称《兵役法》），中国实行义务兵与志愿兵相结合、民兵与预备役相结合的兵役制度。

参军

方林村在历年征兵期间大力宣传《兵役法》，鼓励适龄青年踊跃参军，为部队输送新鲜血液。分管征兵的班子成员，依据征兵条件和应征青年自身条件，做好动员工作，引导适龄青年踊跃报名应征。历年适龄青年报名应征率均达100%。

新兵入伍前，村两委会召开欢送会。新兵胸佩大红花，由村干部和群众敲锣打鼓送到区（县）人武部（图13-2）。入伍青年家门上挂“光荣之家”牌匾。对应征入伍青年及家庭给予政策上的优惠和照顾关怀。春节期间，村干部组织青年民兵、妇女敲锣打鼓到军属家慰问，张贴“一人参军，全家光荣”春联，送上礼品、慰问金和生活补助金。军属优抚款每人每年从20世纪80年代开始的一年几百元增加到1998年的4000元（包括办事处的补助），2021年增加到8万元（不包括上级政府发放的优抚金）。

图13-2　方林村敲锣打鼓欢送优秀青年林国宏参军（2016年9月）

1998年《方林村村民自治章程》规定：村民服兵役期间在部队荣立一等功的奖1万元，立二等功的奖6000元，立三等功的奖2000元，受到团、师嘉奖的奖300元，获优秀士兵称号的奖300元。2013年，荣立一等功的奖金由1万元增加到2万元，立二等功的奖金由6000元增加到1万元，立三等功的奖金2000元，受到团、师嘉奖的奖300元，获优秀士兵称号的奖300元。2021年，现役义务兵在部队荣立一等功的，奖金增加到10万元；荣立二等功的，增加到5万元；荣立三等功的，增加到2万元；受到团、师嘉奖的，增加到600元；义务兵退伍后，优先上岗，如不愿在村里工作的，村股份经济合作社一次性补助再就业培训费8万元。

第二节　战　　事

元末方国珍起义

洋屿起义　至正初，黄岩李大翁造反，出入海岛，劫夺漕运舟，杀使者。后来蔡乱头跟着造反，剽劫海商，滨海子女玉帛为其所掠，民苦患之。方国珍冤家告方国珍与蔡乱头通，地主又告方国珍欠租。黄岩州派巡检来洋屿捕方国珍。时国珍方食，遂左执食桌为牌，右执大杠为棍，格杀巡检，对家人说："朝廷失政，统兵者玩意，区区小丑不能平，天下乱自此始。今酷吏借之为奸媒，蘖及良民。吾若束手就毙，一家枉作泉下鬼，不若入海为得计耳！"于是与兄国璋，弟国瑛、国珉，侄亚初（明善）及邻里入海起义，旬日间得数千人，劫运船，梗海道。

方国珍起义时间为元至正八年（1348年），为反元首义，比刘福通、徐寿辉（后陈友谅加入）等起义早两三年，比郭子兴（后来朱元璋加入）早3年，比张士诚起义早4年。

元廷命江浙行省参政朵儿只班往捕方国珍，追至福州五虎门外，国珍焚舟将遁，官军自相惊溃，朵儿只班被执，为国珍上招降之状。元廷从之，授国珍庆元定海尉，其兄弟皆授之以官。国珍不肯赴，返回故里，聚兵不解。

白枫河战事　元至正十年（1350年），黄岩东南乡绅士陈恢、毛德贞等率乡兵围剿方国珍，与方国珍战于白枫河，陈氏族人被杀80余人，陈恢战败忧郁死，毛德贞逃往他乡。

方国珍投降朱元璋　元至正二十七年（1367年）朱元璋派兵进攻方国珍。十月，朱亮祖兵至黄岩城，方国瑛败逃，朱亮祖追至路桥及南监。十二月，方国珍兵败投降朱元璋。

抗日战争

民国三十四年（1945年）6月28日，从福建逃窜至路桥的日军分兵向新桥、新民、石曲、启明、横街、灵山、圣屿、联洋诸乡镇掳掠，当地忠义救国军在方林村民配合下，伏击侵扰石曲的日军，日军受挫后，逃窜至海门镇。

日军暴行　1941年5月1日，日军侵犯石曲镇和方林村，焚烧石曲小学50多间校舍和部分民房，闯入民宅，用黄酒洗脚，见值钱的东西就抢，见妇女就奸淫，男青年则被抓去做挑夫，无恶不作。方普福在石曲街开的南货店被洗劫一空。陈法春爸爸、林仙增大伯林贤保和谢四妹、罗昌贵等被抓夫。石曲街被抓去当挑夫者有三十多人，关押在石曲陡门庙，一个日本兵监押挑夫八九人，用粗绳捆在腰上，谁敢逃跑就当场枪杀。罗昌贵因为疝气发作，不能挑担，在海门被日本人枪杀。

1945年6月，日军往宁波撤退途中，一支日伪军来到方林、方家岘等地。日军在方林村、杨戴村杀死6人。另一路日伪军从石曲街进入路桥十里长街，一路疯狂抢劫、打砸店面，还抓了30多村民强作挑夫。日本兵在路桥街（现路南街道主要区域）强奸妇女16人，杀死14人，打伤5人，抓走民夫55人，百姓财物损失不计其数。方桂生伯母不堪日军暴行，投池塘自杀，年仅40岁。

剿匪斗争

中华人民共和国成立初，路桥匪患严重，方林村又是土匪头子陈季甫（绰号“麻面奶玉”）的老家。方林村民兵在连长李本富的带领下，与其他村的民兵、解放军一起，赴黄琅山剿匪，最后肃清顽匪。土匪头子“麻面奶玉”先后逃到了大陈岛，最后逃到台湾。

1955年，方林村民兵在石曲乡领导人石凯西、谢天河、陈献、赵子远等领导下进行剿匪斗争。民兵自带干粮、不计报酬，埋伏在墓穴、山林、草丛，不分白天黑夜，蹲候土匪踪迹，只要有土匪活动的消息，不管刮风下雨或下雪，立即组织奔袭。新桥剿匪，是诸多剿匪战斗中最激烈的一次。方林民兵在新桥一处麦田里伏守一夜。当夜寒风刺骨，民兵们冻得手脚发麻、上下牙打架。天明时，民兵们发现土匪出动，立即予以迎头痛击。双方发生激战，打死不少土匪。最后，残余土匪逃到金清镇黄琅山。

土匪互斗

1947年，各山头土匪为扩大地盘，相互用兵。泽国有股较强的土匪，想吃掉居住在方林绰号“麻面奶玉”的土匪头子陈季甫。泽国土匪勾结地方民团和国民党军队，一起围剿“麻面奶玉”的土匪窝——方林乾亨里。“麻面奶玉”凭借乾亨里四周高墙坚固，大门厚实，殊死抵抗。泽国土匪、地方民团和国民党军从早上攻打到天黑，无法靠近土匪窝，还死伤好几个士兵，只好暂时停战，等待第二天重新发起进攻。入夜，雷声大作，狂风暴雨长夜不停。“麻面奶玉”趁机带领匪徒成功突围，逃出乾亨里。这一仗，“麻面奶玉”匪徒毫发无损。

第三章　军民共建与拥军优属

方林村解放初期就积极开展拥军优属活动，热情为部队服务。部队也不断组织拥政爱民活动，把方林村当作自己的家。改革开放后，方林村与驻地部队开展军民共建活动和“双拥”活动。方林村把拥军优属写进第一部《方林村村民自治章程》。设立部队军功奖，向方林村和方林村籍立功受奖的现役军人颁发奖金。同时向驻路桥部队官兵发放节日慰问金。每逢建军节，村两委会均到部队慰问；部队则帮助方林村建设市场、抗台防台，为村民提供各种服务。

2005年、2007年，方林村被中共台州市委、台州军分区评为拥军优属模范单位。2012年，被中某共台州市委、台州军分区评为争创全国双拥模范城先进单位。2018年，中国人民解放军某部参谋部赠方林村“军民携手一家亲”牌匾。

第一节　军民共建

方林村与当地驻军开展“军民共建一条街”“军民共建方林苑”等一系列军民共建活动。双方秉持“加强联系、增进友谊、互助互学、共同提高”的原则，形成“同呼吸、共命运、心连心”的新型军民关系。某机务站派官兵担任路南中心幼儿园校外辅导员，进行国防知识和革命传统教育；组织即将复退的军人到方林苑参观学习，鼓励为第二故乡再做好事；方林村组织干部群众参观军用机场、“海空雄鹰团”荣誉室，接受国防、军事知识教育；村两委到部队过“一日军营生活”。双方开展各类体育比赛，举办各类文娱活动，丰富军民的文体生活。

领导小组

1997年，方林村会同路南街道办事处与海军某部队开展军民共建活动。军民共建活动领导小组组长为陈国辉，副组长方中华、吴钦鸣，成员有叶敬圣、李友平、尚伯森、方浩、何子冬、王森富、俞海良、陈文斌。聘请某部队政委和路南街道办事处党工委书记、主任为顾问，指导军民共建工作。由方中华和吴钦鸣牵头开展共建活动。

1999年，方林村与路南街道办事处分别与海军某部队修理厂、台州军分区路桥机务站开展军民共建活动。与海军某部队修理厂共建活动领导小组组长为蒋启斌，副组长为陈国辉、方中华、吴钦鸣，成员有瞿建平、余红兵、姜畅、苏永斌、林必清、蔡正杰、蒋力、陈桂芳、尚佰森；与台州军分区路桥机务站共建活动领导小组组长为方中华，副组长为罗晴军、管人财、林文德，成员有林必清、蔡正杰、王平、方靖静、王文华、陈初芬、徐小勇、金菊清、詹荣杰、尚永斌。

以后，随着军地双方领导小组组成人员因工作需要而有所调整，领导小组成员也随之作相应调整，但方林村参加军民共建领导小组的仍然是村两委会及妇联、老年协会、共青团等部门的领导成员（图13-3）。

图13-3　方林村干部慰问驻地部队，与官兵一起合影（2011年7月28日）

共建制度

2005年，驻地部队与方林村签订《军民共建公约》。2011年，路南街道办事处、方林集团分别出台《路南街道预防和处理军民纠纷暂行办法》《浙江方林集团社区军民共建工作方案》《浙江方林集团“关爱功臣活动”实施方案》，使军民共建活动制度化、规范化。

共建活动

1997年，方林村与驻地部队开展共建方林路文明一条街活动，制定文明公约，建立文明标志牌；组织宣传队，宣传文明公约，使共建活动家喻户晓，深入人心。

1999年，军地双方开展“军民共建方林苑”活动，军民共同参加南官河清理保洁劳动；部队协助方林村搞好方林苑管理；方林村团委在台州军分区路桥机务站设立“军地农业科技小园区”，开展科技共建活动。是年，军民共同举办迎国庆五十周年暨共建三周年军民联欢会和迎接新世纪军民新春联欢晚会。

2005年建军节，方林村与驻地部队司令部官兵开展“共建一家亲”活动，官兵走进方林村民家庭，体验与共享村民幸福家庭生活（表13-1）。

表13-1　方林村开展“手拉手，共建一亲家”活动村民名单

户　主	住址	户　主	住址
方　浩	方林苑一期2号	方靖静	方林苑一期73号
陈法春	方林苑一期12号	方孔森	方林苑一期95号
王妙林	方林苑一期16号	谢大志	方林苑二期102号
林小春	方林苑一期17号	林显亮	方林苑二期190号
蔡依绿	方林苑一期19号	林显昌	方林苑二期209号
谢华寿	方林苑一期21号	林仙丽	方林苑二期215号
阮普妹	方林苑一期44号	詹明照	方林苑二期222号
谢文元	方林苑一期52号	应正飞	方林苑二期228号
陈仙森	方林苑一期55号	方孔秀	方林苑二期235号
林金国	方林苑一期59号	曹小军	方林苑二期238号
林启玉	方林苑一期68号	詹荣杰	老年公寓

2006年，方林村与驻地部队联合举办“双拥共建庆八一”文艺晚会，在方林苑开展水上趣味竞技游戏活动。军医免费为村老年人体检（图13-4）。

2012年4月26日上午，方林村团委与路南中心幼儿园组织40余名青年前往某部队驻地，举行“军民共建迎五四”联合拓展训练。青年们观看战士队列、双节棍、警卫拳等表演。临近中午时分，参加活动的军民在方林村茶室包饺子，举行文艺联谊活动。

2017年7月29日上午，方中华带领村两套班子、团委、妇联、老年协会、方林集团员工代表、入党积极分子和方林村部分在校初中生到驻路桥某部队参谋部，开展八一

建军节拥军慰问活动，为驻地送上慰问金和节日问候（图13-5）。听取蒋参谋和姚大队长先进事迹报告。方林村党委授予蒋参谋和姚大队长“方林村荣誉村民”称号；部队授予方林村“军民同心卫国防”双拥牌。随后，方中华向部队立功人员颁发奖金，一起观看部队汇报片，参观部队荣誉室；最后，方中华给部队党员上党课，介绍中共中央组织部评定的优秀基层党组织方林村党组织先进事迹，介绍方林村开展“好儿子、好媳妇、好青年”评比活动的情况。

图13-4 浙江方林集团与某部队司令部举行的庆八一建军节军民联欢晚会演出场景（2006年8月）

图13-5 2016年8月1日上午，方林村党委书记、集团董事长方中华带领两班子、团委、妇联负责人到驻路某部队司令部，开展八一建军节拥军慰问活动

2019年，共同发起组织“庆祝五四运动一百周年”文艺系列活动和“八一联欢会”。

2020年7月30日，在第93个建军节来临之际，方林村邀请共建部队官兵代表欢聚方林，开展“军爱民、民拥军、军民团结一家亲”共建活动。部队官兵参观路桥方林汽车产业集聚区党建党群活动中心，与村两委、团委、妇联、老协、企业场站负责人以及群众代表和部队官兵举行双拥共建座谈会。

2010—2020年，方林村在每年八一建军节期间，组织共建单位现役军人、辖区复员军人代表、现役军人家属代表和退伍军人代表参加八一建军节座谈会，共商方林村发展大计；在八一建军节和春节期间组织慰问驻地部队司令部，和部队全体官兵共度佳节。

第二节 拥军优属

领导小组

2000年，方林集团成立双拥工作领导小组（图13-6）。2011年，双拥工作领导小组由村党委书记方中华任组长，村党委副书记、村委会主任蔡正杰和村党委副书记方浩任副组长，村支委谢华寿、林荣辉、方崇奇、尚永斌，村委方崇志、方刚、林红，村老年协会会长管人财，方林村大学生村官丁丹芬为成员。领导小组下设办公室，方浩任办公室主任。负责集团具体的双拥工作事务。

图13-6 方林集团与驻地某部举行双拥共建座谈会（2010年9月）

2014年、2017年和2018年，领导小组成员进行了3次调整。组长、副组长依然由方中华和方浩、蔡正杰担任，成员缩减为2014年的7位、2017年的6位，2018年增至13位。

2014年方林村双拥工作领导小组组长方中华，副组长方浩、蔡正杰，谢华寿、方崇奇、尚永斌、林红、方刚、方崇志、林荣辉为成员。下设办公室，主任林荣辉，联络员罗丹青。

2017年方林村双拥工作领导小组组长方中华，副组长方浩、蔡正杰，谢华寿、方崇奇、林红、方刚、方崇志、林荣辉为成员。下设办公室，主任林荣辉，联络员刘国宁。

2018年方林村双拥工作领导小组组长方中华，副组长方浩、蔡正杰，谢华寿、方崇奇、尚永斌、林红、沈玲、叶慧颖、方刚、方崇志、谢世宇、茅艳丽、梁丹、罗丹青、林荣辉。后勤林荣辉、刘国宁。

拥军优属制度

双拥领导小组制订例会制度、军地互访制度、双拥月制度和双拥公约。1998年，把拥军优属写入《方林村村民自治章程》。2000年方林集团成立后，陆续出台《方林集团双拥工作领导小组工作职责》《方林集团双拥办公室工作职责》《方林集团双拥领导小组例会制度》《方林集团军地互访制度》《方林集团双拥月制度》《方林集团军地双拥工作公约》《方林集团拥军优属工作具体规定和奖励办法》等制度，形成拥军优属的制度体系。

2018年，方林村双拥工作小组对双拥学习制度、会议制度、走访慰问制度、档案造册制度、服务制度等双拥工作制度作进一步完善。

方林村的双拥制度规定每年八一建军节、春节等重大节日上门慰问驻军，加强军地双方沟通和交流，向共建单位官兵和方林村退役人员发放节日慰问金；“国防教育日”

邀请部队为方林集团干部职工讲课，每年元旦、春节期间，开展[illegible]职工子女参军入伍，服役期间享受国家政策法规规定优抚待遇，并在上级发放优待金的基础上，将优待金提高一倍；对分居两地的现役军人家属给予优先照顾，每年[illegible]探亲假[illegible]

[illegible]

难家庭进行走访慰问，按照困难程度安排一定的慰问金。

[illegible]

20世纪50年代[illegible]

拥军拥属。

[illegible]

传工具。

1999年，创建方林集团一期网站，2009年，《方林报》创刊。网站和报纸成为开展双拥宣传的主要平台。"空中课堂""零距离"国防教育，强化村民拥军意识和国防意识；邀请区关工委老干部和街道武装部干部讲述当年革命先辈为祖国为革命英勇斗争事迹，以此激励员工珍惜今天美好生活，热爱祖国，热爱子弟兵。

帮助驻军克服困难

20世纪50年代初，驻军来不及建设营房，方林村就主动与驻军联系，让战士借住在村民家里。妇女们像对待自己子女一样对待解放军。王荷英、谢香莲等妇女为住在家里的战士洗军装、补衣服，战士则为房东挑水、帮助种地等等。后来，部队建起营房，这个传统仍传承下来。

70年代，驻军部队扩建营房，急需砖、瓦等建筑材料，方林村给予优先、优惠供应。方林大队领导、团组织和妇女组织每逢建军节或春节都要到驻军部队营房进行慰问，青年妇女不顾天气寒冷，替官兵洗衣、洗被，打扫卫生等。1996年，村妇女主任组织妇女为部队官兵拆洗被褥40多条。

1998年12月，村两委班子获悉驻浙某部有一部分参加210光缆施工任务的官兵需驻在方林村后，立即安排官兵到离施工场地最近且条件较好的金星机械实业公司住宿。第二天，村两委班子带领团委、妇联及各企业单位负责人，带着价值3000多元的肉、鱼、

第十四编

民主法治与精神文明建设

1983年10月，方林大队改称方林行政村，成立村民自治组织——村民委员会，实行村民自我管理、自我教育、自我服务。1998年方林村出台第一部《方林村村民自治章程》，实行民主选举、民主决策、民主管理、民主监督。定期召开村民会议、村民代表会议；出台不少规章制度和村规民约；实行村务公开、财务公开，实现真正意义上的村民依法自治。

在村民依法自治同时，加强社会治安综合治理，成立联防队、普法学校，开展巡逻和法制教育；创建平安村，做好信访维稳工作，加大对外来人口管理力度。

方林村党组织和村委会重视精神文明建设，坚持口袋和脑袋一起富，采取思想教育、创建“十星级”文明家庭、“一张红榜促敬老”、诚信经营、发动村民奉献爱心、结对帮扶、移风易俗等措施和途径，打造“品质方林”“文明方林”。2005年和2009年，方林村两度获得由中央精神文明建设指导委员会授予的“全国文明村镇”称号。2020年，经上级有关单位复评合格，中央精神文明建设指导委员会再次授予方林村“全国文明村镇”称号。

第一章　民主自治

1954年，方林村村民参加中华人民共和国成立后首次普选，选出出席石曲乡人民代表大会代表。1983年，方林村成立村民委员会，实行村民自治，即民主选举、民主决策、民主管理、民主监督。1998年，召开第一次村民大会，制定第一部《方林村村民自治章程》。按《中华人民共和国村民委员会组织法》，及时召开村民代表会议，决定村重大事项，实行村务公开、财务公开，接受村民监督。

第一节　村民大会与村民代表会议

村民委员会的权力体现在村民大会和村民代表会议上。村民大会和村民代表会议属于权力机构，村民委员会属于工作机构。在村民大会闭会期间，由村民代表会议代行其职权。1998年制定的第一部《方林村村民自治章程》第九章第一节第九十三条和第九十四条对村民民主建设作出规定。第九十三条规定，“认真贯彻《村委会组织法》，凡涉及全体村民的事，征求村民代表和群众意见，做到每季度召开一次村民小组组长会议，半年召开一次村民代表会议”；第九十四条规定，“成立由5～7人组成的自治章程监督小组，每半年检查一次工作执行情况，并向村民代表汇报。”

村民大会

参会资格　年满18周岁及以上的方林村村民可参加村民大会，参会人员也可由每户派出1名代表。被剥夺政治权利的人无参会资格。

大会召开　大会由村民委员会召集，每年年终召开一次（表14-1）。若遇特殊情况，有1/10以上的村民或者1/3以上的村民代表提议，应及时召集村民会议。召开村民会议应当有本村18周岁以上村民的过半数参加或者有本村2/3以上的户籍代表参加，所做决定应当经到会人员过半数通过。

大会职权　讨论决定本村股份经济和公益事业规划及年度工作计划；听取和审议村委会的年度工作报告；听取和审议村财务收支报告；评议和监督村民委员会成员的工作；制定和修改村民自治章程、村规民约，并监督村民自治章程和村规民约的执行情况；涉及全村村民利益的重大问题，经村民会议讨论决定方可办理，如本村享受误工补贴的人员及补贴标准；村集体经济所得收益的使用；本村公益事业的兴办和筹资筹劳方案及建设承包方案；土地承包经营方案；村集体经济项目的立项、承包方案；宅基地的使用方案；征地补偿费的使用、分配方案；以借贷、租赁或者其他方式处理分配村集体财产；村民会议认为应当由村民会议讨论决定的涉及村民利益的其他事项。村民会议可以授权村民代表会议讨论决定前款规定的事项。依法直接选举产生村委会成员，依法撤换或补选村委会成员；监督村委会实行村务公开，并就有关内容进行质询；行使法律、法规规定的其他职权。

1998年6月中旬，方林村召开全体村民大会。会上，成立由30位村民代表组成的村民代表会议。

表14-1　1998—2020年方林村历届村民大会简况

会议名称	召开时间	参会人数	会议议程
1998年度村民大会	6月中旬	285	1.听取1997年度村级集体经济收支决算执行情况、1998年度村级集体经济收支预算落实情况汇报；2.宣读方林村规章制度及有关规定；3.方中华通报1997年度全村工作和1998年目标；4.表彰1997年度先进集体、优秀党员、先进个人、“十星级”文明家庭、好儿子、好媳妇、好女婿、好孙子、好孙女、好孙媳妇；5.管人财布置当前工作；6.审议《方林村村民自治章程》
村委会换届选举大会	1999年1月25日	738	选举第七届村委会
1999年度村民大会	2010年2月6日	712	1.听取1998年度财政收支情况汇报；2.听取1999年度财政预算报告；3.方中华作工作报告；4.表彰
2000年度村民大会	2001年1月25日	735	1.听取1999年度财政收支情况汇报；2.听取2000年度财政预算报告；3.方中华作工作报告；4.表彰
2001年度村民大会	2002年1月20日	749	1.听取2000年度财政收支情况汇报；2.听取2001年度财政预算报告；3.方中华作工作报告；4.表彰
2002年度村民大会	2003年1月10日	746	1.听取2001年度财政收支情况汇报；2.听取2002年度财政预算报告；3.方中华作工作报告；4.表彰；5.选举第八届村委会
2003年度村民大会	2004年1月23日	762	1.听取2002年度财政收支情况汇报；2.听取2003年度财政预算报告；3.方中华作工作报告；4.表彰
2004年度村民大会	2005年1月30日	778	1.听取2003年度财政收支情况汇报；2.听取2004年度财政预算报告；3.方中华作工作报告；4.修改《方林村村民自治章程》；5.表彰
村委会换届选举大会	2005年6月9日	782	选举第九届村委会
2005年度村民大会	2006年1月18日	768	1.听取2004年度财政收支情况汇报；2.听取2005年度财政预算报告；3.方中华作工作报告；4.表彰
2006年度村民大会	2007年1月22日	789	1.听取2005年度财政收支情况汇报；2.听取2006年度财政预算报告；3.方中华作工作报告；4.表彰
2007年度村民大会	2008年1月6日	793	1.听取2006年度财政收支情况汇报；2.听取2007年度财政预算报告；3.方中华作工作报告；4.表彰
村委会换届选举大会	2008年6月12日	792	选举第十届村委会
2008年度村民大会	2009年1月27日	798	1.听取2007年度财政收支情况汇报；2.听取2008年度财政预算报告；3.方中华作工作报告；4.表彰
2009年度村民大会	2010年2月1日	803	1.听取2008年度财政收支情况汇报；2.听取2009年度财政预算报告；3.方中华作工作报告；4.表彰

（续）

会议名称	召开时间	参会人数	会议议程
2010年度村民大会	2011年2月6日	836	1.听取2009年度财政收支情况汇报；2.听取2010年度财政预算报告；3.方中华作工作报告；4.表彰
村委会换届选举大会	2011年3月23日	853	选举第十一届村委会
2011年度村民大会	2012年1月17日	848	1.听取2011年度财政收支情况汇报；2.听取2012年度财政预算报告；3.方中华作工作报告；4.表彰
2012年度村民大会	2013年2月3日	843	1.听取2012年度财政收支情况汇报；2.听取2013年度财政预算报告；3.方中华作工作报告；4.表彰
2013年度村民大会	2013年12月11日	839	1.听取方中华所作的2012年度工作报告；2.听取2013年度财务收支情况报告和2014年度财政预算报告；3.表彰；4.选举产生第十二届村委会班子
2014年度村民大会	2014年12月26日	852	1.听取方中华所作的2013年度工作报告；2.听取2014年度财务收支情况和2015年度财政预算报告；3.表彰
2015年度村民大会	2016年1月30日	856	1.听取方中华关于方林村2015年度工作总结及2016年工作思路和方林村“十三五”期间重点工作的报告；2.听取2015年度财务收支情况和2016年度财政预算报告；3.表彰
2016年度村民社员大会	2017年1月10日	851	1.听取2016年度集体经济财务收支情况和2017年度财政预算报告；2.听取2016年工作总结和2017年工作安排的报告；3.表彰
村委会换届选举大会	2017年4月10日	853	选举第十三届村委会
2017年度村民社员大会	2018年2月10日	853	1.听取2017年度财务收支情况和2018年度财政预算报告；2.表彰爱岗敬业的优秀党员、村民代表周建林、叶利芬、王妙根；3.听取方中华《党建引领结硕果、砥砺奋进谱新篇》的工作报告
2018年度村民社员大会	2019年1月25日	847	1.听取2018年度财务收支情况和2019年度财政预算报告；2.表彰先进集体和优秀村民；3.听取2018年总结报告；4.听取方中华工作报告；5.拍摄方林村村民全家福照片
2019年度村民社员大会	2020年1月10日	852	1.通报2019年度收支情况和2020年度财政预算报告；2.项琼霓宣读中共路南街道工委关于林荣辉任方林村党委副书记的通知；3.党委宣读林荣辉、方崇奇、方刚任职通知；4.表彰2019年度先进集体、优秀党支部书记、优秀党员、优秀村民代表、先进工作者；5.方中华总结2019年度工作，部署2020年度工作
村民委员会换届选举大会	2020年12月13日	861	选举方林村第十四届村民委员会

村民代表会议

村民代表会议组成　方林村村民代表会议由村民委员会成员和村民代表组成。村民代表占村民代表会议组成人员的4/5。

会议的召开　由村民委员会召集和主持，每年召开3～4次。一般有1/5以上村民代表提议，村民代表会议成员过半数出席的可召开村民代表会议；会议一般讨论和决定村民会议授权的事项。会议议题由村委会提出，或由村民代表单独或联名提出。会议决议在出席人数过半数情况下通过才有效。会议做出的决定、决议由村委会负责及时向村民公布、公开。

村民代表选举

村民代表一般每10～15户产生1名。村民小组长一般推选为村民代表。村民代表任期与村民委员会任期相同。村民代表可以连选连任，必要时可以撤换和补选。村民代表对村民负责，受村民监督。

村民代表选举由村民委员会主持。凡拥护中国共产党、热爱社会主义，具有一定政治觉悟；办事公道，有参政议政能力和相应的法律政策水平；密切联系村民，热心为村民服务，一年2/3以上时间在村，具有初中以上文化程度，为群众所信赖的18周岁以上村民可参加村民代表选举；依法被剥夺政治权利的人无选举权和被选举权。

方林村共设7个村民小组，每小组设3～5名代表，村民代表候选人名单按姓氏笔画为序排列，并在正式选举前3天向村民张榜公布。

村民代表选举前，以村民小组为单位进行选民登记，在确认年满18周岁的选民资格后，按户登记选民，并予以公布。确认后各户选派一名有选民资格的村民参加村民代表的选举。村民代表实行等额选举，无记名投票。选民对选票上的候选人可以投赞成票，或反对票，也可另选其他有选举权和被选举权的村民，也可弃权。每张选票选举的人数等于或少于应选人数的为有效票，多于应选人数的为无效票。选民代表如不能亲自填写选票的，可委托自己信任的有选举权的非候选人代写，代写人必须按照委托人的意愿填写。另外，村民代表因外出不能参加选举的，可委托有选举权的非候选人村民代为投票选举，每个村民接受的委托人数不得超过3人。

选举时，监票人、计票人由村委会推荐产生，正式候选人不得担任监票人、计票人；投票结束后，在监票人监督下，当场开启票箱，清点票数，统计并宣布选举结果。收回的选票数等于或少于发出的选票数，选举有效；多于发出的选票数，选举无效；参加选举的人员超过户数半数以上，选举有效；候选人获得参加选举村民代表数的半数以上票数时，方可当选（表14-2）。

表14-2　方林村第七届至第十四届村民代表名单

届别	所在组	代表姓名
第七届村民代表（1999—2001年）	1	王统富、王仙春、林显琳、陈玲敏、阮君玲、戴开斌
	2	林小宗、张华东、林启德、林　涛
	3	方仙华、林　娟、陈雪莉
	4	方四妹、方崇国、吴连芬
	5	丁禹民、徐素娟、方素清
	6	谢大志、蒋荷清、郑冬春、方菊琴
	7	谢文志、林书池、林丽琴、贺秀玲
第八届村民代表（2002—2004年）	1	王统富、林显琳、陈玲敏、阮君玲、戴开斌、王仙春
	2	张华东、林启德、林　涛、叶菊华、林小宗
	3	施学清、林　娟、方旭日、陈雪莉、方仙华
	4	陈法春、方崇国、吴连芬、方金花、方四妹
	5	丁禹民、徐素娟、方素清、陈吉富、罗仙德
	6	王妙根、蒋荷清、郑冬春、方菊琴、谢大志
	7	谢文元、贺秀玲、林书池、王妙林、林仙莉、谢文志、张之玉
第九届村民代表（2005—2007年）	1	王仙春、王统富、林显琳、陈玲敏、罗丹青、王　琦、戴开斌、林　聪
	2	张华东、林小宗、林启德、林　红、林　涛、詹　彬、叶菊花
	3	林　娟、方崇奇、方崇志、方旭日、方　建、陈雪莉
	4	陈法春、方四妹、方金花、方崇国、张　希、吴连芬
	5	丁禹民、罗仙德、陈吉富、方素清、徐素娟
	6	王妙根、谢大志、蒋荷清、郑冬春、谢春香、陈才明、阮妙荣
	7	谢文元、王妙林、贺秀玲、管娇云、林书池、方　建、林仙莉、谢文志
第十届村民代表（2008—2010年）	1	王仙春、王统富、林显琳、陈玲敏、罗丹青、王　琦、戴开斌
	2	张华东、林启德、林小宗、林　红、林　涛、林　潮、林浩然、叶菊花
	3	林　娟、方崇奇、方崇志、方旭日、陈雪莉、方　建
	4	陈法春、方四妹、方金花、吴连芬、方崇国、张　希
	5	丁禹民、罗仙德、陈吉富、徐素娟、方素清
	6	王妙根、谢大志、蒋荷清、郑冬春、陈才明、谢春香、陈妙荣
	7	谢文元、谢文志、贺秀玲、管娇云、林书池、林仙莉、方　建、王妙林

（续）

届别	所在组	代表姓名
第十一届村民代表（2011—2013年）	1	林显琳、罗丹青、王仙春、陈玲敏、戴开斌、王　琦、方柔安
	2	张华东、林启德、林　涛、林浩然、林小宗、叶菊花、林　红、郑金云
	3	林　娟、方崇奇、方崇志、方旭日、陈雪莉、方　建
	4	陈法春、方四妹、方金花、吴连芬、方崇国、张　希
	5	丁禹民、陈吉富、罗仙德、徐素娟、方素清、林立花
	6	王妙根、谢大志、蒋荷清、阮妙荣、郑冬青、陈才明、叶利芬、徐红艳
	7	谢文元、谢文志、王妙林、管娇云、贺秀玲、林书池、方　建、林仙莉
第十二届村民代表（2014—2016年）	1	林显琳、罗丹青、王仙春、陈玲敏、戴开斌、王　琦、方柔安、林仙福
	2	张华东、林启德、林　涛、林浩然、林小宗、叶菊花、林　红、詹国平、林　潮
	3	林　娟、方崇奇、方崇志、方旭日、陈雪莉、方　建
	4	陈法春、方四妹、方金花、吴连芬、方崇国、张　希
	5	丁禹民、陈吉富、罗仙德、方素清、徐素娟、林立花
	6	王妙根、谢大志、蒋荷清、阮妙荣、郑冬春、陈才明、叶利芬、徐红燕
	7	谢文元、谢文志、王妙林、管娇云、贺秀玲、方　建、林仙莉、陈荣华
第十三届村民代表（2017—2019年）	1	林显琳、罗丹青、王仙春、陈玲敏、戴开斌、王　琦、方柔安、林仙福
	2	张华东、林启德、林　涛、林浩然、林小宗、叶菊花、林　红、詹国平、林　潮
	3	林　娟、方崇奇、方崇志、方旭日、陈雪莉、方　建
	4	陈法春、方四妹、方金花、吴连芬、方崇国、张　希
	5	丁禹民、陈吉富、罗仙德、方素清、徐素娟、林立花
	6	王妙根、谢大志、蒋荷清、阮妙荣、郑冬春、陈才明、叶利芬、徐红燕
	7	谢文元、谢文志、王妙林、管娇云、贺秀玲、方　建、林仙莉、陈荣华
第十四届村民代表（2020—2022年）	1	林显琳、林荣辉、罗丹青、王仙春、陈玲敏、戴开斌、王　琦、方柔安、王建勇
	2	张华东、林　红、林启德、林　涛、林浩然、林小宗、叶菊花、詹国平、林　潮、林必清
	3	林　丽、方崇志、方崇奇、方旭日、陈雪莉、方　建
	4	方金花、陈法春、吴连芬、方崇国、张　希、方靖静、陈初芬、方四妹
	5	丁禹民、蔡正杰、陈吉富、罗仙德、方宝清、徐素娟、徐夫平
	6	王妙根、谢大志、蒋荷清、阮妙荣、郑冬春、陈才明、叶利芬、徐红燕、沈　玲
	7	谢文元、谢文志、王妙林、管娇云、贺秀玲、方　建、林仙莉、陈荣华、方仙林、李仙由

村民小组长

方林村实行村民小组长制度。村设7个村民小组，各村民小组设组长1名，村民小组长在村民委员会领导下开展工作。

村民小组长的产生 村民小组长由村民小组会议选举产生。村民委员会主持村民小组长的选举。凡贯彻执行党的路线、方针、政策，遵纪守法，关心公益事业；有较强的工作能力，办事公道；密切联系村民，热心为村民服务，一年2/3以上时间在村，年龄相对较轻，具有初中以上文化程度的本组村民均可担任村民小组长。依法被剥夺政治权利的人不能当选为村民小组长。

选举程序 小组长候选人可由本组10名以上村民联合提名或由5户以上村民联合提名推荐，也可由村两委会民主协商后，联合推荐1名村民小组内的党小组长、其他合适的党员或村青年后备干部，为村民小组长候选人。候选人名单在正式选举前3天向本组村民张榜公布。选举时实行等额形式，采用无记名投票，集中统一进行。

进行村民小组长选举前，必须进行选民登记。在村民小组长候选人名单确定后，对本组年满18周岁以上并有公民选举权的村民或户代表进行登记摸底。在此基础上，举行正式选举大会，产生村民小组长。选举会议须有本组1/2以上有选举权的村民（或户）代表参加方有效。小组长候选人的得票数须超过实到并有选举权人数的半数才能当选。新当选的村民小组长由村委会发文任命，并报街道组织办公室备案，村民小组长任期与村民委员会相同，可以连选连任。

第二节 村民委员会选举

1983年成立的方林村村民委员会是基层民主在方林村的主要形式。1998年11月4日，第九届全国人大常委会第五次会议审议通过《中华人民共和国村民委员会组织法》，村民自治以法律形式确定下来。方林村严格按照《中华人民共和国村民委员会组织法》《浙江省村民委员会选举办法》规定进行民主选举。

选举程序

在选举村民委员会前，村成立3～5人组成的村选举工作领导小组，主持选举工作，并制订选举办法。

选举工作领导小组对年满18周岁，有选举权和被选举权的村民逐一进行登记，并在正式选举20天前张榜公布，同时公布无选举权和被选举权的名单。

按照村委会主任、副主任和委员3种不同职务，在村民广泛酝酿、民主推荐基础上，交党组织讨论，报乡镇街道党委审核后，确定正式候选人名单，其中主任、副主任正式候选人数要比应选人数多1人，委员的正式候选人数比应选人数多1～3人。正式候选人名单在正式选举前5天张榜公布。

召开选举大会，向选民介绍本村选民登记、提名推荐候选人情况和正式候选人名单，以及选举大会应注意事项，清点参加投票选举的人数，超过本村选民总数半数以上，才可进行选举；候选人得票数超过到会选民数的半数，按得票数从高到低依次当选。选举大会宣告当选结果，并张榜公布，告示村民。

任职条件

当选人应坚持党的路线、方针、政策，自觉接受党的领导，作风民主、办事公道、团结同志、热心为村民服务，有一定的组织领导能力，一般应具有初中以上文化，身体健康。村委会主任任职条件：政治立场坚定，能自觉接受党的领导，带领群众发展经济，能统揽全村工作，有较强组织领导能力，顾全大局，善于协调各方面力量；熟悉农村工作，有比较丰富的农村管理经验，坚持民主集中制原则，勤政廉洁，有奉献精神，具有初中以上文化程度，年富力强，精力充沛。

2011年3月23日上午，方林村选举委员会在方林影剧院召开方林村第十一届村民委员会选举大会。选举采取自荐直选的方式。此后，此方式一直延续下去。

第三节　村民自治章程

在推进村民自治过程中，方林村坚持“以法建制，以制治村，照章办事，规范管理”原则，制定上符国家法规政策、下合村情民意的各项规章制度和村规民约作为实现民主管理的保证措施。

1998年6月，方林村第一次村民代表会议制定方林村包含10章95条（其中一章是附则）的《方林村村民自治章程》。《方林村村民自治章程》包括党政建设、经济工作、村级财务民主监督审查、建设规划、土地、建房、社会秩序和外来人员、执行兵役法及拥军优抚、社会福利和社会保障、民主建设和精神文明“十星户”评选等内容。

2001年，方林村对1998年的《方林村村民自治章程》和民主政治建设制度进行修改。为此，召开4次村民代表会议，5次党员大会，并且在方林网站进行讨论。修改后的章程增加了“金点子奖”“见义勇为奖”；确定每月28日为村属各场站财务工作汇报会，由各场站负责人汇报本单位当月的财务情况和工作情况，并请村民主监督组和部分村民代表参与评议、监督；以及增加“党员奉献本制度”等内容。“党员奉献本”制度，要求每个党员做到每年为民办一件实事，为集体出一份力，为党组织添一份光彩，并在年终时将本年所做的“三个一”记在党员奉献记录本上，存放到党员活动室，随时接受群众的监督。“党员奉献本”制度直接与党员奉献补助金挂钩，没有遵行制度所规定的各项条款的党员，在其年老时不再享有党员奉献补助金。“党员奉献本”制度的制订，旨在发动全村党员干部群策群力，把方林的事业再推上一层楼。

2004年，为认真贯彻落实“三个代表”重要思想和科学发展观，以宪法、法律法规和政策为依据，以大力实施“固本强基工程”为主线，以加强社会主义政治文明和基层民主政治建设为目标，以“民主法治示范村”建设为载体，大力促进方林村3个文明建设协调发展，村两委会决定对《方林村村民自治章程》作第二次修改。为此，村两委广泛征求民意，召开4次村民代表会议，5次党员会议，在方林网站讨论区进行公开讨论，最终形成修改草案。修改草案对不规范的地方进行了修改，完善“金点子奖”“见义勇为奖”，修订村民医药费报销制度等一系列体现村情民意的制度，并在8月28日的村民代表大会上审议通过。

2008年，为适应新时期、新形势的要求，方林村总结近4年新农村建设实践经验，吸收其他村有益经验，对《方林村村民自治章程》进行第三次修改，于2008年8月4日经全村党员、村民代表会议通过并生效，于2009年1月1日开始实施。修改后的《方林村村民自治章程》（图14-1）将党组织建设、办事公开、决策、财务管理、集体经济收入分配、人口与计划生育、医疗保险、村民退休、村干部退休、村干部养老保险、“十星级文明家庭”评选、生态村建设、小区物业管理以及新方林人管理与服务14项制度汇编于《方林村村民自治章程》中。

图14-1　村民自治章程

2013年，方林村对《方林村村民自治章程》进行

王妙根，副组长谢文元，成员金菊清、林娟、林显琳、王仙春。2009年，村民民主理财小组由林必清、王妙根、谢文元、阮君玲、林旭日5人组成。

在村务、财务公开的实施过程中，积极推行村级重大事务村民代表票决制和以财务公开、村务公开、党务公开、民意回音为主要内容的“三公开一回音”制度。

村务公开

对凡涉及村计民生方面的重大事项和问题，以村民代表大会的形式公开进行研究，让群众直接行使参政、议政的民主权利。

村务公开遵循实事求是、简便实效、及时便民原则。公开的内容真实、准确；公开采用简单、便捷形式，注重实际效果，最大限度让村民了解村务。

公开的主要内容包括：村财务收支情况；村土地、集体企业的经营和租赁情况；村公共设施建设项目的投资、承包情况；村规划编制情况；人口与计划生育情况；适龄青年应征入伍情况；优扶、救灾救济款物发放情况；村民的物资、福利分配方案和其他村民普遍关心的事项；村民会议和村民代表会议讨论决定事项实施情况。

公开形式多样，召开村民代表会议和村民大会进行通报；在村务公开栏中公布；通过电子商务网、方林网、方林报、方林集团微信发布。

财务公开

1988年，方林村首设财务公开栏，严格按照《村集体经济组织财务公开暂行规定》的内容和要求进行财务公开。坚持做到先由村务财务民主监督小组进行审核签字，然后以各种形式公开。公开内容真实、可靠，重大经济项目或财务事项要逐笔公开。每次财务公开的内容都进行备案。

会计人员严格按财务会计制度进行核算，认真填写财务公开的表式，由村务财务民主监督小组和村民民主理财小组负责人签字。财务总监按财务规定严格把好财务关。监督村级财务内部核算，科学编制村级集体经济收支预决算方案。

村财务公开每2个月1次；每年向村民大会或村民代表会议报告村级财务收支情况，并需经村民大会或村民代表会议审议和通过。

财务公开情况由村民民主理财小组、村务财务民主监督小组进行检查和监督。

村务财务监督

村务财务民主监督小组对村民大会和村民代表会议决定事项的实施情况，以及对村级集体经济财务活动进行全程监督，及时公布实施结果和效果。每季度对村级集体经济（包括村下属建账单位）的收支和现金情况逐一进行审核：经审核符合财务管理要求的，监督其按规定的要求及时公布；对违反财务制度规定的，督促其及时改正；检查监督村级集体资产承包租赁和工程建设项目实行招投标的情况，及时公布招投标结果；对凡涉及村民切身利益的重大事项实施监督；如果广大村民对村务公开内容不满意的，督促村两委必须真实、准确、及时重新公布。

1999年，创建方林集团一期网站后，方林村通过网站向村民和网友公布村务和财务。村民可以在网上的民主讨论区，进行实时的意见和建议交流；对公布的村务和财务存在疑惑或有不同看法的，可通过实名或匿名的方式留言或以电子邮件的方式进行反映，村里及时作出答复。2004年，网上讨论区接收电子邮件23件，封封都给予反馈。

为建立“上查下督”的双层约束机制，真正让村务、财务全方位、全天候、全人员受到群众的监督，方林村特地设立单独的档案室，落实专人负责，将财务档案和村务档案分类保存，存取档案都须有相关领导批示，并登记到《档案存取登记簿》中，以备今后查阅。

第二章　法治建设

方林村坚持依法治村，严格遵守党和国家的法律法规和政策，坚持“预防为主、安全第一、群防群治”的方针，构建民主法治村。1995年11月，首次聘请村法律顾问。为加强依法治村，方林村成立综合治理、普法教育、司法、消防安全、流动人口服务管理等各类组织，制订一系列制度，建立联防队，开展昼夜巡逻，确保一方平安，以实现“平安方林”“安全小区”和创建全国民主法治示范村的目标。

第一节　普法宣传

1985年12月，全国人大常委会审议通过《关于在公民中基本普及法律常识的决定》。方林村党支部和村民委员会一致认为，普及法律常识，是治理方林村的当务之急。在普法教育中，坚持普法方案围绕民主法制建设而制定，普法活动围绕民主法制建设而开展，普法内容围绕民主法制建设而安排。村两委根据“一五”普法精神，制定普法目标，即通过各种方式普及法律常识教育，使全体村民增强法制观念，知法、守法，养成依法办事的习惯，争做遵纪守法村民。

普法领导小组

2008年，方林村成立普法领导小组，配备法制宣传员，利用村广播室、法制宣传橱窗、编印法制资料等多种形式，进行广泛的法制宣传和法制实例教育。2008年的普法领导小组由村党总支副书记方浩任组长，村党总支委员、村治保调解主任谢华寿任副组长。成员有尚永斌、方崇奇、林荣辉、林红。2009年，进一步加强对普法教育工作的领导，由党委书记方中华任组长，村委会主任蔡正杰任副组长，成员也作了个别调整。此后至2020年，领导小组随着村两委会班子调整而有所调整。村配备法制宣传员，利用村广播室、法制宣传橱窗、编印法制资料等多种形式，进行广泛的法制宣传和法制实例教育。

法制宣传措施

普法教育小组负责制定普法工作年度计划并组织实施；落实专人负责，做到责任到人，有重点开展普法活动；定期更换宣传窗、黑板报内容，积极探索形式多样的普法宣传形式；主动联系共建单位，共同开展普法宣传工作；组织村民参与各种普法活动，接受各种普法教育；加强与上级普法部门的联系，做好信息反馈和上传下达工作。

普法宣传阵地

法制广播室开展经常性法制宣传教育，坚持每周一次法制宣传，每月一次法制宣讲；在村中心地段和主要场所设立法制宣传窗、黑板报，积极配合中心工作办好法制专刊，全年刊出4期；村图书室设立法律图书专架。

普法学校

1999年，建立方林村普法学校，教师除村普法领导小组成员、法制宣传员外，主要聘请街道、区两级的法律工作者，党校教师和区司法局干部。教育内容为与农民生产、生活以及与市场经济有关的法律法规和党的方针政策。学习采用集中培训和自学两种形式。学校每两个月集中培训一天，学员平时进行自学。每半年进行一次考试，成绩记入学员档案。每年进行一次知识竞赛或参观学习。普法学校实行校长责任制。

普法内容

根据上级司法部门的普法计划和规定的法律法规，开展普法教育。1986—1990年，重点学习《中华人民共和国宪法》《中华人民共和国刑法》《中华人民共和国刑事诉讼法》《中华人民共和国民法通则》《中华人民共和国民事诉讼法（试行）》《中华人民共和国婚姻法》《中华人民共和国兵役法》《中华人民共和国治安管理处罚条例》。1991—1995年，方林村根据实际需要，注重选学《中华人民共和国人口与计划生育法》《中华人民共和国土地管理法》《中华人民共和国村民委员会组织法》。1996—2000年，在继续学习上述法律的同时，组织村民学习《中华人民共和国合同法》《中华人民共和国环境保护法》《中华人民共和国食品安全法》《中华人民共和国消费者权益保护法》《中华人民共和国道路交通安全法》《市场经济法律读本》，以及税法等有关的法律和书籍。2000—2020年，在贯彻执行路桥区普法教育计划，抓好规定的普法教育外，还坚持普法方案围绕民主法制建设而制定，普法活动围绕民主法制建设而开展，普法内容围绕民主法制建设而确定，着重以健全和完善《方林村村民自治章程》《村规民约》等制度为突破口，抓好民主法治示范村建设，推动依法建制、以制建村、民主管理活动的深入开展，促进村民自治的制度化、规范化。

第二节　民主法治村建设

组织领导

2005年5月20日，方林村成立创建"民主法治村"领导小组，由党总支书记方中华任组长，村民委员会主任蔡正杰任副组长，成员有方浩、方崇奇、林文德、林必清、林荣辉、尚永斌、谢华寿。下设创建办公室，主任为谢华寿（兼），成员有林红、陈初芬、方靖静、方素清等。

创建目标

创建"民主法治村"领导小组根据创建要求，提出"两提高、两转变"的创建活动总体目标，即全面提高干部群众的法律素质，全面提高社会管理法治化水平；努力实现由提高干部群众民主法制意识向提高民主法律素质转变，努力实现注重依靠行政手段管理向注重运用法律手段管理转变。总体目标又分解为三个子目标。一是基层民主更加健全，村民委员会切实发挥作用。民主选举、民主决策、民主管理、民主监督制度更加完善，村民参与管理公共事务和公益事业的权利得到切实尊重和保障，不断健全党组织领导的充满活力的村民自治机制。二是基层法制更加完备，村民的法律意识明显增强，法律素质得到进一步提高，村民自治章程、村规民约以及各种规章制度更加完善，村干部的依法决策、依法管理、依法办事能力进一步增强，法治化管理水平逐步提高。三是基层社会秩序良好，人民安居乐业，社会更加稳定，经济更加发展，文化更加繁荣，干群关系更加密切，形成良好的职业道德、社会公德和家庭美德，全村出现物质文明、政治文明和精神文明建设进一步协调发展的良好局面。

创建工作

1983年，方林村成立村民自治组织——村民委员会。1986年开始，根据普法五年计划，大力开展普法教育。1992年，组建民兵治安联防队，并成立以民兵治安联防队为主、村民自愿参加的群防群治组织，坚持“预防为主、安全第一、群防群治”方针，努力打造平安方林，营造和谐氛围。1995年11月，聘请法律顾问，建立法律援助工作联系点，向村民发放法律服务便民卡，指导和帮助村民依法维权，依法表达合理诉求。1997年，成立暂住人口管理办公室，实行暂住人口电脑化管理，及时掌握外来人口动态，为村域治安状况保持长期安定奠定基础。1998年，制订《方林村村民自治章程》，实行村民自治。按时召开村民大会和村民代表会议，让村民直接参与“三重一大”决策，即涉及村级经济社会发展的重大事项，重要干部任免，重要项目安排及大额资金的使用和村民普遍关心的热点问题的决策；完善村民选举程序，健全村民民主选举制度；不断完善《方林村村民自治章程》和村规民约，健全村级民主监督制度，使村务、财务日益透明，日益阳光。2004年，提出创“平安方林”目标。2005年，正式提出创建“民主法治村”目标。2006年，开展创“平安家庭”“和谐家庭”活动。是年，在小区安装电视监控系统，加强保安力量，提高小区整体防范能力。2006年支付保安经费21.84万元。

民主法治村创建以来，方林村没有发生重大刑事案件，晚婚率和计划生育率年年保持在100%，实现物质文明、精神文明、政治文明同步发展的目标。2007年获浙江省“民主法治村”称号（表14-4，图14-2），同年，司法部、民政部授予方林村“民主法治示范村”称号。

图14-2　获浙江省“民主法治村”称号（2007年）

表14-4　浙江省“民主法治村”星级评分自评一览表

类别	考核内容	标准分	评分标准	自评分
组织制度建设10分	1.村党组织健全，制度完善，领导核心作用得到充分发挥	1分	组织不健全、制度不完善的不得分	1分
	2.村两委班子团结，配合协调；班子成员有“双带”致富能力	1分	班子不团结、工作相互推诿的不得分；村集体经济较上年下滑的不得分	1分
	3.村民委员会及其下属委员会、村民会议、村民代表会议和村民小组组织健全，制度完善，工作运行正常	3分	组织体系不健全的扣2分，制度不完善的扣1分	3分
	4.村务公开监督小组和民主理财小组组织健全；各小组成员产生符合规定	2分	未按规定建立的不得分，各小组成员产生不符合规定的各扣1分	2分
	5.建有岗位责任制度，例会制度，“两委”联席会议制度，学习制度，财务管理制度，村务、党务和财务公开制度，民主议事协商制度，重大决策法律咨询制度，民主评议村干部制度和责任追究制度等	3分	少1项制度扣0.5分，少3项以上的不得分	3分

（续）

类别	考核内容	标准分	评分标准	自评分
民主建设40分	6.村民委员会成员依法定程序选举产生；村民代表、村民小组长由村民民主推选产生；村民代表中妇女应占有适当比例	5分	村民委员会成员、村民代表、村民小组长未按规定要求选举或推选的分别扣2分、1分、1分，妇女代表比例不符合要求的扣1分	5分
	7.依法制定村民自治章程和村规民约，并能根据实际按照规定程序进行修改和完善	4分	制定过程不合法、内容不合法或不按规定程序修改的均不得分	4分
	8.村级民主决策内容合法、程序规范、重大村务事项决策提请村民会议或村民代表会议讨论决定	6分	凡决策内容违法的不得分；程序不规范的扣2分；重大事项决策未提请村民会议或村民代表会议讨论决定的扣4分，没有表决和会议记录的不得分	6分
	9.村民代表会议每年至少召开2次，并有2/3以上的村民代表参加	4分	会议次数少1次扣1分，人数不符合规定的每次扣1分	4分
	10.每年对村两委干部进行1次民主评议	3分	未按要求进行评议的不得分	3分
	11.集体财务收支审批程序规范；财务审计结果符合有关财经法规和纪律规定	4分	集体财务收支审批程序不规范的扣2分，财务审计发现违规违纪现象的不得分	4分
	12.建立固定的村务、财务公开栏；村务、财务公开规范、全面、真实，每季不少于1次，重大事项随时公开	6分	公开栏未建立或不规范的扣2分；按规定应公开的内容少1项扣2分，少3项以上不得分；未按规定程序、期限公开的扣2分	6分
	13.积极办理本村的公共事务和公益事业，做好优待抚恤、养老扶幼及助残工作，无老人、幼儿和残疾人被遗弃	4分	出现所列举问题的每项扣1分	4分
	14.村印章使用和管理符合规定。台账资料完整	4分	印章使用和管理不符合规定的扣2分；台账资料不完整的扣2分	4分
法治建设50分	15.法制宣传教育纳入村年度工作计划；村两委班子成员中有专人负责法制宣传工作；法制宣传教育经费有保障	4分	未纳入工作计划的扣2分；无专人负责的扣1分；经费无保障的扣1分	4分
	16.村两委干部每年集中学法不少于4次，参学率达到90%以上；村民代表集中学法不少于2次，参学率达到80%以上	6分	集中学法次数少1次扣1分，参学率达不到要求的每次扣1分（以学习记录为准）	6分
	17.建立固定的法制宣传阵地；成立村民法制学校；建立法律图书角（柜）；设立法制宣传栏，每年出法制宣传专栏不少于6期。建有省普法办统一的“浙江普法宣传栏”，要确定专人及时更新上级下发的宣传挂图	6分	无村民法制学校的扣1分，无法制宣传栏和法律图书角（柜）的各扣2分，未及时更换专栏的扣1分（以记录为准）	6分
	18.积极开展形式多样的法制宣传主题教育，每年不少于2次	4分	每少1次活动扣2分	4分

（续）

类别	考核内容	标准分	评分标准	自评分
法治建设50分	19.组织开展村民自治章程的学习宣传，使村民自治章程的内容做到家喻户晓，入户率达100%	4分	村民自治章程未入户不得分，入户率不达标扣2分	4分
	20.建立法律援助工作联系点，为村民提供法律服务便民卡，指导和帮助村民依法维权、依法表达合理诉求	4分	未建立工作联系点和提供法律服务便民卡各扣2分	4分
	21.村委会聘请法律顾问，村级治保调解组织健全，建立巡逻联防队伍	6分	未聘请法律顾问扣2分，治保调解组织不健全扣2分，未建立巡逻联防队伍扣2分	6分
	22.民间纠纷登记、排查制度健全，纠纷受理率达100%，调解成功率不低于93%。无民间纠纷转化成刑事案件；无因民间纠纷引起的非正常死亡；无因民间纠纷引发群体性事件	6分	民间纠纷登记、排查制度不健全扣1分，纠纷受理率和调解成功率达不到要求的各扣1分；出现所列举问题的每项扣1分	6分
	23.无重大刑事案件；无重大安全生产事故；无重大公共安全事件；归正人员当年重新犯罪率低于3%	4分	发生所列举问题的每项扣1分；归正人员当年重新犯罪率超过3%扣1分	4分
	24.社会风气良好，无失学儿童，无封建迷信活动，无邪教、赌博、吸毒等现象，无严重的家庭暴力事件，无非法婚姻、非法收养，无偷税漏税，无乱砍滥伐林木、乱开矿山等其他严重违法违规行为	4分	出现所列举问题的每项扣1分，有4项以上的不得分	4分
	25.环境整洁优美，公共卫生良好，有效预防各类传染性疾病发生	2分	环境脏乱差，影响村容村貌的不得分	2分

附：

抓住“五个重点”，切实推进我村民主法治建设

——浙江省台州市路桥区路南街道方林村省级“民主法治村”创建申报材料

路南街道方林村地处台州市路桥十里长街的南源头，商风兴盛、民风淳厚、经济发达、市场繁荣。全村占地面积0.4平方公里，现有村民272户、1011人。村设党总支、下辖六个支部，共有党员86人。2006年，全村实现工农业总产值6.45亿元，市场成交额40亿元，村集体经济收入1211.8万元，人均纯收入为16095元。

方林村在经济迅速发展的同时，按照“四民主两公开一票决”的基本要求，建立“一栏、一箱、一网、一站”制度，把普法工作和加强村民民主法制建设有机结合起来，取得了初步成效。自2004年创建“平安方林”活动以来，村里没有发生过一起重大刑事案件，晚婚率和计划生育年年保持在100%。曾先后荣获全国先进基层党组织、全国文

明村、全国美德在农家示范点、全国敬老模范村居，浙江省第一批全面小康建设示范单位、浙江省绿化示范村、浙江省首届魅力新农村、浙江省民主法治示范村等荣誉称号。

一、以加强村级基层组织为重点，全面落实村级民主选举制度

在村委会换届选举过程中，严格按照《中华人民共和国村民委员会组织法》和《浙江省村民委员会选举办法》的规定，村班子成员依法依章由党员大会和村民大会选举产生。自2002年村班子新老交替以来，村干部结构呈现年轻化、知识化的特点，平均年龄35岁，其中大学学历有5人，占55.6%，每个班子成员都在村属骨干企业担任主角，在各自的岗位上发挥着重要的作用。根据民主集中制原则，我村的重要工作都是先通过班子会议酝酿出来，再通过党员大会、村民代表会议、村民大会讨论通过形成决议，再付诸实施。这么多年来，形成一个好风气，大家在会上各抒己见，畅谈自己想法；会后坚持组织决定，不夹杂任何个人色彩，班子之间相互支持，主动配合，心往一处想，劲往一处使。正是有了这个具有高度凝聚力和战斗力的火车头，我村的事业得到群众的支持和发展。

二、以健全村民代表会议制度为重点，全面推行村级民主决策制度

我村通过每年召开一次的村民大会和每月召开一次的村民代表会议，让村民直接参与“三重一大”票决制，涉及村级经济社会发展的重大事项决策、重要干部任免、重要项目安排、大额度资金的使用，村民普遍关心的热点问题，须经村民代表会议审议通过，有效地保证村民充分行使当家作主的民主权利，也使决策做到更科学、更合理、更民主。有一个坚强有力的领导班子，有一支办事公道，热心集体，干净干事，敢抓、敢管、敢说，群众拥护和信赖的村干部队伍是推行村级民主决策的强有力保证。1997年方林苑建成时，一些村民私下议论村干部辛辛苦苦建成了方林苑，分房时肯定要优先安排了。但我们所有的村干部和群众一起参加了抽签分房，让群众心服口服。村党总支坚持“三会一课”制度和党员联系户制度，要求每个党员每年至少要走访5户家庭。并且规定本村党员生病的实行党总支委员以上看望制度；本村村民生病的由村委会委员以上看望制度；建立了“三个一”和“党员奉献簿”制度，要求党员每年为党组织添一分光、为新农村建设出一份力，为群众办一件实事并记录到党员奉献簿上，公开由群众审阅，形成自我督促、自我奋进的新风尚。

三、以制定完善《方林村村民自治章程》和各项规章制度为重点，全面推行村级民主管理制度

在推进村民自治工作过程中，我村坚持“以法建制，以制治村，照章办事，规范管理”的原则，把制定上符国家法规政策，下合村情民意的各项规章制度作为实现民主管

理的保证措施来抓。

如果说有人办事是关键，那么有章理事是保证。在方林村，民主管理已经制度化、规范化，做什么事情都有章可循，这个“章”，就是方林村10章95条的《方林村村民自治章程》和《民主法治建设制度汇编》。这些制度，都是在召开全体村民大会讨论基础上制订修改的。《方林村村民自治章程》和《民主法治建设制度汇编》规定了例会制度和相关公决制度。要求每年举行一次全体村民大会，每月举行一次村民代表会议，每月一次党员大会，碰到重大事件均由党员大会、村民代表会议讨论决定。(1) 重大村务议事公决制度。公决制度用于村内重大事务的决定。一般实行一事一公决。在公决中做到程序规范化，先由村党（总）支部或村委会提出议题，然后召开村两委联席会议讨论形成初步意见，再由党员、村民代表参加的村务公决会议作出决定，并由村委会在党总支的领导下组织实施；内容科学化，凡是涉及村民利益的重大事项，都提请村民代表会议讨论，按多数人的意见作出决定；形式公开化，对通过的决议，村两委及时以书面形式在村务公开栏和网上予以公布。(2) 干部工作绩效考核制度，规定了村党总支、村委会的10多项工作考核内容，实施以岗定制的原则，制定了工作考核目标和奖惩措施，年终村两委成员成绩在党员代表大会上进行工作总结、自我评价，通过党员、代表测评结果，街道党工委办事处年终工作综合考核的结果，最后两项结果进行审议确定考核分，考核分与两委成员的绩效津贴挂钩。(3) 村务、财务管理制度，为规范村务、财务管理，成立了村务、财务监督小组，监督小组每月对村务、财务的运行进行检查，每月听取村分管领导对村务、财务情况报告，对财务执行情况进行监督、审计，对不符合制度的开支，监督小组及时提出意见，监督两委成员，纠正或追缴不合理的支出。同时规定：村级村务每两月要公布一次，村级财务要由财务监督组审核后每月公布一次，除了公布村级财务外，我们还公布村属企业的账目，并在公开栏旁设置了意见箱。把我们干部、党员的一切都置于群众的眼皮底下，自觉接受群众的监督，从而使“群众更明白，干部更清白”。自从村里建起了网站，实现OA办公后，我村又将村务、财务在网上公布，接受更大范围的监督。在“三个代表”学教中，我们建起网上民主讨论区，架起干群沟通的新桥梁，让所有的网民都来为方林的发展出谋划策。底细清了，群众明了，力量聚了，办起事来更顺畅、更有力了。

四、以推行村务财务公开为重点，全面落实民主监督制度

村务、财务公开作为民主监督的主要形式，按照《中华人民共和国村民委员会组织法》的要求，我村以“海选”的方式由各村民小组推选出各小组组长及村民代表，再由村民代表会议和党员大会推选出具有实际操作经验的村民，组成村里的村务民主监督小

组和村民民主理财小组。现在我村村务民主监督小组由7人组成，村民民主理财小组由8人组成。把村务、财务网上公开作为加强农村民主法治建设的一个关键性环节来抓，是我村近几年来的一个有益的探索。在具体实施过程中，积极推行村级重大事务村民代表票决制和以财务公开、村务公开、党务公开、民意回音为主要内容的“三公开一回音制度”。一是村务决策公开。我村制定了每月一次党员学习会和村民代表大会制度，对凡涉及村计民生方面的重大事项和问题，都以村民代表大会的形式公开进行研究，让群众直接行使参政、议政的民主权利。二是村级财务公开。对村里的财经收入和支出，坚持做到先由村民代表村财务监督小组进行审核签字后，再通过宣传栏向村民公布之外，还通过方林村网站进行公布，同时设立网上民主讨论区，进行实时的意见和建议交流，村民对公布的村务和财务如果存在疑惑或不同看法的，都可以通过实名或匿名的方式进行留言或电邮，村里将及时作出答复。自1999年开始网上村务财务公布以来，村民反应良好，这成为干部群众相互交流的新平台。三是经管项目公开，全村所有的经营项目一律实行公开对外招标，切实体现公平、公正的竞争原则。为了建立“上查下督”的双层约束机制，真正让村务、财务全方位、全天候、全人员的受到群众监督，我村在档案管理上，特地设立单独的档案室，落实专人负责，将财务档案和村务档案分类保存，存取档案都须相关领导批准，并登记到《档案存取登记簿》中，以备今后查阅。我村的档案管理工作得到区档案局的多次肯定，曾被评为路桥区档案管理工作先进单位。

五、以法制宣传教育为重点，着力提高农村干部和农民群众的法律素质

形成一个共识。村两班子一致认为：加强基层民主法治建设，不是一种以上治下，以官治民的行政行为，而是一场实实在在具有深远意义的群众性法治实践活动。为此，村两委连续采取了三项措施：第一，继续加大“五五普法工作力度，全面推进民主法治建设”；第二，印发了致全体村民的一封公开信；第三，利用墙报、板报、普法专栏，法律图书专柜，会议和法治课等多种形式开展了一系列的推行民主法治建设宣传活动。实践表明，这些措施成效明显，许多村民不但逐步改变了过去的“与己无关论，形式过场论，看破红尘论，单纯致富论和徘徊观望论”的错误观念，普遍认识到依法治村既是村干部的神圣职责，同时也是广大村民应尽的责任。

夯实一个基础。普法工作使村民逐步摘掉了“法盲、半法盲”的帽子，为依法治村工作夯实了一个坚实的法律理论基础。建立了法律援助工作联系点，聘请了法律顾问，向村民发放法律服务便民卡，指导和帮助村民依法维权、依法表达合理诉求。在普法教育中，坚持了普法方案围绕民主法制建设而制定，普法活动围绕民主法制建设而开展，普法内容围绕民主法制建设而安排。开展争做遵纪守法村民，争创“文明村”为主题的

公民道德建设活动，并在村部建立了普法基地和法制学校，建立了图书室、健身场所，经常邀请党校、司法局、公安分局的讲师为村班子成员、党员、村民代表、村民进行政策法规培训学习以及基本道德、社会公德、职业道德、家庭美德的教育，三年来共培训13场次。通过学习培训，村民法律意识普遍增强，道德观念发生转变，帮教工作也成绩显著。从而使普法的全过程始终与农村民主法治建设的各个环节紧密相连、环环相扣，不掉挡，不脱节。在普法宣传、教育和引导的过程中，我们特别强调普法教育要具有针对性和实用性，贴近村民。讲群众平时工作生活中，经常遇到的事情，说老百姓日常工作生活中，关心的典型事例。由于针对性强，说的都是村民身边的事，效果很好。

组建一支队伍。建立了以村治安联防队为主、村民自愿参加的群防群治组织。以"预防为主、安全第一、群防群治"的方针，倡导"我为村民守一夜，村民为我守一年"活动。努力打造平安方林，积极营造和谐氛围。开展创"平安村""安全小区"活动。安装电视监控系统，提高了小区整体防范能力；设立暂住人口管理办公室，实行暂住人口电脑化管理，及时掌握该村的外来暂住人口动态，为区域治安状况长期保持安定奠定基础。现在编专职保卫人员35人，居住小区实行封闭式管理，辖区内开展每天24小时轮流网格化巡逻。民事纠纷调解委员会工作积极开展，及时发现不安定因素和安全隐患，落实整改或管控措施，把矛盾纠纷解决在萌芽之中。

我村通过民主法治村创建工作，实现了物质文明、精神文明、政治文明同步发展的目标，形成了经济稳步发展、治安秩序井然、村容村貌整洁、村规民约落实、村风文明良好的浙江省全面小康建设示范村。今后方林村的建设将以自我管理，自我教育和自我服务功能为主要内容，在教育、服务、文化、卫生、治安方面进行创新、提高，成为服务完善、环境优美、居住安宁、生活便利、人际关系和谐的生态型村庄，为构建小康社会、和谐社会而努力。

第三节　社会治安综合治理

综合治理领导小组

2005年7月3日，方林村成立社会治安综合治理领导小组，蔡正杰任组长，尚永斌任副组长，成员为戴开兵、王雷、冯宝财。下设综合治理工作站作为领导小组办事机构。综合治理工作领导小组负责制订社会治安综合治理工作计划，落实各项工作措施，确保社会和谐稳定。2008年，村领导小组成员调整为方中华、蔡正杰、方浩、谢华寿、方崇奇、林文德、林荣辉、林红、王雷、方靖静。

2009年，综合治理工作领导小组由蔡正杰任组长，谢华寿任副组长，成员有方浩、林荣辉、林红、王雷、管人财、方靖静。以后各年，领导小组均有个别人员调整。

治安巡防队

方林村治安巡防队以村治安联防队为主，也有村民自愿参加的；有专职，也有兼职，大多数为素质高、能吃苦、敢负责的年轻人。治安巡防队主要任务为配合派出所责任民警，对出租私房和暂住人口进行每月一次检查，做好重点地段、场所的防火防盗工作；配合派出所、街道工办对村企业每季度开展一次安全生产检查；处置突发事件、抢险救灾等工作。

创建平安方林

1949年10月，方林村成立民兵队。1950年，成立治安保卫委员会，负责村的治安，保护村民安全和集体所有财产，负责人称治保主任。改革开放以后，治保主要工作是防火、防盗、防破坏、防灾害事故。

组建联防队　1992年，方林村建立路桥镇第一支村级民兵治安联防队，并制订《民兵治安联防队职责》《民兵治安联防队值勤制度》《民兵治安联防队任务》等规章制度。

1996年，村党总支任命蔡正杰为联防队长，对联防队进行重组，淘汰少数不合格的队员，吸收身体素质好、作风正、有一定技能的优秀青年参加。是年，联防队队员达到19人。1997年年初，联防队员增至21人，投入资金20万元，配置一辆警用面包车、一辆吉普车、两辆三轮摩托车以及必要的警械器具和迷彩服，以提高联防队的快速反应能力和自身安全防卫能力，开展为期1个月的军事训练，提高技术和身体素质。

主要工作　1996年3月11日、6月14日、11月18日3起性质比较严重的斗殴事件的涉事人员经联防队员劝导和法律讲解，双方达成共识和互谅。12月5日，村里深夜发生凶杀案，村联防队员接到报警后，在数分钟内到达案发地点，控制和保护现场，同时，积极配合公安机关出击追捕凶犯。晚上12时左右，在石浜公园将罪犯抓获。根据案犯交代的同案犯情况，队员们不怕累、不怕饿，又迅速开展追捕，于第二天上午9时将同案犯抓获。在这场追捕凶犯的战斗中，联防队员连续奋战12个小时，表现了拉得出、打得响，召之即来、来之能战、战之能胜的准军人本色。

1997年，1819人次参加夜巡，夜巡225次。配合当地执法机关对黄、赌、毒采取突击行动10多次。

1999年6月，路南街道在辖区内开展创建治安安全村活动。方林村两委会制订治安工作计划，积极开展治安巡逻，经常对重点部位、偏僻地段进行深入检查。是年，联防队员出动人员1160人次，夜巡271次，查获可疑“三无”自行车136辆，收缴各类尖刀等管制刀具22把，查处外来人员赌博4起，查处非法同居1对，制止外来人员打架斗殴5起，敲诈勒索1起。积极配合当地执法机关扫黄、禁赌、禁毒，确保社区平安。当年做到无杀人、放火、伤害致死、流氓斗殴致死等重大刑事案件和无强奸、盗窃、投毒、抢劫等刑事案件，也无重大爆炸、塌方、火灾等事故发生，村庄治安稳定，群众安居乐业。1999—2001年，联防队夜巡778次，抓获杀人犯1名，其他罪犯8名，拐骗分子6名，小偷29名。查处赌博22起，阻止打架斗殴9起，查获可疑“三无”自行车102辆，摩托车3辆。同时，加强对流动人口的管理，实行管理电脑化，每周2次巡户清查，有力地保障了方林村良好的治安状况。

签订目标管理责任书 2011年，方林村与路南街道签订社会治安综合治理目标管理责任书。方林村两委会继续抓好“平安村”“平安家庭”的创建工作，确保政治安定和社会稳定，为经济发展创造和谐稳定的社会环境。

治保调解

机构沿革 方林村治保组织建立于1949年10月，主要是配合乡政府和县公安局开展镇反运动，提供有罪恶、有民愤的不法地主分子罪证，并负责村区治安，维护村民利益。1953年起，村治保组织增加调解职能，其名称改为方林村治保调解委员会。此后，与村民兵组织一起，担负全村的安全保卫、防火防盗、民事纠纷调解、处理损害集体财产的人和事等工作。1956年，治保调解委员会改为方林生产大队治保调解委员会。人民公社化后，治保调解委员会以方林生产队冠名，其工作职能不变。“文化大革命”期间，治保调解委员会曾一度无法正常工作。至20世纪70年代，方林生产大队治保调解委员会逐步恢复活动。1983年，治保调解委员会称方林村治保调解委员会。

1987年，管人财任村治保调解委员会主任，成员为方道福、林必清、方中华、陈法春、张三玉、张周福。1996年，分设治保和调解，治保、调解分别由蔡正杰和管人财负责。1999年，林文德任村调解兼治保主任。2005年，又称治保调解委员会，谢华寿任主任，管人财任副主任，成员为林红、陈初芬、陈法春、方靖静。2008年，治保调解组织由蔡正杰、谢华寿、管人财、林必清、林小春等人组成；2009年，治保调解组织增加林荣辉、林红、方靖静、王雷等人员。为及时掌握情况，有效地解决矛盾，村配备信访

“四员”（信访员、信访联络员、信访协理员、信访信息员）。

职能　调解治保委员会每月对村（社区）社会矛盾纠纷进行一次排查，提出工作建议，制定调处方案；调处群众要求的社会矛盾纠纷。20世纪80年代，随着工农业生产的发展，由于拆旧房建新房，村民之间在房屋、宅基、道路等方面时产生矛盾和摩擦。由此，村治保调解组织强化调解功能，化解各种民事纠纷；同时，配合村庄改造，加强宣传教育，处理各种矛盾集中的问题，确保一方平安。

主要工作　对所有接访受理的社会矛盾纠纷，实行一个窗口对外，按照“统一受理、集中梳理、归口管理、依法办理、限期处理”的原则，视情况分流或直接组织调处。

1991年起，方林村治保调解委员会采取综合治理措施，加强法制建设和组织建设。按照有关法规制度制订村规民约、治安条例和禁赌规定，把治保调解组织的职责、制度、组织网络上墙，做到家喻户晓。坚持“预防为主、教育为主、调解为主”的方针，做到“小事不出村、矛盾不上交”，着力预防化解，努力使矛盾不激化、不扩大，维护全村的社会稳定。

暂住人口管理

组织机构　1997年，方林村成立由村委会副主任兼民兵连长为组长，共青团、妇联、老年协会负责人为成员的暂住人口管理小组，下设暂住人口管理办公室和暂住人口服务管理工作站。暂住人口服务管理工作站由路南派出所、村委会、治保调解、共青团、妇联、老年协会等部门组成。此外，配有一名暂住人口协管员。2008年，暂住人口管理小组由蔡正杰、谢华寿、管人财、林小春、林荣辉、戴开斌、林红、王雷、方靖静、陈初芬等组成。2010年的暂住人口服务管理工作站由沈宇、毛雷强、蔡正杰、谢华寿、林小春、林荣辉、管人财、林红、方靖静、王雷等组成。

制度建设　1997年，方林村出台《方林村暂住人口管理承诺制度》《方林村暂住人口管理工作要求》《方林村暂住人口管理制度》《方林村出租私房管理规定》《方林村暂住人口守则》等制度。凡外来人口来方林村工作，必须带身份证、照片等资料到流动人口管理办公室登记注册，发给暂住证和《外来打工守则》。离开方林村时，到管理办公室注销。2008年，村党总支和村委会出台针对外来人口的《新方林人管理与服务制度》。“新方林人”指居住在方林村并办理了暂住证的外来人员，其社会地位一律同本村村民平等。建立“一户一簿”（出租房业主为户主，居住该户的暂住人口为成员）。凡出租房屋业主必须及时把“新方林人”的信息上报到村综合治理工作站，并上报派出所办理暂住证，建立流入流出人员台账，登记从何地而来、从事何种工作、身份证号码等基本信息。对“新方林人”进行量化考核，优秀的给予享受村民的政治、经济、体育、文化等待遇，进行物质奖励。

管理与服务 方林村对暂住人口（新方林人）实行宏观管理，建立《暂住人口一览表》和《暂住人员登记卡》，制作《方林村暂住人口情况一览总表》《方林村厂区驻点平面图》。这些大型图表把方林村内各企业、各片组暂住人口的居住点、暂住人员的姓名、性别、年龄、籍贯、人数等情况，清楚地标明在图表上，一目了然；把全村划成三片，6个联防队员负责一个片，要求暂住人员超过50人的单位有专人负责，村里与各用工单位及户主签订暂住人口管理责任书；做好新方林人的登记、建档、发证工作；定期与辖区内的企业、单位和租房主签订社会治安综合治理责任书；每月进行核查，掌握了解村域内新方林人的变动情况；与用工单位密切联系，通过召开村企联席会议、企业厂长、保卫科长和个体业主座谈会，将新方林人的现实表现和思想动态纳入视野，掌握新方林人动态，为区域治安状况长期保持安定奠定基础；联防队结合巡逻，每半月一次检查新方林人的“三证”（身份证、计划生育证、暂住证）。

在严格管理的同时，方林村为“新方林人”提供各种服务，帮助他们办理“暂住证”；免费为“新方林人”育龄妇女提供“查孕、查环、查病”服务和计划生育技术服务，发放有关人口和计划生育政策法规、避孕节育知识等宣传资料，提供宣传教育、咨询服务和部分避孕药具；为“新方林人”提供法律咨询、法制宣传、司法调解、法律援助等服务，切实维护“新方林人”的合法权益；依法协助有经营能力的“新方林人”，办理从事工业、手工业、建筑业、商业、饮食业、服务业等行业的工商登记手续；落实“新方林人”中的党员组织生活，帮助协调解决流动党员在生产、学习和生活上遇到的困难和问题；组织开展各种文化娱乐活动，为丰富“新方林人”的精神文化生活创造良好的条件。

社区矫正和安置帮教

领导小组 2005年，方林村成立由党总支书记方中华任组长，村民委员会主任蔡正杰任副组长，成员有方浩、方崇奇、林文德、林必清、林荣辉、尚永斌、谢华寿。下设办公室，主任为林荣辉（兼），成员有林红、陈初芬、方靖静、方素清、梁正明、方孔中等。2009年，更名为归正人员安置帮教领导小组。

职责 领导小组对被判处管制、宣告缓刑、假释和暂予监外执行的这四类犯罪行为较轻的对象进行管理、教育和帮助。会同村居民警对社区安置帮教对象进行监督，做好日常管理记录；配合街道社区对社区安置帮教对象进行考察；组织相关的社会团体和社区安置帮教工作志愿者，对社区安置帮教对象开展多种形式的日常教育，帮助他们解决遇到的困难和问题；发挥安置帮教对象的特长，采取灵活多样的方式，组织有劳动能力的对象参加公益劳动和公益活动。

志愿者　志愿者协助社区矫正工作人员做好矫正对象的管理、教育工作；督促矫正对象按时到街道社区矫正办公室（司法所）报到，汇报思想，参加学习和公益活动；及时向街道司法所反映矫正对象的生活和工作情况；发现矫正对象有违法违纪行为，及时向街道司法所报告。

制度建设　在归正人员安置帮教工作中，方林村形成了一套制度。一是回访制度。责任人对帮教对象定期家访，通过回访全面了解帮教对象的生活、工作情况，形成全方位的帮教管理。二是联系制度。对在外的归正人员实行不间断联系，通过了解和掌握帮教对象的工作、生活、思想动态，有针对性地实施帮教工作，做到不脱管、不漏管。三是送温暖制度。对表现良好且生活困难的归正人员，积极联系街道给予慰问，让归正人员感受党和政府的温暖。四是排查制度。加强对归正人员的排查摸底工作，全年不少于2次，及时发现帮教对象再次违法犯罪的苗头，及时采取针对性措施，防止帮教对象再次犯罪。五是办实事制度。积极为帮教对象办实事、办好事，帮助归正人员解决生活出路，引导他们自谋职业，勤劳致富。

创建无邪教社区村

方林村把创建无邪教社区村作为综合治理的重要内容，于2009年成立无邪教社区村工作领导小组，小组以方中华为组长、蔡正杰为副组长开展宣传教育，普及有关知识，提高村民识别邪教的能力，自觉抑制邪教。同时加强管理精神文明建设，开展丰富多彩的文体活动，丰富村民的精神生活，使方林村成为一个无邪教社区村。

第三章　精神文明建设

方林村党委（党总支、党支部）和村委会高度重视精神文明建设，坚持口袋和脑袋一起富，采取思想教育、创建“十星级”文明家庭、“一张红榜促敬老”“诚信市场”、发动村民奉献爱心、结对帮扶、移风易俗等有效措施，打造“品质方林”。2005年和2009年，方林村荣获由中央精神文明建设指导委员会授予的“全国文明村镇”称号。

第一节　创建“十星级”文明家庭

1997年方林苑一期别墅小区建成并投入使用后，方林村党总支为进一步加大精神文明建设力度，成立评选委员会，开展“十星”级文家庭创建活动。评选委员会主任为林必清，成员有林小春、詹荣杰、蔡正杰、陈初芬、金菊清、林文德。1998年，“十星”级文明家庭评选写进第一部村民自治章程。

“十星”文明家庭标准

“十星”分别为“五爱星”“致富星”“文教星”“科技星”“团结星”“法纪星”“计生星”“义务星”“卫生星”“新风星”。

“五爱星”：爱党、爱国、爱社会主义、爱集体、爱人民；有坚定的政治立场，较强的政治责任感；有较强的社会主义市场经济意识。

“致富星”：勤俭持家，合法致富，家庭成员中的劳动力均有职业；家庭人均纯收入在8000元以上；家庭拥有千元以上耐用消费品5件以上。

“文教星”：青壮年无文盲半文盲，有较浓的学习风气；适龄儿童接受九年制义务教育；家有书架子，人人都会唱若干首歌，有一定的藏书，并订有1份以上党报和科技刊物。

“科技星”：家庭成员积极参加各种培训班学习；家庭主要成员掌握一项以上实用技术；积极开展新科技的推广应用。

“团结星”：尊老敬老，育儿（女）有方，在确保老人吃、住、穿的前提下，子女给老人零用钱每人每年不少于800元；夫妻互敬互爱，男女平等；邻里互助，团结友爱。

“法纪星”：自觉参加普法教育和公民教育，考试成绩合格；自觉遵守村规民约、爱护公物、爱护集体花草树木；自觉遵守国家有关的法律、法规，无违法乱纪现象。

“计生星”：自觉执行计划生育政策，四项节育措施落实；无计划外出生和大月份引产；按时参加查孕查环和婚前教育。

“义务星”：应征青年积极报名参军；按时缴纳各种税款和国家粮食定购任务等；积极缴纳教育经费和街道、村统筹款等各种合理的筹资款。

“卫生星”：家庭内外环境整洁美观；饮用卫生自来水，使用卫生厕所，有较强的卫生意识；定期开展灭鼠、灭蝇、灭蚊等，不乱倒垃圾，蚊、蝇、鼠得到有效控制。

“新风星”：不参与赌博和封建迷信活动；做到厚养薄葬，婚丧事简办俭办，婚车不超过三辆，丧事无车载大型花圈，扛抬花圈不超过10只；积极参加社会养老保险，家庭成员中60周岁以下人员，投保率达100%，投保额人均100元以上。

评选办法

由依法治村领导小组成员和村民小组长组成评选委员会，具体负责评选事宜；评比于每年12月开始，春节前评完并公布；以村民小组为单位逐户评选，召开小组会议提出初选意见；评选委员会审议初选意见，确定评选结果。如有不同意见说明理由，用书面反馈小组，根据评委会意见再进一步讨论，最后统一上报；评委会根据二次讨论情况，得出最后评选结果，并张榜公布。

1998年，评定“十星”文明家庭20户；1999年，“十星”文明家庭增至53户；2000年，为44户；2001年，为48户。

2003年，“十星”文明家庭方宝金家庭获台州市“文明家庭”称号；2012年，谢德华家庭被评为浙江省“文明家庭”。

附：

谢华德一家

谢华德住在环境优美的方林苑。他出生于1949年12月，在路桥二手机械设备市场

图14-3 谢华德一家（2015年3月）

从事二手机械设备买卖；其妻蔡荷云出生于1952年6月，家庭主妇。育有一男一女，女儿已经出嫁，儿子谢聪法也已成家，儿媳是人民教师（图14—3）。

谢华德十分爱家庭爱妻子爱儿女，他业务繁忙，常顾不上家庭。蔡荷云分担了日常生活中的几乎所有家务事，支持丈夫一心一意处理业务。谢华德也因此感到愧对妻子和儿女。每年家人生日，他总会买上生日礼物和生日蛋糕，为他们庆祝生日。平时谢德华尽可能地挤出时间来陪他们。夫妻之间的感情，父子、父女之间的亲情并没受他们聚少离多而改变，反而因相互理解和相互尊重变得更加恩爱、亲密。

谢华德一家对老人的孝顺众所周知、有口皆碑。他们的子女传承了上一辈孝敬父母的传统。女儿嫁到婆家孝顺公婆，虽然长期生活在上海，但每天一个电话问候二老的身体，逢年过节总会回家陪陪二老；儿子谢聪法跟着父亲经商，听从父亲的意见，从一个刚刚大学毕业的没有什么社会经验的书生，到现在生意越做越顺手，成为可以独当一面的生意人。谢聪法经常说："大学教会我很多知识，我爸教会我如何做人。"言谈之间充满了对父亲的尊敬。

丈夫孝顺父母会对妻子产生潜移默化的影响。谢聪法的妻子平时工作很忙，但是只要有时间都会和婆婆一起做家务。遇上婆婆有个头疼脑热的，总会挤出时间来陪着婆婆看病。蔡荷云也因此十分喜欢这个儿媳妇，婆媳俩的关系亲如母女，老人喜欢把自己的心事说给儿媳听。两人常常是一见面就聊个没完，真让别人羡慕。

谢华德是方林村的老党员，平时村里有什么党员活动，他都会第一个参加。汶川地震时，谢华德毫不犹豫地参加捐款。在父亲的影响下，谢聪法在学校读书期间就光荣地加入共产党。每次的党员活动，都有父子俩的身影。

他们经常教育孙子要努力学习，不要学那些少爷派头。在谢华德孙子谢宇浩身上，找不到在优越的家庭条件下长大的那种娇惯。小宇浩也是个非常懂事的孩子，身上穿着总是普普通通，不是什么名牌，且乐于助人，帮助同学。

谢华德一家都爱干净。走进他的家，你就会看到他们家窗明几净，一尘不染。窗台上、阳台上、书房内的盆花，更增添家庭的美感。

他们一家与邻居的关系不仅十分和睦，而且共同合力维护周围的环境，如爱护草坪，打扫周边卫生，做好垃圾分类等。

方林人说起谢华德一家，都会竖起大拇指："好家庭，令人羡慕！""是全村学习的榜样。"

（资料来源：方林村申报浙江省文明家庭材料）

第二节　尊老敬老

1998制订的村民自治章程，规定给老年人发放尊老金、旅游费以及其他福利等规定。每逢中秋节、老人节、春节，村老年协会发给每位会员价值约50元的礼物，会员生病，村两委会派人送礼品探望。

红榜敬老

1990年，方林村老年协会在村党支部和村委会支持下，推出"红榜敬老"措施。老年协会通过全面调查，把那些孝敬父母、善待老人的子女，用红榜公布他们赡养老人具体情况，对那些不尽赡养义务的子女，则用黄榜公布他们的姓名。是年，评选出第一批好儿子、好媳妇、好孙子、好孙女、好女婿，把他们列入光荣榜。9户家庭上了红榜，40余户上了黄榜。次年，两榜张贴时，黄榜人数减少到个位数。第三年，再无一户上黄榜。通过3年的红榜敬老活动，家家形成敬老爱老之风。1992年开始，老年协会中止这项活动。

优待老人

从1984年开始，方林村规定，凡男村民年满60周岁，女村民年满55周岁可以退休，退休村民每人每月可领到由村支付的，年年递增的退休金；1998年村民自治章程规定，村每2年组织老人外出观光1次，如老人身体不适不能外出，发给50%的旅游费（后提高至70%）；2000年，建成可容纳132位老人居住的方林老年公寓，老人可免费入住；2013年年底，在老年公寓一楼设立居家养老服务照料中心，有专人负责，24小时开放；组织老年人免费体检；为老年人统一缴纳医疗保险和意外事故保险；村除解决五保户的衣、食、住、医、水、电等所有生活费用外，发给每人每月生活费，从1998年的300元提高到2017年的2750元（含政府补助金705元）。

慰问老人

从1983年开始，凡老人生日，村领导就会登门祝贺，送上生日蛋糕和祝福；每逢重阳节（老人节），村召开隆重的敬老节庆祝活动，在感谢老人们为方林村作贡献的同时，给老人每人一份百元红包；2008年开始，设立寿星奖和长寿奖。2017年，长寿奖和寿星奖奖金分别为1000元和1万元，100周岁以上的老寿星，奖金高达3万元。

敬老活动

2009年10月27日，方林村在台州路桥鑫都大酒店为197位退休老同志同进“幸福餐”，庆祝第二十二个敬老节暨方林村老寿星庆典活动。

2010年11月11日上午，妇联举行“晒被子，比敬老”比赛，共有32户三世同堂家庭参赛。9时，工作人员直奔32户村民家，把老人床上盖的被子抱出来晒在篮球场上现场PK。9时30分，路南街道办事处5位“评审团”成员就被子清洁、柔软、新旧、气味四项对参赛被子逐一打分。从中反映出晚辈对老人的关爱程度。

2013年1月16日，方林村老年协会、妇联、团委为五保户送上一整套过冬保暖物品，帮他们整理房间，更换新被褥，确保他们过一个安全、祥和、温暖、舒心的春节；是年，村两委在老年公寓为269位老人举办健康长寿宴。

2015年3月6日，村妇联举行“庆三八、好婆媳、包饺子”活动。近80多名妇女在现场进行包饺子比赛。比赛结束，婆媳们围着桌子吃饺子，其乐融融；

2017年1月20日上午，村妇联巾帼志愿者和村老年协会到老年公寓看望村孤寡老人管康传和五保户方小雪，给他们送去生活用品和新春问候，帮管康传老人换洗好被褥。

2020年10月25日上午，方林村两委会全体成员、老协、团委、妇联、农村合作银行在老年公寓为336名退休村民举办“九九重阳节、浓浓敬老情”庆祝活动，向85～90岁老人颁发“长寿奖”，向90～94周岁老人颁发“寿星奖”，发放每人一份百岁红包，并共聚幸福餐。94岁老人陈世铭在活动中向老年公寓捐款2万元。驻村干部罗莉莉受邀参加活动。

第三节　诚信建设

方林汽车城

2004年制定《市场经营者不良信用记录实施细则》，逐年进行完善补充；与所有

入驻经销商订立《不经销假冒伪劣商品承诺书》，明确“规范经营，诚信服务”的经营宗旨。

同年，方林汽车城建立台州市首家工业品市场消费者投诉联络站，及时向社会公布消费者投诉电话，妥善化解各类矛盾，增强消费者购车的安全感与信任感，消费者投诉联络站的消费投诉结案率一直保持在90%以上，基本上实现“投诉不出门，解决在现场”。

同年开始，每隔二年定期开展“十佳诚信文明经营户”评选活动，至2020年累计评出80余家“十佳诚信文明经营户”。

2007年，方林汽车城在《台州商报》向全社会消费者作出承诺：凡发现市场经销商经营假冒伪劣商品车，一经查实，对举报者奖励2万元。在日常管理中，严格执行亮证（照）经营、依法纳税、明码标价，严厉打击以次充好、商品侵权、强卖强买、劣质服务等不正当经营行为。

2008年，发出“塑诚信品牌，树优良口碑”的诚信倡议，倡导“从我做起，诚信守道，规范经营，健康发展”，让更多的消费者大胆、放心地来市场选购商品车。

2009年，汽车城制定《汽车营销诚信规范行为准则》，与每位入驻经销商签订《诚信经营公约》。截至2020年，浙江方林汽车城消费者满意度高达8成，在同行业中处于领先地位。2012年7月11日，国家工商行政管理总局在宁夏银川市召开“2011年度全国诚信示范市场表彰大会”，汽车城荣获“2011年度全国诚信示范市场”称号，长三角地区汽车市场获此殊荣的仅浙江方林汽车城一家。

附：

方林汽车城《汽车营销诚信规范行为准则》

一、诚实守信、遵守市场商业道德，服从工商、税务等部门监管，接受公众媒体监督，发生消费纠纷要在第一时间通报市场消费者投诉联络站。

二、讲究商业信誉，明码标价，货真价实，协商议价，签订买卖合同，公平合理竞争，严禁强买强卖，欺行霸市。

三、热情待客、童叟无欺，所售车辆品牌、型号与所提供的发票、价格必须与实际价格相符，严禁大头小尾或少开票多收款。

四、明明白白消费，汽车按揭费用须在社会公平合理的费率之内，所有费用要用格式合同明白无误地告知消费者，并得到消费者的签字认可。

五、经营行为要言而有信，所有车辆必须手续完备，相关手续若当时无法提供，必须明确提供时间，并提供书面承诺，承担相关手续无法提供时的违约责任。

六、对待个别消费者的过激行为要态度诚恳地解释，发生冲突时要打不还手，骂不还口，不粗言伤人，不行为粗暴；发生较重大冲突时，及时通报市场部或报警。

七、不得采取诽谤、贬低其他经营者及经营品牌的行为，不得派员工到其他铺位拉客，不得驾驶商品车在市场无序拉客。

八、市场消费者投诉联络站在调解过程中原则上以合同文本及消费者认可签字的按揭费用合同文本为依据，没有依据的，以消费者合理的口述为依据处理消费纠纷。

本准则自2009年12月8日起实行，凡有上述行为之一的经销商，有消费者向当地工商、媒体及市场投诉的消费纠纷，经查证凿实，除退还必要的费用外，经销商须向市场缴纳形象损失费。

方林二手车市场

2009年7月，浙江方林二手车市场开业，实施《浙江方林汽车二手车市场经销商纪事评定标准》，详细罗列经销商在日常经营中发生的违纪行为，对于违反该标准的行为扣除相应分数，年末结算时，分数直接与租金对接，取消严重违纪者的续租资格。市场的消费者维权中心就开始运作。

2014年6月，出台《诚信示范店管理实施细则》，明确规定诚信示范店先行赔付制度及事故车评定标准，规定出售车辆必须手续完整，信息真实透明，同时提供第三方车辆检测认证证书。至2019年，评出诚信经营户示范44户。

2015年11月8日，二手车市场召开“中国路桥方林汽车产业服务集聚区打造全国首家诚信二手车市场”新闻发布会，正式面向社会发布二手车市场诚信宣言，推出诚信示范店先行赔付机制，打消消费者购车顾虑。发布会后，成立方林二手车检测认证服务有限公司，加盟中国汽车流通协会推出的“行”认证体系，开展二手车第三方检测认证服务。

同年，发展网络服务平台B2C、C2B模式，与主流电商平台合作，建立方林二手车线上市场，在部分商户中试行推广车源自主管理。通过网络开拓线上销售和线上拍卖业务渠道。2017年，方林二手车市场获评“全国二手车市场诚信等级AAAAA”，2018年获“台州市诚信示范市场”称号。

第四节　爱心捐助

清嘉庆元年（1796年），林章强、陈兴涛等创办洪洋茶亭；清道光六年（1826年），李旭东、方适琪等捐田40亩，设立石曲长生会，作为掩埋尸骸施棺助葬之用；同年，李益钧、蔡希国等捐田13亩，创办石曲崇文会，以为收拾字纸雇人费用。

20世纪90年代，方林村经济发展后，把参与公益事业作为回馈社会的重要方式，让社会共享方林的发展成果。2009年，方林村设立1000万元慈善基金。2021年，设立"方林村公益爱心基金"，每年100万元；设立"创业创新共同富裕基金"，每年50万元。

捐款救灾

长江流域特大洪涝灾害捐款　1998年6月，长江流域发生特大洪涝灾害。受灾面积0.21亿公顷，直接经济损失1700多亿元。方林村党员、干部纷纷伸出救助之手。村总支委员陈华能、预备党员陈华光因事请假，事后闻讯即前来捐款。全村党员干部捐款2万元。

汶川地震捐款　2008年5月12日，四川汶川发生强地震，共造成69227人死亡，374643人受伤，17923人失踪，是唐山大地震后伤亡最严重的一次地震。方林村发扬"一方有难，八方支援"的友爱奉献精神踊跃捐款。5月14日，方林村党总支、村委会举行"地震无情人有情，涓涓细流表慈心"爱心募捐活动。村党总支书记方中华动情地说："我们一定要伸出援助之手，与四川灾区同胞一起共度时艰！"当日，以村名义捐赠人民币117.3万元。

5月15日上午，村团委、妇联、老协、志愿者，身着印有"众志成城万众一心"的白色宣传衫，纷纷走上街头，向路人、店铺、企业宣传募捐，募得救灾款53482.10元。

5月16日，村党总支、村委会发起"地震无情人有情涓涓细流表慈心——向四川灾区捐款献爱心专题大会"，掀起全村捐款献爱心活动的高潮。村党总支书记方中华在会上带头捐款1万元。在爱心捐款大会上，不到一小时，全村党员、村民代表、企业负责人员就为灾区捐款65270元（图14-4）。

图14-4　方林村两委成员和村民为"汶川5.12地震"捐款动员会（2008年5月）

5月23日上午，方林村在老年公寓举行“向灾区捐衣物活动”，募得衣物3万余件。下午，方林汽车城举行汽车商家向四川地震灾区捐款的大型募捐活动，共募得捐款754413.80元。至23日止，村团委、妇联、老协捐款5.3482万元，村党员、村民代表以及各站、公司管理人员捐款6.527万元。方林汽车城各商户捐款75.4413万元，捐赠给四川汶川地震灾区灾民。6月上旬止，方林村共向四川灾区捐款208.6103万元。

在捐款中，党委班子成员和村委会成员以及广大的干部群众纷纷向灾区人民奉献爱心，踊跃捐款。老干部管人财在汶川地震捐款中三次捐款；村党总支委员谢华寿带领志愿者向旧机械设备市场经营户挨家捐募；方林苑幼儿园小朋友们向路人募捐；林赛珍代儿子谢文林送来10000元现金。

党员以“特殊党费”的形式，表达支援灾区心愿。村党委书记方中华首先捐款2000元。5月14日，全体党员捐助特殊党费3.994万元。截至6月6日，方林村党总支共向四川地震灾区交纳特殊党费4.004万元，其中交纳特殊党费1000元以上的有6人。浙江省慈善总会授予方林村“汶川‘5.12’地震赈灾捐赠慈善爱心奖”（表14-5，图14-5）。

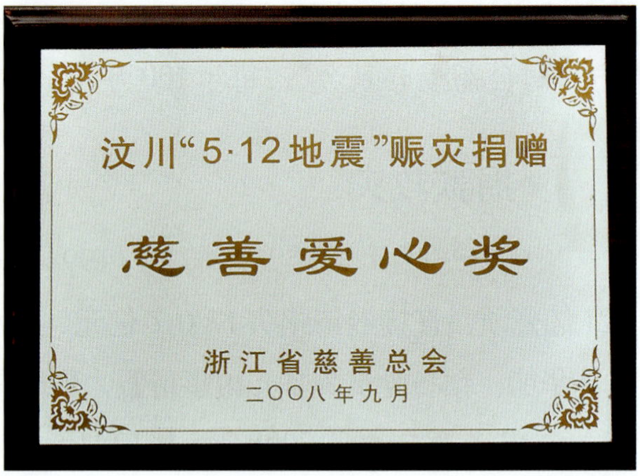

图14-5　浙江省慈善总会授予方林村汶川赈灾捐赠“慈善爱心奖”（2008年9月）

表14-5　方林村汶川地震捐款100元以上名单

单位：元

姓　名	捐款	姓　名	捐款	姓　名	捐款
方中华	2000	蔡正杰	1800	谢华寿	1600
张　斌	1500	陈华能	1200	缪济平	1080
方普胜	1000	梁开禄	1000	陈法春	1000
郑冬春	1000	陈华光	600	方　浩	500
谢华德	500	李建国	380	林必清	350
詹明照	300	阮普妹	300	管人财	300
方仙华	300	谢文志	300	陈初芬	300
曹晓军	300	王仙方	220	林小春	210
周秉德	200	张周福	200	方福德	200

（续）

姓　名	捐款	姓　名	捐款	姓　名	捐款
王云龙	200	方　辉	200	陈雪英	200
王妙根	200	陶秋君	200	戴正明	200
金菊清	200	应正飞	200	陈福庆	200
谢春香	180	方素清	150	王妙寿	110
王海兵	100	阮小妹	100	谢明伟	100
林书池	100	方靖静	100	詹照富	100
王　平	100	林　军	100	林文德	100
詹荣杰	100	杨仁德	100	李仙宝	100
方道福	100	李本富	100	林　剑	100
徐小勇	100	胡宜德	100	徐素娟	100
林必云	100	张华东	100		

玉树地震捐款　2010年4月，青海省玉树藏族自治州玉树市发生里氏7.1级地震。2010年4月30日上午，方林村党委发出“众志成城，抗震救灾，祝福玉树”倡议，号召村民为玉树灾区捐款。村民热烈响应，一个上午捐款2.5万余元。

方林二手车市场经营户及职工、方林资产公司纷纷解囊捐款。二手车市场各区经营户共捐得人民币18823元。其中，A区5号伟业2000元、11号铭车会2000元，19号新东方1000元，15号123二手车700元，A区1号、2号、4号、7号、9号各500元。C区2号、D区1号各500元。方林二手车市场职工及方林资产公司职工捐款1236.5元；旧设备市场、菜市场及群众募捐6605.5元；蔡正杰、王妙林各捐款500元，林剑、贺秀珍各捐款300元。

2010年5月12日下午，方林村召开党员村民代表大会，议程之一是为玉树灾区人民捐款，与会人员共捐款1.4万元。两次捐款共筹得善款3.9万余元。方林村还以赈灾义演、赈灾义卖等形式募集资金，支援玉树地震灾区。

防控新型冠状病毒肺炎疫情捐款　2020年年初，部分地区爆发新型冠状病毒肺炎疫情。方林村党委及时发起“方林人暖心战‘疫’，助力防控‘疫’线”的倡议，组织广大党员、村民为支持新型冠状病毒肺炎疫情防控工作自愿捐款。捐款人员实现党员、村民全覆盖。2月13日上午，方林汽车城和二手车市场各捐款20万元；2月27日，村党委、村委会联合发起“疫情无情人有情、全村捐赠抗疫情”倡议，全村齐动员，人人献爱心，参加捐款人员有1028人，共捐得爱心善款165700元，其中村民方孔秀一家捐赠7000元，管人法一家捐赠5800元（表14-6～表14-13）。3月3日上午，将全部捐款送到路桥区委组织部。区委组织部给方林村党委写了感谢信。此外，110位共产党员捐款51000元。12位新方林人捐款4520元。村还向台州恩泽医疗中心（集团）捐赠用以防控新型冠状病毒肺炎疫情医疗物资价131920元。台州恩泽医疗中心（集团）也给方林村党委写了感谢信。汽车城4S店党总支通过保时捷台州中心向奥地利保时捷中心捐赠口罩1万只。

表14-6 2020年方林村一组村民抗击新型冠状病毒肺炎疫情捐款统计表

序号	户主姓名	人数/人	金额/元	序号	户主姓名	人数/人	金额/元
1	林显平	5	500	23	戴开斌	3	400
2	林仙亮	6	600	24	戴学明	2	300
3	林显琳	6	800	25	管中领	2	200
4	林庆勇	5	500	26	方世友	3	300
5	林仙德	3	300	27	方孔良	3	300
6	林启华	5	900	28	方孔志	7	700
7	林启禄	2	200	29	方建中	5	500
8	王灵华	4	500	30	王中茂	2	200
9	王小林	3	300	31	林清峰	3	300
10	王宗保	3	600	32	陈雪英	4	400
11	林金国	6	2600	33	林金富	4	400
12	王美云	6	600	34	林金明	3	300
13	王仙芳	6	600	35	方建民	4	500
14	王仙春	5	700	36	林仙福	3	400
15	王海滨	3	400	37	林　杰	3	300
16	徐福香	5	500	38	林显昌	4	1600
17	张文发	5	500	39	严金辉	3	300
18	陈才平	3	300	40	林　勇	3	300
19	陈才富	5	500	41	戴开禄	6	600
20	戴彩荷	6	600	42	严金荣	2	200
21	戴开忠	5	500	43	林谷鸣	4	400
22	林仙友	5	500	44	林仙富	5	600

（续）

序号	户主姓名	人数/人	金额/元	序号	户主姓名	人数/人	金额/元
45	王天吉	6	600	48	林仙增	1	100
46	王建勇	4	400		合计	195	24600
47	林启萍	4	500				

表 14-7　2020 年方林村二组村民抗击新型冠状病毒肺炎疫情捐款统计表

序号	户主姓名	人数/人	金额/元	序号	户主姓名	人数/人	金额/元
1	林必清	5	800	19	张华东	5	700
2	林文友	5	500	20	金玲香	6	600
3	应娃玉	1	100	21	梁开禄	4	500
4	方孔荣	3	400	22	詹国平	4	500
5	方孔秀	3	7000	23	林启满	5	500
6	方孔寅	4	500	24	詹照平	4	400
7	方孔红	4	500	25	徐仙火	4	500
8	林冬兰	5	1600	26	徐昌满	5	600
9	林加友	4	400	27	林文胜	3	300
10	蔡依禄	6	1200	28	张　斌	4	500
11	林友德	5	600	29	林启德	4	600
12	詹明照	4	1000	30	陈春花	2	200
13	詹照富	5	500	31	林小春	5	800
14	林小中	2	300	32	林启玉	3	1400
15	林黎明	4	400	33	林启友	5	600
16	陈福庆	5	500	34	林　涛	6	700
17	林小根	6	600	35	曹金娇	1	100
18	张　荣	5	500		合计	146	26900

表 14-8　2020 年方林村三组村民抗击新型冠状病毒肺炎疫情捐款统计表

序号	户主姓名	人数/人	金额/元	序号	户主姓名	人数/人	金额/元
1	罗彩娇	2	200	3	缪能基	5	500
2	缪继华	5	500	4	方　建	4	500

（续）

序号	户主姓名	人数/人	金额/元	序号	户主姓名	人数/人	金额/元
5	方正中	5	500	17	方旭日	4	1000
6	罗昌富	8	800	18	方丽民	4	400
7	谢冬青	2	200	19	王崇献	3	300
8	方再升	4	2300	20	方　义	3	700
9	张小友	4	400	21	缪济海	3	300
10	周荷芳	5	800	22	缪济福	2	200
11	李建国	2	300	23	王玉云	6	2000
12	方红日	2	200	24	方道昌	4	1000
13	缪济雨	3	1000	25	徐云琴	4	700
14	赵素清	4	400	26	方崇文	4	400
15	夏小莲	4	400		合计	100	16300
16	方崇行	4	300				

表14-9　2020年方林村四组村民抗击新型冠状病毒肺炎疫情捐款统计表

序号	户主姓名	人数/人	金额/元	序号	户主姓名	人数/人	金额/元
1	方道夏	5	1000	16	胡利民	2	1000
2	方崇国	3	1000	17	施通行	4	500
3	林美君	3	500	18	蔡香琴	1	100
4	方孔平	3	300	19	徐芦黛	2	200
5	任金华	4	500	20	谢华寿	6	2500
6	张周福	3	800	21	阮雄志	1	100
7	张利民	2	200	22	方金玉	3	500
8	张国民	4	600	23	王大佶	3	500
9	张志民	6	1000	24	谢文国	4	500
10	徐贤德	7	800	25	方崇军	5	800
11	徐芦芦	4	400	26	詹利民	3	300
12	章云娥	1	100	27	陈光正	2	200
13	陈小富	3	500	28	谢勇杰	4	400
14	陈仙森	4	500	29	徐朝华	4	400
15	梁　飚	3	300	30	谢华仁	4	500

（续）

序号	户主姓名	人数/人	金额/元	序号	户主姓名	人数/人	金额/元
31	方小燕	4	400	34	方华良	1	600
32	陈法春	5	700	35	谢华德	4	1000
33	祝荷领	5	500		合计	122	20200

表 14-10　2020 年方林村五组村民抗击新型冠状病毒肺炎疫情捐款统计表

序号	户主姓名	人数/人	金额/元	序号	户主姓名	人数/人	金额/元
1	方 余	2	200	18	方孔森	4	600
2	方金法	4	400	19	张灵江	1	100
3	陈吉富	7	1100	20	陈法平	4	400
4	陈吉梦	5	500	21	罗岳萍	1	100
5	方普禄	5	500	22	陈小平	1	100
6	丁舜民	5	500	23	方孔明	4	500
7	丁禹民	5	1000	24	方仙曾	1	100
8	管人德	5	500	25	张云连	4	800
9	张永清	4	400	26	方瑾�	3	300
10	周 奔	6	500	27	曹保玉	1	100
11	陈丹妮	1	100	28	曹晓军	4	600
12	管人财	5	1400	29	王文琴	4	400
13	方中华	1	2000	30	方普胜	7	1400
14	曹金玲	1	100	31	罗仙德	5	600
15	方普通	3	300	32	方小法	5	500
16	缪中友	4	400	33	蔡正杰	5	3000
17	方　波	1	100		合计	118	19600

表 14-11　2020 年方林村六组村民抗击新型冠状病毒肺炎疫情捐款统计表

序号	户主姓名	人数/人	金额/人	序号	户主姓名	人数/人	金额/元
1	管人湖	3	1000	4	谢明军	3	1200
2	陈才明	4	600	5	陈华能	4	1000
3	张福林	4	400	6	方新斌	3	1000

（续）

序号	户主姓名	人数/人	金额/人	序号	户主姓名	人数/人	金额/元
7	方伟国	4	400	34	谢文斌	4	400
8	管人法	4	5800	35	严小伟	2	200
9	陈秀云	1	100	36	张　勇	4	400
10	谢明波	1	200	37	方崇来	6	700
11	管人海	4	1000	38	方崇杰	5	500
12	阮立春	6	700	39	林荷芳	3	300
13	陈友法	5	500	40	谢文华	6	600
14	陈才满	5	600	41	方崇福	5	500
15	张考云	1	200	42	陈仙秋	5	500
16	阮普妹	4	1000	43	郑冬春	5	800
17	蒋素清	1	200	44	郑冬祥	5	600
18	管人河	3	3000	45	谢大志	4	500
19	谢启德	4	400	46	谢青华	5	500
20	阮小根	4	400	47	谢勇华	6	3500
21	张华福	6	700	48	李美云	4	500
22	陈永盛	5	500	49	方崇尧	6	600
23	陈友河	5	500	50	方金法	7	700
24	罗永福	3	300	51	陈华光	3	1000
25	陈才德	6	600	52	盛荷芳	2	200
26	方建敏	3	1500	53	陈加光	5	500
27	方建武	4	400	54	张仙忠	4	800
28	李义寿	4	400	55	方普根	5	600
29	严仙彬	4	400	56	王妙寿	2	300
30	谢文忠	4	400	57	王妙根	5	1000
31	贺珍芳	2	200	58	郑　波	4	600
32	陈荣华	3	400		合计	233	43800
33	谢明鸥	4	1000				

表14-12 2020年方林村七组村民抗击新型冠状病毒肺炎疫情捐款统计表

序号	户主姓名	人数/人	金额/元	序号	户主姓名	人数/人	金额/元
1	罗永人	5	500	14	谢文建	5	1000
2	李由法	6	600	15	林书生	6	600
3	张普海	6	600	16	林书池	5	600
4	谢文志	6	800	17	方崇桃	4	400
5	李仙由	3	400	18	张华林	5	500
6	李由仙	5	500	19	王妙增	5	500
7	严新伟	4	400	20	王妙林	7	1300
8	严通河	6	600	21	阮小秋	4	400
9	谢文元	5	800	22	蔡领娥	4	400
10	李胥正	1	100	23	张士泉	1	1000
11	张三玉	4	400	24	方崇河	5	600
12	张小海	5	500	25	方春林	5	500
13	管娇云	2	300		合计	114	14300

表14-13 2020年新方林人（非方林村户籍）抗击新型冠状病毒肺炎疫情捐款名单

序号	户主姓名	人数/人	金额/元	序号	户主姓名	人数/人	金额/元
1	周建林	1	600	8	王军辉	1	300
2	潘想玉	1	200	9	袁建忠	1	300
3	刘国宁	1	500	10	陈华金	1	100
4	叶慧颖	1	300	11	戴利花	1	500
5	冯 华	1	300	12	方 芳	1	300
6	枣金定	1	820	合计		12	4520
7	莫恩清	1	300				

助学帮困

助学 2016年，方林汽车城开展“四季阳光党建”“爱在春天”系列活动，台州好德宝4S党支部捐助4.2万元给路南小学一（四）班学生陈婧婷换肝；台州中升晨隆奥迪4S党支部帮助路南小学17位贫困生实现他们的心愿。

2013年，方林汽车城开业10周年，并举办第七届中国（台州）国际汽车展示会。汽车城发起“感恩十年，慈善助学”公益活动。节省10周年庆典和第七届中国（台州）国际汽车展示会费用100万元，通过慈善机构在台州九县（市、区）寻找50名新录取的符合社会贫困家庭条件的贫困大学生，每年给予5000元的助学金，直至帮助他们完成学业。

帮困　2005年，全体党员、村民代表共募捐17079元，救助重病病人。

2010年，方林村与陕西省延安市柳林镇新茂台村签订苹果气调库项目合作协议，向该村捐资800万元兴建苹果冷气储藏库项目，用实际行动支援革命老区，实现合作共赢。

2013年，在方林村打工的四川人骆星鸿发现患癌，想回家养病。村两委获悉，马上召开会议，决定资助骆星鸿2万元。5月27日上午，方林村两委把捐款送到骆星鸿手中。骆星鸿感激万分。

2018年，方林村向四川省广元市朝天区蒲家乡罗圈岩村捐赠8万元帮助该村发展生猪生产。

2008—2019年，方林村投入297400元，帮助村残疾困难户。

附：

管人财入选2012年（台州市）市“助人为乐推荐人物”

陈　琳

方林村老年协会会长管人财入选台州市2012年度“助人为乐推荐人物”，这是对管人财多年来为善助人的肯定。

在方林村，管人财被亲切地称呼为“人财公”。人财公勤恳一生，早年是方林村的老村长，靠着勤劳实干，在村里办了轮窑厂。退休后，他又主动要求到方林老年公寓工作，继续发挥自己的光和热，一直到现在仍担任老年协会会长。

在方林村的老年公寓里，一提到“人财公”大家无不交口称赞。“人财公”的热情、和善、乐于助人是村里公认的，他给人感动的不是惊天动地的事迹，而是蕴含在日常生活中点点滴滴为集体着想、关爱别人、帮助大家的小事。做一件助人的小事，很容易，然而将助人为善坚持一辈子的，却是少之又少，但人财公做到了。老年公寓里住着的老人，如果他们遇到什么麻烦，第一个想到的不是自己的儿女，而是人财公，而人财公无论在哪里，一接到老年公寓的电话就会第一时间跑去解决。关于“人财公”的好人好事三天三夜也讲不完。老年公寓里的郑菊生老人，无儿无女，现在年事已高，时常卧病在床。有一次，老人生病在床起不来，他得知后，马上去看望他，可谁知老人躺在床上大小便失禁，房间里臭味难闻。“人财公”二话不说，忙着将老人的衣服、裤子、被子都换了，并给他请医生看病，喂他吃饭。老年公寓是许多方林老人的归宿之地，这些年也送走了不少老人，对于身患疾病临终前屎尿满身的老人，“人财公”眉头都不皱一下，精心地照顾着他们，身边的人看了无不为之感动。而他却说：“但凡是人都会有老的那一天，方林村历来把忠孝之道作为立村之本，敬老爱老也是方林的好传统，我岁数大了点，更应该做好年轻人的表率。”就是这样一位普通得不能再普通的农民，一位当了40多年“村官”的老人，一名优秀的共产党员，他用感人至深的行动为我们树立了一个好榜样（图14-6）。

图14-6　管人财获路桥区“道德红榜人物”荣誉（2015年3月）

资料来自《方林报》第22期

第五节　结对帮扶

2009年起，方林村成为路桥区慈善总会冠名资助单位，冠名基金1000万元。

方林先后与台州市的3个贫困村结对，扶持路桥区的10个经济薄弱村村级集体经济发展；以项目合作的方式，在不让对方承担项目风险前提下，引进项目带动周边村庄如洪洋村、杨戴村、肖谢村、肖王村、方家村等村级集体经济发展；帮助安徽宿州甬桥区、黄岩区上洋乡上洋村、天台县平桥镇岭脚村、白鹤镇繁荣村等地脱贫致富。

2010年4月19日，方林村与陕西省延安市宝塔区柳林镇新茂台村结为友好村，并签订友好结对协议。

2018年5月27日至6月1日，由中国农村促进会主办、方林村承办、云南省民族宗教委员会协办的“2018少数民族乡村领军人才走进路桥暨乡村振兴战略研修班”在方林村举办。在研修班上，方林村捐资10万元支持少数民族村发展经济。

2018年5月29日，方林村资助路桥区结对帮扶对象——四川广元朝天区蒲家乡罗圈岩村扶贫款8万元，用于发展生猪生产。

第六节　义务献血

2011年8月3日上午，在方林汽车城中心广场举行由方林集团团委和妇联组织的“感恩社会·奉献爱心”无偿献血活动。方林集团各部门、下属市场、公司员工、各联谊单位等160多名志愿者积极参加献血。最后103名志愿者共献血21000毫升（图14-7）。

图14-7　浙江方林集团无偿献血活动现场（2011年8月3日）

2015年6月5日上午，方林4S党总支和方林汽车城组织“感恩社会·奉献爱心”无偿献血活动，4S党总支各支部、下属市场、公司员工等50多人参加献血，共献血10400毫升。

2018年8月23日，由路南街道办事处主办、路桥区卫计局协办的“路桥区纪念《献血法》实施20周年无偿献血”活动在方林汽车城举行。活动得到方林汽车产业服务集聚区广大员工和周边群众积极响应，有数百名符合条件的志愿者成功献血，共献血约45000毫升。

2020年8月14日上午，方林汽车4S党总支、方林汽车产业服务集聚区发起“爱的传递，从你卷起袖子开始”无偿献血活动。100多人参加，符合献血条件的57人，共献血18600毫升。此次活动中村党委副书记林荣辉献血400毫升。从2004年第一次参加无偿献血至今，林荣辉已累计献血4000毫升（图14-8）。

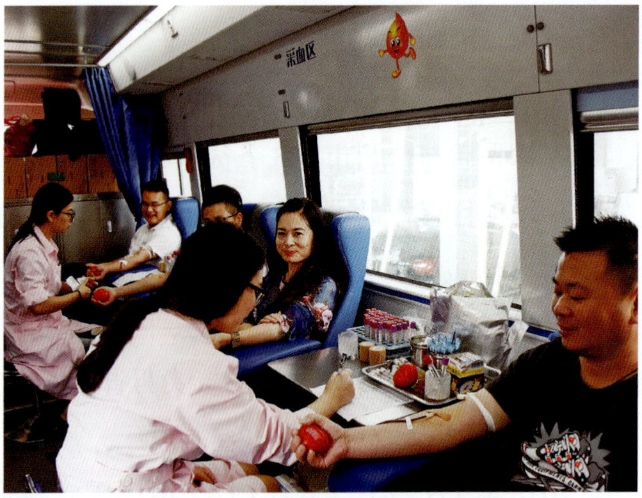

图14-8　方林村村民在义务献血（2016年10月）

第七节　殡葬改革

1996年，台州市政府推行殡葬改革。方林村殡葬改革于1998年12月1日零时实行。村确定村委会主任为第一责任人，落实殡葬改革任务，解决工作中的实际问题和困难，深入搞好宣传教育和引导。2017年4月29日，召开党员、村民代表会议，签订丧葬礼俗改革承诺书。同时，确定殡改信息员，建立联络员工作网络，及时掌握丧户信息，做到事前宣传劝导，实行全程跟踪监督管理，及时制止违规丧葬行为。村还划定吉利大道、方林路等主要道路为丧葬活动禁鸣区，不得在送丧时使用电子礼炮，不得在主要街巷等公共场所及学校、医院附近燃放烟花爆竹。

从殡葬改革开始之日至2020年去世的方林村村民，均按照规定实行尸体火化，文明送葬，埋至南山陵园（表14-14）。

表14-14　1987—2017年方林村享年80岁以上已故高龄老人名单

姓　名	性别	生卒年份	寿龄/岁
蒋永春	女	1903—2006	103
王荷英	女	1916—2014	98
林新河	男	1899—1995	96
谢大姐	女	1912—2008	96
管平珍	男	1899—1994	95
方德惠	男	1894—1987	93
缪招玉	女	1917—2010	93
王直根	男	1918—2011	93
王秀英	女	1921—2014	93
阮小美	女	1901—1993	92
方德泉	男	1919—2011	92
应四妹	女	1923—2015	92
陈方义	男	1924—2015	91
缪立亨	男	1904—1994	90
王梅英	女	1925—2015	90

（续）

姓　名	性别	生卒年份	寿龄/岁
陈每每	女	1923—2012	89
施明品	男	1925—2014	89
徐桂芳	男	1928—2017	89
罗邦友	男	1904—1991	87
陈秀英	女	1915—2002	87
张　明	男	1916—2003	87
陈招森	男	1916—2003	87
任小美	男	1918—2005	87
张普香	女	1929—2016	87
林小妹	女	1893—1979	86
张小凤	女	1915—2000	85
蔡五妹	男	1929—2013	85
陈　英	女	1912—1996	84
林美春	男	1927—2011	84
陈友波	男	1928—2012	84
金玉领	女	1931—2015	84
林必行	男	1917—2000	83
谢荷兰	女	1924—2015	83
方道坤	男	1928—2011	83
陈玉芳	女	1932—2015	83
方崇富	男	1914—1996	82
马玉琴	女	1926—2008	82
王清娥	女	1929—2014	82
许荷领	女	1934—2016	82
方普福	男	1911—1992	81
林必先	男	1911—1992	81
陈梅玉	女	1917—1998	81
方崇禄	男	1920—2001	81

（续）

姓　名	性别	生卒年份	寿龄/岁
林仙法	男	1921—2002	81
谢玉英	女	1931—2012	81
谢春普	男	1931—2012	81
陈友浪	男	1933—2014	81
林寿增	男	1933—2014	81
管康寿	男	1933—2014	81
刘彩娇	女	1934—2015	81
潘福培	女	1907—1996	80
缪仙法	男	1921—2001	80
方崇基	男	1926—2006	80
郑迪生	男	1927—2004	80

第十五编

教育　医疗　体育

清同治年间，方林村有私塾。方林苑一期建成后，路南中心幼儿园落户方林苑小区，村幼儿优先入学，并免交集资费，学费优惠30%。1998年，奖学金制度写入《方林村村民自治章程》，就读高中（包括职高）以上的学生，村每年都发给奖学金；考入名牌大学和获得高学历、学位的另有一次性奖励。

20世纪90年代，方林村参与社会办学，联合创建东方理想学校。开办村民学校、开设路南老年广播电视大学方林教学点、妇女素质学校，提高村民的文化素质。

方林村设有社区卫生站和两所村卫生室。每两年为村民免费提供体检。开展健康教育，举行健康知识讲座。在实行新型农村合作医疗保险同时，出台村民医疗报销制度，减轻村民经济负担。

改革开放以来，方林村随着村级经济发展，休闲健身成为村民主要业余生活。村内体育健身设施和场所基本完备，除灯光网球场、篮球场、羽毛球场、健身房、乒乓球室、门球场、游泳池，还建有俱乐部、老年体育活动中心，成立老年桥牌队、门球队、青年篮球队、中老年佳木斯队、排舞队等体育团队，经常举办各种体育比赛，并在各级各类比赛中取得佳绩。

第一章 教 育

中华人民共和国成立前，方林村绝大多数村民为文盲、半文盲，读书的不多。中华人民共和国成立初期，村民尽管有上学机会，但由于生活困难，不少村民读不起书，有的仅为小学程度，文盲数量较多。改革开放以后，随着经济的迅速发展，幼儿教育、中小学教育和成人教育快速发展。特别是村实行助学奖学政策后，村民们接受教育的积极性大增。村民文化素养提高，不仅出现大学生，还出现研究生、博士生等高学历人才。2020年，全村在校学生185人（包括中小学生、大学生、留学生），具有高中以上文化程度的247人。

第一节　私人办学

清同治年间，热心教育的石曲人蔡鲁封捐田30亩在石曲下堡置办“养性义塾”。后又组织各富户助田35亩，置办“敦本义塾”。同治十二年（1873年），知县孙憙在石曲设志福堂，并其田40亩置办“通经义塾”。至光绪三十年（1904年）改办敦本初级小学。民国三十年（1931年），敦本初级小学改为石曲镇中心国民小学堂，即现路南小学。民国六年（1917年），里人蔡元灏室人罗淑芳女士在石曲上堡创办诵芬女子小学，经费常年由蔡、罗等承担，后改为初级小学。方林村有见识的村民都送子女进私塾读书，多则十余人，少则三四人。课程大致包括识字、读书、写字、对课、描红、作文等环节。学童入学先教识字，采用《百家姓》《千字文》《三字经》《神童诗》《千家诗》《幼学琼林》等启蒙读本为教材。教学方法通常为一对一个别教学。早上先背旧课，再上新课，逐字正音，逐句讲解文义，然后回座熟读；午前习字，从把写、描红、影格到临帖，写好后交还塾师；下午先理旧课，反复读，再对课作文，要求按时完成，递交塾师批阅。每月收学生少量米，每逢农历初一、月半收银珠钱，一元或二元自便。民国时期，新学渐兴，一些私塾或撤销，或改为小学，个别至中华人民共和国成立后才停办。

1998年，方林村出现由私人创办的小小幼儿园，作为公办幼儿园的补充。

第二节　村属学校

幼儿园

方林村幼儿教育始于20世纪50年代。农业合作化时期，村开办农忙托儿所、幼儿园，仅在农忙季节收留幼儿；50年代末期，黄岩县委、县政府要求各地生产队大力发展托儿所、幼儿班，县文教局、各级妇女联合会动员家长送孩子入托入园。那时方林生产队几乎每个小队都办有全日制托儿所、幼儿园，以便家长一心一意去“大炼钢铁”“大抓粮食”，确保“两个元帅”升帐。方林生产队的托儿所、幼儿园由生产队妇女主任谢玉香负责。幼儿班为大、中、小混合班。教师给幼儿讲故事、做游戏、唱歌、跳舞等。幼儿园工作得到公社妇联的肯定。

农民夜校

1949年冬，方林村开办冬学，学员多为妇女。1951年11月，村开展村民速成识字和冬季扫盲运动，办起农民夜校和午休班，邀请小学教师授课，址设方道福家。村干部、农会会员、妇女委员和部分村民报名参加学习，多的时候有60多人。农民夜校利用晚上时间学习常用的字词句，以及借条、收条等应用文和其他简单文章的写作。1958年，黄岩县开展以6昼夜为期的突击扫盲运动，方林村根据黄岩县县委、县政府要求，开展突击扫盲，扫除文盲32人。

“文化大革命”期间，农民文化教育停顿。1972年，开办政治教育、农业技术、文化知识三结合夜校。1974年，方林村学习天津小靳庄经验，开办政治夜校。

村民学校

2001年12月25日，方林村依托老年协会，开办村民学校。不定期开设讲座。邀请路南小学老师、有关人士，向学员讲解家庭道德建设、城市建设与土地管理，讲解《中华人民共和国经济合同法》《中华人民共和国治安管理处罚条例》、养生保健、烹饪、自我保护、防骗等知识。学员多时五六十人，少时二三十人，多为老人妇女。到2020年，开办讲座40多场，受学3000多人次。

路南老年电大方林教学点

2006年，方林村开设路南老年电大方林教学点。由张茂法负责。首期学员30人。2017年，有学员陈雪荷、余云芳、蔡普娇、周荷芳、谢香莲、吴秀芳、陶玉娥、方素莲等41人。由路南街道张李村原党支部书记张士朝讲授人的体质与保健养生知识，分为10章21节。2018年，学员增加到47人。是年3—7月，由张士朝讲授中国茶文化，共10章。2018—2019年1月，由张士朝讲授生活与保健，共10章。2019年，学员增加到60人。由张士朝讲授修养与礼仪，共10讲。

第三节　外属学校

方林村村域内的外属学校有路南街道路南中心幼儿园和石曲中心小学。于1986年实行九年制义务教育。方林村义务教育入学率达到100%。

路南街道路南中心幼儿园

路南街道路南中心幼儿园始创于1995年。1998年，路南街道中心幼儿园向方林村租赁方林苑内土地3亩，新建路南街道中心幼儿园。1999年新园舍建成。方林村幼儿凭户口簿，享受入学优先权，免交集资费，学费优惠30%（图15-1）。

路南街道中心幼儿园不断扩大规模，分别于2011年2月、2014年9月创办峰江1+2幼儿园、秀水铭苑幼儿园和秀水教育（集文化、艺术一站式培训机构）等3所分园。2005年被评为路桥区二级幼儿园，2007—2009年连续被评为路桥区级文明单位。2008年，被评为路桥区第一批浙江省二级幼儿园，2015年，1+2园区被评为省二级幼儿园；2020年，有教职工92人，其中教师55人，获得大专文凭以上的达53人。共设有25个班级，700多名幼儿。

图15-1　路南街道中心幼儿园（2009年6月）

路南街道中心幼儿园注重让幼儿参加社会实践活动，从小接受社会公德、家庭美德等教育，培养他们高尚的道德情操和社会活动能力。

2008年5月，汶川发生大地震。5月15日上午，路南中心幼儿园小朋友在石曲街、菜市场、汽车南站等处为灾区募捐。当天，共募捐到爱心款27045.5元。

2010年，为纪念第100个三八国际妇女节，各个班级的小朋友们开展爱妈妈、感恩妈妈系列主题活动，培养他们的孝心和感恩心。

2016年9月23日，举行爱国主义主题教育。通过观看天安门升旗仪式的视频、举行升旗仪式和爱国知识问答、玩游戏挣积分换奖品等一系列活动，培养孩子们热爱祖国情感。

2017年8月22日，幼儿园开展“共建方林、美好家园”主题活动。孩子们组建“创卫保洁队”，在教师的带领下，到大街上捡烟蒂等垃圾，宣传文明，与大人“手拉手，共建美好方林”。

2018年5月30日，路南中心幼儿园在方林大会堂举行“放飞梦想快乐成长”六一文艺会演，数百名孩子和家长齐聚一堂，用精彩的文艺会演庆祝六一国际儿童节的到来。

2019年4月22日，是第50个“世界地球日”。幼儿园开展“热爱幸福家园，呵护美丽国土”主题教育。通过各种有趣的游戏，使小朋友们了解垃圾分类知识，增强孩子们的低碳绿化环保意识。

路南中心小学

方林村儿童小学教育主要由村域内路南中心小学实施。路南中心小学位于路南街道石曲街52号。其前身先后为敦本初级小学、石曲镇中心国民小学、石曲小学、路南街道中心小学。1994年6月5日扩建。2006年更名为路南中心小学，为路桥区一级小学，曾先后荣获浙江省义务教育标准化学校、台州市文明单位、路桥区“五好学校”等30多项荣誉称号。2019年有专职教师101名，其中具有中学高级职称6人，小学高级职称50人，浙江省、台州市教坛新秀6人，市、区名教师4人，获市、区级各类教学能手、学科带头人等荣誉称号的70多人次。是年，学校有37个教学班，1635名学生。校长是王相春。

第四节　合作办学

2013年7月，方林集团与九鼎集团、东运集团联合创办“路桥区东方理想学校”，注册资金500万元，方林集团占17%股份，当年投入85万元注册资金。学校暂租路桥小学校区。2013年9月5日，东方理想学校举行开学典礼。学校董事长、方林集团党委书记方中华、副董事长东运集团应东运、九鼎集团负责人等，以及86名七年级新生、21名老师参加开学典礼（图15-2）。

图15-2　东方理想学校主要校董及学校领导合影（2013年9月）

东方理想学校是一所推行小班化教学的小学到高中十二年一贯制学校。办学目标是“探索理想教育，实现教育理想”，培养学生全面而有个性地发展；办学定位是“学业成绩与综合素质双丰收”；办学理念是“既仰望星空又脚踏实地”。学校借助学生会、“小鬼当家”“学科小老师”和各种特色课程以及学科竞赛平台，注重挖掘学生内在潜力，提升学生综合素质。“理想教育”“自主管理”“自主学习”是学校三大教育品牌，被列为浙江省15所综合改革试点学校之一。学校拓宽办学渠道，先后与加拿大维多利亚教育局、中国教育科学研究院未来学校实验室、上海远播教育集团、英国LARGE architects设计室签订教育合作协议，共同打造东方理想学校全国“未来理想学校”的样板。2017年开始，学校在课程建设、师资团队建设、学校管理等各方面全面推进IB认证，即国际文凭认证。国际文凭组织IBO从2020年3月1日起，将东方理想学校列为IB候选学校”。

2014年，学校有10个教学班，279名学生，平均每班28个学生，教职工43人；2015年在校学生550人，教职工71人；2020年，学校有22个教学班，其中七年级8个班、八年级6个班、九年级8个班。共有学生957人，教职工110人。

师资力量

2020年，110名教职工中有专任教师83人。一线教师均取得大学本科毕业文凭，其中教育学博士1人，硕士研究生2人，持证率为95%，学历合格率达96%。有台州市名校长1人，浙江省特级教师3人；全国优秀教师、全国优质课二等奖获得者2人；台州市级名师、骨干教师、教坛新秀4人；来自美国的外籍教师1人；路桥区级以上名优骨干教师占比近30%，有50多人次在区级以上各类评比、教学竞赛、教学比武中获奖。校长卢献成为全国教育核心期刊《中小学管理》杂志2015年第5期封面人物。

课程设置

进行系统的校本课程开发。2018年，开出“入学课程”“走进自然”“走进社会”“励志登山”“北京游学”“丝绸之路游学”“团队领导力”“理想教育”等综合性特色课程，同时开出34门社团进修课程。2020年11月12日，2019级八年级336学生在方林村进行“走进社会”综合实践课程集中考察活动。学校在课程改革中的经验成为浙江省义务教育深化课程改革先行学校典型经验。

办学成果

2016年，参加中考的94名学生中有37人被路桥中学和北师大台州附属高级中学录取，录取率为39.4%，高居全区第一；上路桥中学最低录取线51人，上线率高达54.3%，亦居全区第一。方林集团向东方理想学校取得的优异成绩表示热烈祝贺并送上慰问金。

2017年，198名初中毕业生，有67名考生被路桥中学、台州一中、台州高级中学、黄岩中学等校录取。省一级重点高中或特色示范高中录取率达33.84%，高居全区第一。

86名考生上路桥中学最低录取分数线，上线率达43.4%，高居全区第一。

2018年，东方理想学校办学5周年。5年来，三届初中毕业生，中考平均分、重点中学录取率均名列路桥区及台州市前茅。是年，254个学生参加中考，121人被路桥中学、椒江一中、黄岩中学、北师大附中录取，录取率高达47.6%，高居全区第一。151个学生达到路桥中学录取上线率，占考生的59.5%，高居全区第一。

2019年，299名考生，122人被路桥中学、椒江一中、黄岩中学、台州高级中学正式录取，录取率高达40.8%，居全区第一。180人达到路桥中学最低录取分数线，上线率达60.2%；居全区第一。许丁尹、陆之滢、尤优三位同学中考成绩跻身全区前10名。

是年，在路桥中学等省特色示范高中特长生测试中，有13位同学进入全区前46名。陈施宇、罗浩伦同学获第二十六届全国青少年爱国主义读书教育活动全国三等奖；余林熹同学在2019年第四届中国·台州国际武术节上斩获两个单项第一名；吕大杭、叶一涵、王可欣、潘智嫣同学在浙江省第六届“兰亭奖”中小学生书法大赛路桥赛区比赛中分获一、二等奖。

学校先后获得浙江省校园文学与校本课程教材开发研究实验学校、浙江省初中科学课程规范实施基地，浙江省义务教育标准化学校，浙江省课程改革先行学校等荣誉称号，入选“浙江省义务教育深化课程改革先行学校典型经验”，台州市路桥区“五好学校”，台州市路桥区“美丽校园”。

第五节　培训教育

方林村重视村民的培训工作，开设女性素质学校，开展短期培训，同时用“走出去”的办法，培养年轻干部。

女性素质学校

2004年，方林村妇联办起女性素质学校，通过不定期的培训，提高女性素质。校长为村妇联主任林红。是年，举办“失土妇女电脑培训班”，30名失土妇女参加培训。次年又开设计算机初级培训班，32名妇女获得计算机合格证书。

2006年，进行妇女维权知识培训。2009年，20多个妇女参加学校举办的插花培训。

2012年7月16日晚，妇联举办点心DIY培训。10多位妇女参加。点心师和学员们互动，一边游戏，一边制作点心，让学员们了解蛋糕的制作过程。

2019年3月5日，为进一步普及急救知识，提高应对突发事件和意外伤害事故的自救互救能力，妇联邀请路南卫生院吴剑院长为110余名妇女进行现场急救知识培训。吴院长携带人体模型进行现场演示，就心肺复苏、人工呼吸等急救知识与技能进行详细讲解，指导学员操作演练，让学员真正掌握心肺复苏的救护技巧，受到了妇女们的欢迎。

村干部培训

2012年3月，方林村投入十七八万元，选送年轻的两委会成员方浩、方崇奇、林荣辉、尚永斌、方刚等参加浙江大学管理学院第21期高级工商管理（EMBA）总裁研修班。

2014年5月24—29日，方中华赴京参加为期6天的2014年第一期全国人大代表专题学习班。国家发改委副主任连维良作《认真学习贯彻党的十八届三中全会精神 充分发挥经济体制改革牵引作用》的报告，国务院物联网领导小组组长、中国工程院院士邬贺铨作关于现代信息科技的发展与产业变革等专题讲座。

是年6月5日，方中华参加台州市四届人大代表培训会。培训班上，省疾控中心副主任丁刚强作“食品安全”知识讲座，市政府秘书长陈才杰作“五水共治”辅导报告，省人大办公厅信息中心主任倪永军介绍“代表履职服务平台”设立的意义、作用和使用方法。

第六节　奖学金制度

1987年开始，方林村设立并实行奖学金制度。是年，在读高中生、中专生每人每年补助70元，大学生每人每年补助100元。

1998年，方林村将奖学金制度写入《方林村村民自治章程》，以章程形式确定下来。章程指出：“为了迅速提高全村村民的整体素质，实行奖学金制度。”考入大专院校的村民子女每年奖600元；考入高级中学、中专、师范的村民子女每年奖300元；自费上大专院校、高级中学及职业高中的村民子女每年奖200元。以后，随着村级经济的发展，奖学金额不断增加。2000年，考入大专院校的村民子女奖学金每年从1998年的600元提高到1000元，自费上大专院校学习的每年800元；考入高级中学、中专、师范的村民子女奖学金从1998年的300元提高到500元；自费上高级中学及职业高中的村民子女每年奖300元（表15-1）。

2013年，对享受村集体福利待遇的村民实行奖学金制度（不包括自学考试、函授和远程教育）。考入大学本科的，每学年奖学金2000元；考入大学专科或成人高校（全脱产）以及自费上大学的，每学年奖学金1200元；考入本辖区重点高中的，每学年奖学金1000元；考入普通高中或职业高中的每学年奖学金800元；考入全国十大名校（以入学当年的排名为准）一次性奖励10000元，其中清华、北大为15000元；凡在九年制义务教育期间户籍在本村，且当时符合村集体福利待遇条件的，现获得博士毕业证书和学位证书的，一次性奖励30000元；对家庭确有困难的在校生，村里帮扶助学（表15-2）。

2017年修订的《方林村村民自治章程》规定，考入高中或职业高中的，凭录取通知书，每年奖学金3000元；考入专科、本科的，凭录取通知书，每年奖学金3000元；考入清华、北大的，凭录取通知书，一次性奖励2万元；获得博士毕业证书的，一次性奖励3万元；村民家庭确有困难的在校生，村帮扶助学完成学业。2021年修订的《方林村村民自治章程》规定，考入高中或职业高中的，凭录取通知书，每年奖学金3000元；考入专科的，每年奖学金5000元，考入本科的，凭录取通知书，每年奖学金8000元；考入清华、北大的，凭录取通知书，一次性奖励5万元；考入985大学，一次性奖学金2万元；获得博士毕业证书的，一次性奖励8万元；村民家庭确有困难的在校生，村帮扶助学完成学业（表15-3）。

1998年至2020年，方林村共发放奖学金1715850元（缺1999年数字）。

表15-1　2009—2020年方林村高中（职高、中专）生领取奖学金名单

单位：元

姓　名	2009年	2010年	2011年	2012年	2013年	2014年	2015年	2016年	2017年	2018年	2019年	2020年
张舜浩	—	—	—	1000	1000	1000	—	—	—	—	—	—
陈星蓓	—	—	—	—	1000	1000	1000	—	—	—	—	—
林泽来	—		—	—	1000	1000	1000	—	—	—	—	—
林枫栩	—	—	—	800	800	800	—	—	—	—	—	—
陈　佳	—	—	—	800	800	800	800	—	—	—	—	—
严若嘉	—	—	—	—	800	800	800	—	—	—	—	—
方心怡	—	—	—	—	800	800	800	—	—	—	—	—
施　雅	—	—	—	800	800	800	—	—	—	—	—	—
王　江	—	—	—	—	800	800	800	—	—	3000	3000	—
张艾妮	—	—	—	—	—	800	800		3000	—	—	—
张艾刚	—	—	—	—	—	800	—	—	—	—	—	—
李阳阳	—	—	—	—	—	800	800	800	—	—	—	—

（续）

姓　名	2009年	2010年	2011年	2012年	2013年	2014年	2015年	2016年	2017年	2018年	2019年	2020年
詹志文		—	800	800	800	—	—	—	—	—	—	—
陈安娜	—	—	800	800	800	—	—	—		—	—	—
林国宝	—	—	800	800	800	—	—	—	—	—	—	—
方泓力	—	—	—	800	800	—	—	—	—	—	—	—
方怡影	—	—	—	—	800	800	800	—	—	—	—	—
方　一	—	—	—	800	800	800	—		3000	—	—	—
张峰铭	—	—	—	—	800	800	—	800	—	—	—	—
戴嘉姿	—	—	1000	1000	1000	—	—	—	—	—	—	—
张　俏	—	—	1000	1000	1000	—	—	—	—	—	—	—
管敏泽	—	1200	1000	—	1000	—	—	—	—	—	—	—
方　嫒	—	—	1000	1000	1000	—	—	—	—	—	—	—
林　莹	800	800	800	—	—	—	—	—	—	—	—	—
缪知臻	800	800	—	800	—	—	—	—	—	—	—	—
方毅健	—	1000	1000	1000	—	—	—	—	—	—	—	—
李映艳	—	800	800	800	—	—	—	—	—	—	—	—
方卫国	—	800	800	800	—	—	—		—		—	—
方佳慧	800	800	800	800	—	—	—	—	—	—	—	—
方宇靖	800	800	800	—	—	—	—	—	—	—	—	—
黄　威	800	1000	1000	—	—	—	—	—	—	—	—	—
管林龙	800	800	800	—	—	—	—	—	—	—	—	
方　瑞	800	—	800	—	—	—	—	—	—	—	—	
陈一冰	—	—	1600	—	—	—	—	—	—	—	—	—
方　余	800	800	800	—	—	—	—	—	—	—	—	—
谢世宇	800	1000	1000	—	—	—	—	—	—	—	—	
方佳佳	800	800	800	—	—	—	—	—	—	—	—	
陈　鹏	800	—	—	—	—	—	—	—	—	—	—	—
陈岩亮	800	—	—	—		—	—	—	—	—	—	—
方若彬	800	800	—	—	—	—	—	—	—		—	—
林鹏远	800	800	—	—	—	—	—	—	—	—	—	—

（续）

姓　名	2009年	2010年	2011年	2012年	2013年	2014年	2015年	2016年	2017年	2018年	2019年	2020年
林秀鹏	800	—		—	—		—	—	—	—	—	—
梁怡梦	—	—	—	—	—	800	800	—	—	—	—	—
梁怡梦	—	—	—	—	—	800	—	—	—	—	—	—
管敏治	—	—	—	—	—	800	800	—	—	—	—	—
林宵伊	—	—	—	—	—	—	800	800	3000	—	—	—
郑雨欣	—	—	—	—	—	—	800	800	3000	—	—	—
方嘉盛	—	—	—	—	—	—	800	800	3000	—	—	—
李　懿	—	—	—	—	—	—	1000	1000	3000	—	—	—
王黎洁	—	—	—	—	—	—	—	800	3000	3000	—	—
林禹萱	—	—	—	—	—	—	—	800	—	—	—	—
陈奕霖	—	—	—	—	—	—	—	800	3000	3000	—	
谢雨含	—	—	—	—	—	—	—	1000	3000	3000	—	—
谢妨妤	—	—	—	—	—	—	—	800	3000	3000	—	—
林子鹮	—	—	—	—	—	—	—	800	3000	—	—	—
林子渝	—	—	—	—	—	—	—	1000	3000	—	—	—
罗婷于	—	—	—	—	—	—	—	800	—	—	—	—
方　宇	—	—	—	—	—	—	—	800	—	3000	—	—
林子涵	—	—	—	—	—	—	—	800	3000	—	—	—
阮钰淇	—	—	—	—	—	—	—	1000	3000	3000	—	—
张豪杰	—	—	—	—	—	—	—	800	3000	3000	—	—
方振宇	—	—	—	—	—	—	—	800	3000	3000	—	—
方辛达	—	—	—	—	—	—	—	800	3000	3000	—	—
廖雨茜	—	—	—	—	—	—	—	1000	3000	3000	—	—
谢媛妤	—	—	—	—	—	—	—	—	3000	—	—	—
陈姿安	—	—	—	—	—	—	—	—	3000	3000	3000	—
林骥炜	—	—	—	—	—	—	—	—	3000	3000	3000	—
张宇轩	—	—	—	—	—	—	—	—	3000	3000	3000	—
谢东东	—	—	—	—	—	—	—	—	3000	3000	—	—
张家豪	—	—		—	—	—	—	—	3000	—	—	—

（续）

姓 名	2009年	2010年	2011年	2012年	2013年	2014年	2015年	2016年	2017年	2018年	2019年	2020年
林可可	—	—	—	—	—	—	—	—	3000	3000	3000	—
林意婷	—	—	—	—	—	—	—	—	3000	3000	—	—
谢敏峰	—	—	—	—	—	—	—	—	—	—	3000	3000
方永奇	—	—	—	—	—	—	—	—	3000	3000	3000	—
盛榆画	—	—	—	—	—	—	—	—	3000	3000	3000	—
严培瑜	—	—	—	—	—	—	—	—	3000	3000	3000	—
方 雷	—	—	—	—	—	—	—	—	3000	3000	3000	—
戴嘉欣	—	—	—	—	—	—	—	—	3000	3000	3000	—
谢振阳	—	—	—	—	—	—	—	—	—	3000	3000	3000
王跃鹏	—	—	—	—	—	—	—	—	—	3000	3000	3000
戴欣宇	—	—	—	—	—	—	—	—	3000	3000	—	—
管晟宇	—	—	—		—	—	—	—	—	3000	3000	3000
严若瑄	—	—	—	—	—	—	—	—	—	3000	3000	3000
方昱盛	—	—	—	—	—	—	—	—	—	3000	3000	3000
方俊达	—	—	—	—	—	—	—	—	—	3000	3000	3000
谢伊玲	—	—	—	—	—	—	—	—	—	3000	3000	—
詹雨希	—	—	—	—	—	—	—	—	—	3000	3000	3000
谢依婷	—	—	—	—	—	—	—	—	—	3000	3000	—
王婷晓	—	—	—	—	—	—	—	—	—	—	3000	3000
谢唯一	—	—	—	—	—	—	—	—	—	—	3000	3000
方 岚	—	—	—	—	—	—	—	—	—	—	3000	—
张皓杰	—	—	—	—	—	—	—	—	—	—	3000	3000
王栌翊	—	—	—	—	—	—	—	—	—	—	3000	3000
谢晨晖	—	—	—	—	—	—	—	—	—	—	3000	3000
严晨懿	—	—	—	—	—	—	—	—	—	—	3000	—
谷昱侪	—	—	—	—	—	—	—	—	—	—	3000	3000
谢政恬	—	—	—	—		—	—	—	—	—	3000	3000
罗华泽	—	—	—	—		—	—	—	—	—	3000	3000

（续）

姓　名	2009年	2010年	2011年	2012年	2013年	2014年	2015年	2016年	2017年	2018年	2019年	2020年
方希羽	—	—	—	—	—	—	—	—	—	—	3000	3000
谢振阳	—	—	—	—	—	—	—	—	—	—	3000	3000
罗煜斐	—	—	—	—	—	—	—	—	—	—	3000	3000
丁家琨	—	—	—	—	—	—	—	—	—	3000	3000	3000
蒋翱阳	—	—	—	—	—	—	—	—	—	—	3000	3000
张凌绮	—	—	—	—	—	—	—	—	—	—	—	3000
林恒毅	—	—	—	—	—	—	—	—	—	—	—	3000
张涵涵	—	—	—	—	—	—	—	—	—	—	—	3000
林倩茹	—	—	—	—		—	—	—	—	—	—	3000
林柯安	—	—	—	—	—		—	—	—	—	—	3000
谢昀桐	—	—	—	—	—	—	—	—	—	—	—	3000
谢乐乐	—	—	—	—	—	—	—	—	—	—	—	3000
戴林丞	—	—	—	—	—	—	—	—	—	—	—	3000
谢锦艺	—	—	—	—	—	—	—	—	—	—	—	3000
严晨懿	—	—	—	—	—	—	—	—	—	—	—	3000
王铭杰	—	—	—	—	—	—	—	—	—	—	—	3000
方钰媛	—	—	—	—	—	—	—	—	—	—	—	3000
方景颢	—	—	—	—	—	—	—	—	—	—	—	3000
方建豪	—	—	—	—	—	—	—	—	—	—	—	3000
李俏瑾	—	—	—	—	—	—	—	—	—	—	—	3000
严婉荧	—	—	—	—	—	—	—	—	—	—	—	3000

表15-2　2009—2016年方林村大学生领取奖学金名单

单位：元

姓　名	2009年	2010年	2011年	2012年	2013年	2014年	2015年	2016年
林群馥	800	1000	2000	2000	2000	2000	—	—
陈阳阳	800	1000	2000	2000	2000	2000	—	—
方宇靖	—	—	—	2000	2000	2000	2000	—
黄　威	—	—	—	2000	2000	2000	2000	—

（续）

姓　名	2009 年	2010 年	2011 年	2012 年	2013 年	2014 年	2015 年	2016 年
方佳慧	—	—	—	—	2000	2000	2000	2000
方毅健	—	—	—	—	2000	2000	—	2000
李映艳	—	—	—	—	2000	2000	2000	2000
管敏泽	—	—	—	—	2000	2000	2000	2000
张　倩	—	—	—	—	—	2000	2000	2000
林　莹	—	—	—	1200	1200	1200	—	—
缪知臻	—	—	—	1200	1200	1200	—	—
林国宏	—	—	—	—	—	1200	1200	—
方　媛	—	—	—	—	—	1200	1200	1200
金凌晓	800	800	1200	1200	1200	—	—	—
方若彬			1200	1200	1200	—	—	—
陈　勇			1200	1200	1200	—	—	—
张静娅	800	800	1200	1200	1200	—	—	—
方　宇	800	800	1200	1200	1200	—	—	—
王妙妙	800	2000	2000	2000	2000	—	—	—
谢涤峰	800	1000	2000	2000	2000		2000	—
林子尧	—	1000	1000	2000	2000	2000	2000	2000
缪文博	1500	1200	2000	2000	2000	—	—	—
谢世宇	—	—	—	2000	2000	2000	2000	—
陈一冰	—	—	—	2000	2000	—	—	2000
方卫国	—	—	—	—	2000	2000	—	2000
管佳茜	1500	2000	2000	—	2000	—	—	—
曹娴倚	800	1200	1200	1200	—	—	—	—
方　腾	1500	—	—	2000	—	—	—	—
方　铭	1500	1200	—	1200	—	—	—	—
李雄峰	1500	1200	—	1200	—	—	—	—
梁　吟	1500	—	—	1200	—	—	—	—

（续）

姓　名	2009年	2010年	2011年	2012年	2013年	2014年	2015年	2016年
王　静	800	1200	—	1200	—	—	—	—
林格格	800	2000	—	400	—	—	—	—
陈　莹	1500	—	4000	—	—	—	—	2000
张亚妮	1500	—	4000	—	—	—	—	—
陈露茜	1500	1200	1200	—	—	—	—	—
林章明	1500	1200	1200	—	—	—	—	—
陈　勇	800	800	—	—	—	—	—	—
丁旭昌	1500	2000	2000	—	—	—	—	—
陈　瑶	1500	1200	1200	—	—	—	—	—
方　一	—	—	4000	—	—	—	1200	1200
张　璐	1500	—	4000	—	—	—	—	—
陈　刚	1500	—	—	—	—	—	—	—
陈俏峰	1500	2000	—	—	—	—	—	—
方杭平	1500	—	—	—	—	—	—	—
方静洁	1500	—	—	—	—	—	—	—
方　力	1500	—	—	—	—	—	—	—
方柔安	1500	—	—	—	—	—	—	—
方晓红	1500	1200	—	—	—	—	—	—
管亚妮	1500	—	—	—	—	—	—	—
林　芬	1500	—	—	—	—	—	—	
林佳安	1500	—	—	—	—	—	—	—
王　成	20000	—	—	—	—	—	—	—
王　莉	1500	—	—	—	—	—	—	—
谢明雕	1500	1200	—	—	—	—	—	—
张金辉	1500	—	—	—	—	—	—	—
张艳艳	1500	1200	—	—	—	—	—	—
张　颖	1500	1200	—	—	—	—	—	—

（续）

姓　名	2009 年	2010 年	2011 年	2012 年	2013 年	2014 年	2015 年	2016 年
戴嘉姿	—	—	—	—	—	1200	—	1200
陈安娜	—	—	—	—	—	1200	—	—
林群馥	—	—	—	—	—	—	2000	2000
林枫栩	—	—	—	—	—	—	2000	2000
陈星蓓	—	—	—	—	—	—	—	2000
方心怡	—	—	—	—	—	—	—	1200
张艾妮	—	—	—	—	—	—	—	1200
严若嘉	—	—	—	—	—	—	400	1200
管敏治	—	—	—	—	—	—	—	1200
林泽来	—	—	—	—	—	—	—	2000
方怡影	—	—	—	—	—	—	—	2000
张舜浩	—	—	—	—	—	—	—	2000
王　江	—	—	—	—	—	—	—	1200
张峰铭		—	—	—	—	—	—	1200

表 15-3　2017—2020 年方林村大学生领取奖学金名单

单位：元

姓　名	2017 年	2018 年	2019 年	2020 年
管敏冶	3000	3000	—	—
严若嘉	3000	—	—	—
张峰铭	3000	—	—	—
林枫栩	3000	3000	—	—
方怡影	3000	3000	3000	—
林子尧	3000	3000	3000	—
林泽来	3000	3000	3000	—
张　倩	3000	—	—	—
李阳阳	3000	3000	3000	3000
林群馥	3000	—	—	—

（续）

姓 名	2017年	2018年	2019年	2020年
陈昱蓓	3000	—	3000	—
王 江	3000	—	—	—
方希雅	3000	3000	—	—
罗婷予	3000	3000	3000	3000
方心怡	3000	3000	3000	3000
林禹宜	3000	—	—	—
陈一冰	3000	3000	3000	—
戴嘉欣	—	—	3000	3000
管敏泽	3000	3000	3000	—
张舜浩	3000	3000	—	—
郑雨欣	—	3000	3000	3000
方嘉盛	—	3000	3000	3000
张家豪	—	3000	3000	3000
林宵伊	—	3000	3000	3000
张艾妮	—	3000	—	—
林禹萱	—	3000	3000	—
方宇宁	—	3000	—	—
林子涵	—	3000	3000	—
李 懿	—	3000	3000	3000
林国宏	—	3000	3000	3000
张豪杰	—	—	3000	3000
徐 晨	—	—	3000	3000
林意婷	—	—	3000	3000
谢昉妤	—	—	3000	3000
陈奕霖	—	—	3000	3000
谢雨含	—	—	3000	3000
王藜洁	—	—	3000	3000
阮钰淇	—	—	3000	3000
方振宇	—	—	3000	—

（续）

姓　名	2017年	2018年	2019年	2020年
林子渝	—	—	3000	3000
廖雨茜	—	—	3000	3000
方　宁	—	—	3000	3000
张宇轩	—	—	—	3000
方永奇	—	—	3000	3000
林可可	—	—	—	3000
林骥炜	—		—	3000
方　岚	—	—	—	3000
戴欣宇	—	—	—	3000
方　雷	—	—		3000
陈姿安	—	—	—	3000
盛榆画	—	—	—	3000
严培瑜	—	—	—	3000

第七节　高学历群体

大学生（含研究生）

方林村历史悠久，农耕时代，村民耕读传家，文风蔚然。科举制度实行之后，村中秀才、举人、进士不乏其人，如明代进士林灏、举人林挺，清代秀才李诚、方善初、方文翰等。近现代时期，方林村中高学历学子数量大增，1941年毕业于同济大学的方崇善，1943年从浙江警官学校毕业的丁俊，1948年从浙江医科大学毕业的罗招素，均是较早的大学生（表15-4、表15-5）。

表15-4　1982—2020年方林村大学生名录

姓　名	性别	大学院校	入学时间（年-月）	毕业时间（年-月）	专业名称	学历	工作单位
方幼平	男	成都电子科技大学	1982-09	1986-07	机电一体化	本科	市中心医院
王秀琴	女	临海师范大学	1984-09	1987-07	教师	大专	路桥区中心小学
林　杰	男	浙江大学	1985-09	1989-07	电机	本科	自资产业

（续）

姓　名	性别	大学院校	入学时间（年-月）	毕业时间（年-月）	专业名称	学历	工作单位
王军华	男	武汉粮食工业学院	1987-09	1991-07	粮食工程	本科	台州路桥交通运输局
谢文平	男	宁波大学	1988-09	1992-07	土建结构工程	本科	路桥区规划处
李英姿	女	台州学院	1992-09	1996-07	数学	本科	椒江区教育教学发展中心
方一鸣	男	上海交通大学	1992-09	1996-07	金融	本科	台州商业银行
张雪萍	女	浙江师范大学	1993-09	1997-07	中文专业	本科	路南中心小学
谢明波	男	浙江勘测工程学校	1994-09	1996-07	应用电子技术	大专	浙江巨科铝业有限公司
林　斌	男	宁波大学	1994-09	1998-07	计算机应用	本科	路桥自来水公司信息中心
盛　莉	女	浙江工业大学	1995-09	1999-07	企业管理	本科	台州市中心医院
梁　红	女	台州学院	1995-09	1998-07	汉语言	本科	路南小学
丁云琦	女	上海幼儿师范高等专科学校	1996-09	1999-07	幼教	幼师	海鹰幼儿园
林群晓	女	黄岩师范 中央广播电视大学	1996-09 2002-07	1999-07 2004-07	汉语言文学	本科	路桥路北中心小学
林群英	女	西南交通大学 上海外国语大学	1996-09 2003-01	1999-07 2005-06	油画、美学	本科	杭州美苑油画院
应雪芬	女	浙江省妇女学院	1997-09	1999-07	现代文秘	大专	台州市天盛有限公司
方崇志	男	湖北农学院	1997-09	2000-07	会计电算化	大专	方林村经济合作社
陈伟健	男	浙江经济管理职业学校	1997-09	2000-07	市场营销	大专	苏州旧市场
林　丽	女	宁波工商行政学院	1997-09	2000-07	外贸	大专	德国夏拓思有限责任公司
管浩峰	男	浙江工程学院	1998-09	2000-07	工商管理	大专	浙江方林集团
林　红	女	上海华东师范大学	1998-09	2001-07	汉语言文学	大专	方林村村委会
戴福春	男	武汉测绘科技大学	1998-09	2003-07	测绘技术与仪器	本科	杭州图测软件科技有限公司
王　芬	女	浙江杭州林学院 宁波大学	1998-09 2018-09	2001-07 2020-07	会计 工商管理	大专升本科	太平洋保险公司
方海莉	女	武汉工业学院	1998-09	2002-07	工商管理	本科	台州市路桥华泽汽车有限公司
李　杰	男	北京物资学院	1998-09	2002-07	企业管理	本科	杭州日冠服饰有限公司
方　媛	女	杭州广播电视大学	1998-09	2001-07	工商管理	大专	自营经商
廖小琪	女	浙江政法管理干部学院	1998-09	2001-07	法学专业	大专	创业

（续）

姓　名	性别	大学院校	入学时间（年-月）	毕业时间（年-月）	专业名称	学历	工作单位
方中华	男	台州市行政学院	1999-02	2001-01	农村行政管理	大专	浙江方林集团
方　晓	女	上海华东师范大学	1999-09	2003-07	汉语言文学	大专	路桥三友大酒店
蒋丹萍	女	江西南昌大学	1999-09	2002-07	商业	大专	自营经商
林　琪	女	浙江大学	1999-09	2003-07	社会公共资源管理	本科	中国农业银行股份有限公司田洋王支行
林荣辉	男	中国计量学院	1999-09	2002-07	计算机信息管理	本科	浙江方林集团
罗丹青	女	上海华东师范大学	1999-09	2002-07	计算机信息管理	大专	方林村村委会
林　芝	女	上海师范大学	1999-09	2002-07	公共事业管理	大专	上海苡宁实业有限公司
方　建	男	西安交通大学	1999-09	2001-07	法医学	本科	台州银行
刘丽君	女	中央广播电视大学	1999-09	2002-07	财务会计	大专	自营经商
罗　瑛	女	浙江教学院	2000-09	2003-07	美术教育	大专	自营经商
缪小丹	女	浙江商业职业技术学院	2000-09	2003-07	会计	大专	创业
林旭日	女	台州学院	2000-09	2003-07	电子科技	大专	方林村房产公司
徐丽娜	女	上海华东师范大学	2000-09	2003-07	中文系	大专	台州市杰霸科技有限公司
林　巧	女	浙江广播电视大学	2000-09	2004-07	计算机	本科	财通证券有限公司
谢佩娴	女	浙江万里学院	2000-09	2003-07	涉外会计	本科	路南街道方林社区
谢聪发	男	湖南工业大学	2000-09	2004-07	机械及自助化	本科	浙江方林二手设备市场
郑浪婷	女	浙江理工大学	2000-09	2004-07	服装设计	本科	温岭职业学校
施　慧	男	巴黎十三大学	2000-09	2006-07	计算机	硕士	宁波慈溪欧亿服装厂
沈薇薇	女	宁波大学	2000-09	2004-07	国际贸易	本科	宁波慈溪欧亿服装厂
王利华	女	湖北职业技术学院	2000-09	2003-07	护理	大专	浙江胜隆弹簧有限公司
王　枫	女	上海华东师范大学	2000-09	2003-07	公共关系	大专	移动公司
方　娴	女	浙江财经学院	2000-09	2004-07	经济法	本科	路桥区国税局
林文德	男	台州行政学院	2000-08	2002-07	乡村经济管理	大专	方林村综合服务中心
方利云	女	上海复旦大学	2000-09	2003-07	保险	大专	太平洋保险公司
丁丹芬	女	浙江理工大学	2001-09	2005-07	信息管理与信息系统	本科	台州海事局
赵张红	女	江西赣南医学院	2001-09	2005-07	护理学	大专	台州博爱医院

（续）

姓 名	性别	大学院校	入学时间（年-月）	毕业时间（年-月）	专业名称	学历	工作单位
林 路	男	华东师范大学	2001-09	2004-07	电子商务	大专	浙江金城汽车有限公司
林 静	女	杭州商学院	2001-09	2005-07	教师	本科	台州路桥竞华塑料制品有限公司
林浩然	男	浙江杭州师范学院	2001-09	2004-07	汉语言文学	大专	台州英博体育器材有限公司
茅艳丽	女	西南师范大学	2001-09	2003-07	汉语言文学	本科	浙江五村小额贷款公司
王冬娟	女	浙江工业职工技术学院	2002-09	2005-07	计算机	大专	珠光集团郎溪房地产开发有限公司
沈 玲	女	浙江服装纺织学院	2002-09	2005-07	国际贸易	大专	方林村委办公室
王 雷	男	武汉工业学院	2002-09	2006-07	工商管理	本科	创业
陈海滨	男	湖南理工学院	2002-09	2006-07	机械设计制造及自动化	本科	创业
管海燕	女	中央广播电视大学	2003-09	2005-07	会计学	大专	台州市路桥五村小额贷款股份有限公司
缪雪萍	女	台州学院	2003-09	2006-07	汉语言	本科	路南中心小学
林玉红	女	台州学院（中央广播电视大学）	2003-09	2005-07	会计学与财会	大专	方林村经济合作社
林 玲	女	大连理工大学	2003-09	2007-07	土木工程	本科	黄岩城市投资有限公司
方 叶	女	浙江工商大学	2003-09	2007-07	公共事业管理	本科	长浦农商银行
缪 瑜	男	浙江财经大学	2003-09	2007-07	计算机	本科	中国农业银行
谢 达	男	浙江电子科技大学	2003-09	2006-07	电子编程	大专	江苏上钢有限公司
潘 虹	女	北京音乐舞蹈学院	2003-09	2006-07	表演	大专	吉利集团
丁淑萍	女	温州医学院	2003-09	2008-07	临床医学	本科	路桥区中医院
阮筱青	女	浙江财经大学	2003-09	2007-07	财务管理	本科	中国农业银行路桥支行
方小洁	女	西南民族大学	2003-09	2007-07	工商管理	本科	路桥街道办事处
罗 露	男	浙江工商大学	2003-09	2007-07	金融	本科	创业
罗 丹	女	中央广播电视大学	2004-09	2006-07	会计学	大专	台州路桥塑化有限公司
徐慧黎	女	浙江工业大学	2004-02	2007-01	财务会计	大专	台州中通典当有限责任公司
邵 玲	女	浙江理工大学	2004-09	2008-07	国际经济与贸易	本科	天津绿佳电动车
王东东	男	浙江理工大学	2004-09	2008-07	经济学	本科	自营经商
於琳瑾	女	浙江工商大学	2004-09	2008-07	经济学	本科	泰隆银行

（续）

姓　名	性别	大学院校	入学时间（年-月）	毕业时间（年-月）	专业名称	学历	工作单位
方　芳	女	浙江林学院	2004-09	2008-07	国际经济贸易	本科	创业
陈　彬	男	台州学院	2004-09	2007-07	会计	大专	创业
王　超	男	浙江理工大学	2004-09	2008-07	国际经济与贸易	本科	创业
陈　晓	女	杭州师范学院	2004-09	2007-07	汉语言文学	大专	路南派出所
方　芳	女	杭州电子科技大学	2005-02	2008-01	财务会计	大专	路桥自来水有限公司
方　刚	男	绍兴文理学院	2005-09	2009-07	国际经济与贸易	本科	浙江五村集团
方　腾	男	澳大利亚科技大学	2005-09	2009-07	数据分析	本科	上海精益水泵厂
王　微	女	中国人民大学大连分校	2005-09	2008-07	公安管理	大专	五村集团
胡　嘉	男	江西南昌蓝天学院	2005-09	2008-07	机电一体化	大专	创业
丁旭昌	男	暨南大学	2005-09	2012-07	通信与信息	硕士	浙江精艺管件有限公司
王　成	男	天津大学	2005-09	2011-07	系统工程	博士	浙江工业大学
林章华	男	华东师范大学	2006-09	2009-07	企业管理	大专	台州达盛电机有限公司
张梦之	女	浙江树人大学	2006-09	2009-07	电子商务	大专	中国移动台州分公司
林月月	女	浙江广播电视大学	2006-09	2009-07	会计	大专	台州达盛电机有限公司
方　力	男	浙江理工大学科技与艺术学院	2006-09	2010-07	计算机科学与技术	本科	浙江杨程信息科技有限公司
徐朝华	男	浙江教育学院	2006-09	2008-07	幼儿艺术教育	大专	新世纪幼儿园
曹娴妮	女	华东师范大学	2006-09	2009-07	行政管理	大专	创业
谢佩君	女	杭州电子大学	2006-09	2010-07	经济学	大专	台州银行
林　芬	女	浙江农林大学	2007-09	2011-07	食品卫生	本科	路桥农商银行
张艳艳	女	浙江理工大学北景园分院	2007-09	2010-07	英语	大专	自营经商
张金辉	男	无锡太湖学院	2007-09	2010-07	金融	大专	无锡华亿机床有限公司
丁　洁	女	浙江工业大学浙西分校	2007-09	2010-07	环境工程	大专	无锡华亿机床有限公司
方柔安	女	台州学院	2007-09	2010-07	会计	大专	台州绿地锦林汽车销售服务有限公司
方杭平	男	浙江林学院	2007-09	2011-07	环境工程	本科	浙江普顺建设有限公司
蔡　鑫	男	宁波大学	2007-09	2010-07	商业	大专	台州三金灯饰有限公司

（续）

姓　名	性别	大学院校	入学时间（年-月）	毕业时间（年-月）	专业名称	学历	工作单位
徐明星	男	宁波城市学院	2007-09	2010-07	商业	大专	台州杰霸科技有限公司
陈俏锋	男	温州大学	2007-09	2011-07	国际经济与贸易	本科	路桥区中医院
方晓红	女	绍兴文理学院	2007-09	2011-07	教师	本科	桐屿幼儿园
彭鸳鸳	女	浙江工业大学	2007-09	2011-07	旅游管理	本科	台州国立国际旅行社
谢明雕	男	安徽芜湖职业技术学院	2007-09	2010-07	应用化工	大专	方林汽车城
李　群	女	台州学院	2008-09	2001-07	会计	大专	在家经商
方嘉莹	女	福州职业技术学院	2008-09	2011-07	商务英语	大专	路桥悠贝亲子图书馆
缪文博	男	英国 哈德斯菲尔德大学	2008-09	2013-07	商务管理	硕士	路桥区委宣传部
方静洁	女	杭州长征职业技术学院	2008-09	2011-07	计算机	大专	创业
张　璐	女	浙江财经东方学院	2008-09	2012-07	税务	本科	路桥税务局
张亚妮	女	浙江财经大学	2008-09	2012-07	艺术设计	本科	杭州装点文化创意有限公司
张露尹	女	上海师范大学天华学院	2008-09	2012-07	日语	本科	浙江精艺管件有限公司
方　一	男	福建华侨大学	2008-09	2012-07	金融	本科	蓬街年人民政府
张颖	女	杭州之江学院	2008-09	2011-07	会计学	大专	创业
张静娅	女	浙江长征技术学院	2008-09	2011-07	物流管理	大专	创业
陈　瑶	女	浙江育英职业拳击技术学校 中国传媒大学	2009-09 2018-03	2012-07 2020-07	外贸英语	本科	外贸企业
黄梦莹	女	嘉兴职业技术学院	2009-09	2012-06	国际贸易	大专	台州银行
林格格	女	浙江艺术学校	2009-09	2012-07	艺术	大专	创业
盛丹妮	女	温州职业技术学院	2009-09	2012-07	会计	大专	方林二手车市场汽车按揭有限公司
詹啸奋	男	珠海财文学院	2009-09	2012-07	影视表演	大专	台州路桥鑫隆橡胶有限公司
方　铭	男	浙江工商职业技术学院	2009-09	2012-07	工商企业管理	大专	欧路莎股份有限公司
王琼瑶	女	中央广播电视大学	2009-09	2012-07	工商管理	大专	路桥建设局
林秀鹏	女	台州学院	2010-09	2013-07	财务管理	大专	浙江方林集团

（续）

姓　名	性别	大学院校	入学时间（年-月）	毕业时间（年-月）	专业名称	学历	工作单位
王妙妙	女	兰州城市学院	2010-09	2014-07	社会工作	本科	台州银行
林章明	男	浙江东方职业技术学院	2010-09	2013-07	信息与电子	大专	玉环铭品服装洗涤厂
梁　吟	女	上海东海学院	2010-09	2013-07	文艺	大专	创业
曹娴婍	女	义乌工商学院	2010-09	2013-07	产品造型设计	大专	创业
陈阳阳	女	温州大学瓯江学院	2011-09	2015-07	数学	本科	路桥统计局
谢微蓉	女	台州电力学院	2011-09	2014-07	会计	大专	台州银行
方若彬	女	宁波城市学院	2011-09	2014-07	电子商务	大专	浙江方林二手车市场
林　莹	女	浙江工商大学	2011-09	2015-07	企业财务管理	本科	中国邮政储蓄银行
方　睿	女	厦门大学嘉庚学院	2011-09	2015-07	法学	本科	厦门世礼律师事务所
方梦雅	女	上海财经大学	2011-09 2015-09	2015-07 2018-07	法律法学	研究生	上海中伦律师事务所
金凌晓	女	温州科技职业学院	2011-09	2014-07	营销	大专	椒江东北路加油站
陈　勇	男	义乌工商学院	2011-09	2015-07	土木工程	本科	杭州麦装饰设计工程有限公司
谢涂峰	男	集美大学	2011-09	2015-07	机械电子工程	本科	台州涂峰自动化设备有限公司
张　超	男	中央广播电视大学	2011-09	2014-07	工商管理	本科	方林村文化中心
方佳佳	女	台州职业拳击技术学院	2011-09	2013-07	财务管理	大专	台州欧满科技有限公司
缪知臻	男	浙江传媒学院	2012-09	2015-07	摄影编导	大专	创业
谢世宇	男	浙江理工大学	2012-09	2016-07	国际经济与贸易	本科	浙江方林进出口贸易有限公司
黄　威	男	浙江工业大学	2012-09	2016-07	化学	本科	玉环市综合执法局
李雄峰	男	东北财经大学	2013-03	2016-01	金融	本科	台州银行
王　婷	女	杭州师范大学	2013-09	2015-07	学前教育	本科	路南中心幼儿园
林子尧	男	悉尼科技大学 澳大利亚新南威尔士大学	2013-09 2018-02	2017-07 2019-06	数据分析	硕士	上海浙商证券研究所
方佳慧	女	天津理工大学	2013-09	2017-07	服装设计	大专	方林二手车市场（二手车营销）
林群馥	男	南京航空航天大学	2013-09	2017-07	航天	本科	中国船舶重工集团716研究所高新技术部

（续）

姓 名	性别	大学院校	入学时间（年-月）	毕业时间（年-月）	专业名称	学历	工作单位
严若嘉	女	杭州师范大学 浙江师范大学	2013-09 2016-09	2016-07 2018-07	学前教育	本科	路南中心幼儿园
李映艳	女	赣南师范大学	2013-09	2017-07	教师	本科	三门三里浦中心小学
管敏泽	男	浙江大学城市学院 墨尔本大学	2013-09 2018-02	2017-06 2020-12	信息技术与信息系统	硕士	自营经商
罗安子	女	美国亚利桑那州大学、浙江师范大学	2013-08 2017-09	2016-07 2021-07	会计学 教师	本科	台州路桥西克曼有限公司
方卫国	男	温州市大学城市学院	2013-09	2017-07	通信与信息	本科	杭州双菱有限公司
张峰铭	男	浙江汽车工业学院	2013-09	2016-07	电气自动化	大专	昕晖汽配
戴卫琦	女	杭州师范大学	2014-09	2016-07	学前教育	大专	路桥阳光宝贝幼儿园
方 媛	女	安徽商贸职业技术学校	2014-09	2017-07	市场营销	大专	台州德业汽车有限公司
戴嘉姿	女	金华职业技术学院	2014-09	2017-07	学前教育	大专	路桥教育局
方 宇	男	重庆大学	2014-09	2017-07	电气工程及自动化	本科	浙江能源集团三门夭达环保建材有限公司
郑 丹	女	中央广播电视大学	2014-09	2016-07	学前教育	本科	幼儿教育（新世纪）
方宇靖	男	北京城市大学	2014-09	2016-07	英语（国际商务）	本科	创业
方毅健	男	温州大学瓯江学院	2014-09	2017-07	机械工程	大专	创业
郭长艳	女	杭州师范大学	2014-09	2017-07	学前教育	大专	小小幼儿园
罗婷予	女	浙江师范大学	2014-09 2018-09	2017-07	教师	本科	
张 清	女	浙江农林大学暨阳学院	2014-09	2018-07	市场营销	本科	中国人民财产保险股份有限公司
施 雅	女	台州职业技术学院	2015-09	2018-07	产品造型设计	大专	台州天盛置业有限公司
张舜浩	男	浙江财经东方学院	2015-09	2020-07	会计	本科	企业
方希雅	女	温州商学院	2015-09	2019-07	空内设计	本科	杭州街心服装有限公司
林枫栩	男	浙江工业大学之江学院	2015-09	2019-07l	审计	本科	星星冷链制造有限公司
李菊青	女	开放大学	2015-09	2019-07	中文	本科	星星集团
方 一	女	上海思博学院	2015-09	2018-07	外贸	大专	创业
林泽来	男	宁波工程学院	2016-09	2020-07	计算机	本科	浙江金网信息产业股份有限公司

（续）

姓　名	性别	大学院校	入学时间（年-月）	毕业时间（年-月）	专业名称	学历	工作单位
陈星蓓	女	中国计量大学	2016-09	2020-07	工商管理	本科	创业
菅敏治	男	台州学院	2016-09	2019-07	工商管理	大专	沃邦机械
张艾妮	女	杭州电子科技大学	2016-09	2019-07	会计	大专	方林汽车城
方怡影	女	温州大学商学院	2016-09	2020-07	设计	本科	创业
王　江	男	杭州大学	2016-09	2019-07	工商电子	大专	台州银行
李阳阳	男	台州技师学院	2017-09	2020-07	汽修	大专	创业
林禹壹	女	浙江理工大学	2017-09	2020-07	工商管理	大专	台州俊亨通信公司
李　懿	女	江西中西医大学	2017-09	2020-07	临床医学 中西医结合	本科	医院
方嘉盛	男	黄冈职业技术学院	2018-09	2020-08	临床医学	大专	医院
方　宁	女	宁波大学	2018-09	—	环境设计	本科	在校
廖雨茜	女	中国人民大学	2019-09	—	汉语言文学	本科	在校
陈奕霖	男	湖南工业职业技术学院	2019-09	—	新能源汽车	大专	在校
王藜洁	女	丽水学院	2019-09	—	国际商务	本科	在校
方　雷	男	台州技师学院	2019-09	—	建筑施工	本科	在校
方振宇	男	浙江工商大学	2019-09	—	外贸	大专	参军
郑雨欣	女	浙江旅游职业学院	2019-09	—	旅游管理	大专	在校
谢昉妤	女	江西宜春幼儿师范高等专科学校	2019-09	—	语文教育	大专	在校
林国宏	男	江西南昌工学院	2019-09	—	软件工程	本科	在校
谢雨晗	女	广东海洋大学	2019-09	—	海洋科学	本科	在校
阮钰淇	女	浙江财经大学	2019-09	—	视觉传达	本科	在校
林可可	女	江西科技学院	2020-09	—	视觉传达设计	本科	在校

表15-5　2011—2018年方林村研究生名单

姓　名	毕业学校	毕业时间（年-月）	专业	学历
王　成	天津大学	2011-07	系统工程	博士研究生
丁旭昌	暨南大学	2012-07	通信与信息	硕士研究生
管佳茜	英国利物浦大学	2012-12	市场经销	硕士研究生

（续）

姓　名	毕业学校	毕业时间（年-月）	专业	学历
缪文博	英国哈德斯菲尔德大学	2013-07	商务管理	硕士研究生
林群馥	南京航空航天大学	2017-07	航空工程	硕士研究生
方梦雅	上海财政大学法学院	2018-06	法学	硕士研究生
管敏泽	墨尔本大学	2020-12	信息技术与信息系统	硕士研究生

人才引进

2001年，村两委决定，面向社会公开招聘各类人才，尤其是在营销策划、经营管理等方面有专长、有经验的市场管理人才，以助推方林村经济更好更快发展。2001—2020年引进的人才主要有周建林、尚永斌、刘国宁等。

周建林，1957年生，黄岩人，中共党员，大专学历。2001年聘任方林汽车城总经理。20年来，为汽车城发展献计献策，思维缜密、工作果断、尽心尽责。使连续九届汽车展示会平稳、安全、环保、成功、靓丽举办，使市场发展稳定向前。

尚永斌，1976年生，金清人，中共党员，大学学历。2001年，尚永斌聘任方林汽车城办公室主任，平易近人、有责任心。分管市场宣传、文化组织、招商、媒体、广告。办事稳重，准确掌握市场动态；2009年，首任《方林报》主编。2016年，因工作需要，尚永斌辞去《方林报》主编一职。

刘国宁，1981年生，河南许昌人，大学学历。2016年，刘国宁聘任方林集团办公室副主任，主要负责《方林报》、方林集团微信公众号运营等工作。工作兢兢业业、认真负责，文笔犀利流畅，思路广，人际关系融洽。

第二章 医　疗

解放前，方林村医疗条件十分落后。解放后，特别是20世纪70年代村设立合作医疗站，医疗条件有所改善，但仍很落后。20世纪80年代起，医疗条件有较大改善。2000年，方林村有社区卫生站和两个卫生室，村民治疗小痛小病很方便。村重视保障村民身体健康，每两年进行一次免费体检，实行医疗报销制度，解决村民“看病难、看病贵”问题。每户免费发放家庭医疗急救箱，常备药品价值300元左右，一年一更换。

第一节 医疗机构

据记载，早至清朝，迟至中华人民共和国成立前，石曲方林一带即有民间儒医行医，如清朝的林孔哲、方文翰，民国的戴金衡在石曲街杏银堂药店坐诊，张善元在同仁堂药店坐诊等。有的医生或行走民间，或居家门诊，用按摩、针灸、草药为村民治疗简单的疾病。

1954年，黄岩县开始培训农村医疗卫生人员，时称“赤脚医生”。1969年，方林生产大队设保健室，1976年，设立大队医疗室。改革开放以后，方林村以社区卫生服务站、村卫生室医疗卫生服务为医疗服务平台，村民基本实现10分钟内就能享受社区卫生服务站、村卫生室的医疗服务，做到小病和常见病诊治、大病康复在村里。村民深感就医方便。

济急堂

清末至民国，石曲人张善元创办济急堂。张善元擅长针灸，兼学内、外、妇、幼各科。乐善好施，利济为怀，医病不计较诊费多少，遇病出诊，随叫随到，风雨无阻，人称“长须神医”，日医治人数近百人。1952年9月，济急堂加入卫生协会，诊所由地方政府接手。

石曲分诊所

1956年6月创办黄岩县路桥联合诊所石曲分诊所。主要为石曲一带乡人治病。时民间医生张善元为石曲分诊所主治医生。

方林大队合作医疗站

1969年，方林生产大队建立保健室。1976年设立方林大队医疗室，有林玲芳、陈吉梦两位“赤脚医生”。“文化大革命”后期，方林生产大队实行合作医疗，建立大队合作医疗站，治疗一些常见病。

村卫生室

1988年，方林村在村辖区内建起两个卫生室，服务用房各60平方米，医务人员5人，其中2人有执业医师资格，主要为外来人口提供便利的医疗服务。

方林社区卫生站

2000年10月30日，路南卫生院与方林村委会签订《关于开设方林社区卫生服务站协议书》。协议书规定：方林村老年人就诊免收挂号费，药费优惠15%；每年为老年人体检一次，体检费每人10元；每年定期为村民提供免费健康咨询和检查护理。

2000年11月，方林社区卫生服务站开业（图15-3）。服务站位于方林老年公寓大门左侧的服务用房内，面积200平方米。设有全科医疗室、药房、治疗护理室、抢救室、输液室、电脑资料室等。配备卫生部推荐应配的33种医疗器械，及450余种中西药。有5名多年在二级医院以上医疗单位工作的常驻医务人员。其中具有医学类中专以上学历4人（其中2人具有执业医师资格），1名全科医师，1名中医，1名药师，2名护士。

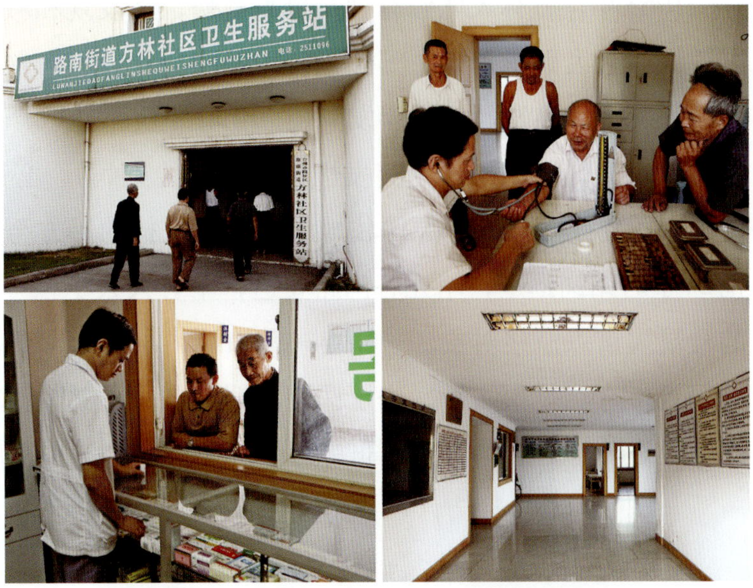

图15-3　方林村卫生服务面貌（2006年9月）

医务人员均持证上岗。2009年1月，方林社区卫生站正式申请成为路南街道辖区内三个新型农村合作医疗保障门诊定点医疗单位之一。

方林社区卫生站在做好临床医疗的同时，还开设家庭病床，24小时提供出诊、巡视、门诊、临时输液、医师坐诊等服务。此外，还定时为60岁以上老人和残疾人上门服务。卫生站建有3000余人的村民（包括新方林人）健康档案，以及高血压、冠心病、糖尿病等慢性病档案。

第二节　传染病防治

解放前，方林村曾流行霍乱、甲肝、伤寒、疟疾、脑膜炎、白喉等传染病。政府缺少防控措施，村民又无力就医，只能听天由命。解放后，政府重视传染病的防治，注射疫苗；一旦发现病情，立即采取防、控、治等综合措施，遏制疫病传染扩散。尽管2003年全国出现“非典”、2005年，路桥区麻疹流行，2009年，路桥区发生H1N1、H7N9疫情，但由于方林村党委（党总支）和村委会重视，及时采取措施，这些疫病未影响村民和职工。2020年，全国和全世界爆发新冠肺炎疫情，方林村严格执行防疫措施，至2021年，村内无疫情发生。

霍乱

1963年，方林大队曾有社员患霍乱病，幸发现和救治及时，才免严重后果。据村民方道夏、管人财、戴桂生等回忆，1963年5月中旬，方林大队第一生产队青年社员王某某有一天夜间突发肚痛并伴发高烧，上吐下泻不止，严重缺水，不省人事。当夜急送路桥医院抢救，医生确诊为突发性霍乱病（传染病），必须进行隔离。医院要求石曲公社领导立即封闭发病人的原居住地村庄，将方林的后方至下林村庄全部封闭，武装民兵持枪24小时站岗巡逻，堵死各出路要道，不管大人小孩一律严禁外出。与病人直接接触过的社员属重点监察对象，一律要求戴口罩，与家人隔绝来往，不准走户串门。预防区人群每天检查、打预防针。由于医院及时抢救，经过10多天治疗，王某某病情逐渐稳定，并慢慢好转。由于隔离措施非常到位，预防区内没有发现受传染的社员。

甲肝

1988年春节前后，甲肝流行。方林村两委广泛宣传，每户发给消毒药物，给全体村民进行免费体检，杜绝疫病传入。村民注意自我保护，不吃可能传染甲肝病毒的毛蚶，此后，村里再没有出现甲肝病人。

“非典”

2003年2—6月，广东等地发生的“非典”蔓延至浙江。方林村一方面大力普及“非典”预防知识，一方面下发文件，规定各单位的行政主要负责人为防止“非典”的第一责任人。号召职工、村民增强疫病意识和防病能力，取消近期一切大型聚会活动，减少和控制职工、村民与外界人员的往来，严格执行公共场所的预防消毒制度，加强卫生监督，特别是办公楼、幼儿园、食堂等重要公共场所，教育引导村民注意个人卫生。在预防“非典”工作中，全体村民共同参与，做到四勤：勤洗衣物、勤通风换气、勤打扫卫生、勤晒衣服和被褥；经常到户外参加体育锻炼，呼吸新鲜空气；尽量少出村域，发现可疑人员，早隔离、早报告、早治疗。由于防控及时，措施有力，村民自觉，村域内无人感染“非典”。

新冠肺炎

2019年12月下旬，武汉发生新冠肺炎疫情，并于2020年1月下旬蔓延到全国。全国很快进入严防严控阶段。方林村由于防控措施有力，没有一个村民感染。

疫情防控责任制　村成立“新冠肺炎”疫情防控工作指挥小组。由方中华任组长，蔡正杰、林荣辉任副组长，成员有方浩、林红、谢华寿、方崇奇、方刚、林显昌、林文德、戴开斌、方敏、詹斌、周建林、林显琳、张华东、林娟、陈法春、丁禹民、王妙根、谢文元、冯华。蔡正杰对疫情防控工作负总责，林荣辉负责处理具体事务，林红为专职卫生员，林文德、戴开斌为安全保障员。建立排查与健康申报制度，责任人为林红，工作人员有林文德、戴开斌。按路桥区防疫防控指挥部要求，每日对湖北、温州、温岭人员进行排查登记，督促村民和出租房房东对来自重点防疫区人员实行居家隔离，每日进行两次体温检测记录；对出租房外来人员进行登记，核实前14天行动轨迹；守牢小门，规定每户村民只能两天一次进出小区。对有发热的村民、外来务工人员必须第一时间报告并隔离，建立一人一档的健康信息登记。同时开展防疫知识宣传，由方浩总负责，各村民小组组长、各市场负责人具体实施，在主出入口张挂防疫知识宣传资料，每日编制、发布防疫小知识，转发官方媒体政策宣传和各地防疫案例警示宣传，对村民、出租房外来人员进行疫情防控培训；落实应急处置措施。责任人为林荣辉，工作人员有方刚、谢华寿、方崇奇、林显昌。确定大门保安室为异常人员临时隔离场地，规定每个临时隔离间仅同时允许一人使用，隔离区域设置专门标志；对体温异常或有呼吸道症状人员，立即实施隔离，并报告当地疫情防控指挥部，及时报告防控疫情，通报上级最新防控精神和调整防控方案。

方林集团下属场站实行分工责任制。方林汽车城针对“新冠肺炎”成立防控工作领导小组，组长为周建林，副组长为林荣辉，成员有方浩、杨志平、陈静、黄天群等人。林荣辉负总责，陈静负责处理具体事务，杨志平为专职卫生员，黄天群为安全保障员。领导小组下设日常管控组、后勤保障组、应急处置组、监督管理组等。日常管控组组长为陈静，成员为方余、应霞飞；后勤保障组组长为杨志平，成员为曹晓军、喻涛；应急处置组组长为方浩，成员为陈静、黄天群；监督管理组组长为周建林，成员为陈静、黄天群。建立员工排查与健康申报制度，责任人为陈静。规定复工员工为非集中隔离及居家医学观察人员，复工前对所有工人测量体温，以后每日测量体温至少两次，建立信息登记表和健康申报表，一人一档；督促各公司劝返湖北、温州、台州等五个重点防疫区人员，对经销商所有复工到岗员工核实到岗前14天行动轨迹，要求到岗员工14天内未离开本地，市场内无居家隔离对象；不擅自接收2020年1月16日之后去过疫区的员工，有发热的员工必须第一时间上报。严格落实疫情防控措施，责任人为杨志平。措施具体有：①设立两个出入口，进入人员严格登记、测量体温，禁止疫区无关人员进入；禁开市场中央空调，保持市场各空间通风；保持环境卫生整洁。责任人分别为黄天群、喻涛和陈静、杨志平。②所有员工必须佩戴口罩上班，从事其他日常、外出活动也必须戴口罩。责任人黄天群、梁丹。③所有员工需进行详细的信息登记和健康申报。每名员工每天体温测量不少于2次，发现发热的员工，立即送到区级发热门诊诊治。责任人为方余、各公司总经理。④员工尽量回家吃饭。确实需要用餐的，各经销商提前一天向食堂预订盒饭，食堂须设置饭菜隔离保护屏障窗口，落实专人负责打饭菜。实行分餐制，员工分时段、分批次安排就餐，就餐时每人相隔1米以上，禁止聚餐。责任人杨志平。⑤餐具必须消毒，保证员工使用消毒餐具就餐。责任人杨志平。⑥场地消毒要求：商铺、车间、食堂、办公用房、卫生间等公共活动场所（含地面、桌面）参照消毒标准，每日进行有效消毒一次以上。责任人杨志平。⑦加强职工寝室管理，两人以上的寝室、休息室提倡佩戴口罩，室内环境保持有效通风。不同房间的职工不串门。责任人：杨志平。⑧市场车辆、员工车辆和运输车辆每日进行有效消毒，保持通风换气。⑨准备充足的防疫物资，配备医学防护口罩、体温测量仪、消毒水等防护用品。防疫知识宣传责任人为应霞飞，要求在主出入口张挂防疫宣传资料；每日在汽车城微信群发布防疫小知识；宣传政府疫情防控政策和各地防疫案例；督促各公司对员工开展疫情防控培训。应急处置工作负责人为方浩。具体由黄天群负责检查消防设施，确保消防设施处于良好的使用状态；方余负责管理大门保安室——临时隔离场地，确保临时隔离间只允许一人使用，在隔离区域设置专门标志，各公司单独设置隔离区域并设置专门标志。建立监督及信息报送机制。陈静及各公司总经理负责对本企业的疫情防控工作进行监督检查，对体温异常或有各类呼吸道症状员工，立即带至临时隔离点，并上报疫情防控指挥部。每天按时如实向当地疫情防控指挥部报送员工动态信息、健康状况、外来人员劝返等情况。

封闭管理　1月24日，方林村根据上级要求，开始防疫。村成立以党委副书记林荣辉为组长的防疫领导小组，领导全村防疫。项鲸霓、罗莉莉等路南街道干部深入方林村，不分昼夜，与村两委共商防疫大计，指导和帮助方林村的防疫工作。领导小组一方面利用网络、广播开展防疫宣传，一方面置办口罩、洗手液、消毒剂，供村民外出和洗手用。全村实行封闭式管理，禁止外来人员和车辆进入。要求村民在家里，尽量不出门。若出门，必须戴口罩，与他人保持1米以上的安全距离。回家后，要洗手。

村两委成员带头在各要道口值班，检查外来车辆和人员，广大党员、村民代表和志愿者积极参与，全体村民自觉遵守国家的防疫规定，自觉取消了原定的探亲访友计划，宅在家中。方林村村民过了一个众志成城抗疫情的特殊春节。

复市复工　村两委一手抓防控，一手抓复市复工。2020年2月14日，路桥区委、区政府召开“复工复产工作推进会”。会后，方林集团召开视频会议，线上学习市委、区委会议精神；制定疫情防控和市场复市方案，并储备防疫防控物资；并与每家商户签订责任书。2月17日，方林汽车城和方林二手车市场恢复经营。市场建立返岗人员“一人一表”登记制度，对每户经营户和每个员工进行全程监督，掌握他们的健康状况和日常活动轨迹。对员工的监管包括来源地、途经地、返回居住地等。各部门对工作人员及市场商户，特别是往返湖北地区的人员进行逐一排查。通过排查确认在疫情发生至复市期间，未接触感染者、身体健康的，方能进市场工作和营业；在市场大门旁和各商户门口设立检查点，进入的人员，包括市场工作人员，必须戴口罩、量体温、核验身份证、健康码等，并做好相关信息的登记；每日定时安排专门人员对市场进行全方位消毒，特别是公共区域、人们经常碰触的公共部位如门把手、楼梯扶手、电梯按钮等进行定时定点消毒。一旦发现发热人员，立即进行“一隔离、二登记、三报告、四送诊”。鼓励和支持各商户运用网络营销等方式扩展销售渠道，通过市场网站、微信公众号及市场抖音号、二手车微店等，为消费者提供线上看车服务。

募捐钱物　2月27日，方林村党委、村委会联合发起“疫情无情人有情，全村捐赠抗疫情”的倡议，得到了全体党员和村民的积极响应。全村人人参与，共筹得爱心善款165700元。3月4日，爱心捐款送路桥区委组织部。村还向台州恩泽医疗中心（集团）捐赠用以防控新冠肺炎医疗物资价131920元。

注：本部分详见第十四编民主法治与精神文明建设编。

附：

经销商防疫复工承诺书

1.建立复工员工信息登记、健康申报表（一人一档），确保复工员工无发热、咳嗽、咽痛等异常情况；复工员工全部为非集中隔离及居家医学观察人员，并每日对员工进行至少两次体温检测；

2.不擅自接收来自湖北省、温州市等疫情重点地区的员工，发现有员工发热，第一时间报告市场领导；

3.设立单一出入口，进出人员严格登记、测量体温；

4.设立发热异常员工隔离点，并制定隔离观察的相关措施；

5.筹备充足的防疫人防技防物资，配备医学防护口罩、体温测量仪等防护用品；

6.严格执行疫情防控有关规定，制定企业应对疫情的应急预案、防控措施和复工方案，成立主要负责人为组长的防控领导小组，并对员工进行疫情防控培训；

7.员工底数清晰，做好人员变动情况、员工体温测量、消毒等情况记录，一日一报告；

8.每日检查电器线路、消防设施，保证其处于良好的使用状态；

9.主要负责人或授权管理人员在现场负责防疫工作。

企业在复工期间如有出现不能满足上述承诺要求或违反其他疫情防控规定的，由企业承担责任。

第三节　村民体检和妇幼保健

《方林村村民自治章程》规定，每两年为村民进行一次体检，发现问题及时治疗。体检分30周岁以上全体村民和农医保（农村合作医疗保险）两类；积极开展妇幼保健，预防各种疾病的发生。

村民体检

2010年开始，为进一步提高村民的生活质量和健康水平，倡导健康文明的生活方式，方林村规定每两年组织一次村民到市级医院免费体检，并建立个人健康档案，实现“无病早预防、小病早发现、大病早治疗”目标，为村民健康系上“安全带”。2020年开始，30周岁以上的村民体检由每两年一次改为一年一检。体检费用由2017年的每人600元增加至每人800元；每3年1次为年满45周岁以上村民进行肠胃镜检查，费用为每人1000元（表15-6）。

表15-6 方林村村民体检简表

体检时间	体检地点	体检对象	主要体检项目	体检人数
2010年3月24日至4月6日	台州医院路桥院区	30周岁以上村民	血生化、甲状腺B超、胸片等11大项45小项的检查	690
2012年2月29日至3月14日	台州医院路桥院区	30周岁以上村民	血生化、甲状腺B超、胸片等18大项	730
2013年7月13日	方林老年公寓	农医保参保人员	内外科、心电图、血常规、B超、血脂、空腹血糖等；60岁以上老人加肝功能、肾功能项目	689
2014年3月11—27日	台州医院路桥院区	30周岁以上村民	血生化、甲状腺B超、胸片等18大项	710
2016年3月29日至4月8日	台州医院路桥院区	30周岁以上村民	血生化、B超、心电图、肿瘤检查等	735
2018年4月8—23日	台州恩泽医疗体检中心	30周岁以上社员	常规检查、血液检查（血常规、生化、肿瘤）、心电图、彩超、妇科、X光	732
2018年4月8日至5月3日	台州恩泽医疗体检中心	30周岁以上村民	内外科、血常规、尿常规、血沉、肝功能常规、肾功能A、血糖、血脂系列A、生化全套A、肿瘤系列、B超（肝胆脾胰）、女性妇科彩超、男性输尿管膀胱彩超、女肺拍片、男肺CT、胃肠镜等	583
2018年4月21至6月2日	台州恩泽医疗中心（集团）路桥医院到方林老年公寓	老年人	胃境等肠	228
2019年4月8日	台州恩泽医院	30周岁以上村民	普通体检	738
2019年5月3日	方林老年公寓	65岁以上老人及慢性病人	内外科、心电图、血常规、B超、血脂、空腹血糖等	181
2020年4月27日至5月12日	台州恩泽医疗中心（集团）路桥医院	30周岁以上村民	普通体检	753

附：

2018年体检分析

2018年4月8日至5月3日，方林村应体检人数747人，实际参检人员583人，参检率78.05%，其中男性272人，参检率46.6%；女性311人，参检率53.34%。普通体检主要项目有：内外科、血常规、尿常规、血沉、肝功能常规、肾功能A、血糖、血脂系列A、生化全套A、肿瘤系列、B超（肝胆脾胰）、女性妇科彩超、男性输尿管膀胱彩超、女肺拍片、男肺CT、胃肠镜等项目。体检查出的前10种异常的有：甲状腺结节59.18%、血沉49.06%、高胆固醇血症38.42%、超重30.53%、血压增高24.87%、血尿酸增高24.36%、视力下降24.19%、肝回声细密22.3%、高甘油三酯血症19.21%。女性宫颈多发纳氏囊肿比例高达25.72%。

消化道体检参检人员检出前10种异常的有：慢性浅表性胃炎93.59%、结肠息肉49.51%、胃息肉9.85%、结肠多发息肉20.68%、直肠息肉8.86%、结肠管状腺瘤伴腺上皮低级别上皮内瘤变16.25%。

这次体检比往年体检增加了一个项目，即50～80周岁的村民进行消化系统检查，包括食道、胃、肠三部位的体检。消化系统体检人数400人，实际参检人数210人，参检率52.5%，男性参检人数104人，比例49.52%；女性参检人数106人，比例50.47%。

消化道系统参检人员检出前10种异常的有：慢性浅表性胃炎93.59%、结肠息肉49.51%、胃息肉9.85%、结肠多发息肉20.68%、直肠息肉8.86%、结肠管状腺瘤伴腺上皮低级别上皮内瘤变16.25%、反流性食管炎14.14%、痔疮7.3%、胃黏膜肠化1.95%、十二指肠炎9.26%。反流性食管炎14.14%、痔疮7.3%、胃黏膜肠化1.95%、十二指肠炎9.26%。间黏膜肠化的人员有4位，同样要随访，有癌变风险。结肠管状腺瘤伴腺上皮低级别上皮内瘤变的有33人，胃黏膜肠化的有4人，均有癌变风险，需要随访，经常检查。

妇女保健

旧时，医疗条件简陋，方林村孕妇不知道定时体检，一旦遇到胎位不正或其他原因就会难产，母亲和婴儿的死亡率较高。20世纪50年代初期，方林村妇女会开始宣传新法接生，并实行孕期体检。

组织和实施主体　1980年以后，村内妇女保健工作开始走上正轨，由妇女主任陈初芬负责妇幼卫生工作。实施主体为路桥区妇幼卫生院和石曲乡联合诊所。

孕产妇检查村　由陈初芬联系路桥卫生院妇幼保健医生给怀孕3个月的孕妇建立“二卡一资”（围产期保健门诊预约卡、孕产妇围产期保健卡、固产期保健须知资料），对孕产妇进行“优生优育”及保健知识教育；怀孕6个月后产前检查5次以上；陪同医生产后访视3次、复查1次，指导产褥期卫生和新生儿的喂养和护理。2004年起，通过血液检测对怀孕15～20周的孕妇开展21三体综合征、18三体综合征和神经管缺陷筛查。2010年，路桥区启动基本公共卫生孕产妇健康管理项目，方林村孕产妇享受免费的产前检查服务。

妇女病普查　1997年开始，村每两年组织一次已婚育龄妇女体检，开展妇女病普查。2002年起，村里每年免费为育龄妇女及老年妇女作妇科B超检查，及时发现或排除子宫肌瘤等妇科病。2003年后，每两年开展一次普查。2005年，组织全村240名妇女进行健康检查。2008年开始，每年开展一次普查。2013年，路南街道妇检由每年两次“三查”增加到每年三次。妇检时间为每年的3月、7月和12月。是年，方林村有育龄妇女287人。妇女积极参加“三查”活动，除年龄已达到46周岁以上免检以外，其余育龄妇女全部参加。2014年，方林村有育龄妇女283人，已婚育220人，参检率100%。2015年，妇检275人。2016年，妇检286人，参检率均达到100%。此外，2014年，分期分批对中老年妇女进行乳腺癌和宫颈癌免费筛查。

婚检2003年10月起，新的《婚姻登记管理条例》规定婚前检查自愿参加。2009年8月，路桥区妇幼保健所内成立婚育服务中心，提供婚前医学检查、婚前免费优生检测。方林村未婚女青年自愿到路桥区妇幼保健所进行婚检。

儿童保健免疫

1950年10月，中央人民政府政务院颁布《关于发动秋季种痘运动的指示》。石曲乡联合诊所组织人员到方林村设点接种牛痘。60年代，开展小儿蛔虫病的普查和医治。1961年，进行卡介苗接种。1963年，卫生部《预防接种工作实施办法》颁布，每年冬春季采用突击性方式，石曲联合诊所医务人员到方林村进行儿童卡介苗，及预防脊髓灰质炎、百白破（百日咳、白喉、破伤风）、麻疹疫苗和牛痘的接种。1970年，大队合作医疗保健站为儿童接种麻疹疫苗、流行性乙型脑炎（乙脑）疫苗、牛痘；次年，接种流行性脑脊髓膜炎（流脑）等疫苗。

1977年11月后，县统一牛痘、糖丸疫苗、麻疹疫苗、百白破疫苗、卡介苗、乙脑疫苗、流脑疫苗共7种生物制品的儿童基础免疫程序。实行按儿童按月定点接种。石曲乡联合诊所规定方林村儿童预防接种的时间为每月15日。到时，家长准时带着儿童到联合诊所接种。1980年起，建立婴幼儿预防接种卡。1984年，石曲乡建立接种站，使用统一计划免疫登记、统计表册。乡专职防疫人员每月对方林村儿童开展调查登记，根据免疫程序和儿童月龄，每年为儿童接种卡介苗、糖丸、百白破、麻疹及流脑、乙脑疫苗，由村委会、妇联组织通知儿童家长，到指定的接种站接受预防接种。

1987年9月，方林村开始乙肝疫苗接种。1992年，将乙肝疫苗纳入免疫规划，对新生儿童实行免费接种。1993年起，连续7年开展脊髓灰质炎疫苗强化免疫活动。每年12月5日和1月5日，接种2次脊髓灰质炎疫苗。2007—2009年，国家对儿童免疫越来越重视，方林村儿童享受了甲型肝炎疫苗、麻疹－腮腺炎－风疹联合减毒活性疫苗（麻腮风疫苗）。在此期间，儿童可常规免费接种乙肝疫苗、卡介苗、脊髓灰质炎疫苗、百白破疫苗、麻风疫苗、麻腮风疫苗、流脑疫苗、乙脑疫苗、甲肝疫苗。2013年起，由石曲卫生院直接给家长发送短信或微信，安排儿重接种疫苗。

免疫保偿制度

1989年，方林村实行免疫保偿制度，即在家长知情同意的基础上，自愿交纳15元接种保健保偿金，对免疫接种后发生相关传染病和免疫意外造成伤害的儿童，实行一定的经济补偿。此笔费用由村支付。1996年，免疫意外伤害赔偿纳入当地政府卫生防疫经费预算，方林村停止执行计划免疫保偿制度。

第四节　健康教育

1980年开始，方林村的健康教育工作逐渐推进。经常运用广播、黑板报、宣传窗、标语等形式对社员进行讲卫生、要健康的教育。大队妇女组织还开展多种多样的活动，对广大妇女进行健康教育。

组织领导

1997年，方林村初级医疗保健领导小组组长为管人财，成员林小春、陈初芬。主要任务是健康教育、宣传、初保。1998年，林小春担任健康教育兼职教育委员。

1999年，成立健康教育领导小组，由林文德任组长，成员林小春、方浩。

健康教育讲座

2005年，方林村邀请计生专家为妇女们讲解妇女病防治知识，30多位妇女接受教育；2006年，50多名育龄妇女参加了由街道计生工作人员讲解的计生知识培训。2010年，台州市第一人民医院主任中医师牟重临在方林老年公寓，为老人进行健康知识专题讲座，内容为现代人的饮食、居住环境和自我保养。

2012年4月11日下午，在方林村老年公寓会议室，台州医院路桥院区心血管内科主任卢振，普外科主任范华平，神经内科主任王利民，内分泌科主任符鸿俊，妇产科医师李爱金等专家，为村民们讲解怎么看体检报告单，如何通过体检报告单了解自己的身体状况等知识，同时解答村民们提出的关于体检报告上的一些问题。

2019年4月16日晚上，台州恩泽医疗中心的院长助理陈姬雅，带领健康管理中心团队、消化病分院团队、麻醉科团队在方林大会堂举办胃肠道肿瘤早期筛查的讲座。

健康咨询

2018年3月6日下午，方林汽车4S党群服务中心联合路南街道妇联、团委、总工会，在方林汽车产业集聚区开展“情暖‘三八’，益路同行”健康咨询活动。台州医院血液内科、肿瘤内科、妇产科和骨科相关专家现场解答村民提出的关于贫血、常见肿瘤预防、常见妇科疾病、骨质疏松、腰腿痛，以及血压、血糖等问题。

第五节　医疗保险制度

农村合作医疗制度

20世纪70年代初，方林村实行合作（集体与个人合作）医疗制度。《方林大队1979年农副生产及各项处理意见》中，对有关合作医疗站医药费用负担作了如下规定：合作医疗站医药费用由生产队和个人承担。生产队承担每人1元，社员每人承担0.5元，医务人员记工分；报销的几项规定：西药30%、中药20%；重病及慢性病人去外地治病在50元以下的报销30%，50元以上的报销40%。因当时外出看病需乘车，因此是否去外地治病，需由汽车站证明，没有车站证明一律不予报销。出差人员例外。接生费在计划内报销1元。1982年后，合作医疗站由个人承包经营，村民自费就医。

新型农村合作医疗保险

2003年12月20日，路桥区正式实施新型农村合作医疗保险（简称“新农合”），由政府组织、引导、支持，农民自愿参加，采取个人缴费、集体扶持和政府资助的方式筹集资金，以大病统筹为主，是一种农民医疗互助共济制度。参加对象为出生90天以后的农村居民和没有参加城镇职工基本医疗保险的城镇居民，没有年龄上限。

2004年，方林村实施新型农村合作医疗保险。村里为村民缴纳每人每年40元的新型农村合作医疗保险金。历年参保率均为100%。同时，每年按集体经济总收入5%～10%的比例提取医疗基金，实行单独立户，专款专用。仅2007年，就从集体所有账户中提取80万元作为医疗基金。2004—2008年，全村村民累计交纳保险金19万余元，村民享受每年人均80～124元全区统筹的医疗保障。5年中，方林村有247位村民住院治疗，费用总额达3337744元。经区新农合办核定，符合补偿规定的医疗费用2430152元，补偿金累计791971元，每年每人补偿3206元，补偿率32.59%，其中每年获得1万元以上补偿金的村民21人次。2008年，70位村民住院医疗费用总额1117470元，经路桥区新农合办核定，符合补偿规定的医疗费用837983元，补偿金272565元，人均补偿金额达3893.78元，补偿率32.53%，群众受益率为6.72%。

2012年，路桥区出台新农合及城镇居民医保政策。是年，医保筹资标准提高到每人430元，其中各级政府补助每人280元，个人缴费150元。方林村村民的个人缴费部分由村里统一上缴。2018年的农医保住院累计最高补偿限额为85000元，2019年提高到95000元。是年，支付社员农医保52.12万元，有154人次报销医药费39.68万元。2020年全年支付农医保60.76万元，为160人次报销医药费49.75万元。

村民患病住院除享受新型合作医疗保险优惠和费用补贴外，还可享受村里的医疗补助。减轻村民医疗费用负担，解决“小病磨、大病拖”和“因病致贫、因病返贫”的问题，村民的健康水平和生活质量得到进一步提高。2021年的《方林村村民自治章程》规定，为村民提供农医保，并全额报销医疗费。

先诊疗后结算

2013年6月14日，方林村与台州恩泽医疗中心路桥医院签订“先诊疗后结算”协议书。先诊疗后结算的享受对象为户籍地在路桥区路南街道方林村的、享受村集体福利待遇的村民，及部分由方林村指定的外来人员。先诊疗后结算是方林村与台州恩泽医疗中心路桥医院在医疗模式上的创新，在台州市属首例。

享受先诊疗后结算的门诊患者，只需在门诊、急诊诊疗时，通过预缴一定额度押金的方式，待所有诊疗过程结束后统一进行结算，无需在接受每项诊疗服务时往返于各楼层之间单独缴费。这种“一站式”结算的支付方式，大大简化就诊流程，减少排队次数，节省诊疗时间。

享受先诊疗后结算的住院患者，在办理住院手续和住院治疗期间无需缴纳住院押金。患者确定住院治疗后，持住院通知书办理住院手续，并提供身份证或者新农合证以核查身份，将有关证件交给医院保管，确保患者登记信息准确真实，保证患者出院结算顺利进行；患者出院结算时，只需向医院一次性结清医保（新农合）报销后个人所承担的费用即可。

2017年2月28日，方林村与台州恩泽医疗中心（集团）恩泽医院再次签约，对2013年先诊疗后结算的协议作进一步完善。根据协议，方林村社员生病住院，住院医疗费可先由村在医院的住院医疗保证金中先行垫付，住院第二天自行补办手续和缴纳相关费用。村股份经济合作社免费为社员的农医保统一投保。医疗费在村股份经济合作社进行第二次报销，报销费用合计在90%以上，2020年起实行全额报销，极大地减轻方林社员的医疗负担。

住院报销制度

方林村历来重视减轻村民的医疗费用负担，把它摆上重要议事日程，加以研究解决。1992年，村实行村民住院医药费报销制度。是年，村民生病住院，医药费在200元以上的，由村负担30%～50%。

1998年《方林村村民自治章程》规定：“本村村民生病住院期间医药费在1000～2000元的报销30%；2000～5000元的报销40%；5000～10000元的报销50%；10000～50000元为止，村报销60%（以上医药费报销不包括住院费、检查费）。”1998年，村为15位住院村民报销78574.51元。随着经济的发展，修改后的《方林村村民自治章程》规定的医疗报销标准也不断提高。

2015年6月开始，实行二次报销制度，即凡参加农医保或个人大病保险的村民患病住院，除享受农医保或个人大病保险报销外，还可享受村医疗报销，报销额为农医保或个人大病保险报销额的30%。若村民为在职职工，在享受村报销后，还可享受在职职工医疗报销。这样，村民的医疗费用经新型农村合作医疗保险或大病保险报销、村报销和以在职职工身份报销后，个人只承担很少一部分医疗费用，医疗开支的负担大大减轻。

2016年，有180人次报销医药费共计37.2万元，支付两年一次的村民体检费用24.59万元，付全村村民2017年度农医保费用28.41万元。2017年《方林村村民自治章程》对村民医疗补贴制度作出更详细的规定。2020年，支付614位村民体检费用421190元。2011—2020年，方林村共为1058人次报销医药费249.46万元。

第三章　体　育

20世纪80年代起，方林村村民生活逐渐富裕，体育需求随之增长，村群众体育活动逐步开展，体育设施不断增加。除村老年体育活动中心外，与方林苑小区配套建设的体育设施有灯光网球场、篮球场、羽毛球场、健身房、乒乓球室、门球场、游泳池等。村组织多种体育团队，开展经常性的体育活动。方林村在各级各类体育比赛中屡获佳绩。2008年12月，浙江省体育局授予方林村“浙江省村级体育俱乐部”牌匾。2015年，方林村老年体育中心获“浙江省老年体育活动中心先进集体”称号。

第一节　体育设施

改革开放以前，方林村无任何体育设施，村民也无任何体育活动，有的只是孩子们在生产队晒谷场等空地上打弹子、捉迷藏之类。改革开放以后，村级经济快速发展，村里陆续建起各类体育设施，添置不少运动器材。

方林村俱乐部

1965年，方林村成立俱乐部，配备专职管理员，青壮年村民踊跃参加各类活动，每天有三四十人在俱乐部打乒乓、康乐球，下象棋、围棋，打扑克牌（图15-4）。

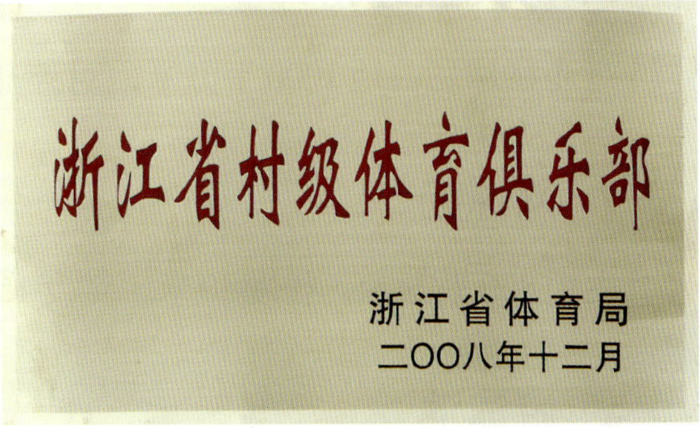

图15-4　被评为“浙江省村级体育俱乐部”（2008年12月）

老年体育活动中心

2003年，在老年公寓成立老年体育活动中心，负责人为方华良。活动中心内有跑步机2台，仰卧机1台，多功能拉力机2组，多功能瘦力机2台，脚踏压力机2台，乒乓桌1张。白天和晚上为老年人免费开放。

门球场

投入40多万元，于2005年建成门球场，对外开放（图15-5）。

图15-5　方林门球场（2010年）

乒乓球室

乒乓球室占地100平方米，有灯光设备，对外开放。

健身路径

2003年，建成占地720平方米的健身路径。有室外健身器材36件，配有灯光设备，对外开放。

灯光篮球场

灯光篮球场占地1000平方米，对外开放。

网球场

占地800平方米，长度30米，宽度15米，有灯光设备，全天对外开放。

游泳池

2005年，投入141万元，在方林苑动工建设台州市最大的住宅小区游泳池。于次年建成。游泳池占地4000平方米。成人池长25米，宽20米，深度为1.2～1.5米；儿童池长20米，宽10米，深度为0.6～0.8米；开放时间为13：00—20：30。配套设施有更衣室、洗浴间等。聘请专业救生员，发放村民游泳卡，村民凭卡免费游泳。

文体活动室

文体活动室占地100平方米，有灯光设备，室内有乒乓球、棋牌、健身体育器材等10件，对外开放。

第二节　体育活动

20世纪90年代中期，方林村群众性体育活动蓬勃开展。各种自发的老年门球队、老年桥牌队和佳木斯舞队、排舞队、青年篮球队、乒乓队等体育团队不断出现。群众性体育活动蓬勃开展。

体育团队

老年舞蹈队　1995年，成立老年舞蹈队。舞种不断增加，主要有关节操、医疗保健操、功夫扇、木兰扇、太极拳、健身球、健身秧歌等。2017年，有队员23人。年龄最小的方金花54岁，最大的余云芳69岁。负责人王天吉。活动场地在方林苑一期小区。每天早晚，队员们都会在音乐伴奏下，踏着舞步健身。队员组成：王玉云、潘荷连、谢春香、余云芳、李仙琴、谢玉梅、张荷兰、王天吉、林启禄、叶玲斐、王素琴、夏玲飞、陈素云、蒋荷清、孙正春、王杏菊、陈初芬、缪云香、张招领、张菊素、刘玉梅、方金花、沈卫秋、管玲萍。

老年协会门球队　2005年，成立老年协会门球队。于2012年发展为3支小队。2017年，有队员25人。年龄最小的王妙根60岁，最大的吴美云86岁。负责人王妙根、谢文元。活动场地在方林老年公寓门球场。每天早上，队员们都会在门球场活动。队员组成：王妙根、王美云、林书池、林启满、王中桂、林冬兰、陈初芬、林群芳、林显琳、林启禄、王云连、潘荷连、金小荷、陈素云、吴美云、方华良、张春芳、孙茂康、谢文元、隙美琴、曹梅领、李荷香、陈杏云、陶玉娥、蔡领娥。每天早上、中午，队员们都会自行组织到方林门球场训练1小时。

老年协会大鼓队　（见第十六编第一章第二节文化娱乐活动）。

老年协会桥牌队 于2005年成立。2017年，有队员9人。是年，年龄最小的林显琳62岁，最大的管银财77岁。负责人管人财。活动场地方林老年公寓。队员们每天都会在老年公寓内打桥牌，有时晚上也会打上几局。队员组成：管人财、林启满、王妙增、林启禄、林启友、林显琳、林小春、方孔红、丁禹民。

老年协会兜球队 于2005年成立。2017年，有队员4人。年龄最小的林彩凤60岁，最大的林启满69岁。负责人林启满。活动场地方林老年公寓。队员组成：林启满、林书池、陈初芬、林彩凤。

方林佳木斯健身操队 2011年8月，一支由方林村中老年群体组建的“佳木斯”健身操队成立。2017年有成员21人。每天晚上按照体操的配套乐曲和动作口令进行1小时的身体锻炼。

方林“跳跳更健康”排舞队 2013年，方林村出现了一支主要由妇女为主的“跳跳更健康”排舞队，从而掀起了跳排舞潮。“跳跳更健康”排舞队由方林村村民林仙莉和陈春金共同发起。她俩自费出资购买音响设备，邀请自己的舞蹈老师朋友每天19：00准时免费教村民各种舞蹈，有兴趣的村民都可学习。经过20多天刻苦地教与学，排舞队员们已学了9支舞蹈，参与的村民也越来越多，由原先的十几人，发展到五六十人，有时甚至有一百多人。

方林青年篮球队 2005年，成立方林青年篮球队。是年，参加“方林杯”路桥区青年篮球赛，获得亚军。队长方崇国，主力队员有王超、丁旭昌、王健、王琦、林聪、方刚、林荣辉、谢世宇、张峰敏。

群众性体育活动

方林苑一期小区建成后，每天早晚在小区徒步健身的群众达五六十人。2004年方林苑灯光网球场、篮球场建成后，每天晚上都有青年村民在球场打网球、打篮球。他们往往分成两队进行比赛，到22时结束。

2007年，村妇联开展“巾帼健身活动”，健身球、腰鼓、健身操、双环操等活动丰富多彩。

方林村历年来重视老年体育活动。2007年，村投入老年体育活动经费19850元。是年，老年协会获路桥区体育活动先进集体称号。次年，又投入老年体育活动经费6828元。老年公寓建成以来，每天在老年公寓、体育中心健身，参加走路、跳舞、打门球、打桥牌等晨练的老人都在六七十人以上。2015年，经省体育局实地考察，方林村老年体育中心荣获“浙江省老年体育活动中心先进集体”称号（图15-6）。

2011年10月，佳木斯健身操队参加了在方林主题公园广场举行的由路南街道老年协会主办的“佳木斯”快乐舞步健身操展示会。来自路南街道各村（居）的26支代表队，共300多人参加健身操展示活动。经过长达1个小时的排演与展示，活动在“佳木斯”快乐舞步健身操的乐曲中圆满落幕。

图15-6　方林村民参加老年组门球比赛（2006年）

第三节　体育赛事

方林村群众性体育赛事不断。2005年，方林青年篮球队成立当年，就在方林杯路桥区青年篮球赛中获得亚军；是年，老年门球队两次参加路桥区门球赛，获得二等奖和三等奖。

2006年，老年门球队参加路桥区门球循环赛和路南街道老年人运动会，分别获得一等奖和团体二等奖。

2007年3月15日，老年协会参加路桥区老年桥牌比赛，获得团体第三名；5月24日，路桥区第三届老年村际门球赛，方林村获团体第一名；10月，路南街道老年健身操比赛又获第一名。

2009年，老年门球队获路桥区门球比赛第三名，区气排球比赛和区桥牌比赛第四名，路南街道广场舞比赛第一名。

2010年3月22日晚，由方林汽车城主办，方林团委、方林网络部承办，方林二手车市场、台州汽车网、潮流钢构协办的2010年首届“移动杯”台州汽车行业篮球对抗赛在方林苑篮球场拉开战幕。此次比赛共有27支汽车行业单位组队参加，分为路桥、温岭、椒江、临海、黄岩、洪家六大赛区进行，参赛队伍在切磋球技的同时，加强汽车同行交流，展示企业文化，共促汽车行业的良好发展（图15-7）。

图15-7　在方林苑举行的台州汽车行业篮球赛比赛场景（2010年3月）

2010年12月23日下午，第一届“年轻快乐，激情无限”友谊运动会在方林村篮球场举行。此次运动会由路南中心幼儿园举办，以“青春飞扬、快乐无限、激情互动”为主题，以“友谊、团结、公平竞赛”为宗旨，通过举办趣味性体育活动，加强幼儿园教职工、家长委员会和方林村团委青年间的相互沟通，增进友谊，增强团队凝聚力，形成引领团结合作、积极锻炼的生活工作方式。

2011年，路桥区组织“舞动路桥”千人排舞比赛，方林排舞队获得第二名。同年，老年协会获得路南街道举办的门球比赛第二名和健身舞比赛第二名。

2012年5月，方林村团委与92095部队在方林苑篮球场举行了一场以“舞动青春，引爆夏日”为主题的篮球友谊赛。同年，老年协会获得路桥区老年门球邀请赛第二名、路桥区老年桥牌比赛第二名，路南街道花扇舞比赛第一名。次年，老年协会获路桥区老年门球比赛第一名、桥牌比赛第二名。

2012年5月，举行路南街道首届农民运动会。方林村由尚永斌领队，19个队员参加了拔河、2分钟跳绳、30米袋鼠跳、4×100米、乒乓球、1分钟原地投篮、飞镖等7个项目的比赛，取得了较好的成绩。

2013年6月30日，区老年大学主办，方林老年协会协办的路桥区第九届桥牌大赛在方林老年公寓举行，比赛采取循环赛制，为期7天。全区40多位桥牌高手参赛；方林老年协会获路桥区老年门球比赛第一名、路桥区老年桥牌比赛第二名；是年春节，方林村在路南街道举办的乒乓球比赛中获第二名的好成绩。

2014年2月8日上午，由路桥区文体局组织的春节体育系列活动之路桥区第十三届迎春门球比赛，在峰江中学大操场举行。来自路桥区10个镇（街道）的38支代表队，近300人参与角逐。比赛共分8个赛区，每个赛区共有5支队伍参赛。经过长达3个多小时的紧张激战，由方华良带领的方林门球队，在比赛中取得优异的成绩，最终方林一队荣获第八赛区第一名，方林三队荣获第三赛区第二名。

2014年8月16日，方林担保足球队与椒江海德足球队举行了一场慈善友谊赛，方林担保足球队以4:0的成绩大胜对手。

2015年，村老年协会组织的方林老年门球队在路桥区第七届老年运动会上表现突出。这次比赛由方林村和洪洋村联合代表路南街道老协出战，经过多次淘汰赛，一路过关斩将，最终赢得门球比赛冠军；方林老年桥牌队在此次运动会上获桥牌比赛第五名。

2016年6月18日，方林团委与中国银行台州市分行组织了一场篮球友谊赛。旨在丰富方林村团委企业支部青年团员的业余生活，强身健体，增进交流。在一个半小时的赛程中，双方队员以“友谊第一，比赛第二”为宗旨，不计个人得失，将团队精神发挥得淋漓尽致。赛后，各队队员虽然都大汗淋漓、精疲力尽，但脸上都洋溢着愉悦的笑容。通过此次比赛，不仅增进了兄弟单位间的交流与友谊，也为企业青年的业余生活增添许多乐趣（图15-8）。

图15-8　方林团委与中国银行台州市分行组织篮球友谊赛（2016年6月）

2016年11月18日，方林二手车市场举办了2016冬季拔河比赛。根据比赛规则，全体方林二手车经销商依展厅分成A至H区代表队，由各展厅推选出参加本次比赛的选手。经过激烈的三轮比赛，实力强劲的H区经销商代表队赢得了冠军，A区、D区分别荣获亚军和季军。

2018年9月14日，路南街道方家文化广场举行万家礼堂庆丰收，农民趣味运动会，暨惠民集市活动，方林村代表队取得第二名。

2020年9月15日，方林老年公寓举行路桥区第十届老年人桥牌交流活动。全区8个街道60多位桥牌爱好者齐聚方林参加此次活动。方林5位老人代表路南街道出赛，获得第四名。

第十六编

文化娱乐　信息传媒

2007年，方林村党总支书记方中华在村民大会上首次提出“方林精神成为方林发展的一面旗帜”的科学命题。方林精神就是“奋进创新、团结协作、廉政无私、恪尽职守”。方林汽车城举办的各届中国（台州）国际汽车展示会，显示方林人在商业活动中注重文化、讲求品位、追求公益、服务至上的价值追求；《方林村村歌》等宣传文化显示方林人对具有特色的方林村企文化的追求。

20世纪50年代初，方林剧团成立，在路桥产生很大影响。改革开放以来，方林舞蹈队、方林大鼓队、方林合唱团等纷纷成立。方林文化中心、俱乐部、图书馆等文化设施，为方林文化的展示和发展提供平台。共青团、妇联、老年协会、汽车城、二手车市场为活跃村民和职工的业余文化生活，每年举办各种各样的文化娱乐活动。自编自导自演的精彩节目，展示方林人的文艺天才。

方林村钟灵毓秀，人杰地灵，涌现不少文化人才。古以方行、李诚为代表，近现代更是人才辈出。《方林报》作为展示村企文化的平台，培养一批写作能手。同时产生地方传说、人物故事、民谣等民间通俗文学作品。方林村与其他单位合作拍摄的电影《大陈岛誓言》于2019年在全国公映。2004年1月，方林村被评为路桥区“一级文化村”。

方林村创办具有地方特色的《方林报》，成为方林村向社会展示的一扇窗口。在第十三届中国文化管理经验交流大会上，《方林报》获大会授予的“2010中国乡村文化优秀传媒”称号。

过去，方林村通信极不发达。古代靠驿路传送信件（主要传送官府公文），后来才有了邮政，但打电话仍不便。随着通信技术的进步，通信越来越便捷。1989年，方林村通了电话。2000年，方林村成为路桥区首批移动电话村。

1999年，方林集团公司建成一期网站。之后，方林网络部、方林电子商务有限公司成立。2015年，微信公众平台开通。互联网不仅成为方林人浏览各类信息、获取所需情报、娱乐休闲的载体，更成为电子商务、“互联网+”的重要工具。

第一章　文化娱乐

经济的发展、生活水平的提高、社会的进步、人居环境的改善，孕育方林村企文化、群众文化，激发文化创作。方林精神是村企文化重要组成部分，是方林村发展的重要精神支撑，也是方林村发展的一面旗帜。方林以市场兴村、市场交易作为方林村的主要经济活动形式，蕴含丰富的文化意蕴。展示会、庆典、广告、传媒宣传等文化活动，以及方林人自己创作的村歌，都洋溢着浓浓的文化味。

第一节　村企文化

方林精神

2007年，方林村党总支书记方中华在村民大会上首次提出："奋进创新、团结协作、廉政无私、恪尽职守"的方林精神。

奋进创新　1970年，当社会上还把"换糖""补鞋""自行车送客"等副业当作资本主义尾巴来"揭深批透"时，方林村办起砖瓦厂。1973年，动员7个队，每队集资200元，创办石曲（方林）轮窑厂，率先打破了"以粮为纲"的产业禁锢。

方林村的奋进创新精神，主要体现在三次转型上。

第一次转型（1984—1994年）：1984年，方林村提出收田归村，打破地界队界，实行土地股份合作制，由农业发展有限公司统一经营全村所有土地。是年，建设方林路。是年10月，办起旧机械设备市场，当年成交额45万元。1985年，办起第一家股份制合作企业长虹微型电器厂。村里办企业，村民当工人。第一次转型，奠定方林村发展基础，迈出市场兴村的第一步。1994年，村级集体收入207万元，农民人均收入5088元。

第二次转型（1994—2002年）：1994年，台州撤地建市、路桥建区，村两委抓住这一历史性的重大契机，作出两个决定。一是解放思想，重塑一个新方林。是年，开展"重塑一个新方林"大讨论，开启二次创业的征程。二是以人为本，实施经济社会、村庄发展规划，打造集中统一的住宅区、优质高效的农业园区、相对集中的工业区和商业区。1995年1月筹办路桥机动车交易市场。1996年5月，扩建路南中心菜市场；9月，筹建路桥客运南站和路桥货运南站。1997年参股路桥区公交联合公司。2000年，成立浙江方林集团，实现村属产业向集团化资本运作转变。第二次转型做大做强第三产业，奠定以市场为支撑的产业格局。2002年全村共实现工农业总产值3.57亿元，实现市场成交额3.98亿元，村集体收入910万元，人均年收入11000元。1996年全面开展旧村改造，分三期进行，于2009年建成方林苑小区，家家户户都住上花园式别墅。2008年，方林村成为国家级生态村；2009年，成功入选"中国绿色村庄"。

第三次转型（2002年—　）：2002年，针对方林境域有限的情况，两委会提出“跳出方林发展方林”新思路。是年6月，方林村和杨戴村合股兴建浙江方林汽车城。2003年6月28日正式开业，成功举办2003首届中国（台州）国际汽车展示会。2003年，建成二手车交易市场。2009年，二手车市场迁扩建转型升级。2015年5月，玉环方林汽车城开业，成为“跳出方林发展方林”的又一成功范例。是年9月，浙江方林二手车市场二期开业，成为国内规模最大、档次最高、影响力最大的中高端二手车市场之一。第三次转型，使方林村发展走上快车道。

团结协作　方林村党员干部有一股团结协作、真抓实干的拼搏精神。1973年7月，老书记方道福带头卖掉家里的猪，大队长管康寿卖掉家里的牛，把钱交给大队，支委们说服各生产队出资，轮窑厂按期点火生产。1984年，作出“收田归村，依托大市场，兴办小市场”的决策后，两委会班子分头做好各家各户工作，顺利实施决策。是年10月，为兴办旧机械设备市场，村支书方中华不惜转让年收入数十万元的工厂，老村长管人财辞掉了年收入十多万元的工作。旧机械设备市场开张时，两委会成员既当经营户的免费搬运工，又要打通各方面关系，防止出现有场无市。1996年，建设方林苑；2002年，建设方林汽车城；2009年，扩建方林二手车市场，以及开展五水共治、垃圾分类，打造党建方林、品质方林、文化方林、平安方林、和谐方林、福利方林等诸多工作，都体现村两委会团结协作、全体村民同心同德的方林精神。

廉政无私　方林村不仅利用村务公开栏、方林网站、村民（代表）会议实行村务财务公开，而且把村务公开的内容扩大到村政大事。村公益事业、福利分配、计划生育、养老保险、评优选优、发展党员、干部选拔、工程建设等村民关注的一切问题，坚持事前、事中、事后全过程公开。1997年，村里建成方林苑一期。一些村民担心村干部优先选房，但干部不搞特权，与群众一起参加抽签分房。方林村坚持村属企业财务的统一管理。统一各企业场站管理人员薪酬和绩效奖标准；统一各企业场站财务支出权限；统一各企业场站物资采购、工程投资、招投标事项；合并各企业报表，接受村民民主监督小组审核，确立两支笔审批的财务制度。2005年，设立反腐倡廉举报箱，方便村民举报。2018年，路桥区清廉乡村培育启动仪式在方林大会堂举行。方林村荣获清廉指数A级第一名。

恪尽职守　1996年，村党支部副书记管人财，放弃在市场做生意赚钱的机会，天天在工地上忙碌。一次在检查工程质量时，不慎从二层楼跌下，双腿受伤，拐着脚仍坚持天天到工地上班。2002年，为百日建成汽车城，方中华带领领导班子，没有节假日，日夜奋战在工地上，每夜只休息三五个小时。方中华、蔡正杰、方浩、林必清、管人财等广大党员干部和群众终于用汗水和辛劳为方林发展竖起一座丰碑。

商业文化

2003年，方林汽车城举办首届中国（台州）国际汽车展示会，展示会不仅是商业活动，也彰显方林文化底蕴。

群众文艺 2009年9月30日，第五届中国（台州）国际汽车展示会正式开幕，在开幕式上，举行“方林国际汽车展之夜大型诗歌朗诵会”；10月1日，进行空中动力滑翔机飞行表演；舞台上，表演魔术、歌舞等缤纷多彩的节目，给消费者以艺术享受。第九届台州国际车展、第五届台州二手车车展开幕式上，机器人大赛、摩托车特技秀、疯狂卡丁车、黑人歌手的中文演唱，以及小提琴、钢琴、扬琴、萨克斯等乐器的演奏，为观众带来一场潮流时尚的音乐视听盛宴。

品位追求 第七届、第八届中国（台州）国际汽车展示会显示方林人对卓越品位的追求。除全新的兰博基尼、宾利雅致、保时捷911等顶级豪华车外，无价的普利茅斯老爷概念车、克拉特装甲车、法拉利、玛莎拉蒂，劳斯莱斯、阿斯顿·马丁、宾利、宝马i8、迈巴赫等重量级经典名车、经典豪车都在展会上亮相，其中宝马i8在浙江地区仅此一辆。

服务至上 2017年举办的第九届台州国际车展、第五届台州二手车车展展示着服务至上的理念。为了方便观众（消费者）购物，车展组织了200名志愿者，为观众提供导购、讲解等贴心服务，提供工商税务、金融保险、转户办证一站式服务，以及其他力所能及的帮助。车展以绿色植物布景，用绿色装饰，形成人、车、绿色环境的融合，让人感受到春天般的盎然绿意和愉悦心情。

不忘公益 第七届中国（台州）国际汽车展示会上，举行“感恩台州·慈善助学助教”公益活动。汽车城采用定向捐助方式，把取消市场10周年庆典活动而节省下来的60万元加上车展预算费用节约的40万元，捐助给教育事业。第九届车展中的8台机器人，在和观众互动同时，积极宣传“禁止吸烟”等文明规范。

媒体传播 第九届台州国际车展、第五届台州二手车车展吸引台州日报、台州电视台一套、台州电视台二套、台州交通广播、台州音乐广播、台州987新闻广播、台州发布、无限台州、台州19楼、今日头条、腾讯微信、黄岩957、最温岭、路桥电视台、今日路桥、路桥发布等媒体报道，台州交通广播还采用实时跟踪报道。

宣传文化

宣传画册 在浙江方林汽车城成立10周年之际，方林村推出了《感恩十年·十年风雨情，十年辉煌路——浙江方林汽车城十周年发展纪实》，详细介绍方林汽车城的“百日工程之路”“管理创新之路”“转型升级之路”，展示方林人创新创业精神。

村歌　2019年，徐海媚创作的《美丽的方林是幸福的家》被村党委定为村歌。歌曲以新时代方林村和方林村村民为背景，描写方林村幸福和谐、团结友爱、快乐向上的生活和精神风貌，成为方林村男女老少最爱唱的一首歌（图16-1）。

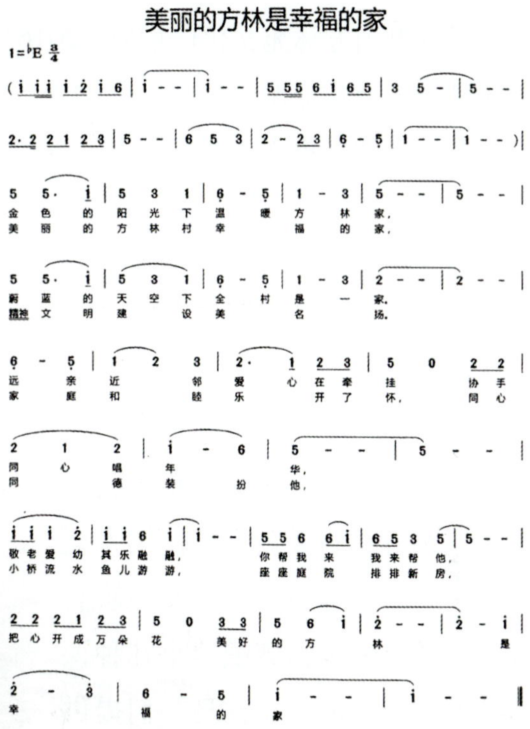

图16-1　方林村村歌

2019年，被评为台州市第十三届“邻居节”优秀节目。2020年，方林村村歌在由中国农民丰收节组织指导委员会策划组织的2020年“庆丰收·迎小康”中国村歌大赛总决赛中获“中国百佳村歌”殊荣，并获得村歌大赛“表演奖”。

第二节　文化娱乐活动

文化娱乐阵地

方林影剧院　“文化大革命”期间，社员文化生活极其枯燥。露天电影仅一月一次，生活单调无味，追求文化娱乐活动的要求非常强烈。1977年，方林村决定利用轮窑厂资金，建立村文化场所——方林影剧院。

1980年，方林影剧院建成。影剧院总占地面积2730平方米，建筑工程1500平方米，总投资17万元。内有900个座位的观众大厅，长26米，宽8米的舞台，配有演员化妆间、售票房、厨房、餐厅和7间东厢房。另有临方林路6间立面三层楼，中间通道宽4米，底层为大队办公室，二楼两间为放映室，三楼为演员宿舍。在当时，方林影剧院是台州地区首个农村大队级影剧院。影剧院除放映电影外，还为召开诸如村民（代表）大会等会议提供了场所。

方林村文化中心 2014年，方林村两委会决定拆除影剧院，在原址建造方林村文化中心，后变更到方林苑文化广场内。2016年3月，文化中心（即方林大会堂）破土动工，2017年建成文化中心配套广场，新增音乐喷泉等。2018年方林大会堂投入使用。

方林大会堂是集文化知识教育、党员村民代表学习室、图书室、时事宣传、放映免费电影（每周一、周三、周五为电影日）、开展文化娱乐、健身活动、休闲广场等功能于一身的多功能平台，是全村村民幸福感的体现。

图书馆 2004年，方林村建立图书室，购买图书近万册，内容涵盖教育、医疗、育儿、科技等种类，基本满足村民阅读需求（图16-2）。同时，订报刊13种，让村民了解党和政府方针政策、国内外重大政治时事。室内配有电脑、空调等，有两名专职人员管理。村妇联从2010年以来，每年利用图书室的藏书，开展婆媳读书月活动。每逢暑期，路南街道和方林村委就会在图书室联合推出“清凉空间”活动，开设英语、画画、书法、阅读、剪纸等十几种课程，给无人照顾的“小候鸟”们提供一个好去处。2013年12月，新增图书3000本，主要为工具书、畅销小说、儿童读物等。2014年8月28日，青年志愿者在图书室给小朋友上英语课。2018年，方林村图书室升格为路桥区图书馆方林分馆。

图16-2 村民在村图书馆阅览

文娱组织

方林剧团 1949年冬，方林村组建越剧团。团长方道坤，导演吴必聪，团员40余人。1955年解散。

妇联舞蹈队 2005年，村妇联成立妇联舞蹈队。队员有孙金春、陈美梨、施丽玲、施丽萍、王素琴、沈卫秋、林彩凤、张彩琴、陈梅玉、李仙琴、陈金云、缪云香、余云芳、罗丹青、王玉云、潘荷莲、徐云琴等人。舞蹈队邀请舞蹈教师授课并排演节目。妇女们兴致勃勃地认真学习，进步很快。当年参加路桥区文化俱乐部文艺大比武，获得二等奖。

方林大鼓队 2013年7月，由谢文元发起组织方林老中青大鼓队。共有成员30人，队员们不计报酬，自愿参加。村邀请台州大鼓曲谱创始人徐从蛘对大鼓队进行指导。经

2个多月训练，方林大鼓队较好地掌握了大鼓打击技巧。

大鼓队组织策划为谢文元，队长为林涛、徐艳，指挥为林涛、林显琳。大鼓由徐艳、管玲萍、沈卫秋、郑金云、林洁、张秀娟、王小红、王贝贝、陈美丽、赵丽平、阮晓丹、张正飞等表演，大钹由王素琴、林群芳、郑喜风、谢春香、缪云香、陈素云等表演，小钹由王天吉、王玉云、李仙琴、孙正青、张菊英、陈初芬等表演，大锣由谢文元、林启禄，小锣由余云芳、叶玲斐、潘荷莲、黄杏菊、刘珍秀等表演。

方林村农民合唱团　2013年3月，组建方林村农民合唱团。合唱团由方林村喜爱唱歌的40多位村民组成，并邀请音乐老师连绵鸿，每周二和周四晚上在方林苑茶室为团员授课。团员们认真地学习发声，努力学唱民族歌曲《天路》《相约北京》以及方林村的村歌《美丽的方林是和谐的家》。合唱团不仅每逢节日为村民演唱，而且常常聚在一起，歌唱祖国、歌唱党、歌唱新时代、歌唱新生活（图16-3）。方林村上空经常飘荡着嘹亮的歌声。

图16-3　方林村农民合唱团在练习（2013年4月）

群众文娱活动

1949年，方林剧团成立，开始排演以文明剧为主，配合当时运动的小话剧。主要内容宣传《中华人民共和国婚姻法》，提倡男女平等、婚姻自由、废除买卖婚姻制度；提倡团结友爱，破除宗族观念；树立“劳动光荣，剥削可耻”“勤俭建国，勤俭持家”的新风尚。以后转演越剧，《孔雀东南飞》一剧，曾到路桥、黄岩参加文艺演出，在当地有很大影响力。

1966年，“文化大革命”初期，社员学唱毛主席语录歌，跳“忠字舞”。群众文娱活动只限于电影放映队放映的几部革命样板戏。

方林村改革开放以后，合唱团、舞蹈队、大鼓队等文娱组织纷纷成立，村民们踊跃地投身到文化娱乐中去。每逢节日，方林村就会唱响歌曲、敲响大鼓、跳起舞蹈。在春节等重大节日，还会邀请著名的演出团队来村演出。

2011年，方林村与地方部队同庆八一建军节，举行“庆建军文艺联欢晚会”。方林大鼓队第一次登台亮相。队员们身着华丽新装，敲起大鼓。一阵阵激动人心的鼓点响彻远方，催人奋进。加之清晰悦耳的喜乐和优美舞姿，方林文娱组织给观众留下了深刻印象。

从2011年9月第六届中国（台州）国际汽车展示会开始，方林大鼓队都会在每届展示会开幕式上做精彩表演，迎接四方宾客（图16-4）；方林汽车城每年春节后第一天开市，也会邀请大鼓队打响鼓、敲响锣，喜迎开门红。2012年，方林大鼓队参加路桥体育文化表演赛，取得好成绩。2013年，同金清大鼓队一起，在吉利沃尔沃汽车奠基仪式上，进行大鼓助威。是年12月20日，路桥区体育中心各大鼓队交流会演活动中，方林大鼓队服装整齐，动作优美，鼓声铿锵有力，获得一致好评。在路桥区第四届全民运动会开幕式上，率先登场的方林大鼓队激情昂扬，用铿锵有力的鼓点声征服了在场的所有观众和运动员，开幕锣鼓带动开幕文艺会演走向高潮。

图16-4 方林大鼓队在浙江方林汽车城表演（2014年2月）

2013年2月5日晚，浙江方林集团举行新春团拜会，向全体村民拜年。团拜会在方林汽车城自编自演的《财神到》节目中拉开帷幕。接下来是员工们自编自导的妙趣横生的方言相声、激情四射的印度舞蹈、夸张搞笑的小品、新奇古怪的小人舞等。在各个节目之间还穿插抽奖环节，奖品有红包、加油卡、空气净化器、iPad mini、iPhone5、Mac等，给团拜会增添不少意外惊喜。压轴登场的小人舞更是把当时网上流行歌曲《江南style》《法海你不懂爱》与《新白娘子传奇》的古老传说结合在一起，恶搞一番，笑点层出不穷，博得台下观众掌声连连，一致叫好。

是年11月6日晚，路桥区第九届基层文化俱乐部文艺会演在峰江街道亭屿村文化广场激情上演。来自10个镇或街道的基层文化俱乐部的20个自编自导自演的文艺节目参赛，演出节目以顺口溜、歌伴舞、小品、戏剧、舞蹈为主。方林村基层文化俱乐部选送的，由路南方林中心幼儿园12位老师精心编排的舞蹈《炫舞》获得表演二等奖。

是年11月22日，在方林苑茶室里举行由路南街道团委举办的“金秋放歌”青年歌手大赛。来自路南街道各企业单位9位参赛青年参赛。方林村团委赵文铭和方林集团保安队员项文军荣获二等奖，路南中心幼儿园团支部罗佳和鲁燕荣获三等奖。

2014年7月30日上午，由路桥区文明办举办的“立家规、习家训、传家风”百姓故事大家讲比赛在蓬街镇启明村农村文化礼堂举行。方林村选送的，以浙江省文明家庭——方林村村民谢华德一家为背景创作的百姓故事《好家风造就好家庭》，摘得本次比赛桂冠。

2017年3月1日上午，在方林广场举办“欢乐猜灯谜喜庆过元宵”活动，活动以“人文水美”为主题，吸引200多名村民前来参加。村民们边走边看，有的苦思冥想，有的胸有成竹，边猜灯谜，边聊着过年期间的趣事，欢声笑语不断，猜中谜底的村民还能获得牙膏、毛巾、香皂、汤圆等礼品。活动让村民在热闹喜庆的氛围中学到五水共治相关知识，获得快乐（图16-5）。

图16-5　欢乐猜灯谜喜庆过元宵

2018年春节期间和2019年春节期间，方林村分别邀请嵊州越剧团和乐清市戏曲艺术传承展演中心在方林大会堂连演越剧。其中一场夜场演出对外村开放，让其他村村民也能够享受文化生活的乐趣。

2019年1月21日晚，由中共台州市委宣传部、市文化和广电旅游体育局、市文学艺术界联合会主办的“2019台州市农村文化礼堂·我们的村晚”文艺晚会在方林村大会堂精彩上演。台州市委书记陈奕君，市委常委、宣传部部长叶海燕，市人大常委会副主任沈宛如，市政协副主席李立飞，市委秘书长周凌翔，路桥区委书记潘建华，区委常委、宣传部部长梁海刚，副区长姚君丹，路南街道党工委书记罗华林，办事处主任叶敏等和方林村村民一起观看演出。

晚会在开场歌舞《幸福丰收年》中拉开序幕，舞龙、舞狮等富有台州特色的民间传统艺术节目纷纷登场，赢得一阵阵喝彩和掌声。整场晚会节目全由台州市9个县（市、区）文化礼堂选送，400余位来自基层的农民自编自导自演歌舞、戏曲、情景剧、小品等12个节目。

精彩的文艺演出让观众享受到一顿丰盛的文化盛宴。82岁的林阿婆60年前从三门县嫁到路桥，听说这次“村晚”有三门平调表演，特地让儿子送她来观看。看完戏曲联唱后，林阿婆又看了其他节目，兴趣十足。

附:

文娱节目选登

方林村文娱节目多由团委、妇联、汽车城等组织写作爱好者和文娱爱好者自编自导自演，充分体现了方林人的文艺创作才能和表演才能。创作的内容多反映方林艰苦奋斗发展史，具有教育价值、审美价值和娱乐价值。

《非诚勿扰》(喜剧) 2011年1月29日，方林集团举办跨年相亲晚会。村团委自编自导自演了喜剧《非诚勿扰》。该剧将工作、生活、综艺、才艺等元素融合在一起，通过亲身参与增强了员工的主人翁意识和企业凝聚力。演出场面异常热烈，观众席上不时爆出阵阵掌声和欢笑声，喝彩声不绝于耳。

《方林青年颂》(短剧) 2011年，方林村的年轻人集思广益，编排了一部具有方林发展特色的青春奋斗短剧《方林青年颂》。《方林青年颂》分"方林村旧貌""青年立志创业""品质方林，展望未来"三个篇章，展示方林人不甘贫穷落后、艰苦创业、创新发展的精神，传达"品质生活、品质方林"的理念。该剧将三句半、情景短剧、舞蹈巧妙结合起来，生动地道出了方林村这几十年间翻天覆地的变化。该短剧从剧本的编写、策划、演员的挑选，到节目的编排，都浸透了方林人的汗水。短剧向观众展示方林村的新农村建设，以及青年人所起到的生力军作用。该剧当年在路桥国际会展中心上演，受到路桥区团委以及广大青年观众的好评。

第三节　文学书画与电影

方林村历史悠久，文化遗产丰厚，出了不少文人。清朝有方来、蔡燕纂等。改革开放以来，方林政通人和，成为文人成长之凭依，亦是文人施展身手各呈妙技之良机，方飚是其中的佼佼者。

文学

清朝，著名作家方来，擅长作诗，有诗集《瓦缶鸣集》，收录生平所作300首诗。其诗超凡脱俗，清新飘逸。著作颇丰。主要有《瓦缶鸣集》6卷，《双清集》8卷，《丹崖》6卷，《俗砭》2卷，《西球札记》8卷，《丛谈》6卷、续4卷，《忆语》8卷，光绪乙未年

（1895年），太守赵亮熙重修《台州府志》，方来参与编修。

清中晚期的蔡燕綦工诗文，尤善填词。著有《盟水斋诗集》《石曲词》。

方飚是黄岩政协文史专员、专栏作家，自小喜爱博大精深的中国传统文化，喜爱写作，曾出版长篇著作《激流时代的无为师爷》《台州名人访谈录》，并在全国各大文学刊物上发表过数百篇中短篇文章。入选作家时尚大典名人影响力排行榜前十名（图16-6）。

图16-6　方飚获奖荣誉证书

方林人在长期生产、生活中产生、传承和传播了不少人物传说和地名传说等，如关于方国珍家族的传说、关于路桥的传说等；还有群众口头创作的民谣、童谣，以及文人创作的楹联。

书画

清朝方文翰善书画，工篆刻。但为人低调，不事张扬，也不屑于趋炎附势，因此，知道他的人不多，又因他随作随弃，其书未传世。

方来在善诗文的同时，也精书法，尤其是小楷，用笔清丽。晚年参以魏碑，风格稍变，篆隶具有汉代风格，又喜作画，活色生香。

方正中，曾就读于上海美术专科学校。1940年，编辑出版木刻画刊《巨轮》。

方飚不仅是一位作家、著名主持人，也是一名书法家（图16-7），并曾荣获“公益书画家”的称号，小篆书法曾在全国书画大赛中荣获三等奖。

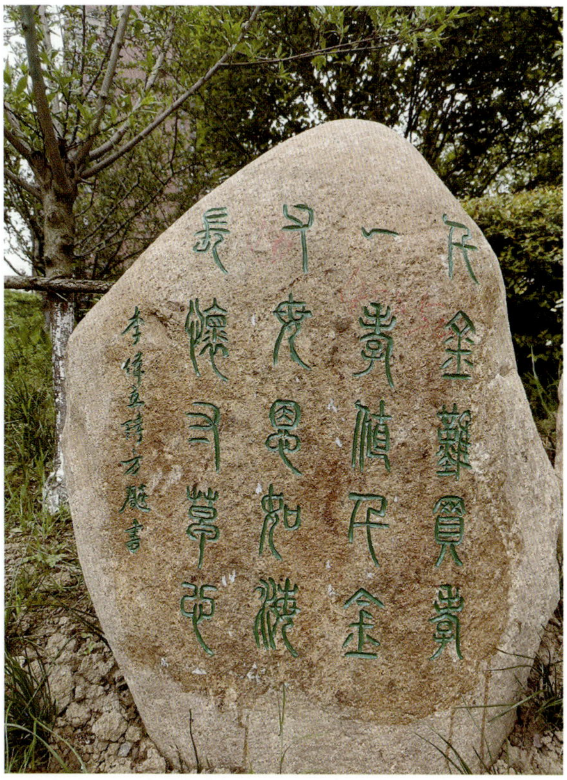
图16-7　方飚书法作品

电影

2017年，为实施中共十九大提出的乡

村振兴战略，深入诠释“不忘初心、牢记使命”的时代主题，发扬和光大大陈岛人“艰苦创业、奋发图强、无私奉献、开拓创新”的垦荒精神，五村联合控股有限公司、浙江巨久轮毂有限公司、台州市艺境影视文化发展有限公司、北京星月文化传媒有限公司签订联合摄制电影《大陈岛誓言》协议。影片由陈华杰导演，讲述大陈岛垦荒队员把荒岛建成美丽家园的故事。《大陈岛誓言》于2017年12月27日下午在台州耀达国际大酒店举行开机仪式暨新闻发布会。2019年9月23日，《大陈岛誓言》正式登陆全国院线。

第二章　邮政与电信

古代，方林村民通信很不方便。近代邮政出现以后，可通过书信、电话、电报等方式同外界联络，但需要到路桥镇上办理业务、接打电话，往来不便。中华人民共和国成立后，石曲设立邮政网点，方林村民寄信、打电话须到石曲，虽比较方便，但信息传达需要耗费时日，不便捷。20世纪80年代以后，村民除传统的寄信、发电报以外，更多的是借助现代通信技术进行沟通，沟通媒介先后有BB机、大哥大、小灵通、模拟手机、智能手机等，通信手法有短信、QQ、微信等，通信从固定方式向移动方式转变，随时随地，快捷方便。1989年4月，方林村全村户户通电话。2000年，方林村成为路桥区首批移动电话村，全村285户，手机用户达194户，占68.1%。翌年，成为信息化示范村。

第一节　邮　　政

明洪武二十年（1387年）开始，方林村民可通过石曲“急递铺”送信，一封信送达的时日颇长。

20世纪80年代以前，村民要寄信，均贴足邮资，然后把信放在村口小店，由路桥邮电支局邮递员隔三岔五到村里来取，外地来信则同样由邮递员送到村里，由村民自取。邮寄包裹则需到路桥邮电局邮寄。石曲邮电所建立后，村民寄信比较方便，但信件来往仍比较慢，一般从省外寄信到村里，需要7天或更长时间。

第二节 电　信

电话

改革开放前，方林村民打电话一般需到石曲电话代办处，而且不能打长途电话。打长途电话只能通过转站式连接：先由邮电所接路桥邮局，路桥接黄岩，黄岩接省邮局，省邮局再接外省的邮局。因此打长途电话很费时。打长途电话前，一般先打电报与通话人约好双方时间，在邮电所等1～2小时才能接到电话。

1988年，路南街道创建电话村。是年1月，路桥邮电支局自动电话开通使用。当年，方林村有电话248门，覆盖率达到87%。次年，又新增71门，达到户户安装家庭电话目标。1991年基本解决打长途电话难问题。1997年6月，方林苑安装电话，初装费3100元，小区内电话交接箱由邮电分局负责出资及安装。1999年改造方林苑小区电话线路，新建电话网络交换亭。

电信

20世纪90年代初，方林村部分村民使用BB机，BB机能接收电话信号，但不能通话，经济条件较好的村民开始使用"大哥大"。"大哥大"有半块黄砖那么大，机身上端有一根天线。不管在什么地方都能与对方通电话。之后有了诺基亚等各种品牌的移动手机，通信更加方便。方林村村民做生意的多，手机普及也早。当下的移动手机高端智能，有语音视频对讲、社交聊天、消费付款、银行贷（汇）款、实时新闻、网络购物、微信、QQ等一系列功能。2000年，方林村成为路桥区首批移动电话村。是年，全村285户，手机用户达194户，占68.1%。翌年，成为信息化示范村。2020年，全村手机拥有量达户均3部。

第三章　传　　媒

2009年，《方林报》创刊，成为方林村民必读的报纸。在第十三届中国文化管理经验交流大会上，《方林报》荣获“2010中国乡村文化优秀传媒”称号。

1999年，方林集团办起一期网站，之后，通过不断完善和改进，电子商务、“互联网+”已成为方林发展的重要途径和模式。

第一节　方 林 报

2009年3月，方中华在全国两会期间向国务院副总理回良玉汇报新农村建设时提出办《方林报》的设想，得到回良玉的赞扬和肯定。是年10月，村报《方林报》创刊。《方林报》由方中华任编委会主任，周建林任总编辑，林荣辉任编辑部主任，刘国宁任责任编辑。编委会认真把握组稿、编辑、排版、发行等各个环节。至2020年年底，已出63期，每期发行量2600份，发至每户村民、各场站和汽车城，以及二手车市场各商铺，同时以邮寄的形式发至全国。

2010年12月4日，在由文化部、中国文化管理学会主办的第十三届中国文化管理经验交流大会上，《方林报》荣获大会授予的“2010中国乡村文化优秀传媒”称号。全国仅有2个村庄和1个乡村文化站获此殊荣。

2019年，《方林报》创刊10周年，浙江省委原副书记、省政协原副主席梁平波为方林报题词：“十年磨砺再创辉煌——贺方林报创刊十周年”（图16-8）。

中国乡村文化优秀传媒
方林报
FANGLIN BAO
总第56期
十周年纪念专刊
基本保障靠集体　勤劳致富靠自己
A2 不忘初心 方得始终
A3 《方林报》十年聚焦 见证方林发展
热烈祝贺《方林报》创刊十周年
本报社论
不忘初心再出发　牢记使命谱新篇
——纪念《方林报》创刊十周年
十年磨砺再创辉煌
贺信

图16-8　《方林报》10周年纪念专刊一版（2019年12月）

附：

《方林报》发刊词

推开方林文化之窗

金秋十月，收获的季节。恰逢共和国60华诞。在众多期盼的目光中，《方林报》如期发行，可喜可贺！

办一份方林人自己的村报，这想法由来已久。记得在去年3月的全国两会期间，中共中央政治局常委李长春来到浙江代表团驻地，参加浙江代表团全体会议审议政府工作报告，并作重要讲话。

李长春强调，要全面贯彻落实党的十七大精神和这次两会精神，推动社会主义文化大发展大繁荣。他充分肯定浙江工作，深切勉励浙江要凭借深厚的文化底蕴、雄厚的经济实力和灵活的体制机制，充分挖掘潜力，建设文化大省，为推动社会主义文化大发展大繁荣作出更大贡献。

改革开放年30年来，方林的发展有目共睹。如今到了需要以文化彰显深度的时候，于是被赋予了丰富内涵的《方林报》应运而生。《方林报》将是所有方林人自已的报纸，是村两委会落实党的方针、政策，推动方林村文化建设和创建社会主义新农村的有效载体；《方林报》是宣传方林村改革开放，推进市场产业发展的重要文化平台；《方林报》是方林人的喉舌，传递每一位村民对生活，对美好事业的追求而发出的声音；《方林报》是方林村发展经济，推动阳光村务的一扇窗口，村情民意和市场商家的意愿将通过这扇窗口尽情表达。

这是一扇充满活力的文化之窗。在这里，我们可以聆听到方林迅速发展的前进脚步声，欣赏到方林人投身社会主义新农村建设洪流的娇健身姿，了解到方林建设者背后鲜为人知的感人故事。

这是一扇情感交流之窗。在这里，我们以第一时间了解方林的最新动态，学习方林市场拓展者的创业创新经验。通过这个窗口，我们还可和全国各地的先进村社进行交流，让“五村”经验在这里发扬光大。

这是一扇陶冶情操的文明之窗。记载辉煌的过去，见证发展的当下，展望美好的未来。这扇文明之窗将伴随方林共同成长，我们在这里感受炽热而深厚的情感，倾听悠长而诚挚的呼唤。

总有一些人让我们感动非凡，总有一些事让我们刻骨铭心。《方林报》在所有人的期待中，迈出了踏踏实实的第一步，此时，把百感汇聚成激动，梦想终将变成现实。在此，衷心祝愿《方林报》以其绚烂多姿的魅力，展示方林文化，传承方林精神。祝愿方林村更加繁荣昌盛！

最后，我想借《方林报》发行创刊之际，预祝由方林承办的第五届中国（台州）汽车展示会圆满成功！

中共方林村党委书记方中华

第二节　互 联 网

方林集团一期网站

1999年6月，方林村在台州市电信局、路桥电信分局的协助下，投资29.6万元，创建集团公司一期网站，网址：www.fanglin.com。2000年1月，网站正式运行。网站将方林的民风村貌、建设成就、艰苦奋斗精神向全球发布，让世界了解方林，让方林融入世界经济。同时，为外向型企业开通电子商务。

2001年，方林村综合接入信息网络能力达到电信网、有线电视网、计算机互联网“三网”合一。上百万产值企业均有自己的主页，因特网登记用户132名，注册率达49.5%。是年建成信息化村。2002年构建局域网，开通OA办公系统，实现100兆专线上网。

方林网络部

2009年，方林集团与台州市知名互联网企业合作，共同组建方林网络部，对旗下网站方林村网（www.fanglin.com）、方林汽车城网（www.fanglinauto.com）进行全面改版。新版方林村网在原有基础上增添网络影院，每周有热门影片推荐，并提供点播功能，极大地丰富村民的网络文化生活。同时，方林电子报等栏目调试成功，实现网上阅报。组建后的方林网络部还负责对旗下网站进行运营。是年8月，中国方林二手车网（www.fanglincar.com）正式推出。

方林电子商务有限公司

2014年8月，方林电子商务有限公司成立。公司以方林二手车网、方林二手车拍卖网为基础平台，依托方林二手车市场230家商户，近2600辆车源的强大资源，发展二手车帮买帮卖、商户网络平台管理、网络拍卖、网络资源投放等多项业务。

网站引进具有阿里技术的优秀团队来重新建设方林二手车网（图16-9），以更现代化、更美观的界面吸引用户点击，方便客户浏览，应用大数据分析客户的需求点，从而帮助车商更好地卖车；优化搜索引擎抓取，使其在百度搜索和排序中更加靠前；引入业内最流行的移动端管理平台，并对接升级原先的“方林二手车网”，在商户中试行推广车源自主管理。可直接通过手机上传车辆照片、信息，实时同步更新方林二手车网上的资料以及方林二手车公众号上的车源信息。客户既可以在家中电脑上浏览车源信息，也可以在关注方林二手车公众号后，在微信上直接查看车源。通过线下资源与线上资源的置换，实现与各大二手车网站的对接。

图16-9 浙江方林二手车市场网页（2015年4月）

2015年6—10月，电子商务公司相继与58同城、第一车网、华夏二手车、51汽车网、二手车之家等全国最知名的二手车网站签订了线上专区合作协议。是年，引进国内先进的拍卖系统，以第三方检测认证作为基础，使方林网和方林微信公众号同步具有拍卖成交功能。拍卖系统在2015年12月12日举行上线仪式，首次活动成交10辆车辆。

2016年，电子商务公司与二手车之家进一步深入合作，为商户在二手车之家的车源投放进行整合，取得更有利的展示位置；整合4S店保养记录查询功能，方便商户与消费者使用，使车况最大程度透明化，打消消费者对二手车车况的疑虑。

微信公众平台

2015年，方林集团微信公众平台开通（图16-10）。微信用户只要搜索并关注“方林集团”公众号，既可以第一时间浏览到与方林相关的新闻讯息，以及方林集团、方林汽车城和方林二手车市场的发展动态，又可以回复相关内容，为更好地了解方林村各项事业发展提供便利。

2019年，微信平台共发送方林村各类信息60条。

图16-10　方林集团微信二维码

附：

走进方林村网

沈　晔

从1946年2月15日，第一台电子管计算机诞生发展到现在，电脑已经成为生活中必不可少的一部分，成为工作、学习、娱乐必不可少的工具。

从本期开始，小编将通过各类网络以及电脑方面的应用常识，带领大家更好地使用身边的电脑。

第一期我们还是从自身出发，先给大家介绍一下我们村网的相关常识。方林村网(www.fanglin.com)建立于2009年10月，至今已两年有余。通过浏览器输入网址打开村网，映入眼帘的是一段Flash动画，大家可以选择观看也可以直接用鼠标单击下方的“点击进入”略过动画，进入网站首页。

村网分为新闻展示和互动便民两个主体栏目，我们先看新闻展示栏目。

先看导航条，通过导航条里的栏目名称，我们可以找到自己感兴趣的新闻报道分类。再往下看，“今日方林”栏目是最新的新闻，大家可以通过“今日方林”了解到我们方林村、集团及各子公司的最新动向，也可以理解为所有栏目的最新报道。

关于互动便民栏目，我们首先推出的是“方林影院”。此栏目每周推出一部大片供大家赏析，另外，大家可以随时通过“我要点播”功能，分享更好的影片，留下你的祝福语。只要点击“我要点播”按钮，填写您的姓名、影片名、要把影片点播给谁，并留下祝福语即可，我们的编辑将根据您的点播需求尽快给您安排相关影片。

便民信息里包括天气预报、电子地图、股票信息、彩票、水电费查询等与百姓生活息息相关的网站链接。

另外，网站上还有我们《方林报》的电子版，您可以随时随地上网了解最新一期以及以往《方林报》上刊登的信息。更多精彩栏目还在后续开发中，敬请期待哦。

以上就是我们方林村网的简单介绍，纯属抛砖引玉，希望通过此次介绍，方便大家能更好地了解村网，使用村网。

名词解释

浏览器：万维网（Web）服务的客户端浏览程序。可向万维网服务器发送各种请求，并对从服务器发来的超文本信息和各种多媒体数据格式进行解释、显示和播放。您电脑桌面上蓝色的像一个英文字母e的图标即是。

导航条：一般网站会分为很多个栏目以及子频道，为了便于浏览，都会有一条分类导航，普通网站基本上在网站首页顶部。

Flash：Flash是由Macromedia公司推出的交互式矢量图和Web动画的标准，由Adobe公司收购。可以理解为一小段连续的动画。

第十七编

古迹　谱牒

方林地处温黄平原，人类活动痕迹最早可追溯至新石器时代晚期。此后，中原文化由海路逐渐传播进来，与本土文化交融。因此方林文化既有传统文化的底蕴，又有地方文化的特色，内涵丰富，形式多样。方林境域面积虽小，但在历史进程中遗留下众多古迹遗址，不过有不少毁于战乱和“文革”动乱。

方林村以方、林姓氏为主，另有蔡、管等姓氏，人数较少。方氏、林氏宗谱历代多有编修，但留存下来的很少。现有《石曲方氏五修宗谱》《路桥中漳林氏大宗谱》两个谱本，分别于2011年11月和2016年5月编修。

第一章　古　　迹

历史上，方林及周边遗留了古宅旧祠、亭阁桥梁、庙堂墓庄等众多古迹遗址，很多已经在城区改造和村庄建设中消失。

第一节　古　　宅

方林昔时古宅众多（表17-1），大多为地主住宅和氏族祠堂，其中以清朝中晚期所建者居多，保存下来的极少。

方国珍古宅

建于石曲方家坝，原建筑已毁。方国珍父伯奇，卖盐为业，有子五人：国馨、国璋、国珍、国瑛、国珉，受元官职，在庆元、台、温三路各据一方，称霸一世。尝于羽山建文献书院，一时名士多从之游，子弟亦有才名。其西南有四衙桥，又南有三衙桥，都是方氏兄弟所作。

清朝史学家全祖望在著述中说：方国珍在鄞自居都元帅府，别建二府以居国璋，三府以居国瑛，四府以居国珉。今洋屿亦有四府桥。三衙、四衙，犹言三府、四府而已。

敦说楼

清朝李诚于道光十九年（1839年）自滇解组归后在石曲建造，自命楼曰“敦说楼”。已毁。李诚有诗《春夕》：寂寂春宵永，危楼漫不扃。短灯才照归，斜雨忽穿棂。四壁琴书古，三更蝶梦醒。由诗可见敦说楼大约面貌。

李诚曾官云南姚州州判、顺宁知县。敦说楼内有藏书数千卷，李诚编有《敦说楼书目》4卷，为两浙藏书家之一。据传在敦说楼，李诚日设长几，夜燃巨烛，翻阅群书，父子俱以经明行修闻。后敦说楼失火，藏书大部分被烧毁。

是亦园

路南街道蔡氏祖先居住地，已毁。《路桥志略》载：（蔡氏祖先）蔡尧家颇富，于（石曲）所居南傍水构屋，种花满畦。其子燕綦，孝廉好客，能诗，亦擅一时之胜。蔡尧字德化，号博轩，好客，所建花园名“是亦园”，与宾朋酌酒赋诗。子燕綦，字子绶，号申甫，由拔贡中式，同治九年庚午（1870年）举人，考取八旗教习，以丧子不赴，留是亦园中著书、会客。

蔡尧《六十生辰自述》载：弹指流光荏苒过，余生拚已付高歌。百年强半如春梦，万事从来等刹那。且喜逢人为笑乐，敢云将寿补蹉跎。满天看取余霞丽，老子清狂兴尚多。征尘门外任悠悠，让我狂吟月满楼。琴解无弦真识趣，酒虽不饮亦忘忧。立言何用书三箧，得志终归貉一邱。懒向人前推甲子，自将花木记春秋。小小园亭傍水滨，日来杖履几回巡。松经手植都成长，竹似人闲称结邻。到眼林峦如旧识，忘机鱼鸟最相亲。长生怕乞金钱术，自有壶中不老春。其余如张岱、陈元鼎、李国梁、叶汝封、刘金河和其子蔡燕綦等都有留诗。

附：

游是亦园

张　岱

昔我至石曲，胜境羡窈渺。及我接蔡泽，轶俗抗物表。
大器不可限，德义乃素饱。广宅果旷廓，粹洁睹镬沼。
一水甚潋滟，万卉极缭绕。岸嘴挺独鹭，石罅耸翠篠。
地主重友谊，酌酒到介绍。转瞬越十载，短梦尚欲绕。

此境总在目，结契未肯了。莫谓斗室小，雅趣孰共晓。
只此可日涉，是亦浊世少。

游是亦园和韵

陈元鼎

一

捷径终南谢忝援，家居小筑亦名园。
赏心自寄琴书乐，俗耳难容筝笛喧。
对户岚光开画帧，入帘花气扑吟樽。
此中日涉真成趣，印遍阶前碧藓痕。

二

宦辙惭余逐轻尘，湖山何处乞闲身。
来随西涧吟香屐，醉脱东篱漉酒巾。
看竹子猷忘问主，撤茅士行爱留宾。
无缘得共巡檐笑，辜负梅花一树春。

游是亦园和韵

李国梁

如君潇洒出风尘，泉石烟云偶寄身。
坞外梅开添谢藻，甕头酒熟漉陶巾。
蹴花燕至寻新垒，看竹人来认旧宾。
我亦卜居西涧畔，平分造物一般春。

游是亦园和韵

叶汝封

世事谁能引手援，高情独羡子山园。
物华自适乾坤趣，人境都忘车马喧。
品月何妨琴叠韵，吟风不厌酒盈樽。

避秦信有桃源路，可许渔郎涤旧痕。

游是亦园和韵

刘金河

十笏庭中净绝尘，阑干迤通便栖身。
阶前绿上苔侵屐，墙角红稠艳压巾。
莲满小池新结社，竹围古屋旧留宾。
近来消息无人问，料想盆梅又报春。

是亦园春日

蔡燕綦

绕岸新栽竹数竿，竹阴浓处倚阑干。
小亭日暖花初放，时有游人竹外看。
一帘花影压重重，连日寻芳梦亦慵。
醉后不知佳客去，隔林又打夕阳钟。

枕泉亭*下作

蔡燕綦

芙蓉照水开，自弄娟娟姿。
红情与绿意，摇漾盈芳池。
翠鸟戛然来，隔叶时相窥。
游鱼亦多情，出没尾参差。
对此惬幽赏，呼童具酒卮。
欲与花为徒，骨俗犹自疑。

* 注：枕泉亭为是亦园内一景。

前方里庄园

院内是连体三栋楼房（图17-1），层层相连，浑然一体，足有百间。主体建筑高壁厚檐，雕梁画栋，花式窗棂。每栋门庭都由过厅、会面堂屋、祖宗堂屋、后厅“四进”及厢房、耳房等组成。后拆除。

图17-1　前方里庄园一角

后方里庄园

清朝道光十八年（1838年）建成，共四进12明堂，砖木结构二层楼，面积4300余平方米。整个院落布局基本完整，做工考究，雕刻精美，具有很强的台州地方建筑特色。

图17-2　石曲后方里庄园台门

与前方里大庄园一样，南北向，但要比前方里庄园更加气派雄壮。四周围墙厚实坚固，高有4米余。墙基由岩石垒叠，错落有致；上面由青砖砌筑，平直端正；墙头为瓦片镂空堆叠，花瓣造型。大台门（图17-2）八字开，朝南，梅园石门框。门楣左右两边镶花草禽兽浮雕；中间为门额，上抹泥灰，疑为“文革”时期村民所为，字迹难以辨认。门楣上方为牛角尖檐角，高耸两侧。砖瓦烧制，浮雕式，造型美观。整个台门高近5米，气势雄壮，望之令人肃然起敬。院内楼宇高大，层层相围，外部有马头墙。主体建筑高壁厚檐，廊间副阶结构十分考究，廊梁形状各异，有月梁（俗称虾弓梁）和方梁，廊梁上雕满龙凤、梅花、石榴等大量精致图案；楣上嵌条的景物图案亦十分精美。院内房屋足有百间（图17-3），浑然一体，每栋门庭都由厅堂、堂屋、后厅等组成。前后3个天井由石板

图17-3　后方里庄园

铺设，回廊柱脚石墩为石刻兽物，每个天井放置大水缸。院内有凉亭、回廊、假山、小河及花草树木等，景点造型别致、优美。1996年春夏之间，因建吉利大道被拆除一部分。2005年建方林苑三期，后方里庄园完全因拆消失。

西岸王庄园

房屋合院式，主建筑为一个天井一个院，自立门户，有3个天井合院相衔接，每个天井各有一个大台门。大台门均朝南。后拆除。

表17-1 方林村古宅情况

古宅名称	建造年代	古宅结构	1960年前住户
下林后屋里	清朝晚期	房屋前高后低，前面二层，后面单层，俗称披屋、畚斗楼。布局成“凹”字形，木石板结构	王天森、王法玉、王直根、王岳法、戴仙乐、戴学保、王统富
下林竹篥里	清朝晚期	分砖木结构二层楼和木石结构二层楼。建筑布局呈“凹”字形	林必仙、林必地、林启寿、林贤友、林贤宝、林贤清、林必行、林美春、林仙法、林仙增、林理中、林寿增
下林东来里	清朝晚期	四合院式，砖木结构，二层楼房。20世纪60年代曾驻扎方林民兵连民兵总部。2005年，建方林苑二期小区时拆除	方道中（原屋主之一）、方桂生、詹荣杰、方德全、李二妹、徐梅儿（原屋主之一）、方崇惠、方崇基（原屋主之一）、林美香、蔡五妹、王海平、潘茂祥、应小美、戴桂生、严妙友、王直根（父母）
下林西头里	清朝晚期	石板木结构二层楼，建筑呈“凹”字形	林启富、林必耀、林必元、林贤来、林仙根、蔡永春（女）、林文友、李日增、李日富
后方钱庄	清朝晚期	大台门朝西，小台门朝东，四周围墙高、门厚实，砖木结构二层楼。1952年为剿匪指挥中心所在地，“大跃进”开始后被政府征用为粮仓储备站，是石曲人民公社各生产大队上缴粮储粮库站。1996年，因建吉利大道被拆。原址现为路南街道办事处	
后方里庄园	清朝中期	墙高庭深，二层楼砖木结构。1996年春夏间，因建吉利大道被拆一部分，2005年全部被拆。部分原址现为事故停车场	方普福、李本富、方道福、李仙保、马玉琴、缪能行、缪能洪、缪炳森、缪仙法、罗保桂、陈小梅、方道明、刘洋兵、方道昌、管小琴、谢取法、王楚元、方道富、方德恕、缪立亨、缪招玉、林桂娥、毕玉明、王公正、方道中、方仙华、於招群（原屋主）、方道辉、谢冬清
前方里庄园	清朝中期	四周围墙，二层楼砖木和石板结构。2005年，因建造方林苑三期拆除。原址现为前方苑	方崇善（原屋主之一）、方杏琴、徐桂方、张小凤、方福崇、任小美、林永福、盛龙土、管康传、方四妹、张正凤、方崇禄、詹荣、管人财、曹宝玉、方崇耕、方崇贤、罗仙德、方崇桂、方普胜、方普禄、张坦祥、方普通、张仙坤、方道坤、丁俊、罗小保（原屋主之一）、李小凤

（续）

古宅名称	建造年代	古宅结构	1960年前住户
方林老街及卫生院周边老屋	清末民初	街面有二层砖木结构10间。2000年拆建成四层楼房	陈友普、陈根土、罗香凤（原屋主之一）、张梅兰（原屋主之一）、陈友根、胡宣德、施民品、林宝玉、方道夏、方华亮、陈仙桂、王眉仙、方锦霞（原屋主之一）
西岸三透里庄园	清朝	1936年，在火灾中烧毁，原址现为菜市场	谢宝玉、谢冬生、谢文华、谢启林、李胥土、谢明福、谢啟禄、谢文元、李由法、谢启德
西岸王庄园	清朝	合院式，大台门朝南	管平珍、陈招森、管康寿、阮小妹、阮普妹、季杏娟、谢光煊、谢美华、张妹头、方道慎、王香凤、方普根、阮会昌、王领凤、王桂法、王桂英、王小英、季小玉、张明、陈英、谢仙松、林英钗、方道梅、方道焕、张亨林、蒋四妹、罗邦友、方小玉、陈永盛、林书池、王立新
石曲方氏祠堂	清朝	院墙高阔，砖石结构，单面坡门楼，门顶有半面坡挑出屋顶，小青瓦覆盖。大门对开，门框石料为梅园石	张泰、陈梅玉、张士海、阮普妹、严美美
乾亨里庄园	清朝中期	被土匪头目“麻面奶玉”陈季甫占用。1950年，在火灾中烧毁	郑永法、陈友法、陈友江、杨桂香、陈世铭、陈友浪、陈老六、陈友波

第二节　古　　桥

方林地处水网地带，河流纵横，桥梁遍布。历史上留传下的桥梁大多为平板或拱形石桥。20世纪60年代开始开展农业水利以及水陆交通建设，民间桥梁大多被改建。石墩台桥桩改为石桩或混凝土灌注桥桩，桥面为钢筋混凝土排架梁板。少数桥梁还保持原有面貌和结构。

塘桥

又称双桂桥，位于陡门宫边，跨南官河，与黄桥遥相呼应。桥为石板平桥（图17-4），桥下有两座条石桥墩。过去有陡门闸，为潞河出水口。北宋元祐年间，浙东提刑罗适到黄岩县督修水利，全线疏导官河，并分段建闸以代替堤坝控制水量。塘桥陡门闸又叫斗门闸，即

图17-4　塘桥（2020年）

灌溉系统中最小的固定渠道的水闸，仅容水之往来，不通舟楫。塘桥接永宁河口，是泽国、路桥、椒江三流通汇之点。

塘桥附近河段盛产田蟹。每年农历十月后，燥风骤起，秋止冬来时节，从南官河北的蟹群争相逆水爬过塘桥到南支河。

黄桥

又称王桥、丰泰桥。混凝土结构桥，下有桥墩两座。其上游便是塘桥。黄桥下河道往东而去，原称洪洋泾、长河泾，元末起义军领袖方国珍是方家垷人，年轻时从事渔盐生意，经常驾船到路桥街来，从黄桥经过。后来方国珍占据浙东三郡，官至江浙行省左丞相，爵封衢国公，俨然蛟龙命相，有人就称长河泾为龙头泾。泾通竞争村，现称竞争河。

四衙桥

位于石曲，明万历《黄岩县志》载：四衙桥，在县东南三十四里。方国珍兄弟起义后占据浙东三郡，对南官河、潞河进行疏浚，在河上建多座桥，四衙桥是其中之一，民间传闻为纪念老四方国瑛建造。

石路窟桥

在石曲，宋代建。南宋《嘉定赤城志》载：石路窟桥，在县东南三十五里。石路窟桥又称石曲桥、粜糠桥（旧时乡民在桥上粜糠，故名），是路桥最早的桥梁之一。

第三节　庙堂祠墓

陡门宫

又称陡门庙（图17-5），在塘桥侧，明嘉靖年间建，内有灵霄宝殿、大罗宝殿、宫方池等，是道教活动场所。四柱上有楹联："驱除鞑虏腰下青萍射牛斗，歼灭倭奴胸中浩气贯云霄""抗倭寇功垂宇宙，四大夫永镇陡门"等。

陡门庙的建造和抗倭有关。嘉靖三十七年（1558年）四月，倭寇从栅浦分路焚掠路桥、长浦、泽国、沙角等地。戚继光带领民众抗倭，部下四将孔、傅、朱、章，身先士卒，英勇牺牲，民众立庙奉祀，尊为元帅。农历十月十六，为元帅寿日，常有戏班演戏。

陡门庙历经倾圮。清道光三年（1823年），有里人重建，庙门口建起戏台，称洄澜亭。1949年移作他用，庙改民房。1990年新建元帅殿，1992年建成太岁殿。1994年4月，经原黄岩市人民政府批准为道教活动场所，改名为陡门宫，并建放生池，池中建湖心亭，有九曲桥连通。1995年翻建玉皇殿和山门牌楼。1996年请来玉观音坐像一尊，高6米，重约7吨，造观音殿一座，用地6亩。合计原有场地共12余亩。

图17-5　陡门庙（2017年）

陡门庙的名称与旁边塘桥的陡（斗）门闸有关。《路桥志略》载：盖黄、太未建六闸之前，民居近海，尝立斗门于此（六闸朱子奏立，未建，勾龙昌泰成之）。则田三亩零三厘，租谷五石四斗，连佃田六亩七分六厘，租谷二十石零二斗。

志福堂

在石曲，俗呼下堂，明万历三年（1575年）建。清乾隆元年（1736年）僧道明、慧云重兴。乾隆三十二年（1767年）住持亦相修葺，二堂殿宇聿新。《路桥志略》有载。

石曲方氏宗祠

为石曲方氏祠堂（图17-6）。始建于前方沙池头东，占地面积3.5亩以上。清道光二十七年（1847年）被飓风刮倒，东西两厢房损毁。后由方荣廷独资重建，恢复原样。宗祠院墙高阔，堂屋深广。砖石结构单面坡门楼，门顶有半面坡挑出屋顶，小青瓦覆盖。大门对开，门框石料为梅园石。1962年，遭遇强台风，塌圮未修，后遗址改作他用，现

图17-6　石曲方氏宗祠

为方林苑一期公园。

另有西岸方氏祠堂，清光绪年间，由方锦霞、方象初、方云诸等人主持建造。民国三十年（1941年）4月19日，日军烧掉石曲小学（前身是敦本小学），学校搬到西岸祠堂继续实施教学，时间约有2年。后石曲小学基建新校舍，祠堂全力资助。方崇善任石曲小学校长，校董有方赓甫、方薰琴、方雨齐、方象初、方锦霞（兼路桥中学校董）等。解放后，祠堂收归集体，住户有张泰、陈梅玉、张士海等。20世纪60年代，被石曲农机厂征用。

中漳林氏宗祠

位于中漳，始建于明代后期，有房屋20间，供奉历代林氏先祖灵位。宗祠建成后，曾在里面设谱局编修宗谱。中华人民共和国成立后，禁迷信，拆宗祠，林氏宗祠收归集体，改为仓库。到20世纪末，因年久失修，宗祠破败，仅遗有5间小间。

1998年，重修林氏宗祠。2003年花费120万元，再度征地扩建。建成后的林氏宗祠为两层，正房5间，仿城楼结构。大门为古典园林式建筑，门顶覆盖琉璃瓦。正房居中为仿拱形城门，屋内通间，四周墙壁树有功德碑。二楼为仿古楼阁，飞檐吊角，雕梁画栋，楼檐下悬挂“林大宗祠”匾额。楼台由城垛环围，供人瞭望。

每逢清明、冬至，林氏后人汇集于林氏宗祠祭祖敬宗，共叙宗亲情谊，共图宗族发展。

方家祖坟

《石曲方氏宗谱》“方氏源流原序”载：方氏祖籍台州，自大宋年间侨寓黄岩，世居洋屿，后迁石曲，历传至元，有太祖考、祖妣墓葬在方家垾下汇头。此坟墓仍在。

清代陈鋆《水龙吟·方家垾》(洪洋西北有水通方家垾，盘曲如龙，因作《水龙吟》)载：天龙不在水，水龙不在天，上天而勿用，不如仍在田。真龙矫矫去不返，水底有龙未开眼。龙兮龙兮果有灵，何必作此蜿蜒形。

赵氏祖墓

在石曲街外道岙山麓。石刻“后周银青光禄大夫仁晖赵公乔梓之墓”。《太平志》云：赵太守崇贤，父未庵，尝拜洪洋祖墓，于石曲西池内拾古砖，文曰：若欲赵氏重整门台，直待金水人来。赵崇贤，籍贯洪洋，五代后周太守，其父仁晖（未庵）被敕封银青光禄大夫。

附：

方林祠堂

祠堂是旧时族人祭祀先祖、供奉灵位、举办族事的重要场所，而方林方氏宗祠、林氏宗祠早已被拆除，方林祠堂也破败不堪。2019年5月，村党委书记方中华看到村民方冬琴发表在第五十三期《方林报》上的《谈谈我对祠堂看法》一文，深有感触，当即表态新建祠堂，了却村民心愿。

方林祠堂一期工程建设历时一个多月。2021年12月22日，新方林祠堂落成仪式举行，方中华书记带领村两委班子成员参加落成典礼。新方林祠堂位于滴水湾原来一家4S店旧址，东临南官河，南临肖王泾，占地面积约600平方米，为一进四合院，主要用于村民祭祀祖宗和放置长辈灵位。祠堂大门门楣张挂“方林祠堂”匾额（图17-7），中门挂“世恩堂”牌匾。大门两边树一对楹联，右为“祖功宗德流芳远”，左为“子孝孙贤世泽长”。方林祠堂二期工程计划重建世恩堂，放置祖先灵位灵牌，以供祭祀之用。

图17-7　方林祠堂（2021年12月）

木有本分枝乃茂，水有源分流始长。方林祠堂承载先祖厚德，弘扬孝道文化，当凝聚村民人心，团结族人力量，承前启后，继往开来，为方林建设新时代中国特色社会主义现代化新农村发挥积极作用。

第四节　街　　河

街

十里长街　十里长街（图17-8）旁依南官河，路面以青石板铺就，贯穿路桥老镇南北，包含河西街、邮亭街、路北街、路南街、下里街、新路街和石曲街7个街区，总长3.5千米。十里长街历史可追溯至东汉时期，至今约2000年。据北宋嘉定《赤城志》记载：由官府出钱开凿的南官河自残唐五代时就开始破土，至北宋时，黄岩小南门至峤温

（今温岭）130里河道已竣工。

河道疏通后，由过去的“罾网村村挂”变成“帆樯路路通”，河上货船和客船穿梭如鲫，艄公号子彻夜可闻。南官河岸居民争相开设商铺，枕水贸易。茶楼、银楼、酒肆、客栈、书场、药铺、货店、布庄、染坊、当铺等店铺密集。最盛时期有各种商店820家，集市摊位2100多家。每逢农历三、八日时，万商云集，集市喧嚣不息。临街建筑充满江南水乡神韵，具有明清艺术风格。以挂檐斗拱的二层斗式吊楼为主，吊楼与底楼结合处的廊下三角撑雕有花鸟、人物等各种精致图案。现代诗人涩水作诗《十里长街》赞：十里长街昔日容，依山傍水走神龙。邮亭驿递汉朝令，妙智寺敲宋代钟。话月巷中新市客，粜糠桥上旧田农。台州六县繁华地，要数路桥第一重。

图17-8　修缮后的十里长街街景（2017年）

十里长街与周边主要通过桥梁连接，有得胜桥、福星桥、新安桥、磨石桥、塘桥、中镇桥、涌金桥、松友桥、老马路桥、卖芝桥、下里桥和黄桥等。长街的基本框架是河、房、街平行伸展。南北走向的十里长街，与邮亭路、三桥横街、石曲方林路构成“王”字。在“王”字周边，是众多三合院、四合院，如正源里、万源里、安乐里、大夫第里、大同里、四透里，方林村后方里、乾亨里、前方里、三透里、东来里等。

街上著名史迹有晋王羲之墨池、新安庙、河西庙、隋普泽寺（后移出）、吴越国时期妙智寺、朱子祠等，宋代已设监镇，是路桥历史发展的缩影。2000年公布为省级历史文化保护区。明清时路桥经济繁荣，发展鼎盛，为十里长街的形成打下了基础。十里长街促成居功最大的人是清江南道御史、刑部给事中杨晨。其府邸就在十里长街边。杨晨，路桥人，清同治四年（1865年）举人，光绪三年（1877年）进士。通过他的努力，尤其是水利建设，形成水一边、街一边的状况。路桥建立县级区后，启动对澔河修绪工程及十里长街保护工作。2002年，省政府正式发文批复通过《台州市路桥区历史文化保护区保护规划》，以十里长街为主体的路桥历史街区的保护开发工作由此取得实质性进展。十里长街保护区工程一期南起卖芝桥，北至邮电路，全长330米。共计修缮房屋203间，修缮面积1.45万平方米，12月31日动工，2004年1月9日修缮完毕。修缮后的澔河两岸砌石工整美观，河道通畅。十里长街保护区工程二期全长706米，共计修缮临街房屋440间，修缮面积2.86万平方米。2004年7月动工，2005年春节前修缮完毕并交付使用。

石曲老街　旧时俗称石路窟街（图17-9），因过去石板路坑坑洼洼，窟窿很深，尤其在去往泽国的路口附近有一个大洼地，经常积水，故名。石曲老街的石板道路从北往南，又折东延伸，呈7字形，而且弯曲幅度很大，便名为“石曲”。石曲老街东与石曲为邻，南界方林村，西濒南官河，北与新路街连接。沿河而筑，旧时供人行走及纤夫拉纤用。

图17-9　石曲老街（2020年）

河

南官河　南官河（图17-10）是官河一段。官河自黄岩城区城关南流经十里铺，过坝头闸入境，向东南流经桐屿、马铺、路桥街、白枫岙、上蔡，入温岭泽国。最后到达最南端温峤。流经方林村的为南官河，从河西上游沿十里长街流下，横穿方林村中心。南官河从宋朝开始便承担水运功能，到清朝一直都是商船通行的主要运输河道。上通黄岩、海门，下通金清、温岭、大溪。石曲船埠头的旧址仍在。

官河由五代十国吴越王钱镠（907—932年在位）在其统治时期开凿，是台州最大运

图17-10　南官河（2020年）

河（人工河），分东官河、西官河、南官河，以南官河最长。钱镠贯彻“以民为本，民以食为天”政策，礼贤下士，广罗人才，兴修水利，奖励垦荒，发展农桑，对当时浙江的社会稳定、经济繁荣、百姓安居乐业有巨大贡献。北宋元祐七至九年（1092—1094年），浙东提刑罗适主持疏浚官河并建闸。南宋绍兴十九年（1149年）、淳熙元年（1174年）、淳熙十一年（1184年）、庆元二年（1196年）、嘉定十七年（1224年），以及元大德三年（1299年），均对官河做过疏浚。明嘉靖十八年（1539年），台州知府周志伟命黄岩知县方介征工开浚。明末清初，南官河淤塞，县城至路桥街的船筏均由东官河（永宁河）通过。清康熙三十六年（1697年）进行疏浚。乾隆二十一年（1756年）知县刘世宁疏浚自城关小南门至路桥街一段，长约15千米，河宽16.5米，深5.5米，使全线恢复航运。同治三年（1864年），乡民自筹经费，按田亩募工疏浚小南门至桐屿河段，但沿河闸坝未修，潮水涌入，不久又告淤塞。同治九年（1870年），知县孙熹发动20余万人次重浚从小南门经路桥街至十字泾河段，全长22.5千米，阔13.9米，深5米。光绪二十一年（1895年），知县关钟衡募工进行疏浚，并在金寺堂筑金寺坝，以提高县城南郊各支河水位。

南官河是方林人的母亲河，旧时方林人赖以为生。过去每当夜幕降临，南官河里常有人捕鱼。捕鱼方式有两种，一种是在河的两岸（特别是在塘桥附近）用网在河里来回拖，能捕到鱼、蟹之类。民国杨绍翰在《月河杂咏》中说：松堂芰首塘桥蟹，下酒依然乡味真。当时的塘桥蟹非常有名。另一种是撑船在南官河各河段中捕鱼，船中亮着渔灯，一夜下来能捕到很多鱼。有诗曰：官河渔火旁村限，入夜风来星野开。借问蓑翁何所获，月光清照一船归。

第五节 其　他

石曲铺

明洪武二十年（1387年）增置，设铺司2名，铺兵若干名（《赤城新志》云：黄岩十二铺，共铺司廿四名，铺兵六十四名），清仍旧，今废。《元史》记载：元元统元年（1333年），诏随处官司设传递铺驿，每铺置兵五名。时所设铺驿已无可考。《明史》记载：明弘治二年（1489年），立佥民壮法，州县七百里以上，里佥五人；五百里，里四人；三百里，里三人。有司训练，遇警调，发给以行粮，富民不愿，则上直于官，官自为募。

炮台

在路南小学内。炮台（图17-11）为三层，四面，略呈正方形，每层面积约20平方米。每面有窗。下面两层由石灰岩条石砌筑，每面窗呈长方形。最上面一层四边伸展出10余厘米，每边底沿由石头挑梁托住。墙体由清水砖砌筑，外抹石灰。四边也有窗，呈半圆形。

炮台门朝南，内有楼梯通上。炮台顶为平台，四边有围栏，半人高，兼具观景和瞭望功能。炮台原属方林方正中家，现为地方文物。

图17-11　炮台（2020年）

第二章　谱　　牒

方林村方氏、林氏修有多届宗谱，大多在历次战乱动荡和“文革”破“四旧”中遗失、散落、毁坏。本章收录内容基本根据现有《石曲方氏五修宗谱》《路桥中漳林氏大宗谱》两个谱本。

第一节　谱　　序

方氏谱序

《石曲方氏五修宗谱》载有历代宗谱谱序，包括2011年修谱序，由远及近加以载录。

乾隆始修石曲方氏宗谱序

古者，官有簿状，家有宗谱，所以使尊卑分定，昭穆有序也。为人后者，顾以世远年湮，支分派别，萍飘星散，欲寻其朔，如治丝而棼焉，由谱牒之不存故也。我方氏祖籍台州，侨寓黄岩，世居洋屿，后迁石曲。自宋元明以及本朝，数百余年所遗谱系，汩于迁徙，后嗣草从稽考，于兹心焉戚矣。乃商诸伯叔兄弟，佥曰：两松颖川徐先生黄邑巨室也，谱数数修纂。今岁，宗兄天德亦为纂辑，盍为敦请之乎？余曰：诺。越数日，雨酿黄梅，烹茶剪韭，挽宗兄与二三知己，邀先生于家酌。卒出示残编所存祀田。先生起叹曰：残缺失次，紊乱不整，奈何？幸前朝旧迹载在志书。后之择家迁居记于残编可考。于是就其缺者补之，乱者理之。庶几，不失亲亲尊祖敬宗睦族之意焉。后之子孙善于继述，而知孰光前孰裕后，孰为昭，孰为穆，井然不洇，永传不朽。是万某等所深望也。

时乾隆四十二年岁次（1777年）丁酉月

七世孙宗盛、宗明、宗治、宗贵，八世孙昌才谨识

道光再修石曲方氏宗谱序

盖闻族之有谱，犹水汇于江海，千支万派，脉络贯通，滴滴归源，有条不紊。此纂修所以宜亟也。若我方氏，自肇基公始迁石曲，凡二百年未有宗谱。至第七世宗盛、宗明、宗治、宗贵、昌才诸公勤议纂辑，勒有成书，迄今又六十余年矣。其间，瓞衍瓜绵，星分棋布，在本村者子姓滋繁，迁外方者生齿日益。若不急为重修，恐代远年湮，后之人将无从稽而考也。岁在辛丑，集议增辑。乃翻阅前谱，按本支之所自出为行次之不乱，名分无差，家训、綦详、祀田备载，一一而参校之。遂循其旧而续其后，缺者补，散者聚，而凡生卒葬所及传序铭志，博采兼收，阅岁而后蒇事。所以绍前人之成绪，联一本之宗支，汪汪乎别派同源共食旧德之名氏也。夫是为序。

道光岁在辛丑（1841年）小阳月

十世孙镇谨识

再修石曲方氏宗谱序

谱之义，本诸周道亲亲。古者工祝书世内史，书昭穆。而谱由是昉焉，上溯祖宗所自出，则敬宗之心油然生；下考子姓所由分，则收族之心殷然起。故谱之作，恒出于孝子慈孙仁人之用心。彼遥遥华胄之讥，惧冒宗也。故狄青不拜狄梁公，郭崇韬不附郭汾阳。昔贤美其慎泛泛，路人之视遗族也。故汉高祖不忘丰沛，魏武帝优待夏侯，史臣叹其厚。由是言之，则谱之所尚可知已。谱主敬宗，吾父而上，为祖，为曾祖，为高祖，远而溯至一二世。有谱以纪其实，则遥而非遥，知瓜瓞不可以易本根。谱主收族，由吾子而下，为孙，为曾孙，为元孙，递而推至千百代。有谱以联其类，则泛而非泛，知葛藟不可以纵寻斧。故世有谱牒，人心系焉，风俗关焉，教化寓焉。谱之所裨益，岂浅鲜哉？戊午秋，予泛舟黄邑之石曲，乐其山川之秀，人物之美，徘徊不忍去。因获与方氏族中人士游，若州同知液泉，卫千总郁堂，上舍以堂紫齐，皆德望隆一方，其子弟若楚峰、庆三、西园诸秀才，亦英英后来之杰出者。时以堂方手辑宗谱，已有成编。邀予重襄其事。予取而阅之，开卷首篇源流载元季国珍事，甚详。草泽英雄，保全三郡，归命真人，功不在钱肃武王下。其先本石曲人，方氏谱必举肇基君为第一世祖，不及国珍，其数典何慎也。石曲外诸方散处，远近不下十余村。若前后方、泉井、南栅、竹场、鉴洋诸处皆联其派，合为一编。其推恩何厚也。真有合于古人敬宗收族之义已。其谱一图一传，图仿眉山氏式，五世一提。本村自为一图，各村各为一图，秩然不乱；其传仿欧阳氏式，子女妻妾生卒葬迁备载勿遗。人有可传，名下辍数行以表之鸿章。另载本源，正行第，整昭穆，明支派，晰恩义，洽煌煌乎成一家言已。特是今者，寇氛四起，城邑戒严，村庄竞设为团练之方，思保护其室家。诸公乃孜孜于谱牒之修，残碑断碣广事搜罗，研京链都，不计岁月。主其事者，可谓迂且苦矣。羊叔子身在行间，雅歌投壶；陆秀夫射立乱世，经筵日讲。不同此胸襟之卓越哉。阅毕，欣然濡笔而为之序。

咸丰戊午（1858年）九月上浣之吉

临邑岁贡生七十三叟王教顿首拜撰

光绪三修石曲方氏宗谱序

由百世之下而知百世之上，居闾巷之间而悉同宇之内。序疏戚，定尊卑，收涣散，敦亲睦，非谱之为用也哉。谱实难言也，颜师古有云：私谱出于里巷，家自为说，事非经典，苟引先贤，妄相附托，无所取信，良由作者，不知徵实，妄附显荣，杜撰联属，此古今之通病。适遗识者之一噱而已。缑城正学公亦言：有徵而不书，则为弃其祖；无徵而书之，则为诬其祖。尊其所可知，阙其所不知，详其所可徵，不强述其所难考，则庶乎近之矣。方氏得姓始于帝榆冈，较他姓为最古。至周方叔大显于河洛间，及汉季司马府长史宏宦吴中，迁歙县，生子雄，雄生三子：侪、储、俨。自是支分派别，散布四方矣。我族聚居黄邑之石曲，莫稽其所，自旧谱以明。

肇基公为始，不谖当代之显且荣者为祖，盖惧招渎冒之失，意至善也。乾隆丁酉始葺，族七世祖际虞公，道光辛丑先大父以堂公重修，踵而续之，不加更益。迄今又近四十年矣。时事改变积久，不无遗误。（来）乃商之。伯叔谋及族人，以重修例。仍诸旧益以后起事，必徵实，不敢攀援，载笔载言（来）独任之，是为三修焉。噫！我族三百年来本支蕃衍，一线相绳，视他族谱之涉渎妄者，固自有间。惟守忠厚，以岩居事耕凿之恒业。罕勋名以著闻，当世无科甲，以光耀乡邦。虽诗书之泽，守而不替，亦不绝者如缕矣。《传》曰：积善之家。必有余庆。又曰：积厚则流光。吾族将自此振兴乎？抑犹有待乎？我族人其尚鉴兹哉。

光绪二十五年岁（1899年）在已亥嘉平之吉

十二世孙来谨识

光绪三修石曲方氏宗谱后序

三修方氏宗谱既毕工，复识于后曰：谱之义，虽为收族而敬宗，其要在乎信。今而传后，然有三难焉。源流不真，则妄相攀附，一也；派别浑淆，则血支不属，二也；生卒谬误，则后先紊乱，三也。况集事必首经费，经费不充，辗转作辍，则精神不贯，始精终略，究非完书。吾宗之谱，仅得三卷，虽源溯一本自无攀附之嫌，派别三支亦无浑淆之谬。惟旧谱不犯年数，每于一字之差，致干伦辈之紊（如雍乾之误，寅申之差）。或妇逾夫二十年之前（如石曲派正声公生乾隆五十八年辛亥，配生乾隆三十五庚寅之类）；或兄迟弟十余年之后（如沧前派丝丝纯健公生道光廿五年乙巳，弟纯万公生道光十四年甲午是也）；或是朝无是岁（如嘉庆无甲午，道光无戊寅之类，旧谱俱载之不疑）；或是派而无是公（如泉井派以茂怀公乌始祖，据公墓阡题作永和，无茂怀名。何也）。其余舛错之处不一而足。盖当时委之谱师依样葫芦，未遑精校故也。（来）自弱冠即常翻阅旧谱本，先大父之笔当三十年而重修。况艺文无几，本少诵读，徵文考献，每叹缺如。光绪戊戌，爰商阖族倡议三修。载笔之初，即于是年之腊。明岁仲春，构购脚疾，床卧六月，倚枕参稽，未尝搁笔。十月之望，厥疾既已，方构新居，土木劳勚而草创六卷，已略成矣。修饰增改，荏苒三年，始缮真本。壬寅十月，邀天台陈君梅友来，设局于路桥后寺，以聚珍版排印。每页必走送校勘，日五六页，往来不休。虽一再覆校，仍不免有讹误。古人所谓如扫落叶，随扫随生，甚矣，其难也。嘉平下浣，冬祭于祖庙，时印成八九，未及装订，即以初印本祭献，以告三修宗谱之成。族人聚观，喜厥事。噫，自戊至壬，忽忽五年，虽非日事，铅椠而未付梓。人终不免有所更易，自兹成书，可观且免三难之失。庶几，足信于今后矣。（来）之心不于此而大慰也乎。

光绪二十八年壬寅（1902年）腊月一九零二年十二月
十二世孙来再识

石曲方氏四修宗谱序

丙子秋，余馆东城。方生有民访余于庸庐，商余曰：今者世俗浇漓，人心涣散，虽云四万万同胞，往往族中人等若行路，如秦越人之视肥瘠，漠不相关。皆由宗法之不讲故也。吾族占居塘下里，自元迄清四百余年。于兹矣，旧牒沦亡，世系莫考，虽经隆嘉道咸间一再修辑，皆语焉而不详，择焉而不精。迨光绪壬寅善初公生事纂修，大加厘订，始有可观。至于鼻祖不尊国珍诸公，仅于源流考略及之，虽云慎重，心窃憾焉。盖志乘多采诸家乘，岂志乘所载而家乘反阙如耶？今族议重修，先生为我一筹之，余曰：略而图之，固嫌忘祖之议；奉以为始，又有难接之支。曷若图而勿系，于可考者考之，不可考者阙之，庶信以传信，疑以传疑之，为得乎生。曰：善。于是以国珍公前代世居洋屿者为远祖，列外纪；以国珍公后裔转迁石曲者为近祖，列内纪。其他踵厥成规，敬谨将事。遗者补之，新者续之，误者正之，绝者继之，勒为一书，不失尊祖之意，亦无冒渎之嫌，以视孙秀之依孙弼为宗侯，景之认侯 为族者相云何如乎？夫谱之修也，岂惟数典无忘云尔哉。将以序昭穆、辨亲疏、明长幼，俾世世子孙共展其亲亲之谊也。昔韩魏公有云：谨家谱为孝之大者。苏明允亦云：观吾谱，孝弟之心油然而生。诚以谱牒明斯亲睦，著今有民处灭伦伤化之秋，为敬宗收族之举，更得勋琴为之资助用。观厥成将见。人人亲其亲长其长，而天下平。所系顾不重欤，爰不揣谫陋。志其缘起而为之序。

时中华民国二十六年（1937年）岁阳强圉岁阴赤奋若清和月

同里清邑庠生蔡骧拜撰

四修宗谱后序

族之有谱，犹国之有史也。国无史，莫由识治乱兴衰之机；族无谱，莫由知世系源流之次。顾史则美恶毕举，书之以彰褒贬。谱则舍短从长，录之以诏来兹。故凡祖宗之一言一行，苟有可称，靡不载之，以为家乘光矧勋业烂如光昭史册。如我国珍诸公者，岂可以其草泽英雄概置之不论不议乎？夫当元纲既坠，群雄角逐，国珍公与兄弟各据一方，保有庆元台温三路。归命真人当于羽山建文献书院，一时名士多从之游。子弟亦有才名，迥非陈友谅辈所可及。宋学士濂比之隋唐汪华，岂虚语哉？若以窃据为嫌，如蔡京之裔诡称君，谟后不为识者所笑也几希。今拟以世居洋屿者为远祖，转迁石曲者为近祖，纪分内外。既无冒渎之嫌，庶免忘祖之诮，非僭也，非妄也，亦欲尽追远之思，伸木本之义，务求心安理得而已。后之作者亦将有感于斯文。

时中华民国二十六年岁（1937年）在强圉赤奋若清和月

十二世孙潢谨志

石曲方氏五修宗谱序

族谱（图17-12）是宗族非物质文化的遗产，也是国史、地方志、族谱三大文献之一。它能补充国史、地方志的不足；它宣扬族德，发扬宗风，树立古今典范，教导子孙如何堂堂正正做人，富有重大的文化历史意义。

一、一世祖：天成公（约1239年宋理宗嘉熙三年生），原籍福建莆田，迁入仙居，再入黄岩，定居石曲。总世次为一百三十世。

二、四世：国珍公（1319—1374年），又名谷真，石曲人，元末浙东农民起义军领袖。生得身长面黑，力勒奔马，与兄国馨、国璋，弟国瑛、国珉，以佃农和贩私盐为生计。为元末最早的起义领袖，领广西行省左丞，后留居京师（今南京），明洪武七年，病逝。

三、六世：“国”字辈的子孙辈（1369年，明洪武二年）。

四、七世至十三世：中间断代七世，十三世（1551年，明世宗嘉靖三十年）。

为啥断代七世，根源何在？我们根据史实考证：原来是朱元璋第四子燕王朱棣以“清君侧”为借口，发起“靖难之役”，举兵夺位，自1402年5月13日攻破南京，登上皇帝宝座后，必须收揽人心，才能巩固帝位。因此，他想利用“天下文章第一”的方孝孺来起草诏书，但遭方孝孺严词拒绝。朱棣无奈，只得亲自召见方孝孺，劝其审时度势，改变立场，被强制来的方孝孺，刚正不阿，身穿孝服，大哭不止，并大声痛斥其举兵夺位的大逆不道之举，就愤而提笔大批：建文四年，燕王篡位。掷笔地上。燕王怒不可遏，立令割破他的两腮、两目，然后被分尸而死，时年46岁。葬于聚宝门外。朱棣下诏捕杀方孝孺族亲，而更为残忍的是灭“十族”，被杀者多达873人，谪贬戍荒而死者不计其数。由于遭受空间的浩劫，导致方姓更名改姓，四处逃亡，所以，七世至十三世，其中七世宗谱断了，无人敢修宗谱。

五、十四世：肇基公（续谱时间为乾隆四十二年，即公元1777年），尊肇基公为一世，当时已续至八世，即十四世到二十一世。

六、现生存人最晚辈：2011年为三十一世。（从1777—2011年计234年，传十世，平均代距24年）。肇基公至2011年约距460年。

但近百年来，我国屡受外敌侵犯。新中国成立后，特别是十年“文化大革命”浩劫，把族谱污蔑为封建的东西，遭暴行烧毁，造成了族谱灭迹的危机。幸亏玉环清港本宗族沧

图17-12　石曲方氏五修宗谱

前支派方公道福，他认为方氏族谱是历史文化珍贵的遗产，万万不能绝迹。在困境中，他挺身而出，抢救方氏四谱，秘密珍藏。他在临终前嘱咐侄孙方林德（玉环清港人）要妥善保管好，并且有预见性地说："总有一天，石曲要修五谱的。"唯一的四谱能存在，是方公道福作出了不可磨灭的功绩。

最近一二十年来，政府不提倡也不明令禁止，所以南方又开始恢复编修族谱；然而编修族谱的都是古稀或耄耋之年的老人。因为族谱记录了血缘关系，留有社会文明轨迹，是反映发展兴衰的重要史籍，是家庭起源、家族形成、繁衍生存、迁徙分布的重要依据，凝结着中华民族和文明的心血，蕴藏着丰富的文化遗产，是人类学的重要资料。所以，我们这一代人完全应当热心参与，编修五谱显得极其重要，决不能再拖延了！如果不续修，谈何传承？不续修上对不起列祖列宗，下对不起后辈子孙。

基于此：方崇江历经五年奔波，不辞辛劳，到处寻找方氏四谱的下落，曾走到黄岩档案馆查询，黄岩图书馆翻阅《黄岩新前方氏宗谱》《黄岩西街方氏宗谱》《黄岩宁溪上桧方氏宗谱》《洪家闸头方氏宗谱》《洪家墩头方氏宗谱》考证，最后在玉环清港方林德家里找到了民国二十六年石曲方氏四修宗谱的原始资料，这为我们方氏五修宗谱提供了宝贵的历史文献。

回顾方氏本大宗祠，其建房占地面积有三亩五分余；西岸泉井支派小祠堂于1935年建造，其占地面积约有二亩五分余。于1941年4月19日，日寇烧掉石曲小学（前身是敦本小学），因此学校搬到西岸小祠堂复课，约有两年时间，后石曲小学基建新校舍，由大祠堂全力资助。方崇善任石曲小学校长，校董有：方公赓甫、方公薰琴、方公雨齐、方公象初、方公锦霞（并兼路桥中学校董）等创建学校，培育和造就人才，为教育事业作出了重大的贡献！

石曲街上的居民，方姓的占大多数，而且经商的较多，市场繁荣，人民生活富裕，由此可见石曲的确是个好地方。

当前，科学在发展，祖国在日新月异。正如月是故乡明、人是血缘亲。我们要遵循祖辈的教导："尊祖敬亲、弘扬祖德、不断进取、不忘祖先的优良传统，将'正正方方'做人的优良品德付诸行动。"今后期望下辈做好档案记载，使宗谱不断完善，延绵不息。我们在修订方氏五谱时，首先得到了方林村党委书记方中华和副书记方浩的大力支持，方四妹、方孔胜、方载禄、方孔文、方载仁、方道福、方中、方珊玉、方玉书、方危、方巨、方华良、方林德、方法根、缪日态等诸位大力协作，才使方氏五修宗谱得以圆满成功，在此向他们表示衷心的感谢！

我们在方氏五修宗谱中，以科学创新为宗旨，讲文明，树新风，敬老爱幼，团结友爱，以人为本，男女平等，和睦相处。只有这样才能适应新时代的要求，才能构建和谐社会，为方氏争光！时隔四修宗谱迄今已有74年之久，难免有不够完整之处，敬请众亲贤士谅解！

衷心祝愿石曲方氏家族人丁兴旺，事业发达，和谐团结，为积极建设美好的方氏大厦而努力！

浙江台州石曲天成公支系二十七世裔孙崇江敬撰

公元二〇一一年辛卯十一月冬至日

林氏谱序

方林村林氏宗谱在“文革”中被焚毁，1999、2016年所修宗谱是在温岭翁岙的地方谱和玉环清港自立宗谱基础上编修的。现选录两次修谱序。

一九九九年重修林氏宗谱序

国有史，县有志，族之有谱，古今中外皆有。自欧、苏二学士创纂谱牒以来，大小氏族均有宗谱相传。族若无谱，行辈混淆，尊卑不分。整谱应破封建腐朽意识，现代先进思想以促进社会主义精神文明和物质文明，按国法，适民意。稽考林氏宗谱，至今有一千多年历史。始祖天民，字先觉，号莆阳。公与二子在后唐天祐年间避王审知难，由闽莆田迁居黄岩中漳，后嗣众发，散居各地。据考，民国甲戌年先祖重修宗谱，迄今有六十余年矣。由于历史治革，尤是十年浩劫，四魔横行，祠宇拆建，祖像神位毁烬。林氏宗谱全寄存在本族伟民公家中也，倾遭焚毁。在党的十一届三中全会拨乱反正指引下，宗谱亦视历史文物。林氏后裔思源心切，惟恐年久失修，人丁疏散，世系无闻，面见如路人，不知同源也。男婚女嫁、生卒坟墓难以查考，行辈紊乱，昭穆不明，故于公元一九九八年戊寅春，由光法公、汝财公、必西公、美美公等诸公商议，邀请各房后裔，发起重修宗谱。幸有温岭翁岙查得地方谱一册，玉环清港黄岩厂自立宗谱外，其余遵照国家继承法有关精神，进行采访。叨蒙各房有识后裔大力支持援助，除云车头林，大多数不归宗外，其余都以归宗编造。使本次造谱圆满完成，赞林氏后裔遵纪守法、勤劳致富、兴旺发达、繁荣昌盛。因才疏学浅，略叙一二为序焉。

重修宗谱理事会全体人员拜撰

中华人民共和国公元一九九九年岁次己卯吉旦

二〇一六年重修林氏宗谱序

始祖比干，繁衍林氏，有三千多年，我祖系福建莆田迁入，传承忠孝，爱国守法，知识远博，造就一代代人才辈出，遍布世界各地。

“文革”时期，破除宗族，林大宗祠不幸遭破坏遗弃，作生产队农具集放地，年久失修，无人顾及而荒废，所幸五间破烂矮屋尚存。当时林美美、林光法等看到祖宗祠堂年久失修倒塌，决心重建。由林启保提出组建林大宗祠领导班子，在林启玉、林启满、林汝财等有心人带头捐资辛辛苦苦四处奔走下，筹集捐资壹佰陆拾多万元，进行了祠堂重建和林氏宗谱第二次完整修复。二〇一三年林大宗祠重建落成，面貌焕然一新。祭祀之日，不可思议的奇观出现，祠堂前门三根不锈钢旗杆，其中间一根，在日丽无风的情况下，有十几个人目睹，旗杆自然晃动数分钟，众人震撼，尽觉祖宗显灵之宏弘。

今天，我们重新汇编林氏族谱，是一个大家族历史价值的延伸，是文化宝库之流长，是家族繁衍生息的记录，是继往开来之工程，是寻根同祖之依据。

我们珍惜林氏家族，努力而励志传承，林氏族谱，人人有责，基业永恒！

让先祖的真脉，启迪后代，发扬光大。

林大宗宗祠理事会

二〇一六年五月

第二节　行第世系

行第世系是宗谱的重要内容、本质要义，氏族之所以昭穆分明，尊卑有序，支脉清楚，就在行第世系。

方氏行第

石典本派行第自一世以至千万世如下。

名行：肇、再、归、贵、永、天、岳、序、高、年、尚、德、道、崇、孔、孟、儒、模、士、表、抱、淑、率、真、鸿、图、衍、庆、燕、翼、诒、谋。

字行：绳、行、宁、鸣、应、显、宗、昌、守、正、纯、良、恭、端、平、康、功、昭、麟、阁、勋、赞、家、邦、蹈、规、履、信、长、乐、有、章。

庙行：乾、坎、艮、震、异、离、坤、兑、金、石、丝、竹、匏、土、革、木、礼、义、廉、耻、孝、悌、忠、信、睦、姻、任、恤、河、岳、日、星。

沧前后方派行第如下。

名行（十一世以下同石曲）：永（五同石曲）、天（六同石曲）、宗（七又作京，作福，石曲序）、昌（八又作森、大，石曲岳）、高（九又作履，作逢，作得，作定）、有（十作张，作正，作加，石曲年）、尚（十一作仙，作青）。

字行（十一世以下同石典）：正（十石典同）、纯（十一石曲同）。

泉井派行第如下。

名行（六世以下同石曲）：茂（一世石曲之六世石曲，沧前天）、宗（二沧前同，石曲序）、世（三石曲，沧前岳）、玉（四石曲，沧前高）、学（五石曲，沧前有）、尚（六石曲同，沧前纯）、德（七亦作启，石曲同）、道（八石曲同）。

字行（七世以下同石曲）：义（四石曲之九石曲，沧前守）、朝（五石曲同）、金（六亦作崇，石曲、沧前纯）。

庙行：按沧前始石曲之五世起，异自泉井一世，视石曲之六世起，自离以下则皆同石曲矣。

方氏世系

外纪世系　据元朝张翥撰《荣愍方公神道碑铭》云［此碑同治甲戌（1874年）秋闻始出土］：其先世家台之仙居，后徙黄岩灵山乡塘下里，即今方家垷。石曲之有方氏，为荣愍诸公之后无疑矣。但旧籍沦亡，世系莫续，故自国璋公上溯三代下至二世，辑为外纪。疑以传疑也（表17-2、表17-3）。

表17-2　石曲方氏外纪世系表

第一世	**天成**　据明朝宋濂撰《左丞方公神道碑》云：其系分自蒲田，再迁台之仙居，三迁于黄岩，遂占籍焉。元季赠荣禄大夫，湖广等处行中书省平章政事，勋柱国，追封越国公，配陶氏，封越国夫人
第二世	**宙**　天成公之子，貤赠光禄大夫，福建等处行中书省平章政事，勋柱国，追封越国公，配潘氏，封越国夫人，子一
第三世	**伯奇**　宙公之子。公性柔良，犯而不校。貤赠荣禄大夫，淮南等处行中书省，左丞相，上柱国，追封越国公。配周氏，封越国夫人，子五

（续）

第四世	**国馨** 伯奇公长子，元授卫千户，赐五品级，配失考	**国璋** 伯奇公次子，仕元，官至银青荣禄大夫，江浙等处行中书省，右丞相。至正二十二年二月廿一日卒于军。追封越国公，谥荣愍，葬临邑涌泉之原。事实详见张翥撰神道碑铭。配路桥后于于氏，封越国夫人，子三女二，箎室□*氏子二女三					**国珍** 伯奇公三子，元至正中授江中浙中书省参政，以讨张士诚功进太尉左丞相，复以海军功进封衢国公，明授资善大夫、广西等处行中书省左丞相。洪武七年五月卒于南京钟山里之私第，享寿五十有六岁，赐葬京城外玉山之原，命宋濂作神道碑铭，明史有传。配两董氏，俱封越国夫人，子五女五，长适长浦下尤吴兴郡马尤□□。次俱适士族					**国瑛** 伯奇公四子，明授江浙等处平章政事，生卒配葬俱失考。子一	**国珉** 伯奇公五子，明授江浙等处平章政事，生卒配葬俱失考。子二	
第五世	子明善、文举	**明巩** 字德明，授资善大夫，江浙等处行中书省参知政事，好读书，通兵法以下士，子一	**明敏** 讳行号东轩，明授奉政大夫，江浙等处行枢密院判官，知学，有勇力，善谈名理，尤好为诗，著有《东轩集》，宋濂为序。子一	明伟	德忠，庶出	德庆，庶出	**明礼** 国珍公长子，讳礼，字德庭，明授宣武将军佥广洋卫亲军指挥司事。好学能文，善吟咏，世所传《方小指挥》诗是也。配南塘戴氏，子二	**明完** 国珍公次子，讳完，小字亚关，明授忠显校尉，虎贲卫千户所镇抚。子一	**明本** 国珍公三子。子一	**明则** 国珍公四子。子一	**明安** 触到公之子。子一	国瑛公之子文信	**明谦** 字德让，国珉公长子。为人敦硕，畏慎。洪武初授明威将军，广洋卫亲军指挥佥事。洪武十八年有宿卫劳。上出内厩五花名马赐之。廷臣相率赋诗以彰殊恩。方孝孺为序，有传	**明锡** 字德□，国珉公次子。方孝孺称其好学有文。生卒配葬俱失考
第六世		**麟** 明巩公之子	**凤** 明敏公之子			**克孝** 明礼公之子	**克友** 明礼公次子	**克睦** 明完公之子	**克姻** 明本公之子	**克任** 明则公之子	**克恤** 明安公之子			

* 记载过程中缺失，查无载。

表17-3　浙江台州石曲天成公友系源流世系表

第一世	天成													
第二世	宙													
第三世	伯奇													
第四世	国馨		国璋			国珍						国瑛	国珉	
第五世	明善	文举	明巩	明敏	明伟	明礼		明完	明本	明则	明安	文信	明谦	明锡
第六世			麟	凤		克孝	克友	克睦	克姻	克任	克恤			
第七世														
第八世														
第九世														
第十世														
第十一世														
第十二世														
第十三世														
第十四世	肇基													
第十五世	再思													
第十六世	归源													
第十七世	贵仁													
第十八世	永河													
第十九世	天瑞													
第二十世	岳瑞													
第二十一世	序贤													
第二十二世	高进													
第二十三世	年启													
第二十四世	尚勤													
第二十五世	德昭													
第二十六世	道龙													
第二十七世	崇甫													
第二十八世	孔熹													
第二十九世	仙根（孟）													
第三十世	哲（儒）													

内纪世系　石曲派之方氏为左右丞诸公后裔，夫人知之矣。而前修既托始于肇基公，虽不详其所自，然有其举之莫或废之，故列之内纪，信以传信也（表17-4、表17-5）。

表17-4 石曲方氏内纪世系表

<table>
<tr><td>第十四世</td><td colspan="11">始祖肇基 乾一，字绳祖，登仕郎。方氏肇姓皇古著望姬周，源流远且长矣。我始祖于胜国末造，笃念前代坵墓庐里具在石曲，乃还居焉，名其里曰前方，以启绵延椒衍于无穷也。千祀子孙讵敢忘所自乎哉？生卒失考，配氏生卒失考。合葬柏岙牛极之原，子一再思，女一适失考</td></tr>
<tr><td>第十五世</td><td colspan="11">再思 坎一，字行可。公性沉重简默，器宇宏深，积德承先诒裕后。生卒失考，配氏生卒失考。合葬牛极父墓侧，子二：归源、归五世望</td></tr>
<tr><td>第十六世</td><td colspan="11">归源 艮一，字宁远。公聪明才智，根性以生，进退屈伸，随时而应。物苟伤廉，虽爱必捐，事或合情，出险以济。生卒失考，配氏生卒失考。续配林氏，生卒失考。合葬逍岙北山下。子四：贵仁、贵道、贵恩、贵明，女二，长适凉棚岭叶仲肃，次适太邑茶屿蒋元进
归望 艮二，字宁卿。生卒失考，配王氏，生卒失考。墓与宁远公同葬逍岙北山下。子四：贵广、贵福、贵从、贵五</td></tr>
<tr><td>第十七世</td><td>贵仁 震一，字鸣志。生卒失考。配氏生卒失考。合葬逍马园坦悟空岭下，坐西北向东南。子一永河，女一适洪家场王秉才</td><td>贵道 震二，字鸣得，迁太邑（今温岭）水涨。生卒失考，配氏生卒失考。合葬逍岙儿琅山之原。子一永吉</td><td>贵恩 震三，字鸣泽，号博齐。破觚为圆，斫雕成朴，进退有节，客止可观。生卒失考，配张氏，生卒失考。合葬。续配章氏，生卒失考。合葬石瓶独蛇落。子一永彪</td><td>贵明 震四，字鸣视。公持躬甚谨，处世以和，不肯枉尺，直寻未尝柱鼓瑟。生卒失考，配氏生卒失考。合葬石瓶独蛇落。子一永味</td><td colspan="4">贵广 震五，字鸣洪。生卒失考，配氏生卒失考。合葬逍岙马园坦。子四：永仍、永来、永达、永定</td><td>贵福 震六，字鸣寿。生卒失考，配王氏生卒失考。墓失考。子一永庆，女一适本街陈应求</td><td>贵从 震七，字鸣进。生卒失考，配邬氏，生卒失考。合葬逍岙石狗坦。子一永静</td><td>贵五 震八，字鸣彩、生卒失考，配氏生卒失考。墓失考</td></tr>
<tr><td>第十八世</td><td>永河 巽一，生卒失考。配氏生卒失考。墓失考。查公与永吉公旧谱俱失载</td><td>永吉 巽二，迁太邑（今改温岭县）水涨。生卒失考，配氏生卒失考。墓失考</td><td>永彪 巽三，字应俊，号文炳。公为人飞不妄集，翔必择林，酌理贵当，临事不摇。创业诒谋，后嗣昌炽。生卒失考。续配杨氏，生卒失考。合葬逍岙木鱼山南向。子三：天瑞、天蒙、天伦。女四：长适路桥谢邦洪；次适逍岙王崇焕；三适衡山头任姓；四适洪台门丁姓</td><td>永味 异巽四，字应仁。迁沧前后方，生卒失考。配氏生卒失考，合葬逍岙。子二：天照，天赠</td><td>永仍 巽五，生卒失考配氏生卒失考墓失考</td><td>永来 巽六，生卒失考。配氏生卒失考，墓失考</td><td>永达 巽七，生卒失考。配氏生卒失考。墓失考</td><td>永定 巽八，生卒失考。配氏生卒失考。墓失考</td><td>永庆 巽九，字应华。迁沧前后方。生卒失考。配氏生卒失考。墓失考。子二：天缘，小缘</td><td>永静 巽十，字应联。公谦以自牧，和以处众。隐身曲艺，怡情醉。乡生卒失考。配氏生卒失考。子二：天位，天□，女二，长适沧前王姓，次适洋屿罗姓</td><td></td></tr>
</table>

表17-5 中漳林氏宗谱世代表

世代	名行	字行	庙行	世代	名行	字行	庙行
第一世	天	先	受	第二十六世	景	于	声
第二世	士	宗	祜	第二十七世	延	光	曾
第三世	仪	仲	年	第二十八世	应	必	东
第四世	中	之	於	第二十九世	启	兴	浙
第五世	允	敬	万	第三十世	估	汝	扬
第六世	木	子	箕	第三十一世	继	圣	文
第七世	立	文	裘	第三十二世	美	德	章
第八世	水	一	绍	第三十三世	庆	正	昭
第九世	玉	元	述	第三十四世	荣	万	奕
第十世	与	养	长	第三十五世	昌	邦	
第十一世	寿	行	台	第三十六世	唐	明	锦
第十二世	永	理	山	第三十七世	虞	新（勤）	绣
第十三世	克	宏	新	第三十八世	际	修	定
第十四世	序	尚	俎	第三十九世	斯	齐	太
第十五世	嘉	国	翼	第四十世	盛	治	平
第十六世	世	时	闽	第四十一世	祥	吉	宗
第十七世	朝	延	海	第四十二世	杰	相	烈
第十八世	鸣	秉	旧	第四十三世	泽	传	家
第十九世	钦	崇	冠	第四十四世	智	丰	德
第二十世	大	道	裳	第四十五世	友	佛	远
第二十一世	承	恩	望	第四十六世	善	旺	百
第二十二世	志	锡	久	第四十七世	和	柏	
第二十三世	良	侯	西	第四十八世	泰	浩	昌
第二十四世	绍	公	河	第四十九世	宁	连	辉
第二十五世	亨	卿	著	第五十世	安	成	煌

林氏行第

见表17-6。

表17-6　上马张施桥林氏乳行、表行

乳行			表行			
永	启	接	仁	国	美	咸
序	佑	处	宗	廷	修	祭
嘉	保	多	仲	秉	道	圣
朝	荣	闻	之	崇	从	明
鸣	华	妙	敬	时	经	
珍	叔	恩	敷	伯	家	
贵	芳	洪	广	锡	傅	
忠	继	钜	汉	候	齐	
世	体		一	公	治	
显	法		元	卿	邦	
德	则		守	维	会	
享	高		宣	光	盛	
景	良		养	必	平	
延	季		行	兴	唐	
应	承		理	汝	虞	
	占		宏	钦	可	
	喜		尚	彦	绍	

林氏世系

第一世

名行天，字行先（图17-13）。

天民，字先觉，号莆阳，始祖，后唐天祐间自闽之莆田避王审知难，公与二子迁居台南黄岩委羽山林家岙，葬委羽山南下，配□氏，子二。

第二世

名行士，字行宗。

士安，字宗逸，配□氏，生卒葬俱失考。

士奇，字宗儒，配□氏，生卒葬俱失考，子三。

第三世

名行仪，字行仲。

德仪，字仲甫，配□氏，生卒葬俱失考。

德芳，字仲达，配□氏，生卒葬俱失考。

幼孜，字仲敏，温州府掾吏，迁居温州府塔头，配□氏，子一。

第四世

名行中，字行之。

中立，字正之，号芸轩，学士，配□氏，生卒失考，子三。

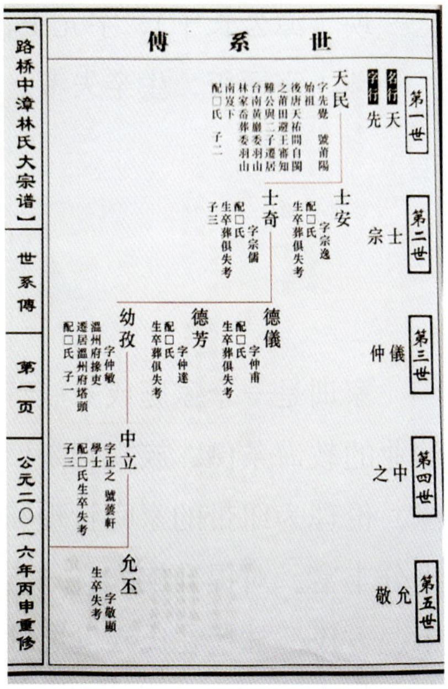
【路桥中漳林氏大宗谱】　世系传　第一页　公元二〇一六年丙申重修

世系傳

第一世　名行天　字行先
天民　字先覺　號莆陽　始祖　後唐天祐間自閩之莆田避王審知難公與二子遷居台南黃巖委羽山林家嶴葬委羽山南寔下　配□氏　子二

第二世　士　宗
士安　字宗逸　配□氏　生卒葬俱失考
士奇　字宗儒　配□氏　生卒葬俱失考　子三

第三世　儀　仲
德儀　字仲甫　配□氏　生卒葬俱失考
德芳　字仲達　配□氏　生卒葬俱失考
幼孜　字仲敏　溫州府掾吏　遷居溫州府塔頭　配□氏　子一

第四世　中　之
中立　字正之　號蕓軒　學士　配□氏生卒失考　子三

第五世　允　敬
允丕　字敬顯　生卒失考

图 17-13　林氏世系

第五世

名行允，字行敬。

允丕，字敬显，生卒失考。

允模，字敬承，生卒失考。

允恭（中立公三子），字敬所，宋建炎元年自温州塔头始迁中漳，配黄岩洋屿李氏，续配朱氏，子二。

第六世

名行木，字行子。

松，字子坚，宋乾道中浙江省元朱文公门人，配□氏，生卒葬俱失考。

桂，字子贞，宋浙东宣尉司宣义，配□氏，生卒葬俱失考，子一。

第七世

名行立，字行文。

靖，字文肃，任松阳县主簿，配□氏，生卒葬俱失考，子三。

第八世

名行水，字行一。

澄，字一清，配□氏，生卒葬俱失考，子一。

江，字一宁，配□氏，生卒葬俱失考。

潭，字一深，配□氏，生卒失考，子二。

第九世

名行玉，字行元。

珠，字元德，生卒失考。

瑛（潭公长子），字元玉，贡元，配□氏，子五。

珪，字元玺，生卒失考。

第三节 家训族规

家训是一个家庭或家族特有的训教惩戒子嗣的箴言，是对子孙后代立身处世、持家治业的教诲条例；族规则是旧时宗族约束族人行为的道德规范文本。二者虽然只是以血缘、伦理为纽带的家庭管理和教育，但堪称中国传统文化的一个重要组成部分，其内容十分丰富。对提升族人文化素质、品德修养、人格品位乃至稳定社会秩序都起到重要作用。方氏、林氏在氏族发展壮大过程中，逐渐形成比较成熟的家训族规，是中华民族的传统美德，闪耀着前人的智慧光芒。虽然带有一些封建烙印，但内容总体是积极向上的，具有良好的教育意义。

方氏祖训

一曰孝父母。夫孝为全德，固非易尽，但温清定省之仪，服劳奉养之节，人人所能为，亦人人所宜尽。奉父母之遗体，不自爱护致有毁伤，不知戒慎致诒玷辱，则不孝莫大，于是古圣贤所以兢兢守身而无敢忽，凡我当人当以此为第一义。

一曰敦友爱。兄弟为手足至亲，非寻常戚好可比。乃或昵交游而疏同气，所归言而弃天伦。殊不思嘉耦云殂，琴弦不难重续，故人长谢缟纻可缔新，知而惟兄弟挫折不可再将，况乎丧乱之际，急难之交岂无他人，不如兄弟之相扶相助，告尔后昆敬诵，棠棣赋角弓焉可。

一曰正配偶。夫妇之合，古人谕以鱼水，爱可知矣。要之男女居室以和为贵，以敬为先。盖不和则家道不成，不敬则谑浪生戾，是宜同心同德，由房叶鼓瑟之欢，如友如宾，举案合齐眉之雅，则家室和平似续昌盛已。

一曰肃闺门。古者礼法之家，三姑六婆不许往来，篡婢齐童勿用，俊美笑奴不闻于室，机杼不绝其声。所以杜谣避远邪惹也，而尤当致严者，则为期功之属。中表之亲宜存嫌疑，无忘形迹。礼曰：男女不杂坐，不亲授受。岂得从至亲也，而可息诸。

一曰谨言行。片词失出，驷马难追，一事偶态，终身莫赎。是以君子守口如瓶，饬躬如玉；反是过直则招尤，轻出则贾祸，妄动则债事，躁率则无成，拟而后言，议而后惟动，言与行尤悔寡焉矣。

一曰慎交游。四民皆以类聚，岂谓独处为高，然益友断不可无，而损友不可不察。语云：近朱者赤，近墨者黑。抉择不审，误与邪僻者游或与之俱化，或为其中伤，不慎厥初，后悔何及。

一曰禁游惰。子弟成童以上，士农工商各令专习，一业则身有归束，不至流入邪妄一路，否则游手无事，谋生无术，或呼盧雉而作博徒，或从无赖而为光棍，有子弟者奈何不禁之于早也。

一曰戒奢侈。殷富之家粟帛充积，后生习见以为不涸之仓，不竭之府，鲜衣美食之外浪费尤多，娶妻嫁女之仪，华競胜不知撙节，渐就空虚而侈靡已惯，借贷应酬，剜肉补疮，立见其尽。尝见始为千金之子，继无隔宿之粮，揆厥由来维奢致败，咨汝后生奈何勿戒。

一曰营窀穸。夫士逾月而葬，古之制也。今人每惑风水之说，停棣荒原寻择吉壤，迁延久远，往往父母之灵柩暴露倾坏而不忍言者。凡为人子，既抱终天之戚，急谋覆釜之封，至丧葬所需，随其贫富，酌其丰俭可也。

一曰修享祀。享祀祖先，所以报本而追远也，人本乎祖，犹水远自源、木长自根，后人之接续皆先泽之留诒。故享祀不可不修，而灌献不可不诚。礼有之思其笑语，思其嗜好，爱然如见其形，忾然如闻其声，则诚之谓也。祖考虽远，感格何难焉，式遵训辞，毋诒宗祐羞也。

选自《石曲方氏五修宗谱》

方氏族规

族约四章

（三修增）

缑城正学公尝作宗仪九首：曰尊祖，曰重谱，曰睦族，曰广睦，曰奉终，曰务学，曰谨行，曰修德，曰体仁，娓娓数千言。衷诸道，剀切详明。我族旧谱载祖训十条：曰孝父母，曰敦友爱，曰正配偶，曰肃闺门，曰谨言行，曰慎交游，曰禁游惰，曰戒奢侈，曰营窀穸，曰修享祀，语简意赅，言近指远。今更为族约四章，不徇俗见，克合人情，本宗仪之余绪，附祖训以见意，与族人为规约云耳。

劝学第一。古者弟子八岁入小学，十五入大学。小学在孝弟忠信，应对进退；大学在正心诚意，格物致知，所谓成人有造也。近世为学首重举业，故学者自少习四子书外，即学为文章，朝夕呫哔，无非时文试帖，以博取功名为务。与古之为学大异。吾族前数十年书塾不绝于家，书声不绝于耳。故得造就者虽无发达贵显，而青青子衿要亦翩翩联袂。今后数十年故老已谢，继起无人，为父兄者，习熟见闻，不加培植，恐将来束书高阁，尽为不知不识之野人，乌乎何哉！今与族中约殷实之家，各延师自课，其子弟固无论已。惟贫苦者无资入塾，则于公储项下，计其盈余，每年延请蒙师设塾于祠，或择他处，使族中子弟皆得从学。稍长者住宿塾中，再给膏火诸费，以十六岁为期。如姿禀昏庸，无可造就，则当告其父兄别寻生计；如可造就，则宜宛转教导，以抵有成。庶几，书香不绝，为宗族光，岂不善欤？

婚嫁第二。世人所好者吝，所恶者费。独嫁娶婚姻，则渐即于侈，肆而不知。一则曰撑撑门风，一则曰保护体面。然在殷实之家，费虽巨，犹属可支；独中人之户，外则粉节观视，内实勉强支吾，故往往婚嫁成，而中户倏变贫民者，指不胜屈也。前邑令陈公宝善，尝著《去奢从俭约》，备言婚嫁之费大而无益，概行禁止，极为善法。夫送往迎来，取其表情达意，不在礼物之隆；执事傔从，取其足给，使令不在焜耀之盛。则所谓花堂送位，可从灭也；分粄月节，可从轻也；衣服首饰，亦不得华侈违制。朱柏庐先生曰：娶媳求淑女，不计厚奁；嫁女择佳婿，勿索重聘。盖在媳与婿之贤不贤，非视奁与聘之多不多也。又择婿之术，俗见极疏。女家本富，必择富家之子为婿。外此一若不足相攸者。然富贵之子，未必皆贤；中下人家，亦有佳士。则何如不论贫富，只论其人？其人果贤，虽贫何害？即所以为奁资者，节其半以相赠，更为之维持调护之，使婿贫而不贫，然后得致力于诵读而成功名，则他年青云贵显，未必非内助之力为多，而伉俪之情当更笃也。真能择婿者，曷勿审此。

继绝第三。祖孙父子，骨肉至亲，相属以天者也，幸而绵延不绝，岂不善哉。其不幸而乏嗣，则有兄弟之子，以为之后，亲原一本，血脉相连。考我朝继绝之礼，至详且慎。言绝嗣者，兄弟之犹子，远而推之堂子、从堂子，皆可为子。或一子可顶两祀、三祀。要惟昭穆相当而止。立法尽善，各宜恪遵。若凭俗见，取异姓子以为子，则恩无所属，情不相关矣。昔鄫子尝养外孙莒子以为后，《春秋》书曰：莒人灭鄫，胡传。曰莒人灭鄫非灭也，立异姓以莅祭祀，灭亡之道也。宗正学公言曰：异姓而称父子，蛮陌禽兽之道；望溪先生亦言：神不歆非类，民不祀非族，以气之不相属也。世俗之人，不明天性骨肉之恩薄，常舍兄弟之子与其族子，而求不知如何之人取之襁褓之中，以自欺而欺人，是谓不有其祖也。二公之言深切明显，何人偏不自爱，舍所亲而疏是求，以至于真绝耶。况后来时移势改，或操同室之戈，或招外人之侮，或是子自知异姓，愿复本宗，不惟抚养之恩置之逝水，而馨香之祀，仍付西风，九原有知，岂不自悔？失计耶！

然而晚矣。吾族三百年来，不蹈此习，固属大幸。间有取蜾蠃而负螟蛉，尚不恭教诲，式毂之义，必明别异姓列为抚子，更必立兄弟子以为之后，不使混淆，以招渎宗之失，亦善法也。然俗又有言：谊子不谊孙，嗟乎！子既谊，则孙于何而得亲耶。夫木本水源，各有所自，亲则本亲，谊则本谊，若使孙而谊者可亲，则亦将亲者可使之谊耶，必不然矣。今议，凡属抚子，谱中支图线以墨，不以朱。序次则先继后抚，不以抚长继少易位。若产业，则视为之父者，斟酌以畀之。祭祀，则抚子之子孙世代以承之，如此则可谓仁之至，义之尽，而两无抱歉者矣。如必私取他之血孩以作所生之赤子，人虽不觉，神必不甘绝祖宗之血脉以启鬼神之怨恫。孟子谓：无后为不孝。吾恐此之不孝为更甚也。且呱泣之子，莫分良莠，苟非麟祥，或为枭恶，小则反唇相讥，大则悖叛遗害，为苗之螣，若木之蛀，以相生而反相克，兴言及此，能不寒心也乎？凡我族人各宜体之。

奉绝第四。孔子曰：死，葬之以礼，祭之以礼。人生而遭亲丧，谓之大过，亦谓之大事。自宜遵礼以将事，不得徒饰以虚文。世人于送终之礼，都不考究。惟浮屠地师，倾听信从，则不知自谬如始。死也举哀，披麻衣，衾棺椁，随时取办。而即邀浮屠氏数人，于家设坛作供，铙钹喧天，以为超度亡魂，脱免罪过。夜则高唱戏文，惑人聚听，男女混杂，僧俗聚谈，反谓老丧不禁，借欢乐以邀吉祥。噫，果安乎哉？浮屠氏亦人耳，假轮回之说以欺世，而射利者耳？乌有所谓度脱者哉。时可葬矣。信地师之言语，山川之凶吉，而越水寻山，累年积月，不能得葬，或停泊荒郊，或渴殡空野，风销日炎炙，朽坏堪虞。而心尚切于吉地之未得坦，焉置之？夫地师岂有真知，此辈半多伪讬，假峰峦之凹凸，为兆域之灾祥，谁知龙穴难求，牛眠有主，如可寻觅，则地师当先得吉地而富贵之矣，何仍作江湖之散人？况此术祖晋郭璞，璞卒，死于篡贼，身不能保，安能利人？后之略习其术者，更何足言哉。今约葬祭，必遵礼法，浮屠之用可勿亟也。穴卜阴阳，地师之说不足凭也。如势不能即葬，则缓以三月或五月，以七月为止，不得过迟。此正学公宗仪之法也。盖死以入土为安，久停且违制犯禁，又墓必刻志铭，无力者，刻墓表（俗刻坟更省易）。必使后人可考，如是，则礼得心安，而所费不为无益矣。

风水二字，古昔未闻。前人惟建都立邑，或择其所向而已。周礼曰：辨方正位。诗曰：相其阴阳，度其隰原。非必揣度吉兆，为后来发祥之应也。光绪辛丑正月，邑南山山人掘得一古墓，有砖文（纹）曰：神凤元年。盖三国吴大帝时之墓，迄今一千八百六十八年矣。时去晋郭璞之生尚远，风水之术未兴。予特到墓亲观，见墓西北向，半枕山麓，前后不正，左右偏颇，似非选择而作者。足见古人本无风水之说，于斯可信。何后人之自入迷途，寻一重孽案耶。辛丑二月初六日附记。

林氏祖训

《中漳林氏宗谱》载有林氏祖训共十四条。

一敬祖先。人有祖先，犹之木有本、水有源，不敬祖先，是犹拔其本、塞其源，犹欲枝之茂、流之长乎？孝子慈孙不忘祖功宗德，墓为祖宗形骸所藏，庙为祖宗灵爽所凭，祭扫遵大典，蒸尝依古制，尽追远之礼，存如在之心。凡我同宗，其共禀之。

二孝父母。孝为百行之先、万善之源，孝经所以谓为天之经、地之义、民之行也。为人子者，宜知父母之恩，劬劳备至，欲报之德，昊天罔极。必服事奉养，曲体亲心，虽境各殊，孝养须尽。而珍馐固足致敬，菽水亦可承欢，子夏谓酒食馔先生，不足为孝胥是道也。

三和兄弟。诗曰：凡今之人，莫如兄弟；又曰：岂伊异人？兄弟匪他，盖兄弟同禀父母之气以生，如羽翼，如手足，世间最难得者也。兄当友弟，弟当敬兄，甘苦与共，患难相顾。设因小忿废懿亲，听妇言乖骨肉，乌能和兄弟乎？故编此为凡兄弟者劝。

四睦宗族。尧亲九族，周笃宗盟，族谊之重，自古维昭。凡我同宗支派，虽本源则同，逢喜相庆，逢忧相恤，方不失一本九族之谊。读义田之记，范文正何等雍睦；登百忍之堂，张公艺永存曲型。孟子曰：人人亲其长而天下平。由斯以观，平天下亦何不由和宗族来耶。

五尊师友。士人所侍，以进德修业得于师者半，得于友者亦半也。受业解惑赖乎师，劝善规过资乎友，是二者不可不知所尊也。不知所尊，师不以我为弟，友不与我相交，能免孤陋寡闻乎？民国学校林立，为父兄欲不误子弟者念诸。

六和乡党。群居杂处，虽多同族，不无异性，究之谊属同乡，彼此朝夕相见，即当出入相友，守望相助，疾病相扶持，此户可风，自成仁里。设乡邻有斗，务须极力排解，否则任意武端，不酿成讼端乎？俗云：百万买屋，千万买邻，非虚语也。圣人谓躬自厚，而薄责于人，则远怨矣！即各乡党意也。

七重农事。谋生莫重于耕，最苦莫过于农。古者百亩之田，时令不违，八口之家饥方可免。唐太宗教太子曰：汝知稼穑之艰难，则常有斯饭矣！语云：春种一粒粟，秋收万颗子，四海无闲田，农夫不饿死。欲兴礼仪，先足衣食，同宗知此。

八遵德行。圣王治民，德教为先；圣人教人，德行为重。德者，人之根本也。知有以遵之，行时时之方便，作种种之阴功，诸恶莫作，众善奉行。书曰：作善降之百祥，作不善降之百殃。善总由德出也。凡属弟子，天性未漓，人之初，性本善。孔子曰：性相近也，不教之，则习相远矣。吾愿同族多佳子弟，有父兄之责者，曷谨之于始乎。

九重节义。节义所在，即在天地正气所在，临大节不可夺，仗大义不可屈，荣莫大焉。守身不失为节，制行相宜为义。纵女子守节而苦，男子仗义而穷，节义穷不可不重也。所谓时穷节乃见，士穷不失义，未之闻。

十存廉耻。人异禽兽，唯廉与耻。寡廉鲜耻之辈，独不思暮夜。却金杨震之介堪嘉，周粟不食夷齐之饿可表乎！所谓俭可养廉，不耻不若人，何若人有？未之知耶。

十一昭忠信。忠者尽已之谓，信者以实之谓也。忠则寸衷无一念，或欺；主则践履无一息，或伪。盖忠为信之本，信即忠所发也。有是忠，而后有是信。《大学》所谓：诚于中，形于外。可想见矣。《论语》云：主忠信，圣人教世。吾人谁不当本此教家乎？

十二兴礼让。礼所以范，围人心也，严内外，辨上下，有秩然人难犯之。孟子言：礼之实，节文斯。二者盖由人心之仁义，为教家之品秩也。礼让可以为国，礼让自可以教家。《礼》云：君子恭敬，撙节退让以明礼，无他道也。

十三尚勤俭。《传》曰：民生在勤；又曰：戒奢以俭。合而观之，所以谓勤能补拙，俭可养廉也。处家之道不以勤俭为先，有恒产无恒心，有用之精神肆行无忌，有限之金钱任意浪掷，未有不自绝生理者。教子弟者知之，为子弟者戒之。

十四恤贫穷。大丈夫不受人怜，即或贫穷，箪食豆羹，设尔而与，行道弗受，嘘而与，乞人不屑，奚用恤为？究之，振困救乏，后世播为美谈，救灾恤邻，无非君子周急之意也。漂母饭信，信为佳话，教子弟者，借此言以发其汎爱之心，不亦善乎。

林氏族规

《中漳林氏宗谱》载有林氏族规共十五条。

一谨祭祀。全部戴礼大半言祀，尊祖敬宗莫大于祭。每逢清明，族众无论远近支首领同来祠，值年首士以公项治馔，敬谒祖先，临山挂扫。冬至祭典，亦不可废。相沿既久，成为定规。虽为庙为寝，贵贱不无，或异而祭獭祭鸡禽鱼亦有可取。温恭有恪，斯展追报之念，产懈怠是将不免怨恫之累。

二护祠宇。庙以祭祀，犹居以庇身也。人无居则身不得宁，家无庙则祖灵何所凭依？展敬展亲，莫大乎是。伊川先生曰：冠婚丧祭之大者，今人多不理会，豺獭皆知报本，人灵如物，多厚于奉养而薄于祖宗，甚不可也。人能存得此数事，虽幼者可渐知礼义。

三培祖墓。物本乎天，人本乎祖，子孙思其祖宗，见茔墓如见祖宗。清明祭扫，必诚必敬，凡有损坏，必加培补；逢棘则剪除之，树木则爱惜之；或被人侵占，同心竭力护之。《礼》曰：为宫室不斩于邱木。可知古木敬祖护墓之意也。

四定宗派。派者所以收族也，收族即所以敬宗，此派行之所以不可不谨也。吾族拟定宗派六十字，嗣后毋得凌躐更改，如任家巷等处，则以祖字派止；任家桥等处，则以应字派止；芭芭溪等处，则以儒字派止。嗣后均从先字派起，如违，查出听族众公同处罚。

五正名称。子生三月，父名之，礼也。故取字命名，要不可有犯至圣及列祖名讳。今见族中先后辈同名犯讳，不知凡几，已往不咎，将来可追。嗣后族属等凡生子，命名必先详查谱牒，以免犯讳同名等弊，所以昭敬谨也。

六严继立。嗣续为宗祧所关，族中有不幸艰于祠续者，请凭族户房长，继立本宗子任，以承宗祧。或从序立，或从爱立，如本支无人，择立疏房亦无不可；倘有私立异姓者，公同逐出，另立本族以主宗祀。

七端族正。正者正也，所以正人之不正也。须尝学问，识礼义，德优于人，为人所取法，然后可以表正。阖族族户房长，不准冒充，每于春祭时公同拣选。拣选既定，一任三年或五年，他人不敢争，斯人不敢别诿。莅事之后，凡祖祠一切事务，尽属族正范围之内，必勤黾奉公，任劳任怨，方克称职。倘于族中苟循私情，或执持己见，族众会同更之。

八立户长。家有户长，犹国有官司。国之曲直不分，有司之过；家之是非不明，户长之责。世之曲直混淆，邪正互攻，公论不立，私情交起，无他由，于户长畏避退怯。嗔天地自然皆有报，远在儿孙，近在身。

九正房长。长者非为其辈之尊年之长也，必其德冠群众，方可表率一家，如一房之中偶起事端，投鸣房长，评论是非，总要当理，不然族正察出，必须易之。

十专责任。族长即是族正，表率一族，代祖宗执法，权大责重，族人不可以年分相抗。如族内偶有事端，涉于家庭范围内者，该当事人白于族长，听其正式解决，如不能寝于其家，由组长未期传集该房长，同诣祖祠，先禀祖先，次论曲直，然后处以家法。倘或不遵族长，房长秉正送官。

十一严管理。我族祖词、祠所有财产，由各支公举，但须公推心术端正，能负赔偿之现者，始有管理财政之资格。既经被选，一任三年或五年，不容推诿。每岁春祭时，经各支支首算明记簿，存总首处。限满之时，务将报销款项交由付与下次经理人掌管。如有亏欠，立令赔偿，其有原亏公项者，不在此例。十二贡赋税，以下事上，古今通义，赋税之征国稞所系，若拖欠钱粮不完，便是不良子孙，勤业之人早完赋税，收票存证，不欠官粮，何等自在。《经》曰服勤力穑，以供国赋，此兆人之忠也。

十二守法律。天命天讨，大经大法，一部律条，片语于斧，三尺长剑微芒，不啻霜雪。有钱早纳粮，免官吏之追迫；无字入公门，得天君之泰。然尝见摇动官府，计甚巧而实拙，横行乡曲，气直暴而终绝。以匹夫而化乡人，不过清洁，或赤子而罹桁杨，只为紊越。

十三励勤学。自唐代开科取士，以及如今变为学堂，无非为国家造人才，为祖宗播声誉。青年士子有志学界者，舍学堂别无进身之阶，不有激劝，何以恢先绪而励后学？况我列祖，聿著光辉，世多豪杰，代有伟人，佐中兴而功纪云台，宗风固甚荦荦；占状元而恩赐建坊，先型亦自卓卓。族中士子肄业儒林，衍斯文一线之绪，结翰墨多千之缘，凡在省立国立大学毕业，以及军界大学毕业者，经本祠总首同各支首商议，酌给奖金，庶肖子贤孙得步趋乎先觉，儒林士子益勤勉于上进，将见大用大效，小用小效，他建功立业，是所愿也。

十四兴女教。天下无不可教之人，亦无可以不教人，而岂独遗于女子也。域故于宗亲之后，复采教女之书，事取平易而近人，理取显浅而易晓，盖欲世人之有以教其子，而更有以教其女也。在家为女，出嫁为妇，生子为母，有贤女然后有贤妇，有贤妇然后有贤母，有贤母然后有贤子孙。妇人之礼，固不仅在精五饭、幕酒浆、养舅姑、制衣裳。曹大家博极群书守志教子，复能为兄上书续成汉史，邓太后嘉其志节以为女师，诚巾帼中丈夫也。至于近世妇女，好华饰趋巧异，几乎以德言容功为诟病，殊水和锟德悉合于当然之理，不离乎居室日用之尝，乃妇人之大节而可无言也。吾愿为女子者，知为人妇为人母，相夫教子与有责焉，岂仅主中馈而已哉，况女教为当今之急务，凡主持家庭教育者，女教亦宜兴也。

十五惩渎伦。夫妇居人伦之首，闺门为万化之原，未有夫妇之伦不正，闺门之教不谨，而能克昌厥后者。尝见愚未愚妇，不知内外界限，不顾昆弟名义，每因一鳏一寡妄贪嫁娶之便，伯婶叔嫂谬遂伉俪之私，伦常乖舛，立消亡。朱伯卢已深恶而痛绝之，我族未修谱以前此等恶习或不无偶犯，然往者咎不可咎，而来者实犹可杜。嗣后如有不明大义，续配乱伦干犯纲纪者，定即严正家规，从重惩罚，决不稍贷。

林氏家训

中樟林氏分支、横街街道上林村《箕山林氏家谱》载有林氏家训。

凡林子孙，父慈子孝，兄友弟恭，夫正妇顺，内外有别，尊幼有序，礼义廉耻，兼修四维，士农工商，各守一业。气必正，心必厚，事必公，用必俭，学必勤，动必端，言必谨。事君必忠吁，居官必廉慎，乡里必和平。人非善不交，物非义不取，毋富而骄，毋贪而滥，毋信妇言伤骨肉，毋言人过长薄风，毋忌嫉贤能，伤人害物，毋出入公府，营私召怨，毋奸盗谲诈，饮博门讼，毋满盈不戒，妙微不谨，毋坏名丧节，灾己辱先。善者嘉之，贫难、死丧、疾病周恤之，不善者劝诲之，不改，与众弃之，不许入祠，以其绵诗礼仁厚之泽。敬之戒之，毋忽！

第四节　谱牒艺文

方氏、林氏宗谱收录有各个时期诗文，予以选录。

诗词

石曲渔唱

扁舟横石曲，渔叟诉轻波。
不作沧浪唱，惟传款乃歌。
数声烟树远，一棹水云多。
更得鲈鱼好，桥边载酒过。

亭屿书声

策杖过林东，书声度晚风。
一灯人静后，数卷月明中。
韻入疏钟朗，音流别院空。
至今亭屿畔，桂树发新业。

青阳春景

寻春何处见，恰遇在青阳。
草带堤边绿，莺梭柳外黄。
野犁残雨断，泛水落花香。
况值升平乐，同游化日光。

白峰秋色

秋色从西至，清华溯白峰。
风鸣三径竹，月冷几株松。
红叶妆新景，青山改旧容。
停车犹未晚，坐爱兴何浓。

竹坡仙迹

乘鹤何年去，真人不可逢。
偶然寻竹迳，犹得访仙踪。
石想丹砂染，坡留碧鲜封。
千秋遗迹在，个影覆重重。

绝　　句

晴风霭霭杈丛丛，煮石人归丹□空。
不识烟霞谁是主，鸡鸣犬吠白云中。

又 绝 句

云封洞口几径秋，不作人间汗漫遊。
此处原无尘迹到，只听橹韵逐波流。

九峰绝顶

方　礼

东风吹我上崔嵬，回首尘寰图画开。
九朵峰峦连寺塔，一弓江水护楼台。
鲁桥车马随花柳，彭冢麒麟卧草莱。

说起兴亡吟不了，特敲松屋问寒梅。

登秦驻山

前　人

此地会经驻跸来，秦皇遗迹尚崔巍。
采穷沧海无灵药，归到骊山有劫灰。
万里黑风迷鬼国，一杯弱水隔蓬莱。
诗人吊古应多思，落日高丘首重回。

大有空明洞

方文翰

稷鞋□□度空明，无限春光眼底生。
鸡犬半如云外侣，鼓钟不似世间鸣。
乍来便可忘年月，久坐还教澹利名。
可似蓬莱山不远，何当驾鹤问前程。

饯春词

金壳园中醉月时，光阴荏苒动相思。
游人不解春将老，拍案高吟饯别诗。

又

子规吓罢雨绵绵，小立闲亭思悄然。
底事留春留不得，一樽空向落花前。

又

绿阴透处嫩红稀，有脚阳春暗里归。
寄语东风莫吹急，留将宿艳伴斜晖。

又

绿满天崖路几程，萋萋芳草动离情。
黄鹂也解伤春意，绕树频啼三五声。

又

曾向章台订旧因，谁知亭院又辞春。
和风细雨频开瓮，流水残花易惹心。

方 林 赞

项会云

桃源何处寻，今日浴芳林。
绿韵牵襟远，蛩声入梦深。
雕栏拥秀墅，丽日播佳音。
远客争来贺，初心胜似金。

新秋忧旱四者

难慰为霖愿怀忧，夜二更天回云汉。色野寂，桔槔声。沟洫谁筹力？（官府曾办黄太水利，辛未集事）区田孰仿行惔焚，非惮暑，耗斁不胜情。

曩岁曾成旱，民情汹不安。御人原敝俗（近来盗风益炽），遏籴实开端（殷户每遇其时，即高价致闲）。本有常平社（各乡原有义仓，俱粒米无存，莫可济急），空□赈恤官（曾蒙恩诏免征赈济，民不得实惠）明河终耿耿，搔首发长叹。

吾邑膏腴地，从来稻最宜。三余尝有蓄（朱子言黄岩熟，则五县足），一岁岂难支。运厄奸人出，时衰君子危。祈年应不莫，方社遂恩私。

天道诚难测，茫茫孰可猜。冯夷初构厄（五月、七月，二次暴风，海溢，御没无算），旱魃又成灾。风雨调圣世，和平福草莱。愿同修省力，感应见云雷。

喜雨有作

甲午八月朔，秋阳骄熇熇。云霓人久望，盈畴禾欲秃。
定成旱魃灾，忍听老农哭。谁意薄暮间，雷电来不速。
暴风卷地飞，好雨倾盆足。自昏及夜半，挹注满沟渎。
遂生我黍稷，遂苏我种稑。荒歉可无虞，有年得预卜。
吁嗟天道仁，好生在位育。祁寒咨暑雨，不待牲牢祝。

人日居闵下，忘却生成福。洎乎绝续交，乃识恩膏渥。
不必天雨珠，不必天雨玉。及时雨甘雨，奚翅雨谷粟。
试看将槁苗，谁得反大熟。作诗颂苍穹，檐溜答历碌。
明朝具袯襫，一望田畴绿。

上元夕鹭河竹枝词*

方　来

家家故事试深更，杓卜都教是夜行。
多谢灶君能指示，不须疑事问君平。（木杓卦）
敲窗鬌箧响偏豪，到处儿童逐队号。
难得今宵好风色，鹞灯初上月轮高。（放风筝）
傍晚催邀姊妹行，中天明月正圆光。
空庭百步齐携手，不计何方是喜方。（走百步）
碧玉年华正妙容，出街无力意惺忪。
游人杂还须回避，不看花灯恐看侬。（看花灯）
香烟齐然插满堂，笑装箕畚号姑娘。
人人首把年成祝，侬借低声问远郎。（筲箕卜）
女伴多人相约行，同来月下话更长。
阿侬初学厨中艺，百果调和试抑羹。（抑灶羹）
月明如水映回廊，屧响空庭夜色凉。
勉强出门心尚怯，篣思按遍阿谁长。（按竹竿）

文章

苍溪劫盗吟

方　来

苍溪劫盗猛如虎，寅夜入门强劫取。逢人缚人如缚豕，主人噤不声。劫盗取无语，罄掠所有斯已耳，苍溪劫盗真如虎（一解）。

---

* 第四次修谱时增入于艺文中。

盗非盗，盗亦人，日事田亩本农民。辍耕发长叹，妙手空空自结怨。何能作富翁，腰缠十万贯，不若为盗恣所取。且集同伴，乘机煽乱（二解）。

伴曰嘻，四民皆有业，惟盗不可为。下则人耻与为伍，上则有律罪当治。吾闻身体发肤不可伤，况遭大辟罹灾殃。既非饥寒两交迫，胡为无罪寻死亡。不可为，事吾常（三解）。

盗闻其言，始亦谓然，继则曰：吁！子何见之？偏子未知，当今官府皆青天，下车泣罪能相怜？若吾舌尚存，大人说藐焉。官问胡劫，吾辨以穷，主必曰：劫官亦曰穷，劫则罪当诛，穷则笞责保其躯。虽吾有口逞奸狡，抑何父母本仁贤，暂羁囹圄何伤焉？展转一朝脱去纲，还吾故剑吾依然。何畏神君秦镜悬，只求伙伴无弃捐。若能为盗，盗有钱（四解）。

况乎赤贫可鄙，莫呼庚癸富家千黄金。黄标紫标怡目心，施与毫忽如珠琛，仓囷满红朽凶岁。不闻散升斗，东邻饿死男，西邻冻死妇，彼谓死亡理所有，号寒啼饥空左右。如此富人亦如虎，非盗胡能金出手。吾为贫民雪此恨，虽负盗名奚恤丑（五解）。

彼有器械，我有枪刀；彼有守卫，我有魔幺。夜深月黑，风急天高。打门明炎吓儿曹，不杀汝身劫汝财。贷汝一死犹恩膏，贤宰我父母，纵汝奔诉空呼号。如此为盗足逍遥，吁嗟乎，为盗真逍遥（六解）。

伴曰闻子言，塞茅开如斯。盗亦乐敬如子命，吾呼吾子吾弟以偕来，不畏官府有法身罹灾，不畏重门深锁墙崔嵬。趫趯吾长技，穿穴吾渠魁。使彼钱虏逢劫财，使吾穷汉禄运回。任取吾携真快哉，看吾如虎空徘徊（七解）。

俗砭序

方 来

自古邪正之机，不始于天下而始于一邑。邑者，天下之积也，然天下之本在邑，邑之本在俗。俗正，则邑正，而天下无不正。则俗之所系，不綦大乎？昔者周公治周，建官三百，琐屑烦冗，设立周详，大要首以正民俗为本。故其时民大和会，邦国敉平。而后世更革善政，不由其道，人心浮贰，竞尚哗嚣。吾黄自汉及今，俗之邪正迭见，惟唐郑司户，始以诗书之教，诱掖秀良子弟，浸而家弦户诵喁焉。向风不数年，号称“小邹鲁”，名儒硕彦辈出。相望当时，以吾邑为他邑冠。元明以降，风气渐改，僭乱频闻，国初定鼎，乐育涵濡，太平重见。盖由四民之安业，俗尚之敦庞，邹鲁之风依然如旧也。无如晏安日久，浮伪旋生，当贵之家，鲜克由礼，贫贱之子，不屑检闲。既招英夷之难，复遭捻粤之寇，而民志更漓古，道莫返俗，几不可问矣。予深惧之，思夫世风虽异，人心则同。邪正之分，智愚能辨，乃即世故云，为家常酬应之事，粗而易知，浅而易行者，条摭节录，汇为一帙，名曰《俗砭》，既自警，兼以警人。二三同志，乐许其意，相与举而行之。庶几，革薄从忠，胥归于正。使言俗者，皆有取于吾黄也，不亦善乎！若夫禁遏之方，政刑之教，则尤望贤有司，如司户其人者，以转移之，非区区之所敢与也。

张氏家训序

方　来

天台张补瑕先生，力学士也，予耳其名旧矣。光绪丙申丁酉二年，相与遇于东湖府志局。亲其言论，知其通经史，谙掌故，而于身心间，尤致力心焉。敬之始信，向之所闻为非虚也。嘉平长至，节事毕，将归，出《张氏家训》二卷见示，且属书数语于卷端。承而读之，盖采摭其祖先嘉言懿训，上自明太有心世故者，所以有末俗之慨也。然前半尚完好，后则漫灭不可读。乃用影抚其文，毕，详细辨视。始知诸书所言，不甚可信也。侍郎公始，至国朝和庭明经公止，都数十篇为上卷。更益以庭帏训言十余条为下卷。凡正身持家、日用酬应之事无勿备其。而所以为人之要胥于是乎在？噫，此先生力学之，所由来者乎？窃尝谓人未有不欲，子弟之贤也卒之。子弟年渐长，行渐乖，于孝悌忠信、持己接人之道惛无所知。即知之，以为不足为由。是修德无闻，倾败旋见，终遗恶名于人口。呜呼，岂不以少小不失其所以教而纵其娇养，任其性情如水下流，无有障而阻抑之者，有以致之乎。孟子曰：中也养，不中才也养；不才，教之之法也。然一人之子弟当教，人人之子弟皆当教，使人尽能如张氏之累代垂训。以为教又何患有不贤者哉？家训之传，自北齐颜氏以至近代，无论数十家皆足奉以为法。而先生必以张氏之训为训，若盖《尚书》所谓：聪听祖考之彝训，孟子所谓：归而求之有余师。家有贻谋，固不必他求之矣。况乎流播无穷，使人皆知有张氏这训，足与颜氏诸家相上下。则阐扬元德与礼经，思贻父母令名之旨，合其为孝思，又何如也。家正学公著《宗仪》九首，以教族人，向欲刊刻，用自警以警人。今读先生书，真先得我心矣。

光绪岁在丁酉嘉平月长至前二日

第十八编

村民生活

中华人民共和国成立前，方林村村民过着衣不蔽体、食不果腹的贫穷生活。中华人民共和国成立后，实行农业合作化、人民公社化，采用评分计酬，虽然生活有所改善，但仍比较贫困。20世纪70年代，方林大队办起轮窑厂后，又办起一批村办企业，集体经济开始向好，村民生活水平慢慢地有所提高。1983年后，方林村经过“三次转型”，确立“以市场为龙头，以集体经济为基础，以市场需求为导向，以农民商人为主力，离土不离乡，第三产业带动一二产业发展”的农村城市化之路。经济总量大幅度快速增长。2020年，完成市场成交额202亿元，村集体经济收入6770万元，人均纯收入11万元。

方林村坚持走共同富裕道路，采取多种形式引导和帮助村民创业致富，建立多达16项的“基本保障靠集体，发家致富靠自己”的社会福利保障体系。社员实行年终分红，吃粮有保证，上学发奖学金，看病能报销，养老有保障，对五保、残疾等弱势群体做到钱、粮、衣“三到家”，实行社员退休制度。2020年，发放社员口粮218430公斤，发放奖学金231300元；共有160人次报销医药费，共计49.75万元，支付社员农医保60.76万元；2020年，社员分红每股达到49000元（包括补发2015—2018年的股权分配2.1万元/股）。

20世纪五六十年代，消费支出以维持温饱、解决吃饭为主，无力购买高档耐用消费品。改革开放以后，彩电、冰箱、洗衣机、空调、电脑、手机等逐渐普及。2020年，方林村拥有各类汽车651辆，拥有家庭电脑285台，村民利用因特网学习、工作和生活，浏览大量信息。

第一章　经济收入

1970年前，方林村一直以农业收入为主。20世纪70年代，方林村兴办队办企业，开始有少量的工业收入。改革开放以后，部分村民开始经商、办企业，收入开始多样化。1983年以后，经过“三次转型”，以市场富村，经济总量大幅度快速增长。同时，个体私营经济不断发展，2008年，全村271户办实业开工厂的有56户，经商为主的有98户，老板户在50%以上。

方林村出台26项福利和社会保障制度，村民住别墅、口粮免费供应，医药费用报销、村民每2年检查1次身体，上学有奖学金，实行退休制度，发放退休金，发放长寿奖、寿星奖，老人免费入住老年公寓等等。2019年，村经济合作社股权分红增加到每股15000元，2020年增发到每股49000元（包括股权分配2.8万元/股，补发2015—2018年的股权分配2.1万元/股）。

第一节　种植业收入

地租

中华人民共和国成立前，方林村土地大部分属于地主所有，农户只有靠租种地主土地为生。田租以四六开为多，即地主得60%，农民得40%；也有五五平分或倒四六的。农民几无收入可言。

自种自收

20世纪50年代前5年，村民在土地改革中分得的土地上耕作，种水稻、络麻、蔬菜，虽收入低微，但与以前维艰生活相比已有所改善。

评分计酬

评分计酬制度从1956年成立方林农业生产合作社开始，一直至1983年实行家庭联产承包责任制终止。

农业合作社期间，生产大队实行评工分计报酬制度。先由各生产队召开社员会议，逐个讨论每个劳动力的工分基分，工分基分是该个劳动力劳动一天的工分值。正劳力为10分工。能评上正劳力的一般是技术熟练、体力好的青壮年男劳力，妇女和少年一般评为5分工，最低的甚至3分工。年终时，由生产队统一核算每户的工分值，然后根据生产队年终决算，计算每一分值的报酬。年终决算是农业集体化社员分配的依据，社员一年劳动所得，不论短支、超支，都将最终兑现。

由于农业生产条件差，耕作技术落后，加之出一天工记一天工分，干多干少一个样，干好干坏一个样，因此影响社员生产积极性。每工一般在几角左右，很少能达到每工1元，但社员生活总体上有不少提高。

1958年实行人民公社制，方林村成为石曲大队的一个生产队，社员经济收入以石曲生产大队为基本核算单位。由于“大跃进”“大办钢铁”“共产风”，农业生产受到严重影响。

1959—1961年，国家处于三年困难时期，一个10分工每天收入几角钱，人均年收入只有几十元，很多户年终分配时还要倒挂（即不仅不能从生产队拿到报酬，还欠生产队的）。该时期为解放以来方林村民生活最为艰难时期。

1962年9月中共八届十中全会通过的第三个《农村人民公社工作条例（草案）》，简称《农业六十条》，规定把农业生产基本核算单位确定在生产队，并郑重宣布“至少三十年不变”。从制度上根除人民公社的“一平二调”“共产风”，克服生产队之间平均主义。允许社员分得自留地，自由种植农作物；允许社员经营小规模家庭副业。农业生产得到一定程度恢复，社员生活得到初步改善，但人均年收入仍在百元左右徘徊。

家庭联产承包责任制

1982年年底，方林村实行家庭联产承包责任制。社员有种植自主权和农产品处置权，极大地调动农民的生产积极性。农业收入有明显提高。社员纯农业收入户均1000元/年左右。方林村集体经济收入达到53491元，村民的生活明显好转，村里出现造新房的新气象。

第二节　饲养业收入

方林村村民自古以来，就有养殖畜禽的习惯。养殖的畜种以猪为主，还有牛、兔等。家禽以鸡、鸭为主，此外，还有蜂等，通过饲养畜禽，增加了经济收入。

家畜

解放前，一般农户都养猪。由于没有或很少有自己的土地，所以用米糠作猪饲料的不多，基本都是以野草为饲料。一般农户一年只养一头猪，过年前出售，换点零花钱。解放后至人民公社，大多数村民每户也只养一头。1959—1962年，上级不准社员养家畜家禽，否则就是走资本主义道路。1962年后，允许社员养家畜，社员收入有所增加。1984年，方道福、阮春妹、方道夏等成了养猪专业户，养猪成了他们的重要收入来源。

20世纪50年代末至60年代初，社员不能养兔。1978年以后，政府鼓励养兔，少数社员开始养兔。1985年，第三村民小组村民饲养长毛兔16只，产兔毛5公斤，收入几千元，有效改善生活。

家禽

不论是古代，还是近现代，方林村村民养鸡、鸭、鹅都十分普遍。村里有句话："要买油盐酱醋，鸡屁眼里扣。"村民没钱买烟，就瞒着老婆偷偷地拿鸡蛋卖了买烟。可见饲养家禽的收入是村民日常开支的一部分来源。人民公社时期，只准每户养3只家禽，4只以上就是走资本主义道路。20世纪80年代，家禽饲养发展起来。在村民普遍养鸡的同时，出现罗宝贵、金美玉等养鹅专业户。家禽养殖收入是村民收入的重要补充。

1984年，方林村出现养蜂专业户，村民方道中养蜂10箱，产蜂蜜250公斤。1984—1995年，养蜂数量时有增减，其收入也随之增减。

第三节　工业收入

1970年春，方林大队党支部书记方道福听取"文革小组"成员管人财建议，决定兴办大队轮窑厂。1970年，方林乾亨里的两个小窑开办。1973年，一举办起24门、日产红砖5万块的大型轮窑。

办窑当年，即把十几万元借款全部还清，半年就收回全部投资。这时已到"文化大革命"后期，浙江省社队企业悄然兴起。方道福和领导班子成员四处访问懂行的人，探索队办工业道路。1975年以后，方林大队先后办起化工厂、调味厂、药厂、教具厂、溶剂厂等一批企业，走上农工副综合发展道路。轮窑厂办成后，全大队每户至少1个劳动力进厂做工，最多时安排了273位社员，约占全部劳动力的一半。社员在砖瓦厂做工，一般每年能做到250工分以上，年终时由厂里按工分统一拨给生产队，由生产队实施二次分配。开始时每工分七八角，后来达到每工分1.30元，每户每年可以从砖瓦厂收入二三百元。

第四节　市场收入

从1984年开始，方林村涌现出各类不同的市场。1984年，旧机械设备市场挂牌营业。1991年，方林简易菜市场营业。1996年，台州市机动车交易中心挂牌营业。1997年，短途南站挂牌联运。1998年，路南货运停车场营业。2002年，方林汽车城奠基。2003年，方林汽车城招商营业。同年，方林村与玉峰集团合办的方林二手车市场开业。2015年，玉环方林汽车城市场营业。2015年，方林二手车市场二期建成营业。2016年，方林新菜市场营业。2018年，方林二手车市场三期建成营业。

随着市场的发展，特别是浙江方林汽车城和方林二手车市场经营规模的扩大，经济总量大幅度快速增长。2018年，村集体经济收入5102.7万元，人均纯收入超10万元。2019年，市场成交额达206亿元，村集体经济总收入7179万元，人均收入11万元。2020年，受新型冠状病毒肺炎疫情影响，市场成交额有所下降，但仍达202亿元。

第五节　个体经营收入

副业

民国时期，林必耀、林美春肩挑菜油到宁波小街小巷叫卖。前方张仙坤，肩挑理发担走街串巷替人理发。解放初期，西岸张小玉肩挑粽箬糖饼到宁波农村敲糖片换废铜烂铁及其他东西，他们都没有多少收入。20世纪70年代，谢冬生、谢文华、谢大志、谢启林、王妙增、狄广志、严通河、李由法、严美美、李胥土、陈永盛、方普根、方崇西、张妹头、丁舜民、方崇桂、罗仙德、任小美、盛龙土、方福崇、林仙亮、王美云、王中桂等一批年轻力壮的青年人，用手拉车拉着砖头、木头、焦炭、烧柴等叫卖，收入微薄。后来，这批青年到生产大队做工，经济状况有较大改善。60—90年代，东来里方崇基、李阿凤两家肩挑颜料到路桥、横街、新桥等集市日去设摊售卖，收入不多；刘礼青开设水果香烟店，有一定收入，但也不多。

个体私营

1984年，方林村有44户在村办“台州市路桥旧机械设备市场”内经销机械设备，约占全村经销商的2/3。2007年，该市场的交易额为3亿元，方林村民占2亿元。2008年，全村271户、办实业开工厂的有56户，经商为主的有98户，老板户在50%以上。其中，离乡经营的约占1/3，且都是老板中的佼佼者。在汽车城和二手车交易市场，也都有方林村村民的摊位。在方林路两旁的商店和方林菜市场经营的，也大多是方林村村民。

民营工业

村民胡利明1983年开始创办股份制企业，于2008年成为专业生产中高档锁具的国内最大锁具生产厂家，产品全部销往国外，年产值3000多万元。2006年，村民方孔华等在湖南省收购了一处大型铅锌矿的经营权，2007年获利高达5008万元。2008年，办实业开工厂的有56户，民营企业35家，产业涉及汽车、摩托车、制冷配件、机电、建材、服装等多个领域。其中，村域内就有股份制企业11家。陈华能、陈华光的浙江中能工业集团在2008年拥有5家子公司，产值6亿元；村民方孔荣不仅在本村有产业，而且已拓展至上海。管银海创办的沪银气体有限公司，工厂占地30多亩，年产值3000多万元；管银河创办的浙江卧加科技有限公司，工厂占地300多亩，年产值5亿元以上；蔡依禄创办的浙江三鑫灯饰有限公司，工厂占地10亩左右，年产值2000万元以上；王云龙的绿佳车业科技股份有限公司，工厂占地300多亩，主产电动车，年产20亿元以上；张华福在江苏省江阴市开办大型机床生产厂，占地面积50亩，年产值上亿元；张士泉等在广州和郑州等地投资生产装饰板，有相当规模；罗岳平承接吉利汽车的塑配加工；林黎明生产气泵；方崇国的冲件厂；方崇明生产服装等等，规模都不小。村里盛传这样的一句顺口溜：“百万元户基础户，千万元户才起步，上亿元户数一数，至少也有八九不离十。”

商业

民国时期，方林村村民罗小保开设路桥区大型木材市场，方道中在上海、路桥、海门等地开设颜料店，他俩收入相当可观。

1980—2000年，方林村经营旧设备的年轻人有：方普通、林仙亮、管人财、阮普妹、王妙增、林仙友、林仙敏、林谷鸣、詹国平、方建民、詹照平、王美云、王仙芳、方孔良、方金法、林启友、林显平、张士泉、管人河、罗仙德、林显琳、张士海、罗海萍、谢文国、张志明、张国民、罗永宁、林剑、林军等；在方林旧机械设备市场经商的有：管人法、方春国、谢华德、林仙友、蔡正杰、林谷鸣、谢华寿、林庆勇、方旭日、林仙冬、林启友、方红日、林启满、林启玉、詹照平、林启德、王天吉、王军辉、方孔良、王美云、管人湖、谢明鸥、谢明鹏、王妙林、王建勇、徐贤中、缪济福、缪济海、谢冬青、方再升、陈银娟（女）、王仙花（女）、林群芳（女）、方金花（女）、蒋荷青（女）、蔡荷云（女）、施丽萍（女）、邵美香（女）、贺秀玲（女）、谢彩萍（女）。在外省、市经营二手机械设备和新机械设备的人员有：谢文国、林剑、蔡辉军、罗海萍、谢永华。

90年代起，方新斌、叶利芬夫妻开设丝韵理发店，生意红火，有名气。开设其他商店的有：陈永盛的土杂品商店，谢文元的日用品商店，方春玲、方春花的药店，陈清荣、林丽琴夫妻在路桥装饰城经营的五金、锁类和家用不锈钢类商品的商店，王健、蒋丹萍夫妻经营的家用系列阀门和家用不锈钢类商品的商店，戴杰、张玲芳夫妻在山东青岛开设的家用灯具系列商店，张仙忠、谢美英的汽车配件公司，陈才富、张菊琴夫妻的绝缘板，陈小平、沈卫秋夫妻的男女鞋，张建华的路桥大酒店，林金富、张秀娟夫妻和张小友、应素玲夫妻的干货店，方崇献、方宝素夫妻的猪肉店，林仙福、陈赛裙夫妻的鸡鸭店，徐菊花的海鲜店，郑华国、洪花夫妻和林水领、戴桂生夫妻的服装店，阮小秋、王珍君的糕点、粽子店，陈吉梦开设的吉梦宾馆，张士泉在广州和郑州开设大型装潢材料批发市场及零售网点，年产值超亿元。上述村民的收入比一般村民要高出很多。

第六节　工资与股权分红

工资

1984年10月起，方林村办起不少市场，吸纳不少村民就业；随着方林苑小区和老年公寓，以及文化中心、俱乐部、游泳池、图书室等公用设施的建成，这些都需要管理人员和杂勤工。此外，不少村民在中能公司等企业工作。工资成为这部分村民的收入主体。

股权分红

2015年，方林村党委、村委会和村经济合作社股改会议，确定了社员、村民的股份。2017年，方林村股份经济合作社正式成立。同年制定的《方林村村民自治章程》规定，“社员年终的股权分红10000元/股。如有增、减，需董事会表决通过。”2016—2018年每股分红10000元，2019年每股分红15000元，2020年，每股分红49000元（包括补发2015—2018年的股权分配2.1万元/股）。

第二章　福利和保障

随着村级经济实力不断增强，方林村出台的村民福利政策也越来越多，至2020年，村民可享受的福利达到26项。同时，秉承“基本保障靠集体，发家致富靠自己”的理念，不断健全社会保障体系，解除村民的后顾之忧。

第一节　集体福利

农业补贴

1987年，方林村补贴各农田承包户手扶拖拉机耕地费每户每亩6元，农户的抽水费用、电动脱粒机用电费用均由村支付；对承包农田在7亩以上的，每亩奖励5元，10亩以上的每亩奖励10元，20亩以上的，每亩奖励15元；对生产春粮在300公斤以上，夏粮在500公斤以上，秋粮在550公斤以上的创高产农户，每亩奖励50元；上级规定的农业税、长潭水费及国家征购任务由村负担。

家电补贴

家电补贴主要为电脑、电视。2000年，方林村补贴村民购买电脑款17900元，约每台补贴235元。2017年起，村经济合作社免费为全体家庭缴纳数字电视收视费。

住宅保障

从1996开始，方林村全面开展旧村改造，分3期建设方林苑别墅小区，于2008年全部建成。家家户户都住上了集中统一的花园式别墅。户均住房面积达到290平方米。

粮食保障

1984年，全方林村粮田统一入股，由村农业公司免费提供村民基本口粮每基分8.5市斤；成年人每年稻谷442斤，以市场价为准，折算成货币形式发放到社员账户。2004年，发放口粮款41.3万元，次年，增加到48.87万元。2014—2018年，共发放口粮款499.63万元。2020年，免费提供村民粮食218430公斤。

股权分红

（见第十八编第一章第六节工资与股权分红）

奖学金

1997年，方林村实行奖学金制度。2017年《方林村村民自治章程》规定，考入高中或职业高中以及专科、本科的大学生，每年发放奖学金3000元；考入清华大学、北京大学的，一次性奖励2万元；获得博士毕业证书的，一次性奖励3万元。2021年，奖学金有了较大幅度的提高。村民家庭确有困难的在校生，村里帮扶完成学业。幼儿入路南中心幼儿园免交集资费，学费优惠30%。

体检和医疗费二次报销

方林村民每2年1次到三级甲等医院体检。2018年，在做好村民体检的同时，新增50～80岁共计403名社员的消化道系统检查（食道镜、肠镜、胃镜），实现了从看病到健康管理转变（图18-1）。2015年6月开始，实行农医保和医疗费二次报销制度。2020年，村民体检每年1次，45周岁以上村民每3年进行1次肠胃镜检查。实行农医保和医疗费全额报销制度。

图18-1　村民体检（2010年4月）

退休制度

从1984年开始，方林村的老年人像企事业单位退休人员一样，可享受养老待遇。凡男村民年满60周岁，女村民年满55周岁，由本人提出申请，经村委会批准核发给退休证书，属光荣退休的村民；已退休的社员可补发退休证书。退休村民每人每月可领到由村支付的、年年递增的退休金。开始时每人每月只有30元，2009年增加到500元，2017年增加到1000元，2021年增加到1200元。2011—2020年，村发放退休金2997.95万元。

老年优待

2008年开始，方林村设立寿星奖和长寿奖。2017年，凡85～89周岁的老人，村发长寿奖1000元；90～94周岁的老人，发寿星奖5000元；95～99周岁的老人，发寿星奖10000元；100周岁以上的老寿星，发寿星奖3万元。2018年，有14人获长寿奖，3人获寿星奖。2019年，17人获长寿奖，4人获寿星奖。2020年，有19人获长寿奖，5人获寿星奖，1人获老寿星奖。336名退休村民共聚幸福餐，每人颁发百岁红包。全年共发退休金380.86万元。2021年，长寿奖增加到2000元，90～94周岁的老人寿星奖增加到1万元，95～99周岁老人寿星奖增加到3万元；100周岁以上老寿星，寿星奖增加到10万元。

2019年重阳节，发放长寿奖、寿星奖37000元。其中，90～94周岁的老人4名，颁发寿星奖，奖金5000元/人，共2万元；85～89周岁的老人17名，颁发长寿奖，奖金1000元。获寿星奖的有：三组缪能洪90周岁、一组谢国兰94周岁、六组陈友法93周岁、六组陈世铭91周岁。获长寿奖的有：一组管中领89周岁、二组应娃玉88周岁、四组吴美云88周岁、五组曹宝玉88周岁、七组陶月娥88周岁、三组周荷芳87周岁、七组谢启林87周岁、一组林仙增86周岁、三组吴秀芳86周岁、三组谢香莲86周岁、四组方四妹86周岁、四组章云娥86周岁、六组王和英86周岁、一组於玉秀85周岁、二组李仙领85周岁、五组童桂香85周岁、六组方普根85周岁。

1999年，建成可容纳132位老人居住的方林老年公寓，共68套，每间40平方米。室内卫生间、厨房配套、水电设施、家具一应俱全。本村男60周岁、女55周岁以上的老人可免费入住（图18-2）。

图18-2　方林老年公寓

2013年年底，在村老年公寓一楼建立功能齐全、设施良好的居家养老服务照料中心，面积500多平方米。

目前，居家养老服务中心设有日间照料休息室、文体娱乐场所、康复训练中心、医院保健等服务，为本村老年人提供生活服务和各项文体活动（图18-3）。其中，日间休息室配有LG55寸电视机、3匹美的空调、16张足浴椅等设施。服务照料中心由专人负责，24小时开放。

每年的九九重阳节，方中华带领村两委在老年公寓召开隆重的敬老节庆祝活动，同时村股份经济合作社发给退休村民每人一份百岁红包（图18-4）。

图18-3　老年人在老年公寓活动室锻炼（2010年10月）

图18-4　方中华书记慰问村老年人（2012年1月）

附：

在庆祝第三十个敬老节上的讲话

方中华

“年年金秋话重阳，岁岁今朝人添寿”。在举国上下庆祝党的十九大胜利闭幕的美好日子，我们相聚在这里热烈庆祝第三十个敬老节，这既是我们方林村的敬老传统，也是一个回顾过去、探讨当下、谋划未来的聚会。首先，我代表村两委，向各位老同志致以节日的祝贺！向为方林事业奉献青春和汗水的老同志们表示衷心的感谢！

“霞披夕阳情无限，霜染秋枫叶正红”。方林的发展离不开在座各位的关心和支持，在过去的岁月里，你们以满腔的热情，为方林村的经济社会发展付出了辛勤的汗水，为方林的发展事业奉献了自己的青春。今天，你们以丰富的人生经历和宝贵经验，对村两委的工作，给予了高度的关心、大力的支持。比如我们积极推进的“五水共治”“创建全国文明城市”、出租房消防安全管理、方林会堂建设、第九届台州国际车展、第五届台州二手车展成功举办，等等，你们通过各种方式，继续为方林的发展贡献自己的力

人每年3万元（不包括上级政府发放的优抚金）；义务兵退役后，实行优先上岗，如不愿在村里工作的，村股份经济合作社一次性补助再就业培训费8万元。

抚恤烈士、伤残军人和病故军人的家属

烈士户每年由方林村补助3000元，并排好家属工；在部队因伤残，失去劳力的退伍军人，每年补助2000元；在部队病故的军人，每年补助1000元，并安排好家属工作。

五保户和伤残人员予以生活补助和慰问

为保障五保户（“五保”：保吃、保穿、保住、保医、保葬，孤儿保教的幸福生活，五保户除享受社员同等待遇外，还衣、食、住、医、水、电等费全免，同时发给每人每月生活费2700元。2015—2018年，向五保户发放生活补助费26.3万元；生活不能自理的一级残疾者，凭残疾证每人每月补助生活费2000元；春节期间，村两委将对五保户、村老干部、军属和一级残疾的补助人员上门慰问，等等。2020年，慰问困难户8人、老干部和老党员17人、五保户3人。

计划生育补助

1987年，方林村为做了结扎手术的人，发放补助金每人47.5元，独生子女按上级规定每人每年发放25 ~ 50元。1998年，按照计划生育政策规定，第一胎的结扎户和按规定的二胎结扎对象，在企业工作的，由企业发放1个月假期工资（不得少于500元），没有工作的由村里发放500元，并另发放100元的营养慰问金；协助计划生育工作的村民，其误工费每人每次50元，由村支付。

丧葬补助

退休社员亡故，由方林村老年协会送花圈，以寄托哀思；凡是党员亡故，村党委办另送花圈；村民代表亡故的，由村委办送花圈；给亡故家属发丧葬补助费5000元。

探望慰问生病住院村民

一旦有村民生病住院，方林村两委班子成员就会带上鲜花、水果、营养品等礼品，看望慰问病人，并送上慰问金。自2007年实行该制度以来，至2012年，累计探望住院村民计152人次，深得村民的赞许。2020年，探望住院村民35次，慰问重病村民6人。

第二节　社会保障

农村社会养老保险

农村社会养老保险先后有老式农村社会养老保险、新型农村社会养老保险两种模式，第一种简称老农保，保费由方林村支付，村民免费参保；第二种简称新农保，实行以前，方林村已经实行退休制度，发放退休金，养老待遇比新农保高得多。此外，为保障被征地农民的生活，实施了被征地农民生活保障。

老式农村社会养老保险　1986年，方林村农民实行农村社会养老保险，由参保农民自己缴费，实际上是一种农民自我储蓄的模式。村民每人110元的农保费用统一由村集体负责投保，大大地减轻了村民的负担。

新型农村社会养老保险　2008年，路桥区实施新型农村社会养老保险制度，由个人缴费、集体补助和政府补贴相结合筹资。它是继取消农业税、实行农业直补、实施新型农村合作医疗等一系列惠农政策之后的又一项重大惠农政策，意味着农民60岁以后都将享受到国家普惠式的养老金。方林村早在1999年就实行了男年满60周岁、女年满55周岁的村民退休制度，退休村民由村直接发放每人每月1100元养老金，外加政府补助的每人每月720元，合计1820元。

被征地农民生活保障

2008年5月，路桥区制定《路桥区被征地农民生活保障实施办法（试行）》，并列入区对镇（街道）目标责任制考核内容。方林村积极做好被征地农民生活保障工作，全村有关农户都参加被征地农民生活保障（表18-2）。

表18-2　2015年6月方林村被征地农民生活保障缴费情况

单位：元

序号	姓　名	性别	缴费档次	村和个人缴费金额
1	丁舜民	男	参保一档	34604.00
2	陈小飞	女	参保一档	31230.00
3	张照云	女	参保一档	34604.00
4	林启禄	男	参保一档	42484.00

（续）

序号	姓　名	性别	缴费档次	村和个人缴费金额
5	王招领	女	参保一档	26777.00
6	李由法	男	参保一档	26777.00
7	张彩玉	女	参保一档	26777.00
8	林仙德	男	参保一档	26777.00
9	方孔平	男	参保一档	32874.00
10	潘云琴	女	参保一档	26777.00
11	方道夏	男	参保一档	26777.00
12	徐美菊	女	参保一档	26777.00
13	郭彩英	女	参保一档	31230.00
14	谢文志	男	参保一档	36425.00
15	谢春香	女	参保一档	26777.00
16	王小琴	女	参保一档	26777.00
17	金小琴	女	参保一档	29669.00
18	林启满	男	参保一档	34604.00
19	罗菊玲	女	参保一档	32874.00
20	方荷英	女	参保一档	44720.00
21	李雪飞	女	参保一档	44720.00
22	林启华	男	参保一档	38342.00
23	潘荷连	女	参保一档	32874.00
24	李由仙	男	参保一档	44720.00
25	王雪芳	女	参保一档	44720.00
26	管小娟	女	参保一档	26777.00
27	罗仙德	男	参保一档	26777.00
28	王美云	男	参保一档	28186.00
29	张云娥	女	参保一档	26777.00
30	王彩琴	女	参保一档	36425.00
31	管人财	男	参保一档	26777.00
32	王妙林	男	参保一档	44720.00
33	陈银玲	女	参保一档	40360.00

（续）

序号	姓　名	性别	缴费档次	村和个人缴费金额
34	林启友	男	参保一档	34604.00
35	王荣庆	女	参保一档	34604.00
36	金燕华	女	参保一档	26777.00
37	林加友	男	参保一档	44720.00
38	吴素连	女	参保一档	40360.00
39	方孔志	男	参保一档	44720.00
40	童桂风	女	参保一档	40360.00
41	陈加光	男	参保一档	36425.00
42	陈雪芳	女	参保一档	34604.00
43	蔡荷云	女	参保一档	29669.00
44	林书池	男	参保一档	26777.00
45	张小英	女	参保一档	26777.00
46	王云连	女	参保一档	26777.00
47	林启富	男	参保一档	26777.00
48	谢文元	男	参保一档	31230.00
49	李仙琴	女	参保一档	26777.00
50	曹金玲	女	参保一档	40360.00
51	谢勇华	男	参保一档	38342.00
52	林赛珍	女	参保一档	29669.00
53	戴彩荷	男	参保一档	40360.00
54	张素花	女	参保一档	44720.00
55	刘梅芳	女	参保一档	31230.00
56	陈永盛	男	参保一档	32874.00
57	王素琴	女	参保一档	34604.00
58	林启玉	男	参保一档	40360.00
59	王春娥	女	参保一档	44720.00
60	金小荷	女	参保一档	29669.00
61	陈吉梦	男	参保一档	44720.00
62	戴雪琴	女	参保一档	44720.00

（续）

序号	姓　名	性别	缴费档次	村和个人缴费金额
63	丁禹民	男	参保一档	42484.00
64	孙正春	女	参保一档	42484.00
65	王妙增	男	参保一档	40360.00
66	张菊素	女	参保一档	34604.00
67	管秀连	女	参保一档	42484.00
68	杨小春	女	参保一档	36425.00
69	林冬兰	女	参保一档	26777.00
70	方小燕	女	参保一档	29669.00
71	管雪珍	女	参保一档	44720.00
72	王荷弟	女	参保一档	26777.00
73	罗彩招	女	参保一档	26777.00
74	方再升	男	参保一档	36425.00
75	余云芳	女	参保一档	26777.00
76	叶菊花	女	参保一档	44720.00
77	林云琴	女	参保一档	40360.00
78	方孔红	男	参保一档	44720.00
79	张彩贞	女	参保一档	44720.00
80	缪云香	女	参保一档	36425.00
81	严通河	男	参保一档	34604.00
82	徐芦芦	女	参保一档	36425.00
83	徐芦黛	女	参保一档	26777.00
84	谢文国	男	参保一档	42720.00
85	缪荷清	女	参保一档	42720.00
86	张国民	男	参保一档	42720.00
87	沈荷连	女	参保一档	42720.00
88	夏玲飞	女	参保一档	36425.00
89	谢青华	男	参保一档	34604.00
90	张荷兰	女	参保一档	29669.00
91	应美玲	女	参保一档	36425.00

（续）

序号	姓　名	性别	缴费档次	村和个人缴费金额
92	张春芳	女	参保一档	32874.00
93	阮立春	男	参保一档	42720.00
94	王建勇	男	参保一档	42720.00
95	郑喜凤	女	参保一档	42720.00
96	林荷芳	女	参保一档	26777.00
97	丁香招	女	参保一档	28186.00
98	方崇福	男	参保一档	26777.00
99	林彩香	女	参保一档	32874.00
100	林小春	男	参保一档	38432.00
101	叶玲斐	女	参保一档	34604.00
102	管荷芳	女	参保一档	32874.00
103	苏菊琴	女	参保一档	42484.00
104	陈仙秋	男	参保一档	44720.00
105	罗永人	男	参保一档	40360.00
106	钟仙花	女	参保一档	38342.00
107	王仙春	男	参保一档	42484.00
108	徐杏花	女	参保一档	38342.00
109	任玉琴	女	参保一档	32874.00
110	谢菊琴	女	参保一档	29699.00
111	王文琴	女	参保一档	40360.00
112	张云连	女	参保一档	42484.00
113	蔡彩花	女	参保一档	36425.00
114	王中茂	男	参保一档	34604.00
115	张桂花	女	参保一档	34604.00
116	蔡菊香	女	参保一档	28186.00
117	林小根	男	参保一档	21230.00
118	戴桂生	男	参保一档	34604.00
119	林水领	女	参保一档	38342.00
120	方华良	男	参保一档	26777.00

（续）

序号	姓　名	性别	缴费档次	村和个人缴费金额
121	陶香琴	女	参保一档	36425.00
122	方冬琴	女	参保一档	26777.00
123	谢冬清	男	参保一档	26777.00
124	方素连	女	参保一档	26777.00
125	夏小莲	女	参保一档	26777.00
126	张秀娟	女	参保一档	44720.00
127	高美云	女	参保一档	36425.00
128	林彩花	女	参保一档	26777.00
129	张雪萍	女	参保一档	40360.00
130	杨金莲	女	参保一档	34604.00
131	方崇尧	男	参保一档	38342.00
132	李美云	女	参保一档	32874.00
133	方仙华	男	参保一档	28186.00
134	王玉云	女	参保一档	26777.00
135	林金国	男	参保一档	44720.00
136	黄杏菊	女	参保一档	44720.00
137	陈春芳	女	参保二档	23843.00
138	方崇来	男	参保二档	27809.00
139	阮小秋	男	参保二档	35940.00
140	王珍君	女	参保二档	35940.00
141	陈秀云	女	参保二档	27809.00
142	詹利明	男	参保三档	29620.00
143	戴金素	女	参保三档	29620.00
144	张招领	女	参保三档	29620.00
145	方崇河	男	参保三档	29620.00
146	尤雪群	女	参保三档	29620.00
147	陈才华	男	参保三档	29620.00
148	谢玉梅	女	参保三档	19650.00
149	张荷兰	女	参保三档	17735.00

（续）

序号	姓　名	性别	缴费档次	村和个人缴费金额
150	林金华	男	参保三档	29620.00
151	陈菊花	女	参保三档	29620.00
152	张荷清	女	参保三档	29620.00
153	罗永福	男	参保三档	29620.00
154	郑冬春	男	参保三档	25395.00
155	陈小花	女	参保三档	24125.00
156	王中桂	男	参保三档	22919.00
157	徐福香	女	参保三档	20684.00
158	罗贞娟	女	参保三档	22919.00
159	赵素清	女	参保三档	17735.00
160	张金飞	女	参保三档	29620.00
161	张荷芳	女	参保三档	19650.00
162	李云飞	女	参保三档	25395.00
163	张华林	男	参保三档	25395.00
164	戴桂花	女	参保三档	25395.00
165	林小中	男	参保三档	19650.00
166	王美琴	女	参保三档	17735.00
167	方崇杰	男	参保三档	28139.00
168	张菊英	女	参保三档	25395.00
169	王天吉	男	参保三档	26732.00
170	罗小飞	女	参保三档	21773.00
171	林必云	男	参保三档	17735.00
172	应秀领	女	参保三档	17735.00
173	陈才满	男	参保三档	28139.00
174	盛荷芳	女	参保三档	18668.00
175	张招连	女	参保三档	17735.00
176	沈彩云	女	参保三档	26732.00
177	方金法	男	参保三档	26732.00
178	王小琴	女	参保三档	25395.00

（续）

序号	姓　名	性别	缴费档次	村和个人缴费金额
179	郑冬祥	男	参保三档	29620.00
180	杨云琴	女	参保三档	24125.00
181	李正中	男	参保三档	22919.00
182	周彩花	女	参保三档	29620.00
183	谢群芳	女	参保三档	24125.00
184	方孔良	男	参保三档	26732.00
185	张小友	男	参保三档	29620.00
186	徐素娟	女	参保三档	25395.00
187	方孔森	男	参保三档	29620.00
188	林丽娟	女	参保三档	29620.00
189	张华东	男	参保三档	29620.00
190	王仙花	女	社保0档	0.00
191	缪玲芬	女	社保0档	0.00
192	方宝清	女	社保0档	0.00
193	曹金娥	女	社保0档	0.00
194	管娇云	女	社保0档	0.00
195	管建君	男	社保0档	0.00
196	林立花	女	社保0档	0.00
197	徐云琴	女	社保0档	0.00
198	陈春花	女	社保0档	0.00
199	林芝花	女	社保0档	0.00
200	徐昌满	男	社保0档	0.00
201	方宝素	女	社保0档	0.00
202	张彩芳	女	社保0档	0.00
203	罗昌富	男	社保0档	0.00
204	谢美英	女	社保0档	0.00
合计				6148175.00

医疗保险

2004年，方林村实施新型农村合作医疗保险，保费由村里统一买单。历年参保率均为100%。每年按集体经济总收入的5%～10%的比例提取医疗基金，实行单独立户，专款专用。村民患病住院除享受新型合作医疗保险的优惠和费用补贴外，还可享受村的医药费用报销待遇。医疗费经二次报销，报销费用已占医疗费用的85%以上。个人已经办理大病保险的村民亦可享受大病保险补偿金额30%的补贴。2021年的村民自治章程规定，村免费为村民提供农医保，医疗费全额报销。

财产保险制度

方林村村民的房产保险由村负责，统一在保险公司投保。1987年，全村234户实行财产保险，每户保费3.2元。是年，村为村民付财产保险费748.80元。村股份经济合作社成立后，由村股份经济合作社统一为社员的家庭财产免费投保，全体社员集体参保，总保额为3100万元，每户保额为11.4万元。保险范围：家财综合险、第三责任险、家财盗抢险、管道破裂及水渍险、家用电器用电安全险、现金和金银珠宝盗抢保险。社员若认为投保不足，可自行追加，其费用自理。2021年的村民自治章程规定，村免费为社员提供家庭财产保险，每户保额从2017年的11.4万元提高到125万元。

第三章　日常生活

土地改革后，方林村许多农民搬进地主的庄园。“农业学大寨”期间，部分社员建造大寨屋。20世纪90年代初，全村每户家庭都建有1或2间大寨式房屋。90年代中期，旧村改造，建造方林苑，村民住别墅。过去不能解决温饱问题，20世纪80年代中期，村免费为村民提供口粮。90年代，饮食追求健康绿色营养，膳食结构发生很大变化；衣服、家具都随着经济发展不断更新，追求时尚、品牌；出行从步行为主变成轿车出行为主；现代高档、耐用消费品进入村民家庭。

第一节　居　　住

解放前，方林村有不少清朝建筑和庄园，这些建筑都很有特色，但都为6户地主所有。土地改革时，穷苦农民搬进了这些庄园。

1960年前住在老宅的户主：下林后屋里老屋住有王天森、王法玉、王直根、王岳法、戴仙乐、戴学保、王统富等农户；下林竹篑里老屋住有林必仙、林必地、林启寿、林贤友、林贤宝、林贤清、林必行、林美春、林仙法、林仙增、林理中、林寿增等农户；下林东来里住有方道中、方桂生、詹荣杰、方德全、李二妹、徐梅儿、方崇惠、方崇基、林美香、蔡五妹、王海平、潘茂祥、应小美、严妙友、戴桂生、王直根（父母）等农户；下林西头里住有林启富、林必耀、林必元、林贤来、林仙根、蔡永春（女）、林文友、李日增、李日富等农户；后方里庄园住有方普福、李本富、方道福、李仙保、马玉琴、缪能行、缪能洪、缪炳森、缪仙法、罗保桂、陈小梅（女）、方道明、刘洋兵、方道昌、管小琴（女）、谢取法、王楚元、方道富、方德恕、缪立亨、缪招玉（女）、林桂娥（女）、毕玉明、王公正、方道中、方仙华、於招群、方道辉、谢冬清等农户；前方里庄园住有方崇善、方杏琴（女）、徐桂方、张小凤（女）、方福崇、任小美、林永福、盛龙土、管康传、方四妹、张正凤、方崇禄、詹荣、管人财、曹宝玉、方崇耕、方崇贤、罗仙德、方崇桂、方普胜、方普禄、张坦祥、方普通、张仙坤、方道坤、丁俊、罗小保、李小凤（女）等农户；西岸王庄园住有管平珍、陈招森、管康寿、阮小妹、阮普妹、季杏娟（女）、谢光煊、谢美华（女）、张妹头、方道慎、王香凤（女）、方普根、阮会昌、王领凤（女）、王桂法、王桂英（女）、王小英（女）、季小玉、张明、陈英（女）、谢仙松、林英钗、方道梅、方道焕、张亨林、蒋四妹、罗邦友、方小玉、陈永盛等农户；乾亨里庄园（原土匪头目“麻面奶玉”陈季甫老窝）及其周边住有郑永法、陈友法、陈友江、杨桂香、陈世铭、陈友浪、陈老六、陈友波等农户；西岸三透里庄园住有谢宝玉、谢冬生、谢文华、谢启林、李胥土、谢明福、谢启禄、谢文元、李由法、谢启德等农户。

此外，住在方林老街及卫生院周的有陈友普、陈根土、罗香凤（女）、张梅兰（女）、陈友根、胡宣德、施民品、林宝玉、方道夏、方华亮、陈仙桂、王眉仙、方锦霞等农户；住在方氏祠堂住户有张泰、陈梅玉、张士海。

大寨式排房

70年代，方林村“农业学大寨”。一些社员人多房子少，一家人挤不下，就省吃俭用，学习大寨建房经验，建起“大寨屋”，即排房。排房占地少，土地利用率高。方林村在后方粮库后，靠长河泾（现称竞争河）南面地块上，首次建造砖木结构二层楼房的大寨式排房10间，社员谢文杰、张华东、张华池、戴彩荷、张茂德、张士海、王中茂、陈友清、缪炳森、缪能行等入住。

70年代，方林社员建房需报公社审批，在大队规划建房地块才能建造大寨式二层、三层排房。1979年，方道福建成方林村第一幢三楼。1979—1983年，全村建房的达139户，计170间，占全村241户的57.7%。到90年代初，全村基本每户家庭都建有1或2间大寨式排房。方林路两边的楼房，是典型的大寨式排房。

1996年，开始全面开展旧村改造，分3期建设方林苑别墅小区。于2008年建成，家家户户住上花园式别墅。户均住房面积达到290平方米。方林苑内，道路宽敞整洁、坦荡如砥，一条条修剪平整的绿篱沿路延伸，一幢幢崭新的别墅楼鳞次栉比，一辆辆高档小轿车泊在村民家门口。花木覆盖率在55%以上（图18-5）。

图18-5　村民住宅（2009年10月）

第二节 饮 食

中华人民共和国成立前，方林农民租种地主土地，过着糠菜半年粮的半饥半饱生活。中华人民共和国成立至2020年，社员（村民）的饮食经历基本温饱、瓜菜代和注重饮食质量3个阶段。

基本温饱

1949—1952年，方林村粮食亩产连续增长。农业合作化时期，农村开始实行粮食“三定”（定产、定购、定销）政策。农民生产的粮食除上缴农业税、集体提留、种子粮、饲料粮外，一日三餐基本能吃饱。

瓜菜代

1958年，全国人民公社化，推行粮食供给制，吃饭不要钱，提出“鼓足干劲生产，放开肚皮吃饭”的口号。农村大办公共食堂。10月，方林生产队办起3个公共食堂，因无力坚持供给制，仅1年左右就停办。

由于“大跃进”、人民公社化运动和反右倾，加上自然灾害的影响，导致1959—1961年的三年困难时期。这3年中，方林生产队粮食总产每年递减11.48%，单产降到327公斤。粮食征购任务不但不减，反而征过头粮，名曰“爱国粮”“超产粮”，征粮、购粮、爱国粮分别占当年总产量的38%、35%和33%。迫使农户留粮（包括口粮、种子、饲料粮）水平大幅下降，连续3年都在224公斤以下，人均肉类全年仅4.1公斤。全村出现“三瘦”——人瘦、牛瘦、地瘦，社员吃不饱，缺营养，许多人患浮肿病。由于粮食减产，口粮不足，政府号召“瓜菜代”，大种大头菜、土豆等，一般农户粮食只能勉强吃到春节。一过正月半，谷仓、米缸就见空，得借粮、借钱。社员不惜百里跋涉到西部山区借番薯干、番薯渣、大麦之类的粗粮，秋后还给稻谷；有的社员靠转租耕牛接济，即春耕前从西部山区租来耕牛，先转租给周边大队以换得现粮接济，待秋后才带牛带粮还给牛主家；有的社员将种子粮、饲料粮吃完后，只能吃糠饼、豆腐渣、菜米糊、番薯藤叶等，甚至到山上挖一种叫“白蟹棘”的植物的根来代替食物充饥。方林村曾出现因吃糠饼造成大便阻塞不得不用筷子挖通的现象，出现过不正常死亡。尽管20世纪70年代初方林大队办了窑厂，中期又办了一些队办企业，但社员一直在温饱线上徘徊。

注重质量

1982年年底，方林大队实行家庭联产承包责任制，粮食自给有余。1984年，采用土地股份制的形式，成立农业发展有限公司，由村农业公司免费提供基本口粮。2017年的村民自治章程规定，实行“免费提供社员口粮制度。社员口粮按基分计算，每基分8.5市斤，成年人每年稻谷442斤”。

随着市场的兴办，产业结构调整，方林村经济迅速发展，村民生活水平大幅度提高。在饮食方面，开始注重品种和质量。杂粮逐渐退出村民家庭，一般家庭不愿吃早稻米，喜欢吃粳米、杂交米。一日三餐荤素搭配，鱼、肉、酒、鸡、鸭、蛋成为常菜。90年代开始，村民们的饮食向营养、健康、卫生方面转变。不再要求十分饱，而是七分饱；不再要求餐餐白米饭，而是五谷杂粮搭配；不再要求餐餐大鱼大肉，而是多吃绿色蔬菜。村民们已经养成了健康的饮食习惯，即每天摄入适量的粮食、蔬菜、水果、蛋白质。

第三节　衣　　着

解放前，方林村民一年四季基本都穿土布，颜色以白、黑、蓝为多。因穷苦，没有人会到布店买布做衣服。即使是土布，也是穿了又穿，补了又补，所谓“新三年，旧三年，缝缝补补又三年。”一件衣服老大穿了，老二穿；老二穿了，老三穿，所谓“新老大，旧老二，破老三。”夏季，多数男子赤裸上身，下穿粗布短裤，赤脚或穿木拖鞋，女子穿破旧衣裳遮身；冬天，穿着破旧的棉袄，或两三件夹袄御寒。天太冷，就窝在家里不出门，或在朝阳的南墙晒太阳取暖。

1954年9月起，国家实行棉花统购统销政策，使自制土布的原料几乎断档。由于国家布料短缺，开始凭布票供应布料，直至1985年停止使用。这一时期，村民服装从布料到式样都为之一变，中青年男人喜欢穿中山装、列宁装，中青年妇女衣服改大襟为对襟。布料大部分从商店买来，土布开始消失。布料质地以咔叽布、斜纹布、灯芯绒为上，粗洋布为差。“身穿尼龙格，搭袢鞋子红洋袜”成为女青年时尚的打扮。

20世纪70年代中期开始，服装面料的质地发生较大变化，以能穿上“的确良”布衣服及尼龙衫、尼龙裤、尼龙袜为时尚。相反，穿棉布的衣服就显得土气。同时，大量的塑料凉鞋、拖鞋及各式皮鞋也进入村民家。

80年代起，服装的款式发生大变化，方林的青年女子夏天穿裙子，青年男子开始穿西装系领带。传统的对襟、大襟衣装及“团团裤”只局限于老年人。流行近30年的中山装、列宁装逐渐被夹克衫、西装、牛仔服取代。各式皮鞋、旅游鞋时兴。随着生活水平的提高，不少中老年村民添置呢制服。缝缝补补的衣服绝迹，逢年过节穿新衣的习俗基本无存。

90年代，随着生活水平的进一步提高，各式各样的花色大行其道，体现个性化，时装化服装尤为多见。方林村青年男女开始崇尚名牌服装，夏装以一件“梦特娇”T恤为主，春秋盛行西装，冬季多穿羽绒服。村民的衣、裤、鞋、帽及床上用品，多从各类专卖店购买成品。秋冬时节，机织的羊毛衫代替了原来手工挑织的毛线衫。羊毛衫款式新颖，穿着舒适，部分老年人仍穿毛线衫，认为它保暖性能好，耐穿。人们对休闲鞋情有独钟。

2000年后，穿着讲究舒适、崇尚环保，纯棉织品又回归市场，因为它穿着环保、舒适、透气性好，除内衣外，很多中青年服饰喜欢用纯棉或棉麻面料，羊绒衫取代了羊毛衫，前者更轻柔，保暖性好。除直接在商场购入价格不菲的羊绒衫外，有的中青年妇女购入羊绒线后，再去加工成自己喜欢的款式。同时，各式各样的运动休闲服、休闲鞋逐步占领市场。夏季，各种款式的连衣裙在女青年中流行；冬季，皮大衣、羽绒服、羊绒大衣代替了呢制服。除方林集团管理层的干部在洽谈业务、接待宾客时穿西装和戴领带外，西装和领带基本淡出人们的视线。老人崇尚节俭，穿子女的旧衣服也不少见。

村民对妇婴专用品十分讲究，妇女不再使用传统的自制品，改用各种品牌卫生巾，婴儿尿布由自制的布兜改为“尿不湿”。

第四节　出　　行

方林村由于路面坑坑洼洼，多窟窿，又称“石路窟”。旧时，村民走亲访友、外出劳动、赶集做生意，大多是步行。解放前，肩挑小贩都徒步行走，十分辛苦。20世纪50年代末至60年代初，始有机耕路。70年代，社员方桂生拥有了方林大队第一辆自行车，被社员称为“快活像神仙”。80年代初期，自行车逐渐进入普通人家，近距离外出，都以自行车代步，长途外出则乘汽车。

1985年，村民林仙亮购买上海易初牌250摩托车，成为方林村第一个摩托车持有人。90年代，摩托车逐渐进入村民家庭，成为中青年外出的主要交通工具。1988年2月，村民方春国第一个购买私人轿车，成为村里第一辆汽车拥有者。此后，一方面，摩托车、电动助动车增多，自行车逐渐淘汰；另一方面，少数村民像方春国一样，购置自备汽车、三卡等车辆。之后，村民陆续购买轿车、中巴车和中小型货车。1995年，村平均每两户有一辆摩托车或小汽车，小汽车最高价80万元，其次是红旗牌轿车。

此外，改革开放以后，方林村周边的公路，如104国道、路泽太一级公路、东南环线、西南环线、桐泽线等都改建或新建，吉利大道、迎宾大道等通衢大道都横卧在方林大地。90年代末，方林村兴办了客运南站、货运南站，村民出行，无论开轿车，骑摩托车、电瓶车，还是坐公交车，都十分方便。

如今，村民赴远途，都选择高铁或飞机。自行车不再用于出行，而成为一种村民休闲运动的工具。

第五节　家具和高档消费品

家具

旧时，房中置床、衣橱、房前桌，客厅用八仙桌。床前一般配有踏板，上放小橱，椅子连马桶箱，床栏一般都有雕刻。被子是麻布荷花被、棉布被，挂麻丝蚊帐。衣橱有大小之分。大衣橱前面一般有长条凳，俗称披凳。

六七十年代，家具式样增多，有高低床、简易铁床、简易木床、双门或三门大橱、床头橱、五斗橱、写字台、小圆桌及小方凳等。

七八十年代，青年男女结婚要备三大件，即自行车、缝纫机、手表。80年代，时兴组合家具、沙发，新增电风扇、收录机、电视机等家用电器，青年男女结婚不再是三大件，而是三小件，即手表、项链、金戒指。90年代，结婚三大件又变成了彩电、冰箱、洗衣机（图18-6）。

图18-6　方林村民居内景（2009年6月）

高档消费品

20世纪50年代，方林农业社社员消费支出，主要用于维持基本生活的吃和穿，尤其是吃。那时，评工计分，社员手中的现金很少，几乎没有购买能力。更谈不上购买高档消费品。80年代，随着社员收入逐步提高，购买自行车、手表、缝纫机、电风扇的家庭增多。到80年代后期，村民开始购买电视机。以后，富起来的村民购买高档消费品的逐步增多。90年代，是村民购买高档消费品的第一个高峰，村内电视机、电风扇、自行车、缝纫机等的拥有量增长迅速。空调、照相机、电冰箱、录像机、放像机的拥有量增长较快。据统计，1998年，全村285户，拥有彩电247台，占87%，洗衣机206台，占72.3%，摩托车127辆，占44.6%，冰箱164台，占57.5%，空调107台，占37.5%，电脑70台，占24.6%，小轿车103辆，占36.1%。2020年，全村拥有汽车650辆，电视机500台，空调机634台，冰箱306台，洗衣机385台。

村民的消费也日趋理性。2018年，据对66户村民的抽样调查，用于日常饮食消费291.8万元，旅游消费71.5万，日用品消费110.3万元，文体消费33.3万元，教育消费104.6万元，人情消费88.5万元。

表18-3　2018年方林村村民主要消费支出调查表

序号	姓　名	人口/人	日常饮食消费/万元	旅游消费/万元	日用品消费/万元	文体消费/万元	教育消费/万元	人情消费/万元
1	方瑾满	3	3	—	1	—	1	1
2	方小法	6	4	0.5	2	0.5	6	1
3	陈小平	3	3	—	1	—	—	1
4	方普胜	8	9	4	5	2	4	2
5	缪中友	5	3	0.8	1	0.5	1	2
6	蔡正杰	6	2	1	2	1	5	2
7	王文琴	5	4	0.5	1	—	1	—
8	管人德	5	4	—	1.2	0.5	—	1
9	陈吉富	6	10	1.2	2	1	2	2
10	管人财	5	3	—	0.8	—	—	1
11	方道夏	5	3	0.8	1.2	0.6	1	2
12	方孔明	3	3	1.5	1	0.3	—	2
13	丁禹民	6	3	2	1	1	1	1
14	方孔森	5	3.5	—	2.1	—	1	1.2
15	罗仙德	5	3	—	1.2	0.5	—	2
16	罗岳萍	3	3	0.5	1	0.5	—	2

（续）

序号	姓　名	人口/人	日常饮食消费/万元	旅游消费/万元	日用品消费/万元	文体消费/万元	教育消费/万元	人情消费/万元
17	王妙根	6	3	3	1	2	1	3
18	方崇尧	7	4	—	1	—	2	—
19	郑冬萍	6	3	0.5	1.2	0.9	2	4
20	林启萍	4	2.5	—	0.5	—	—	—
21	竺天吉	8	4.3	—	0.2	—	—	1
22	林仙亮	6	2	0.7	0.7	—	1	1
23	林仙友	6	6	1	1.5	1	1	1
24	戴学明	4	4	0.5	1.2	0.2	0.8	0.5
25	方建民	5	5	1	1.5	—	3	1.5
26	王仙春	6	3	1	1	1	3	2
27	王仙芳	6	5	2	3	1	5	2
28	戴彩荷	6	5	1	3	1	4	1.5
29	王灵华	3	3	3	2	2	1.5	3
30	方　毅	4	3	1	1.5	0.6	1	2
31	王宗保	4	3	0.3	0.2	0.5	—	1
32	王美云	7	1	—	0.5	—	0.5	—
33	戴开忠	5	4	1.5	1	0.4	3	0.5
34	林　杰	3	5	2	1.5	1	1.2	0.5
35	阮立春	6	5	1	1.5	—	2.5	0.5
36	管人河	4	3	0.8	1.2	0.6	1	2
37	谢明波	3	3	—	1	—	1	—
38	方胜海	7	4	0.5	2.5	1	2.5	0.5
39	郑　波	5	3	2	1	0.8	2	2
40	郑冬春	5	7	0.5	1.5	—	3	1.5
41	谢文华	6	4	—	3	—	1	—
42	方建敏	3	3	—	0.8	—	—	—
43	谢文建	5	5	2	2	—	—	2
44	张华林	8	11	—	1	—	2.5	2
45	严仙彬	4	2	1	1	—	1	1

（续）

序号	姓　名	人口/人	日常饮食消费/万元	旅游消费/万元	日用品消费/万元	文体消费/万元	教育消费/万元	人情消费/万元
46	罗永人	5	3.5	0.1	1.2	0.1	0.8	1
47	方崇河	6	3	1	2	0.5	5	2
48	陈清荣	4	2	0.8	3	—	1	0.8
49	严通河	6	5	2	3	1	2	1
50	严小伟	4	5	4	2	1	3	1
51	谢明鸥	4	7	2	3	0.6	2	1
52	谢明伟	6	5	2	1	—	2	2
53	方崇来	6	4	1	1.2	0.3	2	2
54	林福庆	5	6	0.8	1.2	0.5	1	1.5
55	林小春	6	10	1.2	2.5	0.5	1.3	3.5
56	林冬兰	5	5	2	5	1.5	6.5	2
57	林必清	6	20	6	7	—	—	6
58	方孔寅	5	5	0.5	1	0.2	1	0.5
59	方孔红	5	3	1	1	1	1	1
60	方孔秀	6	6	3	3	1	2	1
61	黄大佶	3	4	1	1.5	0.5	0.5	1
62	方小燕	3	4	—	1.5	—	1	0.5
63	方崇明	3	4	2	3	1	—	—
64	林友德	3	3	—	0.5	—	1.5	—
65	林启满	6	3	1	2	0.5	0.5	1
66	林黎明	5	5	1	1.2	0.7	1	0.5

第六节　文化生活

解放初期，翻身农民经济上获得解放，文化生活随之活跃起来。方林村组建方林剧团，成立俱乐部，政府部门派宣传队、专业演出队下乡演出。在农业合作化时期，县电影放映队每月下村放映露天电影。改革开放以后，方林村民文化生活日益丰富。电影院、小区广场、公园、文化中心等为文化活动提供场所。合唱团、大鼓队、名目繁多的各种舞蹈队和电影、电视、卡拉OK、DVD等，使村民的文化生活五彩纷呈，异常活跃。

有线广播

20世纪50年代，方林生产大队没有无线电收音机，只有安装在大队门前水泥杆上的一只铁皮高音喇叭，人们能远远听到黄岩县广播站播送的新闻和文艺节目。1959年，方林生产队接通有线广播，并在主要活动场所安装2只舌簧大喇叭。那时，接入生产队的广播线路都架设在水泥方杆上。初期，广播线路与电话线路同线，打电话时广播声就听不清，发送广播信号时，就很难打电话。后来广播线路才和电话线路分开。1961年，上级要求“村村通广播，户户有喇叭”，县广播部门增加广播线路投入，方林村50%的农户有黄岩县广播站统一配置的舌簧喇叭。1963年7月，广播线扩容，全大队户户安装舌簧喇叭。每天清晨5时30分开始播音，早、中、晚各播1次，每次2小时，播送的内容比较单一，主要是气象消息、本县新闻，转播中央人民广播电台和浙江人民广播电台新闻节目和戏曲、歌曲之类。社员们最喜欢听的是气象消息。1989年，开始整顿广播网线。村里出资给每家安装上动圈式喇叭。以后，随着收音机和电视机的逐渐普及，村民听广播兴趣大不如前。2000年以后，乡广播站消失了，现在演变成广电服务站，专门从事有线电视线路和电视接收服务。

收录机

20世纪80年代，村民喜买收录机。到80年代中期，市场上影碟机和卡拉OK机多了，绝大多数户购买影碟机和卡拉OK机。在家里可以唱卡拉OK，可以看录像。到2000年后，收录机不时兴了，失去市场，家里的收录机，变成了摆设。

电影

20世纪五六十年代，由区电影放映队到方林大队下林东来里门前晒谷场上放映露天电影（其余在石曲小学操场）。放映员在银幕四角用4根绳子拴着，吊在两根毛竹或两棵树上。由于看的人多，有些人只能站在银幕的反面观看。50年代的电影都是黑白的，60年代才开始有彩色电影。放映的内容以打仗居多，如《智取华山》《上甘岭》《董存瑞》《平原游击队》《地道战》等。“文化大革命”期间，放映的是革命样板戏《智取威虎山》《红灯记》《沙家浜》《奇袭白虎团》等。方林村附近驻有东海航空部队，部队放电影时，村民们三五成群争相去看。加上露天电影，1个月能看上三五次。

1979年，方林大队建成全台州最早的大队级电影院——方林电影院。从此以后，社员们结束了看露天电影的时代。

方林电影院的放映机是当时先进的16毫米氙灯射影，比一般16毫米的电影机溴钨灯亮度和强度高一倍，加上在影院是双机交换放映，因此放映效果较好。1996年，改为32毫米放映机。

电影放映员是林显琳、方宝金、杨剑英。他们是由石曲公社委托黄岩电影放映队考试后择优录用的。所放影片由县电影公司统一安排，新片先让有电影院的公社（大队）放映，放映电影前必须先放幻灯片，报道地方新闻和好人好事、抢收抢种等。电影放映的主要是战争片、间谍片、武打片、动作片、戏剧片，最受欢迎的是《少林寺》《神秘的大佛》等，每夜放映3场，场场爆满。

到90年代电视普及，电影的吸引力少了，观看的人也少了，基本只有外来人员到电影院看电影。2000年以后，电影魅力几乎消失，方林电影院遂停止放映电影，电影院改作开会等其他用途。

附：

回忆消失的露天电影

方　飚

在我们方林村，以前有座石曲小学，它白天是学校，教书育人；一到晚上，只要村里有电影放映，就会立刻变成一座露天电影院。周边方圆十几里的范围内，只要石曲小学里有电影看，村民们就会像过节一样喜气洋洋，呼朋唤友结伴而去。那时，方林村就会十户九空。虽说看电影时冬天冷死，夏天热死，但村民们却热情高涨，反复观看，深夜而归，乐此不疲。像《王老虎抢亲》等电影，有的人能看许多遍。

我们小学生消息最灵通。下午放学的时候，太阳还半天高，只要看到操场上已经拉起大白幕，我们就知道晚上有电影看了。我和同学们不是先回家，而是带了凳子，兴高采烈直奔操场。用小木棍圈了自家人看电影的地方，抢占最有利的位置。有电影的晚上，老师是不布置作业的。这样，电影在我们心里的分量，就更可想而知了。事前好多天，就开始掰着指头，计算着到我们村放电影的时间了。

快放映了。银幕上涂着夏日黄昏橙红的光影。晚风习习，蝉鸣蛙鼓。大人们拿着大蒲扇，陆续找到了自家孩子占的地方坐了下来，并给孩子们带了蒸土豆、煮玉米，或杏子、桃子、甜瓜等零食。小孩子们一边吃一边兴奋地在人群中蹿来蹿去，嬉戏笑闹。

哪里氤氲着雪花膏味儿，哪里保准是姑娘们扎堆的地方。劳动了一天，她们回家洗了脸梳了头，抹了雪花膏，换上了干净漂亮的衣服，精心打扮后才会出现在人们的视野里。她们基本上不坐着看电影，站着看，在放映机的后面或侧翼，而在她们周围的，是一圈一圈儿的小伙子。她们总是一脸矜持，叽叽喳喳小声说话，莫名其妙地笑，或心怀戒备却又好奇地瞥一眼在身边晃来晃去、推推搡搡、嘻嘻哈哈的小伙子……在月朗星疏的广袤的天幕下，人们的喜悦，好像被放大了无数倍，不可名状。

暮色四合，吃饱喝足的放映员，终于来到了放映机前。换片、倒带、调音，一阵捣鼓，一束强烈刺眼的白光，射到了白幕上，上面立即映出几个头部剪影，像皮影戏。孩子们一看好玩，于是就恶作剧地挥舞着双手，让自己的手的影子在银幕上晃动，于是就有人笑骂。挥舞手影的听到骂声越发张狂，加大摇头晃脑、摆手的力度，还不时回头做着鬼脸。可回头时光线太强，瞬间刺得眼睛一阵发黑，赶紧掉转头去，揉着被刺得发痛的眼，老半天看不清东西。看着这副狼狈的模样，周围的人便爆发出一阵开心的哄笑。

电影的前奏曲响起，人声鼎沸、爆满的全场，顿时鸦雀无声，所有的目光全盯在了前方的银幕上。也有的人因为正面的有利位置全被抢占，不得不坐到银幕的后面去看电影，除了字幕是反的，其他倒没什么不同。遇到换片的时候，在光束前的恶作剧再次上演，笑声、骂声也如期而至。

有时候，放映员把片子弄反了，刚放完的又会放一遍，于是台下就会哄笑、口哨声一片；有时银幕上的情节里暴雨如注，天上也下起了雨，几把伞会同时撑起，护着放映员，护着放映机，却全不顾自己淋个湿透，照样全神贯注地盯着银幕……于是，战斗片《小兵张嘎》《地道战》《渡江侦察记》，反特片《永不消逝的电波》《黑三角》，朝鲜片《卖花姑娘》，阿尔巴尼亚电影《宁死不屈》，言情片《五朵金花》《庐山恋》，越剧《红楼梦》《追鱼》，功夫片《少林寺》等电影，就这样永远储存在了人们的记忆里。

影片结束，已是深夜，月悬在天，人群散乱各自归去。孩子的哭闹声，寻人的吆喝声，找鞋子的急切声，对影片的评论声，此起彼伏，各种声音如水面上荡起的一圈圈的涟漪，快乐而满足，向周围的村庄，渐渐辐射散开。月下的每个人，带着看电影后的激情、喜悦和感悟，悠悠走进自己的梦里……

露天电影——这样的风景，或许有点儿“老”，却很甜，宛如又脆又薄的糖衣，想留在嘴里慢慢地咀嚼，它却触口即化了……

电视

20世纪70年代初中期，社员只知道大城市有黑白电视机，坐在家里看电视等同于看电影，可望而不可即。

改革开放后，农民进城做生意，赚到钱。1982年，方林村民林显琳购入18寸彩色电视机，成为方林大队最早拥有彩电的家庭。1983年，林仙友、林仙明、林显平从上海买来20寸金星牌黑白电视机和跃进牌黑白电视机。好多村民在他们家看电视。家里容不下，就把电视机搬到院子里。椅子不够，就自带椅子，喝着茶，吃着瓜子，兴致勃勃地观看连续剧《霍元甲》《上海滩》等电视连续剧。到90年代中期，家家户户都拥有电视机，普及率100%，而且都是彩色的，黑白的被淘汰。现在对电视机的要求越来越高，先是超薄型等离子电视机，然后是液晶电视机，屏幕越来越大。村民别墅客厅大，很多家庭的电视机都从30寸换成60 ～ 70寸。2000年，村投入24750元，完成村民有线电视网的改造。

互联网

1999年，方林集团建成一期网站。是年，电信网、广电网、计算机互联网“三网合一”。2009年，方林网改版，增加网络影院和点播功能。村民可以在网上浏览各类信息，国内外大事、党的方针政策、村务财务状况以及在网上学习、工作，可进行QQ、微信聊天，等等。

2020年，全村已拥有家庭电脑329台，实现宽带上网。家庭因特网注册率100%，户月均上网时长在30小时以上。村民们说，现在生活在顺风耳、千里眼时代，作为方林村民真感到幸福和自豪。

第十九编

宗教　风俗　方言俗语

方林村的宗教、风俗习惯以及方言均与路桥区相似，与黄岩仅有微小差异。但在日常生产、生活中有所祈求时，人们习惯于寄托宗教所宣扬的各种神灵，祈祷万事如意，进寺院拜菩萨的人甚众，老、中、青年都有。不少村民家中设神龛，每天参拜。

方林村的地理环境影响村民的饮食、服饰、居住等生活习惯。村民的风俗习惯更多体现在日常生活和生产中。其中，有反映中华民族优秀传统文化的，如帮工、过春节，等等，也有陈规陋习，甚至迷信的习俗。随着时代变迁，风俗正在变化，一些反映新时代的新风俗正在形成。

方林村语言为吴语方言区台州市南部方言片，读音比较低软，称“路桥腔”。方言是村民交流的最主要工具。此外，还产生了大量的谚语、歇后语，使方言更加形象、生动。

第一章　宗　　教

方林村民真正意义上信奉佛教的信徒不多，信仰耶稣教、天主教、道教的民众更少。但村民凡在日常生产、生活中有所祈求的事物，几乎都能够生发出相应的宗教传说中的神鬼，形成意在消灾纳吉的习俗。日常的祈祷活动不少。

第一节　民间信仰

神道信仰

除佛教、耶稣教等宗教外，旧时民间崇奉各种土生土长的神道颇多，意在消灾纳吉。旧时各地多建宗庙，往往以村为单位立庙奉神，祈保一方平安。所奉神道往往不见经传，或是历史上曾“显灵”于当地的忠臣义士。清嘉庆年间，为纪念抗倭英雄戚继光将下的孔、傅、朱、章4位将领，方林的善男信女们，在塘桥紧靠南官河旁建起陡门宫。柱前对联上书“抗倭寇功垂宇宙，四大夫永镇陡门”。天旱时，集队去龙潭礼拜，迎龙祈雨。为求发财，多奉财神，特别是商家，几乎家家有财神神龛，甚至红烛昼夜长明。各业工匠则各奉祖师。

日常祈祷

日常的祈祷活动不少。正月初八，方林妇女往往结伴到8个主要寺庙烧香，称“走八寺”，取与生辰八字谐音，以祈来生命造。

中华人民共和国成立前，正月十五元宵节夜，妇女入庙，以灯纸收灯跋，俗称“讨蚕花”，祈蚕事顺利。久婚不育妇女，是夜由相好女伴缚于桃树或石榴树，以枝条轻打，边打边问“生不生？”女答：“我生，我生”，谓之“打生”。橘树谐音“吉利”，橘子谐音“结子”。石榴则象征多子。儿童入竹林摇青竹，边摇边念：“摇竹娘，你也长，我也长，今年是你长，明年我与你一样长。”少妇、少女是夜又有“请团箕神”的习俗，到厕所旁边插香、烧纸钱，口念咒语，取石块以团箕捧回家中，请回厕神以卜家事。正月十八夜，村民以此时为神龙回天之时，元宵舞龙队伍举行收邪仪式，深夜巡街，归坛祭祀，然后烧化，以为可以收尽新岁期间的邪气、疫鬼、病魔。这些祈祷现基本绝迹。

二月十九日，观世音菩萨诞辰。是日，妇女们往往到寺院中跪拜观世音菩萨，为菩萨祝寿，祈求观世音菩萨保佑。

四月初八为佛祖释迦牟尼诞日，俗称“浴佛节”。方林的善男信女买鱼、龟、螺、蚌，口念《往生咒》放生，这一习俗现已消失；各寺要举行浴佛活动，以庆祝佛祖的诞生。

七月三十日地藏王寿诞，入夜家家遍地插香，祈求地藏王体恤民间疾苦，保佑老百姓平安大吉。

第二节　拜佛与做礼拜

拜佛

拜佛是方林村村民的一种民间信仰。不仅方林村，更是中国百姓中存在的普遍现象。所拜之佛全是佛教中的佛祖释迦牟尼、观世音菩萨、地藏菩萨、财神菩萨、普贤菩萨、弥勒菩萨，等等，尤以参拜观世音菩萨的居多。参拜者不仅有老年人，还有不少的中青年人，甚至少年儿童。不少村民家中供奉观世音菩萨，祈求观世音菩萨保佑全家平安，万事如意。

做礼拜

方林村少数村民信奉基督教，每到礼拜日（周日）都自觉地聚会教堂做礼拜，唱诗、读经、讲经、祷告，教徒自愿奉献经费作为教堂费用。

第二章　日常生活风俗

方林村的先民在方林这片土地上筚路蓝缕，含辛茹苦，在开辟家园的过程中，形成了自己的饮食、住宅、服装仪容、出行等日常生活风俗。

第一节　饮　　食

20世纪五六十年代，方林村村民早餐多食干饭。20世纪90年代吃干饭的人减少，去早餐店吃粢饭、油条、面食等村民增多。20世纪末至21世纪初，随着城市化进程加快，不少村民外出买包子、蛋糕、豆浆、牛奶等，还有吃嵌上肉菜水捣糕。中晚餐基本在家里，以米饭为主食。20世纪七八十年代杂交米增多，早籼米减少，21世纪开始，大多数米为外地运来的优质米。人们的饭量明显减少。

主食

以大米为主，间以麦粉、杂粮。一日三次进餐，称“吃饭”。农忙时，上下午各增加点心，多送到田头，称“早接力”“晚接力”。稻米以早籼米为主；晚米（粳米）以做年糕为主，也有煮饭、煮粥吃的；糯米一般用来包粽子，做粢饭，捣麻糍，磨成粉做汤团、青团和糕点等。

菜肴

民间称“菜蔬”。方林村民蔬菜类基本自种自给。另外，买来鱼、虾、蟹、泥螺等海产品，用晒、腌、呛、醉等法加工，以备常年之需。村民将蔬菜制成盐菜（咸菜）、菜扁（菜干）、菜蒂头（酸菜蕻）、苋菜股、酸菜头（盐制白萝卜）、盐冬瓜、榨菜等。1957—1958年，敲梆黄鱼大量上市，价格长期稳定在每市斤8分钱左右。很多村民用来晒鲞，但天气不好时，常常生虫腐烂，殊为可惜。

1959—1961年，困难时，饭菜极其贫乏。之后逐渐好转。至1965年，菜肴供应日渐增多。1966—1976年“文化大革命”时，农业生产受到影响较小，菜肴供应基本正常。改革开放之后，鸡、鸭和新鲜海味进入寻常村民的日常餐桌。21世纪，大多数村民已注意到杂粮、蔬菜有利于健康，减少食用盐制蔬菜和咸海产品。

点心

方林村村民，尤其是家庭主妇，厨艺高超，能制作各种各样的点心。主要有年糕、水捣糕、麻糍、粽子、糟羹、圆、青团、青饼、食饼筒、乌饭麻糍、麻糍卷、粢饭、绿豆面碎、馒头和各类米麦食品。

年糕　每年十二月十五日一过，方林村民家家户户做年糕。先用水将晚米浸泡24小时后粉碎，在晚米粉里拌上少量盐，放入蒸笼里炊熟后，用捣臼捣成团状，将晚米粉团搬到木板上，用手揉成长圆条形，然后摘成圆形（称年糕团），再把年糕团搓成长条形的年糕，用年糕板（印有花纹的专用于做年糕的模子）印上花纹。20世纪七八十年代后普遍使用挤出机挤出糕形，不再使用手工揉做。主家把做好的年糕拿回家摊好，一星期后，年糕皮半干，变得光亮后浸入水缸中存放。食用时，切成薄片放入锅里，一般炒熟蔬菜后，放入年糕片，烧熟食用。21世纪以来，市场有现做水捣糕和用机器加工的年糕出售，不少家庭怕麻烦，过年不再自做年糕。

水捣糕　与制作年糕相同，不过水分较多，做得较松软，现做现卖（往往天未亮时做，天亮时卖），摊成扁形，铺上米面、蔬菜，需肉的另加钱，包成饺形，过去供赶集的人食用。现在许多村民买作早餐。

麻糍　每年年末与年糕一起制作。预先把糯米浸泡24小时，不必粉碎。把糯米炊熟，用捣臼捣成圆团，放入预先摊上松花炒米粉（防止粘牢）的浅圆桶中，让它自然形成扁盘形状，再扛回家，过12小时后，翻1次，1天后再切成大块（若放置太久，则糯米团太硬，不容易切），7天后放入水缸中存放。食用时，把它切成约一二厘米厚的片，放入涂油的热锅里烤，有的还在两面摊上蛋汁，待烤软后即可食用。

粽子　用粽箬（一种阔竹叶）包裹晚糯米煮成。不加配料的称白米粽，加蜜枣的称蜜枣粽，加栗子的称栗粽，加番薯的称番薯粽，加赤豆的称赤豆粽，加红烧肉的称肉粽，加鸡蛋的称鸡蛋粽。每年除夕，家家包粽子，端午也吃粽子，现在有现成的粽子卖。

糟羹　用山粉（番薯淀粉）加少量水制成糊状，烧开水，慢慢把山粉倒入水中，一边用筷子不断搅拌，谓之绺糟羹，待烧透烧滚，颜色变深，舀入碗中，铺上预先准备好的配料：葡萄干、橘饼碎、桂圆肉、红枣、莲子、食糖等。一般用作正月半晚餐吃，也可当夜点心吃。

圆 用糯米粉包馅制成，按味分有糖圆、咸圆两种；按方法分有汤圆、炊圆两种。圆表示团圆、圆满，过年时一家人做圆吃，正月客人来，做圆招待客人，表示尊重。

青团、青饼 青字写为“菁”，俗称“菁奄”。青团一般为咸食，清明节前后，采山野间菁莓（菁莓是一种爬蔓状的野生草本植物，清明节时开黄色小花，或称艾菁、绵菁、花菁）把它捣烂，与糯米粉拌揉制成菁粉。馅心：将猪肉、笋、豆腐干、芹菜、红萝卜、白萝卜、香菇等切成细粒，加葱、姜、盐等佐料，预先炒熟。再把菁粉做成圆状开口，嵌入馅，揉成圆，下垫栾叶（橙叶），放蒸笼蒸熟，清香软糯可口。青饼一般为甜食，嵌以红糖或甜豆沙馅，蒸熟、煎熟均可。

粢饭 用糯米浸24小时后放蒸笼上蒸熟。为早餐摊店与豆浆、豆生一起出售的食品。

米面 把米粉蒸半熟轧制成细圆丝，挂竹竿晒干叠放出售。食用时，预先烧好佐料，倒上水，放入面干烧开即成。一般人家用来招待普遍客人用，有时也自食。

姜汤面 用姜汤当水烧煮米面，佐以黄花菜、香菇、虾干、蛋等配料作盖头，有辣味，富有强健身体的效果。姜汤面原供产妇活血排污用，近年来，产妇吃姜汤面的数量减少了，但其作为街头小吃普遍起来。

麦面 先用麦粉制成面条，然后烧好佐料，用水把面条烧开即可。家用大体用干面条，店家用新制的面条。

漾山粉 用山粉（番薯淀粉）加红枣、川豆瓣、蜜金橘碎、冬瓜糖、红糖制成，为夏天甜食。

青草糊 干青草加水煎煮，取汁调上少量山粉，冷凝成冻状后，加落花桂花糖水，为解暑、清香的饮料。

肚脐饼 麦粉烤制软饼，中心留孔，可穿绳子，携带方便。据说是戚继光发明的，行军时作干粮用，又称戚继光饼。

烧饼 用麦粉发制，以葱肉或豆沙为馅，贴在烤炉内壁烘烤而成。也有以葱盐为馅的大饼，制法同烧饼，香喷喷的。需要一定技术，产量不高，现在已不多见。

重阳糕 又称米糖糕。为重阳前后的节日糕点。在粳糯米粉中间浇糖汁炊制而成，上撒栗肉、红绿米面丝，质软味甜。

馒头 分没有馅的馒头和包子。馒头一般用来喜庆时分给众人的，包子常作为早点售卖。

方糕　米粉加水、糖搓匀、蒸熟而成，分糖糕、霉糕。糖糕加红糖，水分较多，吃起来柔甜；霉糕加白糖，水分较少，刚蒸出来又霉又酥，可放在太阳下晒干贮放，日后慢慢食用。方糕大多用作喜庆糕点分给众人。

喜庆宴请

方林村村民每逢婚嫁、建房、搬新居、寿庆等都要办酒席，以招待亲戚、邻居、好友等。酒席多以碗数为名。有八碗、十大碗、六大六小（十二碗）、八大八小（十六碗）。改革开放后，讲排场的宴席一桌甚至有二三十盆者，无以命名了；也有以主菜、头碗菜命名的，如豆芽菜、泡胶（猪肉皮胶或鱼胶）菜、海参菜等。现在生活好了，也不作兴以碗数、主菜、头碗菜来命名宴席了。

酒席上菜肴丰盛，不仅量大，而且品种多。吃不了的往往由客人带走。进入21世纪，村民生活好了，餐桌上的食物也日益丰富。

主菜除了猪肉外，还有全鸡、全鸭，鱼、虾、蟹也不可少，最后还有甜食，寓意日子越来越甜。宴中有烟，客气的分给每人一包。宴后最要紧的是送给每人一包喜糖，内有馒头（发）、炊糕（蒸蒸日上）、红蛋（喜庆，如结婚的则放上一个生蛋，寓意早生贵子）、糖果（甜蜜）等。

宴席上饮酒传统以黄酒为主，白酒有米烧、麦烧、糟烧等，困难时期有替代品番薯烧、糖梗烧。改革开放后，啤酒逐渐代替黄酒。20世纪90年代后，红葡萄酒、白酒、饮料等代替了啤酒和黄酒。酒宴上年轻人常划拳行令，吆五喝六，互相敬酒。气氛虽然热烈，但大吵大嚷，妨碍其他客人正常说话，并易醉酒，拖时过长，使伴坐的不喝酒客人感到无聊。21世纪开始，划拳风气渐消失，宴席上变得文明安静了。

进补食品

方林村村民素来注意日常进补和产后进补，随着生活改善，村民进补已成为常态。

鸡子酒（俗称酒冲蛋）　取黄酒半斤，与红糖调匀，烧沸后放入去壳生鸡蛋（不把蛋黄打散）3～7个，再沸后舀起，即可食用，或在红糖酒中放入去壳生鸡蛋蒸熟。旧时为劳动后进补食品，或招待新客用。今鸡蛋为家常食品，少有人采用这样的进补方式。

核桃调蛋　用生核桃肉捣碎，加上鸡蛋、鸭蛋、黄酒、红糖，加水调和炖熟，常作为进补食品，也请客人用。

桂圆　传统送礼物品。主产地福建，民间认为有补血功效，家备以桂圆茶招待客人，有时也加入鸡蛋一起煮熟食用。

荔枝 传统送礼物品。主产地广东，民间作补肾食品。旧时连荔枝核也不舍得丢弃，认为有行气散结、祛寒止痛功效，煎核喝汤。

猪肚 常作为补身体食品。认为妇女产前吃，利于分娩，产后吃，利于子宫康复，常作为送月里礼品。

猪心 民间作补心、补血食品。烧时插一枚银针，谓可以安神宁心，解毒。

猪腰 民间作补腰食品。加杜仲烧更好。

河鳗 具有补虚、祛风、解毒、壮阳、养颜等功效。认为可治虚劳、风湿、痹痛、痔疮、肠痈、小儿疳积、妇女月经不调、崩漏等疾病。

鳖 又称甲鱼，具有滋阴、凉血、益气功效。适用于肝肾阴虚所致的内蒸潮热、腰痛、崩漏，以及带下气虚下陷所致的脱肛等病症。民间常以鳖煲汤进补。

沙蒜 即海葵。用生姜、黄酒、红糖放砂锅里烧熟，有滋阴壮阳功效，称为海中冬虫夏草。

弹涂 即跳跳鱼，加黄酒、红糖烧熟吃，谓补脾。

炒米饭 妇女生育后月子里，尤其是在7天内，要多吃炒米饭，起暖胃、排污血作用。炒米饭预先由姜汁伴米炒制成，炒熟后与熟干姜片一道收藏。吃时，煮成粥，拌红糖食用。平时妇女感觉肠胃不适，也会从月里妇那里讨来炒米饭吃，以暖胃。

第二节 服装仪容

服装原料

20世纪初，布料有棉和苎麻两种，多由村民自种自织。冬、春、秋3季普遍用棉纺土布或蓝白纱粗布。夏季，大多用苎麻夏布、榜绢。少数富户穿罗绮呢毛。30年代，村民普遍选用路桥织布厂生产的洋布、龙头细布、榜绢、士林蓝布等。50年代，各种混纺化纤与棉麻混纺布料逐渐盛行。70年代，村民的四时服装普遍选用各种混纺化纤布。最流行的有“的确良”“卡其布”“灯芯线”“涤纶”等。之后，涤棉、涤卡、腈纶、尼龙、中长纤维、涤纶以及各种仿毛之类织品，哔叽、华达呢、麦尔登呢、制服呢、海军呢等毛料逐渐普遍。21世纪，方林村村民的衣服原料基本上已与城市市民的布料接轨。

衣着

男子　20世纪初，穿对襟便衣。夏天穿布衫（有洋布衫、土布衫），富裕人家穿“香云纱”（丝绢品，属高档丝织品）。冬穿长棉袍，外罩单袍，富裕家庭穿皮袍，有身份的男子赴庆吊活动，另罩深色马褂。劳动男子常年穿短衣，对襟圆领，搭襟纽扣。春、秋季，读书人、商店店员和富家子穿长衫。三四十年代后有中山装。50年代，风行中山装、人民装，学生穿学生装，长衫逐渐绝迹。“文化大革命”期间，青年学生喜穿草绿色军便装。70年代后期，夏季人们偏爱穿运动衫，中青年男子以中山装、青年装为主。80年代后，服装多样化，西装普遍流行，夹克衫、旅行装、风雨衣也很普遍。冬季，以滑雪衫、风雪衣、皮夹克、羽绒服、长短呢大衣、羊毛衫、保暖服为主，不再穿棉衣；夏季，穿长短袖衬衫、港式衬衫及汗衫。21世纪，青年平常所穿，大多是各色休闲服装，如运动服、夹克衫、T恤衫、风衣、牛仔服等。

女子　20世纪初，女子穿大襟外衣，右侧开襟、窄袖，内衣用套衫或对襟衣，称“小眠衫”，妇女系肚兜。三四十年代，富家女子和女学生穿旗袍。50年代，方林村少女喜穿红绿相间，成年妇女视艳色为轻浮，服色尚深暗，大多为蓝色或黑色。“文化大革命”期间，中山装、青年装及军便装成了男女服装的主流。此后，女子穿春秋衫及中等长短的裙。80年代，青年妇女夏穿连衣裙、百褶裙、直筒裙、一步裙、超短裙、吊带衫；春、秋季，衣衫喜大袖，穿休闲服，冬季，则多穿各式毛衣。80年代后，颜色花样不断翻新，女子讲究色彩线条，取清新、淡雅。90年代，长裙又出现了。21世纪，衣着、色彩十分丰富，裙更自然了。

从前妇女大多有束胸习惯。80年代后，开始普遍戴胸罩。21世纪后，一些青中年妇女有意微露胸部，以展现女性魅力。

男女裤子　20世纪初期，男女都穿叠腰便裤（合襟裤），裤腰头另出，便于扎系；裤腰带一般为蓝白相间的线织品。短裤称“裤头”。50年代，男女盛行西装裤。60年代后，西装短裤一度流行。70年代后期，牛仔裤一度流行。80年代，风行宽裤管的涤卡喇叭裤；90年代初期，女子流行穿各色贴身、高弹力、透风健美裤；中期，浒萝卜裤，剪裁上腰线很高，上松下紧。21世纪后，一段时间，青年男女盛行喇叭裤、小脚裤，后又改穿休闲裤，女子穿矮腰低裆裤。不少青年女子夏天穿牛仔短裤，还要在膝盖处故意弄几个破洞，以示新潮。

小孩　旧时婴儿穿大襟衣，无纽扣，以布带系扎，方便脱换，腹部系小（俗称“肚搭”），保暖用，屁股打包；现在的婴儿穿小衣裳，屁股包“尿不湿”。旧时孩童均穿对襟衣、开裆裤，方便尿尿；现在的小孩从二三周岁开始就不穿开裆裤，与大孩子穿的一样。

帽子

旧时，男子戴帽碗（瓜皮帽）、呢礼帽（学士帽）、草帽、鸭舌帽、线帽、缸灶帽等；中老年妇女戴黑绒帽、大披帽，有些妇女以黑色包头纱代帽；婴儿戴帽圈与和尚帽、观音兜、罗汉帽、狗头帽，帽上缀有银、铜制作的“八仙过海”或“福”字图案，两边列“长命富贵”或“金玉满堂”等字，“猫”“兔”形的小孩帽至今不衰。20世纪50年代，中青年男子喜戴工人帽、八角帽（即干部帽）和绿、蓝解放帽。老年男子戴绒制黑色老倌帽。80年代后期，冬季有鸭舌帽、绒帽、皮帽，夏季有草帽、遮阳帽、运动帽。21世纪后，冬季戴帽村民不多。

袜子

20世纪50年代的人只有冬天穿纱袜，60年代开始有尼龙袜，70年代尼龙袜开始普及，90年代后期开始流行长筒丝袜。21世纪，女性开始有袜裤、网袜等，2015年后，青年女性多穿船形袜。

鞋子

20世纪初，均穿布鞋，节俭的不舍得穿鞋，平时赤脚；布鞋用布料制成，鞋底用糨糊将碎布贴成片状布，按鞋样剪好，用针缝制，俗称纳鞋底。冬季，鞋帮用棉做夹里，鞋底较厚，称暖鞋。夏季时，为凉快，有人穿蒲鞋、木拖鞋。雨天布鞋不能在湿地上走，男子和小孩或穿木拖，或赤脚。女人特别是缠脚老年妇女，则用箬包鞋走短路。50年代，开始有胶鞋（又称套鞋），分高筒和矮筒，大多数人选择比较便宜的矮筒，有些人在布鞋底钉上废车轮胎皮当雨鞋。50年代后期至60年代，军用式绿布鞋面的胶鞋（称“解放鞋”）风行。许多生活条件不好的村民劳动时，多穿稻草做的草鞋，称草靴，舍得花钱的穿络麻制作的草鞋，有的穿手拉车轮胎割制的鞋，称胎鞋。70年代，开始风行塑料鞋，特别是女性塑料鞋，一度成为时髦风尚。70年代后期，人造革鞋开始流行。80年代，皮鞋成为主体鞋种。年轻人穿旅游鞋、少林鞋。90年代之后，除穿着皮鞋外，年轻人又喜欢穿休闲鞋。

雨具

旧时村民雨天出门劳作都穿蓑衣、戴箬帽，有的村民使用油纸伞。20世纪三四十年代，有布伞和雨衣。60年代，流行塑料雨衣。80年代，流行自动伞、折叠伞，骑自行车、摩托车用雨披。如今，油纸伞已绝迹。

发型

清朝以前，男女留发。清顺治二年（1645年）六月，清兵占领黄岩，方林村民男子遵照“剃发令”“留头不留发留发不留头”，剃发蓄辫。

辛亥革命推翻清朝。1912年2月，浙江都督府遵照中央临时政府通令：“民间一律剪辫，限阴历年末为止。”12月，台州派兵到各县剪辫。方林村民遂剃光头，继为平头、圆头。

中华人民共和国成立以后，发型与民国时差不多，但光头逐减渐少，男子约1个月理发1次，还须剃胡须。过年之前，必剃头。

旧时少女平时不理发修容，出嫁时开额角，用丝线绞面毛，然后梳头挽髻。50年代，除一些农村妇女仍挽髻外，兴剪短发，年轻女子爱垂双辫，以辫长为美。60年代，风行剪短发。70年代起，发式增多。80年代开始，烫发兴起，或长发披肩。90年代后，有些青年女子头发与普通男子相类，甚至短于男子。21世纪后，很少有人烫发，但染头发的女青年不断增多。

婴儿满月要剃“瓦片头”“火叉角”等式样的头。

年轻女子有各式发夹、发圈、发梳、发簪、发箍、发束、发爪等。近来新娘头饰，有带发梳的小皇冠、花环状的头冠等。

饰物

传统长辈喜给小孩银手镯和脚镯，少数戴银项圈、银项链，生活条件较差的村民用彩色丝线。项圈、项链系“长命锁”，长命锁两面镌有“长命富贵”“长命百岁”“麒麟呈祥”之类吉祥字样或图案。20世纪50年代后，此风渐废。改革开放后，长辈给婴孩饰物这一习俗逐渐恢复并增多。21世纪后，长辈给婴孩以金饰为主。

妇女首饰有钗、簪、耳环、戒指、镯、项链等。耳环、戒指是一种定亲信物，女子在成亲之日才开始佩戴。20世纪50年代后，此俗作为旧社会的遗留被废除。改革开放以来，女子戴耳环等饰物风行。有些男子也戴金戒指、金项链。作为礼仪，在出席某些会议时，也佩饰胸花。

第三节　交通工具

方林村民过去的交通工具有轿、船、脚踏三轮车、汽车等。

轿

旧时，住庄园的有钱人坐轿，家里备有裸轿、蓝布客轿（毛蓝桥），雇有抬轿的轿夫。40年代末，轿逐渐消失。妇女出嫁坐花轿，一般4个人抬。路桥有专门出租花轿的店。

船

方林地处平原水网地带，河系发达。旧时村民外出多坐航船（木质的人力船，专用戴客）、四舱船、快船（人拉）。

黄包车

又名人力车。民国十五年（1926年）始办，替代轿的作用。石曲有路金人力车股份有限公司。50年代消失。1987年下半年，脚踏三轮车兴起，方林村民短途出行往往选择脚踏三轮车。

汽车

民国二十一年（1932年）路桥至海门通车，后不断延伸。50年代，黄岩县内各地通班车，长途车直通省内各县市。1986年有轿车、旅游车出租。

方林村通班车后，不少村民出行选择汽车。特别是在1988年村民方春国拥有方林村第一家私家轿车后，村民私家轿车逐年增多。1997年，村域内有了短途汽车客运南站，之后又有了公交车站，汽车成了方林村民出行的首选。2010年后，绝大多数村民都开着私家轿车出行，坐公交车的很少。

自行车

1970年后，方林村少数村民开始骑自行车出行。后被摩托车、电瓶车替代。

摩托车

1985年，村民林仙亮购置了村内第一辆摩托车，以后，摩托车、电瓶车逐渐增多。随着轿车的普及，摩托车、电瓶车淡出了视野。

飞机

1987年12月2日，黄岩机场英制肖特360型客机每周三、五、日3个航班，与杭州、上海通航。从此，方林人开始乘飞机出行。方林老年人旅游基本乘飞机往返。

第四节　家　　具

家具主要有床铺、柜、箱、桌、椅等。

床铺

旧时，方林村富户用象牙嵌镶、红漆描绘、床壁半高，或镂圆镜的大床铺，床前踏板与床拼合为一体；一般村民用小床铺，上铺棕棚；有的甚至以木凳子或竹架作为床铺脚，上铺木板作床铺，冬天下垫稻草。五六十年代床铺比较简单，木架棕棚，看去比较整洁。改革开放后，床不再有架，床上放席梦思。21世纪后，除席梦思外，藤棚有所增加，双人床十分宽大。

橱柜

旧有箱橱、大橱（衣橱）、羹橱。箱橱放衣物，大橱放被絮，羹橱上层放菜蔌，下层放碗盆。20世纪五六十年代有五斗橱，橱面上妇女放镜子等物件。改革开放后有食品橱、床前橱。现在很多村民采用壁橱、组合橱，以节省空间。

桌凳

旧时，村民宴客多用桌面为正方形的八仙桌，能坐八人吃饭，桌边四周围有镶木装饰。条板凳是与八仙桌配套使用的最简单的凳子，另有竹子做的竹椅子；有钱的备有太师椅，有木靠背，在靠背上还有象牙嵌镶，放客厅接待客坐。此外，还有骨牌凳、琴凳。骨牌凳面如骨牌，四脚垂直；琴凳用长木板镶框，四脚垂直精致，用于书房。桌有方桌、骨牌桌、柜桌、写字台桌等。20世纪80年代，增加全塑料椅、藤椅、铁架塑料椅等。现今，家宴多用圆桌，客厅多用沙发，电脑有专用电脑桌、椅。

箱子

旧时，富户有专用于送礼、有架可串竹杠的串箱，家用的皮箱、藤箱。一般村民家用箱子多为板箱，质地好的用樟木制成，防蛀。改革开放以后，除祖上留下来的箱子外，基本无箱子。随着方林村外出村民的增多，旅行手提箱、航空箱、拉箭箱等进入百姓家。

竹器

脚箩最为普遍，为收谷、晒谷、打米用；谷箩较少，临时存谷用；米箩主要用于碾谷、轧谷时盛米；男子说亲后，往往用米箩盛礼物送女方，俗称挑米箩担；淘米箩用于淘米；土箕用于搬运泥土等杂物；畚斗为畚谷米用，也有专用于装垃圾用的，与用竹梢捆扎成的扫帚连用。

木桶

有水桶、拗兜、脚桶、越桶等。水桶用来担水、贮水，拗兜舀水，脚桶洗脚，越桶洗衣裳。旧时姑娘出嫁要成套木桶；70年代后，木桶逐渐为塑料桶代替。

灶

传统锅灶，由灶台、灶壁、烟囱组成，分二眼或三眼，可置2或3口铁锅。两灶间嵌一汤罐，利用余热烧热水。锅灶以柴为燃料。20世纪五六十年代，煤大量运入，锅灶燃料改用煤，用风箱鼓风燃烧。同时煤球炉也得到普遍使用。80年代后，普遍使用煤气灶。21世纪，随着电子技术的不断发展，少数家庭不用煤气灶，改用电磁炉（图19-1）。

图19-1　老土灶（1995年）

照明用具

旧时，方林村民照明普遍用菜油灯，即在陶碗或铁碗内盛放菜油，油中放2根灯芯、草芯或棉纱线。也有用煤油灯、蜡烛的。出门用灯笼（内燃蜡烛）、桅灯（有罩的煤油灯）。20世纪五六十年代，晚上开会或演出，或办婚宴，往往用汽油灯照明，黑夜出门用手电筒。1972年方林村通电，村民逐步使用电灯照明，80年代初家家使用电灯。手机普及后，利用手机的手电筒功能，青年人在短时间需要照明时，会使用手机的这个功能。

第三章　节日习俗

方林村节日风俗反映汉族节日风俗，有许多传统节日。春节、元宵、端午、七夕、中秋、重阳、腊八这几个节日外，还有不少与二十四节气有关的，诸如立春、立夏、清明、冬至等。二月二、龙抬头，三月三、上巳节，四月初八，六月六，七月十五、中元节，下元节等也是方林村民的传统民俗节日。这些传统节日和村民的生活、生产紧密相连。随着人类社会的嬗递演进，节日风俗也在不断地变化发展。一些旧俗已经消失或正在消失，新的习俗逐渐形成。

由于台州黄岩路桥的地域特点，方林村村民在长期的生产、生活实践中，在传承民族节日的基础上，形成有自己特色的节日习俗。

此外，方林村民在元旦、三八妇女节、五一劳动节、五四青年节、六一儿童节、十一国庆节等法定节日，也会以各种方式庆祝。

第一节　岁时节日

春节

春节在农历的正月初一。方林人俗称“过年”“过新年”“年初一”“大年初一”等。

方林村春节的节日活动实际上从腊月二十三日祭灶开始，直至正月十五日元宵节止，延续时间将近1个月。这期间的“小年”（祭灶）、“除夕”“春节”“破五”“人日”“立春”“元宵”等一系列节庆，实质上以“春节”为中心，连为一体，构成节日中最为盛大的纪庆节日群。通俗的说法，也可将这一系列节日统称为春节，俗称“过年”。

为迎接过年，农历十二月中旬，方林家家户户采办年货，开始准备给小孩添置新衣、新裤、新鞋。选择天气晴好的日子洗被子、晒被芯等；准备晚粳米做年糕、麻糍、粽子；买糖豆、花生、水果等零食过年享用；备鱼、虾、蟹、猪肉、牛肉、鸡等年货，一般会吃到正月初八或更晚；用各种吉庆饰品将生活环境装扮得红红火火，喜气盎然，渲染出一片热烈喜庆的节日氛围。

整个春节期间，在衣食住行、礼仪游乐等各类生活内容上都有许多喜庆活动。

春节传统活动

腊月二十三或二十四日祭灶神　各家各户的灶神在这一天要回天宫汇报下情，所以要祭灶神。主要供品是用饴糖制作的各种形状、各种颜色祭灶果。这些祭灶果入口既脆且黏，风味独特。据传说，灶君食了祭灶果，在玉皇大帝面前就只能“甜言蜜语”进善言，而无法开口讲主家的坏话。因此，祭灶前后，大街小巷的食摊上最具节令特色的食品就是祭灶果。方林民谣：“祭灶果祭灶，新年来到。”

祭灶日，方林村民习惯视为新年开端，所以家庭主妇们往往在这一天盥洗更衣，打扫卫生，方姓村民到方氏宗祠、林姓村民到林氏宗祠焚香礼拜，恭迎祖宗回家过年。此俗称为“接祖宗”。

腊月二十四日扫尘　俗语“腊月二十四，掸尘扫房子。”“廿四扫蓬尘，廿五送长工。”腊月二十四日家家户户开始进行一年一度最大规模的清洁大扫除。拆洗入冬以来难以洗涤的棉衣、棉被、褥子、床垫等大件衣物，及清除各种器皿、家具上的污垢，扫除桁条、椽子、竹篾、墙旮旯的灰尘。一进除夕，团圆饭结束之后，直至大年初一，无论地面多么杂乱，家家户户也绝对禁忌扫地，因为习俗上认为初一扫地会“破财”。

二十六日至三十日贴春联贴福字贴年画　二十六日至除夕，家家户户在大门上贴春联。部分家庭还用红纸或金纸制成各种吉庆饰品张贴、悬挂于门口、庭院、厅堂、居室、墙壁、窗户、家具、用器上面，将生活环境装扮得红红火火，喜气盎然，渲染出一片热烈喜庆的节日氛围。村民所贴春联，大致可分歌颂祖国春联、迎春喜庆春联、反映幸福春联、生肖春联等类型。2021年春节，方林文化广场及其道路两旁绿树上挂上大红灯笼。各式各样的霓虹灯到夜间整个广场的相映生辉。

每连新春佳节，家家户户都要在屋门上、墙壁上、门楣上张贴大大小小的“福”字。有的故意把“福”字贴倒了，寓意“福”到了；有的在“福”字中精描细绘寿星、寿桃、鲤鱼跳龙门、五谷丰登、龙凤呈祥等。

腊月二十至三十发贺年片　20世纪八九十年代，方林村村民亲朋好友之间、单位之间、同事之间为互贺新春，往往寄发贺年片，祝新年合家团圆，身体健康、万事如意、财源广进等等。21世纪，贺年片制作精致漂亮，在贺年片上题写一些简短的节日祝词，用以达到增进相互情谊的交际作用。手机普及后，一到除夕，青年人往往在短信、微信上群发短信，寄发贺年卡、贺年信的基本没有，单位间偶用。

腊月二十五至三十谢年（请菩萨） 为感谢菩萨一年来对人们的保佑和庇护，希望新的一年里菩萨继续保佑，村民们会在一年即将结束之际，选择一个好日子请菩萨，俗称谢年。方林村民谢年的主要祀神贡品：猪头、雄鸡、鱼、豆腐、年糕、酒、果品、斋米、米饭（称年饭）菜各一碗，并放上筷子、盐、刀。点一对红烛和三支香、三杯茶、六只酒杯，三跪九拜。酒过三巡，香蜡烛快要燃尽，开始焚烧千张纸、金银元宝和其他焚烧品，将酒杯里的酒洒于地，放鞭炮三响，祀神完毕。不少家庭将谢年安排到后半夜，怕小孩看热闹时讲一些不讨彩的话。谢好年后，将所祭的祀品重新摆放，最后祭祀祖先（俗称祭祖公祖婆、太公太婆）。祭桌向着祖上坟墓方向，点香蜡烛，酒过三巡，放鞭炮。谢年习俗一直延续至今。

腊月三十晚至初七八放烟火 烟火是爆竹与烟花的总称。腊月三十子夜一过，新的一年到来，家家户户立即燃放爆竹，以噼噼啪啪的爆竹声除旧迎新，俗称“开门炮”，又称“开春”，表示“开门大吉”。

人们除了辞旧迎新燃放外，每逢重大节日及喜事庆典，诸如元宵节、端午节、中秋节及婚嫁、建房等，亦要燃放爆竹以示庆贺。然而，改革开放之后，民间办丧事也燃放爆竹。

在节燃放爆竹同时，还喜欢放烟花，为春节添加了色彩光亮。节日夜晚，尤以除夕与元宵节烟花最为盛大，万紫千红，五彩缤纷，火树银花，光彩夺目。改革开放之后，方林经济快速发展，百姓丰衣足食，安居乐业，每逢节庆都要燃放烟火来表示喜庆之情。21世纪，烟火的声、烟、花、色、形等形成多种综合效果，如群峰火箭、喜庆丰收、金蛇狂舞、百花吐艳、快乐烟火，等等。

腊月三十晚吃年夜饭、守岁 除夕之夜，外出的方林人无论相隔多远，工作多忙，总希望回到自己家中，吃一顿团团圆圆的年夜饭，喝一壶团圆酒。习惯上，方林村已分家另过的儿子要回父母家团聚，而已嫁的女儿则不回娘家。这年夜饭也叫“合家欢”，是人们极为重视的家庭宴会。桌上的美食有大菜、冷盆、热炒、点心。当丰盛的年菜摆满一桌，阖家团聚，围坐桌旁，共享团圆饭，喜庆祥和。人们既享受满桌的佳肴盛馔，也享受那份快乐的气氛。

年夜饭菜肴中，少不了一条全鱼。“鱼”和“余”谐音，取年年有余之意。鱼是整个宴席的最后一道菜，大家并不真正去吃，直到宴会结束时，大家才象征性地吃上几口。因为“鱼”和“余”同音，余下它来，象征着新一年衣食皆丰盛有余。饭桌上，年糕是绝不可少的。过年吃年糕，意寓人们的生活一年比一年提高，工作一年比一年顺利，身体一年比一年健康。

在除夕晚上，合家吃了团圆饭后，点放爆竹，在喜庆气氛中，叙旧话新，一家人在放完烟火，看完中央电视台的《春节联欢晚会》之后才睡觉。

腊月三十至正月初八拜年、发压岁钱　古时“拜年”往往是小辈为长辈拜年，包括向长辈叩头施礼，祝贺新年如意，问候生活安好。遇有同辈亲友也要施礼道贺。改革开放以后，同辈间、朋友间也流行拜年，主要是问好，祝新年快乐。

家庭内部晚辈给长辈拜年是在除夕夜子时，新旧交替的钟声敲过即开始拜年。正月初一，外祭天地，内祭祖宗，子弟向长辈拜年，吃年糕、汤圆，以图吉利。初二，丧家设奠，禁忌上门拜年。初三开始，亲友之间互访拜年。随着时代的发展，拜年的习俗亦不断增添新的内容和形式。手机、电脑普及后，人们除了沿袭旧的拜年方式外，还时兴电子邮件网上拜年、短信拜年、QQ拜年、微信拜年等。

除夕团圆饭后，晚辈要给长辈拜年，长辈要给尚未工作小孩压岁钱。方林传说，压岁钱可以压住邪祟，因为“岁”与“祟”谐音，晚辈得到压岁钱就可以平平安安度过一岁。压岁钱由长辈用红纸包裹分给小辈。通常压岁钱的数额都是双数，取个吉利。现在压岁钱的数额尾数多为“八”“六”，寓“发”“顺”之意。大年初一以后，亲朋之间拜年，长辈给拜年的小孩压岁钱。

过去，孩子主要用压岁钱买鞭炮、玩具和糖果等；现在，有的用这些压岁钱购买图书和学习用品，有的将压岁钱捐献给希望工程，有的则存起来，积少成多。

正月初一过新年　农历十二月三十（逢小月为廿九）子夜一过，新年到来，方林各家各户立即燃放爆竹，俗称“开门炮”，又称“开春”，表示“开门大吉”。之后便点烛焚香，用水果、糕点祭祀天地祖先。早晨小孩起床，穿新衣，戴角黍（或称“香料袋”，小角黍形，里面填以香料，单个或成串），第一件事是在父母的带领下向祖辈跪拜，称“拜岁”，祖辈给以“拜岁钱”（也有在春节前给的，在这天起封）。

早餐吃甜食，寓意开年就甜，一年甜到底；也有吃米面的，米面丝长，寓意长命百岁。

初一多去公共场所闲逛。有邻里朋友来访，即以糖茶（糖开水）、茶叶糖茶、茶待客，经济条件好的人家用参茶待客；带小孩来访的，必须给小核糖果饼，也给压岁钱，使他们开心。

初一不劳作，不扫地，不动刀杀生，不动针线，不骂人，不打小孩子。这一天，井水也禁用。相传井神以一年为一天，大年初一就是她的清晨，井面是她理妆的镜子，搅动了，会惹她生气。

正月初二接纸 习惯把初二这天定为“白日子”。凡上一年有丧事的人家，在这一天家里设祭堂，迎接亲戚好友携带纸烛来拜祭，称为“接纸”。为避嫌，一般人这天不去亲戚家做客。但居住在方林的外地人，并不遵循这一习惯。

正月初四迎灶神 举行迎灶神仪式。一早备牲设醴，粘贴灶神（俗称灶司菩萨）纸画。

正月初五迎财神 正月初五是财神的生日，家家置办酒席，为财神贺辰。这一天，各店铺开市，一大早就金鼓齐鸣、爆竹声声、牲醴毕陈。

正月初八闹上八 方林这天最热闹，称闹上八。家家户户都要放鞭炮，小孩在这天大放爆竹，外地舞狮队来村庄人口密集的地方滚狮子，讨红包。信佛的妇女多去各寺庙烧祈求降福，俗称赶八寺、走八寺、游八寺。一到夜晚，爆竹声响彻通宵。过了初八，新年拜节活动算告一段落。

2019年2月12日（农历初八）在浙江方林汽车城门口，有一种“绿色的热闹”准时上演。之所以说准时，是因为五六年来，浙江方林汽车城都会准时在正月初八上午9时18分敲响幸福的锣鼓。锣鼓足足敲18分钟，方林汽车城内的各大汽车经销商都前来围观，纷纷给这种绿色环保的开门方式点赞。

春节期间娱乐活动

春节期间，石曲、方林一带有众多的娱乐活动，主要的有舞龙、踩高跷、唱大戏。现代春节的娱乐活动种类繁多。一方面，继承了传统的民俗文化特点；另一方面，体现鲜明的时代特点。从19世纪90年代开始，便有戏剧表演，隔三岔五全年进行。此外，方林村春节常见的娱乐活动有春节联欢会、茶话会、座谈会、团拜会、游艺会、球类和棋类比赛等。方林村党组织、村委会还组织共青团、妇联、老年协会等到驻军进行春节慰问，组织军民联欢。

舞龙 舞龙也叫舞龙灯。舞龙时，有一个领舞者手持彩珠戏龙在先，指挥着整条龙的起舞，使龙左右上下翻滚；10多人举动紧连龙身的木棍紧随其后并有规律地舞动手中的木棍；舞龙尾的人随着龙头的左右摆动，跟着左右奔跑，气喘吁吁。舞动的龙就像真龙在舞乐声中状如驾云遨游，翻腾飞舞。民间舞龙是为乞求风调雨顺、五谷丰登。

唱大戏 唱大戏是欢度春节的一种大众化娱乐活动。所谓唱大戏就是利用宗庙的戏台或在广场用竹、木板、篷布临时搭一个戏台，请外地的戏班子或村里的草台班子唱戏，让广大老百姓观看，形成浓厚的喜庆气氛。方林一般从正月初三四开始至元宵结束，下午、晚上均唱戏，一般唱三五天。唱戏的钱由村民共同分担，演员们吃饭、睡觉都由村安排到条件较好的村民家里（图19-2）。

演出的内容都是一些传统剧目，如《庵堂认母》《王老虎抢亲》《梁山伯与祝英台》《盘夫索夫》《狸猫换太子》等。用一块木板写上剧名，挂在戏台柱子上，算是剧名预告。正戏开场前，往往加演一出折子戏。

唱大戏前几天，消息灵通的村民就把消息传遍全村。有些村民将唱戏的好消息告知自己的亲戚朋友，让他们来家里做客、看戏。为了占到看戏的好位置，许多村民前一天早早就把各种各样的长椅子、短凳子等摆放在戏台前。开演那天，村民们络绎不绝来到现场。没有凳子的，则围在周围。人山人海，看精彩的表演。那天，小贩们也会瞅准商机，纷纷到场摆摊，什么糖果、甘蔗、各种小吃，不一而足。演员们进入角色，演得逼真，看戏的全神贯注。每当演到精彩处，特别是演悲情戏，看戏的人们往往会向戏台上抛掷钞票。若演得不好，则会喝倒彩，并向台上抛掷甘蔗头之类，表示不满。

唱大戏的娱乐活动曾因生活困难而停止。随着党和政府对农村文化生活的重视，20世纪90年代开始，唱大戏逐渐恢复。不仅春节唱，平时也唱。许多村还有自己的演戏班子。2018年，方林村邀请了嵊州越剧团在方林村大会堂进行了为期4日5夜的演出。2019年2月9日，农历正月初五，方林村举行“好戏连台闹新春”戏曲演出活动，邀请浙江省一级剧团——乐清市戏曲艺术传承展演中心在方林大会堂为方林村民上演5天9场的越剧演出。演员们为大家呈现了《洗马桥》《双玉蝉》《梁祝》等剧目，他们精彩的表演赢得观众一阵阵热烈的掌声，也让广大村民过足了瘾。

图19-2 春节期间，方林村邀请戏班子在方林大会堂演出（2018年2月）

附一：

好戏连台闹新春　共享美好幸福年

林显琳

（2018年）正月十二晚上，方林会堂广场张灯结彩，热闹非凡。一串串大红灯笼，烘托着喜庆欢乐的新春气氛；会堂内锣鼓铿锵，曲声宛转悠扬，一场场精彩的越剧正在演出。

每场演出开始前，会堂广场上都会聚集很多人，大家或坐或站，感受这份春节里的惬意与享受。“很早就知道方林会堂这几天开始唱戏，今天和老伴吃过饭就过来了。”村民林大伯笑着说。“听亲戚说方林会堂在唱戏，就走进来看看，没想到一坐就是一个多小时，这种传统的越剧曲调让我想起了小时候听老人哼唱的片段，挺怀念的。”邻村赵女士说。

2018年正月十二晚上至正月十六，方林村邀请嵊州越剧团在方林大礼堂献上四天五夜的大戏，其间，将《五女拜寿》《新龙凤锁》《王老虎抢亲》《大义夫人》《貂蝉与吕布》《洗马桥》《双桥接亲》《碧玉簪》等好戏带给广大村民，让村民共享方林发展成果，受到了村民极大的好评。

演出期间，会场内座无虚席，过道上都坐满了自带凳子的村民，观众多时，在1000人以上。很多年轻人把自己的座位让给老年人，也不乏好儿子、好儿媳搀扶老年人到场的温馨画面。演出结束后，会场仍然保持清洁，没有留下果皮、纸屑等垃圾。一幕幕小小的故事、一个个小小的细节都彰显着方林村村民良好的素质。

一方水土孕育一方文化，一座文化大会堂读懂一个村落。村落文明的繁衍与传承，就像一棵树，根深才能叶茂，而文化自信就是村落发展的根。方林大会堂内的各种活动，不仅使村民感受到了妙趣横生、通俗易懂的民俗文化美，丰富了村民的精神文化生活，还给村民带来了更大的幸福感和获得感。相信今后方林大会堂必将成为文化传播的主阵地，并以此向周边农村辐射，在繁荣农村文化、促进乡风文明，推动乡村振兴过程中发挥无可替代的重要作用。

附二：

春意闹新年

可　颂

春节俗称过年，是我国最悠久、最隆重、最喜庆的传统节日。

大多数人在节前就开始置办年货，腌腊肉、购食品、添新衣，商家们趁着过年可大大地火上一把。

在方林苑的别墅区，家家户户门前挂起了红艳艳的大灯笼，还挂起了一串串火红火红的辣椒，窗户上贴着精美的窗花。一户人家门前一树淡黄色的蜡梅花静悄悄地开放了，微风中飘散着蜡梅花淡淡的香味。几只喜鹊“唧唧喳喳”热闹地报着喜，一会儿跳上屋檐，一会儿掠过树梢，一眨眼又飞远了。有几户人家门前的梅花争芳吐艳地开着，粉红色和白色的花朵，花团锦簇，就像北宋词人宋祁在《木兰花》中所描绘的那样：“绿杨烟外晓寒轻，红杏枝头春意闹。”

春节前夕的老年公寓里也是焕然一新的气象，刚刚粉刷过的雪白的墙壁，就像娃娃的脸蛋一样粉嫩。院子里繁花竞相绽放，蜂蝶翩跹飞舞，高高的树梢经过精心装扮，挂上了一个个喜庆的小灯笼，红艳艳的，传达着新春的喜庆。这时，是谁捧来了一簇簇芬芳迷人的鲜花？是谁给五保户铺上了一床床温暖的新棉被？又是谁给有困难的老人，需要关怀的军属，送来一个个大红包？嘘！这里的老人们都知道那是谁又来了，是谁一直延续着方林村尊老爱老的传统美德，提前播撒着春天一样浓浓的暖意。你看，老人们笑了，笑得多甜啊！

春节当然离不开一桌子丰盛的年夜饭。除夕之夜，无论相隔多远，工作多忙，人们总希望回到自己家中，吃一顿团团圆圆的年夜饭。这年夜饭也叫“合家欢”，是人们极为重视的家庭宴会。当丰盛的年菜摆满一桌，阖家团聚，围坐桌旁，共享团圆饭，心头的充实感真是难以言喻。人们既享受满桌的佳肴盛馔，也享受那份快乐的气氛，桌上的美食有大菜、冷盆、热炒、点心。在年夜饭的饭桌上一般都有一道年糕当辅食，吃年糕，有“年年（粘粘）高（糕）”的吉祥寓意，演绎为年年高升之意。随着时代的变迁，人们对年夜饭菜的做法也是五花八门，但是其宗旨就是饭菜要代表吉祥，象征新年新气象，新的一年要万事顺利。记得小时候过年便是最幸福的时候，餐桌上有鸡鸭鱼肉，现在人们的生活条件更好了，对食物的要求也更高了，所以在选材方面就更精致了。你看一盆新鲜的鲥鱼上桌了；还有比拇指还要大的白虾，十几个就把一个大盘子装得满满当当；甲鱼躲在壳底下含羞不露脸；海参漂浮在红绿的汤里……你是否馋涎欲滴啦？

除夕夜除了守岁，还有一个传统节目，就是收看一年一度的视觉盛宴《春节联欢晚会》。今年（2018年）的联欢晚会依然丰富多彩，相声小品歌舞魔术，超强的明星队伍，主持人一个个提着灯笼献上祝福，明星们也各显身手。王力宏唱了一曲《十二生肖》，赵文卓露了一手传统武术，席琳迪翁一曲《我心永恒》，小品《你摊上事了》出了一句"名言"："你摊上事了，你摊上大事了"。刘洋、刘旺、景海鹏3位航天英雄也登上了春晚舞台。孙俪和李健的一曲《风吹麦浪》，让我们也陶醉在一片麦浪里。

春节是孩子们期待的压岁钱，是天空中灿烂开放的烟花，是震耳欲聋的爆竹声声。

春节也许就是幸福的敲门声，惜别过去一年，期望美好的来年。

元宵节

节庆时间 方林村元宵节与路桥区、浙东南大部分地方一样定在正月十四。何因，据说元末起义军领袖方国珍的母亲每逢朔、望都吃素斋，方国珍为了让他的母亲也能和家人一起享受节日的口福，就把元宵节从十五改在十四过了，其治下的宁波、舟山、台州、温州的百姓感恩方国珍保境安民政策，也纷纷将元宵提前一日在正月十四过。古时，每逢元宵节，方林各家张灯结彩、燃放爆竹，欢度元宵。

观灯 元宵节最热闹在夜里。夜幕降临之后，家家户户门前均张灯结彩，小孩子则拉着、提着兔灯、羊灯、鱼灯、蝴蝶灯及其他花样的灯。大一点的孩子满村四处乱跑，小一点的孩子则由父母牵着、背着，出来看灯。

建区之初，路桥区政府举办元宵游艺晚会、猜灯谜等活动。这时方林村民会开着汽车、摩托车来观看元宵晚会。元宵晚会上的盛装表演和彩车沿着路桥城区街道行进，需要三四个小时才能行进完，最后在区政府大院或永安广场集中表演，然后结束。

点间间亮 正月十五元宵节。是夜，方林村家家户户在房间暗处及庭院地上，点上一支支蜡烛，谓之"点间间亮"。后来政府认为"点间间亮"容易发生火灾，20世纪60年代之后这一风俗就取消了。

节日食品 正月十四日以肉菜和粉做羹，谓之猪糟羹。山粉糊中放有红枣、葡萄干、小汤圆、桂圆肉等。但最具代表性的食品是元宵。元宵也称"汤圆""圆子"。据说元宵就其形状喻示合家团圆，吃元宵意味新的一年合家幸福、万事如意。

闹元宵 在节日期间，除了燃灯观灯、吃元宵、猜灯谜外，民间还要进行一系列歌舞、舞龙、耍狮、踩高跷、扭秧歌、跑旱船等丰富多彩的娱乐活动，其喜庆热闹程度不亚于春节，人们习惯上将元宵节期间的一切娱乐活动统称为"闹元宵"。2017年正月十四日上午，方林村在广场举办了以“人文水美”“五水共治”为主题的“欢乐猜灯谜，喜庆过元宵”活动，吸引了200多名村民前来参加。

清明

扫墓　家家以青蒿和糯米粉，馅以糖拌芝麻做青团，谓“青团”。清明节前几天，各家备酒菜合家扫墓，谓“上坟”。带着祭祖的羹饭，打扫坟场，然后点蜡烛、点香，摆下羹饭、美酒、水果，供奉祖先。待蜡烛和香火将尽，烧千张纸、银元宝。祭祖同时，祭拜土地菩萨。

改革开放以后，提倡献鲜花，文明祭祖。方林村民更多的是以鲜花、水果、香烛、供品进行祭扫。清明那天，还前往革命公墓或烈士陵园，以不同的方式悼念为革命和人民做出贡献的英烈，怀念他们的功绩。2015年，方林村党委组织党员干部、村民代表奠扫了解放一江山岛烈士墓。

清明期间，各学校组织学生春游、野营、野炊，到烈士陵园送花圈缅怀先烈。20世纪，扫墓归来时还折柳枝，编成柳圈或帽子戴在头上，谓“戴戴杨柳球，下世有娘舅。”由于“清明”与“聪明”谐音，方林把此日生的孩子称为“聪明儿”，并有抱婴儿向邻里乞讨“清明团”的习俗，说是“讨聪明”，讨了“聪明”的孩子最聪明。

清明节时值早春，植物生长很快，植树成活率高，许方林村在清明前后或集体，或家庭个人，于路边、田头、宅旁或郊野，植树造林。

立夏

方林村民春夏收种之交，讲究在立夏进补以增强体质，防罹“疰夏”。那天中午，用嫩麻叶煮烂捣浆和麦粉做薄饼皮制作“麦饼筒”，内裹肉、蛋丝、蟮丝、韭菜、豆腐干、豆芽、包心菜、米面等馅，称作“食饼筒”；贫穷人家则轧青大麦粒磨“麦虫”以代。俗称“醉夏无麦饼，白白做世人”，有“富的醉夏筒，穷的磨麦虫”之说；人们在立夏吃鸡蛋（俗称立夏蛋）以为可以健脚骨。母亲们会结一红网袋，内装鸡蛋，让孩子们挂在脖子上。孩子们会玩拄蛋的游戏，即每人拿一只鸡蛋，把两只蛋的尖端紧紧挨在一起，然后用力往前推，谁的蛋先破，谁就输。吃青梅，以为可以防腰酸；吃桂圆，以为可以明目；吃小笋，健腿脚；吃田螺，健眼睛；即使不会喝酒的人也要喝点酒，或吃甜酒酿，叫做“醉夏”。人们还习惯于此日称体重，以便及时发现体质变化。当下，除吃“立夏蛋”、称体重外，其他习俗基本消失。

端午节

食品 其他地方端午吃粽子，但是路桥方林一带却不吃粽子而吃麦饼。麦饼有两种：一种用麦粉拌水搅韧，以手掌带粉在加热的鏊盘上一旋，就搭成了约25厘米直径的薄薄麦饼，叫“麦油毡”或“食饼”。在这一日，街上现场搭麦油毡出售的很多。另一种用糯米粉加水拌匀成块，用麦饼卷，擂起直径约25厘米的稍厚麦饼，再放到鏊盘中熬熟，叫做“糯米麦饼”。这饼市上出售的不多，大都由每家每户自己动手制成。

有的人家有“麦油毡”，也有“糯米麦饼”；有的人家只选吃一样。麦饼有了，还要做好包料。包料的优劣，每户不同。有的人家，用蛋丝、肉丝、菜头丝、洋葱片等；有的人家，用黄鳝、山珍、海味等。因为麦饼包起来如竹筒，所以叫它“麦饼筒”。饮的是雄黄酒。这种吃法是方林村（路桥一带）的特点。

辟邪 到了中午时分，家家在大门上插起了“菖蒲剑”，挂起了白艾。现在有的人家不用白艾改用点蚊香替代，用意相同。惟插菖蒲剑许多人家照旧行。不仅是纪念屈原，而且有“避恶除邪”的意义。小孩子在这一天，胸前皆被挂上了用五彩线系着的“香袋”或“香囊”；将雄黄酒搽在小孩子的额上鼻上及手足心祛邪，“直搽得乌孙屁股黄”，既使小孩子高兴，又增添了节日的乐趣。将雄黄酒洒到旮旯之处，以收消毒之效。20世纪60年代后，佩香袋、涂雄黄的习俗逐年消失。

中元节

在农历七月十五日，又称为“鬼节”。方林家家户户从七月初一开始，至七月半，每家每户都要做“七月半”，备酒、肉、蛋、鱼、豆腐、青菜、豆芽、点心等作为供品，烧纸钱祭祀祖先。

中秋节

时间 多为农历八月十五日，但宁波、舟山、台州、温州的中秋节为农历八月十六日。相传方国的母亲虔诚信佛，每逢初一、十五吃素，方国珍为了使母亲能享受节日之欢，又不破戒，于是往后推迟一日过中秋节。

吃月饼 中秋节，人人吃月饼。

敬老 方林村中秋敬老的习俗由来已久，已婚的女子要同丈夫一起回娘家探望父母，向父母赠送中秋礼物，表示对父母养育之恩的报答。晚辈要向长辈赠送节日礼品，在表示慰问的同时，也表示尊敬之情。中秋节前后，方林村两委、老年协会、妇联等单位，每年都到老年公寓看望老年人，给他们送去月饼和其他礼物，对困难老人送上慰问金。

赏月　因节期在八月十五，所以称“八月节”“八月半”；由于中秋节，月亮特别圆，许多年轻人和老年人都会聚在一起欣赏皓洁的月光，讨论各种各样的问题。

重阳节

农历九月九日，俗称“九月九”。方林农家以糯米粉和糖制糕，上撒桂花、红、绿橘皮丝，浇糖汁，谓“重阳糕”，取“高”谐音，意为步步高；方林共青团在这一天组织青年团员举办登高赏菊活动。1988年，我国正式规定九月初九日为敬老节。每年敬老节，方林村两委开展敬老活动，慰问老人，送去慰问金和礼物，请老人参加庆祝会、观看文艺演出等，还对80岁、90岁的老人逐户登记，编印“寿星”花名册，以便老人节登门慰问、赠送拐杖和营养补品等。《方林村村民自治章程》对敬老爱老和长寿奖、奖作了具体规定。

冬至

方林村民把冬至称为作“交九”。从冬至这一天起，每隔9天作为一个“九”，共分成9个“九”，共九九八十一。81天之后便进入春天。冬至之后习惯“数九”。村民在冬至日吃汤圆。旧时有求冬至梦的习俗。

腊八节

农历十二月初八，古称“腊日”。十二月初八这天，方林家家户户都要煮腊八粥。吃了腊八粥，一年四季就会受到佛祖保佑，身体健康，阖家平安。改革开放以来，不仅家家吃腊八粥，而且有些单位、慈善机构、寺院会煮很多粥，供路人、香客食用。

2017年1月5日是腊日。大清早方林村村民缪荷清、陈初芬、谢华仁等人，分别在黄桥头、方林苑小区摆好粥摊，向过路群众免费发放腊八粥。他们从初七晚上就开始熬粥，整整一个夜晚，通宵未睡。真是滚烫腊八粥，浓浓邻里情。

第二节　法定节日

元旦

1月1日为元旦，方林村挂横幅庆祝，放假1天。

三八国际妇女节

1949年12月，中央人民政府政务院规定3月8日为妇女节，妇女放假半天。方林村妇联在这一天召开座谈会、表彰会，奖励先进，号召妇女争当“三八红旗手”“好媳妇、好婆婆”，创“五好家庭”（政治思想好、家庭关系好、计划生育好、勤俭持家好、工作劳动好），动员妇女在各条战线发挥妇女“半边天”的作用。2011年3月7日，在方林村茶室内，方林村妇联为喜迎第101个“三八”国际妇女节，开展“婆媳烹饪大赛”。参加妇女80多位。2013年3月5日，方林村妇联在方林公园举办了“方林村庆三八趣味活动”，共有110多位妇女参加，猜谜语、拉弹珠、玩呼啦圈。2018年3月6日，为庆祝国际劳动妇女节108周年，方林汽车4S党群服务中心联合路南街道妇联、团委、总工会，在方林汽车产业集聚区开展“情暖三八益路同行”主题公益活动。

植树节

中国的植树节于1915年倡议设立，最初将时间确定在每年清明节。1928年，国民政府为纪念孙中山逝世3周年，将植树节改为3月12日。1979年，在邓小平提议下，第五届全国人大常委会第六次会议决定每年3月12日为我国的植树节。在此前后，全民义务植树。方林村在改革开放前很少有“植树节”概念。此后，方林村两委每年宣传植树节，并在河边、路边植树。特别是在创建生态村中，广泛开展植绿护绿活动。每年植树节，都成为方林的植绿护绿日。

五一国际劳动节

亦称“五一节”“劳动节”，放假1天。50年代，方林村无劳动节概念，广大村民无所谓休息不休息。20世纪80年代开始，方林举办各类庆祝活动，召开先进工作者座谈会，表彰先进人物，开展棋赛、球类等活动。

五四青年节

亦称中国青年节。方林的节日娱乐活动丰富多彩，歌咏比赛、文艺联欢、体育活动吸引着众多青年参加。1988年起，方林青年在街头开展打扫卫生、为村民修理日用品等活动。2012年4月28日，方林村团委为响应区委区政府“三个率先”建设目标要求，在路桥中国日用品商城举办了“三个率先·青年争先”纪念建团90周年暨五四运动93周年系列活动，积极开展为民做好事、保护环境、志愿者维护交通秩序等，还与路南中心幼儿园组织了40余名青年前往某部队驻地，举行了名为“军民共建迎五四”的联合拓展训练。

国际儿童节

民国时期，定四月四日为儿童节。此日，学校开会或开展活动庆祝。1925年，在瑞士日内瓦召开的关于儿童福利的国际会议上，定每年6月1日为国际儿童节。6月1日儿童节，学校儿童放假1天，开展庆祝活动。举行少年先锋队新队员宣誓、表演文艺节目、开校运动会等，机关单位、商业部门赠送体育器材和书刊。2018年5月30日，路南中心幼儿园在方林大会堂举行“放飞梦想快乐成长六一文艺演出”，数百名孩子和家长齐聚一堂，用精彩的文艺会演庆祝六一国际儿童节的到来（图19-3）。方林村两委和共青团、妇联等组织，每年6月1日都到小学、幼儿园慰问，赠送学习用品、图书、体育器材等。

图19-3 路南中心幼儿园举行“放飞梦想快乐成长”文艺会演庆祝六一儿童节（2018年5月）

中国共产党成立纪念日

7月1日为中国共产党成立纪念日，称建党节。届时，报刊发表社论，庆祝节日，纪念中国共产党走过的光辉历程，号召全国人民在共产党的领导下，为建设国家而努力奋斗。方林村党委运用重温入党誓词、表彰优秀党员、讲解党的奋斗历史，激励党员不忘初心、牢记使命，为国家富强，民族振兴，人民幸福而奋斗。2012年6月29日，村两委班子成员，先后走访慰问住院的老村长管人财、卧病在床的党员缪济平，以及年迈的村老书记方道福，送上慰问金。2018年6月28日，七一建党节即将来临之际，方林村全体党员和村民代表登上大陈岛，重温入党誓词，重走垦荒之路，学习垦荒精神，在垦荒纪念碑前集体过党日，重温入党誓词。党委书记方中华勉励全体党员大力传承和弘扬大陈岛垦荒精神，进一步解放思想，不忘初心再出发、牢记使命。2020年6月29日，村党委书记方中华带领村党委成员，走访慰问5名党龄超过50年的老党员，以及2019年6名优秀党员和7名患病党员。

八一建军节

每年建军节来临之际，方林村两委发扬拥军优属传统，组织军民联欢会，前往驻军营地慰问部队，发放慰问金，参观军营，召开座谈会，共叙军民鱼水情；而部队也在节前节后到村里开展爱民活动。2020年7月30日，驻军官兵走进方林村，开展“军爱民、民拥军、军民团结一家亲”共建活动。

教师节

1985年，国务院定每年9月10日为教师节。方林村发扬尊师重教优良传统，届时看望和慰问教师，帮助教师解决困难，送去学校需要的教学用品等。2016年9月9—10日，党委副书记方浩、办公室主任林荣辉先后到东方理想学校、路桥第三中学、路南小学开展“致敬教师节、感怀恩师情”活动。

国庆节

10月1日为中华人民共和国成立纪念日，称国庆节。放假3天，举办各种纪念活动，进行庆祝。方林村所属各单位都举行升国旗仪式，村民们也在家门口悬挂国旗，以示庆祝。

第四章　社会习俗

人们在社会交往中，因实际生产、生活，或出于某种禁忌、精神寄托等的需要，会形成各种社会习俗，如人际交往、婚丧寿诞、职业禁忌等。随着时代的进步、科学知识的普及，很多带有封建迷信色彩的落后习俗正在淡出人们的社会生活，一些反映社会主义道德风尚的习俗正在形成。

第一节　摇　　会

摇会是方林村村民较普遍的一种经济互助方式。发起者为首，一般以暂遇经济困难者聚头会，先收款。与会者一般10人（也叫会脚），收会（款）按入会顺序，或协商，或掷骰子看点数多少而定，届期由会首召集会脚，并办会酒。20世纪60年代后，摇会存，酒席废。70年代有千元会，80年代末兴起万元会，一次决定顺序。方林的摇会，在部分村民中一直存在。

第二节　交　　际

宴请

方林村宴请风俗一直存在。亲朋好友光临，先煮三五只荷包蛋为点心，再设宴欢迎；亲友升官上任、赴考远行，多设宴饯行欢送，祝贺一帆风顺；开张营业、修造房屋、上梁迁居、拜师招徒、孩子满月、男婚女嫁、过年过节均往来宴请。在宴请时，人们对“上横头”和”大手面”很讲究。宴请客人、对贵宾表示敬重就请入座“上横头”。古代传统建筑，中堂直对大门的主位为“上横头”，主位左侧为“大手面”，右侧为“小手面”。因此，凡是遇到设宴请客，最敬重的客人或辈分最长的（如外公等）入座的位置是“上横头”，再是“大手面”。懂得礼仪的人，“上横头”座位都不随便去坐。把“上横头”和“大手面”位置定为贵宾上座，这种礼仪一直沿用到现在。古时，宴请都在家里。随着生活的改善，宴请档次越来越高，20世纪90年代以后，宴请讲排场、气派，地点多在高档饭店、大酒店，珍稀佳肴满桌，浪费惊人。自从21世纪，党中央强调节俭、“光盘行动”，特别是习近平总书记提出“节约粮食”后，宴请浪费有所收敛。

送礼

旧时，一般生日送礼，儿童多送穿戴玩具，成人送寿面和现金，有的送衣服鞋帽或寿联、寿幛、金字匾对；女婿为丈人、丈母祝寿，往往抬盒10数架以炫耀富有，未过门的穷女婿也得准备厚礼；结婚送礼多为床单、被面、花瓶、镜子、热水瓶或现金，有的送工艺品、相册等。丧事送礼，民国时多为烧千张（福寿纸）若干捆或挽联、吊幛、抬祭盒、请乐队。20世纪60年代后，送花圈、挽联、挽幛，从棉布、涤纶发展到上等床单和锦缎被面。改革开放初期，结婚送礼一般几元，很少有超过10元的，虽然不多，但礼轻情谊重。随着生活条件日益改善，礼金渐涨。

义亲

古时，村民怕子女不寿，拜多子女有“福命者”为老继爷、老继娘，或因单丁弱姓而拜地方上有势者为义父。50年代后，此习俗不多见。

帮工

每有急难，互相关心帮助。邻里亲朋间，在春耕、夏插、秋收、冬种、开山、造田、建宅、运物，以及婚丧喜庆，年关捣麻糍、做年糕等，互相帮工，主家盛情款待，帮客尽心尽力。21世纪开始，家中需要一般不请帮工，改为雇用小工。

禁忌

出门听见乌鸦叫，以为不祥，喊“拍脚声消”以除晦气。被人泼污水，容易“倒运”。造屋忌朝正南，以为神庙所向。字纸作手纸视为罪过，下世不识字。小孩子忌食鱼子。

第三节　潮　　俗

尽管方林村不紧靠大海，但潮俗不管旧时代、新时代，依然存在。凡家中有喜事的都会选好时日、时辰，如盖房动土、上梁、经商、迎亲……都要选在海水潮涨的时刻开始，以示生活会像潮水一样逐步上升；不吉利的事，如尸体入殓、给病人煎药……要选潮水退落时，希望这些不吉利的事情像潮水一样退下去。

第四节　婚丧寿诞

婚姻习俗

定亲　方林粗定亲跟其他地方一样。旧时婚嫁由父母包办，讲究门当户对、身价财礼，也有指腹为婚。同姓不婚。男子嫁到女家，谓入赘，俗称“招进舍”，男子被称为“进舍女婿”；穷苦人家把幼女送到婆家，称“童养媳”；年龄女大男小的称“等郎媳”；寡嫂嫁叔的叫“顶亲”。50年代后，除保留入赘外，大部分破除。

旧时，由媒妁向女家取得庚帖，俗称“八字”，送往男家。经双方上门看定，俗称“踏亲”。同意后择吉期，男家与媒人具请柬及各种礼物和食物送往女家纳聘，俗称“定头”（也有先送首饰作为“小定”）。女家回复允柬并附万年青、彩扇、米团等回礼。男家在择定成婚日期前，再送各种食品与现币（比“定头”多数倍）至女家，谓“起帖”。女家向男家索取绸缎、首饰，谓“讨尺头”。女家以“尺头”多少决定陪嫁物品。男家于婚期前8天，送花粉彩线、各种食物至女家，为新娘开面梳头打扮用，谓“梳头盒”。女家置备四季衣服、被铺、家庭用具、首饰作嫁妆。嫁妆有10扛10担、5扛5担、8扛8担不等。在婚嫁前1天开具清单，请媒人送男家派人搬运。当夜男家设宴媒人及亲戚、执事等人，谓“暖房”，俗称“闹房”。

1951年4月，贯彻《中华人民共和国婚姻法》，由政府登记办理。但大多由媒人牵线，自由恋爱不多；改革开放以后，定亲非常简单。男女双方或由介绍人介绍相识，或原本就相识。双方自愿结合。在此基础上，各见自己父母一面，双方父母同意，择日办一二桌定亲宴，亲事就定了。以后的日子里，双方勤走动。娶亲日期由男女双方商定。近年，旅行结婚开始兴起。

迎亲 古时，婚前1天，男家到女家将嫁妆抬来，称“扛嫁资”。迎娶之日，迎接双方人数要相等。过去新娘坐轿，接亲双方都要靠路右边走，由媒人引路，快到男家家门口时，男家放鞭炮，以示热烈迎娶，新娘进新房。

富户用彩轿、红灯、旗伞、鼓乐迎亲，女家中午设宴送女，下午迎至男家。一路吹吹打打，迎新娘到夫家。同来的还有伴娘，进门时鼓乐花炮齐鸣。当下，男家往往用10多豪车迎接新娘，车上装饰彩绸彩带和花朵，一路拍摄录像。

拜堂 男家一般在中堂点起大红蜡烛和清香，地上铺设大红布，富裕人家会装扮一个花堂，十分好看，而普通人家则会相对简单一点。新婚夫妇进门以后，就可以举行拜堂仪式。拜堂时，新娘头戴凤冠、身穿披纱，新郎头戴礼帽、身穿长袍，乐队吹吹打打，看热闹的男女老少挤满中堂道地，十分热闹。那个时候婚礼一般都有“拜堂赞”，称为“傧相”（即现在的主持人），主持人大都是亲戚朋友。在婚礼上，主持人高唱调侃，增加喜事气氛，为婚礼讲好话，图吉利。主持人讲得好，可收红包。然后，婚礼仪式开始“一拜天地；二拜高堂；三夫妻相敬”的拜堂礼节。接着主持人唱“天开地昌逢黄道，福禄寿喜都来到，王母娘娘当中坐，东方朔来献蟠桃……”等祝词，祝福新人夫妻恩爱，百年好合，拜堂仪式就礼成结束了。2位少妇扶新娘和伴娘一起入洞房。开宴时，新郎、新娘向各席敬酒，宴毕由伴姑引新妇入洞房。在新房内，新人双双规规矩矩坐在床沿，任年轻人聚观戏言挨挤，称“闹新房”。然后新人于洞房款宴，谓“吃小饭”，再拜辞父母，由伴郎执烛送入洞房。

婚后 婚后3天，新妇由新郎相伴回家看视父母，谓“望三朝”或“走三日”，男女家各备茶食果品互送，转分亲友。近年盛行婚后旅行。第一年端午、中秋、除夕时，男家在数日前送鱼肉糖果至女家，以除夕最丰，谓“送年夜”，女家亦有回礼；次年正月上旬，女婿备礼至女家拜候尊长，谓“拜岁”。以后每年正月及三节，男家备礼物送女家谓“送望”。

生育

旧时生育风险大，禁忌多。孕妇忌进庙宇祠堂，忌动刀斧，忌剥鸡蛋、桂圆等食品，忌烧菜时翻炒，忌杀鸡，忌见猴、虎等不常见动物和丑陋人物，忌糊窗户纸，等等，意在防止难产、流产。产后忌风吹，忌生冷，忌外人进入产房。

产前要“送过水面”，由娘家在新妇怀孕时送麦面（或米面）、鸡蛋、虾皮、鱼鲞等，给孕妇改善营养。婴儿出生后，亲朋贺喜，主人家请吃“长寿面”。娘家送豆腐皮、鱼鲞、虾皮、红糖、鸡蛋等食品和婴儿衣裤等，称望月里或送月里，亲友也有送礼者。

产妇要吃大量红糖、姜汁。生下长子要办喜庆酒席，称落地酒或生儿酒。婴儿满月后才可抱出产房，颈挂五彩长命线。满一周岁叫对周或够周，要烧“对周面”，连同猪肉送到娘家，娘家制作雪团、包子、米糕等回赠，称对周果，婿家以此分赠亲友邻居。娘家同时送婴儿衣服等，称对周衣。婴儿一两岁后，母亲带孩子去娘家，要用墨或烟煤把孩子的额头点黑，在路上避免“闲神野鬼”侵扰，谚称“槅槅乌，望外婆”。外公、外婆送给小孩“见面钱”。

政府提倡新法接生，分娩多入医院，生育禁忌大多消除。改革开放以后，孕妇多在医院生小孩。几天后回家。但仍保留着送月里、坐月里、对周及女方家出钱雇人服侍的习惯。

寿诞习俗

方林村富户逢十“做寿”，唯40岁因“四”与“死”谐音而忌停，以后每隔10岁做1次寿。做寿时，早1个月向亲友发请帖，早3天布置寿堂。做寿者坐在寿堂正中的八仙椅上，受子孙跪拜，受拜后发红包，称“子孙钱”。一般仅由儿女设家宴、送礼品庆贺，并向邻居送寿面。新中国成立后，寿庆改革从简，长辈50岁后逢十生日，家属聚宴，下辈馈送人参、补酒等礼品。20世纪80年代后，亲友赠送蛋糕、燃吹蜡烛之风渐行。方林村两委送生日蛋糕等礼品，为老年人庆寿。每逢老年节，为长寿老人发长寿奖、寿星奖；年轻人在电台点播歌曲、戏曲为长辈、亲友庆祝生日，或送鲜花以示庆贺；儿童、青少年学生每年做生日，设宴招待亲友同学，生日蛋糕盛行，分切时齐唱《生日快乐》歌。

丧葬习俗

俗称“白事”。方林村送终、移铺、入殓、吊丧、出殡、安葬、做七（回煞）、小祥（周年祭）、大祥（二周年祭）等习俗，大体与各地相类。病人弥留之际，家属到场送终。人死后梳洗更衣，择期棺殓，将死讯分告亲友，去路旁烧毁死者草席等物品，谓“烧茭毡灰”。家人披麻戴孝，当夜设灵堂，请僧道做法事，超度亡灵。亲戚做衾送给死者，随殓入棺。出丧时幡幛引路，子女扶杠，亲人号啕大哭，沿路鸣锣烧撒千张，大户人家设路祭。孝子路遇桥梁时，要跪拜后棺材才能继续行走。棺材到墓地前，丧家设羹饭菜、纸钱进行“买山”，以供死者有房住、有路走。棺材放进墓穴，然后覆土，孝子和送丧者绕坟地顺三匝、倒三匝。安葬毕，孝子捧木主或遗像不能回头转身直接回家，将木主或遗像放于灵堂。中午宴请送丧亲友及扛棺等执事人，谓“落山酒”。旧时，父母未亡的死者葬明坟，不可落土，待日后双亲逝后重葬；死在外地者，尸体不进家门；被雷击死，棺木用绳系于树上，绳断安葬。死后第三天上坟祭奠，谓“望三日”，7～49天，每隔7天的夜晚于木主牌位前祭奠，俗称“做七”。每到农历朔望，酒肴祭奠，调“祭饭”。至周年再设祭，称“小祥”。死后第二年正月初二至初四祭奠，称“接纸”，亲朋上门吊唁。3年孝满，除孝服，撤木主，再延僧超度亡灵。20世纪60年代后，丧事略有变化，以追悼会、遗像、花圈、挽联、黑白花代替旧习，服孝时间缩短。70年代攀比葬礼，军乐演奏，鞭炮震天，人们争相观望，后明令禁止。近年，用“细吹”和录音机放哀乐送丧。70年代至21世纪，出殡时兴行用民乐队或西洋乐队送葬，而引路魂幡、寿牌、寿锣、丧服等仍继续沿用。

1999年，实行殡葬改革，全面推行火葬。丧葬礼仪习俗从此发生彻底变革，除向至亲报丧外，贴讣告或在当地报纸刊登讣告以通告亲友；在殡仪馆开追悼会以代替设祭；臂缠黑纱、胸戴白纸花以代丧服；亲友送花圈、花篮以代挽联；石曲乡建设公墓以供安放骨灰。

第五节　陋习与迷信

赌博

形式有打麻将、推牌九、掷骰子、押红黑宝、玩扑克、点三和、猜枚等，名目繁多，赌法各异。民国时，政府过年开放8天不禁。20世纪50年代，整顿社会秩序，刹住赌风。“文化大革命”期间，赌风泛起。70年代末，赌风有所收敛。80年代后，方林村两委加强精神文明建设，狠刹赌博风，使社会秩序风清气正。

算命

又称“排八字”。因谋事、问疾、升学、经商、结婚等，以算命断凶吉，求精神上的安慰。江湖术士以人的出生年月穿凿附会，使人上当受骗。与算命相似的有测字、占卦、看相、鸟衔牌等。旧时方林村村民信算命的很多。20世纪50年代，经常宣传破除迷信，对迷信职业者改造教育，相信者大为减少。“文化大革命”期间，有人操旧业，70年代以来，青年喜用扑克牌占卜吉凶。80年代，算命测字的江湖术士又重操旧业。21世纪，方林村仍有少数青壮年男女相信算命，其中以妇女为多。村党委通过普及科学知识，消除算命陋习。

看风水

看风水有两类。一类是人们造屋子、建住宅前，往往请阴阳术士用八卦等手法选择朝向等所谓风水宝地，以求财运亨通，平安如意；一类是选坟地。人到老年或死后，找阴阳术士择墓地，以求吉穴，祈求祖宗保佑后代荣华富贵。《中华人民共和国土地管理法》颁布后，耕地不能随意转变为宅基地，不能自选风水地；1999年，政府禁止土葬后，看风水的风俗逐渐消失。

祈雨

祈雨又称拜雨。旧时，夏季久旱无雨，立秋之后，方林村就会策划祈雨活动。组织队伍去“龙潭”诵经，取回水生动物泥鳅、黄鳝等供奉，如还不下雨，就举行盛大的祈雨游行，队伍由纠察队、仪仗队、乐队、朝拜队、护水队、龙轿等组成，所到之处，人们肃然，地方官跪拜龙轿。如拜雨无效，甚至投潭而亡来感动天庭。1963年大旱，方林村举行拜雨活动，被强令解散。随着科学的进步和精神文明建设的加强，方林的祈雨活动已彻底消失。

送野祀

旧时患病不愈，半夜时用米筛端供品，按卜定的方向一直往前走，不可回头，至林间、庙角、水际祭祀，意为送走邪鬼。20世纪50年代后，该习俗逐渐消失。

第六节　其他习俗

学艺

旧时，工匠无师自通者，技术虽精，同行却不认，主家不请。因此，年轻人欲学木、石、铁、竹、土、织、缝等手艺，必须拜师学艺。拜师需经“保人”引荐，写下契约。首次面见师父，要送见面礼；师父出题，探查学徒的悟性和资质。若认可，收下礼品，另择吉日举行拜师仪式，设香案，先拜祖师，后拜师娘，然后设宴请师父、师母、师叔、师兄等，称为吃“投师酒”。学徒期间，除学艺外，要干各种杂活。吃饭要坐在“小手面”，盛饭靠镬边，夹菜靠面前。逢年过节，要向师父送礼。学徒3年，“有食无工钱”；3年后为半工钱；半工钱继续学习4年后，才可满师。满师时办满师酒，敬谢师父

单位，叫作“台里”。我台，就是“我们台里”的简称，叫得长了也就作为“我们”来称呼了。

曲：这里指吃饭的“吃”，方林人并不念吃，而是读成su。此是古代书面语。

望：方林人不叫“看”，而叫“望”。比如说，“这个人来了没有？”回答上一句：“你望望相。”“望”一个含义是希望之望，另一个含义是“向远处看”。

不：读作“弗”，也是一句书面语。弗之本义就是“不”之意。成语之中“自愧弗如”便是例。

早晨：方林人不说早晨，而说“颗星”。据调查，此语言的出现，与古代的天文学有关，是“一颗星”的简称，语出中原。因为早晨时节，中原和北方一带，天象只呈现颗太白星。郑州、开封等地，古语之中便有出“颗星者”。“颗星荷犁出大原，单月挚童归荆门”，便是中原一带农民生活的写照。由此可以断定，方林此地过去无土著，人类的繁衍与各种姓氏的派生一样出于中原一带。

中午：不说“中午”，称之为“日昼”。此句亦是文言。“日昼呼稚童”，便是此义。

傍晚：方林人不说傍晚，而是说“天晏”了。“傍晚”不说“傍晚”而说“天晏”，是成都一带的口语，和方林人说“天晏了”意思相同。

给：方林人不说“给”，而说“八”。比如“把××东西给你”，说成“把××东西八你”，其实此“八”非“八”，而是一个地地道道的“把”字。把“给”读成“把”，是陕西、开封、河南一带的方言。

看看样子：方林人不说“看看这样子”，而是说“望望相”——把“样子”当“相说”。过长江以北，均无此种语言，唯有苏州、上海“款款依语”之中才得见其踪。上海话“侬到黄浦白相白相看”中，“白相白相”就带有“去看看是什么样子”的意思。方林人好说：“你望望相你这个儿。”与上海的“白相”两字具有同等的含义。

宕：方林人称慢慢走，不说“你慢慢走”，而是叫你“宕”去。宕，词典中的书面语含有拖延的意思，延宕便是此义。方林有许多形容词，如游游宕宕，懒宕宕，空宕宕皆从此引申。

忖：方林人谓思考，不说“思考”，而称之为“忖”。寸心合为“忖”，整个字义，便有“揣度”“细想”之意。“忖忖相”“我忖你忖死了”，等等，这些话都是极为形象的。

第二节　称谓方言

生活类称谓

不净曰齷齪，亦曰邋遢，又曰鏖糟
睡眠曰困，小卧曰寝（音忽）
游手好闲曰流宕
昏曰昏懂懂
醉曰醉醺醺
盛怒曰气轰轰
没有曰蟹血，曰蛩汤
没人要曰烂虾咸
无用曰死白蟹
有始无终曰大虫头老鼠尾
言不听从曰牛皮凿洞
多恶言曰赖鸦嘴
胸襟不大曰鸡肚肠
不能捉摸曰滑溜鳗
人众多而不精曰虾兵蟹将
纵妻与人通奸曰乌龟
混杂不清曰老鼠屎糊镬羹
不成曰倒灶
巴结人家曰拍马屁
自己夸大曰吹牛皮
泼辣的妇人曰雌老虎
做事不认真曰马马虎虎
事有困难曰鲫鱼跳过滩
地位高升曰鲤鱼跳龙门
没有人采曰冷狗屎
骂人乱说曰放狗屁

口好心毒曰喜鹊嘴赖鸦心
迁移不定曰猫儿搬窠
细微不足道曰水牛背脊拔根毛
事难遮掩曰露出马脚，又曰拖出狐狸尾巴
碰到好的机会曰老鼠落米缸
硬碰硬曰乌龟背石板
徒劳无功曰水浇鸭背脊
瓦解失了依靠曰树倒猢狲散
事不符合曰牛头不对马嘴
出从自身曰羊毛出在羊身上
算计精明曰鸡肉算到鸡骨头
在狭窄地方布置曰螺蛳壳里摆道场
无法取得曰大虫口里挖碎肉
不会积蓄曰老鼠该勿隔夜粮
妄想非分曰癞蛤蟆想吃天鹅肉
唯利是图曰羊倒吃羊头，猪倒吃猪头
子女忘本曰紫燕拖泥空劳碌
形容人吃人曰大蛇吃小蛇，小蛇吃蛤蟆，蛤蟆吃甲蜢，甲蜢吃稻梗
专说谎曰花麦壳，又叫半天松花
长受苦难曰苦瓜
命苦曰黄连
说话唠唠叨叨曰种棉花到拆布碎
吃饭慢而饭量大曰麦秆喉咙箩箕肚

歪人被制于人曰辣蓼自有辣蓼虫

立场不稳曰墙头草，风吹两面倒

事出有因曰有个葫芦画个圈，没有葫芦画不圆

动作类称谓

水推物曰氽

慢走曰踱

潜逃曰溜

小儿戏匿（捉迷藏）曰寻貌幽

伸指赌酒曰豁拳

挑灯芯曰搽

悬物曰吊

支物曰垫

移物谓之搬

藏物谓之炕

饲物曰畏

两物相和曰拌

滚水浸物曰泡

火干物曰焙

用火暖物曰烘

挹彼注此曰舀

以掌打人曰掴

摩物曰擦

拭物曰撣

孩子欢跃曰打虎跳

生产类称谓

以木范履曰楦（俗作楦）

压油、压酒曰榨

以篾束物曰箍

刻木相入曰榫（音作笋）

用具类称谓

关门之机曰闩

张鸟之机曰强（巨亮切）

气候类称谓

冷曰冷清清

热曰热汤汤

暖曰暖烘烘

凉曰凉阴阴

状态类称谓

轻曰轻飘飘

重曰重锤锤

薄曰薄松松

圆曰圆滚滚

扁曰扁搭搭

硬曰硬绷绷

旧曰旧脓脓

新曰新崭崭

枯者曰瘪

色彩类称谓

青曰青猗猗

绿曰绿芯芯

白曰白雪雪

红曰红血血

黄曰黄光光

蓝曰蓝茵茵

黑曰黑洞洞

身体类称谓

背屈曰虾公
仰卧曰晒鲞
肥大曰胖亦曰壮
谓乳曰奶
疮烂曰虹
眼睛尖锐曰老鼠眼
耳小曰老鼠耳朵
鼻扁曰老鹰鼻
嘴小曰鲳鱼嘴
身长曰竹竿娘
头发蓬松曰棕榈头

第三节　俗　　语

方林村一带存在着不少俗语。千百年来，方林先民在生活和生产劳动中形成了一种形象的定型化流传的俗语，是他们生活经验、生产经验和愿望的总结，有浓厚的口语气息。方林人传承了先民们创造的这些短语，并作为人际交往的重要工具使用。

四字俗语

一毛不拔	量体裁衣	回心转意	狗头军师
孤掌难鸣	打落水狗	脱皮换骨	捕风捉影
坐地分赃	花言巧语	摇头摆尾	打退堂鼓
歪嘴蹩脚	油腔滑调	昏头怛恼	寅吃卯粮
放马后炮	人面兽心	眉开眼笑	水涨船高
泥塑木雕	贼皮狗脸	坐吃山空	斩草除根
夜长梦多	借花献佛	对牛弹琴	雪中送炭
水落石出	含血喷人	逼上梁山	锦上添花
水底捞月	借刀杀人	走马看花	
雪上加霜	打死老虎	拖泥带水	

五字俗语

枕头边告状	鸭蛋同岩碰	老官吃硬饭	擒贼先擒王
脚底搭桐油	平地起风波	买鱼多酌米	瞒上不瞒下
行行出状元	落雨天留客	舍命陪君子	平地打滑塌

脚趾头讲话 真金不怕火 水浇鸭背脊 屋倒连夜雨
哑老吃苦瓜 客来添双箸 闷声大发财
临时抱佛脚 脚肚子弹琴 树倒猢狲散
无风勿起浪 货到地头死 板板六十四

六字俗语

牛头勿对马嘴 家丑不可外扬 一代不如一代 瞎眼狗朝天嚎
大树下好隐风 姑娘嫂落得好 糖霜嘴砒霜心 六月债还得快
千丈竹撩不到 前言不应后语 忍一忍吃不尽 一斧头两门闩
新茅坑三日香 一法通万法通 神仙难断行市 雷声大雨点小
百闻不如一见 猫贪荤爷贪孙 屋宽不如心宽 若要好大做小
一点水勿滴地 生米煮成熟饭 船帮船水帮水 有眼不识泰山
只要钱勿要命 做到老学到老 好朋友勤算账
说真方卖假药 孤老院选好汉 一不做二不休

七字俗语

知人知面不知心 太岁头上来动土 好马不吃回头草 只重衣衫不重人
上台容易下台难 宰相肚里好撑船 一根肚肠两头通 有钱能使鬼推磨
火烧眉毛眼下紧 有病不可瞒太医 吃麦醉饭游西湖 一朝天子一朝臣
开花容易结蒂难 螺蛳壳里摆道场 脚踏两船心不定 一钱逼死英雄汉
做日和尚撞日钟 无事不进三宝殿 船到桥门自会直 好花插在水牛屎
三分钱财七分命 朝里无人莫做官 人心不足蛇吞象 话不投机半句多
刀割指头冷冷痛 天下无媒不成亲 聪明反被聪明误 强将手下无弱兵
一人做事一个当 一家勿知一家事 恶人自有恶人磨 肚皮贴着背脊骨
一个儿女一条肠 当面锣鼓对面槌 隔重肚皮隔重山 气死弗可打官司
情人眼里出西施 今日不知明日事 独只皮鞋掼勿响 眼睛生在额角头
大盗口里出圣旨 清官难断家里事 远水救不得近火 天不生无禄之人
羊毛出在羊身上 好汉不吃眼前亏 上梁弗正下梁歪 辣蓼自有辣蓼虫
鸡肉算到鸡骨头 刀切豆腐两面光 斧头吃凿凿吃树
借人衣衫勿贴肉 风吹松花满天飞 早来媳妇迟来婆

八字俗语

在山靠山在海靠海
有福同享有祸同当
十里三方隔壁乱讲
头痛灸头脚痛灸脚
夫妻相争等勿羹冷
日吃一升夜眠八尺
宁添一斗莫添一口
来者不呆呆者不来
一个半斤一个八两
一日为师终身为父
种瓜得瓜种豆得豆
墙边草风吹两面倒
甲子乙丑拿勿到手
闲事不管饭吃三碗
手指头伸出有长短
一言既出驷马难追
前人种树后人乘凉
比上不足比下有余
工夫深铁杖磨细针
坟地好不如心地好
里水勿出外水勿进
虱多弗痒债多弗愁
三人对面六眼无私
人为财死鸟为食亡
儿要亲生田要冬耕
人往高头水往低流
三日张鱼四日晒网
嫁鸡随鸡嫁狗随狗
一岁肖狗千岁肖狗
生儿防老积谷防饥
三十六招走为上着
聪明一世懵懂一时
癞蛤蟆想吃天鹅肉
一家作墙两家方便
有粥吃粥有饭吃饭
君子一言快马一鞭
住场好不如肚肠好

多字俗语

送人送上岸，送佛送到殿。
船大不候橹，子大不候父。
磨得鸭嘴尖，鸡嘴勿值钱。
落水要人救，上岸讨包布。
一朝权在手，便把令来行。
在家千日好，出路半朝难。
轻人自轻自，重人自重自。
三个臭皮匠，抵个诸葛亮。
相骂无好言，相打无好拳。
只见楼梯响，没有人下来。
邻舍碗对碗，亲眷篮对篮。
关门家里坐，横祸天上来。
寒天吃雪水，点点在心头。
旱天多雨意，恶妇多眼泪。
羊倒吃羊头，猪倒吃猪头。
人无千日好，花无百日红。
留得青山在，不怕没柴烧。
秀才不出门，能知天下事。
十年水流东，十年水流西。
好事不出门，恶事传千里。
人善得人欺，马善得人骑。
千里送鹅毛，礼轻情意重。
路上只可栽花不可栽刺。
路遥知马力，日久见人心。
稻怕秋来旱，人怕老来穷。
床铺前多双鞋，要籴米要买柴。
娘饭香，夫饭长，兄弟饭，莫思量。
一代亲、二代表、三代我勿晓。

吃弗穷，着弗穷，算弗到，一世穷。

家有三件宝，烂田、丑妇、破絮袄。

各人自扫门前雪，不管他人瓦上霜。

别人求我三春雨，我求别人六月霜。

有个葫芦画个圈，没有葫芦画弗圆。

慢人自有慢人福，不用爹娘多劳碌。

种田钱，万万年，生意钱，六十年，衙门钱，一蓬烟。

大蛇吃小蛇，小蛇吃蛤蟆，蛤蟆吃蚱蜢，蚱蜢吃稻梗。

白布落靛缸，水洗勿清。

龙生龙，凤生凤，老鼠生儿打地洞。

第四节　谚　　语

谚语是俗语的组成部分。方林人运用简单形象、生动活泼、幽默风趣、通俗简练的谚语，反映深刻的道理，具有较强的科学性、哲理性。内容涉及人们生活的各个领域。

农时气象谚语

方林村村民十分重农时。他们经过成年累月的观察，结合了风、云、雨、雾、星、月、雷电、霜、雪及虹霓的动态，用来预测气象阴晴与农业生产的丰歉，具有一定的科学性。

上八晴，好年成。

正月雷赶雪，二月落忽歇。

未过惊蛰响雷霆，一日落雨一日晴。

清明断雪，谷雨断霜。

小满不满芒种不管。

吃过端午粽，寒衣远远送。

六月着夹袄，堤岸好种稻。

六月初三响雷，塘底坼。六月廿四响雪，岩晒砉。

雨打秋头廿日旱，雨打秋尾烂稻秆。

雨打立秋，万物丰收。

六月秋赶紧收，七月秋慢慢收。

立秋发雾，晴到白露。

七月半，八月十六不用算。

处暑若无雨，白露枉来霖。

白露白离离，秋分晚稻齐。

云护中秋月，雨打上元灯。

晚稻不吃寒露水。

重阳无雨一冬晴。

九月十三晴，钉靴挂断绳，九月十三落，钉靴街上踱。

寒露不出头，晚稻喂黄牛。

十月节，十月中，梳头吃饭当一工。

冬至月头，卖被买牛；冬至月中，日风夜风；冬至月尾，卖牛买被。

廿四掸蓬用，廿五赶长工。

春雾雨，夏雾山头火，秋雾风，冬雾雪。

雨打早五更，雨伞勿用撑。雨打鸡啼丑，雨伞不离手；雨打黄昏戌，天亮日头出。

大晕等月半，小晕在眼前。

上半月望初三，下半月望十四。

春南风，雨淙淙；夏南风，井底空。

秋雷仆仆，大水没屋。

三夜霜，暖如汤。

春霜不可露白，露白便要赤脚。

一日脱赤膊，三日头冻缩。

雪等雪，落勿歇。

冬雪要亢，春雪要丧。

乾星照湿地，落雨落弗忌。

久晴逢戍雨，久雨望庚晴。

若要谷价平，四季甲子都要晴。

自露花麦寒露菜。

十月一个夏，懒妇冻弗怕。

早届阴霜，晚届开；晚届阴霜，雨便来。

西风头戴铁，勿是雨便是雪。

稻雍月里，麦雍年底。

小麦浇芽，油菜浇花，雍桔在花前摘后。

好谷要好种，好稻要好秧。

雨打秧田泥，秧苗出勿齐。

种田种到老，勿要忘记秧边稻。

早稻要抢，晚稻要养。

秋前不搁田，秋后叫皇天。

芒种无雨，两日半做大水。

夏至种络麻，大如草鞋耙。

六月不上土，芋头好打鼓。

前门拜生客，后门种大麦。

清明种姜，稻熟搂娘。

千株棕，勿愁穷。

七葱八蒜九兆茹。

枇杷花开过年，枇杷好吃树难栽。

做天难做三月天，蚕要温和麦要寒。

三八生意实难做，一头行李一头货。

头苎面，二苎粥，三苎芋头熟。

插秧要抢先，割稻要抢天。

早种一天多收一石，晚种一天少收八斗。

稻黄一夜，麦黄一界（半天）。

春耕要平，冬耕要深。

庄稼有了草，好比毒蛇咬。

好儿要好娘，好种千斤粮。

过了芒种不种棉，过了夏至无秧田。

没有懒地，只有懒人。

不怕田瘦，只怕田漏。

读书人望考，种地人望稻。

割青不割青，每亩差百斤。

种怕水上漂，稻怕折断腰。

庄稼丰收三字宝，一苗二肥三锄草。

修塘如修仓，蓄水如蓄粮。

有水无肥一半谷，有肥无水望天哭。

养猪无奥妙，栏燥喂得饱。

三年无猪栏，稻田变石板。

家养两只兔，勿愁酱油醋。
山上绿油油，山下水长流。
做生意吃力有愁心，造林种果得安心。

生活谚语

心急吃不得热粥。
一口碗，勿做声，两口碗，啷啷声。
莫讲过头话，莫饮过量酒。
话不要说死，路不要走绝。
吃多无滋味，话多不值钱。
大虫口里剜碎肉。
只重衣衫不重人。
举头三尺有神明。
桥还桥，路还路。
路上只可栽花，不可栽刺。
虱多勿痒，债多勿愁。
宁添一斗，莫添一口。
送人送上岸，送佛送到殿。
得人钱财，与人消灾。
吃勿穷，穿勿穷；算勿到，一世穷。
闲事莫管，厨到三碗。
吃力勿赚钱，赚钱勿吃力。
货到地头死。
路桥货，行行小囡日子过。
少吃多滋味，多吃坏肚皮。
小气抵大病，大病要送命。
姑娘嫂，落得好。
做官爸，勿如讨饭娘。
养儿防老，积谷防饥。
生儿讲名气，生囡讲实际。
老来容易结蒂难。

儿大自成家，难顾老人家。
宠子不孝，宠狗爬灶。
烂芋头抵粽，烂番薯白送。
贪吃懒做嘴唠嘈。
当面卖好嘴，背后弄死鬼。
六月日头，老义娘拳头。
笨贼偷捣臼。
猪倒吃猪头，羊倒吃羊头。
冷饭落死人肚，讨讨韧九九。
两眼生在额角头。
若要好，大做小。
师父领进门，修行在自身。
王百万，出门也要借雨伞。
六月债，还得快。
倒个牌子容易，竖个牌子繁难。
头戴红缨帽，户里烧光灶。
热面孔搭个冷屁股。
大办食堂，粮光山荒。
上工大蛇脱壳，收工猢狲放束。
人言未必皆真，听言只听三分。
为人者不学好，羞甚担柴卖草。
为人者不学好，夸甚尚书阁老。
退一步海阔天空，让三分何等清闲。
忍几句无忧自在，耐一时快乐逍遥。
食素菜淡中有味，守王法梦里无惊。
宁可采深山之茶，莫去饮花巷之酒。
贫莫愁兮富莫夸，哪见贫富永世家。
人间和气福运开，家中吵闹便生灾。
夫妻姻缘前生定，夫唱妇随万事成。
丈夫不可嫌妻丑，妻子切莫嫌夫贫。
夫为家门图发达，妻勤节俭助良人。

平心思念姻缘美，等级无分敬如宾。
若要好，同勤劳；想得开，薄弱甜。
积善之家必余庆，作恶之家定灾殃。
积小善汇成大善，积小恶渐成大恶。
勿以小善而不为，勿以小恶而为之。
为人有义好随身，赌博门中莫去行。
同时白天同时夜，一样人心几样心。
不怕虎生三张口，只怕人怀二样心。
酒肉朋友朝朝有，患难之时何几多。
君子之交淡如水，无义朋友切莫交。

卫生谚语

治病早，活到老。
三分治病七分养。
即脱即着（指及时增减衣服），胜如服药。
若要小儿安，须带三分饥和寒。
十年前人寻病，三十年后病寻人。
小气抵大病，大气送了命。
千日烧香，勿如一日盖坑（指粪坑加盖）。
吃得素，加阳寿。
花天酒地，早点入土，色欲减少，迟见阎王。
瞒账要穷，瞒病要死。
有病勿得太医。
洁净过年，增加寿元。
廿四掸蓬壅。
未到八十八，莫笑人家花眼、瘪谷。
毛桃冷水，吃死饱鬼。
喜欢瘟猪肉，吃死不知毒。
要吃瓜果先洗净，免得阎王来相请。
越吃越馋，越困越懒。
烟酒如“砒霜”，叫你早点见阎王。

千金难买老来瘦。

若要身体好，天天起得早；若要身体好，夜夜睡得早；若要身体好，每日笑三笑。

要想身体病痛少，天天跑步做早操。

家有半边莲，可伴毒蛇眠。

识得千里光，一年四季不生疮。

单方独味，气死名医。

心病要用心药医。

有病早治，无病先防。

牙痛不是病，痛死无人问。

忧愁烦恼，多病快老。

少时练得一身动，老来健壮少生病。

早起望日头，睡觉勿蒙头。

饭后百步走，活到九十九。

不喝生水喝点茶（开水），不拉肚子（腹泻）不发痧。

树怕皮伤，人怕吃伤。

有病勿可瞒太医。

第五节 歇后语

歇后语是俗语的一种特殊语言形式。它将一句话分成两部分来表达某个含义，前一部分是隐喻或比喻，后一部分是意义的解释。路桥（方林）先人在长期的日常生活中，不断创造出具有鲜明民族特色和浓郁生活气息、幽默风趣、耐人寻味的歇后语。方林人传承了先人的创造，把歇后语作为娱乐和沟通交往的重要工具。

口舌撩鼻头——空想

大虫头搔痒——找死

老鼠落米缸——好运气

瞎眼人摸羊——乱撞

白布落染缸——洗不清

锅灶打在脚肚子——光棍

小和尚念经——有口无心

冷饭落死人肚——不想下次
烂田翻捣臼——越陷越深
十三元六角——乌龟
乌龟碰石板——硬碰硬
猴子开大口——贪心
狗皮倒灶——小气
小肚鸡肠——小气
鸡肉算到鸡骨头——精明
一个螺蛳补一个田窟——各就各位
落雨天担稻秆——命苦
天萝丝白扁豆一棚生——纠缠不清
鸡子壳里摆道场——狭小
鼻头红血出——重复
笨贼偷捣臼——呆子
口舌生疮——捏造
水浇鸭背脊——白费力
麻袋装针——里戳出
泥菩萨过河——自身难保
牛皮灯笼——肚里亮
戴笠帽亲嘴——差得远
临上轿着鞋袜——来不及
腥鱼交给猫管——越管越小
屋倒连夜雨——苦上如苦
外甥打灯笼——照舅（旧）
老鼠没有隔夜粮——吃光
老鼠尾巴生大毒——小病
瞎眼猫碰到死老鼠——凑巧

第二十编

接待与合作交流

改革开放以来，方林村党组织紧紧把握党中央和国务院大力支持“三农”发展的契机，勇于解放思想，大胆改革创新，以市场为龙头，以集体经济为依托，充分调动村民积极性，把一个贫穷落后的村庄逐步建设成为全国闻名、富甲一方的社会主义现代化新农村。方林的成功经验，吸引了从中央到地方的各级领导和众多学者前来视察、考察和调研。部分党和国家领导人还为方林村题了词。不少国际友人也慕名到方林考察。

方林村实行村企合作，组建方林集团。2008年，迈出了中国村庄共谋发展的里程碑式新步伐，即村庄之间相互合作、村企集团之间相互合作。是年9月6日，由上海九星村，浙江方林村、滕头村、航民村、花园村5个村组成中国村企集团五村合作组织。2009年8月9日，中国村企集团五村合作组织召开上海九星会议，成立五村控股有限公司，在多个领域开展合作。

2010年10月26—27日，由方林村发起的首届台州市村官论坛在方林村召开。通过村官论坛这个平台，把各村在新农村建设中的成功做法、宝贵经验在台州全市推广；通过村与村合作项目对接、项目合作，促进全市农村科技信息、生产信息、资源信息和流通信息的全面共享，合作共赢；强村帮助弱村，带动薄弱村居发展。

2010年10月26日，在台州市首届村官论坛上，成立浙江首个村经济合作社“组团公司”，即由路桥区方林村、良一村、良二村、河西村、章杨村等村组成浙江五村集团——台州五村合作组织。通过村企联动、投资推动、产业带动等多种形式，结成经济共同体，推动五村经济的持续发展。

此外，方林村还开展多种形式的其他合作交流。

第一章　接　　待

方林村社会主义新农村建设名闻中外，除国际友人外，每年都有各级党政领导不少部门负责人到方林考察，有些还题了词。全国31个省份考察团均先后到方林村考察。2017年，方林村接待85批次来自全国各地参观考察的各级领导3700余人。次年，接待75批次来自全国各地参观考察的各级领导3000余人。

第一节 国际友人考察方林

2010年4月26日，美利坚合众国富兰克林市市长FredL.Paris、经济发展委员会总裁CherylMorphew、市长顾问凌渝郎一行3人，考察方林村。访问团一行先后参观浙江方林汽车城、方林老年公寓和方林苑，对绿树成荫、鸟语花香的村庄建设赞不绝口，随后一行人来到方林苑内的路南幼儿园，受到小朋友们热烈欢迎。国际友人饶有兴致地与幼儿园孩子们一同上课，教室里充满欢声笑语。

2012年4月27日上午，来自毛里求斯共和国、萨摩亚独立国、斐济群岛共和国、美利坚合众国、加拿大等20多个国家驻华使领馆官员走进方林，感受方林村新农村建设。

此次来访为“外国使领馆官员走进台州”活动之一，方林村党委副书记、村委会主任蔡正杰向外国使领馆官员介绍方林村经济、文化、新农村建设等相关情况，并带领他们到小区幼儿园、方林公园和村民家中做客。在方林村，一幢幢漂亮的别墅和优美居住环境给驻华使领馆官员留下深刻印象。在路南中心幼儿园，外国使领馆官员来到教室，和正在上课的小朋友们一起互动，和他们一起唱歌。

外国使领馆官员说：“台州不光城市很美，而且村庄更有魅力，人们更好客，方林村村民真是太幸福了。”

2019年11月8日，欧盟议员、欧洲国际贸易委员会委员（负责涉华贸易）马克西米利安·克拉博士等一行到浙江方林二手车市场参观考察（图20-1）。

图20-1 欧盟议员马克西米利安一行来考察方林（2019年11月）

2019年11月13日，德意志联邦共和国皮尔纳市议员蒂姆·洛克纳、皮尔纳市城市发展中心主任克里斯汀·弗洛克、柏林中心区议会议员埃克哈德·佩兹等一行到方林参观考察。

第二节　党和国家领导人视察方林

方林村社会主义新农村建设取得的成就引起国家领导人的兴趣和关注。2000年以来，多位党和国家领导人到方林村视察和指导，对方林村经济发展、社会进步和村民的幸福生活给予高度肯定（表20-1）。

表20-1　党和国家领导人视察方林村（集团）一览表

时间	视察领导	视察内容
2000年9月5—7日	中共中央政治局委员、全国人民代表大会常务委员会副委员长田纪云	视察方林苑和方林老年公寓
2003年7月29日	全国人民代表大会常务委员会副委员长蒋正华	视察方林村
2005年11月27日	中共中央政治局原常委、国务院原总理朱镕基	视察方林村
2006年4月1—2日	中共中央政治局常委、中央书记处书记、国家副主席曾庆红	视察方林村
2006年4月4日	全国政治协商会议副主席阿不来提·阿不都提	视察方林村新农村建设

第三节　省部级党政领导考察方林

1989年以来，方林村接待了10多位来自中共中央、国务院各部委办和浙江省的党政领导人。他们在考察方林各项工作后，盛赞方林村取得的成绩，并对方林今后的发展给予热情的指导（表20-2）。

表20-2　省部级领导考察方林村（集团）一览表

时间	视察领导	视察内容
1997年6月10日	中共浙江省委书记、浙江省人大常委会主任李泽民	考察方林村，题词："方林苑"
1998年9月25日	原中共中央书记处农村政策研究室副主任谢华	考察方林村新农村建设
1998年10月22日	中共浙江省委书记张德江	考察方林村，为方林村题词："浙江农村现代化排头兵"

（续）

时间	视察领导	视察内容
1998年10月19日	中共中央党校副校长王伟光	考察方林村新农村建设
1998年11月15—22日	中共浙江省委原书记薛驹、浙江省政协原主席王家扬	考察方林村
1999年4月29日	中共浙江省委原第一书记、省委顾问委员会主任，中共中央顾问委员会委员铁瑛	考察方林村
2000年3月5日	中共浙江省委副书记周国富	考察方林村
2000年4月2日	农业部经济研究中心主任缪建平	考察方林村
2000年10月11日	中共浙江省委副书记、省纪律检查委员会书记李金明	考察方林村
2003年7月30日	中共浙江省委副书记、省委党校校长乔传秀	考察方林村
2003年	中共浙江省委副书记、浙江省对外友好协会会长梁平波	考察方林村
2005年7月6日	全国绿化委员会副主任、国家林业局局长周生贤	考察方林村新农村建设
2006年4月19日	浙江省政协副主席张蔚文	调研农村土地使用与管理工作，并要求设立村史陈列室
2007年5月26—27日	国家环境保护总局副局长吴晓青	考察方林村环保工作
2011年3月5日	中共浙江省委原副书记陈法文、浙江省政协原副主席陈文韶，省军区原副司令员李金国，省武警总队原总队长于克家	考察方林汽车城、方林苑和方林老年公寓
2015年9月7日	中共浙江省委常委、组织部长廖国勋	考察方林二手车市场
2018年4月13日	浙江省政协副主席周国辉	考察方林村
2018年11月12日	浙江省人大常委会党组副书记、副主任李卫宁	考察方林村，并看望了全国人大代表方林村党委书记方中华

第四节　各地各部门领导考察方林

方林党建工作经过创新、经济的3次成功转型和村级经济快速发展，以及人民高度的幸福感和获得感，使方林村成为乡村振兴典范，吸引中央、省内外各级党政领导人纷纷慕名前来方林学习考察，交流经验，为方林村对外合作交流创造条件（表20-3）。

表20-3　各地各部门领导考察方林村（集团）一览表

时间	考察领导	考察内容
2000年10月27日	中共台州市天台县委书记朱贤良率领的考察团100多人	考察方林村党的建设
2000年11月2日	吉林省蛟河市考察团	考察方林村新农村建设
2004年7月7日	中共台州市委书记蔡奇	考察方林村
2005年6月20日	全国老龄工作委员会办公室副主任赵宝华	考察方林村老龄工作，看望104岁的长寿老人蒋永春
2005年9月16日	中华全国妇女联合会书记处书记洪天慧	考察方林村妇联工作
2009年9月28日	中共台州市路桥区委书记郑米良和区有关部门领导	检查第五届中国（台州）国际车展筹备工作
2009年10月2日	台州市玉环县山北村一行20余人	考察方林苑、方林老年公寓、方林汽车城
2009年10月18日	国务院参事室参事刘坚、杨世基等	考察方林苑、方林老年公寓、方林汽车城，详细了解了方林村近年来经济、党建、福利、社会各项事业发展情况
2009年10月23日	浙江省台州地区人大原副主任高仁涌率领台州市黄岩片副处级以上退休干部一行30余人	考察方林村新农村建设
2009年11月16日	浙江省温州市龙湾区委组织部部长孙士岳带领党政考察团一行70多人	考察方林4S党团员服务中心、方林苑、方林老年公寓
2009年11月18日	中共台州市路桥区委副书记徐仁标	考察方林新农村建设
2009年12月4日	安徽省黄山市黄山区在路桥挂职干部5人	考察方林村二手车市场、汽车城和方林苑
2009年12月5日	中共中央党校报刊社社长肖勤福	考察方林二手车市场和浙江方林汽车城
2009年12月22日	浙江省妇女联合会主席厉月姿和省“平安家庭”创建活动现场会、省第三轮“不让毒品进我家”活动总结表彰会代表140余人	考察方林村“平安家庭”示范户、方林幼儿园、老年公寓等，并在老年公寓听取了方林村“平安家庭”及妇女工作情况汇报
2010年3月3日	中共浙江省纪律检查委员会常委会常委张伟斌	考察方林村村务监督委员会建设
2010年3月28日	中共台州市委书记陈铁雄	考察方林村，并为公园凉亭题词：“逸兴亭”
2010年3月30日	浙江省富阳市人民政府副市长方仁臻率考察团一行	考察汽车市场建设
2010年5月13日	陕西省延安市宝塔区柳林镇人大主席董红和方林村结对友好村新茂台村党委书记高生贵一行8人	考察方林苑、方老年公寓、方林汽车城、方林二手车市场、路桥水果批发市场、良一老年公寓等
2010年5月26日	中共四川省内江市委书记唐利民率该市党政代表团一行20余人	考察方林二手车市场、方林汽车城、二手车销售展厅、进口汽车展厅、办证中心等
2010年5月26日	浙江省农村信用社联合社理事长姚世新、省农村信用社联合社台州办事处主任杜立岳	考察方林苑、方林汽车城、方林二手车市场

（续）

时间	考察领导	考察内容
2010年6月8日	河南省新乡县人民政府县长刘继红带领的党政考察团一行13人	考察方林二手车市场4个高、中档和商用交易大厅，以及办证中心，详细了解了二手车的买卖程序和市场便捷的配套服务
2010年6月11日	审计署经济责任审计司处长孙玉花一行8人	考察方林汽车城
2010年6月11日	浙江省消保委秘书长徐建明	考察方林汽车城进行汽车消费维权调研
2010年9月21日	浙江省温岭市原副处级以上退休干部26人	考察方林二手车市场建设经营、服务等
2010年9月27日	中共浙江省委党校干训班学员一行	考察方林二手车市场和方林汽车城
2011年1月1日	中共西藏自治区嘉黎县委副书记、人民政府县长布尼玛率考察团一行6人	考察方林汽车城、晨隆奥迪汽车4S店、别克之远4S店、轩诚进口车销售部等销售公司
2011年1月6日	四川省广元市青川县沙洲镇镇长李波和考察团一行	考察方林新农村建设
2011年6月25日	安徽省市场规范管理处蒋月和一行12人	考察方林二手车市场和方林汽车城
2011年7月11日	台州市路桥区人民政府副区长吴莘超一行	考察方林苑和方林汽车城
2011年7月19日	台州市中级人民法院院长丁铧	考察方林汽车城和方林二手车市场，听取方中华关于法院队伍建设、公职执法、廉政勤政建设取得成绩的意见和建议
2011年9月21日	中共台州市委副书记、市长吴蔚荣	考察方林二手车市场和方林汽车城
2011年10月28日	中共天台县白鹤镇党委书记余昌斌、镇长范先明等20余人	考察方林二手车市场、方林汽车城以及方林苑小区
2011年11月11日	台州市玉环县退休干部	考察方林苑小区
2011年12月28日	中共新疆生产建设兵团农一师党委副书记、农一师师长、阿拉尔市市长王新民率农一师阿拉尔市党政代表团一行18人	考察方林村新农村建设
2011年12月29日	浙江省创先争优活动领导小组宣传组组长张建民	考察方林村党建
2012年1月17日	中共台州市路桥区区委书记郑敏强、区人大常委会主任蒋临及区消防大队、安监局等安全部门负责人	检查方林汽车城节前安全
2012年2月15日	中共台州市委副书记、政法委书记肖培生	考察方林汽车产业服务集聚区、方林二手车市场和方林汽车城
2012年2月16日	台州市妇联副主席胡素联	考察方林村妇女工作
2012年3月15日	浙江省常山县政协主席林红汉率考察组一行15人	考察方林二手车市场
2012年4月22日	浙江省文化厅副厅长杨越光等一行10余人	考察方林村新农村建设
2012年5月10日	安徽省望江县县长王进和考察团一行	考察方林二手车市场、方林苑

（续）

时间	考察领导	考察内容
2012年6月1日	中共台州市路桥区委书记郑敏强，区委常委、组织部长王先义，区纪委副书记、区委办主任周志杰	考察方林汽车城4S党总支党建工作
2012年6月4日	中国村社发展促进会名誉会长余展、副秘书长赵玉颖一行	考察方林新农村建设
2012年6月12日	安徽省望江县常务副县长和县金融办主任、各银行支行行长、财经局负责人等一行20多人	考察浙江方林担保有限责任公司
2012年7月26日	台州市副市长赵跃进	考察方林汽车城台州保时捷中心汽车销售大厅、进口汽车专卖店、汽车上牌检测中心
2012年8月9日	台州市人口和计划生育委员会副主任郑小庆	考察计划生育工作
2012年8月21日	台州市路桥区人民政府区长徐仁标	考察方林村新农村建设
2012年10月25日	浙江省台州市三门县各村书记和村长一行33人	考察方林二手车市场和方林苑小区
2012年10月30日	湖北省武当山旅游经济特区八仙观村党支部书记王富国	考察方林二手车交易市场、方林汽车城、方林苑小区
2012年11月6日	共产主义青年团台州市委书记马骏、副书记卢小春和台州各县市区的团委班子一行21人	方林汽车4S团员服务中心
2013年3月11日	中共广东省云浮市委副书记、常务副市长（挂职台州市长助理）郭汉毅，椒江区区长助理江壮宏一行8人	考察方林苑小区、浙江方林汽车城、方林二手车市场
2013年3月13日	台州市人民政府常务副市长尹学群一行20余人	考察方林二手车市场
2013年3月20日	中国人民解放军台州军分区政委温景春	考察方林汽车城市场武装部建设
2013年3月28日	中国人民解放军台州军分区某部退伍军人一行10余人	考察方林汽车4S党总支党建工作
2013年3月28日	中国农业银行台州分行行长金跃强	考察方林汽车产业服务集聚区二手车市场、汽车城
2013年4月1日	台州市人民法院院长葛建明	考察汽车城
2013年5月7日	台州市路桥区人民政府副区长李震杰和区工商行政管理局、商务局、现代服务业办公室等有关部门负责人	考察方林资产管理公司属下的路桥商商通商城有限公司，了解台州商城网的发展和项目规划情况
2013年5月7日	台州市路桥区人民武装部部长蒋永铭	考察方林汽车城市场武装部规范化建设
2013年5月8日	台州市人民政府副市长赵跃进、郑米良	考察方林资产管理公司属下的路桥商商通商城有限公司，了解台州商城网的发展规划情况

（续）

时间	考察领导	考察内容
2013年5月23日	中共河北省张家口市桥西区委副书记、代区长汪天忠一行10人	考察方林村新农村建设和市场建设情况
2013年5月29日	河北省清河县政治协商会议副主席宋魁进一行	考察方林二手车市场、方林汽车城的台州保时捷汽车销售大行、进口汽车专卖店
2013年5月29日	台州市人口和计划生育委员会副主任陈巧民	考察计划生育工作
2013年6月3日	河南省郑州市市场发展局局长田跃平为首的考察团一行7人	考察方林汽车城、方林二手车市场、博豪名车广场
2013年6月4日	中共台州市路桥区关心下一代工作委员会主任朱瑞良	考察方林村老年协会，授予方林村关工委2012年度五好关工委奖牌
2013年7月19日	浙江省发展和改革委员会服务业处副处长缪姬蓉	了解方林汽车产业服务集聚区的建设发展情况
2013年9月7日	浙江省工商行政管理局市场处处长张志益带领省星级文明规范市场考核验收组一行6人	考察方林二手车市场省四星级文明规范市场创建工作考核验收
2013年9月26日	中共浙江省委党校2013年第三期领导干部进修班第四组学员	考察方林汽车产业服务集聚区
2013年10月17日	四川省蓬溪县党政考察团一行7人	考察方林新农村建设和方林汽车城市场建设
2013年10月31日	中共台州市党校2013年中青班第五小组学员一行10人	就台州汽车产业发展模式到方林汽车产业服务集聚区调研
2013年11月13日	浙江省财政厅、商务厅组成的改扩建项目验收专家组	方林二手车市场F区（博豪名车广场）等改扩建项目进行验收
2013年12月18日	台州市人民检察院检察长陈志君	向方中华征求检察机关创新工作、作风建设的意见和建议，并调研方林汽车产业服务集聚区
2013年12月4日	中共台州市路桥区关心下一代工作委员会主任朱瑞良	考察关工委工作
2014年2月11日	中共浙江省委、台州市委派驻路桥区党的群众路线教育实践活动督导组组长、浙江省质量监督管理局副巡视员阚江洲一行	考察党建工作
2014年3月8日	浙江省武警消防总队队长冷俐少将一行	考察方林二手车市场消防安全工作
2014年3月21日	国贸集团董事长丁康生，副总裁楼国庆，省科技信息研究院、省标准化研究院领导，台州市人民政府副秘书长陈肖力、路桥区人民政府副区长李震杰，以及台州市政府、市商务局、市工商行政管理局、市开发区、路桥区人民政府、宝石集团等相关领导	省国贸集团投资考察座谈会在浙江方林二手车市场召开。会议期间考察了浙江方林二手车市场、博豪二手名车广场
2014年4月3日	台州市群众路线教育实践活动督导组副组长许章才等一行	考察方林村新农村建设

（续）

时间	考察领导	考察内容
2014年4月16日	中国建设银行总行小企业业务部副总经理李从军一行	考察方林二手车市场
2014年4月17日	中共台州市天台县委副书记杨胜杰和天台县各村居负责人一行60余人	考察方林村多城同创工作
2014年4月26日	浙江省宁波市泗门镇人民政府镇长徐康林一行60人	考察方林村经济发展情况。方林苑、方林二手车市场和方林汽车城
2014年5月8日	中国人民解放军台州军分区参谋长张克洪	考察方林汽车城市场武装部规范化建设
2014年5月9日	台州市人民政府副市长赵跃进、副秘书长陈肖力、现代服务业办公室主任吕婷婷、工商行政管理局副局长蒋明	考察方林汽车产业服务集聚区、台州商城网进行调研考察
2014年5月15日	浙江省人大常委会代表工作委员会主任陈小恩等	考察方林新农村建设
2014年5月15日	浙江省绍兴市袍江经济技术开发区管理委员会主任陈泉标一行	考察方林二手车市场
2014年7月8日	台州市天台县横潭坎村党员、村民代表考察团一行80余人	考察方林苑、方林二手车市场和方林汽车城
2014年7月8日	中国农业银行台州市分行行长金跃强一行	考察方林新农村建设
2014年8月5日	台州市人大常委会副主任叶阿东和台州市、路桥区商务局相关领导	考察二手车市场电子商务工作
2014年8月6日	浙江省消防总队副总队长吕照明、台州市消防支队支队长傅松良	考察方林汽车城、方林二手车市场消防安全工作
2014年8月8日	新疆维吾尔自治区阿拉尔市挂职干部一行	考察方林新农村建设
2014年9月22日	河南省漯河源汇区人民政府副区长盛阳光、新区管委会书记刘增光、干河陈村开源集团张天伟一行	考察方林汽车产业服务集聚区和方林村民住宅小区方林苑
2014年9月24日	台州市商务局局长潘旭辉	就汽车产业服务集聚区运行情况和新车、二手车市场销售情况到方林二手车市场进行专题调研
2014年9月28日	中共贵州省安顺市平坝县委组织部企业工委专职副书记朱建中、委员杨发智	考察方林新农村建设
2014年10月10日	中共安徽省广德县委常委、常务副县长李斌和县水务局局长、开发区主任、中心镇镇长一行9人	考察方林二手车市场
2014年10月16日	省交通厅副厅长李良福和交通厅老干部一行50多人	考察方林二手车市场
2014年10月21日	中共安徽省广德县委常委、副书记何田，县招商局长徐炜一行	考察方林二手车市场、浙江方林汽车城

（续）

时间	考察领导	考察内容
2014年11月14日	中共台州市职业技术学院党委书记潘通天	考察方林村党建工作和新农村建设和市场建设情况
2014年11月26日	浙江省体育局群体处调研员虞超英	考察群众性体育设施建设情况
2014年12月9日	江西省南昌市进顺村党委书记罗玉英、党委委员黄文琴	考察方林苑、方林二手车市场和方林汽车城
2014年12月10日	民政部原计财司司长白益华	考察方林苑、方林二手车市场和方林汽车城
2014年12月15日	中共台州市公安局党委委员、交警支队支队长王伫球及市车辆管理所所长王晨一行	考察方林二手车市场调研
2015年2月11日	浙江省工商行政管理局副局长方金土、市场处处长张志益、合同处处长沈晓萍	考察方林汽车城、方林二手车市场调研
2015年2月13日	中共台州市路桥区委书记郑敏强	慰问全国劳模、方林村党委书记方中华
2015年3月6日	中信银行浙江省分行供应链金融部经理陈谨一行	方林二手车市场进行调研
2015年3月31日	中共温岭市委党校副校长潘学胜和温岭市2015年村级主要干部培训班45位学员	考察方林新农村建设
2015年4月5日	中共河南省安阳市龙安区委书记高勤科率党政考察团一行10人	考察方林苑、浙江方林汽车城、方林二手车市场
2015年4月23日	中共台州市椒江区委党校2015村级主要干部培训班学员	考察方林苑、方林二手车市场和浙江方林汽车城，详细了解建设和经营情况
2015年4月28日	中共温岭市委党校2015村级主要干部培训班学员	考察方林苑、方林二手车市场和浙江方林汽车城，详细了解建设和经营情况
2015年5月18日	台州市路桥区人民法院院长葛建明一行	就当前经济环境下如何依靠法律来维护企业合法利益进行调研
2015年5月19日	中国人民解放军台州军分区政治部主任王德好	考察方林汽车城指导方林汽车城市场武装部建设
2015年6月23日	广东省广州市白云区政治协商会议副主席李瑞仁、李恒丰一行	考察方林二手车市场
2015年9月4日	河北省唐山市滦县人民政府县长张会春	考察方林二手车市场
2015年11月17日	中共云南省委组织部考察组一行11人	考察方林汽车产业服务集聚区和方林4S党建展厅
2015年11月24日	中共新疆生产建设兵团一师四团党委书记康小平一行7人	考察方林二手车市场和方林汽车城、方林汽车4S党总支党建展厅
2015年12月16日	中共辽宁省兴城市四家屯街道四家村党委书记张文成及其他班子成员	方林村新农村建设
2015年12月23日	温州市乡村文化促进会一行30人	考察方林苑、浙江方林汽车城和方林二手车市场

（续）

时间	考察领导	考察内容
2016年1月5日	台州市安全监督管理局总工程师蒋显掌、市消防支队防火处处长求再洋及台州市消防考核组	检查考核方林汽车城、方林二手车市场开展2015年度消防体系建设
2016年2月24日	香港文汇报浙江分社副社长、文汇网浙江频道总监郑忠成	考察方林二手车市场
2016年3月18日	中国工商银行浙江省分行党委书记、行长沈荣勤一行	考察方林二手车市场
2016年4月15日	中共台州市委常委、纪委书记胡海良	方林二手车市场调研并指导工作
2016年5月4日	中共台州市委组织部副部长项凤日	考察方林汽车城4S党群服务中心党建工作
2016年6月13日	浙江省工商行政管理局副局长方金土、市场处处长张志益	考察方林二手车市场
2016年6月28日	中共国家工商行政管理总局党组成员、副局长、非公党建工作领导小组组长王江平和上海、浙江等9个省份的工商（市场监管）部门以及34个市（地、区）工商（市场监管）部门负责人	考察方林汽车产业服务集聚区党群服务中心的党建工作和汽车城、二手车市场的特色
2016年6月30日	武警路桥区消防大队指导员王凯和党总支全体党员	参观方林汽车产业服务集聚区党群服务中心展厅并指导汽车城消防安全工作
2016年7月7日	浙江省参事室（文史馆）党组成员、专职副馆长魏新民一行7人	开展“农村文化”专题调研
2016年8月16日	台州市副市长董贵波	考察方林二手车市场
2016年9月6日	中共中国工商银行路桥支行党支部书记、行长蔡宁和全体党员	考察方林汽车4S党总支部，交流党建工作
2016年11月8日	江苏省江阴市澄江街道办事处主任谢宏兴、中共通运村党委书记林毅及班子成员	考察和交流新农村建设的经验
2016年10月2日	中共河南省洛阳市伊川县南府店社区党委书记张龙安及班子成员	考察和交流新农村建设的经验
2016年10月18日	浙江省市场监督管理局五星级市场考核组组长张志益、副调研员唐新亮	考核验收方林二手车市场省五星级文明规范创建工作
2017年2月24日	中共台州市路桥区委统战部部长陈敏、副部长黄成刚	考察方林二手车市场及发展情况
2017年4月7日	中共湖州市长兴县委书记周卫兵，县委副书记、县长杨中校和有关干部40多人	考察方林二手车市场
2017年4月11日	中共台州市路桥区委书记潘建华，区委常委、组织部部长杨剑和区委办、区委组织部、农业办公室、环境综合治理委员会、住房和城乡建设分局、交通运输局等相关部门主要负责人	考察方林汽车产业服务集聚区党建工作

（续）

时间	考察领导	考察内容
2017年4月18日	中共台州市委书记王昌荣、市委副书记吴海平和各县（市、区）党委书记、台州市委党建工作领导小组成员	考察方林汽车产业集聚区党群服务中心党建工作
2017年5月17日	中共浙江省舟山市委组织部副部长、两新工委书记张未一行20多人	考察方林汽车产业服务集聚区党群服务中心党建工作
2017年6月2日	河南省郑州市市场发展局局长田跃平、副局长罗黎明等一行10余人	考察方林二手车市场
2017年6月14日	台州市人大常委会副主任周先苗，市人大常委、农业与农村工委主任黄祥云，市人大常委、农业与农村工委副主任赵明友	考察方林汽车城和方林汽车产业集聚区党群服务中心、方林二手车市场党员诚信经营店——新东方名车等
2017年6月22日	中共台州市委组织部副部长、老干部局局长夏丹荷和台州市市管干部进修班第五组全体学员及党校老师一行12人	考察方林汽车产业服务集聚区党建工作
2017年7月19日	中共浙江省委组织部两新党建处处长潘天灵，副处长何斌、陈国强	考察方林汽车产业集聚区党群服务中心党建工作
2017年8月29日	安徽省淮南市商务局局长梁广贤	考察方林二手车市场
2017年8月30日	北京大学经济学院教授、博士生导师，北京大学产业与文化研究所常务副所长，中国农村金融学会副会长王曙光，以及中国农业银行总行战略规划部兰永海博士一行	就美丽村庄建设和经济发展情况进行调研
2017年9月7日	台州市人大常委会机关党委书记、市人大常委会副秘书长王捍平一行	考察方林汽车产业集聚区党群服务中心党建工作
2017年12月11日	中共中央党史研究室副主任冯俊一行26人和浙江省委党史研究室副主任王祖强，台州市委常委、组织部部长吕志良	考察方林汽车产业集聚区党群服务中心党建工作
2018年3月28日	中共浙江省人民检察院党组书记、检察长贾宇一行	考察方林村新农村建设
2018年3月28日	共产主义青年团浙江省委副书记吕义聪	考察方林汽车城4S党团服务中心
2018年4月8日	台州市淑江区妇联一行	考察方林汽车城4S党团服务中心
2018年4月10日	中国银行温岭支行各分行行长	考察方林汽车城4S党团服务中心
2018年4月11日	中国农业银行路桥支行行长黄阳波与各分行行长	考察方林汽车城4S党团服务中心
2018年4月17日	浙江省妇女联合会组织联络部部长鲍冬芳一行	考察方林汽车城4S党团服务中心
2018年4月17日	台州市路桥农村商业银行董事长金时江一行	考察方林汽车城4S党团服务中心
2018年5月17日	中共四川省广元市委常委、朝天区委书记蔡邦银率广元市朝天区党政考察团一行25人	考察方林二手车市场

（续）

时间	考察领导	考察内容
2018年6月4日	中共云南省红河州绿春县委副书记、县长李涛率考察团一行10人	考察方林村新农村建设
2018年6月5日	吉林省集安市党政考察团一行	考察方林二手车市场
2018年6月7日	天台县党代表一行50余人	考察方林汽车产业集聚区党群服务中心
2018年6月9日	中共四川省广元市委副书记、市长邹自景，副市长关颐等广元市政府考察团一行13人	考察方林二手车市场
2018年7月18日	内蒙古自治区巴彦淖尔市临河区人民政府副区长李志钧、贸促会会长（招商局局长）马亮明、B型保税园区办主任张振国、环投公司经理李均祥	考察方林二手车市场
2018年7月31日	中共台州市委常委、组织部长吕志良，市委组织部副部长、两新工委书记项凤日一行	考察党建工作
2018年8月3日	陕西省铜川市工商行政管理局局长田卫东带领考察团一行11人	考察方林汽车产业服务集聚区
2018年8月27日	吉利亚欧小区金刚物业管理公司总经理钱金晶一行	考察方林汽车产业服务集聚区党建工作
2018年9月7日	台州市路桥区税务局一行	考察方林汽车产业服务集聚区党建工作
2018年9月28日	浙江省第十三届全国人大代表孙国文、潘美儿、翁丽芬、步正合一行	考察方林村新农村建设和方林汽车城、方林二手车市场的发展、管理、服务党建等情况
2018年10月9日	中共台州市路桥区委书记潘建华，区委常委、组织部部长范卫东、常务副部长王赵勋一行	考察方林汽车产业服务集聚区党建工作
2018年10月9日	中共台州市委书记陈奕君，市委常委、组织部部长吕志良，市委秘书长周凌翔等一行	调研方林汽车产业服务集聚区党建工作
2018年11月8日	中共台州市中级人民法院党组书记、院长王中毅	考察方林汽车产业集聚区党群服务中心党建工作，并参观党建文化长廊和党群活动中心
2018年11月12日	浙江省人大常委会党组副书记、副主任李卫宁，省人大常委会委员、代表与选举任免工委主任臧平，省人大常委会代表与选举任免工委联络处副处长樊鹏一行	考察方林汽车产业集聚区党群服务中心党建工作，并看望了全国人大代表、方林村党委书记方中华
2018年11月23日	北京市房山区新农村中心主任李立奎、中共房山区委改革办、区委组织部考察团一行	考察方林村新农村建设
2018年11月30日	浙江省民政厅副处长沈大友	调研《方林村村民自治章程》
2018年12月3日	中共河南省洛阳市伊川县南府店社区党委书记张龙安和班子成员	考察方林村新农村建设

（续）

时间	考察领导	考察内容
2018年12月12日	共产主义青年团浙江省委权益部部长陈掌军	参观考察方林汽车产业集聚区
2018年12月16日	浙江省高级人民法院司法鉴定处处长杨宇军、副调研员晓华	考察方林村新农村建设
2019年1月9日	中共浙江省商务厅党组书记、厅长盛秋平和省商务厅调研组一行	考察方林二手车市场
2019年1月12日	中共台州市路桥区桐屿街道春泽社区党委书记赵建国和党员、村民代表100余人	参观方林村和方林二手车市场
2019年4月11日	中共浙江省委巡视组一行3人	对方林汽车4S两新党建工作进行巡视检查
2019年4月17日	中共湖北省崇阳县石城镇党委副书记、镇长廖永志，副书记成世清及106国道沿线村庄党支部书记一行16人	参观方林村
2019年5月9日	中共浙江省委巡视组组长李杭、副组长邰向雷	调研方林二手车市场
2019年5月10日	浙江省嘉兴市农业农村局副局长陆志芬一行	考察方林村新农村建设
2019年5月11—12日	中共江西省婺源县委书记吴曙、婺源县政协副主席程汉新、婺源县赋春镇党委书记单文彬一行	考察方林村新农村建设
2019年5月14日	台州市总工会党组成员、副主席黄海虹，市总工会副主席张一冰，党组成员、基层工作部部长吴功明等一行	考察方林汽车产业集聚区群团工作
2019年5月28日	中共江苏省盐城市滨海县滨淮镇东罾村党委书记薛正红，陕西省西安市碑林区西何家村董事长赵建平，陕西省西咸新区沣东新城三桥街道和平村党委书记白世峰，陕西省宝鸡市金台区陈仓镇东岭村党委副书记、村委会主任方纪林等一行	考察方林村新农村建设
2019年6月3日	中共黑龙江同江市八岔村党支部书记尤明国一行	考察方林村新农村建设
2019年6月21日	台州市政治协商会议原副主席、台州商人研究会会长郑荐平，市发改委原副主任、台州商人研究会常务会长梅跃森，市委机关党工委副书记、台州商人研究会执行会长阮谷禹，市社科联调研员谢绍银，台州商人研究会秘书长孟少华等一行	考察方林村新农村建设，郑荐平会长为方中华颁发台州商人研究会、市有关部门联合评选出的“台州改革开放40年民营经济40名风云人物”奖牌
2019年7月5—10日	浙江传媒学院乡村振兴典范发展模式调研小组10人	调研方林村新农村建设经验，主题是“挖掘基层内生动力，解码乡村振兴”

（续）

时间	考察领导	考察内容
2019年7月12日	中共四川省广元市朝天区委常委、组织部部长张开翅，区委组织部部干部、监督科科长向荣财	考察方林汽车产业服务集聚区
2019年7月30日	公安部经侦局巡视员赵斌、公安部经侦局办公室副主任田智勇、公安部经侦局执法监督办公室主任科员张国栋等一行	考察方林村，并听取意见
2019年9月2日	中共四川省广元市村书记代表70余人	考察方林汽车4S党建中心
2019年9月10日	中共台州市路桥区委副书记、代区长潘军明	路桥短途客运南站督查文明城市创建工作
2019年9月27日	路桥区人民政府副区长罗华迪、区市场监管局局长王耀	指导方林汽车城车展筹备工作
2019年9月28日	台州市路桥区人民政府副区长、公安局长李孟等	指导方林汽车城、方林二手车市场车展安保工作
2019年9月30日	中共台州市路桥区纪委书记庞鑫培	检查汽车城节日消防安全工作
2019年10月22日	浙江省高级人民法院副院长朱新力、法官学院副院长鲍灵富	调研有关事项
2019年11月1日	中共台州市路桥区委副书记、代区长潘军明和相关部门主要负责人	考察方林客运南站方林城市公交综合体项目
2019年11月25日	浙江省市场监督管理局市场处副处长江文泉，台州市市场监督管理局副调研员缪军福、市场处处长金剑华	对浙江方林二手车市场“省五星级文明规范市场”延续工作进行复评
2020年2月19日	中共台州市委书记李跃旗	督导检查汽车市场疫情防控及复市复工情况
2020年2月22日	路桥区人民政府代区长潘军明	开展督导检查村疫情防控及复市复工情况
2020年4月10日	国家电网台州供电公司安全总监季敏剑，路桥区供电公司执行董事张振东，党委书记、总经理林可	考察调研汽车城
2020年4月29日	中共台州市路桥区委常委、纪委书记、区监委主任庞鑫培	开展“固本强基”调研
2020年5月28日	中共四川省广元市朝天区常委、组织部部长刘剑波一行	调研方林汽车产业服务集聚区
2020年6月8日	中共浙江省委宣传部副部长、省文明办主任卢春中一行	调研方林二手车市场
2020年6月17日	浙江日报报业集团副总编金波一行	参观考察方林二手车市场
2020年6月17日	台州市路桥区政协主席戴冬林	到老年公寓开展“优化养老服务供给，促进养老事业高质量发展”专题调研
2020年8月28日	台州市黄岩区上垟乡上垟村村两委成员	参观交流

（续）

时间	考察领导	考察内容
2020年9月24日	台州市路桥区民政局局长应伯虎、副局长黄剑波一行	调研老年公寓
2020年10月9日	路桥区纪委副书记蒋启斌	督查文明城市创建工作
2020年10月23日	四川省广元市朝天区人大常委会党组副书记、副主任张满德一行	参观考察
2020年11月18日	浙江省高级人民法院副院长朱新力一行	走访调研

第五节　领导题词

省部级以上领导题词见表20-4。

表20-4　省部级以上领导题词一览表

时间	题词领导	题词内容
1998年10月22日	中共浙江省委书记张德江	浙江省农村现代化建设排头兵
1999年4月	中共浙江省委原第一书记、顾问委员会原主任、中共中央顾问委员会原委员铁瑛	社会主义新农村
1997年6月10日	中共浙江省委书记、省人大常委会主任李泽民	方林苑
2000年9月5日	中共中央政治局委员、全国人大常委会副主任田纪云	方林老年公寓
2003年	全国人大常委会副委员长蒋正华	全面建设小康村同心发展新台州
2019年	中共浙江省委原副书记、省政协原副主席梁平波	十年磨砺，再创辉煌——贺方林报创刊十周年

第二章　合作交流

第一节　中国特色村年会

中共十一届三中全会以来，全国出现许多特色村。为总结推广特色村的成功经验，中国村社发展促进会于1999年12月21—23日在方林村召开首届中国特色村年会。会议的主题为“发展特色经济，提高竞争力”。参加年会的有160多名来自全国各地的村干部、有关专家教授20多人，部分省（自治区、直辖市）有关领导出席会议。10多家新闻媒体对会议进行采访。

会议总结探讨发展特色村的成功之路，一致认为发展特色经济是未来农村强村富民的必由之路；中国村社发展促进会“三百村”（从当年全国73万个行政村中推荐出300个特色经济村、农业精品村和民俗文化村）活动组委会在会上表彰了73个经济特色村、农业精品村和民俗文化村。会议向全国各行政村发出《发展特色村倡议书》。

在此次会议上，方林村被中国农村社区发展促进工程组委会评为“全国经济特色村”，并授予方林村“首届中国特色经济村年会奉献纪念”荣誉。

第二节　全国“村长”论坛

全国“村长”论坛是全国农村基层干部相互交流沟通的唯一全国性平台。它是以全国66万个行政村、500万“村官”为主体的年度最高盛事，被称为“中国‘村长’的奥林匹克”。

1997年，中国村庄发展促进会组织召开由农村基层社区干部参加的全国性会议。各省、自治区、直辖市农村工作部门推荐一批经济社会全面发展的村庄代表，畅谈村庄全面发展经验。会议期间，温家宝同部分代表座谈并发表重要讲话。1999年12月，在方林村召开中国特色村年会。2000年，首届全国“村长”论坛在重庆市巴南区花溪镇民主村举行。村党委书记方中华作为方林村社会主义新农村建设带头人，与与会村长交流。之后，村党委主要负责人参加历届全国“村长”论坛。首届全国“村长”论坛于2000年举办，至2020年，已成功举办20届（表20-5）。

表20-5　历届全国〝村长〞论坛一览表

届次	时间	地点	主题	方林参加人员	备注
一	2000年10月	重庆市巴南区花溪镇民主村	发挥比较优势，发展特色经济	方中华	—
二	2002年11月	江苏省南京市江宁区	加强农村社区建设，优化产业结构，加快农村全面建设小康社会步伐	林必清 林荣辉	—
三	2003年11月	云南省昆明市官渡区福保村	围绕建设小康社会战略目标，交流探访不同地区、不同类型、不同发展水平的建设小康社会的成功实践经验和体会	方中华	—
四	2004年10月	山东省寿光市三元朱村	发展现代农业促进农民增收	方中华	方中华获“全国十大杰出村官”称号
五	2005年9月	山西省晋中市大寨村	坚持科学发展观构建农村和谐社区	方中华	—
六	2006年10月	浙江省东阳市花园村	当好带头人，建设新农村	方中华	—
七	2007年9月	南昌市青山湖区进顺村	关注民生，和谐发展	方中华	—
八	2008年9月	北京市昌平区郑各庄村	培养现代农民打造数字新村助推新农村建设	方中华	方中华获“中国农村改革开放三十年全国百名优秀村官”称号
九	2009年10月	山西省晋城市阳城县皇城村	转型崛起，务实为民	方中华 方　浩	—
十	2010年10月	江苏省江阴市华西村	华西论富——创业争优强村，转型发展富民	方　浩	—
十一	2011年10月	山东省临沂市罗庄区沈泉庄村	新村官、新创造、新奉献	方　浩	—
十二	2012年9月	湖北省十堰市武当山	文化强村，旅游惠民	方中华	—
十三	2013年11月	安徽省凤阳县小岗村	弘扬改革精神，建设美丽乡村	方　浩	—

（续）

届次	时间	地点	主题	方林参加人员	备注
十四	2014年11月	河南省漯河市源汇区干河陈村	新常态新产业新村庄	方 浩	—
十五	2015年10月	云南省丽江市玉龙纳西族自治县	民族团结进步，创业创新共富	方 浩	—
十六	2016年9月	四川省彭州市宝山村	智慧共享，合作发展	方 浩	—
十七	2017年11月	广西壮族自治区玉林市	新时代·新动能·新田园	方 浩	—
十八	2018年9月	陕西省宝鸡市东岭村	弘扬改革精神，助推乡村振兴	方中华	方中华获“中国功勋村官”称号
十九	2019年10月	江苏省张家港市永联村	党建引领、产业振兴、乡村治理	方 浩 谢世宇	—
二十	2020年9月	吉林省长春市五星村	加快农业转型升级，推进乡村全面振兴村	方 浩	—

第三节 中国村企集团五村合作组织

五村合作组织

2008年9月6日，浙江省方林村、滕头村、航民村、花园村，上海九星村5个村的党委书记方中华、傅企平、邵钦祥、朱重庆、吴恩福在东阳市花园村，召开“中国村企集团五村合作会议”，宣告中国村企集团五村合作组织的成立。五村党委书记达成共识：将以“合作、创新、发展、共赢”为宗旨，遵循“平等自愿、合作共赢、共兴‘三农’、履行义务”4项原则，实现资源共享，共同发展。中国村企集团五村合作组织会议每年召开两次，一次为正式会议，另一次为非正式会议（图20-2）。合作组织的总部设在杭州市西溪。

五村合作实现五大互动：产业互动——开展以发展农村第三产业为主的新型产业合作交流互动；科技互动——积极参与成员中具有竞争优势的自主创新科技项目开发；文化互动——结合“五村合作”会议推动乡村文化建设；人才互动——加强干部定期交流，提升生产经营与管理村庄水平；信息互动——成员以联村村（LCVL）+“五村合作”网络作为互动平台，开展科技、管理、营销、人才、咨询等信息服务。

图20-2　中国五村合作台州方林会议（2012年11月）

重要会议　中国村企集团五村合作组织成立后，本着“合作、创新、发展、共赢”的宗旨，分别召开非正式会议和正式会议，创建合作平台、资源共享平台、互动交流平台，推动新农村建设，谋求可持续稳定发展。与此同时，方林村与村企集团其他领导到北京、上海、江苏华西、四川等地寻求合作项目，谋求共同做大村企集团，共同振兴村域经济（表20-6）。

表20-6　中国村企集团五村合作重要会议一览表

时间	地点	参会者	主要内容
2008年9月6日	浙江省东阳市花园村	浙江方林村、滕头村、航民村、花园村，上海九星村的村党委书记方中华、傅企平、朱重庆、邵钦祥、吴恩福	宣告中国村企集团五村合作组织的成立。五村以“合作、创新、发展、共赢”为宗旨，遵循“平等自愿、合作共赢、共兴‘三农’、履行义务”原则，实现资源共享，共同发展
2009年8月9日	上海市九星村上海南郊宾馆	方中华、傅企平、邵钦祥、朱重庆、吴恩福参加了会议。浙江省委农办原副主任顾益康、上海市农委原副巡视员顾吾浩到会。辽宁省上岗子村，江苏省长江村、大唐村，上海市前卫村、杨王村党组织负责人作为观察员列席了会议	会议主题：“交流与合作、开发与发展”。2008年轮值主席花园村邵钦祥总结中国村企集团五村合作组织一年来的工作。2009年度轮值主席九星村吴恩、福作2009年度发展报告。会议决定成立“五村控股有限公司”，在九星村设立五村合作组织秘书处
2011年9月21日	宁波市奉化市滕头村	方林村党委书记、浙江方林集团董事长方中华，浙江方林村党委副书记方浩参加会议。中国村社发展促进会执行秘书长沈泽江主持会议	2010年轮值主席、浙江航民村党委书记朱重庆作2010—2011年度工作报告。会议确定中国五村集团总部落户在杭州市西湖区西溪湿地文二西路，下一届轮值主席由浙江滕头村党委书记傅企平担任
2012年5月20日	宁波市北仑区（滕头会议）	中国五村集团的各村党委书记、副书记等参加会议；中国村社发展促进会副会长兼执行秘书长沈泽江，省农办原副主任、浙江省人民政府咨询委员会委员、浙江省“三农”发展组组长顾益康等	会议通报中国村企集团组建以来的进展情况以及已投资项目，并对在杭州西溪建造五村集团大楼设计方案进行评议；会议研究了江西进顺村瑶湖开发项目、全国“村长”论坛发展研究中心设立的建议、新时期全国“村官”精神探讨等

（续）

时间	地点	参会者	主要内容
2012年11月2日	台州市椒江区耀达大酒店（方林会议）	五村党委书记	会议回顾五村合作组织两年来各项工作，通报五村合作项目与资金运作情况，并就五村未来发展合作事宜进行了探讨。会议以“面向村庄、服务村庄、发展村庄、创富共赢”为宗旨，确立了“爱村、实干、厚农、奉献”的“村官”精神，会议确定2012—2013年度轮值主席为方林村党委书记方中华
2013年9月22日	浙江省东阳市花园村	五村党委书记和中国村社发展促进会副会长兼执行秘书长沈泽江	会议就五年来的工作进行总结回顾并谋求今后合作交流的新路子；会议确定2014—2015年的轮值主席为花园村党委书记董事长兼总裁邵钦祥
2014年3月25日	浙江省萧山区航民村	方林村党委书记方中华、党委副书记方浩和其他4个村的村党委书记	会议听取杭州西溪五村园开发建设情况的汇报和申报发起五村银行的相关事宜介绍，会议上审议通过了五村园基建及配套设施方案
2015年11月13日	浙江省萧山区航民村	五村党委书记和中国村社发展促进会副秘书长杨秋生	五村合作会议轮值主席邵饮祥作了讲话；商议五村联合控股公司运行发展事宜；探讨“十三五”时期五村合作发展的新商机；通报杭州西溪五村园项目开发建设情况和五村联合控股公司资金运作情况；航民村党委书记朱重庆就五村合作新年度发展作了报告
2017年10月26日	宁波市慈溪市滕头生态酒店（滕头会议）	五村党委书记和中国村社发展促进会副会长沈泽江、秘书长杨秋生，河南省南府店村党委书记张龙安作为特邀代表参会	滕头村党委书记傅平均作2017年度轮值工作总结；轮值主席、东阳花园村党委书记邵钦祥介绍了花园速度、花园模式、花园精神、花园形象，总结了五村合作组织的经验，并提出了发展要求；会议确定下一年度的轮值主席为方林村党委书记方中华
2018年9月11日	杭州市西溪湿地宾馆（方林会议）	五村负责人，村社发展促进会秘书长杨秋生到会	轮值主席、方林村党委书记方中华作2017—2018年度工作报告；五村集团董事长、航民村党委书记朱重庆介绍中国五村园项目和五村近期重点调研项目；会议确定下年度轮值主席为东阳花园村
2019年8月8日	杭州市西溪中国五村园	五村负责人，中国村社发展促进会副会长沈泽江，农业农村部农研中心主任宋洪远，中国村社发展促进会秘书长杨秋生	会议主题是“合作交流，共同发展”。五村集团董事长、航民村党委书记朱重庆致辞，花园村党委书记邵钦祥作为上年度轮值主席作工作报告，上海九星集团董事长吴恩福、方林村党委书记方中华就五村集团的未来发展提出了建议。会上还举行了轮值主席交接仪式

（续）

时间	地点	参会者	主要内容
2020年10月17日	杭州市西溪中国五村园	邵钦祥、朱重庆、吴恩福、方中华、傅平均、吴钢、高天相、金光强、方浩、何军出席，中国村社发展促进会副会长、五村合作组织秘书长沈泽江主持	五村控股集团董事长、航民村党委书记朱重庆通报一年来五村控股经营情况，上年度轮值主席、上海九星集团董事长吴恩福作年度工作报告，花园村党委书记邵钦祥、滕头村党委书记傅平均、方林村党委书记方中华分别讲话。航民村接替九星村成为五村合作组织轮值主席

项目合作 中国村企集团五村合作组织参与中国美丽村庄发布、百姓根祖文化节、中国村志馆开馆、“农村金融与城镇化未来”村庄金融发展沙龙等全国性重大活动。通过支持帮扶、挂职培训少数民族“村官”、成员村，以及与云南临沧古墨村、大理光明村、大理周城村结对帮扶，帮助少数民族经济薄弱村发展。

五村推出了一系列个性化开发项目。航民村在西溪五村园发起组建“五村”村镇银行项目。方林村推出大陈岛红色旅游项目；与九星村一起，推出上海二手车市场建设项目以及上海危化品隐形市场建设项目。中国村社发展促进会沈泽江副会长推荐江西婺源健康产业，即绿色食品与生态环境项目，等等。

五村联合控股有限公司

2009年8月召开的中国村企集团五村合作上海九星会议决定，成立注册资金1亿元的五村联合控股有限公司，由朱重庆负责筹办，其他村全力配合。于2011年2月正式成立。方林村占15%股份。同时，参股农行上市股份，并在杭州西溪建造中国五村园——五村集团大楼。

2017年6月29日，五村控股有限公司在杭州召开董事会会议。航民村党委书记、航民集团董事长朱重庆，上海九星集团董事长吴恩福，花园村党委副书记金光强，方林村党委书记、方林集团董事长方中华，副书记方浩，董事长助理管浩峰等参加会议。会议听取朱重庆董事长关于中国五村园建设情况、财务情况，以及五村集团项目考察情况的介绍。与会人员对中国五村园及集团项目考察情况进行分析研讨。

2019年5月，中国五村园在全国“村长”论坛第十五次执委会暨中国村社发展促进会四届四次理事会议期间开园。全国各地50多个著名村庄近200名“村官”代表，参加开园典礼。

五村控股集团积极开展投资合作。2019年10月至2020年10月，考察涉及农业、旅游、康复养生、大数据、地产、文化、矿产、物流等领域的重点项目11个；投资4个项目："大陈岛誓言"电影项目、"安装超人"家具送装项目、"世界啤酒"餐饮项目、"远图互联"智慧医疗项目。

附：

中国五村园

中国五村园位于风景秀丽的AAAAA级景区杭州西溪国家湿地公园北侧，由萧山航民村、东阳花园村、上海九星村、台州方林村和杭州蒋村共同出资建造。园区占地19902平方米（约30亩），总建筑面积53479平方米，地上23877平方米，地下29602平方米，绿地率35%。

项目布局以合院格局为主，高低错落，由低到高布局。北侧布置一幢6层高的五星级宾馆，东西两侧建筑以水系连接，8幢单体建筑布局既组成团又相互独立，且高低错落，形成优美的天际线、景观线。

项目采用建筑智能化系统，通过综合配置在建筑内的各个功能子系统，以宽带网络和现场总线为数据传输平台，并配以各种智能化的检测控制设备，以实现对建筑的智能化管理，主要包括：综合布线系统、有线电视系统、公共广播及背景音乐系统、电视监控及防盗报警系统、出入口控制系统、巡更系统、消防报警及联动系统（FA）、车库管理系统、建筑能耗监测系统等，做到真正的人车分流。

中国五村园区现有中国村企集团五村合作组织总部、浙江航民集团、花园集团、上海九星集团、浙江方林集团、海南灵康药业集团以及万怡国际酒店等入驻，形成了集综合商务办公、独栋办公合院、高档休闲酒店为一体的五村商务中心。

第四节　台州市村官论坛

首届村官论坛筹备会议

2010年6月4日上午，召开台州市首届村官论坛筹备会议，会议由方林村发起、由台州市委组织部、中共路桥区委主办，路南街道办事处党工委、路南街道方林村承办。路桥区副区长陈敏志、区委副书记徐仁标、中国村社发展促进会秘书长沈泽江，以及在新农村建设中获得先进称号的台州各县（市、区）农村党支部书记、党委书记和村委会主任参加会议。

首届台州市村官论坛执委会轮值主任、方林村党委书记方中华，在论坛筹备会上指出，举办台州市村官论坛的目的，就是要通过村官论坛这个平台，把各村在新农村建设中的成功做法、宝贵经验向全市推广；通过村与村的合作项目对接、项目合作，促进全市农村科技信息、生产信息、资源信息和流通信息的全面共享，合作共赢；强村帮助弱村，采取出资金、出技术、出人才、出土地等有针对性的措施，以“一对一、多对一”方式开展结对帮扶，带动薄弱村居发展（图20-3）。会议讨论确定台州市村官论坛执委会组成、轮值主任和秘书长人选；讨论确定首届论坛主题；讨论确执委会章程和台州市村官论坛的会徽、会旗等事宜。

图20-3　在台州首届村官论坛举行期间，浙江村企集团五村合作组织签订合作项目（2010年10月）

交流

各届村官论坛围绕不同主题，开展讨论和交流。一是与花园村、滕头村、航民村、方林村等全国名村交流；二是与专家教授进行理论层面交流；三是立足台州市“三农”实际，深入交流台州市各县（市、区）成功做法（表20-7）。

表20-7　台州市村官论坛一览表

时间	会议名称	地点	参会人员	会议内容
2010年6月4日	台州市首届村官论坛筹备会议	路桥鑫都国际大酒店	路桥区副区长陈敏志、区委副书记徐仁标、中国村社发展促进会秘书长沈泽江，以及台州各县（市、区）农村党支部书记、党委书记和村委会主任	筹备台州市首届村官论坛，确定台州市村官论坛执委会成员、轮值主任和秘书长人选；确定首届论坛的主题；确定执委会章程和台州市村官论坛的会徽、会旗
2010年10月26日至27日召开	首届台州市村官论坛	方林村	奉化市滕头村、杭州市航民村、东阳市花园村、上海市九星村、台州市方林村党委书记和来自台州各地名村“村官”、大学生村官代表等约200余人出席；中央农村工作领导小组办公室主任陈锡文等中央以及省、市、区等领导	论坛主题：“科学发展富村，创先争优为民”。奉化滕头村、路桥方林村以及台州市9个县（市、区）的“村官”代表、大学生村官杨敏等在会上进行交流。论坛向台州市农村发出《创先争优活动倡议书》。开幕式上陈铁雄将论坛会旗授予方中华；闭幕式上方中华把会旗交给第二届举办地代表
2012年4月20日	台州市首届村官论坛执委会第三次会议	路桥鑫都国际大酒店	台州市委副秘书长、农办主任王维龙，市两新工委副书记、市委组织处处长郑志源，路桥区副区长杨正敏，临海市、黄岩区、路桥区的组织、农办领导、执委全体成员	会议回顾执会委会工作，讨论并提出执委会的下期工作目标和工作措施
2012年8月29日	台州市首届村官论坛执委会第四次会议	临海市古城街道东湖村	台州市委副秘书长、市农办主任王维龙，市委组织部组织处处长范卫东，台州市新农村研究会会长李一，临海市相关领导和全体执委会成员	会议通过台州市村官论坛执委会主任、副主任、增补执委、增补副秘书长人选；设立执委会帮扶基金；通过设立评选“台州名村”“台州杰出村官”奖项，并进行评选
2012年12月19日	台州市第二届村官论坛	临海市双鸽和平国际大酒店	台州市委常委、组织部长马晓晖，台州市委常委、临海市委书记柯昕野，中国村社发展促进会副会长兼秘书长沈泽江，滕头村、方林村、安徽省小岗村党委书记，台州市第二届村官论坛轮值主席、东湖村党委书记以及400多位台州市“村官”	论坛主题：“夯实基层基础、建设美丽乡村”。会议就加强村级集体经济、农村文化和精神建设、改善农村服务水平、科学规划建设美丽家园、改变农村生活环境及改善农村民生难题、加强农村党建等问题进行探讨
2014年8月4日	台州市第三届村官论坛筹备会议	黄岩	台州市村官论坛执委会主任方中华、论坛秘书长阮忠德与有关人员	确定台州市第三届村官论坛举办的地点、时间和主题，确定会议的主要内容
2014年12月9日	台州市第三届村官论坛	黄岩	来自台州市9个县（市、区）的200多位“村官”参加。中国村社发展促进会副会长、“三农”发展组组长顾益康、中国村社发展促进会副会长兼秘书长沈泽江	论坛主题为“推进五水共治、共建美丽村庄”；围绕会议主题，6位专家和村代表作了典型发言；论坛决定第四届村官论坛将在仙居县福应街道县前村举办

（续）

时间	会议名称	地点	参会人员	会议内容
2015年11月17日	台州市村官论坛执委座谈会	仙居县福应街道县前社区	台州市村官论坛执委会成员	筹备2016年台州市第四届村官论坛。座谈会达成“把握改革时机，寻找发展切入点”“优化各村资源，拓宽合作新领域”“打造村官论坛平台，拓宽交流新渠道”“借力改革，推介产权改革理念实现共享发展”“勇于担当，要以弘扬正能量为目的，帮扶共富”“多方位交流、学习，以发展为宗旨，推进合作共赢”6项共识
2016年12月8日	台州市第四届村官论坛	仙居县福应街道县前社区	来自台州市9个县（市、区）的200多位“村官”，台州市副市长郑米良、组织部副部长、农办副主任、仙居县委书记、椒江区委组织部长等；中央有关部门领导	论坛主题是“绿色融合引领三农转型，强基惠民共创美丽乡村” 论坛在对台州的乡村旅游、民宿经济、村级集体经济发展、古村落保护、美丽村庄建设等领域作了充分调研的基础上，形成并发布了《中国绿色村庄公约》并举行了签名仪式。公约的诞生将使美丽乡村经验从台州推向全国村庄
2018年11月21—22日	台州市第五届村官论坛	椒江区前所街道前所村	台州市委组织部长吕志良，市人大常委会副主任周先苗以及椒江区委书记、组织部长和200多位“村官”，出席开幕式；农业农村部农村经济研究中心、中国村社发展促进会有关领导	论坛主题：“弘扬垦荒精神，助推乡村振兴”。发布“弘扬垦荒精神、助推乡村振兴”“村官”公约，成立台州市村官论坛专家委员会，聘任杨贵庆教授为专家委员会主席

附：

在台州市首届村官论坛上的讲话

村官论坛轮值主席　方中华

2010年10月26日

各位领导、各位嘉宾、到会的全体“村官”朋友们，大家上午好！

金秋十月，丹桂飘香；精英聚会，方林增光。今天，全市农村基层干部期盼已久的台州市首届村官论坛在这里隆重开幕了！首先，请允许我代表台州市村官论坛执委会和方林村党委、村委会，对论坛的举行表示热烈的祝贺！对各级领导和全体朋友们的到来表示诚挚的欢迎！

下面，我谨代表论坛执委会，就全市村官论坛工作谈几点意见。

一、关于举办台州市村官论坛的意义

举办台州市村官论坛，为全市“村官”搭建“相互交流、相互沟通、相互学习、拓宽视野、共同提高”的平台，对于全面推进台州市的新农村建设，具有深刻的现实意义。

一是搭建村与村之间学习交流、取长补短的有效平台。长期以来，缺少交流和介绍经验的渠道。我们举办村官论坛，让全市的村干部一起来交流学习、取长补短、共同提高。通过这个论坛，把大家在社会主义新农村建设中的成功做法、宝贵经验向全市推广。通过这个论坛，可以全面展示我市农村的发展成果，使我们认识到村与村之间存在的差距，进一步开阔眼界，激发创业热情，增强发展动力，寻求新的突破，创造新的业绩。通过这个论坛，可以谈谈工作经验，让大家能及时吸取在发展中的经验教训，少走弯路、少交“学费”。通过这个论坛，可以共同探讨发展中存在的问题、遇到的困难，特别是对一些全市农村建设中存在的通病、共性的问题，通过群策群力，集思广益，寻求解决。

二是形成村与村之间洽谈合作、共商发展的有效机制。目前，全市各村都在不断向前发展，但由于受各方面要素的制约，存在着发展的不平衡性。因此，我们必须放开眼界，要有跳出本村，走向全市乃至全国的思维理念和发展勇气，整合村与村之间的资源，实现双赢，甚至多赢。如我们方林村与区内的良一村、良二村、河西村共同创建的五村合作组织，就是我们首届村官论坛的产物。

三是推进带动村与村之间结对帮扶的有效途径。我们台州既有强村也有弱村，通过这个论坛，我们可以介绍一部分经济薄弱村目前的发展状况，让经济强村及时了解到全市其他经济薄弱村存在的困难，激发大家帮扶的爱心；通过这个论坛，我们可以现场集体发起帮扶的倡议，根据经济薄弱村的实际情况，互相商量，深入探讨，采取有针对性的措施，以“一对一、多对一”的方式开展结对帮扶活动，通过出资金、出技术、出人才、出土地、到富裕村挂职学习等途径，带动经济薄弱村的发展。

四是为党和政府进一步了解“三农”工作提供有效渠道。村干部是党的方针、路线、政策的执行者、贯彻者、实践者，最了解基层群众想什么、要什么、希望政府做什么。通过这个论坛，我们可以把农民对党和政府的期望，农民关心的问题以及“三农”政策措施的落实情况，向党和政府提供信息，也为党和政府制定相关政策措施提供参考依据。

五是从全国“村长”看全市村官论坛的重要性。全国“村长”论坛迄今为止已成功地举办了9届，现在论坛的规模、影响力越来越大，已成为展示新农村发展成果，共谋发展、共同研究寻求解决农村改革发展中面临的重大问题的大舞台。每一届论坛都能围绕广大村官普遍关心的“三农”的热点问题进行探讨，受到与会者的欢迎。论坛既有国家领导人作重要讲话，也有中国著名“村官”的精彩报告，还有专家学者的精湛解读，因此在社会上引起了积极的强烈的反响。通过“村长”论坛这一平台，中国东西部地区的部分村庄结成了帮扶的对子，更多的村庄加强了相互间的走动、交流与合作。

二、村官论坛执行委员的责任

本着“村官论坛村官办”的原则，台州市村官论坛产生了执委会，执委会由13名成员组成，这13名成员来自全市不同地区的村庄，应该说是我市“村官”的精英，是推动论坛的先行者。

台州市的村官论坛办得成功与否，完全取决于执委们的能力与努力。因此，执委成员必须加强自身的学习，提高自身的能力，不断吸收外界的新鲜空气，不断拓宽自己的视野。要把村官论坛当作自己分内的事情，就怎样办好论坛积极地建言献策；要主动地、更多地同“村官”同行交朋友，多了解他们的苦涩与艰辛，多听听他们的希望与诉求，并将这些分类整理，筛选出有共性有代表性的内容，争取在论坛上探讨解决。

要认真总结本届论坛成功的经验，找出存在的不足之处，以提高下一届论坛的质量；要考虑如何开好台州市村官论坛执委会议，为当年举行的全市村官论坛做好充分的准备。总之，要强化责任意识，不负历史使命，办好全市村官论坛，推动台州新农村建设。

三、一年来筹备过程中我们所做的工作

同志们、朋友们，台州市首届全国村官论坛的胜利开幕，得益于各级党委政府的大力支持，得益于社会各界的热情关心，在此，我代表论坛执委会向各级党委政府，向社会的各界朋友再次表示衷心感谢！同时，得益于我们的精心准备和踏踏实实地工作，借此机会，我也向各位执行委员说一声，“你们辛苦了，谢谢！”

总结一年来的筹备工作，大致有以下几个方面：

一是转变了观念，统一了思想。首先，转变了故步自封的观念，统一了“要发展，必须多交流、多学习”的思想；明确了村官论坛“政府主导、村官主办”的定位，增强了自觉参与、积极参与的意识；其次，转变了“各吹各的号，各唱各的调”的观念，增强了名村的社会责任感，充分发挥了名村在当地新农村建设中的带动和引领作用；再次，转变了“小富则安”的观念，统一了不断创新，锐意进取，加快发展的思想；最后，很重要的一点是，转变了自我封闭的观念，加强了相互之间的合作与交流。正如我刚才讲过的那样，我们方林村与省内的宁波滕头村、东阳花园村、萧山航民村，以及上海九星村共同创建的中国村企集团五村合作组织，就是一个交流合作的成功范例，最终实现优势互补，互利共赢。

二是产生了会徽、会旗，标志着台州村官论坛走向全国“村长”论坛已迈出了坚实的一步。无论是会徽还是会旗，都力争做到创意新颖，寓意深刻，代表着全市3000多个行政村和数万名“村官”的形象与意志。

三是总结了以执委所在村为代表的村庄发展的模式，为首届全市村官论坛提供了经验交流的基础。

四是进一步增强了执委所在村等名村的社会责任感，支持了全市范围内欠发达村庄的发展。

四、今后工作要求

同志们、朋友们，第一届台州市村官论坛的举行，是全市农村基层干部的一件大喜事，我市数万名“村官”在农村经济社会的发展中起到了关键性作用。我们要乘此次会议的东风，振奋精神，鼓足斗志，力争把我市“村官”工作做得更好。下面谈一谈村官论坛以及农村基层干部今后一个阶段要做的工作：

一是要当好政府的联络员、政策的宣传员、矛盾的调解员、村民的服务员。我们要进一步强化当代“村官”的光荣感、责任感、使命感，要充分发挥政府与村民、百姓之间的桥梁和纽带作用，做到“上情下达、下情上达”；要做到腿勤、手勤、脑勤、嘴勤，当好党的政策的宣传员；要从维护一方平安，维护社会稳定的高度，积极地调解好村内的各种矛盾，力争把矛盾消灭在萌芽状态，消灭在基层；要像沈浩同志那样心系群众，倾心为民，当好老百姓的服务员。

二是要探索打造村庄的新型团队。很多名村强村的发展实践告诉我们：村庄要发展，一个好的带头人和一个好的班子很重要。我们要建设和打造一个既有创新意识又有开拓精神，既有时代特征又有奉献精神的新型团队，为实现我市经济社会又好又快发展，奠定组织保障。

三是要结合村庄发展，积极开展“创先争优”活动，创造一个不甘平庸、不甘落后、人心思进、人心思上的良好氛围。

四是通过合作推进产业转型。产业转型，转型崛起，是农村经济发展新的形势下的要求，是因地制宜、因时制宜寻求新的经济增长点的需要，而产业转型，并非轻而易举、一蹴而就的事，必须通过合作来完成。

这里不妨举路桥区的一个例子。路桥区金穗粮食生产全程机械化专业合作社（简称金穗），是省级示范性农民专业合作社、省级农业机械化示范基地、全国农机社会化服务组织联系点。“金穗”位于金清镇下梁村，于2005年6月在工商部门登记成立，取得经营资格。现有社员226户，注册资金100万元。目前自主经营面积750多亩，粮食生产中的主要作业——机插、机收服务面积每年分别为10000多亩和25000多亩。并建设了集中连片的3000亩中心示范方、“万亩粮食全程机械化生产基地”。3年来，金穗走“工商资本加农机装备、科技创新加套餐服务”的创业之路，为农民在现代农业领域创业提供了成功经验，被业内人士和学者誉为“下梁模式”。从“下梁模式”我们可以看出合作的力量和效应。

五是加强村庄信息化建设。当今社会是信息化时代，信息是生产力，也是效益，早已成为人们的共识。因此，我们要加强村庄信息化建设，要充分发挥互联网的作用，充分利用信息平台，推动经济建设。良一村是全国九村网成员之一，他们有许多宝贵的经验值得大家学习。建议各县（区）有条件的村庄要实现一村一网；有实力的村庄应支持台州市有特色的村庄进行信息化建设。

六是要积极探索台州乡村发展的新模式。要充分发挥我市沿海的区位优势和民营经济活跃、市场加小商品生产集群的优势，创新思维观念，创新组织形式，挖掘发展潜力，激活发展动力。与此同时，要把台州市新农村建设的经验总结出来，与省外的名村进行交流。

同志们、朋友们，让我们记住2010年的这个金秋，我们开启了台州市村官论坛的帷幕；让我们以高度负责的精神，科学务实的态度，认认真真地开好这次会议，集思广益，建言献策，为我市新农村建设贡献自己的智慧和力量！

最后祝各位领导、各位朋友、各位嘉宾会议期间身体健康，精神愉快，事事如意！

谢谢大家！

第五节　浙江村企集团台州五村合作组织

五村合作组织的成立

2010年10月26日，在浙江台州市首届村官论坛上，成立由路桥区方林村、良一村、良二村、河西村、章杨村组成的浙江村企集团——台州五村合作组织。台州五村合作组织是浙江首个村经济合作社“组团公司”，以“合作、创新、发展、共赢”为宗旨，以“平等自愿、公开、开放、互不干涉”为原则，以一切“为了村集体经济上规模，为了新农村建设上水平，为了村民利益最大化”为目的，通过村企联动、投资推动、产业带动等多种形式，结成经济共同体，推动五村经济的持续发展。

五村合作组织的重要会议

年度工作会议　2011年9月15日，在浙江村企集团——台州五村合作组织总部方林汽车城，召开台州五村合作组织年度工作会议，全体董事参加会议。会议由台州五村合作组织秘书长杨凌主持。

方林村党委书记、浙江村企集团——台州五村合作组织首届轮值主席方中华作年度工作报告。

财务负责人陶金萍就财务收支情况作报告。董事会成员及与会人员就浙江村企集团——台州五村合作组织的发展战略，以及企业文化建设等相关话题展开座谈。

第七次工作会议　2013年6月15日，浙江村企集团——台州五村合作组织第七次工作会议在方林汽车城五楼会议室召开，参加会议的有村企集团董事会成员及相关项目负责人。会议由集团秘书长杨凌主持。

会上，集团总经理沈福来代表村企集团向董事会汇报相关项目推进情况，五村小额贷款公司总经理刘勇就前期相关工作作简要汇报。参加会议的浙江村企集团董事会成员及相关项目负责人就相关项目进程以及遇到的问题进行讨论。最后，浙江村企集团董事长方中华就小额贷款公司项目提出指导性意见，要求他们牢记重任、明确职责、安全防控、高效运作。

五村合作项目

五村实业投资有限公司　2012年，五村共同出资108亿元成立浙江村企集团五村实业投资有限公司，重点是新农村建设相关领域的产业投资和项目合作。提取五村实业投资公司利润的10%设立“台州市新农村建设帮扶基金”，用以支持相对后进村的建设，以担当起市场化帮扶贫困村发展的社会责任（图20-4）。

图20-4　延安柳林镇新茂台村签订建造苹果气调库项目合作意向书（2010年10月）

台州路桥五村小额贷款公司 2013年，成立台州路桥五村小额贷款公司，总注册资金3亿元。方林集团占有30%的股份。由于经济进入新常态，全社会制造业指数下降，贷款风险加大。董事会本着防范风险，果断采取加大清收逾期贷款力度、停止贷款发放、股本金减持等措施，保证资金安全。于2013年6月和2016年1月，分别减持了1亿多元资金，同时，严格控制办公经费，精简人员，将办公地点搬迁到方林汽车城5楼。

五村农产品物流中心 2013年，合作开发浙江五村农产品物流中心项目，打造台州的菜篮子工程。该项目位于金清镇新联村，方林村占15%股份。2014年，完成一期项目30亩土地的摘牌工作，土地价计930万元。2015年8月，浙江五村农产品物流公司以31万元/亩的价格摘得48.4亩农业物流项目二期用地。至此，浙江五村农产品物流共有项目用地78.4亩，价计1420万元。由于椒江洪家农港城项目的投入运行，直接影响了五村农产品物流项目。2017年，通过合作、租赁土地等方式，将78.5亩土地，调整为工业地产项目，容积率从1.5提高到2.5。

房地产项目 2016年，村企集团以90万元/亩的价格买入位于桐屿街道文化西路168号地块（属于玉峰房产的台州市物流发展交易中心），该地块为占地170亩的A地块土地，用以冲抵玉峰房地产公司拖欠村企集团的1.7亿元债务，同时将玉峰广场楼盘的80套住宅、138套公寓、209个车位，总价值1.07亿元备案至村企集团，确保资金安全。

此外，还合作开发台州中央商务区城市综合体、南官金源房地产等项目。

合作办学 村企集团为“回报社会、感恩台州”，联合创办“东方理想学校”。

农业合作 2010年10月，村企集团与黄岩布袋坑村签订农业观光开发协议，旨在多方共赢，帮助布袋坑村实现农业观光，高山蔬菜、高山水果的开发和销售。

2011年1月27日，浙江村企集团负责人方中华、阮建华、阮忠德等，到台州市生态村、绿色农产品基地黄岩区屿头乡布袋坑村进行实地考察，商谈旅游开发、发展绿色高效生态农业合作事宜。考察期间，浙江五村集团——台州五村合作组织赠予布袋坑村10万元发展基金。

第六节　其他合作交流

网上商务平台

2014年8月8日上午10时18分，由九鼎集团、东运集团、方林集团、台州商商通有限公司联合投资的网上商务平台——台州商城网成功上市，成为台州市第一家在上海股交中心E板上市的综合性电商平台。它综合网上商城、社区服务和物流配送，成为台州市第一家本地化、综合性的电商平台，也是台州市在电子商务创新发展规划中重点支持的建设项目。

少数民族乡村振兴战略研修班

2018年5月28日至6月1日，由中国村社发展促进会主办，云南民族宗教事务委员会协办的“2018少数民族乡村领军人才走进路桥暨乡村振兴战略研修班”在方林村举行。参加研修班的有来自云南省16个州（市）35个县（市、区）近40名少数民族村书记、主任。

中国村社发展促进会名誉会长余展，民政部计财司原司长、中国村社发展促进会原副会长白益华，云南省有关领导和路桥区方林村党委书记方中华参加开班仪式。方中华作《打造幸福方林升级版　争当乡村振兴排头兵》的讲话，介绍改革开放40年来方林村的发展历程。

当天下午，学员们参观方林村，近距离了解方林。听取享受国务院政府特殊津贴的温岭市蔬菜管理办公室主任林燚的《温岭西瓜产业发展的技术与策略》；同济大学建筑与城市规划学院城市规划系主任、教授、博士生导师杨贵庆讲授的《新时代乡村振兴工作法》，路桥区委组织部副部长陈斌讲授的《党建引领乡村振兴》的报告，实地考察学习雁荡山、黄岩乡村振兴实施情况、中国日用品商城、吉利汽车小镇、游艇小镇、三友农科园以及路桥的坐应村、岘头林村和金大田村等地。

研修班结业仪式于6月1日在金大田村文化礼堂举行。白益华、杨林黎、方浩出席结业仪式，为全体学员颁发结业证书。

方林村向少数民族研修班捐赠培训基金10万元，少数民族研修班向方林村赠送锦旗（图20-5）。

图20-5　云南少数民族培训班学员代表向方林村赠送锦旗（2018年5月）

汽车合作项目

2013年，方林村在台州玉环建设了投资近亿元、总用地面积11.13万平方米、总建筑面积8万平方米玉环方林汽车城。2018年6月14日，内古巴彦淖尔市国泰集团总裁王智和一行来方林二手车市场洽谈市场合作项目，党委书记方中华、方林二手车市场总经理方崇奇参加了合作框架协议的签订仪式。

其他项目

2018年，杭州绿地集团、台州市公共交通集团到方林村，与方中华、方浩等洽谈公共交通综合体项目；南京航空航天大学飞行控制研究所盛守照教授在方林村，与方中华、林荣辉洽谈南京航空航天大学飞行控制研究所和方林集团关于合作成立公司，进行航空教育设备、航空仿真设备、无人直升机飞行控制系统、农业机械无人驾驶系统智能应用等高新技术合作研发项目。

第二十一编

媒体报道

改革开放以来，方林村各项事业快速发展，取得一项项瞩目成就，受到各方关注，各级各类媒体竞相报道宣传。此编选录部分媒体报道。

第一章　村庄报道

第一节　市级媒体报道选录

奔小康的“领头雁”

——记路桥区路南街道方林村党总支

十多年前，路桥区路南街道方林村是一个远近闻名的穷村，因烂泥路坑坑洼洼，十步路窟而被称为“十路窟”。十年弹指一挥间，这个村发生了翻天覆地的变化，如今这里交通发达，市场兴旺，呈现着一派生机勃勃的景象。去年全村工农业产值达到2.2亿元，市场成交额1500万元，集体经济收入210多万元，被省委、省政府命名为“小康示范村”。

拥有900多人，人均耕地不到0.4亩的方林村之所以能捷足先登，步入小康行列，除了得天独厚的区位优势和改革开放的大好时机外，还有一个村民们在过上幸福生活的同时永远不会忘记的好组织——村党总支，这些年来，就是这群“领头雁”带领他们大刀阔斧闯市场，因势利导办工业，迅速脱贫致富，过上小康日子的。

方林村党总支共有36名党员，分布在5个企业支部和1个农业支部，几年来他们拧成一股绳，为改变贫穷落后的面貌集思广益，苦苦思索。“是党员就应该带领群众致富，否则愧对组织，愧对父老乡亲。”强烈的责任感使村党总支成员意识到，方林村必须依托路桥商品集散地的优势兴办市场，发展村级工业，壮大集体经济，为此，他们投资创办石曲旧机械设备市场，同时利用路桥新建区这一契机，实行滚动开发，扩大市场规模，市场效益成倍增长，去年市场上缴税收90多万元，上交村集体76万元，大做兴商建市文章初尝甜头。

市场的发育活跃了一方经济，更重要的是更新了方林村村民“死守田头求温饱”的观念，他们开始投资兴办企业，短短的数年里，金星电梯厂、东海机械厂、新艺油墨油漆厂等村办股份合作、联户企业和众多的个体私营企业如雨后春笋般地冒出来，其中一批骨干企业产值上千万元。为了适应改革开放新形势，去年底村党总支作出决策，组建方林工贸集团总公司，实行企业化管理，转变经济增长方式，提高规模经济效益。在政策引导、更新观念的同时，方林村党总支一班人一心为公，艰苦创业，在实际工作中体现党员和党组织的战斗堡垒作用和先锋模范作用。班子成员几年如一日，风里来，雨里去，不计个人得失，顾大家而忘小家。去年7月，村里准备投资1200万元，兴建一个占地2.1万平方米的机动车交易市场，这一筹建任务落到村党总支副书记林必清和村党总支成员阮普妹的身上，两人原来分别在企业担任骨干，每年可拿六七万元的丰厚报酬，但他们毅然放弃了原来的工作，也牺牲了平静安宁的生活，挑起筹建的重担。偌大的一个市场，从立项报批、征地建设、招商宣传，事无巨细，都得亲自顾问，整整一年时间里，他们很少睡个囫囵觉，吃一顿家人做的舒心饭，为了市场的早日开业，他们没少操心。交易中心办公大楼装修任务本来可以全盘包给装潢公司，但这么一来需要28万元的开支，他们硬是精打细算，自己进料，自己装修，带领一班人起早摸黑、跌打爬滚在工地上，终于如期完成任务，原定在今年七一建党节机动车市场开业终于能付之实施了，同时这一下为村集体节约了13万元的资金，而他俩每天累得直不起腰，每月按规定拿700元的工资，无怪乎有人问：“你们这样累死累活图个啥呀？”老林和老阮答道：“谁叫我们是党员呢！为了村里的集体事业，累点苦点算不得什么，如果你想发财，那就别做党员。”

“要致富，靠支部。”对这句真切的流行话语，方林村的广大村民恐怕有着更深切的体会。该村党总支书记方中华平常有一句口头禅：“企业的困难就是村党总支的困难。”为此，多年来，他们没少为企业排忧解难，村里建立了村党总支成员和骨干企业联系制度，帮助企业开展思想政治工作，建立健全党支部、工会等组织。村党总支千方百计帮助解决企业、村民的一些实际问题，几年来村里扶持骨干企业资金达1200万元。路桥区内环线拓建占用了该村东海机械厂的4亩用地，影响了企业规模扩大，为此村党总支和内环线指挥部、路南办事处取得联系，多方协调，及时解决企业用地问题。该厂厂长深有感触地说：“我们真正感受到党组织的温暖。”村里还把50多户商品观念相对淡薄、不善经营的村民组织起来建立了一支搬运队，为市场服务，每年这些村民人均可以赚得

1万到2.5万元，他们也迅速走上了富裕路。

村民们的腰包盈实了，生活日新月异，但精神文明建设不上去，方林村就不是社会主义新农村。村党总支班子对此有着清醒的认识，从软件和硬件两方面对精神文明常抓不懈。他们投入大量资金用于农村文化基础设施建设，先后投入50万元改建方林影院，新建青年民兵俱乐部、老人之家、电视室等，实行尊老金制度，保障老人生活，真正做到“仓廪实而知礼节”。村总支还在全村开展“双文明户”“新家庭”评比活动，努力培养村民们向路桥城区市民转换的角色意识；他们还狠抓计生工作，多年来计划生育率和晚婚晚育率都达到100%，在路桥区乃至全市都首屈一指。

“为奔小康多壮志，敢教日月换新天。”如今，方林村党总支向全体村民提出了“二次创业”的号召，进一步兴办市场；促使企业朝集团化方向运转；按照社会主义新农村建设要求，重新规划村容村貌，形成住宅区、商贸区、工业区合理分布的格局，今年6月27日，村集体投资1600万元，村民集资5000多万元的花园式别墅小区一期100幢工程顺利开工，到年底将交付使用，届时，方林村将再现一派辉煌的新气象。

（1997年6月25日《台州日报》记者黄保才）

鱼水情溢南官河畔

——方林村60年双拥工作纪事

南官河畔，军民鱼水情深。路南方林，双拥成绩显著，60年间多次受到上级好评，去年又获市双拥模范单位称号。近日利用建军82周年纪念日之机又组织拥军多项活动，双拥工作再上新台阶。

村班子以双拥为己任

60年来，方林历届班子始终把双拥列为议事日程，先后与独立营、高炮团、雷达部队、某部队驻路修理厂、军分区驻路机务站等实行双拥共建，目前与某部队等驻军结为对子，本着“加强联系、增进友谊、互助互学、共同提高”的原则开展双拥活动。村党总支书记方中华常对干部群众说：“没有强大的国防和军队，就没有地方的稳定和发展。我们决不能只抓兴村富民忘了国防，只顾自己生活富足而忘了军人在吃苦受累。”

早在上世纪七十年代时驻军部队营房需要扩建急需砖、瓦等建筑材料，方林村给予优先、优惠供应。八十年代时，方中华一次到驻军访问时，得知部队官兵立了功、受了奖却发不出奖金。他迅速召集班子研究，决定由方林村发给奖金，凡共建单位部队官兵和方林籍现役军人荣立一、二、三等功者，分别奖1万元、6千元和3千元，受师团嘉奖或评为优秀士兵的每人奖300元，同时还向官兵发放节日慰问金，并把这些决定整理成制度，汇编入《方林村村民自治章程》。在历年拥军中了解到驻军缺东少西，便赠送电脑、电视机等供官兵使用。听到有些官兵的家属工作落实有困难，他就向有关上级反映或临时安排在方林企业单位，被群众誉为“拥军书记”。

从2004年起，该村建立了双拥工作领导小组，在组织、制度、经济、载体上规范和保障了双拥工作。近5年间，村集体经济共投入80余万元用于双拥工作。

村民乐为驻军多奉献

在村班子干部的模范带领下，方林村村民60年来一直把驻军官兵当亲人，为部队多作奉献成为方林的优良传统。从解放初期开始，村民们每逢建军节或春节都要到驻军部队营房，替官兵洗衣、洗被、搞清洁卫生、担水、烧菜等，甚至送去亲手制作的衣鞋，礼虽薄，即见真情。上世纪九十年代，有一支铺设国防电缆的工程部队短期驻扎在该村。村里管吃管住，送上猪肉、鲜鱼、蔬菜等。新世纪以来，村民生活更加富裕了，在接待驻军官兵上更上档次，例如2006年建军节期间，方林村组织二十多户家庭与部队官兵开展手拉手，军民一家亲活动。邀请某部队50多位官兵到方林村村民家中做客，家家户户迎接贵宾一样招待人民解放军，听取部队甘于奉献、永不言败的军人气节，并一起欣赏军民联欢晚会，军人们感受到了家的温暖和热情。部队把驻地当故乡一样热爱，地方把军人当亲人；军政军民之间真正做到同呼吸、共命运、心连心。

村妇联、共青团、老协积极组织军民共建，除节日期间组织慰问、帮助部队搞卫生和举办文体联谊活动外，平时还为部队排忧解难，办实事、办好事，亲如一家例如成立红娘服务小组，为部队官兵牵线搭桥，方林及周边女青年有好多成了军嫂。又如方林村的公交设施、文化设施、游泳馆等都为驻军官兵提供免费服务。

长期的拥军传统增强了村民的国防意识，60年来该村适龄青年报名应征率都达100%，有42位青年陆续戴上光荣花成为解放军战士。

驻军官兵为兴村富民多出力

方林人将驻军当亲人，驻军官兵把方林当作自己的故乡。据村民回忆，在上个世纪农业生产为主期间，每逢双夏来临，当地驻军官兵都前来帮助参加抢收抢种，下到田里割稻、拔秧、插田，和村民打成一片。有一年双夏期间，恰逢台风即将来临，驻军迅速参加抗台抢收，情景十分感人。

1984年，方林兴办旧机械设备市场时，因基建造成军用电缆受损坏，驻军得知地方有难，立即派官兵前来帮助将电缆迅速修复。今年二手车市场建设时，市区消防官兵多批次前来指导安置消防设施，使市场建设顺利进展，如期开业。

驻军官兵与当地人民共创文明活动，促进了和谐社会的建设。机场场站官兵曾与方林村民共建“方林路”为军民共建一条街。某部队与该村建立“军民共建方林苑”“军地农业科技小园区”活动，同时担任幼儿园校外辅导员；还派医务人员到老年公寓为老人体检看病。上世纪六、七十年代，驻军每星期为当地放映一次电影，现在举办文娱晚会、举行篮球、乒乓球友谊赛等一系列活动。部队官兵转业、复员前要到方林重温结亲之情。他们的爱民行动，赢得社会赞誉，受到了群众的好评。

（2009年7月31日《台州商报·今日路桥》　通讯员蔡明贵）

第二节　省级媒体报道选录

石曲旧机械市场交易兴旺

在黄岩县石曲乡方林村旧机械交易市场，经营五十多种旧机械，一些乡镇企业和家庭工厂可以及时选购到急需的设备。一至六月份，这个市场成交额达二百五十四万元，上交国家税金十一万二千元。

（1985年9月2日《浙江日报》第1版）

方林村的路

黄岩市路桥镇方林村村中心200米长、16米宽的水泥路，去年9月竣工，和它两旁装饰讲究的三四层楼房构成欣欣向荣的村中大街。商品意识颇浓的村民很快开了10多家理发、裁缝、百货、副食品等商店。

“一、二、三、四、五，上山打老虎……”路灯下，一群天真活泼的小姑娘欢乐地边唱民谣，边跳绳。9岁的缪亮，做完了作业就拉妈妈打羽毛球。他对笔者说：“一年级时，门前路高低不平，晴天灰尘满天飞，雨天是泥水，放学后找不到平坦的地方玩。”自从有了这条路，小朋友们可乐了。女孩跳绳，男孩打羽毛球，捉迷藏。每到晚上，大人和小孩兴致勃勃地参加体育活动。

村民告诉笔者，村里连续几年修路。光去年就投资10多万元，把连接各自然村的道路都浇成水泥路，结束了村民祖祖辈辈走泥土路的历史。外村人羡慕地说：“踏上水泥路，或看见路灯，就到了方林村。”

去年村里配了一名专职清洁工，工资由集体支付，每天把大小道路打扫得干干净净。方林村去年村集体纯收入近30万元，全村人均收入1200多元。村党支部书记方中华领导村民共同致富，被选为省人大代表。

（1991年4月13日《浙江日报》第2版面　作者路人、陈永庆、王小平）

一张红榜促敬老

8月6日，笔者在台州市路桥区路南街道办事处采访，听到当地群众交口盛赞“一张红榜促敬老”的故事，当即赶赴故事的发生地方林村。

位于路桥区南端城郊结合部的方林村，共有286户960人，人均年收入达到6038元，生活水平已经进入“小康”。然而方林人更注重精神文明的同步发展。村老年协会在发现一些赡养老人的好典型的同时，也发现了个别家庭虽子女多人，却相互推诿责任，家中老人缺乏应有照顾；某些村民经商富裕，但对父母的赡养却锱铢必较。

如何让那些不尽义务的人幡然改悔呢？老年协会广泛听取村民意见，评选出首批好儿子、好媳妇、好孙子、好孙女、好女婿列入光荣榜，把那些孝敬父母的子孙，用红榜公布赡养具体情况；不肖子孙一一挑选出来名列黄榜之中，在大年三十前两天张贴在人流量最多的电影院墙上。红黄榜的张贴如一石激起千层浪。那些知道自己黄榜有名的人威胁说：“谁把我的名字贴上去，就找谁的麻烦。”但老年协会领导就是不信邪。1990年春节，因为红黄榜的出现，尊老问题成了方林人议论的新闻，红榜有名的人这个春节过得特舒心，为自己的行为得到社会的肯定而欣慰。而上黄榜的村民则如芒刺在背浑身不自在。老协领导放弃休息，登门做“黄榜人”的思想工作。

慢慢地，以前与父母住所“鸡犬之声相闻”就是不愿“相往”的人，也隔三岔五地去探望老人了。村民林显昌、林显亮两兄弟第一年未上红榜，第二年春节未到，妯娌俩双双上街为公公婆婆购买春节礼物，当老人平生第一次穿上皮鞋和呢大衣时，乐得哈哈笑，逢人便夸一张红榜让子女变得孝敬。曾经也有这么一个恶媳妇，为了赶婆婆出家门，竟然养了头大肥猪在婆婆的床底，村老协曾多次规劝都打动不了她的铁石心肠。第一年此媳妇黄榜有名。这一无声的谴责鞭击着她的灵魂，很快地使她转变对婆婆的恶劣行为，把婆婆接进自己宽敞的新房子居住。

榜样的力量是无穷的。第二年，两榜张贴时，黄榜上人数不到10名；第3年，方林人注意到村电影院外墙上的黄榜已是无影无踪了。

一张红榜促敬老，家庭的和睦促进了社会的安定，社会的安定又保障经济的发展。1996年，方林村被中国农村小康促进会命名为全国小康示范村，村党支部被中共中央组织部评为全国先进基层党组织。

（1997年8月22日《浙江日报》第8版　作者池锦蕾、郭皓）

先行一步天地宽

至今，方林村人仍为16米宽的石曲街感到自豪。80年代中期，这条村道已比有些省道宽出1倍。村民们说，这要归功于村党总支书记方中华。

1983年，27岁的方中华当上村支书不久，看到村里没有一条像样的道路，在村干部会上提出要把老街拓宽成大路。过硬的是，在拆迁和街面屋基的安排上，首先让群众挑，党员干部带头靠后站。今天，瞧着石曲街两边鳞次栉比的店铺，想着方中华当年的话，人们心服口服。

80年代以前，方林村的集体经济几乎是零，连买一罐浆糊的钱都没有。不少村民住的是草棚，三代同屋甚至四代同屋屡见不鲜。但方林村地处路桥“南大门”，104国道穿村而过，地理优势明显，有的村民开始经营旧机械设备，把旧机器摆得沿公路都是。方中华一想，为什么不把大家集中起来到市场里经营呢？而当时，“市场”两字对许多人来讲还陌生得很。有的村民双手抱在怀里冷嘲热讽：“市场能办好，除非河里的石板会浮起来。”而方中华说，既然看准了，就算前人没搞过也一定要办。

1984年4月，在紧临国道的400平方米土地上出现了方林村的第一个市场——路桥旧机械设备市场。事实证明，方中华们的眼光是准确的。市场当年成交额达200余万元。

开办市场不仅给集体和村民带来可观的经济收入，更重要的是，世世代代靠锄头吃饭的农民从土地上挣脱出来，冒出了一批经营人才。方林村从办市场中尝到了甜头，如今已拥有机动车交易市场、路桥客运南站、货运南站、菜市场等其他4家市场。今年，村集体经济收入将超过400万元，资产达到4200万元。通过办市场，还带动了工业的发展，现在村里有股份制企业12家、个私企业38家。村民年均收入已突破6000元。

方中华认识到，农民富了，但陈旧的意识还在，他下定决心改变富裕农村“只见新房子，不见新村庄”的通病，创造一个花园式居住环境。他组织村干部到外面参观学习。于是，村里请来同济大学城市规划设计院的专家设计“方林苑”居住小区，然后由村里统一建造，统一绿化，统一抽签分配。现在，在区政府和各部门的支持下，一期工程共100套住宅已经沐浴在冬日的阳光里。当方中华带着我们在“方林苑”中漫步时，我们惊讶了：一座座样式优美的两层小楼错落有致，浅草平铺，花木扶疏，还有电脑防盗监控中心。方中华不无自豪地介绍：“规划设计中的网球场、游泳池都已留出了地方，等到来年再造！”

省领导在视察“方林苑”时对该村的新农村建设给予高度评价。去年，方林村被评为“全国小康示范村”；村党总支被中组部授予“全国先进基层组织”称号；村委会被省政府命名为省级“示范村委会”。

方中华站在“方林苑”前的一片农田上，仿佛看到了满眼的秋收情景。他又有了下一个目标，明年这150亩土地将成为“农业综合开发园区”。

（1997年12月24日《浙江日报》第7版　作者伍文杰、李鸣、金波）

农村现代化的排头兵

这里是台州路桥区方林村的农民新居：100幢两层别墅式小楼规划整齐、漂亮精致。这个专门请同济大学专家设计的“方林苑”，宽阔的水泥道旁绿草茵茵，花木扶疏；别墅式小楼和幼儿园、游泳池、网球场错落有致，每幢楼不管春夏秋冬都有充足的阳光；苑内整洁卫生，与传统农村的村容村貌相比简直有天壤之别。

在农民家里，客厅、餐厅、厨房、卫生间、卧室装饰新颖，电话、空调、煤气、闭路电视、音响一应俱全，不少农家还有健身房、上了因特网的电脑和小轿车。

村民告诉我们，这里不光住得舒适，而且垃圾集中处理，还有电脑监控系统24小时保安，物业管理由村集体统一负责。

好一派现代化农村风光！据介绍，方林村1998年人均收入7877元，是全省农民人均收入的一倍多。去年8月，一个荷兰学生代表团来方林村参观后发出感叹：这样的生活条件，在我们国家农村也不普遍。

农村工业化、城市化，把方林村98%的农民带进了二、三产业的广阔天地。80年代初，方林还是一个有名的穷村。短短20年，方林村何以发生这么大的变化，成为我省农村现代化的排头兵？村党总支书记方中华介绍说，他们抓住机遇，凭借区位优势，率先走上了农村工业化、城市化的道路。80年代中期，村集体与村民合股，相继办起了溶剂厂、五金冲件厂等企业。本着多种所有制经济成分共同发展的方针，对村民经商办企业，村里创造一切条件给予方便和支持，同时严禁村干部到企业“吃拿卡要”。良好的创业环境，促使全村股份合作、个私企业不断发展。

90年代初，按“有所为，有所不为”的思路，村集体退出第二产业，把原有在5家企业中的股份全部转让给村民，腾出资金和精力发展第三产业。他们利用位于路桥区南端的优势，办起了机械设备专业市场，继续壮大集体经济。与此同时，那些改制后的工业企业也很快发展壮大起来。目前全村有股份合作企业11家、私营企业38家，去年工业产值达2亿多元。全村从事二产的劳动力占总劳力的59%。

1994年，路桥撤镇建区，城建规模扩大。方林村又抓住城市化的机遇，在穿村而过的老104国道两侧，相继投入2000多万元，办起了机动车市场、客运货运站及农贸市场。1998年全村集体经济收入近513万元，几乎都来自这几大市场。今年更是开门红，设备交易异常火爆，汽车成交每天有10辆左右。全村从事三产的人已占到总数的39%。在并不那么起眼的机械设备市场里，方林村许多村民在此“淘金”，一年少则赚几万元，多则赚几十万元甚至更多。就连在市场做搬运工的村民，一年也有2万元左右的收入。

办一家一户难办的事情，方林村探索出了发展集体经济的成功之路。如今方林人均拥有村级集体可支配资金4.38万元，远远高于我省农业和农村现代化《纲要》制定的标准。集体经济已成为全村经济发展的强大动力、共同富裕的坚实基础。

二、三产业发展了，农业产值只占全村总产值的0.3%，但这里的农业并没有萎缩。早在几年前，村里应广大村民的要求，按照土地所有权、使用权、经营权分离的原则，组建村农业发展公司，由6位农民集中经营全村土地。在村里的支持下，农业发展公司在当地最早购买了联合收割机、工厂化育秧设施，基本实现了农业生产的现代化。村里前几年建设的40亩葡萄园绿意盎然，80亩花卉基地也正在兴建，富有特色、充满生机的都市农业雏形初现。

去年方林村人均生产总值达到37.9万元；全村二、三产业比重分别达到58%和41%。一、二、三产业在更高层次上实现了协调发展。

现代化不是几个经济指标的简单组合，方林村追求的是富而和谐、富而踏实、富而不忘贫的社会主义现代化。有了钱，住上漂亮的楼房，就现代化了吗？方林村回答：农民除了求富，还要求安、求乐、求知，还要社会的全面进步。前几年，生活富足舒适了，有些村民对赡养老人却互相推诿，家庭矛盾突出。有家媳妇为把婆婆赶出门，竟在婆婆床下养了头大肥猪。如此不文明行为，有损方林村形象。对此，村党总支与村老年协会想出了一个高招：每年对农户的养老情况进行评比，春节前在人流最多的村电影院外贴出红黄两张榜，红榜上是孝顺子女和赡养情况，上黄榜的则是“不孝子孙”。一红一黄，人心自现。上了黄榜的浑身不自在，老年协会又上门做思想工作。第一年，上黄榜的有40个村民，第二年只有6个，再往后黄榜就消失了。“一张红榜促敬老”以及其他如争创“十星级文明家庭”等家庭美德建设活动，大大促进了全村的精神文明建设。他们的经验，正在路桥全区推广。

方林村的外来打工者有上千人，比全村人口还多。刚开始时管理跟不上，治安差，有时一晚上有3户人家被盗，村民们“富得心里没底”。后来，村里对外来暂住人员实行电脑化管理，原职业、原住所、计划生育情况、最近动向等一查便知。村里建立了专业联防队，每月拜访外来户一次，每晚有12个人值班。村里的一些福利也让外来人员享受。这些措施有力地改善了全村社会治安状况。

3年来，方林村未发生一起刑事案件，赌博、盗窃基本绝迹，重大刑事案件已连续15年没有发生。村民们富得实在了。外地来此办企业的厂长经理都说，在方林创业，放心！

凭借雄厚的集体经济实力，全村初步建立起了社会福利和保障体系：五保户、孤寡残弱的村民，粮、衣由村里送到家，每月每人发300元生活费，在指定医院就医全额报销；村民房产、人身保险由村负责统一投保；村民子女统考上高中、中专、大学的，每年都有奖学金……

“充分体现社会主义制度优越性，让村民时时感受集体的温暖，这正是我们的农村现代化与国外不同的地方。”方中华说。农村现代化离不开体制现代化，更离不开强有力的农村基层组织和带头人。方林村的现代化建设过程，也是不断加强村级民主政治建设的过程。

村民自治、民主决策、政务公开，在这里已蔚然成风：有每年一次的全体村民大会，半年一次的村民代表会，每两个月公布一次村级政务，重大事情均由村民会议讨论决定。

财务公开是村务公开的“重头戏”，在方林这个年集体收入数百万元的村更是村民关注的焦点。1994年以来，方林村集体的账越来越透明，先是一年公开一次，后来发展到一个月一次。如今村属8家企业的财务明细表也公开了。在方林村，集体投资的大小工程都引入了招投标、监理等一整套现代管理办法。投资1800万元的“方林苑”一期工程建设吸引了148家单位来投标，中标的只有10家；施工1年，村里专门派10个干部一人盯一个队。结果工程优质，而且造价降低了约600万元！

在方林村，办什么事都有章可循。这个“章”是10章95条的《村民自治章程》和包括民主选举、决策、管理、监督的《民主政治建设制度汇编》。

方林村有今天，得益于方中华和村里一班人强有力的农村基层组织。在路桥这个经济发达的地方，对一名村干部来说，最大的考验是能否经受金钱的诱惑。方中华是全村最早办厂的人，可今天在厂里他和合伙人的股份由当初的8∶2变成了2∶8；他私车公用，从不向公家报销分文。村党总支书记以身作则，村干部们都乐于奉献，不计得失。作风正，干劲足，方林村党总支在村民中树立起了很高的威信，形成了融洽的干群关系。1996年，村党总支被中组部授予“全国先进基层党组织”称号；在省第十次党代会上，方中华作为唯一的农民代表，被推选为主席团成员。

诚然，方林村的农村现代化之路还刚刚开始。经济增长质量、村民素质、整体环境等都还有待提高、改善。目前，按照同济大学专家规划的蓝图，二期100幢农民新居已准备开工。一个更为富裕、文明、美丽的方林村即将在方林人的手中诞生。

（1999年6月7日《浙江日报》第1版　作者朱仁华、管哲晖、伍文杰、李鸣）

一个城郊村的30年巨变

——浙江台州方林村改革开放30年发展启示

30年前，这里是当时全公社有名的借贷村；30年后，它一跃成为全国闻名的小康村。这一切是怎么发生的？它将给正在快速推进的社会主义新农村建设提供什么启示？

启示一：坚持改革创新，走富村、富民之路

方林村是浙江台州路桥区的一个城郊村。改革开放前，这里"一穷二白"：土地资源贫乏，人均只有0.4亩地，1978年村集体经济方亏空5万元，人均收入仅147元。"过去这里村民住的是矮木房，在村里每走十步就会有一个窟，穷得远近闻名；不过到了2007年，我们村的工农业总产值已经达到了7.36亿元，村集体收入已经有1321.8万元，人均纯收入17382元。"1983年担任村党总支书至今的方中华告诉记者。

方林村的巨变，在改革开放之前就有所萌芽。1973年，当社会上还把"换糖""补鞋""自行车送客"等副业当作资本主义尾巴来"揭深批透"时，方林村就动员了7个队，每队集资200元，创办了当地第一座轮窑—石曲轮窑厂，180位村民成了第一代泥腿子工人，打破了"以粮为纲"的产业禁锢，这是方林改革创新的开始。

但真正的变革始于农村实行联产承包责任制以后。如何处理好土地统一经营与农民家庭经营之间的关系，是每个农村都要面对的问题。当时，新一届方林村党总支趋利避害，一方面充分发挥方林属于城郊村，靠近城区的地理优势和本村农民经商办企业较多的人文优势；另一方面充分认识到农民分散经营人均0.4亩土地，既影响个人致富和本村公益事业，又使土地资源得到不充分利用的弊端，作出了重要决策：在依法、有偿、自愿的原则下，采用土地股份制的形式，统一经营全村所有土地，入股农民每人每年都能享受粮食补贴和年终分红。至此，传统村民成了经商办企业又能享受福利的新农民。

土地的统一集中经营，为方林村兴办市场奠定了基础。1984年，村集体抓住恢复农村集市贸易的良机，创办了方林村第一个市场——路桥旧机械设备市场。当初市场面积只有400平方米，经营者主要是本村村民，当年成交额达45万元，村集体收入2万元。经过25年的发展，目前，该市场面积已达10000平方米，2007年的成交额达3亿元，村收入达300万元。

2002年6月兴建的汽车城，是方林村现在最大的市场，占地面积12万平方米。2007年，市场销售汽车2.3万辆，成交额30亿元，占台州市9个县市区总销量的43%，村收入摊位租金1832万元。另外两家市场，一个是1995年兴办的二手车交易市场，另一个是1997年兴办的方林菜市场。

市场的繁荣带动了第三产业的蓬勃发展。30年来，方林村连续兴办了路桥客运南站、货运南站、特种车停车场、搬运装卸服务队等三产企业。汽车维修服务业、饮食旅馆业、文化娱乐业纷纷涌入，仅4S店就多达4家。

2007年度，方林村的一、二、三产业结构比为1.33：40.6：58.07，已形成了"倒金

字塔”的合理结构。

发达的第三产业又带动和刺激了第二产业的发展。目前，村里共有股份制企业11家，民营企业35家，产业涉及汽车、摩托车、机电、制冷配件等多个领域。市场带动工业，而工业生产又促进贸易兴旺，如今的方林村呈现出良性、渐进、互相促进的循环关系。

目前，村集体于1999年组建的方林集团已拥有13个子公司，5亿资产，7000多万元积累的大型经济体。靠集体经济的滚动发展，这个城郊村从小到大，从弱到强，闯出了一条市场兴村的新路。它带有十分鲜明的社会主义市场经济时代特征和市场兴村的方林特色。概而言之，就是：半村皆市场，三产唱主角，贸易带工业，村资哺实业，村民为主力，快速城市化。

今天，1028名方林新村民，依然生活在0.4平方公里的“第一批国家级生态村”里，但方林村的发展模式，已经跳出方林。近年来，他们跨出村界，开始和邻村合股兴办市场和企业。村集体资产经营的重要载体方林集团对外是企业集团，在市场经济的竞争中勇争上游；对内则是社会主义大家庭，共同致富，其乐融融。

启示二：依靠党组织领导核心作用，探索科学发展之路

30年前的方林村，由于长期穷、乱、差，党群、干群关系紧张，大队干部一个接着一个地换，谁也不愿意当“村官”。如何构建基层党组织的坚强堡垒，成为该村极为关键的问题。1983年，上级党委把脑子灵活，有商品意识，年仅28岁的方中华推上了村支书的位置。从此，方中华25年如一日，立志求变，乐于奉献，在与村民风雨同舟、埋头苦干的实践中，不断加强基层党组织的建设，并探索农村经济社会的科学发展之路。

上任伊始，方中华就把加强支部建设放在工作的首位，提出“书记做给支委看，支委做给党员看，党员做给群众看”的口号，以支部和党员的模范带头作用，促进党群、干群关系的和谐，增加支部和党员的凝聚力。为了兴村富民，方中华不惜转让自家年收入数十万元的漂染厂。为了带领大伙共同致富，时任副书记和村长的管人财辞掉了每年可得十多万元收入的市场经营工作。榜样的力量是无穷的。2004年，为了在100天内建成汽车城，完成近亿元的投资工作量，所有班子成员日夜苦守在工地上，一天只能睡上三五个小时，这种艰苦创业的行为最能感动村民，村民们说得好：“方林的干部是村民信赖的当家人，创业有功但不归功自傲，生活富裕但不追求奢华。”

有了坚强的领导集体，方林村的组织建设不断加强：一是坚持“三会一课”制度。定期召开党员、村民代表会议，由书记和主任向党员、村民代表做述职报告，接受党

员、村民的评议和监督。所有重大决策，必须拿到全体党员大会上讨论并通过后才实施；所有创业项目均由党员带头。

二是建立“三个一”和党员奉献簿制度，要求党员每年为党组织添一分光，为新农村建设出一份力，为群众办一件实事并记录在党员奉献簿上，公开让群众审阅，形成自我督促、自我奋进的新风尚。

三是在经济组织中建立党组织，随着方林集团的不断壮大，村党总支因势利导，分别建立了农业、企业、市场、中能和汽车城共5个支部，各公司全部由党员担任了主要负责人，做到每个党员有指标。

四是建立和完善了一套民主管理的监督机制。该村经过多年探索，较早地建立了10章共95条的《方林村村民自治章程》以及《民主政治建设制度汇编》，且每年都经过村民大会讨论进行增册修订，然后印发至每家每户，做到用制度管人，按制度办事。村级政务，村级财务定期公布，全方位接受群众的监督，及时采纳群众的意见和建议，达到群策群力奔小康的目的。

经过多年努力，该村党总支已成为带领农民共同致富、得到群众高度信任的战斗堡垒。方中华本人在2004年荣膺“中国十大杰出村官”称号，2008年当选十一届全国人大代表。

到过方林的人无不感慨村庄优美。村民们犹如生活在城市的风景里，但又比城市少了很多车来人往的喧嚣和繁杂，村子幽静、安宁、祥和，一幢幢新别墅楼鳞次栉比。这一切，离不开科学规划的指引。

1995年，方林村请来了上海同济大学城市设计院的专家对村庄的发展进行高起点规划，将全村分为商业区、工业区、农业区、住宅区四个区块，对各个区块进行了科学的定位，并确定近期、中期和远期发展规划。2004年又请来华东勘测设计院的专家编制了《台州市路桥区方林生态村建设规划》。该规划的目标就是将方林建设成为具有发达的生态经济、优美的生态环境、和谐的生态家园、繁荣文明的生态文化、可持续发展能力较强的社会主义新农村。在规划的指导下，方林村的发展更为科学，尤其是生态村的建设成果显著：他们先是关、停、迁污染重、高能耗的4家企业；又投入1500万元完成了公共绿化、游泳池、网球场、篮球场、幼儿园、医疗服务中心等建设，使村内绿化率达到60%；而全村村民总投入9000万元完成的一、二期192套低层联立式村民住宅别墅已经入住，三期60套别墅也即将完工。2008年开始，方林家家户户都将住进别墅式住房。

启示三：协调发展与稳定关系，构建和谐的新农村

在经济发展的同时，方林村注重协调发展与稳定的关系，建立起适应市场经济新形势的村级稳定和谐保障和发展机制。

方中华介绍说，方林村凭借一定的集体经济实力，1985年就开始建立奖学金制度，

1986年开始建立养老金制度，如此等等，多年来，方林村建立了包括16项的社会福利和保障体系。村里不仅给村民上了农保、医保、养老保险、房产保险，还对医疗住院费实施40%～80%的补贴措施。近年来，村里投入800万元完成老年公寓、门球场馆的建设，本村男60岁以上，女55岁以上的老人均可免费入住，每月都可领到500退休金。2007年，村民在16项福利中人均获益近5000元，已基本形成了“基本保障靠集体，发家致富靠自己”的方林村独特的社会福利保障体系。

所谓的“发家致富靠自己”，即方林村在建立健全社会福利保障体系的同时，倡导自立创新，勤劳致富，引导共同富裕的和谐发展。村党总支采取多种形式引导和帮助村民创业致富。一是鼓励村民在村办的市场里经营；二是对有创业能力的村民，给予一定的倾斜政策支持，扶持他们兴办个体民营企业或股份合作企业；三是对有管理能力的村民安排进入集团各公司管理，给予较高且稳定的工资加奖金收入；四是对缺乏进企和企业、经商能力的村民，引导他们从事搬运、餐饮、保洁、保安、保绿等服务业。经过长期不懈的努力，该村不仅成功地解决了本村离土农民的出路问题，而且吸引了外来务工人员3000多人，出现了“临时超常住”现象。

作为全国社会主义新农村建设的先进村，30年来，该村在发展经济的同时，大力弘扬先进文化，着力塑造文明新风。

——投入大量资金改造了影剧院、村民培训中心、老年活动室、图书馆、阅览室、灯光网球场、篮球场、健身房等公共文化活动场所，使之成为融党建教育、学习先进文化和娱乐活动为一体的活动场所。并组织舞蹈队、篮球队、网球队、老年门球队等，每逢节日开展各项文艺活动，丰富群众业余生活。

——通过“一张红榜促敬老”宣传教育活动，“好公婆、好媳妇、好女儿、好女婿、好孙子”评选活动，“十星级文明道德新家庭”评比活动等有效载体，大力引导村民尊老爱幼。

——化解社会矛盾，消除不和谐因素。针对经济和社会中出现的新情况、新问题，着力把矛盾发现在萌芽，消灭在基层，不断消除不和谐因素。该村建立了党员联系户制度，要求每个党员每年必须走访5户家庭；还建立起党员、村民住院看望制度。建立了

以村联防大队为主、村民自愿参加的群众组织，倡导“我为村民守一夜，村民为我守一年”活动，努力打造平安方林，营造和谐氛围。还设立暂住人口管理办公室，实行电脑化管理，及时掌握动态，保证一方平安。

如今，家庭和睦、邻里融洽、社会安宁已成为方林的新风尚，讲道德、讲法治、讲文明也已蔚然成风。

（2008年11月《观察与思考》 记者徐友龙）

路桥首推无候选人直选村级党委

今天（8月29日）下午，台州市路桥区路南街道方林村会议室内座无虚席，该村党委班子直选大会首次采用无候选人直接选举的方式，选举产生村级党委班子。这在台州尚属首次尝试，是该市扩大党内基层民主的新尝试。

据路南街道组织委员戴晨介绍，方林村共有1041人，是全国特色经济村、全国第一批生态村和全国文明村。此次直选村级党委，全村76名党员全部参加，行使自己的民主权利。随着该村经济实力增强以及党员人数增多，经路桥区委批准同意，该村建立村级党委。为进一步增强基层党组织的活力，扩大基层党员的民主权利，在上级党委的指导下，方林村党委班子以无候选人直接选举的方式产生。

下午3时20分，方林村开始直选村级党委。在无候选人的情况下，76名党员采用无记名、直接选举的方式，选出自己心目中的带头人。经过现场投票计票，下午4时15分，大会主持人宣布了选举结果：方中华当选村党委书记，蔡正杰、方浩当选村党委副书记，以上3人和谢华寿、林荣辉、方崇奇、尚永斌等4位党员当选为村委委员。

路桥区委常委、组织部长蔡伟说：“无候选人直接选举村级党委，将基层党组织的选人用人权交给每一个党员，这是路桥区落实党的十七大提出的逐步扩大基层党组织领导班子直接选举范围、逐步扩大党内基层民主多种实现形式的新尝试。”

“以前选村党支部书记，只有支委才有权参加。而这一次，村里所有的党员都有了投票权，”当选村委委员后，今年28岁的林荣辉说，“这次直选党员能选我，说明信任我。我以后为村里办实事干劲更足了。”

（2009年8月30日《浙江日报》第2版 记者洪卫，路桥区报道组徐雨薇）

第三节　国家级媒体报道选录

浙江方林：一场60年的发展变革

——台州市路桥区路南街道方林村发展纪实

东海之滨，温黄平原，浙江七大古镇之一的路桥十里长街南端，有一片神奇的土地。相传石板路口附近有洼地，常年积水，有青龙潜伏，历史上惯称石路窟，其傍河道取名青龙浦，因生活在这儿的人们大多姓方和姓林，亦叫方林，后因道路曲折延伸，故又名石曲。在3000多年的历史中，这片土地没有发生过任何奇迹，种稻产量低，种棉没盼头。辛勤耕作在这片土地上的农民，沿袭着代代相传的“以农为本”的古训，日出而作，日落而归，祖祖辈辈过着住茅房陋屋、吃半年糠菜半年粮的穷苦生活。

新中国成立的春风，给这片土地带来了真正的生机。翻身作主的方林人抑制不住解放的喜悦，满怀希望地发誓要让这片土地稻香菜肥，瓜果满园。但是前30年的道路弯弯曲曲，没有能取得应有的效果。历史的车轮进入20世纪80年代，改革开放的大潮锐不可当，奇迹终于在这片土地上出现：方林获得全国先进基层党组织、全国首批文明村、全国小康村、全国首批生态村等12项国家级殊荣和16项省级荣誉，朱镕基、曾庆红、习近平、田纪云、张德江等党和国家领导人曾亲临视察。

方林人60年奋力拼搏，收获了无数的荣誉和梦想；方林60年风雨沧桑，见证了一个伟大的时代，使我们清晰地看到，巨变与我们相依，感动与我们相伴。

“一把窑火”点燃方林美好希望。方林，是个小村。解放初期的方林村，辖前方、后方、下林、西岸4个自然村，耕地面积518亩，人口481人，105户。方林，是个穷村。缺地是贫穷之因，贫穷是缺地之果。“富者田连阡陌，贫者地无立锥”以及“进门先弯腰，屋里床挨床”和“半年糠菜半年粮、夏当棉被冬当帐”是解放初期方林村的真实写照。

穷则思变。1970年春天，老书记方道福重新以党支部书记和革组组长的身份掌了舵。有一天，革组成员管人财向方书记建议：“我们大队人多地少，经济单一，社员困苦，何不从农业之外寻找出路。眼下原县联社在我大队办的砖瓦窑已并往岩头办大轮窑了，我们能否利用原有设施烧砖瓦，一来解决劳动力出路，二来可以增加社员的收入，改善生活。六十条也有政策规定，允许生产大队办一些力所能及的工业、采矿业和手工业。”一语惊醒梦中人。方道福恍然大悟，对管人财说：“这个主意很好，先办小窑，再办大轮窑，从烧窑收入中积累资金，再办工厂，农工副结合，我们的路子就宽了。”说干就干，第二天就去地方国营黄岩县岩头轮窑厂，找其当厂长的堂兄弟方道坤。

图21-1　方道坤（中）与孙女合影（左方娴、右方芳）1985年

方道坤，即现任村党委书记、村委主任方中华的父亲，土生土长的方林人，土改时脱产，后调入县联社负责分管建材行业（图21-1）。一听说家乡要从烧窑着手脱贫致富，哪有不赞成之理。当即表态全力支持：“关于两个小窑的使用问题由他与联社领导商量后答复，问题不大；技术上保证全力支持，而且当时方林大队就有10多位社员已由他带到岩头做工，超过一年多了，可以让他们回去，技术上也不是问题。你们只要自筹些开办费即可上马。”经过两位热心人的努力奔走，很快县、区、公社都同意了。万事俱备只缺东风。为此，方道福召开了队长会、社员大会，大家统一思想，把办窑烧砖瓦起家的想法和进展情况明明白白地讲清楚，要求各生产队投资200元，合计1400元。在讨论中，有个别干部持怀疑态度，甚至说：“方林能办好企业，除非太阳从西边出来。”但绝大多数社员还是迫切要办窑，脱贫致富的压力迫使方道福迅速作出抉择。于是他在大会上总结说：“路是人走出来的，创业自然有风险，但总比坐着守穷要好。就这么决定了——干。”决议已定，即着手办窑。1970年，方林乾亨里的两个小窑开办了。结果生意火红，当年就赚了万把元，而且解决了20多个劳动力的出路问题。

有了第一步，就必然有第二步。3年后，方道福和社员们一举办起大型轮窑，24门，日产红砖5万块，这在当时的黄岩县除了3家县办的外，方林是唯一一家队办的轮窑。1973年7月1日，是方林人永远铭记的日子。这一天，轮窑正式点火生产。

点燃的同时还是方林工业兴村的希望之火。谁都记得，为了兴办轮窑，老书记带头卖掉家里的猪，把钱交给了队里。大队长管康寿卖了一头牛。众人拾柴火焰高。谁都记得，当年老书记带着贫困的羞惭和致富的企望向县木材公司、麻帽社、辽洋等单位借钱的情景，赢得了这些单位的同情和支持。启动资金解决了。谁都记得方道坤、李本富两位前辈为家乡人民办企业给予技术、物资、管理、营销等全方位的支持。在那个计划经济的年代，一个队办企业的创建和发展的确是很艰难的，是后人无法体会的。

功夫不负有心人。就在办窑的当年，即把十几万元借款全部还清，半年就收回了全部的投资。干部社员信心十足，全心全意地投入到砖窑的生产和经营管理上来。有了砖窑厂，大队有了收入，兴办别的企业就有了资本。这时已到了“文化大革命”的后期，浙江省的社队企业悄然兴起。方道福和他班子的同志们四处访问懂行的人，探索队办工业道路。1975年以后，方林先后办起了化工厂、调味厂、药厂、教具厂、溶剂厂等一批企业，短短几年间，从无到有，从少到多，走上了农工副综合发展的道路。至1977年，大队农业总产值为9万元，工业总产值猛增至80多万元，其中砖瓦厂约占60万元。工厂终于在方林这片土地上冒起了烟。

农民办工业是件难事，尤其在计划经济的年代。这批队办企业由于规模过小、经营粗放、工艺落后、经济效益很低、步履维艰、生产很不景气，并出现亏空情况。方林不得不将办砖窑赚来的钱去贴补这些企业亏空的窟。再到后来逐步实行承包和改制，最后不得不改为股份制企业和个私企业。唯一成功的就是这家轮窑厂，其烟囱冒烟冒到1993年，历时20年整。“一个承诺”改变方林全新村貌沧海横流，方显英雄本色。

方中华的成长和方林村市场的发展相伴相随。1983年6月，年仅28岁的方中华被推上村支书的位置。面对上级党委的重托和村民期盼的目光，他许下了兴村富民的庄严承诺：尽自己的努力把方林建设好，改变方林的面貌。同时对老书记提了三个“要求”：一个就是要支持我的工作；二是群众对工作有意见包括您听见和遇见的要及时反馈给我并对我提出批评意见；三是您退下去后还要做您力所能及的工作。26年来，方中华践行诺言，和班子的同志们胼手胝足，对村庄的建设发展呕心沥血，为村级经济的发展和壮大付出了艰辛和汗水，为方林的繁荣贡献了自己的聪明才智。

改革开放初期，方林村只能说填饱了肚子，村和民还十分贫穷。1982年村集体经济赤字15万元，村民人均收入才187元。村穷民贫的处境对意志薄弱者是一道难以逾越的鸿沟，对穷则思变者则是一方创业发展的舞台。

方中华上任后，第一件要解决的事就是如何尽快脱贫致富。他眼光远大，善思慎行。凭着在砖瓦厂当副厂长、厂长6年，经营管理企业的深厚功底，他清醒地认识到，靠“摸六株”（种田）是解决不了的，按苏南模式走办工业兴村的路也没有条件，必须寻找新的出路。当时刚好中央有〔1984〕1号和4号文件下达，提出“无农不稳，无工不富，无商不活”的口号，何不在经商这第三条出路上动动脑筋，或许能搞出点名堂。在班子和党员会议上，方中华多次说出了自己的想法。他分析说：“发展经济要因地制宜，发挥自身优势。我们方林紧靠路桥这一全国闻名的商品集散地，而且104国道穿村而过，地理优势明显。另外，我们村民的商贸意识十分强烈。东面有半洋堂的‘露水’

市场；西边国道两旁有原始的马路市场，因此办个相应的市场很有前景。”“方林能办成市场，除非黄桥底下的石板能浮起来。”有人提出反对意见。

脱贫致富的压力迫使方中华必须迅速作出抉择。在几次支部和党员大讨论后，他果断地决定了“依托大市场，兴办了小市场”。于是，1984年10月浙江省第一家旧机械设备市场在方林挂牌开张了，当时的市场规模只有400平方米。方中华和他的班子成员既当经营户的免费搬运工，又要打通各方面的关系，防止出现有场无市的局面。时任村副书记的林必清回忆办场时的情景时十分感慨地说：“龙糠搓绳起头难，办这个市场很不容易，全村党员干部把希望全寄托在这儿。大家干劲很大，哪怕晚上12点下着雨，只要货一到就参加卸车。”

辛勤的汗水得到了丰厚的回报——当年成交额近45万元，上交村里2万元。方林迈出市场兴村坚实的第一步。实践证明，越是贫穷落后，越是景气低迷，越可以锻炼和造就卓越的领导人。钱袋渐丰的方林人哪个不由衷地赞扬他们的领路人——方中华，是他把方林带上了强村富民的康庄大道上来。

台州撤地建市和路桥建区。方中华被推选为路桥区人大代表，并当上了区人大的常委。这无疑是组织上对方中华成绩的最好肯定。此时，方中华敏锐地觉察到方林二次腾飞的良机已经来临。其实，通过10年的发展，方林已经上了一个新的台阶：1994年村级集体收入达到207万元，农民人均收入达5088元，也告别了10年前贫困潦倒的日子。此时，部分干部村民存在“小进则安，小富则满”的情绪。小农经济意识束缚着人们思维，制约着方林的发展。激烈竞争的冷酷现实及“不创新就得返贫”的压力使方中华寝食难安。为了克服二次创业的思想障阻，他带领着党员和村民代表北上航民、华西，南下乐清、温州，“跳出井底看天下”，回村后掀起“看现状、找原因，献计策、求发展”的大讨论。“一个口号”描绘方林幸福蓝图他山之石，可以攻玉。

经过参观考察和事后的讨论，使村民和干部明确了方林和先进村的差距至少有10年。解决了二次创业的思想拦路虎后，统一了认识，提出了“学华西、追航民，振兴方林实现小康村”的口号。于是一系列出奇制胜的决策随之而出。

打破“唯上、唯书”的观念束缚。他力排众议，打破常规，以优惠条件让区公管所和交警大队落户方林。为加快发展方林三产创造环境条件。他又千方百计向区有关部门争取到把客运南站从田洋王村搬入方林。继而又以惊人的气魄投资1900万元创建了第二个市场——中国商城方林机动车交易中心。1996年5月扩建路南中心菜市场。截至1999年年底，村机械设备市场已由原先露天的2800平方米扩大到2.3万平方米，其中钢架连栋大棚1.4万平方米，销售网络布及全国20多个省、自治区、直辖市，年成交额9776万元。客运南站有700多辆中巴停靠，开通线路21支，日均流量4.5万人次，是全台州最繁忙的客运站点。机动车交易市场1999年共销售车辆2800余辆。全村实现工农业总产值2.65亿元，市场成交额2.55亿元，村集体经济收入707万元，人均纯收入8768元。方林的发展迈入了快车道。1996年方林村被评为全国先进基层党组织，1999年被评为小康示范村和创建文明村镇先进集体。其间，方中华也获得了浙江省劳动模范的光荣称号。

方中华不满足这些荣誉。当历史跨入21世纪的门槛时，方林村的发展既迎来新的机遇，也遇到了新的挑战。最大的挑战在于建设用地紧缺，发展空间狭窄。例如机动车市场生意红火急需扩大规模，升级换代。针对这种情况，方中华及时提出了“跳出方林发展方林”的新的发展思路。在当地政府的支持帮助下，方林村和杨戴村合股兴建浙江方林汽车城。说干就干，去年6月底开工，10月1日国庆节开业，百日建成新市场，被台州市称赞为“方林速度”。

如今，汽车城营业面积达5.5万平方米，总投资1.85亿元，年交易量2.3万辆，交易额30亿元，村集体收入2000余万元，成为华东地区规模最大、设施最完善、服务功能最齐全的四星级文明规范汽车城。就在这个汽车城的旁边，一座占地4.86万平方米，营业面积1.8万平方米，拥有180个摊位的二手车交易市场，即将在2009年7月8日开门营业。

市场是方林经济发展的驱动器。市场的繁荣带动了其他第三产业的蓬勃发展。该村在兴办市场的同时，还连续兴办了客运南站、货运南站、特种车停车场、搬运装卸服务队等三产企业。汽车维修服务业、金融业、饮食旅馆业、文化娱乐业纷纷涌入，第三产业进入了“黄金时期”。据统计，2008年方林人均GDP36万元，一、二、三产业比重0.3∶39.3∶60.4，形成了“倒金字塔”形的产业结构。市场商贸的繁荣和需求，刺激了工业的发展。目前该村共有股份制企业11家，民营企业35家，2008年工业总产值达7.73亿元。方林村由市场带动工业，而工业生产又促进贸易兴旺，呈现出良性、渐进、互相促进的循环关系。

而今的方林，不仅是已具有13个公司、15亿元资产，而且获得了12项国家级殊荣和16项省级殊荣的先进集体。2008年，方中华书记成功当选第十一届全国人大代表。方林在收获荣誉和梦想。

方林村是全国个体私营经济较发达的村庄之一。改革开放以来，个体私营经济以其产权明晰、机制灵活的优势，结合了方林独特的区位优势获得了长足的发展。党的十五大提出非公有制经济是社会主义市场经济的重要组成部分，更使得个体私营经济的发展如虎添翼、势不可挡。村两委班子在抓集体经济的同时，把发展个体私营经济作为村民致富的突破口来抓，成效十分显著。目前，在村域经济的结构中，个私经济的比重高达90%以上，这在全国名村之中恐怕是为数不多的。前些年国务院农村政策研究室杜润生主任一行来村考察后，概括了该村的特色经济，指出方林是“基本保障靠集体，发家致富靠自己”的典范。

据悉，方林村在1999年建起方林网站，实现电子商务，2002年构建局域网，开通OA办公系统，实现100M专线上网，走上信息化之路。2008年被评为“第一批国家级生态村”，2009年被命名为中国绿色村庄。

后记：如今，方林村是富了。然而，身为第十一届全国人大代表的村党支部书记方中华并没有就此而满足，而是联合上海的九星村、杭州的航民村、宁波的滕头村和金华的花园村共同组织成立了“五村合作组织”，皆在以“五村”合作在全国村庄的影响力来支持和带动其他村庄的建设与发展。我们相信，只要有更多像方中华这样的书记，中国农村将真正实现生产发展、生活宽裕、乡风文明、村容整洁、管理民主的社会主义新农村景象。

（2009年06月16日《中国企业报》 蔡明贵本报记者徐军／文）

农村基层治理的方林样本

——浙江省台州市路桥区方林村出台《方林村村民自治章程》

推进基层治理现代化和法治化

翻开《方林村村民自治章程》，一共十四章一百多条的内容详细涵盖了党组织建设制度、方林村发展规划、村干部管理、经济发展、社会秩序、社员福利、社员医疗、社员退休、村股份经济合作社实施条例以及各项制度汇编等内容。每年村民股权分红为一万元、老人每月退休金为1000元、每两年组织村里老人出去旅游一次……老百姓最关心的问题一项项都明确展示在各个篇章里。

“今年的条款比之前的更加清晰了，福利又比之前提升了。属于我们的权益一看就懂，碰到问题翻开《方林村村民自治章程》看一下里面的条款流程照做就可以，不必再跑去问村干部了！”浙江省台州市路桥区方林村村民小林说道。

方林村党委书记方中华告诉记者，早在1998年，村里就建立并不断完善了一套制度化、规范化、动态化的民主管理体系，汇编成了《方林村村民自治章程》，形成了一整套的村务公开、村务监督机制。并且，方林村还坚持与时俱进，每隔几年都要经村民大会讨论后对章程进行增删修订，然后将最新版本印发到每家每户，做到用制度管人，按制度办事，真正实现依法治村有章可循。

依法治村有章可循

方林村地处浙江省台州市路桥区南大门，占地面积0.4平方公里，现有农户266户，人口1105人。改革开放以来，该村以市场为龙头，以集体经济为基础，大力发展二、三产业，彻底改变了“春耕借款，落雨借蓑衣，摸田借箬雉”的贫困窘境，实现了家家住别墅、户户生态园的梦想，走出了一条“基本保障靠集体、发家致富靠自己”的和谐发展之路。2016年，方林村浙江方林汽车城、浙江方林二手车市场等村集体企业完成市场交易额195亿元，实现村集体收入4150万元，人均纯收入达58000元。

方林村在大力发展经济的同时，也在扎实推进精神文明建设。方林村荣获全国先进基层党组织、全国创先争优先进基层党组织、全国首批文明村、全国民主法治村、全国首批生态村等13项国家级荣誉和16项省级荣誉。习近平、张德江等党和国家领导人曾到方林村视察和调研。

“家家户户住别墅，男男女女开轿车。大大小小逛公园，开开心心过日子……”一首打油诗生动展现了方林村村民的生活面貌。走进方林村的集中住宅区方林苑，深邃幽静的绿荫道、错落有致的小别墅、漂亮的网球场、干净的露天游泳池……构成了一幅美丽的画卷，让人不禁感叹：“方林村真美！”

“我们取得今天的成果和我们与时俱进、内容明确的村民自治章程有着密切关系。”方中华说，对于一个村来说，没有一个制度，村里的各项工作就难以展开，依法治村，有章可循，这个章就是村民自治章程，这是规范农村各项工作的主要制度，是农村制度建设的重要内容。

负责本次《方林村村民自治章程》修订的方林村党委委员林荣辉表示，他们通过修订章程，要让村民翻开章程之后一眼就能找到自己最为关心和关注的问题。让老百姓明明白白地知道他享受的东西有什么，他的权利是什么。

“现在我和老伴每年啥都不用干就有近6万元的收入，生活在方林村真是我们的福气。”方林村村民老方乐滋滋地说。他仔细地给记者算了一笔账，“今年我们一共拿到2万块钱的股权分红，两万四千块钱的退休金，还有粮食补贴，节日福利……加起来真是不小的一笔数目，邻村的人都很羡慕我们呢！”

村民自治章程除了让老百姓知晓自己的权利，还有什么作用呢？

“也可以监督我们的干部，要坚持依法、公开、公平、公正办事。”方中华说，之前老百姓有问题都会找到村干部，“村长，我的粮食今年为什么这么少？”“书记，我的医疗问题你怎么解决？”

“因为没有一个统一的制度，村民有什么问题都要找村干部，村干部在解答的时候，因为有人情在里面，可能就会出现偏差。例如在医保方面，有些村干部可能会告诉和自己关系密切的人，到哪里报可以报销80%～90%，一些和村干部关系不好的可能结果就会不一样。”方中华深有感触地说道。通过制度建设，这种情况就不会出现了，因为制度里写得明明白白，大家都可以按照制度上面相应的条例去找医疗组的同志进行二次报销。另外，他们通过村民自治章程把平时暴露出来的村里民主制度建设的问题规范起来，这样就可以监督村两委，让村两委严格按照制度去做。从另一方面来讲，这也可以让农村的村干部依法行事，少犯错误或者不犯错误。

基层治理有规可依

国家行政学院教授汪玉凯介绍称，目前国内基层治理的总体状况参差不一，而且乱象非常严重，很多地方基层治理有名无实。部分村长、村支部书记等村干部把少数利益全部归为己有，没有让老百姓获得实惠，而且很多地方村里的领导人因没有创新、没有责任感而让基层治理流于形式。

长期关注和研究农村基层治理的人士表示，农村基层治理的好坏关系国家的长治久安。农村治理不好，就会产生很多的不民主、不公开，老百姓不买账，骂娘、骂党，所以制度建设很重要，一个完善的制度就是推进基层治理规范化和现代化的“导航仪”，对于促进村庄发展，促进经济发展，保持稳定社会起着至关重要的作用。

浙江大学中国农村发展研究院院长黄祖辉教授表示，浙江2015年度全面推动修订村规民约，涉及浙江2.8万个村，增强了村规民约的规范性、实用性、可操作性，这也推进了依靠村规民约来治村的规则意识、民主意识。方林村在保障与福利方面，用章程的方式来作出约定，是对农村治理结构、治理模式调整的一种探索性的尝试。这也为“三农”问题的研究者，公共政策的制定者，从更为深度、广域的角度，提供了研究素材。

“我见过全国很多这方面村民自治的案例，这个还是非常值得我们高度关注，因为它有很多颠覆性的创造。”汪玉凯认为，《方林村村民自治章程》颠覆性的创造主要体现在四个方面。

一是通过章程将村民自治具体化和制度化。如何把村民自治具体化是目前很多地方面临的问题，村民自治法已经颁布很多年，但是村民自治在各地实施的情况参差不齐，一些地方做得比较差，一些地方在这个方面有很多创举，方林村就属于后者里面有代表意义的，有创新性、创造性的，把村民自治具体化、制度化的案例。

二是拓宽了村民自治制度化的面。过去在依法治村方面，较多地注重管理，各个地方在怎么进行有效管理、如何发挥村两委作用、如何保持村里稳定等方面的探索较多，但是把村民的福利、分红制度化，目前在各地还较少，方林村把村民自治制度化的研究面拓宽了。

三是创造性强。方林村在前期完成财富积累的基础上进行了制度设计。他将市场机制、村民自治、村里创新治理三者进行了有效融合，这种融合在全国还很少，很具有探索意义。

四是减少了老百姓的后顾之忧。很多地方在这方面问题最突出，这些地方村里的村官富了、村长富了、书记富了，未必就带动全村的老百姓致富。方林村对养老、看病等的保障是对国家现行社会保障制度的补充，很有意义。村里高度重视对群众生活的保障也从侧面说明了村里领导人很有远见，村干部把经济搞上去同时能让每个村民共享改革的成果、劳动的收获，真正让大家对改革有了获得感。

（2017年5月10日《改革网》，《中国改革报》主办　作者侯洁如，记者徐军）

“小宪法”解决社会治理“最后一公里”

今年年初，浙江省台州市路桥区路南街道方林村村民林显琳收到了一本崭新的《方林村村民自治章程》（以下简称《章程》），这已经是他收到的第六本方林村“小宪法”。“今年又增加了不少内容，我们没想到的，村领导都替我们想到了！”林显琳说。

据了解，方林村的章程制度在上世纪80年代已具雏形。1998年6月16日方林村经村民大会通过了方林村第一部《章程》，以后分别于2000年1月21日、2004年8月28日、2008年8月4日、2013年2月3日和今年1月11日进行了修改和完善。“作为一种源自基层的法治探索，村民自治制度从建立到完善，是一个认识不断深化、制度不断完善、成效不断体现的过程。”负责最新《章程》修订的方林村党委委员林荣辉深有感触，1998年最初只有9章93条的“小白本”，如今已经演变为14章133条的“大红本”，它涵盖了政治、经济、文化建设的方方面面，囊括了衣食住行的边边角角，修改、完善、补充的过程虽然充满艰辛，但却充分体现了民主，汇集了民情、民意和集体智慧，为依法治村提供了强大的民主基础和强有力的支持。

共担当，喜享村民自治福

被当做珍贵资料保存起来的方林村第一本《章程》，已经微微泛黄，封面上“一九九八年六月”几个红色大字，让方林村党委书记方中华的思绪回到了19年前。

“1998年的时候村集体经济发展并不是很快，村里的福利和经济都是刚起步。很多村里工作推进并不是很顺利，一些村民该做的、不该做的，村两委需要公开透明的事务都不明确。所以我们想一定要有个章程和规范，将这些日常事务都明确下来，逐步实现规范化管理。”方中华说，首部《章程》的出台为方林村以后的发展奠定了坚实的基础，教会了大家守规矩、有责任，必须按照章程、依规办事。

“六本村民自治章程一本比一本更加完善、丰富，更加公开、公平、公正，村民更能享受改革发展的成果，分享到改革开放的红利。”林荣辉介绍说，社会在不断发展，村里的各项事业在不断向前推进，集体经济的收入在不断提高，人们的思想也在不断提升，《章程》里有些制度可能不适应发展的要求，所以必须在原来的基础上再提升、完善。

从一组尊老金（退休金）的数据，可以窥探出这些年方林村《章程》内容的变化之大。在首部《章程》里，第八十九条尊老敬老制度里明确规定：本村男村民年满60周岁、女村民年满55周岁，每人每月可享受40元的尊老金。2000年，尊老金提升至60元，2004提升至150元，2008年尊老金变为退休金，金额也提升至500元，2013年退休金提升至980元，在最新的《章程》里，退休金已经上升至1000元，而且这还不包含国家补助。

据了解，最新的章程包括党组织建设制度、方林村发展规划、村干部管理、经济发展、社会秩序、社员福利、社员医疗、社员退休、村股份经济合作社实施条例以及各项制度汇编等14章100多条内容。与往年不同的是，今年新增加了村股份经济合作社实施条例、方林村发展规划等内容，而福利、制度汇编等内容都是与时俱进的。

方林村为什么会选择在2016年开始修编《章程》呢？林荣辉表示，这和股份制改革有着密切的关系。2015年和2016年，台州市大力实施农民持股计划，深化村级集体经济股份制改革，促进集体经济发展壮大和农民收入增加。方林村在2016年全面深入地完成了村里的股份制改革，并将股份制改革确定的方林村股份经济合作社实施条例作为独立章节体现在最新的《章程》里。

浙江大学中国农村发展研究院院长黄祖辉教授在接受记者采访时表示，农村的集体产权制度改革，需要有一个相应的、与农村现实相贴合的农村治理结构、治理体系与之匹配。方林村用《章程》的方式作出约定，其中所反映出来的是一种基于后股改时期农村治理结构、治理模式调整的一种探索性的尝试。

最新的《章程》里第十三章方林村发展规划也是今年新增加的部分。

“一个村庄的发展关键是规划，规划是龙头也是灵魂。一个村庄的规划有了，村民向前走、实现梦想就有了目标。”方中华说，所以他们在1995年就请上海同济大学规划设计院做了方林村的规划。把原来的方林分为四个区块：相对集中的商业区、相对集中的工业区、优质高效的农业园区和统一的农民住宅区。他们这次把规划加入新的《章程》里，也是让大家对方林村未来的发展更加清楚，更加有信心。

齐发力，乐迎方林新未来

据了解，方林村专门成立了由9个人组成的村民自治章程修改小组从事《章程》修改工作，而整个修订过程花了一年的时间，大大小小会开了无数次。

参与此次《章程》修编的刘国宁介绍称，他们在日常村民反馈建议的基础上，广泛收集村民、党员和村民代表的意见和建议，并根据实际情况进行初步整理，对一些条款进行修改，然后请党员和村民代表进行讨论，并在讨论的基础上形成了新制度。后来又召开村两委会议，进行系统讨论，经过几次几上几下的讨论和完善，到最后经村民大会讨论通过之后确立了现行的村民自治章程。

为调动大家参与《章程》修编的积极性，方林村组织党员、村民代表深入各家宣传，鼓励大家将好的意见、建议通过书面、电话、微信或者当面说的形式反馈到修改小组。同时，他们还设立了“金点子奖”，对于提出宝贵意见的，予以相应的物质奖励。

“我们初次收上来的意见有五六十条，章程修改小组就坐下来逐条进行讨论。”林荣辉说，“例如针对义务兵的奖励制度，有人提出义务兵退役后村股份经济合作社可以一次性给予再就业培训费5万元，但是相对保守的人觉得这个是不是太多了，我们也考虑到实际情况，这一类的优秀青年比较少，而且综合素质也都比较高，我们鼓励村里优秀青年去当兵。所以最后我们采纳了这条建议。”

“第八十八条村经济合作社免费为全体社员家庭统一缴纳数字电视收视费，是我提的建议。之前都是自己去缴纳，再拿来发票报销，还不如村里集体去缴。”方林村村民小方在接受本报记者采访时倍感自豪，“只要在理，人人都可以出谋划策，都可以提修改意见。”

除了收集村民、村民代表、党员等的意见，章程修改小组还参考了北京、上海、辽宁等地一些村的政策，并根据经济发展情况、政府新政策，将很多大家没有想到、村民觉得有异议、村两委感觉做得还不够还可以做得更好的都编入村民自治章程里面。例如会议补贴制度、“先诊疗，后付费”制度等，都通过制度的方式予以落实。

“《章程》的不断完善，进一步推进了阳光村务建设，当村里更加民主，各方面都更加完善了，这样老百姓就可以把更多的精力投入到经济发展中去，我们也可以更好地为集体资产保值增值、社员享受到更好地福利去努力。”村委会主任蔡正杰铿锵有力地说。

（2017年5月16日《中国改革报》 记者徐军、侯洁如）

浙江方林：未来农村看这里

——方林村集体经济股份制改革之台州样本

编者按：

中共中央、国务院颁发《关于稳步推进农村集体产权制度改革的意见》，对农村集体产权制度改革作了总体部署。将用3年左右时间基本完成集体资产清产核资，用5年左右时间基本完成农村集体产权制度改革。意见的出台既是完善产权保护制度、依法平等保护各种所有制经济产权在农村集体经济领域的重要遵循，也是在着力推进农村土地“三权”分置改革之后，中央推出的又一项带有制度性的重大改革。通过股份制改革，村集体资产所有权量化到个人，建立“确权到人（户）、权跟人（户）走”的农村集体产权制度体系。

走进方林苑，一栋栋漂亮整齐的别墅造型新颖别致；一幢幢功能设施齐全的小高层拔地而起；一排排高大挺拔的景观树婆娑葱茏，常青落叶穿插其间，疏密有致；一片片青青绿草地，繁花簇簇，姹紫嫣红。清晨的广场上，一群孩子在嬉戏，明媚的阳光洒在一张张幸福甜美的笑脸上，方林村悄悄地在晨曦日落间述说着人类文明生生不息。方林人丰衣足食，方林村生机盎然。

如何将沉睡的集体资产变为农民实实在在的收益？唯有实行集体经济股份制改革，才能使农民从中获得收益，实现村民变股民、资产变股权、资金变股金的嬗变。方林村走出了一条农村集体经济改革的新路子。实现了农民对集体资产占有使用和收益分配，拓宽了农民的增收渠道，让农民共享农村改革的发展成果。

因地制宜，方林村以“顺民意、重评估、精量化、抓认证”为抓手，积极发挥基层党组织的战斗堡垒作用，唱响股改工作“四重奏”，有效推进全村经济社会又好又快发展。

一重奏：严把群众民意关

农村集体经济股份制改革，是以原村级集体经济为基础，借助股份制的产权组织形式、经营方式和分配方式，以坚持集体资产明晰且不可分割为前提，将村集体资产的所有权和分配权分离，让全体社员股东享有决策权、监督权和分配权，并承担相应的义务。

发展股份合作，推动生产要素向农业积聚，是壮大集体经济，增加农民财产性收入的有效渠道。方林村从改制调研、方案确定、清产核资、资产量化、股东代表选举、董事会与监事会成员选举及其成立到章程的制订，充分体现了民主管理、民主决策的思想，全面体察民情、尊重民意。

根据台州市路桥区路南街道股改工作精神，方林村于2015年1月22日召开了动员大会并成立村股改工作领导小组，制订了方林村股改方案。于2015年2月11日在方林村村民大会上进行表决通过，并对一些股改中发现的问题以三上三下的方式再征求广大党员、村民代表和村民的意见，达成了共识。由村党支部成员、村集体经济组织负责人和社员代表共同组成股份制改革筹备小组，负责自筹建日起至首届股东代表大会成立期间的政策拟定与宣传、工作部署与落实等事务。以方林村集体经济组织为发起人，提出改制方案及书面申请，报路南街道党委和政府等批准，进行改制。

二重奏：严把资产评估关

方林村在集体经济股份制改革过程中，以增加村民财产性收入为出发点，实现股份公平、政社分离、划清职能范围、引入优秀人才、促进统筹发展，确保与时俱进。明晰集体资产产权，使“资产变股权、社员当股东”，进一步激发村民发展集体经济，促进集体资产保值增值。

农村集体经济股份制改革是农民走向幸福生活的必经之路，是完善农村基本经营制度的有效途径，而清产核资是顺利推进制度改革的基础和前提。在全面赋予农民对集体资产股份占有权、收益权基础上，以依法、民主、规范、公开、公平、公正的原则清产核资。方林村对集体所有的各类资产进行全面清产核资，健全管理制度，防止资产流失。清产核资范围包括集体所有的资源性资产、经营性资产和公益性资产。对资产和债权、债务进行全面清查，核实账面资产与实际是否相符、经营成果是否真实，核准各类产权证件是否齐全有效，并填好财产清单，设立台账并登记造册。全面摸清村集体家底，明确集体资产的权属关系，委托会计师事务所进行第三方评估，评估后进行总股本调整，以保障集体财产更加合理清晰。

方林村将清产核资结果向全体农村集体经济组织成员公示，并经村民大会确认。清产核资结束后，建立健全集体资产登记、保管、使用、处置等制度，实行台账管理。

三重奏：严把股份量化关

股份经济合作社所要量化的集体资产包括所有的经营性资产、资源性资产和公益性资产。以“确权不确股”为原则，在股权设置上，以“人口股”量化为标准，实现“权跟人走”，股份份额一次性核定，把所有股权全部界定到人。按“股权”方式分红，实行股权静态管理，即“生不增、死不减”。让每个方林人都能切切实实享受到改革发展的红利和更多的获得感、幸福感。

方林村在设置股权、确股到户等基础上，召开由社员股东（代表）参加的设立大会，讨论通过《方林村村民自治章程》。建立健全社员股东（代表）大会、董事会、监事会等组织机构，由董事长主持全面工作，明确各自权利、职责和运行机制。宣告股份经济合作社成立，依法行使原村经济合作社资产的所有权和经营管理权。

在清产核资的基础上，除一些非经营性资产如道路等公益性设施原则上不予量化外，对现金、流动资产、承包土地、固定资产等集体经营性资产进行评估，统一进行资产量化，将资产从实物形态量化为价值形态。同时做好人口清查、登记造册和核对工作。方林村股改领导小组多次召开会议，根据路南派出所的户籍资料对各户进行了逐个核对、登记造册，并分队组下发逐户、逐个核对统计。方林村原户数267户，股改户数288户；户籍人数1096人；股改人数1174人；经济合作社现有股数1067.75股，拟暂设1100股，其中32.25股为调整股。

方林村股份经济合作社首批量化总股本3.3亿，总股份1100股，每股30万元。此股份作为个人股份，不得提现，只享受股份分红。社员年终的股权分红按10000元股，如有增减需董事会表决通过。

四重奏：严把股东认证关

方林村在股份制改革中坚持“依据法律、尊重历史、立足现实、公平公正、男女平等”的原则，将2015年3月8日24时作为股改人口界定截止日期，3月9日起在全村范围内进行调查登记。在获得详尽数据后，进入人员界定阶段，由党员、社员代表大会讨论通过股改实施方案。对于股改人群界定和享受比例的确定，需通过方林村村经济合作社社员（代表）大会民主讨论，并经三分之二以上人数参加，二分之一以上人数同意。

按照省委、省政府提出的“宽接收、广覆盖”原则，方林村按照符合配股的成员数量、配股要求制作股东名册和股权证书。对改革过程中形成的具有保存价值的文字、图表、数据等各种形式和载体的原始记录收集整理归档保存。股权证书列明每个成员持有股份的性质、股数、每股面值和股权总金额。集体资产折股量化的股权，由股份经济合作社向持股成员（股东）发放全市统一印制的农村集体资产记名股权证，作为享有收益分配的凭证。

股东代表需年满18周岁，以享有全额“人口股”的社员股东为主，股东享有表决权、选举权和被选举权，同时对合作社债务承担有限责任。改制完成后，方林村充分落实农民对集体资产的占有权和收益权。将集体资产折股量化到人、落实到户，使村民享有占有权；并按成员拥有股权的比例进行收益分配，确保村民享有收益权。

方林村先后摘取了全国先进基层党组织、全国首批文明村、全国小康村、全国首批生态村等称号。“股改事关9亿农民切身利益，事关农村经济社会发展和社会稳定大局。方林村股改方向明确、路径清晰，成效明显，得到了上级领导和群众的认可与支持。在改革制度设计上具有很强‘可操作、可复制、可推广性’。在改革过程中，方林结合实际制定的一整套办法与制度，是农村集体经济组织管理体系的制度创新，为全国其他地区农村集体经济股份制改革提供了示范样本。”全国人大代表、方林村党总支书记方中华如是说。

时光未央，未来已来。今天的方林村，让未来更锦绣。

（2017年5月31日《中国美丽乡村网》 记者金晓，通讯员林荣辉，王信国）

党建引领结硕果　砥砺奋进谱新篇

——浙江省台州市方林村改革发展纪实

时间，是历史的刻度。发展，是梦想的进度。

贴着时代的脉搏，人们感受到的是一路高歌、裂变发展的加速度。

党的十八大以来，浙江省台州市方林村坚持党建引领，秉持“基本保障靠集体，发家致富靠自己”发展理念，扎实推进产业多元化、管理科学化、村民知识化、村庄生态化，实现了家家住别墅、户户生态园的梦想，走出了一条以市场兴村、全民创业、共同致富的创业创新之路。方林村党委书记、方林集团董事长方中华说：“过去五年，是方林村发展最好、变化最大、环境提升最快、村民受益最多的五年。”

红色引领共筑梦想

方林村党委高度重视村级组织队伍建设，不断提升党员素质，着力打造一支坚强有力、群众信任、干净干事、乐于奉献、敢于担当的村班子队伍，通过“党建+经济”“党建+市场”“党建+诚信”，带领全体党员、村民实现“党建方林、绿色方林、福利方林、品质方林”的梦想。

方林村先后荣获全国先进基层党组织、全国创先争优先进基层党组织、全国首批文明村、全国民主法治村、全国首批生态村等13项国家级殊荣和16项省级荣誉。2016年，方林村党委荣获了台州市优秀基层党组织，路桥区农村基层党组织规范化建设“最优组织生活”称号；方林汽车4S村党总支成为全国工商和市场监管部门非公经济组织党建工作现场参观点和台州市双强百佳党组织。

以市兴村，共奔富裕

2016年，方林村在村两委的带领下，实现市场交易额195亿元，并荣获2016年中国名村排行榜第23位。现如今，方林对外合作有中国五村、台州五村，并在玉环建立了玉环方林汽车城。浙江方林汽车城市场成交额90亿元；举办的第九届台州国际车展共接待超过10.2万人次的观众入场参观，4天时间总计拉动台州汽车消费3.46亿元。

浙江方林二手车市场是台州唯一一个百亿市场和省五星级文明规范市场，“中国商品市场百强”“网上网下融合市场30强”，走出了一条“经营理念诚信化、服务体系生态化、产业结构互联网化、运营模式商场化”的发展之路，形成了“买车到方林，方便又诚信”的方林模式，从方林出发、走向全国。

生态示范绿色家园

“家家住别墅，户户生态园”，这就是走进方林的首要印象。

近年来，方林村积极推进“三改一拆”“五水共治”“多城同创”、出租房消防安全管理、环境卫生整治等重点工作，使方林村变得更幽静、安宁、祥和，无烟尘、无噪声、无废水污染，花木覆盖率达55%，空气清新、生态平衡、绿树成荫、百花争艳，成为全国第一批生态示范村。

依法治村有章可循

从1998年开始，方林村就建立并不断完善了一套制度化、规范化、动态化的民主管理体系。2017年，经过第6次修改完善，汇编成14章133条的《方林村村民自治章程》。

最新的章程包括党组织建设制度、方林村发展规划、村干部管理、经济发展、社会秩序、社员福利、社员医疗、社员退休、村股份经济合作社实施条例以及各项制度汇编等14章100多条的内容，新增加了村股份经济合作社实施条例、方林村发展规划等内容，而福利、制度汇编等内容都是与时俱进的。《方林村村民自治章程》的制定和完善，是方林村民主政治建设的进一步推进，是依法治村有章可循的重要标志。

长期以来，村党委深入开展"两学一做"常态化、制度化建设，坚持"三会一课"制度，坚持每年一次村民大会制度，从1983年至今雷打不动；坚持党员联系户制度、完善党组织关爱和探望村民制度及健全"三个一"和党员奉献簿制度，极大地调动了广大党员和全体村民建设方林、服务方林的积极性，形成心往一处想、劲往一处使的干事创业的精气神。

集体保障自谋发展

方林村通过发展，逐步形成了一套"吃粮有保证、上学奖学金、看病能报销、养老有保障"等多达16项的社会福利和保障体系。村里统一给村民上了农医保、房产保险，村民体检每两年一次，开辟村民住院绿色通道，实行住院"先诊疗，后结算"和二次报销制度，医疗费报销在90%以上，为村民带来切切实实的方便与实惠。

方林村男60周岁、女55周岁以上的老人免费入住老年公寓；实行村民退休制度，每月发放1100元退休金，每年举办敬老节，发放寿星奖，还可享受节日慰问金和每两年一次的外出旅游，使广大村民实现老有所养、病有所医、安居乐业。目前，退休村民的退休金和分红每年就达到25000元。

人人持股共享红利

"资产变股权、社员当股东"让每个方林人都享受到改革发展的红利，收获更多的获得感、幸福感。2015年2月11日召开全体村民大会通过了方林村经济合作社股份制改革实施方案，于2016年12月26日完成了股改，成为台州市第一个真正彻底股改、按股量化和分红的村。

方林村股份经济合作社首次量化3.3亿元，总股份1100股，每股30万元。社员年终的股权分红按10000元/股。

坚守文化滋养道德

方利村坚持以人为本的发展理念，始终坚持“脑袋富”与“口袋富”并重，以发展“物质富裕、精神富有”的方林文化为引领，努力实现“创业富人、文化强人、制度育人、生态怡人”协同发展。

不但成立了方林大鼓队、方林村民合唱团、舞蹈队、篮球队、网球队、老年门球队等，还开展“一张红榜促敬老”宣传教育活动，“好公婆、好儿子、好媳妇、好女儿、好女婿、好孙子（女）”三好评选活动，每年举办一次“十星级文明道德新家庭”评比活动。

方林村几十年来与某驻地部队司令部建立共建单位，每年开展“庆八一军民一家亲”活动，军民融合发展、鱼水情深。此外，还有村民学校老年大学、图书馆、方林报、方林网、方林集团公众号，特别是即将完工的方林会堂，都是方林文化传播的重要阵地。

文明创建与我同行

文明始于心，创建践于行。近年来，方林村结合本村实际，全面展开了文明创建和五水共治活动。在活动中，围绕整治村内环境、引导文明出行等重点，村两委干部率先垂范，广大党员积极参与，群众积极响应，取得了一定成效。道路、地面、河道干净整洁，河水越来越清，车辆停放有序，垃圾桶摆放整齐，商铺、饭店等更加干净整洁，绿色方林、美丽方林、品质方林建设进一步推进。

方林村用“方林梦”筑建“中国梦”，把“方林梦”融入党建工作，在政治上、思想上、发展上再上一个台阶，用全新的实践，迎接十九大的召开。

（2017年10月18日《中国改革报》作者林荣辉）

第二章　人物报道

第一节　市内媒体报道选录

“让村民走向富裕是我最大的幸福”

——访方林村党总支书记方中华

小庄：很高兴您能接受我的采访。我一直有个疑惑，我该称呼您方书记呢，还是应该称呼您方总？因为以您的身份，我应该称您为方书记，但看到方林这么大的一个产业，我又应该称您为方总。

方中华：（笑）都可以，都没关系。

小庄：还是称呼您为方书记吧，因为感觉你更像是方林村的家长。最近，我又在方林村的版图上看到一个新地标——方林二手车市场。应该说，方林汽车城已经是华东地区最大的汽车交易市场了，您怎么卖着新车又盯上了旧车呢？

方中华：确实，方林二手车市场是方林发展道路上又一重大投资举措。在很多人眼里，二手车可能就是旧货，但实际上并不是这样的。就譬如说电器，在西方，更换一些家用电器是家常便饭，汽车以后的市场也会是这样。现在人们生活水平越来越高了，换车并非新鲜事。那所谓的二手车就不应该一直停在车库里，势必重新投入市场，寻找新的主人，这就需要二手车市场作为中间商来承担。我觉得这是个方向，随着中国人拥有的汽车越来越多，二手车市场也必然会成为一个新兴的产业。因此我们积极迎合市场，开办了这个立足长三角、走向全中国、无论规模还是档次都堪称全国一流的二手车市场。我觉得我们这条路还是走对了，自从我们5月开始招商，情况非常火爆，我们原来只设置了152个摊位，报名的时候却有200多家，还有100多家被挡在了外面。

小庄：看来您又给方林村挖到了一个金矿。我一直有个疑问，20多年前，您接手了“方林村党总支书记”这根接力棒，那时的方林村是远近闻名的贫困村，村集体经济几乎是“零”。您怎么敢挑起这副重担的？

方中华：实事求是地说，在我上学的时候，就有把我们村建好的愿望。怎么说呢，其实我们这一代人是比较朴实的，总有一些要为村里人做点什么事情的想法。1983年的时候我当上了村里的党支部书记，当时的农村还比较穷，很多人都渴望致富，但当时大家的小农思想还比较浓，社会上还有一些割资本主义尾巴的残余思想存在。

到了1984年，中央出了1号文件，提出“无工不富、无商不活、无农不稳”的口号，我们看到了中央要支持农村搞商品经济、壮大农村的集体经济、提高农民的收入，这对方林村来说，是迈出发展步子的大好时机。在这种机遇下，我们根据路桥的经济发展情况，创办了方林村的第一个市场——旧机械设备市场，这个市场时至今日仍然很有活力，我们现在还打算扩建这个市场。

小庄：1983年，您应该还是个毛头小伙吧，大家怎么就敢放心地跟着您干？

方中华：当初我们提出办市场，大多数村民都看到了发展空间，积极性很高，也就支持这项作。但工作还是有难度的，特别是要打破队界、户界的限制，农村的最大资源就是土地，但只有统一规划的土地才能发挥最大的效用，如果每个人都死抱着自己的一块土地，就什么事也做不成。这就要做好农民的思想工作，小组会、村民会，一个会一个会开过去，征求大家的意见。那个时候我们村干部都干劲十足，什么苦都肯吃，什么累活都不怕，我们方林精神“肯吃苦，善创造，敢为人先，商行四海”就是从这时候锻造出来的。

小庄：回忆起方林坎坷的发展路，方书记一定有很多感慨，那您个人吃过最大的苦头是什么？

方中华：这个肯定是一言难尽。记得有次，一批钢材半夜运到机械设备市场，可是不能进场交易，需要税务部门审批。那时我们刚刚起步，有生意上门是很高兴的。于是我们村干部半夜敲响税务所所长的门，请求他给予支持。在得到他的肯定答复后，我们连夜冒着大雨干了近两个小时把货卸下来。我们这些村干部一起干，干得很苦，但苦中有乐。说苦头不够，我还想说说牺牲。1994年路桥建区，我带着村里的干部到全国的先进村去看，真是不看不知道，一看才知道自己的差距，起码落后人家五年十年。当时大家就决定，方林村的发展必须迈进第二个十年。怎么办，村干部带头干。当时的老村长在市场里有自己的生意，但他说，为了村里的事业，他的生意可以暂时不做。还有一个村里的副书记，当时在一家企业搞管理，一年有四五万的收入，但也放弃了工作全身心投入村里的工作。我呢，也绝不含糊，把自己的企业过给了别的企业。2002年建方林汽车城的时候，村两班子成员个个每天只睡五六个小时，硬是在100天内把这个市场建成。但我还是要说，这些都不算苦，因为都有相应的回报了。

小庄：我看出来了，您就是喜欢为老百姓做事，而且是一个想做什么事就一定会做好的人。

方中华：我喜欢为老百姓做事，想为方林村的家家户户做事，而且做每一件事情我都会有一个最好的设想，全力以赴去做，同时也做好接受最坏结果的打算。想当初方林建市场的时候有人根本不信，说：方林村能把市场建起来，黄桥下的桥板也能浮起来，但是我们就是建起来了。

当一名老百姓的干部，只要你尽心为老百姓做事，一心为公，哪怕是下河摸石头，坐牢也不怕。记得当年区里搞规划时，我们也想为村里做个规划，上海同济大学的教授说要100多万，这就是要我们把村里的收入全部给他们。我去找教授，跟他谈我们村一步一个脚印地发展，说我们的未来，他被我们感动了，原来需要100多万的规划设计费用，最后只收了我们7万多元，也就是一些纸张的工本费。如果没有当时的“偏向虎山行”，就不会有方林村的今天。

小庄：在您这只“领头羊”的带领下，方林村村民如今过上了人人羡慕的幸福生活。对于您自己来说，最大的幸福又是什么呢?

方中华：我最大的幸福，就是让方林村的村民人人都过上幸福日子。一定要说个人的愿望，那就是希望自己身体健康，在方林需要我的时候，还能带着大家继续拼搏。

（2009年6月25日《台州商报·今日路桥》　记者庄向娟）

向方林村老党员、老读者谢华德同志学习

榜样的力量是无穷的，点亮一盏灯，就会照亮一大片。在我的身边有这样一位村民——35年如一日始终坚持自费订报读报的老读者谢华德同志。老谢今年65岁，是方林村的一名老党员。

老谢当过兵，在部队时曾荣获过三等功，于1976年退伍回到方林村。平日里，他一直保持勤俭朴素的习惯，秉承“浪费可耻、劳动光荣”的思想观念。但到关键时，老谢

会毫不吝啬拿出积蓄践行一个党员的职责。2008年，他和儿子谢聪发两人交纳了特殊党费，并收到了一份来自中共浙江省委组织部的党费收据：今代中央组织部收到谢华德、谢聪发两位同志交纳的抗震救灾特殊党费各500元，特致感谢。

作为一名共产党员，老谢在村里各项工作推进的过程中，始终起带头作用，引领其他党员和全体村民积极响应，并在实际行动中发挥先锋模范作用。在村里，他的家庭曾多次被评为“五好家庭”“十星级文明家庭”等称号。2013年，他的家庭还被路桥区妇女联合会评为“2012年度路桥区最美家庭”。

作为一名老读者，老谢有着35年的“读龄”。记得今年七一建党节党员活动结束后，在回来的车上，我刚好坐在老谢的身旁，当时跟他聊起读报的情况时，老谢很自豪地说：“2013年1月17日，我非常荣幸地出席了《台州日报》创刊60周年庆典活动，当时，有三位读者获得了《台州日报》‘老读者’称号，我就是其中一位。”

开心的笑容洋溢在老谢的脸上，他接着说：“在这35年的时间里，我没有老师教，也没有同学帮，都是自己一个人坚持着。由于自己小学未毕业，在看报的过程中会出现一些困难，若遇到不懂的汉字，我就去查字典，然后再继续看。当看到一些好的词句、语段时，我都会把它剪下来，粘贴在本子上，现在这样厚厚的本子已经有好几十本了。记得我从1978年就开始订阅《台州日报》，那时一年订报的费用是15元，虽然当时订报的个人并不多，但我还是坚持了下来。后来，我所订全年刊价格从1995年的108元涨到目前的270多元，订报发票到现在都还完整地保存着。还有从2000年至2013年的《台州日报》，每期报纸我也都有存档。”

作为一名普普通通的村民，老谢却有着38年的党龄、35年的读龄。在老谢的身上，我们看到了一位老党员用自己的一言一行诠释着自身良好的思想品德和高尚的助人情怀，用自己的实际行动履行着党员要在各项工作中起模范带头作用的职责，用自己的执着和坚持成了与《台州日报》有着深厚感情的老读者。在老谢平凡的举动中，却有着不平凡的坚持，这样的行动、这样的精神值得我们每一个人去推崇、去学习。

（2013年10月第26期《方林报》 作者丁丹芬）

“义务理发师”叶利芬的坚持

都说做一件好事不难，难的是坚持不懈。在路南街道方林村，就有这样一位普通人，她凭借着自己的手艺，多年来坚持为老人义务理发，成为当地有口皆碑的“活雷锋”，她的名字叫叶利芬。去年，她被评为我区“道德红榜人物”。

“阿婆，头发不是很长，我给你稍微修修整齐点。”三月的一个午后，她和往常一样来到方林老年公寓，义务为老人们修剪头发，梳理、修剪、吹风……她动作灵活娴熟。十几分钟后，一位老人的发型就干净清爽了。

谢国兰老人特别喜欢叶利芬帮她剪发，每次来到公寓，谢国兰都要排队让她帮忙剪头发，“因为她剪的头发我很中意。”老人笑言。

为老人们剪出满意的发型是叶利芬一直努力的方向，而提起当初开展义务理发的原因，她说，这都源于一次偶然的机会。

今年40岁的叶利芬自嫁入方林村后，就和丈夫一起经营着一家理发店，凭着夫妻俩的手艺，店里的生意做得有声有色。几年前的一天，村里一位老人来到她的店里理发，聊天中，叶利芬从老人口中得知，村里很多老人年事已高，行动不便，加上有些理发店嫌麻烦又赚不到钱，拒绝为老人剪发，因此，越来越多的老人干脆不理发了。“当时我就想，我们做了这么多年，也有手艺，可以为老人们提供方便，免费义务剪发，老公也很支持我，后来我就行动了。”于是，准备好理发所需的工具，叶利芬从方林老年公寓开始了她的义务理发之路。

早上6点多起床准备，8点到达公寓，下午4点完成理发工作，这中间，除了吃饭，所有时间都在为老人理发。叶利芬坦言，有时候一天工作下来，腰都直不起来，“累肯定是累的，不过，老人们都满意我剪的发型，看到他们开心，我也很开心，也就不感觉到累了。”

就这样，叶利芬每个月抽出一天时间为老人们义务理发，到现在为止，一直坚持了5年多，累计义务理发达3000人次，她的付出和爱心也赢得了老人们的一致赞誉。“我年纪大了，出门剪头发走不动，她能帮我们剪，还免费，心里说不出的高兴。”提到叶利芬，王荷英老人一个劲地称赞。

除了定期到方林公寓义务理发外，近些年，叶利芬还积极投身公益活动，用自己的理发特长服务更多的老人。“我会一直坚持下去，一直为他们义务剪发。”一句似是承诺的话语，更体现出叶利芬满腔爱心。

（《今日路桥》2015年4月3日第二版　记者李敏）

第二节 省级媒体报道选录

大力发展集体经济为实现农村现代化而奋斗

——记台州市路南街道方林村党总支书记方中华

台州市路南街道方林村，10多年前是个远近闻名的穷村。如今，我村发生了翻天覆地的变化。1997年，我村工农业总产值2.152亿元，市场成交额1.05亿元；村级集体经济收入达到446.5万元，村民人均收入6980元；分别比1978年增500余倍和34倍；全村拥有集体固定资产4200万元，历年累计共上交国家税利1654.76万元。1995年，方林村被省委、省政府命名为“社会主义小康示范村”，村委会被评为“省级示范村委会”；1996年，我村被授予“全国社会主义小康示范村”，党总支部被中组部授予“全国先进基层党组织”称号；1998年2月，省委、省政府又命名我村“社会主义新农村建设示范村”。

方林村的快速发展，得益于党的改革开放好政策，也是同省、市、区各级领导和路南街道党委、办事处的关怀支持分不开的。原省委书记李泽民和新任省委书记张德江先后视察了方林，对我村新农村建设给予了极大的支持和鼓励，在此，我表示衷心感谢。

一、抢抓机遇，兴办市场，集体经济实现零的突破。

纵观方林20年的发展历程，主要是抓住了两次历史机遇来快速发展壮大自己。一次是始于70年代末、80年代初的中国改革开放的历史大机遇。当时，方林人敏锐地感觉到了党的改革开放政策对发展方林经济所带来的历史契机。村党支部多次召开支委会和党员大会，共商发展大计，并在全村组织了“看现状、找原因、献计策、求发展、重塑方林新形象”的大讨论，并达成了共识。在此基础上，村党支部提出“依托大市场，建设小市场；发展大工业，快步奔小康”的工作思路，并努力付诸实施。

据本地机械、小五金个体工商业迅速发展的状况，村委两班子顶住压力，大胆决策，筹资创办了石曲旧机械设备市场，把公路边设摊交易的旧机械设备集中到市场里，并实行规范化的管理服务和滚动开发，使市场效益成倍增长。1997年，该市场上交村集体经济已达150余万元。同时，村里又着力新办和扶持了一批工业企业。由于抓住机遇，乘势快上，结果很快形成了产业优势，取得了良好的经济效益。村级经济实力得到显著加强，集体经济年收入由1979年的亏空10多万元增加到400多万元。第二次是1994年11月，台州撤地建市，路桥建区，方林村也被划入了路桥城区范围。党支部一班人及时分析了这一形势，决定紧紧抓住这一难得的特殊机遇，实施“二次创业”战略，大力挖掘潜力，兴办产业，掀起新一轮快速发展热潮。

首先是兴办村市场群，“养鸡生蛋”。我村利用村原有集体资金，并经多方筹集，共投资2100多万元，新建了三家市场，即中国商城机动车交易中心、路桥客运南站面包车停车场、城南大货车停车场。到1997年年底，中国商城机动车交易中心已产出效益95多万元，客运南站也于今年6月正式开始运营，村集体可收入200多万元，大货车停车场去年为村集体增加收入40多万元。

其次是组建方林村集团公司，推进集约化产业化经营和经济增长方式的转变。1996年组建了方林工贸公司，为各个企业建立台账、加强内部核算、报批项目等提供系列服务。今年，我们又将方林工贸公司改组为方林集团总公司，将全村的市场、企业及农业都纳入村工贸集团总公司管理，使方林工贸集团总公司逐步成为跨部门、跨行业生产经营门类齐全的综合性集团公司，为真正实现经济增长方式的转变，迈出了坚实的一步。

二、多业并举，全方位发展村集体经济

在大力发展市场的同时，村党总支、村委会一班人解放思想，按照“三个有利于”的标准，较早地打破所有制形式界限，积极鼓励村办、股份合作、个体、私营企业上规模、上水平、上等级，对骨干企业给予一定的政策倾斜和资金支持，“不求所有，但求所在”，大力推动本村企业的发展。到目前，村里拥有股份合作企业11家，个体私营企业42家，培育了金星机械实业公司、中能光电有限公司等一批产值上1000万元的龙头骨干企业，初步形成机电、制冷配件、建材、真空镀膜、灯具制造等产业格局。1997年，全村工业产值达1.694亿元。

为了确保农业的基础地位，采取以工扶农、以贸贴农的政策，积极鼓励和扶持粮食生产。近年来，村里用于贴农、补农的资金达300多万元；建立了农机化仓库，在全市最早建立了工厂化育秧基地；建立农业服务队，实行机灌、机耕、机播、植保、收割“五统一”一条龙服务。全村专业从事农业生产的仅8人，1997年，粮食总产量44.18万斤，全村人均拥有粮食460斤；农业总产值157.31多万元，比上年增长28%。1998年3月，村里按照“稳制活田、三权分离”和“自愿、依法、有偿”的原则，成立了方林现代农业发展公司，村民以土地资产入股，村集体以资金和设备入股，利益按股分红。公

司有占地15亩的花卉基地和占地40亩的通春葡萄种植园，并计划开发占地50亩的大棚蔬菜基地，推进农业产业化进程，走城郊型高效农业之路。

为了发展第三产业，村党总支和村委会以发展的眼光大胆决策，敢于舍弃眼前利益，以优惠条件引进区有关职能部门在方林建办公楼。我们把内环线和104国道交叉处黄金三角区5亩土地（含12间临街门面）仅以50万元的代价出让给区公管所建公管大楼，把内环线东侧原货运车停车场处13亩土地无偿赠送给区交警大队建交警大楼。表面上村集体仅以上两项就减少经济收入达450万元，但这些政府职能部门对方林发展第三产业的促进作用是不言而喻的，所带来的长远效益也非几百万元所能比拟。

三、物质文明和精神文明两手抓，促进社会经济协调发展

方林村不仅注重大力发展经济，而且始终坚持抓好社会主义精神文明建设。我村先后投入50多万资金改造方林影剧院，新建青年民兵俱乐部、老人之家、党员教育室、阅览室、图书室、活动室等；以评选“三好”（好儿子、好媳妇、好公婆）、争创“十星级文明家庭”和“一张红榜促敬老”为抓手，开展以家庭道德文化建设为主要内容的新家庭建设活动，努力实现道德文化建设目标。村里投资580多万元用以改善生态环境；支付20万元为全村村民养老和房产投了保；对老人每月发放尊老金，对“五保户”实行粮、钱、衣三到家，对现役军人实行优抚；对就学青年发放助学金和奖学金。1983年以来，计划生育率和晚婚率保持100%，年年夺红旗；1990年，村里就组建了原路桥镇第一支村级治安队伍，并投入20万元资金，配置一辆警用面车，两辆三轮摩托车，大大提高了机动性和快速反应能力，使区域治安状况长期保持良好。

村集体经济实力增强了，村民富裕了，村党总支把发展目标定位在改善村民居住环境，满足村民对物质、文化生活的高层次追求上。村两班子决定，由村集体投资1800万元，村民集资5000多万元，建造300套村民花园式别墅“方林苑”。并委托上海同济大学重新规划村容村貌，目标是形成住宅区、商业区、工业区、城郊型农业示范园区合理分布的格局，重塑一个新方林，建设二十一世纪社会主义新农村。首期100套已于1997年年底完工并投入使用，二期100套即将动工兴建。

两手抓，两手硬，使方林村经济兴旺，百姓富裕，精神充实，环境优美，真正实现了经济和社会的全面进步。

四、加强党支部自身建设，当好新农村建设“领头雁”

要想火车跑得快，全靠车头带。方林村今天的成就，如果离开了党的领导和党员的

先锋模范作用，就无从谈起。方林村党总支于1996年由党支部改设，下辖3个企业支部，1个市场支部和1个农业支部，现有党员44名。多年来，村党组织始终重视自身建设，努力树立廉洁、勤政的良好形象。村委会主任管人财，舍弃了在旧机械设备市场年收入二三十万的工作，为了“方林苑”的建设起早摸黑在工地上忙碌，新村的每一个角落都有他付出的汗水；村党总支副书记林必清，从机动车交易市场的基建到招商引资，为集体利益斤斤计较；村团委书记蔡正杰，为集体办事私车公用，连汽油费都没向公家报销。在他们的带动下，村两班子成员放弃原先待遇优厚的工作，每月仅拿700元工资，为村里工作几年如一日，不计个人得失，顾大家而忘小家。村党总支把思想政治建设放在首位，长期坚持“三会一课”制度和民主评议制度，提高广大党员和村干部的政治素质。同时，重视民主集中制建设，实行民主决策，制订和完善了村党总支工作规则、书记委员岗位职责，建立党员议事会制度，重大事项交党员干部群众集体讨论决策。如总投资为600万元的方林新村——“方林苑”的建设规划，由村两班子集体选定；工程建设实行公开投标，最后由两班子集体反复权衡，选定了10家既能为本村节约资金，又能按时保质完成的施工单位来承担。村党组织还十分重视民主政治建设，制订了由22个具体制度组成的《制度手册》，并定期实行村政务、财务公开，由本村老党员、老干部和群众代表组成督查组，督查村集体经济收支情况、集体建设项目进展情况，并向村民报告检查结果。印发《方林村村民自治章程》手册，推进村民自治管理。

1998年4月，路桥区委在方林村开展村级民主制度建设和村务公开工作试点。由于我村党总支历年来在村务公开和民主管理方面基础扎实，试点工作取得圆满成功，得到各级领导好评。村党总支和村委会两班子没有满足于过去的成绩，把眼光瞄准方林村跨世纪的发展目标，决心再创大业。

（1998年12月22日《农村信息报》第二版）

用敬业抒写骄傲

——记浙江方林二手车市场总经理方崇奇

“天气转冷，各类取暖设施都进入了使用高峰期，一定要注意消防安全。”近日，浙江方林二手车市场（以下简称二手车市场）总经理方崇奇带着工作人员，正对市场内的商户进行消防安全检查。

2008年，浙江方林集团开始筹建浙江方林二手车市场，并将当时任职浙江方林汽车城副总的方崇奇派驻到二手车市场担任总经理。面对“一无所有”的局面，方崇奇用敬业抒写骄傲，组建团队、抓好基建、健全制度，完善配套设施，为二手车市场快速发展奠定了良好的基础。现在，二手车市场实现了跨越式发展，是目前唯一一家省五星级专业市场，也是台州市首家破百亿元市场。

从零开始，精准出击

二手车市场成立已近10年，回想这一路走来，方崇奇很欣慰，也着实感到不易。“二手车市场成立前，方林村也有不少商户经营二手车，那时没有规范的管理，整个销售区块面貌不佳，这一现象必须改变。”方崇奇说，市场建设之初，他就带领团队来到杭州、山东等地调研，并设计出了一个适合方林二手车市场的建设方案。一改以往露天经营，统一规范停放车辆；建立规范的经营模式，以“诚信”经营为本，对每一辆车明码标价，不能暗箱操作；建立完善的配套设施，与税务、交警等部门合作，开展“一站式”服务，加快购车流程，为客户提供便捷；实行“诚信示范+失信淘汰”双向制度，对客户进行实时监管，一旦发现违约情况，便会进行相应处理，重则取消其经营权。

“二手车市场成立之初，一切从零开始，一边探索、一边创新，打造了一条适合市场发展的精准之路。”方崇奇说，事实证明，当初选择的这条道路是正确的。

遇到瓶颈，突出重围

“可以说二手车市场成立后，前五年是快速发展期。然而，集团高层很快意识到，由于地域的局限性，二手车市场发展遇到瓶颈，要想进一步打开‘方林品牌’，必须有所突破。”方崇奇说，当时，集团确立了以重资产的形式进行扩张，到其他地域创建市场，从而拓展方林品牌。

可是项目却一再搁浅，并没有如期进行下去。方崇奇觉得这种方式不再适合品牌发展，经过再三思量，转为轻资产的模式展开，与当地汽车销售市场合作，输出二手车市场的管理模式，打造方林品牌。目前，二手车市场正与内蒙古一家单位合作，所有项目正在有序推进中。

现在，方林二手车市场已成为全国二手车市场的佼佼者，这是全体方林人的骄傲。“十年弹指一挥间。到任之初，深感肩上的责任之重、压力之大，为了让市场快速走上正轨，加班加点已是常态，陪伴家人的时间屈指可数。不过，方林二手车市场发展如此之好，也是一种无形的回馈，一切的付出都是值得的。”方崇奇笑着说。

目前，方崇奇是中国汽车流通协会二手车行业商会副会长、台州市二手车流通行业协会会长、路桥区二手车行业协会会长，并当选了2018年第五届台州市路桥区政协委员。方崇奇正在不同的平台继续努力奋斗

（2018年12月26日“浙江在线” 全媒体记者潘璐萍）

第三节　国家级媒体报道选录

将村庄当成现代企业来经营

——访全国人大代表、浙江省台州市方林村党委书记方中华

如果说，一个优秀的领导核心，一个良好的规划方案，一种创新意识加上完善的体制是方林村强大起来的基石，那么方中华就是引力中心点……

东海之滨，温黄平原，浙江七大古镇之一的路桥十里长街南端，有一个行政村叫方林村，它位于台州路桥城区的南大门，北距椒江15公里，东邻路桥机场2公里，104国道和75省道穿村而过，村域面积0.4平方公里，现有村民271户、1028人，是一个典型的城郊村。现在的方林村，已拥有注册资金为1.088亿元的浙江方林集团，不仅有13个公司、15亿元资产，2009年实现农工业总产值8.49亿元，市场交易额75.94亿元。而且还是获得了全国第一批生态村、中国经济特色村、全国文明村、全国民主法治示范村、全国敬老模范村等12项国家级殊荣和16项省级殊荣的先进集体。习近平、张德江等党和国家领导人也曾多次亲临方林村视察，并对该村的各项建设给予高度评价。

正如全国人大代表、现任方林村党委书记方中华说的那样：“方林村能有今天，靠的是党的好政策，靠的是我们的祖先和父辈们，是他们为今天的方林发展奠定了基础，是他们用鲜血汗水和磨难换来的，同时也是我们全村的群众百姓齐心协力、共同奋斗的结果！”

当村干部就要设法改变村里的面貌

现任全国人大代表、方林村党委书记的方中华于1955年5月出生在方林村一个贫苦

的农民家庭。17岁时，方中华就来到台州地区黄岩县石曲砖窑厂当工人，他一步一个脚印，先后从一名普通工人做到供销员，再从供销员做到副厂长、厂长和村团委书记(兼)。1983年8月，时年28岁的方中华，勇敢地担当起了方林村党支部书记这一重任。

上任伊始，方中华许下了兴村富民的庄严承诺："一定尽自己的努力把方林建设好，彻底改变方林的贫穷面貌!"

方中华目光远大，善思慎行。凭借在砖厂当了6年厂长所积累下来的企业经营管理经验，他清醒地认识到，全村的脱贫致富如果单靠传统农业是解决不了的。但如果按"苏南模式"走办工业兴村的路又没有条件。因此，村里要发展还必须寻找新的出路。恰在此时，中央刚好出台了1号和4号文件，并明确提出："无农不稳，无商不活，无工不富"的口号，为农村改革开放指明了方向。

"能不能在经商这第三条出路上动动脑筋，或许还能搞出点名堂。"在多次村委班子和党员会议上，方中华大胆提出了自己的想法。他分析说："发展经济要因地制宜，发挥自身优势。我们方林紧靠路桥市场这一全国闻名的商品集散地，而且104国道穿村而过，地理优势明显。另外，我们村民的商贸意识十分强烈，有原始的马路市场，因此办个相应的市场很有前景。"

谈起当时的发展决心，方中华憨笑着告诉记者："那个时候做事情也顶着巨大的压力，但我们认为自己选择的路是对的那就要放手去做，即便是'磨石头改良田'我们也要坚持，这样也就开启了我们的创业之路。"

脱贫致富的压力迫使方中华必须迅速作出抉择。在经过几次支部和党员大讨论后，最终他果断地决定要"依托大市场，兴办小市场"。于是，1984年10月浙江省第一家旧机械设备市场在方林挂牌开张了，当时的规模才0.6亩的面积。方中华和村班子的同志们成了市场热心的养育人，既当经营户的免费搬运工，还要保护经营户的合法权益。为了村里的发展，他将自己的款项全部垫了出来。

辛勤的汗水得到了丰厚的回报。办起市场的当年就实现成交额45万元，上交村里2万元。方林村也由此迈出市场兴村坚实的第一步。

带领群众在滚滚的浪潮中搏击前行

台州撤地建市和路桥建区后。方中华敏锐地觉察到方林二次腾飞的良机已经成熟。但部分干部和村民却有了"小进则安，小富则满"的情绪。为克服二次创业的思想障碍，他决定带领党员和村民代表北上航民、华西，南下乐清、温州等有名的村庄考察取经。

他山之石，可以攻玉。经过参观考察和回村后的大讨论，让村民和干部看到了方林和先进村的差距至少还有10年。在统一了思想和认识后，他便提出了“学华西、追航民，振兴方林实现小康村”的口号，从思想上打破“唯上、唯书”的观念束缚。采取把村民的土地经营权收归集体，打破队界、户界。他力排众议，打破常规，以优惠的条件让当地区公管所和交警大队落户方林，为加快发展方林三产创造环境条件。

接着，他又千方百计引进客运南站，让现有的700多辆中巴在村停靠，并开通线路21支，当时的日均流量就达4.5万人次。继而又以惊人的气魄投资1900万元创建了第二个市场——中国商城方林机动车交易中心。1996年5月，又扩建路南中心菜市场。截止1999年年底，村机械设备市场已由原先露天的2800平方米扩大到23000平方米，其中钢架连栋大棚14000平方米，销售网络布及全国20多个省、自治区、直辖市，年成交额9776万元。而客运南站也成了全台州最繁忙的客运站点。机动车交易市场1999年共销售车辆2800余辆，全村实现工农业总产值2.65亿元，市场成交额2.55亿元，村集体经济收入707万元，人均纯收入8768元。方林的发展终于迈入了快车道。1996年，方林村被评为“全国先进基层党组织”；1999年，又被评为“全国小康示范村”和“创建文明村镇先进集体”。其间，方中华也获得了“浙江省劳动模范”的光荣称号。

历史的车轮驶入21世纪时，方林村的发展既迎来新的机遇，也遇到了新的挑战。最大的挑战在于建设用地紧缺，发展空间狭窄。例如机动车市场生意红火急需扩大规模，升级换代。针对这种情况，方中华及时提出了“跳出方林发展方林”的新的发展思路。在当地政府的支持帮助下，方林村和杨戴村合股兴建浙江方林汽车城。2000年6月底开工，10月1日第一届中国台州国际汽车展就在此如期举行。方林汽车城营业面积达5.5万平方米，总投资1.85亿元，目前年交易额突破50亿元，交易量3.5万余辆，村集体收入4000余万元，成为华东地区规模最大，设施最完善，服务功能最齐全的四星级文明规范汽车城。

市场是方林经济发展的驱动器。市场的繁荣带动了第三产业的蓬勃发展。方林村在兴办市场的同时，还连续兴办了客运南站、货运南站、特种车停车场、搬运装卸服务队等三产企业。如今，汽车维修服务业、金融业、饮食旅馆业、文化娱乐业等已纷纷涌入，第三产业进入了“黄金时期”。据统计，2008年方林村人均GDP36万元，一、二、三产业比值为0.3∶39.3∶60.4，形成了“倒金字塔”型的产业结构。与此同时，市场商贸的繁荣和需求，也刺激了工业的发展。目前该村共有股份制企业11家，民营企业35家，2009年工业总产值达10亿元。方林村由市场带动工业，而工业生产又促进贸易兴旺，呈现出良性的、渐进的、互相促进的循环关系。

市场培育和造就了一大批富有商品意识、精于市场信息，善于经营管理的商人和企业家，他们成了兴村富民的领军人物，这是方林最大的财富和骄傲。方中华本人也先后当选为七届浙江省人大代表、第九、十次浙江省党代表并为主席团成员、首届台州市人大代表、路桥区人大代表、路桥区人大常委、台州市优秀共产党员，并荣获浙江省劳动模范、“中国十大杰出村官”等多项荣誉。2008年1月，方中华又光荣地当选为第十一届全国人大的代表。2010年1月，也就是记者前往方林村采访时，方中华再次当选为“全国基层农村干部十大新闻人物”。

基本保障靠集体，发家致富靠自己

方林村何以发生如此天翻地覆的变化？我们从该村的领路人方中华的言行中找到了答案——那就是他将村庄当作现代化企业来管理和规划。

加强生态建设，维护生态安全，是21世纪人类面临的共同主题，也是经济社会可持续发展的重要基础。方林村里的干部群众逐步认识到生态环境保护和建设的重要意义。按照专家对全村村庄做的高起点规划，分为商业区、工业区、农业区、住宅区四个区块，对各个区块进行了科学的定位，并确定近期、中期和远期发展规划。2004年，村里又请来专家编制了《台州市路桥区方林生态村建设规划》。该规划运用全面协调、可持续的科学发展观来指导方林村的发展，将方林建设成为具有发达的生态经济、优美的生态环境、和谐的生态家园、繁荣文明的生态文化、可持续发展能力较强的社会主义新农村。

在规划的指导下，大力开展了生态村建设，首先关、停、迁污染重、高能耗的4家企业；其次是投入1500万元完成了公共绿化、游泳池、网球场、篮球场、幼儿园、医疗服务中心等建设，村内绿化率达到55%；三是投入800万元完成老年公寓、门球场馆的建设，公寓里配有食堂、医疗室、健身房、图书馆、休闲室等；四是全村村民总投入9000万元完成一、二期192套低层联立式村民住宅别墅，三期60套别墅，现在的方林村民家家住别墅，户户生态园。犹如人间仙境。

村里多年来逐步建立了包括多达16项的社会福利和保障体系，村里不仅给村民免费提供口粮，而且还实行年终分红；不仅给村民上了农保、医保、养老保险、房产保险，还对医疗住院费实施补贴措施，防止村民“因病致贫”的情况发生。不仅对五保、残弱等弱势群体保证钱、粮、衣“三到家”，还每月发给他们600元生活补助。2009年，村民在16项福利中人均获益近5000元。

村里采取多种形式引导和帮助村民创业致富。一是鼓励村民在村办的市场里经营；

二是对有创业能力的村民，给予一定的倾斜政策支持，扶持他们兴办个体民营企业或股份合作企业；三是对有管理能力的村民安排进入集团各公司管理，给予较高且稳定的工资加奖金收入；四是对缺乏进企业和经商能力的村民，则引导他们从事搬运、餐饮、保洁、保安、保绿等服务业。经过长期不懈的努力，村里不仅成功地解决了本村离土农民的出路问题，而且吸引了外来务工人员3000多人，出现了“临时超常住”现象。

为了提高村民科学文化水平。村里制定奖学金制度，为考上高中、大学的村民子女提供奖学金；鼓励村民通过进修、自学等途径提高科学文化水平。目前8位班子成员中大专以上学历的就有2～3人。最近几年还不断引进各方面人才担任方林集团各公司的经理。目前35岁以下的村民都达到了高中文化程度，大学文化程度的达到9%，农民知识化、农民市民化进程已上了快车道。

巍巍括苍山，滔滔灵江水。今天，荣誉叠彩的方林村，就像一颗璀璨的明珠镶嵌在温黄平原腹地，在城市化的上空，闪耀着社会主义新农村建设的时代之光……

（2010年第11期《中国高新技术企业》 记者黄开堂、李铭勋、皮丽丽、蔡明贵）

为了农村美好的明天

他是一位了不起的“村官”：任村支书长达30年，全国率先进行农村规划，在村人均占地仅0.4亩的土地上创造了村人均GDP78万元的奇迹，是中上等发达国家标准的10倍；如今全村“家家住别墅，户户生态园”，多届党和国家领导人前来视察。

他是一个颇有“价值”的全国人大代表，两会上共提出了53多个质量较高的建议，大都关乎“三农”，特别是关于尽快制定《集体土地征收征用条例》的建议，喊出全国亿万农民的热切期盼，反响强烈，引起国家有关部委的高度重视，加快该条例出台的步伐。

他，就是第十一届、第十二届全国人大代表，浙江台州方林村党委书记方中华。

2008年1月，方中华当选为全国第十一届人大代表，当时他的身份是浙江台州方林村党委书记。作为来自基层农村的人大代表的方中华，虽然有着30年任期的村支书工作及25年省、市、区人大代表的履历“垫底”，但他还是觉得“压力很大”，因为在他看来，当选全国人大代表，除了荣誉，更多的是责任。

30年前，当时年仅20多岁的方中华出任方林村支书，挑起重担；全国率先进行村他生在农村，长在农村，跳出农村，发展农村，他让自己的命运始终与农村紧紧相伴。为了农村更加美好的明天，他付出了辛勤与汗水，贡献了青春和智慧，但他无怨无悔！

（2012年《人民代表报》 记者黄文雅）

方中华，打造“中国最幸福村庄”

一个卓越的领导核心，一种锐意创新的意识，一套完善的制度体制以及良好的执行方案，让一穷二白的方林村走上了富裕之路。而缔造这一奇迹的领军者，就是第十一、十二届全国人大代表、全国劳动模范、方林村党支部书记方中华。

方林村隶属浙江省台州市路桥区路南街道，位于台州路桥城区的南大门，北距椒江15公里，东邻路桥机场2公里，104国道和75省道穿村而过，村域面积0.4平方公里，现有村民271户、1028人，是一个典型的城郊村。

曾经，方林村是个典型的缺地穷村“，富者田连阡陌，贫者地无立锥”。贫穷的方林百姓，祖祖辈辈曾过着“半年糠菜半年粮，冬当棉被夏当帐”的贫困生活。

自改革开放以来，方林村在村书记方中华的带领下，坚持“基本保障靠集体、发家致富靠自己”的理念，实现了家家住别墅、户户有轿车的致富梦，走出了一条以市场兴村、全民创业、共同致富的创业创新之路。

敢为人先商行四海

1955年，方中华出生在方林村一个贫苦的农民家庭。由于家贫，方中华自儿时就对农村和土地产生了深厚的感情。那时村里缺少土地，村民的生活又依赖于土地和农业，所以从记事起，方中华就开始在心里暗暗发誓：一定要走上一条发家致富的路子。

17岁时，方中华就来到台州地区黄岩县石曲砖窑厂当工人。在砖厂工作的十余年时间里，他不怕脏苦不怕累，一步一个脚印，从一名普通工人逐步升任为供销员、副厂长、厂长。1983年8月，在全体村民的一致推荐和拥护下，年仅28岁的方中华担当起了方林村党支部书记这一重任。

上任伊始，方中华当着老书记和全体村民的面，许下了兴村富民的庄严承诺：“一定尽自己的努力把方林建设好，彻底改变方林的贫穷面貌！”

方中华目光远大，善思慎行。他清醒地认识到，全村的脱贫致富如果单靠传统农业是解决不了的。但如果按“苏南模式”走工业兴村的路又没有条件。因此，村里要发展必须另辟蹊径。恰在此时，中央刚好出台了1号和4号文件，并明确提出：“无农不稳，无商不活，无工不富”的口号，为农村改革开放指明了方向。“能不能在经商这第三条出路上动动脑筋，或许还能搞出点名堂。”在多次村委班子和党员会议上，方中华大胆提出了办市场的想法。

谈起当时的发展决心，方中华坦言告诉记者：“那个时候做事情也顶着巨大的压力，但我们认为自己选择的路是对的那就要放手去做，即便是‘磨石头改良田’我们也要坚持。当时也有很多人对我的想法提出质疑和嘲讽，有村民还说‘方林能办成市场，除非黄桥底下的石板能浮起来。’可我就是相信市场能办起来！我知道，搞规划必然要涉及个人的利益，当时就有一户人家对土地建房标准很不服气，在当时成立小组会议上还拿出绞刀威胁，可有更多的人围观看热闹，看我们如何解决这个问题，化解这个局面。我深知身为村书记，党员干部，就要把老百姓的工作做好，我们就做他的思想工作，让他知道土地是集体的，是国家的，只有经营权没有所有权。经多次思想教育后，危机还是解除了，这样也就开启了我们的创业之路。”

脱贫致富的压力迫使方中华必须迅速做出抉择。在经过几次支部和党员大讨论后，最终他果断地决定了要“依托大市场，兴办小市场”的“动作”。于是，1984年10月浙江省第一家旧机械设备市场在方林挂牌开张了，当时的规模才400平方米的面积。方中华和村班子成了市场热心的养育人，既当经营户的免费搬运工，又要打通各方面的关系，防止出现有场无市的尴尬局面，还要保护经营户的合法权益。为了村里的发展，更为了将所有的时间和精力都用在为村民谋福利上，1989年方中华还将自己所经营的一家印染企业卖掉，将所卖款项全部垫了出来，以支持村里的发展和建设，这着实让村民们十分感动。

回忆办场时的情景时，村里一位党员十分感慨地说：“龙糠搓绳起头难，办这个市场很不容易，全村党员干部把希望全寄托在这儿。干劲冲天啊，晚上12点下着雨，货一到大家就参加卸车！”

辛勤的汗水得到了丰厚的回报。办起市场的当年就实现成交额45万元，上交村里2万元。方林村也由此迈出市场兴村坚实的第一步。

以现代化企业理念经营农村

台州撤地建市和路桥建区后，方中华敏锐地觉察到方林二次腾飞的良机已经成熟。

方中华告诉记者，在规划的指导下，大力开展了生态村建设，首先关、停、迁污染重、高能耗的4家企业；其次是投入1500万元完成了公共绿化、游泳池、网球场、篮球场、幼儿园、医疗服务中心等建设，村内绿化率达到65%；三是投入800万元完成老年公寓、门球场馆的建设，公寓里配有食堂、医疗室、健身房、图书馆、休闲室等；四是全村村民总投入9000万元完成一、二期192套低层联立式村民住宅别墅，三期60套别墅即将完工，家家户户都住进了别墅式住房。

走进方林苑小区，环境优雅，景点别致。村民们犹如生活在城市的风景里，但又比城市少了很多车来人往的喧嚣和繁杂，村子幽静、安宁、祥和，小区实现无烟尘、无噪声、无废水污染，花木覆盖率达60%以上，空气清新，生态平衡，绿树成荫，百花争艳，一幢幢新别墅楼鳞次栉比，一条条绿篱沿路延伸，各类配套设施掩映于绿树丛中，犹如人间仙境。小区实现24小时电脑监控，与联防队随时保持联动，保证村民生命财产安全。与方林苑一路之隔的方林老年公寓更是全村老人们享福的天堂，由村里投资800多万元建起的方林老年公寓，集娱乐、休闲、食宿、医疗、保健于一体，全村90%以上的老人男60岁、女55岁可以免费入住，在此安享天年，做到“老有所依，老有所靠，老有所为，老有所乐”，使社会主义的优越性得到有力体现。

方中华告诉记者，村里多年来逐步建立了包括多达16项的社会福利和保障体系，村里不仅给村民免费提供口粮，而且还实行年终分红；不仅给村民上了农保、医保、养老保险、房产保险，还对医疗住院费实施补贴措施，防止村民“因病致贫”的情况发生；不仅对五保、残弱等弱势群体保证钱、粮、衣“三到家”，还每月发给他们600元的生活补助。2008年，村民在16项福利中人均获益近5000元，已基本形成了“基本保障靠集体，发家致富靠自己”的社会福利保障体系。

不满足眼前富，追求长远富，这是方中华的理念。在他的眼中，荣誉叠彩的方林村像一颗璀璨的明珠，将来会闪耀出更加夺目的光芒。

（2013年第6期国家林业局主办《绿色中国》 作者黄蓉）

方中华：抓住机遇盘活土地的高手

人物概要

方中华，男，汉族，1981年8月入党。现任浙江省台州市路桥区方林村党委书记、村委会主任，浙江方林集团公司董事长。当选第十一届、第十二届、第十三届全国人大代表。先后获得全国劳动模范、中国功勋村官、浙江省优秀共产党员等荣誉。

方中华从1983年8月担任村党支部书记至今38年间，紧紧抓住各种发展机遇，盘活土地建市场。从创办方林废旧金属交易市场到路桥旧机械设备交易市场、旧车交易市场，逐渐扩大规模、品质，发展到现在的浙江省四星级文明市场浙江方林汽车城和省五星级文明市场浙江方林二手车市场。村集体经济滚雪球般发展壮大，实力不断增强，村民收入逐年增加，过上了幸福生活。

抓住三次机遇村集体经济快速发展

方林村地处台州市路桥区南部，版图面积0.4平方公里，共有村民266户、1134人。该村距原台州地委所在地黄岩县城17公里，1982年还是个十分贫穷的小村庄，全村耕地面积只有420亩，人均土地3分地。村集体欠债15万元，村民人均可支配收入才187元。全村道路都是土路，坑坑洼洼，崎岖不平，被村民称为“石路窟”。在当地曾流传着这样一句顺口溜：“方林真穷村民苦，吃不饱来路不平，嫁女不嫁石路窟”。

1983年5月的一天晚上，方林村党支部书记方道福来到方中华的家里，寒暄了几句后，便开门见山地说：“中华，我今天来你家就是为了一件事，马上就要进行村‘两委’换届选举，我准备向石曲乡党委正式推荐你为支部书记候选人，参与村里投票选举，想听听你的想法。”

“您今年才48岁，干得好好的，怎么就想卸任呢？”28岁的方中华觉得很纳闷，有些不解地问道。

“我虽然年龄不是很大，但是深感力不从心。我经过几年细心观察和认真考虑，觉得你的能力要比我强得多。我们村这么穷，只有你才有能力改变村里一穷二白的面貌，把方林村发展好、建设好，让村民过上好日子。”方道福很诚恳地说。

“我的能力恐怕也不行，还是由您继续担任村党支部书记为好。”方中华回答道。

“你就别谦虚了，你年轻，又有能力，如果能挑起这副担子，一定会干得很出色。我是真心实意地想推荐你。我不能自私到明知自己的能力不行，还硬占着这个位子。”方道福有些激动地站了起来。

方中华沉思了片刻，站起来双手握住老书记的手说：“您既然这么诚心、这么信任我，那我就试试吧！如果大伙儿选我，我一定不辜负您的期望，尽最大努力把方林村的工作做好，一心一意为集体、为村民。”方道福激动得直点头。

这年8月份，经过投票选举，方中华高票当选方林村党支部书记，兼任村集体唯一的一家企业轮窑厂厂长。事过多年的一天上午，已经是84岁高龄的老书记方道福，在方林村老年协会办公室接受记者采访时高兴地说："我这一生中总算做了件很有意义的事，就是当年发现了方中华，并主动让贤，让他一鼓作气地把方林村发展建设得这么好，使村集体富起来，村民过上了衣食无忧的好日子。"

方中华走马上任后，一直思考着如何发展和建设好方林村。在第一次主持召开的村两委班子会议上，他语重心长地说："方林村的老百姓穷怕了，摆在我们面前的任务是：克服一切困难，冲破艰难险阻，必须盘活本村有限的几百亩土地资源。大力发展村集体经济，实现共同富裕。妥善解决农村剩余劳动力就业问题，让村民富起来，过上好日子。"他的一番话得到了大家的一致认可。

1984年年初，中央1号文件中提出"无农不稳，无工不富，无商不活"。方中华认真品味着文件中的每句话，方林村的发展方案逐渐在他的大脑中形成：建一条街道，建一家工厂，建一个市场。在随后主持召开的村两委会上，当方中华把"三个一"工程提出时，引起了不少争议。有人提出，方林村前不挨村、后不着店，距离路桥镇还有7公里，建一条街道干吗？建市场能成功吗？有位村民得知此消息后说得更绝："在这么偏僻的农村建市场，简直是开国际玩笑。如果市场能形成，黄桥（穿村而过的一条水渠上的一座石桥）底下的石板就会浮起来。"

"怎样才能让大伙儿解放思想，转变观念呢？"方中华一直苦苦思考着。他组织村组干部、党员、村民代表到杭州附近的萧山县航民村考察学习。所有人员都感慨：不看不知道，看后吓一跳，自己如井底之蛙，目光短浅，与航民村相比，方林村起码落后了10年。

这次航民村之行，给所有人都上了一课。大家受到启发，不仅开了眼界，还取得共识。大家普遍认为，航民村的发展理念、方式及奋斗精神，完全值得好好学习。

在随后由方中华主持召开的村两委扩大会议上讨论建设方案时，所有人的思想认识高度统一，提交村民代表大会表决时顺利通过。

建街道、建厂、办市场都需要土地，方中华又想了一招，将全村7个村民小组的420亩土地"收田归村"。在充分尊重村民意愿的基础上，以自愿、公平、有偿的原则，村民把所承包的责任田投入到村里成立的农业发展公司，打破"地界"建立了土地股份合作制，由村集体统一经营全村所有土地，而入股的村民则享受粮食补贴和分红，修路、建厂、办市场的用地问题迎刃而解。

1984年10月，在原来一条高低不平的小路上扩建的方林街完工，长250米、宽15米，黄桥在街道的中间部位，方林街与乡政府连接起来，特别显眼。随后一些村民开始在街道两旁兴建2至3层的楼房，逐渐形成集市，成为附近农民交易农产品的场所。

随后村集体出8亩土地，村民出资，开办了一家股份制性质的石曲长虹灯具厂，村集体占股50%，主要生产带风扇的小台灯。

紧接着，又在方林街旁400平方米的空地上办起了方林废旧金属交易市场。在一个偏远的村庄办市场，在当地还是一件新鲜事，当地工商部门虽然默认、不予反对，但非常担心市场能否形成。

方中华带领几名村干部到路桥镇政府所在地的一家旧钢材市场去招商，以诚恳的态度、优惠的场地租金打动了几位经销商。双方签订合同，在一个月内转场到方林村。

有天晚上11点半，电闪雷鸣，下起了大雨，一位客户租用的一辆大卡车拉了满满的一车旧钢材。方中华得知此事后，马上通知村组干部帮助卸货，一些村民闻讯后也纷纷赶来。经过一个多小时冒雨奋战，一大车钢材被他们义务卸完，令客户十分感动。优惠的条件、热心的服务，让旧钢材市场逐步形成。

“当时我认为在村里建一条街道，把旧村庄改造一下，就是新农村。现在看来，那时的想法太过简单了。”事过多年之后，方中华在他的办公室接受记者采访时有些不好意思地说。

转眼到了1994年年初，台州撤地建市和路桥建区。原路桥镇变成路桥街道办事处，后又改成路桥区，与黄岩、椒江一起成为台州市管辖的3个城区。

城市建设给方林村带来了发展机遇。同年5月，路桥区政府邀请上海同济城市规划设计研究院进行新区建设整体规划。方中华得知这一消息后，赶紧找到规划设计组负责人杨贵庆。“你们能不能顺带把我们方林村的整体发展规划也一起做一下？”方中华诚恳地问道。

“我们从未对一个村庄进行整体规划。”杨贵庆答道。他觉得此事新鲜，也很好奇，所以没有当面拒绝。

“我们考虑一下再答复你吧！”杨贵庆表态道。

“行、行、行！”方中华似乎看到了希望，十分高兴。

没过几天，杨贵庆给再次找他的方中华说：“我们规划组的几个同志开会研究了一下，同意为你们村做一个整体规划，规划费70万元。”

方中华听到这个消息后既高兴又发愁，因为村里没有也不可能拿出那么大一笔资金做规划。他苦苦地请求对方给予优惠。

又过了几天，杨贵庆给方中华回话说：“我们为你的精神所感动，经过再次研究后决定，只收7万元的工本费，就把你们村的规划给做了。”

方中华心里非常清楚，在当时计算机应用还不普及的情况下，7万元资金只够规划组购买绘图的纸张费用。他连忙称谢，满口答应。

最终上海同济城市规划设计研究院，用了3个多月时间给方林村做了一个总体发展规划。规划方案中分为4个建设区块：相对集中的工业园区；相对集中的商业园区；优质高效的农业园区；集中统一的农民住宅区，并对各个区块进行了科学的定位，确定了近期、中期和远期发展规划。方中华认为，方林村发展必须按照路桥区的整体规划要求，重点打造交易市场，大力发展村集体经济。

怎样保证整体规划落到实处，才是发展的关键。方中华又组织村组干部、党员、群众代表到浙江奉化县的滕头村参观学习，考察该村抓好党建、发展经济、推进产业升级和生态保护的经验和做法。而后，又在全村开展了"重建一个新方林"的大讨论。渴望发展的广大干部、村民纷纷表示，劲可以鼓不可泄，按照规划的蓝图一鼓作气地建设好、发展好新方林村。

方林村快速发展的时期到来了，方中华感到自己责任重大。1994年8月，方林村将原来建设的废旧金属市场进行了提升，占地面积由2千平方米扩大到2万平方米，改为二手机械设备交易市场。当时路桥区前店后厂式的商品经济发展十分迅速，方中华敏锐地意识到新、旧汽车交易肯定是发展的方向。

当年6月，方中华与路桥区工商分局一名副局长一起，乘火车来到千里之外的长春第一汽车制造厂。中午吃饭时，他一口一大杯连喝两杯高度白酒，当时就喝得酩酊大醉。一汽经销公司的一位负责人很受感动，觉得这个人豪爽够朋友，赊账让方中华提走了30台新轿车，承诺等他们有钱了再付款。

10月，占地1.33万平方米、投资100多万元的旧车交易市场正式营业，赊来的新车很快销售一空。方中华立马将200万元购车款付给第一汽车制造厂。诚信为方林带来了口碑，也为方林后续发展铺平了道路。

"那时候是不允许批新车交易市场的，所以路桥区工商分局给我们村发放的营业执照上批的是交易旧车，可实际上卖的都是新车。"方中华说。

方林村第三个市场建设出于偶然。有一天，方中华无意中得知，建在路桥街区田洋王村的短途客运南站需要拆掉。他立即找到客运站领导，让他们拆迁后搬到方林村，由村里出土地30亩、建设资金并负责建好。经营收入双方分成，村里占股60%，对方占40%。双方一拍即合，客运站很快建设完成。客运南站共有700多辆中巴车停靠，开通了21条客运线路，日均流量达45万人次，成为台州市最繁忙的客运站点。

紧接着，方中华又开始引进路桥区交警大队。他找到大队负责人说："你们将办公场所建在方林村，方林村免费拿出最好的地块给你们。”

这件事在村民中传开后，有的人有想法，质问方中华为何无偿送土地给交警大队。他在村民代表大会上发言时耐心地解释道：“大家好好算一笔账，按现在的市场价格，每亩地能卖到7万至8万元，给交警大队12亩地才90多万元。不给予这个优惠条件，他们会来吗？如果交警大队能将办公场所建在我们村的地盘上，我们就可以建设一个配套的事故车停车场，一辆车每晚要交10元停车费，一年算下来就要收几十万元。还有哇，每天有四五百人来交警大队所属的车管所，办理驾驶证、车辆年检、过户、处理违章等业务，他们要吃喝拉撒，本村村民就可以开餐馆、宾馆，拉黄包车、人力三轮车等，形成产业链，带动服务产业的发展，不仅可以解决村民就业，还可以增加大伙儿的经济收入，何乐而不为呢？”他的一番话，让与会人员茅塞顿开，纷纷鼓掌，方案顺利通过。

1994年11月，路桥区交警大队及车管所临时租用方林村旧车交易市场的房子办公，方林村投资建设了一个占地1千多平方米的交通事故处理停车场，每年收益20多万元。

可没过多久，方中华得知一条小道消息，路桥区公安分局党委开会作出决定在城区建设一个公安业务综合服务中心，要将车管所从租用方林村的楼上搬至服务中心。“一旦车管所搬走了，四五百人的客流量就没有了。刚刚办起来的服务业因失去客源。不就泡汤了吗？”一连几天，方中华吃不香、睡不安。

经过慎重考虑，有一天上午一大早，还没有到上班时间，方中华提前来到公安分局局长邵先富的办公室，诚恳地与他沟通。

“交警大队及车管所在方林村办公以来，每天有四五百人办理业务，为我们村带来了商机，形成了餐饮、宾馆、人力三轮等服务业，让大量村民就业，还让村集体有了一定的收入。”方中华道。

“有这回事？”邵先富局长感到很惊讶。

“是的，你们的工作为我们村带来了客流量和财富，带动了产业的发展，老百姓非常高兴。”方中华说。

“你找我是想表达什么？”邵先富问道。

“交警大队和车管所放在方林村是个中心位置，如果搬到你们盖的综合服务中心，就有些偏了。我知道你们的工作人员在方林村办公，上下班回城区不方便，村里准备购买一台大交通车，义务接送他们上下班，交警大队及车管所建办公场所我们免费提供土地。”方中华很诚恳地说道。

邵先富听完此话很受感动，一是没有想到交警大队和车管所的业务能为一个村的村民带来致富路，二是没有想到方中华主动提出由村里买一辆大交通车接送干警上下班，三是没有想到方林村为交警大队及车管所盖办公场所免费提供土地。他握住方中华的手说："这件事之前已由分局党委开会讨论，形成了决议。不过你的意见我会采纳，等我再次主持召开分局党委会研究后再作决定。"

上班时间到了，邵先富立马组织召开公安分局党委会议，扩大到中层干部参加把方中华说的一番话向与会人员重复了一遍。与会人员为方中华的诚意及一心为村集体和村民谋利益的精神所感动，纷纷表示赞成。最终路桥公安分局党委重新作出决定，将交警大队及车管所建在方林村。

1994年年底，方中华又费尽周折，将路桥区公路运输管理所引到方林村的地盘上，村集体免费提供6亩土地，还将一栋旧房折价50万元卖给该所，作为临时办公场地。每天有大量人员到公路运输管理所办理公路运输车辆相关手续，较大的人流、车流，为方林村村民致富带来了更多商机。

年底，方林村的村级集体收入达到207万元，村民人均可支配收入5088元，是1984年的27倍。

1996年5月，在方中华的提议下，方林村扩建了路南中心菜市场，建有120个摊位。也是在这一年，占地1万平方米的方林村创业园区建成，共有8家民营企业入驻。

1999年上半年，方林村建设了一个占地130亩的优质高效农业园区，除种植粮食作物外，还种植了大量的花卉苗木。同年11月，方林旧机械设备市场由原来露天的2800平方米，扩大到2.3万平方米，其中钢架结构1.4万平方米，销售网络遍及全国20多个省、自治区、直辖市。

当年12月，浙江方林集团有限公司成立，方中华兼任董事长。

从1994年到2001年，是方中华担任书记的8年间，方林村的综合发展进入快车道的时期。

进入2000年后，台州市商品经济发展迅速，汽车开始进入百姓家里。这年春节，方中华一直在苦苦思考着一个问题：汽车产业将成为一个发展较快的新兴产业，方林村的经济发展应该提档升级，在总量和质量上下功夫。过年上班后，他在村两委会议上，将准备建设一个汽车城的想法提出来后，与会人员中有了不同的声音。一名村干部发言时说："我们村这几年发展就够快的，应稳扎稳打，不要再冒险了。"

方中华接过话茬道："一个村庄不仅要建设好，更关键的是要经营好，就是每年要有固定的经济收入，发展应该具有持续性，不能停滞不前。我们虽然取得了一定的成绩，但还远远不够，还需要抢抓机遇，继续大力发展，让村级集体收入不断提升，这样才能把整个村庄建设得更好。”他稍加停顿后又继续说道：“方林村是个弹丸之地，我们要走出方林，发展方林。”他的一席话得到了大多数班子成员的赞同，思想上还有些顾虑的个别干部，在方中华的耐心开导下，也想通了。建设汽车城的方案在村民代表大会上审议时，虽然也有不同的意见，但经过方中华的认真解释，最后形成意见统一，表决时顺利通过。

2002年1月，方中华被确诊为心脏扩张性心肌病，医生预言他只能活5年时间。他没有把这一消息告诉任何人，仍坚守在工作岗位上。

这年3月份，方林村以每亩地7.5万元的价格，挂牌购买了1公里外的杨戴村180亩商业用地，建设浙江方林村汽车城，并让该村在汽车城入股30%，带动杨戴村共同致富。

这年6月中旬，经过充分准备后，总投资1.85亿元的浙江方林汽车城建设正式动工。路桥区领导要求方中华必须在100天时间完工，以便让区里组织的塑料制品交易会放在此地召开。

“3个多月时间，既要建设好一期工程3万多平方米的汽车城，还要保证工程质量，难度可想而知。但没有退路，只有奋勇向前，按照路桥区的节点要求完成工程建设。”方中华说。

100天施工时间，方中华绷紧了每根神经。他每天早晨5点多钟起床，7点前准时赶到建筑工地，检查施工进度，协调处理相关问题。下午5：30准时组织建筑单位和村两委管理层干部召开工程进度会，汇报当天工程进度及明天的工作计划和安排，晚上加班到深夜，每天工作12小时以上。

紧赶慢赶，终于在100天时间按期完成施工任务，确保了路桥区塑胶会顺利举办。随后汽车城市场于2003年5月正式开业。

紧接着进行二期工程辅助性房屋建设，建成后的汽车城的建筑面积达到5.5万平方米。如今已有50家200多种品牌的汽车经销商入驻汽车城，年成交额90多亿元，村集体房屋出租收入达3500多万元。

2004年3月，经方中华提议，村两委研究决定，再次邀请上海同济城市规划设计研究院对全村党建、经济社会、空间发展、开发建设等进行了全面规划，确立了近期、中期和远期发展规划。

方中华工作起来就忘了一切，饮食长期不规律，经常饥一顿饱一顿。2017年年初他时常感到胃部不舒服，实在受不了了，才到医院去看。这年5月的一天，经胃镜切片检查，确定为胃癌早期，并及时做了整个胃切除手术。亲朋好友劝他辞去村书记不干了，在家好好休息养病。可他哪里闲得住，稍作休息，便又投入到繁忙的工作中。

方中华抓发展的脚步没有停止。他经过市场考察和较长时间思考，认为方林村的旧车交易市场过于简陋，需要提档升级。2009年3月，在方中华的倡导下，方林村又从周边的肖谢村、肖王村租赁了150亩土地，投资3.6亿元，在新安南街建设了一个定位中、高端的二手车交易市场，将原来经营的旧机械设备市场和旧车交易市场合并成二手设备市场。整个二手车市场分别于2009年、2017年、2018年分三期建设。

记者在方林村采访时看到，浙江方林二手车市场内建设了5个标准化、规范化的大型汽车展厅、13个城市展厅，建筑面积达1.5万平方米。有230多家经营户入驻。市场内不仅有一汽奥迪、上海大众、东风日产等国内厂家生产的汽车，还有奔驰、宝马、保时捷、林肯、宾利、劳斯莱斯等世界名牌汽车，价格低则十几万元，高则上百万元，甚至1000多万元。所有汽车从外观上看都是新的，一尘不染，多则开了几万公里，少则几百公里，还有零公里的二手车。

市场内建有一条汽车尾气检测线、一个建筑面积1000多平方米的服务大厅，共有102名工作人员。交警进驻服务大厅内，交通违章处理、金融保险都可以在这里办理，还提供汽车检测、二手车交易开票、办证、上牌等服务，将汽车开出市场的所有手续实行“一站式”办结。你很难想象这里是进行二手车交易的市场，这里完全颠覆了“二手车交易”的概念。

用户在二手车市场最怕遇到三种情形的汽车：事故车、泡水车、改公里表车。可在方林二手车市场，这些问题都不是事儿，因为该市场建立了严格自监管制度，所有二手车交易规范化、透明化。汽车进场前必须经过严格的专业化设备检测，而且是按照中国汽车流通协会制定的检测标准，由第三方专业检测机构进行检测认证。同时，还引导所有经营户诚信经营。“如果消费者在方林二手车市场购车后，3个月内发现汽车和购买合同表述不符的，实行无条件退货制度。由市场先行赔付，再由市场按照和经营户签订的诚信经营责任书履行责任义务。”浙江方林二手车市场总经理方崇奇介绍。

2020年，浙江方林二手车市场进行旧车交易5.8万辆，成交额达到103亿元，是台州市唯一的一家超百亿市场，还是浙江省市场监督管理局评定的五星级文明规范市场。市场的二手车交易买全国、卖全国，销售区域遍布全国20多个省份。浙江方林二手车市场成为中国二手车出口的十大试点市场之一，还向东欧、非洲、中东的迪拜出口。如今，浙江方林二手车市场已成为国内规模最大、档次最高、影响力最大的中高端二手车市场之一，也是全国首家AAAAA级诚信二手车市场。

在本地牢牢站稳了二手车交易的市场后，方中华又把眼光瞄向了外地，进行了品牌输出。2015年5月，方林村在台州管辖的玉环市建起了一个占地11万平方米的股份制玉环方林汽车城，方林村占股30%。之后又与浙江航民村、花园村、滕头村和上海九星村进行强强联合，成立了五村控股集团有限公司，在杭州市郊区蒋村征地40亩，位于杭州西溪湿地的五村总部基地五村园于2019年建成开园，迈出了方林的品牌和管理模式输出的第一步。

2019年11月，方林村在内蒙古自治区巴彦淖尔市，用方林的品牌和管理模式与当地企业进行合作，收取一定的管理费。

经过方中华锲而不舍的努力，方林集团公司旗下已形成以5个市场为主体的13家企业。如今市场交易额达208亿元、利润9500万元，村集体固定资产达到30亿元。

不断改变民生　村民逐渐过上好日子

在方中华看来，村集体发展经济的目的就是为了不断改变村庄面貌，改善村民生活环境，逐步增加村民收入，让他们过上富裕生活。但村集体不能大包大揽，村民不能等、靠、要。“基本保障靠集体，发家致富靠个人。”方中华说。

方中华始终把村民就业放在民生改善的首位。方林村具有劳动能力的村民共有735人，方林集团公司共有3200个就业岗位，除安排本村150人进入管理层及年龄较大、学历较低、无技能的村民从事搬运、保安、保绿、保洁等辅助性工作外，还吸纳了3000多名外来人员就业。

方林村6组村民陈华能生于1963年3月，方中华于1983年8月担任村支部书记后，安排他到村办企业五金冲件厂从事销售工作，1984年又安排他担任该厂厂长。从1987年开始，该厂由生产罐头盖子转型生产日光灯镇流器，1990年改为股份制企业后开始生产摩托车车架。后来陈华能单干，在台州路桥区滨海工业园成立中能工业集团公司生产电动车。他还在广东佛山市开办分公司，占地26.67万平方米。该集团公司共提供了500多个就业岗位，实现产值3.7亿，上缴税收1500万元。像陈华能一样，方林村村民中共有112人在汽车城、二手车市场、二手设备市场及外地创业，带动就业2100多人。

村里有两名重度残疾人方好琦、张皓杰，伤残等级分别为1级和4级，完全丧失了劳动能力，方中华很关心他们，在村两委会上提议，由村集体为他们每人每月发放困难就业人员补贴，大家表示赞同，提请村民代表大会表决时也顺利通过。每年春节前夕，方中华都要去这两个残疾人家庭慰问，分别送去3000元慰问金，2020年还给每人发放了1万元困难补贴。

在方中华的努力下，方林村村民实现了就地就近充分就业，不仅有了生活保障，还获得了较好的经济收入。

方林村村民集中统一建设的住宅区方林苑，是方中华于1994年邀请上海同济城市规划设计研究院做整体规划时的一部分，整个建设分3期进行。一期规划了96幢两层三室两厅别墅，每栋建筑面积216平方米。1996年开始建设时村集体没有钱，方中华便让经过招投标的建筑公司垫资。经过村两委讨论，并经村民代表大会代表表决通过的《方林村村民住宅建房方案》中规定：96户村民签订认购房屋后3天内交纳房款3万元，房子建到50%的工程时再交纳3万元，封顶后再交3万元。1997年9月份房屋建好，经过抓阄选房交房时，付清剩余房款。

二期工程规划了126套三层五室两厅别墅，三期工程规划了48幢连体别墅，建筑面积324平方米，分别于2000年、2008年建成。两期工程由村集体投资2300多万元，建设道路、雨污分流管道、电线、宽带、有线电视、电话等地下管网工程及公用绿化部分，房屋由村民自建。有200多间房屋被拆迁，其中有6户不再另外建房的村民，由村集体给予5万元的宅基地补偿。

方林村住房方案规定，村民家有一个年龄在18岁以上儿子的可以建一套，有两个年龄在18岁以上儿子的可以建两套，共建了327套住房，村民全部住上了2至3层的别墅式花园洋房。

方林村村民收入由工资、退休费、养老金、股金分红、房屋出租、创业收入等部分组成，村民人均可支配收入11万元。

2015年3月8日，方林村在台州市率先进行经济合作社股权改革，完成了“资产变股权，社员当股东”的转变，成为台州市第一个真正意义上彻底股改、按股量化分红的行政村。就是从方林集团公司总资产中拿出33亿元资金，分成1110股。每股30万元，按人头股份分红。经过村两委讨论和村民代表大会表决通过的股改方案中规定：2015年3月8日晚上12点之前出生的本村村民，每人可以分得一股30万元。按照“生不增，死不减”的原则，从3月9日凌晨以后出生的人，不享受股权。从这天以后死亡的人员股权由其子女继承。从2016年起享有股权的村民每人享受股份红利1万元，2020年为1.5万元，全村共发放1650万元。

“这3.3亿元资金在方林集团公司经营中成为专项资金，任何时候都不能随意改变性质，一直要保留下去，以后还要继续增加分红份额。”方中华说。

方林村村民中有255户村民的房子出租，最高的年收入3万至4万元，一年平均2.5万元。

在方林村最让人羡慕的是老年人，因为他们有良好的福利待遇和保障。让老年人老有所养、老有所医、老有所乐，一直是村书记方中华的追求。1996年村里成立了老年协会，村集体每年划拨400万元专项经费予以保障，开办了一所老年大学，为老年人提供了读书、保健、养生场所，组织老年人开展棋牌、门球、乒乓球比赛，定期进行健康体检，每两年外出一次旅游。因高龄、行动不便，不能参加旅游的老人，按出行人数实际花费金额人均费用的70%予以补偿。

方林村村民养老实行的是居家养老和集中养老相结合的模式。1999年10月，方林村集体投资500万元，建设了一座能同时容纳132位老年人居住的老年公寓，还配备了门球场。老年公寓内建有53套两室一厅住房，还有26套一室一厅小户型住房。室内有厨房、卫生间、衣柜，床、沙发、淋浴器、吸油烟机、冰箱、彩电等，全部由村集体配置。男满60周岁、女满55周岁的村民都可以自愿免费入住。老年公寓内还建有3间房屋的医务室，配备了3名医护人员和6名管理服务人员。入住老人不仅可以就地就近就医，还可以享受良好的护理服务。

2005年6月，方林村部分村民参加了当地政府建立的失地农民养老保险，在企业工作的村民参加了城镇职工养老保险。除此之外，所有人都参加了城乡居民养老保险。

全村现有退休村民326人，除享受不同身份的养老保险退休保障外，村集体还给每位退休老人每月发放1000元退休生活补贴。

村股份经济合作社统一为村民交纳城乡居民医疗保险费用。村里每两年为本村年满30周岁以上的村民进行一次健康体检。对特殊病种经医保局特批，门诊可以报销的，村里同样进行补助，每位村民全年累计最高报销限额为10万元。村里还为男满60周岁以上、女满55周岁以上村民统一购买了老年人意外伤害险。同时，村集体还对参加了城乡居民医疗保险的村民住院费用自费部分进行二次报销。可报销部分余额为5000元及以下的，报销55%；可报销部分余额为5000元到1万元的，报销65%；可报销部分余额为1万至3万的，报销70%；可报销部分余额为3万至5万的，报销75%。直到二次报销金额不超过总医疗费用为止。对已办理大病医疗保险的村民在大病报销后的自费部分，按不同比例和4个档次给予报销。

鼓励村民的孩子好好读书，不断上进，长大后成为有用之才，一直是方中华最关心的问题之一。方林村建有一家幼儿园，后承包给了私人经营，村集体与经营者签订的租赁合同中约定，本村村民的孩子入园时，每年优惠500元学费。村集体还出台政策规定，本村村民子女考上高中、大学的，为每人每年发放助学补助3000元。考上北大、清华的子女，一次性奖励2万元。考上博士研究生的，一次性奖励3万元。从方中华担任方林村书记至今，全村共有181人考上各类大学，其中还有一名博士研究生。

方林村还免费为村民提供口粮，口粮标准按基分计算，每个基分8.5斤，成年人每年基分折成稻谷442斤，以市场价为准，折算成货币形式发放到村民账户。

"村集体共为村民提供了16项福利，村民户均住房面积达到290平方米，户均拥有轿车1.5辆。村集体每年给退休村民发放退休金、福利和股权分红就有3.5万元。村民的获得感、幸福感、安全感与日俱增。"方林村党委副书记林荣辉介绍。

每年的九九重阳节，方林村隆重召开敬老节庆祝活动，为村里设立的"长寿奖""寿星奖"老人颁奖。本村村民中85～89岁的老人，颁发长寿奖1000元；90～94岁的老人，颁发寿星奖5000元；95～99岁的老人，颁发寿星奖1万元；100岁以上的老寿星，颁发寿星奖3万元。同时，村股份经济合作社还给退休村民发放100元红包。

方林村股份经济合作社免费为社员的家庭财产统一投保，全体社员集体参保，总保额为3100万元，每户保额为11.5万元。同时，还免费为全体社员家庭统一缴纳数字电视收视费。

方中华高度重视军人及其家属的优抚工作。在他的提议下，方林村两委制定了一系列优抚政策，并确保落实到位。该村规定：本村优秀青年服兵役期间荣立一等功的，奖励10万元；荣立二等功的，奖励3万元；荣立三等功的，奖励3000元；受到团、师嘉奖的，奖励500元。村集体对义务兵家属的优抚金，每人每年发放3万元（不包括上级政府发放的优抚金）。义务兵退役后，实行优先上岗，如不愿在村办企业工作的，村股份经济合作社一次性补助5万元再就业培训费。每年八一建军节和春节前夕，方中华都要带领村两委主要负责人到军、烈家属家庭走访慰问。

方中华对本村五保户和伤残人员的生活也考虑得很周到。为保障五保户的幸福生活，本村五保户除享受村民同等福利待遇外，衣、食、住、医、水、电等全免。同时，还给每人每月发放生活费2700元。对生活不能自理的一级伤残及生活不能自理需要专人照料的残疾人，凭残疾证由村集体给每人每月发放生活补助2000元。

2000年3月，方林村投资1500万元，完善了村民居住地方林苑的公共绿化、游泳池、网球场、篮球场、幼儿园、医疗服务中心等配套设施建设，整个村庄的绿化率达到55%。逐步完成了方林村公园和休闲广场建设，为各生活小区安装了电子监控系统，配备了专职保安，实行封闭式管理。还投入巨资对路南公园进行整体改造，新建了村大会堂、音乐喷泉广场、生态公厕等，村庄的生态环境得到进一步改善。"门前花草绿油油，垃圾集中有人收；家家户户住别墅，男子娶妻不发愁。"这首打油诗，是对方林村当今生活的真实写照。

一天上午，记者来到方林村6组村民王妙根家采访，1958年出生的他虽然已经退休但闲不住，仍然在方林二手设备市场从事搬运工作。他家共有7口人，90岁的老母亲住在老年公寓，老伴退休后在家照看孙子，全家人居住的一套两层楼四室两厅的别墅干干净净。1984年出生的儿子王超在天津市一家电动车厂当厂长，年薪40多万元。儿媳妇邵玲在天津一家企业当会计，年薪20多万元。谈起一家人的收入，老王掰着手指头给记者一一算来：全家7口人中除小孙子是2017年出生的，在村股份经济合作社没有股份外，其他6人都有，2020年分红9万元。他在二手设备市场打工，每年有4万多元工资收入，每月在村里领1000元退休补助，还领取当地农民保险退休费2000元，一年算下来共有7.6万多元。老伴虽然是全职家庭妇女，但每月有1000元村集体发放的退休补助，还有2300元失地农民养老保险退休费，一年算下来也有近4万元，加上村里给每位村民发放的口粮折价款3000多元，全家人的总收入80多万元，人均11万多元。

“这么多钱，能花得完吗？”记者问道。

“怎么消费也花不完呀，花不完的钱可以存起来，以后保障孙女、孙子上学，接受好的教育呀！”王妙根高兴地回答道。

“您觉得自己的生活幸福吗？”记者继续问道。

“太幸福了，住这么好的房子，有这么好的生活环境，不愁吃，不愁穿，不愁用，钱也用不完，简直无法形容幸福的程度，多亏有了方中华这个好书记。”王妙根笑得合不拢嘴。

坚持党建引领　党委战斗力逐步增强

方林村现有111名党员，1995年7月由村党支部变成村党总支，2009年8月设立党委，

现下辖5个党支部。方中华担任村书记38年，一直把扎扎实实抓好农村党建放在首位，秉承着“抓好党建促发展，做好发展强党建”的发展理念，不断提高村级党组织的向心力、凝聚力、战斗力、号召力。方林村先后获得全国先进基层党组织、全国争先创优先进基层党组织、全国文明村镇、全国民主法治示范村、全国首批生态村、全国敬老模范村等荣誉。

“发展这个概念是全面的，不光是集体经济，还包括村庄建设、生态保护、乡村综合治理、村民生活改善、村民整体素质提高等。就是通过抓好党组织建设，引领全村各方面的发展，促进乡村振兴。”方中华说。

从方中华1983年8月担任方林村党支部书记至今，每年坚持“三会一课”制度和每年召开一次村民大会雷打不动。近年来又增加了每月15日开展支部主题党日活动这项内

容，认真贯彻中央各项政策，结合本村实际不断教育全体党员充分发挥先锋模范作用、党组织的战斗堡垒作用。同时，还坚持了党内“三个一”制度，即要求每名党员为党组织添一份光，每年为群众办一件实事，为乡村振兴出一分力。并记入“党员奉献簿”，作为七一建党节前后和年底评选优秀共产党员和先进工作者的依据之一。

“党建+市场”是方林村在不断探索中形成的一大亮点。浙江方林汽车城建成后，很快吸引了众多商家，到2020年年底共有50家汽车4S店进驻经营，管理者及员工党组织关系转到汽车城的共有96人。怎样让这些党员在经营活动中充分发挥先锋模范带头作用，是方中华一直苦苦思考的问题。他提出了“要让党组织建立在汽车产业链之上，打造经营行业的红色引擎”的设想。经上级党组织批准，2009年10月，浙江方林汽车城成立了一个党总支，下设宝马汽车党支部、奔驰汽车党支部、日产汽车党支部、沃尔沃汽车党支部、奥迪汽车党支部、方林二手车党支部、党员服务中心党支部共7个党支部。村党委为汽车城党总支提供了一个固定的活动场所，在村委办公楼腾出300平方米空间，设立党员服务中心，开设了党员学习室、活动室、展示厅、图书室、远程教育室，还配备了3名工作人员，专职为党建工作服务。汽车城党总支提出了三个具体要求。“党员平时亮身份”，就是平时戴党徽，在办公桌亮出党员承诺，让别人知道他是一名共产党员，在工作中处处走在前面，对新员工进行传、帮、带。“攻关时亮才能”，就是遇到困难时，共产党员要带头发挥自己的聪明才智。汽车卖不出去怎么办？维修不好怎么办？每个党支部都相继成立了应急分队，在销售遇冷时，成立了志愿者服务队。领任务到商场、广场甚至社区入户进行宣传销售。台风来了很多车主的车停在路边进水了，志愿服务队的党员开着车去救援，将车拖到4S店进行维修、保养。“帮带亮爱心”，就是做公益活动，建立项目认领制度。路桥小学有20多个贫困生，汽车城党总支让他们在纸上写出自己所需要物品的心愿。有的想要一辆自行车，有的想要一台笔记本电脑，有的想要一套书，有的想要一套新衣服，等等。党总支就把他们的需求贴在公示板上，让党员认领。同时，还向民工子弟学校捐赠了3000多册图书。开展党员进社区、进福利院活动，为孤寡老人提供点单服务。通过点点滴滴的小事，结合企业文化培养员工的爱心，无形中扩大了企业的知名度，产生了集聚效应。目前，由奥地利投资的台州保时捷中心、国内第一大汽车经销商新疆广汇集团的玛莎拉蒂、中国香港大昌行合资的宾利店、美国新能源汽车台州路桥特斯拉中心、比亚迪、小鹏汽车、广汽新能源、宝能汽车等品牌，相继进入浙江方林汽车城经营。

保时捷、玛莎拉蒂两家4S店经营的是进口汽车产品，外商不愿单独设立党支部方中华经过反复思考，想了一个独特的办法，就是两家4S店联合成立一个党支部。由党员服务中心派人去兼任党支部书记，这样外商就接受了。

“党建做好了，各种品牌的汽车销售商都吸引进来，把汽车市场盘活了。7个党支部的成立，使方林汽车城和方林二手车市场的向心力、凝聚力大大增强。浙江方林汽车集聚区成为年轻人向往的工作场所，员工都有很强的职业荣誉感。”浙江方林汽车城党总支书记林荣辉介绍。

方林村党委关心党员、积极培养入党积极分子，引导大家担重任、创业绩、快成长。

1988年出生的余伟伟于2009年7月毕业于江西城市学院，毕业前成为一名中共预备党员。2012年1月，他应聘到方林汽车城东升晨隆奥迪汽车4S店工作，由于工作积极认真负责，业绩突出，同年12月就被提升为销售经理。2013年9月，经方林村党委批准转正为中共正式党员；同年10月，又被提拔为销售总监。4S店的汽车销绩量在这年底由1300辆猛增到2000辆。2015年10月，余伟伟被调往浙江慈溪奥迪4S店任总经理，2020年3月又被调往方林汽车城东升晨隆奥迪4S店担任总经理，并于5月兼任该店党支部书记。其间，连续两年被评为优秀共产党员。

余伟伟说自己的成长进步与方中华书记有很大的关系，因为经常听他讲党课时说到我们党的先进性、宗旨、目标和任务及共产党员的责任和义务，在思想上一次又一次的受到教育，潜移默化地产生了奋进的动力。谈及东升晨隆奥迪4S店近年来销售及经济效益一路向好，每年的利润在1000万元以上，他分析道：“这与建立了党组织有很大关系。因为有了党组织，就在客户中增加了信任感，产生了好口碑。同时，让企业经营者及员工有了方向感，表现优秀的人可以入党，有了盼头和奔头。留下来的人多了，离职的员工少了。该4S店136名员工中，有19人是党员，其中有7人是在方林汽车城工作期间入党的。4S店党支部每年要两次组织党员到部队、学校去慰问，帮扶困难学生。还在全体员工中开展了向身边的优秀共产党员看齐、学习活动。企业的经济效益好了，员工的工资收入从每月7200元逐步提升到9900元，不仅充分调动了大家的工作积极性，还增加了荣誉感，凝聚力逐步提升。全店工龄5年以上的员工占总数的50%以上，形成了思想统一，步调一致，团结协作，经营业绩突出的良性循环。

方中华说农村党建的核心是村书记模范带头，时刻把上级党组织和广大村民的信任放在心上，把责任扛在肩上，把工作扎扎实实地落实到行动上。而且要公道正派、干净干事、吃苦奉献。只有这样，才能在村民中树立良好的形象和一定的威信。从1983年8月担任方林村支部书记后，方中华的汽车油费和维修费好几年内都是自理，但大部分时间用于办公事，成了“私车公用”。至今他每年的工资收入只有14万元，只相当于几个专业市场副总经理的工资水平，与村党委几名副书记的工资标准同等。方林集团公司是方林村集体所有，虽然每年有200多亿的产值，但方中华除了享受本村村民普惠制人均30万元的股权外，没有额外一分钱的股份。有人问他：这个村的集体经济是你一手操劳，从无到有，从小到大，逐步发展起来的，村集体年收入超过9000万元，可你才拿14万元的年薪，不觉得吃亏吗？方中华答道："当村干部就是为了给村集体谋发展，为全体村民谋福利。如果想挣钱就不要当村干部，反过来说，当干部就不能捞好处发财。"他在全体村民中树立了良好形象和较高威信，方林村相继进行过11次换届选举，方中华都是全票当选书记一职。

方中华很重视年轻干部的选拔和培养，先后将5名优秀人才送到浙江大学参加EMBA专业培训，并充实到村两委和企业班子中任职。现任村党委副书记、方林汽车城党总支书记、常务副总经理林荣辉是方中华一手选拔、培养起来的年轻干部。2002年5月，方林村党委向全体村民发布公告，动员本村在高校学习的大学生回乡参加家乡建设。6月底，本村村民子女林荣辉回到村里工作。他1982年出生，毕业于中国计量学院，是一名大专生。当时，浙江方林汽车城建设刚刚动工，方中华将小林安排到村委办公室工作，每天在烈日暴晒下统计进出施工车辆趟数，编发工作简报。不到一个月时间，林荣辉的脸和胳膊被烈日烤得黝黑，每天还要呼吸进出车辆卷起的灰尘。他几次想打退堂鼓，撂挑子不干了，可看到村书记方中华同样在太阳下暴晒，十分辛苦地在建筑工地来回奔波的情景后，就放下了心中的念头，坚持下来。

"方书记带病坚持工作，不怕吃苦，不怕疲劳，连续作战的大无畏精神深深地感动了我，让我从中受到启发和教益：成绩是干出来的，而不是空喊出来的，我从此追随方书记，一干就是近20年。"林荣辉说。

2004年10月，林荣辉被任命为方林村党委办公室主任，后又被选送到浙江大学参加EMBA培训。方中华不断地给林荣辉压担子，耐心地开导他，帮助他，让他在锻炼中成长。2020年1月，小林被任命为党委副书记。在2020年上半年新型冠状病毒肺炎疫情防控期间，林荣辉协助总经理周建林招商，成功地将美国特斯拉新能源汽车4S店引进到方林汽车城经营。

方中华不仅对自己要求很严格，还时常告诫村两委班子成员要牢固树立全心全意为人民服务，吃苦在前，享受在后的宗旨意识，不能搞任何特权。1997年方林村第一期96套别墅群建成后，有些村民私下议论说："村干部克服种种困难，千辛万苦地将小区建成了，优先给他们分配较好位置的住房才是正理。"

方中华在分房方案上却把这一提法彻底否定，自己带头所有村干部与村民一样参加抽签分房。先抽顺序号，再抽房号，村民纷纷竖起大拇指为他们点赞。

方中华说："当书记有个基本原则，做任何事都必须一碗水端平，不能优亲厚友。"对本村村民家家户户的情况了如指掌，时刻把他们的冷暖挂在心上，谁家有困难，他就帮助谁。1944年出生的一组村民严妙友，2个儿子小时候都因刑事犯罪被判刑。老婆不辞而别。1996年3月，严妙友得了糖尿病而无钱医治。方中华知道后立马前去看望，并给他送去慰问金，还派村干部将他送到路桥三医院治疗，医疗费由村集体支付。1997年11月，严妙友去世后，方中华安排村主任、村会计帮助料理后事。

方中华说："农村工作不仅要做细、做实，还要有章可循，有规可依，'村务公开，村民自治，民主管理，依法治村'是做好新形势下农村工作最有效的办法之一。"他送给记者一本《方林村村民自治章程》，共有70页，分为总则、方林村党组织建设制度、村民和村民组织、村干部管理、经济发展、社会秩序、社员福利、社员医疗、社员口粮、社员退休、社员分红，方林村股份经济合作社实施办法，方林村发展规划，方林村制度汇编（《方林村村务公开制度》《方林村民主决策制度》《方林村财务管理制度》《方林村婚嫁、人口生育自治制度》《方林村"十星级文明家庭"评选制度》《方林村生态建设制度》《方林村小区物业管理制度》《出租房屋管理制度》《新方林人管理与服务制度》）。从1998年开始，方林村逐步建立健全了一整套制度化、规范化的民主管理体系。2017年10月，经过第6次修改、完善，汇编成14章133条的《方林村村民自治章程》，涵盖了村务工作的方方面面。村干部拿着章程办事，村干部对照章程履职，已成为普遍共识和自觉习惯。"我们还充分发挥村务监督委员会的作用，实行全方位、多层次、立体化的村务公开，把为民造福的各项事情办好、办实，干一件事成一件事，切实管牢了'微权力'，把权力关进了制度的笼子里，防止滋生腐败。"方中华说。

方林村在决定重大事项时，严格遵循党委提议、村两委商议、党员大会审议、村民代表决议，公开决议事项、公开执行结果的"四议两公开"制度。"《方林村村民自治章程》按照这一程序进行层层审核，反复修改，最后提交村民代表大会表决通过，由村委会具体执行。2020年，我们结合当前的实际进行第7次修改。"方中华说。

不断提高村民素质促进乡风文明，也是方中华常抓不懈的一项工作。从1991年开始，村两委就在全体村民中开展了"一张红榜促敬老"教育活动。每年由村老年人协会调查评分，以红榜公布孝敬父母的子女名单，以黄榜公布不孝敬父母的子女名单，这种做法开展到第3年，黄榜再也没有出现过，尊老敬老蔚然成风。"同时，我们还开展了'十星级文明道德新家庭'评比、'军民共建一家亲'系列活动达30余年。还以评选优秀共产党员、优秀村民代表、优秀村民等'最美榜样和家风家训'传承文明。"方中华说。

便采取算大账的办法，做通了大家的思想工作。紧接着扩建路旁中心菜市场，建设高效农业园，扩建方林旧机械设备市场，进入发展阶段。

第三阶段既是提档升级阶段，也是快速发展阶段。2002年我敏锐地预测到轿车将很快进入百姓家，汽车销售将成为一个新型产业，经过反复思考和讨论后，就准备建设汽车城。一些村干部和村民认为村集体已经发展得很不错了，万一市场形不成怎么办？没有必要去冒这个险。我又反复给大家做工作，动员大家解放思想，转变“小富即安”的观念，提高了大家的认识，使这一提议在村两委会上讨论及随后召开的村民代表大会上表决时顺利通过，浙江方林汽车城和二手车市场建设如期进行，取得了良好的经济效益，村集体经济进入发展快车道。

现在回过头来看，假若我当时不坚持自己的观点，科学决策，持续发展，方林村就不是现在这个状况了，集体收入可能就停留在每年六七百万元左右。

记者：您善于在土地上做文章，不仅盘活了本村的420亩土地，还在邻村购置了180亩土地建设汽车城，并租赁了150亩土地建设中、高端二手车交易市场。您为何总是坚持把方林村的发展定位在建专业市场上，而不是搞房地产开发等赚快钱的产业呢？

方中华：产业确定、发展和形成，必须因地制宜、因村制宜。方林村之所以始终把兴办市场作为全村主导产业，是因为当地的农民经商意识比较强，周边做生意的人也比较多，加上区位优势，最早处于城乡接合部，随着台州市建成后城市逐步扩张成了区域中心。这几个方面的因素结合起来，建专业市场就很适合这个村。

另一方面，不管做任何事，尽量做自己喜欢、熟悉的，做起来就会得心应手，成功的概率就会高得多。我们从最初建废旧金属交易市场，到旧二手机械设备交易市场、旧汽车交易市场，再到建设汽车城、二手车市场，是一步一步走过来的，比较熟悉，做起来得心应手。至于房地产开发，我们不熟悉，没有把握，就不会冒险去做。

记者：您为何提出了“生活保障靠集体，发家致富靠自己”的观点？方林村在您的带领下，经过了近40年的发展，村集体发展到每年有近亿元的收入，您的年薪却只有14万元，低于专业市场总经理的工资收入，这是为什么？

方中华：之所以提出“生活保障靠集体，发家致富靠自己”，我的理解是，大力发展集体经济，为村民提供基本生活保障，住有所居、劳有所得、老有所养、病有所医，等等，但绝不大包大揽，更不会养懒汉。我们强调的是“基本”两个字，保证不会因病、因残致贫，保证公共基础设施建设、社会管理、环境保护有足够的资金投入，但要致富，必须靠村民自己勤奋努力。

当村书记就要吃亏奉献，一定要低调。如果你想发财，就不要选择村书记这个职务。从某一方面来说，你就是要作出一定的牺牲，牺牲利益、时间和精力。我现在年薪14万元，的确不多。我与几位村党委副书记，甚至党委委员都是一样的工资标准。这样做就是让他们不要在待遇上感到心理不平衡、有想法。作为村书记，你必须吃苦在前，享受在后。如果你把利益看得很重，你在干部、党员、群众心目中就没有威信大家就不会听你的。

记者：您在担任方林村党组织书记期间，为何总是把党建放在首位，还大力推行村民自治？您认为扎实做好党建，对农村发展能够起到什么作用？

方中华：作为一个村党组织书记，首要任务就是扎扎实实地抓好党建。我们确定了“抓好党建促发展，做好发展强党建”的发展理念，不是喊在嘴上，而是落实到行动上，取得了明显成效。

坚持在党的领导下进行村务公开、村民自治、民主管理、依法治村，是做好新形势下农村工作最有效的办法。我们之所以从1998年开始，制定并经过反复修改、审议通过，施行《方林村村民自治章程》，并根据不同时期的情况6次修改、完善，其目的：一是为了管牢“微权力”，把权力关进制度的笼子里，防止滋生腐败；二是真正体现公正、公平公开村里的办事流程、福利待遇，都在上面规定得清清楚楚，谁都是一样的，一律平等，随时接受村民监督；三是为了方便群众，村民需要办什么事、在村集体有什么权益，自治章程规定得很详细、很明白，不要去找这个求那个，按照规定去办即可：四是对村干部也是一种约束，你该履行什么职责，自治章程上写得很清楚该办的要办好，积极作为，不该办的不要乱办，否则就是乱作为，要受到监督和处罚。

在农村工作中，党建是核心，是做好经济发展、村庄建设、民生改善、综合治理等各项工作的保障。如果党建工作不扎扎实实抓出成效来，其他工作都是空谈。而党建工作中，最关键的是村书记的表率、榜样和标杆作用。打铁需要本身硬，如果村书记自身不过硬，党员的先锋模范作用就得不到积极发挥，村党组织就形成不了向心力、凝聚力、战斗力、号召力。村党委每年都要组织一次村民大会，一是认真总结本年度的工作，二是安排布置明年的工作，三是认真听取村民的意见和建议，四是将本年度的收入和支出现场公布，让村民明明白白地知晓。因为村干部的屁股干净，不留尾巴，所以才敢这么做。

记者：您认为一个优秀村书记应该具备什么样的素质和条件？在选拔村书记时应注重考察被选举对象什么？

方中华：我认为一个优秀村书记应该具备以下5个方面的素质和条件：第一自身过硬，作风扎实，雷厉风行，为人公道正派，廉洁自律，不是当面说一套背后做一套；第二，发挥表率作用，能够将全体党员、村民的心凝聚到一起，充分调动一切可以调动的积极因素，来发展、建设、治理好这个村庄；第三，善于学习，不断提高自己的工作能力和决策水平；第四，做事公正、公平、公开，不优亲厚友，能一碗水端平；第五，具备为民情怀，能设身处地为村民着想，力所能及地关心他们的疾苦，帮助他们解决工作、生活中遇到的困难。

考察村书记人选，要着重考察有没有私心和工作能力。如果让私心较重的人担任村书记，他就干不好，也干不长。

记者：您认为怎样才能保证实施乡村振兴战略取得实效？关键因素是什么？

方中华：实施乡村振兴战略，是党中央作出的一项非常重要的战略部署，是今后"三农"工作的总抓手，是农业农村从小康社会向现代化迈进的重要保障。我认为要保证这一战略举措取得实效，应认真做好以下几点：第一，地方各级党委必须切实加强对此项工作的重视和统一领导，真抓实干，确定目标、任务和措施，一步一步抓落实。第二，必须做到规划先行。规划是指针、是纲领，对农村全面、科学发展、建设至关重要。县级人民政府应集中人力、物力，按照因地制宜、因村制宜的原则，对各村的党建引领、集体经济发展、美丽乡村建设、民生改善、综合治理等进行中、长期统筹规划，坚持"一张蓝图"绘到底，避免走盲目发展、重复建设的老路。第三，村干部必须发挥自力更生、艰苦奋斗精神，脚踏实地地干工作。成绩是干出来的，不是空喊口号喊出来的，最忌讳搞形式主义。第四，各县市区应尽快出台乡村振兴的配套政策，如农村发展经济政策、土地使用政策、环境保护政策、公共基础设施及道路建设维护等基础设施投入的政策，等等。

实施乡村振兴战略最关键的因素还是要努力解决好村班子带头人的问题，一是要想方设法选拔思想境界高、工作能力强、能吃苦耐劳、廉洁奉公的人担任村书记。二是从体制、机制上做好顶层设计，让更多年轻有为的人才参与农村建设。三是必须大力发展集体经济，实现共同致富。

记者点评：

方中华是个有理想、有眼光、有魄力、有智慧的人。他患有严重的心脏病，随时可能出现生命危险，还因患胃癌，已将胃全部切除，完全应该辞去书记职务，回家休养。可他将自己的健康甚至生命置之度外，为了发展集体经济，不断改善民生，让村民过上好日子"，拼命三郎"似的忘我工作，其思想境界、坚强意志、高度的责任心和强烈的进取精神，让人肃然起敬。成绩是干出来的，不是喊出来的，方中华是在用生命践行自己的入党誓言。

他之所以能在担任村书记38年内，把方林村从当初集体欠债15万元、村民人均可支配收入187元，发展到如今成为台州市的首富村、在浙江省乃至全国很有影响的村，实现年总产值208亿元，集体收入9500万元，固定资产30亿元，人均可支配收入11万元，原因是多方面的，但关键因素是他牢牢抓住三次历史性机遇建市场，从无到有、从小到大、从大到强，使方林村从贫困村变为富裕村、幸福村。

第一次机遇是1983年，当全国的改革开放刚刚起步，台州地委还远在17公里外的黄岩县城，方中华就敏感到意识到了商机，首先有偿、自愿地流转村民土地，“无中生有”地率先在方林村修建了一条长250米、宽15米的街道。随后村集体出8亩土地，村民出资，开办了一家股份制性质的石曲长虹灯具厂，村集体占股50%，主要生产带风扇的小台灯。紧接着，又在方林街旁的最早规模0.6亩的空地上办起了方林废旧金属交易市场，为该村今后的发展奠定了基础。

第二次机遇是1994年撤地建市，路桥街道办事处成为新成立的台州市的一个行政区，邀请上海同济城市规划设计研究院对该区城市建设进行整体规划时，方中华敏感地意识到方林村要想长远发展，必须要有一个长远、系统的规划，一张蓝图绘到底，一任接着一任干。于是他主动找到规划组负责人苦苦地做工作，最后只花费7万元资金，就为方林村做了一个符合本村实际的整体规划，对全村发展工业、商业、农业和村民住宅建设进行了科学定位，成为中国首个村庄规划。而后按照规划要求，相继建设了一个相对集中的工业园区、一个相对集中的商业园区优质高效的农业园区、一个集中统一的住宅区。

2004年3月，经方中华提议，村两委研究决定，再次邀请上海同济城市规划设计研究院对全村党建、经济社会、空间发展、开发建设等进行了全面规划，确立了近期、中期和远期发展规划。

乡村振兴，规划先行。科学、全面规划对一个村来说，是何等重要和必要。有的行政村总是在盲目性、无序性、重复性地跟风，在追求短平快建设的老路上徘徊，总是犯今天建、明天毁的错误。当中央提出实施乡村振兴战略后，一些农村盲目跟风，一窝蜂地投入巨资，发展乡村旅游，其结果往往是竹篮打水一场空。实施乡村振兴战略是一项长期性的工程，不是一蹴而就的事情，必须因地制宜、因村制宜，首先做好整体规划，再一步一个脚印地发展和建设，确保科学性和持续性。方林村近30年的实践充分证明，规划是先导、是龙头，规划是实现村庄发展的目标和方向，也是国家实施乡村振兴战略“三步曲”落到实处的前提。

“舍得”之意，有舍才有得。方中华深知这里面的学问和道理。他不仅看准商机，还会营造、利用商机。做好规划后，他便开始思考如何创造商机建市场。方林村为路南客运站免费提供土地、资金建场地，实行股份制合作；为路桥交警大队免费提供场地建办公场所，为路桥运管所廉价提供土地，“引凤进村”，有人觉得不划算，甚至吃亏了，但他们看不到这些单位建在村里，有较大的人流、客流，带来了方林村服务业的兴起，为村里发展集体经济、提供村民就业岗位、增力收入带来了巨大的利益。由此看来，发展的条件是可以巧妙创造的。

第三次机遇是21世纪初的2002年，方中华敏感地意识到汽车消费将成为一大产业。虽然方林村有限的土地资源已经用尽，但他大胆地提出了“走出方林，发展方林”的设想和发展思路。经过村两委商议、党员大会审议、村民代表大会决议，最后决定投资1.85亿元建设方林汽车城，并承诺在100天之内建好。建设资金中有5000万元向当地农行贷款。很多人都为捏了一把汗。现在看来，当时建设汽车城和2009年建成方林二手车市场的决策是完全正确的，是方林村实现第三次转型、提档升级的关键。假若当时不走这一步棋，方林村如今就一个旧机械设备市场、一个旧车交易市场、一个蔬菜批发市场，现在的村集体收入就会大打折扣。

机遇对每个村来说都是公平的，关键是看这个村的领头人是否有眼光发现，是否有胆量、有魄力去抓住，排除万难，落到实处。方中华不愧为善于发现机遇，利用机遇，自力更生，艰苦奋斗的高手，广大村书记应向他学习，摒弃“等、靠、要”思想和处处讲困难、讲客观的做法，在乡村振兴中有所作为！

（《乡村振兴领头人：中国榜样村书记》 中共中央党校出版社2021年5月出版 作者叶星）

主要新闻媒介宣传报道见表21-1。

表21-1 主要新闻媒介宣传报道存目

类别	报道时间	报道媒体	报道题目	作者（记者）	备注
国家级报纸	1998年8月14日	《农村信息报》第1版	这里的农民负担轻——方林村十年减轻农民负担五十万元	林宝聪，徐雪素	
	1998年12月22日	《农村信息报》第2版	大力发展集体经济为实现农村现代化而奋斗——台州市路南街道方林村党总支书记方中华		
	2009年3月6日	《中国企业报》	坚持科学发展切实加强农村环境保护——十一届全国人大代表、台州市路桥区路南街道方林村党总支书记方中华		“两会聚焦”专栏
	2009年6月16日	《中国企业报》	浙江方林：一场60年的发展变革——台州市路桥区路南街道方林村发展纪实	蔡明贵，记者徐军	

（续）

类别	报道时间	报道媒体	报道题目	作者（记者）	备注
国家级报纸	2009年11月30日	《中国企业报》	蝶变之后是腾飞——揭开浙江方林二手车市场兴旺的秘密	蔡明贵，金俏丽	
	2013年	《绿色中国》第6期	方中华，打造“中国最幸福村庄”	黄蓉	国家林业局主办
	2014年3月11日	《中国企业报》	全国人大代表、台州市路桥区路南街道方林村党委书记方中华：改革创新，激活农村经济	记者徐军，任日莹	
	2017年5月10日	《改革网》《中国改革报》	农村基层治理的方林样本——浙江省台州市路桥区方林村出台《方林村村民自治章程》	侯洁如，记者徐军	
	2017年5月16日	《中国改革报》	“小宪法”解决社会治理“最后一公里”	侯洁如，记者徐军	
	2017年10月18日	《中国改革报》	党建引领结硕果砥砺奋进谱新篇——浙江省台州市方林村改革发展纪实	林荣辉	
	2019年3月4日	《中国社区报》	“三农”是这些年最牵挂的事		
	2019年3月5日	《法制日报》	全国人大代表谈浙江公安工作，除了点赞他们还说		
	2019年3月11日	《中国社会报》	全国人大代表方中华：人管制度 制度管人	记者周冉冉	
	2019年3月11日	《农民日报》	激活“三农”发展新动能		
	2019年3月12日	《人民日报》海外版	代表委员点赞外商投资法草案“给外商吃了定心丸”		
	2019年3月12日	《科技日报》	为乡村振兴提供人才支援		
	2019年3月13日	《人民日报》海外版	方中华代表：同济·黄岩乡村振兴学院		
	2019年3月13日	《新华每日电讯》	为基层减负　让干部作为		
	2019年3月13日	《中国改革报》	乡村振兴要强化产业和人才支撑		
	2019年3月14日	《农民日报》	推广校地合作乡村振兴学院模式		
	2020年5月21日	《中国社区报》	把握农村基层治理新趋向——访全国人大代表、浙江省台州市路桥区路南街道方林村党委书记方中华	记者汤珊珊	
	2020年5月23日	《中国经济时报》	加强全域美丽建设、推进城乡融合发展		
	2020年5月25日	《人民日报》海外版	全国人大代表方中华：乡村善治理让村民更幸福	责任编辑陈静	

（续）

类别	报道时间	报道媒体	报道题目	作者（记者）	备注
国家级报纸	2020年5月25日	《中国经济时报》	教育均等化问题		
国家级报纸	2020年5月26日	《民主法制日报》	因地制宜健全乡村治理体系		
国家级报纸	2020年5月27日	《人民日报》海外版	手中有粮，心中不慌		
国家级报纸	2020年5月27日	《光明日报》	依法治村、有章可循，健全乡村治理体系		
国家级报纸	2020年5月27日	《中国纪检监察报》	把饭碗牢牢端在自己手中		
国家级报纸	2020年5月28日	《中国改革报》	乡村善治理让村民更幸福		
国家级报纸	2020年5月29日	《农民日报》	有序推进闲置农房盘活利用		
国家级报纸	2012年	《人民代表报》	为了农村美好的明天	记者黄文雅	
国家级刊物	1996年	《农村工作通讯》第5期	方林村的小康之路——路桥区新农村建设办公室	路桥区新农村建设办公室供稿	农业部中国农村杂志社主办
国家级刊物	1997年	《农村经济导刊》第8期	全面小康示范村——方林村	路桥区新农村建设办公室供稿	1996年被评为“全国小康示范村”
国家级刊物	1997年	《学习与思考》第10期	走经济强村之路，开精神文明之花——路桥区方林村社会主义新农村建设透视	胡传利	中国社会科学院主办
国家级刊物	2010年	《中国高新技术企业》第11期	将村庄当成现代企业来经营——访全国人大代表、浙江省台州市方林村党委书记方中华	记者黄开堂、李铭勋、皮丽丽、蔡明贵	
国家级刊物	2019年	《中国村庄》第3期	方中华：八项建议惠“三农”	石咚咚	农业农村部主管
省级报纸	1985年9月2日	《浙江日报》第1版	石曲旧机械市场交易兴旺		
省级报纸	1991年4月13日	《浙江日报》第2版面	方林村的路	路人、陈永庆、王小平	
省级报纸	1992年10月16日	《浙江日报》第2版	方林村尊老敬老蔚然成风	王建文，柳献华	

（续）

类别	报道时间	报道媒体	报道题目	作者（记者）	备注
省级报纸	1997年7月23日	《浙江日报》	这里的农民负担轻——方林村十年减轻农民负担五十万元	通讯员林宝聪，徐雪青	
	1997年8月22日	《浙江日报》第8版	一张红榜促敬老	池锦蕾，郭皓	
	1998年1月4日	《钱江晚报》第2版	全国奔小康示范村——台州市路桥区方林村，努力加快新农村建设步伐，使村容村貌得到了显著改善	林宝聪，张明宝摄	图片新闻
	1998年3月4日	《浙江日报》第1版	台州市路桥区方林村农民有远见——请来专家造农居	程为民，伍文杰	
	1998年3月29日	《浙江日报》第3版	方林村一张红榜促敬老——孝与不孝看分明，自有公道在人心	黄保才，李鸣	
	1996年6月7日	《浙江日报》第1版	农村现代化的排头兵	朱仁华，管哲晖，伍文杰，李鸣	
	1998年8月14日	《农村信息报》第1版	这里的农民负担轻——方林村十年减轻农民负担五十万元	林宝聪，徐雪素	
	1997年12月24日	《浙江日报》第7版	先行一步天地宽	伍文杰，李鸣，记者金波	
	1998年12月10日	《浙江日报》	路桥中国商城机动车交易市场图片新闻		
	1998年12月15日	《浙江日报》第1版	村民拿主意，专家画图纸——台州市路桥区方林村民主制度建设落到实处	区组报道李鸣	
	1998年12月22日	《农村信息报》第2版	大力发展集体经济为实现农村现代化而奋斗——记台州市路南街道方林村党总支书记方中华		
	1999年3月4日	《浙江日报》第1版	请来专家造农居——台州市路桥区方林村农民有远见	记者程为民	
	1999年6月7日	《浙江日报》第1版	农村现代化的排头兵——台州市路桥区方林村现代化建设纪实	记者朱仁华，管哲晖	
	2000年2月13日	浙江《经济日报》	人均收入八千多，钱从哪里来——访浙江省台州市路桥区方林村	记者孟宪江	
	2000年9月15日	《浙江经济报》第3版			刊文报道方林花卉和葡萄示范园区

（续）

类别	报道时间	报道媒体	报道题目	作者（记者）	备注
省级报纸	2000年10月12日	《浙江科技报》	方林村民好福气，高档公寓免费住	记者王保初	全国人大常委会副委员长田纪云视察方林公寓
	2000年11月8日	《浙江经济报》	方林村人简直活在“蜜罐”里——有养老人有医药费有养老保险有奖学金	记者林宝聪	
	2008年11月	《观察与思考》	一个城郊村的30年巨变——浙江台州方林村改革开放30年发展启示	徐友龙	
	2009年8月30日	《浙江日报》第2版	路桥首推无候选人直选村级党委	记者洪卫，路桥区报道组徐雨薇	方林村委选举
	2020年3月12日	《浙江日报》头版头条	为基层减负　让干部作为		
	2020年3月12日	《浙江日报》头版头条	让法治之光守望公平正义		
	2020年5月27日	《浙江日报》	因地制宜健全乡村治理体系		
	2020年5月28日	《浙江日报》	因地制宜健全乡村治理体系		
	2020年5月28日	《浙江日报》第5版	台州路桥区路南街道方林村党委书记方中华代表：因地制宜健全乡村治理体系	记者钱祎	全国两会特别报道，浙江新闻同步登载
	2020年5月29日	《浙江日报》	决胜之年新征程		
省级刊物	1997年	《农村经济导刊》第8期	全国小康示范村——方林村	路桥区新农村建设办公室供稿	浙江省农村工作办公室、浙江省乡镇企业局主办
	1997年1月	《小康之路——浙江省小康示范村集锦》	内含方林村介绍		浙江省委、省政府农村工作办公室、《今日浙江》杂志社编，新华出版社出版
	1998年5月	《跨世纪之光》	一张红榜促敬老	池锦蕾，郭皓	
	2001年	《浙江林业》第1期	园林式小康示范村——方林苑	王冬米	
	2008年11月17日	《观察与思考》	一个城郊村的30年巨变——浙江台州方林村改革开放30年发展启示	徐友龙	
	2012年	《今日农村》第7期	方林村：努力打造中国村庄的金名片	林荣辉，王依友	

（续）

类别	报道时间	报道媒体	报道题目	作者（记者）	备注
市级报纸	1996年1月5日	《台州日报》第2版	出土的甘蔗节节甜——方林村新农村建设纪事	记者林宝聪	村民福利
	1996年4月23日	《路桥商报》第1版	内环线工程打响拆迁硬仗第一炮	特约记者陈建华	政府造吉利大道，拆后方庄院
	1997年3月10日	《路桥商报》第1版	李天资等来我区指导农村基层组织建设工作	记者孙国利	
	1997年4月29日	《路桥商报》第1版	一张红榜促敬老，文明之花遍地开		
	1997年5月22日	《台州日报》	风景这边独好——记全国先进基层党组织方林村党总支	孙国利	兴办市场，发展工业，扶持农业，大力发展村级集体经济
	1997年6月10日	《路桥商报》	李泽民书记笑了	记者伍文杰	
	1997年6月26日	《台州日报》第1版	风景这边独好——记全国先进基层党组织方林村党总支	作者孙国利	
	1997年8月9日	《台州日报》第1版	红榜、黄榜促敬老	记者池锦蕾、郭皓	
	1997年9月11日	《路桥商报》第1版	走进平安社区共创美好家园——平安社区视察调研会现场记	记者于鹏	
	1997年10月11日	《台州日报》第1版	方林村的昨天和今天	记者黄保才、伍文杰	70、80、90年代居住条件
	1997年10月16日	《台州日报》	路桥区全面推进村级民主政治建设——村务公开村民议事直接选举 如省级新农村示范村——路南街道方林村	记者黄保才、李鸣	
	1997年10月20日	《路桥商报》	农民成了真正的主人——我区全面推行村级民主政治建设纪事	通讯员蒋志芳，记者李鸣	"现代新农村建设如何搞，方林村就是榜样"
	1997年6月25日	《台州日报》	奔小康的"领头雁"——记路桥区路南街道方林村党总支	记者黄保才	
	1998年3月21日	《台州日报》第2版	农户也领"退休金"	林宝聪摄	图片新闻
	1998年3月21日	《台州日报》第3版	方林苑被路桥区命名为爱国主义教育基地	张奇妙	
	1998年4月11日	《台州日报》第3版	方林村计生工作五年夺"红旗"	林宝聪	

（续）

类别	报道时间	报道媒体	报道题目	作者（记者）	备注
市级报纸	1998年5月8日	《路桥商报》	农村花园式居住区——“方林苑”	方元	省委书记张德江视察
	1998年5月19日	《路桥商报》	走向农村现代化——记路南街道方林村党总书记、市区人大代表方中华		
	1998年8月18日	《台州日报》第2版	方林村十年减轻农民负担百多万元——经济作后盾，减负有保障	林宝聪	
	1998年8月18日	《路桥商报》第2版	方林村十年减轻农民负担50万元	林宝聪	
	1998年10月2日	《台州日报》	方林村高擎农村现代化大旗		
	1998年10月27日	《路桥商报》第1版	农村现代化就应这样——省委书记张德江考察方林村侧记	记者李鸣	
	1998年10月27日	《路桥商报》	农村现代化应该这样——省委书记张德江考察方林村侧记	记者李鸣	
	1998年12月4日	《路桥商报》	方林村计生工作走上规范化轨道	林宝聪	
	1998年12月9日	《路桥商报》第1版	农村新气象 “四化”看方林	记者郑九蝉，通讯员王平	
	1998年12月17日	《台州日报》第3版	专家作规划村民拿主意——路桥方林村民主制度建设落到实处		
	1998年12月30日	《台州日报》	奔小康的领头雁——记路桥区路南街道方林村党总支		
	1998年12月30日	《路桥商报》第427期	当好农村现代化的排头兵——访省第十次党代会代表、方林村党总支书记方中华	记者王依友、张奇妙	
	1999年3月25日	《台州日报》第3版	方林苑被路桥区命名为爱国主义教育基地	张奇妙	
	1999年4月11日	《台州日报》第3版	方林村计生工作五年夺“红旗”	林宝聪	计划生育工作
	1999年7月11日	《台州日报》	从“石路窟”到农村现代化排头兵——方林村现代化建设纪事	记者伍文杰、李鸣	
	1999年11月24日	《路桥商报》	方林村强化外来人口管理——三天一更换，三天一联系，三天一检查	记者李婕	
	2000年3月28日	《台州日报》	肩负重任赴盛会——市二次党代会召开前夕访路桥代表团	记者陈庆进、于鹏	
	2000年5月22日	《路桥商报》	方林村党员有本贡献记录簿——群众刻刻来监督组织到时给肯定	记者于鹏	

（续）

类别	报道时间	报道媒体	报道题目	作者（记者）	备注
市级报纸	2000年6月10日	《台州日报》	发挥优势加快经济与城市化建设——市领导在路桥调研工作时强调	记者叶程鹏	实地考察方林新村二期建设
	2002年4月12日	《台州日报》第6版	方林村：消失了的古民居院落	记者王竹介	
	2009年2月18日	《今日路桥》	方林村再度荣膺"全国文明村"	通讯员蔡明贵	
	2009年3月27日	《台州商报·今日路桥》A、C版	把学习实践科学发展观落到实处——访十一届全国人大代表、方林村党总支书记方中华	记者王旭敏	
	2009年4月20日	《台州商报·今日路桥》	方林村入选中国绿色村庄——村在林中路在绿中房在园中人在景中	记者庄向娟，通讯员蔡明贵	
	2009年4月27日	《台州商报》	二手车市场：这个春天有点热	记者梁佳	
	2009年6月25日	《台州商报·今日路桥》	让村民走向富裕是我最大的幸福——访方林村党总支书记方中华	记者庄向娟	
	2009年7月3日	《台州商报·今日路桥》	方林二手车市场开始试营业了	记者王保初，通讯员蔡明贵	图片新闻
	2009年7月9日	《台州日报》	浙江方林二手车市场开业庆典昨日隆重举行——标志着台州二手车贸易实现转场升级开始新的腾飞		
	2009年7月9日	《台州晚报》	浙江方林二手车市场开业	沈海洲	图片新闻
	2009年7月9日	《台州商报·今日路桥》	浙江方林二手车市场开业	记者王保初，通讯员蔡明贵	图片新闻
	2009年7月28日	《台州商报·今日路桥》	方林二手车交易红火——日交易90辆	通讯员章以省、罗金雄	
	2009年7月31日	《台州商报·今日路桥》	鱼水情溢南官河畔——方林村60年双拥工作纪事	通讯员蔡明贵	
	2009年8月5日	《台州商报·今日路桥》	助学，我们一直在行动——方林汽车4S党团员服务中心	庄向娟	
	2009年8月28日	台州日报第1版	方林村成功"海选"村级党委——扩大党内基层民主的新尝试	记者林学富、徐雨薇	

（续）

类别	报道时间	报道媒体	报道题目	作者（记者）	备注
市级报纸	2009年8月31日	《台州商报·今日路桥》	方林村全市首推无候选人直选村级党委——扩大党内基层民主的一个新尝试		
	2009年9月24日	《台州商报》、《今日路桥》	一朝阅尽天下名车——浙江方林汽车城总经理周建林讲述2009年第五届中国（国际）汽车展示会答记者问	记者庄向娟	
	2013年10月	《方林报》第26期	向方林村老党员、老读者谢华德同志学习	丁丹芬	
	2015年3月9日	《台州日报》第1版	方中华代表：建设美丽乡村，促进农民增收	记者王荧瑶	第十二届全国人大代表第三次会议议政
	2015年4月3日	《今日路桥》第2版	“义务理发师”叶利芬的坚持	记者李敏	
	2019年3月4日	《台州日报》	为“三农”工作鼓与呼		
	2019年3月5日	《台州晚报》	方中华：11年102份议案建议盯牢“三农”		
	2019年3月7日	《台州日报》	全国人大代表聚焦“三农”畅谈民生		
	2019年3月7日	《台州日报》	全国人大代表面对面：三农、社会信用、留守儿童		
	2019年3月8日	《台州日报》	乡村振兴，人才是关键		
	2019年3月8日	《台州晚报》	乡村振兴，人才是关键		
	2019年3月9日	《台州日报》	全国人大代表关注民营经济发展		
	2019年3月14日	《台州晚报》	让最多跑一次打破信息孤岛		
	2020年5月22日	《台州晚报》	全国人大代表方中华：产村融合助推乡村振兴	责任编辑余彩虹	
	2020年5月25日	《台州日报》	成立国务院直属中医药事业发展管理机构		
	2020年5月27日	《台州日报》	我市全国人大代表关注“三农”问题		
	2020年5月27日	《台州日报》	做好脱贫攻坚与乡村振兴有机连接		
	2020年7月16日	《台州日报》	在兴办市场的大路上飞奔——走进方林村，感受小康梦想照进现实	记者葛星星	
网络	2003年9月15日	浙江在线	不断创新，方林农民办起华东第一汽车城	杨晓燕、杨洁	
	2009年6月29日	中国台州网—新闻中心—人物频道—感动台州	方林村的慈善		四川汶川地震捐助

（续）

类别	报道时间	报道媒体	报道题目	作者（记者）	备注
网络	2017年5月10日	改革网（中国改革报社主办）	农村基层治理的方林样本——浙江省台州市路桥区方林村出台《方林村村民自治章程》，推进基层治理现代化和法治化	侯洁如，中国改革报记者徐军	
	2017年5月31日	中国美丽乡村网	浙江方林：未来农村看这里——方林村集体经济股份制改革之台州样本	记者金晓，通讯员林荣辉、王信国	
	2018年12月26日	浙江在线	用敬业抒写骄傲——记浙江方林二手车市场总经理方崇奇	全媒体记者潘璐萍	
	2019年3月9日	无限台州	民营经济这件事，全国人大代表有话说		
	2019年3月9日	无限台州	方中华代表做的乡村振兴“加减法”		
	2019年3月10日	新三农APP	全国人大代表方中华：加大农村人才培养、深化集体产权制度改革、依法治村		
	2019年3月10日	民政部网	方中华代表：人管制度制度管人		
	2019年3月11日	中国科技网	方中华代表：加强依法治村顶层设计，为乡村振兴提供法治保障	马爱平，祝万翔	《科技日报》刊登
	2019年3月12日	中国扶贫网	方中华代表：扎实推进乡村全面振兴三份建议连着民心		
	2019年3月12日	创新中国	加强依法治村、为乡村振兴提供法制保障		
	2019年3月12日	创新中国	深化农村集体产权制度改革，激活农村沉睡资产		
	2019年3月12日	无限台州	方中华代表：为人民发声为农村改革发展想招		
	2019年3月14日	中国美丽乡村网	加强农村人才培养助推乡村全面振兴	金晓	
	2020年5月20日	中国汽车报网	全国人大代表方中华：加快淘汰国二、国三老旧车辆		2020全国两会报道
	2020年5月21日	民政部网站	把握农村基层治理新趋向——访全国人大代表、浙江省台州市路桥区路南街道方林村党委书记方中华		
	2020年5月22日	路桥发布	路桥人在全国两会——方中华：为了绿水青山，引导高排放老旧机动车有序退场		
	2020年5月25日	新三农	加大加强农惠农政策支持力度		
	2020年5月26日	民主与法制网	因地制宜健全乡村治理体系		

（续）

类别	报道时间	报道媒体	报道题目	作者（记者）	备注
网络	2020年7月16日	中国台州网	在兴办市场的大路上飞奔——走进方林村感受小康梦想照进现实	葛星星	
	2020年5月22日	路桥发布	方中华：为了绿水青山，引导高排放老旧机动车有序退场		“路桥人在全国两会”系列报道
	2020年5月25日	乡村发展网	加大强农惠农政策支持力度，全面建成小康社会——全国人大代表、浙江省台州市路桥区路南街道党委书记方中华		“新三农”公众号同时发布
	2020年5月25日	无限台州	乡村善治理，让村民更幸福		
	2020年5月25日	台州发布			
	2020年5月25日	台州人大			
	2020年5月25日	路桥发布			
	2020年5月25日	路桥先锋			
	2020年5月25日	台州发布	成立国务院直属中医药事业发展管理机构		
	2020年5月26日	民主与法制网	方中华代表：因地制宜健全乡村治理体系	责任编辑尤晓岚	
	2020年5月26日	人民论坛网	方中华代表：依法治村、有章可循，健全乡村治理体系	人民论坛记者钱茜	
	2020年5月26日	无限台州	如何挑起农业“金扁担”？新华社对话基层代表，方中华这样说		
	2020年5月26日	人民网	依法治村、有章可循，健全乡村治理体系		
	2020年5月27日	学习强国	手中有粮，心中不慌		
	2020年5月27日	光明网	依法治村、有章可循，健全乡村治理体系		
电视台、影视	2019年3月5日	台州电视	全国人大代表方中华：尽职履责推进乡村振兴战略高质量实施		
	2019年3月5日	浙江卫视	方中华代表：国家相关部门建立信息资源平台、实现公共信息共享，推进最多跑一次、最好不要跑		
	2019年3月5日	浙江新闻	全国人大代表点赞浙江公安工作呼吁给予基层民警更多关爱		
	2019年3月8日	台州新闻	两会聚焦台州全国人大代表关注民营经济发展		

（续）

类别	报道时间	报道媒体	报道题目	作者（记者）	备注
电视台、影视	2019年3月9日	浙江卫视中国蓝新闻	全国人大代表方中华：做好乡村振兴的“加减法”		
	2019年3月10日	央视新闻联播	乡村振兴是动员令、冲锋令		
	2019年3月10日	浙江卫视中国蓝新闻	怎样实现“老有所养”？浙江代表委员的建议是……		
	2019年3月10日	无线台州	新闻联播播出方中华代表乡村振兴是动员令、冲锋号		
	5月28日2020年	浙江卫视新闻	浙江高水平小康社会		
	2020年5月29日	正义网	加强公益诉讼工作		
	2019年11月5日	影像宣传片	中国农村新方向——方林蓝图绘就中国农村新样板		浙江星风尚影视公司承制
书籍	2013年9月	《中国美丽村庄》	农民乐园——台州方林	沈泽江、方中华	中国农业出版社
	2021年5月	《乡村振兴领头人：中国榜样村书记》	方中华：抓住机遇，盘活土地的高手	叶星	中共中央党校出版社

第二十二编

人物　荣誉

方林村历史悠久，人文荟萃。自宋朝以来，这片钟灵毓秀之地哺育了众多名贤能士，在不同时代、不同岗位和业界发挥重要作用，作出积极贡献。本编分“人物”“荣誉”两部分，“人物”分“人物传”“人物简介”。“人物传”收录谢世人物，“人物简介”收录在世人物，“人物”以生卒年为序排列；“人物表”收录人物包括村优秀外来务工人员。

“荣誉”收录各级政府部门和社会团体组织授予方林村集体和村民的荣誉，以表格形式记载。

第一章　人　　物

入“人物传”的有：方国璋、方国珍、方国瑛、方国珉、方明善、方礼、方行、方关、方明谦、李诚、方文翰、方晓园、方液泉、方锦春、方来、方文皋、方德瑞、方赓甫、戴金衡、张善元、方颂生、方橘泉、方镜、周太孺人、方象初、蔡燕綦、丁俊、方崇善、林贤来、方正中、李仙保、詹荣杰、李本富、方道坤、林仙根、方崇虎、管康寿、王杰成、胡宣德、方道福等40人。

入“人物简介”的有：陈西铭、王日新、方崇桂、曹宝玉、罗素冬、谢香莲、方四妹、丁植民、丁佐民、方华良、林仙高、管人财、方道禄、郑迪元、方普胜、阮普妹、林明、林必清、陈法春、林小春、林玲芳、谢华寿、方中华、周建林、方巨、陈华能、蔡正杰、王军华、林显昌、方豫、方浩、林文德、方崇峰、方飚、李英姿、叶利芬、方崇奇、方崇志、林红、管浩峰、王成、林荣辉、方刚等43人。

第一节　人物传

方国璋（约1315—1362年）祖籍台州，自太宗年间侨寓黄岩，世居洋屿，后迁石曲。历传至元，有太祖、考、祖妣墓葬在方家垷下汇头。又传数世，及元武宗时，出兄弟五人，长国馨，次国璋，三国珍，四国瑛，五国珉，咸有膂力，以贩盐浮海为业。

元至正八年（1348年），方国璋参与其弟方国珍起义。元派江浙行省参政朵儿只班剿捕，反被方氏兄弟抓获。朵儿只班为其上书说情，朝廷授方国璋仙居县承（上任时间约在至正九年下半年），清除陈年积案，民悦吏服。十年（1350年）下半年，方氏兄弟复叛。十一年（1351年）八月，朝廷派大司农达识帖木儿到黄岩招降方氏兄弟。十二年（1352年）四月，方氏兄弟复反，攻占黄岩城。十三年（1353年），江浙行省左丞帖里帖木儿招安方氏兄弟，授国璋广德路治中，未赴。乃立巡防千户所，授千户，赐五品服。十五年（1355年），国璋为元廷督运漕粮至大沽，有旨升台州路千户所为万户府，授国璋亚中大夫上万户，佩金符，赐金系带。十六年（1356年），张士诚陷平江，江浙行省檄方国珍率舟师往讨。十七年（1357年），国珍出兵昆山，国璋领次子方行攻入太仓。张士诚被迫降元。元廷命国珍、国璋罢兵，录其功升国璋通奉大夫、防御运粮都元帅、衢州路总管，赐袭衣、宝刀、御马，镇守台州。十八年（1358年）之后，红巾军起义如火如荼，中原道闭，元廷使臣之往来，要求庆元方国珍出船，平江张士诚出粮，由海道运粮至京，国璋送迎无缺。朝廷赏国璋，升他为福建行省参知政事，又升为资善大夫同知行枢密院事。十九年（1359年）春，朱元璋占领衢州、婺州后，遣使诏谕方国珍兄弟；元廷也拉拢方氏兄弟，升国璋荣禄大夫江浙行省右丞。方国璋劝说朱元璋降元，朱元璋态度暧昧。二十年（1360年），元察罕贴木儿大举进攻起义军，形势急转直下，朱元璋惊慌，派遣千户王华挟三千金附国璋海舟至燕京通好。朝廷遣尚书张昶回台州，将转道婺州趋集庆（今南京）见朱元璋。

元至正二十一年（1361年）二月，朱元璋部苗将王保、刘震、蒋英杀婺州统帅胡大海，持首级越苍岭到仙居来降，方国珍不纳。二月二十一日，方国璋率百余骑至仙居，设宴款待王保等，送金币劝其约束苗兵。当夜四更，王保偷袭方营，矢石如雨，方国璋持矛力杀十余人，矛折中矢而亡。朱元璋遣使致祭。元廷赠国璋“银青禄大夫江浙等处行中书省平章政事上柱国封越国公谥荣愍”。

方国珍（1319—1374年）元至正八年（1348年），蔡匪行劫海上，政府发兵缉捕。有人告国珍通寇。国珍怒杀之，遂与兄国璋、弟国瑛、国珉，聚众数千人起义，劫夺海运漕粮。江浙行省参政朵儿只班讨之，兵败，至福州五虎门，被方国珍所执，迫其上书说降。元廷从之，授国珍定海尉。国珍拒之，回乡拥兵自固。

元至正十年（1350年），国珍有水师千艘，以松门港为基地。十一年（1351年）二月，以孛罗贴木儿为行省左丞，督兵往讨，又被国珍执。八月，朝廷复遣大司农达识帖木儿等至黄岩降。十二年（1352年）三月底，方国珍以小舸二百突海门，在马鞍山麓杀死台州路达鲁花赤泰不华，六月占领黄岩城。十三年（1353年）三月，元命江浙行省左丞帖里帖木儿、江南行台侍御史左答纳失里招谕方国珍。十月，授国珍徽州路治中，未赴。不久，汝、颍兵起，元募舟师守江。国珍疑惧，复叛。十四年（1354年）九月，国珍兵围台州，从水关破城。十五年（1355年）春攻占庆元（今宁波）。之后又占领温州。元复以海道漕运万户招之，任国珍为海道运粮万户，移驻庆元，为元廷运粮。十六年（1356年），张士诚渡江南下，虎视浙东；元廷命方国珍发兵征伐张士诚。十七年（1357年），士诚遣将御之昆山，国珍七战七捷，迫使张士诚降元，乃罢兵。

元至正十八年（1358年）五月，元廷以方国珍为江浙行省左丞兼海道运粮万户，以节钺守浙东。国珍既授官，据有庆元、温、台之地，益强不可制。十二月，朱元璋大军下衢州、婺州，使主簿蔡元刚使庆元，招谕方国珍。

元至正十九年（1359年）三月，国珍请以温、台、庆元三郡献朱元璋，且遣次子关为质，太祖却其质，厚赐而遣回方关，拜国珍福建行省平章事，弟国瑛参知政事，国珉枢密分院佥事。是时，国珍岁岁治海舟，为元漕张士诚粟十余万石于京师，元累进国珍官至江浙行省左丞相衢国公，分省庆元。

元至正二十六年（1366年）七月，元廷授方国珍为江浙行省左丞相。方国珍治理浙东期间，招贤纳士，兴建浙东三路儒学，兴水利。

二十七年（1367年）九月，朱元璋已破平江，命参政朱亮祖攻黄岩，国瑛迎战败走，进克温州。平南将军汤和以大军长驱抵庆元，国珍帅所部遁海上。追败之盘屿，其部将相次降。国珍乃遣子关奉表乞降，太祖览而怜之，准其降，遂促国珍入朝。

明洪武二年（1369年），朱元璋封方国珍为资善大夫、广西行省左丞，食禄不事官，赐第京师（今南京）。洪武七年（1374年）三月，方国珍卒，葬于京城东20里玉山。朱元璋亲写祭文，宋濂作《方国珍神道碑铭》。

方国瑛（生卒不详）国珍弟。元至正八年（1348年），参与兄国珍起义。《元史·顺帝》载：至正十三年，冬，十月，庚戌，诏授方国珍徽州路治中，国璋广德路治中，国瑛信州路治中，皆遣之任。方国珍占据浙东三路后，以国璋、国瑛守台州。国璋死后，侄明敏协助国瑛守台州。十九年（1359年），朱元璋遣使招安方国珍，授国瑛福建行省参政，印留而不用。

元至正二十六年（1366年），元廷授他江浙行省平章政事。《元史·顺帝》载：至正二十六年，秋，七月，丙戌，以方国珍为江浙行省左丞相，弟国瑛、国珉，侄明善，并为江浙行省平章政事。至正二十七年1367年九月，朱元璋将朱亮祖进攻台州，国瑛拒战失败，奔黄岩。十月，朱亮祖兵至黄岩，国瑛烧廨宇，遁海上，守将哈儿鲁降。十二月，与侄明善一道降朱元璋。

明授国瑛行中书省参政。(《元季伏莽志》卷七《盗臣传》)

方国珉（生卒不详）国珍小弟。元至正八年（1348年），参与兄国珍起义。十五年（1355年），国珍攻占庆元（今宁波），留弟国珉在身边，作为副手。十九年（1359年），朱元璋遣使招安方国珍，授方国珉江南行枢密院佥，国珉开院署事。在庆元期间，方国珉直接领导并参与修筑上虞海堤。二十六年（1366年），元廷授他江浙行省平章政事。二十七年（1367年），与兄国珍一道归降朱元璋。

方明善（约1330年—？）又名亚初，国珍长兄国馨子。元至正八年（1348年），参与方国珍起义。十二年（1352年）六月，方国珍占领黄岩城。十四年（1354年）九月占领台州城。十五年（1355年）三月入据庆元城，以方明善摄黄岩州事。十七年（1357年）七月，方国珍遣李德孙攻占温州，十八年（1358年）国珍派遣明善为省都镇抚分据温州。至正二十三年（1363年）春，方明善调水军攻平阳州，九月城破。至正二十六年，九月，丙戌，以方国珍为江浙行省左丞相，弟国瑛、国珉，侄明善，并为江浙行省平章政事（《元史·顺帝》）。二十七年（1367年），朱元璋部下朱亮祖进兵温州，方明善拒战失败，朱亮祖追至楚门（今属玉环市），国瑛及明诣军降。

方明善在管辖温州期间，有善政。《明太祖实录·明书》载：明善居温，颇循法度。重修温州路谯楼；《乾隆温州府志·水利》载：乐清县东、西两渠岁久淤塞，元末，方氏吏刘敬存摄邑，浚治深广，于是两渠复通，仍建宝带桥其上。又浚东小河至白沙，以泄溪流，舟楫可通，田得以灌溉，民甚便之。

方礼（1338年—？）又名明礼，字德庭，国珍长子。《明史·方国珍》载：官其子礼广洋卫指挥佥事。《万历黄岩县志》载：明礼，名德庭，国珍子也，宣武将军广洋卫亲军指挥使，好学有文，尤善吟咏，尝奉命筑城边海，世所传方小指挥诗，皆明礼作也。《石曲方氏宗谱》《路桥志略》载：明授宣武将军、广洋卫亲军指挥使，好学有文，善吟咏，著有《方小指挥诗》。

方行（1339年—？）又名明敏，号东轩，国璋次子，方礼从弟。自少喜读书，襟度潇洒，善谈名理，好为诗；有勇力，善骑射。元至正十七年（1357年）八月，方国珍奉命讨张士诚，大败张士诚于昆山，明敏与父亲一起去太仓。张士诚降元后，元廷授明敏江浙行省参知政事，调江西行省参知政事。国珍罢兵，开治于庆元。明敏在庆元期间，与名流刘仁本、赵俶、谢理、丁鹤年等唱和。至正二十一年（1361年），其父在仙居被苗军杀死，明敏与兄明巩起兵来，未到而苗兵已退避新昌，追弗及。朱元璋从应天遣使到台州祭奠。之后协助叔父国瑛守台州。台州城及黄岩城被朱元璋部将朱亮祖攻破后，国瑛、明敏等撤到温州。后随叔父国珍降。朱元璋迁方氏家族至濠州，明敏随行。

方国珍死后，朱元璋以浙东三府民心未靖，以明敏、明谦为总管，统理军务。方行参与筑抗倭城。后又因明谦事谪发明敏至云南卫所，委以千户。

著有《东轩集》，宋濂作序，称“古诗俊逸超群，律诗蜿丽清切”。御选《元诗》采之。《光绪台州府志》《光绪黄岩县志》等有传。

方关（1339年—？）小名亚关，国珍次子，朱元璋赐名完，又称明完。明忠显校尉虎贲卫千户所镇抚，参与建言修筑抗倭卫所，主要修筑定海等处抗倭卫所城。

元至正十八年（1358年）十二月，朱元璋攻占婺州，使主簿蔡元刚使庆元。《太祖实录·方国珍本传》载：元至正十九年三月丁巳，方国珍遣郎中张本仁以温、台、庆元三路来献，且以其子关为质，太祖曰：“古者虑人不从，则为盟誓。盟誓变而交质子。此衰世之事，岂可蹈之！凡人之盟誓交质者，皆由未能相信故也。今既诚心来归，便当推诚相与，当如青天白日，何至怀疑而以质子为哉？”乃厚赐关而遣之。关后改名明完。至正二十七年（1367年）九月，朱元璋将士进攻方国珍部，十二月国珍遣子关奉表降。

归明后，明洪武七年（1374年）正月，朱元璋封方关为忠显校尉虎贲卫千户所镇抚。其后参与筑城防倭事。清初鄞县全祖望《鲒埼亭集》言：而国珍子亚关，旧尝在金陵为质子，建言当筑城于沿海以防倭，太祖诏下信公施行，于是始筑定海（在今宁波镇海）等处十一城。定海城为卫，而以大嵩、穿山、霩（雨衢）、翁山四城隶之；观海城（在今宁波慈溪）为卫，而以龙山城隶之：昌国城（在象山）为卫而以石浦、钱仓、爵溪三城隶之，皆以亚关之言也。

方明谦（约1347—1396年）字德让，方国珉子，洋屿人。随三伯方国珍归顺朱元璋后，避讳改名鸣谦，授明威将军、广洋卫亲军指挥佥事，担负南京宫禁值宿警卫。

方明谦是明初抗倭卫所的创议者、襄办实施者。《明史汤和传》载：既而倭寇上海，帝患之，顾谓和曰：“卿虽老，强为朕一行。”和请与方鸣谦俱。鸣谦，国珍从子也，习海事，常访以御倭策。鸣谦曰：“倭海上来，则海上御之耳。请量地远近，置卫所，陆聚步兵，水具战舰，则倭不得入、入亦不得傅岸。近海民四丁籍一以为军，戍守之，可无烦客兵也。”帝以为然。和乃度地浙西东，并海设卫所城五十有九，选丁壮三万五千人筑之，尽发州县钱及籍罪人赀给役。洪武十七年（1384年）开始筑城，逾年而城成，御史秦凯有《和方指挥海上筑城歌》。《光绪黄岩县志》载：今沿海海门、松门、新河等城皆襄式（汤和）督建，而明谦所营度者也。卫所城建成后，稽军次，定考格，立赏令。

明洪武十八年（1385年），明太祖朱元璋赐他五花马，廷臣相率赋诗以彰殊恩，方孝孺作《御赐广洋卫方指挥明谦五花马诗序》。

明洪武二十年（1387年），信国公汤和奉命视察边海，委托方明谦襄办。方明谦于台州设立海门、松门、新河、桃渚等卫所。玉环乡（时属乐清县）筑楚门、隘顽两城，并置御倭水军千户所（户为军户，每一军士为一户，千户所统兵一千二百人），与巡检司互相策应，隶松门卫。浙东民四丁以上者，户取一丁戍之，凡得五万八千七百余人。

李诚（1778—1844年）字师林，号静轩，石曲人。《清史稿·列传二百六十八·儒林二》：李诚，字静轩，黄岩人。清嘉庆十八年（1813年）拔贡生，官云南姚州州判，终顺宁知县。撰《十三经集解》二百六十卷，首胪汉、魏诸家之说，次采近人精确之语，而唐、宋诸儒之徵实者亦不废焉。尝谓“记水之书，自郦道元下，代不乏人，而言山者无成编”，乃作《万山纲目》六十卷。又《水道提纲补订》二十八卷，《宦游日记》一卷，《微言管窥》三十六卷，《医家指迷》一卷。

少年时师从泽库戚学标，后回路桥翼文书院继续学习，受到前来视察的浙江学政阮元、刘凤诰的赏识。清嘉庆四年（1799年）被刘凤诰推荐入杭州“诂经精舍”，参与校勘“十三经”。嘉庆十八年考上二等拔贡，分发云南，候补直隶。嘉庆二十四年（1819年）任云南昭通府鲁甸通判。

清道光元年（1821年）李诚母亲去世，回家服丧。丧满回到云南，第二年署新平知县。新平地处万山中，盗贼出没无常。李诚到任后，勤断案，严缉捕，盗皆逃散，民间的诉讼事也不再发生。当地多山，不利于种植桑树，无法养蚕，李诚带人到贵州学习，回来就引种贵州橡树，培育橡蚕（柞蚕）。清道光六年（1826年）修理“桂香书院”，置设田亩增加书院开支。并把过去的好官放入名宦祠，把忠义的人放入忠义孝友节孝祠，以资人们学习。新平的民众感谢他的德政，把他立生祀于文昌宫。李诚还在公事余暇编纂《新平县志》八卷，被刚到任的云贵总督阮元看作是云南省内的佳志。道光七年李诚父亲去世，他回家守丧，道光九年，李诚在家修《李氏宗谱》二十卷。

丧满回到云南。清道光十年（1830年）四月，阮元把李诚调去分纂《云南通志》，担任总纂王崧的助手。冬，李诚被委任为曲靖同知，不过仍留志局修志。道光十三年（1833年）被委任云南府水利同知兼署南关通判，仍留志局工作。此时，阮元调离云南，由巡抚伊里布接任云贵总督。伊里布审阅《云南通志》，不满王崧所立的体例，王崧不愿改变，以老病辞职离去，伊里布就任命李诚继承总纂。李诚大幅度地对省志体例进行调整，篇幅内容大大增加，伊布里很满意。道光十四年（1834年）十月《云南通志》成，凡二百二十卷（正文二百一十九卷）。李诚居通志馆五年，稿出其手者十之七八。《道光云南通志》是云南方志体例类目之集大成者。每类均注明资料征引出处，翔实可信。论者认为“滇省通志今存者十，此为最善之本”（方国瑜《云南史料目录概说（二）》）。因此，以后纂修方志的体例类目多学习仿照此志。

清道光十五年（1835年）二月，任顺宁知县。有川匪沿山搭棚，聚众抢劫商旅，李诚设法收买，捕缉获二十余人法办，盗风始息。顺宁县每年需要夫马万余金，贫民受累甚深，李诚劝捐置义田以助夫役，永免劳役。又修桥铺路，改建育贤、汇英、乐育书院，延师讲课，并撰训士规条，不时亲临讲学。任期不长，美政毕举，百姓感恩怀德。

清道光十九年（1839年），李诚辞职回乡，在石曲建了敦说楼，藏书数千卷，编有《敦说楼书目》四卷，为两浙藏书家之一。后敦说楼失火，藏书大部被焚。著作极丰，编有《十三经集解》二百六十卷，《水道提纲补订》二十八卷，《万山纲目》六十卷等。

方文翰（1826—1881年）字定国，号樨园，石曲方林人。县学生员。善书画，工篆刻。每见人所藏秘册及名画，便亲手缮写临摹，或静坐欣赏以自乐。中年偏爱医术，放弃年轻时候所习的书画篆刻技艺而专一研习医学。对各种医药书籍，每天从早到晚像孩童读书那样诵读，基本能背诵下来。

方文翰性格耿直，不屑于趋炎附势，或虚张名声，因此，知道他的人不多，其书画传下的也很少。只因为他随作随弃，没有保存。平时手抄的书籍很多，但也没有传下。如从朋友处借来《三台文献录》二十三卷秘传孤本，花四个月时间抄成，一字不差，端正整洁，很多人认为做不到。清同治七年（1868年），参与修纂县志。清光绪七年（1881年）六月十八日戌时以痰疾卒，年五十五，乙未九月三十日卜葬于李家洋口蟹钳之原。

曾祖序寅；祖高智：父镜，号虚堂，郡庠生，本生父镇，号以堂，太学生，虚堂胞弟。铭曰：

士攻举业，若辕下驹。步趋局促，志不得舒。介介方君，与众殊趋。既攻艺事，亦读医书。一疾不瘥，命也何如。石曲之东，川原萦纡。君灵洋洋，乐此幽墟。倘俾后人，用席庆余。

注：资料来自光绪《台州府志》。

方晓园（生卒不详）约生于清末民国初。祖籍苍溪，石曲方林人。因善于经营，家道富裕。生活俭素，却乐善好施。经常抚恤孤嫠，赈济穷困，凡乡里有求助者，即慷慨赠与衣食，从不吝啬。还热心公益事业，主动捐钱兴修水利，疏浚官河，修桥铺路，修建士馆等。族中祠宇圮倒，立即出钱修葺。

方晓园还尊师重教，专请名师教育子孙。也重视自身修养，为提醒自己经常反省以作垂范，在新居落成时，堂额上题“省三”，取名“省三”庐。

晚年，方晓园将生意托付给长子液泉，不再亲自料理生意。液泉敏练宽裕，专于经营，常游于吴越间，家业益起。方晓园则优游养素，含饴弄孙以为乐。

注：资料来源《石曲方氏五修宗谱》进士、江西雩都知黄濬所撰《晓园方公七旬寿序》。

方液泉（生卒不详）字守霖，名增，液泉其号。石曲方林人。其父方晓园力敦勤俭，从其开始，家道大起。

液泉不喜诗书，志在四方。年未弱冠，就向父亲提出要到宁绍一带做生意。后生意兴隆，获利颇丰。但能积也能散，清咸丰三年（1853年），发洪灾，大水淹没乡间，乡民受灾严重。有诸绅富议捐谷赈，液泉和父亲商量后一起出谷五百石。乡里有河渠淤塞，就鸠工疏浚，以开水利。族里宗祠长久圮废，就出钱请族人一起修葺。其他如修文庙、桥梁、寺宇及建考棚无不积极捐钱。遇到乡邻有纠纷，液泉居间排解，有时双方各不退让，调解不下，液泉常私下出钱化解矛盾，不求回报。其人性情慈孝友善，言出必行，行而有度。家里家外事务都揽在自己身上，不以为累。

方锦春（1837—1894年）原名禧，字年祝，号庆三。石曲方林人。方郁堂长子，由伯父方液泉抚养。少时聪慧倜傥，深得长辈钟爱，自幼延名师授教，弱冠入邑庠。时粤匪陷台、黄，乡里骚扰，莠民乘机煽衅，人有戒心。方液泉家有积资数万金，匪人垂涎，将肆掳掠，乃出资创办团防以卫。里党有谢某，为当地一霸，纠众欺凌他人，常沿街追打路人。方锦春叱阻，谢某反唇不逊。后方锦春设计诛之，余众瓦解。前后亏资数千金用于团防治安。

及粤贼退，人心安，方锦春一边操持家业，一边勉励诸弟致力学业。叔弟鹏九、季弟音十俱入邑庠，皆锦春之力。清同治六年（1867年），参加乡试，考官给答卷批以“丰神谐畅，不袭陈言”，极为欣赏。但主考官未予录榜。方锦春听闻后抑郁成疾。五年后，与诸弟再去考试，不利而归，彼时已知天命。

方锦春性孝友，无间言，接人以和，不疾言厉色，人乐于交往，家里坐客常满。喜古书画，常出资收藏。也喜欢画花鸟，画中花鸟轻倩可爱，其中染色牡丹更佳，乞画者日不暇给。方锦春以怀病之躯，勉强起立作画，从不推诿。清光绪十一年（1885年），生恶性肿瘤，医者谓“大头瘟”，多次命危，幸获愈。甲午六月朔日以痰疾殁。配管氏，子二：长尚辅，未冠殇，次尚篱。女五。

注：资料来源《石曲方氏五修宗谱》方来撰《庆三公传》。

方来（1859—1914年）字善初，别号梅叔子，廪贡生，石曲方林人，徙居路桥。善初渊源家学，专于作诗，其诗思清调爽，萧然出尘，如天仙化身，不食人间烟火。清光绪二十一年（1895年），太守赵亮熙重修《台州府志》。方善初参与编修“风土、方外、杂事、各记”四卷。条理清晰，文字通畅，同事都很佩服推崇。清光绪二十七年（1901年），赵良栋、孙永铭来镇海，被聘为幕友，负责奏记。

清末国人争相议论变法，方善初也热衷参与。就六千余言的文章表达自己的看法，认为“不揣其本，而齐其末，欲使方寸之木高于岑楼，不亦颠乎”。方善初善谈名理，善于交友。作有《人月双清图》，以明志趣。一时间，题咏的人很多。善初工书法，楷书学唐人小楷，用笔清丽，结字流美。晚年参以魏碑，风格稍变，篆隶具有汉代风格，又喜作画，活色生香，颇具风韵。兼攻铁笔，秀外慧中。旁人求得他的字画、篆刻，即便是尺缣寸石，也视同价值连城。著有《瓦缶鸣集》六卷，收录生平所作三百首诗。《双清集》八卷、《丹崖》六卷、《俗砭》二卷、《西球札记》八卷、《丛谈》六卷、续四卷、《忆语》八卷、分纂《光绪府志》四卷、《光绪太平县志》四卷、三修《石曲方氏宗谱》六卷。

善初卒于民国三年甲寅八月廿二日午时，享年五十有三。祖名镇，国学生，父名文翰，县学生。子长道坊，任本地汽车公司经理。

方文皋（？—1918年）名文皋，字尚暄，号篪轩。石曲方林人，方哲英长子。性格仁厚，不喜言笑，交友谨慎。读过几年私塾，后为环境所迫，弃学就商。在乡里开店售酒。所售酒品质上佳，价格低廉，乡人争相购买，生意逐渐兴隆，家业逐渐兴旺。

方文皋重视教育，设私塾，延请老师授课。治家勤俭，每日从早忙到晚，没有空闲。衣食朴素，不尚浮华。做事秉心公道，正直无私。宗人推荐他管理族中庙产祠产让，一经接手，认真管理。庙产祠产由小积大，滴滴归公。文皋也见义勇为，乐善不倦。社庙将倾，捐资以修葺；街路就圮，捐公款以砌筑；排解邻里纠纷不遗余力。众人都尊他为长者。卒于民国七年（1918年）二月初二日。有子三，长德衔，次德衢，三德衍。德衢字赓甫，握海上商权，家声丕振。

方德瑞（1860—1926年）字芹甫，国学生，石曲方林人，方尚煦长子。性格和蔼，平易近人，与人交往，言而有信。小时读书，长大后继承父业，做印染生意。当时，西方洋棉纱畅销国内，乡里妇女觉得纺棉烦琐，都购买洋纱用来织布。织布的妇女越来越多，小小石曲市集，每天早晨卖布的人满街都是。也因此，纱店和布商收布染色贩卖到各地的人也越来越多。方德瑞的染坊生意蒸蒸日上。加之他劝督作严格，染色精良，出货快捷，即便是远路的客商也争相来染布，每天生意应接不暇。

因身瘁体弱加之积劳成疾，病倒不起。经家人悉心调理，有所康复。后把生意委托给长子象初。

方德瑞对地方善举，有求必应，每到严冬，施衣舍粥，不遗余力。兄弟之间，大度谦让，以生意兴隆的老店让给弟弟经营，自己在上街另开新店。子二，长道松，即象初，次道楷，出继弟达韶；女二。

方赓甫（1867—1936年）名德衢，字赓甫，以字行。石曲方林人，父篪轩公，生三子，赓甫居二。幼年聪慧，异于常儿。后承父命辍学，专事生意。很懂经营之道，能揣摩顾客喜好，研判市场需求，所料八九不离十。旁人又惊奇又佩服。没几年时间，走遍邗江闽峤，虽备尝辛苦，但声名大起。远近商家皆争相邀聘。清光绪年间，椒江葭芷有富绅陶寿农创办永宁轮船公司，邀其为公司经理。赓甫因生意未了，婉拒不就。清光绪十一年（1885年），台州南货同业合组公会在沪上开业，赓甫被聘为总经理。此后二十年间，大展才略，宏谋硕划层出不穷，料事如神，毫忽不差，人人悦服，遇有经营举业，都求教于赓甫。如台州同乡会董事、学校经济董、沪兴轮船公司董事长等都向其征询经营之道。

方赓甫热心乡里公益义举。民国九年（1920年），台风肆虐，台州境内犹如泽国，民不聊生。其急起筹振，并亲自奔赴皖鄂，募集粮食，输乡振粜，很多灾民因此活下来。后又创办公司，创立公学，以惠侨民。其善名远播，获大总统给赏的二等嘉禾章。民国二十五年（1936年）逝世，享年69岁。

管震民撰有《方赓甫先生六十晋六荣寿》颂辞：

人峰耸秀，曲水流芳。笃生耆硕，誉著梓桑。
正学家胄，世德聿彰。幼禀天授，聪颖异常。
胜衣就传，雏凤清扬。陶分禹寸，无怠无荒。
洒扫应对，惟礼是勖。以取青紫，如物探囊。
惟承庭训，弃学就商。乃为端木，亿中深藏。
既承严命，术研计然。不辞跋涉，远赴海天。
邗江闽峤，发轫于先。货取于地，独辟利权。
筚路既启，踵趾蝉联。争相礼聘，倚为中坚。
椒江沪渎，两地县县。公昇信用，有口碑传。
百业竞进，咸有赖焉。君钦擘画，翳君仔肩。
时维民九，啸起海滨。六邑灾祲，尽成波臣。
旅沪侨界，因悯沉沦。急起筹赈，得君同仁。
躬起皖鄂，输运廪囷。灾黎全活，共拜善人。
又施毅力，嘉惠侨民。公所公学，并驾春申。
博施济众，誉动枢钧。宜膺荣典，庞命维新。
积善获福，公理维照。驷门大启，庆衍椒聊。
二方崛起，共羡聊镳。箕裘克绍，阛阓名标。
森森兰玉，更挺青条。甘回蔗境，块磊永消。
维仁者寿，有此高超。兹逾甲午，高德劭摛。

注：资料来源《石曲方氏五修宗谱》收录的陈一谔所撰《方赓甫先生行传》。

戴金衡（1880—1955年）名衔，字萃衡，石曲人。小聪颖，好学不倦，家贫寒，事母孝。年二十左右，应柏岙（院桥秀岭水库旧址）王岂凡之聘请，给其子女授课。岂凡系儒医，著有《伤寒论新笺》，金衡深受教益。学成后，弃举子业，才行医济世；不数年，医道大行。行医五十余年，声名遍及温黄和临海边境，日门诊在百人次左右。

戴生平乐善好施，视贫富一体同仁；诊金不计多少，遇贫困者予以代付药费。治病不分伤寒、温病、经方、时方，只求对症下药，师古而不泥古，常收立竿见影的疗效。如城南巨富陈某患嘈杂，心胸躁烦，昼夜食二十余餐，尚不能果腹。金衡应邀出诊，留宿起价，拟方以高丽参、白术、附子、白芍、黄连、牡蛎、吴茱萸、乌梅、茯苓、甘草，其方从乌梅丸化裁。当天黄昏服药，子夜后即能酣睡。有一徐姓妇女，一年秋天，正月经来潮，恰逢暴雨，衣服被淋湿，眼睛骤停。发病症状：微畏寒、不发热。夜间烦躁头痛，日间安静。他医作伏暑治，或认为头痛，治以辛温表散，病愈重。金衡诊后说：岂有伏暑无热，伤寒日中头反而不痛的？遂投以柴胡、西洋参、生地、归须、蒲黄、灵脂、丹皮、炮姜、鲜香附，服药一剂，月经复返而安。上海人许某，在黄岩中学高中读书，患肿胀，全身浮肿，目如合缝。金衡诊后说，所幸缺盆未平，尚有一线生机。遂以大剂真武五苓复方，附子每剂量达四五钱，连服数帖，肿尽退。后以理中汤（参用高丽）加巴戟天、补骨脂、葫芦巴、菟丝、淫羊藿、淮膝以收功。金衡治病之神奇，深得张仲景之奥旨。晚年自拟楹联："老当益壮，穷且益坚，铁石心肠迟到底；民我同胞，物我同与，岐黄事业乐无涯。"又门联云："陶潜室雅仅容膝，原宪檐低甫及肩。"足见其古道热肠，安贫乐道。

张善元（1887—1965年）石曲人。幼年丧父，家贫，就读私塾不到三年就辍学务农。年十四雇佣在六陈行，往来天台、仙居、临海之间，以购销粮食为业。有一次，在途中感受风寒，咳嗽、吐红痰持续三年，渐成痨病，医治无效。后经天台人李逸民诊治，施以针灸，疏通经络流注，经治两三个月后恢复健康。从此，立志学医，专心自学针灸，且学习字，勤学苦练。善元性聪颖，攻读《针灸大成》，不久目即能部分背诵；并且，针灸手法精熟，经治者，常获捷效。嗣后，兼学内、外、妇、幼各科。清光绪三十年（1904年）秋，善元路过路桥闸市，有太平（今温岭）萧村姓林的人，骤发霍乱转筋，冷汗淋漓，市人为他招医治疗，仓促间，众医束手无策；善元施以针灸，用回阳灸脱之法，顿时汗收、吐泻止，病愈。从此，医名大振。里人方某，患中风瘫痪，卧床不起三年，经中、西医治疗无效，善元以针灸治后，能起床行走。

善元生平乐善好施，利济为怀，曾资助多座桥梁的兴建；医病不计较诊费多少，贫病者，常施以药；创办济急堂，收容病人。遇出诊病人，随叫随到，风雨无阻。在螺洋白云山，购得山地一片，种植药物，研究本草学。壮年时，体态魁梧。四十余岁，须长及胸，群众称为"长须神医"。民国期间，参加黄极教为坛主。晚年，苏、广、皖、闽等省亦有不少人慕名前来求医。福建有一大官，经治疗病愈后，给银洋千余元，张全部投入济急堂为经费。1952年9月，加入卫生协会；1956年，参加桐屿区中医联合诊所，在石曲分诊所工作。生平嗜书成性，收集医书甚多，临终前，还花一百二十元购得《台州府志》。大部分藏书因历史原因遗失。

方颂生（生卒不详）石曲方林人。小时好学，颇有文才，壮年谋生，才猷杰异。做生意能运筹握算，独出心裁。先是做染业，经营多年，为同行推崇。继而改为航业，早晚在温州和宁波之间航行。燃煤蒸汽机推广后，又从事陆路交通事业，也有多年。最后兼做烟业，推销烟草，又以水陆舟车作运输。是方林从事商业先辈。

注：资料来源《石曲方氏五修宗谱》张碧侯所撰《方颂生先生暨德配林淑人五旬双寿序》。

方橘泉（生卒不详）名澄淮，字观光，橘泉其号，石曲方林人。祖父昌元公，以经商起家，至父朴庵公，家业开始兴旺发达。橘泉幼读儒书，就学期间勤读善思。后生病，深受病痛折磨。于是自学《黄帝内经》，反复寻究，颇有心得。结合所学自治顽疾，竟然病愈。由此，人们知道方橘泉医术高超。

橘泉对治疗痢瘟病特别精通，也熟知各种药材性能，所配药方很有疗效。每天有远近乡民来请他看病。府县署也常常留用他看病。

方橘泉胸襟开阔，希望将自己的所学更好地服务乡亲。他在自家办起诊所，来求诊的乡人络绎不绝，多的时候，站满庭院。来看病的人，经方橘泉医治，基本能应手而愈。一些贫困而又病重的人家，苦于无钱买药，方橘泉就特意在街市上贴出告示，叫那些没钱买药的病人，持药方来免费取药。又常常准备几个小布袋内，里面装上一些常用药材，赠送给需要的病人。病人不但免费看病，还获赠药材。经方橘泉治愈的病人很多。亲朋辈因此以西汉苏耽的“橘井泉香”典故给其起号“橘泉”，将其比作苏仙。

方橘泉熟读各种医书，并很有研究，对其中一些谬误多有校正。著有几种医书，没有传下。官府和乡民赠送给他的匾额有七八张之多。方橘泉去世后，乡人都忧心地说“救死无人矣”。甚至有病人到他家里向遗像拜求，因影响他家人的生活，被婉拒。

方镜（生卒不详）字正衡，号虚堂，石曲方林人。先生高智，方镜兄弟四人，其是长子，重孝睦友。小时候读书勤奋，清嘉庆十七年（1812年），受教于周濂塘，补弟子员。二十三年（1818年），瘟病流行，感叹说：“古人有不为良相当为良医之说，虽不能至，然心向往。”于是学习《黄帝内经》等医学书籍，研究其理，恍然有悟，凡沉疴痼疾，得其一方服之，没有不立即痊愈的，由此名气越来越响，每天有请他看病的人。方镜志在治病救人，不嫌贫富，不论远近，凡有病人相求，就前往医治。

周太夫人（生卒不详）县城东乡双桥人，朝增女。十六岁时，归继王父虚堂为妾。

贤淑温和，小心谨慎，不轻易谈笑。王父让周太夫人居堂屋。虚堂在市上开店铺，顾客盈门，生意繁忙，无暇吃饭。太夫人每天做菜送饭，家里家外井井有条。孝敬王父与王母。王父辞世无子嗣，于是以西园为继子。时竹初刚满三岁，周太夫人均视为亲生，悉心抚养。周太夫人三十多岁时，王父生病去世，其抚棺木恸哭，几乎晕厥。办完丧事后，王太夫人把家中事务委托周太夫人打理。当时已分灶，生活仅能温饱。周太夫人辞退婢女，俭勤持家，自己艰苦，却不亏待王太夫人。王太夫人晚年瘫痪，吃饭、大小便均不能自理。周太夫人不请外人，自己服侍王太夫人。每天为她梳头洗脸、喂饭，陪同上厕所，一天需洗涤污秽衣物三四次，没有怨言。王太夫人说："我生病苦了你了。"族祖正鹄住在间壁，不能说话，就用手语向人讲述周太夫人的贤德，人皆信服。王太夫人去世后，周太夫人料理后事，非常用心慎重，无怨言。自此以后，周太夫人慢慢变老，头发花白，但身体硬朗。年近八旬，牙齿依旧很好，胃口不减。

注：资料来源《石曲方氏五修宗谱》方来撰《庶王母周太孺人行述》。

方象初（1890—1943年）名道松，学名丙光，石曲方林人。方尚煦长孙。性倜傥不羁，幼从母舅王烈斋先生学。甫两年，承父志，辄弃学就商，习染业。慕朱家郭解之，为人喜交游，以故社会人士咸乐为相结纳。民国十年间，被选为路桥商会常务委员，处理商政井井有条，迭次被选，蝉联至今。民国二十五年（1936年），推选为石曲镇镇长，任事两载。颇有作为，政府称其贤，民众怀其德。至于扶危济困、见义勇为，尤其能事。

注：资料来源《石曲方氏五修宗谱》方潢撰《象初行述》。

蔡燕綦（生卒不详）字子绶，一字申甫，石曲人，与箎同族，由拔贡考取八旗官学教习。清同治九年（1870年）庚午科举人。工诗文，尤善填词。著有《盟水斋诗集》《石曲词》。

丁俊（1909—1987年）方林村人。20世纪30年代，在椒江中学教书，追求革命理想。40年代弃笔从戎，就读浙江警官学校。毕业后，任泽国警察所所长，后调江山县，任国民政府江山县秘书长，江山县解放后回乡。

方崇善（1914—1997年）方林村人。开明地主，有房屋数十间粮田近40亩。上海同济大学附中毕业，参加南洋体校学习培训，获国家级"二级裁判"职称。1941年任石曲小学校长，曾在新桥中学、温岭中学教书。1946年起，在黄岩中学教书，直到退休。终身从事教育工作，桃李满天下。

林贤来（1918—1997年）方林村人。1949年参加方林村第一批民兵组织。黄岩解放后，参加土改工作组，积极投入反特、剿匪队伍，废除保甲制度、减租减息；收缴爱国粮、支援抗美援朝；建立村农民协会、互助组、高级社，实行土地改革等一系列工作。

1953年林贤来任方林村农会主任。1955年任方林高级社社长。1958年起任方林生产队队长。时值三年困难时期，积极响应政府“瓜菜代”号召，发动社员大种土豆、蔬菜，渡过饥荒。1961—1966年，林贤来任方林大队大队长，领导生产，公正处理大队事务。离任后，一直务农。

方正中（1919—2011年）方林村人。原名方崇河，字端可。民国八年（1919年）七月生，石曲方林人。1926年6月毕业于上海美术专科学校。抗战期间在临、黄、温各中学任教，受中共地下党负责人王槐秋、郑国森等影响，思想进步，爱国抗日，加入全国木刻界抗敌协会；出资组织“春野救亡剧社”和开办“椒江书店”，并担任理事；1927年春，在温岭开办“旗峰合作社·书报社”，任理事；主编木刻刊物《巨轮》，为地下党刻过两帧《党员识字读本》封面，资助农民金源祥去皖南路费。金牺牲后，资助烈士家小生活费两年。1938年3月受地下党指派，参加组织黄岩县中（黄岩中学）中国新民主主义青年团支部，任书记；参加组织临、黄、温中等教育工作者协会，任副主任；完成地下党交给的支前、捐献任务，捐给黄金十余两；参与策反伪县长和地方匪首工作等；为解放黄岩出钱出力。1950年3月调台州师范任教，任教导主任；次年调台中分部（海门中学）任教导组长。1955年被聘为黄岩县政协委员。1956年，当选为黄岩县人民代表大会代表。1962—1967年参加杭州大学中文系本科函授并毕业。1980年离休。1984年1月成为中国摄影家协会浙江省分会会员，台州地区摄影协会顾问，椒江市摄影协会会长。1987年享受县（市）级政治、生活待遇。2011年6月卒于椒江。

李仙保（1925—2000年）方林村人。幼时家贫，仅入家馆读书半年。1949年8月任村武装委员、民兵队长。同年12月加入中国共产党，任石曲乡民兵连长。1950年11月任路东乡代乡长、农会主任。1951年10月任桐屿乡农会主任。1953年11月任桐屿区第一副区长。1955年5月至1957年8月在温州地区干部补习学校读书，至初中二年级。1957年9月任县委工作队副队长。同年12月任修岭水库建设指挥部党支部委员、副书记。1958年5月起调三门盐场任营参谋长兼连指导员；盐场砖瓦厂厂长兼书记。1961年9月任洪家区农技站站长。1963年7月至1969年5月任桐屿公社党委书记。后在区革宣队、工作队分别任队员和组长。1972年5月至1977年2月任路东公社党委副书记。1978年3月任黄岩粮油加工二厂书记兼厂长。1981年12月因病退休。2000年卒。

詹荣杰（1927—2005年）方林村人，中共党员。幼时家贫，自学出身，小学文化。解放后，积极进步，加入民兵、农会等组织并任职。参加反特、剿匪、土地改革和互助合作化运动。1954年加入中国共产党，成为村第一批党员。1957年5月，首任方林高级农业生产合作社党支部书记，带领社员走向农业合作化道路。人民公社化时期，连任方林生产队（大队）党支部书记。1962年被免去书记职务。1979年担任石曲公社农具厂厂长。1983年起任方林村老人协会会长。任职期间，多次获评乡镇先进工作者。2005年10月10日卒。

李本富（1931—2007年）原籍温岭县泽国镇三衙桥人。幼时家贫，跟随叔公种田。1944年起为长工。1949年6月路桥解放后在方林村种田、当民兵，任村民兵队长，参加剿匪、土改等。次年4月加入中国新民主主义青年团，任石曲乡团支部副书记。1953年3月进入路桥供销社任商店经理。次年3月加入中国共产党。1958年9月至翌年9月下放上堂山村。1959年10月调回黄岩县土产站任棉花组长。同年12月调金清棉花厂工作。1961年1月调葭芷棉花厂任业务负责人。1962年4月调县土产公司任办事员。70年代期间，方林大队兴办砖瓦厂时，李大力支持家乡发展队办企业。1991年12月退休。退休后积极配合方道坤同志筹建方林老年人协会，为老人事业发展发挥余热。2007年因病卒于方林家中。

方道坤（1927—2006年）方林村人，小学文化。1949年6月解放后，积极参加南下干部谢天河领导的乡武装工作组，投入反特剿匪工作，曾任石曲乡人民政府委员、方林村村长等职。组建石曲乡剧团，宣传土地改革、“三反”“五反”运动，方林农业合作社和抗美援朝政策，为巩固新生政权作出努力。互助合作化时期曾任社长。1958年任石曲乡文化剧团团长，主要剧目《孔雀东南飞》受到县人民政府和文化局嘉奖，并到全县各地巡回演出。60年代在县属砖瓦厂任负责人，并在肖王、方林等地设窑烧砖瓦。1970年负责筹建黄岩县（岩头）轮窑厂，后调黄岩县建筑材料公司任股长。其间，接受和安排10多位方林青年进厂工作，培训制砖技术。同时将方林两个小窑划归村里，还关心支持帮助方林村开办黄岩县石曲轮窑厂，使家乡从此走上致富之路。

1990年退休后，方道坤投身街道和村老年人事业，曾任路南街道老年协会会长；路南管理区外来人口管理领导小组成员、关心下一代工作委员会成员、老龄工作委员会成员；1996年4月至1999年4月被聘为路南街道党风廉政监督员。1997年1月和10月先后任路南街道依法治理领导小组成员和街道计划生育协会专职副会长。方林村计生协会负责人。不断发挥余热。他一生品德高尚、平易近人，全心全意为全村谋发展，为村民谋幸福，是村民所尊敬的一位老前辈。2006年9月2日因病去世，享年80岁。

林仙根（1931—2008年）方林村人，初小文化，中共党员。解放以后，加入民兵、青年团等组织，参加土改、剿匪和互助合作化运动，表现积极。1964—1976年任方林大队副大队长。“文化大革命”时期任村革命领导小组副组长。他一直从事农业和机灌放水工作，同时兼碾米、粉碎等粮食加工。1～5队的农田引水灌溉由他一人负责，双夏季节是他最忙碌的时段，往往工作至深夜，他带着手电筒逐个巡检引水是否到位，以保障农业丰收。他为人诚恳、厚道，是受全村人尊敬的人。2008年卒。

方崇虎（1931—2010年）方林村人。幼时就学，先入路桥中心小学，继入私立路桥中学，后入省立台州中学。1949年10月入伍，先进中国人民解放军第21军军部文干班为学员；1950年8月至1951年3月任61师181团2营5连文化教员；至1953年2月先后任181团团部宣股干部教员、181团3营干部教员。1953年3月至1954年1月为志愿军181团3营机枪连文化教员，出国参加抗美援朝。1954年2月至10月在东北二十九陆军医院休养、学习。1954年后入浙江军区训练团、路桥机场修建处任统计。1955年6月至1956年7月转业，任路桥修建分会统计、区手工业业余学校教师。1956年8月入上海第一师范学院中文系求学，1958年8月毕业。1958年9月至1962年8月，先后任上海市普陀区镇如中学、浙江省黄岩县第一中学任教。1962年8月调海门中学（后改台州市第一中学）任教，曾任校语文教研组组长。1988年被评为中学高级教师。1991年10月，退休。

抗美援朝期间，荣立三等功1次。2010年2月28日于椒江病故。

管康寿（1932—2014年）下陈下管人，于30年代迁居方林。幼时家贫，自学出身，初小文化。1958年任方林高级社副社长。人民公社化时期曾任方林大队副大队长、大队长。1970—1974年任方林砖瓦厂厂长。1974—1980年任黄岩县石曲轮窑厂厂长。在筹建方林砖瓦厂时，因村集体经济困难，他和方道福书记等走亲访友，以个人名义借钱用于砖瓦厂启动资金，并动员全大队社员集资。他带头卖掉大黄牛，全部集资给厂。经过三年奋斗，终办起轮窑厂，解决了全大队50%的剩余劳动力出路问题，提高了社员家庭的经济收入，开创了方林社员的致富之路，为方林发展积累了第一桶金，打下了良好的基础。他工作严谨有远见，为人平易近人不张扬，称得上一个企业的引领者。凡家家庭一时困难找他，都会尽力帮助解决，被村民所尊敬。2014年12月24日因病去世，享年83岁。

王杰成（1933—2019年）方林村人，初中文化，中共党员。1938年4月至1947年4月在上海市象山路11号做学徒。解放前夕回村务农。于1951年5月入伍，为中国人民解放军104师311团3连战士，参加抗美援朝作战。1952年7月起任建筑师特团5连战士。1955年1月转为建工部三卫公司工人。1958年8月为福建省工业设备安装公司工人。1970年1月至1973年4月任生产建设兵团四师23团5连副排长。1973年8月起历任福建省工业设备安装公司5队队长、2队副队长、1队队长、管道专业组组长。1978年任命为正式干部。1993年6月退休。抗美援朝参战时于1953年在六师特建5连立三等功1次。1965年度被评为公司先进1次。1971年带领班组获得四好班组称号1次。1975年获公司先进1次。2019年在福建病故。

胡宣德（1934—2009年）方林村人。1948年8月高小毕业后到海门潘万丰土产行当学徒。解放后，随店迁到路桥。1950年参加工会。翌年报名参军，于5月13日入伍中国人民解放军第21军62师。1953年随军赴朝参加抗美援朝战争。1956年，加入中国共产党。1957年复员。1958年在路桥旧衣商店工作。次年调路桥药厂任车间组长。1964年调任黄岩罐头厂供销科长。1966年调入台州化肥厂，曾任供销科副科长、车间主任。1995年退休。在服役和抗美援朝期间，分别在1951年荣立四等功2次；1953年学习二等奖1次；1954年获营奖励1次、三等功1次；1955年获团通令嘉奖1次，并授予优秀青年称号；1957年获团级奖励1次。2009年1月病卒。

方道福（1936—2013年）方林村人。1950年任方林村儿童队队长。次年任石曲乡儿童团团长。1953年任方林村青年团支部组织委员。1956年任方林村共青团支部书记，次年加入中国共产党，兼任方林村民兵连连长。1959年任石曲农业中学校长、石曲管理区团总支书记。1961年任石曲公社方林大队大队长。1963年起任方林大队党支部书记。“文化大革命”时期一度靠边站。70年代初带领社员艰苦创业，兴办起石曲砖瓦厂和轮窑厂，逐步使方林走上致富路。1976年反击右倾翻案风、割资本主义尾巴时受到打击，被免去支部书记职务。1982年复任大队党支部书记。1983年8月主动让贤，退居村党支部委员。

方道福长期致力于方林村的发展和村民的致富，在村中享有较高的威望。1958年被评为黄岩县劳模和民兵先进工作者，获得奖章1枚。同时，发现和培养了许多人才，如方中华、管人财、陈华能等均为佼佼者。2013年1月15日病故。

第二节　人物简介

陈西铭　1929年12月生，方林村人。1953年6月，从上海铁道部立信会计学校毕业，分配到山西大同铁路分局集宁火车站。次年10月任山西大同铁路局财务科科员。1955年5月至1958年12月任大同铁路分局电厂会计。1959年1—12月在太原铁路局大同车辆段任会计。1960年1月至1964年8月在北京铁路局太原机车车辆厂任会计。1964年9月至1971年2月调任铁道部二局十一处财务科会计。1971年3月至1973年12月为铁道部一局五处财务科会计。1974年1月至1981年1月先后任上海铁路局第四工程段、上海金山卫铁路工程指挥部山阳分部会计。1981年2月调回黄岩县人民政府招待所任会计。1991年12月退休。

陈西铭一生从事会计工作，敬业爱岗，于1974年被上海铁路局工程总队评为“工业学大庆”先进工作者；于1975年被上海铁路局基建指挥部杭州工程段革委会、工会评为“抓革命、促生产”先进工作者；1977年被上海铁路局基建指挥部杭州工程段评为“工业学大庆”先进工作者。同时拥有浓厚的乡情，帮助和关照路桥区600余位民工完成上海金山卫铁路线工程建设任务。

王日新　1929年5月生，方林村人。中学高级教师。1938年1月，从上海工商专科学校毕业，同年8月进入路桥中学任教。1954年9月至1966年7月任校语文教研组组长。其间，王日新入杭州大学函授班就学6年毕业。1978—1989年任校外语教研组副组长。1989年6月退休。任教期间，于1958年获黄岩县先进工作者称号；为黄岩县第四、五、六届人民代表大会代表；政协黄岩县第六、七届委员，第七届县政协常委，并任路桥地区政协委员联络组组

战士，台州公安大队战士、通讯员，仙居县公安队文书。1955年10月转业至黄岩县桐屿区粮管所任助征员。1956年8月调任宁波公路管理处办事员。1958年7月任宁波地委钢铁指挥部交通运输办公室办事员。1961年12月任宁海县工交局办事员。1969年12月任宁海县生产指挥组工交办公室办事员，县交邮局、交通局办事员。1981年9月任宁海县交通局运输股副股长。1984年8月起，历任县公路运输管理站副站长、县交通监理所副所长、县公路稽征所所长。1996年8月退休，为正所级调研员。1952年12月在仙居公安队担任文化辅导员时，立三等功1次，团内通报表扬，省军区颁发奖状1张、奖书1本。1953年因工作积极、成绩显著，又立三等功1次，由省军区颁发喜报一张。1983年6月被省交通运输协会聘为运价组组员。1987年任宁波市交通运输协会理事。

方华良 1937年4月生，方林村人。小学文化。1950年1月参加儿童队，任队长。1955年3月20日加入共青团组织，积极组织男女青年社员读夜校“扫盲”工作。1957年10月22日加入中国共产党。1961—1963年任方林大队会计。1964年任方林大队共青团书记。1974年任方林砖瓦厂采购员。1976年任石曲兽药厂副厂长。1980年任石曲皮鞋厂厂长。2003年12月30日起任方林村老年公寓活动中心负责人、村老年协会副会长。

林仙高 1941年3月生，方林村人。1960年9月加入中国人民解放军，为海军东海舰队航空兵训练大队油机学员。1963年6月加入中国共产党。同年10月任海军雷达二团一营三站油机副班长。翌年11月任海军雷达二团二营四站油机技师。1967年10月在海军司令部七〇三办公室参加校应工作，任油机技师。翌年6月任海军雷达二团三营十一站副政治指导员。1969年9月任海军雷达二团政治处组织股干事。1978年5月任海军雷达二团司令部政治协理员。1981年1月起历任海军雷达二团政治处干部股股长、政治处副主任、副政治委员。1985年10月在3781部队任副政治委员，属团级干部。在部队期间，受连嘉奖10次，团嘉奖3次，东航嘉奖2次，评为优秀党员1次，记三等功1次。于1986年2月转业，任台州五交化批发公司党组副书记、工会主席。1990年12月至1996

年任台州五交化总公司党组书记、工会主席。2001年3月退休。

管人财　1941年4月生，原籍下陈乡（今椒江区下陈镇）下管村，解放前迁居方林村。幼时家贫，自学出身，初小文化。1956年进路桥区墨汁泥石厂务工。后调路桥人民公社畜牧场。1960年回方林。翌年任大队治保主任、民兵武装突击排排长兼教练员。1970年任大队革命领导小组成员，分管农业并兼任第五队队长。1977年7月加入中国共产党。1979年起历任大队（村）党支部副书记、党总支副书记兼大队长、村长、村委会主任、调解主任。2005—2016年任村老年协会会长，兼任路南街道老年协会理事。

管人财长期担任方林村要职，为方林的经济发展和社会进步作出了重要贡献，在村中享有较高威望。1961年参加县民兵射击比赛获第一名，被誉为神枪手。70年代后带领社员农业学大寨，吨粮工程建设等取得优秀业绩，先后使方林成为省工厂化育秧试点村和台州市收割机推广示范村。1990年当选为路桥镇第十届人大代表，1993年当选为中共路桥镇七届党代表。退休后，仍热心老人事业，深受群众爱戴，人称“人财公”，带领老人老有所为、无私奉献，村老年协会与方林地获得民政部等颁发的“全国老有所为奉献奖”和“全国老有所为先进集体”“全国敬老模范村”等殊荣。2012年，管人财被区人民政府授予“路桥区道德红人”称号。

方道禄　又名方道录，1942年9月生，方林村人。1955年石曲小学毕业。1958年路桥中学初中毕业。1961年10月温州卫生学校毕业，分配至浙江医科大学卫生学教研组工作。1963年3月，经选拔入伍，参加中国人民解放军铁道兵第11师，任部队医院军医及师卫生员培训教员。1964年4月加入中国共产党。1971年1月在三线建设中表现突出，受师部通报嘉奖1次。1976年支援河北省丰台、唐山抗震救灾中荣立三等功1次。1978年9月以连级干部转业，分配台州发电厂职工医院任院长、主治医师。2002年退休。

郑迪元　1942年10月生，方林村人，初中文化，中共党员。1960年8月入伍，历任中国人民解放军海军东航通讯站四中队战士、班长、副分队长、分队长、副中队长，东

航通讯站参谋、副主任。1981年12月转业，历任宁波市民政局优抚处科员、副主任科员、主任科员、助理调研员。1994年10月转任双拥办副主任调研员。1997年2月任安置办调研员（正处）。2003年退休。服役期间，其所在连队曾获集体嘉奖，评为四好连队；个人受到4次嘉奖。转业后于1985年被宁波市民政局评为年度先进工作者；1993年被市退伍军人和离退休干部安置办评为市级退伍安置工作先进个人。

方普胜 1943年11月生，方林村人，小学文化，中共党员。1980年在方林大队首办工业企业——黄岩县石曲电热压铸件厂，生产电风扇开关箱壳、家用鼓风机壳，销往玉环、温岭、海门、临海等地。该厂有工人10多名。到1984年生产汽车配件和电热元件、电饭锅、发热机电水壶元件，销往上海市8个县的家用电器厂，生产工人增至40～50人，年销售额60万～80万元，税利8万～12万元。1989年企业改名黄岩市金星电梯梯级厂，生产工人扩至150多人，年产值超300万元，税收40多万元。到1994年工人增至230人，年产值达到1234万元，税收141.67万元，厂里有党员11名，成立党支部。1994年后由于国家进行中小企业改革，带来应收款增多，企业产值降至每年300万元左右。2017年开始重建，次年初和外地合资建设缝纫机全配生产线，投资500多万元，当年产值1000余万元，购入加工中心30多台，计划2020年产值扩至2000万元，2021年产值增至3000万元。

方普胜是方林村第二产业发展的开路人。40年来，锲而不舍，披荆斩棘，闯出了一条村民办工业的新路，收获颇丰。1992年12月被浙江省人民政府台湾事务办公室评为年度先进台属企业；1993年被台州地区行政公署评为地级先进企业。

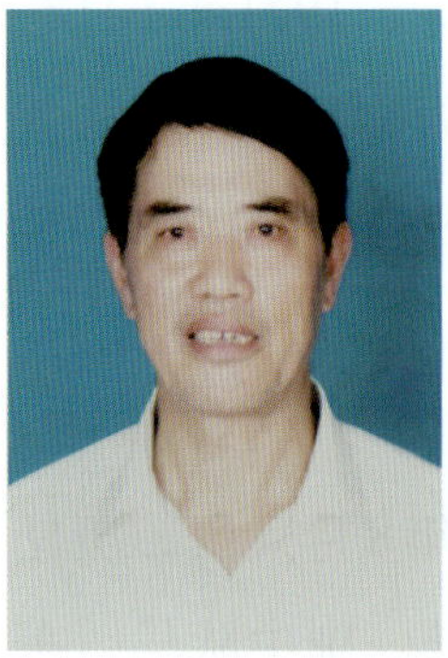

阮普妹 1945年6月生，方林村人，初小文化。1969年12月加入中国共产党。1966年3月入伍，历任中国人民解放军6408部队战士、副班长、班长。1971年3月退伍。翌年至1976年在石曲砖瓦厂任供销，兼任村党支部委员。1976—1982年任方林溶剂厂负责人兼村党支部委员。1982年后任村党支部委员。1995—2001年任旧机动车市场负责人兼村党总支委员。2002—2008年任方林菜市场负责人。在服役期间，被评为连队“五好战士”。退伍后多次获评方林村先进

个人和优秀共产党员称号。2006年被评为区多城同创工作先进个人。

林明　1948年6月生，方林村人。1966年7月路桥中学初中毕业，因“文化大革命”开始，辍学在家务农。1969年11月任方林村团支部书记。其后进入村砖瓦厂兼任厂统计、负责人、厂长等职。1977年7月加入中国共产党。1979年9月脱产从政，在石曲乡人民政府工作。初任乡工办副主任，2年后升任乡人民政府乡长。1989年4月石曲乡划归路桥镇后改任中共路桥镇石曲办事处党委副书记。1990年3月任路桥镇人民政府副镇长。路桥建区后1994年11月任区建设环保局副局长（正科级）。1998年起兼任路桥区自来水公司总经理、路桥区污水处理公司总经理。2008年6月退休，为主任科员。

林必清　1950年5月生，方林村人，中专文化。1984年10月加入中国共产党。1966年6月石曲农业中学毕业，因“文化大革命”开始辍学在家务农。1970年在椒江岩头轮窑厂制砖。翌年至1975年在石曲轮窑厂制砖。1976—1980年在本村开手扶拖拉机耕作。1981—1982年在石曲轮窑厂任发货调度员。1983年12月任方林村农业合作社社长。翌年起任石曲塑胶电器厂副厂长。1987年后任石曲微型电机厂及压缩机厂副厂长。1989年10月任村党支部副书记，1993年3月至2005年任村党总支副书记，2005年2月任村党总支委员。1996—2008年兼任机动车交易市场场长、总经理。2009—2010年任浙江方林二手车市场副总经理。退休后于2017年至今任村老年协会会长。任职期间，评为助理经济师。1989—2001年，被路南街道评为先进生产工作者，被街道党委评为优秀共产党员。2002年评为区农村“三个代表”重要思想学习教育先进个人。2007年被中国商品质量消费市场调查中心授予优秀市场管理者称号。

陈法春　1951年6月生，方林村人，高小文化。1972年12月入伍，在中国人民解放军38331部队任雷达兵。1974年1月参加反击越南侵略的西沙自卫还击战。1975年4月加入中国共产党。1976年3月15退伍。服役期间，在连队受口头嘉奖4次。1977年10月至1981年4月任方林大队党支部书记。1981年4月至1991年任方林大队副

大队长、方林村副主任。1991—1995年任方林村民兵连连长兼村联防队队长。1996—2010年为方林苑负责人。2011年退休后至今任村老年协会副会长。

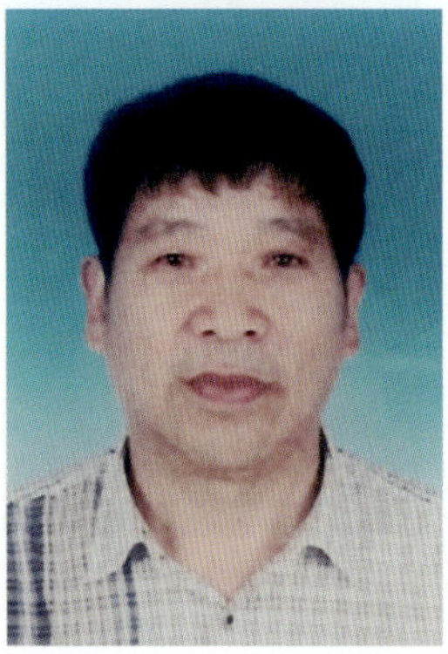

林小春　1952年2月生，方林村人，中专文化。1977年7月加入中国共产党。1967年7月时因“文化大革命”辍学，回家务农。1971年在岩头轮窑厂学习制砖技术。翌年回大队轮窑厂制砖。1977年7月任大队党支部委员、团支部书记兼会计。1980年任大队党支部委员、村委会委员兼会计。1995年至2005年6月任村党总支委员兼会计。其间，在1995年4月至1996年12月就读台州市农村管理干部中等专业学校并毕业。2005年6月至今任方林村财务总监。退休后于2006年至今任村老年人协会副会长，并兼任会计。1996—2009年参加方林苑1～3期工程建设。小春任职期间，敬业爱岗、兢兢业业、任劳任怨、精打细算，颇受上级和群众称赞，为方林的发展作出了应有的贡献。1989年被评为黄岩市农经系统财务先进工作者；1991年被评为黄岩市第四次全国人口普查先进个人；1992年被评为黄岩市农经系统财务管理先进个人；2001年评为台州市第五次全国人口普查先进个人；2005年被评为台州市第一次全国经济普查工作先进个人。

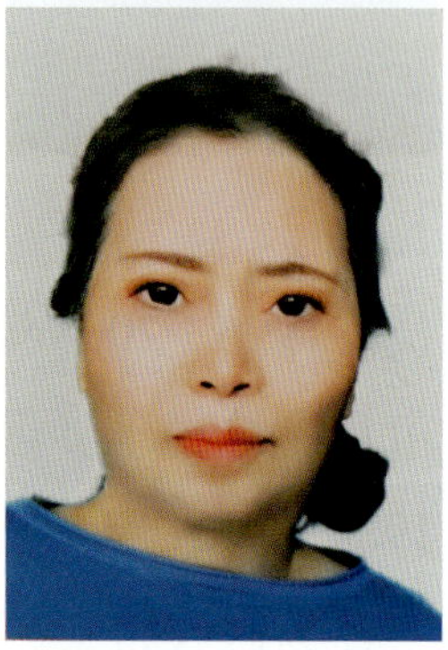

林玲芳　1953年生，女，方林村人。1970年被石曲公社选送到路桥驻军部队医疗培训班学习，半年后进入路桥区医院妇产科进修。1972—1975年在家中开设方林大队医疗点，为社员看病。同年进入石曲卫生院实习。1976年设立方林大队医疗室，大队配有1名助手。1976年度被评为黄岩县先进卫生工作者。1978年在路桥第三医院内、外科进修。1979年抽调到区计划生育手术队工作。1982—1985年在石曲卫生院工作。

谢华寿　1954年5月生，方林村人，初中文化。1970年6月石曲中学毕业。1973年进石曲砖窑厂务工。1985年1月至1995年3月在方林旧设备市场经商。1996年12月加入中国共产党。2008年9月任中共方林村党总支委员、村调解主任，2009年9月改任中共方林村党委委员、村调解主任至今。2000年至今任旧机械设备市场场长，在复杂的旧机械设备市场中，管理有序、协调有理，在市场中很有威望。

方中华　生于1955年5月，方林村人，毕业于浙江省委党校农村管理专业，在职大学学历。1973年7月起在黄岩县石曲砖窑厂工作，历任工人、供销科长、副厂长、厂长。1981年8月加入中国共产党。1982年兼任方林村团支部书记。1983年8月起历任村党支部书记、1995年3月起担任方林村党总支书记、2009年8月起担任方林村党委书记。1999年任方林集团董事长。2002年任浙江方林汽车城董事长。2005年任浙江方林二手车市场董事长。2010年担任浙江五村集团董事长；2010年兼任台州市“村官”论坛执委会主任。方中华自1983年8月担任村支部书记以来，团结带领全村村民，抢抓机遇，不断开拓创新，通过三次转型升级发展，从“市场兴村”到“重塑方林村”再到“跳出方林发展方林”，一步一个台阶，使方林村由一个贫穷落后的借贷村，发展成一个拥有五大专业市场、13个子公司，村民家家住别墅、户户生态园，享受着“吃粮村供应；看病全报销；养老有保障；股权有分红”等26项免费福利的全国明星村、幸福村。方中华于1988年当选为黄岩县第七届人大代表、1993年黄岩市第一届人大代表；1995年起连任路桥区第一、第二、第三、第四、第五届人大代表，连任路桥区第一、第二、第三、第四届路桥区人大常委会委员；1995年起连任台州市第一、第二、第三、第四、第五届台州市人大代表；1995年连任路桥区第一、第二、第三、第四、第五、第六届路桥区党代表，区第六届区委委员。1995年当选为台州市第一、第二次党代会代表；1988年当选为浙江省第七届人大代表；1993年当选为浙江省第九次党代会代表；1998年当选为浙江省第十次党代会代表；2012年当选为浙江省十三次党代会代表。2008年1月当选为第十一全国人大代表；2013年1月当选为第十二全国人大代表；2018年当选为第十三届全国人大代表。

方中华于1999年被评为台州市劳模、浙江省劳模；2010年被评为全国劳动模范；2003年被评为“全国农村优秀村官”；2004年被评为“全国十大杰出村官”；2019年被评为“中国村庄孺子牛村官”；2018年被评为“中国功勋村官”；2010年被评为第九届“全国农村基层干部十大新闻人物”；1987年被台州地委评为“优秀共产党员”；1995年被浙江省委、省政府评为建设社会主义新农村奔小康带头人；2004年被中共台州市委评为“为民好书记”；2011年被中共浙江省委评为优秀共产党员；2015年被中共浙江省委组织部评为“千名好支书”；2019年被中共浙江省委组织部评为浙江省首批兴村（治社）名师。2010年在中央党校参加了中央组织部组织的基层优秀党支部书记学习培训。近40年来，他始终牢记党的宗旨，忠实履行共产党员和人民代表的职责，时刻把群众的冷暖挂在心中，权为民所用，情为民所系，利为民所谋，是人民群众贴心人。

周建林 1957年5月生，台州市椒江区洪家街道虎啸坦村人，大专文化。1976年2月入伍，任中国人民解放军安徽省军区83415部队战士、班长。1978年11月加入中国共产党。1980年3月复员后任黄岩印刷厂办公室文书。1984年6月调任黄岩香料厂办公室主任、人事科长。1993年4月转任黄岩液压机械厂厂长兼书记。1995年7月任黄岩医疗器械厂厂长兼副书记。1999年6月任黄岩华东汽摩城副总经理。2002年10月起任浙江方林汽车城总经理至今。其间，兼任第三、第四届路桥区政协委员、台州市汽车经营行业协会执行会长。周建林在服役时获三等功1次。1987年8月在第二次全国工业普查工作中被评为省级先进工作者。2002年后经营管理浙江方林汽车城期间，带领员工坚持客户至上的经营理念，加强内部管理，优化市场环境，细化核算，创新制度，不断提高经济效益，使汽车城在2013年成为浙江省现代服务业集聚示范区称号；2014年获得台州市“集体劳动模范单位”殊荣。其本人分别评为2017年和2018年方林村优秀共产党员称号。

方巨 1961年11月生，方林村人。1981年7月台州师专中文系毕业。同年8月至1995年11月在椒江章安中学、椒江一中任教。1985年7月加入中国共产党。1995年11月至1999年5月在椒江区宣传部工作，1998年3月升任理论科副科长。1999年5月至2003年12月调台州市纪委工作，2000年7月任副科级纪检员，2002年1月升任正科级纪检员。翌年12月调任纪委教育调研室副主任。2005年9月转任市纪委信访室主任。2007年8月明确副局级。2011年8月至今，任台州市纪委派驻市住房和城乡建设规划局（市测绘与地理信息局）纪检组长、市住房和城乡建设规划局党组成员。

陈华能 1963年12月生，方林村人，高中文化，中共党员，地方企业家。1983年创办村属企业——黄岩县东海机械厂，任副厂长、厂长。1994年企业改为股份合作制。1996年起企业不断发展壮大，先后改名为“台州市中能光电有限公司”“浙江中能光电有限公司”“浙江中能摩托车有限公司”“浙江中能工业集团有限公司”，陈任执行董事。2005年企业收购佛山市佛斯弟摩托车制造有限公司后任董事长。2013年创办中能机车集团有限公司并任董事长。2018年收购意大利百年摩

托车企业100%股份，使企业登上新台阶。37年来，陈华能带领员工艰苦奋斗，锐意创新，坚持科技兴厂，开辟了一条从方林村出发走向全国面向全球的企业发展之路。目前工厂占地400余亩，拥有员工近千人，具备年产发动机60万台，电动摩托车30万台，燃油摩托车50万台的生产能力；产品销售到全世界100多个国家，是中国踏板车研发制造和销售的领军企业。2012年、2013年被新桥镇人民政府评为“年度明星企业家”，2013—2015年被评为“优秀回归企业家”。1995—1999年曾任中共方林村党总支委员；1995年至今兼任中能企业党支部书记。

蔡正杰　1964年2月生，路桥峰江上蔡村人，小学文化。1996年12月加入中国共产党。1982年7月上蔡小学毕业后到石曲经商。1994年1月迁居方林村，任村联防队队长。翌年3月任村委会副主任。1999年5月任村党总支副书记。2005年5月任村党总支副书记兼村委会主任。2009年9月至今任村党委副书记兼村委会主任。2012年5月起兼任台州天盛中心总经理至今。任职期间，善于团结，密切联系群众，公道正派、身先士卒，业务精通，共10个年度被评为路南街道先进工作者，2002年被区委、区政府评为区双拥工作先进个人，2012年被区政府评为区优秀村委会主任。

王军华　1967年3月生，方林村人。1991年7月于湖北省武汉粮食学院粮食工程系毕业，大学本科文化。同年8月参加工作，为黄岩市富山乡下派挂职干部，任农村工作指导员。1993年3月加入中国共产党。同年10月入黄岩市粮食局，任粮油工业科科员。1995年1月调路桥区国内贸易局（粮食局）任综合科副科长、市场管理科科长。2005年3月调路桥区新桥镇人民政府任副镇长、党委委员。2011年1月调路桥街道办事处任街道人大常委会副主任。2013年4月至今调路桥区交通运输局任局党委委员、纪委书记、副局长。

林显昌　1968年1月生，方林村人，高中文化。1987年7月于路桥中学毕业。1988年1月起在路桥经商。1996年独资创办路桥区同兴石磨漂洗厂，经营服装洗涤和加工，牛仔系列工艺配套成型等一条龙服务。2019年因路南老工业区拆迁而停办。2017年6月至今

任方林村村委委员、村监会主任。

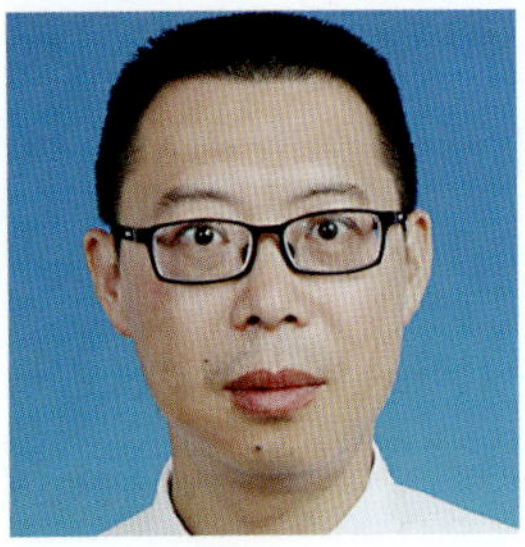

方豫 1969年5月生，方林村人。1987年7月路桥中学高中毕业。翌年10月参加工作，历任椒江市司法局干部、葭芷镇司法助理员、椒南办事处司法助理员、东山镇司法所副主任。1995年3月起任椒江区公证处主任。1996年2月加入中国共产党。1998年6月调椒江区委组织部，历任组织科副科长、非公办主任、干部二科科长，副主任科员。其间在西南师范大学法学专业本科班学习，并于2005年1月毕业。2006年6月调任椒江区海门街道党工委委员。2009年8月起调任椒江区交通局党委委员、纪委书记（副科级）。2018年8月调任台州市椒江区机构编制委员会办公室副主任。翌年6月改任中共台州市椒江区委机构编制委员会办公室副主任、二级主任科员至今。

方浩 1969年6月生，方林村人，在职大专文化。1990年1月加入中国共产党。1987年11月入伍，任中国人民解放军86287部队探照灯手。1991年12月复员后任职方林村党总支委员、方林旧机械设备市场支部书记兼副场长。1996年1月任村党总支副书记、方林短途客运南站站长兼党支部书记。1999年12月至今，任方林村党总支副书记（2009年后改称党委副书记）、方林农业支部书记、方林集团副董事长、方林汽车城副总经理、方林汽车城工会主席、方林汽车城武装部部长。其间，于2017年兼任第五届台州市政协委员和第五届台州总工会委员、路桥区汽车流通行业工会联合会主席。方浩在服役期间曾获连嘉奖4次。2002年、2003年获台州市创建文明城市工作先进个人；2003年获路桥区拥军优属工作先进个人；2004年获区创建文明城市、卫生城市、园林城市先进个人；2008年度区社会治安综合管理工作先进个人。

林文德 1969年10月生，方林村人，在职大专学历。1985年8月至1991年12月间在黄岩长虹电机厂工作。1991年5月至1998年12月任方林村团支部书记、村联防队副队长。1998年12月22日入党。1999年1月25日至2002年5月25日任方林村村委会主任。2002年5月至2005年6月任村委会副主任（主持村委会工作）、村党总支

委员。2005年3月至2008年7月任村党总支委员。2008年4月至2014年3月经商。2014年4月至今任专职网格员。2001年2月区委党校农村户口管理专业中专班毕业；2002年7月台州行政学院乡村经济管理专业专科毕业。获评1995年度区优秀团员，1996年度区优秀团干部；曾当选共青团路桥区代表，区级村党支部书记村委会主任好搭档；曾获评路南街道先进工作者。

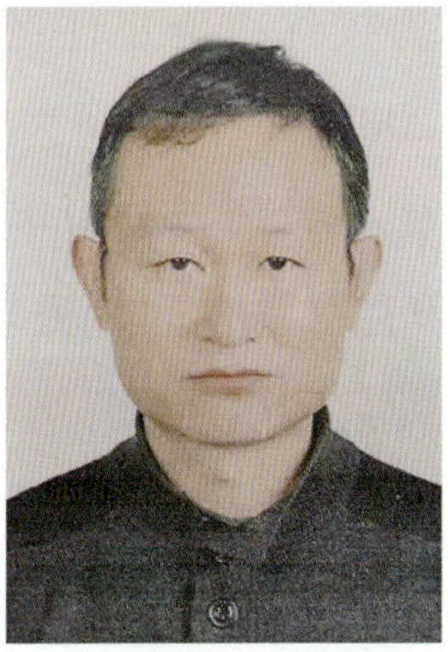

方崇峰　1971年生，方林村人。1993年毕业于浙江医科大学，分配到台州医院，2013年调到台州恩泽医疗中心（集团）路桥医院工作，现任心血管内科副主任，为浙江省医学会心血管病分会青年委员，台州市医学会心血管病分会副主委，长期从事心血管疾病临床工作，在国际性医学刊物和国家级医学刊物上发表论文若干篇。

方飚　1973年生，字崇飚，号无为师爷，书画家、主持人、作家、教授。方林村人。初中毕业后，做过工人，经过商，当过广告公司、电器公司业务员。2003年涉足家装行业，2015年成立方士智库，免费提供装修咨询服务，成为家装行业顾问，为台州家装企业给出发展建议。同时，投身文史领域，做主持人，当评论员，创作文学作品。曾出版长篇自传体小说《激流时代的无为师爷》、长篇纪实文学《台州名人访谈录》，在各大媒体上发表过数百篇中短篇文章。2019年，参加全国书画大赛，参展的小篆书法获三等奖。

现为黄岩政协文史专员、路桥政协特邀文史研究员、台州参政议政工作委员会委员（九三学社）、台州市一江山印社副社长、台州市弘培公益慈善协会秘书长、中央九三学社台州书画院秘书长、中国建筑风水研究院研究员兼荣誉顾问、台州花艺文化研究会顾问、台州市反邪教协会理事、台州名人堂堂主、九三学社社员。全媒体专栏作家、凤凰网特约评论员、搜狐焦点特约评论员，《方老师讲装修》栏目主讲人，著名文化名人访谈栏目《凤凰下午茶》《名人对话》主持人，《和合中国》专栏总编。热心慈善事业，曾荣获“公益书画家”“慈善先进人物”“优秀政协之友”等荣誉，列《全球华人星光榜》第三名，中国文化复兴力量精英榜亚军，亚洲作家时尚大典名人影响力排行榜前十。

李英姿 1975年7月生，女，方林村人，中学高级教师。1996年7月毕业于台州学院数学系。同年7月至2002年8月在路桥石曲中学（后改路桥三中）任教。2002年3月加入中国共产党。同年9月至翌年6月在新桥初级中学支教。2003年9月至2017年7月在路桥三中任教。2017年9月至2020年7月在椒江区第二中学任教。2004年8月被评为区优秀教师；2005年9月被评为校优秀教师；2006年3月被评为校优秀班主任；2006年8月被评为区优秀教师；2007年7月获区优质课评比一等奖；2007年9月被评为校优秀班主任；2008年8月被评为区优秀教师；2009年8月被评为区优秀教师；2010年9月被评为区优秀教师；2011年6月被评为区师德先进标兵；2011年9月被评为区优秀教师；2013年9月被评为区优秀教师；2014年12月被评为中学高级教师；2014年9月被评为校优秀教师；2015年9月被评为校优秀教师；2016年9月被评为校优秀教师；2018年被评为校优秀教师；2019年被评为校优秀教师。2020年8月调椒江区教育数学发展中心任职。

叶利芬 1976年生，女，方林村人，理发师。2010年，叶利芬获悉理发店大多拒绝为老人理发，加之老人们年事已高，腿脚不便，越来越多的老人干脆就不理发。她和丈夫主动和村里领导联系，决定每月安排一天时间为老人们免费理发。从2010年开始，年年如此，月月如此，从不间断。2014年路桥区人民政府授予叶利芬“道德红人”称号。

方崇奇 1977年10月生，方林村人，大学文化。2004年6月加入中国共产党。2000年6月由上海华东师范大学统计专业毕业后任职浙江吉利集团摩托车销售经理。2002年5月回方林村任浙江方林汽车城副总经理。2009年3月调任浙江方林二手车市场有限公司总经理至今，同年8月起至今兼任中共方林村党委委员、浙江方林二手车市场党支部书记。

方崇奇在经营管理二手车市场期间，懂管理、善思考、勇探索、敢创新，仅用10年时间，使该市场成为华东地区规模最大、功能最全、最具影响力的中高端二手车市场和台州唯一一家浙江省五星级文明规范市场作出较大贡献。2012年至今任第四、第五届台州市路桥区总商会理事会副会长；2017年当选为第五届路桥区政协委员。

方崇志　1978年4月生，方林村人，大专文化。2000年7月湖北农学院会计专业毕业。同年8月进入浙江方林集团财务室任助理会计。2005年6月至2020年年底任方林村会计。2011年3月23日至2017年4月27日担任第十一、十二届方林村民委员会委员。2009年10月加入中国共产党。

林红　1979年3月生，女，方林村人，大专文化。2002年5月由华东师范大学汉文学专业毕业后，任职方林村村委会委员兼妇女主任至今。2005年6月加入中国共产党。任职17年如一日，工作认真负责，成绩斐然。2006年评为区优秀妇女干部，2009年评为区妇女工作先进个人，2011年获区妇联系统创先争优标兵称号，2015年获区人口和计划生育工作先进个人。

管浩峰　1981年10月28日生，方林村人，大专文化。1999年7月路桥鸿宇中学高中毕业，2001年6月浙江工程学院工商管理系毕业。2001年7月在方林旧机械设备市场经商。2002年3月任台州市环利精密机械有限公司副总经理。2007年5月任台州银峰机电有限公司总经理。2017年6月任浙江方林集团董事长助理。2018年5月任浙江方林二手车市场有限公司副总经理。2020年3月12日被路南街道办事处聘为路南知联分会副秘书长。2020年12月13日起任方林村村民委员会委员。

王成　1982年生，方林村人，博士，副教授，硕士生导师。2001年9月考入浙江工业大学机电工程学院，就读工业工程专业。2005年9月考入天津大学经济与管理学部，就读系统工程专业。2007年6月获硕士研究生学位。同年9月继续在天津大学经济与管理学部系统工程专业读博，2010年6月毕业，获博士学位。2010年7月进浙江工业大学机械工程学院工作，任讲师。2016年1月，获副教授职称。主要教授和研究领域有数据智能优化、复杂系统建模仿真与优化、复杂网络理论、博弈论与机制设计理论、系统工程理论与方法等。多次主

持和参与省级、国家级科研项目。2014年1月至2016年12月，主持国家自然科学青年基金项目《网络化环境下服务供需主体博弈分析及服务资源优化配置》。2018年1月至2020年12月，主持浙江省自然科学基金项目《考虑顾客失约行为的服务预约最优提醒策略研究》。2014年以来，先后参与国家自然科学基金面上项目《面向低熵的一类多态性作业车间布局智能建模与稳健协同优化》、国家自然科学基金青年项目《网络化环境下的供应链金融协调机制设计》、国家自然科学基金面上项目《产出不确定环境下供应链竞争模型与协调机制》研究等。

林荣辉 1982年8月生，方林村人，大学文化。2002年1月加入中国共产党。2003年6月由中国计量学院信息管理专业毕业。同年9月任方林村党总支委员兼方林汽车城团支部书记。2008年9月任村党总支委员、方林村办公室主任、方林汽车城副总经理兼团支部书记。2009年9月起任方林村党委委员、方林汽车城常务副总经理兼团支部书记，方林汽车城4S党总支书记。2017年12月至今任村党委委员兼路桥团区委副书记，方林汽车4S党总支书记，方林汽车城党支部书记、团总支书记、常务副总经理。2016年获浙江省千名好党员和台州市优秀党务工作者称号。2018年被评为全国两新党建先锋导师银燕奖和浙江省千名好支书。2019年被评为全国优秀团干部和台州市担当作为好书记。2020年4月荣获台州市劳动模范称号，同年11月获“浙江省抗击新冠肺炎疫情先进个人”荣誉。2021年1月，任方林党委副书记、村纪委书记、村监会主任、汽车城总经理。

方刚 1986年10月生，方林村人，大学文化。2010年7月加入中国共产党。2009年7月绍兴文理学院国际经济与贸易专业毕业。同年7月任职方林二手车市场市场部，12月调任浙江方林集团办公室。2011年至2017年4月任第九、第十届村委会委员。2011年起至今兼任村团支部书记。2013年起至今任浙江方林担保有限责任公司，并任方林村党委委员、企业市场党支部书记。2016年1月起任浙江五村小额贷款公司副总经理兼任浙江五村实业有限公司总经理。翌年1月至今任浙江五村小额贷款公司总经理，兼任浙江五村实业有限公司总经理。

第二章　荣　　誉

方林村党委（党总支、党支部）解放思想，创新创业，带领全村群众经过艰苦卓绝的奋斗，使昔日一穷二白的方林村变成一个产业兴旺、生态宜居、乡风文明、治理有效、生活富裕的社会主义新农村。得到上至党中央、国务院，下至市区街道领导的高度赞扬和社会各界的充分肯定，获得诸如全国先进基层党组织、国家生态村、全国文明村、全国民主法治村等多项荣誉，仅国家级荣誉就有近30项，省级24项。同时还涌现出大量先进模范人物。

第一节　集体荣誉

方林村历年所获荣誉见表22-1。

表22-1　方林村历年获得各级荣誉

级别	获奖年份	荣誉称号	授予单位
国家级	1996	全国先进基层党组织	中共中央组织部
		中国农村小康示范村	中国小康促进会
	1997	全国老有所为奉献奖	中华人民共和国民政部　中华人民共和国劳动部　全国总工会　共青团中央　中华全国妇女联合会　中国老龄协会
		全国老有所为先进集体	
	1999	全国文明村镇工作先进村	全国文明村镇建设指导委员会
		全国经济特色村	中国农村社区发展促进工程组委会
	2003	中国诚信企业（汽车城）	中国管理科学研究院　中国国际保护消费者
	2004	重质量创品牌优秀企业（汽车城）	中国管理科学研究院　中国国际保护消费者

（续）

级别	获奖年份	荣誉称号	授予单位
国家级	2004	全国“美德在农家”示范点单位	中华人民共和国文化部　中华全国妇女联合会
		“重质量、创品牌”优秀企业（汽车城）	中国管理科学院 中国国际保护消费者权益促进会
	2005	全国文明村镇	中共中央精神文明建设指导委员会
	2006	全国敬老模范村居社区	全国老龄工作委员会办公室
		中国名村	全国“村长”论坛组委会
	2007	全国民主法治示范村	中华人民共和国司法部、中华人民共和国民政部
	2008	国家级生态村	中华人民共和国环境保护部
		中国名村影响力排行榜（300佳）方林村位列第25位	中国村社发展促进会特色村委员会　同济大学现代村镇发展研究中心　亚太农村社区发展促进会　中国委员会中华口碑中心
	2009	全国文明村镇	中共中央精神文明建设指导委员会
		中国绿色村庄	中共中央精神文明建设委员会　国家环境保护总局
		中国名村影响力排行榜综合排名第25名，民生指数第9名	中国小康促进会对中国前300个名村进行排序
	2010	中国村庄名片	中国村社发展促进会
	2010	中国乡村文化优秀传媒（方林报）	中国文化管理学会
	2010	全国妇联基层组织建设示范村	中华全国妇女联合会
	2010	中国商业服务业先进企业（方林汽车城）	中国商业联合会
	2011	中国幸福村	中国村社发展促进会特色村工作委员会
	2012	中国美丽村庄	中国村庄发展促进会特色村工作委员会亚太农村社区发展促进会亚太环境保护协会APEPA
		全国创先争优先进基层党组织	中共中央组织部
	2012	全国诚信示范市场（汽车城）	国家工商行政管理总局

（续）

级别	获奖年份	荣誉称号	授予单位
国家级		全国诚信示范市场（二手车市场）	国家工商行政管理总局
	2015	全国百强市场（二手车市场）	国家工商行政管理总局
	2016	方林“行”认证获认证工作年度“卓越贡献奖”	中国汽车协会
		“2016年度‘行’认证十大金牌认证奖（二手车市场）	中国汽车协会
	2017	中国商品市场百强（二手车市场）	国家工商行政管理总局
		网上网下融合市场30强	国家工商行政管理总局
	2018	2018年度中国二手车流通行业领军企业奖（二手车市场）	国家工商行政管理总局
		全国二手车市场诚信等级AAAAA（二手车市场）	国家工商行政管理总局
	2020	《美丽的方林是幸福的家》获中国农民丰收节村歌大赛表演奖	中国村歌大赛组委会
		《美丽的方林是幸福的家》获中国农民丰收节村歌大赛百佳村歌	中国村歌大赛组委会
		全国文明村镇	中共中央精神文明建设指导委员会
浙江省级	1995	浙江省先进基层党组织	中共浙江省委
	1996	浙江省示范村民委员会	浙江省民政厅
	1998	社会主义新农村现代化建设示范村	
		首届魅力新农村	中共浙江省委省人民政府
		先进基层党组织	中共浙江省委
	1999	先进基层党组织	中共浙江省委
	2001	省级文明村	中共浙江省委省人民政府
	2004	全面小康建设示范村	中共浙江省委省人民政府
		党建工作省级示范村	中共浙江省委组织部

（续）

级别	获奖年份	荣誉称号	授予单位
浙江省级	2004	浙江省绿化示范村	浙江省绿化委员会　浙江省林业厅
		四星级文明规范市场（汽车城）	浙江省工商行政管理局
	2005	浙江省绿色社区	浙江省精神文明建设委员会办公室、浙江省环境保护局
	2006	魅力新农村	浙江省人民政府
	2007	区域性重点市场	浙江省工商行政管理局
	2007	浙江省民主法治村	浙江省司法厅浙江省民政厅　浙江省普法教育办公室
	2008	巾帼示范村	浙江省巾帼建功和双学双比活动协调小组
		浙江省村级体育俱乐部	浙江省体育局
		浙江省特色旅游村	浙江省旅游局
		汶川5·12地震赈灾捐赠慈善爱心奖	浙江省慈善总会
		巾帼示范村	浙江省巾帼建功和双学双比活动协调小组
	2009	浙江省村级体育俱乐部	浙江省体育局
		浙江省特色旅游村	浙江省旅游局
		农村基层党风廉政建设示范村	中共浙江省纪律检查委员会 中共浙江省农村基层党风廉政建设领导小组
	2011	浙江省森林村庄	浙江省关注森林组织委员会
		浙江省特色旅游村	浙江省旅游局
	2012	省级信用村	浙江省农业和农村工作办公室 浙江省农村信用社联合社
		省双强（党建、发展）百佳行政村	中共浙江省委组织部　浙江省农业和农村办公室
		浙江省“双强百佳”行政村	中共浙江省委省人民政府
	2013	浙江省现代服务业集聚示范区（汽车产业服务集聚区）	浙江省人民政府

（续）

级别	获奖年份	荣誉称号	授予单位
浙江省级	2013	2013年中国商品市场百强（二手车市场获）	国家工商总局　浙江省人民政府
	2015	浙江省诚信示范市场（二手车市场）	浙江省市场监督管理局
	2016	二手车市场获浙江省五星级文明规范市场称号	浙江省市场监督管理局
	2017	浙江省三星级农贸市场（方林菜市场）	浙江省市场监督管理局
		浙江省放心市场（方林菜市场）	浙江省市场监督管理局
	2018	浙江省高质量就业村	浙江省人民政府
台州市	1995	新农村建设示范村	中共台州市委
	1996	先进基层党组织	中共台州市委
	1999	市级文明单位	中共台州市委 市人民政府
		创建卫生城市活动先进单位	台州市爱国卫生运动委员会
	2000	台州市共同富裕工程建设示范村	中共台州市委
	2003	农村基层组织先锋工程建设示范实践基础	中共台州市委组织部
	2005	巾帼绿色示范点	台州市妇女联合会 台州市环境保护局
		2004年度红旗社区妇联	台州市妇女联合会
		台州市生态村	台州生态市建设工作领导小组
		拥军优属模范单位	中共台州市委 中国人民解放军台州军分区
	2006	拥军优属模范单位	中共台州市委　台州军分区
		十大魅力村庄	台州市人民政府
	2007	拥军优属模范单位	中共台州市委　台州军分区
	2008	台州市巾帼示范村	台州市巾帼建功和双学双比活动协调小组
	2009	2008年度和谐社区	台州市城乡社区建设领导小组
		创市人口和计划生育示范村	中共台州市委 市人民政府政府

（续）

级别	获奖年份	荣誉称号	授予单位
台州市	2011	妇女之家示范村	台州市妇女联合会
	2012	争创全国双拥模范城先进单位	中共台州市委 中国人民解放军台州军分区
		常务副会长单位	台州市新农村建设研究会
		两新组织发展党建强百佳基层党组织	中共台州市组织部
		2010—2012年创先争优先进基层党组织	中共台州市委
		妇女之家示范点	台州市妇女联合会
		台州市争创全国双拥模范城市先进单位	中共台州市委 中国人民解放军台州军分区
	2014	集体劳动模范（汽车城）	中共台州市委　市人民政府
	2016	台州市先进党组织	中共台州市委
		汽车4S党总支获台州市双强百佳党组织	中共台州市委
	2018	台州市诚信示范市场（二手车市场）	台州市市场监督管理局
路桥区	1995	省级标准小康村	中共路桥区委　路桥区人民政府
	1996	文明单位	中共路桥区委　路桥区人民政府
		1995年度经济亿元村	中共路桥区委　路桥区人民政府
	1997	1996年度区级农业龙头企业	中共路桥区委　路桥区人民政府
	1998	路桥区文明单位	中共路桥区委　路桥区人民政府
		爱国主义教育基地（方林苑）	路桥区人民政府
	1999	双拥先进单位	路桥区人民武装部
	2000	先进基层党组织	中共路桥区委
	2001	2001年度路桥先锋	中共路桥区委
		1996—2000年区“三五”普法先进单位	中共路桥区委　路桥区人民政府

（续）

级别	获奖年份	荣誉称号	授予单位
路桥区	2001	信息化示范村	路桥区人民政府
	2003	2002年度双拥先进单位	中共路桥区委　路桥区人民政府
	2004	2003市场考核一等奖	中共路桥区委　路桥区人民政府
		一级文化村	中共路桥区委　路桥区人民政府
		先进基层党组织	中共路桥区委
		抗台救灾工作先进基层党组织	中共路桥区委
	2005	抗台救灾工作先进集体	中共路桥区委　路桥区人民政府
		先进基层党组织	中共路桥区
		2004年度双拥模范单位	路桥区人武部
		2004年度市场考核三等奖	中共路桥区委　路桥区人民政府
	2006	2005年度先进基层党组织	中共路桥区委
		路桥区体育活动先进集体（老年协会）	
	2007	2006年度双拥模范单位	路桥区人武部
	2009	“五好”基层关工委示范村居	中共路桥区委　路桥区人民政府
		区先进集体称号（老年协会）	
		区级基层党组织	中共路桥区委
	2010	2009年度人口和计划生育工作	中共路桥区委　路桥区人民政府
		区级先进基层党组织	中共路桥区委
	2011	2010年度人口和计划生育工作先进单位	中共路桥区委　路桥区人民政府
		2010年度双拥模范单位	中共路桥区委　路桥区人民政府
		先进妇女组织	路桥区妇女联合会

（续）

级别	获奖年份	荣誉称号	授予单位
路桥区	2011	计划生育先进单位	路桥区计生委
		志愿活动专项基金发动单位	共青团路桥区委
		先进基层党组织	中共路桥区委
	2012	首批学习型党组织建设工作先进单位	路桥区委组织部、宣传部
		2011年度人口和计划生育工作先进单位	中共路桥区委　路桥区人民政府
		村妇联获人口计划生育三十年“国策之星”称号	路桥区人民政府
		“春泥计划”实施工作先进村	中共路桥区委宣传部
		2011年先进妇女组织	中共路桥区委
	2013	2012年度区人口和计划生育工作先进单位	中共路桥区委　路桥区人民政府
		先进巾帼志愿服务队	路桥区妇女联合会
	2014	先进妇女组织	路桥区妇女联合会
		青年文明号	共青团路桥区委
	2016	汽车4S党总支获路桥区先进基层党组织	中共路桥区委
		区2016年度优秀专业市场（汽车城）	台州市场监督管理局
路南街道	1995	先进团组织、先进妇代会	中共路南街道党委
	1998	九七年度集贸交易先进集体	中共路南街道委员会　路南街道办事处
	2002	2001年度工作先进集体	中共路南街道委员会　路南街道办事处
		2001年度先进村委会	中共路南街道委员会　路南街道办事处
	2003	2002年度先进集体	中共路南街道委员会　路南街道办事处
	2005	2004年度先进集体	中共路南街道委员会　路南街道办事处
		2004年度经济普查工作先进集体	中共路南街道委员会　路南街道办事处

（续）

级别	获奖年份	荣誉称号	授予单位
路南街道	2006	2005年度先进集体	中共路南街道委员会　路南街道办事处
路南街道	2006	2006年度文体工作先进集体	中共路南街道委员会　路南街道办事处
路南街道	2007	2006年度先进集体	中共路南街道委员会　路南街道办事处
路南街道	2007	路南街道老年健身操比赛团体第一名	路南街道老年协会
路南街道	2008	2007年度先进团支部	中共路南街道委员会　路南街道办事处
路南街道	2008	2007年度文体工作先进集体	中共路南街道委员会　路南街道办事处
路南街道	2008	2007年度双拥工作先进集体	中共路南街道委员会　路南街道办事处
路南街道	2008	2007年度先进集体	中共路南街道委员会　路南街道办事处
路南街道	2009	2008年度文体工作先进集体	中共路南街道委员会　路南街道办事处
路南街道	2009	2008年度党风廉政工作先进集体	中共路南街道委员会　路南街道办事处
路南街道	2010	2009年度文体工作先进集体	中共路南街道委员会　路南街道办事处
路南街道	2010	2009年度双拥工作先进集体	中共路南街道委员会　路南街道办事处
路南街道	2010	2009年度综治信访工作先进集体	中共路南街道委员会　路南街道办事处
路南街道	2010	2009年计生工作先进集体	中共路南街道委员会　路南街道办事处
路南街道	2011	2010年商贸业发展工作先进集体	中共路南街道委员会　路南街道办事处
路南街道	2011	2010年度文体工作先进集体	中共路南街道委员会　路南街道办事处
路南街道	2011	综治信访工作先进集体	中共路南街道委员会　路南街道办事处
路南街道	2011	2010年度先进团支部	中共路南街道党工委
路南街道	2011	2010年度先进党组织	中共路南街道党工委
路南街道	2011	2010年度先进集体	中共路南街道党工委　路南街道办事处
路南街道	2012	2011年度三产工作先进集体	中共路南街道党工委　路南街道办事处

（续）

级别	获奖年份	荣誉称号	授予单位
市级	2019	台州市五届人大三次会议优秀代表《创建“智能化厕所革命”示范城市的建议》议案	台州市人大常委会
街道级	2019	2018年度优秀党组织书记	中共路南街道工委会、办事处
街道级	2020	优秀党支部书记	中共路南街道工委会、办事处

方林村村民（家庭）获村级（不含）以上荣誉情况见表22-3。

表22-3　方林村村民（家庭）获村级（不含）以上荣誉情况

获奖时间	获奖人员	荣誉名称	授予单位
1975年	谢华德	在1974年中成绩显著荣立“三等功”	中国人民解放军0024部队
1987年	周建林	省级先进工作者（第二次全国工业普查）	浙江省工业普查办公室
1989年1月	林小春	先进生产（工作）者	石曲乡党委、乡人民政府
1989年1月	林必清	先进生产工作者	石曲乡人民政府
1990年	方四妹	先进工作者	石曲办事处
1990年	林小春	农经先进工作者	黄岩市农村经济委员会
1990年	林小春	先进生产（工作）者	石曲办事处
1991年1月	方四妹	先进工作者	中共石曲党委、办事处
1991年1月	林小春	全国第四次人口普查中为市级先进工作者	黄岩市人民政府第四次人口普查领导小组
1991年1月	林小春	先进工作者	中共石曲党委、石曲办事处
1991年1月	林必清	先进生产工作者	石曲办事处
1991年1月	方四妹	先进工作者	中共路桥镇党委、镇人民政府
1991年1月	方四妹	市场优秀协管员	黄岩市工商行政管理局
1992年1月	方四妹	先进工作者	中共石曲党委、石曲办事处
1992年1月	林小春	先进工作者	中共石曲党委、石曲办事处

（续）

获奖时间	获奖人员	荣誉名称	授予单位
1993年1月	方四妹	先进工作者	路桥派出所
	林小春	先进工作者	中共路桥镇党委、镇人民政府
	林小春	市农经系统财务管理先进工作者	黄岩市农村经济委员会
1994年	方四妹	先进生产工作者	中共路桥镇党委、镇人民政府
	方四妹	市场优秀协管员	黄岩市工商局
1995年	方四妹	优秀市场协管员	台州市工商行政管理局路桥分局
1996年	林必清	先进生产工作者	路南街道办事处
	林小春	先进个人	中共路南街道党委、街道办事处
	林必清	市场管理先进工作者	路南街道办事处
	方四妹	优秀协管员	台州市工商行政管理局路桥分局
	林文德	1995年度区级优秀团员	共青团路桥区委
1997年	林小春	先进工作者	中共路南街道委员会、路南街道办事处
	林小春	村级工业管理服务站先进个人	台州市路桥区乡镇企业局
	林必清	先进工作者	路南街道办事处
	方四妹	市场管理先进工作者	中共路南街道党委、街道办事处
	方四妹	市场管理成绩突出	台州市工商行政管理局路桥分局
	林小春	捐资助学您（贵单位）捐资贰佰捌拾元永留史册，将立碑铭记	路南街道办事处
	林文德	1996年度区级优秀团干部	共青团路桥区委
	蔡正杰	先进个人	路南街道办事处
1998年	林小春	先进工作者	中共路南街道委员会、路南街道办事处
	张　斌	三等功	中国人民解放军56097部队政治处
	张　斌	98年度被评为优秀士兵	中国人民解放军56097部队政治处
1999年	林小春	先进工作者	中共路南街道委员会、路南街道办事处
	林必清	优秀共产党员	中共路南街道委员会
	谢华德	评为十佳新家庭示范户	路桥区计划生育局

（续）

获奖时间	获奖人员	荣誉名称	授予单位
2000年	林小春	先进工作者	中共路南街道委员会、路南街道办事处
2000年	林必清	先进个人	路南街道办事处
2000年	林必清	先进工作者	路南街道办事处
2001年	林小春	先进工作者	中共路南街道委员会、路南街道办事处
2001年	林必清	优秀共产党员	中共路南街道工委
2001年	林小春	全国第五次人口普查市级先进工作者	台州市第五次全国人口普查领导小组
2002年	蔡正杰	路桥区拥军优属工作先进个人	中共路桥区委、路桥区人民政府
2002年	林必清	学习“三个代表”先进个人	路桥区人民政府
2003年	蔡正杰	路桥区双拥工作先进个人	中共路桥区委、区人民政府
2004年	杨海红	2003年度路南街道学习型家庭示范户	路南街道妇女联合会
2005年	蔡正杰	优秀共产党员	中共路南街道委员会
2005年	林文德	路南街道城建工地工作先进个人	中共路南街道委员会、路南办事处
2005年	林小春	市第一次经济普查中评为先进个人	台州市第一次经济普查领导小组
2006年	蔡正杰	先进工作者	中共路南街道工委、路南街道办事处
2006年	李仙琴	飞镖比赛女子二等奖	路南街道老年人体协
2007年	林必清	市场优秀管理者	中国商品质量调查中心
2007年	王建勇	2006年度“十星级文明家庭”称号	中共方林村党总支、村委会
2008年	林　琪	全市农行技能大比武点钞全能第二名	中国农业银行股份有限公司台州市分行
2008年	林　琪	技能比武第一名	中国农业银行股份有限公司路桥支行
2008年	谢文元	区老人体育优秀辅导员	路桥区体育局　路桥区老年协会

（续）

获奖时间	获奖人员	荣誉名称	授予单位
2009年	孙止青	评为2008年度百佳协会小组长	路桥区计划生育协会
	孙正春	百佳协会小组长	路桥区计划生育协会
	潘荷莲	老人第二届乒乓球赛第二名	路南街道办事处、老人协会
2010年	林　琪	优秀客户经理	中国农业银行股份有限公司台州市分行
	潘荷莲	老人第三届乒乓球赛第一名	路南街道办事处、老人协会
	潘荷莲	区老人第七届乒乓球赛第五名	路桥区人民政府、区老人协会
2011年	陈　晓	2010年度“十佳队员”称号	路南派出所
	蔡正杰	路桥区优秀村（居）委会主任	路桥区人民政府
	潘荷莲	老人第四届乒乓球赛第二名	路南街道办事处、老人协会
2012年	林　琪	先进工作者	中国农业银行股份有限公司台州市分行
	陈　晓	2011年度“十佳协警”	路南派出所
	蔡正杰	先进工作者	中共路南街道工委、路南街道办事处
	蔡正杰	路桥区优秀村（居）委会主任	路桥区人民政府
	谢华德	浙江省文明家庭	浙江省精神文明建设委员会
	丁丹芬	“百晓”故事大家讲比赛中获一等奖	中共路南街道工委、路南街道办事处
	潘荷莲	区老人第八届乒乓球赛第四名	路桥区人民政府、区老人协会
	丁丹芬	区百晓故事大家讲比赛中获一等奖	中共路桥区委宣传部、组织部
	谢华德	台州日报60周年“老读者”	台州日报报业传媒集团
2013年	丁丹芬	台州市优秀宣讲员	中共台州市委宣传部
	蔡正杰	路桥区优秀村（居）委会主任	路桥区人民政府
	谢华德	评为路桥区最美家庭	路桥区妇女联合会

（续）

获奖时间	获奖人员	荣誉名称	授予单位
2013年	潘荷莲	区老人第九届乒乓球赛第四名	路桥区人民政府、区老人协会
	叶利芬	路桥区优秀中国志愿者	台州市路桥区妇女联合会
2014年	林　琪	先进工作者	中国农业银行股份有限公司台州市分行
	丁丹芬	2013年度宣传工作先进个人	中共路南街道工委
	蔡正杰	多城同创工作先进个人	中共路南街道工委、路南街道办事处
	蔡正杰	先进工作者	中共路南街道工委、路南街道办事处
	陈　晓	2013年度优秀协警	台州市公安局路桥分局
	丁丹芬	区“立家规、习家训、传家风”百姓故事大家讲比赛一等奖	路桥区精神文明建设委员会
	谢华德	“立家规、习家训、传家风”百姓故事一等奖	路桥区文明办公室
	叶利芬	路桥“最美家庭”	路桥区妇女联合会
	丁丹芬	2013年度优秀“乡村民嘴”	中共路桥区委宣传部、组织部
	潘荷莲	区老人第十届乒乓球赛第四名	路桥区人民政府、区老人协会
2015年	叶利芬	道德红榜人物	路桥区精神文明建设委员会
	管人财	道德红榜人物	路桥区精神文明建设委员会
	陈　晓	2014年度先进协警	台州市公安局路桥分局
	叶利芬	台州好人	中共台州市委宣传部、台州市文明办
	丁丹芬	台州市“最美基层宣讲员”	中共台州市委宣传部
2016年	林荣辉	路桥区“百优标兵”身边好党员	中共路桥区委、区人民政府
	蔡正杰	先进工作者	中共路南街道工委、路南街道办事处
	林荣辉	台州市优秀党务工作者	中共台州市委

（续）

获奖时间	获奖人员	荣誉名称	授予单位
2016年	林荣辉	浙江省万名好党员	中共浙江省委组织部
	丁丹芬	第二届浙江省十大基层优秀宣讲员称号	中共浙江省委宣传部
2017年	蔡正杰	先进工作者	中共路南街道工委、路南街道办事处
2017年	方　敏（三队）	2017年度路桥“最美家庭”	路桥区精神文明建设委员会办公室、路桥区妇女联合会
	丁丹芬	台州和合好故事宣讲二等奖	中共台州市委宣传部
2018年	林　玲	评为2018年度先进工作者	黄岩城市建设发展集团有限公司
	林荣辉	路桥区“百优标兵”身边好党员	中共路桥区委、区人民政府
	方　浩	2017年度优秀党组织书记	中共路南街道工委、办事处
	蔡正杰	2017年度先进工作者	中共路南街道工委、办事处
	林荣辉	浙江省千名好支书	中共浙江省委组织部
	林文德	路南街道2018年度第二季度5星级网格员	路南街道社会治安综合治理委员会办公室
	谢文元	区传统武术比赛二等奖	路桥区武术协会
	丁丹芬	浙江省基层宣讲名师	中共浙江省委宣传部
	林荣辉	全国两新党建先锋导师	非公有制企业党建中心
	林荣辉	全国两新党建银雁奖	非公有制企业党建中心
2019年	蔡正杰	2018年度先进工作者	中共路南街道工委、办事处
	方　飚	2018年度优秀政协之友	政协台州市黄岩区委员会
	丁丹芬	2018年度先进工作者	中共路桥区委宣传部
	方　飚	“2019春季全国书画大赛”三等奖	当代国画书法大赛网
	丁丹芬	2018年优秀宣讲教案PPT类二等奖	中共台州市委宣传部、中共台州市直属机关工作委员会
	林荣辉	全国优秀共青团干部	共青团中央

（续）

获奖时间	获奖人员	荣誉名称	授予单位
2020年	方　飏	在《全球华人星光榜》网络评选大赛中荣获第三名	《全球华人星光榜》组委会
	王琼瑶	2019年度信息工作先进个人	中共路桥区委
	林文德	2019年度路南街道四星级专职网格员	路南街道社会治安综合治理委员会办公室
	方　浩	2019年度先进工作者	中共路南街道工委办事处
	蔡正杰	2019年度先进工作者	中共路南街道工委办事处
	林荣辉	台州市担当作为好支书	中共台州市委组织部
	林荣辉	路桥区疫情防控和复工复产先进个人	中共路桥区委组织部
	林荣辉	台州市劳动模范	中共台州市委　台州市人民政府
	林荣辉	浙江省抗击新冠肺炎疫情先进个人	中共浙江省委、省人民政府

2010—2019年度浙江方林二手车市场优秀员工名单见表22-4。

表22-4　2010—2019年度浙江方林二手车市场优秀员工名单

年份	姓　名
2010	林必清、陈菊华、胡　斌、蒋晓哲、曹娴妮、贺菊红
2011	陶金萍、陈菊华、胡　斌、管卫军、张　超、金俏丽、陈宏星、张先根、王　辉、叶梦梦、陈茜茜、王弟杰
2012	朱建明、黄　燕、陶金萍、陈菊华、杨斯涵、杨　宋、於蓓蓓、胡　斌、任　英、陈宏星、王纪金、沈　晔、梁　锋、管卫军、罗建忠
2013	陈菊华、朱建明、贺菊红、金俏丽、陈灵青、胡　斌、许礼礼、管卫军、沈　晔、潘敏敏、陈宏星、王纪金、聂成妹、张洪波、邵艸霄、陈茜茜、徐　洁、李婷婷
2014	金俏丽、陶金萍、胡　斌、方　鑫、梁　峰、杨晓庆、管卫军、任　英、应月涵、陈菊华、赖柏其、陈茜茜、李加其、李辟珠、陈宏星、王纪鑫、张彦波、张洪波
2015	陈灵青、贺菊红、朱建明、胡　斌、管卫军、许礼礼、陈菊华、赖柏其、罗菲菲、李群珠、陈莎士比亚、张洪波、陈茜茜、郑佳妮、刘鸿兵、施丽萍、王丽丽、邱先富、黄　浃、楼龙翔、陈宏星、王纪金、刘如平、罗建出

（续）

年份	姓 名
2016	陈丽娜、陶金萍、方 鑫、缪慧蓉、管卫军、许礼礼、陈菊华、赖柏其、罗菲菲、梁玲芬、韩琴晓、陈茜茜、郑佳妮、陈云超、任佳佳、徐满菊、潘正茜、崔 军、黄秋霞、胡晓晨、楼龙翔、陈宏星、王纪鑫、马 瑶、罗建忠、张洪皮
2017	陈丽娜、应月鸿、方 鑫、童 雅、应雅萍、许佳妮、潘 婵、陈菊华、赖柏其、罗菲菲、陈宏星、梁玲芬、韩琴晓、郑佳妮、任佳佳、徐苗苗、郦 敏、崔 军、钟莹莹、王丹霞、沈文杰、王纪宝、马 瑶、刘汉智、刘崇银
2018	汪 姗、方若彬、方 鑫、金俏丽、杨 琦、管卫军、张 倩、毛 昱、陈菊华、赖柏其、罗菲菲、陈 霞、张丹娜、茹 赛、梁玲芬、韩琴晓、钟莹莹、黄鸿娇、贺易茜、王高攀、沈文杰、李建军、马 瑶、刘汉智、罗类忠、刘崇银
2019	汪 姗、童 雅、许佳妮、罗菲菲、黄鸿娇、茹 浩、韩琴晓、李建军、马 瑶、刘汉智、杨宝久、卢保全、彭汉明

2008—2019年度浙江方林汽车城年度优秀员工名单见表22-5。

表22-5 2008—2019年度浙江方林汽车城年度优秀员工名单

年份	姓 名
2008	王 财、林 聪、陈灵峰、邱云斌、郑明龙、曹小军、张 玮、林 巧、蔡琴云、方崇奇、林荣辉
2009	费小军、杨德贵、林 聪、邱云斌、冯剑利、林 巧、蔡琴云、李 俊、张 玮、蔡玲萍
2010	蔡琴云、蔡玲萍、张 玮、林 聪、徐海兵、金 芝、李 俊、潘 瑾、马 莎、杨维贵
2011	蔡灵萍、曹小军、杨德贵、林 巧、李 俊、於 涛、蔡琴云、金 芝、陈灵峰、徐海兵、黄连正
2012	蔡灵萍、曹小军、杨德贵、蔡琴云、金 芝、徐海兵、徐 刚、蔡静梦、刘 凯
2013	蔡灵萍、曹小军、杨德贵、金 芝、徐海兵、陈中一
2014	金 芝、曹小军、杨德贵、陈灵峰、徐海兵、应露萍
2015	曹小军、金 芝、陈灵峰、詹 微、梁正超
2016	曹小军、金 芝、陈灵峰、詹 微、梁正超
2017	蔡灵萍、金 芝、陈灵峰、曹小军、王天群、梁正超
2018	金 芝、陈灵峰、王天君、梁正超、何 刚、高 栓
2019	金 芝、陈灵峰、詹 微、应露飞、梁正超、郑其福

第二十三编

丛　　录

经济发展的主要突出问题有6个。

（一）体制性缺陷产生的制约。我国农村集体经济组织是以土地等集体所有资产为纽带，以成员为对象，承担土地承包、资源开发、资本积累、资产增值等集体资产管理经营等经济事务的经济性组织，有法律地位而无法人地位，无法取得合法营业资格和组织机构代码，阻碍其参与市场的竞争。我国的经济强村，如我们“中国五村集团”中的5个村，大多突破了体制的束缚，创立了“村企合一”的新模式。即以村集体经济或资产为核心，组成一种新的经济组织，并集村党组织、村委会于一体，以现代企业化管理的方式参与市场竞争，推动村域经济和社区的发展。而经济薄弱村往往没有创新和突破。

（二）土地制度缺陷产生的制约。虽然法律明确规定农村土地所有权归集体所有，但未规定归哪一级所有。这种土地所有权模糊的现状导致村集体经济组织的“三资”管理权限模糊。例如，浙江省于1989年10月决定在村合作社内部恢复生产队（组）一级组织。这导致出现村合作社组织构成不清晰，成员资格不清晰，资格的获得、退出不清晰，经济权益不清晰等问题。我国的经济强村在实行土地承包责任制后，往往侧重“统”，使村级宝贵的“三资”集聚使用，产生了集聚效应。而经济薄弱村则是“分”字当头，分得彻底。我们当地有一些村甚至提出把征地预留的8%集体留地也现金化分掉。致使集体宝贵的“三资”大量流失。

（三）受土地宏观调控政策影响。2004年以来，国家实行土地宏观调控政策，在保证18亿亩耕地红线前提下，为了满足工业化、城镇化的供地需求，把2.4亿亩村庄用地（住宅用地和村集体建设用地）列为节约利用和集约利用的主要对象，采用压缩总量的“抽血”政策。例如，某县村庄用地规模从1996年的3.2万亩压至2012年的2.1万亩，除去同期解决农民住房用地4000余亩，有约7000亩用地工业化和城镇化了。土地是财富之母。村庄用地是村级集体经济发展壮大的基础，如此造成大规模“出血”，有违党的强农惠农富农原则。工业化、城镇化不应以牺牲农民权益为代价。

（四）严格的土地用途管制阻碍了农村集体经济的发展和壮大。现行的土地用途管制制度没有赋予村集体经济组织调剂农保地的任何权利。村里要发展二、三产业，如将原有分散的住宅用地和建设用地拆迁还耕，等量调剂使用农保地，就非要办理变更手续不可，严重影响了村集体经济的发展。

（五）承担大量公共服务职能。据农业部统计，2009年全国农村社区集体经济组织承担村级组织管理费用达503亿元，村均8.2万元，是各级财政对村委会和党支部补助的2.7倍，支付的公共服务费达102亿元。我们在调研时，有些村支书和村委会主任坦言，目前经济薄弱村基本上都入不敷出。主要支出有两班子的误工费及村民代表、老年协会的活动费，公益事业建设如涉水、电、路等基础设施建设和维修等，都需要资金。若缺口数额大，只能向银行借贷，产生债务偿还压力。换届后，这部分债务留给下一任班子，往往引起新的纠纷。

（六）干部关系与村经济实力的强弱呈正比关系。村庄虽处于底层，掌握的资源有限，但它是一个组织机构，这个机构能够整合资源。村庄发展离不开一个为民谋利益的领导班子，更少不了一个关键的带头人。带头人要一心为公、思想坚定、能力卓著，才能带好一个班子，带好一村的人。现实情况是，越是经济强，班子越团结，书记权威性越高，执政期段越长，有的甚至长达10年、20年；越是经济薄弱，班子越不团结，书记、主任越没威信，在群众眼里是无能之辈，领导人的执政期就短，执政期短则三五年，就只能做一些零头小事，做不了大事，对村庄的发展不利，造成富者越富，贫者越贫的局面。

二、关于扶持经济薄弱村发展村级集体经济的建议

为增强村级集体经济发展能力，加强农村基层组织建设，夯实社会主义新农村建设基础，确保2020年全面建成小康社会，现就扶持经济薄弱村发展村级经济提出8条建议。

（一）要出台指导性文件，确定指导思想和目标要求。要贯彻落实党的十八大精神和中央1号文件精神，以集体经济薄弱村为重点，加大扶持力度，创新发展模式、运行机制和管理体制，增强集体经济内生动力，多层次、多渠道、多形式地促进村级集体持续较快增收，用5年左右的时间，使入不敷出的经济薄弱村拥有财务自给能力，保障基层组织正常运转。

（二）建议在全国推广浙江省2012年7月出台的《关于扶持经济薄弱村发展村级集体经济的意见》的政策举措，破解农村经济发展难题。

（三）建议尽快开展立法研究，制定、出台《农业部农村社区集体经济组织管理办法》，时机成熟时升格为《国务院农村社区集体经济组织管理条例》。《农业部农村社区集体经济组织管理办法》和《国务院农村社区集体经济组织管理条例》应明确界定经济组织成员资格，明晰权属；要明确经济组织、财务预决算、收入管理、开支审批、资产台账和资源登记等制度；明确集体资产承包、租赁、处置和资源开发利用的民主程序；明确推进集体经济产权股份合作制改革方案；明确各项扶持政策等。

（四）建议尽快修改《中华人民共和国土地管理法》相关条款，明确农村集体土地归村经济合作社所有，而不是归生产队（组）或乡（镇）联社所有。至少要与《中华人

民共和国物权法》一致。

（五）建议纠正现行土地宏观调控政策中关于压缩村庄自留地、宅基地、建设用地总规模的错误做法，要像保护18亿亩的耕地一样，规定2.4亿亩的村庄用地红线，保护农村集体经济组织的核心资产。今后，村庄开展土地综合整治增加的用地，要优先满足村庄内部农户建房用地，结余部分用于村庄公共设施和物业建设，也可以用土地入股方式参与企业建设，不得以低价转为城镇建设用地。

（六）建议改革苛刻死板的土地用途管制制度，在保证村内农用地总量的前提下，允许村集体经济组织调剂农用地与村庄用的权利，不必办理农用地变更手续。

（七）建议国家加大强农惠农富农政策力度，增加各级财政对基层的投入，降低村级集体经济组织在公共服务项目中的负担比重。要减免村级集体组织在发展集体经济过程中的各项建设税费、规费和物业税费。特别对省定的经济薄弱村要实行全免政策，确保村级集体经济的发展壮大，促进社会主义新农村建设。

（八）建议各级政府尊重农民的自主权。目前全国有61.2万个行政村，各地的自然环境、社会、经济和文化各不相同，如何选择发展路径应尊重农民的自主权，各级政府不应包办发展道路，更不应该横加干涉甚至分享发展成果。

（2013年3月5日至17日）

关于进一步保障农民工子女公平享受义务教育的建议

——在第十二届全国人大第二次会议上的建议

我国城市化进程催生了8亿农民工进城务工就业的热潮。广大进城务工农民不仅促进了农业和农村的经济结构调整，也加速了社会发展和社会结构的调整，为我国的工业化、城市化和现代化建设做出了巨大的贡献。与此同时，农民工子女的教育问题也成为日益突出的社会问题之一。近年来，从中央到地方的各级政府都高度关注农民工子女的教育问题，采取了一系列行之有效的措施，如赋予符合条件的民工子弟学校合法办学地位、规范和改善民工子弟学校办学条件、公办学校富余学额招收符合条件的农民工子女入学等，农民工子女教育状况明显改善。但是，农民工子女主要依靠民工子弟学校吸纳的局面还没有从根本上发生改变，民工子弟学校办学资源不足、学生存在心理问题、学校发展潜力受到限制等问题仍然长期存在，民工子弟学校与当地公办学校的差距，特别是师资力量、管理水平的差距仍然很大，这些都严重影响着农民工子女的健康成长。根据调查，农民工子女在城镇接受义务教育的人数超过了1260万，主要集中在大中城市和沿海城市，地方公办学校吸纳的农民工子女仅占10%～20%，民工子弟学校整体办学水平差、良莠不齐，难以承担正常的义务教育任务。以沿海某县级市（区）为例，当地常住居民40万人，外来务工人员20万人，学龄农民工子女近3万人，18所登记在册的民工子弟学校在校生2万人，当地公办学校吸纳1000多人，尚有不少学龄儿童因为各种原因未能入学接受义务教育。可以预见，在即将展开的城镇化建设过程中，农民工子女的教育问题将更加突出。如果不解决好农民工子女的教育问题，无疑将加深他们的被歧视感和对社会的抵触情绪，最终成为潜在的社会不稳定因素，不仅不利于全民素质的提高，也不利于构建充满活力、公平、有序、安定、团结的和谐社会。农民工子女的教育问题已经是迫在眉睫、必须尽快解决的重大课题。

一、当前农民工子女在城市接受义务教育存在的问题

（一）当地公办学校接纳率过低，且条件较高，有悖我国宪法规定的中国公民有受教育的权利。以各地现行的义务教育就近入学政策来看，基本上以户籍和房产为基准，就近入读公办学校，符合条件的农民工子女（一般需有当地企事业签订的劳动用工合同、在当地缴纳1年以上养老保险的证明、户籍所在地出具证明、无违法生育证明等）只能在公办学校满足当地学龄儿童入学而有富余的学额内，参加最后批次的摇号，这样，农民工子女基本没有可能入读城区的主要学校，城郊和农村学校也只能招纳少数农民工子女，这意味着农民工子女已经被排除在享有城区公办优质教育的范围之外。

（二）民工子弟学校是接纳农民工子女的主战场，但民工子弟学校无论在硬件设施还是师资条件上都非常薄弱，难以承担正常的义务教育要求。虽然近年来在各级政府的重视下，民工子弟学校的办学条件已经有了明显改善，但是由于体制机制的原因，投入严重不足，政府投入只有很少的一部分能够投到民工子弟学校，办学者因追求一定的利润率而不愿投入，特别是师资力量严重匮乏，没有公办教师编制，缺少英体美教师，往往一位老师身兼多门课程，教师整体素质偏低，缺乏教学能力，大多数教师不是师范专业或没有教师资格证书，再加上工资水平差、工作强度大、学校管理水平薄弱等，使大多民工子弟学校只能带带人而不能教育人，难以承担起正常的义务教育要求。据了解，在民工子弟学校接受义务教育后，能升入普通高中就学的学生很少，能够到大专院校深造的更是寥寥无几。

（三）民工子弟学校的学生普遍存在一些心理问题。虽然随父母进城的农民工子女

相对于留守儿童来说，有了更好的学习和生活环境，但是作为第二代移民，由于父母在经济收入、权益维护和社会保障等方面处于弱势群体地位，在一定程度上影响其心理健康。一方面，他们已做好在城市中长期生活和工作的打算，希望被城市接纳，早日融入主流社会，成为流入地的正式居民；另一方面，由于受到城市社会观念和制度上的种种歧视和排斥，使他们缺乏对城市社会的身份认同。不相同的身份感使他们自我封闭在一个相对狭小的生活圈子里，久而久之就形成了较为封闭的心理结构。另外，民工子弟学校又普遍缺乏管理、教育能力，更无法提供有效的心理辅导和教育引导，致使学生的心理问题更加突出，严重影响他们的健康成长。

二、进一步保障农民工子女公平接受义务教育的建议

（一）切实落实《中华人民共和国宪法》和党的十八届三中全会精神，进一步完善政策措施，落实和保障农民工子女公平享有教育的权利，让他们享有与当地市民同等的待遇，使他们能够获得与城市少年儿童同等的入学机会、平等的受教育过程和平等的教育结果。一是要尽快全面而彻底地废除户籍制度，实现公立学校对所有在学区内就读的孩子一视同仁。二是中央政府和各级地方政府应相互合作，并增加用于农民工子女义务教育的资金，加大对民工子弟学校的资金投入。同时，还应采取多种措施鼓励、支持社会力量参与兴办民工子弟学校，提供教育经费并合理规范经费使用，以提高民工子弟学校的教学质量。三是解决农民工子女心理方面的问题离不开父母的科学教育方法和正确的思想引导。

（二）建立以政府投入为主，民工子弟学校和社会力量多渠道筹资为辅的资金渠道。政府是解决农民工子女教育问题的主要责任者，义务教育阶段的经费来源主体也应该是政府的财政拨款，在此基础上，再多方面吸纳社会闲散资金，鼓励社会出资办学，以弥补政府教育经费短缺的问题。所以，解决民工子弟学校资金缺乏问题的主要思路是以政府投入为主，社会、企业捐助为辅，多渠道筹措经费，整合城市教育资源。一要提高公共教育支出在各级财政支出中的比重，增大教育经费总量。同时，应提高义务教育经费中民工子弟学校经费的比重，并将其纳入公共财政义务教育经费保障体系。二要充分考虑民工子弟学校是公办学校有益补充的现实作用，加大对民工子弟学校的公共财政投入，对同一行政区（县）内实施基础教育的学校，实行以在校学生为基础的均等化拨款制度，向农村和办学条件差的学校倾斜，向有存在意义的民工子弟学校倾斜。可以考虑经费跟着学生走的原则，即无论是公办还是私立学校，只要接收一个农民工子女入学，此学校直接隶属的一级政府财政部门就应划拨一定的财政补贴，且拨款的数额必须是确

定的。同时，建立农民工子女就学申报制度，这样有利于政府对每年进入学校的农民工子女提前做好预算和安排工作，并设立农民工子女义务教育专项经费，将这些专项经费划拨给所扶持的民工子弟学校，用于改善学校的教学设施和环境。三要推广实施“义务教育券”制度。在当前我国户籍制度尚未彻底改革的前提下，面向流动人口试行“义务教育券”制度可以保障农民工子女平等接受义务教育的权利。具体做法是：政府将用于公共教育的义务教育经费直接按生均，以券的形式发给学生或家长。户籍所在地子女可以凭其户籍享受政府发放的教育券，选择学校后在入学时给学校交上教育券；非户籍所在地的农民工子女可以凭父母的暂居证在当地政府领取教育券，自由选择学校并用教育券支付学费和相关费用，学校凭教育券向当地政府兑换现金。这样既可以让学生掌握主动权，又可以促进民工子弟学校及民办学校的发展，使学校因竞争激烈而提高教育的整体力量，也可以引入竞争机制，调动公办学校接受农民工子女的积极性，并提高财政投入的效益。

（三）高度重视民工子弟学校师资队伍建设。一是要采取倾斜政策，提高民工子弟学校教师待遇，从政策上逐步实现与公办教师同工同酬。采取有效措施保障民办民工子弟学校教师获得劳动报酬的合法权益，提高他们的工资待遇。对不同经济水平的地区，要分别规定民办民工子弟学校教师工资的最低保证数，与当地公办教师平均工资额大体相当。二是全面推行新的教师聘用制度，打破人员编制限制，在聘用期间享受与原公办教师事业编制性质同等待遇。教育行政部门要加强对口指导，把民工子弟学校校长和教师的培训纳入市、县、区的干训和师训工作。对办学者和教师的素质、条件严加控制，对教师的资格认定、培训、建档等按公办教师统一要求进行规范管理。此外，还可以由政府出面，聘请或出资委任有教育经验的公办学校委托管理。三是健全全国统一的教师交流制度，加强东、西部教师和流出地、流入地教师资源的优化配置，避免流出地因生源锐减而出现教育资源浪费、流入地因编制等原因出现教育资源紧缺的局面。选派公办优秀教师到民工子弟学校帮教、年轻教师到民工子弟学校锻炼。

（四）营造全社会普遍关注农民工子女受教育问题的良好社会氛围。要加强宣传，强调农民工的种种贡献和牺牲，社会公众应摒弃歧视心理，营造平等的社会氛围，民工子弟学校也应该注重对师德的培养和对家长观念、心态的教育。通过三方的努力，改善农民工子女生活的外部舆论环境，使其逐步破除心理障碍，纠正不良心理，从而积极乐观地面对生活。同时，积极引导社会公众发挥对农民工子女教育问题的协助和监督作用。

（2014年3月5日至13日）

审议全国人大常委会工作报告时的发言

——在第十二届全国人大第三次会议上的发言

下面，由我来发言。昨天下午聆听了张德江委员长的全国人大常委会工作报告，深切感受到这是一份保障改革、服务发展、关注民生和推进法治的好报告。报告围绕“四个全面”战略布局，以立法引领改革、发展民生，加强重点领域立法，为适应经济发展新常态下的依法治国创造了良好、稳定的法治环境。尤其是报告针对制约农业农村发展的深层次问题，提出了健全城乡一体化体制机制，提高新农村建设规划，健全财政、金融支持的长效机制，改善农村基础设施和人居环境等实效举措，具有很强的针对性和可操作性。监督工作也更加贴近基层、更加关注农村，如今年将听取审议稳定和完善农村土地承包关系，修改农村土地承包法和食品安全法等，进一步推动和保障基层利益、农村发展等。更加注重发挥代表的主体作用和基层人大的职能作用，立法调研、监督调研、执法检查等各项工作更多地邀请代表参加、更多地听取基层的意见。作为一个来自基层的代表，我感受非常深刻，也很受鼓舞。

报告还提出要加强立法工作力量，提高立法工作能力。为此，我提出3点建议。

一、建议适应立法新形势，加强基层人大的立法专业人才的配备和培养

立法工作是一项极具专业性的工作，立法修正案赋予设区的市人大地方立法权，这一变化对于设区的市人大来说，是一项全新的职能和挑战，需要一支强有力的专业化队伍来保障立法工作。为此，建议一是综合考虑设区的市人大及其常委会的工作机构设置，调整和完善职能配置，适应地方立法需要的专门立法工作机构；二是提高有法治实践经验的人大常委会专职委员、人大专门委员会委员比例，弥补人大在立法方面专业性的不足。三是积极吸收专业人才，充实人大队伍，加强对现有人大干部的教育培训和专业培养，邀请法学专家、经验丰富的法律工作者等组成人大立法兼职队伍。

二、建议优化县级人大常委会专职委员和职务安排代表的选举程序

当前，县级人大常委会专职委员和因职务需要安排的常委会委员，往往因工作需要，在一届内变动较多。根据现行的《中华人民共和国全国人民代表大会和地方各级人

民代表大会代表法》和《中华人民共和国全国人民代表大会和地方各级人民代表大会选举法》，需要补选代表，再在人民代表大会上补选常委会委员，选举成本很高且选民意见不小。建议简化这些委员的选举程序，一是补选代表时可以授权选区村民代表大会选举；二是补选委员时可以授权常务委员会选举，再报人民代表大会备案，降低选举成本。

三、建议打造代表密切联系选民的新平台，调动人大代表与选民的积极性

许多代表在选代表时热情很高，一旦选上了，履职的热情却不高了，没有心思和精力去履行代表应尽的职责；广大选民在选举时较被动，平时对自己选举的代表也不关心、不监督。建议一要加强对代表尤其是基层代表的学习培训，切实提高广大代表的政治责任意识和依法履职能力。在开好人代会的同时，组织好代表在闭会期间的活动，让代表的作用真正得到发挥。二要加强对人大制度的宣传，普及宪法和人大制度知识，尽可能让广大选民多了解人大制度和人大工作，调动选民参与民主政治的积极性。推进人大代表履职平台建设，更多地宣传报道代表的履职情况，向选民晒"成绩单"，扩大代表在选民中的影响力。三要架设好代表与选民之间联系的桥梁，制定代表联系人民群众制度，密切人大代表与人民群众的联系。组织代表进村入户向选民述职，建立代表联络站，广泛听取群众意见并向上反映，促成代表与群众的双向互动。浙江省人大部署建设代表联络机构，台州市人大根据要求在基层建立代表联络站，做到代表进站与联系选民两个全覆盖，搭建起双向联系的平台，这是一个很受欢迎的举措，希望制度更加完善，运作更加有效，发挥好它的作用。

（2015年3月9日）

在城镇化过程中加强古村落保护

——在第十二届全国人大第三次会议上的发言

切实加强古村落的保护利用，传承和发展丰富多彩的地域文化，是提高我国城镇化质量及其可持续发展能力的重要根基，对建设"美丽中国"、实现中华民族伟大复兴的"中国梦"有着特殊意义。然而，近几年来伴随着工业化、城市化、城镇化进程的加快，

予适当的补贴，对古民居景点给予一定的门票分成，以调动农民保护古民居的积极性。

（2015年3月5—15日）

发展村级集体经济，实现全面小康

——在第十二届全国人大第四次会议上的发言

到2020年全面建成小康社会，是我们党确定的“两个一百年”奋斗目标之一。“小康不小康，关键看老乡。”习近平总书记多次讲过这句话。从国家的发展全局来看，全面建成小康社会的重点、难点在农村，在农民这个群体。当前全国仍有7000多万农村贫困人口，现在中央高度重视扶贫工作，习近平总书记提出到2020年所有贫困地区和贫困人口一道迈入全面小康社会。要实现这一目标，就必须在强化政策兜底的同时，切实提升农村地区包括广大农民的自我发展能力。提升自我发展能力，村级集体经济是关键。据调研，村级集体经济强的村，村民都能够率先实现小康，而集体经济薄弱村的农民大多是单独奔小康，有的还在“睡懒觉”。所以发展村级集体经济，扶持农村产业发展，既是一条精准扶贫的新路子，更是实现全面小康的有效途径。

一、当前我国农村村级集体经济发展现状和存在的问题

改革开放30多年来，我国农村集体经济不断壮大，很多村集体经济从无到有、从有到强，不少村根据自身实际和特点，有的依托资源，有的依托产业，有的依托资产运作，使集体经济得到健康发展，“亿元村”“十亿元”村频频出现。但是，从全国总体水平看，农村集体经济发展还处于较低水平，多数村的集体经济仍然非常薄弱，零收入、低收入（5万元以下）村占比很高。以浙江某市为例，该市的村集体经济总收入为42.78亿元，村均90.31万元，按照浙江省定“村集体经济年收入10万元以下，且经营性收入5万元以下”为经济薄弱村的标准，在该市4737个村中，有1835个村属经济薄弱村，占38.7%。综合来看，主要存在4个方面的问题：第一，思想认识不够。村级集体经济之所以薄弱，“空壳村”的比例这么高，关键就是发展集体经济的意识淡薄，还没有把它放到夯实党的执政大厦地基这个高度去认识。第二，资源整合不够。靠山吃山，靠水吃水。发展村级集体经济，最重要的一条就是要摸清村情，立足村情，找到一条适合自己的发展道路。但从摸底的情况来看，有些村有资源优势，有些村有区位优势，有些村有

大片的山林荒地、河流水滩，但都没有得到很好的整合和利用，村级集体经济发展依然困难。第三，基层组织作用发挥不够。基层是地基，干部是钢筋。再好的政策、再多的资金，如果大家的主观能动性发挥不好，钢筋的作用发挥不到位，哪怕用再多的水泥浇灌的地基，都不会牢固，发展村级集体经济也成了一句空话。第四，政策支持不够。近年来，从中央到地方都比较重视扶持村级集体经济发展，不少地方出台了扶持经济薄弱村发展集体经济的政策措施，在财政政策、土地政策、金融政策、人才政策等方面有了一定的倾斜，但还没有形成全国性的制度，优惠的幅度还比较小，支持的力度还比较弱，还不能满足村级集体经济的发展需要。比如浙江省某市通过采取财政项目帮扶、机关结对帮扶、撤村优化发展、自我开发发展等措施，积极实施5年转化计划，大力开展扶持经济薄弱村发展集体经济工作，全市实施扶持项目423个，投入各级财政资金1.88亿元，涉及薄弱村484个，全市已有446个经济薄弱村基本实现转化，但与2017年年底，使全市经济薄弱村集体经济年收入达10万元以上，其中经营性收入不低于5万元的目标还有很大的距离，任重而道远。

二、建议

一是要培育、发展村级集体经济，扶持农村产业发展。建议进一步加大对村级集体经济的扶持力度，放宽村集体注册公司或合作社的条件，鼓励村集体以可支配的资源、资产、资金等要素为依托，创办适合当地发展的加工、商贸、物流、高效农业、乡村旅游等村办企业，推进农村一、二、三产融合发展。

二是要创新涉农项目扶持方式。国家支持实施的农业产业化经营、生态保护、乡村基础设施等项目，要与发展村级集体经济结合起来，共同促进村级集体经济发展壮大；各级涉农项目审批部门要为村级集体经济建设项目和经营项目建设审批绿色通道，简化行政审批手续，提高效率。

三是要加大财税金融支持力度。对村经济合作社创办或参股合作的项目加大财政扶持力度并减征、免征相关税费；要完善村级公益事业建设“一事一议”财政奖补政策，健全奖补挂钩激励机制；要创新金融机构的金融产品和服务，对符合条件的村级集体经济发展项目给予优先支持和利率优惠；此外，要进一步扩大农业保险补贴品种的覆盖面，将各地的特色优势农产品纳入地方政策性保险。

四是要加快个性化激励机制的出台。建议《政府工作报告》在“三农”方面增加扶持村级集体经济发展的内容。要宣传和推广各地发展村级集体经济、各地建设特色村庄的典型经验和做法，并出台相应的激励机制。建立经济强村或民营企业扶持经济薄弱村发展的激励机制和优惠政策，更加有效地促进强村的资金、技术和项目等优势与弱村的土地、资源和劳动力等优势对接，以“造血”为主的帮扶方式推动经济薄弱村发展。

(2016年3月6日)

推进绿色生态农业发展

——在第十二届全国人大第五次会议上的发言

这几年，我行走在台州的乡村内，最明显的感觉就是水环境改善了，房前屋后都很干净、整洁，这得益于近年来浙江推行的“五水共治”、美丽乡村等建设。

都说绿水青山就是金山银山，大家越来越重视绿色发展。作为一名来自基层的代表，我比较关注绿色生态农业发展。

当前，我国农业正处于传统农业向现代农业转型的进程之中。党中央、国务院高度重视现代农业发展，多次就加快转变农业发展方式，推动农业可持续发展进行战略部署。2017年中央1号文件强调，要深入推进农业供给侧结构性改革，推行绿色生产方式，增强农业可持续发展能力，加快形成资源利用高效、生态系统稳定、产地环境良好、产品质量安全的农业发展新格局，走产出高效、产品安全、资源节约、环境友好的农业现代化道路。

不过，我觉得，虽然近年来我国农业发展取得了巨大成就，但同时也存在资源开发强度过大、利用方式粗放等问题，导致农业生态系统不堪重负，区域产业结构失衡，生态环境和生态产品难以满足社会日益增长的需求。

在资源、环境约束趋紧的条件下，如何加快转变农业发展方式，确保重要农产品有效供给、农业资源永续利用、农村生产生活环境不断改善，是必须破解的现实难题。

我认为，推进农业供给侧结构性改革，主要目标是增加农民收入、保障有效供给，主攻方向就是提高农业供给质量。但从目前的情况看，以往过度依赖农药、化肥的粗放型农业，重产量不重质量，容易出现水源土壤污染、农残超标等问题，农产品质量和价值上不去，农民增收就难以实现。

为此，我建议，一是要把发展绿色生态农业作为生态文明建设的重中之重，加大农业生态环境的保护和改善力度，出台相关政策，统筹推进生态环境和绿色农业发展；二是将以全面推进和深化“五水共治”“拆治归”组合拳为抓手，促进生态农业发展的浙江经验推向全国，着力打造“绿水青山就是金山银山”的现代农业版本。

比如说，抓好水、土和农业面源污染综合治理，建立农业资源有效保护和高效利用的政策支撑体系。各地要根据实际，切实抓好农业节水，通过合理调整农业种植结构，积极推广包括设施、农艺、生物、管理等的综合节水措施，提高水资源利用效率。完善耕地保护补偿机制，探索实行轮作休耕模式，加快改良土壤、培肥地力、保水保肥、控污修复，促进种地养地相结合，不断提高耕地基础地力。

（2017年3月6日　施亚萍　整理）

关于村委会任期由3年改为5年的建议

——在第十三届全国人大第一次会议上的建议

党的十九大报告指出，加强农村基层基础工作，健全自治、法治、德治相结合的乡村治理体系。2018年中央1号文件指出：乡村振兴，治理有效是基础。提出加强农村基层党组织建设，扎实推进抓党建促乡村振兴，坚持自治为基，加强农村群众性自治组织建设，健全和创新村党组织领导的充满活力的村民自治机制，推动村党组织书记通过选举担任村委会主任等等举措。现行的《中华人民共和国村民委员会组织法》于1987年颁布试行，1998年修订后正式实施，2010年重新修订，其中第11条第二款的规定“村民委员会每届任期三年”，与党的十九大通过的《中国共产党章程》第31条规定“党的基层委员会、总支部委员会、支部委员会每届任期三年至五年”，内容和内涵都相对延滞、急需修订完善。

一、村委会每届3年任期的主要弊端

一是村委会每届3年任期不利于村委会实施乡村振兴发展规划。由于村委会任期偏短，村委会干部普遍存在“一年看，二年干，三年等着换”的心理，导致村委会干部心态不稳定，不利于调动其积极性。村委会更换频繁，一任村班子的发展思路还没见成效，下一任村班子又提出新的发展思路，影响了村庄发展的持续性，因此，在制定任期目标时，多数村委会满足于“短、平、快”，而不是立足于长远目标。

二是村委会每届3年任期不利于村委会与乡（镇）政府工作对接。乡（镇）每5年换届1次，村委会每3年换届1次，这样就会出现同一届乡（镇）政府要与两届村委会打交道，或者同一届村委会要与两届乡（镇）政府打交道的现象，不利于乡（镇）政府主

要领导与村委会主要负责人的工作对接。

三是过于频繁的选举耗费大量人力、物力，增加了各级政府和村民负担。村委会换届选举是一项法律性、政策性很强的工作，关系基层的稳定。每次村委会换届选举，从前期准备到基本结束，大概需要3个月以上，解决个别难点村的选举问题则需要半年时间，为确保基层选举顺利进行，各级党委和政府要投入大量的人力、物力和财力，从而给各级政府财政增加了负担。对村民来说，参加换届选举同样要付出成本，尤其是外出工作的村民需要返乡投票等。

四是村委会频繁换届容易滋生腐败现象，使农民产生厌烦情绪。近年来，党中央、国务院出台了一系列涉及“三农”的利好政策，村委会主任选举已经成为农村地区新一轮利益争夺的焦点。农村频繁的换届选举更容易引发腐败现象。据调研走访，某些村委会在选举时，出现拉帮结派、宗族派斗的现象，由此引发的治安案件、上访案件甚至是刑事案件层出不穷。

二、相关建议

一是及时修改《中华人民共和国村民委员会组织法》的部分条款，将村委会每届任期由3年改为5年，与新《中国共产党章程》的基层支部换届任期一脉相承，使县、乡、村的换届选举同步进行，这有利于进一步稳定村委会队伍，有利于缓解村民宗派邻里关系，有利于村委会领头人立足长远，带领本村村民发展致富。

二是进一步明确、严格把握村委会成员候选人标准，特别是村委会主任，应推动村党组织书记或者党组织成员通过选举担任村委会主任。

三是要明确对村委会成员的培训计划，要坚持每年分批次、分主题培训村委会成员，培养造就一支懂农业、爱农村、爱农民的“三农”工作队伍，为实现乡村振兴战略和农业农村现代化提供坚强的组织保障。

（2018年3月5—20日）

关于扎实推进乡村全面振兴的建议

——在第十三届全国人大第二次会议上的发言

各位领导、各位代表，下面，由我来发言。昨天上午聆听了总理作的政府工作报告，我认为这是一份高举旗帜、真抓实干、催人奋进的好报告，是一份谋划发展有高度、部署任务有力度、情系群众有温度的好报告，总理在报告中提到“今年财政收支平衡压力加大，但基本民生投入确保只增不减”，并强调要“让人民过上好日子”，这说到了老百姓的心坎里，充分体现了党中央、国务院带领全体人民决胜全面建成小康社会、共享发展成果的决心和信心，我听后十分感动。整份报告全面贯彻落实习近平新时代中国特色社会主义思想，积极回应全国人民关切。特别是报告强调，要“对标全面建成小康社会任务，扎实推进脱贫攻坚和乡村振兴”，我作为农村基层代表，感到无比振奋、信心满满。

下面，我结合报告内容，就推进乡村全面振兴，农民群众普遍关心的问题，提3点建议。

一、加强农村人才培养，为乡村振兴提供人才支撑

乡村振兴，人才是关键。会前，我对浙江台州实施乡村振兴战略和美丽乡村建设情况进行了调研。就我们台州来说，乡村振兴取得重要进展，有两项工作是全国首创：一是在全国地级市首推乡村振兴项目招商发布会，美丽乡村打响一批“国字号”品牌；二是首创乡村振兴学院，具体来讲，就是台州各地根据自身特点，分别与同济大学等国内10余所高校共建综合性乡村振兴学院，为乡村振兴提供理论支持、实践指导、人才支撑。其中，“同济·黄岩乡村振兴学院”是全国首家以乡村振兴为主题的学院，成立以来硕果累累。一是改造、提升了一批传统村落。在同济大学杨贵庆教授及其团队的精心规划和专业指导下，一批不到20户老人居住的“空心村”，变成了远近闻名的AAA、AAAA级景观村庄，可以说是实现了凤凰涅槃，当地村民的幸福感、获得感有了显著提升。比如沙滩村被列为“浙江新农村建设十大样本”之一，2018年吸引游客48万人次，营业收入760万元，集体经济收入60余万元。二是培育、输出了一批专业人才。在6年的实践探索中，已有1080人次国内外硕博研究生、本科生及教师为当地提供智力支持；从2018年8月学院投入使用以来，有1635名乡村学员参加培训，其中省外491人。三是总结提炼了一套乡村振兴工作法。杨贵庆教授团队在实践中总结出来的工作经验，被《财经国家周刊》概括为“乡村振兴工作法”，有效丰富和发展了当代中国城乡规划理论。四是党委、政府是乡村振兴的关键。台州和黄岩的实践证明，正是有了当地党委的坚强领导和当地政府的抢抓落实，才有了农村面貌翻天覆地的重大变化。因此，乡村振兴要想真正在基层落地，最关键的点就是当地党委、政府的高度重视和大力支持。与此同时，从黄岩乡村振兴的实践来看，还存在一些难题：一是村庄规划滞后。存在规划编

全面推进“十四五”时期“三农”高质量发展

——在第十三届全国人民代表大会第三次会议上的建议

“十四五”时期是我国“两个一百年”奋斗目标的历史交汇期，也是全面开启社会主义现代化强国建设新征程的重要机遇期，党中央把解决好“三农”问题作为全党工作重中之重。当前，坚持农业农村优先发展总方针，以实施乡村振兴战略为总抓手，统筹抓好“三农”工作，在“十四五”时期谋划好“三农”发展思路与对策，意义重大。

破解“三农”难题、促进“三农”发展，既要解决制约“三农”发展的体制困境，又要面临新常态下“三农”发展产生的新情况、新问题，呈现的新特点、新趋势，还要着眼于新时代条件下国家发展的整体规划和长远利益，因而是一场新的伟大实践。

（一）提高农业综合生力，抓好现代农业园区、农业特色乡镇和美丽田园综合体“一区一镇一体”建设。加快构建现代农业体系，以“一区一镇一体”建设为重点，抓好现代农业重大投资和重大项目建设工作，提升科技应用水平，做大、做强优势特色产业。通过“一区一镇一体”建设，积极拓展农业多功能性，促进一、二、三产业融合发展，突破种养殖业生产环节限制，前后延伸、左右拓展，与创意农业、农产品加工、休闲观光、乡村旅游等有机整合。

（二）培育农业经营主体，建立紧密型利益联结机制。“三农”发展，产业兴旺是关键，经营主体是实现产业兴旺的主要承担者。“十四五”期间，要积极培育各类农业经营主体，按农业主体发展不同的特点分类培育，农业龙头企业在更大范围和更高层次上促进资源、要素优化配置，推动龙头企业向优势产业区集中，形成一批规模大、竞争力强、辐射带动面广的龙头企业集聚区，实现农业产业化组织模式由单个企业带动向集群带动发展；农民专业合作社进一步规范发展，增强技术服务能力、农产品品牌营销能力、农产品加工能力，组织各产业联合社，积极发挥农民合作组织应有的作用；家庭农场要提高生产经营水平，使其成为农业现代化建设的重要力量。积极引进工商资本，壮大农业经营主体，引进现代企业的管理理念用于现代农业生产经营管理，并鼓励农业规模主体实施“走出去”发展战略。进一步建立紧密型利益联结机制，鼓励村级组织、农业龙头企业、农民合作社等加强对小农户的带动，建立健全扶持政策，利用现代信息技术，加大“互联网+农业”的应用支持力度，鼓励发展智慧农业、农村电商等新产业，切实提高经营管理质量效益，促进小农户与现代农业发展有机衔接。

（三）完善农村产权权能，促进集体经济发展。继续加强对农村集体资产所有权、农户土地承包经营权和农民财产权的保护。推进农村集体产权制度改革，既要保障农民财产权益，又要壮大集体经济；农村土地制度改革坚持农村土地集体所有制不动摇，在完成农村承包地确权登记颁证后，保持农村土地承包关系稳定并长久不变，在依法保护集体所有权和保障农户承包权的前提下，进一步放活土地经营权，健全土地流转规范管理制度，强化规模经营管理服务，鼓励土地经营权入股从事农业产业化经营。稳慎推进农村宅基地制度改革，加快完成房地一体的宅基地使用权确权登记颁证；探索宅基地所有权、资格权、使用权“三权”分置，落实宅基地集体所有权，保障宅基地农户资格权和农民房屋财产权，适度放活宅基地和农民房屋使用权；鼓励农村集体经济组织及其成员盘活利用闲置宅基地和闲置房屋。建立集体经营性建设用地入市制度，在符合国土空间规划、用途管制和依法取得的前提下，允许农村集体经营性建设用地入市，允许就地入市或异地调整入市；推广村集体之间“飞地”抱团项目实施，比如，浙江省台州市金清镇集中20多个村集体留地建设小微工业园区，增强集体经济自主“造血”功能。保障被征地农民和农村集体权益，切实扶持集体经济发展。

（四）发展以点带面格局，创建新时代美丽乡村。牢固树立“绿水青山就是金山银山”理念，坚持“山水林田湖草是一个生命共同体”的系统思想，实行全域规划、全域提升、全域建设、全域管理，打造各美其美、美美与共的美丽乡村。重新审视和挖掘乡村的多种功能和价值，坚持以工补农、以城带乡，加快建立健全城乡融合发展体制机制和政策体系，推进城乡基础设施、公共服务、要素市场、社会保障、劳动就业等一体化发展，提升农村资源配置效率，调动全社会力量投入乡村振兴。深入推进全域美丽建设，构建起生产生活生态融合、人与自然和谐共生、自然人文特色彰显的美丽宜居乡村新格局，实现乡村可持续发展。乡镇要进一步挖掘区域范围内的自然资源、传统文化、产业底蕴等优势，充分利用山水林田湖草生命共同体的生态价值，以美丽乡村、美丽田园、美丽河湖为载体，以点带面共同推进区域内基础设施、公共服务、环境保护、社会安全等方面，为乡村特色化发展保留充分空间。

（五）健全农村治理体系，推进乡村“三治”融合。推进农村自治、法治、德治有机结合，健全党委领导、政府负责、社会协同、公众参与、法治保障的现代乡村社会治理体制，加快提升乡村治理现代化水平，形成共建、共治、共享的新时代乡村治理格局。强化基层党组织政治领导力，全面落实村党组织对村级各类组织、各项事务的领导权，建立健全农村重大事项、重要问题、重要工作都在党组织主导下的民主决策机制。健全村级组织功能，坚持和完善村级组织的民主自治制度，完善民主选举、民主决策、民主管理、民主监督功能，完善村级集体经济在组织生产生活服务、资产经营、资产管理、资产积累和收益分配等方面的基本职能。积极引进乡贤等参与理事、参事、议事，不断创新和推进基层社会治理新机制。以农村干部群众需求为导向，积极开展精准普法，按照“谁主管谁负责”“谁执法谁普法”“谁服务谁普法”原则，开展农村法治宣传教育，全面推进乡村法治建设。提升完善村规民约，在基层党组织的领导下，借助专业法律机构和法律服务者的力量，修订完善村规民约，把村规民约和解决村务管理纠纷、家庭邻里纠纷、环境污染纠纷等结合起来，提高村规民约的针对性、科学性和可操作性，让群众在参与过程中真正做到知规知约、守规守约、用规用约，发挥其积极作用。落实自治、法治、德治有机结合的长效工作机制，推动多元共治，实现乡村善治，推进“三治”融合。

（六）健全政策保障。加快建立财政投入保障机制，把农业农村作为财政优先保障领域，确保公共财政更大力度向“三农”倾斜，确保财政投入与乡村振兴的目标任务相适应。围绕乡村振兴重点领域和薄弱环节，滚动实施一批影响面广、带动作用大、示范性强的乡村振兴项目。完善以绿色生态为导向的财政支农政策体系，创新差异化和梯度化的土地流转、农村金融、农业补贴等鼓励绿色发展的各种优惠政策。对新型农业经营主体采取差别化扶持政策，针对新型农业经营主体发展的不同阶段，确定扶持政策重点。在农村土地承包经营权确权登记颁证的基础上，进一步完善农村基本经营制度，推进农村土地向新型农业经营主体规范流转。探索农村人才长效培育机制，多渠道创立新型农业经营主体发展基金，用于支持大中专毕业生，尤其是农校毕业大学生、“农二代”、返乡创业人员、农技人员和基层干部从事现代农业创业。完善政策性农业保险，落实大灾风险分散机制，推进农业政策性保险扩面、增品、提标，发展农业互助保险。

（七）突出创新驱动。坚持改革创新、集成创新、协同创新推动“三农”高质量发展，通过改革创新加强顶层设计，制订好“十四五”发展规划。重点做好“加减乘除”法：加法——在明确新时代“三农”工作在农业多功能定位的基础上，重点培育“互联网+”、养生养老、民宿经济等农村新型业态；减法——下决心减少对农业农村经济发展的路径依赖；乘法——提升政府现代农业综合服务功能，提升管理创新能力；除法——消除体制机制瓶颈，保障“三农”发展各要素稳定和可持续发展。通过集成创新和协同创新，突破“三农”短板要素。针对现代农业在产业结构、规模经营、科技等方面的薄弱环节，农业现代化要更加依靠科技创新、制度创新和商业模式创新，切实提高农业科技贡献率、农业生产率、土地产出率。深入推进路桥区农业机械创业创新产业园建设，建设农机质量检测和维修服务中心、农业教育培训基地、农业机械创业创新孵化基地和农业设备试验示范基地，加强农机研发、试验、生产、推广等上下游之间的联系。针对农村建设资金短缺，创新资金筹措模式和农村金融服务机制，积极争取上级财政资金用于乡村振兴项目，明确政策性和商业性金融支农责任，完善小额信贷产品，建立灵活高效的农业融资保障体系，促进新型农村合作金融发展。坚持“多予、少取、放活”方针，从各个方面增加农民收入。

（2020年5月25日）

第二节 记者专访

住有所居，始能安居乐业

（连线嘉宾：全国人大代表、嘉兴市市长李卫宁，全国人大代表、金华市市长陈昆忠，全国人大代表、台州市市长陈铁雄，全国人大代表、台州市路桥区路南街道方林村党总支书记方中华，全国政协委员、杭州市人大常委会副主任陈重华，全国政协委员、浙江省旅游集团公司总经理卢步东）

代表委员方中华：我做了25年方林村村支书，亲眼看见村民住房条件不断改善。现在我们村不存在住房困难群众了，全村271户群众都住进了环境优美、配套齐全的住宅小区。要说经验，我认为有以下几个方面。首先，我们做好统一规划工作。其次，考虑到村民经济能力不平衡，我们将整个工程分为三期，首期让条件较成熟的村民建房，不具备条件的可以推迟1～2年再建，分批进行。对特别困难的群众，在住进新的生活区之前，先将他们安置在集体公房，不收租金。最后，为了降低村民的住房成本，对绿化、供水、供电、道路等小区公共配套设施，我们采取村集体出资建设的方式解决。

（2008年3月14日《浙江日报》第5版全国两会新闻）

《台州商报》记者专访

记者：方书记，您好，首先感谢您接受我的采访。从全国两会回来后，您一直很忙，在全球金融危机的背景下，今年的全国两会与上届有所不同，您能否谈谈本届两会的特点呢？

方中华：谢谢。3月5—13日，第十一届全国人民代表大会第二次会议在北京隆重举行，我很荣幸参加了这次盛会。这次会议是在全党全国各族人民积极应对国际金融危机冲击、努力保持经济平稳较快发展的形势下召开的，加上中国在应对国际金融危机中发挥着非常重要的作用，所以这次会议更加瞩目。8天的会议在我看来有明显的3个特点。

第一，这是一次增强发展信心的大会。当前的国际国内形势、挑战确实严峻，但机遇依然存在，在这次两会的开、闭幕式上，采纳了近年代表和委员的议案和建议，将以往的“奏国歌”改作“唱国歌”，这不仅是一种尊重民意的体现，还表达了全国人民共克时艰的信心和勇气，体现了团结一致、奋勇前进的气概。更为突出的是今年温家宝总理的《政府工作报告》很细、很实、很具体，特别是报告8次使用“信心”一词，突显出金融危机下的“中国信心”。报告也以“坚定必胜信心”作结束语。

第二，这是一次广泛集中民智的大会。与会代表围绕扩内需、保增长、调结构、重民生、促和谐等，着眼于解决群众普遍关注的热点问题，积极建言献策，共提出议案518件，其中我们浙江代表提出议案78件，比去年多了24件；到3月11日共提出建议近5000条，其中浙江有450多条。

第三，这是一次务实、高效、开放的大会。这次大会共有6项议程，历时8天半，比往届会期短了2天。会议期间，党和国家领导人分别到各代表团参加审议、共商国是、听取意见。这次大会引起了国内外媒体的广泛高度关注，共有3000多名中外记者，除了解放军代表团外的34个代表团共向境外记者开放了38场团组会议，大会秘书处安排的新闻发布会、专题采访会、集中采访会和在线答问交流达20多场次。

记者：刚才您提到这是一次广泛集中民智的大会，议案和建议都超过往届，那么这次大会代表们重点关注哪些方面的问题呢？

方中华：听取和审议国务院、全国人大常委会、最高人民法院、最高人民检察院的工作报告，审查计划、预算报告是这次大会的主要任务，在这个过程中，代表们着重就以下问题进行了深入的审议。

第一个问题，关于加强和改善宏观调控。代表们指出，在应对国际金融危机的大背景下，国家宏观调控政策显示出我国政府对经济发展总体性的科学把握。

第二个问题，关于积极扩大国内需求。代表们建议一是扩大消费尤其是居民消费。二是保持投资较快增长和优化投资结构，三是促进房地产市场稳定健康发展，四是加快推进地震灾区居民住房恢复重建。

第三个问题，关于巩固和加强农业基础地位。主要包括大幅度增加农业农村投入，提高粮食最低收购价，保持农产品价格合理水平，进一步增加农业补贴，加快新型农业社会化服务体系建设，稳定完善农村基本经营制度等。

第四个问题，关于大力推进经济结构战略性调整。《政府工作报告》指出，一要认真实施汽车等重点产业调整和振兴规划，推动结构调整和优化升级；二要大力推进企业组织结构调整和兼并重组，提高产业集中度和资源配置效率；三要采取更加有力的措施扶持中小企业发展；四要积极支持企业加快技术改进，建设创新型企业；五要加快发展现代服务业。

第五个问题，关于继续深化改革开放。代表们认为，改革开放是经济社会发展的动力，要坚持改革开放不动摇，通过深化改革破解发展难题，在扩大开放中赢得发展机遇。

第六个问题，关于大力发展社会事业。就是千方百计促进就业，加快完善社会保障体系，坚持优先发展教育事业，推进医药卫生事业改革发展，继续做好人口和计划生育工作，发展文化体育事业和加强社会管理等。

第七个问题，关于加强民主法治建设。代表们指出，推进社会主义民主法治建设，最根本的是坚持党的领导、人民当家作主、依法治国有机统一，核心是坚持党的领导。

记者：我们知道，这次参加全国两会的台州代表共有7名，您是唯一一位来自基层村居的党总支书记，顺利开完大会回来后，您是否有自己独特的感受？

方中华：感受最深的就是温家宝总理的《政府工作报告》，给我的第一感觉，这是一份鼓舞人心、凝聚人心的报告，更是一份温暖人心的报告，总理的报告对今年的工作安排很扎实、很实在，给人以信心，给人以勇气，给人以希望，特别是对今年的“三农”工作作出了非常具体的部署，大幅度增加农业农村投入，大幅度提高粮食最低收购价，进一步增强农业补贴及新型农业现代化服务体系建设等一系列全面加强“三农”的工作。我作为一名来自农村基层的人大代表，很受鼓舞。

记者：大家都特别关注今年的全国两会，作为基层的一名代表，您肩上的责任和您拥有的荣誉一样重大，这次您带去了哪些议案和建议呢？

方中华：因为我来自基层，来自民营经济发达的路桥，所以我的建议和意见都是关于这些方面的。我向大会提交了关于要求修订《中华人民共和国村民委员会组织法》、关于切实加强农村环境保护工作、关于要求建立农民工社保全国统筹和转移制度3件提案；关于解决农民看病贵问题、关于对中小学校义务教育阶段严格实施收支两条线等3条建议，还有就是给教育部提了一点意见。

记者：今年全国两会的确意义非同寻常，那您能否结合实际谈谈如何贯彻落实好全国两会精神？

方中华：两会闭幕了，身上的担子也更重了。贯彻落实两会精神，我们必须从实实在在的事情做起，今年方林村将办好4件事，一是办好第5届中国（台州）国际汽车展示会；二是建好华东地区一流的台州方林二手车交易中心，争取七一前后开业；三是完成旧机械设备市场的改造和扩大，提高竞争和辐射能力；四是投资200万元建设、改造方林村貌，向四星级生态旅游景区推进，促进经济、社会、环境的协调发展。

（2009年3月27日《台州商报》，记者王旭敏）

《台州商人》全国两会连线之微访谈节目采访

2012年3月5日，十一届全国人大五次会议在北京开幕。全国人大代表、全国劳动模范、路桥区方林村党委书记方中华做客《台州商人》全国两会连线之微访谈节目，就代表、委员们普遍关注的“三农”问题、加强食品安全监管、加大中小企业发展扶持力度以及政府和相关部门的应对之策等一系列问题，回答了记者和网友的提问。

《台州商人》：方中华代表，您好！很高兴能在第十一届全国人大第五次会议上和您微博连线。

方中华：谢谢！感谢家乡媒体的支持。我现在在北京人民大会堂的两会现场，温家宝总理作的政府工作报告刚刚结束，正是媒体采访时间。

《台州商人》：在这承前启后的关键一年，温总理今年的政府工作报告都有哪些关注的重点？对此，您有何感想？

方中华：总理在政府工作报告中对今年工作提出了6句话、18个字的总要求，尤其令我印象深刻的是报告中有很大篇幅讲到民生问题，切切实实地回应了基层群众的心声，如农村的土地权益问题、生产生活条件的改善问题，医疗、社保、住房、教育的保障问题等，非常实在、具体，紧贴民心，令人鼓舞。

《台州商人》：看了您前几天在微博上发表的感想，当选全国人大代表4年来，您就我国“三农”问题提交了20多个建议，而且相当一部分已被国家的相关部门采纳，这是一个了不起的数据。您这次参加全国两会，又带去了什么样的建议？

方中华：我是来自农村基层的人大代表，为广大农民兄弟代言发声是我的光荣，也是我应尽的职责。这次会议我带来了8个建议，主要是与“三农”问题相关的，也有关于加强食品安全监管的建议、关于加大中小企业发展扶持力度等方面的建议。

《台州商人》：从资料上看，您是台州代表团每年在全国两会上提交建议数量最多的代表之一。这些针砭时弊、切中要害的高质量建议的背后一定凝聚了您的心血，请您谈谈这方面的体会？

方中华：不知道您的统计数据是否准确，但我可以告诉您，这4年来，我提交了33条建议，每条建议无论采纳与否，全国人大常委会或国家各有关部委都会认真处理并有正式的回复。能为国家的发展大计建言献策，这是神圣而光荣的使命，我不说自己有使命感，但确实有紧迫感，我代表的是农民兄弟，当然要为农民说话。

《台州商人》：您这次关于尽快制定《集体土地征收征用条例》的建议也是围绕“三农”问题提出的。5000多字的建议里有大量翔实的数据，您是如何掌握这些第一手资料的？能介绍一下这条建议的作用和意义吗？

方中华：您这是两个问题，很抱歉，微博对字数有限制，我就简单概括吧。首先，每个建议都需要认真选题，然后开展大量社会调研工作，像这条建议就涉及了国土、司法、农业等部门，但我们必须倾听基层老百姓的声音，尤其是那些失土农民的要求。这条建议的意义就是尽快推动完成这项条例的制定，这是全国农民兄弟的迫切期盼。

《台州商人》：感谢您在百忙中的微博连线，谢谢您的支持！祝两会圆满成功！祝各位代表、委员身体健康、工作顺利！再见！

方中华：谢谢！感谢媒体的支持！也祝《台州商人》越办越好！祝广大读者朋友身体健康、学习进步！再见！

（2012年3月5日《台州商人》全国两会连线微访谈节目）

誓当治水铁军 打好消劣大战

——在第十二届全国人大代表第五次会议期间媒体采访

这几日，一个消息令前来参加全国两会的浙江代表、委员们格外自豪和兴奋：“河长制”，这个浙江“五水共治”实践的成功之举，正在全国各地广泛推行。

2013年以来，浙江形成五级联动的“河长制”体系：省级河长6名、市级河长199名、县级河长2688名、乡镇级河长16417名、村级河长42120名，还配备了河道警长、民间河长。他们共同谱写了一曲现代版的“大禹治水”壮歌，是浙江铁军的典型代表群体。

2016年12月初，国务院印发《关于全面推行河长制的意见》。紧接着，水利部、环境保护部等国家有关部委联合召开贯彻落实《关于全面推行河长制的意见》视频会议，浙江、江苏、江西等地相关负责人在会上作典型发言，向全国介绍、推行河长制的经验。由此开始，“河长制”的浙江经验，开始走向全国。

全国人大代表、台州市路桥区路南街道方林村党委书记方中华，是浙江五级联动“河长制”体系中一名最基层的河长，即村级河长。

方中华代表告诉记者，在台州，他们还有一个“村级治水组长制”，每个村的书记和村委会主任都是“五水共治”的组长，对河道进行网格化巡查，当好“五水共治”的宣传员和监督员，一旦发现问题，就及时上报给上级河长。

方林村是全国首批生态村，“小区实现了无烟尘、无噪声、无废水。”方中华自豪地说。

总长2200米的竞争河从方林村经过。村里以党员、村民代表为主体，建起了“护河队”。他们每天都要看一看河面有没有漂浮物，查一查水质情况，盯一盯河岸绿化的工程进度等。

方中华说，河长可不好当，在街道层面，有一个“街道‘五水共治’”微信群。如果发现水变脏了、河道里有垃圾，群里的人便会第一时间曝光这些现象。

这几年，方林村通过截污纳管、河道清淤、河岸美化等工程，让竞争河两岸成了村民休闲散步的好去处。

不过，在方中华看来，治水没有完成时。“今年年初，省里提出全面剿灭劣V类水，这是对‘五水共治’的巩固提升。”全省仅剩的33个省控、市控劣V类断面中，近30%分布在台州地区，可以说，台州剿劣的成败，对全省有关键性意义。

“‘以水质论英雄’，这是我们最常说的话。”方中华说，从河里到岸上，都能见到台州各级河长的身影。

方中华认为，基层河长的作用非常关键，政府工作报告中对生态环境保护治理提出“科学施策、标本兼治、铁腕治理”的要求，最终的落脚点还是在人。

方中华说，全国两会之后，村里就要召开村民大会，讨论如何巩固提升治水成果。“我们誓当治水铁军。”

（2017年3月7日《浙江日报》第5版全国两会特别报道 · 在现场，记者裘一佼）

让农村“沉睡”资产活起来

——在第十二届全国人大代表第五次会议期间媒体采访

作为来自农村的代表，每一天都能感受到农村实实在在的变化，水清了、景美了，农民生活越来越好了，我感觉很踏实、很自豪。

我在平时的调研中发现，近年来，随着新农村建设、新型城镇化建设推进，农村资产规模不断扩大，农民的“钱袋子”越来越鼓。但是，我们也要看到，农村产权未全面激活，农村的资产还处在“沉睡”状态，难以转变为农民实实在在的收入。

这几年，浙江省在这方面进行了积极而有益的探索，先后出台了农村宅基地确权登记发证、土地承包经营权权能完善、经济合作社股份合作制改革等方面的文件，形成了物业经济、资源开发、产业发展、资产经营等“多条腿”走路，取得了明显成效。

以台州为例，2016年村集体资产总额达383.1亿元，农民家庭固定资产总额应该超万亿元。村集体经济年收入从2006年的18.57亿元增至2016年的50.65亿元，年均增幅达10.6%。

不过，从各地试点看，农村产权制度改革还存在一些困难和问题，很重要的一点就是相关法律还比较滞后。

比如，出于对农民基础生活的保障，《中华人民共和国物权法》《中华人民共和国担保法》等法律禁止农村集体土地使用权设立抵押，林权、农房和村经济股份合作社股权尚只在局部地区进行抵押贷款试点等。解决这些问题，可以使广大农民获得数以万亿计的财产性权利，向国民经济释放大量资产流通，农民增收才能真正成为现实。

为此，我建议，尽早修订《中华人民共和国物权法》《中华人民共和国担保法》等法律。明确农村土地的担保性质，使农民享有土地的占有、使用、收益、处分4种权益，让农村集体土地资源和农民的承包田和承包山、宅基地和住房，都变成发展致富的资本。

全国总结各地试点经验，进一步扩大试点范围和领域。浙江有一批成功试点，像嘉兴的“两分两换”、温州的农房抵押转让、宁波江北的“两权一房抵押”、丽水的林地林权流转抵押、德清集体建设用地入市等，建议及时组织专家分析提炼，使经验上升为制度。

同时，完善制度措施，支持和保障农村经营权流转。比如，完善农村社会保障作为农村改革的重要配套，逐年提高农民养老保险的缴费补贴和覆盖范围，明确一定比例的征用集体土地补偿金用于提高被征地农民的养老金，解除农民的后顾之忧。

（2017年3月9日《台州晚报》）

“三农”，这些年心尖上的事

——在第十三届全国人大代表第一次会议期间媒体采访

2018年，方中华担任全国人大代表的第11个年头。在一沓厚厚的准备材料里，“农村”依然是出现率最高的词。目录页上，一枚五角星打在“关于发展壮大村级集体经济是乡村振兴的关键建议”这行字后，“这条跟农村发展的关系特别大，我要争取机会在讨论时重点说说。”在担任全国人大代表的这些年，“三农”问题一直是方中华代表的“牵挂”。

生在农村、长在农村、奋斗在农村，方中华代表的目光从没离开过这方土地。“中国农村发展潜力巨大，中国的希望在农村，‘短板’也在农村，只有农村发展了，中国才算是真正发展了。”农村发展的症结、农民的所思所盼，方中华代表心里有本明白账。

在调研中，他发现国家对农村基础设施建设的投入还十分有限。于是，在2011年，他联合6位全国人大代表，向全国人大提出了关于公共财政对农村建设资金应刚性投入的建议，引起国家相关部委的高度重视，推动后续一系列强农惠农政策的出台。

“只有村级集体经济强了，才能在农村实现全面小康。”2013年，他经过充分的调研走访，提出关于扶持村级集体经济，推进美丽乡村建设的建议。会议期间，全国人大议案组打来电话，认为这条建议很好，批转农业部、财政部等有关单位参阅办理、给予落实。

此外，方中华代表还就制定集体土地征收征用条例、深化农村产权改革、推进农民专业合作社发展、解决农民建房难及农村环境污染问题等农民普遍关注的热点、难点问题提出了相关建议。初步统计，10年来，他提出的涉农建议和议案共有98条。

“为基层群众说真话、办实事”，这是“老代表”方中华给自己定的履职目标。为了加强与群众的联系，他在2009年建立了代表工作室，在固定时间、地点与群众面对面交流。截至2018年1月，工作室共接待群众200多批次，收到群众反映的问题、意见和建议80多条。

“看病难”“看病贵”，针对群众抱怨最多的问题，他展开全面调研，跑遍周边的区

(县)、乡(镇)走访，向财政、卫生、劳动等多部门了解情况。“药价虚高是农民‘看病贵’的关键因素，多数医院存在以药养医现象”。对此，2009年，方中华代表建议政府加强对药品价格的管理，同时实施药品零(低)差价，加大投入以保障基层卫生院医务人员的工资福利经费来源，从源头解决农民“看病贵”问题。

2010年，针对这一问题，方中华代表进一步提出了关于大力发展新型农村合作医疗的建议，建议各级政府加大投入，探索便民就医和结报方式，解决流动人口异地就医等问题。商务部、财政部联合办理了这一建议，工作人员在答复中称，新农合住院补偿比例将提高到60%，封顶线提高到全国农民人均收入的6倍以上。同时，稳步推进门诊统筹工作，提高参合人员的受益水平。

党的十九大报告提出要实施乡村振兴战略，方中华代表觉得，这下子自己身上的担子又重了几分。“产业兴旺、生态宜居、乡风文明、治理有效、生活富裕”，他想把方林村的探索实践推广到更多地方，也想针对发展中遇到的问题提出更多实实在在的建议。

(2018年3月1日《浙江日报》)

谱写乡村振兴新篇章

——在第十三届全国人大代表第一次会议期间媒体采访

3月7日上午，中共中央政治局常委、国务院总理李克强参加浙江代表团审议。总理的到来让大家备受鼓舞。现场发言的6位代表中，就有来自台州市的全国人大代表、路桥区路南街道方林村党委书记方中华。

“亲切、务实、接地气”，方中华用这3个词形容聆听政府工作报告后的感受，“特别是报告中强调要实施乡村振兴战略，这让作为农村基层代表的我感到十分振奋！”他说，这既是今后一段时期统领中国农村发展的总战略，更是乡村新一轮发展前所未有的大机遇，充分体现了党中央、国务院带领全体人民共享发展成果、共同奔小康、一个也不掉队的决心和信心。

近年来，方林村坚持以规划为先导，紧扣发展村集体经济这一关键，树立了“基本保障靠集体，发家致富靠自己”的发展理念，在就学、就医、养老等16个方面提供村级福利保障。2017年村民人均纯收入9.8万元，医疗费报销90%以上，村里每年给退休村民的退休金和股权分红就有3万元。

为了更好地履职，这次参会前，方中华还对台州全市的乡村发展情况作了调研。2016年统计数据显示，台州村级集体经济年收入10万元以下的经济薄弱村有1697个；去年消除经济薄弱村1360个，村均收入同比增速超过全省平均。尽管各级党委、政府抓农村发展的力度不断加大，成效明显，但农村发展不平衡、不充分的问题依然存在。

把方林村的探索实践推广到更多地方，针对农村发展过程中遇到的问题提出更多实实在在的建议，这是方中华的参会心愿。为此，他提出了坚持规划先行、发展壮大村级集体经济、深化体制改革等建议。他说，村庄发展规划是乡村振兴“三步走”战略落到实处的重要前提，是实现村庄科学发展的目标和方向，建议由专业部门为农村提供更好的指导和帮助；村级集体经济是保障规划落地的基础，也是乡村振兴的重要支撑，更是强村富民的根本，建议“以土地为核心”，激活要素、主体和市场，将农村的土地承包经营权、农民房屋和宅基地使用权等成功的试点经验上升为制度落地。

人才是乡村振兴的动力来源，方中华还提到要把党建与人才作用的发挥结合起来，“我长期在农村，发现党建强的村，发展就快。”因此他强调加强农村党组织建设，同时建议出台激励措施，引导鼓励大学生、乡贤等人才回乡。

（2018年3月8日《台州日报》第2版）

乡村振兴　春光正好

——在第十三届全国人大代表第一次会议期间媒体采访

今年是我担任全国人大代表的第11个年头，我一直关注“三农”问题。有人说，一个村庄里可能就藏着一个中国。见微知著，我想首先解剖一只“麻雀”。

我从1983年开始担任方林村党支部书记，那时方林很穷，村民人均收入仅147元。

2017年，方林村村民人均纯收入已经达到9.8万元，“家家住别墅、户户生态园”，建立起“吃粮有保证、上学奖学金、看病能报销、养老有保障”的村级福利保障。

很多人问我：这样的跨越式发展是怎么实现的？从1983年中央1号文件释放农村发展活力开始，我们一直在党和国家的好政策引领下解放思想、艰苦奋斗，紧紧抓住发展壮大村集体经济这个关键，蹚出了一条“强村富民”的发展路子。正所谓“大河有水小河满”，国家发展如此，乡村发展亦然。

3月5日上午，聆听了政府工作报告，报告强调要实施乡村振兴战略，探索宅基地所有权、资格权、使用权分置改革等，我倍感振奋。我深切感受到，走中国特色社会主义乡村振兴道路，是惠及亿万农民的政策春风，乡村发展迎来了历史性的新机遇。

来北京前，我就浙江台州农村的现状作了调研，发现农村发展不平衡、不充分的问题依然存在，如村庄发展规划滞后、产业发展后劲不足、基础建设不够完善、农村“空心化”、人才难进难留等问题突出。这些问题怎么解决？

乡村要振兴，关键是发展生产力。以土地为核心，通过“三权”分置改革，盘活集体建设用地，唤醒农村沉睡资产，发展壮大村级集体经济；以人才为支撑，出台激励措施，引导和鼓励青年大学生、乡贤、企业家回乡创业；以改革为动力，深化“最多跑一次”改革，为乡村振兴提供更高效、优质的服务。

各个村庄千差万别，最根本的就是依据乡村振兴“三步走”战略，探索一条适合当地实际的发展路子。我们要发扬“艰苦奋斗再创业”的精神，通过这一代人的努力，让农业成为有奔头的产业，让农民成为有吸引力的职业，让农村成为安居乐业的美丽家园。

（2018年3月10日《浙江日报》第7版全国两会特别报道，记者杜博）

人管制度 制度管人

浙江省台州市有这样一个村，每隔几年，村民都能收到一本小册子。这本被称为方林村“小宪法”的《方林村村民自治章程》，如今已经修改到第6版了。是出于什么样的原因，让这个小小村落制定这样的章程？这“小宪法”又是怎样发挥大作用的？带着这些问题，记者采访了全国人大代表、浙江省台州市路桥区路南街道方林村党总支书记方中华。

记者：据资料显示，您所在的方林村推出了《方林村村民自治章程》，是村民自治领域的“明星村”。请问是基于怎样的原因总结出这个章程？效果怎样？

方中华：我们坚持“人管制度，制度管人”，重点突出3个方面。一是立章程。自1998年开始，方林村建立、完善了一整套制度化、规范化的民主管理体系。2017年，经过第6次修改，汇编成14章133条的《方林村村民自治章程》，实现了人管制度、制度管人，让村庄治理有章可循。二是抓公开。发挥村务监督委员会的监督作用，实行全方位、多层面、立体化的村务公开，把为民造福的事情办好、办实，干一件成一件，切实管牢“微权力”。三是强管理。从1983年开始，我们始终坚持每年召开1次村民大会，坚决把民主法治建设落到实处；我们还根据村庄的发展实际，广泛邀请村民参与村级事务的决策、管理和监督，努力实现“村情民知、村事民定、村务民管、村利民享”。同时，我们还引进现代企业管理制度和高级管理人才，积极探索村级企业化管理的有效途径。

（2019年3月11日《中国社会报》，记者周冉冉）

加强农村人才培养　助推乡村全面振兴

2019年是浙江省台州市路桥区方林村党委书记方中华出席全国人民代表会议的第12个年头，他是第十一届、十二届、十三届全国人大代表。11年来，他提出了102条涉农议案和建议。

在去年全国两会上，包括方中华在内的4位代表提出了关于村委会任期调整的建议，提出选举频繁会造成人、财、物等资源的浪费，影响基层工作有序衔接，不利于基层稳定，制约农村基层健康、稳定发展等，这一建议得到民政部的关注。修改后的《中华人民共和国村民委员会组织法》中已明确村委会、居委会的每届任期为5年。

在今年的全国两会上，方中华带来了15条建议。其中，方中华在《加强农村人才培养，为乡村振兴提供人才支撑》中提出了“乡村振兴，人才是关键”。

一年来，方中华经常抽出时间走访基层干部、农户和乡贤代表，围绕实施乡村振兴战略和美丽乡村建设情况开展调研。“就我们台州来说，乡村振兴取得重要进展，两项工作为全国首创：一是在全国地级市首推乡村振兴项目招商发布会，美丽乡村打响一批‘国字号’品牌；二是首创乡村振兴学院，具体来讲，就是台州各地根据当地特点，分别与同济大学等国内10余所高校共建综合性乡村振兴学院，为乡村振兴提供理论支持、实践指导、人才支撑。”方中华说。

方中华介绍，比如，“同济·黄岩乡村振兴学院”是全国首家以乡村振兴为主题的学院，成立以来硕果累累。改造、提升了一批传统村落。在同济大学杨贵庆教授及其团队的精心规划和专业指导下，一批不到20户老人居住的“空心村”，变成了远近闻名的AAA、AAAA级景观村庄，可以说是实现了凤凰涅槃，当地村民的幸福感、获得感有了显著提升。比如，沙滩村被列为“浙江新农村建设十大样本”之一，2018年吸引游客48

万人次，营业收入760万元，集体经济收入60余万元。培育、输出了一批专业人才。在6年的实践探索中，已有1080人次国内外硕博研究生、本科生及教师为当地提供智力支持；从2018年8月学院投入使用以来，有1635名乡村学员参加培训，其中省外491人。总结提炼了一套乡村振兴工作法。杨贵庆教授团队在实践中总结出来的工作经验，被《财经国家周刊》概括为“乡村振兴工作法”，有效丰富和发展了当代中国城乡规划理论。

此外，党委、政府是乡村振兴的关键。台州和黄岩的实践证明，正是有了当地党委的坚强领导和当地政府的抢抓落实，才有了农村面貌翻天覆地的重大变化。在方中华看来，乡村振兴要想真正在基层落地，最关键的点就是当地党委、政府的高度重视和大力支持。与此同时，从黄岩乡村振兴的实践来看，还存在一些难题。一是村庄规划滞后。存在规划编制难、执行难、落地难等问题。二是乡村建设投入不足。很多村庄仍然受制于资金土地等要素的瓶颈制约，存在这样那样的发展问题。三是政策支持不够。相关的扶持政策还不够全面完善，还没有真正落地。

针对上述问题，方中华提出3点建议。

一要培育人才队伍，加强乡村振兴人才支撑。一方面，要大力培养乡土人才，特别是致富带头人和农村实用人才。另一方面，建议推广台州的校地合作乡村振兴模式，促进高校资源向基层下沉。

二要优化村庄布局，加强乡村振兴规划指导。要统筹谋划城市和乡村的空间布局，立足地方资源优势，突出地域特色，因地制宜编制各乡镇、村落的总体规划，形成城市与乡村要素互动、资源共享、有机互补的发展格局。

三要创新体制机制，加强乡村振兴制度供给。要出台专项扶持政策，在公共财政资金投入、税费减免、基础设施建设、信贷融资等方面向农村倾斜。加快出台乡村新产业、新业态的准入机制和扶持政策，合理设定硬性农用地指标比例，充分保证乡村产业发展和建设的用地需求。

（2019年3月14日中国美丽乡村网，记者金晓）

推广促进社会和谐的“枫桥经验”构建城乡社区治理新格局

——在第十三届全国人大代表第二次会议期间媒体采访

今年，“枫桥经验”被写入政府工作报告，这让全国人大代表、台州市路桥区路南街道方林村党委书记方中华倍感振奋。他说："'枫桥经验'的本质是从群众中来、到群众中去，在新时代发展'枫桥经验'，还是要抓住这个魂。"

在方林村，《方林村村民自治章程》已修订到了第6版。在方中华代表看来，这本小小的册子是村庄和谐发展的"秘籍"，也是新时代"枫桥经验"的应有之意。从1983年开始，方林村坚持每年召开1次村民大会，根据村庄发展实际，广泛邀请村民参与村级事务的决策、管理和监督，努力实现"村情民知、村事民定、村务民管、村利民享"。"通过坚持人管制度、制度管人，我们做到了让村民们按章程办事，把权力关进制度的笼子。"他说。《关于做好村规民约和居民公约工作的指导意见》明确提出，2020年全国所有村、社区普遍制定或修订形成务实管用的村规民约、居民公约。这让方中华代表更加明确村庄治理的前进方向。"一方面，我们要加强建章立制，进一步规范村级权力；另一方面，要加强宣传规章，普及法规知识。让法治观念深入人心，让尊法、学法、守法、用法成为农民群众的自觉行为。"他表示。

（2019年3月15日《浙江日报》第4版全国两国特别报道）

八项建议惠"三农"

——在第十三届全国人大代表第二次会议后媒体采访

浙江省台州市路桥区方林村党委书记、方林集团董事长方中华是第十一、十二、十三届全国人大代表。他倾力关注"三农"问题，先后提出涉农议案、建议达100多件，推动了国家一系列支农强农惠农政策的出台。

2019年第十三届全国人大第二次会议上，方中华准备了8个提案或建议，分别是《关于高质量推动乡村振兴战略实施的建议》《关于加强村庄规划实用性的建议》《关于加强农业投入品和农产品质量安全执法力度的建议》《关于建立信息资源平台，推进"最多跑一次"改革的建议》《关于垃圾分类与回收利用紧密结合的建议》《关于突出农业基础地位，推动农村产业兴旺发展的建议》《关于乡村振兴人才助推的瓶颈制约及时策建议》《关于依法治村有章可循的建议》。

实施乡村振兴战略，是解决农业农村发展不平衡、不充分等问题的根本途径，是缩小城乡差距、共享发展成果、建设社会主义现代化国家的必然要求。方中华通过走访调研，认为各地推动实施乡村振兴战略开局良好，也取得了初步成效，但与实现乡村全面振兴的目标，与广大农民群众的期望仍有一定的差距，还存在城乡发展不平衡、农村要素流通与体制机制保障不协调、农民群众参与的主动性不强等突出问题。他建议增强各级政府推动乡村振兴的政治自觉和行动自觉，发挥农民在乡村振兴中的主体作用，构建一、二、三产业融合发展的乡村产业体系，提升乡村振兴法律法规和制度供给水平。

方中华认为，伴随着新农村建设的推进，人们对村庄规划的重要性、必要性和紧迫性有了深刻的认识，但对规划编制的实用性、合理性不够重视，更没有认真研究规划如何执行。他建议增强村庄规划的实用性；进一步完善县域村庄布局规划，抓紧明确集聚提升、融入城镇，特色保护、迁并4种村庄发展类型定位，并在此基础上编制完成村庄规划；进一步明确农民建房用地安排及建设要求，落实农居点的数量、布局和规模，明确基础设施和公共服务设施配套标准及区域内村庄整体风貌控制指引；统筹安排农村建设项目，在安排农民建房用地的同时，考虑村庄道路、给水排水、供电、通讯、环境保洁、公共服务中心、文化礼堂等公共基础设施的用地安排和建设要求；对村庄规划进行风貌引导和管控，深入挖掘地方特色、历史文化、传统民俗。

方中华在调研中发现，农业投入品和农产品质量监管及执法方面仍存在监管力量薄弱、初级农产品抽检不合格后执法难、基地农业投入品使用监管困难、网上购置的农业投入品监管难、农资经销人员整体素质偏低等问题。他建议深化执法体制改革，强化农业综合执法；加大宣传培训力度，营造农业执法氛围；加强源头监管，遏止违法行为；推进农资监管与服务信息化建设、农资门店规范化建设。

国家近年在工程建设项目审批制度上进行了一系列改革，以便形成便捷、高效的协调、管理、运行、监督体系。方中华在调研中发现，这项工作在推进过程中存在信息共享面临“数据壁垒”、审查服务滞后、基层力量薄弱等问题。他建议由国家相关部门牵头，全面摸排各职能部门掌握的信息资源，建立统一的公共信息资源共享平台，大力提高公共信息共享程度。探索通过建立工作联席会议、统一办件协调会等方式，制定公共信息共享方案，优化提升行政权力办事效率。同时，扩大审查业务范围，提升行业克争能力，建立完善激励机制，吸引更多专业人士。

随着人民生活水平的提高，垃圾分类已成为民生福祉的“关键小事”，也是社会进步的“基础大事”。但基层在生活垃圾分类与再生资源回收利用的结合上还存在一系列问题，导致垃圾的再利用率低，环境污染严重。他建议，强化立法推动——加强在全国层面的调查研究，探索出台关于垃圾分类及回收利用的法律法规和具体实施方案，以法律法规和对应政策规范垃圾分类、资源回收利用，夯实法治基础；强化系统联动——

系统考虑整个垃圾分类过程的前期收集、中途运输和后期处置，建立完善的垃圾处理体系；强化示范带动——建立一批垃圾分类结合再生资源回收利用的先进社区、示范典型，总结一套可借鉴、可复制、可推广的优秀经验；强化宣传发动——创新宣传发动方式方法，要宣传分类及利用的意义，更要介绍做法方法。

乡村振兴战略实施以来，各地的农业产业飞速发展。方中华在调研中发现，各地的农业产业振兴还存在新生代力量参与农业积极性不高、工商资本难以静下心来投资农业、现行政策缺乏对土地流转的有效支持、具体项目缺乏农业要素的有机融入等问题。他建议，找准产业融合的“切入点”，统筹考虑农户、家庭农场、农民专业合作社、农业企业等产业融合的主体及产业融合的内容。疏通产业发展的“淤血点”，突破土地制约，保障农业项目用地；突破资金制约，创新金融保险服务；突破政策制约，扶持优化农业政策：突破人才制约，强化农业人才培育。增加产业兴旺“造血点”，探索推进“现代农业园区+家庭农场”“公司+家庭农场”等经营模式，培育一批新生代的新型农业经营主体，让骨干农业主体再次成为农业发展的示范，起带动作用；走城乡融合发展之路，发展“共享农庄”；力抓项目建设，重点在农耕文化、创意农业、休闲采摘、生态康养、乡村旅游等项目的引进过程中做好牵线搭桥工作；实施品牌战略，提升农产品的内涵，发展绿色农产品、品牌农业，从而提升农产品的附加值。

乡村振兴，人才为先。但当前农村人才“失血”的形势依然严峻，农村“输血”的举措有待全面加强，距离实现农村“造血”功能的目标还很遥远。方中华建议，一是创新农村人才发展机制，不断深化农村土地、宅基地制度改革，构建外来人才分享乡村振兴红利的机制和渠道；全面建立职业农民制度，深化农业系列职称制度改革，进一步健全农业农村人才引进、培养、使用、评价、激励、服务等机制，以机制创新推动人才振兴，以人才振兴带动产业兴旺，以产业兴旺夯实乡村振兴。二是抓好“建强队伍”这个关键，统筹好广聚英才与本土育才“两种资源”。三是优化环境，留住人才。合理利用农村的自然环境和传统生活方式，促进现代服务业、休闲产业、养老产业和文创产业向乡村集聚。以良好的营商环境和产业发展前景吸引社会各界人才下乡创业。

乡村治，百姓安，则国家稳。依法治村是实施基层依法治理、促进农村改革、发展和稳定的重要举措。方中华认为依法治村目前存在的难点是：民主制度发展滞后与农民群众日益增长的美好生活需求之间的矛盾；农村司法不健全与村民自治制度之间的矛盾；农民参与村庄治理的热情，与依法治村工作缺乏一套行之有效的办法和手段之间的矛盾；民主监督、民主管理、民主决策形同虚设与倡导村民当家作主之间的矛盾。他建议建章立制，规范村级权力。加强顶层设计，督促各省份制定一套具有当地特色、全面高效、通俗易懂的村民自治章程和村规民约范本，各村再结合自身的实际情况，通过党员、村民代表大会或者村民大会完善章程和村规民约，实现依法治村有章可循。建立推行村级小微权力清单，完善村规民约，为依法治村、按章办事奠定制度规章。特别是涉及村庄规划、建设的重大决策，涉及农民宅基地审批等民生实事，必须先立制度，明确权利、规定程序。

（2019年第3期农业农村部主管《中国村庄》杂志，记者石咚咚）

第三节 历届建议

方中华当选人大代表后，深入基层调研，积极参政议政，在历届各级人代会上提出许多切合实际、颇具前瞻性和建设性的建议（表23-1）。

表23-1 2008—2020年历届全国人民代表大会方中华提交建议一览表

会议名称	会议日期	提交提案及建议	备注
第十一届全国人大代表第一次会议	2008年3月5—18日	《大力发展农村合作医疗》《关于大学生村官队伍成长规划的建议》《关于从法律角度明确村委会主任候选人条件的建议》	
第十一届全国人大代表第二次会议	2009年3月5—13日	《关于要求修订〈中华人民共和国村民委员会组织法〉的建议》《关于切实加强农村环境保护工作的建议》《关于要求建立农民工社保全国统筹和转移制度的建议》《关于解决台州拆解业污染环境危害健康问题的建议》《关于推进农业农村经济发展的建议》《关于解决农民看病贵问题的建议》《关于对中小学义务教育阶段严格实施收支两条线的建议》	
第十一届全国人大代表第三次会议	2010年3月5—14日	《大力发展新型农村合作医疗》《对教育部破解“择校”（初中）“减负”难题的建议》《关于恢复人民日报数字报免费阅读的建议》《进一步改善农民工子女教育》《进一步完善选聘高校毕业生到村任职工作制度》《适当延长春节假期》《调整财政政策，缓解县级财政困难》《要求尽快开通甬台温铁路台州南（货）站货运业务》《关于制定〈国有土地上房屋征收与补偿条例〉的几点建议》	

（续）

会议名称	会议日期	提交提案及建议	备注
第十一届全国人大代表第四次会议	2011年3月5—14日	《关于加快农村综合配套改革实现“三化同步”的建议》《关于公共财政对农村建设资金应刚性投入的建议》《关于加快提高普通劳动者收入的建议》《关于要求尽快开通甬台温铁路台州南站货运业务的建议》《关于科学安排“十二五”期间节能减排工作的建议》《关于加强地方疾病预防控制能力建设的建议》《关于提高电费中城市公用事业附加费标准的建议《关于加快学前教育发展的建议》《关于坚决刹住择校风推进义务教育均衡发展的建议》《关于要求明确义务教育学校校长职责权限的建议《关于要求教育部尽快出台“实行优质普通高中学校招生名额合理分配到区域内初中的办法”配套政策的建议》《关于要求恢复义务教育阶段小学留级制度的建议》	联合6位代表提出的《关于公共财政对农村建设资金》应刚性投入的建议》，推动后续一系列强农惠农政策出台
第十一届全国人大代表第五次会议	2012年3月5—14日	《关于尽快制定集体土地征收征用条例》《建立农业生产预警机制》《对在欠发达地区建设粮食生产基地实行补助》《解决经济发达地区设施农用地落实难问题》《加强食品安全监督》《加强基层民政机构和队伍建设》《抓紧制定〈中华人民共和国社区矫正法〉》《加大中小企业发展扶持力度》	全国人大常委会办公厅对《关于尽快制定集体土地征收征用条例的建议》十分重视，立即转发给有关部委办理、落实
第十二届全国人大代表第一次会议	2013年3月5—17日	《尽快制定〈农村集体土地征收征用条例〉》《切实加强农村环境保护工作》《破解农民建房难问题》《扶持经济薄弱村发展集体经济》《尽快解决废旧节能灯污染环境问题》《开展中小企业信用保证基金试点》	
第十二届全国人大代表第二次会议	2014年3月5—13日	《扶持村级集体经济发展，推进美丽乡村建设》《进一步扶持发展农民专业合作社》《发挥地方法人金融机构作用助推小微企业发展》《加快城乡居民基本医疗一体化建设》《进一步加强禁毒工作》《建立公民基本信息一体化》《关于进一步保障农民工子女公平享受义务教育》	其中《扶持村级集体经济发展，推进美丽乡村建设》由全国人大议案组批转农业部、财政部等有关部门办理、落实
第十二届全国人大代表第三次会议	2015年3月5—15日	《加强城市管理立法工作》《深入实施“依法治村”》《切实加强中央1号文件贯彻落实》《进一步加大扶贫开发工作力度》《全面推进现代农业保险制度》《强化中心镇建设，推动城乡一体化》《在城镇化过程中加强古村落保护》《建立健全儿童失踪干预系统，依法打击拐卖儿童犯罪》《破解贿赂等职务犯罪案件律师会见难》《适当延长春节假期》	《人民日报》、《浙江日报》、浙江电视台、光明网、人民网、环球网、凤凰网、网易、《中国企业报》、《台州日报》、台州电视台和《台州晚报》等媒体采访报道

（续）

会议名称	会议日期	提交提案及建议	备注
第十二届全国人大代表第四次会议	2016年3月5—16日	《发展村级集体经济、扶持农村产业发展，推进精准扶贫实现全面小康》《加强农业供给侧结构性改革》《加强农村精神文明建设》《加快建立完善的分级诊疗制度》《推进多层次基本养老服务体系》《重新调整中央地方财政分成》《修改〈中华人民共和国工会法〉部分条款》《取消“生产销售伪劣产品罪”“假冒商标罪”追诉金额标准》《加强刑事案件证据裁判原则》《尽快出台贪污受贿等职务犯罪三档刑罚具体数额确定》《中国银行总行尽快解决本系统亡故员工企业年金不能支取》	《中国改革报》、《农民日报》、《检察日报》、《浙江日报》、浙江电视台、人民论坛、中国网、中国经济观察网、新浪网、网易、搜狐、《台州日报》、《台州晚报》等10多家媒体关注报道
第十二届全国人大代表第五次会议	2017年3月5—15日	《深化农村产权改革、全面激活农村沉睡资产》《精准扶持经济薄弱村集体经济发展》《深入推进绿色生态农业发展》《进一步提升农产品质量安全》《进一步完善措施，吸引更多城归回乡创业》《开展宅基地制度改革》《加强耕地质量保护和提升》《进一步加强农村教育》《关于河道淤泥处置工作》《关于部门规章与法律上位法冲突的现状及建议》《加强传统节日文化建设》《取消征收计划生育抚养费和一票否决制》《关于修改适用〈中华人民共和国婚姻法〉司法解释（二）第二十四条的建议》	《人民日报》、《浙江日报》、央视新闻、央视新媒体、人民论坛网、浙江卫视、《检察日报》、《中国改革报》、《湖北日报》、《北欧华人报》、《台州日报》、《台州晚报》等10多家媒体关注报道
第十三届全国人大代表第一次会议	2018年3月5—20日	《谱写乡村振兴新篇章，开启美丽乡村新征程》《关于村委会任期由3年改为5年的建议》《加快实施我国农村产业融合发展用地保障工作》《探索乡村“城市化”发展路径，推进乡村振兴战略实施》《农村金融机构助力实施乡村振兴战略》《加快发展服务集中型农业适度规模经营》《建立鼓励青年人才投身乡村振兴事业的机制》《加快地方税体系建设，促进基层稳定发展》《深化网格员队伍建设，打造“枫桥”经验升级版》《关于建立有效破解“信访不信法”的建议》《法院应依法对侵占案加大立案力度》	会同其他3位代表提出《关于村委会任期由3年改为5年的建议》。在新修订的《中华人民共和国村民委员会组织法》中，村委会任期由3年改为5年
第十三届全国人民代表大会第二次会议	2019年3月5—15日	《关于高质量推动乡村振兴战略实施的建议》《关于加强农村人才培养，助推乡村全面振兴的建议》《关于乡村振兴人才助推的瓶颈制约及对策建议》《关于突出农业基础地位，推动农村产业兴旺发展的建议》《关于加强村庄规划实用性的建议》《关于依法治村有章可循的建议》《制定村两委监察全覆盖具体细则》《关于加强农业投入品和农产品质量安全执法力度的建议》《关于建立信息资源平台，推进“最多跑一次”改革的建议》《关于垃圾分类与回收利用紧密结合的建议》《对医疗机构实施科学控费》《发展壮大农村互助式养老机构》《建立“性侵害未成年人强制干预机制和性侵害未成年人的犯罪人员信息公开制度”》《对信用卡过度发卡及消费金融乱象进行适当整治》《建立对非法吸收公众存款罪的统一立案标准》	

（续）

会议名称	会议日期	提交提案及建议	备注
第十三届全国人民代表大会第三次会议	2020年5月22—28日	《做好产村融合 助推乡村振兴》《强化机制引领，走好城乡融合发展之路》《做好脱贫攻坚与乡村振兴有机衔接》《加强公共卫生应急管理体系建设》《全面推进“十四五”时期“三农”高质量发展》《积极有序推进闲置农房盘活利用》《健全社会化服务体系、促进小农户与现代农业有机融合》《破解中小企业发展制约》《加快高排放老旧机动车淘汰更新》《成立国务院直属中医药事业发展管理机构》	

第二章 章程制度规约

第一节 章 程

1998年《方林村村民自治章程》

为了加强民主与法制建设，促进农村基层社会主义民主和农村社会主义物质文明、精神文明建设的发展。确保我村各项工作纳入法制轨道，逐步实行规范化管理，现依据有关法律、法规，并结合我村实际情况，特制订本章程。本章程经我村全体共产党员、干部、村民代表讨论通过，印发每户1册，望全体村民认真学习，遵照执行，并监督村委会的工作。

本章程自1998年6月16日方林村首次村民代表大会通过。

总 则

第一条 根据《中华人民共和国宪法》《中华人民共和国村民委员会组织法》《中华人民共和国刑法》《中华人民共和国民法通则》《中华人民共和国治安管理处罚条例》及有关法律、法规，结合本村实际，制订本管理章程。

第二条 在法律规定的范围内，在上级党委、政府的领导下，实行村民自治。村民自治应以村党总支部为核心，村民委员会为主体，共青团、妇联会、老协、民兵、联防队及其他组织紧密配合，全体村民积极参与，按照自我管理、自我教育、自我服务的要求，共同管理好本村的政治、经济、文化及社会事务。

第三条 全村党员、干部、村民在工作、生活和社会交往中必须遵守本章程。

第四条 在村党总支、村委会的领导下，建立村级工作规范化执行监督检查小组。

第五条　在党总支的领导下，实行党、政、企分工负责制。

党政建设

村党总支部建设

第六条　村党总支部和全体党员要坚决执行党在农村的路线、方针、政策，政治上与党中央保持一致，在党章规定的范围内工作。

第七条　村党总支部坚持"两手抓，两手硬"的方针，把精神文明、物质文明建设纳入重要议事日程，经常对村民进行政策、法制教育，提倡勤劳致富，坚持社会主义道路，促进我村的经济发展，安定社会秩序。

第八条　坚决执行党的开放政策，处理好全村在改革工作中出现的各种矛盾和问题，为领导全村早日实现社会主义新农村而努力工作。

第九条　充分发挥党的领导核心作用，调动村民的积极性，形成跨行业、多元化的经济格局，巩固壮大集体经济，提高村民的物质生活水平和福利享受。

第十条　坚持党的民主集中制原则，实行科学决策，重大问题由集体研究决定，经常开展批评与自我批评，加强党总支部的思想组织和作风建设，发挥战斗堡垒作用。

第十一条　坚持"三会一课""一会四组"制度，每月召开1次总支委会，每月召开1次分支部会，每月召开1次党员大会，每季度上1次党课和过1次民主生活会，做到党员的组织生活经常化、制度化。

第十二条　坚持从严治党，党员带头遵纪守法，多为群众办实事、办好事，在各自的工作岗位上发挥党员的先锋模范作用。紧紧依靠群众，密切党群关系。

第十三条　坚持党员的民主评议，加强对党员的考核管理，实行初评、年终总评制度，表扬先进，鞭策后进，对落后的党员给予批评教育，限期改正。

第十四条　实行党员联系户制度，发挥党支部与群众的桥梁与纽带作用。每个党员联系2户村民，使全村村民团结在党支部周围。

第十五条　加强组织建设，做好党员的发展工作，积极培养村级后备干部，对群众中涌现出来的入党积极分子，要做好经常性的考察、培育工作，不断充实党的新生力量。

第十六条　做好对本村青少年的思想教育工作，发挥青年团员在两个文明建设中的生力军作用，使其成为学法、懂法、用法、守法的模范。

村民委员会工作

第十七条　村民委员会是由村民大会选举产生的群众性自治组织，在党总支的领导下负责全村的村政工作。

第十八条 村民委员会服从街道办事处的领导，积极完成街道办事处和村党总支部交给的各项任务。

第十九条 建立健全村级人民调解、治保、民兵、卫生、交通、老协、计划生育工作及村级规划、民政、文化、教育等群众性组织，并充分发挥这些职能部门在农村建设中的作用。

第二十条 组织村民学习宪法和有关法规及党的方针政策，教育和引导村民正确行使自己的各种权利，履行应尽的义务。

第二十一条 依法管理本村集体资产，包括集体所有的土地、河塘、房前屋后的绿化，村属集体企业及其他公共财产。

第二十二条 办理本村的农田水利、道路设施、建房规划、文化教育、社会福利、环境卫生等公共事务和公益事业。

第二十三条 教育村民尊老爱幼、团结互助、移风易俗，自觉实行计划生育，组织村民学习科学文化知识，开展有益健康的文化娱乐和体育活动，加强社会主义精神文明建设。

第二十四条 组织全村开展救灾救济、扶贫帮困、军属优扶、退伍安置、养老保险、五保供养、殡葬改革等各项社会保障和社会事务工作。

第二十五条 管理本村财务，定期向村民公布财务收支情况。

第二十六条 负责召集和主持村民会议或村民代表会议，执行村民会议、村民代表会议的决定，并报告工作。

第二十七条 村民委员会在实施村务管理时，必须坚持民主集中制原则，实行民主管理、民主决策、民主监督，做到秉公办事、清正廉明、政务公开、财务公开，提高工作透明度，接受群众监督。

第二十八条 村民委员会应该制订学习制度、会议制度、议事制度、村务公开制度、监督制度、任期目标和岗位责任等工作制度。

第二十九条 村民委员会成员不脱产，享受每月的固定工资，并执行上级有关规定。

第三十条 村民委员会下设人民调解、治安保卫、文教卫生、社会福利保障等组织。

村民代表会议和村民会议

第三十一条 村民代表会议由村民民主选举产生的村民代表、村党总支、村委会成员、本村的各级党代表、人民代表、政协委员组成。举行会议时，可吸收老干部、党员及村办企业负责人参加，听取他们的意见和建议，但不参加表决。

第三十二条　村民代表必须坚持四项基本原则，坚持改革开放，有参政议政能力和相应的法律政策水平，为加强两个文明建设献计献策。

第三十三条　村民代表与村民委员会任期一致，每届3年。村民代表可以连选连任，必要时可以撤换和补选。

第三十四条　村民代表会议职权。

1.讨论决定本村的发展规划和年度计划；

2.听取、审议村民委员会年度工作报告和财务收支情况报告；

3.制订和修改村民自治章程并监督执行；

4.否决和修改村委会的不当决议和决定；

5.监督提留款、集资款、义务工、积累工的安排、收缴和使用；

6.需要交给村民代表会议讨论决定的其他事项。

第三十五条　村民代表会议由村民委员会负责召集和主持，每年的年初和年终各召开1次村民代表大会。当有1/5以上村民代表提议召开时，应召开村民代表会议。村民代表会议的决定，须经代表过半数通过。

第三十六条　村民会议由本村年满18周岁以上的村民组成，由村民委员会负责召集和主持，一般应每年举行1次，当有1/5以上村民共同提议时，应及时召开。

村民会议的决定，由村民或户的代表过半数通过才算有效。在村民会议闭会期间，由村民代表会议代行其基本职责。

第三十七条　村民会议的职权。

1.讨论决定涉及全村村民利益的重大问题，如村镇规划、重大工程项目等；

2.讨论通过对全村具有普遍约束力的规章制度，如《方林村村民自治章程》、村规民约等；

3.依法选举产生村委会成员，依法撤换或补选村委会成员；

4.听取、审议并通过村委会年度工作报告，监督村委会实行村务公开，并就有关内容展开质询。

经济工作

企业、场、站

第三十八条　村办的企业、场、站和村属民营企业要认真执行党的方针、政策，坚持以调动经营者与生产者的积极性为原则，积极创新，勇于开拓，不断提高经济效益。

第三十九条　企业经营者要认真履行与村签订的租赁或承包合同，接受村经济实体的宏观管理和监督，及时上缴合同中规定的各项积累，履行合同规定的各项义务。

村集体企业、场、站

第四十条　村属企业、市场、站、所的管理人员上班及请假制度。

1.各单位必须制订具体的规章制度，如上下班制度、考勤制度，并落实好考勤监督执行人员；

2.管理人员请假3天内，由各单位领导审批，超过3天以上，要经过本单位领导签字后交村领导审批；

3.每月假期超过3天的管理人员，按月工资基数标准在当月工资中扣除。

第四十一条　村集体单位、场站的开支限额申报制度。

1.日常必要接待及运营费用在500元以下的，由各单位负责人审批报销，500元以上的报村主管领导审批报销；

2.各单位、场、站需添置设备或因发展需要而扩建的工程项目，先由该单位制定预算计划，报村两委审批，在批准范围内添置或施工。

个体经济

第四十二条　村民经营个体经济要照章纳税，依法经营，不准出售假冒伪劣产品，同时向村集体经济组织缴纳积累。

第四十三条　在商业街或指定摊位经营时要遵守有关规定，服从市场管理，保持环境卫生。

第四十四条　提高警惕，做好防火、防盗工作。确保安全，防止意外事故发生。经营过程中要公平交易，不强买强卖。

财务管理及审批制度

坚持勤俭办社、民主理财原则，加强财务管理，实行款、物分管；会计人员必须坚持原则，严格遵守财务制度，按时制定村级集体经济预决算的计划，为村两委提供决策依据。

1.会计助理员协助会计做好工作，并负责村与各企业的合同签订和企业、市场的报表制作及统计工作，结算各承包户的口粮，国家征收的规费以及农业税、长潭水费等；

2.现金会计与主管会计要及时核对账目，做到公私分开，严禁白条顶库，对现金银行存款应按时盘点，每月向村主要领导书面上报现金及存款情况，坚决杜绝公款私存；

3.从俭办事，压缩不必要开支，坚持村委会主任“一支笔”审批制度，凡报销的一切发票，内容、数量、单位、金额要书写清楚，三章齐全，由主任审批；1000元以上须经书记同意，大数额的由集体讨论决定；

4.如有新建设项目，必须由全体党员、全体干部、村民代表讨论通过后才能实施。

第四十五条　建立健全农村合作基金会，将暂不用的集体闲置资金纳入农村合作基金会管理。村民可将自己的资金托基金会代管或入股。

第四十六条　村合作基金会在遵循社区性、互助性、群众性的基础上，坚持资金安全、高效、短期、小额的原则，择优而投。

村级财务民主监督审查制度

1.民主监督组由7名作风正派、坚持原则、懂财务的党员、干部、村民代表组成，负责村级经济收支的监督和审查，对不符合制度规定的收支及票据，提出处理意见报村两委，如发现严重问题，可直接报上级党委、政府；

2.村级财务收支未经民主监督组审查的不能张榜公布，审查工作每年不少于2次。

第四十七条　村政务公务制度。

一、公开内容。

1.村级发展规划和年度工作计划；

2.村重大建设项目立项和进展情况；

3.土地征用和宅基地审批情况；

4.计生指标安排、奖罚政策和执行；

5.村民福利政策和执行情况；

6.平安社区建设规定和处罚情况；

7.精神文明先进评选条件及结果；

8.村干部任免、考核、奖惩情况；

9.村级公共事务和重要事项。

二、公开方式。

1.每年召开1次村民大会审议村级发展规划和年度工作计划等重大事项；

2.每半年召开1次村民代表会议审议村级重要决策；

3.每2个月在村政务公布栏公布1次定期村级政务，专项工作及时公布。

三、结果反馈。

对群众提出的疑问和要求要及时解释并答复，对大多数群众不赞成的，及时纠正。

第四十八条　村财务公开制度。

一、公开内容

1.村财务年度预算和决算情况；

2.重大项目建设预算和决算情况；

3.村户承担的集资款、水电款、劳动积累工、义务工等专项经费收支情况；

4.村办公费开支情况；

5.村干部工资报酬情况；

6.其他需公开的财务事项。

二、公开方式

1.每年召开1次村民大会报告财务预决算情况；

2.每半年召开1次村民代表会议报告半年度情况；

3.每季在村财务公布栏公布1次本季财务情况；

4.专项财务不定期公布或根据村民要求专门公布。

三、结果反馈

对群众提出的疑问和要求及时作出解释并答复。

规划、土地、建房

规划土地、粮田承包

第四十九条　本村的土地除法律规定属于国家所有的以外，均属于村集体所有，属于村集体所有的土地依法由村民委员会经营、管理。村民对承包地、自留地、宅基地等土地只有使用权没有所有权，个人不得侵占、买卖或者以其他形式非法转让。

1.农业建园区、走产业化道路，将土地使用权入股建立现代农业发展公司，由公司统一经营，提供一条龙服务；

2.全村粮田统一入股，由村农业公司免费提供村民基本口粮每基分8.5市斤，若有红利，再按股分红；

3.上级规定的农业税、长潭水费及国家征购任务由村负担，其中上级规定的每个劳动力义务工由村民自负。

第五十条　使用集体所有的生产资料、承包粮田的村民和外地经营户，要在规定的时间内缴纳各种承包费用，逾期不缴或拖延不缴者，由集体收回承包或采取终止合同、停电、停水，加收滞纳金等措施。

第五十一条　凡本村范围内的耕地、非耕地及搬迁住楼后空出的旧宅基地，均属集

方林苑居住小区管理

为加强居住小区管理，维护小区的建设成果，提高整体管理水平，为村民创造清洁、优美、舒适方便、文明安全的居住环境，必须认真执行方林苑小区物业管理规定。

第六十七条　住宅小区管理内容包括小区内的土地、道路、绿化、房屋建筑、公用设施、交通秩序、治安保卫、公共卫生、环境容貌等。

第六十八条　方林苑小区管理工作在村委会和主管部门的指导下，采用集管理与服务为一体的管理方式，以物业管理办法搞好小区的文明建设。

第六十九条　凡入住小区的村民，均须自觉遵守和维护小区管理的有关规定，按时缴纳应分担的各项费用，通力合作，并对住宅小区各项管理规定的实施负有参与和监督的责任。

邻里关系

第七十条　遵守社会公德，互谅互让、互敬互爱、和睦相处，建立良好的邻里关系，午休或夜间不做扰邻的活动。排水、通行不能损害他人利益，如发生纠纷应依靠组织，不准打架斗殴、强词夺理。

第七十一条　不准背后议论、传闲话、瞎猜疑，凡不遵守此规定造成后果者，责任自负。

第七十二条　搞好公共环境卫生，不随地倾倒垃圾、污物、废水，保持清洁的社会环境和良好的村容村貌。

婚姻家庭

第七十三条　村民在处理婚姻问题上要遵守婚姻自由、男女平等、互敬互爱原则，建立团结和睦的新家庭。

1.夫妻双方地位平等，在处理共同财产时权利平等；

2.男女双方根据法定结婚年龄，领取结婚证明的视为正式结婚，受法律保护，确立夫妻关系；

3.依照《中华人民共和国妇女权益保障法》和《中华人民共和国未成年人保护法》，维护妇女、未成年人的合法权益；

4.父母必须承担未成年人或无生活能力子女的抚养义务，不弃婴儿，不虐待残儿，执行全日制九年义务教育，杜绝中小学生辍学，违者批评令其改正，企业各单位不准聘用辍学学生。

第七十四条　发扬尊老、敬老的传统美德，认真履行赡养协议条款，赡养老人不加任何附加条件，保障老人的合法权益，不准以任何理由刁难老人。

1.凡不赡养老人或赡养有问题的，由老人协会张贴黄榜公布，经教育不改的，由老人协会负责派人照顾老人，一切费用由子女承担，性质恶劣的交上级有关部门处理；

2.被赡养的老人要尊重事实，不准对子女有额外的要求。

计划生育

第七十五条　全体村民认真执行《浙江省计划生育条例》和国务院发布的“加强计划生育管理，严格控制人口数量增长”的决定，及区、街道政府的文件精神，做到生育有指标，提倡晚婚晚育、优生优育。

第七十六条　对刁难、打骂计划生育工作人员者，视情节轻重，进行批评教育并处以罚款，造成严重后果的交司法机关处理。

第七十七条　按照计划生育政策规定，第一胎出生男性的结扎户和按规定出生的二胎结扎对象在企业工作的，由企业发给1个月假期工资（不得少于500元），没有工作的由村里发给500元，并另发给100元的营养慰问金。

第七十八条　协助计划生育工作的村民如误工，按每人每次50元，由村支付。

第七十九条　违反计划生育政策者，除按上级有关政策处理外，结合村规民约作如下处罚。

1.取消该户由村里发放的老人尊老金5年；

2.取消方林苑二期、三期的住宅建设权；

3.取消该户村里的一切福利待遇5年；

4.建议有关部门吊销该户的营业执照；

5.党员干部违反计划生育的，除以上处罚后，必须从重处罚，是村干部的要免职，性质严重的报上级党委，给予党、政、纪的处分；

6.领养子女必须经路南街道和村民委员会同意，并到区民政局办理收养登记手续，否则按计划外生育论处；

7.弄虚作假为他人违反计划生育提供方便或出具伪证者，按破坏计划生育论处。

第八十条　村计生办要进一步巩固、健全计划生育网底工程，计生协会、二囡户基金会、计生宣传员、避孕药物发放员、联系员应深入开展新家庭活动，正常对人流、引产、结扎对象做好家访工作，发现问题及时汇报。

执行《中华人民共和国兵役法》及拥军优抚的规定

第八十一条

1.凡符合应征入伍条件的公民必须遵守《中华人民共和国兵役法》，积极报名应征，履行应尽的义务，对不依法服兵役的，按照《中华人民共和国兵役法》第十一章第六十一条的规定处罚。对积极应征入伍的公民，服役期满后，村委会优先安排村集体企业、场、站工作。成绩突出的作为村后备干部培养。

2.认真贯彻落实国家优抚政策，按规定上缴统筹款，多为军烈属、荣、复、转、退伍军人做好事。

3.每个村民不准有损害军政、军民关系的行为，否则严加处理，要争做拥军优属的模范。

第八十二条　军烈属优抚规定。

1.军属优抚款每人每年4000元（包括办事处的补助在内）；

2.现役军人在部队荣立一等功者，奖人民币10000元；立二等功者奖人民币6000元；立三等功者奖人民币2000元；受到营、团嘉奖者奖人民币300元（包括获得“优秀士兵”称号在内）；

3.本村烈属户，每年由村补助3000元，并安排好家属工作；

4.在部队因伤残失去劳力的退伍军人，每年补助2000元；

5.在部队病故的军人，每年补助1000元，并安排好家属工作；

6.军属春节慰问金400元（包括礼物在内）。

社会福利和社会保障

为了体现社会主义制度的优越性，应充分发挥集体的力量，发展村民的福利事业、社会保障事业。

第八十三条　五保户、孤、寡、残、弱人的补助规定。

1.对以上对象实行粮、衣到家，在指定的医院里就医，医药费全额报销，并且每人每月发给300元生活费；

2.端午节、中秋节、重阳节每人发放30元过节费；

3.春节时由村干部上门慰问，并给300元礼物品。

第八十四条　村民的财产及人身保险制度。

1.村民的房产保险由村负责统一在保险公司投保（村民自认投保不足时，由自己负担投足）；

2.村民每人110元的农保统一由村集体负责投保。

第八十五条　为了迅速提高全村村民的整体素质，实行奖学金制度。

1.统考时，考入大专院校的村民子女每年奖600元；

2.统考时，考入高级中学、中专、师范的村民子女每年奖300元；

3.自费上大专院校、高级中学及职业高中的村民子女每年奖200元。

第八十六条　凡本村的二囡户，由村集体出资200元、办事处出资150元、自己出资150元，统一进行尊老保险金储蓄。

第八十七条　敬老尊老制度。

1.本村男村民年满60周岁、女村民年满55周岁，每人每月可享受40元的尊老金；

2.每2年1次组织老人外出观光，如老人身体不佳不能外出时，发给50%的旅游经费；

3.一年一度的老人节，发给每人一定的慰问礼品；

4.本村男60周岁、女55周岁的老党员及党龄在10年以上者，每人每月可享受30元的贡献补助金；

5.村副主任以上、妇女主任正职、工作年限在10年以上的非党员干部，男60周岁、女55周岁，每人每月可享受30元的贡献补助金。

6.本村村民生病住院期间，医药费在1000～2000元的报销30%；2000～5000元的报销40%；5000～10000元的报销50%；10000～50000元为止，村报销60%（以上医药费报销不包括住院费、检查费）。

第八十八条　村民亡故丧葬补助规定。

本村村民因病亡故的，土葬的补助500元；火葬的补助1000元（如上级政府部门规定一律实行火葬时，该项取消）。

第八十九条　对村民的承诺制度。

1.凡是本村村民，不管白天黑夜生急病，需在三区内的医院内抢救、就医的，由村免费派车护送。（派车联系电话：2451916联防队或13906570111蔡正杰。24小时提供服务）；

2.对村民在辖区内需要办的事，凡符合条件，当天受理，当天办结；

3.每月的28日定为为民服务日、文明卫生日和环境保护日，村各单位负责人自觉到村部集中，巡回检查各单位有关制度的执行情况及卫生状况，以推动村两个文明建设进一步开展。

民主建设和“精神文明十星户”评选工作

民主建设

第九十条　认真贯彻《中华人民共和国村民村委会组织法》，凡涉及全体村民的事，应征求村民代表和群众意见，做到每季度召开1次村民小组组长会议，半年召开1次村民代表会议。

第九十一条　成立由5～7人组成的自治章程监督小组，每半年检查1次工作、执行情况，并向村民代表汇报。

"精神文明十星户"的内容

第九十二条 评选条件及办法。

一、十星内容

1.五爱星；

2.致富星；

3.文教星；

4.体育卫生星；

5.科技星；

6.团结星；

7.法纪星；

8.计生星；

9.义务星；

10.新风星。

二、评选办法

1.由依法治村领导小组成员和村民小组长组成评选委员会，具体负责评选事宜；

2.每年12月开始评比，春节前评完并公布；

3.以村民小组为单位，逐户评选，召开会议提出初选意见；

4.评选委员会审议初选意见，确定评选结果。

如有不同意见说明理由，以书面形式反馈小组，根据评委会意见再进一步讨论，最后统一上报，评委会根据二次讨论情况得到评选结果，并设榜公布。

"精神文明十星户"的标志应钉在本户大门旁。

建立村民档案，做到一户一档，一人一卡，把每年的重大事件记入档案。

本章程发到各户，每户1本，要求村民认真学习各条款。

附 则

本章程，由村民委员会组织实施，村民代表会议监督执行。

凡在本村打工或外村人员，必须遵守本章程，违反章程者与村民一样按规定处罚。

本章程自村民代表公议通过之日起施行。

村党总支 村委会

1998年6月

2021年《方林村村民自治章程》

前　言

村民自治的核心是村级民主选举、民主决策、民主管理、民主监督，确保村民切实行使民主权利，依法管理本村事务。《方林村村民自治章程》（简称《章程》）和各项规章制度是依法治村有章可循的重要标志，是村民委员会管理本村村务的基本规则，是全体村民的行为准则，是实现共同富裕的制度保障。

本村章程及各项规章制度在20世纪80年代已具雏形，1998年6月16日，经村民大会讨论通过了本村第一部《章程》，并分别于2001年1月20日、2004年8月28日、2008年8月4日、2013年2月3日、2017年1月11日进行了5次修改和完善。党的十九届五中全会开启了“第二个百年”新征程，向着更远的目标谋划共同富裕。浙江迈步高质量发展，扎实推进共同富裕示范区建设，奋力谱写“八八战略”新篇章。在习近平新时代中国特色社会主义思想的指导下，本村把握新发展阶段，贯彻新发展理念，构建新发展格局，推动高质量发展，统筹推进经济、政治、文化、社会、生态文明五位一体建设，于2021年9月15日召开党员、村民代表大会，讨论通过了修改后的第七版《章程》和各项规章制度。现将本次通过的《章程》和各项规章制度汇编成册，每户送发一本。望广大村民认真学习、自觉遵守，并请广大村民监督村级班子的工作，让本村的各项工作在阳光下运行，为方林“二次腾飞”、实现共同富裕奠定基础。

中共方林村党委

方林村村民委员会

2021年9月16日

第二节　村民守则

爱党爱国爱集体，遵纪守法争先锋；

尊师重教育英才，敬老爱幼睦邻里；

安全责任记心头，勤劳致富乐施善；

勤俭节约惜资源，绿水青山我先行；

破除迷信讲科学，移风易俗创文明；

齐心协力奔共富，幸福安康在方林。

总　则

第一条　为了保障本村村民依法自治，推进选举、决策、管理、监督的民主。根据《中华人民共和国村民委员会组织法》《浙江省村经济合作社组织条例》等法律、法规，结合本村实际制定本章程。

第二条　本村依据《中华人民共和国村民委员会组织法》，在村党委的领导下，由村民委员会具体管理本村的相关事务，由村股份经济合作社负责提供生产生活服务、资产经营、资产管理、资产积累和收益分配等，由村务监督委员会监督村务、财务管理等情况，受理和收集村民有关意见建议。

第三条　按照《方林村发展规划》的总体目标，统筹党建工作规划、经济、社会发展战略。建设智慧方林、数字方林、品质方林、幸福方林，逐步实现共同富裕，促进人的全面发展。

第四条　章程面前人人平等。本章程由村民委员会具体组织实施，村民会议和村民代表会议监督执行。

第五条　非本村户籍，工作、居住在本村的人，按照新方林人管理与服务制度管理。

第六条　本章程及各项规章制度于2021年9月15日经党员、村民代表大会通过，自通过之日起实施。

方林村党组织建设制度

为全面加强党的政治建设、思想建设、组织建设、作风建设、纪律建设，充分发挥党委在直接教育党员、管理党员、监督党员和组织群众、宣传群众、凝聚群众、服务群众方面的职责，引导广大党员发挥先锋模范作用。根据《中国共产党章程》《中国共产党支部工作条例（试行）》《中国共产党党内关怀帮扶办法》《中国共产党党务公开条例（试行）》《中国共产党廉洁自律准则》《中国共产党纪律处分条例》和《中国共产党党员权利保障条例》，特制订本制度。

第七条　坚持从严治党。在习近平新时代中国特色社会主义思想的指引下，宣传和贯彻执行党的路线、方针、政策和党中央、上级党组织及本村党员大会的决议。党员要严守党的纪律，带头遵守国家的法律法规、《方林村村民自治章程》等。坚持“四个自信”、做到“两个维护”、增强“四个意识”，不得妄议党的路线、方针、政策。把村民对美好生活的追求作为努力工作的目标，把权力关进制度的笼子里，把权力置于阳光下运行。

第八条　加强组织建设。做好党员、干部民主评议及党员“服务清单”考核。发展党员实行“控制总量、优化结构、提高质量、发挥作用”的方针，必须严格坚持《中国共产党章程》规定的党员标准，切实把保证新党员的质量放在首位。

第九条　坚持民主集中制原则。凡属重大问题都要按照集体领导、民主集中、个别酝酿、会议决定的原则，实行集体领导和个人分工负责相结合的制度。

第十条　坚持“三会一课”和党员固定活动日制度。每月召开1次党员大会和党委会、支委会，定期开党课。严格落实主题党日“三固定、八步骤”，原则上每月15日为村党组织主题党日活动时间。每半年组织1次党员“党性体检、民主评议”、先锋指数考评工作，每年召开1次组织生活会。

第十一条　坚持党员“三个一”制度。在全村党员中坚持开展“我为党组织添一分光、我为乡村振兴建设出一份力，我为群众办一件实事”的“三个一”和“党员奉献簿”活动。引导广大党员积极投身到为人民服务的事业中去。

第十二条　完善党组织关怀和村两委探望慰问制度。明确七一党员慰问制度。村党委在七一期间对每位党员进行节日慰问，对党龄在40年以上的老党员进行走访慰问。村党委要积极完善村民的医疗体系。对住院村民要及时探望。对道德红榜人物、老党员、老干部、五保户、部分重病群众和伤残人员等春节期间进行上门慰问，让村民感受组织的关怀。18～60岁党员每年要为村民做1件好事、办1件实事。

第十三条　抓党建促发展，做好发展强党建。强化党建引领作用，领导本村的社会治理，做好党的理论教育、社会主义精神文明建设、法治宣传教育、社会治安综合治理、生态环保、美丽村庄建设、民生保障等工作。推行“党建+经济”“党建+道德”“党建+诚信”“党建+民生”“党建+生态”“党建+文化”等创意组织生活。

第十四条　党务公开制度。除涉及党的机密和党员有较大异议不宜、暂缓公开外，其他党务工作一律要向村民（或党员）公开。

村民和村民组织

村民

第十五条　村民的权利及义务。

一、村民的权利

1.年满18周岁的村民享有《中华人民共和国宪法》规定的民主权利（未剥夺政治权利），有选举权和被选举权，有参与重大事项的决策权、表决权；有充分的发言权、批评建议权；

2.有对村干部的监督权和依法提出罢免权；

3.对村集体经济有知情权和收益权；

4.对集体贡献大的，有获得奖励表彰的权利；

5.合法权益受到侵害时，有请求村党委、村委会给予维护的权利，有申请法律援助的权利；

6.对违法、违规的事实有监督、检举的权利。

二、村民的义务

1.遵守国家宪法、法律，不妄议党的方针、政策，杜绝私自非法集会、拉帮结派、扰乱社会秩序的义务；

2.遵守村民自治章程和村规民约及有关规定的义务；

3.支持村委会、村股份经济合作社、村监会工作的义务；

4.移风易俗、破除陋习，遵守社会公德，积极参与志愿者服务的义务；

5.家庭和睦、敬老爱幼，邻里团结、互帮互助的义务；

6.爱护公共财物、爱护绿化，积极参与垃圾分类，实行门前卫生“三包”的义务；

7.为实现共同富裕，有为三次分配作出积极贡献的精神；

8.敢于与坏人、坏事作斗争及法律规定的其他义务。

村民会议

第十六条　村民会议及组成。村民会议是村级事务决策的最高权力机构，由本村18周岁以上的村民组成。

第十七条　村民会议的召开。

1.村民会议由村党委和村委会在每年的年终召开1次。会议程序按《中华人民共和国村民委员会组织法》实施；

2.村民必须按时参加村民会议，遵守会议纪律。参加会议的村民享受会议补贴，否则不予享受。

第十八条　村民会议及村民代表的职权。

1.讨论决定本村股份经济和公益事业规划及年度工作计划；

2.听取和审议村委会的年度工作报告、村财务收支报告；

3.评议和监督村委会成员的工作；

4.制定和修改村民自治章程、村规民约，并监督其执行情况；

5.行使法律、法规规定的其他职权。

村民代表会议

第十九条　村民代表会议由村委会成员和村民代表组成。必要时可邀请相关同志列席会议，听取他们的意见和建议，列席者无表决权。

第二十条　村民代表应具备以下条件。

1.爱党、爱国，依法具有选举权和被选举权的常住本村村民；

2.具有履行代表职责的能力、时间、精力；

3.关心集体，办事公道，参政力强，在群众中有较高威信。

有下列情形之一的不能推选为村民代表。

1.1年外出超过6个月的；

2.正在被立案侦查、服刑的；

3.从事封建迷信和宗教活动的；

4.拖欠或侵占集体财产的。

第二十一条　村民代表的任期与村委会任期相同，村民代表会议由村委会每月召开1次。

第二十二条　村民代表的义务。

1.及时反映村民的意见、建议和要求，维护村民的合法权益；

2.调解民事纠纷，协助村里开展各项公共事务和公益事业；

3.向村民解释涉及村民利益的相关事项，宣传、落实村民代表会议或本组村民代表会研究决定的各项决策；

4.维护村民代表会议及本组村民代表的权威性，保证所代表村民的思想和行动的统一。

村民委员会

第二十三条　村民委员会按照相关法律法规的规定，由村民会议选举产生，每届任期5年，可以连选连任。

第二十四条　村民委员会是村民自我管理、自我服务的基层群众性自治组织，实行民主选举、民主决策、民主管理、民主监督。村民委员会在村党委领导下开展工作，接受并协助路南街道办事处开展工作。

第二十五条　村民委员会的主要职责。

1.履行法律、法规授予的职责，教育和引导村民遵纪守法；

2.依法管理本村集体所有的土地和财产，引导村民合理利用自然资源，保护和改善生态环境；

3.支持、协调、组织本村各种形式的合作经济和其他经济，加快乡村振兴建设，实现共同富裕；

4.做好本村公共事务和公益事业。调解民间纠纷，做好社会福利等社会保障工作，积极推进多城同创等创建活动。营造尊老爱幼、团结互助的文明村风。提倡移风易俗、破除陈规陋习；

5.积极协助、完成上级政府和有关部门布置的各项工作任务；

6.维护和保障村民的合法权益，向上级反映村民的建议和要求；

7.向村民会议和村民代表会议报告工作并接受评议，执行其决定；

8.建立健全村务公开和民主管理制度。

第二十六条　村委会下设人民调解、治安保卫、文教卫生、环境保护、社会福利等工作委员会。村委会成员可以兼任委员会负责人。

第二十七条　村民委员会实行村务、财务公开制度。在村务、财务公开栏和集团微信公众号等平台及时真实的公布如下事项。

1.村民会议和村民代表会议讨论决定事项的实施情况；

2.村财务收支情况；

3.村土地、集体企业的经营和发展情况；

4.拥军优属、见义勇为、救灾救济物资和款项发放情况；

5.村干部年度工作目标执行情况；

6.村公共设施建设项目的投资、承包及涉及村民利益的其他事项；

7.村实现共同富裕规划等其他应该公开的情况。

第二十八条　村委会负责督促村内各经济组织各项任务的完成，全体村民、各个组织必须服从村委会的管理。

第二十九条　本村的所有村务资料必须分类装订成册，归档入室，指定专人妥善保管。

第三十条　建立村民电子档案制度。包含人员基本信息、年终分红、享受福利、奖惩情况、兵役扶优金等相关信息，实行数字化管理。

村务监督委员会

第三十一条　村务监督委员会（简称村监会）的组成。

1.本村村监会由本村村民代表会议选举产生，选举工作由村民选举委员会主持（如村民选举委员会职责终止，则由村党委主持），参加对象为全体村民代表，全村非村民代表党员列席；

2.村监会委员条件：依法拥有选举权和被选举权；思想政治素质好，坚持原则、公道正派、遵纪守法，在群众中有较高威望；热心本村公共事业，具有一定的政策水平，掌握国家相关法律法规；能正常履职。

第三十二条　村监会职责。

1.每季度对村集体经济的收支情况审核1次，并提出审核意见，公开审核结果；

2.监督各项决议的决策执行、资金使用、资产担保、承包租赁、项目招投标等管理执行情况；

3.监督村委会、村股份经济合作社等村级组织依法履行职责；

4.收集、受理村民的意见建议，并及时向村党委反映；

5.村监会对全体村民负责，并报告履职情况。其成员可以列席村委会会议。

第三十三条　村监会工作范围。听取并评议村委会的工作，列席村委会有关重大决策的会议；对群众反映的热、难点问题及时向村两委反映，并提出建议；负责向村民宣传有关决策，协助村两委贯彻落实党和国家各项政策、本村重大决定。

村干部的管理与监督

第三十四条　依法民主产生的村两委组成人员和方林集团管理层为村干部。因村务管理需要而聘用的财务、办公室等村务人员为村和集团管理人员。

第三十五条　村干部必须对村民负责，接受村党委的领导，服从村党委、村委会的管理，努力做好分工职责内的工作，全心全意为村民服务；不准做特权村民，不准侵占村民利益，不准依仗职权为自己和亲朋好友谋取不正当利益，不准贪图享受，不准违法乱纪。

第三十六条　实行干部分工负责制。根据村务管理的要求，实行按岗位分工和按任务定员相结合的办法，将全部村务分解落实到每一位村干部，具体分工方案由村两委决定。

第三十七条　建立干部任期目标考核制度。根据本村发展现状，制定本届村委会任期目标，及实现目标的办法和措施，确定年度工作目标。并将任期考核和年终考评相结合，对每个干部的工作业绩进行考评，考评结果与干部工资报酬挂钩。

经济发展与管理

集体经济

第三十八条　浙江方林集团有限责任公司是村企合一的经济实体，除合同确定的村外投资股份外，均属本村股份经济合作社所有。浙江方林集团有限责任公司由集团董事会负责经营管理，社员有权监督其经营。

第三十九条　本村区域内的所有土地、公共设施除法律、法规确定属于国家外，均属于村股份经济合作社，由村股份经济合作社经营管理。

第四十条　村监会有权对村域内的村办企业进行村务监督和管理。有关企业和个人应认真履行与村股份经济合作社签订的租赁协议或承包合同，未经同意不得转租转包，并要按时缴纳租赁承包费，及时上报有关报表。村股份经济合作社签订的合同条款，需经村法律顾问把关审定。

财务管理

第四十一条　财务室配备财务总监、会计、助理会计、出纳，按账、款、物分管的原则，各司其职，互相监督。

第四十二条　健全财务审批制度，村务支出需要分管村务工作的党委副书记、副主任审批，并接受分管纪委工作的党委副书记、村监会的审查。

正常性开支（维持正常运转或保障基本生活所必需的支出，主要包括人员经费、公用经费及福利保障支出）在5万元以下的，按财务制度规定审签；在5万～10万元的由分管领导提出书面报告，由村务联席会议讨论，集体审核同意后，按财务制度规定审签；10万元以上及建设项目大额资金支出须经党员大会、村民代表会议审议通过。

第四十三条　财务（室）人员职责。

1.严格执行有关财务审计管理制度，统筹编制村股份经济发展计划和村级集体经济收支预决算方案，监督财务计划的执行和财务收支的运行，建立健全村财务内部核算和财务管理的具体操作程序；

2.严格执行财务管理制度，按照《中华人民共和国会计法》的要求，核算全村的收支及经济活动情况，健全账簿，完善科目台账；

3.负责村与各企业的合同签订、报表汇总及统计工作，结算村民口粮；

4.严格现金管理，及时记好现金账、银行账，严格履行收支手续，做到收支有依据，严格白条管理，不挪用公款及私自外借现金，每月向村主要领导汇报现金及存款情况。

村庄综合管理

应急处置

第四十四条　如果本村发生台风等不可抗力自然灾害，村两委要按抢险救灾预案组织力量抢险救灾。村民应及时关注灾情信息，积极配合救灾工作，避灾自救，灾后要做好灾情上报工作，积极开展生产自救和互济互助。

第四十五条　本村发生火灾、车祸等重大安全事故时，村民应把抢救生命作为第一要务，并在第一时间向村两委及有关方面（如拨打119、110、120）报告。

第四十六条　村民遇到急、危病等情况需要组织帮助解决的，不管昼夜都可向村联防队以及分管的副书记、副主任求援，村主要领导要及时对重要事项作出决策和指挥。求援电话:联防队82435989，方浩13306578282，林荣辉1558586888，林红13968689722。

村庄治理

第四十七条　把“我为村民值一夜，村民为我守一年”的群防群治安全巡逻工作列入常态化管理。

第四十八条　积极开展矛盾纠纷排查调处工作，发挥调解组织作用，预防和减少群体性事件的发生，做好预防违法犯罪行为及归正人员安置帮教等工作。

第四十九条　普及法律知识，增强村民遵纪守法的自觉性。把“新方林人”的教育、管理和服务工作列入正常的村庄治理范围，构建和谐方林。

第五十条　认真做好邪教、非法宗教的防范和处置工作，筑牢人民防线，保障国家安全。

第五十一条　设立“见义勇为”奖，对维护集体、群众利益，同坏人、坏事作斗争的村民给予表彰和奖励；如造成伤残的，一切费用由村里负责。

第五十二条　设立“金点子”奖，村民为村集体经济和社会事业发展提供宝贵意见，如被村两委采纳，实施后按产生的经济效益，由村两委决定给予2年的10%奖励。

村民户籍档案管理

第五十三条　加快村民户籍档案数字化管理步伐，建立健全村民的户籍登记管理和出生、死亡、迁出、迁入、变更、修正等项的登记管理工作。

第五十四条　用于户籍档案管理的电脑要专机专人专用，不得接入互联网。用于户籍档案管理的U盘、硬盘等不得外带和插入其他电脑使用，专管员有保密义务，不得泄露个人隐私。

第五十五条　村民档案实行一户一档，一人一表，定期整档，专人管理。

第五十六条　村民死亡后，其家人要及时向辖区派出所、村委会报告，注销户口。

村风民俗

第五十七条　倡导“乡村十礼”新风尚，树立良好的文明新风。婚丧宴规模、标准严格执行区、街道办事处的有关规定，切实减轻村民的随礼负担。推行文明祭奠、低碳祭扫，采用敬献鲜花、植树绿化、踏青遥祭、经典诵读等方式缅怀故人。

第五十八条　加强文体活动的基础设施建设，形成全民健身的新风尚。绿化美化家园，实现人与自然和谐相处。

第五十九条　深化“一张红榜促敬老”，开展评选文明家庭、优秀党员、优秀村民、先进工作者等活动，建立健全村民生态公约、村民道德公约、村民义务志愿等制度。

第六十条　倡导友善、和谐的人际关系，团结邻里，讲究社会公德，反对非法宗教派别活动。

第六十一条　对参观、访问本村的来宾和团体要以礼相待、主动谦让、举止文明、接待周到。

社员福利

社员的综合福利

一切发展以“生活富裕、村民幸福”为出发点和落脚点，让每一个社员都享受到改革的红利。为社员免费提供“吃粮村供应、看病全报销、养老有保障、股权有分红、求学奖学金、产假有工资、参军有优抚、病残有慰问、慈善有基金”等26项村级福利保障，为实现共同富裕提供基础性保障。

1.吃粮村供应；

2.医疗全覆盖

（1）农医村投保，

（2）一年一体检，

（3）三年肠胃镜，

（4）看病开绿道，

（5）家备急救箱；

3.养老有保障

（1）社员有退休，

（2）村民长寿奖，

（3）社员享观光；

4.股权领分红；

5.上学奖学金；

6.参军有优抚

（1）入伍有津贴，

（2）立功有嘉奖，

（3）复员有安排；

7.五保有关爱；

8.残障有补助；

9.家庭有保险；

10.孕妇有产假；

11.党员有温暖

（1）春节有走访，

（2）住院村探望；

12.慈善有基金；

13.丧葬有补助。

综合福利

第六十二条　社员股权分红制度。社员年终的股权分红为15000元/股。如有增、减，需董事会表决通过。

第六十三条　社员退休制度。社员男满60周岁，女满55周岁（以身份证为准），每人退休金1200元/月（不含国家补助，如国家退休政策调整则相应修改）。

第六十四条　免费提供社员口粮制度。社员口粮按基分计算，每基分8.5市斤，成年人每年稻谷442斤，稻谷以市场价为准，折算成货币，分夏、秋二季发放到社员账户。具体按社员口粮基分分配标准执行。

第六十五条　免费提供农医保和医疗费全额报销制度。村股份经济合作社免费为社员的农医保统一投保。村股份经济合作社进行医疗费第二次全额报销，具体医药费报销范围按社员医疗健康管理规定执行。

第六十六条　社员住院绿色通道制度。本社与台州恩泽医疗中心签订医疗服务协议，凡本村社员生病应开通绿色通道，优先及时医治、优先安排住院（由村联系人林红与医院联系人郭云萍对接。村联系人：林红13968689722，林荣辉15558586888），住院医疗费可先由村在医院的住院医疗保证金先行垫付，住院第二天自行补办手续并缴纳相关费用，出院时自行结清。社员生病住院期间由村两委探望慰问。

五保户关怀制度

第六十七条　五保户和伤残人员生活补助和慰问制度。

1.本村五保户除享受社员同等待遇外，衣、食、住、医、水、电等费用全免，同时村里还发给每人每月生活费用3000元；

2.生活不能自理的一级残疾者和需要专人照顾的残疾者，凭残疾证每人每月可领生活补助费3000元；对自残、斗殴造成生活不能自理的残疾者，不予补助；

3.春节期间，村两委将对五保户、困难户、大病患者、村老干部、军属和一级残疾的补助人员上门慰问；

4.提倡三次分配，利用慈善捐款等平台帮助困难群众跟上村民富裕的步伐。

奖学金制度

第六十八条　奖学金制度。

1.考入高中或职高的，凭录取通知书，每年发放奖学金3000元；

2.考入专科、本科的大学生，凭录取通知书，每年发放奖学金专科为5000元、本科为8000元；

3.考入清华大学、北京大学，凭录取通知书，一次性发放奖金5万元；考入“985工程”建设高校，凭录取通知书，一次性发放奖金2万元；

4.获得博士毕业证书的，一次性发放奖金8万元；

5.家庭确有困难的本村在校生，由村帮扶助学完成学业。

义务兵奖励制度

第六十九条　义务兵奖励制度。

1.本村优秀青年服役期间荣立一等功的，奖励10万元；荣立二等功的，奖励5万元；荣立三等功的，奖励2万元；受团、师嘉奖的，奖励600元；军民共建单位92095部队司令部的士兵和军官立功或受嘉奖，参照本条执行；

2.本社现役义务兵家属优抚金，每年8万/人（不包括上级政府发放的优抚金）；

3.本社的义务兵退役后，实行优先上岗，不愿村里安排工作的，村股份经济合作社提供一次性补助再就业培训费8万元；

4.每年村党委、村委会到军属家庭慰问。

敬老、爱老制度

第七十条　敬老、爱老制度。每年重阳节，村里要举办隆重的庆祝活动，为享受村股份经济合作社福利条件的退休社员（以本人身份证为准）颁发“长寿奖”“寿星奖”。

1.85～89周岁，“长寿奖”2000元；

2.90～94周岁，“寿星奖”10000元；

3.95～99周岁，“寿星奖”30000元；

4.100周岁或以上的老寿星，“寿星奖”10万元；

5.每年重阳节，村发给退休村民每人1份百岁红包。

误工、会议补贴制度

第七十一条　误工、会议补贴。

1.误工补贴。村民组长（生产队长）每人每年补贴4000元（在职的管理人员不享受）；村民代表每人每月活动经费100元（在职的管理人员不享受）；既是村民组长又是村民代表的，按村民组长标准领取误工补贴，不得领双份补贴；村监会成员每人每次误工补贴200元；

2.会议补贴。村民大会，每人每次补贴200元。村民代表会议，每人每次补贴50元；两班子成员不享受会议补贴。

旅游等福利制度

第七十二条　退休社员观光旅游，每2年组织1次。因高龄、行动不便不去者，每人按旅游费70%给予补偿，观光旅游由村两班子领导带队。如带亲属则费用自理。

第七十三条　家庭财产保险。村股份经济合作社免费为社员的家庭财产统一投保，全体社员集体参保，总保额为3.325亿元，每户保额为125万元（以保单为准）。

保障范围为：

1.家财综合险；

2.第三责任险；

3.家财盗抢险；

4.管道破裂及水渍险；

5.家用电器用电安全险；

6.现金和金银珠宝盗抢保险。

社员若自行追加投保，其费用自理。

第七十四条　时事政策宣传费。村经济合作社每年向全体社员每户家庭发放264元时事政策宣传费。

第七十五条　丧葬制度。

1.村民亡故，由村老协送1只花圈，以寄托哀思；

2.党员亡故，村党委办再送1只花圈；村民代表亡故的村委办送1只花圈；

3.向亡故家属发丧葬补助费5000元。

社员医疗健康管理

第七十六条　社员医疗报销制度。

1.医疗报销对象为本社社员。医疗报销仅适用于本社员住院治疗期间产生的费用，普通门诊不在报销范围内。特殊病种经社保中心特批，特殊门诊农医保可以报销的，村里同样可以报销。报销方法和住院报销方法一样；

2.本村社员医疗补助的补偿范围及其他有关标准参照当年《路桥区城乡医保政策要点》执行；

3.医疗补助报销方法：按路桥区城乡医保规定能报销的余额部分，减去由本社给各位社员办理的职工医疗保险和老年人意外摔伤保险报销金额，剩余部分由本社全部报销。社员需要提供医院出院发票、用药详单、出院小结、职工医疗保险报销发票、老年人意外摔伤险报销发票、本人身份证和银行卡复印件（联系人：林红13968689722）。

第七十七条　社员体检制度。

1.享受对象为本社年满30周岁以上的社员（含30周岁）；

2.普通体检每年由本社统一安排到台州恩泽医疗体检中心进行，每人的体检费用控制在800元左右；每3年安排1次胃肠镜检查，费用控制在1000元左右，胃肠镜体检的对象为年满45周岁以上的社员（含45周岁）。如本年度安排胃肠镜体检，则该年度的普通体检不再安排；

3.体检结果及时发放给每位社员，及时跟踪体检结果，做好体检回访工作，整理好每位社员的体检档案；

4.为了方便社员就医，本社与台州恩泽医疗机构签订了医疗服务协议，由本社押在恩泽医院担保金100万。根据协议，凡本社社员需急诊治疗的，可享受恩泽医院的绿色医疗通道，医疗费可先由担保金垫付，第二天自行补办手续并缴纳相关费用，出院时自行结清。社员如有住院需求的，可优先安排（联系人：林红13968689722）。

第七十八条　社员医疗保险制度。

1.本社社员及子女的每年农村医保费用先由本人缴费，再由本社统一发放到户；

2.本社社员男性年满18～60周岁（含18周岁、60周岁），女性年满18～50周岁（含18周岁、50周岁），由本社统一购买1份职工医疗保险；社员男性年满60周岁以上的，女性年满55周岁以上的，由本社统一购买1份老年人意外摔伤险。两种保险都需要提供医院出具的住院发票、出院小结、用药详单、本人身份证和银行卡复印件。

第七十九条　慰问制度。

1.社员、党员住院探望制度。本社社员生病住院的，由村委会成员带1篮水果和1束鲜花探望；党员生病住院的，由党委成员带1篮水果和1束鲜花探望，深入了解帮助解决家庭实际问题；

2.年终慰问制度。对象为重病社员、困难户、残疾户、五保户、老党员、老干部及老干部遗孀；

3.慰问标准。当年重病的社员10000元；次年重病的社员5000元；病情恢复较好的社员3000元（重病标准以医药费报销为准，病情好转不再慰问）；困难户（重病困难户）2000元；残疾户（重病残疾户）5000元；老干部1500元；老干部遗孀1000元；对村务有贡献人士1500元；五保户5000元。老党员慰问纳入党内关爱基金。对特殊困难村民给予一事一议帮助。

第八十条　家庭急救箱。

为解决全体社员的小病、急需问题，村经济合作社每年向每户免费发放1只家庭医疗急救箱，内有价值300元左右的常备药品，并建立一年一更换制度。

第八十一条　社员公益基金制度。

设立“方林村公益爱心基金”“创业创新共同富裕基金”，每年各100万元、50万元，主要用于医疗救助、助学扶贫和支持经济落后村民的创业，展现方林责任担当，弘扬社会正能量。基金管理规定如下。

1.基金的募集。村集体经济每年拨款150万，也可接受社会群体和个人自愿募集资金；

2.基金的管理。设立专门的账户，由专人管理，履行必要的财务制度，不得存入个人账户，捐赠的物资也由财务人员出具专用收据，进行专项管理，年底公示，不得动用本资金和物资作其他用途；

3.基金的使用。主要用于救助因病致贫的社员家庭。重病人员家庭确有困难的，向村委会提出书面申请，村委会成员、村监会、医疗、财务、老协负责人和所在队组组长及被邀请的部分党员召开村务联席会议评估确认，根据村务联席会议意见，村党委牵头修订、完善方案，形成正式方案后审批救助和支持。

社员口粮

第八十二条　免费提供社员口粮制度（见六十四条）。

第八十三条　口粮分配基分标准。1岁15/50；2岁18/50；3岁21/50；4岁24/50；5岁27/50；6岁30/50；7岁33/50；8岁36/50；9岁38/50；10岁40/50；11岁42/50；12岁44/50；13岁45/50；14岁46/50；15岁47/50；16岁48/50；17岁49/50；18岁以上（含）50/50。

社员退休

第八十四条　社员男满60周岁，女满55周岁（以身份证为准），每人退休金1200元/

月（不含国家补助，如国家退休政策调整，按新规定办理退休）。

第八十五条　本制度规定的退休社员指享受村集体福利分红待遇的社员。

第八十六条　下列村民虽到退休年龄，但不享受本村的退休待遇。

1.已退休的社员且受聘于村委会、村各级企业场站主要岗位或由重要职位发放工资的，受聘期间，不享受本村的退休金待遇；

2.已在企事业单位退休的人员转办本村的退休手续，不享受本村的退休金待遇。

社员分红

第八十七条　凡户籍在本村，2015年3月8日24时在册并享受个人全股，且遵守村股份经济合作社章程及规章制度的农村居民，为本村股份经济合作社社员；

第八十八条　界定日后享受100%股权的社员娶妻生子（户口登记在本村），不享受股权及股权分红。

第八十九条　享受全股的两囡户，允许留本村1位，在囡出嫁之前，必须与村委会签订协议，明确留哪个囡的户籍在本村，不留本村的囡出嫁后，不再享受村福利待遇。

第九十条　引进人才担任村或场站重要职务的，在任用期内可享受分红奖励。

第九十一条　本社的现役义务兵享受社员的福利待遇。本社育龄妇女嫁给村外现役军人（户口无法随军）的，按政府的相关政策，该育龄妇女及子女的户口可以暂时留在本村，凭现役军人所在营（或以上）级的证明（主要内容是现役军人和家属及子女的户口无法随军落实）。该现役军人转业复员后，户口要及时迁出。

第九十二条　大中专学生在就学期间享受本村社员同等待遇。

第九十三条　本社股份经济合作社社员，户口迁出本村后，只享受股权分红，不再享受福利。

方林村股份经济合作社实施条例

第九十四条　为了深入贯彻中共中央、国务院出台的《关于稳步推进农村集体产权制度改革的意见》文件精神，明晰集体资产产权，进一步激发全体社员发展集体经济、促进集体资产增值保值，让每个方林人都能切切实实地享受到改革发展的红利和拥有更多获得感、幸福感，本着民主规范、公开公平公正的原则，结合本村实际，进行方林村经济合作社的股份制改革。

第九十五条　按照路桥区、路南街道股改工作方案确定的股权界定日（2015年3月8日24时），以人口量化为标准，履行股权静态管理，即“生不增，死不减”。

第九十六条　方林村股份经济合作社首批量化总股本3.3亿元，总股份1100股，每股30万元。此股份作为个人股权，不得提现，只享受股权分红。社员年终的股权分红为15000元/股，如有增、减，需董事会表决通过。

第九十七条　根据经济发展，本社资产将委托会计师事务所进行第三方评估，评估后调整总股本，以保证集体财产清晰。

第九十八条　村股份经济合作社设立股东董事会、监事会，由董事长主持全面工作。

第九十九条　村股份经济合作社实行独立核算、自主经营、自负盈亏。

第一百条　村股份经济合作社职能：资产经营、资产管理、资产积累和收入分配。

第一百一条　年满18周岁的股东享有表决权、选举权和被选举权。

第一百零二条　股东有限责任承担合作社债务。

第一百零三条　村股份经济合作社财务每年张榜公布。

第一百零四条　股东的股份及股权额在股权证中予以载明，股权证由股份合作社颁发。

第一百零五条　其他按村股份经济合作社章程细则施行。

方林村村民综合管理制度汇总

第一篇　方林村“十四五”发展规划

“十四五”方林村经济社会发展指导思想：以习近平新时代中国特色社会主义思想为指导，在中央、省委建设共同富裕示范区的号召下，方林村将按照台州市委、市政府的“三立三进三突围”和“六大城市”建设，贯彻区委、区政府的“一区四城”战略，“十四五”期间，方林村将以改革创新、数字赋能为动力，以“一图六新”为抓手，推进村级经济新发展、完善共同富裕新保障、建立村庄治理新格局、建设生态文化新面貌、发展共富共享新联盟、培育全面发展新村民，全面推进建设共同富裕现代化新方林。

“一图”：绘制全面共同富裕路线图，全面感知共同富裕方林新未来。

“六新”：一是推进村级经济新发展。新时代、新产业，强化创新引领，产业转型有新作为，依托平台优势，举全村之力发展新经济、打造新业态，打造辐射全国、链接全球的交易平台。二是完善共同富裕新保障。新时代创造新福利。把村民的需求作为第一信号，把村民对美好生活的追求作为村党委的奋斗目标，让村民对幸福生活真实可感，让村民的获得感成色更足，充分发挥第三次分配作用，缩小收入差距、贫富差距。三是建立村庄治理新格局。坚持以法治思维、法治方式管理村务，让村民更有安全感、放心感。四是建设生态文化新面貌。新时代新生活，生态环境更优美，打造美丽家园展示区。五是发展共富共享新联盟。一村富不算富，全区富了才算富，助力缩小地区差距。先富带后富、先富帮后富，在共同富裕路上实现人人享有、全民富裕，奋力打造高质量发展建设共同富裕示范区样板村。六是培育全面发展新村民。构建终身学习理念，活到老学到老；构建终身健身理念，推进“健康方林”建设；建设方林村史馆，开展“爱国、爱家、爱集体”集体荣誉感素质教育；建立村民创业基金，引导村民巩固劳动是生活的第一需要新理念。

第二篇　村务公开制度

村务公开是尊重村民的民主权利、搞好村民自治的基础，是村民监督村班子公正、有效行使职权不可缺少的渠道，也是干群沟通思想感情，促进我村事业发展的重要措施。现结合实际，制定本制度。

第一条　村务公开的原则。

1.实事求是原则　公开的内容必须真实、准确，不得弄虚作假；

2.简便实效原则　公开应采用简单、便捷的形式，注重实际效果；

3.及时便民原则　公开的内容要及时，公开的形式要最大限度地让村民了解内容。

第二条　村务公开的内容。

1.村财务收支情况；

2.村土地、集体企业的经营和租赁情况；

3.村公共设施建设项目的投资、承包情况；

4.村规划编制情况；

5.人口与计划生育情况；

6.适龄青年应征入伍情况；

7.优抚、救灾救济款物的发放情况；

8.村民的物资、福利分配方案和其他村民普遍关心的事项；

9.村民会议和村民代表会议讨论决定事项的实施情况。

第三条　村务公开的形式。

1.召开村民代表会议和村民会议；

2.在村务公开栏中公布；

3.通过电子商务网、方林网、《方林报》、方林集团微信发布；

4.印发《方林村村民自治章程》和各项规章制度，做到每户1册。

第四条　村务公开的监督保障。

（一）村务监督委员会专门机构监督。村里专门成立村务监督委员会，监督村务公开的落实情况和倾听村民代表和广大村民对村务公开的意见、建议、要求。

1.对村民会议和村民代表会议决定事项的实施情况进行全程监督 凡村民会议和村民代表会议决定事项完成后的结果、情况要及时公布；

2.对村级集体经济财务活动进行民主监督 每季度对村级集体经济（包括村下属建账单位）的收支和现金情况逐一进行审核，对违反财务制度规定的，要督促其及时纠正，对经审核符合财务管理要求的，要监督村财务按规定的要求及时公布；

3.对村级集体资产资源管理的监督 检查监督村级集体资产承包租赁和工程建设项目要引入市场竞争机制，实行招投标，招投标的情况和结果要及时公布；

4.对重大事项的监督 凡涉及村民切身利益的重大事项都要实行一事一议，村两委如果存在决策不民主、运行不规范的问题，要督促其及时纠正，如果广大村民对村务公开内容有不满意的地方，要督促村两委必须真实、准确、及时重新公布。

（二）财务总监按财务规定严格把关。监督村级财务内部核算及财务管理的具体操作必须规范有序，科学编制村级集体经济收支预决算方案。村级财务收支情况每年向村民会议或村民代表会议报告，并要经村民会议或村民代表会议的审议和通过。

第三篇 民主决策制度

村级民主决策是村民自治的集中体现和中心环节，建立和健全民主决策制度是村民行使自治权的保障。为了进一步推进我村民主决策、民主管理、民主监督的科学化、规范化、制度化，保障村民在村级事务中的知情权、参与权、决策权和监督权，现结合本村实际，制定本制度。

第一条 民主决策的基本形式。本村民主决策的基本形式是村民代表会议和村民会议。村民代表会议有2/3以上的组成人员参加方可召开，所作决定应当经到会人员的过半数同意，且不得与村民会议所作的决定相抵触；召开村民会议，应当有本村18周岁以上村民过半数参加，所作决定应当经到会人员的过半数通过，对重大投资项目的赞同率达85%以上的可实施。

第二条 民主决策的主要内容。

1.村民自治章程和各项规章制度；

2.村股份经济发展规划；

3.村股份经济建设和社会事业建设；

4.村集体资产租赁方案；

5.对外投资；

6.村年度财务计划；

7.村集体经济收益分配方案；

8.其他涉及村集体和村民利益的重大事项。

第三条　民主决策的操作程序。涉及村集体和村民利益的事项，要按照“收集民意、初定方案、充分论证、民主表决、审核把关、落实责任、跟踪监督、验收公示”的操作程序进行（图23-2）。

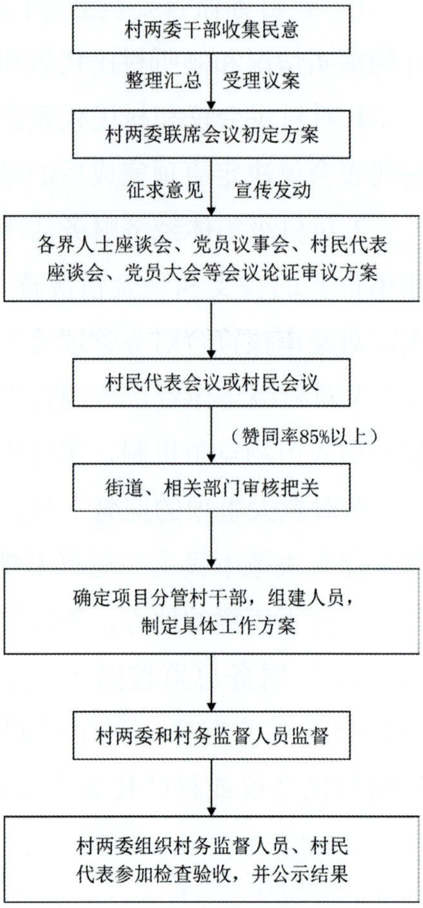

图23-2　方林村重大事项民主决策流程

1.收集民意　村两委干部要经常深入调查了解，广泛听取和征求村民的意见建议，掌握大多数村民的意愿和要求；

2.初定方案　村两委召开联席会议商议，归纳汇总村民提出的具体意见和建议，受理1/10以上的村民联名或1/3以上的村民代表联名提出的议案，讨论形成初定方案；

3.充分论证　认真听取党员、干部、村民代表和各界人士的意见和建议，村两委通过党员议事会、村民代表座谈会、民情恳谈会等形式，广泛征求村民对初定方案的意见，以便更好地修改和完善初定方案，必要时邀请有关专家进行论证和会审。村两委把修正完善的方案提交党员大会审议通过（必须有4/5以上党员参加）；

4.民主表决　召开村民代表会议或村民会议对方案进行投票表决，形成决议，85%以上同意的才予以实施。会议形成的决议，要有书面记录并妥善保存；

5.审核把关　村两委将村民表决通过的实施方案上报街道党工委、街道办事处及相关部门，对实施方案的合法性和可行性等进行审核把关；

6.落实责任　按照重大事项集体研究决定，实行日常工作分工负责制度，由分管村干部负责组建人员，落实责任，制订具体的工作实施方案；

7.跟踪监督　村两委和村务监督委员会人员全程监督。对投资比较大、专业技术要求比较高的项目　必要时村两委可聘请相关专业技术人员进行监管；

8.验收公示　村民民主决策事项办理完毕后，由村务监督人员、村民代表等参加检查验收，必要时可邀请上级纪检监察人员和有关行家专家参与检查验收。验收完毕后要公示结果。

第四条　民主决策的责任追究。

1.除发生自然灾害等紧急情况外，村民代表会议或村民会议依法形成的决议不得随意变更，如确因情况发生变化需要更改的，必须通过村民代表会议或村民会议讨论决定；

2.村干部违规决策给村集体和村民造成重大损失的，经街道办事处确认，村民代表会议讨论通过，实行责任追究。对于违规决策后立即纠错，违规行为较轻的，要作出深刻检讨；违规行为造成损失的，要根据违规的性质、程度给予组织处理或纪律处分，触犯刑法的，依法追究其法律责任。

第四篇　财务管理制度

为了加强财务管理，增强财务调控能力，确保财务有序运转，按照“先收后支，量入为出，勤俭办事，民主理财”的原则，根据《中华人民共和国会计法》的规定，结合本村实际，制定本制度。

第一条　货币现金及发票管理制度。

1.账户设置。村财务采用专户储存，实行“收支两条线”管理，账户由村两委统一设置，未经允许各单位不得自行开设账户；

2.严格按照规定实行钱、账分管，按规定限额控制库存现金，不得坐收坐支；

3.除日常小额开支和差旅费、支付给个人的工资、报酬、补贴、福利、向个人购农副产品及其他物资外，原则上实行支票转账结算；

4.严格遵守财经纪律，坚持“八不准”原则。不准白条抵库，不准垫支，不准擅自出借公款，不准以集体资产为个人和外单位贷款提供担保，不准挪用公款，不准坐支现金，不准公款私存，不准设立“小金库”；

5.收入发票管理。村下属的企业、市场、场站一律使用村资产办统一发放的收款收据（财务鉴章），并建立票据领用登记制度，包括领用时间、数量、收据号码、领用人签名以及收回核销等内容。村下属的企业、市场、场站，不得使用其他收款收据，若擅自使用其他收款收据，追究其责任。对各企业、市场、场站使用的收款收据每年结算1次。

第二条　各项收入管理及财务预决算制度。

1.办公室与资产办严格按照合同，及时掌握各种收入信息。会同村财务部门做好结算工作，保障资金及时到位，做到应收尽收。会同村务监督委员会对村各市场、集体收入、房产租赁款的收支情况进行跟踪监督；

2.办公室、资产办、财务室要做好调研，当好参谋，为村两委提供经济发展的决策依据，按时制定村股份经济发展计划和村级集体经济收支预决算方案；

3.各类经济收入实行分口管理。

第三条　支出管理及财务审批制度。

从俭办事，压缩不必要的开支，严格执行年初支出预算方案，实行分管村股份经济工作的副书记审核、村主任审批的村级财务审批制度，如遇年终分红等重大支出分配事项，须经两班子商定，提交党员大会，村民代表大会通过。支出凭证做到有经手人、证明人、审查审核人和审批人意见手续完备后，方可报销。

1.办公用品的采购和报销程序。需购置的物品由分管领导提出，统一由办公室购置，办公室要保留购置清单以便备查，报销的一切发票、内容、数量、单位、金额要清楚，发票报销必须有经手人、证明人、分管领导审查，副书记审核和主任审批后方可报销；

2.差旅费标准。按财政部门有关文件执行，按规定报销；

3.财务审批权限：正常性开支在50000元以下的，由分管领导审查，副书记审核、主任审批后方可报销；50000元以上至100000元以下的，由分管领导提出书面报告，交村两班子商量并通过，经主任审批、书记审核后方可报销；100000元以上的，交党员、村民代表会议通过方可报销；

4.出纳在支付时要把好经手人、证明人、审批权限、领导审查审核、审批关；

5.为了让村班子领导及时掌握财务信息，了解财务收支动态，村下属的企业、市场、场站要在每月的中旬上报上月的财务报表，财务室要将每月的收支报表和银行存款情况汇总到村办公室，每月向村班子报告财务收支及存款情况，分析存在的问题，提出整改措施。

第四条　财务监督和公开制度。

村务监督委员会对村财务收支报表、银行存款及凭证单据进行审核，每季度定期审核1次，必要时可随时审核，并提出书面审核意见，发现违反村财务制度规定的应及时向村主要领导汇报。经村务监督委员会审核符合财务管理制度的，村务监督委员会要按照《方林村办事公开制度》规定的范围、程序和形式，监督和落实财务公开。

第五条　财务档案管理制度。

村会计负责收集全村财务资料并保管存档。财务档案包括各种经济合同、承包（租赁）合同或协议、各项财务计划及收益分配草案、各种会计凭证、会计账簿和会计报表、会计出纳人员交接清单、会计档案销毁清单等，按规定年限保管。会计档案按年度形式（报表、账簿、凭证、其他会计资料）分类整理，会计档案案卷按类别、年度顺序排列编号，并按要求建立财务档案柜（室），严格实行专人专柜管理制度。

第五篇　方林村综合治理管理制度

一、矛盾调解

坚持用法治思维、法治方式解决问题和矛盾的原则，完善共建、共治、共享的社会治理制度，为实现村庄稳定、村民和谐共处，特制订本制度。

1.完善"数字化治理、网格化管理、组团式服务"，打造以"一图全面感知方林"为核心的"智慧方林"。落实网格责任，建立由党员、村民代表和网格员共同参与网格管理工作的群防群治队伍。加强治理"四防"建设，村级应急联动、群防群治队伍，排查出的矛盾纠纷和平安、涉稳隐患及时通过村级综治中心流转报送；

2.开发供村民反馈问题和提建议的App小程序，提供"村民点单、工作专班派单、村两委联系包干接单、群众评单"的服务模式。构建源头防控、排查梳理、纠纷化解、应急处置的矛盾综合治理体系；

3.发挥村治保委员会的作用，在村综治中心设立人民调解室，由村党委、村委会、村监会、团委、妇联、老协、签约律师等成员组成，由巾帼调解队、流动人口调解队提前介入矛盾调处，及时处置村级矛盾纠纷和传统民事案件，实现矛盾纠纷就地化解；

4.每年邀请公检法司部门、法律顾问到村开展"七五普法"、平安宣传、法治宣传，增强村民尊法、学法、守法、用法的意识和能力。

二、平安方林

1.大力发扬主人翁精神，积极参与平安村创建活动，积极参加平安志愿者、义工、义务巡逻等群防群治活动，积极参与全村消防安全检查行动，对自住或经营、出租的建筑落实好消防安全主体责任，定期进行消防检查，共同维护村庄平安和谐，共享平安建设成果；

2.发现安全生产隐患、消防安全隐患、社会治安问题、食品药品安全隐患、环境污染问题、各类矛盾纠纷以及各种可疑人员、违法犯罪行为，应及时告知网格员、村民小组长或村干部；自觉遵守法律、法规、规章，服从街道和上级消防机构对消防工作的领导；

3.自觉爱护公共消防器材设施，严禁移动、围占、埋压、拆除、停用、损坏消防器材设施，不得擅自搭建临时建（构）筑物，侵占防火间距，堵塞、占用、封闭安全出口和消防通道；

4.主动做好平安宣传，村民之间、家庭成员之间要互相提醒帮助、教育监督，不沾

“黄毒赌”，不加入邪教组织，不参与传销活动，严防发生火灾、生产、交通、溺水等安全事故。养成良好的消防安全习惯，不私拉、乱接电线，不超负荷用电，安全使用天然气。

三、文化方林

1.打造精神文明高地，丰富活动内涵，坚持物质文明和精神文明相协调，不断增强文化软实力、精神引领力、共同富裕持久力；

2.以弘扬伟大建党精神、“红船精神”为引领，学党史、忆村史，不忘初心实现共同富裕；挖掘“方林精神”，激励全村村民在共同富裕道路上奋力前行；

3.深化新时代方林文明实践中心建设，加大村民道德实践、人文素养提升培育工程推进力度，建立文明志愿者队伍，打造文明服务体系，将方林大会堂打造为文化惠民活动载体。

四、慈善救助

1.重病人员家庭确有困难的，向村委会提出书面申请；

2.村委会成员、村监会、医疗、财务、老协负责人和所在队组组长及被邀请的部分党员召开村务联席会议评估确认；

3.根据村务联席会议意见，村党委牵头修订、完善方案，形成正式方案后审批救助。

第六篇　方林村村民义务志愿制度

为大力弘扬“奉献、友爱、互助、进步”的志愿服务精神，进一步引导和鼓励全村村民积极加入志愿者队伍、参与志愿服务活动，推动形成“我为人人、人人为我”的良好风尚，促进村民自身素质的提升，推动“共建共享”进一步向纵深发展，特制订本制度。

一、义务志愿者年龄限定

男年满25～55周岁、女年满25～50周岁的本村村民。

二、义务志愿时间限定

每年须完成5个义务志愿工作日的义务志愿工作，超过天数不限（时间累加6小时为1天）。

三、义务志愿工作范围

抗台抗灾、抗疫防灾、抗震救灾、重大应急、“五水共治”、“多城同创”、环境整治、助人为乐等方面。

四、义务志愿组织

由团委、妇联组建义务志愿者协会，凡在义务志愿年龄范围内的本村村民均为协会的成员。协会根据一定时期村两委的总体工作要求，明确某项工作范围的参与人数、工作性质、义工时间。协会也可以在人数较多的场站设立分会，各场站办公室为分会负责人。

五、义务志愿信息登记

协会应准备义务工工作信息登记册，全面登记参与者的出工时间、劳动内容、工作强度等信息，各分会上报的义务工参与信息汇总登记。

六、建立义务志愿者奖惩制度

1.在完成5个义务志愿工作日以及家庭量化义务志愿工作的基础上，按志愿服务累计排名；表彰优秀义务志愿者；

2.凡未完成5个服务工作日的，按200元/天随分红一并扣除。

第七篇　方林村民生态环境保护公约

生态公约齐遵守，时代文明新风尚；
垃圾入桶有讲究，四色分类要认清；
四季如春添新氧，不搭不毁共倡导；
爱护公物绿树木，文明晒洗添阳光；
作坊扰民噪声烦，露天禁烧天更蓝；
不养家禽束宠物，和谐邻里更欢乐；
有序停车路路宽，处处皆有美如画；
生态环境人人行，同心协力护家园，
低碳生活新理念，美丽方林展示区。

公约细则：

第一条　绿水青山就是金山银山，坚定不移地走生态优先、绿色发展之路，建设天蓝、地绿、水清、景美的美丽方林。落实“乡村振兴”战略，巩固“环境革命”成果，深入开展生态方林建设，积极配合参与“五水共治”“三改一拆”“多城同创”，共建美丽家园、共创美好生活。对于煽动、阻挠、抵制村两委重大决议实施的村民，取消该户当年福利和股权分红。

第二条　每年每户村民有100分的生态文明积分，该积分每年1月1日自动重置，不累计。

第三条　倡导绿色生活理念，共同维护村庄生态，认真做好包卫生、包绿化、包秩序的“门前三包”；实行垃圾分类。拒不按照可回收垃圾、厨余垃圾、有害垃圾、其他垃圾的四色分类要求处置垃圾的，取消该户当年福利、股权分红；未按照垃圾分类要求操作或者“门前三包”落实不到位的，一经发现即通报批评，扣除该户生态文明分5分/次。

第四条　提倡和合生活模式，爱护公共设施、草木花卉。不得在房前屋后公共绿化区域种植果树、蔬菜；对于破坏村庄公共财物和设施，破坏树木草坪绿化等行为，要求按同等规格恢复原状，并通报批评，扣除该户生态文明分5分/次，情节严重的，扣除该户生态文明分20分/次。

第五条　严禁乱搭乱建、违法改造；在公共区域私搭乱建，责令其在限期内拆除，恢复原状，并给予通报批评，扣除该户生态文明分5分/次，情节严重的，扣除该户生态文明分20分/次。

第六条　增强生态环保意识，提倡文明晾晒。不在公共道路、绿地和其他公共场所的护栏、树木等公共设施上晾晒、吊挂衣物，自觉维护视觉美观；违者剪断线绳、通报批评并扣除该户生态文明分5分/次。

第七条　杜绝作坊作业扰民。扰民的违规作坊（声音白天达到55分贝，夜间达到45分贝）一律关停；拒不改正的通报批评并扣除该户生态文明分10分/次，情节严重的扣除该户生态文明分20分/次。

第八条　禁止焚烧垃圾、树叶及秸秆，违者通报批评并扣除该户生态文明分5分/次，屡教不改的扣除该户生态文明分20分/次。

第九条　禁止圈养家畜、家禽，家养犬类等宠物必须取得政府相关圈养登记证书，在户外活动时须牵绳，及时处理排泄物。对私自圈养家畜家禽的人通报批评，扣除该户生态文明分5分/次，并对家畜家禽进行无害化处理。对未按规定圈养宠物、不牵绳活动等通报批评，并扣除该户生态文明分5分/次；情节严重的扣除该户生态文明分20分/次。

第十条　提倡文明停车。小区内限速20千米/小时，并禁止鸣笛，禁止4吨以上卡车进入小区（搬家车和特种车辆除外）。小区内主干道严禁停车，车辆必须在停车线内按箭头方向有序停放，门前屋后有序停放，不得妨碍其他车辆通行；进出小区一车一杆，不可跟车，损坏门杆等设施的照价赔偿。

第十一条　共同遵守政府爆竹燃放相关规定，严禁违规擅自燃放。在禁放时间燃放烟花爆竹的，扣除该户生态文明分10分/次。

第十二条　树立文明新风。红白事管理实行宴席申报制度，嫁娶宴席需提前3天向村委会申报；丧事宴席可在进场当天向村委会申报；并向村委会交付1000元押金。实行固定场所制度，场所为一期幼儿园南侧、二期中间休闲广场。宴席结束后，占用场所由当事人清理干净，村委会检查合格后退还押金，否则押金没收并扣除该户生态文明分10分/次。

第十三条　按时缴纳物业管理费。物业管理费每户50元/月，业主须在年底前付清次年的物业管理费；出租房的物业管理费按居住人数计算，6（含6人）人以下的50元/月,7（含7人）人以上的100元/月，由业主负责落实，若出租房的物业管理费没有缴纳，由业主负责缴纳。未在期限内缴纳物业管理费，书面通知后仍不缴纳者，村委会给予通报批评并扣除该户生态文明分20分/次。

第十四条　小区房屋重建（装修）管理。当事人在工程开工前，应当向村委会申报登记并交押金10000元。经批准后，当事人必须按照村两委规定的房屋设计要求重建、装修，建筑装修垃圾要及时清运，并恢复周围绿化及环境整洁。村委会要检查、验收重建、装修后的住户环境卫生。验收合格的可向村委会申请退还押金。若有违反重建、装修要求，不听劝告并影响邻居正常生活的，没收押金，并责令恢复现状，给予该户通报批评，并扣除该户生态文明分20分/次。

第十五条　每年年底统计每户的生态文明分，根据年底的最后得分情况给予不同的奖惩。

1.得分在100分，给予1000元的生态文明奖励；

2.得分在90 ～ 99分（含90分），给予100元的生态奖励；

3.得分在80分以下（含80分），取消该户本年度的评优评先资格；

4.得分在60分以下（含60分），取消该户当年福利和股权分红。

第八篇　方林村村民道德公约

第一条　方林人今天的共同富裕幸福生活，全靠党的好政策，全靠习近平总书记的英明领导!

第二条　方林人应遵守社会公德，文明礼貌，助人为乐，爱护公物，保护环境，遵纪守法，涵养高尚品质，凝聚向上、向善力量。

第三条　方林人应遵循职业道德，爱岗敬业，诚实守信，办事公道，靠齐诚信村民典型，形成“褒扬诚信、惩戒失信”的良好氛围。

第四条　方林人应培养家庭美德，尊老爱幼，倡导“老有所终，幼有所养”；男女平等，倡导“共享权利，共担义务”；夫妻和睦，互忠互信；勤俭持家，俭以养德。

第五条　方林人应提高个人品德，爱国奉献，服务社会；明礼诚信，遵纪守规；勤劳善良，谦虚随和；宽厚正直；自强自律。

第六条　方林人应引领文明新风，参与移风易俗，倡导“婚事新办、丧事简办、其他喜庆事宜不办”，更新思想观念。

第七条　方林人应培育健康理念，注意卫生防疫要求，养成文明用餐好习惯，推行公筷公勺，共建文明餐桌，创造和谐文明的生活环境。

第八条　方林人应增强团队意识，发扬协作精神，创造和维护邻里友爱、平等互助、团结共进的村风民风。

第九条　方林人应弘扬志愿精神，乐于奉献，积极投身全国文明城市创建工作，加入志愿者队伍、参与志愿服务活动，创建文明志愿方林。

第十条　方林人应不忘初心，始终坚持共同富裕，分阶段先富带动后富；应守住精神之美，坚持充实自我，实现物质富裕、精神富有的双重共同富裕。

第九篇　方林村“最美家庭”评选制度

为促进家庭和睦、人际和谐，提高广大村民的综合素质，促进人的全面发展，根据本村实际，特制订本制度。

一、评选标准

1.“孝老爱亲家庭”　敬老爱老、奉行孝道，倾心孝顺父母、公婆，倾情照顾孤寡老人，志愿服务困难群体，以强烈的社会责任感、家庭责任感和道德责任感，为社会的和谐稳定作出贡献；

2.“绿色环保家庭”　有较强的环境保护意识，积极参与垃圾分类。家庭成员自觉学习、积极宣传节能环保知识，支持、参与环境保护；家庭使用清洁能源，绿色消费。使用节能环保产品，提倡重复利用，使用环保购物袋或菜篮子；提倡废旧物品回收与利用，减少垃圾排放量；家庭环境整洁优美；

3.“阅读书香家庭”　家庭有良好的读书环境、浓厚的文化氛围；家庭藏书至少有100册，包括音像制品、期刊；有明确的读书计划，家庭成员有良好的阅读习惯，家庭阅读气氛浓厚；积极参与文化专题讲座等各类文化活动；读有所得、读有所悟、学以致用，在学术、文化创造上有一定的成果；

4.“清正廉洁家庭”　爱党爱国、遵纪守法、爱岗敬业、勤政务实、敢于担当、崇俭戒奢，政治素质好、廉洁自律好、工作作风好、道德品行好、清廉家风好，以实际行动助力践行清正廉洁；

5.“爱国拥军家庭”　践行社会主义核心价值观，弘扬爱国主义、集体主义、社会主义精神，将爱家、爱国相统一，努力奋斗，为社会、国家无私奉献。把个体价值、家庭价值的实现与国家民族的命运紧密相连，在支持国防建设和开展双拥工作方面事迹突出；

6.“热心公益家庭”　家庭成员积极参加慈善捐助、义务劳动、无偿献血、捐献造血干细胞、社区服务等公益活动；积极参加邻里守望、扶贫济困、生态环保、养老助残、法律援助、文化体育等各类学雷锋志愿服务活动；热情关心特殊困难人员，参加结对帮扶等活动，为他们排忧解难。

二、评选时间

从每年的12月初开始，在春节前评选完毕。

三、评选原则

评选“最美家庭”要坚持“公开、公平、公正”的原则。

四、评选方法

1.村民自我认星　“最美家庭”评选，由村民按照标准自荐；

2.村民小组推荐　村民小组召开会议，在本小组村民自荐的基础上评议各户，把符合“最美家庭”条件的户推荐给村评选委员会；

3.村评选委员会联评　由村依法治村领导小组和各村民小组组长组成评选委员会，对各小组上报推荐的“最美家庭”进行联评，将联评确认的名单向村民公示，接受村民监督；

4.村党委、村委会确定名单　村评选委员会联评确认的“最美家庭”，经公示无异议的，由村党两委确定为本年度“最美家庭”。

五、荣誉和奖励

对被评为“最美家庭”的，在村民大会上授予“最美家庭”的称号和牌匾，给予物质奖励。

第十篇　方林村网格员工作制度

为进一步提升现代治理能力，推进精准治理，现将村级治理网格员及小区日常管理、水电服务、安保秩序、消防安全、环境卫生、垃圾分类等管理人员统一纳入网格员管理范围。为明确网格员职能职责，推动网格员认真履职尽责、提升服务管理水平，根据路桥区相关文件精神，制定本制度。

1.建立网格员统一在村综治中心坐班制度，确保全天候为村民开展服务，坐班时间为周一至周五，周六、周日轮流值班；

2.建立网格员考勤登记台账制度，每天完成各自职责，整理相应台账资料，并积极参加村和街道组织的各种会议，布置的各种政策宣传、疫情防控、消防安全、“多城同创”等工作；

3.建立巡查走访制度，网格员走访巡查区域与制定责任网格覆盖范围相一致，巡防走访做到“一必知五必到”，村民思想波动必知、志愿服务必到、村民困难病重必到、村居突发事件必到、邻里矛盾纠纷必到、邻里守望互助必到，网格员每周至少到网格巡查走访5天，每天至少巡查走访2次以上，每次外出巡查走访不少于1小时，巡查走访记录应及时整理、归档；

4.网格员对指定责任网格以及相应职责的基础信息要做到“情况明、底子清”，对涉及公共安全、社会稳定、社会治安、矛盾纠纷、公共环境、社会秩序等方面的信息，以及重点人员类、重要事件类信息，应排查、登记；

5.网格员应及时、客观地记录巡查走访工作开展情况，信息全面、真实，自己能解决的问题要及时处置，实行首问责任制，事件应尽可能在本层级处置，不应出现推诿、扯皮现象，处置事件时应保持冷静、实事求是，及时、恰当、有效地做好调解处理工作，有针对性地采取措施，尽力化解矛盾，消除不稳定因素，避免违法、违规行为的发生与事态扩大；

6.网格员收到村民群众的求助信息，应在第一时间进行现场调查和信息采集；与村民群众有效沟通，理解诉求，有问必答，回答问题迅速、准确、耐心，及时协调、解决村民提出的问题；如不能解决的，及时上报至综治中心；遇重大突发事件时，应第一时间上报村党委、村委会主要领导；

7.网格员年终通过考勤记录、职责任务完成状况和村民满意度评比等为年度考核嘉奖的重要依据。

第十一篇　出租房管理制度

为了加强出租户对出租房的消防安全管理，防止火灾等安全事故的发生，出租户必须做好以下管理工作。

1.履行对房屋的安全管理职责，定期或不定期对房屋进行消防安全检查，发现有火灾隐患的要及时整改；

2.房屋用于经营、餐饮、仓储等，应具备安全生产条件或者相应资质并依法经营，在使用或者开业前，应当向公安消防机构申报，经公安消防机构批准后，方可使用或者开业；

3.严格遵守各项消除法规及有关防火规定，房屋及其周边消防疏散门、疏散楼梯、消防通道、安全出口等不得堆放杂物占用、堵塞或紧闭，必须保持畅通；

4.屋内用电必须符合国家及地方有关规定，不得超负荷用电和私拉、乱接临时电线，电气线路和电气设备的功率、保险装置应当与额定负荷相匹配，不得用其他金属丝代替保险丝；

5.作为库房使用的房屋严禁吸烟，严禁使用电炉、电烙铁、电熨斗等电热器具和电视机、电冰箱等家用电器；

6.房屋内禁止在具有火灾、爆炸危险的场所使用明火，出现特殊情况需要进行电、气焊等明火作业的，应当遵守消防安全规定，并落实相应的消防安全措施，房屋附近严禁动用明火、烧烤及焚烧杂草、树叶、废旧物品等；

7.房屋的消防设备、设施必须符合消防要求，始终保持完整、好用、正常的工作状态，严禁遮挡或挪作它用，如有丢失、损坏应及时购置或维修；

8.对出租房屋进行装修或改造时，必须经村委会批准，经有关部门验收合格后方可使用；

9.出租房屋内严禁电瓶车充电，安全使用煤气、天然气、液化气，防止气体泄漏，用后要随手关闭阀门，橡皮管要定期更换；

10.如出租户、承租人未能履行消防安全责任，导致严重后果的，出租户、承租人要承担全部责任和相应的法律责任。

第十二篇　新方林人管理与服务制度

路南街道方林村发挥“新方林人”自我管理、自我教育、自我服务、自我约束、群防群治的能力，促进广大村民与“新方林人”和谐相处，达到全村社会安定团结的目的，根据法律、法规有关规定，结合“新方林人”的实际情况，制定本制度。

一、“新方林人”管理办法

第一条　村综治工作站对出租房户签订出租房屋安全责任状，实行登记检查管理制度，建立“一户一簿”（出租房业主为户主，居住该户“新方林人”为成员的“户口簿”）。

第二条　出租房屋业主及时把“新方林人”的信息上报到村综治工作站，并申报派出所办理暂住证，建立流入、流出人员台账，登记从何地而来、从事何种工作、身份证号码等基本数据，真正做到来路明，底子清。

第三条　建立“新方林人”考核体系，量化考核指标，对考核中表现优秀的“新方林人”，给予表彰和物质奖励。

二、“新方林人”组织机构

第四条　凡暂住在本村并办理暂住证的人员均属本村“新方林人”，其社会地位同本村村民一律平等。

第五条 “新方林人”代表按每1000人产生3名代表的比例，由村两委调查摸底，组织考察，经派出所政审后，共同协商确定名单，每届任期1年。

第六条 成立“新方林人”管理委员会，管理委员会是“新方林人”选举产生的群众性自治组织，对全体“新方林人”负责。

第七条 “新方林人”代表大会每年至少召开2次，听取管理委员会工作情况汇报，讨论决定本村“新方林人”管理与服务事项。

第八条 管理委员会在村两委领导下开展工作，实行集体领导分工负责，办理“新方林人”公共事务，及时向有关部门反映“新方林人”意见、建议和要求，自觉接受上级部门的指导和监督。

第九条 管理委员会成员在工作中应实事求是，作风民主，联系群众，廉洁奉公，不得打击报复、徇私舞弊，对“新方林人”提出的合情、合理、合法要求，应及时予以帮助解决。

第十条 “新方林人”要关心集体，积极完成各项工作任务。

第十一条 对违反“新方林人”管理制度的，管理委员会在作出处理决定后将处理内容以书面形式告诉当事人，当事人对处理决定不服的，可向村综治工作站提出复议，村综治工作站应及时作出复议决定，对村综治工作站作出的复议决定，当事人自觉服从。

第十二条 “新方林人”应自觉遵守方林村的各项规定，积极参与方林村组织的各项评比活动。

三、服务内容

第十三条 免费为“新方林人”育龄妇女提供计划生育技术服务，发放有关人口和计划生育政策法规、避孕节育知识等宣传品，提供宣传教育、咨询服务和部分避孕药具。

第十四条 积极为“新方林人”及时提供法律咨询、法制宣传、司法调解、法律援助等服务，切实维护“新方林人”的合法权益。

第十五条 对在工业、手工业、建筑业、商业、饮食业、服务业等行业申请从事个体经营活动的且有经营能力的“新方林人”，村里要依法协助其办理工商登记手续。

第十六条 积极为流动党员安排落实参加组织生活，加强对流动党员的学习教育管理，帮助协调解决流动党员在生产、学习和生活上遇到的困难和问题。

第十七条 组织开展各种文化娱乐活动，为“新方林人”的精神文化生活创造良好的条件。

浙江方林实业有限公司章程

总　则

第一条　为规范公司的行为，保障公司股东的合法权益，根据《中华人民共和国公司法》和有关法律、法规规定，结合本公司的实际情况，特制定本章程。

第二条　公司名称：浙江方林实业有限公司。

公司住所：台州市路桥区新安南街607号。

第三条　公司由台州市路桥区路南街道方林村村民委员会与台州市路桥区路南工贸发展有限公司共同投资组建。

第四条　公司依法在台州市工商行政管理局登记注册，取得企业法人资格。公司经营期限为10年。

第五条　公司为有限责任公司，实行独立核算，自主经营，自负盈亏。股东以其出资额为限对公司承担责任，公司以其全部资产对公司的债务承担责任。

第六条　公司应遵守国家法律、法规及本章程规定，维护国家利益和社会公共利益，接受政府有关部门监督。

第七条　公司章程内容涉及登记事项的，以登记主管机关核准的登记事项为准。

经营范围

第八条　经营范围：汽车配件、摩托车配件、机械设备、金属材料、建筑材料、装潢材料批发零售，汽车配件、摩托车配件、人造革、节能灯制造，房地产开发，客运停车，洗车服务，物业管理，信息咨询，粮食、蔬菜、花卉、苗木种植。

注册资本及出资方式

第九条　公司注册资本为人民币玖佰捌拾肆万元。

第十条　公司各股东的出资方式和出资额。

1.浙江方林实业有限公司以实物出资，为人民币陆佰柒拾伍万玖仟叁佰捌拾元，以货币出资，为人民币壹拾叁万零陆佰贰拾元，占70%；

2.台州市路桥区路南街道方林村村民委员会以货币出资，为人民币贰佰玖拾伍万元，占30%。

第十一条　股东应当足额缴纳各自认缴的出资，股东全部缴纳出资后，必须经法定的验资机构验资并出具证明。

股东和股东会

第十二条　股东是公司的出资人，股东享有以下权利。

1.根据其出资份额享有表决权；

2.选举和被选举执行董事、监事权；

3.查阅股东会记录和财务会计报告；

4.依照法律、法规和公司章程规定分取红利；

5.依法转让出资、优先购买公司其他股东转让的出资；

6.优先认购公司新增的注册资本；

7.公司终止后，依法分得公司的剩余财产。

第十三条　股东负有下列义务。

1.缴纳认缴的出资；

2.依其认缴的出资额承担公司债务；

3.公司办理工商登记后，不得抽回出资；

4.遵守公司章程规定。

第十四条　公司股东会由全体股东组成，是公司的权力机构。

第三节　制度规约

村务公开制度

村务公开是尊重村民的民主权利、搞好村民自治的基础，是村民监督村班子公正、有效行使职权不可缺少的渠道，也是干群沟通思想感情，促进我村事业发展的重要措施。现结合实际，制定本制度。

第一条　村务公开的原则。

1.实事求是原则　公开的内容必须真实、准确，不得弄虚作假；

2.简便实效原则　公开应采用简单、便捷的形式，注重实际效果；

3.及时便民原则　公开的内容要及时，公开的形式要最大限度地让村民了解内容。

第二条　村务公开的内容。

1.村财务收支情况；

2.村土地、集体企业的经营和租赁情况；

3.村公共设施建设项目的投资、承包情况；

4.村规划编制情况；

5.人口与计划生育情况；

6.适龄青年应征入伍情况；

7.优抚、救灾救济款物的发放情况；

8.村民的物资、福利分配方案和其他村民普遍关心的事项；

9.村民会议和村民代表会议讨论决定事项的实施情况。

第三条 村务公开的形式。

1.召开村民代表会议和村民会议；

2.在村务公开栏中公布；

3.通过电子商务网、方林网、《方林报》、方林集团微信发布；

4.印发《方林村村民自治章程》和各项规章制度，做到每户1册。

第四条 村务公开的监督保障。

（一）村务监督委员会专门机构监督。村里专门成立村务监督委员会，监督村务公开的落实情况和倾听村民代表和广大村民对村务公开的意见、建议、要求。

1.对村民会议和村民代表会议决定事项的实施情况进行全程监督，凡村民会议和村民代表会议决定事项完成后的结果、情况要及时公布；

2.对村级集体经济财务活动进行民主监督，每季度对村级集体经济（包括村下属建账单位）的收支和现金情况逐一进行审核，对违反财务制度规定的，要督促其及时纠正，对经审核符合财务管理要求的，要监督村财务按规定的要求及时公布；

3.对村级集体资产资源管理的监督，检查监督村级集体资产承包租赁和工程建设项目要引入市场竞争机制，实行招投标，招投标的情况和结果要及时公布；

4.对重大事项的监督，凡涉及村民切身利益的重大事项都要实行一事一议，村两委如果存在决策不民主、运行不规范的问题，要督促其及时纠正，如果广大村民对村务公开内容有不满意的地方，要督促村两委必须真实、准确、及时重新公布。

（二）财务总监按财务规定严格把关。监督村级财务内部核算及财务管理的具体操作必须规范有序，科学编制村级集体经济收支预决算方案。村级财务收支情况每年向村民会议或村民代表会议报告，并要经村民会议或村民代表会议的审议和通过。

民主决策制度

村级民主决策是村民自治的集中体现和中心环节，建立和健全民主决策制度是村民行使自治权的保障。为了进一步推进我村民主决策、民主管理、民主监督的科学化、规范化、制度化，保障村民在村级事务中的知情权、参与权、决策权和监督权，现结合本村实际，制定本制度。

第一条　民主决策的基本形式。本村民主决策的基本形式是村民代表会议和村民会议。村民代表会议有2/3以上的组成人员参加方可召开，所作决定应当经到会人员的过半数同意，且不得与村民会议所作的决定相抵触；召开村民会议，应当有本村18周岁以上村民过半数参加，所作决定应当经到会人员的过半数通过，对重大投资项目的赞同率达85%以上的可实施。

第二条　民主决策的主要内容。

1.村民自治章程和各项规章制度；

2.村股份经济发展规划；

3.村股份经济建设和社会事业建设；

4.村集体资产租赁方案；

5.对外投资；

6.村年度财务计划；

7.村集体经济收益分配方案；

8.其他涉及村集体和村民利益的重大事项。

第三条　民主决策的操作程序。涉及村集体和村民利益的事项，要按照“收集民意、初定方案、充分论证、民主表决、审核把关、落实责任、跟踪监督、验收公示”的操作程序进行（图23-3）。

1.收集民意　村两委干部要经常深入调查了解，广泛听取和征求村民的意见建议，掌握大多数村民的意愿和要求；

2.初定方案　村两委召开联席会议商议，归纳汇总村民提出的具体意见和建议，受理1/10以上的村民联名或1/3以上的村民代表联名提出的议案，讨论形成初定

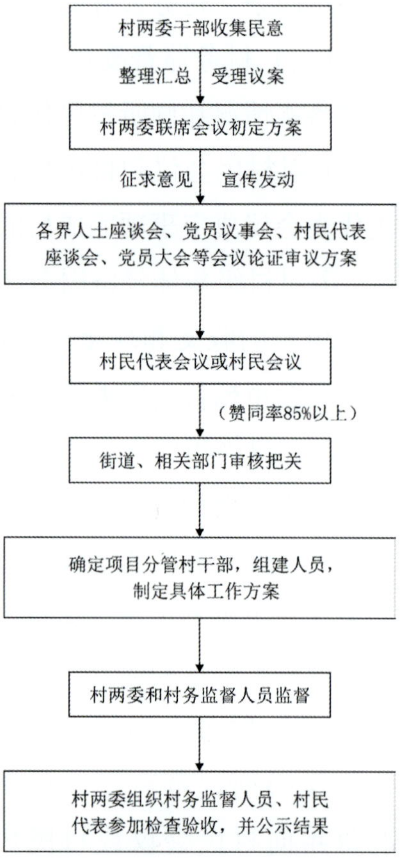

图23-3　方林村重大事项民主决策流程图

方案；

3.充分论证　认真听取党员、干部、村民代表和各界人士的意见和建议，村两委通过党员议事会、村民代表座谈会、民情恳谈会等形式，广泛征求村民对初定方案的意见，以便更好地修改和完善初定方案，必要时邀请有关专家进行论证和会审，村两委把修正完善的方案提交党员大会审议通过（必须有4/5以上党员参加）；

4.民主表决　召开村民代表会议或村民会议对方案进行投票表决，形成决议，85%以上同意的才予以实施，会议形成的决议，要有书面记录并妥善保存；

5.审核把关　村两委将村民表决通过的实施方案上报街道党工委、街道办事处及相关部门，对实施方案的合法性和可行性等进行审核把关；

6.落实责任　按照重大事项集体研究决定，实行日常工作分工负责制度，由分管村干部负责组建人员，落实责任，制订具体的工作实施方案；

7.跟踪监督　村两委和村务监督委员会人员全程监督，对投资比较大、专业技术要求比较高的项目，必要时村两委可聘请相关专业技术人员进行监管；

8.验收公示　村民民主决策事项办理完毕后，由村务监督人员、村民代表等参加检查验收，必要时可邀请上级纪检监察人员和有关行家专家参与检查验收。验收完毕后要公示结果。

第四条　民主决策的责任追究。

1.除发生自然灾害等紧急情况外，村民代表会议或村民会议依法形成的决议不得随意变更，如确因情况发生变化需要更改的，必须通过村民代表会议或村民会议讨论决定；

2.村干部违规决策给村集体和村民造成重大损失的，经街道办事处确认，村民代表会议讨论通过，实行责任追究，对于违规决策后立即纠错，违规行为较轻的，要作出深刻检讨，违规行为造成损失的，要根据违规的性质、程度给予组织处理或纪律处分，触犯刑法的，依法追究其法律责任。

财务管理制度

为了加强财务管理，增强财务调控能力，确保财务有序运转，按照“先收后支，量入为出，勤俭办事，民主理财”的原则，根据《中华人民共和国会计法》的规定，结合本村实际，制定本制度。

第一条　货币现金及发票管理制度。

1.账户设置，村财务采用专户储存，实行“收支两条线”管理，账户由村两委统一设置，未经允许各单位不得自行开设账户；

2.严格按照规定实行钱、账分管，按规定限额控制库存现金，不得坐收坐支；

3.除日常小额开支和差旅费、支付给个人的工资、报酬、补贴、福利、向个人购农副产品及其他物资外，原则上实行支票转账结算；

4.严格遵守财经纪律，坚持“八不准”原则，不准白条抵库，不准垫支，不准擅自出借公款，不准以集体资产为个人和外单位贷款提供担保，不准挪用公款，不准坐支现金，不准公款私存，不准设立“小金库”；

5.收入发票管理，村下属的企业、市场、场站一律使用村资产办统一发放的收款收据（财务鉴章），并建立票据领用登记制度，包括领用时间、数量、收据号码、领用人签名以及收回核销等内容。村下属的企业、市场、场站，不得使用其他收款收据，若擅自使用其他收款收据，追究其责任。对各企业、市场、场站使用的收款收据每年结算1次。

第二条　各项收入管理及财务预决算制度。

1.办公室与资产办严格按照合同，及时掌握各种收入信息，会同村财务部门做好结算工作，保障资金及时到位，做到应收尽收，会同村务监督委员会对村各市场、集体收入、房产租赁款的收支情况进行跟踪监督；

2.办公室、资产办、财务室要做好调研，当好参谋，为村两委提供经济发展的决策依据，按时制定村股份经济发展计划和村级集体经济收支预决算方案；

3.各类经济收入实行分口管理。

第三条　支出管理及财务审批制度。

从俭办事，压缩不必要的开支，严格执行年初支出预算方案，实行分管村股份经济工作的副书记审核、村主任审批的村级财务审批制度，如遇年终分红等重大支出分配事项，须经两班子商定，提交党员大会，村民代表大会通过。支出凭证做到有经手人、证明人、审查审核人和审批人意见手续完备后，方可报销。

1.办公用品的采购和报销程序，需购置的物品由分管领导提出，统一由办公室购置，办公室要保留购置清单以便备查，报销的一切发票、内容、数量、单位、金额要清楚，发票报销必须有经手人、证明人、分管领导审查，副书记审核和主任审批后方可报销；

2.差旅费标准，按财政部门有关文件执行，按规定报销；

3.财务审批权限：正常性开支在50000元以下的，由分管领导审查，副书记审核、主任审批后方可报销；50000元以上至100000元以下的，由分管领导提出书面报告，交村两班子商量并通过，经主任审批、书记审核后方可报销；100000元以上的，交党员、村民代表会议通过方可报销；

4.出纳在支付时要把好经手人、证明人、审批权限、领导审查审核、审批关；

5.为了让村班子领导及时掌握财务信息，了解财务收支动态，村下属的企业、市场、场站要在每月的中旬上报上月的财务报表，财务室要将每月的收支报表和银行存款情况汇总到村办公室，每月向村班子报告财务收支及存款情况，分析存在的问题，提出整改措施。

第四条　财务监督和公开制度。

村务监督委员会对村财务收支报表、银行存款及凭证单据进行审核，每季度定期审核1次，必要时可随时审核，并提出书面审核意见，发现违反村财务制度规定的应及时向村主要领导汇报。经村务监督委员会审核符合财务管理制度的，村务监督委员会要按照《方林村办事公开制度》规定的范围、程序和形式，监督和落实财务公开。

第五条　财务档案管理制度。

村会计负责收集全村财务资料并保管存档。财务档案包括各种经济合同、承包（租赁）合同或协议、各项财务计划及收益分配草案、各种会计凭证、会计账簿和会计报表、会计出纳人员交接清单、会计档案销毁清单等，按规定年限保管。会计档案按年度形式（报表、账簿、凭证、其他会计资料）分类整理，会计档案案卷按类别、年度顺序排列编号，并按要求建立财务档案柜（室），严格实行专人专柜管理制度。

医疗保险制度

第一条　为进一步规范、完善医疗保险的管理工作，减轻村民医疗费用负担，解决“小病磨、大病拖”和“因病致贫、因病返贫”的问题，提高健康水平和生活质量，结合本村实际，特制定本制度。

第二条　村民委员会统一负责全体村民新型农村合作医疗的投保工作，每一年按集体经济总收入的5%～10%提取医疗基金，实行单独立户，专款专用。

第三条　年满30周岁（含30周岁）的村民每2年由村统一组织到市级医院体检1次，体检项目包括常规项目（共10项），每人体检费控制在400元左右。

第四条　村民患病住院除享受新型合作医疗保险的优惠和费用补贴外，还可享受本村财务补贴，个人已经办理大病保险的村民亦可享受大病保险补偿金额30%的补贴。已享受城镇职工基本医疗保险的村民和已享受人身保险的学生不再享受村医疗补贴。

第五条　村民患病住院应在区新型农村合作医疗办公室指定的医院就诊或住院，需要转院的应凭转院证转院，否则不能享受医疗补贴。

第六条　村住院费用的补贴标准。

1.村可报销的前提：必须是住院期间产生的费用，且已参加农医保补偿；

2.可报费用只限住院期间产生的西药费、中药费和手术费、床位费，其中床位费在40元/日内的按实计入可报费用，超过40元/日的按40元/日标准计入；

3.伽马刀、化疗费按50%计入可报费用，伽马刀和化疗费主要针对生重病的村民，比如癌症，但两者费用也必须是在住院期间产生的；

4.为了减轻部分家庭因生重病而产生的费用负担，对必须用进口药物治疗的，其费用作如下补偿：农医保可补偿百分之几的，村里也可报百分之几。比如方某，进口药品用了20000元，医报可以报销6%，即1200元，村里也可报1200元；

5.报销标准：村民住院费每次可报销费用（除自负部分）在1万以内的报50%，1万～3万元的报60%，3万～5万元的报70%，5万元以上的报80%；五保户按100%报销。每人每年报销金额最高不得超过10万元；

6.按照规定计算可报费用后，再减去农医保补偿金额，最后作为村民的实际补贴费用。

计算方法：村补偿金额=（手术费+药费）×报销比例+床位费－农医保补偿金额。

案例：林某因病入住台州中心医院，住院10天，共用去医疗费用12800元，其中手术费4000元，药费3000元，床位费400元。根据村规，林某村里住院费用补偿，手术费和药费共计7000元，可报50%，计3500元，加上床位费400元，共计3900元，减去农医保补偿金额2000元，最后可报1900元。

婚嫁、人口生育自治制度

为认真贯彻落实计划生育基本国策，规范村民的生育行为，提高本村的计划生育工作水平。根据《中华人民共和国人口与计划生育法》和《浙江省人口与计划生育条例》等有关法律、法规，结合本村实际，制定本制度。

第一条　本制度适用于具有本村户籍的夫妻双方。

第二条　实行计划生育是基本国策。

第三条　开展计划生育村民自治工作，实行村民计划生育自我教育、自我管理、自我服务。使我村计生工作走上制度化、法制化的轨道。

第四条 计划生育情况在村务公开栏和网上公开，公示当年生育名单、计生违法案件处理结果、享受计生奖励扶助对象名单等，接受村民评议、监督。

第五条 全体村民要遵守婚姻自由、男女平等、一夫一妻的婚姻制度，鼓励晚婚晚育。提倡1对夫妻生育2个子女，严格禁止不合法的第三胎生育。

第六条 符合再生育情况的夫妻，可以向村民委员会领取申请再生育表，经路南街道办事处审核后，报县（市、区）卫生和计划生育部门批准。发给再生育证明，不批准的，应当说明理由。

第七条 生育管理所在地一般为女方户籍所在地。夫妻双方均为农村的，生育管理所在地为男方户籍地。

第八条 严禁弃婴、溺婴、非法收养。弃婴、溺婴、非法收养的，不予批准再生育。

第九条 实行计划生育奖励和优惠政策，对自觉实行计划生育的村民或家庭予以补助、奖励。

1.村民按照计划生育政策生育的，实行计生人员上门慰问制度。由村里发给产假补贴500元，并另发给400元的慰问金（营养品、幼儿用品）；

2.区实行奖励扶助制度，针对农村只有1个子女，已年满60周岁，且在1933年1月1日以后出生的，没有参加社会养老保险的计划生育夫妇，给予奖励扶助，由区政府发给每人每年960元，直到亡故为止；其中，对只生育1个女儿的，发给每人每年1200元，村里也同样进行补助。村里为无子女家庭提供“五保”待遇（本人愿意）；

3.村民按照计划生育政策生育的，不管是剖宫产还是顺产，生育费用统一可以报销1200元。

第十条 违反计划生育政策的，除按上级有关政策处理外，作如下处罚。

1.对违反计划生育政策的村民，除按照《浙江省人口与计划生育条例》和相关政策处理外，不得参与村各类先进评比。违法生育的取消该户（同户口本，下同）10年的村民福利待遇及该户直系亲属5年的集体福利待遇（从违法生育发生当年算起），违法生育的子女在18周岁内不享受本村村民福利待遇；

2.村在职干部违反计划生育的，要按相关程序免去其职务，党员的按党纪条规从严处理；

3.属村里安排工作的给予开除处分。

第十一条 村委会每年从村集体经济收入中安排一定比例的计划生育专项经费，用于计划生育工作的日常开支和奖励、优惠政策的兑现。

第十二条 弄虚作假为他人违反计划生育提供方便或出具伪证的，按破坏计划生育论处。对刁难、打骂计划生育工作人员者，视情节轻重进行批评教育并处以罚款，造成严重后果的交司法机关处理。

第十三条

1.社员婚娶的配偶在办理登记结婚和户口迁入手续后，才能享受本村的福利待遇，上半年办齐手续的，从当年开始享受本村的福利待遇，下半年在10月31日前办齐手续的，从下半年开始享受村福利待遇；

2.城嫁农的不享受本社的福利待遇，今后，其子女户口在本村的享受村福利待遇；

3.本社员子女婚嫁到外村后，当年享受福利待遇，以后不享受福利待遇。

第十四条　社员夫妻离婚或丈夫亡故后，女方再婚嫁到外村的，不享受村福利待遇。

“十星级文明家庭”评选制度

为促进家庭和睦、人际和谐，提高广大村民的综合素质，维护社会稳定，开展“十星级文明家庭”评选活动，现根据本村实际，制订本制度。

第一条　评选活动的标准。

1.“五爱星”　爱党、爱祖国、爱社会主义、爱集体、爱人民，这是村民最基本的政治和道德建设要求；

2.“致富星”　家庭人均生活水平达到本村中等以上，有勤劳致富的精神和市场经济的头脑，有先富带后富的帮扶思想，依法经营，照章纳税；

3.“文教星”　积极参加各项健康有益的文体活动，重视智力投资，家有藏书，家庭成员有一定的文化品位，追求精神生活质量，尊师重教，子女完成九年制义务教育，支持子女接受高等教育，家庭青壮年无文盲；

4.“生态星”　重视生态环保建设，积极参加绿化造林活动，大力提倡节约能源、废物利用、循环再生，自觉遵守住宅小区的“门前三包”管理规定，学习健康知识，注意卫生保健；

5.“科技星”　积极参加政府和社区组织的科普活动，相信科学、尊重科学，善于运用科学致富，家庭中有科技明白人，通过掌握劳动就业技能或聘任技术人才来实现发家致富；

6.“团结星”　重视家庭美德建设，家庭和睦，夫妻互敬互爱，婆媳、兄弟姊妹、妯娌等友好相处，邻里团结，和谐相处；

7.“法纪星” 自觉遵纪守法，无违反村规民约的行为，勇于同各种违法犯罪行为作斗争，无家庭纠纷，无违法乱纪，无刑事犯罪，不越级上访；

8.“计生星” 了解人口与计划生育的基本政策和知识，家庭中无近亲结婚，无计划外生育，无私婚、早婚；

9.“义务星” 倡导社会公德，有奉献精神，积极参加公益活动，自觉维护公共设施，保护集体财产不受损失；

10.“新风星” 崇尚科学，破除陋习；实行喜事新办、丧事简办，讲信誉、重承诺，扶贫济困、助人为乐，不参与黄赌毒、封建迷信和非法宗教活动，弘扬社会正气，倡导文明新风，树立科学、文明、健康的生活方式。

第二条 评选活动的时间。从每年的12月初开始，在春节前评选完毕。

第三条 评选活动的原则。开展“十星级文明家庭”活动要坚持“公开、公平、公正”原则和民主性、群众性的原则，实事求是，注重实效。

第四条 评选活动的方法。

1.村民自我认星 “十星级文明家庭”评选先由村民按照自报公认的方法，按照评选标准自我认星；

2.村民小组推荐 以村民小组为单位召开会议，在本小组村民自我认星的基础上，评议本小组各户，把符合“十星级文明家庭”条件的户推荐给村评选委员会；

3.村评选委员会联评 由村依法治村领导小组和各村民小组组长组成评选委员会，对各小组上报推荐的“十星级文明家庭”进行联评，向村民公示联评初步确认的“十星级文明家庭”接受村民监督；

4.村党委、村委会确定名单 村评选委员会联评确认的“十星级文明家庭”，经公示无异议的，由村党委、村委会商量确定为本年度“十星级文明家庭”。

第五条 荣誉和奖励。对被评为“十星级文明家庭”的家庭，村党委、村委会在村民大会上授予“十星级文明家庭”称号和牌匾，给予物质奖励。

生态村建设制度

第一条 为加强村容村貌和生态环境的长效管理，创造整洁、优美、文明的生态环境，提升方林村的整体形象，根据《国家级生态村创建标准》和《路桥区农村环境卫生长效管理建设实施意见》《台州市路桥区方林村村庄发展规划》《台州市路桥区方林生态村建设规划》等有关规定，结合本村实际，特制定本制度。

第二条　创建生态村的主题是坚持以人为本，以人与自然和谐相处为主线，围绕清洁生产体系、和谐优美的人居体系、绿色环保的生态环境体系和特色鲜明的生态文化体系，把我村建设成生态经济、生态人居、生态文化和谐的国家级生态村。

第三条　创建生态村的目标是无烟尘、无噪声、无废水污染，绿化覆盖率达55%以上，空气清新、生态平衡。

第四条　每年3月为生态绿化宣传月，组织村民开展义务植树和养绿、护绿环保活动，宣传绿色环保，提升生态文明意识。

第五条　依照生态村规划要求养绿、护绿，未经村委会许可，不得随意改变公共绿化的树木花草，对损坏绿化的要按原绿化实际价格的2倍赔偿，并取消本年度的股份分红。

第六条　村两委负责统一部署，协调、监督检查生态村建设，发现问题及时反映，并提出处理意见。村两委成员与村民代表及群团组织实行分片包干管理。

第七条　加强创生态的宣传工作，努力提高全村干部、村民的意识，推动创建工作的健康发展。

小区物业管理制度

为了给方林苑营造一个安全、优美、和谐、宁静的生活环境，维护全体村民和业主的利益，明确双方的权益、责任和义务，并共同参与小区的管理，根据《浙江省住宅区物业管理办法》《台州市路桥区方林生态村建设规划》等有关规定，结合本村实际，制定本制度。

第一条　小区安全管理。

1.小区实行封闭式管理，门卫值班、保安值勤实行24小时轮流工作制，保安要坚守工作岗位，不得擅离职守；

2.保安对出入小区的业主有询问权，来客、来访人员需办理登记手续，业主须主动配合与协助。保安有权监督和纠正违反管理规定的行为；

3.加强对小区图像监控室的管理，若遇设备故障应及时报修，确保设备正常运行；未经批准，非工作人员不得入内（村干部和有关上级领导除外）；

4.加强对出租房的监督管理。业主要出租房屋必须到物业管理中心领取《方林苑业主房屋出租须知》，办理有关手续，以便物业管理中心为房屋承租人办理临时出入证；物业管理中心要加强对出租房屋的监管和对承租人的审核；房屋业主要教育承租人遵纪守法、讲究卫生、爱护绿化，自觉遵守小区的管理规定。为保证业主利益，凡非业主带大件物品出小区大门的，必须持有业主签名的“物品出门证书”，由保安人员验证后方可出门；

5.业主装修房屋要到物业管理中心申请，领取《方林苑业主装修须知》，按规定办理手续，并有义务告知装修施工人员遵守小区的管理规定。装修施工人员要凭物业管理中心发放的临时出入证进出小区；

6.小区如发生治安、消防、交通、医疗卫生等方面的突发事件，物业管理员和住户都有义务积极配合，维护小区的安全稳定。及时采取措施，维护现场秩序，通知有关部门，并做好善后工作。

第二条　小区环境管理。

1.机动车辆凭小区通行证（放在挡风玻璃左下角）进出小区，外来车辆经门卫登记许可后方可进入。为了保证安全，小区内限速20公里/小时，禁止鸣号。禁止4吨以上载货卡车进入小区（搬家车和特种车辆除外）；

2.小区内要保持交通顺畅，有序停放车辆，不准停放通道位置，不准停放在绿化草坪上。保安要加强巡查，对乱停放的车辆要及时纠正；

3.小区内要保持宁静，讲究文明，不要影响他人生活。每天中午和晚8时至第二天7时期间，不得大声喧哗和使用高音量、大功率的音响，严禁噪声，以免影响他人休息；

4.小区卫生管理实行“门前三包”制度。“门前三包”范围是房前屋后至公共道路、前后邻居界线，左右至邻墙或公共道路。“门前三包”的内容和标准如下。

（1）包卫生　地面清洁，无积水、油污、垃圾、果壳、纸屑，门窗保持整洁，垃圾均为袋装或桶装并送至垃圾箱倾倒，装修房屋时不得将垃圾废物弃于公共场所，要自觉清运建筑垃圾，物业管理中心要检查、验收装修后的住户环境卫生；

（2）包绿化　责任范围周边包括公共场所的花草、树木、花坛、护栏等的管护，禁止在公共绿化带私自种植果树、瓜果蔬菜以及倾倒杂物和污水；

（3）包秩序　责任范围内秩序良好，无乱搭乱建、乱堆放、乱晾晒、乱张贴、乱涂写、乱刻画、乱悬挂现象，提醒进入小区的亲友遵守小区的管理规定，维护小区的整洁有序。

村委会将定期或不定期检查小区的环境和卫生，环境卫生不合格的，房屋业主须在村委会的整改通知书发至之日起3日内自行或督促承租人整改达标。环境和卫生做得好的户可被评为“生态星”，做得差的要通报并限期改正。

第三条　小区消防管理。

1.严禁易燃、易爆、剧毒和污染物品进入小区；

2.遵守区政府燃放烟花爆竹的有关规定，杜绝火险隐患；

3.物业管理中心要定期对小区的公共消防设施、器材进行检查和维修、保养，使其处于良好的备用状态；

4.进行室内装修，必须严格遵守装修管理规定，防止发生火灾事故；

5.严格遵守用电安全管理规定，严禁电线私拉乱拉、超负荷用电；

6.小区公共区域不得燃烧香火纸张及树叶枯草、塑料制品等废弃物品，烟头及火柴要熄灭后放入废物箱，家长有责任教育小孩不要玩火。

第四条　小区宠物管理。

1.小区内不得饲养家禽、家畜和高大凶猛的动物，饲养宠物必须符合区政府的有关规定，到动物防疫部门办理动物防疫合格证，并保证每年检查1次，把动物防疫标志套在宠物的颈上，定期为宠物注射疫苗，并到小区物业管理中心登记备案，对无证、无登记的宠物，物业公司和村委会有权收缴并将其驱逐出住宅区或向公安机关举报；

2.严禁在小区公共区域内放养宠物，携带宠物外出时，应当束犬链，由具备完全民事行为能力的人牵领，主动避让老人、儿童及残疾人，不得污染环境，不得进入儿童游乐场和居民休闲活动区；若饲养宠物产生噪音、出现伤人等事件，宠物主人必须及时处置并负全责。家中无人时，应妥善安置宠物；

3.不得在本小区内遗弃所养宠物。

第五条　小区物业管理费。小区物业管理费暂定村民每户50元/月，广大业主须按时送交；出租房的物业管理费按居住人数计算，6（含6人）人以下的50元/月，7（含7人）人以上的100元/月，由业主负责落实，若出租房的物业管理费没有缴纳，由业主负责缴纳。

第六条　小区日常监管。小区日常监管工作由村团委负责，村团委要经常巡查小区，定期不定期检查小区的环境状况和交通秩序，对存在的问题要督促和协助物业管理中心及时纠正。

出租房管理制度

为了加强出租户对出租房的消防安全管理，防止火灾等安全事故的发生，出租户必须做好以下管理工作。

1.履行对房屋的安全管理职责，定期或不定期对房屋进行消防安全检查，发现有火灾隐患的要及时整改；

2.房屋用于经营、餐饮、仓储等，应具备安全生产条件或者相应资质并依法经营。在使用或者开业前，应当向公安消防机构申报，经公安消防机构批准后，方可使用或者开业；

3.严格遵守各项消除法规及有关防火规定，房屋及其周边消防疏散门、疏散楼梯、消防通道、安全出口等不得堆放杂物占用、堵塞或紧闭，必须保持畅通；

4.屋内用电必须符合国家及地方有关规定，不得超负荷用电和私拉、乱接临时电线，电气线路和电气设备的功率、保险装置应当与额定负荷相匹配，不得用其他金属丝代替保险丝；

5.作为库房使用的房屋严禁吸烟，严禁使用电炉、电烙铁、电熨斗等电热器具和电视机、电冰箱等家用电器；

6.房屋内禁止在具有火灾、爆炸危险的场所使用明火。出现特殊情况需要进行电、气焊等明火作业的，应当遵守消防安全规定，并落实相应的消防安全措施。房屋附近严禁动用明火、烧烤及焚烧杂草、树叶、废旧物品等；

7.房屋的消防设备、设施必须符合消防要求，始终保持完整、好用、正常的工作状态，严禁遮挡或挪作它用，如有丢失、损坏应及时购置或维修；

8.对出租房屋进行装修或改造时，必须经村委会批准，经有关部门验收合格后方可使用；

9.出租房屋内严禁电瓶车充电，安全使用煤气、天然气、液化气，防止气体泄漏，用后要随手关闭阀门，橡皮管要定期更换；

10.如出租户、承租人未能履行消防安全责任，导致严重后果的，出租户、承租人要承担全部责任和相应的法律责任。

新方林人管理与服务制度

路南街道方林村发挥“新方林人”自我管理、自我教育、自我服务、自我约束、群防群治的能力，促进广大村民与“新方林人”和谐相处，达到全村社会安定团结的目的，根据法律、法规有关规定，结合“新方林人”的实际情况，制定本制度。

一、“新方林人”管理办法

第一条 村综治工作站对出租房户签订出租房屋安全责任状，实行登记检查管理制度，建立“一户一簿”（出租房业主为户主，居住该户“新方林人”为成员的“户口簿”）。

第二条　出租房屋业主及时把“新方林人”的信息上报到村综治工作站，并申报派出所办理暂住证，建立流入、流出人员台账，登记从何地而来、从事何种工作、身份证号码等基本数据，真正做到来路明，底子清。

第三条　建立“新方林人”考核体系，量化考核指标，对考核中表现优秀的“新方林人”，给予表彰和物质奖励。

二、“新方林人”组织机构

第四条　凡暂住在本村并办理暂住证的人员均属本村“新方林人”，其社会地位同本村村民一律平等。

第五条　“新方林人”代表按每1000人产生3名代表的比例，由村两委调查摸底，组织考察，经派出所政审后，共同协商确定名单，每届任期1年。

第六条　成立“新方林人”管理委员会，管理委员会是“新方林人”选举产生的群众性自治组织，对全体“新方林人”负责。

第七条　“新方林人”代表大会每年至少召开2次，听取管理委员会工作情况汇报，讨论决定本村“新方林人”管理与服务事项。

第八条　管理委员会在村两委领导下开展工作，实行集体领导分工负责，办理“新方林人”公共事务，及时向有关部门反映“新方林人”意见、建议和要求，自觉接受上级部门的指导和监督。

第九条　管理委员会成员在工作中应实事求是，作风民主，联系群众，廉洁奉公，不得打击报复、徇私舞弊，对“新方林人”提出的合情、合理、合法要求，应及时予以帮助解决。

第十条　“新方林人”要关心集体，积极完成各项工作任务。

第十一条　对违反“新方林人”管理制度的，管理委员会在作出处理决定后将处理内容以书面形式告诉当事人，当事人对处理决定不服的，可向村综治工作站提出复议，村综治工作站应及时作出复议决定，对村综治工作站作出的复议决定，当事人自觉服从。

第十二条　“新方林人”应自觉遵守方林村的各项规定，积极参与方林村组织的各项评比活动。

三、服务内容

第十三条　免费为“新方林人”育龄妇女提供计划生育技术服务，发放有关人口和计划生育政策法规、避孕节育知识等宣传品，提供宣传教育、咨询服务和部分避孕药具。

第十四条　积极为“新方林人”及时提供法律咨询、法制宣传、司法调解、法律援助等服务，切实维护“新方林人”的合法权益。

第十五条　对在工业、手工业、建筑业、商业、饮食业、服务业等行业申请从事个体经营活动的且有经营能力的“新方林人”，村里要依法协助其办理工商登记手续。

第十六条　积极为流动党员安排落实参加组织生活，加强对流动党员的学习教育管理，帮助协调解决流动党员在生产、学习和生活上遇到的困难和问题。

第十七条　组织开展各种文化娱乐活动，为“新方林人”的精神文化生活创造良好的条件。

集体资产管理制度

村级集体资产主要包括农民集体所有的土地、村办企业集体资金等。村级组织要加强对集体资产的经营管理，确保保值增值。

一、土地管理制度

1.坚持土地村集体所有原则，凡涉及各项用地，由村委会及有关组织统一规划、统一经营、统一结算；

2.村民以土地使用权入股，建立现代农业发展公司，由公司统一经营服务；

3.加强对土地征用补偿费的管理，土地补偿费、劳力安置费属村集体所有，不得私分到户和任意动用，做到专款专用，该款的利息部分作为支付给被征户的粮食价款；

4.建立健全土地承包责任制，村委会是土地的发包方，村民、家庭或专业队是承包方，承包方应按合同规定缴纳土地承包金；

5.村办企业、个体工商户和私营企业等使用本村集体所有的土地，需按规定缴纳土地使用金；

6.村委会可将集体所有土地使用权作为联营条件，与乡村集体企业和其他企业等兴办联营企业。

二、企业资产管理与经营制度

1.村委会依法决定村办集体企业资产的经营方式，可以采用独资经营、股份合作、租赁、拍卖、兼并、组建企业集团等方法，盘活存量资产，确保集体资产保值增值；

2.具有一定规模、生产正常、经济效益较好的企业可实行股份合作制。根据股份大小，由村委会委派董事，实行资产增值承包；

3.对适宜家庭、个体经营的“小、微、亏”企业，实行拍卖、转让、租赁。转让金原则上应一次回收，确有困难的可分3年分期付清，未付清部分需缴纳集体资金占用费；

4.对重点骨干企业仍可实行集体独资经营，但必须按照现代企业制度的要求，逐步转换机制，加强管理，创造条件，组建企业集团。

三、集体资金管理制度

1.集体历年积累资金、提留款、土地征用补偿费、集体企业转让回收资金归村集体所有，村委会有权决定村集体资金的经营方式，并负有保值增值的责任；

2.建立健全农村合作基金会，将暂不用的集体闲置资金纳入农村合作基金会管理。村民可将自己的资金托基金会代管或入股；

3.农村合作基金会遵循小区性、互助性、群众性原则，实行独立核算、自主经营、自负盈亏、民主管理；

4.农村合作基金会的资金坚持安全、高效、短期、小额的原则，择优而投。

四、经营服务

1.村委会在搞好资产管理的同时，努力发展经济、开展各项服务工作；

2.村委会既要充分利用土地，大力发展立体高效农业，还应积极创办集体企业，开辟新的就业门路和收入来源，壮大集体经济实力；

3.村委会通过各种渠道筹集资金，建立农业发展基金制度，增加农业投入，加强农业基础设施，开办农业观光园等；

4.村委会建立劳动积累工制度。每个村民每年应完成15个劳动积累工，劳动积累工主要用于农田水利、道路等基础设施建设，允许以资代劳；

5.村委会根据生产发展需要，积极创造条件，为农业园区经营者提供机耕、排灌、植保、良种等农业生产系列化全程服务；

6.村委会要努力为村里的个体、私营企业提供资金、场地、信息、技术、经营指导，以及统一采购原材料、产质量检、产品销售等服务；

7.村委会开展为民服务，可收取必要的工本费和经营服务费。

村规民约

——2008年3月27日由村民代表大会表决通过

为了推进我村民主法制建设，维护社会稳定，树立良好的民风、村风，创造安居乐业的社会环境，促进经济发展，建设文明卫生新农村，经全体村民讨论通过，制定本村规约。

一、社会治安

1.每个村民都要学法、知法、守法，自觉维护法律尊严，积极同一切违法犯罪行为作斗争；

2.村民之间应团结友爱，和睦相处，不打架斗殴，不酗酒滋事，严禁侮辱、诽谤他人，严禁造谣惑众、拨弄是非；

3.自觉维护社会秩序和公共安全，不扰乱公共秩序，不阻碍公务人员执行公务；

4.严禁偷盗、敲诈、哄抢国家、集体、个人财物，严禁赌博，严禁替罪犯藏匿赃物；

5.严禁非法生产、运输、储存和买卖爆炸物品；经销烟火、爆竹等易燃易爆物品须经公安机关等有关部门批准。不得私藏枪支弹药，拾得枪支弹药、爆炸物品，要及时上缴公安机关；

6.爱护公共财产，不得损坏水利、道路交通、供电、通讯、生产等公共设施；

7.严禁非法限制他人人身自由或非法侵犯他人住宅，不准隐匿、毁弃、私拆他人邮件；

8.严禁私自砍伐国家、集体或他人的林木，严禁损害他人庄稼、瓜果及其他农作物，加强牲畜看管，严禁放养猪、牛、羊；

9.如发生偷盗他人木、竹、笋行为，现场抓获并证据确凿，在要求归还赃物的同时，给予300元/棵（只）罚款。

对违反上述社会治安条款者，触犯法律法规的，报送司法机关处理。未触犯刑律和治安处罚条例的，由村委会批评教育，责令改正。

二、消防安全

1.加强野外用火管理，严防山火发生；

2.家庭用火做到人离火灭，严禁将易燃易爆物品堆放在户内、寨内，定期检查、排除各种火灾隐患；

3.加强村中防火设施建设，定期检查消防池、消防水管和消防栓，保证消防用水正常；

4.定期检查村内、户内电线，损坏的要请电工及时修理、更新，严禁乱拉、乱接电线；

5.加强村民尤其是少年儿童安全用火、用电知识宣传教育，提高全体村民消防安全知识水平和意识。

三、村风民俗

1.提倡社会主义精神文明，移风易俗，反对封建迷信及其他不文明行为，树立良好的民风、村风；

2.红白喜事由红白喜事理事会管理，喜事新办，丧事从俭，破除陈规旧俗，反对铺张浪费，反对大操大办；

3.不请神弄鬼或装神弄鬼，不搞封建迷信活动，不听、看、传淫秽书刊、音像，不参加邪教组织；

4.建立正常的人际关系，不搞宗派活动，反对家族主义；

5.积极开展文明卫生村建设，搞好公共卫生，加强村容村貌整治，严禁随地乱倒、乱堆垃圾、秽物，修房盖屋余下的垃圾碎片应及时清理，柴草、废物应定点堆放；

6.建房应服从村庄建设规划，经村委会和上级有关部门批准，统一安排，不得擅自动工，不得违反规划或损害四邻利益。对违反上述规定的给予批评教育，出具检讨书，情节严重的交上级有关部门处理。

四、邻里关系

1.村民之间要互尊、互爱、互助，和睦相处，建立良好的邻里关系；

2.在生产、生活、社会交往过程中，应遵循平等、自愿、互惠互利的原则，发扬社会主义新风尚；

3.邻里纠纷，应本着团结友爱的原则平等协商解决，协商不成的可申请村调解委调解，也可依法向人民法院起诉，树立依法维权意识，不得以牙还牙、以暴制暴。

五、婚姻家庭

1.遵循婚姻自由、男女平等、一夫一妻、尊老爱幼的原则，建立团结、和睦的家庭关系；

2.反对包办干涉，男女青年结婚必须符合法定结婚年龄要求，提倡晚婚、晚育；

3.自觉遵守计划生育法律、法规、政策，实行计划生育，提倡优生优育，严禁无计划生育或超生；

4.夫妻地位平等，共同承担家务劳动，共同管理家庭财产，反对家庭暴力；

5.父母应尽抚养、教育未成年子女的义务，禁止歧视、虐待、遗弃女婴，破除生男才能传宗接代的陋习。子女应尽赡养老人的义务，不得歧视、虐待老人。

方林汽车城汽车营销诚信规范行为准则

一，诚实守信，遵守市场商业道德，服从工商、税务等部门监管，接受公众媒体监督，发生消费纠纷要在第一时间通报市场消费者投诉联络站。

二，讲究商业信誉，明码标价，货真价实，协商议价，签订买卖合同，公平合理竞争，严禁强买强卖、欺行霸市。

三，热情待客、童叟无欺，所售车辆品牌、型号与所提供的发票、价格必须与实际价格相符，严禁“大头小尾”或少开票、多收款。

四，明明白白消费，汽车按揭费用须在公平合理的费率内，所有费用要用格式合同明白无误地告知消费者，并得到消费者的签字认可。

五，经营行为要言而有信，所有车辆必须手续完备，相关手续若当时无法提供，必须明确提供时间，并提供书面承诺，承担相关手续无法提供时的违约责任。

六，个别消费者出现过激行为，要态度诚恳地解释，发生冲突时要打不还手、骂不还口，不粗言伤人，不行为粗暴，发生较重大冲突时，及时通报市场部或报警。

七，不得出现诽谤、贬低其他经营者及经营品牌的行为，不得派员工到其他铺位拉客，不得驾驶商品车在市场无序拉客。

八，市场消费者投诉联络站，在调解过程中原则上以合同文本及消费者认可签字的按揭费用合同文本为依据，没有依据的，以消费者合理的口述内容为依据处理消费纠纷。

本准则自2009年12月8日起实行，凡有上述行为之一的经销商，有消费者向当地工商部门、媒体及市场投诉的消费纠纷，经查证凿实，除退还必要的费用外，经销商须向市场缴纳形象损失费。

方林汽车城将根据不同时期的消费纠纷类型，不断完善行为准则，为汽车消费纠纷找到合情合理解决的有效途径。

第三章　方国珍史料选辑

第一节　民间故事

洋屿起义

方国珍是路桥洋屿人（元朝洋屿包括方家堍），生于元仁宗延祐六年（1319年），父亲伯奇，母亲周氏，兄弟五人，排行为：国馨、国璋、国珍、国瑛、国珉。

方国珍出身佃户盐民。当地的流氓蔡乱头偷走方家牢盆（煮盐工具），双方发生争斗，长兄国馨被殴死，黄岩和台州都不予处理。后来蔡乱头剽劫海商，国珍纠集盐伴数百人去抓蔡。蔡乱头害怕了，向台州路投案，总管焦鼎等收受蔡的贿赂，不加追究。方家又因欠租，被田主状告通蔡乱头等匪徒，国珍有口莫辩。

一天，国珍正在家吃饭，巡检带兵丁来逮捕他。方国珍知道躲避不过，就以桌为盾，以杠为矛，杀死巡检。国珍对家里人说："今酷吏籍之为奸，祸及良民。吾若束手就毙，一家枉作泉下鬼，不若入海为得计耳。"兄弟都乐意听从，国珍遂与二哥国璋，弟国瑛、国珉，侄亚初（明善）及几个要好的邻里一起占据洋屿山，并在洋屿村村口树起一面大旗，旗上面写着由方国珍撰写的谚谣：

天高皇帝远，民少相公多；

一日三遍打，不反待如何！

这就是有名的《树旗谣》。盐丁农民看到旗谣后，纷纷加入国珍的义军，旬日间得众数千人，并以洋屿山和浪矶山为据点，劫夺漕运皇粮。后来，凡是台、温处农民、山民起义，都以方国珍为榜样，树同样的谣旗。所以，此谣又叫《台温处树旗谣》。

这是元至正八年（1348年）的事。

方国珍占领浙东三郡

朝廷得到方国珍造反劫夺皇粮消息，立即派江浙行省参知政事朵儿只班领兵讨伐，一直追到福州五虎门。国珍吩咐义军焚烧部分舟船，阻止官军。官军大船向火海撞来，纷纷着火，官兵惊溃，朵儿只班被擒。方国珍为了缓解朝廷对义军的压力，逼迫朵儿只班为他上招降书。朝廷授方国珍定海尉，方国珍不肯去上任，仍然保留自己的军队。

元至正九年（1349年），白景亮调任台州路总管，他与黄岩知州周思文组织乡兵围剿方国珍。第二年，陈恢与毛贞德组织泽库乡兵，前来讨方国珍。方国珍率领洋屿义军应战，两军相遇于白枫河。结果陈氏族人、毛氏族人死者80余人，乡兵大败。陈恢逃避山中，忧愤而卒。毛贞德带幼子允泰逃入山谷，埋名隐姓。接着，方氏兄弟消灭应允中、陈宣等人所率乡兵。十一月，国珍率领千艘舟兵驶入松门港借粮。十二月，方国珍向南进军，乐清县城不战而降。二十八日，国珍轻易进入温州城。第二年正月初三，国珍主动退出温州城，回到黄岩东南乡。

元至正十一年（1351年）春，朝廷派孛罗帖木儿为江浙行省左丞，总兵庆元，泰不华为浙东道宣慰使都元帅，分兵温州，准备上下夹攻。两人密约在六月十八日合兵进攻方国珍，孛罗却提前3日来到大闾洋。国珍夜率劲卒纵火鼓噪，官军不战皆溃，赴水死者过半，孛罗帖木儿和郝万户均被擒。他们又为国珍说辞，皇帝再次同意招安，元廷议立巡防千户所，任命国珍、国璋为千户长。

元至正十二年（1352年），朝廷命令江浙省臣募舟师守大江，国珍怀疑，复入海反叛。台州路达鲁花赤（最高主管）泰不华决心除掉方国珍。三月，泰不华率领部众张着受降旗乘潮而至，在马鞍山下黄林洋畔与方国珍相遇。泰不华船大而重，遇退潮触沙搁浅，国珍船小而轻，十分灵活，结果泰不华被刺死。之后，刘基建议修筑临海城。六月，方国珍进入黄岩城。八月进攻台州，由于城防巩固，方国珍没有攻下。这样一来，刘基也在浙东元帅府出了名。

元至正十三年（1353年）初，江浙左丞帖里帖木儿与刘基商量，向朝廷建议讨方国珍。朝廷害怕用兵，驳回刘基建议。十月，授方国珍徽州路治中、国璋广德路治中、国瑛信州路治中。

元至正十四年（1354年），江浙右丞阿儿温沙、参政恩宁普领兵讨方国珍。元兵入海遇国珍兵，皆溃败而归。九月，方国珍攻占台州。

元至正十五年（1355年）春，方国珍攻占庆元（今宁波）。之后又占领温州。

实行保境安民政策

方国珍占据浙东三郡后，实行保境安民政策。

元至正十七年（1357年），元朝升国珍为江浙参知政事，要求他进攻张士诚。方国珍也觉得张士诚已经威胁到他的领地，于是率5万兵战张士诚的7万兵。方国珍七战七捷，士诚十将无一生还，直逼昆山城下。张士诚只得降元，还把自己的女儿嫁给方国珍的儿子，两家结为亲家，两境从此安定下来。

之后方国珍安心治理浙东三郡，他为民做了4件好事：一是保境安民，避免战争。二是严刑执法，惩治贪官。三是兴修水利，发展农业生产；建造桥梁，便利交通。四是尊重知识，兴办学堂。

元末的大多数起义军流动性很大，与官府和其他义军争城夺地，百姓极苦。方国珍管辖的浙东，从元至正十五年（1355年）后到至正二十七年（1367年）这10多年时间，基本没有战争，百姓安居。

方国珍刑法极严。凡贪赃枉法者，方国珍先令他们游行示众，再把他们置于竹笼中沉入甬江中处死。

上虞县海堤年久失修，水淹成灾。国珍就亲自带着弟弟国珉与谋臣沿江察看，下令改用石砌海堤，修成后，上虞县成为一片沃土。乐清县东、西两渠“岁久淤塞，元末，方氏吏刘敬存摄邑，浚治深广，于是两渠复通，仍建宝带桥其上。又浚东小河至白沙，以泄溪流，舟楫可通，田得以灌溉，民甚便之”。在台州，方氏兄弟修筑了大量海塘。元至正二十年（1360年），方国珍重修庆元东津浮桥。在台州，方氏兄弟重修了中津桥。在家乡路桥附近，方氏兄弟修筑了石曲桥、三衙桥、四衙桥、洋屿桥等。

方国珍重视教育，兴建庆元府学堂与黄岩文献书院。余姚办儒学有阻，他便派刘仁本前去督办。大戏剧家高明早年参加征讨方国珍，国珍却不计前嫌，高明在庆元受到庇护，得以安心创作《琵琶记》。元至正十九年（1359年）九月，方国珍扩建余姚县城，高明写《余姚州筑城记》，歌颂方国珍筑余姚城的功绩。

归降朱元璋

元至正十八年（1358年）朱元璋攻取婺州后，国珍就表示顺从。元至正十九年（1359年）三月，方国珍派郎中张本仁奉书带着黄金50斤、白金百斤、文绮百匹拜见朱元璋。接着又以温、台、庆元三郡献朱元璋，并派遣第二个儿子方关作人质。朱元璋厚赐方关遣他回来，复任命国珍福建行省平章事。这一年，元廷亦授国珍行省平章政事。

元至正二十年（1360年），刘基当了朱元璋的参谋，建议朱元璋把主要精力放在防范陈友谅上。战胜陈友谅后，元至正二十二年（1362年），刘基请假回青田老家治理老母丧事。方国珍也派小弟国珉携重礼前来祭吊。刘基借机宣扬朱元璋的威德，叫方国珍投降朱元璋。朱元璋也同意方国珍来降。但方国珍脚踏两船，犹豫观望。

元至正二十五年（1365年）七月，方国珍又接受元廷所封的淮南行省左丞相（正一品，非实职），元至正二十六年（1366年）七月，改为江浙行省左丞相。国瑛、国珉、侄明善并为平章政事（从一品）。未几进国珍为太尉。

元至正二十七年（1367年）九月，朱元璋开始进攻方国珍。十二月，方国珍投降。朱元璋授方国珍广西行省参政，食禄京城，赐宴时，国珍皆与功臣列坐。

明洪武七年（1374年），方国珍病故，寿56岁，葬于南京城东二十里玉山之原。明洪武九年（1376年），朱元璋敕命翰林学士承旨宋濂作《故资善大夫广西等行中书省左丞方公神道碑铭》，对方国珍的一生作出积极评价："盖公以豪杰之姿，庇安三路六州十一县之民，天兵压境，避而去之，曾无一夫被乎血刃，其有功于生民甚大。"

（管彦达整理）

洋屿青，出海精

方伯奇以种田为生，农闲时也经常去讨小海。所谓讨小海，就是在退潮时到海涂头，拾些蛏、蛤蜊、泥螺、钉螺之类，有时也捉些弹涂。

一天，他从方家岘家里出发，匆匆赶往洋屿，无意间瞥见路旁有一只乌龟陷入肮脏的沟坎里，由于当时忙着赶路，也就过去了。走着走着，伯奇的心里越来越不踏实，脑子里浮现刚才见到的情景，那只乌龟正伸着头颈巴巴地仰望着他。伯奇想，我怎么只顾自己，不关心别的生灵？于是毫不犹豫地走回去，用木板把乌龟从狭窄的沟里挑出，放回田野里。

夜里，伯奇梦见一个黑衣人来道谢，说要送给他一个儿子。伯奇赶快推辞说："我已有两个儿子，负担不轻了，还要什么儿子？"黑衣人说："这个不一样，是贵子。"伯奇惊醒后，把梦告诉妻子。妻子周氏说："奇怪，我也做了同样的梦。"

1年后，周氏为伯奇生了第三个儿子，那就是方国珍。当时流传着一首谚谣："洋屿

旨，臣濂为之铭。臣谨按留守都卫经历天台詹鼎状公之行曰：

公讳珍，避庙讳，更名真，因字谷贞，姓方氏。其系分自莆田，再迁台之仙居，三迁于黄岩，遂占籍焉。公长七尺，状貌魁梧，而身白如瓠，有伟丈夫量，未尝宿怨，识者已知其为贵人。

至正初，李大翁啸众倡乱，出入海岛，劫夺漕运舟，杀使者。时承平日久，有司皆惊谔相视，捕索久不获，因从而绥辑之。剧盗蔡乱头闻其事，谓国家不足畏，复效尤为乱，势鸱张甚。滨海子女玉帛为其所掠殆尽，民患苦之。中书参知政事朵儿只班发郡县讨兵蔡寇。公之怨家诬构与蔡通，逮系至急。公大恐，屡倾资贿吏，寻捕如初。公度不能继，且无以自白，谋于家曰："朝廷失政，统兵者玩寇，区区小丑不能平，天下乱自此始。今酷吏籍之为奸，媒蘖及良民。吾若束手就毙，一家枉作泉下鬼，不若入海为得计耳。"咸欣然从之。郡县无以塞命，妄械齐民，代以为功。民亡公所者，旬日得数千，久屯不解。朝臣察其非罪，奏为庆元定海尉，使散众，各安其居。

自时厥后，汝颍兵大起，海内鼎沸。齐国忠襄王李察罕保厘河、洛、晋、冀；李思齐、张思道号令关、陕；陈友谅、明玉贞分有江、汉、荆、益；张士诚据淮、浙；公亦有庆元、台、温三郡之地。同县章子善者好纵横之术，走说公曰："治乱有循环之数，夷狄无百年之运，元数将极，不待智者而后知。今豪杰并起，有分裂之势，足下奋袂一呼，千百之舟、数十万之众可立而待。溯江而上，则南北中绝，擅馈运之粟；舟师四出，则青徐、辽海、闽广、瓯越可传檄而定。审能行此，人心有所属，而伯业可成也。"公曰："君言诚是，然智谋之士不为祸始，不为福先，朝廷虽无道，犹可以延岁月；豪杰虽并起，势均力敌。然且莫适为主，保境安民，以俟真人之出，斯吾志也。愿君勿复言。"子善谢去。

公自是其官累迁至江浙行中书参知政事。会有诏征兵讨张士诚，公遂出师。士诚知公且至，遣其将史文炳、吕真统十将军、兵七万御公于昆山。昆山去姑苏七十里，士诚之伪都在焉。文炳、真陈兵城中，仍以步骑夹岸为阵。士诚命游兵往来，旌旗数十里不绝，气势甚盛。公曰："滨海之地非四达之衢，乃复参用步骑，兵虽众不足畏也。"公舟师仅五万，身率壮士数百趋奣子桥。文炳、真使十将军薄水战，矢石如雨。公戒其众持苇席籍涂泥，冒矢石急奋。夹岸之兵以火箭乱射，公燎及须鬓，横刀大呼而入，杀两将军及十余人。军大溃，若禽鸟散去。公与壮士追击，趋其中坚，文炳、真接战。公出入阵中，所向辄披靡。桥左右讫不得成列，而岸上军又败北。文炳、真弃马走。亡七将军，溺死者万计。公乃次兵于岸。明日又战，七战七捷，直至城下。士诚得报，遣使者送款请奉元正朔。公还。遂以节钺镇浙东，开治于鄞。元之君臣多公之勋，复数加爵赏。俄至太尉、江浙行省左丞相，赐衢国公印章。昆弟、子侄、宾客皆至大官。

当是时，今上皇帝龙兴临濠，定鼎金陵，天戈所指，无不箪食壶浆以迎王师。上亲取婺州，而衢、处相继降。公曰："吾闻顺天者昌，逆天者亡。今临濠兵精甚，所至无坚城。此殆天命之所在也，逆天不祥。"即遣子完入侍。上喜曰："自古英雄以义气相许，当如青天白日。事成同享富贵，何以质子为？"遂使完归。公复遣使者，愿守城邑，如钱镠故事，岁贡白金以给军资。上许之。然犹自海道输粟元都。时群雄方争，上方励志中原，公独屏蔽江海，使者交于二境上，唯求庇民而已。苗军刘震、蒋英等叛婺州，杀首帅胡大海，持其首来曰："愿隶麾下"。众皆贺，独公不许，曰："吾昔遣使效钱镠，言犹在耳，今纳其叛人，是见小利而忘大信也。且人叛主而归我，即他日叛我，又安可必耶？"遂帅师击之。仲兄中流矢而殁。上遣使临祭，且慰抚其遗孤。

越数载，上诏大将军徐魏公平姑苏，缚士诚献京师。公以久疾不视事，又幕府宾客无所陈说，失朝贺礼。上怒，大军且压鄞。忧惧不知所为，乃封府库，具民数，使城守者出迎，躬挈妻孥避去海上。使完奉表谢曰："臣闻天无所不覆，地无所不载。王者体天法地，于人无所不容。臣荷陛下覆载生成之德久矣，安敢自绝于天地？敢一陈愚衷，惟陛下幸裁之。臣本庸才，处乎季世，保境安民，非有黄屋左纛之念。曩者，陛下霆击雷掣之师，至于婺州。臣愚以为天命有在，遣子入侍，于时固已知陛下有今日矣。所谓依日月之末光，望雨露之余泽者也。而陛下开诚布公，赐手书，归质子，俾守郡县，如钱镠故事。十年之间，与中吴角立，皆陛下之赐戢也。逮天兵下临吴会，臣尝上书，谓朝定杭越，则暮归田里。不意今年以来，老病交攻，顿成昏昧，而弟兄子侄志虑不齐，致烦陛下兴问罪之师。方怀忧惧，未能自明，而大军已至台温。今臣计无所出，虽遣使再三，而承诏之师不容已。是以封府库，开城郭，以俟王师之至，然犹未免为浮海之计者。昔有孝子于其亲也，遇小杖则受，大杖则走。臣之事适与相类。虽然臣一介草莽，亦安敢自绝于天地？故每自思，欲面缚待罪阙庭，复恐陛下万一震雷霆之怒，天下后世议者，不谓臣得罪之深，将谓陛下不能容臣，岂不累天地之大德哉？谨昧死奉表以闻，俯伏俟命。"

上览表，趣公入觐。公至京师，上且喜且嚷曰："若来何晚也？"公即叩首谢罪。上以公诚悫，遇之特厚，每赐宴飨，皆与功臣列坐。未几，有广西左丞之命，俾奉朝请。

一日，侍上燕坐，不能兴，舆至第，则成末疾矣。上数遣中使赐问，官其二子：礼，宣武将军佥广洋卫亲军指挥使司事；完，忠显校尉虎贲卫千户所镇抚。令公得亲见之也。已而公疾革，上遣中使问所欲言。公指使者中坐，良久，曰："臣荷陛下厚恩，无尺寸之功，而子孙庸鲁，绝不知人间事。臣所忧者独此耳，幸陛下以臣故，曲加保全，则臣感恩九泉，为犬马报陛下矣。”言毕而逝，寿五十又六。上闻，哀悯之，亲御翰墨为文，命官致祭。皇太子暨亲王亦如之。中书省、大都督府、御史台亦皆奉上旨临祭，成礼而去。

先是公病时，尝属诸子曰：“我既死，毋归葬海滨。主上遇我过厚，可求京城外之地埋焉，且使后人习于礼义。”及是，卜城东二十里玉山之原惟吉。礼部为奏请，上欣然可之。以某年某月某日葬礼也。

公世为善人，而其父尤柔良，人弱之，屡致侵蚀。笑曰：“吾诸子当有兴者，毋久苦我。”其后五子果贵显。元季以公之贵，得屡赠三代。曾祖天成，荣禄大夫、湖广等处行中书省平章政事；祖宙，光禄大夫、福建等处中书省平章政事，勋皆柱国，爵皆封越国公；父伯奇，银青荣禄大夫、淮南等处行中书省左丞相、上柱国，仍追封越国公。曾祖妣陶氏、祖妣潘氏、妣周氏、妻两董氏皆封越国夫人。子男五人，其二即礼与完，其三曰本、曰则、曰安；女五，二适士族，余在室；孙男六。

隋大业末，海内纷纭，汪华聚众保民，据有歙、宣、杭、睦、婺、饶六州之境。虽屡受隋爵，及唐高祖有天下，遂封府库，籍民数以归职，方擢为歙州刺史，殁于长安。其事与公似无大相远者。盖公以豪杰之姿，庇安三路六州十一县之民。天兵压境，避而去之，曾无一夫被乎血刃，其有功于生民甚大。然而天宠所被，赐官丞辖，享有禄食，而二子皆列崇阶，赫奕光著，视唐则有加焉。于是历序其故，著为铭诗，以宣明国家之鸿烈，而及公保民之伟绩云尔。铭曰：

元季纷纭，群雄相吞。公据海滨，志欲靖民。黄屋左纛，我非敢觊。
绥定一隅，以候真主。大明煌煌，出自东方。天威奋张，孰敢不王？
王乃籍土，乃封府库。大开城门，委之而去。皇帝诏还，喜动龙颜。
卿能庇民，朕数嘉叹。卿居海邦，倚水为强。旌旗扬扬，武光洸洸。
舳舻数千，横行海中。诸蕃畏威，莫越其封。炳乎几先，能顺天命。
卒全黎元，兵不血刃。何哉暴强，驱民锋镝。酣战弗禁，身乃就殛。
以此较彼，卿实为能。爵之崇阶，禄给子孙。天语褒嘉，金宣玉奏。
公拜稽首，天子万寿。惟公挺生，人中之豪。功在三府，其惠孔昭。
华之保歙，事与公类。至今庙食，春秋不废。公虽殁矣，德曷忘矣。太史铭矣，发幽光矣。

第四章　艺文选录

第一节　古诗文

回回偈·忆江南

（送延庆寺僧）

方国珍

江南竹，巧匠作为笼，
留与吾师藏法体，碧波深处伴蛟龙。
方知色是空。

（录自明·黄溥《闲中今古录摘抄》）

作者简介：方国珍（1319—1374），洋屿人，元末第一支起义军领袖，占据台州、庆元（今宁波）、温州十二三年。实行保境安民政策，最后投降朱元璋，以善终结束。

无　题*

方国珍

盖世英雄独谁与？国珍国璋和国瑛。
深图反正山河阔，怎得驱胡到太平？
三公齐坐台温庆，万岁终朝卧北京。
事不成功天数定，自是方家一段贞。

* 诗写于元顺帝至正二十七年（1367 年）方国珍归顺朱元璋前夕。

登九峰绝顶

方　礼

东风吹我上崔巍，回首尘寰图画开。
九朵峰峦联寺塔，一弓江水护楼台。
鲁桥车马随花柳，彭冢麒麟卧草莱。
说起兴亡吟不了，特敲松屋问寒梅。

作者简介：方礼（约1338—？），国珍长子，随父降明，朱元璋授他宣武将军、广洋卫亲军指挥使。此诗可能是他入明后所作。

题吴彦嘉所藏张秋蟾龙图

方　行

张公画龙人不识，笔法远自僧繇得。
挂向高堂神鬼惊，恍惚电光来破壁。
夜当渤澥开笔力，元气淋漓浸无极。
吞吐日月天地昏，摩荡云烟太阴黑。
江翻石转杳莫测，雪涛卷空铜柱侧。
洞庭扶桑非尔谁，颠倒沧溟为窟宅。
乃知前图只数尺，坐令万里起古色。
何当置我君山湖上之高峰，听此老翁吹铁笛。

作者简介：方行（约1339—？），字明敏，方国璋次子。著有《东轩集》，宋濂作序，称“古诗俊逸超群，律诗清切婉丽”。《御选元诗》采之。

东归谣送贝仲琚回吴中

方　行

天目青逾蓝，上有危峰横空插汉高巉岩，
沧海深莫测，下有六鳌迭负蓬壶方丈于其侧，
山峻极兮水波澜，千盘万折行路难，

愁看浑沌开凿处，尚有斧迹留人间。
殳山仙翁发如雪，胸蟠太和吐日月，
手中链石轻女娲，五色曾将补天裂。
忆闻羽客从之游，青霞光乱云锦袭，
金鸡叫海白日惨，桂树四落空山愁。
昔年寒月照樽俎，明珠百斛轻于土，
君山铁笛悲向人，羞杀堂前柳枝舞。
君归东吴怀旧庐，明星古宅非吾居，
会稽决漭浙江险，谁探千载太史禹穴之遗书，
兴因东归发，遂作东归谣。
他年相忆五情热，应知泪湿双龙绡。

登秦驻山

方　行

此地曾经驻跸来，秦皇遗迹尚崔巍。
采穷沧海无灵药，归到骊山有劫灰。
万里黑风迷鬼国，一杯弱水隔蓬莱。
诗人吊古多遐思，落日高丘首重回。

登子胥庙观钱塘江潮

方　行

吴越中分两岸开，怒涛千声响奔雷。
子胥不作忠臣死，勾践终非霸主才。
岁月消磨人自老，江山壮丽我重来。
鸱夷铁箭俱安在，目断洪波万里回。

（录自《御选元诗》）

寄炼庵

方文谦

二月金陵暖尚遥，背阴岩径雪初消。
中州地阔山川秀，上谷春深雨露饶。
别后转惊身老大，愁来偏觉路岧峣。
何时再到论文地，望鹤楼*前听玉箫。

（录自《九峰志》）

作者简介：方文谦，即方明谦，号炼庵，姓黄，黄岩西乡金岙人。方国珍任。

走马冈

黄　伦

冈脊昔年曾走马**，陇头今日但眠牛。
金鞭坠地豪华尽，铁笛横烟草树秋。

作者简介：黄伦，明代太平人，字汝彝。

走马冈

胡　璞

冈头谁划平如砥，坦坦松阴十余里。
马迹曾留芳草间，蝉声今送斜阳里。
揽衣吊古思悠哉，一笑披云去复来。
太息英雄渺何许，春风流水桃花开。

作者简介：胡璞，明代太平人，字符叔。

* 望鹤楼：在黄岩西乡金岙黄炼坑，元末明初黄炼庵建。
** 走马冈在新渎，相传方国珍兄弟走马于此。

石曲探花酬梅苏庵

戚学标

报道麻姑玉蕊开，年年争发被春催。
得成蛱蝶寻花梦，贪听流莺驻酒杯。
美景只应诗客爱，殊方又喜故人来。
茶烟岩外云初起，半醉腾腾信马回。

作者简介：戚学标（1742—1824），字翰芳，号鹤泉，太平县泽国（今温岭市泽国镇）人。清乾隆三十年（1765年）拔贡。四十二年（1777年），掌教县城鹤鸣书院。次年，应曲阜孔继涵邀聘，至孔府任教。四十六年（1781年）中进士。五十九年（1794年），任河南涉县知县，一度兼理林县，捐俸钱疏浚境内任公渠。在任13年，体察民情，治有政声。因得罪学使鲍某被罢官。嘉庆十八年（1813年），出任宁波府学教授，后历任杭州紫阳、崇文诸书院讲席。

上　山

林孔哲

腰脚衰年怯路长，上山力竭汗如浆。
绿阴借椅门前坐，杂树人家乱石墙。

作者简介：林孔哲（1821—1900），号遐村，原住石曲下包，幼随母居新桥北村舅家。兼善音乐、医术，农民有病，亟往诊治。乡间演戏，常登台与鼓乐师一道吹奏，农民均爱戴之。著有《五石瓠斋诗》4卷、《草莽闲吟诗》。

绝　句

方文翰

晴岚霭霭树丛丛，煮石人归丹灶空。
不识烟霞谁是主，鸡鸣犬吠白云中。

作者简介：方文翰（1827—1881），字西园，石曲方氏十一世。

雅鬟十五太娇小，自荡碧波乘画舫。
竹桥寒食尽销魂，故里杨娃今尚存。
说与刘郎倍惆怅，大人山北女儿坟。
是亦园东柳似烟，嬉春女伴正芳年。
鸦头新样鞋帮窄，两两行来绝可怜。
前度绿波留别处，去年人面倚门时。
桃花流水依然在，便是崔郎七字诗。
得胜桥头旧战场，遗铤春蚀土花香。
庙门斜日灵旗动，时有游人来进香。
鹤泉门第半凋零，苍水犹留问字亭。
谁与台南传耆旧，可令覆瓿视元经。
得月空亭倚夕曛，一池春水似烟云。
墨花零落人间遍，不见山阴王右军。
金盌千春断粉香，玉鱼旧事费评量。
酒阑却唱襄云曲，肠断当年陈四娘。

作者简介：王咏霓，清代黄岩人，字子裳。

人尖晓日

蔡国棠

群动犹梦梦，人尖已独醒。
林吞孤月白，露洗半山青。
野鹤巢先曙，天鸡唱可听。
亭亭真玉立，品物递流形。

作者简介：蔡国棠，清代黄岩石曲人，字越侯。

梦游大人山行

蔡燕綦

大人之山何崔嵬，青蓬万丈云中开。
幽崖绝壑世罕到，平生此梦亦奇哉。

仙人麻衣皎如雪，捉臂飞行如电掣。
万壑泉声耳畔过，千峰树色眼中瞥。
云气塞口吐不得，耸身訇然出岩穴。
九夷百越罗指掌，十洲三岛互明灭。
眼前神鬼纷吓人，溪清欲渡苦难越。
故径停足倏已无，狐嗥一声竖人发。
忽然一坠若断梗，松阴冥冥石气冷。
蝙蝠如轮扑面飞，侧身摸索坐废井。
艰难乍得出深暗，举头已是来天半。
晓日当空赤若盘，仙掌明珠何璀璨。
两腋清风习习生，猿猱见我先逃窜。
玉女笙歌鹤唳清，金仙袍笏云容烂。
欲行不行心愁吁，欲留不留意踟蹰。
转眼迷离失万象，白昼打门霜叶响。

作者简介：蔡燕綦，字子绶，一字申甫，石曲人，由拔贡考取八旗官学教习，同治九年（1870年）浙江乡试，庚午科第二十七名。富而好学，交友多闻人。工诗文，尤善填词。著有《盟水斋诗集》《石曲词》。

第二节 现代文

方林印象

柴逸扉（《人民日报》记者）

方林村是台州、浙江乃至全国闻名的名村，笔者来之前就已听说这“鼎鼎大名”。近日，笔者有幸来到这里参观访问，探探这名村究竟如何“名副其实”。

虽然来之前也看过村庄的图片，但亲自探访时还是震惊了：村子外围是一圈高层建筑，显得颇为现代；村子里则是一栋栋二三层、带露台的小别墅，洋气精致，尽显高端品质。在别墅之间，一条条道路交错纵横，躲在茂密成片的树荫底下——没错，路的两旁确实栽满了树木，枝繁叶茂的它们让村庄中的路都变成了林荫大道。同时，不论是房子前后还是道路中间，地上没有一片碎纸，没有一点厨余，干净得让人惊讶。游泳池、篮球场、网球场……可以说，走在这里，就如同来到了一处环境优美、住宅品质好的高档小区。

说实话，江浙一带经济条件好的村落很多，但有规划、设计感强的村子却并不多。有些地方村子里有不少暴发户，有钱之后就喜欢按自己的喜好建房子，并不顾及周围的建筑、景观，最后让一个村落变得乱七八糟，没有任何美感。

而方林村不是，早在1995年，方林村党委针对当时农村“只见新房子，不见新村庄”的现象，提出了“全面规划，重塑一个新方林”的大胆设想，请来上海同济城市规划设计研究院的专家制订了《方林村村庄发展规划》。将全村划分为商业区、工业区、农业区、住宅区四大区块，并对各个区块进行科学定位，确立近期、中期和远期发展规划。在旧村改造的基础上，实现了家家户户都住上集中统一的花园式别墅的梦想。这在全国的村落建设里都谈得上“开风气之先”。

除了对村落建设感到惊讶，方林村作为“美丽村庄建设”的典型模范，在党务建设、制度落实和福利发展方面也都做得很优秀。

方林村在发展中坚持党的领导，设党委，下辖5个支部，共有党员110名。长期以来，村党委深入开展“两学一做”，坚持“三会一课”制度，坚持实行每年1次村民大会制度、党员联系户制度等，秉承“当村干部就是要改变村里的面貌”的创业精神，极大地调动了广大党员和全体村民建设方林、服务方林的积极性。

除了发挥党员的主观能动性，坚持依规办事也是治理村庄的重要举措。方林村推行阳光村务，实行民主管理制度化、规范化，依法治村有章可循，这个“章”，就是共有十四章133条的《方林村村民自治章程》，保证了“阳光村务”的有效推行。翻开这本章程，笔者看到上面一条条具体的措施，几乎都是“干货”，可以说没有用来做摆设、虚头巴脑的内容。

此外，村级财务及村属企业收支等情况，通过村里的网站及公告栏定期公布，并设立了网上讨论区，村民可在此以匿名的方式对全村经济和各项事业的发展发表自己的意见和建议。

伴随着集体经济的发展，方林村让每一个村民共享发展成果，实现了一套“吃粮有保证、上学奖学金、看病能报销、养老有保障”多达16项的社会福利和保障体系。村里给社员上了农医保、养老保险、房产保险，对全村社员实行免费到市级医院体检制度。对五保户和孤寡残弱人员实行衣、食、住、医到家，本村男60岁、女55岁以上的老人免费入住老年公寓，实行退休制度，每2年组织1次全村退休村民外出旅游；笔者探访期间，方林村的退休社员正在长江三峡的豪华游轮上观光休闲。目前，退休社员的退休金和分红每年达到25000元。同时，村里也注意量力而行，坚持“保而不包”，避免形成无所不包的“养懒虫”机制，倡导自立创新，勤劳致富。

谈及勤劳致富，方林村的产业也着实令人惊讶，尤其是新车和二手车市场。来之前，笔者还未曾想到一个村子的车辆市场会有玛莎拉蒂、保时捷这样的奢侈款车型。在二手车市场，笔者可以看到几百家经营车辆的商家入驻于此，同时还配有政府在这里设立的办事大厅，能让车主完成“一条龙手续”，直接提车走人。二手车辆各项指标的检验也都可以在此完成，从而让车主买得放心，让车辆经得起查验，真正实践了“买车到方林、方便又诚信”。

除了汽车，方林村还有房产、花卉、市场等多元化的产业格局，它们的成长让方林的产业不断发展壮大，让方林人在致富的道路上能走得更远。方林村的“基本保障靠集体、发家致富靠自己”的发展理念引领全国农村的发展。

方林60年变迁（节选）

——献给共和国母亲六十华诞

蔡明贵

合作化时期

一、互助组

方林村的农业生产互相合作，是在完成了土地改革后，于1952年3月开始的。到1956年9月高级社诞生，历时4年半。

土改后，村民有了土地，生产力获得解放。但由于一家一户耕种，贫下中农特别是村中的干部、军属家庭由于缺乏劳力及耕畜、农具等生产资料，难以开展分散经营，在旱涝灾害来袭时经受不起打击，出现了重新典卖土地、高利借贷的现象。另有经济条件稍好的村民（如中农、富裕中农），人力、耕畜、农具较足，对土地渐感不足，企求扩大土地，两极分化初露端倪。1952年1月，路东乡松塘村的叶厚栋等13户42人，耕地44.5亩，成立了路桥区第一个互助组，运行得很成功，使方林村民受到很大的启发。为了使村民走共同富裕的道路，当时村农民协会会长戴仙禄，成员李仙宝、王天森、张明、林仙法等组织全村村民共同议定，于当年春耕之前组建互助组。

方林村的互助组为自愿组合，小的四五户，大的也只有七八户，属于农业集体化的初级阶段，是农民互相帮助的组织形式，土地仍归农户私有，种、肥等投资各农户自负，生产计划各自安排，收获归户，只是劳动力常年不散、统一使用，年终结算，多少找差。这一类叫常年性互助组。也有“三忙四熟”时临时性换工帮忙的，过了农忙季节就不互助了的叫临时性互助组。

方林村的互助组还有以下特点：一是进组自愿，出组自由，不允许强迫入组。二是互惠互利，坚持扶持公出人员、军烈属，又防止侵犯中农利益。三是党员、村干部带头入组，不许雇佣工人剥削他人。四是不允许地主、富农参加互助组。

二、高级社

方林村农业合作化是一步到位，没有经历初级社阶段。初级社与高级社的区别在于土地的私有制和公有制。初级社按社员的土地、生产资料入社，参加土地分红，土地的私有制不变。高级社则是土地归集体所有，不参加经济分红。方林高级社成立于1956年秋，直至1958年9月，历时2年整。

1956年9月，中共中央七届六中全会《关于农业合作化问题的决议》在农村贯彻后，第二次农业合作化高潮迅速掀起，方林村村民在学习讨论，达成统一认识后即成立方林高级社，下分7个生产队，从此土地从私有制步入了集体所有制。

高级社是完全社会主义性质的集体经济组织，取消了土地报酬，社员的农具等生产资料作价入社，归集体所有。合作社的收入，作必要的结累扣除后，都按劳分配给社员。合作社主要的管理制度如下。

（一）“三包一奖”生产责任制

即包工、包产、包成本和超产奖励制度。“三包”指标在年初落到生产队，年终因社制宜采用多奖少赔、全奖全赔、只奖不赔等结算办法，对超产或减产的生产队分别实行奖励和赔偿。

（二）“四定到田，田间管理到户”的劳动责任制

在生产队与社员之间建立起“产量、成本、措施、工分”到田，由户负责田间管理。

（三）“一年早知道”

内容分两大部分，一部分是全社的农、牧、副业的全年收入计划，另一部分是社员的投工和报酬收入。实行生产、收入、分配一年早知道。

三、合作化带给方林的变化

方林合作社的发展过程，尽管存在“隔夜两重天”，一步跨入社会主义的要求过急，工作过粗、改变过快等缺点和失误。但是，总的来看，成绩是主要的。农业合作化把农村的个体经济改造成社会主义的集体经济。这是一场深刻的社会变革。这一生产关系的

变革，使农村生产力进一步得到解放。同时有计划地进行农村经济建设，粮食、棉花、油料实行统购统销，给方林的经济和社会发展带来积极变化。

在政治上，党在农村基层的领导有一定发展，至1957年，方林村党支部发展为有7名党员的基层组织，支部书记为占荣杰。合作社有社长和管理委员会，下有7个生产队，基层政权建设取得新发展。广大村民在党的领导下积极参加抗美援朝、解放一江山岛，以及建设路桥机场等各项运动，表现出很大的政治热情。

在经济上，由于贯彻了《1956年到1967年全国农业发展纲要》和“农业八字宪法”，大搞兴修水利，提高了抗旱排涝能力。推广双季连作稻，改良作物品种，实现以早稻“503”为主、南特号为辅，晚稻以“小杆白”“红京成”“冬霖白”等为主。开展作物病虫害和畜禽疫病防治；积造有机肥、增加化肥等措施，农、牧业生产获得较快发展，1957年粮食亩产提前10年上纲要，达到420公斤，比1949年的217公斤增长93.5%，生猪饲养量达320头，是1949年的1.9倍。同时，合作社时期村民还存有全村土地面积7%的自留地，发展多种经营，加上这一时期家庭编织草席、结帽、做花、打草鞋等副业，农民的生活水平与解放初期相比有了一定的改善。

在文化上，这一时期的扫盲班、夜校、午休班继续发展和加强，方林越剧团一直坚持到1955年，成为路桥区一支突出的文艺演出组织。

四、人民公社化前期

1958年8月，中共中央发布了《关于在农村建立人民公社问题的决议》。9月，在各地“苦战两昼夜，实现公社化”的冲击下，根据中央关于人民公社“一大二公”（即规模大，公有化程度高）和“每个公社六、七千户左右，二万户以上也不反对”的精神，路桥（区级）人民公社成立，为黄岩县10个公社之一，石曲乡改为大队（次年4月改为管理区），方林合作社改为生产队，下有7个小队。1961年下半年，改管理区为公社，生产队为生产大队，小队为生产队，实行“三级所有，队为基础”。一直到1983年下半年，实行政社分开，建立乡（镇）政府，撤销人民公社为止，共经历25年之久。

（一）刮“五风”

1958年的总路线、“大跃进”和人民公社化运动，1959年开展的反右倾、鼓干劲斗争，使以“五风”（即共产风、浮夸风、命令风、干部特殊风、对生产瞎指挥风）为主要标志的“左”倾错误严重泛滥。方林深受其害。

一是一切财产归公社。上级提出“跑步进入共产主义”“一年等于二十年”等口号，实行行动战斗化，几乎是一夜之间，原方林合作社的一切公有财产、公共积累交给公社；社员的自留地、家庭养殖、副业统统取消，由公社统一经营。人民公社统一调配劳力，调度资金，规划生产。

二是大批劳力调离。当时兴修水利，修建长潭水库，沿海搞围海造田等，加上公社大办畜牧场、“大炼钢铁”等无偿调用约1/3的青壮年劳力，甚至平调至三门县办盐场，当地劳力十分紧缺。

三是大办公共食堂。上级要求生活集体化，1958年10月，在“共产主义即将来临”的口号下，方林办起了3个公共食堂，提出“鼓足干劲生产，放开肚皮吃饭”的口号，推行粮食供给制，主张吃饭不要钱的平均主义，拆掉社员家中的锅灶，造成人力、财力、物力的极大浪费，方林因无力坚持供给制，公共食堂仅办1年左右就取消了。

四是大办畜牧场。为了在最短的时间内实现全省“一亩耕地一头猪”的指标，掀起了各级大办畜牧场之风，将社员的猪、鸡、鸭无偿集中起来，办起了生产队畜牧场，使社员的猪栏里没猪，鸡窝里没鸡。

五是“大炼钢铁”。发动社员捐出家中所有的铁制生活品和生产工具，包括铁锅、铁砂锅，甚至门环、铁窗条子等，公社办起土高炉炼铁。为了建造土高炉，管理区强行拆除了后方里的围墙，还要拆前方的围墙，遭到社员的反对，社员怨声载道。

六是“放卫星”搞高产试验田。当时，上面强调“人有多大胆，地有多大产”“不怕办不到，就怕想不到，只要能想到，一定能办到”等唯心主义，大放亩产几千斤、上万斤的“卫星田”。为推行深度密植，种高产田，把十几亩晚稻苗拔尽并丘到一亩田。一到刮台风时，强令用竹帘、门板护卫试验田；高温时组织社员用风车去扇稻田，结果是劳民伤财，颗粒无收。

七是强行推动机械化。不切实际地推广农具“十条龙上天”，要求耕作、播种、插秧、收获、排灌、运输、畜牧、加工、养殖、炊事10个方面用新式机械配套成龙，限期全面消灭老木犁、手插秧、小镰刀、老稻桶等。1958年2月，全国双铧犁技术研究座谈会在我县召开，强行推广双铧犁，采用绞盘式牵引，十来个劳力绞盘绳索牵引双轮双铧犁深翻土地，说什么“生土变熟土，胜过妇女吃猪肚”。推广拖拉机耕地，就要把原有的小田路毁掉，社员怨气十足，干部得半夜里偷偷组织积极分子干。用现在的话说就是“瞎折腾”，真正叫劳民伤财。

八是虚报浮夸之风盛行。报纸、电台天天报道“高产”消息，产量被吹上天。为应对上面检查，基层不得不造假乱真，谷堆下层用稻草铺垫，谷仓下层用谷壳铺垫等。

九是搞兵营化管理。实行军事化管理，采取团、营、连、排建制，实施上工吹哨、吃饭打钟、开会吹喇叭等封闭式管理。群众生产情绪低落，出现“出勤不出力，干活磨洋工，吃饭听敲钟”“上工大蛇脱壳，下工猴子放索”等现象。

（二）三年困难时期

由于“大跃进”、人民公社化运动和反右倾的错误，加上自然灾害的影响，导致1959—1961年的三年困难时期。

这3年中，1959年9月受5号台风影响，路桥区一片汪洋，平地水深1～2米。当时省人民委员会派了3架飞机到灾区空投食品和慰问信。1960年9月受7号台风影响，连降大暴雨，总雨量504毫米，排涝9天，农田基本淹没。1961年5月19日至6月1日，受3号、4号、5号3次台风影响，总降雨量达600毫米，淹没农田。遭受严重自然灾害后粮食大幅度减产。方林总产每年递减11.48%，单产降到327公斤。但粮食的征购任务不减，反而征过头粮，名曰“爱国粮”“超产粮”，分别占当年总产量的38%、35%和33%。迫使农户留粮（包括口粮、种子、饲料粮）水平大幅下降，连续3年都在224公斤以下，人均肉类全年仅4.1公斤。全村出现“三瘦”——人瘦、牛瘦、地瘦，社员吃不饱，缺营养，许多人患浮肿病。农村经济几近崩溃，农民生活陷入极端困难。

三年困难时期方林社员的艰苦生活是后人所不能理解的，但却真真切切地发生在这片土地上。由于粮食减产，口粮不足，就是响应政府号召采用“瓜、菜、代”，大种大头菜、土豆、春粮等，一般农户只能勉强过春节。一过正月半，谷仓、米缸就见空，得借粮、借钱。社员不惜跋涉百里到西部山区借番薯干、番薯渣、大麦之类的粗粮，秋后还给稻谷。有的社员把种子、饲料都吃完了，再吃糠饼、豆腐渣、菜米糊、番薯藤叶等，甚至到山上挖一种叫“白蟹棘”的根来代替食品充饥。方林曾出现因吃糠饼造成后便阻塞，采用筷子挖通的事例，也出现过不正常死亡的情况。

致敬新中国成立70周年

——方林汽车城“百日工程”纪实

方　飚

70年，在历史的长河中也许只是沧海一粟，但对于我们来讲，却是值得自豪和骄傲的一段辉煌历程，新中国成立以来的不平凡之路，充满奇迹，充满辉煌，我们比以往的任何一天都更加接近“中国梦”。方林村70年来巨大的变迁与裂变，从贫穷到小康，都很好地见证了这段历史，这是方林人对中华人民共和国成立70周年最好的献礼，这来自艰苦创业的“方林精神”，伟大的历史创造了伟大的奇迹。

解放初期的方林村，还是一个人均只有0.4亩耕地的穷村，住的是低矮木屋，更有些人住的是草房，村里的烂泥路十步一个窟，坑坑洼洼，路上更有一个大洼地，成年累月积水盈盈，被过往行人戏称为“石路窟”，因村里一直没钱修路，方林村因而有了一个更“响亮”的名字——“石路窟”。新中国成立后，以党的十一届三中全会为标志，中国开启了改革开放的伟大征程，如同春雷唤醒大地，方林村在党的好政策的指引下，在村民信赖的“当家人”方中华书记的带领下，在村两委领导集体班子的共同努力奋斗下，坚持以红色引领绿色发展，以党建推动“绿色方林、福利方林、品质方林”建设，凭借他们的智慧和执着，解放思想、转变观念、强化发展意识，努力寻求发展致富的对策，走出了一条以市场兴村、全民创业、共同致富的新农村创业创新之路。如今已实现市场年成交额200多亿元，人均纯收入9.8万元，位列中国名村排行榜第20位，把方林村变成了全国个体私营经济最发达的村庄之一，方林村也从一个穷村，一跃变成了富甲一方的小康村，全国闻名的生态村、文明村，有不少党和国家领导人前来视察。进入方林，映入眼帘的是一排排小别墅、门前的花园、鱼塘、蓝天、白云、琉璃瓦，空气清新，绿树成荫，百花争艳，景色美不胜收，村民们生活在城市的风景里，宛如人间仙境。五保户管康传老人逢人就说：“有了共产党，只有方林村党总支，我们才有今天的好生活。”

台州市政协委员、方林村副书记方浩回忆说，方林村能有今日的成绩，就不得不提起路桥区重点项目——方林汽车城的“百日工程”，正因为有了方林汽车城，才有了方林村今天的恢宏与辉煌，这也是方林人对新中国成立70周年的致敬。当下的年青一代是很难理解“方林精神”的深刻内涵的，浙江方林汽车城从破土动工到总体工程完成只用了100天，历史的奇迹就发生在2002年5月27日至9月3日，奇迹般的100天是路桥区政府行政效能高速运转的100天，是方林这列火车风驰电掣的100天，是所有参与者呕心沥血的100天，方林的历史将铭记这诞生奇迹的100天。浙江方林汽车城的前身是路桥机动车辆交易市场，占地不到2万平方米，商铺简陋，通道窄小，规模不大，档次不高，当时的台州汽车年销量仅1.8万辆，在国家大力鼓励汽车进入家庭的政策下，身居台州商贸主城区的路桥机动车辆交易市场的规模与档次都显得有些落后了，这时，巨大的机遇和严峻的考验摆在方林决策者面前，是因循守旧、安于现状过小日子，还是奋起直追、迎头赶上，把握机遇创一番大事业？这让当时的方林村两委班子成员茶饭不思、寝食难安。知道方林汽车城历史的人经常说的一句话就是“没有方中华，就没有方林汽车城的今天”，方中华经常说的一句话是“汽车城项目假如失败，我将愧对江东父老”。20多年的村党委书记生涯，让他养成了科学决策、敢闯敢冒险、敢想敢干、敢作敢为、敢打敢拼的创业精神，在他的率领下，汽车城“百日工程”就像搭上了时代的高速列车，启程了。

在台州市、区、街道办事处等各级政府及各部门的通力支持下，方林汽车城工程筹备工作进展顺利，2002年5月27日，汽车城工地上艳阳高照，锣鼓喧天，一幅幅“苦战一百天建成方林汽车城”的巨幅广告挂满整个工地，时任区委书记陈惠良等区四套班子领导参了当天的奠基典礼。路桥区政府为了协调好各方面的工作，为汽车城项目连续召开了4次协调会，连续发布了路区人民政府〔2002〕18号，〔200〕27号、〔2002〕30号、〔2002〕31号会议纪要，就汽车城规划、汽车城工程招投标、汽车城项目土地价格处理、汽车城项目建设工期等工作任务制订了详细的规划方案。1个月内，区政府连续为1个工程发布4个会议纪要，这在路桥设区以来也是罕见的，在区政府的行政历史中，没有一届政府为一个村的市场组建过协调小组，为了加快方林车城的建设进度，区政府专题会议决定建立浙江方林汽车城建设协调小组，时任常务副区长周先苗全身心参与工程的全过程，三天两头到工地视察指导。这是区政府为民办实事的具体表现，也是政府行政职能高速运转的具体表现，这些规划和方案的制订，为汽车城项目的顺利开工提供了坚实的基础。

万事开头难，兴办一项事业并不会一帆风顺，集体形成的智慧需要集体的力量去实现，能不能在区政府限定的时间内完成汽车城工程，方林人算的不是经济效益，而是政治影响，汽车城项目也是一项系统工程，如何在错综复杂的琐事中纲举目张，就成了项目的关键。在历史性的100天内，“方林精神”得到了最好的诠释，在方林汽车城百日工程建设中，方林村两委班子制定了详细的规划施工进度方案，每项工作都制定了量化、细化预案，并专门成立了浙江方林汽车城工程建设指挥部，方中华担任工程总指挥；林必清场长任常务副总指挥；杨志平任副总指挥；蔡正杰负责水电项目部；林文德、尚永斌负责通信项目部；王岩法负责技术项目部；方浩负责工程的协调衔接。方中华既是指挥员，又是战斗员，只要不出差或者开会，每天最早到工地的是他，最迟离开工地的也是他，他的身影就像一面旗帜，他的言行就像一面镜子，时时刻刻感染着工程参与者。施工期间的方书记不苟言笑、面孔铁板，他心里对工期的担忧是任何人都无法理解的，他还要衔接工序、应付各种突发事件。在每天的工程协调会上，他认真倾听各种意见，抓住工程的主要矛盾，协调安排第二天的工作。工程期间没有节假日，没有加班费，没有通信费，累病了医药费自己付，出差了伙食补贴自己掏。最终，其他村做不到的事情方林村做到了，所有的一切说明了榜样的力量是无穷的。方林村锻炼出了一支拉得出、打得响，以服从命令为天职，以苦为荣的铁军队伍。工程常务副总指挥林必清同志在项目建设过程中不分昼夜地奔波在工地上，协调指挥，经常安排工作到深夜，由于劳累过度，体力严重透支，多次晕倒在工地，同志们送他到医院，他一边打吊针一边打电话组织指挥。老村长管人财同志年高62岁，已经退居二线，身患多种疾病，完全可以不参与工程建设，但他主动请求到工地，为汽车城项目添砖加瓦，并主动分担土建项目，同事们请他多躺一会，可身体稍有恢复，他又奔波在工地第一线。同事们劝诫他：老村长你就坐在办公室指点指点吧！他常说的一句话是：我放心不下！朴实无华的语言让人感慨万千。蔡正杰同志分管水电项目，由于常规施工很难进行，他常常兼顾多个项目管理，积极与土建项目衔接，保证了水电项目的顺利实施。方浩同志负责工程的协调衔接，三天两头奔跑在各个项目负责人之间，解决问题、处理矛盾，并积极做好宣传鼓动工作。工程副总指挥杨志平同志是受杨戴村两委派遣参与工程建设，分管征地工作的，征地工作的难度可想而知，但他迎难而上，兢兢业业组织丈量土地，当一些不明真相的村民阻碍征地时，他敢于动真格，保证了征地工作的顺利进行。方林汽车城项目的“百日工程”，可歌可泣、感人肺腑的动人故事不胜枚举，有了他们昨天的心血与汗水，才有方林汽车城今天的恢宏与辉煌！方林村实现了“村民比市民富、村容比城市美、生活品质比城市高”的伟大目标，也就有了现在方林人幸福的生活。

不忘初心、牢记使命，5000年的蕴涵和积淀，70年的扬弃和继承，当今中国正以不卑不亢、不骄不躁的姿态，昂首阔步在新世纪的黎明。在“十九大”的东风劲吹中，新一代中国领导人在习近平新时代中国特色社会主义思想的指引下，必将带领各族人民把“中国梦”一步步变为现实。国家的伟大，莫过于以改革之魄力圆国人之理想，人生的精彩，莫过于以拼搏之活力筑家国之梦想，作为新时代的方林人，我们应当把个人梦想融入伟大的“中国梦”，“与国同梦”必将让我们的目标更清晰，步履更坚定，用科学文化知识武装自己，随时听候祖国的安排，时刻准备建设我们了不起的国家，继往开来，走向历史新的辉煌。

我眼中的改革开放40年方林人的幸福生活

方　飚

“在中国人民手中，不可能成了可能。我们为创造了人间奇迹的中国人民感到无比自豪、无比骄傲！”2018年是改革开放40年，40年间中国发生了翻天覆地的变化，我们心中也充满了无限的期盼，回首过去，我们40年的风雨历程，虽路途艰辛，但是硕果累累。1978年，以党的十一届三中全会为标志，中国开启了改革开放的伟大征程，如同春雷唤醒大地，我们党带领人民进行的这场“新的伟大革命”，书写了一个国家繁荣发展的壮丽史诗，激荡起一个民族生机勃勃的复兴气象，不仅深刻改变了中国，也深刻影响了世界。

十年磨一剑。那么40年呢？40年，于我——沧海桑田，于我泱泱华夏——炼出瑞丽辉煌。我出生在20世纪70年代初，时光如梭，眨眼间40多年过去了，可以说我见证了改革开放后祖国繁荣昌盛的整个过程，我真的很骄傲和自豪，我生活在这时代的大潮里，我参与和经历了这时代潮流的洗礼，亲眼见证了家乡方林村的伟大变化。1978年改革开放前的方林村，还是一个贫穷落后的小村庄，全村村民人均收入仅147元，因当时村里的主要道路——石曲街上到处是路窟窿，被人戏称为“石路窟”，雨天一身泥，晴天一身灰，方林人连出门行走都非常不方便，更不用说享受美好生活了。

党的十一届三中全会以后，改革40年来，方林村人的生活发生了翻天覆地的大变化，在村民信赖的“当家人”方中华书记的带领下，在副书记方浩和村主任蔡正杰等村两委领导集体班子的共同努力奋斗下，凭借着他们的智慧和执着，解放思想、转变观念、强化发展意识，努力寻求发展致富的对策，走出了一条以市场兴村、全民创业、共同致富的创业创新之路。“半村皆市场，三产唱主角，贸易带工业，村资哺实业，村民为主力，快速城市化”，通过3次跳跃式的转型发展，硬是将这个贫瘠的小村打造成在全省乃至全国都有影响力的村级资产运营集团化公司。方林村以市场建设为主体，真正实现了人的城镇化，并坚持以红色引领绿色发展，以党建推动“绿色方林、福利方林、品质方林”建设。如今的方林村已形成汽车、摩托车、制冷配件、花卉、房地产、机电、灯具等多个产业集群格局，拥有浙江方林汽车城、浙江方林二手车市场、浙江方林二手机械设备交易市场等五大市场，2017年，实现市场年成交额200亿元，人均纯收入9.8万元，位列中国名村排行榜第20位。方中华书记也因此被评为“全国劳动模范”，当选十一届、十二届、十三届全国人大代表，浙江省七届人大代表，浙江省九次、十次、十三次党代表，获得“浙江省劳动模范”、“全国十大杰出村官”、“全国农村基层十大新闻人物”、2017“全国十大孺子牛村官”、2018“中国功勋村官”、浙江省“奔小康带头人”、浙江省“千名好支书”、浙江省“优秀共产党员”、台州市“人大履职优秀人大代表”等荣誉称号。

从1998年开始，方林村就建立并不断完善了一套制度化、规范化、动态化的民主管理体系。2017年，经过第6次修改完善，汇编成十四章133条的《方林村村民自治章程》。《方林村村民自治章程》的制定和完善，是方林村民主政治建设的进一步推进，是依法治村、有章可循的重要标志，把村干部党员的一切都置于群众的眼皮底下，使其自觉接受群众的监督，从而使“群众更明白，干部更清白”。在新农村建设中，方林村始终坚持富村与富民并重，在利益分配和福利保障上，方林村提出了“基本保障靠集体，发家致富靠自己”的建设模式。在提取村集体的可支配收入用于生产再发展后，余下的资金部分用于村级社会公益事业，部分用于增加农民收入，将改革开放的成果转化成村民看得见、摸得着的实惠。方林村人现在基本实现“吃粮有保证、上学奖学费、看病能报销、养老有保障”，村民能每年按基分领取口粮款和村集体收入分红。村里给全村村民上了农保、医保、养老保险、房产保险。每年提取集体收入的10%作为医疗基金，实行农医保之外的医药费报销制度，2年组织1次市级医院体检，对重病村民实行组织关怀制度；同时，建立奖学金制度、福利分红制度及相关服务承诺制度，对五保户和孤寡残弱人员实行衣、食、住、医到家，并每人每月发给700元生活费。建造了集居住、娱乐、休闲、医疗、保健等服务于一体的三星级标准方林老年公寓，本村男60岁、女55岁以上的老人可免费入住。老人每月都可领到500元退休金，还可享受节日慰问金和每2年1次的外出旅游。

在印象中，孩提时代我还参加过一次比我大十几岁的堂兄弟的婚礼，那是20世纪80年代，婚礼就在一座破旧的大院落，他自己的房子里举行。那座大院据说原先是方国珍亲属的故居，始建于清代，是被称为“三台九明堂”的古建筑群。在几十年前，因年久失修，这幢老房子破旧不堪，四处漏风，房内也非常阴暗，白天都需要开灯。但当时几乎所有方林人都世代居住在这里。那时有个说法，叫“五十年代一张床，六十年代一包糖，七十年代红宝书，八十年代三转一响”，这是各个年代结婚的标配。堂兄弟结婚的仪式非常简单，婚房内我也没有看到当时俗称“三大件”的“三转一响”，这场婚礼侧面展现了当时方林村人的贫困生活。“三大件”可是那代人不可或缺或者说额外珍贵的一份礼物或订婚信物。从改革开放之初到现在，男女结婚的“三大件”变化巨大，如此变化的背后是我们国家40年来社会经济发展的变化，同时各个年代的结婚标配反映了当时的经济水平和人们的生活条件，“老三件”的历史不会被遗忘，还保留在父母、老人们的记忆里，还在光影中被追溯。那时候堂兄弟结婚闹洞房，也就是亲朋好友们让新娘给他们点烟，然后故意把火柴吹灭，再点再吹灭，或者让新郎新娘当众啃苹果等，都是单调的娱乐节目。有些路远的亲友们早早就结束回家了，那时出门基本靠走，有些人回家可能要走上个把小时呢。如今，结婚的花费已经从百元时代走到千元时代、万元时代，局部富裕地区已进入百万元时代。新人结婚的嫁妆更是今非昔比，房子、车子和票子成为人们津津乐道的婚礼嫁妆，经济实力是嫁妆的基础，也是女方看重的嫁妆之一，每一个新娘都希望嫁给一个能在物质和精神上实现双重满足的新郎。现在的方林村已经让很多年轻人感到，女孩子能嫁到方林村，男孩子能娶到方林女孩是件很光彩的事情。我记得改革开放之前，穿衣靠布证，吃饭靠粮票，经常吃不饱、穿不暖，大人穿破的衣服，改一改给小孩穿，小孩穿不了了再给弟妹穿，一件衣服能传几代人。我还记得那时候如果谁家有了电视，那这户人家就像天天在放免费电影。方林村以前就有这样一户人家，我们几十人围着一台14英寸的黑白电视看得不亦乐乎，“凤凰”牌自行车也是当时人们炫耀的一种象征。

随着我的回忆，时间跨越到20世纪90年代，改革开放正是热火朝天的年代。这个时代的人们的眼界开阔了不少，影响我们那一代人的不只是生活层面上的文化，更多的是文化层面上的内容，人们开始热衷于看电影了，在那时这是一种时髦。80年代方林村已经有电影看了，但观看场所还是石曲小学的露天操场，只要在操场上拉块白布，就可以开始放电影，来看的村民人山人海，那时还不像现在能天天看到电影，要隔一段时间才会有一场电影看。只要晚上有电影看，基本上方林村十户九空。虽说看电影时冬天冷死，夏天热死，村民们的热情却还是非常高涨。我们小孩子们如果知道今天有电影看，那绝对会念叨一整天，就等着到晚上早早就去操场上占个好位置。到了90年代，在村两委集体领导下，方林的经济情况开始有了好转，建起了方林大会堂，除了开村民大会，平时也用来放电影。方林人终于有了自己的电影院，还有一名专职电影放映员，方林人不用再站在操场上风吹雨淋地看电影，在温暖的室内也能天天看到精彩的电影了。

幸福生活是奋斗出来的，在方林村两委领导集体的努力奋斗下，方林村变成了全国个体私营经济最发达的村庄之一，方林村也从一个穷村一跃变成了富甲一方的小康村，全国闻名的生态村、文明村，凡到过方林的人无不感慨村庄之优美。看着方林村翻天覆地的变化，方林人情不自禁地感叹，党和国家的好政策，使我们农民住上了小别墅，开上了属于自己的汽车。

方林村也实现了“村民比市民富、村容比城市美、生活品质比城市高”的改革40年伟大目标。另外，方林人始终坚持“口袋富”与“脑袋富”并重，坚持以党风引领村风民风，培育文明乡风，筑牢精神家园，以“最美榜样”“家风家训”传承文明。成立农民大鼓队、合唱团、舞蹈队、篮球队等队伍，2018年，方林人又办起了文化大礼堂、图书馆、《方林报》，让方林人在享受美好物质生活的同时，也接受精神文明和中国传统文化的文化熏陶，为坚定文化自信、推动社会主义文化繁荣兴盛尽方林人一分力。

“团结起来，振兴中华”已经成为一种精神力量，感染着每一位中国人。改革开放40年来，对这段历史的最好纪念，就是书写新的辉煌历史；对改革开放的最大致敬，就是创造新的更大奇迹，就是不断在改革开放的道路上取得新的进展，走强国之路、富民之路，坚持改革不停顿、开放不止步。不忘初心、继续前进，中国改革开放一定能够成功，中华民族伟大复兴必将在改革开放的进程中得以实现！

别样方林

林显琳

柴门闻犬吠，临风听暮蝉。清风弥漫着稻香，众星拱围着月亮，这就是深植于我脑海中的乡村印象。然而，这种印象却在踏入方林村的那一刻，被深深改变了。

初入方林村，我就被她的别样美深深吸引。她虽身处城市之中，融入了城市的繁华，却保留着乡村朴实美丽的本质，并展现出现代乡村的蓬勃气息。走进方林村，就如同走进林荫花海，远离了城市的喧闹；一辆辆高档的小轿车泊在村民的家门口，这是周边人们都羡慕的“别墅小区”。

谁也想不到，这里曾经只是一个占地面积仅0.4平方公里的小穷村，还是当时全公社有名的“借贷村”，村民“春耕借款，落雨借蓑衣，摸田借箬雉”，那时方林村的居住环境和生活跟现在比较，简直就是天差地别。

方林村有着悠久的历史。绝大多数方林人是700多年前元末第一支农民起义军领袖方国珍及其部属的后人，后来方国珍归顺明太祖朱元璋，即命林家村更名为方林村，从此同宗同谱不分方林。方林人血液里流淌着先辈“自强不息、敢为人先、不折不挠、创新克难”的精神，这种精神注定了方林人再次创造辉煌。

方林村现在这种优美的生态环境与强劲的发展动力，源于方中华书记等村两委领导的高瞻远瞩和全体方林人的智慧与执着。通过抓住3次机遇、3次跳跃式转型发展，方林村人现在基本实现“吃粮有保证、上学奖学金、看病能报销、养老有保障”，村民每年能按基分领取口粮款和村集体收入分红，方林村也变成一个风景如画、生态和谐、幸福宜居的小区。

如今的方林村，挺立于城市中，像一只雄鹰，傲立于枝头最高处；又如黑暗的夜空，永远是那颗最亮的星；又像一座灯塔，为农村深化改革指引了前行方向。

夜幕降临，方林村披上了黑色的纱衣，显得更加和谐、美丽、宁静、自然。她像一幅画，也像一首诗，更像一首歌，深深地印在了我的脑海里。

记忆中的老宅

方冬琴

记忆里的老宅，虽旧不破，但冬暖夏凉。记忆里的老宅，是家族几代人安居的幸福乐园，一个大家族同在一个屋檐下生活。记忆里的老宅，虽然拥挤，但却无比温馨。夏天人们都在天井里乘凉、猜谜、讲笑话、讲故事，虽然当时的条件没有现在好，没有电视、电风扇，但生活在大家庭里的大家相亲相爱，和睦团结，其乐融融。

老宅的前身是台州历史名人方国珍亲属的居住地，是一座具有浓厚地方建筑特色的古民屋宅院，建于清末期间道光十八年（1838年），占地面积4300余平方米，有高高的围墙、大台门、四推十二明堂，每推都有1个很大的天井。老宅是全木结构，在建筑装饰方面非常讲究，整幢房子的装饰以雕刻为主，房门上雕刻着精美的图案，有樵夫打柴、农夫赶牛耕田、花草等，屋檐下有很多弧形的月梁，也被称为虾弓梁，楣梁上都雕刻着龙凤、梅花等大量精致图案，地上的石板也都是手工打造，廊柱下的石墩都是青油石，上面刻着许多好看且精美的四季果子，名花栩栩如生；还有我印象最深的马头墙，这样的建筑别的地方甚是少见，有一次村里老人去福建厦门旅游，据导游讲解，这地方的民宅内都是马鞍墙，没有马头墙，当时我就想起老宅高耸挺立的马头墙。

随着时代的进步，农村里的古宅渐渐被砖楼房取代，2001年12月17日，由于旧城改造，老宅刚好位于路桥区建造吉利大道的规划线上，所以被拆了，从老宅倒下、化作漫天烟尘随风飘散的那一刻起，老宅成为一段回忆或者传说。随风飘散的不只是老宅，还有承载着世世代代记忆的载体，这些都一同化作无尽的叹息……

18年过去了，这座消失的老宅，它在我的记忆中一直没有褪色。老宅一直是我魂牵梦绕的地方，因为那里承载了太多我生活的回忆。它经常出现在我的梦里，因为它见证了几代人的成长，早已成为我们记忆的一部分。老宅的每个角落都有几代人的影子，它是情是根，是一种文化，是心灵的归宿。

记忆中的味道——青草糊

马甲线

路桥有一条临河老街，随处可见斑驳脱落的石灰墙面。每逢初夏时节，这条狭长的老街里，几张陈旧的竹椅，几把古典的蒲扇，充满了夏天的气息，还有那悠长的叫卖声："青草糊要伐……"如果你刚好身处其中，就会闻到一阵沁人心脾的清香……

思绪如潮涌，呛得鼻子有些发酸，因为那熟悉的清香唤醒了我脑海深处的记忆：在烟雾缭绕的灶台前，总有一位娇小而忙碌的身影。那是最疼爱我的太婆——爸爸的奶奶，记忆中的太婆总把银丝般的头发梳成一个"蘑菇包"，还有那3寸小脚，走起路来却稳稳当当的。小时候，我总让奶奶带我去太婆家玩，不仅仅是因为能在院子里的葡萄架下听太婆讲述她童年的故事，也不仅仅是因为那条叫大花的猫咪总是慵懒地趴在太婆身边，时不时蹭一下太婆裤腿的可爱模样，主要是因为那爽滑的、让人垂涎三尺的青草糊。

青草糊不仅是炎炎夏日清凉解暑的美味佳肴，更是我们台州的特色小吃。它和超市里的烧仙草、龟苓膏不一样，需要经过熬制、挤汁、沉淀等烦琐的工序，再加上用心，是被传承下来的地道小吃。来一碗青草糊，洒上一勺蜂蜜，再点上两滴薄荷汁，喝上一口，口感如果冻一般，真好吃！不仅清凉，还有满满的幸福味道，真棒！

如果时光能够停留，现在又该是和太婆一起品尝青草糊的夏天了……

在爱的记忆消失前，请记住彼此

——悼外婆

金俏丽

“棠梨花映白杨树，尽是死生别离处。”又是一年清明时，万物生长，一边生机勃勃，一边哀思愁愁，今日不讲国恨家仇，不讲大是大非，只想静静哀悼逝去的外婆。

说起来很内疚，对于外婆，我知之甚少，我不知道她是哪里人，从哪里嫁入，她婆家又是如何的光景，从我有记忆开始，她就是一位慈祥的老人，似乎生来就是我的外婆。隐约记得妈妈曾提起外婆很小时丧母，再大点丧父，和那个年代的很多平民百姓一样，受尽了生活的苦难。

外婆活到83岁，一场突如其来的脑出血绝情地带走了她的生命，病发到逝世只短短几个小时，硬生生地从我的生命中割裂出去，只剩无尽的悲痛。

我在出嫁前，每晚都要去外婆家陪她看电视，讲一天的见闻，偶尔有事耽搁了，晚点也定会先急急地跑到她家和她说：“你早点休息，我和妈妈就不过来了。”我们离得近，近到外婆烧好饭，就能跑到我家招呼我过去一起吃饭，很多时候我都会在家吃到半饱，又跑到外婆家陪外婆继续吃饭。外婆煎的鱼又鲜又香，腌制的菜根清凉爽口，还下饭；最爱外婆用柴火灶烧出的锅巴，每次她都会偷偷地多添几把柴火，就为了她的女儿和外孙女能多吃些锅巴，尽管后来她的女儿50多岁了，她的外孙女也当妈妈了，她还是经常把锅巴紧紧地捂在胸口，送过来给我们吃。

关于外婆的记忆琐碎而又鲜活，一旦打开，蜂拥而至，撞得心口生疼。外婆算是村里的文化人，其实书读得不多，但是见地总是深刻独到。于是周边的嫂嫂、阿姨、阿婆都喜欢找外婆聊天，无论大事小事总喜欢与外婆商量，外婆又好客，不管谁来，都会捧出一大捧吃食，有时是切好的水果，有时是瓜子花生，其实我们并不富裕，平凡的日子里是满满的精打细算，可她总是能魔术般地变出招待客人的吃食。我最喜欢听外婆和那些阿婆聊天，新奇又有趣，那时候的外婆总是满脸笑容，或嗔或喜，明艳动人。

那个时代的人们，光是拼命活着大概就已经花光了所有的力气。每个家庭五六个，甚至十几个孩子，天天为解决最基本的温饱问题奔波。外婆一生共生育了5个儿女，两儿三女，在那个普遍饥饿的年代，外婆和外公（外公是食品厂的正式员工，那时候被称作是吃国家饭的）硬是将5个儿女都培养成为有高中以上学历的人。妈妈说，外公基本都在单位上班，微薄的工资不足以承担全家的口粮及孩子们的教育费用，于是瘦弱娇小的外婆包揽了家里所有农活，1米5的个子，70斤的体重，是怎样抡起锄头一刀刀凿出一个家庭的未来！农闲时间上山砍柴、下田割野菜送到集市上卖……那时，妈妈和兄妹几个看外婆太辛苦，想辍学出去打工帮衬家里（那个年代哪家没几个辍学的孩子），但总会惹来外婆的一顿臭骂："你现在不读书，你说说你以后长大能干什么？"外婆一直坚信知识能改变命运，所以对我们小辈的学习也是谆谆教诲。

一生那么长，又那么短，我怎能用寥寥数语就勾勒你的一生。正如《寻梦环游记》中说的，死亡并不可怕，真正可怕的是被人遗忘。所以，我怎敢忘记您。

又是一年清明，站在那幢老房子前，依旧是记忆中的弄堂，记忆中的老屋，似梦似幻。满眼望去，到处都是您曾经驻足的身影，那张爱坐的椅子，桌前吃饭的身影，窗边翘首期盼的身影，在门前阳光下认真地织着草帽，满心欢喜地往我身上塞着零食，临行前依依不舍地叮嘱，密集的回忆挤得我的心生疼。

很想再叫一声外婆，可是，我没有外婆了，每每思及，便泪如雨下。你是我生命中最重要的一部分，怎么可以说断就断？这么多年的朝夕相处，又怎么可以说戒就戒？若真有来生，你我的缘分还能再续吗？即使有，那也肯定是不一样的了吧。

4年了，外婆，我想你了。

世界在变，每天我们都在和很多人渐行渐远，但那些爱我们的和我们爱的人啊，一定要抓紧彼此的手呀！因为一不小心，我们都会在这滚滚红尘中走散。

就像我和外婆，我再也找不到她了。也许，只有在梦里，我们才能说上一会儿话。或者，她老人家高兴了，我们还能痛快地聊上一个通宵。所以，在爱的记忆消失之前，请记住彼此，好吗！

后　记

方林村的发展变化起步于20世纪80年代初期。在改革开放的大潮下，村历届领导班子带领全体村民，积极响应党的号召，艰苦创业奔赴小康，勇立潮头敢做市场经济弄潮儿，开拓创新谋划村级经济发展大局。40年间，方林村发生了翻天覆地的变化，由原来贫穷落后的小村蝶变成民富村强的社会主义新农村、全面小康示范村。

为了回顾和总结方林村创业创新、富民强村的辉煌历程，全面反映方林村庄的历史面貌，真实记录村民自强不息、勤劳致富的足迹，传承奋发图强、敢为人先的“方林精神”，也为后人继续建设方林美好家园提供有益借鉴和宝贵经验，2013年，以方中华书记为班长的村两委萌生编修村志的设想。2014年5月，这一设想得到时任台州市人大常委会主任的肯定和鼓励，村两委决定编修村志。从2015年11月开始，村两委指定人员通过各种途径收集有关方林村历史和现状的各种资料，以备修志之用。2016年3月中旬，《方林村志》编纂工作正式启动，成立村志编纂委员会和编写小组，村党委书记、村委会主任方中华担任编委会主任，方林集团下各市场、企业单位落实修志联络员，指定村档案管理员林显琳为主要编写人员，负责资料搜集和整理工作。

对方林来说，村志编修是一项创新性工作，作为路桥区首部村志，没有现成的地方上村志可供借鉴，很多地方需要自己摸索。2017年7月，村邀请台州市档案局、路桥区地方志编纂办公室等单位领导和专家召开村志编修座谈会，指导和研究《方林村志》具体编写事宜。初步确定资料搜集方向和范围。尔后，通过编写小组不懈努力，多方搜集整理，至2018年年底基本形成村志资料稿。

为进一步提高修志效率和志稿质量，村志编委会创新修志思路，决定借势借力。2019年8月2日，由方林集团代表方林村两委与宁波乡尚文化传播有限公司（下简称乡尚）签订《方林村志编纂协议》，由乡尚负责编修村志，组建由4位修志专家和2位资料员组成的修志团队。协议约定用1年半时间编修出内容丰富、体例规范、质量上乘的《方林村志》。

修志团队不定期到访方林，在村修志人员林显琳的配合下开展资料搜集工作。团队成员走遍方林集团所辖部门、企业、场站，踏勘村落地形、交通河道、公共设施、环境卫生、文化遗址等，还采访60岁以上村民和移居外地的贤达百余人次，多次到台州市、黄岩区、椒江区等地的档案馆和图书馆查阅资料，到路桥区史志部门、区武装部、路南街道办事处咨询问题、了解情况。其间，方林村多次组织村民召开座谈会，通过座谈形式了解和收集相关信息，以解决资料不全、不清等问题。

村两委尤其是方中华书记十分牵挂、关注并全力支持修志工作，修志工作被列入村工作日程。村两委多次在村委会全体党员村民代表会和村民大会上汇报和商议修志事宜，并要求村民支持修志，提供资料和线索。相继以村志编委名义在《方林报》刊登“村志资料征集公告”，在村内开展外来人口情况，个私、三产情况，家庭情况等调查工作以及人物资料征集工作，为进一步编好村志提供了极大便利和帮助。2020年4月，方中华书记主持召开《方林村志》编纂工作会议，邀请路桥区地方志编纂办公室梁昌新副主任，《台州商人》总编、《方林报》总策划孟少华等专家以及村老干部、老同志参会，为村志编修工作解惑释疑、群策群力。

在村两委的大力支持下，经乡尚和全体编修人员共同努力，《方林村志》初稿于2021年2月如期交付。此后，林显琳、蔡明贵、林小春等同志对村志初稿进行审阅把关，提出具体修改意见；方中华书记也提出不少重要修改意见和建议。2021年6月，编写小组根据方林村的总体修改意见，在志稿文风文法、体例规范、文字体量、史实准确性等方面作进一步修改，于7月中旬形成送审稿。2021年9月底，村两委组织人员，对《方林村志》送审稿又作内部审阅。编写小组根据审阅意见，对志稿再次作深入修改补充，形成终审稿。

2021年11月16日上午，方林村在路桥皇冠大酒店召开《方林村志（终审稿）》专家评审会。会议邀请了省志办市县工作处处长周祝伟、中共台州市委党史研究室副主任林明达、衢州市地方志办公室主任胡锡明、温岭市地方志编纂室主任方先勇、《台州市路桥区志》主编管彦达等领导和专家参加评审。与会领导和专家从志稿体例规范、篇目设置、资料取舍、语言表述、图表运用等方面对《方林村志（终审稿）》提出修改意见和建议。专家组评审意见认为，《方林村志（终审稿）》总体上是一部基础扎实、体例完备、比较成熟的志稿，同意《方林村志》稿通过评审，进入出版环节。

《方林村志》稿记述的村域范围虽小，但由于方林村志的独特地位和国内影响力，记述的内容极为丰富，其体量与县（市）区志不相上下。《方林村志》上限追溯至事物肇始，下限断至2020年，至终审稿，总计23编、77章、253节，另有序言、概述、大事记、后记等，全志100余万字。志稿采用述、记、志、传、图、表、录、附等体裁，以志为主。志首主要为彩照、概述、大事记，志尾为后记，内容涉及方林村自然、经济、政治、社会、文化、民俗等各个方面的历史和现状，突出方林村地域特色和时代特征。这是路桥区有史以来首部村级志书，记述全面，内容丰富，体例完备，编纂规范，史实脉络清晰，存史价值较高，是一部集思想性、科学性、资料性于一体的志书。

《方林村志》编修工作一直得到台州市、路桥区及路南街道等各级领导的重视和关怀。得到台州市委党史研究室（市志办）、路桥区委党史研究室、区地方志办公室等史志部门的悉心指导，尤其是编修后期，顾问周祝伟处长和温岭市地方志编纂室方先勇主任参与数次修改，同时也得到台州市档案局、路桥区文化和广电旅游体育局等部门单位以及社会各界人士的大力支持和关心，值此志书出版之际，谨向上述领导、专家以及所有支持和关心村志编纂的单位和各界人士致以真挚的谢意。

编修地方志是一项系统、浩繁的文化工程，村志编修可供参考的现成范本不多，编辑人员只能摸索前行。虽然我们谨慎其事、竭尽所能，但由于缺乏经验、学识有限，难免存在收录未广、考选未精、编排未严及疏失错漏之处，恳请读者批评指正。

《方林村志》编纂委员会办公室

2021年12月

《方林村志》编纂提供资料人员名单

提供资料人员

丁禹民　王妙根　王妙增　王美云　方四妹　方冬琴　方华良　方再升
方普胜　方普根　方道夏　陈友法　陈西铭　陈法春　张华东　应娃玉
林小春　林文友　林书池　林必云　林必清　林仙亮　林仙德　林启富
林　明　林小宗　林启华　林文德　林　娟　林仙莉　罗仙德　罗彩娇
周荷芳　郑冬春　曹宝玉　谢文元　谢文志　谢华德　谢启林　谢香莲
詹明照　管人财　戴桂生　戴学明　周建林　金俏丽　詹　斌　曹小军
陈　静　童　雅

文印人员

叶慧颖　梁　丹　朱安妮